張美蘭 / 著

# 《官話指南》匯校與語言研究（上）

## ——《官話指南》（六種）匯校

官話指南

官話指南

官話指南　序　一

序

吳生駐燕京三年學其語言頃者輯切日用者編成一書名曰官話指南蓋皆出於其自課自得之餘宜乎親切明著不負其名也有功斯學可謂偉矣抑予有恐焉前之脩斯學者苦無成書耳聽而手抄日累而月積漸乃有得其入之難也如是而得之却深焉今也既有成書宅人數年之工可一朝了之入之太易恐得之不深讀斯書者莫狃於其入之易而思更致其力指南而到南以期有成是予之所望於學者而亦吳生之志也

明治十四年十二月田邊太一叙於燕京公署

北京官話《官話指南》四卷。卷首有田邊太一的序。

改訂本《官話指南》，四卷。九江書會著，1893 年（清光緒十九年），九江印書局活字印刷。此是九江印書局出版刻本。

天主降生一千九百八年
土話指南
上海土山灣慈母堂第二次印

倘譯以土音更不合宜故特舍而不譯顏曰土話指南者蓋緣官話指南之顏而顏之也

土話指南
T'OU-WO TSE-NÉ
BOUSSOLE DU LANGAGE MANDARIN
TRADUITE ET ROMANISÉE EN DIALECTE DE CHANG-HAI

上海方言版《土話指南》，三卷。1889 年，上海土山灣慈母堂出版，全書內容體例完全依據《官話指南》，是《官話指南》的上海方言翻譯本。方言譯者待考，法文則為法國傳教士董師中翻譯。此是 1908 年土山灣慈母堂第二次印刷。

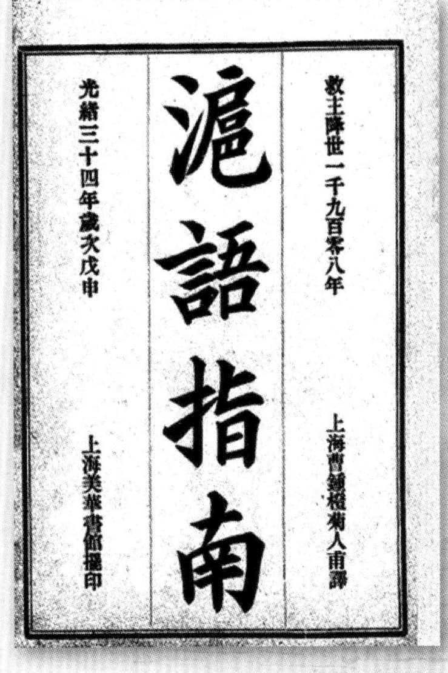

救主降世一千九百零八年

上海曹驤稽菊人甫譯

滬語指南

光緒三十四年歲次戊申

上海美華書館擺印

《滬語指南》，兩卷。1896年，編者將《官話指南》的《應對須知》和《官商吐屬》兩卷編譯為上海方言，用作商務漢語課本，此是1908年上海美華書館出版版本。

粵音指南

上卷

粵音指南　上卷

香港文裕堂　光緒弍拾壹年歲次乙未仲春新刊

圖為《粵音指南》1895年（清光緒二十一年）香港文裕堂本

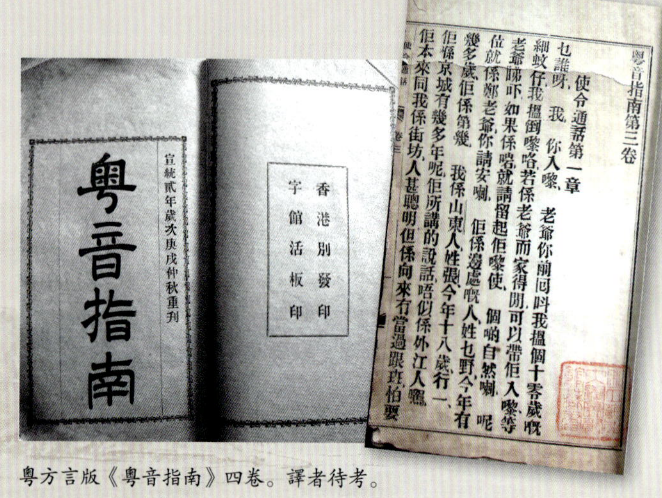

粵音指南

宣統貳年歲次庚戌仲秋重刊

香港別發印字館活板印

粵音指南第三卷

使令通話第一章

乜誰呀、我、你入嚟、　老爺你前回吗我搵個十零歲嘅細蚊仔、我搵倒嚟咯、若係老爺而家得閒、可以帶佢入嚟、等老爺睇吓、如果係啱、就請留起佢嚟使、　個啲自然嘞、呢位就係鄭老爺、你請安嘞、　佢係邊處嘅人、姓乜野、今年有幾多歲、佢係第幾、　我係山東人、姓張、今年十八歲、行一、佢係京城有幾多年呢、佢所講的說話、唔似係外江人嘅、佢本來同我係街坊、人甚聰明、但係向來冇當過跟班、怕要

粵方言版《粵音指南》四卷。譯者待考。
圖為 1910 年（清宣統二年）重刊本，香港別發印字館印刷。

訂正粵音指南

一千九百三十年

訂正粵音指南　一　跋

余校讐、竭數閱月之力告成、詢跋于余、竊維語言之學、本文人緒餘、無關乎經濟才能之宏旨、然是書一出、大可為西士嫻習之助、矧言為心聲、舉凡輕重緩急之間、剛柔高下之際、貴能一一酷肖、口吻既合、神氣逼眞、有斯善本、宜刋印成編、公諸同好、儻學者按其程式、奉作楷模、循序而遞進焉、譬行道者有所嚮導、不致惑于迷途、較諸僅聽人談論、依稀髣髴而傚顰者、相去奚啻霄壤耶、爰述其顛末、拜手而為之跋、中華民國十有八年季冬之月上浣惠陽馮習亭謹誌于港大方言學館

二

粵方言版《訂正粵音指南》三卷。英國威禮士重訂，有惠陽馮習亭校字。

# 目　录

# 前　　言

官話因政治經濟文化中心的轉移而轉移。明清以來,尤其是清代中後期,以北京方言為基礎而形成官方普遍使用的共同語逐漸形成,學習官話成為海外學習漢語的目的語。

日本在明治維新以後,竭力向海外擴張,採取了加強與中國聯繫,向大陸發展的戰略。從亞洲形勢和明治政府的政治、外交動向上,日本看到了學習北京官話的重要性。因為迫切需要翻譯,於是,外務省設立了第一所專門的漢語學校"漢語學所"(1871),1873 年成立的東京外國語學校也講授漢語。而其他民間的漢語教育機構也相繼誕生,如"日清社"(1867)、"振亞社"(1878)、"興亞會支那語學校"(1880)、"日清貿易研究所"(1890)、"東亞同文會"(1898)。從 1877 年(明治十年)至 1886 年(明治十九年),轉入北京官話時期,日本向中國派遣了北京官話研習生,日本軍方直接涉足漢語教育。(參見王順洪 1999,2003)

日本明治時期的漢語教育直接受政府的操縱和影響,服務於政治和外交、商貿的需要。這一時期日本的漢語教學和漢語學習,從官方到民間,都轉向北京話口語。當時反映北京話口語的漢語教材是英國人威妥瑪 Thomas Francis Wade 主編的《語言自邇集》,因而,《語言自邇集》成為當時日本應急轉向期間的漢語課本。在《語言自邇集》的影響下,針對日本人學習漢語的需要,日本也陸續出版了一批截取或改編《語言自邇集》而成的中國語教材,如:如廣部精《亞細亞言語集(支那官話部)》(1879,明治以後日本人自己編譯的第一部教材)、廣部精《總譯亞細亞言語集(支那官話部)》(1880)、興亞會支那語學校《(新校)語言自邇集》(1880)、宮島九成《參訂漢語問答篇日語解》(1880)、金子彌平等人編譯的《清語階梯語言自邇集》(1880)等。從學習、模仿《語言自邇集》,到在中國漢語教師的幫助下自編翻譯北京話漢語教材,再到自編能適用於日本人學習的帶有日語注音注義的漢語教材。但整個框架始終沒有能突破《語言自邇集》的影響。真正突破《語言自邇集》的影響,適應北京官話教學的新教材,是以日本駐北京公使館“學生譯員”吳啟太為主、鄭永邦為輔編撰於明治十四年(1881)十二月的北京官話《官話指南》。

該書所作“凡例”,共十條,第一條就開宗明義:“余駐北京,學語言,三年於今,時延請師儒,賴其口講指畫,漸有所領悟,然不過滄海之一粟耳。是編係平日課本,其中遺漏,指不勝屈。今刷印成書,只爲初學計,遺笑大方,自知不免。”編者吳啟太、鄭永邦在京三年所學京語所用之“平日課本”,已經不再依賴《語言自邇集》;而將“其中遺漏,指不勝屈”的平日課本“刷印成書”,目的是“只爲初學計”,即解決缺乏日編北京官話教材這一燃眉之急。該書有黃裕壽、金國璞於光緒七年(1881)所作的序:“僕等觀是書而佩服深之,爰為之校對一番,並為之序,以述其顛末云。”該書的出版也標誌着明治時期日本的漢語教育進入了新的歷史階段。明治十四年(1881)十二月《官話指南》初版,截至昭和二十年(1945)十一月的 64 年之間,先後再印或修訂竟達 45 版之多。六角恒廣在《日本中國語教學書志》中,對該書的版本曾有過詳細的介紹,可參考。

如同《語言自邇集》一樣,(北京官話)《官話指南》不僅是明治時期日本人學習北京話口語的會話資料,也是當時其他類型在華人員學習北京官話的必用教材。正因為此,在 19 世紀末 20 世紀初,以北京官話《官話指南》為參照的修訂本、注釋本與翻譯本接踵而至,來華傳教士、從商或外交的人員不僅要學習北京官話,還要學習方言土語,故有與之對應的漢語方言對譯本,如滬語對譯本、粵語對譯本,也有北京官話與外文對譯本,有日文譯本、英文譯本、法文譯本和法譯本注釋本,以滿足不同國籍人員的不同學習目的。一本《官話指南》在清末民初海外漢語教育史上有過輝煌的歷史。為此我們輯録其中的漢字文本(六種)成集,以饗讀者。

《官話指南》及其方言對譯本(六種)指《官話指南》兩種官話版及其四種方言改編版。其中北京官話版《官話指南》是母本,其他五種是在此基礎上的一句一句對應的改編子本,含南方官話改編本、上海話改編本、粤語改編本。下面一一介紹其版本源流及其價值。

# 1　《官話指南》及其不同版本源流史

## 1.1　《官話指南》的刻本

截至1945年,《官話指南》在日本的版本達45種之多,但是由於年代相去不遠,所以在内容上沒有多大的變動,主要有初版、改訂版和覆刻版三類。

### 1.1.1　初版《官話指南》(四卷)

初版《官話指南》的時間為明治十四年(1881)十二月,卷首有日本駐北京公使館秘書官田邊太一的序和漢語教師黄裕壽、金國璞的序,然後是凡例、目錄、正文。編者為長崎唐通事子弟吳啟太、鄭永邦,楊龍太郎出版。吳啟太、鄭永邦在明治十一年至十三年(1878—1880)作為見習翻譯在日本駐北京公使館工作,其後編輯了該書。全書四卷,七萬字左右。編排體例上採用中國傳統典籍的豎行編排法,全文標點只有一個,即"、"。"凡例",共十條。第一條說明此書編寫目的,後九條介紹了漢語發音,其中提到了張口音、閉口音、撮口音、牙音、齒音、舌音、喉音等傳統的音韻學術語。除此之外,還有很多如"逢上必倒"等口耳相傳的經驗之談,以及輕重音、輕重念、語音標記之式等語音問題,凡例最後一條是關於標記之式。"凡例"之後,是正文四卷。

第一卷《應對須知》,45段,内容為短小的日常對話,包括見面寒暄、詢問姓名、年齡排行、問候探病、拜客聊天、送禮遊玩、品評人物、建議請求等,採用主客問答的形式,篇幅簡短。其中第44段的内容僅在初版中出現,因内容涉及女孩子"春心萌動"不雅之嫌,此後的修訂版一律刪略。

第二卷《官商吐屬》,40 章,是內容較為廣泛的一卷,篇幅約佔全書之半。內容複雜,每章圍繞一個中心主題展開,主要的題材分為兩大類,一類是商業題材,這類題材主要有:租房、買賣、兌換、定制、典當、修表、打圍、借錢、倒賣、轉行、包工程等;一類是官場題材,這類題材主要包括:升職、調任、辭官、推舉、告發、打官司等;也涉及遇賊、打架、行騙、打獵、猜燈謎、講笑話、喝酒劃拳等其他話題。

第三卷《使令通話》,20 章。主要是通過主僕問答的形式展開,從飲食起居、會客交友、照顧病患、安排旅遊、搬家、跑腿、請假、找跟班等多方面反映主人的日常生活情況。

第四卷《官話問答》20 章。大多是駐華使領館的翻譯官與清朝的王爺、中堂以及地方官員的外交應酬的官場對話,內容主要有:詢問年齡、家鄉、任職等基本情況,拜會、道賀、送行等禮儀活動。另外,也涉及交涉公事的嚴謹場景,如外國翻譯官和中國地方民眾的衝突交涉(第五章)、外國輪船在中國內河和中國商船的碰撞事件,用語較為正式,書面語色彩較濃,切合北京官場"外交漢語"的內容,因此《土話指南》(三卷)、《滬語指南》(二卷)、《訂正粵音指南》(三卷)均未對這一卷非口語內容進行方言翻譯。

1.1.2 改訂版《官話指南》(四卷)

改訂版《官話指南》由金國璞修訂,金國璞曾給《官話指南》初版本做過序,是吳啟太和鄭永邦等人的漢語教師。金國璞在明治三十二年(1899)到日本任東京外國語學校漢語教師後,對《官話指南》進行改訂,由文求堂於 1903 年出版。把初版本第一卷的《應對須知》刪除,代之以比較切合當時實際生活的《酬應瑣談》20 章。尤其是初版中由田邊太一和黃裕壽、金國璞寫的兩篇序文也被刪除了,卷頭僅留下了編者的"凡例"。

《酬應瑣談》主要是寫中國商人來日本進行的商業會談、開礦鋪路、購買設備等實用性的會話用語,從一個側面反映了中國在甲午海戰後出現的積極推進近代化的動向。改訂版第一卷的《應對須知》,我們將作為"附錄一"呈現。

1.1.3　兩種覆刻版本《官話指南》(四卷)

1.1.3.1　由美國長老會教團出版部出版,寫有"上海美華書館重印",出版年份為光緒二十六年(1900)。

1.1.3.2　是凱利·沃爾什股份有限公司(又稱上海別發洋行,Kelly & Walsh Limited)於1903年出版。

因這兩種版本和初版本在內容和式樣上除第一卷第44段的內容被刪略外,基本一致,故我們在匯校時不再涉及。

## 1.2　《官話指南》的南方官話版本(四卷)

1893年(清光緒十九年)癸巳歲,九江書會著,九江書局活字印《官話指南》(Printed at the Central China Press, Kiukiang)修訂本。沒有前言,開篇直接是《官話指南》第一卷。這個版本中北京官話的原文同初版本一致,編排體例上採用中國傳統典籍的豎行編排法,但當相關詞彙或句式與南方官話(含九江一帶)不同時,就在原文旁邊用小寫雙行並列列出,其中右行為原版內容,代表北京官話,左行則為改寫本添加內容,代表南方官話。行文中只使用兩種標點符號,小句後均使用頓號,在一段話的結束時使用句號。張美蘭(2007)指出,《官話指南》九江書局活字版代表了當時南方官話系統,為研究當時南北官話系統的異同提供了很好的素材。

## 1.3　《官話指南》的方言版本

目前能見到的《官話指南》的方言翻譯課本有《土話指南》《滬語指南》《粵音指南》《訂正粵音指南》四種。

1.3.1　《土話指南》(三卷)

1889年,上海土山灣慈母堂出版《官話指南》的上海方言版《土話指南》。書前有序曰:"官話指南本為東洋吳君所撰,分有《應對須知》、《官商吐屬》、《使令通語》等門,洵足為有志官話者初學之助。司鐸師中董君見而愛之,譯以法語,並音以西音,於難辨之處加以注譯。是以西士來華,莫不先行誦習,奉為指南。""顔曰《土話指南》者,蓋就《官話指南》之顔而顔之也。"(詳見本書附錄一)由此可知,其受眾主要是傳教士,故删略"官話問答"一卷。

全書内容體例完全依據《官話指南》前三卷《應對須知》、《官商吐屬》、《使令通話》三部分,書中配有法語譯文對照,一頁為上海話課文,對開頁上半部分為課文逐字的羅馬注音,下半部分為課文逐句的法文翻譯與注釋,將原課文中出現的北方地名,也改成了上海地名。法文譯者法國傳教士董師中。滬語譯者姓名不詳。1908 年土山灣慈母堂第二次印刷。此書體現了 19 世紀末 20 世紀初滬語面貌。

1.3.2 《滬語指南》(兩卷)

1896 年(光緒二十三年丁酉季春),曹菊人將《官話指南》的《應對須知》和《官商吐屬》兩卷編譯為上海方言,作為指導商人貿易而用的商務會話課本,對與之關係不大的第三卷《使令通話》、第四卷《官話問答》略去不譯。與《土話指南》相比,編譯過程中用詞方面有異同,不僅反映了編譯者自己的愛好,也反映了滬語地域特徵詞的特點。

1.3.3 《粤音指南》(四卷)

1895 年,香港文裕堂出版了《粤音指南》,内容和《官話指南》初版本完全一致,卷首無序,故譯者、改寫時間、學習者的身份與學習目的均不詳。《粤音指南》保留了四卷的篇幅,是《官話指南》的方言譯本中篇幅最全的一種,該書是目前《官話指南》的方言譯本中流傳下來的由不同書局出版的重刊本較多的一本。據相關的信息得知有:美國加州大學藏光緒弍拾九年歲次癸卯仲秋重刊、香港聚珍書樓活板承印本;廣東省立中山圖書館孫中山文獻館藏宣統二年歲次庚戌(1910)中秋重刊、香港别字館印本;廣州中山大學圖書館藏宣統二年歲次庚戌中秋重刊、香港别字館印本。

該書記載了 19 世紀中期至 20 世紀初期粤語的詞彙及語法的面貌,通過與 1930 年《訂正粤音指南》的對照,還可以瞭解粤語 30 年間的細微變化。

1.3.4 《訂正粵音指南》(三卷)

1930年出版了由英國威禮士(H. R. Wells)重訂、惠陽馮習亭校字的三卷本《訂正粵音指南》(Guide to Cantonese, Translation of Kuan Hua Chih Nan, Printed by Wing Fat & Company, Hongkong),是《官話指南》三卷本的粵語翻譯修訂本。

《訂正粵音指南》對部分詞用四角標調法標調。按標調的位置區别注音,左下角平聲,左上角是上聲,右上角是去聲,右下角是入聲,各分陰陽。《訂正粵音指南》有陰平、陽平、陰上、陽上、陰去、陽去的標調符號,唯獨沒有對方言入聲字標調。這些標調字,我們沒有錄入,特此説明。

改編後的《訂正粵音指南》,每一課增加標題,一律以四音節命名,如第一課《姓名住址》。同時,課文將對話者以甲、乙雙方分開。因此在正文中,我們於每課著錄中增補了篇首之"篇名",括弧表示;對話雙方依文補上"甲、乙"雙方,以下標標出。文中對民國早年已經改變的稱謂、地名或對應的英文翻譯用語進行了小注,我們一律括注。如:【E】現在二十四歲啫。甲恭喜喺邊處[或恭喜在]?乙我喺通州[州改縣]做生意。又如:【E】要叫做御花園[今無此稱],箇的護衛嘅兵叫御林軍[今無此稱]。

通過與1895年《粵音指南》的對照,還可以瞭解清末民國期間30年間粵語的細微變化。

## 1.4 《官話指南》被翻譯為外國語言諸版本

1.4.1 《官話指南》日語翻譯本

為了方便日本人學習《官話指南》,在日本出現了幾種《官話指南》的日文版。

1.4.1.1 附譯注、"聲音重讀"的《官話指南自修書》(1924—1926)

由飯河道雄譯注,大阪屋號書店出版。這個版本是對《官話指南》英文版的翻譯。原書三卷三冊,第一卷是《應對須知篇及使令通話篇》,大正十三年(1924)出版;第二卷是《官商吐屬篇》,於大正十四年(1925)出版;第三卷是《官話問答篇》,大正十五年(1926)出版。目前能見到的只有第二卷,收在波多野太郎編的《中國文學語學資料集成》(第二篇第一卷)中(不二出版)。這個本子對原文的問答分節豎排,每頁分上中下三節,中間為《官話指南》原文,原文中的生字詞用片假名標注發音,還對重讀音標注。下方對應為該句段的小字體日語譯文,上方為該節疑難語句的日語譯注。該書簡明扼要,適合初學者自學。(引自徐麗 2015: 122)

1.4.1.2 《官話指南總譯》(1906)

吳泰壽譯著,東京文求堂藏版,明治三十年(1906)刊行。這個版本是《官話指南》改訂版的譯本,其第一卷不再是《應對須知》,取而代之的是《應酬瑣談》。只有日語翻譯,沒有原文,書中在日語翻譯的上方用小字體對原文中的疑難字詞加以解釋。不過該書的末尾還附有初版本第一卷《應對須知》的翻譯。(引自徐麗 2015: 122)

1.4.1.3 《官話指南精解》(1939)

由木全德太郎編寫,昭和十四年(1939)文求堂出版。這本書也是以《官話指南》改訂版作為底本,但是它一改過去用片假名給漢字注音的做法,而是用威妥瑪拼音給字詞注音,還對主要的語句進行解釋,舉出例句,並且還配有與課文內容相關的短文。(引自徐麗 2015: 122)

1.4.2 《官話指南》多國別語種翻譯本

《官話指南》還有日語注解版、英語版、法語漢語雙語版,這些是專門為日語、英語、法語來源的外國人編寫的具有國別語種的教材。

1.4.2.1 *The Guide to Kuan Hua* (1900)

*The Guide to Kuan Hua* 是英國駐煙臺領事官金璋(Hopkings, Lionel Charles)翻譯的英譯本,1900 年由凱利·沃爾什股份有限公司(又稱別發洋行,Kelly & Walsh Limited)出版。這個版本是《官話指南》初版本的英文譯本,沒有漢語原文,無序言和凡例。卷末有關於聲調、重音等問題的解說以及疑難字詞語句的注釋。有一份雙音

節詞彙表,按照威妥瑪式羅馬拼音字母表的順序進行排列。每卷之中標明了章節,將會話的人物標為 a、b、c 等,標示了對話的雙方或多方。此後,則有上海商務印書館的英文重印本。(日本)飯河道雄對英譯本進行了日譯,成為又一日譯本。

1.4.2.2　*Koan-Hua Tche_Nan Boussole du Langage Mandarin Chang-hai*(1905)

由法國天主教神父布舍(Le Pere Nenri Boucher S. J)翻譯為法語,於 1905 年在上海天主教會出版社(Impromerie de la Mission Catholique)出版。此外他還編寫了一部與之配套的法語版的注釋本。這個本子的上方為《官話指南》漢語原文,下方為字詞的注音和釋義。

## 2　漢語《官話指南》(六種)的資料價值

我們依據的《官話指南》(六種)版本,依次標為 A、B、C、D、E、F,如下:

【A】北京官話《官話指南》(四卷),明治十四年(1881)。以光緒壬午年(1882)上海美華書館本為基礎本,同時參校今上海圖書館藏本以及九江印書局印本中北京官話部分。

【B】九江書會《官話指南》(四卷),1893 年(光緒十九年),九江印書局版。

【C】滬語版《土話指南》(三卷),1908 年上海土山灣慈母堂第二版。

【D】滬語版《滬語指南》(兩卷),1908 年由上海美華書館出版。

【E】粵語版《粵音指南》(四卷),本書第一、二卷依據 1895 年(光緒二十一年)香港文裕堂本,第三、四卷依據 1910 年(宣統二年)香港別字館印本。

【F】粵語版《訂正粵音指南》(三卷)(1930),Wing Fat & Company, Hongkong。

《官話指南》及其方言譯本,已經得到學界的重視。張美蘭(2004/2007/2008)曾先後就官話本《官話指南》的詞彙和句法進行過全面探索,並將南方官話本《官話指南》與北京官話本《官話指南》進行了比較,提出了兩個文本在清代官話南北特點研究方面的積極意義。陳明娥、李無未(2012)以日本明治時期北京官話課本為例,研究了清末民初北京話口語詞彙,肯定了《官話指南》的語料價值。李煒、和丹丹(2010)利用《官話指南》的材料,研究了清中葉以來北京話中"跟"字的相關問題,認為"北京話中表達與事範疇相與關係和指涉關係的介詞'跟'是在清中葉以後產生的,連詞'跟'則在清代晚期逐步產生。'跟'的相關用法一經產生,即成為北京話中的強勢介詞和連詞";王曉鳴(2006)對《官話指南》的上海話翻譯版本《土話指南》進行了全面的研究,緒論部分簡略介紹了《官話指南》的著者、出版者等情況,認為《官話指南》僅適用於學習當時的官話,即北京話,而用上海話翻譯的《土話指南》彌補了這一缺憾。陳燕芬(2010)對《土話指南》滬語句法進行了研究。

以上研究主要體現在對某一個文本的單獨研究。《官話指南》《土話指南》《粵音指南》匯校本第一次向學界提供了年代確定、地域特徵對比明顯的珍貴文獻資料。《官話指南》以及以《官話指南》為藍本的同一內容的漢語不同地域的方言文獻材料,為官話史、方言史、漢語語言類型學研究提供了第一手資料。

## 2.1 提供了百餘年前漢語官話與南方方言的第一手對比文獻

### 2.1.1 是百餘年官話史的第一手珍貴資料之一

首先,北京官話《官話指南》(1881)是日本駐北京公使館的長崎籍人吳啟太、鄭永邦積數年之功,在中國文人黃裕壽、金國璞的指導、支援和鼓勵下,根據"輯切日用者"(田邊太一序)的原則,將其來華學習漢語的書面讀物,加以整理編輯而成。它是第一部由日本人自己編寫的北京話口語教材。它反映了清末漢語官話從南京官話到北京官話轉變過程的真實面貌。它從一個側面反映了北京話成為漢語官話的歷史事實。

其次,以《官話指南》為藍本對應編撰而成的南方官話《官話指南》(1893),是研究百年前南北官話對比的可靠資料。這個版本國內罕見。

這兩種材料對於研究 19 世紀末 20 世紀初的漢語官話是極其珍貴的資料。其意義可概括為:

(1) 可以為學界關於官話南北分野的分界線提供直接依據;

(2) 可以為北京官話和早期北京話研究提供比較好的第一手資料;

(3) 南方官話《官話指南》(1893),在用詞和造句方面表現了南方官話特點,是瞭解那個時代南方官話面貌的第一手資料。

2.1.2　是百餘年日本漢語教育史的珍貴資料之一

《官話指南》是第一部由日本人自己編寫的北京話口語教材,擺脫了以往追隨《語言自邇集》的做法,以會話體行文,具有很強的口語性和實用性,其會話題材涵蓋日常生活各領域,成為日本人學習中國語的必讀書。從明治時代起,在長達半個多世紀的歲月裡,《官話指南》一直是日本人學習漢語官話的重要教材。六角恒廣指出:"至明治十四年(1881)以來,到昭和二十年(1945)'支那語'時代結束,該書成了日本人學習中國語不可缺少的必讀書,是'支那語'的經典教科書"。這在世界漢語教育史上堪稱精彩,間接反映了《官話指南》在 19 世紀末作為第二語言教材的歷史。

2.1.3　是百餘年上海話以及方言土字的珍貴資料之一

以《官話指南》為藍本而逐句對譯成上海話的兩種讀本,即《土話指南》(1889/1908)、《滬語指南》(1896),是當時上海話的重要資料,有利於研究當時的上海話面貌以及它與官話的差異。如總括副詞"儕""交關",否定副詞"勿",給予動詞兼使役詞及被動標記詞"撥"(給),"物事"(東西)、"裡向"(裡頭)、"辰光"(時候),話題標記詞"味",保存了古重唇音特點,修飾短語"慢慢之""慢慢教""慢慢交"很有地域特點。同時,C 和 D 兩者之間用詞還有差異,反映了用詞的語體風格和用字記音特點。《土話指南》中顯示,上海話作為話題優先型語言,使用了大量的受事話題句。是非問句等一般疑問句以及否定句中出現受事話題句的情況比較多,甚至在這些句類中,STV 或 TV 式的數量都超過了 SVO 式。此外,一些在官話中用處置式、被動式或雙賓結構的句子,在上海話中也大量用受事前置句代替,尤其是對應官話為處置式的情況,在上海話中大量的是用受事話題句表達的。可見上海話的語序特點與官話的不同,上海話更傾向於話題優先。

2.1.4 是百餘年粵語以及方言土字的珍貴資料之一

以《官話指南》為藍本而逐句對譯成的《粵音指南》《訂正粵音指南》記載了一批粵語方言：佢(他)、複數尾"哋"或作"地"(們)：我哋(我們)、你哋(你們)、佢哋(他們)、人哋(人家,別人);呢處(這裏)、呢(這)、嗰(那)、咁(這樣、那樣)、嗰處(那裏)、邊處(哪裏)、點解(怎麼)、第日(次日)、乜野/乜嘢/乜(什麼)、幾多(多少)、邊(哪)、咁好(這麼好)、大佬(哥哥)、老豆(爸爸)、細佬(弟弟)、亞姐(姐姐)、野(东西)、咩(什麼)、人客(客人)、聽日(明天)、而家(現在)、家私/傢私(家具)、皮槓(皮箱)、匙羹(小勺子)、褸(外套)、大褸(大衣)、衫(衣服)、洋梘(肥皂)、凍水(凉水)、滾水(开水)、冇(没有)、嚟(来)、嬲(生气)、係(是)、係(表判断)、喺(表存在之"在")、睇(看)、探(拜訪)、起床(起身、起來)、着(穿)、洗面(洗臉)、瞓(睡覺)、瞓覺(睡覺)、食(吃)、食晏(吃午餐)、飲(渴)、除(脱、取下)、翻黎(回來)、企(站)、搣/摵(拔)、入去(進去)、走(跑)、打交(打架)、搦(拿)、喊(哭)、呃(骗)、搵(找/尋找)、攞(拿)、俾(给)、撩(挑惹)、講(說)、拌(包)、愛(要)、乞人憎(令人討厭)、瘖(累)、就手(順利)、歡喜(喜歡)、中意(喜歡、愛)、靚(漂亮)、咪(不要)、唔(不是)、喺(在)、特登(故意)、實首(的确)、啱(適合,恰巧)、咁(如此)、啲(的)、嘅(的)、咩;嗌(語氣詞,呢);表形貌的動詞詞尾"住(相當於"着")、埋(相當於"着"),表完成的動態助詞有"咽"(相當於"了")、"嘵"(相當於"了")並用等。其中大多是粵語特徵詞。例如：

(1)【A】您那宅裡,還是那位姓朱的管事麽?不是,換了人了。換了那位了?

【B】您那屋裡,還是那位姓朱的管事麽?不是,換了人了。換了那位了?

【C】倻宅裏,原是箇位姓朱个拉當賬呢啥?勿是,換之人者。換之那裡一位?

【D】儂拉宅裏,還是伊位姓朱个管事否?勿是,換之人哉。換之那裡一位?

【E】你哋公館裡頭,重有位姓朱嘅管家嗎?唔係,換曉人咯。換咀邊個呀?

【F】你嗰處,姓朱嘅管事重喺處唔呢?乙唔喺處,換過別人咯。丙請過乜人呢?(2-14)

粵語句式表達保存了中古時期或漢語早期傳統的用法,如選擇問記號用文言文系統的"或""抑或",比較句用"A+Y(比較結果)+過+B"的語序,處置式"將"字句佔優勢,"使讓"類使役句,用書面語"令"字句或"俾"字句。動補結構"V不C"還以"唔V"式佔主流,雙賓結構以雙及物結構"俾$+O_2+$過介詞$+O_1$"為特點。

## 2.2　標示了常用詞在不同地域的用詞差異

這六種材料,以北京官話《官話指南》為藍本而一句一句編譯而成南方官話本、滬語土語本、粵語土語本。六個不同文本的同一概念的同義異文表達,標示了同義詞在不同地域的用詞差異或土語面貌。

| 語義 | A | B | C | D | E | F |
|---|---|---|---|---|---|---|
| 父母 | 老子娘 | 老子娘 | 爺娘 | 爺娘 | 父母 | 父母 |
| 他 | 他 | 他 | 伊 | 伊 | 佢 | 佢 |
| 他們 | 他們 | 他們 | 伊拉 | 伊拉 | 佢哋/佢 | 佢哋/佢 |
| 父親 | 父親 | 父親 | 爺 | 爺 | 老豆 | 老哐 |
| 母親 | 母親 | 母親 | 娘 | 娘 | 老母 | 老母 |

(續表)

| 語義 | A | B | C | D | E | F |
|---|---|---|---|---|---|---|
| 哥哥 | 哥哥 | 哥哥 | 阿哥 | 阿哥 | 大佬 | 兄 |
| 姐姐 | 姐姐 | 姐姐 | 阿姐 | 阿姊 | 亞姊 | 亞姐 |
| 睡覺 | 睡 | 睡/困 | 睏 | 睏 | 瞓 | 瞓 |
| 撿 | 撿 | 撿 | 拾 | 拾 | 執 | 執 |
| 返回 | 回 | 回 | 轉/歸 | 轉/歸 | 翻(去歸) | 番(去歸) |
| 站立 | 站 | 站 | 立 | 立 | 企 | 企 |
| 承包 | 包 | 包 | 包 | 包 | 拚 | 拚 |
| 說 | 說 | 說 | 話 | 話 | 講 | 講 |
| 說話 | 說話 | 說話 | 白話 | 白話 | 講話 | 講話 |

例如：

(2)【A】黑下白日在園子裏看着纔行哪。這個看園子的，是偺們給他找啊？還是他各人找呢？

【B】黑夜白日在園子裏看着纔行哪。這個看園子的，是我們替他找啊？還是他各人找呢？

【C】日白夜裡等園裏看拉个。箇个看園个人，伲要替伊去尋个呢？阿是伊各人自家去尋个？

【D】日夜个拉菓子園裏看拉末還好。第个看園个，是我伲替伊尋个呢？還是伊託人去尋？

【E】日夜喺園裏頭看住致得。呢個看園嘅，係我哋同佢搵吖？嗁佢自己搵呢？

【F】喺園處日夜看守囉嗃。呢箇看園嘅人，係我哋同佢搵？抑或佢自己搵呢？(2-13)

這一組句子看它們之間的異文有：名詞性“黑下白日—黑夜白日—日白夜裡—日夜个—日夜”“園子裏—園裏—園處”“看園子的—看園个—看園嘅”；代詞“他—伊—佢”“偺們—我們—我伲—我哋”“他各人—伊各人自家—佢自己”“這個—箇个—第个—呢個”；介詞

"在—等—拉—喺""給—替—同"動詞性"看着—看拉个—看拉—看住—看守""找—尋—搵""纔行—還好—致得";連詞"還是—阿是—嗊—抑或"。異文的地域方言與官話之差異可見一斑。

## 2.3　反映了共時不同地域的詞彙在歷時縱向上的分佈特點

《官話指南》六種版本(含南北官話兩種、四種方言)的同義詞異文分佈比較,就基本常用詞而言,將官話與南方方言用詞比較,發現其差異分別反映了該類詞的歷時演變的因素或地域因素,在地理空間上所形成的共時"橫向"分佈正反映了它們在時間上歷時"縱向"層次。具體說來,粵語(E、F版)用詞比較存古,大量使用的是古詞書面語詞或魏晉以來的新詞;滬語(C、D版)用詞一部分存古,使用唐宋以來新詞,一部分靠近官話,使用元明以來新詞;官話(A、B版)較為一致,但南方官話(B版)較北京官話(A版)守舊,偏元明以來常用詞,北京官話則大量使用明清以來的新詞,部分使用北方話新詞。馬學良先生曾指出:"從現代漢語方言地理鋪陳的序列上看遷得越遠的,就越能保持語言的較古的或更古的形式。"從方言與官話的對比看,較古的詞語保留在六個版本中的序列是,E/F粵語版>C/D滬語版>A/B官話版。圖示略舉幾例,如:

| 語義 | A | B | C | D | E | F |
|---|---|---|---|---|---|---|
| 臉面 | 臉 | 臉 | 面孔 | 面孔 | 面 | 面 |
| 街巷 | 胡同 | 街上 | 衖裏 | 巷 | 巷 | 巷 |
| 家裏 | 家裏 | 家裏 | 屋裏 | 屋裏 | 府上 | 府上 |
| 知曉 | 知道 | 曉得 | 曉得 | 曉得 | 知 | 知到 |
| 给予 | 给 | 把 | 撥 | 撥 | 俾 | 俾 |
| 尋找 | 找 | 找 | 尋 | 尋 | 搵 | 搵 |
| 好壞 | 好歹 | 好歹 | 怍好 | 好怍 | 好醜 | 善惡 |
| 捉拿 | 拿 | 拿 | 捉 | 捉 | 抓 | 捉 |

(續表)

| 語義 | A | B | C | D | E | F |
|---|---|---|---|---|---|---|
| 掉落 | 掉 | 掉 | 落 | 落 | 跌 | 跌 |
| 站立 | 站 | 站 | 立 | 立 | 企 | 企 |
| 稱稱 | 邀 | 平 | 稱 | 平 | 稱 | 稱 |
| 握物 | 拿 | 拿 | 担 | 拿 | 揸 | 揸 |
| 打架 | 打架 | 打架 | 相打 | 相打 | 打交 | 打交 |
| 謄寫 | 抄寫 | 抄寫 | 抄寫 | 謄 | 鈔 | 鈔 |
| 綁縛 | 拴 | 拴 | 纜 | 縛 | 綁 | 綁 |
| 下雨 | 下雨 | 下雨 | —— | 落雨 | 落雨 | 落雨 |
| 言說 | 說 | 說 | 話 | 話 | 話 | 話 |
| 耕種 | 種 | 種 | 種 | 種 | 耕 | 耕 |
| 攙扶 | 攙 | 攙 | 攙 | 攙 | 扶 | 扶 |
| 行走 | 走 | 走 | 走 | 走 | 行 | 行 |
| 吃 | 吃 | 吃 | 吃 | 吃 | 吃 | 食 |
| 細小 | 小 | 小 | 小 | 小 | 細 | 細 |

這些語言事實,為我們漢語常用詞歷時演變研究提供了可靠的歷史語料。同時對研究漢語常用詞歷時演變有一定的參考價值。例如:

表示"從外向內運動",與"出"相對,在這個意義上,趨向動詞"進""入"存在歷時替換關係,"進"完成替換"入"約在明末。學界已經有不少專題論文。《官話指南》中官話用"進",粵語用"入"一一對應,有 42 組。

| 語義 | A | B | C | D | E | F |
|---|---|---|---|---|---|---|
| 進入 | 進 | 進 | 進 | 進 | 入 | 入 |

但是,實際上,通過幾種材料的對比,我們發現也有一批是"到一入"對比的用例,佔有 18 組:

| 語義 | A | B | C | D | E | F |
|---|---|---|---|---|---|---|
| 進入 | 到 | 到 | 到 | 到 | 入 | 入 |

甚至官話滬語中"到"充當動詞補語時,粵語對應的是"入",對應整齊。

| 跳到 | 跳到 | 跳到 | 跳到 | 跳入嚟 | 跳過 |
|---|---|---|---|---|---|
| 送了 | 送到 | 送之 | 送之到 | 送入 | 送……到 |
| 挪到 | 搬到 | 搬到 | | 搬入 | 搬入 |

## 2.4　通過詞的異文對比,正確理解詞義

這批材料,有利於理解文本詞義的研究,尤其對於文獻中的生僻詞、方言詞的理解。如:"跑海",在《官話指南》6 個版本中的異文有:

(3) *【A】今兒雇的不是那站口子的車。那麼是跑海的車麼?也不是,是宅門兒的車。

【B】今天雇的不是那站口子的車。那麼是跑海的車麼?也不是,是公館裏的車。

【C】今朝叫拉個勿是路上便車。是野雞車呢啥?勿是,人家宅裡個車子。

【E】今日叫唔係站頭嘅車。噉樣係散站嘅車咩?都唔係,係長班嘅車。

【F】甲今日箇駕車,唔係由站口僱嘅。乙噉就佢到處都去得嗎?甲又唔係,嗰樣車係私家車呀。

按:跑海的車,在幾個文本中有用"野雞車""散站嘅車""到處都去得",就是到處招攬活的車。與之相對的是相對固定的地點,等主顧找過來的——"站口/站頭子的車""路上便車",與之相對的還有

* 按:D 版只有兩卷,故第(3)—(11)無 D。

"宅門兒""私家車""宅裡個車子"。徐麗(2014：133)解釋"跑海"為：指沒有固定地點，四處招攬活的車夫。按：這個解釋基本正確，但是中心語應是"車"，不是"車夫"。這種車東西南北哪兒都去，沒有固定站點。

再如："哦嗻"一词。

(4)【A】你幹事老是這麼忙忙叨叨的，你瞧把這湛新的臺布都弄成了這麼哦嗻半片的了。

【B】你做事總是這麼忙忙碌碌的，你看把湛新的臺布都弄壞了這麼哦嗻半片的了。

【C】儂做事體味總是投五投六個，乃儂看一塊新揩臺布，弄齷齪之半把。

【E】你做事總係咁燥燥暴暴，你睇吓摵呢張速礦新嘅檯布，都整成咁汙糟嘅。

【F】乙你時時做野，係咁急躁嘅，你睇吓咁新嘅檯布，你整得咁污糟嘅痕跡喺處。(3-4)

按："哦嗻"一詞，未知所云，對比異文，則為方言詞"齷齪、汙糟、污糟"同義詞。實指臺布因液體浸濕而留有水痕。官話有"臢""醃臢"。如：

(5)【A】這些傢伙，都臢的了不得，怎麼你也不拾掇啊？

【B】這些傢伙，都腌臢的了不得，怎麼你也不收拾啊？

【C】多化傢生齷齪來非凡，那能儂勿出理个？

【E】嗰啲家伙，都了唔得咁汙糟，嗷都唔一氣修整吓佢咩？

【F】及各部份好污糟，點解你唔理妥的野呢？(3-16)

同时，我們也通過係聯"汙糟"一詞，對比發現粵語中用方言詞"撚"，"撚"之義也可以大致明白了。

(6)【A】可小心着，別拿墩布臢了牆。

【B】可小心的，莫拿抹布臢了牆。

【C】當心，牆脚勿要碰齷齪。

【E】總要小心啲，咪俾抹地布整撚啲牆。

【F】要小心,咪俾濕布整汙糟箇牆,快的埋手喇。(3－14)

(7)【A】你怎麼把澡盆的臢水都倒在馬棚外頭了呢？不是倒的,是因為溝眼堵住了。

【B】你怎麼把澡盆裏的水都倒在馬棚外頭了呢？不是倒的,是因為溝眼堵住了。

【C】阿是浴盆个水秃倒拉馬棚外頭？勿是倒拉个,因為水溝塞住之咾。

【E】你做乜摵洗身盤啲污糟水倒喺落個馬棚處呢？唔係倒嘅,因係個坑渠眼塞住。

【F】做乜將洗身房的污糟水倒馬房外便呢？丙唔係倒箇處吖,箇渠口塞咽。(3－16)

按：章炳麟《新方言・釋言》:“《說文》：‘瀸,汙灑也。’則旰切。今……或直謂汙為瀸,俗字作臢,重言曰醃臢。”(引自蔣紹愚 2015：83)這是對“臢”語源的一種說法。在《官話指南》中似乎可以成立。

(8)【A】你還得換上乾淨點兒的衣裳。平常在家裏做粗活,那原不講究。

【B】你還要換上乾淨點兒的衣裳。平常在家裏做粗事,那原不講究。

【C】儂衣裳還要換來乾淨點。拉屋裡做粗生活,本來勿要緊。

【E】你重要換過件乾淨衣服呀。閒時喺啱做事,嗰啲原本唔使拘。

【F】甲你重要着的乾淨衣服至得。因你喺屋裏頭,着箇的嚟做污糟嘅工夫,就唔係好睇。(3－18)

撒俐,打理清爽。

(9)【A】到別的宅裏去,總得要撒俐纔是樣子哪。靴子、帽子,小的可沒有。

【B】到別人家裏去,總得要撒俐纔成樣子哪。靴子、帽子,小的却沒有。

【C】到底到別人家搭去,總要清(爽)點味好。靴咾帽子,我無得个味。

【E】去別人處,就總要打整得企理的致似樣嘅。小的冇靴帽,點呢?

【F】你去第間屋,都要齊整的至合格呀。乙啊,先生,我實在冇帽冇鞋嘧。(3-16)

咕哩,音譯詞,即"苦力"的譯音詞。

(10)【A】不行,這裏頭有嬌嫩東西,怕車撴。若不然就叫苦力挑着,跟了你去罷。

【B】不行,這裏頭有嬌嫩東西,怕車撴。若不然就叫挑子挑着,跟了你去罷。

【C】勿要,裡向有碰勿起个物事,去車子上怕伊顛壞之个。勿是味教个脚班挑之,儂跟之伊去味者。

【E】唔做得,呢裏頭有幼細嘅野,怕車撴。不如叫個咕哩担住,跟你去罷喇。

【F】甲唔係裏頭的物件,好容易爛嚐,怕被車撴爛。你就叫苦力同去担喇。(3-18)

皮刺的:皮刺原指皮类药材表面的一种硬而尖头的突出物,稱皮刺,如海桐皮。此形容堅固的東西。

(11)【A】還有其餘的那些個粗重的東西,你挑那皮刺的,都裝在那個劉二雇來的大車上罷。

【B】還有其餘的那些的粗重的東西,你揀那皮刺的,都裝在那個劉二雇來的大車上罷。

【C】還有別様硬頭傢生,儂擔一眾碰得起个物事,裝拉劉二叫來个大車子上。

【E】與及個啲粗重嘅野,你揀啲堅固嘅,都裝落劉二叫嚟個駕大車處。

【F】及粗重嘅野,揀出的堅固嘅,裝落劉二僱嚟箇駕大車喇。(3-9)

掟:義同"摔、摜、甩"。

(12)【A】把櫃上的一個夥計,他揪出來給他打了,把攔櫃上擱着的算盤也給摔了。

【B】把攔櫃上的一個夥計,他揪出來被他打了,把攔櫃上擱着的算盤也被摔了。

【C】挪櫃上一个夥計揪出去就打,担櫃上个算盤甩拉地上。

【D】拿櫃上个一个夥計,撥伊拉拖出來一頓个打,又拿櫃上擱拉个算盤,也撥伊拉摜摔。

【E】喺櫃位拉嘵個夥計出嚟打,把櫃面嘅算盤又掟嘵。

【F】捉住櫃面一人,拉出嚟打佢,將櫃面算盤丟落地下。(2-6)

## 2.5　是研究對外漢語教材編寫史和漢語傳播史的重要資料

一部北京官話《官話指南》是外國人用來學習北京官話的漢語教材,一部南方官話《官話指南》是外國人用來學習南方官話的教材,《土話指南》(三卷)是外國人用來學習上海土話的教材,《滬語指南》(兩卷)是專門指導從事商務活動的外國人的,《粵音指南》(四卷)是為去廣東工作的外國人編寫的,而《訂正粵音指南》則更強調學習粵語口語。《官話指南》還有日語版、英語版、法語漢語雙語版,這些是專門為日語、英語、法語來源的外國人編寫的具有國別語種的教材。

《官話指南》還被英國領事官 Hopkins 翻譯成英語 the guide to Kuan Hua; a translation of the Kuan Hua chih nan, with an essay on tone and accent in Pekinese and a glossary of phrases (by L. C. Hopkins. Shanghai, Kelly & Walsh, 1906)。這個版本是《官話指南》初版本的英文譯本,沒有漢語原文。在卷末還有關於聲調等問題的說明以及疑難字詞語句的注釋。

《官話指南》還被法國天主教神父布舍翻譯為法語 Boussole du Langage Mandarin(1908),布舍還編寫了一部與之配套的法語版的注釋本。這個本子的上方為《官話指南》漢語原文,下方為字詞的注音和釋義。它在 19 世紀末 20 世紀初的海外漢語教育史中影響深遠。

可見,《官話指南》不僅可以作為漢語官話和漢語方言的研究語料,還可以作為對外漢語教材編寫史和傳播史的重要資料。該材料適用于從事現代漢語、漢語史、漢語方言、對外漢語教學史、20世紀對外交流史、日本漢學史等研究的學生和研究人員。可以作為語言專業、對外漢語專業教材和研究生教學教材。我們有幸收集了這批資料,首次揭示出來,出版发行,以奉獻給學術界。

**參考文獻**

陳明娥、李無未. 清末民初北京話口語詞彙及其漢語史價值——以日本明治時期北京官話為例[J]. 廈門大學學報. 2012(2).

李煒,和丹丹. 北京話"您"的歷時考察及相關問題[J]. 方言. 2011(5).

王順洪. 六角恒廣的日本近代漢語教育史研究[J]. 漢語學習. 1999(4).

王順洪. 日本明治時期的漢語教師[J]. 漢語學習. 2003(1).

張美蘭. 掌握漢語的金鑰匙——元明清東西方漢語教材特點比較[J]. 國際漢學(12). 鄭州: 大象出版社. 2004.

張美蘭. 日本明治期間漢語教科書中的北京話口語詞[J]. 南京師大人文學報. 2007(2).

張美蘭. 清末漢語介詞在南北方官話中的區別特徵—以九江書局改寫版《官話指南》為例[M]. 陳燕,耿振. 繼往開來的語言學發展之路. 北京: 語文出版社. 2007.

陳燕芬.《土話指南》句法研究[D]. 清華大學碩士論文. 2010.

王曉鳴.《土話指南》研究[D]. 上海大學碩士論文. 2006.

徐麗. 日本明治時期漢語教科書研究[D]. 北京外國語大學博士論文. 2014.

徐麗.《官話指南》在日本漢語教育史上的地位與貢獻[J]. 海外華文教育. 2015(1).

張美蘭. 明清域外官話文獻語言研究[M]. 長春: 東北師範大學出版社,2011.

蔣紹愚. 漢語歷史詞彙學概要[M]. 北京: 商務印書館. 2015.

內田慶市,氷野善寛編著.《官話指南》四書誌的研究[M]. 日本東京: 好文出版. 2016.

# 凡　例

(一)《官話指南》(六種)是指以(北京官話)《官話指南》以及依據此版本改寫翻譯成不同方言的新版本,共計六種版本。

(二)《官話指南》(六種)匯校是指以《官話指南》南北官話系統的版本(兩種)與方言版本(四種),進行一句一句的對照匯校。《官話指南》(六種)分別以字母 A、B、C、D、E、F 為代號標示(統稱《指南》各版)。下面簡介各版本情況:

A:初版《官話指南》,編者吳啟太、鄭永邦,日本明治十四年(1881)十二月楊龍太郎出版。全書分為四卷。本書依據楊龍太郎出版初刻本,以 1882 年(清光緒八年)上海美華書館本為基礎版。

B:改訂版《官話指南》,四卷。九江書會著,1893 年(清光緒十九年),九江印書局活字印出。本書依據九江印書局本。因該版有 A 版對應文字,注文中則此 1893 年之 A 為 A1,特說明。B 版對 A 版的對譯在第二第三卷有漏字的現象,括弧補出,特說明。

C:上海方言版《土話指南》,三卷。1889 年,上海土山灣慈母堂出版,全書內容體例完全依據《官話指南》,是《官話指南》的上海方言翻譯本。方言譯者待考,法文則為法國傳教士董師中翻譯。本書依據 1908 年土山灣慈母堂第二次印刷本。

D:滬語版《滬語指南》,兩卷。1896 年,編者曹菊人將《官話指南》的《應對須知》和《官商吐屬》兩卷翻譯為上海方言,用作"商務漢語課本",1908 年由上海美華書館出版。此據 1908 年上海美華書館本。

E:粵方言版《粵音指南》,四卷。譯者待考。本書第一、二卷依據 1895 年(光緒二十一年),香港文裕堂本,第三、四卷依據 1910 年(清宣統二年)香港別字館印本。

F: 粵方言版《訂正粵音指南》,三卷。英國威禮士重訂,惠陽馮晋亭校字,Wing Fat & Company, Hong kong 1930 年版。本書依據該本。

(三) A 版是我們工作的底本,依此形成《官話指南》之 B、C、D、E、F 排列順序。

經比較,我們發現五種材料中,B 版是 A 版南方官話對應版本,因 B 版為 AB 同時並列排印,這個 A 版與初刻的 A 版有時有異,為此,1893 年中對應於 B 版的 A 版,我們稱之為 A1,全書注解統一以 A1 標示。

B 版還是有一點不足,例如在南北官話對比方面,明顯有豎行南方官話的對應詞的缺漏。例如: 對應 A 版北方話的應諾詞"喳"23 例,其中,B 版有用"是"(4 例)、"唯"(5 例)、"哦"(1 例),空而無字的有 13 例。我們著錄時用括弧加右上方"+"號(喳/是⁺)標示,因最早 1 例是在第二卷第三章出現"是",因此在第二卷第十五章括注"是",B 版下文同。其他文本類似現象,同此。B 版與 A1 版並列時,個別地方還會次序顛倒。

(四) D 版中出現對官話某些詞的用法對譯有兩個不同詞,以雙行並列排列,著錄中以"/"號標示該陳列,如:

我第回着/受之點冷/寒,覺着頭痛周/渾身酸痛。總要請先生/郎中,好好能看末是好。

應該是:"着冷—受寒""周身—渾身""先生—郎中"的用詞差異,分列則是:

我第回着之點冷,覺着頭痛周身酸痛。總要請先生,好好能看末是好。

我第回受之點寒,覺着頭痛渾身酸痛。總要請郎中,好好能看末是好。

統一為:以"/"號標示在句中著錄,特說明。

(五) 改編後的《訂正粵音指南》(1930)F 版,三卷,每一課增加標題,一律以四個音節詞或詞組命名,如第一課"姓名住址"。同時課文將對話者以甲、乙雙方分開。因此在正文中,我們於每課著录中增補了篇首之“篇名”,括弧表示;對話雙方依文補上“甲、乙”雙方,以下標標出。文中對民國早年已經改變的稱謂、地名或對應的英文翻譯用語進行了小注,我們一律括注。

如:【F】現在二十四歲啫。甲恭喜喺邊處[或恭喜在]?乙我喺通州[州改縣]做生意。

【F】要叫做御花園[今無此稱],箇的護衛嘅兵叫御林軍[今無此稱]

另外,《訂正粵音指南》對部分詞用四角標調法標調。按標調的位置區別注音,左下角平聲,左上角是上聲,右上角是去聲,右下角是入聲,各分陰陽。《訂正粵音指南》有陰平、陽平、陰上、陽上、陰去、陽去的標調符號,唯獨沒有對方言入聲字標調。這些標調字,我們沒有錄入,特此說明。

(六) 以 A、B、C、D、E、F 順序排列,分別對首次出現的特殊官話詞、方言詞適當加注。如無特殊情況,下文中則不再重複注解上文所注解的詞。注文置於每一篇之末。

(七) 著錄中對正文進行校正或校補,直接圓括號( )括注顯示,如:拆(折),“這麼(早)”;如原文有小注,則用方括號[ ]括注小注,如 F 版:北京[改“平”]。

(八) 關於原版本用字問題的著錄

1. 遵照方言土字的寫法,保持原貌。如:

(1) 粵語土字土詞:嚟(來),佢(他),噉樣(如此),聽日(明日),哋/地(們),係(是),喺(在),唔(不),就喺喇(就是了),點(怎麼),而家(如今),咁/噉(那麼)。粵語“嗰(㗎)”是指示代詞,相當於“那”;“嘅(嘅)”是助詞,相當於“的”。

(2) 滬語土字土詞:个助词(的),箇代词(這),了/着助词(之助词),莫(勿),擇(拿),儂(你),什介(這些),今朝(今日)。輌(趟)。話語標記詞“咊”。

(3) 北京官话:趨(遛)達。

2. A、B、C、D、E、F 各版用字,保持版本原貌。

A、B、C、D、E、F 各版用字,現象複雜,“簡繁”混用、“正俗體”異體共現,方言土字還有地域特色。為了保持各版的個性特點,我們沒有按照一般古籍文獻出版的統一要求來統一對待材料的用字,而是堅持保持原不同文獻的用字面貌來反映不同材料在表達同一個內容時的用字差異。這也許不符合出版界的規定,但是保持了作品的面貌,我們為此耐心地做文獻用字校對工作。例如:

(1) 所有文本中,"叫"幾乎全部用俗字"呌"。俗字"呌",在文獻中有兩個意義:呌$_1$,叫喊;呌$_2$,使役之讓。此兩義,ABDEF 四版均用"呌";但上海話 C 本中"呌$_1$"仍用"呌","呌$_2$"則用"教"字。

| 通語 | A | B | C | D | E | F |
|---|---|---|---|---|---|---|
| 祈請類請求 | 呌$_2$ | 呌$_2$ | 教 | 呌$_2$ | 呌$_2$ | 呌$_2$ |

還有"呌$_3$",表示"雇請"。AB 用雇(B 另有两處用"僱",两處用"請"),C 用呌(另有 1 處用"尋",4 處用"教"),D 用"喊"(另有两處用"請"),E 用"呌"(另有 6 處用"請",1 處用"搵",1 處用"賃",2 處用"講"),F 用"僱"(另有 2 處用"請",2 處用"呌",1 處用"講",1 處用"租")。而雇有作"僱"的。略取部分用字,列表如下:

| 通語 | A | B | C | D | E | F |
|---|---|---|---|---|---|---|
| 租用(車) | 雇 | 僱 | 尋 | 喊 | 搵 | 請 |
| | 雇 | 雇 | 呌$_3$ | 喊 | 賃 | 租 |
| | 雇 | 雇 | 呌$_3$ | 喊 | 呌$_3$ | 僱 |
| | 雇 | 雇 | 呌$_3$ | 喊 | 呌$_3$ | 呌 |
| | 雇 | 雇 | 呌$_3$ | 喊 | 呌$_3$ | 僱 |
| | 雇 | 雇 | 呌$_3$ | 喊 | 呌$_3$ | 僱 |
| | 雇 | 雇 | 呌$_3$ | 喊 | 請 | 僱 |
| | 雇 | 請 | 教 | 請 | 請 | 請 |

(2) 表"裏外"之"裏",又作"裡"字。AB 版均以"裏"爲主,偶尔用"裡"(裏>裡);滬語 C 版則以"裡"爲主,偶用"裏"字(裡>裏)。

而 DE 版用"裏、裡"(裏＞裡)。但度量量詞仍用"里"。

| 通語 | A | B | C | D | E | F |
|---|---|---|---|---|---|---|
| 裏外之裏 | 裏＞裡 | 裏＞裡 | 裡＞裏 | 裏 | 裡 | — |

(3) "鋪"有三个意思:錢鋪、店鋪、鋪蓋。其中"鋪蓋"之"鋪"字形不變,而表"錢鋪"義,A 版多用"鋪",B 版多用"鋪",E 版用"鋪",F 版用"舖"。C 版則多用"店""棧"。D 版用"莊",如:表示"布鋪",D 版用"布莊";表示"估衣鋪",D 版用"衣莊"。

| 通語 | A | B | C | D | E | F |
|---|---|---|---|---|---|---|
| 錢莊錢鋪 | 鋪＞舖 | 鋪＞舖 | 莊 | 莊 | 鋪 | 舖 |

表"商铺"義,如點心鋪、乾果子鋪、京果舖、布鋪、皮貨鋪等,EF 版作"舖"。

| 商铺店鋪 | 鋪 | 鋪 | 店 | 店 | 舖 | 舖 |
|---|---|---|---|---|---|---|

(4) 表量詞之"个",繁體有"個",此義,AB 版均繁體以"個"為主;上海話 C 版則以簡體之"个"爲主,偶爾用"個"字。D 版用簡體之"个", E 版用繁体"個",F 版用繁体"箇"。

| 名量詞 | 個 | 個 | 个(個) | 个 | 個 | 箇 |
|---|---|---|---|---|---|---|

(5) 相當於指示代詞"這",滬語 C 版用"箇",D 版用"第",而粵語用"呢"。相當於指示代詞"那",滬語 C 用"箇",D 用"伊",粵語用"嗰"。相當於助詞"的",滬語用"个",粵語則用"嘅"。列表呈示如下:

| 通語 | A | B | C | D | E | F |
|---|---|---|---|---|---|---|
| 近指代詞 | 這 | 這 | 箇 | 第 | 呢 | 呢 |
| 远指代詞 | 那 | 那 | 箇 | 伊 | 嗰(啯) | 嗰 |
| 結構助詞 | 的 | 的 | 个 | 个 | 嘅 | 嘅 |

(6) 帳目之“帳”,A、B、C、D 版用“帳”, F 版用“賬”。

| 通語 | A | B | C | D | E | F |
|---|---|---|---|---|---|---|
| | 帳 | 帳 | 帳 | 帳 | 賬 | 賬 |

足够之“够”,A、B、C、D 版用“彀”, E、F 版用“够”。

| 通語 | A | B | C | D | E | F |
|---|---|---|---|---|---|---|
| | 彀 | 彀 | 彀 | 彀 | 够 | 够 |

烟草之“烟”,A、B、C 版用“烟”,D、E、F 版用“煙”。

| 通語 | A | B | C | D | E | F |
|---|---|---|---|---|---|---|
| | 烟 | 烟 | 烟 | 煙 | 煙 | 煙 |

量詞之“趟”,A、B 版用“盪”,C、D 版用“回”, E、F 版用“躺”。

| 通語 | 盪 | 盪 | 回 | 趟 | 回 | 躺 |
|---|---|---|---|---|---|---|

抄寫之“抄”,A、B、C 版用“抄”, D、E 版用“鈔”。另 C 版用“鈔”表示“匙羹”類的用具。

| 通語 | A | B | C | D | E | F |
|---|---|---|---|---|---|---|
| | 抄 | 抄 | 抄 | 抄 | 钞 | 钞 |

泥土之“泥”,A、B、D、E、F 版用“泥”, C 版只用“坭”,F 版偶尔用“坭”。

| 通語 | A | B | C | D | E | F |
|---|---|---|---|---|---|---|
| 泥土之泥 | 泥 | 泥 | 坭 | 泥 | 泥 | 泥/坭 |

拜托之“托”,A、B 版託＞托,C 版只用“托”却不用“託”,D、E、F 版託＞托,F 版用得较多。

| | 托 | 託 | 托 | 託 | 托/託 | 託 |
|---|---|---|---|---|---|---|

他例整理如下：

| 通語 | A | B | C | D | E | F |
|---|---|---|---|---|---|---|
| 名量詞 | 棵 | 棵 | 顆(棵) | 棵 | 裔 | 裔 |
| 動量詞 | 回 | 回 | 回 | 回 | 回 | 躺 |
| 動量詞 | 盪 | 盪 | 趟 | 盪 | 轉 | |
| 鐘表—鐘錶 | 表 | 表 | 表 | 表 | 表 | 錶 |
| 帳——賬 | 帳 | 帳 | 賬 | —— | 賬 | 賬 |
| 猪——豬 | 猪 | 猪 | 豬 | —— | 豬 | 豬 |
| 烟——煙 | 烟 | 烟 | 烟 | —— | 煙 | 煙 |
| 升——陞 | 陞 | 陞 | 升 | —— | 升 | 陞 |
| 抬——擡 | 抬 | 抬>擡 | 抬 | —— | 抬 | 抬>擡 |
| 够——彀 | 彀 | 彀 | 彀 | —— | 够 | 够 |
| 雇佣—僱佣 | 雇 | 雇>僱 | 雇 | —— | 雇 | 僱 |
| 果子——菓 | 菓 | 果 | 菓 | —— | 菓 | 果 |
| 嘎啡—咖啡 | 嘎啡 | 嘎啡 | 加非 | —— | 喍啡 | 咖啡 |
| 嘎啡—加非 | 嘎啡 | 嘎啡 | 加非 | —— | 口架啡 | 咖啡 |
| 景致—景緻 | 景致 | 景致 | 景緻 | 景緻 | 景致 | 風景 |
| 山脚—山腳 | 山底下 | 山底下 | 山脚下 | 山腳下 | 山下 | 山脚 |
| 担——擔 | 拿 | 拿 | 担>擔 | 擔 | 擰 | 帶/擰 |
| 收作—收築 | 收拾 | 收拾 | 收作 | 收築 | 修吓 | 修整 |
| 礙——碍 | 礙 | 礙 | 碍 | —— | 碍 | |
| 醃——瀶 | 醃 | 醃 | 瀶 | —— | 醃 | 醃 |
| 嘎拉——角駱 | 嘎拉 | 嘎拉 | 角裏 | —— | 角駱 | 角駱 |
| 黄瓜—王瓜 | 黄瓜 | 黄瓜 | 黄瓜 | —— | 黄瓜 | 王瓜 |
| 筷——快 | 筷子 | 筷子 | 筷 | —— | 快子 | 快子 |
| 盃——杯 | 盃 | 盃 | 盃 | 盃 | 盃 | 杯 |

E版和F版之間方言土字用字很有個性。如：致—至、翻—番。

| 通語 | A | B | C | D沪 | E | F |
|---|---|---|---|---|---|---|
| 剛剛 | 纔 | 纔 | 還 | 纔纔 | 致 | 至 |
| 回歸 | 回 | 回 | 轉 | 轉 | 翻 | 番 |

(7) 一詞多異體的用字現象，不同版本間還有若干現象，如：

以下兩個形體均見，但多少不一，如：攢>攢；觔>筋；盃>杯；甎>磚，着>著；拿>拏；弔(吊)；粧>裝；狠>很；躭悮>躭誤("悮"、"誤"均用)；辯(辦)；綑>捆；欵>款；俻>備。《官話指南》喜歡用"上檔"，《土話指南》喜歡用"上當"。《土話指南》繁體之"擔"多於簡體之"担"。《粵音指南》中人稱代詞複數用"我哋、佢哋"，有時也用"我地、佢地"。而"繙譯"、纔、"糧(食)"等，不用其他形體。

在文獻中對"真—眞、挣—掙、净—淨、静—靜、颜—顏、顶—頂、决—決、况—況、丧—喪、话—話、类—類、义—義、动—動、现—現、调—調、亲—親、进—進、词—詞、结—結、请—請、题—題、继—繼、编—編、语—語、话—話、晋—晉、载—載"等具有繁簡關係的字形，根據文獻原貌保留；對那些有新舊字形之分的繁體字，可用新字形。如期—朞/朞、别—別、説—說等。另，"兩—両"二字在E、F版本中區分較明確，"兩"表數量，"両"表質量。本書匯校部分一律保持原貌。其他方言土字有分工傾向性特徵的也一律保持原貌。

總之，我們遵守文獻版本的用字面貌，特此說明。

F版"車"，有時刻成"車"，一律為"車"字。

# 上　篇

## 《官話指南》(六種)匯校

我們將以《官話指南》南北官話系統的版本(兩種),與方言版本(四種),進行一句一句的對照匯校。分別以字母 A、B、C、D、E、F 為代號標示(統稱《指南》各版),下面簡介各版本情況:

A:初版《官話指南》,編者吳啟太、鄭永邦,明治十四年(1881)十二月楊龍太郎出版。全書分為四卷。本書依據的是楊龍太郎出版的初刻本。

B:改訂本《官話指南》,四卷。九江書會,1983 年(清光緒十九年),九江印書局活字印出。本書依據的是九江印書局出版刻本。

C:上海方言版《土話指南》,三卷。1889 年,上海土山灣慈母堂出版,全書內容體例完全依據《官話指南》,是《官話指南》的上海方言翻譯本。方言譯者待考,法文則為法國傳教士董師中翻譯。本書依據的是 1908 年土山灣慈母堂第二次印刷本。

D:滬語版《滬語指南》,兩卷。1908 年由上海美華書館出版。

E:粵方言版《粵音指南》,四卷。譯者待考。本書依據的是 1910 年(清宣統二年)香港別字館印本。

F:粵方言版《訂正粵音指南》,三卷。英國威禮士重訂,惠陽馮罶亭校字,1930 年 Printed by Wing Fat & Company, Hong Kong。

# 第一卷　應對須知
# (《土話指南》上卷《訂正粵音指南》卷之一)

## 1【一】(第一課　姓名住址)[①]

【A】您納[②]貴姓?賤姓吳。請教台甫?草字資靜。貴昆仲幾位？我們弟兄[③]三個。

【B】您貴姓？賤姓吳。請教台甫？草字資靜。貴昆仲幾位？我們弟兄三個。

【C】請教貴姓？賤姓吳。請教台甫？草字資靜。貴昆仲幾位？伲[④]弟兄三個。

【D】閣下尊姓？敝姓吳。請教台甫？草字資靜。賢昆仲有幾位？伲弟兄三个。

【E】貴姓呀？小姓吳。台甫係？草别資靜。有幾位昆季呢？三兄弟。

【F】甲貴姓名？乙吳資靜。甲有幾位昆季[或昆仲]呢？乙三兄弟。

【A】貴處是那一省？敝處河南省城。府上在城裏住麽？是,在城裏住。

【B】貴處是那一省？敝處河南省城。府上在城裏住麽？是,在城裏住。

【C】貴處是那裡一府？敝處是松江府。府上住拉[⑤]城裏是否？是,住拉城裏个[⑥]。

【D】貴/尊府[⑦]是拉那裏一省？敝處/地河南省城。貴/寶寓是拉城裏呢啥？是个,垃拉城裏。

【E】貴省呢？敝省河南。府上喺城裏住嗎？係,喺[⑧]城裡住。

【F】甲貴省呢？乙敝省河南。甲府上喺城裏嗎？乙係,舍下喺城裏。

【A】久仰得很,沒會過,失敬得很。

【B】久仰得很,沒會過,失敬得很。

【C】久仰得極,勿曾會過歇,失敬失敬。

【D】久仰久仰,勿曾會過,失敬得極。

【E】仰慕好耐咯,未有會過,失敬失敬。

【F】甲同閣下初次認識,甚屬喜歡。向來未會過,十分失敬。

【注解】

①《訂正粵音指南》(1930)F版卷之一每一課有課名:第一課《姓名住址》,課文將對話者以甲乙雙方分開。因此在正文中,我們補上課文名稱,括弧表示;對話補上"甲乙"雙方。下同。文中對民國早年已經改變的稱謂、地名或對應的英文翻譯用語進行了小注,我們一律括注。另外,《訂正粵音指南》對部分詞用四角標調法標調。按標調的位置區別注音,左下角平聲,左上角是上聲,右上角是去聲,右下角是入聲,各分陰陽。《訂正粵音指南》有陰平、陽平、陰上、陽上、陰去、陽去的標調符號,唯獨沒有對方言入聲字標調。這些標調字,我們沒有錄入,特此說明。

② 您納:您的尊稱或第二人稱的客氣稱呼。又寫作"你納""你吶"等。多出現在談論對話場合,較早使用該詞的文獻有公神甫的《洋漢合字彙》(Dicctinario Portuguez — China, 1831)。(引自宋桔 2011: 215)在第一本北京話教材是《語言自邇集》(1867 年版)中多見。《官話指南》A 版中共出現 19 例。清末"您納"字又寫作"您吶""你呢""你哪"等。大致反映了 19 世紀末北京話口語詞的特點。

③ 弟兄,是"哥哥和弟弟",該詞組古代多用"兄弟"表示。隨着"兄弟"在唐代以後尤其是元明詞彙化為偏指之"兄弟"、敬稱對方之"兄弟"、自我謙稱之"兄弟"後,明代北方話中"弟兄"佔領了表"哥和弟"之"兄弟"的用法,並沿用至今。明代以後,在南方話口語中仍用"兄弟",DE 版即如此。而在北方话口語或官話中用"弟兄"表示,《官話指南》ABCDE 版的異文對比可見其間差異。原詞組之"兄弟"使用範圍主要在南方話中,並沿用至今。(參見張美蘭、穆湧 2015)

④ 伲,滬語,第一人称代词。可用於單數複數。

⑤ 拉:滬語,介詞"在"。《土話指南》中用作動詞的"拉",常寫作"垃",以區別動詞與介詞的用法。

⑥ 个,滬語助詞用字,用於句末,相當於助詞"的"。用字區別於代詞"箇""個"。

⑦ D 版《滬語指南》往往有同義異文翻譯的排列,我們以"/"標示,特此說明。下文同。

⑧ 係,粵方言判斷係词。喺,粵方言關係動詞"在"。也兼作介詞"在"。舍下,謙稱詞,自稱。

## 1【二】(第二課 互談年紀)

【A】先生今年高壽?我虛度六十歲了。好福氣,很康健①。鬚髮並不很白。

【B】先生今年高壽？我虛度六十歲了。好福氣，很康健。鬍髮並不很白。

【C】先生今年有幾化[②]高壽者？虛度之[③]六十歲者。有福氣，好强健。鬍咾頭髮還勿曾那能[④]白哩。

【D】先生今年幾化高壽？虛度六十歲。好福氣，蠻强健。鬍髮並勿大白。

【E】先生今年貴庚呀？虛度六十咯。好福氣，實首壯健，鬍髮都不甚白吖[⑤]。

【F】甲閣下今年貴庚［或稱貴甲子］呢？乙虛度六十咯。甲好福氣，實首壯健，鬍髮都不甚白啫。

【A】托福，我鬍髮已經也半白了。我今年纔五十歲，鬍已經白了多一半兒了。

【B】托福，我鬍髮已經也半白了。我今年纔五十歲，鬍已經白了一大半了。

【C】靠福，鬍咾頭髮已經白之半把者。我今年剛剛五十歲，鬍已經白之一半多者。

【D】靠福，我鬍髮已經白之半把哉。我今年纔纔五十歲，鬍已經白哉，白之一大半哉。

【E】托福，都已經白嗽半嘞。都算你好，我今年致五十歲，啲鬍已經白嗽[⑥]大半咯。

【F】乙託福。但我嘅鬍髮已經半白咯。甲我今年僅五十歲，的鬍已經白曉大半嘞。

【注解】

① 康健：健康。

② 幾化：南方話疑問代詞，相當於“多少”。

③ 之，上海話動態助詞，相當於“了”。AB版《官話指南》用“了”。

④ 咾，上海話助詞，不表實義。那能，上海話疑問副詞，怎麼。

⑤ 實首：粵方言副詞，甚詞，相當於“很”。吖，粵方言助詞，而在《訂正粵音指

南》中用“啫”。

⑥ 噉：粤方言詞，如此。致：粤方言副詞，纔，剛剛。啲：代詞，相當於“這”。在《粤音指南》用“啲”，而在《訂正粤音指南》中用“的”。

⑦ 嘅：“嘅”，粤方言助詞，相當於“的”，修飾名詞。

嘵：動態助詞，相當於“了”。《官話指南》用“了”，在《土話指南》用“之”。

嘞：語氣助詞，相當於“了”。《官話指南》用“了”，在《土話指南》用“者”，《粤音指南》用“咯”。

## 1【三】（第三課　尊行寶號）

【A】尊姓大名？我賤姓張，官名叫守先。尊行排幾？我居長。貴甲子？我還小哪，今年二十四歲。

【B】尊姓大名？我賤姓張，官名叫守先。尊行排幾？我居長。貴庚？我還小哪，今年二十四歲。

【C】尊姓大名？賤姓張。官名叫守先。尊駕排行第幾位？我頂大。貴甲子？還小拉哩，今年不過廿四歲。

【D】尊姓大名？敝姓張，官名守先。尊駕排行第幾？是第一/頂大。貴甲子/尊庚有幾化？小哩，今年念(廿)四歲。

【E】尊姓大號呀？小姓張，官名叫做守先。尊行呀？我居長。今年貴庚呢？我年紀重細，二十四歲啫。

【F】甲尊姓名？乙官名張守先。甲尊行呢？乙我居長。甲貴甲子呢？乙我年紀重輕，現在二十四歲啫。

【A】恭喜在那兒？我在通州做買賣，我和你令叔相好，故此特來請安。

【B】恭喜在那裏？我在通州做買賣，我和你令叔相好，故此特來請安。

【C】恭喜一向拉啥地方[①]？拉通州做生意。我搭[②]自家令叔相好个[③]，所以特第來候候。

【D】恭喜拉那裡/拉啥地方發財？拉通州做生意。我同令叔是朋友，所以特來恭候。

【E】恭喜喺邊處[④]發財呢？喺通州做生意，我因爲同令叔相好，故此特自過嚟請安。

【F】甲恭喜喺邊處[或恭喜在]？乙我喺通州[州改縣]做生意。因爲同令叔相好，故此特嚟拜候。

【A】不敢當。請問寶號？小號信昌。

【B】不敢當。請問寶號？小號信昌。

【C】當勿起。請問寶號叫啥？小號叫信昌。

【D】勿敢當。請教寶號？小號信昌。

【E】唔敢當。請問寶號？小店信昌。

【F】甲唔敢當。請問寶號？乙小店信昌。

【注解】

① 拉，介詞，相當於官話的“在”。啥地方，相當於官話的“哪兒、哪裏”。啥，合音式(“什麼”之合音)的疑問代詞，在明代馮夢龍吳地民歌中《童癡二弄·山歌》有 14 例(字寫作“倽”13 例，“哽”1 例)。如：借別人介多呵物事，教我拿倽抵擋。(卷九《燒香娘娘》)在淩濛初小說《初刻拍案驚奇》裏偶見，字寫作“蛇”。如：若一下衝撞了他，收拾了本錢去，就沒得蛇弄了。(《初刻》卷 22)清代《聊齋俚曲》、《兒女英雄傳》中“啥”字仍有寫作“倽”“哽”或“煞”。

② 搭，介詞，引介與同對象，相當於官話的“和、同、與”。從方言的分佈看，表與事關係(受益、相與)的介詞，粵語、客家話用“同”，閩語用“共”，吳語用“搭”，通語用“和”“替”。

③ 个，滬語助詞，可以不譯。

④ 喺，粵語詞，相當於官話的“在”。邊處，相當於官話的“哪兒、哪裏”。

## 1【四】(第四課　到埠問安)

【A】久違久違，實在渴想得很。今兒早起聽見老兄到了，特過來拜訪。不敢當。勞您駕。

【B】久違久違，實在渴想得很。今天早晨聽見老兄到了，特過來拜訪。不敢當。勞您的大駕。[①]

【C】久違久違,實在渴想得極。今朝早辰頭聽見話老兄到此地,所以特地來望望。當勿起。煩勞尊駕。

【D】久闊久闊,實在渴想之至。今朝早晨聽得老兄到哉,特來拜望。勿敢當。勞儂駕/大駕。

【E】違教好耐咯,實首想見吓老兄。聞說老兄今朝到咽,特自過嚟[②]拜候。唔敢當,實在勞駕。

【F】甲違教好耐咯,我好渴望見你。今朝聞得老兄到埠,特嚟問安。乙唔敢當。

【A】我本要到府上請安去。

【B】我本要到府上去請安。

【C】我本來要到府上來瞻仰瞻仰。

【D】我本來要到府請安。

【E】我本來想到府上請安。

【F】本應到府上問安嘅。

【A】就因爲昨天晚上纔到的,行李各件還沒拾掇好了,箱子也還沒打開了,身上的衣服都沒換哪,恕兄弟明天再過去謝步。不敢當。

【B】就因爲昨天晚上纔到的,行李各件還沒有收拾,箱子也還沒打開了,身上的衣服都沒換哪,恕兄弟明天再過去謝步。不敢當。

【C】因爲昨日夜快到拉个,行李咾啥[③],勿曾安放好,箱子勿曾開,衣裳勿曾換,讓我明朝來還拜罷。(按:原文至此)

【D】因爲昨夜纔到,行李咾啥還勿曾收拾好,箱子末也還勿曾開,身上衣裳全勿曾換,恕兄弟明朝到府謝步。勿敢當。

【E】因爲昨晚致到,行李各樣未執拾[④]好,槓箱都未打開,身上嘅衣服都冇[⑤]換到,恕兄弟明日致過去謝步咯。唔[⑥]敢當。

【F】因昨晚好夜至到,行李各樣都未執拾,的[⑦]槓箱亦未打開,身上嘅衣服都冇換過,恕我明日至過去謝步咯。唔敢當。

【注解】

① B版“勞您的大駕”,參照的A版文字為“勞您駕”。與初版相比,多一“的”

"大"字。特說明。

② 咽,粵語助詞,相當於"了"。嚟,粵語動詞,來。

③ "啥",疑問代詞,什麼。

④ 執拾,粵語詞,收拾,整理。

⑤ 冇,否定副詞,没有。

⑥ 唔:否定副詞;粵方言訓讀字。

⑦《訂正粵音指南》中近指代词用"的"。《粵音指南》用"啲",相當於"這"。

## 1【五】(第五課　勸友延醫)

【A】少見少見。我這幾天沒見着你,很想你。你莫不是又病了麼?可不是麼。

【B】少見少見。我這幾天沒看見你,很想你。莫不是又病了麼?不錯,是病了。

【C】常遠勿會者。第个幾日裡向一路勿看見,心裡常常想着閣下。還是有啥貴恙呢啥?是。勿錯。

【D】少會少會。我第兩日勿看見儂,想念得極。豈勿是又有之病否?勿錯,是病。

【E】違教違教。唔見曉幾日咯,好掛住你,莫不是又病嚇嗎?好嗥唔係。

【F】甲呢幾日唔見你行街,就好掛念你,唔通你嘅病又發咩[①]?乙(按:原文無對應句)。

【A】我那天看你病纔好,臉上氣色還沒復元兒哪,怕是你出到外邊兒去,又重落[②]了。

【B】我那天看你病纔好,臉上氣色還沒有復元哪,怕是你出到外邊去,又翻了。

【C】前日我看見像煞好點,不過面色勿曾復元,勿要只怕外勢去之咾,又發作者。

【D】我伊日看儂病纔纔好,面孔上氣色還勿曾復元,阿是儂出之門咾,又復病哉。

【E】我呾[3]日見你啲病正話好翻，面色都[4]未復元，或係出到外頭，又翻病咯。

【F】甲前次見你正話好番，今日見你尚未復元，我思疑你再出街，又試番病啩。

【A】我這回是着點兒凉，覺着頭疼渾身酸痛。那總得請大夫，好好兒治一治就得了。

【B】我這回是受了點兒寒，覺得頭疼渾身酸痛。那總要請醫生，好好的治一治就是了。

【C】是。箇[5]回少些着之點冷，覺着頭痛渾身酸疼。什介能總要教郎中來，看个看[6]咾好拉嘯。

【D】我第回着/受之點冷/寒，覺着頭痛周/渾身酸痛。總要請先生/郎中，好好能看末是好。

【E】我呢回係冷親，覺得頭痭週身酸痛。噉[7]要請位名功先生，好好的打理吓致得咯。

【F】乙係。我冷親，覺得頭痭周身酸痛添。甲噉要請位醫生，認眞調理至得呀。

【注解】

① 咩：疑问语气助詞，粤語特徵詞。同"嗎"。

② 重落：病情回落。

③ 嗰：粤語遠指代詞，那。

④ 都：粤语"類同義"副詞，也。

⑤ 箇，滬語代詞用字，這。

⑥ 什介能，滬語指示性態方式的代詞，那麼，如此。亦作"什介""介能"。看个看：滬語"V 一 V"形式多以"V 个 V"表現。

⑦ 噉，粤語指示性態方式的代詞，如此。它可以單用，也可以用於句首。"噉樣"同"噉"。

## 1【六】（第六課　莫倚賴人）

【A】這個人實在靠不住，說話竟是雲山霧照的。您想和他要準兒,那算是白用心了。

【B】這個人實在靠不住,說話竟是海闊天空的。您想和他說定準,那算是白用心了。

【C】箇个人實在信托勿住,說話儕是活頭活腦,勿着實个。自家要想做伊志着,白白哩勿成功。

【D】第个人實在靠勿住/托勿起,說話全/都是無因無頭。儂想搭伊作準,是白用心个。

【E】呢[①]個人實首唔靠得住嘅,佢[②]啲說話喊都冇譜嘅。你想摵[③]佢嘅說話嚟做法則,就白白費心咯。

【F】甲呢箇人實首[④]唔靠得住,講話時時係太過,竟然唔人信嘅。乙如果你倚賴佢嘅說話,就白白費心機咯。

【A】您還不知道他那脾氣嗎? 一味的愛說大話,胡吹混嗙,儞(您)要是信他的話,那就難免要上(檔)了。

【B】您還不曉得他那脾氣嗎? 一味的愛說大話,驚天動地,您要是信他的話,那就難免要上檔了。

【C】閣下勿認得伊个脾氣麼? 一味話大話,剷茫,相信伊,貼正上伊當。

【D】儂還勿曉得伊个脾氣否? 一味个愛說大話,驚天動地,儂若然相信伊說話末,就要上當哉。

【E】你難道重[⑤]唔知佢嘅性格咩? 一味好講大話亂咁[⑥]吹,如果你信親佢嘅說話,就一定噲[⑦]上檔咯。

【F】你重未查出佢係點樣[⑧]人咩? 佢一味好講大話,隨處誇口,倘若信佢嘅話,就一定噲誤你咯。

【注解】

① 呢個人: 這個人;呢: 粵語近指代詞,這。

② 佢: 第三人稱代詞,複數為"佢哋"。

③ 摵: 介詞,相當於"把"字句的"把"。

④ 唔靠得住: 就是"靠唔住",粵語否定詞常放在動詞前。

⑤ 重,副詞,相當於"還""又"。嚟: 動詞"來"。

⑥ 咁：指示性態方式的代詞，如此。一般只能用在形容詞的前面，所指示的程度隨修飾成分。

⑦ 噲，會。

⑧ 點樣：指示性態方式的代詞，怎樣。

## 1【七】第七課　安靜調養

【A】您這一向貴恙都好了麽？托福[①]，都好了，可是咳嗽纔輕省一點兒。

【B】您這一向貴恙都好了麽？托福，都好了，就是咳嗽纔輕鬆一點兒。

【C】近來自家个貴恙好點否？靠福。總算好拉。咳嗽亦輕點。

【D】儂个貴恙全全愈拉末？靠/托福，全好哉。不過咳嗽[②]，纔纔停點。

【E】呢排貴恙好翻嗻嚹嗎？托福，好嘵咯。但係咳嗽，而家致好翻啲啫。

【F】甲你先排有恙，今日復元嗎？乙託福，都好嗻咯。我嘅咳冇咁交關嚹。

【A】這回您病的日子久了，雖然都好了，還得請大夫吃幾劑補藥，安心調養纔好哪。

【B】這回您病的日子久了，雖然都好了，還要請醫生吃幾劑補藥，用心調養纔好哪。

【C】箇回自家勿適意之常遠者，就是現在好點，終要請郎中來，吃帖把補藥，安心調養調養味。

【D】第回儂病之多日哉，雖然全全愈，還要請郎中/先生吃幾帖補藥，靜心調養調養。

【E】尊駕呢回病得日子耐[③]咯，現在雖係好翻，都重要請個先生睇[④]吓，多食兩劑補藥，安心調養致好。

【F】甲你呢躺病嘵好耐咯。雖然係好番，你都要請醫生俾的補藥你食，自己要安靜調養至得。

【A】是,承您關照,謝謝。

【B】是,承您關照,謝謝。

【C】好拉嚇,承閣下指點,謝謝。

【D】是个,承儂關[⑤]照/切,謝謝。

【E】係咯,費心費心。

【F】乙係咯,費你嘅心。

【注解】

① 託福之"託",在 1881 年版中大都写作从"言"之"託"。1893 年版均作"托"。下文同。

② 嗽:原文字形作嗽。

③ 耐:粤語方言詞,久。

④ 睇,粤語方言詞,看。

⑤ 關:原文字形有細微差別,內部最下為"艸"。

## 1【八】(第八課　勿拘禮數)

【A】你在這兒可以隨便,不要拘禮。我蒙您的抬愛,已經不拘禮了。

【B】你在這裏可以隨便,不要拘禮。我蒙您的抬愛,已經不拘禮了。

【C】此地可以寫意[①]點味者,不必客氣。承閣下多情,我已經寫意得極者。

【D】儂拉此地大家隨便,勿要客氣。承儂照拂[②],决勿客氣。

【E】你喺呢處要隨便啲致好,唔好咁拘禮。蒙老兄咁過愛,我都已自唔多拘咯。

【F】甲你喺呢處可以隨便,唔好客氣呀。乙費你心,我都唔拘禮嘅。

【A】照這麽様就好。我以後有事,纔可以敢勞動你。您肯叫我做事,那就是賞我臉了。

【B】照這麽様就好。我已後有事,纔可以敢勞動你。您肯叫我做事,那就是賞我臉了。

【C】什介頂好。後來我有啥事體,可以煩勞閣下者。承閣下勿棄,是我箇是大有榮施者。

【D】實蓋末好。我以後有啥事體,要費/勞儂心/步哩。儂叫我帮忙,張我个面孔哉。

【E】本應照噉樣致好。我已後有事,致敢勞動你。你喜歡叫我做事,致係賞面過我呪。

【F】甲噉就好極喇。日後我有事,至敢勞動你。乙你肯叫我做,我當係俾面我喇。

【注解】

① 寫意:舒適,輕鬆。

② 照拂:照顧,關照。

## 1【九】(第九課　饋送茶葉)

【A】昨天蒙你賞我的那茶葉,味道很好,謝謝謝謝。好說。

【B】昨天蒙你送我的那茶葉,味道很好,謝謝謝謝。好說。

【C】前日閣下送撥我个茶葉,旨味極好,多謝多謝。啥話?

【D】昨日承儂送撥我个茶葉,味道極好,謝謝。啥說話?

【E】昨日蒙賜個啲茶葉,味道極好,多謝多謝。好話。

【F】甲你昨日送嗰的茶葉俾我,味道極好,多謝多謝。乙好話咯。

【A】我這回到崇安去,就到了武彝山逛了兩天,不過買了一點兒茶葉,送了去的不多,不成敬意的很。好說。

【B】我這回到崇安去,就到了武彝山玩了兩天,不過買了一點兒茶葉,送與你的不多,不成敬意得很。好說。

【C】箇回我到之崇安,就到武彝山上去白相[②]二日,茶葉買得勿多點,送得一眼眼[③],勿出客得極。啥話?

【D】我第回到崇安去,就到武彝山勃相之兩日,不過買之點茶葉,送撥儂个一顏,勿成啥敬意个。啥說話?

【E】我呢帳去崇安,順便到武彝山逛曉兩日,帶得啲茶葉,送啲咁多過去,十分唔成敬意嘅。好話。

【F】我先躺[①]去崇安,到武彝山逛曉兩日,買得的茶葉番嚟,送些少俾你,係唔成敬意嘅。乜[⑤]說話呢。

【A】朋友交情,要緊[④]是在情意,不在東西。

【B】朋友交情,要緊是在情意,不在東西。

【C】朋友相交,要緊情重,物事倒勿在乎此。

【D】朋友交情是要緊,勿在於物事个。

【E】朋友交情緊要重在情分啫,唔重在野嘅。

【F】朋友交情緊要重在情份啫,唔重在破費嘅。

【注解】

① 躺,量詞,同"趟","回"。

② 白相,上海話,玩、逛。D版作"勃相"。逛:散步,遊玩。

③ 一眼眼,滬語表示"一點點"。字亦作"顔"。D版用字正作"顔"。

④ "要緊":要緊同緊要,ABCD都用"要緊",EF粵語用"緊要"。"要緊""緊要"這組"同素反序複合詞"還有地域的特點。

⑤ 乜,粵語疑問代詞,相當於"什麼"。

## 1【十】(第十課　拜候老師)

【A】你上那兒去?我想上張老師那兒拜客去。那麼,我求你替我問張兄好,說我很想他,有間(閒)空兒請他來坐坐。

【B】你往那裏去?我想到張老師那裏去拜客。那我就請你替我問張兄好,說我很想他,有閒空兒請他來坐坐。

【C】閣下到那裡去?我想到張老師蕩[①]拜客去。格味,替我代候一候,對伊話,我常常想念伊,有空請伊出來談談。

【D】儂到那裡去?我想到張老師墻頭去拜伊。儂去末[②]替我候候,話我實在想念伊,有空末請伊來坐坐。

【E】你去邊處?我去拜客,想去拜張老師。噉請你同我問候吓張兄喇,話我極之記念佢,得閒請佢嚟坐吓。

【F】甲尊駕去邊處呢?乙我想拜客去見張老師。甲請你同我問候吓佢,話我時時掛念佢,得閒請佢嚟坐吓。

【A】前幾天我去的時候,他也托我問您好來着。
【B】前幾天我去的時候,他也托我問您好。
【C】前幾日我去望伊个時候,伊亦教我候候閣下。
【D】前幾日我到伊壚頭去个時候,伊也托我候候儂。
【E】前幾日我去佢處之時,佢也曾囑咐我問候你嚟嘸。
【F】乙先幾日我見佢,佢都託我問候你。

【A】因爲他夫人有一點兒欠安,所以他總沒能出門。
【B】因爲他夫人有一點兒欠安,所以他總不能出來。
【C】因爲伊个夫人有點勿遂意咾,所以伊終勿出門。
【D】因爲伊个夫人有點勿適意,所以伊總勿能出來。
【E】因爲佢夫人呢排唔舒服,所以佢總唔便出街。
【F】因爲佢夫人有病,佢未能出門呀。

【注解】
① 蕩,上海話,表地方,場所。
② 末:滬語話題標記詞,表停頓。D版用"末"字,而C版則用"味"字,古音同,滬語音同。

## 1【十一】(第十一課　話要誠實)

【A】凡人說話總要實誠。那是一定的理。若是有撒謊騙人的事,叫人看破了,自己也丟臉。

【B】凡人說話總要誠實。那是一定的理。若是有掉謊騙人的事,叫人看破了,自己也丟臉。

【C】人話說話總要牢實。固是一定个道理。若使虛話咾諞人,撥人看穿破之,自家坍坑。

【D】凡係人个說話總要老實。第个是一定个理。若是說謊咾騙人,撥別人看出來,自家也無面孔个。

【E】凡人講說話總要誠實。個啲自然喇。若果有講大話騙人嘅事,被人睇穿,自己亦丟面嚱。

【F】甲凡人講話都要誠實。乙嗰的係一定之理喇。凡係講大話共呃騙人嘅,一被人查出,就令嗰箇人好丟架咯。

【A】你所論的,正合我的心了。

【B】你所論的,正合我的心了。

【C】閣下所話个,貼對我个心。

【D】儂所話个,正合我意。

【E】你講嘅說話,眞正合我心咯。

【F】甲你嘅意見,同我嘅心一樣咯。

## 1【十二】(第十二課　物辨眞假)

【A】這件東西,你看是眞的是假的？我看是假的。我也看是這麼着,就因爲分辨不出來,不敢說。

【B】這件東西,你看是眞的是假的？我看是假的。我也看是這麼的,就因爲分辨不出來,不敢說。

【C】第个物事,閣下看起來是眞呢是假个？我看起来是假个。我也想是假个,因爲分別勿出咾,勿敢話。

【D】第樣物事,儂看是眞个呢假个？我看是假个。我看也是實蓋,是爲之看勿準咾,勿敢話。

【E】呢件野,你睇係眞嘅嚊假嘅呢？我睇係假嘅。我睇都係噉,因爲唔分辨得佢出,所以唔敢講。

【F】甲呢件野,你睇係眞嚊假呢？乙啊,我估係假嘅。甲我亦都係噉樣睇,但唔話得實係唔係,我就唔想講出嚟。

【A】是。你沒細看,這刻的也粗,顏色也不光潤。

【B】是。你沒細看,這刻的也粗,顏色也不光潤。

【C】是。閣下勿曾仔細留心咾，刻來粗，顏色亦勿鮮明。

【D】是个。儂勿曾細看，第个刻拉个末粗，顏色也勿和潤。

【E】你冇仔細睇啫，啲雕工又粗，顏色又唔光潤嘅。

【F】乙你未細查箇，的雕刻咁粗，的顏色又咁欠光潤添。

## 1【十三】(第十三課　相論困難)

【A】我們倆如今都閒着，可作甚麽好呢？你看有甚麽可做的？

【B】我們兩個如今都閒着，可以做甚麽好呢？你看有甚麽可做的？

【C】伲兩家頭現在大家儕無啥做，可以做做啥味好呢？要想可以做啥呢？

【D】我伲兩家頭現在全無事體，做啥末好呢？儂看起來有啥个可以做？

【E】我兩個而家[①]都閒住，搵啲乜野[②]做好呢？你話有乜好做呢？

【F】甲啊，我哋[③]而家兩箇都閒住，應該做乜野呢？乙你估應做乜呢？

【A】我看實在難的很。若說[④]做生意，你我又沒有本錢；若說做夥計，又沒手藝。

【B】我看實在難得很。若說做生意，你我又沒有本錢；若說做夥計，又沒手藝。

【C】我看實在難極。若使話做生意，我搭儂無得本錢；若使話做夥計，又無得本事。

【D】我看實在難得極。若然話到做生意，我同儂又無没本錢；若然做夥計，又無本事。

【E】我見實在難呀。講話做生意，我哋又冇本錢；做夥記我哋又冇手藝。

【F】甲我睇我哋都好艱難。講到做生意，我哋又冇本錢；講到做夥計，又唔噲聽人工。

【A】照你這麼說,偺們倆豈不餓死了麽?究竟上天不生無禄的人,等慢慢再打算就是了。

【B】照你這麼說,我們兩個豈不要餓死麽?究竟皇天不生無禄的人,等慢慢再打算就是了。

【C】什介話起來,伲兩家頭只得餓煞个者?固是上天勿生無飯吃个人个,等拉慢慢教[5]再打算罷。

【D】照儂實蓋話,我伲兩家頭豈勿要餓殺否?究竟天無餓殺个人/無絶人之路,慢慢能打算起來看。

【E】照你噉話,我地(哋)兩家豈不是要餓死?到底上天唔生冇衣禄嘅人,等待慢慢再打算就喺咯[6]。

【F】乙哎,如果係噉,我哋就噲餓死咯。甲究竟箇天生人出嚟,唔係令佢孤寒到極嘅,慢慢打算就噲有法子囉。

【注解】

① 而家,粵語方言詞,時間名詞,現在。

② 搵:找。乜野:粵語疑問代詞,表示疑問指稱事物,什麽事情。問原因,類似指"幹什麽",用"做乜"。或作"乜野",省稱"乜"。

③ 哋,粵語人稱代詞複數形式詞。我哋、你哋、佢哋、人哋。

④ 官話用"說",滬語用"話",粵語用"講話"或"講"。

⑤ 等拉慢慢教再打算罷。拉:助詞。慢慢教:今多作"慢慢叫""慢慢交""慢慢之""慢慢能"。做方式狀語,表示動作或狀態變化的速度低,也可以表示情狀持續的時間長。

⑥ 就喺咯:語氣助詞,同"就是了"。

## 1【十四】(第十四課　同行方便)

【A】我想到那兒逛逛,就是我一個人又懶怠去。我也想去逛逛,因爲沒有伴兒不高興。

【B】我想到那裏玩玩,就是我一個人又懶去得。我也想去玩玩,因爲沒有伴兒不高興。

【C】我想到過面[1]去遊玩遊玩,到底一干子懶咾勿高興。我亦想去白相。

【D】我想到一處去㪅相相,獨是一干子咾無趣。我也想去㪅相相,因爲無淘伴咾勿高興。

【E】我想去搵笪地方逛吓,見靜係自己一個人,故此懶得去。我都想去逛吓,又因爲冇伴唔得高興。

【F】甲我想去嗰處行吓,但唔想獨自去。乙我都中意去行,但冇人同去,就冇乜趣味。

【A】既是這麼着,偺們倆一同去,好不好?您納可以一塊兒搭伴兒去,與我也很方便了。

【B】既是這麼的,我們兩個一同去,好不好?您可以一路做個伴兒去,與我也很方便了。

【C】既然閣下無淘咾勿高興,格味[②]伲兩家頭一淘[③]去,好否?閣下肯伴我一淘去,貼對[④]我心意者。

【D】既然實蓋,伲兩家頭一淘去好否?儂同我一淘去末,頂好哉。

【E】既係噉樣,我哋兩家一齊去,好唔好呢?你既係可能同我一起去,就好極咯。

【F】我哋兩家同行,好唔好呢?甲如果你肯同去,就我好方便咯。

【注解】

① 過面:代詞,那裡。

② 格味:那麼。

③ 一淘:一起。原文字形有細微差别,淘。

④ 貼對:符合。

## 1【十五】(第十五課　聲音緊要)

【A】您納説話聲音太小,人好些個聽不清楚。

【B】您説話聲音太小,人好些聽不清楚。

【C】閣下白話聲音太小,别人家聽起來勿清爽个。

【D】儂白話个聲音忒小，有多化聽大勿清爽。

【E】你講說話聲音太細，人哋好多聽唔清楚。

【F】甲你講話咁低聲，人哋就唔聽得十分眞嘅咯。

【A】我的聲音，生來不能大，對人說話，又不敢大聲嚷，所以顯着聲兒小。

【B】我的聲音，生來不能大，對人說話，又不敢大聲吽，所以見得聲音小。

【C】我个聲音，本來勿那能大个，併且搭人白話，勿敢響喊，所以聲氣小來野。

【D】我个聲音，本來勿大，對人白話，又勿敢鬧，所以見得聲音小哉。

【E】我嘅聲，生出係咁細，對人講說話，又唔敢大聲，所以更覺細哟。

【F】乙我天然唔得大聲，又唔中意大聲話人，故此講出嘅聲都係細的呀。

【A】凡人說話，嗓子要緊。若嗓子好，自然響亮，字音清楚，自然沒含糊。

【B】凡人說話，嗓子要緊。若嗓子好，自然響亮，字音清楚，自然不含糊。

【C】人家白話，喉嚨要緊。若使喉嚨好，生氣清爽，自然字眼着實咾，勿含糊者。

【D】凡係人白話，喉嚨要緊。喉嚨好末，自然響亮咾清爽，勿糊塗哉。

【E】一個人個把聲都緊要。若係喉底好，自然講野响亮，字眼清楚，唔噲含糊嘅。

【F】甲你聲音嘅高低關於講話，係好緊要。如果高低係啱，又講得清楚，自然冇遺漏�。

## 1【十六】(第十六課 屏風秘密)

【A】我剛纔隔着槅扇和他說話,你聽見了麽?我沒聽見。近來我的耳朵有點兒聾。

【B】我方纔隔着槅子和他說話,你聽見了麽?我沒聽見。向來我的耳朵有點兒聾。

【C】我刻刻隔之一層屏風咾,搭伊白話,自家聽見否?勿聽見。近來我个耳朵有點聾者。

【D】我纔纔隔窻,對伊白話,儂聽見否?我勿曾聽見。近來我个耳朵有點聾。

【E】我就先隔住圍屏,同佢講說話,你有聽見冇呢?我冇聽倒。近來我對耳有啲聾。

【F】甲我先頭喺隔住屏風後便同佢講話,你有聽倒冇呀?乙我冇聽倒。近來我有的聾聾哋。

【A】不管怎麽樣,我求你千萬別把這個事給洩漏了,這是一件機密的事情。

【B】不管怎麽樣,我求你千萬莫把這個事弄洩漏了,這是一件機密的事情。

【C】勿要管伊那能,我千萬求閣下總勿要担第个事體話出去,箇件是機密事體。

【D】勿管那能,我求儂切不可拿第个事體話開來,第个一樁是機密事體。

【E】唔管你點樣,千祈你咪把我呢件事洩漏出嚟,因係件機密嘅事情呀。

【F】甲唔論如何,請你咪箇講出嚟,因爲呢的係秘密嘅事呀。

【A】既是這麽着,我不說,總不至於壞事了罷。

【B】既是這麽樣,我不說,總不至於壞了事罷。

【C】正介味者,一定勿話,我勿弄壞伽个事體味者。

【D】既然實蓋,我勿話,總勿至於壞事。

【E】既係噉,我必唔講,斷唔噲壞你事嘅喙哩。

【F】乙既然係噉,我一實唔同人講,至於壞事嚥。

## 1【十七】(第十七課 各有土談)

【A】你懂得中國話麼?略會一點兒那厦門的話。別處不甚懂。

【B】您懂得中國話麼?略會一點兒那厦門的話。別處不甚懂。

【C】中國說話閣下懂否?畧些懂一點點厦門話。別个地方說話勿懂。

【D】儂中國說話懂否?稍些懂點伊个厦門个說話。別處勿大裡懂。

【E】你噲講唐話咩?些爲噲啲。獨係咟啲廈門話,第處唔多曉嘅。

【F】甲你曉得中國話嗎?乙我曉些少啫。但廈門話。第處人唔多懂嘅。

【A】中國話本難懂,各處有各處的鄉談,就是官話通行。

【B】中國話本難懂,各處有各處的鄉談,就是官話通行。

【C】中國話本來難懂,各處有各處个土白,不過官話大概通行个。

【D】中國說話本來難懂,各處有各處个鄉談,不過官話末通行。

【E】唐話本係難曉,各處有各處嘅土談,官話算係通行嘅咯。

【F】甲中國話本來係難曉,各處有各處嘅土談,官話[或國語]就周圍通行咯。

【A】我聽見人說,官話還分南北音哪。官話南北腔調兒不同,字音也差不多。

【B】我聽見人說,官話還分南北音哪。官話南北腔調兒不同,字音也差不多。

【C】我聽見話,官話亦分南北口音个。是。官話南北腔調勿同个。到底字音味，差得勿多。

【D】我聽見人話起，官話還分南北口音。官話南北腔調雖是勿同，字音也差勿多个。

【E】我聽見人講，官話都重分開南北兩處嘅音呢。官話雖有南北腔調之分，但係字音都差不多㖞。

【F】我聞得官話有兩樣講法係分南北音嚱。係。南北官話嘅腔調不同，但字音都[①]差不多嘅啫。

【注解】
① 都，副詞，粵語“都”有幾個用法，其中之一是表“類同”義，同副詞“也”。

## 1【十八】(第十八課　似曾相識)

【A】老沒見了，您納。還認得我麼？瞧着好面善，不記得在那兒會過。

【B】總沒見了，您納。還認得我麼？您駕我面善，不記得在那裏會過。

【C】常遠勿看見者，閣下還認得我否？看來有點面熟陌生，記勿得拉啥地方碰着過。

【D】常遠勿看見，儂還認得我否？好像認得，拉啥地方會過，是記勿清爽哉。

【E】唔見耐咯，重認得我嗎？睇起嚟好面善，總係唔記得喺邊處會過。

【F】甲閣下甚好吖？違教好耐。重認得我嗎？乙似乎好面善，唔記得喺邊處會過。

【A】失敬得很，不敢冒昧稱呼。偺們倆前年，在張二家一個桌子上喝酒，您怎麼忘[①]了麼？

【B】失敬得很，不敢冒昧稱呼。我們兩個前年，在張二家一個卓(桌)子上喝酒，您怎麼忘記了麼？

【C】失敬得極。勿敢冒昧稱呼。伲兩家頭前頭，拉張老二屋裏一只檯子上吃酒个,忘記者麼?

【D】失敬得極,勿敢招呼。伲兩家頭前年,拉張二个屋裡同席過个,阿是儂忘記哉否?

【E】唔敢冒昧稱呼,十分失敬咯。我哋喺張老二處同過席,你唔記得哩咩?

【F】冒昧稱閣下姓名,十分失敬咯。甲哦,唔記得我兩箇前年喺張老二家同席飲咩?

【A】提起來,我認得了。您是何二爺麼?

【B】提起來,我認得了。您是何二爺麼?

【C】話起之,記得者,認得个。閣下就是何二老爺是否?

【D】話起來,我認得个。儂阿是何二爺否?

【E】噉講起嚟,我記得吶。你係何二爺嗎?

【F】乙啊,講起嚟,就記得咯。閣下係何二爺嚹?

【注解】

① 按:北京官話 A 版動詞"忘"共出現 10 例,B 版多以"忘記"對應(有 3 例為"忘"),CD 版上海話都是"忘記",EF 則以"忘記"、"唔記得"。《官話類編》用英文在文中注解了這種官話的南北地域分佈。如:"忘記/忘"(P217,P288):我已經告訴你三回,你又忘記/忘了。【注】In the south "記"is always used with"忘"; in the North it is often, perhaps generally, ommited.

## 1【十九】(第十九課　字畫介紹)

【A】您納這一向好?我有件事託你辦辦。甚麼事,請說罷。

【B】您駕這一向好啊?我有件事托你辦辦。甚麼事,請說罷。

【C】自家一向好拉否?我有一樣事體,托閣下辦一辦。啥事體,話話看。

【D】儂第兩日好拉否?我有一樁事體要費儂心。啥事體,請教請教看。

【E】你呢排好吖？我有件事想拜託你。乜野事,請講喇。

【F】甲先生好吖？想拜託你同我做一件事嚇。乙請問乜野事呢？

【A】我記得前天新聞紙上記載,有一位會寫字畫的,姓祝,實在羨慕得很。

【B】我記得前天新聞紙上記載,有一位會寫字畫的,姓祝,實在羨慕得很。

【C】我記得前幾日新聞紙上記載拉,有一位姓祝个,會得寫字咾畫畫,實在羨慕得極。

【D】我記得前日子新聞紙上上拉个有一位會畫畫个,姓祝,實在愛慕得極。

【E】我前日見新聞紙講,有個畫家姓祝嘅,极羨慕佢。

【F】甲我前日見報紙上所載,一位祝先生好噲寫字畫。

【A】聽說你認得他,所以懇求閣下代爲介紹。那容易。我總要給您効勞的,您放心罷,交給我了。

【B】聽說你認識他,所以懇求閣下代爲引進。那容易。我總要替您効勞的,您放心罷,我當代了。

【C】聽見自家認得伊,所以想請閣下轉致一聲。箇是容易个。我總替閣下辦到把,放心交代我味者。

【D】聽見人話起儂認得伊个,所以懇求閣下帶領我去。第个是容易。我總要替儂效勞个,儂放心,交撥我末哉。

【E】想請閣下帶同我去會吓佢,求佢畫幅畫。易事喇。我總可以効勞嘅,你放心交過我喇。

【F】聞得閣下識佢,可否介紹我見佢呢？乙箇的易事喇。你放心吖,我噲同你介紹咯。

## 1【二十】(第二十課　名勝風景)

【A】所有偺們逛過的這些個名勝地方,就是我們今兒晌午到的那座山上,景致好的很。

【B】所有我們遊過的這些名勝地方,就是我們今天中時到的那座山上,景致好得很。

【C】伲白相過拉有名聲个地方當中,今朝日中性裏到過拉箇座山上个景緻,頂好者。

【D】所有伲勃相過个多化有名个地方,就是伲今朝日中到个伊座山上景緻,極好。

【E】所有我地(哋)逛過嘅個啲名勝地方,至好景緻係今日晏晝到咱一座山囉嘴。

【F】甲我哋所逛過咁多名勝地方,最好係今日晏晝見嗰座山嘅風景咯。

【A】是。我最喜歡那半山亭外兩三里的竹徑。

【B】是。我最喜歡那半山亭外兩三里的竹徑。

【C】是。我最相信半山亭外勢二三里路个竹徑。

【D】是个。我頂愛半山亭以外二三里个竹園。

【E】我至中意就係半山亭外個兩三里嘅竹徑。

【F】乙係呀。我至中意半山亭外箇幾里路嘅竹徑。

【A】頂好是打那竹徑轉過灣兒去,在那塊大石頭上坐着,聽那水聲兒,眞叫人萬慮皆空。

【B】頂好是從那竹徑轉過灣兒去,在那塊大石頭上坐着,聽那水聲兒,眞叫人萬慮皆空。

【C】頂好是竹徑轉灣過去,坐拉一塊大石頭上,聽聽個个水聲氣,直頭[①]使得人樣樣事體儕想勿着个者。

【D】頂好是打/從伊个竹園裡轉灣過去,到伊塊大石頭上坐坐,聽聽伊个水聲響,使人憂慮全無。

【E】至好係由個條竹徑轉過去,坐喺個塊大石頭處,聽吓個啲水聲,眞係令人萬念俱空嘅呀。

【F】甲至好又打箇條路轉一箇彎,喺大石上坐,聽住山溪嘅水聲,眞係令人精神活潑咯。

【注解】

① 直頭,滬語程度副詞,幾乎、眞。C 版有 2 例。

## 1【二十一】(第二十一課 遊湖晚歸)

【A】你昨兒去遊湖,回來早啊是晚哪?回來有四更天了。

【B】你昨天去遊湖,回來是早是晚啊?回來有四更天了。

【C】閣下昨日游之湖景,轉來啥模樣者?早呢晚?轉來已經四更頭者。

【D】儂昨日遊湖去,轉來是早呢是晚?轉來有四更天哉。

【E】你昨日去遊湖,翻嚟早嗼夜呢?翻嚟啲陣時,都有四更咯。

【F】甲你昨日遊湖番嚟,早嗼夜呢?乙過三更,番到嚟咯。

【A】想昨兒晚上月亮很好,湖上風景一定是更好看了?夜景比白天還好,足有加倍的好看。

【B】想昨天晚上月亮很好,湖上風景一定是更好看了?夜景比白天還好,足有加倍的好看。

【C】我想昨夜月十分亮,湖裏个景緻一定更加有看頭?夜景比日裏來得好。加倍有看頭。

【D】諒必昨夜月亮是蠻好个,湖上景緻一定是更加好看个?夜景比日裡又好,足有加倍个好看。

【E】昨晚咁好月光,湖裏頭嘅景致是必更好喇?夜晚嘅景致比日頭好得多,有雙倍咁好睇。

【F】甲度吓昨晚月夜甚佳,湖上風景必極有可觀呀?乙夜景比較日景,足有加倍好睇咯。

## 1【二十二】(第二十二課 廟大塔高)

【A】這個廟很大。大的很,在這兒算是第一個大廟。後頭還有一座寶塔,高的很。

【B】這個廟很大。大得很,在這裏算是第一個大廟。後頭還有一座寶塔,高得很。

【C】個只廟十分大。大極。拉箇搭个廟當中,第只算頂大。後頭還有一座寶塔,亦高得非凡。

【D】第隻廟極大。大得極。拉此地總算是頭一隻大廟。後頭還有一座寶塔,高得極个。

【E】呢間廟好大。大到極咯。呢處算係第一間大嘅廟咯。後頭重有座寶塔,好高呀。

【F】甲呢座廟眞大間咯。乙係呀。呢處左近都算呢間係至大咯。後邊重有座塔,好高嘅。

【A】好上去麼?有一層的塔梯,如今拿開了,不好上去了。

【B】好上去麼?有一層的塔梯,如今拿開了,不好上去。

【C】好上去否?有一層塔梯,弄脱之咾,勿好上去者。

【D】好上去否?有一層个扶梯,現在拿脱哉,勿好上去。

【E】上得去咩?本來有張塔梯,現今擰開,不能上去咯。

【F】甲箇塔可以上得唔呢?乙舊時有度梯,上到第二層,而家擰開,就唔上得咯。

【A】那梯子爲什麼拿開了?因爲人多,上去竟混蹧蹋。

【B】那梯子爲甚麼拿開了?因爲人多,上去竟混蹧蹋。

【C】箇層梯那能弄脱个呢?上去个人多咾,踏壞脱拉个。

【D】伊層扶梯爲啥咾拿脱个?爲之人全要上去,瞎切蹧蹋。

【E】呢把梯爲乜事擰開呢?因爲嫌人多上去,亂咁蹧蹋。

【F】甲點解佢擰開度梯呢?乙因爲人多上時常蹧蹋塔嘅地方。

## 1【二十三】(第二十三課　愛月遲眠)

【A】昨兒前半夜,月亮很好。我躺在炕上,看窗戶[①]上的月光,捨不得睡了。

【B】昨天前半夜,月亮很好。我躺在炕上,看窗子上的月光,捨不得睡了。

【C】昨日前半夜,月亮極其好。我仰拉床上,看窻口裡个月光,睏亦睏勿起。

【D】昨日上半夜,月亮怪好。我睏拉炕上,看窗口上个月光,捨勿得睏哉。

【E】昨晚上半夜,月光極好。我瞓喺床處,睇見窓上嘅月色,都唔捨得瞓呀。

【F】甲昨晚上半夜,月色甚佳。我在床上,睇窗口嘅月影,唔捨得瞓呀。

【A】可是,赶到了夜深了,忽然颳起一陣風來,黑雲彩在滿天上直飛,打的霹雷很利害。

【B】可是,趕到了夜深了,忽然颳起一陣風來,黑雲彩在滿天上直飛,打的霹雷很利害。

【C】是,到底夜深之後來,忽然吹起一陣風來,滿天儕是黑雲,兩个霹靂利害得極。

【D】阿是,直到夜深哉,忽然吹起一陣風來,烏雲滿天,有个霹靂怪響。

【E】惟是下半夜,忽然翻曉一陣風,滿天黑雲,而且行好大雷添嚟。

【F】乙但深夜,忽然起風,滿天黑雲飛起,又行大雷添嚟。

【A】那巧了,是在我睡着了之後罷。我可知道昨兒晚上下雨來着。

【B】那奇了,是在我睡着了之後罷。我衹曉得昨天晚上下了雨呢。

【C】貼正,我拉睏覺之後來者。我曉得昨夜頭要落雨个。

【D】倒巧極哉,貼準我拉睏着之以後否。我但曉得昨夜落雨。

【E】咁奇呢?怕在我瞓着之後咯。我衹知到昨晚落雨嚟啫。

【F】甲我思疑係我瞓覺之後。但我知到昨夜有雨落呀。

【注解】

① 按:窻,A1 作"窗"。

## 1【二十四】（第二十四課　大暑出行）

【A】這時正晌午，太陽很毒，暑氣很利害，怎麽好出門呢？

【B】這時正晌[①]午，太陽很毒，暑氣很利害，怎麽好出門呢？

【C】日中性裏辰光，日頭最旺，暑氣最利害，那能好出門呢？

【D】第歇貼準日中，日頭極凶，暑氣極利害，那能好出去呢？

【E】如今正晏晝心，熱頭咁猛，暑氣咁利害，點好出街呢？

【F】甲熱頭咁猛，暑氣咁大，你點出得街呢？

【A】但是我有要緊的事，沒法子，得出門。

【B】但是我有要緊的事，沒法子，要出門。

【C】到底我有要緊事體，無法子總要出去。

【D】但是我有一顔要緊个事體，無法則咾出去。

【E】但係我有緊要嘅事，無奈何都要去。

【F】乙但係有緊要事，我是必要出。

【A】就是有要緊的事，也要待[②]一會兒，等太陽斜過去，凉快些兒，再出門去罷。也好。

【B】就是有要緊的事，也要待一會兒，等太陽斜過去，凉快點兒，再出門去罷。也好。

【C】就是有要緊事體，總等一歇味好，讓日頭[③]歪西之，陰凉點咾，出門罷。固亦無啥。

【D】就是有要緊个事體，也要等个一歇，等日頭横西過去，陰凉點咾，再出去末哉。也好。

【E】就係有緊要嘅事，都要等吓吖。等到熱頭斜，陰涼啲，致去喇。亦好。

【F】甲即使間有事，你亦應當等吓吖。熱頭斜的，又陰涼的，至起程喇。乙哦，又好。

【注解】

① “正晌午”,在 B 版參照的 A 版中用的是“正當午”。按應該是 A1 版為“正晌午”,B 版為“正當午”,疑排序有錯。

② 在 B 版參照的 A1 版中用的是“等”。

③ 日頭:粵語用“熱頭”,“太陽”的俗稱。

## 1【二十五】(第二十五課　厚霜覺冷)

【A】早起天纔亮,我起來出去走動,看見瓦上的霜厚的很。

【B】早晨天纔亮,我起來出去走動,看見瓦上的霜厚得很。

【C】早辰頭天亮之。我趵起來,外勢去看看。瓦上霜厚來交關。

【D】早晨天纔亮,我起來出去走走,看見瓦上个霜厚得極。

【E】今朝天朦光,我起身嚟行吓,睇見瓦面啲霜落到好厚。

【F】甲今朝天朦光,我起身去屋後便,見瓦背有好厚嘅霜嚡。

【A】原來昨兒夜裏有大霜,怪不得我睡到五更天醒了,覺着冷的很,可就嫌棉被窩太薄了。

【B】原來昨日夜裏有大霜,怪不得我睡到五更天醒了,覺得冷得很,也就嫌棉被窩太簿[①]了。

【C】果然昨夜霜勿小,怪勿得我睏到五更頭醒轉來,覺着冷來,被頭嫌伊太薄者。

【D】是昨日夜裏有大霜,怪勿得我睏到五更就覺哉,覺着冷來死,阿是嫌得棉被忒薄哉。

【E】原來昨晚落咁大霜,怪唔得我五更瞓醒,見咁冷,棉被都嫌薄咯。

【F】乙啊,昨晚眞有咁大嘅霜,唔怪得我五更天瞓醒,覺得好冷,棉被都嫌太薄咯。

【注解】

① A 版為“薄”,B 版字作“簿”。

## 1【二十六】(第二十六課　鐘慢錶準)

【A】夜深了,想這時候有三點鐘了。我剛纔聽見自鳴鐘噹噹的打了兩下兒似的。

【B】夜深了,想這時候有三點鐘了。我剛纔聽見自鳴鐘噹噹的似乎打了兩下。

【C】夜深者,我想箇時候三點鐘有來者。我刻刻聽見自鳴鐘噹噹響,恰像敲得兩記味。

【D】夜深哉,諒必第歇辰光有三點鐘哉。我纔纔聽見自鳴鐘噹噹,像个敲之兩點。

【E】好夜咯,而家三點鐘都怕有咯。我就致聽見個鐘,好似打兩點嘅。

【F】甲好夜咯,我估怕係三點鐘咁嚌。乙我先頭聽見箇鐘叮叮响,似乎打兩吓嘅。

【A】那架鐘怕不準罷。看看我那個表,這個表走到三點鐘了。到底鐘還是慢點兒。

【B】那架鐘怕不准罷。看看我那個表,這個表走到三點鐘了。到底鐘還是慢點兒。

【C】勿要第只鐘勿準个。看看我个表,亦走到三點鐘者味。格味鐘走來慢之點者咾。

【D】伊隻鐘恐怕勿準否。看看我一隻表看,第隻表走到之三點鐘哉。到底鐘還是慢一顏。

【E】啲個鐘怕唔準啩。睇吓我個表。呢個表行到三點咯。噉你個鐘慢咯。

【F】甲我怕箇鐘唔啱。等我睇吓箇錶喇。乙照箇錶都係三點。噉箇鐘一定慢咯。

## 1【二十七】(第二十七課　中意春秋)

【A】你看四季的時候,那一季兒好?四季兒各有好處。你喜歡那季兒?

【B】你看一年四季,那一季好呢?四季各有好處。你喜歡那一季?

【C】閣下想四時當中,那裡一季最好?四季當中,儕有點好个。閣下信那裡一季?

【D】儂看一年四季/四季个時候,那裏一季好?四季个時候,各/全有好處。儂愛那裏一季?

【E】你睇四季嘅時候,邊一季致好呢?四季都有好處,你話中意邊季呢?

【F】甲四季之中,你中意邊季呢?乙四季各有各好。甲你至中意邊季呀?

【A】這個不用問。誰不是頂喜歡的春暖花香?誰不怕夏熱秋涼?最怕的是冬天太冷。我喜歡春秋兩季。

【B】這個不用問。那個不是頂喜歡的春暖花香?那個不怕夏熱秋涼?最怕的是冬天太冷。我喜歡春秋兩季。

【C】箇是亦勿必問者。啥人勿歡喜春天呢?春裏味,天氣暖,花味香。啥人勿怕夏天咾秋天呢?夏裏熱,秋裏涼。最怕个味冬天,嫌伊太冷。我歡喜春咾秋兩季。

【D】第个勿消問得。啥人勿愛春暖花香?啥人勿怕夏熱秋涼?最怕是冬天大冷。我愛春秋兩季。

【E】呢啲重使講?乜誰[①]唔喜歡二八天嘅平和?乜誰唔怕夏天嘅酷熱?但最得人怕係冬天,太冷咯。我重話係春秋兩季好。

【F】乙箇的重使問咩?乜誰唔好春暖花香?乜誰唔怕夏天嘅酷熱?秋天嘅風涼呢,最甚就係冬天嘅大寒咯。甲我就春秋兩季都中意呀。

【注解】
① 乜誰：哪个。

## 1【二十八】(第二十八課　同窗有幾)

【A】聽說你上學房在那兒啊？學房就在這拐彎[①]兒,那門口有報子。

【B】聽說你上學堂在那裏呢？學堂就在這轉灣兒,那門口有報子。

【C】聽見世兄上學去,學堂拉那裡？學堂就拉過面曲灣裏,門口頭貼一條紙條拉个。

【D】聽見儂上學,學堂拉那裏？學堂就拉此地轉灣,伊个門上有貼頭否。

【E】聽見你話上學,書館喺邊處[②]呀？書館就喺轉彎個頭啫,門口有館標嘅。

【F】甲聞得你去書館,箇間館喺邊處呢？乙喺轉角頭嗰間,有館招嗰度門就係咯。

【A】師傅是那一位？師傅是姓金的。同窓[③]朋友有多少？不多。

【B】先生是那一位？先生是姓金的。同窗學友有多少？不多。

【C】那裡一位先生拉教書？教書先生姓金。同窻朋友有幾位？勿多。

【D】老師/先生是那裏一位？老師/先生是姓金个。同窗朋友有幾化？勿多。

【E】先生係邊一位[④]呢？金先生。同窓有幾多[⑤]位朋友呀？冇幾多[⑤]呎。

【F】甲教員係邊位呢？乙係金先生。甲有幾多位同窗呢？乙冇幾多箇啫。

【注解】
① “拐彎”之“彎”,A1 作“灣”。

② 邊處：哪兒。
③ 窻,A1 作"窗"。
④ 邊一位：哪一位。
⑤ 幾多,粤語疑問代詞,即"多少"。

## 1【二十九】(第二十九課　讀史臨帖)

【A】你看過《史記》麽？沒看過。讀書人不可不看《史記》。

【B】你看過《史記》麽？沒看過。讀書人不可不看《史記》。

【C】世兄,《史記》讀過歇否？勿曾讀過歇。讀書人罷勿得要讀《史記》。

【D】儂《史記》看過否？勿曾看過。讀書人《史記》勿可以勿看。

【E】你睇過《史記》冇呀？冇睇過。讀書人《史記》不可不睇。

【F】甲你睇過歷朝《史記》嗎？乙未讀過。甲讀書人不可不讀《史記》。

【A】看過《史記》,纔知道歷代的興敗、人物的好歹哪。

【B】看過《史記》,纔知道歷代的興敗、人物的好歹哪。

【C】讀之《史記》味,乃味曉得歷代个興旺咾衰敗,人咾物事个怢好者。

【D】看過《史記》,纔纔曉得歷代个興敗,人品个好怢。

【E】睇過《史記》,致知到歷代嘅興亡,人物嘅好醜呀。

【F】有呢的學問,知到朝代嘅興衰,人類嘅善惡呀。

【A】學的是甚麽字？學的是王右軍的字帖。那好極了。

【B】學的是甚麽字？學的是王右軍的字帖。那好極了。

【C】世兄拉臨啥个字？王右軍个帖。箇是好極。

【D】學个是啥个字？是王右軍个碑帖。蓋是好極哉。

【E】學邊一停字呢？所臨嘅係王右軍法帖。噉好極咯。

【F】乙做邊樣筆墨功夫好呢？甲我臨王右軍字帖。乙好極咯。

## 1【三十】(第三十課　教法甚佳)

【A】你的師傅教法好不好？很好,講書極細心,寫字的筆畫很講究,改詩文很用心。

【B】你的先生學規好不好？很好,講書極細心,寫字的筆畫很講究,改詩文很用心。

【C】令業先生个教法好勿好？十分好,講書極其細心,寫字个筆畫極其考究,改詩咾文章,用心非凡。

【D】儂个老師/先生教法/規矩好勿好？極好,講書極細心,寫字个筆法極講究,改詩咾文章極用心。

【E】你嘅先生教法好唔好呢？甚好,講解極細心,寫字嘅筆畫又甚講究,改詩文亦好用心。

【F】甲你嘅先生教法好唔好呢？乙甚好,解書極細心,寫字嘅筆畫又好清楚,改我哋所作嘅文,又好用心機。

【A】不埋沒我們的一點兒好處,品行端正,規矩嚴緊。
【B】不埋沒我們的一點兒好處,品行端正,規矩嚴緊。
【C】勿埋沒伲一點好處个,品行端正,規矩嚴緊。
【D】伲个一顏好處伊勿遮沒,品行端正咾規矩嚴緊。
【E】唔埋沒我哋啲多好處,而且品行端方,規矩嚴肅。
【F】唔埋沒我哋些少好處,佢自己品行端方,管束又嚴肅。

【A】這樣的好師傅,你肯用心,還怕學問有不進益的麼？
【B】這樣的好先生,你肯用心,還怕學問有不進益的麼？
【C】有什介能好先生,自家肯用心,學問還怕有啥勿進境个麼？
【D】實蓋个好老師/先生,儂肯用心,還怕學問勿長進否？
【E】有咁好先生,你又肯用工,重怕你嘅學問冇長進咩？
【F】甲有咁好先生,你自己肯用心,就唔憂你學問冇進步咯。

## 1【三十一】(第三十一課 僧俗稱呼)

【A】和尚。阿彌陀佛。大和尚在山上了麼?大和尚昨兒下山去了。請問你的法名?

【B】和尚。阿彌陀佛。大和尚在山上麼?大和尚昨日下山去了。請問你的上下?

【C】和尚。阿彌陀佛。大和尚拉山上否?大和尚昨日下山去者。請問儂个法名?

【D】和尚。阿彌陀佛。大和尚垃[①]拉山上否?大和尚昨日下去哉。請教儂个法名?

【E】大師。阿彌陀佛。老和尚喺山上嗎?老和尚昨日落山去咯。請問你嘅法號?

【F】甲大師。乙阿彌陀佛。甲方丈喺處嗎?乙方丈剛啱昨日出咽去。甲請問法號?

【A】僧人名字叫了空。俗家怎麼稱呼?俗家姓顧。

【B】僧人名字叫了空。俗家姓甚麼?俗家姓顧。

【C】吾个名頭叫了空。俗家姓啥?俗家姓顧。

【D】小僧名字叫了空。俗家姓啥?俗姓是顧。

【E】法號了空。俗家點稱呼呢?俗家姓顧。

【F】乙我號了空。甲俗家點稱呼呢?乙俗家姓顧。

【A】你這一塊地很大,並沒人作田園,豈不可惜麼?這一塊地不中用了,土是鹹的,種甚麼都不長。

【B】你這一塊地很大,並沒人作田園,豈不可惜麼?這一塊地不中用的,土是鹹的,種甚麼都不長。

【C】箇塊地皮大來野,無啥人担伊來種種園地,可惜否?箇塊地皮無用頭个,坭是鹹个,隨便種啥物事勿出个。

【D】儂第个一塊地極大,無人做園地,豈勿可惜否?第塊地勿中用个,地土是鹹个,種啥物事全勿發个。

【E】你呢塊地咁大,冇人搣嚟造田園,豈不是可惜?呢塊地唔中用嘅,啲泥鹹,種乜都唔生嘅。

【F】甲你呢處有好大塊地,可惜冇人搣嚟做田園。乙呢塊地冇用,的泥土太鹹,種乜野都唔生嘅。

【注解】

① 埣:存在動詞"在"。表示存在義滬語常用"拉"作動詞和介詞用字。當動詞"拉"與介詞"拉"連用時,動詞常用"埣"作爲用字。為了區別介詞"拉"用法,C版以"埣"作為區別字形。

## 1【三十二】(第三十二課　賀人父壽)

【A】今兒個是令尊大人的千秋,我特意來拜壽,預備一點兒薄禮,請您賞收,千萬別推辭。

【B】今天是令尊大人的千秋,我特意來拜壽,預俻一點兒薄禮,請您賞收,千萬莫推辭。

【C】今朝是令尊大人个壽誕,我特地來拜壽,預備一點薄禮,請閣下領受,千萬勿要推辭。

【D】今朝是令尊大人个壽誕,我特爲來拜壽,預備一顏薄禮,請儂受之,决勿要推郤(卻)。

【E】今日係尊大人嘅千秋,我專程過嚟拜壽,有啲咁多薄禮,請你賞收,千萬咪個嫌棄。

【F】甲今日係令尊大人嘅千秋,我特嚟叩賀[或拜。下倣此],豫備的薄禮,求你賞收,千祈不可推辭。

【A】還請您帶我去見一見令尊大人致賀。不敢當,實在勞駕費心了。

【B】還請您帶我去見一見令尊大人致賀。不敢當,實在勞駕費心了。

【C】還要請閣下領去見見令尊大人,慶賀慶賀。當勿起,煩勞尊駕。太客氣者。

【D】還要請儂領我去見見令尊大人,祝祝壽。勿敢當,實在勞駕咾費心哉。

【E】重要請你帶我上去叩賀尊翁。唔敢當,實在勞駕費心咯。

【F】可否帶我叩謁令尊翁?乙唔敢當。實在勞駕費心咯。

## 1【三十三】(第三十三課 處治閒童)

【A】嗐,這孩子實在沒出息,整天家遊手好閒,不做點兒正經事。他老子娘也不管他麽?

【B】嗐,這孩子實在沒出息,整天的遊手好閒,不做點兒正經事。他老子娘也不管他麽?

【C】啊,箇个小囝正真無志氣,一日到夜閒遊浪蕩,勿做一眼正經事體。伊个爺娘勿管个呢啥?

【D】咳,第个小囝實在無志氣,終日个蕩拉外頭勃相,勿做一顏正經事體。伊个爺娘也勿管伊否?

【E】嚡,呢個細蚊仔實在冇出頭,成日遊手好閒,一啲正經事都唔造。佢嘅父母都唔管佢咩?

【F】甲嚡,呢箇細仪仔實在冇用,成日好閒,又唌時候乜野正經事都唔做。乙佢父母唔打理佢咩?

【A】這麽由着他的性兒鬧到多偺[①]是個了手啊?依我說,不如把他活口兒的埋了就完了。

【B】這樣由着他的性子鬧到麽早是個了手啊?依我說,不如把他活活兒的埋了就完了。

【C】既然脾氣出性怵極,將來啥着落呢?照我話起來,倒勿如活葬脫之伊歇作。

【D】實蓋由伊个性子鬧到啥辰光停手呢?依我話,勿如拿來活剝剝埋拉泥裏就罷哉。

【E】就係任佢嘅性亂攪,多半係個廢物咯。依我話,不如搣佢擸生埋阻就算了咯。

【F】甲如果係由佢噉樣任意嚟做,就冇了期咯。乙照我話,呌佢父母攏生葬嘵佢,嗽就了事咯。

【注解】

① 多嗜,A1 作“多偺”。

## 1【三十四】(第三十四課　毋失本分)

【A】無論作甚麼事情,都要努力向前,不可自己哄自己,纔能勾(彀)往上巴結哪。

【B】無論做甚麼事情,都要努力向前,不可自己哄自己,纔能彀往上造就哪。

【C】勿論啥事體,儕要發奮朝前,勿可以自家哄騙自家,乃味能彀成功者。

【D】無論做啥事體,全要極力去做,勿好自家騙自家,纔纔能彀朝上做成功。

【E】無論做乜野事,都要努力向前,咪自己呃自己,致可能有上進嘅。

【F】甲唔論你做乜野,想出人頭必要努力向前,咪自己呃自己[英譯作自爲仇敵]。

【A】雖是那麼說,我的差使不悮就是了。我不能像人家竟會耍馬前刀兒、溜溝子、捧臭脚,幹那些下賤營生,我是來不及的。

【B】雖是這様說,我的差使不悮就是了。我不能像人家竟會耍馬前刀兒、溜溝子、捧臭脚,幹那些下賤營生,我是來不及的。

【C】雖然什介話,我自家个本分勿撻漿之味就是者。要像一等人能等拉別人家馬面前舞刀咾啥,做箇種卑賤个生活,我終勿造至於个。

【D】雖然實蓋話,我个事體勿錯就是哉。我勿能像別人家能會使乖巧、拍馬庇(屁)、做小人,做伊等下流生意,我是學勿來个。

【E】雖係噉様講,但求我嘅差事唔誤就喺咯。我不能似人地(哋)噲耍馬前刀、溜溝子、捧大脚,做個啲下賤行爲,我就做唔到咯。

【F】乙箇的自然喇,但我唔失本份,算心足咯。我唔學得人哋一時努力或諂媚人,托大脚,箇的卑賤工夫,我就做唔到咯。

## 1【三十五】(第三十五課 官有貪廉)

【A】作好官的,皇上一定喜歡,不會作官的,皇上必要有氣的。好歹總在乎各人。

【B】作好官的,皇上一定喜歡,不會作官,皇上必要有氣的。好歹總在乎各人。

【C】做好官府,皇帝一定喜歡,官府做來勿得法,皇帝必定勿快活。怴怴好好,關係各人自家。

【D】做好官个,皇上一定喜歡,勿會做官个,皇上必要動氣。好怴總在乎自家。

【E】做好官嘅,皇上一定歡喜,唔噲做官嘅,皇上一定嬲。好醜都係在乎各人啫。

【F】甲總統[今稱國府主席下做此]一定歡喜好官,又一定嬲箇的糊塗嘅。品格好醜,都由箇人自定啫。

【A】這還用說麼?人操守好,再明白公事,那一定保得住。

【B】這還用說麼?人操守好,再明白公事,一定保得住。

【C】還要話啥?人守本分好,外場事體明白,箇種人一定保得住个。

【D】第个勿消說得个。人操守好,又明白公事,葢是一定保得住。

【E】呢啲使乜講呢?一個人操守好,又明白公事,定然保得穩。

【F】乙呢的使乜講呢?凡係箇人公平,是必明白辦事。

【A】若是才幹平常的,又愛要錢,那就快回家抱孩子去了。

【B】若是才幹平常的,又要愛錢,那就快回家抱孩子去了。

【C】若使才幹平常,加之貪銅錢,什介就要歸去抱小囝者。

【D】若是才幹平常,又要貪銅錢,葢末只好就轉去抱小囝。

【E】若係才幹平常,而且貪賍,就快脆請翻去歸咯。

【F】但箇人才具平常，而且貪臟，就不久必要番屋企凑細仗仔咯。

## 1【三十六】（第三十六課　上行下效）

【A】如今的京官大人們都好，也都有本事，認眞辦事，所以這些外官也都學得好了。

【B】如今的京官大人們都好，也都有本事，認眞辦事，所以這些外官也都學得好了。

【C】現在京裏个官府大人們儕好，儕有本事，辦事體認眞，所以多化外任官府，亦儕學好者。

【D】現在京官大人咾啥全好，也全有本事，認眞辦事，所以多化外任官全學好哉。

【E】近來啲京官大人等都好，亦有本事，辦事認眞，所以呢啲外簾官亦都學到好咯。

【F】甲現在中央政府各員，有道德才能，辦事熱誠，所以外簾[或外任]官亦學番佢榜樣嚟做呀。

【A】甚麽事都得有個榜樣兒，上行下効[1]，在上的不要錢，在下的還敢貪贓嗎？

【B】甚麽事都有個榜樣兒，上行下效，在上的不要錢，在下的還敢貪贓嗎？

【C】不拘啥事體當中，罷勿得有好表樣，上頭人做之，下頭人效法。上頭人勿想銅錢咾，下頭人還要貪財个味，看來還有个否？

【D】隨便啥事體全有榜樣，上行下效，拉上个勿要銅錢，拉下个還敢貪贓呢啥？

【E】乜野事都要有個榜樣，上行下效嘅，做上司嘅既係唔肯愛錢，做下屬嘅重敢貪贓咩？

【F】乙但係榜樣必要上行下效嘅，倘若上級官唔係貪贓，箇的屬員重敢勒索咩？

【注解】

① 効,A1 用作效。

## 1【三十七】(第三十七課　人而無恥)

【A】他來過幾回,我總沒大理他。他還涎皮賴臉的儘自來,實在是不知好歹的一塊死肉。

【B】他來過幾回,我總沒大理他。他還涎皮賴臉的直是來,實在是不知好歹的一塊死肉。

【C】自伊來之多回,我終勿那能理着伊。伊倒老點面皮,原舊自家跑進來,正眞勿曉得啥好个一塊死肉。

【D】伊來過幾回,我總勿大理伊。還厚皮老臉个常時來,實在勿知好啥个死坯。

【E】佢嚟過好幾囘咯,我總冇睬佢。佢重係疲口賴面密咁嚟,實在唔知好醜,一塊死肉噉。

【F】甲佢嚟過好幾囘咯,我都唔多理會佢。佢時時厚面皮咁嚟,冇覺悟好歹嘅心,好似行尸走肉噉。

【A】他是個欺軟怕硬的草雞毛[①],那兒算是人呢?你老別理他,他自然的就不來了。

【B】他是個欺軟怕硬的草雞毛,那裏算是人呢?你切莫理他,他自然就不來了。

【C】伊是欺軟怕硬个東西,那能好算人耶?一眼勿理伊之味,伊自然會得勿來者。

【D】伊是欺善怕兇个草包,那裡好算啥人呢?儂决勿要理伊,伊是然勿來哉。

【E】佢係個欺軟怕硬嘅野雞毛,點叫得做係人呢?你硬咪恤佢,佢自然就唔嚟嘅咯。

【F】乙佢係一箇欺軟怕硬嘅躁暴人,我都唔當佢係人。你總唔睬佢,佢自然噲唔嚟嘅咯。

【注解】

① 草雞毛,罵人的話,F版作"躁暴人",比喻義,形容人暴躁無能。

## 1【三十八】(第三十八課　女士端莊)

【A】那個姑娘剛纔起這兒過,也不知是誰家的。長得很標緻,又穩重。

【B】那個姑娘剛纔從這裏過,也不知是那家的。長得很標緻,又穩重。

【C】箇个小姑娘刻刻走過个,勿曉得是啥人家个。生得極其縹緻,而且厚重。

【D】伊个小姐纔纔從此地走過,勿知是啥人家个。生得怪趣,又穩重。

【E】咁個姑娘就致喺呢處行過,亦唔知到佢係邊家嘅。生得十分好樣,兼夾穩重。

【F】甲箇女子先頭行過,唔知佢係邊家嘅人呢。好斯文,好莊重。

【A】明兒給我們舍親作個媒。這個姑娘眞不錯。

【B】明天替我們舍親作個媒。這個姑娘眞不錯。

【C】明朝替伲舍親做个媒人。箇位小姐眞个勿遠許个。

【D】明朝替伲舍親做个媒人。第个小姐眞勿恘。

【E】打聽佢係邊處嘅,聽日嚟同舍親做媒。呢個姑眞係唔錯咯。

【F】我聽日爲一箇親戚同佢做媒。箇女子眞好咯。

【A】我認得,是那邊兒張老二跟前的。若給你們令親說,倒也配得過。

【B】我認得,是那邊張老二跟前的。若和你們令親說,倒也配得過。

【C】我認得个,是住拉箇搭張老二拉蕩个。若使搭那(倻)令親話起來,配倒亦配得過。

【D】我認得,是伊住張老二拉壚頭个。若是同㑚令親做媒,倒也配得。

【E】我識得佢,係啲頭張老二個家嘅。若係講你哋令親,都配得過咯。

【F】乙我覺得,係張老二家中嘅人。倘若你爲令戚嚟講親事,都配得過咯。

## 1【三十九】(第三十九課 論兒勤惰)

【A】這個孩子有出息兒,又能熬夜,又能作活,有耐心煩兒,靠得住,怎麽不叫人疼呢?

【B】這個孩子有出息的,又能熬夜,又能作事,有耐心煩呢,靠得住,怎麽不呌人愛呢?

【C】箇个小囝有出頭年个,肯做夜,作巴結,耐得起囉嗦,靠得住,那得教人勿寶貝伊呢?

【D】第个小囝怪好,勿怕夜深,又能彀做事體,有耐心咾靠得住,豈勿使人歡喜否?

【E】呢個細蚊仔到是有出頭,又能捱夜,又噲做事幹,而且有耐性,靠得住,點樣呌人唔痛愛佢呢?

【F】甲嗰箇細仗仔眞係好咯,肯趕夜工,又能自養,而且有恒心,又信得過,不得不愛佢。

【A】你是那麽說,我瞧①他很懶,一黑就睡。

【B】你是那樣說,我看他很懶,一黑就困。

【C】話得來,我看起伊來,懶惰得極。暗味睏个者。

【D】儂末實蓋話,我看伊十分懶惰,一夜末就睏。

【E】你就噉樣講吔,我見佢實首懶,一黑就瞓。

【F】乙你估係噉樣啫,我覺得佢好懶慢嘅,一齊黑就瞓覺。

【A】俗語兒說的,馬尾兒穿豆腐,提不起來了。實在呌人生氣。

【B】俗語說的,馬尾穿豆腐,提不起來了。實在叫人氣壞。

【C】俗語上話,馬鬃穿荳腐,提勿起个。

【D】俗語話,馬尾䟕穿豆腐,提勿起个。實在惹人討厭。

【E】俗語話,爛泥唔扶得上壁嘅。眞係令人生氣咯。

【F】俗語話,馬毛穿豆腐,唔拔得起嘅。眞係令我生氣咯。

【注解】

① 瞧,A1,作“醮”,錯。

## 1【四十】(第四十課 感激栽培)

【A】素日受您的栽培,我本就感激不盡。現在爲這件事,又承您抬愛,像這麼疼我,怎麼補報您的情呢?

【B】素日蒙您的栽培,我本就感激不盡。現在爲這件事,又蒙您抬愛,像這麼待我,怎麼補報您的情呢?

【C】一向受閣下照應,我本來意勿過得極。現在爲箇件事體,又要承閣下費心者,像什介能搭我要好,教我那能報答呢?

【D】一向承儂个栽培,我本來感激勿盡。現在爲之第件事體,又蒙儂照拂,像實蓋待我,那能補報儂个情分呢?

【E】我平日受尊駕咁多栽培,已自極感激咯。現在因爲呢件事幹,又蒙你關照,似你咁過愛,都唔知點樣報答你。

【F】甲我受你咁多栽培,無論如何永不能唔感激你。呢囘又恩惠我,唔知點樣答你恩上恩咯。

【A】那兒的話呢。我這不過効點兒勞,你倒不必這麼多心。

【B】那裏的話呢。我這不過効點兒勞,你倒不必這麼多心。

【C】啥話頭。我單單稍些相帮一點,閣下勿要太啥意勿過。

【D】啥說話。第个一顏不過效勞,儂倒勿必多心。

【E】乜野說話呢?我呢啲不過些爲效勞啫,你都可以不必咁上心。

【F】乙啊,唔在噉講。不過稍盡綿力啫,不必咁關心嘅。

## 1【四十一】(第四十一課　甲乙論牙)

【A】牙沒了,甚麼都嚼不動了,燉的爛爛兒的纔好哪。別弄的那麼挺梆硬的,不能吃[①]。

【B】牙齒沒有了,甚麼都嚼不動了,燉的稀爛的纔好哪。莫弄的那麼挺梆硬的,不能喫。

【C】牙齒落完,物事儕嚼勿動个者。燒來𧄍點味還可以。硬物事嚼勿動个者。

【D】牙齒勿有哉,隨便啥全嚼勿動哉,敦(燉)來酥點个纔纔能彀吃。勿要弄來實蓋綳硬个,勿能吃。

【E】冇牙咯,乜野都噍唔郁咯,燉到爛爛的致好呀。咪整得硬轟轟,就不能食咯。

【F】甲一箇人冇[②]啲牙,就唔嚼得食物,總要炆到腍至得。唔好俾佢炆得帶韌或帶硬,唔食得呀。

【A】我的牙比你的強。不論甚麼硬的、脆的,都能吃,連瓜子兒還能磕哪。

【B】我的牙比你的强。不論甚麼硬的、脆的,都能喫,連瓜子還能磕哪。

【C】我个牙齒比閣下个好。隨便啥硬物事,儕吃得動个,就是瓜子也咬得開。

【D】我个牙齒比儂个牙齒好。勿論啥硬个、脆个,全能彀吃,連爪(瓜)子還能彀咬。

【E】我嘅牙比你好啲。無論乜野硬嘅、脆嘅,都可以吃,連瓜子都重剝得。

【F】甲我牙比較你嘅好的。乜都食得,唔論韌好、脆好,連瓜子重剝得添。

【注解】

① 吃,A1 作“喫”。

② 甪,粵語用字,《粵音指南》有 3 例,《订正粵音指南》有 5 例。此為動詞"落"義。另有助詞用法,相當於"了"。

## 1【四十二】(第四十二課　勉友圓活)

【A】我請教你,這件事應當怎麼辦? 我心裡想着,他若是一定不依,我就給他實端出來,怎麼樣?

【B】我請教你,這件事應該怎麼辦? 我心裏想着,他若是一定不依,我就把他實端出來,怎麼樣?

【C】請教閣下,箇椿事體那能辦法? 我心裡想,若使勿照味,話點眞理拉撥伊聽,看來那能?

【D】我請教儂,第件事體應該那能辦/做? 我想起來,伊若是一定勿依我,我拿伊一起話出來,那能?

【E】我請教你,呢件事應該點做? 我打噉嘅主意,如果佢一定唔依,我就把佢嘅實情講嗻出嚟,你話點樣呢?

【F】甲我想請教你,呢件事點樣辦? 如果佢唔照工夫嚟做,我直程講出嚟,你估點呢?

【A】我告訴你,你的性子太耿直,也得隨和些兒纔好。

【B】我告訴你,你的性子太耿直,也要隨和些纔好。

【C】我話起來,閣下个性子太直爽,稍些圓容點味好者。

【D】我告訴儂,儂个性子忒直,要和通點末好。

【E】我話俾你知喇,你嘅脾氣太耿直咯,都要圓活啲致好。

【F】乙我話你知,你脾氣太硬直咯,帶的圓活至好。

【A】凡事也不可太刻薄。人家既肯認不是,也就罷了,何若(苦)老沒完呢?

【B】凡事也不可太刻簿(薄)。人家既肯認不是,也就罷了,何苦總不了呢?

【C】隨便啥事體,勿要太刻薄。人家既經肯招勿是之味,就罷者,何苦之得,弄得來無收場呢?

【D】凡係事體也勿好忒刻薄。人家既然肯認錯,也就罷哉,何苦總勿肯罷呢?

【E】凡事都總唔好太過刻薄。嘅人哋既然肯認錯,就罷喇,何苦咁苛求呢?

【F】太硬直嚟責待於人,係唔妥嘅。人哋認錯,就罷喇。點解重要講到冇了期呢?

## 1【四十三】(第四十三課 貓懶鼠嘈)

【A】這個猫怎麼總不管閒事。滿地的耗子,他也不拿。明兒個不用餧他就好了。

【B】這個貓怎麼不管閒事。滿地的老鼠,他也不捉。明天不用餧他就好了。

【C】箇隻猫啥咾總勿肯管事个。屋裏老鼠多來死,終勿肯捉个。明朝勿要撥伊吃,只怕好點。

【D】第隻貓實在勿管事。滿間屋个老鼠,伊也勿捉。明朝勿要撥飯伊吃。

【E】呢只貓做乜總唔管事。滿地嘅老鼠,佢亦唔捉。聽日咪喂佢就好咯。

【F】甲點解呢隻貓咁懶惰。滿地都係老鼠,佢一隻都唔捉。聽日唔餵佢重好。

【A】這耗子眞鬧的兇,吵的睡不着覺,東西也咬了個稀爛。這可怎麼好?

【B】這老鼠眞鬧得兇,吵得困不着醒,東西也咬了個稀爛。這要怎麼好?

【C】箇隻老鼠,鬧來交關,吵來夜裡睏勿起,物事咬來壞完。難末那能呢?

【D】老鼠實蓋能吵法,吵得夜裏睏勿着,物事也咬來壞完。第个那能做頭呢?

【E】啲老鼠眞正交關嚇,嘈得你喊瞓唔着覺,乜野都被佢咬爛嘅。噉點算好呢？

【F】乙的老鼠眞係累人不淺嘞，佢咁嘈，令人都唔瞓得，乜都被佢咬爛。唔知點辦好呢？

## 1【四十四】（第四十四課　未便繙譯）

【A】有兩個狗在那兒搭配。一個姑娘握着眼睛不肯瞧。雖然是那麼樣，可又從手縫兒裏偷着看，你說可笑不可笑？人到了歲數兒了，春心是要動的，外面兒雖是害羞，難道他心裏就不動情嗎？這也怪不得他。

【B】0　　0　　0　　0　　0

【C】

【D】

【E】［未便繙譯］

【F】

## 1【四十五】（第四十五課　豫籌對待）

【A】我在台階兒上站着，他抽冷子把我望後一推，幾乎沒裁（栽）了個大觔斗。

【B】我在台堦兒上站着，他冷不防把我望後一推，幾乎的栽了個大觔斗。

【C】我立拉伽搭階簷上，伊冷陌生頭裡，後面担我一推，我幾幾乎跌下去，打一个觔斗。

【D】我拉伽堦簷石上立拉，勿防伊冷生裡拿我朝後一推，幾乎跌一个觔斗。

【E】我喺石級個度企處，佢嫑驚無神喺我後頭一推，爭啲舂個大觔斗。

【F】甲我喺度石級企緊，佢忽然推我反後，我爭的跌得好交關呀。

【A】那兒有這樣促狹的呢？他再不敢和我這麽頑兒。

【B】那裏有這樣促狹的呢？他再不敢和我這麽頑呢。

【C】那能伊什介能躓蹋閣下个？自我伊就勿敢碰个。

【D】有啥實蓋能促狹个人个？伊再勿敢替我打搠个。

【E】邊笪有咁綽摸嘅呢？佢總唔敢撩我。

【F】乙佢咁可惡嘅。佢自後唔敢撩我。

【A】他要招着我,我就攢足了勁兒,給他一個冷不防,叫他吃不了得兜着走。

【B】他要招着我,我就攢足了勁兒,給他一個不防備,叫他吃不了要兜着走。

【C】若使碰起我來味,一把揪牢之,撥伊一個勿殼漲,讓伊吃得苦頭來,响亦响勿出。

【D】伊要來惹我,我就用足之勁道,撥伊一个勿預備,使伊吃勿住咾兜圈子。

【E】若係佢撩親我,我出盡週身力,俾佢一個唔注意,等佢食唔住,就要捧住走。 卷一終

【F】如果佢激親我,佢唔覺意,我就盡力嚟打佢,又飽以老拳呀。

# 第二卷 官商吐屬
# (《土話指南》上卷《訂正粵音指南》卷之二)

## 2 第一章(第一課 租屋批頭)

【A】您貴姓？豈敢,賤姓王。府上在那兒住？舍下在東單牌樓總布胡同[①]。

【B】您貴姓？豈敢,賤姓王。府上在那裏住？舍下在東單牌樓總布巷子。

【C】請教貴姓？豈敢,賤姓王。府上住拉啥地方？舍下住拉東單牌樓總布街上。

【D】閣下尊姓？勿敢，敝姓王。府上拉那裏？舍間拉東單牌樓總布衖哩。

【E】閣下貴姓？豈敢，小姓王。府上喺邊處住呢？舍下喺東單牌樓總布巷。

【F】甲貴姓呀？乙小姓王。甲府上在？乙舍下在東單牌廔總布巷內。

【A】您在那衙門行走？我是在兵部當差。您到舍下來，是有甚麼事情麼？是。

【B】您在那衙門行走？我是在兵部當差。您到舍下來，是有甚麼事情麼？是。

【C】閣下拉那裡一个衙門裡行走？我拉兵部衙門裡當差。閣下到敝處來，有啥貴幹？

【D】儂拉啥个衙門哩(裏)出進？我是拉工部衙門哩(裏)當差。儂到舍間來，是有啥事體伲(呢)啥？是个。

【E】閣下喺邊間衙門出入呀？我係喺兵部當差。閣下到舍，有乜貴幹呢？係。

【F】甲閣下喺邊間衙門公幹呢？乙好話咯。我喺兵部當差。甲尊駕今日到舍，有乜貴幹呢？

【A】我來是和您打聽一件事情。是我聽見說，您這西院裡那處房要出租，是眞的麼？

【B】我來是和您打聽一件事情。是我聽見說，您這西院裏那處房子要出租，是眞的麼？

【C】要想打聽一件事體。因爲我聽見話，天井西面箇座房子要出租，有介事否？

【D】我是來同儂打聽一件事體。是我聽見人話，儂第个西院裏伊處房子要出租，是真个否？

【E】我嚟托你打聽一件事。聞說，你呢處西院裡頭個所屋想出賃，係唔係呢？

【F】乙我嚟同你打聽一件事幹。聞得你西院有屋招租[或租賃]，未知係唔呢?

【A】不錯,是眞的。怎麽,您要租麽?是,我打算要租。您來遲了,那個房子我已經租出去了。

【B】不錯,是眞的。怎麽,您要租麽?是,我打算要租。您來遲了,那個房子我已經租出去了。

【C】勿差,有介事个。阿是閣下要想租呢啥?是,我打算要租。可惜來得太晚者,我已經租脱个者。

【D】勿錯,是真个。儂要租呢啥?是个,我打算要租。儂來遲哉,伊个房子我已經租脱拉哉。

【E】冇錯,係。做乜你要租咩?係,我想租。你嚟得遲咯,呴間屋我已經租咗俾人嘑。

【F】甲係,冇錯。閣下想租咩?乙係,我都想租。甲你嚟得遲咯,嗰間屋已經租成過人囉。

【A】您租給誰了?我租給我們一個親戚了。那就是了,那麽,您别處還有房麽?

【B】您租與那個了?我租與我們一個親戚了。那就是了,那麽,您别處還有房子麽?

【C】格味,租拉啥人?我租拉伲个親眷。固是亦無啥,别搭還有啥房子否?

【D】儂租撥拉啥人?我租撥伲一个親眷拉哉。蓋也無啥,實蓋末,儂别處還有房子否?

【E】你租俾乜人呢?我租俾我哋一個親戚。呢間就算啲,噉樣,你第處重有屋冇呢?

【F】乙租過乜誰呢?我租俾我一位親戚。乙哦,噉别處重有屋出賃冇呀?

【A】我别處沒房了。我有個朋友,他有一處房子要出租。在甚麽地方?在這北邊兒安福胡同。

【B】我别處沒有房子。我有個朋友,他有一處房子要出租。在甚麽地方？在這北邊兒安福巷子。

【C】別搭房子無味者。我有个朋友，伊有一座房子要出租。拉啥地方？拉北邊安福街上。

【D】我別處無沒房子。我有一个朋友，伊有一處房子要出租。拉啥地方？拉此地北面安福衖哩。

【E】我第處冇屋嚇。有個朋友，佢有間屋想出賃。喺乜地方呢？喺呢處北頭啲條安福巷。

【F】甲冇嚇。但我朋友有間屋出賃嘅。乙喺邊處呢？甲喺本處北邊安福巷內。

【A】有多少間房子？有三十多間房子。三十多間房子太多，我住不了那麽些個。

【B】有多少間房子？有三十多間房子。三十多間房子太多，我住不了那麽許多。

【C】幾化間數？有三十多間。三十多間太多，我登勿完箇多化个。

【D】有幾間房子？有三十幾間。三十幾間忒多，我住勿滿實蓋許多。

【E】有幾多間房呢？有三十多間。三十多間房太多咯，我住唔哋咁多。

【F】乙有幾多間房呢？甲都有三十幾間㖭。乙三十幾間房太多，我唔住得哋呀。

【A】您若是住不了那麽些間，您可以都租下，除了您自己住多少間數，下剩多少間，您可以轉租給別人住。

【B】您若是住不了那麽多間，您可以都租下來，除了您自己住多少間數，下剩多少間，您可轉租與別人住。

【C】登勿完箇多化房子味，閣下可以自家登之幾間，多下來味，担來再租拉別人个宛。

【D】儂若是住勿滿實蓋許多末，可以全租下來。除脱儂自家住个幾化間數，剩下來个幾間，可以轉租撥別人住。

【E】你若係住唔嗰咁多間,至好成間租曉出嚟。先除曉自己住幾多間之外,有剩幾多間,你可以轉租過別人吖。

【F】甲如果唔住得哓,亦可以賃全間,自己唔用嘅房,就轉批別人吖。

【A】那麼,我就是包租了。不錯,您包租。

【B】那麼,我就是包租了。不錯,您包租。

【C】什介是,自我是包租者。不錯,閣下是包租者。

【D】實葢,我就是包房租哉。勿錯,儂是包房租。

【E】噉就係我包租囉噃。冇錯,你包租。

【F】乙噉就係我包租囉噃。甲係嘞,你包租。

【A】我包租,我又怕一時租不出去,我每月得如數給房東房錢。

【B】我包租,我又怕一時租不出去,我每月要如數把房東租錢。

【C】包租味,我常怕一時上頭租勿出,每月倒要出完全房錢拉房東。

【D】我包房租,我又怕一時勿能彀租脫,我每月照數要撥房租拉房東。

【E】我包租,又怕一時租唔出去,每月嘅租錢要照納過屋主囉噃。

【F】乙但怕唔係即時批哓過人,自己每月要納哓的租俾屋主噃。

【A】除了我住多少間,下餘多少間,還要求您替我招租。我想那層倒沒甚麼可慮的,脚下房子往外租着很容易。那麼,我租妥之後,

【B】除了我住多少間,下餘多少間,還要求你替我招租。我想那層沒甚麼可慮的,眼前房子往外租着很容易。那麼,我租妥之後,

【C】除出之我登拉幾間以外,剩拉个多化,求閣下替我招租好否?箇個我想勿要憂得个,第个房子容易有人租个。什介格味,我租之後來,

【D】除脫自家住个幾間,餘多幾間,還要求儂替我租脫。我想

伊層儂勿消慮得个,眼前租脱房子極容易。實蓋,我租定之後,

【E】除喺我自己住幾多間,有剩咁啲,重要求你替我招租噃。我睇呢層都唔係點怕,目下有屋想租過人極容易。噉我租成之後,

【F】望你搵的屋客,租我餘剩箇的房喇。甲我估呢件唔使憂,近今的房屋好容易出租呀。乙噉我租成之後,

【A】那好辨(辦),趕您租妥之後,您可以告訴我説,您是匀出多少間來出租,我可以替您找住房的。

【B】那好辦,等您租妥之後,您可以告訴我説,你是匀出多少間來出租,我可以替你找住房子的。

【C】固是便當个,閣下只管租之後來,告訴我一聲,還有幾間要出租个,我就可以去尋房客來。

【D】蓋也便當个,等儂租定之後,儂來關切我一聲,儂騰出幾間來租脱,我可以替儂尋个房客。

【E】個啲容易,等你租成之後,你話聲我知,你分出幾多間嚟租過人,我就噲替你找屋客咯。

【F】甲做得,如果你一租成,就話我知,重剩幾多間招租,我可以替你召客吖。

【A】那麽着很好了,可是您知道一月是多少房錢麽?我那個朋友告訴過我,每月是七十吊錢的房錢。

【B】那麽的很好了,就是您曉得一月是多少租錢?我那個朋友告訴過我,每月是七十吊錢的租錢。

【C】什介是最好者,格味閣下曉得一个月幾化房錢?我个朋友對我話歇,每月房錢七千。

【D】蓋是頂好哉,儂阿曉得一个月要幾化房租?我有一个朋友替我話過,每月是七十千銅錢房租。

【E】噉好極咧,但係一個月幾多租錢,你知到嘷嗎?我哋個朋友話過俾我聽,每月係七千錢租。

【F】乙好喇,你知每月幾多銀租唔呢?甲係,我朋友話我知,屋租每月七十吊錢。

【A】七十吊錢的房錢太多。您聽着這房錢彷彿是太多,
【B】七十吊錢的房租錢太多。您聽着這房租錢彷彿是太多,
【C】七千房錢是太多。聽見之箇个房錢像煞嫌伊太多,
【D】七十千銅錢房租忒大。儂聽見第个房租似乎忒大,
【E】七千錢太多咯。你聽見呢個價錢似乎係多,
【F】乙七十吊錢太貴咯。甲係喇,聽見似乎太貴,

【A】您不知道那房子可是頂好,院子又大,地勢又好,離大街也近,買東西也很方便。

【B】您不曉得那房子實在頂好,院子又大,地勢又好,離大街也近,買東西也很方便。

【C】阿曉得箇座房子是頂好个,園地味大,地勢味好,離開大街味勿遠,買長買短極其便當。

【D】儂勿曉得伊處房子實在出色,天井又大,地方又好,離大街末勿遠,買物事末也極便當。

【E】你唔知到啲間屋係頂好,天井又大,地勢又高,離大街又近,買野又極便。

【F】但要知到呢間係頂好,箇院子又大,位置甚佳,近住大街,買野極便。

【A】那麽我租那房子,還有茶錢麽? 那茶錢自然自有的。怎麽我起您手裡租房,還得給茶錢呢?

【B】那麽我租那屋子,還有茶錢麽? 那茶錢自然是有的。怎麽我在您手裡租房子,還要把茶錢呢?

【C】格味我租之個坟房子,還要啥小租个否? 小租自然總要个。那能閣下經手租房子,還要小租个呢?

【D】蓋末我租伊處房子,還要出啥中金否? 伊个中金是終要出个。爲啥咾我拉儂手裡租个房子,還要出中金呢?

【E】噉我租啲間屋,重有批頭冇呀? 啲啲批頭自然係有喇。噉樣我經你手租屋,重要俾批頭咩?

【F】乙噉如果我租成,重使出乜批頭[或茶錢]唔呢? 甲係,批頭自然

有嘅。乙喂，我由你手租，重要俾批頭咩？

【A】雖然您是起我手裡租房，沒有別的中人，到底這茶錢您也是得給。

【B】雖然您是在我手裡租房子，沒有別的中人，到底這茶錢您也是要把。

【C】哈。雖然我經手租房子，無啥別个中人，茶錢到底亦要出點个。

【D】雖然儂拉我手裡租个房子，勿有別个中人，到底第个中金儂終要出个。

【E】雖然你係經我手租屋，冇第個中人，到底呢啲批頭都要俾嘅。

【F】雖然你經我手租屋，冇第箇中人，到底呢的批頭都要俾嘅。

【A】我告訴明白您納，您給的這茶錢並不是我落，也不是我那個朋友得，是給我的那個朋友的底下人們大家分的。

【B】我告訴明白您納，您給的這茶錢並不是我上腰，也不是我那個朋友得，是把我的那個朋友的底下人們大家分的。

【C】我對閣下話呢，出个茶錢並勿是我落个，亦勿是我个朋友得个，是撥拉我朋友个底下頭人大家分分个。

【D】我對儂話明白之，儂出第个中金並勿是我到手个，也勿是伊个朋友得个，是撥拉我朋友个多化底下人大家分个。

【E】我話明白過你知喇，你俾呢啲批頭唔係我得，亦唔係我個朋友得，係俾我個朋友啲使喚人大家分嘅。

【F】我話明白你知喇，箇的批頭唔係俾我得，亦唔係我朋友得，我朋友的底下人分嘅。

【A】那麼是幾分兒茶錢呢？就是一茶一房。

【B】那麼是幾分而(兒)茶錢呢？就是一茶一租。

【C】格味幾分小租呢？一間房子一分。

【D】葢末是要出幾化中金呢？就是一租一中金。

【E】噉要俾幾多次呢？就係一間屋俾一次呮。

【F】乙噉批頭有幾多次呢？甲係一次過啫[英文原意未盡明瞭]。

【A】那就是了。那麽，我還得有舖保罷？舖保自然是得有的，您找得出舖保來麽？

【B】那就是了。那麽，我還要有保人罷？保人自然是必要的，您找得出保人來麽？

【C】固就介味者。還要有啥店家做保人个否？保人是總要个，自家尋得着否咾？

【D】蓋就是哉。實蓋末，我還要賠啥保租否？保租自然要个，儂尋得出保人來否？

【E】噉就喺喇。噉樣，我重使要舖頭擔保唔使呀？担保自然要喇，你搵得出舖頭担保嚹嗎？

【F】乙噉，好喇。怕要穩當擔保係嗎？甲自然要喇，你搵得倒唔呢？

【A】是，我找得出舖保來。您都是有甚麽舖保？要甚麽舖保有甚麽舖保。

【B】是，我找得出保人來。您都是有甚麽保人？要甚麽保人有甚麽保人。

【C】尋是尋得着个。閣下有啥店家可以做保人否？隨便自家要那裡一个就那裡一个。

【D】是个，我尋得出个。儂全是有那能个保人？要那能个保人就有那能个保人。

【E】係，搵得嘅。你有乜舖頭担保呢？要乜嘢舖頭担保就有乜野舖頭咯。

【F】乙係，我搵得倒。甲你有乜擔保呢？乙要嗰様就有嗰様喇。

【A】那就行了。您打算多喒瞧那房子去？我打算過一兩天，我來同您看看去。

【B】那就行了。你打算麽早看那房子去？我打算過一兩天，我來同您看看去。

【C】儕是者。閣下想幾時去看房子呢？我想過个一二日，同閣下一淘去看个看。

【D】蓋就是哉。儂打算幾時去看伊處房子？我打算歇个一兩日，我來同儂去看看。

【E】噉就得咧。你打算幾時去睇咱間屋呢？我打算過兩日嚟同埋[②]你一齊去睇吓。

【F】甲甚好。你想幾時去睇箇間屋呢？乙我想呢兩日內，同你去睇。

【A】那麼，偺們一兩天準見。是，一兩天準見。

【B】那麼，我們一兩天相會。是，一兩天相會。

【C】格味正介，隔一二日伲再會。正介，隔一二日再會。

【D】蓋末，我伲停兩日再會。好个，一兩日再會。

【E】噉准一兩日我哋致再見喇。係咯，定期一兩日致見喇。

【F】甲好極咯，呢兩日內再見喇。乙係咯。

【注解】

① 按：胡同，A1 作衚衕。

② 同埋，與同義連詞，即“同”。

## 2 第二章 （第二課 賓客問答）

【A】你貴姓？豈敢，賤姓李。未領教您納？我賤姓趙。貴處是甚麼地方？敝處張家口。

【B】您貴姓？豈敢，賤姓李。未領教您納？我敝姓趙。貴處是甚麼地方？敝處張家口。

【C】請教貴姓？豈敢，賤姓李。勿曾領教自家貴姓？豈敢，賤姓趙。貴處是啥地方？敝處張家口。

【D】閣下尊姓？勿敢，敝姓李。勿曾請教老兄尊姓？敝姓趙。貴府是啥地方？敝處張家口。

【E】尊駕貴姓？豈敢，小姓李。未領教呀？我小姓趙。貴處係乜野地方？敝處張家口。

【F】甲閣下尊姓呀？乙小姓李。未領教？甲小姓趙。乙貴處呢？甲我喺張家口嚟嘅。

【A】到京來有甚麽貴幹？我是賣貨來了。您販來的是甚麽貨物？我販來的是皮貨。

【B】到京來有甚麽貴幹？我是賣貨來的。您販來的是甚麽貨物？我販的是皮貨。

【C】到京裏來有啥貴幹？我賣脱點貨色咾來个。販啥个貨色？我販來个是皮貨。

【D】到京裏來有啥个貴幹？我是來賣貨个。儂販个是啥貨色？我販个是皮貨。

【E】嚟京有乜貴幹呢？我嚟賣貨嘅。你帶啲乜野貨嚟賣呢？我帶啲皮草嚟賣。

【F】乙嚟京[或平]有乜貴幹呀？甲我嚟賣貨。乙帶乜野嚟賣呢？甲帶的皮草嚟賣。

【A】您在那兒住着了？我在城外頭店裡住着了。在那個店裏住着了？在西河沿大成店裏住着了。

【B】您在那裏住着了？我在城外頭店裡住着。在那個店裏住着呢？在西河沿大成店裏住着呢。

【C】住拉啥地方？我住拉城外店裡。住拉啥人家店裡？住拉河西灘大成店裡。

【D】儂住拉那裏？我拉城外頭寓裡住拉。拉啥人家寓裡住拉？拉靠西河邊上大成寓裏。

【E】你喺邊處住呀？我喺城外一間舖頭住呀。喺邊間舖頭住呢？喺西河沿大成店裡頭處住。

【F】乙你喺邊處寄宿呢？甲喺華人城内一間旅店。乙邊間旅店呢？甲我在西河沿大成店住呀。

【A】今年皮貨的行情怎麽樣？今年皮貨的行情還算是平和。

【B】今年皮貨的行市怎麽樣？今年皮貨的行市還算是公道。

【C】今年皮貨行情那能？今年皮貨行情還算平常。

【D】今年皮貨个行情那能樣式？今年皮貨个行情還算公道。

【E】今年皮草嘅行情點樣呢？今年皮草嘅行情都算係平常呎。

【F】乙今年皮草嘅行情點樣呢？甲今年平常啫。

【A】我聽見説，前幾年皮貨的行情很大。不錯，前幾年皮貨的行市大的很了。

【B】我聽見説，前幾年皮貨的行市很大。不錯，前幾年皮貨的行市大得很呢。

【C】我聽見話，前幾年皮貨行情十分大。不錯，前幾年皮貨行情大得極。

【D】我聽見人話，前幾年皮貨行情極大。勿錯，前幾年皮貨个市面大得極。

【E】我聽見話，先幾年皮草嘅行情好高。冇錯，先幾年行情高到極唎。

【F】乙我聞得，先幾年皮價甚高。甲先幾年眞係高到極咯。

【A】是怎麽個緣故呢？總是因爲貨短的緣故。您現在帶來的貨都賣完了麽？還沒都賣完了。

【B】是怎麽的緣故呢？總是因爲貨少的緣故。您現在帶來的貨都賣完了麽？還沒都賣完咯。

【C】啥講究呢？總是因爲貨色少之咾。自家帶來个皮貨，現在賣完味？勿曾完全賣脱哩。

【D】是啥个緣故呢？總是爲之貨色少个緣故。儂現在帶來个貨色全賣完拉末？還勿曾全賣完哩。

【E】係乜野緣故呢？總係因貨少嘅緣故啫。你現時帶嚟嘅貨，賣嗮未呢？重唔曾賣嗮呀。

【F】乙係乜緣故呢？甲獨係因貨少啫。乙你呢回帶嚟的貨，沽清未呀？甲未。

【A】您賣完了皮貨,是帶回銀子去呀?還是販貨回去呢?是販貨回去。

【B】您賣完了皮貨,是帶回銀子去呀?還是販貨回去呢?是販貨回去。

【C】皮貨賣完之後來,帶銀子轉去呢?還是販貨色轉去?販貨色轉去。

【D】儂賣完之皮貨,是帶回銀子轉去呢?還是販貨色轉去?是販貨色轉去。

【E】你將來買嗻啲貨,帶銀翻去?噢買貨翻去呢?係買貨翻去。

【F】乙你賣完之後,帶銀番去?𠻺帶回頭貨呢?甲我帶回頭貨嘅。

【A】都是販回甚麼貨物去呢?竟是洋廣雜貨。您在張家口是有舖子麼?是有舖子。寶字號?

【B】都是販回甚麼貨物去呢?竟是洋廣雜貨。您在張家口是有舖子麼?是有舖子。寶字號?

【C】販啥个貨色轉去?洋廣雜貨。拉張家口有啥店否?店有个。寶號呌啥?

【D】全販多化啥个貨色轉去?不過是洋廣雜貨。儂拉張家口開啥店否?是个,有一爿店。寶號是啥?

【E】係買啲乜野貨翻去呢?買啲洋廣雜貨咯。你喺張家口有舖頭咩?係,有舖頭。乜野寶號呀?

【F】乙你帶乜野貨呢?甲總係買洋廣雜貨。乙你喺張家口有舖冇呢?甲有。乙乜寶號呀?

【A】小號益泰。您向來往回裏帶貨,都是買誰家的貨呀?那也倒不一定,誰家的貨合式,我就買誰家的。

【B】小號益泰。您向來回轉去帶貨,都是買那家的貨呀?那也倒不一定,那家的貨合式,我就買那家的。

【C】小號益泰。自家一向來去帶貨色,儕是買啥人家个?倒亦勿定,啥人家个物事對味,就買啥人家个。

【D】小號是益泰。向來轉去帶貨,全是買啥人家个貨呢?蓋倒勿一定个,啥人家个貨色合式,我就買啥人家个。

【E】小號益泰。你一向來往帶貨,係帮趁邊間嘅貨呢?啲啲唔話得定嘅,邊間貨合式,就同邊間買嘅啫。

【F】甲小號益泰。乙你向來番去,喺邊間辦貨呢?甲箇的就話唔定嘅,睇邊間貨合用,我就幫趁箇間喇。

【A】既是這麽着,我現在有個朋友,他在哈達門外頭新開了個洋廣雜貨棧。

【B】既是這麽的,我現在有個朋友,他在哈達門外頭新開了個洋廣雜貨店。

【C】既然什介,我有个朋友,伊拉哈達門外頭新開一爿洋廣雜貨棧。

【D】既然實蓋,我現在有一个朋友,伊拉哈達門外頭新開一爿洋廣雜貨店。

【E】既然係噉樣,我而家有個朋友,佢喺哈嗟門外頭新開咽一間洋廣雜貨舖。

【F】乙好吖,我有箇朋友,喺哈達門外新開間洋廣雜貨舖。

【A】他都是自己起廣東置來的貨,價值比別的棧裏全便宜,您後來買甚麽貨,可以到他那棧裏買去。

【B】他都是自己從廣東買來的貨,價錢比別的店裏都便宜,您後來買甚麽貨,可以到他那店裏去買。

【C】貨色儕是自家到廣東去運來个,價錢傍之別人家亦公道,若使後來自家要買啥味,可以到伊棧裡去。

【D】伊全是自家到廣東去買來个貨色,價錢比別人家店裏全公道,儂後來要買啥貨色,可以到伊伊爿店裏去買。

【E】佢通係自己由廣東辦貨嚟,價錢比較別家賣嘅更相宜,你以後買乜野貨,去帮趁佢個間買就好喇。

【F】佢的貨自己喺廣東辦嚟嘅,價錢比較第間全屬相宜,日後你買貨,不如幫趁佢好喇。

【A】令友那個棧房寶字號是甚麼?字號是德發。那麼底下我到那棧裏買貨去,我提您就得了。

【B】令友那個店是甚麼寶字號?字號是德發。那麼的我底下到那店裏去買貨,我提起您來就是了。

【C】作承作承。令友寶棧房號呌啥?字號呌德發。什介下回我到箇爿棧裡去買貨色,提起閣下个名頭就好者。

【D】貴友是啥个店?是啥个店號?店號是德發。實蓋末我以後到伊爿裏去買貨,我話起儂末就是哉。

【E】令友寶號係邊兩個字呢?佢字號係德發。噉様第回我到咱間舖頭買貨,我提起閣下就怕得嘞。

【F】甲貴友寶號呢?乙佢字號係德發。甲噉如果有日子去佢舖頭買貨,提閣下嘅名得嗎?

【A】是。等底下我也可以同您去一盪①。那更好了。

【B】是。等底下我也可以同您去一盪。那更好。

【C】是。下回我亦可以同自家一淘去一[illegible]。固是再好無沒者。

【D】是个。等我以後我也可以同儂去一盪。蓋是更加好哉。

【E】係咯。等下次我同你去過一轉都做得。噉更好唎。

【F】乙做得。或我俾日同你去都好。甲更好咯。

【A】我請問您納,您當初也做過買賣麼?是,做過買賣。您都是做過甚麼買賣?我開過藥棧。

【B】我請問您,您當初也做過買賣麼?是,做過買賣。您做過甚麼買賣?我開過藥棧。

【C】請教前頭去,自家亦做生意个呢啥?是,亦做生意个。做過歇啥生意?我開過歇藥棧。

【D】我請教儂,儂當初也做歇生意否?是个,做歇个。儂做過啥个生意?我開過藥店。

【E】我請教吓閣下,當初你都做過生意嚟嘞嗎?係,做過吓生意咯。你係做過邊啲生意呢？我開過藥材舖。

【F】尊駕往日是否做過生意呢？乙做過。甲做過乜野生意呢？乙我開過藥舖。

【A】是在城外頭麽？不錯，是在城外頭。現在那個藥棧還開着了麽？沒有，關了有七八年了。

【B】是在城裏麽？不錯，是在城裏。現在那個藥棧還開着的麽？沒有，關了有七八年了。

【C】拉城外个是否？勿错，拉城外个。現在自家藥材還開拉否？勿開，關之七八年者。

【D】是拉城裏否？勿差，是拉城裏。現在伊个藥店還開拉否？勿開哉，關之有七八年哉。

【E】喺城外開嗎？冇錯，喺城外。現時咁間藥材舖重開緊咩？冇咯，關咽有七八年咯。

【F】甲喺華人城裏嗎？乙係，喺城裏。甲現在箇間重開唔呢？乙冇咯，我先七八年停嘵唔做咯。

【A】那麽您現在有甚麽貴幹呢？我現在是行醫。您行醫是竟瞧門脈呀？是還出馬呢？

【B】那您現在有甚麽貴幹呢？我現在是行醫。您行醫是在家裏看？還是出外呢？

【C】格味現在自家有啥貴幹？我現在拉行醫。行醫味還是人家上門个呢？還是自家出去个？

【D】實蓋末儂現在有啥个貴幹呢？我現在是行醫。儂行醫是拉屋裡看呢？還是出門看？

【E】噉你而家做盛行呢？我現時行醫。你行醫係人哋嚟館睇吖？抑或你去上門睇呢？

【F】甲哦，而家盛行呢？乙我現時行醫。甲你行醫係人到診？或上門去診呢？

【A】早起瞧門脈，晌午出馬。您行醫總比做買賣強啊？也倒沒有甚麽别的強的,不過是不像做買賣那麽累心就是了。

【B】早晨在家看,下午出外。您行醫總比做買賣好啊? 也到沒有甚麽别的好處,不過是不像做買賣那麽操心就是了。

【C】早辰人家上門个,日裏出去个。行醫總比做生意好點否? 倒亦勿好幾化,不過勿是像做生意能担心味者。

【D】早晨拉屋裡看門診,日中出門看出診。儂行醫總比做生意好? 也到無啥别个好處,不過勿像做生意能个勞碌。

【E】朝早到館睇,晏晝出轎。你行醫總比做生意好啲啩? 冇乜第樣好處,不過冇做生意嘅咁操心就喺喇。

【F】乙上晝喺館,下晝出門。甲行醫比較做生意好的啩? 乙唔係,佢嘅長處,唔使咁操心啫。

【A】您府上在那兒住? 舍下是在東四牌樓報房胡同住。

【B】您府上在那裏住? 舍下是在東四牌樓報房巷住。

【C】府上住拉啥地方? 舍下住拉東(四)牌樓報房街上。

【D】儂府上住拉那裏? 舍間是住拉東四牌樓報房衖裡。

【E】你府上喺邊處住? 舍下喺東四牌樓報房巷。

【F】甲府上喺邊處呢? 舍下喺東四牌廔報房巷。

【A】等改天我到府上望看您去。豈敢,我過兩天還要到店裏望看您去哪。

【B】等改天我到府上去奉看您。豈敢,我過兩天還要到店裏去奉看您呢。

【C】隔日我要到府來候候閣下哩。豈敢,等兩日我還要到寶號裡來候候哩。

【D】等緩日我到府上來恭候儂。勿敢,我歇兩日也要到寓裏來拜望儂哩。

【E】等改日我到府上探你。豈敢,我過兩日重要到舖頭處探你呀。

【F】甲我不日到府上請安呀。乙唔敢當,呢兩日間我亦去你旅店拜訪。

【A】不敢當,您沒事的時候可以到店裏去,偺們談一談。是,那麼偺們改天見。

【B】不敢當,您沒事的時候可以到店裏去,我們談一談。是,那麼我們改天見。

【C】勿敢當,倘使自家有空味可以到小店裡來,大家談談味者。吅,隔日會。

【D】勿敢當,儂有空个時候可以到小寓裏來,大家談談。是个,實蓋俚歇日再會。

【E】唔敢當,你有事之時請到小店處談吓喇。好,我哋改日見喇。

【F】甲唔敢當,得閒請到我哋旅店傾談吓喇。乙好,改日再見喇。

【注解】

① 盪:量詞,在 19 世紀末北京口語文獻多見。日本明治時期漢語教科書多用。

## 2 第三章 (第三課 辭行送行)

【A】老弟是起家裏來麼?喳,是起家裡來。老弟還沒定規日子起身哪?

【B】老弟是從家裏來的麼?是,是從家裏來。老弟還沒定規日子動身哪?

【C】老弟從屋裡來是否?哈,從屋裡來。老弟動身个日子定當拉味?

【D】老弟是拉屋裏來否?是个,是拉屋裏來。老弟還勿曾定規動身个日脚否?

【E】賢弟係由屋唫嚟嗎?係,喺屋唫嚟嘅。賢弟重冇定幾時日子起程咩?

【F】甲老弟,你喺屋踎嚟嗎?乙係,喺屋踎嚟。甲你未定起程嘅時候,係嗎?

【A】也就是這三五天就起身了,今兒個是特意來見兄台辭行。

【B】也就是這三五天就動身了，今天是特爲來見兄台辭行。

【C】三五日後來就要動身者，所以今朝特地來見見老兄咾辭別聲。

【D】是拉第个三五日裏就要動身哉，今朝是特爲到老兄壚頭來辭行。

【E】都係呢三五日就動身咯，今日特意過嚟見大哥辭行。

【F】乙都係呢四五日間動身咯，今日特自嚟同你辭行。

【A】這實在多禮了。老弟這盪是連家眷都去麽？可不是麽，打算連家眷都去。

【B】這實在多禮了。老弟這遢是連家眷都去麽？可不錯，打算連家眷都去。

【C】固是太客氣者。老弟箇回同之家眷一淘去呢啥？打算領之家眷一淘去。

【D】第个實在多禮哉。老弟第回是連家眷全去否？勿錯，打算連家眷全去。

【E】呢啲實在係多禮咯。賢弟呢回係連家眷都一齊去嗎？係吖，打算同家眷去呀。

【F】甲你實首好禮。呢回係帶齊家眷去唔呢？乙係，我都打算帶家眷去呀。

【A】是和人搭幫走啊？還是自己單走呢？是和人搭幫走。搭幫走的那位，也是作官的麽？

【B】是和人搭幫走啊？還是自己單走呢？是和人搭幫走。搭幫走的那位，也是做官的麽？

【C】同別人搭伴之咾去呢？還是一干子去？同別人搭伴之咾去。伴閣下一淘去个人，亦是做官个呢啥？

【D】是搭人同伴去呢？還是自家獨干子去？是搭人同伴去。同伴去个是那裏一位，也是做官个否？

【E】係搭帮去吖？噑單係自己去呢？係搭帮去呀。搭帮去啲位，都係做官嘅嗎？

【F】甲係自己去？噉搭幫去呢？乙係搭幫去嘅。甲搭幫嘅客，都係政界人嗎？

【A】是作官的。他是新捐的通判，到外頭候補去。像您這到省之後，就可以上任去罷？

【B】是做官的。他是新捐的通判，到外省去候補。想您這到省之後，就可以上任去罷？

【C】是做官个。伊新捐一个通判。到外頭去候補去。格味自家到省之後來，就可以上任否？

【D】是做官个。伊是新捐个通判，到外省去候補。想儂第回到省之以後，就可以上任去否？

【E】係做官嘅。佢係新捐通判，去外便候補。比如你呢回到省之後，就可以到任嚇啩？

【F】甲係做官嘅。佢係新捐通判，[此乃前清舊制今無此捐職]去外便候補。甲你一到省城，就可以榮任啩？

【A】是，到省之後，大概就可以上任去了。您補的這個缺，是煩缺麼？不是煩缺，是簡缺。

【B】是，到省之後，大概就可以上任去了。您補的這個鈌，是煩鈌麼？不是煩鈌，是簡鈌。

【C】恐怕到省之後來，就可以上任个。閣下補拉个缺，是煩缺否？勿是煩缺，是簡缺。

【D】是个，到省之後，大分就可以上任去哉。儂補个第个鈌，是煩鈌否？勿是煩鈌，是閒鈌。

【E】係，到省後，大概就可以到任咯。你候補呢個缺，係煩缺嗎？唔係煩缺，係簡缺啫。

【F】乙大概係咯。甲補呢箇缺，係煩缺嗎？乙唔係煩缺，係簡缺啫。

【A】現在署您這個缺的那位姓甚麼？是一位姓周的。是補過實缺的麼？也是新近纔補的缺，這等我到任之後，他就交卸上新任去了。

【B】現在署您這個鈌的那位姓甚麼？是一位姓周的。是補過實缺的麼？也是新近纔補的缺,這等我到任之後,他就交卸上新任去了。

【C】現在署理缺个一位姓啥？是一位姓周个。阿曾補過歇實缺个？亦是新近補拉个缺,等我到任之後來味,伊交卸之咾就要上新任者。

【D】現在署儂第个缺个伊位姓啥？是一位姓周个。是補過實缺个否？也是新近纔補个缺,第个等我到任之以後,伊就交卸上新任去哉。

【E】現在署你呢個缺啲位姓乜嘅呢？係一位姓周嘅。係補過實缺嘅咩？亦係新補嘅缺,等我到任之後,佢就交卸上新任咯。

【F】甲現時陞署你箇缺嗰位姓乜呢？乙係一位姓周嘅。甲佢補過實缺唎咩？乙係,佢新近補箇缺,我一到,佢就交卸上新任咯。

【A】那麼老弟這幾天總在家罷？是,這兩天總在家。我這兩天還要到府上給老弟送行去哪。

【B】那麼老弟這幾天總在家罷？是,這兩天總在家。我這兩天還要到府上去送老弟的行哪。

【C】格味第个幾日裡老弟常莊拉屋裡否？哈,第个兩日裡常莊拉屋裡。我拉第个幾日裏向還要到府上來替老弟送行哩。

【D】實蓋老弟第兩日總拉屋裏个哉？是个,第兩日總拉屋裏。我第兩日裏還要到府上來送老弟个行。

【E】噉樣賢弟呢幾日喺唸多啩？係,呢兩日都係喺唸。我呢兩日都要到府上同賢弟送行咯。

【F】甲噉,呢幾日你喺踨多啩？乙係,呢兩日總在家。甲我呢兩日去你府上送行。

【A】不敢當,我也要回去了。您回去了,到家裏替我請安問好罷。是,回去都替您說。

【B】不敢當,我也要回去了。您回去了,到家裏都替我請安問好罷。是,回去都替您說。

【C】勿敢當,現在我要轉去者。要轉去者,格味到屋裏去替我一概望望。是,我轉去一概望望味者。

【D】勿敢當，我也要轉去哉。儂回府去，到府上全替我請安咾望望。是个，轉去全替儂轉致末哉。

【E】唔敢當，我要翻去咯。你翻去喇，翻到去替我請安各位。係咯，翻去同你話聲係喇。

【F】乙唔敢當，而家我要番去嗞。甲你番到去，替我問安貴府列位嗞。乙哦，好，我噲同你話聲。

## 2 第四章　（第四課　恭賀新禧）

【A】回稟老爺，李老爺給您拜年來了。你去請進來，讓到書房裏坐。

【B】回禀老爺，李老爺和您拜年來了。你去請進來，引到書房裏坐。

【C】告訴老爺，李老爺要來拜年者。請進，讓伊書房裏請坐。

【D】告禀老爺，李老爺來同儂拜年哉。儂去請進來，領到書房裏坐。

【E】回老爺知，李老爺過嚟同老爺拜年。帶過書房啪邊坐喇。

【F】傭箇跟班話，回先生知，李先生到嚟拜年。甲哦，請佢入嚟，帶佢到書房喇。

【A】兄台新喜了。老弟新喜了。兄台請上，我給您拜年。不敢當，一說就是了。老弟請坐喝茶。

【B】兄台恭喜恭喜。老弟恭喜您。兄台請上，我同您拜年。不敢當，說了是一樣。老弟請坐喝茶。

【C】兄台新喜。老弟新喜。兄台請上坐，我要拜一个年哩。弗敢當，話之一聲有者。老弟請坐用茶罷。

【D】老兄恭喜恭喜。老弟恭喜儂。老兄請上去，我對儂拜年。勿敢當，話之聲末是哉。老弟請坐用茶。

【E】大哥恭喜呀。賢弟恭喜。大哥請上坐喇，我同你拜年。唔敢當，話聲就算咯。賢弟請坐飲茶。

【F】乙老哥恭賀新禧呀。甲老弟新禧。乙老哥請上坐喇，等我同你拜年。甲唔敢當,話聲就算咯。老弟請坐飲茶喇。

【A】兄台請坐。老弟今兒個是頭一天出來麽？我是起昨天出來的。得拜幾天哪？

【B】兄台請坐。老弟今天是出方麽？我是昨天出方的。要拜幾天哪？

【C】兄台請坐。老弟今朝是頭一日出來,是否？我昨日出來个。要拜幾日耶？

【D】老兄請坐。老弟今朝是頭一日出來否？我是昨日出來个。要拜幾日？

【E】請坐。賢弟今日係頭一次出行嗎？我係昨日已經出行嚟咯。要拜幾多日年哪？

【F】乙請坐。甲今日係初次出行嗎？乙唔係,我昨日起首出行咯。甲要拜幾多日年呢？

【A】也不過五六天就拜完了。打算多喒到省裏去呀？我打算初八進省。

【B】也不過五六天就拜完了。打算多早到省裏去呀？我打算初八日進省。

【C】亦不過五六日就拜完者。閣下幾時想進省？打算初八進省。

【D】也不過五六日就拜完哉。打算幾時到省裏去？我打算初八進省。

【E】亦不過五六日就拜完咯。打算幾時上省呀？我打算初八上省。

【F】乙哦,五六日就拜完咯。甲打算幾時晉省呢？乙打算初八到省。

【A】得多喒回來？得過了節回來罷。老弟起頭年封了印,總沒到衙門去罷？

【B】要多早回來？要過了節回來罷。老弟從舊年封了印,總沒到衙門去罷？

【C】幾時轉來？過點月半。老弟封印之後來，總理衙門裡去歇否？

【D】要幾時轉來？要過之節咾來拉哩。老弟從舊年封之印，總勿曾到衙門裡去否？

【E】要幾時至翻得嚟呢？想過曉節致翻嚟咯。賢弟自舊年封咽印，總冇到衙門嚩嗎？

【F】甲幾時番嚟呢？乙過上元節就番嚟咯。甲斷估舊年封印後，未到衙門啩？

【A】封了印之後，還去了兩盪，辦了幾件零碎的事情。趕開了印之後，就該忙了罷？

【B】封印之後，還去了兩盪，辦了幾件零碎的事情。到開了印之後，就該忙了罷？

【C】去歇二回，辦點零碎事體。開之印是就要忙者。

【D】封印之後，還去歇兩盪，辦歇幾件零碎事體。到開印之後，該應忙點否？

【E】封印之後，重去過兩次，辦咽幾件啞碎嘅事。開咽印之後，就好唔得閒嚩啩？

【F】乙封印後，都去過兩次，辦一兩件小案。甲一開印，就怕好忙逼啩？

【A】可不是麼？趕開了印之後，就所[①]沒有甚麼閒工夫了。是，老弟請再喝盃茶罷。

【B】那是的。到開了印之後，那就沒有甚麼閒工夫了。是，老弟請再喝盃茶罷。

【C】是麼。開之印是無得閒工夫者。老弟請再用茶罷。

【D】豈勿是否？開印之後，就無沒啥閒工夫哉。是个，老弟請再用一盃茶否。

【E】係吖。開印之後，就冇乜時候得閒嘅咯。係咯，賢弟請再飲茶喇。

【F】乙自然喇。一開印後，就總冇得閒嘅咯。甲嗷咩，請再飲茶喇。

【A】不喝了,我該走了。忙甚麼了,天還早哪。是,因爲該去的家數多,去晚了不像事。

【B】不喝了,我要走了。忙甚麼呢,天還早哪。是,因爲該去的家數多,去晚了不像事。

【C】弗者,我就要走者。慢點去,天早拉哩。因爲該當拜个人家多,晚之去弗像樣个。

【D】勿吃哉,我要去哉。忙啥呢,天還早拉哩。是个,因爲去个家數還多拉哩,晚之去末勿像个。

【E】好咯,我要走嚹。唔使咁忙吖?時候重早呀。因爲要去好多地方,去得晏怕唔似樣。

【F】乙好咯,我要告辭嚹。甲咪咁急吖?重好早呀。乙係,但要去好多地方,太遲去唔似樣。

【A】那麽勞老弟的駕,到家裏先替我請安,道新喜罷。是,回去都替您說。

【B】那麽勞老弟的駕,到家裏先替我請安,道新喜罷。是,回去都替你說。

【C】格味煩閣下,到之屋裏味先替我請个安,道道新喜。正介味者。

【D】實蓋勞老弟个駕,回府去先替我請安咾恭喜。是个,轉去全替儂轉致。

【E】噉勞駕咯,翻到府上先替我同各位請安拜年。係咯,翻去同你話到係唎。

【F】甲哦,勞駕咯,你回府同我問候各位,敬賀新喜。乙好,我番去就講唎。

【注解】

① 按:所,副詞,全部。《官話指南》A 版有 9 例。北京口語用詞。

## 2 第五章(第五課　道賀府官)

【A】老兄我昨兒個聽見說,您現在升任太守了,所以我今兒個特意給您道喜來了。不敢當,實在勞駕得很了。

【B】老兄我昨天聽見說,您現在陞任太守了,所以我今天特意和您道喜來的。不敢當,實在勞駕得很了。

【C】昨日我聽見話,老兄升任之太守者,所以今朝特地來道喜。勿敢當,煩勞尊駕。

【D】老兄我昨日聽見人話,儂現在陞之知府哉,所以我今朝特爲來對儂道喜个。勿敢當,實在勞駕得極哉。

【E】我昨日聽見講,老兄現在升任太守,所以今日特意嚟同閣下道喜。唔敢當,實在勞駕。

【F】甲昨日聞得,閣下陞任太守[前朝知府,今無此稱],故此今日特嚟道喜。乙唔敢當,實在勞駕費心咯。

【A】老兄大概得多喒上新任去呀?還不能預定了,總得等上司派委員來接署,纔能交卸了。

【B】老兄大概要多早上新任去呀?還不能預定了,總要等上司派委員來接署,纔能交卸了。

【C】老兄約規啥模樣要上新任者?還勿能定當拉哩,總要等上司派委員來接之印,然後能彀交卸。

【D】老兄幾時上新任去?還勿能預先定當,總要等上司派委員來接署,難末能彀交卸。

【E】大約要幾時致到得新任呢?都不能預定,總要等上頭派員嚟接署,致交卸得嘅。

【F】甲閣下大約幾時起程上新任呢?乙未話得定,我要等上司派員來接署,噉至交代呀。

【A】您交卸之後,是就上新任去呀?是還得先進省裏去呢?是先得到省裏去。

【B】您交卸之後,是就上新任去呀? 還是要先進省裏去呢? 是先要到省裏去。

【C】交卸之後來,就上新任呢? 還是先要到省裏去? 先到省裏去。

【D】儂交卸之後,就上新任去呢? 還是要先到省裏去? 是先要到省裏去。

【E】你交卸之後,係一直到新任去吖? 抑或重要上省呢? 係先要到省。

【F】甲你交卸後,直程到新任? 或先要去省城呢? 乙我先上省。

【A】請問老兄貴科分? 我是辛酉科的舉人。會試是那科呢? 會試是壬戌科。

【B】請問老兄貴科分? 我是辛酉科的舉人。會試是那科呢? 會試是壬戌科。

【C】請問老兄啥科高發个? 我辛酉科舉人。會試那裡一科? 會試是壬戌科。

【D】請教老兄是啥科分? 我是辛酉科个舉人。會試是那裏一科? 會試是壬戌科。

【E】請問老兄係邊科高發嘅呢? 我係辛酉科中舉嘅。會試係邊科呢? 會試係壬戌。

【F】甲請問貴科分呢? 乙我係辛酉科中式。甲邊科會試呢? 乙會試係壬戌。

【A】原來老兄是連捷,實在是才高得很了。承過奬了,不過是一時的徼倖就是了。

【B】原來老兄是連捷,實在是才高得很了。承過奬了,不過是一時的徼倖就是了。

【C】原來老兄是連捷,才幹高得極。承閣下讚來過分者,不過一時徼幸而已。

【D】原來老兄是連捷,實在才高得極。承儂稱讚,不過是一時个徼幸罷哉。

【E】原來老兄係聯(連)捷嘅嗥,實在才高咯。過獎咯,不過係一時僥倖嘅啫。

【F】甲噉係連捷,實首才高咯。乙蒙閣下過獎,不過一時僥倖嘅啫。

【A】老兄太謙了。請問老兄都是榮任過甚麼地方? 我是做過一任上元縣知縣。

【B】老兄太謙了。請問老兄榮任過甚麼地方? 我是做過一任上元縣知縣。

【C】老兄太謙虛者。請問老兄榮任過那裡幾化地方? 我做過一任上元縣知縣。

【D】老兄忒謙虛哉。請教老兄是榮任過啥地方? 我做過一任上元縣。

【E】老兄太謙呀。請問榮任過邊處地方呢? 我做過一任上元縣知縣。

【F】甲老兄太謙咯。請問榮任過邊處地方呢? 乙我做過上元縣知事。

【A】後來俸滿,蒙前任撫台保升今職。數年以來,寸功未立,實在慚愧得很了。

【B】後來俸滿,蒙前任撫台保陞此職。數年以來,寸功未立,實在慚愧得很了。

【C】後來俸滿之味,蒙前任撫台保舉現在个職司。幾年來,功勞一眼勿曾立,實在羞愧得極。

【D】後來任滿之,蒙前任撫台保陞此職。數年以來,寸工未立,實在慚愧得極。

【E】後來俸滿,蒙前任撫台保升今職。幾年以來,寸功未立,實在十分羞愧。

【F】後來任滿,由前任省長(今稱省主席)請保,幸陞今職。數載未立寸功,極之慚愧咯。

【A】那兒的話呢,老兄如此大才,無怪上游器重。况且又愛民如子,如今升任太守,實在是彼處百姓之福也。

【B】那裏的話呢,老兄如此大才,無怪上司器重。況且又愛民如子,如今陞了太守,實在是彼處百姓之福也。

【C】那能話呢,老兄什介大才情,怪勿得上司自然重托。況且又是愛民如子,現在升做太守,實在是箇邊百姓个福氣。

【D】啥說話,老兄實蓋个大才,怪勿得上司看重。況且又愛民如子,現在陞之知府,實在伊處百姓个福氣。

【E】乜說話呢,閣下有嗽嘅大才,唔怪得上司咁器重咯。而且又愛民如子,現今升任太守,實係呾處啲百姓有福咯。

【F】甲乜嗽話呢,閣下如此大才,唔怪得上游器重。況且又愛民如子,現陞太守,眞係箇處百姓幸福咯。

【A】不敢當,不敢當。那麽等老兄行期有日,我再過來送行就是了。

【B】不敢當,不敢當。那麽等老兄行期有日,我再過來送行就是了。

【C】不敢當,不敢當。等老兄有之動身个日脚咾,我再來送行。

【D】勿敢當,勿敢當。蓋末等老兄有之動身个日脚,我再來送行就是哉。

【E】唔敢當,唔敢當。嗽樣等老兄定曉行期,我再過嚟送行呀。

【F】乙過獎,唔敢當。甲等閣下定曉行期,我再嚟送行。

【A】那實在當不起,這就勞駕得很了。等改天我再到貴衙門謝步去。豈敢豈敢。

【B】那實在當不起,這就勞駕得很了。等改天我再到貴衙門謝步去。豈敢豈敢。

【C】箇是實在當勿起,眞正勞駕得極者。隔一日我到衙門裏來謝步。豈敢豈敢。

【D】蓋是實在當勿起,已經勞駕得極哉。等緩日我再到貴衙門來謝步。勿敢勿敢。

【E】個啲實在唔當得起,嗽已自勞駕到極。等改日我再到貴衙門處謝步。豈敢豈敢。

【F】甲嗽樣唔當得起,十分感謝。我不日到貴衙門謝步。甲豈敢豈敢。

## 2 第六章(第六課　嘈吵銀號)

【A】老弟,我聽見說,前幾天晚上,有幾個人到東街上一個銀號裏搶去了,是有這麽件事麽?

【B】老弟,我聽見說,前幾天晚上,有幾個人到東街上一個銀號裏搶了,是有這件事麽?

【C】老弟,聽見話,前幾日夜裏,有幾个人到東街上去搶一爿錢莊,有介事否?

【D】老弟,我聽見人話,前幾日夜裏,有幾个人到東街上一爿銀號裏去搶哉,是有第件事否?

【E】賢弟,我聽見話,前幾晚,有幾個人去東街啲間銀舖搶野,係有呢件事咩?

【F】甲聞得先幾晚,本街東便箇間銀號有班人打搶,係眞嘅假呢?

【A】不是搶銀號去了,是和銀號打架來着。是爲甚麽打架呀?是因爲有一個無賴子,撿了一張銀票,到銀號裏取銀子去了。

【B】不是搶銀號去的,是和銀號打架來的。是爲甚麽打架呀?是因爲有一個無賴子,撿了一張銀票,到銀號裏發銀子去的。

【C】勿是搶錢莊,是同莊上人相打。爲啥咾相打呢?因爲有个㨗皮,拾着之一張銀票,到莊上去領銀子。

【D】勿是搶銀號去个,是搭銀號裏相打个。是爲啥咾相打?是爲之一个流氓,拾着之一張銀票,到銀號裏去收銀子。

【E】唔係去搶銀舖,係湊銀舖打交啫。係因乜事打交呢?係因為有個無賴脚色,執到一張銀票,到啲間銀舖攞銀。

【F】乙唔係打搶,係打交啫。甲爲乜緣故呢?乙因係嗰嘅有箇平民[或無賴之徒],執倒張銀票,到銀號找銀。

【A】銀號裏人說,這是一張失票,已經有人掛了失票了。

【B】銀號裏人說,這是一張失票,已經有人掛了失票了。

【C】莊上人話,箇張是失票,已經有掛出失票來拉者。

【D】銀號裏人話,第張是失脫拉个票子,已經有人掛之失票拉哉。

【E】銀舖啲人話,呢張票已經有人嚟掛曉號,話遺失嘅咯。

【F】嗰間銀號話,呢張票係別人跌曉嘅,已經有人報失咯。

【A】你等一等,我們把那個丟銀票的那個人找來,你們倆人當面一說,他也不能白了你,總得謝和你幾兩銀子。

【B】你等一等,我們把那個掉銀票的那個人找來, 你們兩人當面一說,他也不能白了你,總要謝與你幾兩銀子。

【C】儂等一等,我去叫落脫票子个人來,大家當面白話,伊總勿是白白裡一眼勿謝儂个,總送幾兩銀子儂个。

【D】儂等一等,我伲去尋伊个失票个人來,倗兩个人當面起話,伊也勿能白儂个,總要謝儂幾兩銀子。

【E】你等吓,我哋叫倒啱個失主嚟,你地兩家當面講,佢亦不能抹㗎你個分,總要補置幾両銀過你嘅。

【F】等陣,我叫失主嚟,你兩家講妥,佢冇話白白勞動你,是必噲俾幾両銀酬答你嘅。

【A】那個無賴子不答應,說是這張銀票是我各人的,我就知道拿銀票來取銀子。

【B】那個無賴子不答應,說是這張銀票是我自己的,我只曉得拿銀票來發銀子。

【C】第个撻皮勿肯,伊話票子是我个,我只管要領銀子。

【D】伊个流氓勿答應,話第張銀票是我自家个,我但曉得拿銀票來收銀子。

【E】啱個無賴脚色唔肯,話呢張銀票係我自己嘅,我祇曉得擰銀票嚟攞銀。

【F】但嗰箇人唔肯,話箇張銀票係我嘅,我只曉擰票嚟攞銀。

【A】你們說是別人丢的銀票,那都不與我相干,我通不管那些個,你們就是給我銀子,沒別的話。

【B】你們說是別人掉的銀票,那都不與我相干,我通不管那些事,你們只要把我銀子,沒別的話。

【C】倷話第个票子別人落脫拉个,我勿關,勿要多話,就付銀子拉我,儕是者。

【D】倷話是別人失脫拉个銀票,第个全勿與我相干,我全勿關伊个多化事體,倷只要撥銀子拉我,無啥別樣說話。

【E】你哋話係別人跌嘅銀票,咁啲都於我無涉,我唔管咁多,你硬係俾銀過我,就冇說話講。

【F】你話別人失嘵,唔關我事,我一概唔理嗰件,你就俾銀過我,咪咁多說話呀。

【A】銀號裏不肯給他銀子,這麽着他要把那張原銀票拿回去。

【B】銀號裡不肯把他銀子,這麽樣他要把那張原銀票拿回去。

【C】莊上人勿肯撥伊,伊要担原票子拿去。

【D】銀號裡勿肯撥銀子伊,實蓋末伊要拿伊張銀票帶轉去。

【E】銀舖唔肯俾銀過佢,噉樣佢就要攞翻咁張原票揸翻去。

【F】箇間銀號唔肯,噉就佢想收番銀票。

【A】銀號裏把那張銀票也扣下了,不肯給他,這麽着他就走了。趕到晚上,那個無賴子又約了四個無賴子到銀號裏打架去了。

【B】銀號裡把那張銀票也扣住了,不肯把他,這麽樣他就走了。趕到晚下,那個無賴子又約了四個無賴子到銀號裏打架來了。

【C】莊上人担票子扣住,勿肯還伊,乃味伊去者。到夜快,箇个撻皮又合之四个撻皮到莊上去相打。

【D】銀號裏拿伊張銀票扣住拉,勿肯撥伊,實蓋末伊就走哉。等到夜裏,伊个流氓又約之四个流氓到銀號裏去打哉。

【E】咁間銀舖又要留住佢嘅,唔俾翻佢,噉就佢去嘵。到晚上,咁個無賴脚色又約埋[①]四個爛仔去銀舖處吵鬧。

【F】銀號又唔俾佢,要留住張票,佢就去嘵。晚上,嗰箇招集四箇人去銀號嘈吵。

【A】趕他們到了銀號,就這麼一罵,把櫃上的一個夥計,他揪出來給他打了,把攔櫃上擱着的算盤也給摔了。

【B】他們到了銀號,先這麼一罵,把攔櫃上的一個夥計,他揪出來被他打了,把攔櫃上擱着的算盤也被摔了。

【C】一到之莊上,開口就罵,挪櫃上一个夥計揪出去就打,担櫃上个算盤甩拉地上。

【D】伊拉到之銀號,就實蓋一罵,拿櫃上个一个夥計,撥伊拉拖出來一頓个打,又拿櫃上擱拉个算盤,也撥伊拉掼摔。

【E】佢地到銀舖,就大鬧一場,喺櫃位拉嘵個夥記出嚟打,把櫃面嘅算盤又掟嘵。

【F】一到,就起首罵,捉住櫃面一人,拉出嚟打佢,將櫃面算盤丢落地下。

【A】這個工夫兒,汛官聽見說了,當是搶銀號的了,就帶兵去把他們五個人都拿了去了,送了縣了。

【B】這個工夫兒,汛官聽見說了,當是搶銀號的了,就帶兵去把他們五個人都拿了去了,送了縣了。

【C】箇辰光,汛地官聽見者,話咾搶錢莊,就帶之兵咾担伊拉四五个人一齊捉之去,送到縣裡。

【D】第个時候,汛地官聽見人話起,只道是搶銀號个,就帶之兵拿伊拉五个人全捉之去,送之縣。

【E】個汛官聽聞呢件事,以爲係搶銀舖,就帶兵嚟將啲五個人捉住,送嘵入縣。

【F】箇警察官當時聞得,以爲係搶銀號,卽帶警察拉呢五箇人解入縣長衙門。

【A】後來查明白了,他們是打架的。就把他們五個人都枷號在東街上了,半個月之後,纔能放他們了。

【B】後來查明白了,他們是打架的。就把他們五個人都枷號在東街上了,半個月之後,纔能放他們了。

【C】後來查明白之,是搭莊上人相打个。就拿伊拉一淘枷拉東街上,過之半个月,乃味放脫个。

【D】後來查明白哉,伊拉是个相打。就拿伊拉五个全架拉東街上,半个月以後,纔能彀放伊拉。

【E】後來查明白,佢哋係打交。就把啲五個都枷出去東街處,半個月後,致放咽佢。

【F】及後查明,不過係打交。就將嗰五箇人喺街嘅東便角枷號,要半箇月後至放佢。

【注解】

① 埋,粵語,到,去,往。有時在"V+埋"結構中,作補語,相當於了。

## 2 第七章(第七課 定燒青貨)

【A】院子裏坐着的那個拿着包袱的人,是幹甚麽的? 他是個賣珐藍的。你認得他麽?

【B】院子裏坐着的那個拿着包袱的人,是做甚麽的? 他是個賣珐藍的。你認得他麽?

【C】廳堂上一个人手裡担之一个包裹咾坐拉,做啥个? 賣碗料个。儂認得伊否?

【D】天井裏坐拉个伊个拿包袱个人,是做啥个? 伊是賣珐藍个。儂認得伊否?

【E】天井處擰住[①]個包袱坐處啲個人,係做乜野�? 佢係賣燒青野嘅。你識佢嗎?

【F】甲嗰箇人擰住包袱喺院內坐處,想要乜呢? 傭答佢賣燒青貨嘅。甲你識佢嗎?

【A】我不認得他。你不認得他,怎麽知道他是賣珐藍的呢?

【B】我不認得他。你不認得他,怎麽曉得他是賣珐藍的呢?

【C】我勿認得伊。儂勿認得味,那曉得賣碗料个呢?

【D】我勿認得伊。儂勿認得伊,那能曉得伊是賣珐藍个呢?

【E】我唔識佢。你唔識佢,又點知到佢係賣燒青野嘅呢?

【F】傭答我唔識佢。甲噉,你點知佢係賣燒青貨嘅呢?

【A】我剛纔問他來着,他說他是作珐藍的人[②]。那麼他那包袱裏包着的就是藍貨麼?

【B】我剛纔問他來的,他說他是作珐藍的人。那麼他那包袱裏包着的就是藍貨麼?

【C】我刻刻問伊,伊話是做碗料个人。格味伊包裹个勿要就是碗料傢生?

【D】我纔纔問歇伊个,伊話伊是做珐藍个人。葢末伊伊个包袱裏包拉个就是珐藍否?

【E】先時問佢嚟,佢話係造燒青嘅。噉佢個條包袱包住㕭啲就係燒青野嚹嗎?

【F】傭答我頭先問佢,佢話喺製造燒青店嚟嘅。甲噉佢嘅包袱就係包住燒青貨唔呢?

【A】大概就是罷。那麼你出去把他叫進來。掌櫃的,你進來罷。你是賣珐藍的麼?是。

【B】大概是的罷。那麼你出去把他叫進來。老板,你進來罷。你是賣珐藍的麼?是。

【C】只怕是。儂去教伊進來看。嗳,先生教儂進來。吔。

【D】大分是个。實葢末儂出去叫伊進來。老板,儂進去。儂是賣珐藍个否?是个。

【E】怕就係咯。噉你出去叫聲佢入嚟。賣野嘅,入嚟呀。你係賣燒青野嘅嗎?係。

【F】傭答我估係呀。甲噉你去叫佢入嚟喇。傭答事頭,請入嚟啝。甲你係賣燒青貨唔呢?乙係。

【A】你這包袱裏包着的是甚麼藍貨呀?這是一對珐藍瓶。你打開包袱我看看。

【B】你這包袱裏包着的是甚麽藍貨呀？這是一對珐藍瓶。你打開包袱我看看。

【C】儂包裹个是碗料傢生否？是一對碗沙瓶。解開來讓我看个看。

【D】儂第个包袱裡包拉个是啥个貨色？第个是一對珐藍瓶。儂打開包袱來讓我看看。

【E】你包袱包住啲啲係乜野燒青貨呀？呢一對係燒青瓶。你打開包袱我睇吓。

【F】甲你嘅包袱裝住乜野燒青貨呢？乙係一對燒青嘅瓶。甲打開包袱俾我睇吓吖。

【A】您看，這對瓶好不好？這對瓶太大，有比這對小一點兒的沒有了？

【B】您看，這對瓶好不好？這對瓶太大，有比這對小一點兒沒有呢？

【C】看起來，箇對瓶好勿好？箇對瓶太大點，比伊小點个還有否？

【D】儂看，第對瓶好勿好？第對瓶忒大，要比第對瓶小點个有勿有？

【E】尊駕睇吓，呢對瓶好唔好吖？呢對瓶太大，有比呢對細啲嘅冇呢？

【F】乙先生，你話呢對瓶好唔呢？甲呢對瓶太大，有細的嘅有呢？

【A】我們局子裏有一對比這個小的，是作樣子的，不是賣的。

【B】我們局子裏有一對比這個小點，是做樣子的，不是賣的。

【C】伲作裏有一對比伊小點，是做樣子咾，勿賣个。

【D】我伲作場裏有一對比第个小點，是做樣子个，勿是賣个。

【E】我地鋪頭有對比呢對細啲，係做樣嘅，唔係賣嘅。

【F】乙我哋店中有對夠細的嘅，但摵嚟做辦，唔係賣品。

【A】您要買多大尺寸的，那都可以定燒。我白問一問，像這對瓶,得多少塊錢？這對瓶得一百多塊錢。

【B】您要買多大尺寸的,那都可以定燒。我不過問一問,像這對瓶,要多少塊錢？這對瓶要一百多塊錢。

【C】儂要買幾化尺寸个咾,可以定燒个耶。我問問儂看,像箇對瓶,值啥價錢？箇對瓶要賣一百朝外拉。

【D】儂要買幾化尺寸个,第个全可以定燒。我不過問一問,像第對瓶,要幾化塊數洋錢？第對瓶要一百多塊洋錢。

【E】你要買幾大尺寸嘅,嗰啲都可以定燒。我試問聲你,好似呢對瓶,[illegible]要幾多個銀錢呢？呢對要百多銀。

【F】你想要幾大尺寸,我哋可以同你做。甲我不過問聲呮,呢對噉樣賣幾多銀呢？乙呢對過百銀嚱。

【A】你們有甚麽小物件沒有？您問的是甚麽小物件哪？

【B】你們有甚麽小物件沒有？您問的是甚麽小物件哪？

【C】別樣小點个物事有否？啥等樣个小物事呢？

【D】倗小件頭有勿有？儂問个是啥个小件頭呢？

【E】你哋有乜細件野冇呢？你所問嘅係乜野細物件呢？

【F】甲有乜細件冇呢？乙先生問乜野細件呢？

【A】就像甚麽小筆桶、小印色盒子、小爉燈這些個小物件(件)。

【B】就像甚麽小筆筒、小印色盒子、小爉燭台這些樣小物件。

【C】噃。比方小筆桶、小印色匣子、小臘台咾啥。

【D】就像有啥小筆筒、小印色缸、小蠟燭台第个幾樣小件頭。

【E】好似啲啲細筆升呀、細印色盒呀、細蠟燭燈呀個停野唎。

【F】甲筆升呀、印色盒呀、蠟燭燈臺噉嘅細物之類吖。

【A】您說的這幾樣兒小物件,現在做着了,還沒燒得了。那麽得多喒就燒得了？過個四五天就可以燒得了。

【B】您說的這幾樣的小物件,現在做好了,還沒燒成功。那麽要多早纔燒好了？過個四五天就可以燒好了。

【C】儂話拉幾樣小物事,現在做味做拉者,還勿曾燒。幾時模樣燒好者？過四五日燒得好者。

【D】儂話个第个幾樣小件頭，現在做好拉个，還勿曾燒成功。蓋末幾時纔燒得好呢？過个四五日就可以燒好哉。

【E】你話呢幾件細物件，現在造開咯，爭在未燒起呎。噉要幾時致燒得起呢？過四五日添就燒起咯。

【F】乙所講呢幾樣，都係做緊，未曾燒[或造，下倣此]起嘅。甲要幾耐至燒得起呢？乙過四五日度喇。

【A】等這小物件燒得了，你可以拿幾樣兒來，再把你們局子裏那對瓶樣子拿來我瞧瞧。

【B】等這小物件燒好了，你可以拿幾樣兒來，再把你們局子裏那對瓶樣子拿來我看看。

【C】箇兩樣小物事燒好之，儂可以担幾樣來，還有作裏箇對做樣子个瓶担來，讓我看看。

【D】等第个小件頭燒好之，儂可以拿幾樣來，再拿倗作場裏伊對瓶樣子拿來，撥我看看。

【E】等呢啲細件野燒起，你攞幾樣嚟，再攞埋你舖頭處做辦啝對瓶嚟，我睇吓。

【F】甲燒起之後，可以帶幾樣，共埋做辦箇對瓶嚟，俾我睇吓。

【A】若是合式，我可以照樣兒定燒一對。是，我過幾天給您拿來罷。

【B】若是合式，我可以照樣的定燒一對。是，我過幾天和您拿來罷。

【C】若中意个味，我要照樣定燒一對。吔，隔兩日我担來味者。

【D】若是合意，我可以照樣定燒一對。是个，我過幾日同儂拿來末哉。

【E】若係合式，我可以照樣定燒一對。係咯，我過幾日攞嚟你喇。

【F】如果合式，我就可以照辦定燒一對咯。乙唔。過幾日我就攞嚟喇。

【A】你們局子在甚麽地方？我們局子在後門大街。寶字號？小號廣成。

【B】你們局子在甚麽地方？我們局子在後門大街。寶字號？小號廣成。

【C】倷个作塲拉啥地方？倨个作塲拉後門大街上。寶號叫啥？小號叫廣成。

【D】倷作塲拉啥地方？倨作塲拉後門大街。啥招牌？小號廣成。

【E】你哋舖頭喺邊處呀？我地舖頭喺後門大街。寶號係？小店廣成。

【F】甲寶號喺邊處？乙敝店在後門大街。甲寶號係乜字號呢？乙小店廣成。

【A】你們先頭裏也來這公館裏賣過東西麽？我們先頭裏沒來這公館裡賣過東西。

【B】你們先頭裏也來這公舘裏賣過東西麽？我們先頭裏沒來這公舘裡賣過東西。

【C】蕩搭公舘裏,倷前頭貨色來賣歇否？第个公舘裏,前頭勿曾賣過歇个。

【D】倷前頭也到第个公館裏賣過物事否？我倨前頭勿曾到第个公館裏賣過物事。

【E】你哋從前都嚟過呢間公館賣過野嚹啩？我哋上先冇嚟過呢間公館賣野。

【F】甲你舊時嚟過呢處賣貨冇呀？乙冇,未曾嚟賣過。

【A】這對瓶,我嫌他太大,你可以拿回去罷。是,我失陪了您納。你回去了。

【B】這對瓶,我嫌他太大,你可以拿回去罷。是,我少陪了您納。你回去了。

【C】箇對瓶,我嫌伊太大,儂担之轉去罷。吅。格味失陪者。儂去者否。

【D】第對瓶,我嫌伊忒大,儂可以拿轉去末哉。是个,失/少陪伽哉。儂轉去末哉。

【E】呢對瓶,我嫌太大,你擰翻去致喇。係咯,恕我唔陪嘞。好行喇。

【F】甲嗷呢對瓶,我嫌太大,可以擰番去咯。乙好,請呀,先生。甲好行喇。

【注解】

① 住,粵語表示體貌的詞尾。

② 按,原文作"珐是藍作的人",依上下文義排序。

## 2 第八章(第八課　典地限期)

【A】你們老爺在家裏了麼?是,在家裏了。你進去告訴你們老爺,就提我在後門住,姓徐,來見你們老爺有話說。

【B】你們老爺在家裏麼?是,在家裏。你進去告訴你們老爺,就說我在後門住,姓徐,來見你們老爺有話說。

【C】伽老爺拉屋裏否?拉屋裏。儂進去對伽老爺話,我就是後門頭姓徐个。搭伽老爺要白話。

【D】伽老爺拉屋裏否?是,垃拉屋裏。儂進去告訴伽老爺,話我住拉後門,姓徐个,來見伽老爺要白話。

【E】你哋老爺喺屋唸嗎?係,喺處。請你入去回聲老爺,話有位姓李(徐)嘅,佢話喺後門嗻住嘅,有說話講。

【F】甲你東家喺蹝嗎?乙係。喺處。甲你話東家知,我係姓徐嘅。喺後門住,有的事同佢講。

【A】是。我們老爺請您進來,到書房裏坐。老弟久違。

【B】是。我們老爺請您進來,到書房裏坐。老弟久違。

【C】啣。老爺話請進。書房裏請坐。老弟久違。

【D】是个。伲老爺請儂進來,到書房裏坐。老弟久違哉。

【E】係咯。我哋老爺請你入去書房坐吓。賢弟違教好耐嘞。

【F】傭答哦。敝東請先生入書廔坐吓。乙違教好耐,再見甚歡咯。

【A】彼此彼此。這一向倒好啊？好啊您納，您倒好？托福托福。

【B】彼此彼此。這一向好啊？好啊，您好啊？托福托福。

【C】彼此彼此。一向好拉？好拉，自家那能？托福托福。

【D】彼此彼此。第个一向好拉？好拉，儂好拉？托福托福。

【E】彼此彼此。呢排好吖？好，你呢？你好吖？托福托福。

【F】甲彼此彼此。你一向好吖？乙託福，你都好？甲係，好。有心。

【A】老弟，偺們這一向沒見，是上甚麼地方去了麽？可不是麽，我是出了盪外。

【B】老弟，我們這一向沒見，是到甚麽地方去了麽？那倒是啊，我是出了一盪門。

【C】老弟，我一向勿看見儂，到啥地方出去之呢啥？一眼勿錯，外勢出去之一時。

【D】老弟，第向勿看見，是到啥地方去个呢啥？是个，我是出之一盪門。

【E】賢弟，呢排總冇見，係去乜野地方嚟呀？係吖，我出門呀。

【F】乙隔別咁耐，有去邊處冇呢？甲有。去嘵好耐呀。

【A】上甚麽地方去了？出口收租子去了。是了。大哥，我今兒個特意來和您商量一件事。

【B】到甚麽地方去的？出口收租谷去的。是的。大哥，我今天特爲來和您商量一件事。

【C】拉啥地方？外勢收租米。吔。大哥，今朝我特地來，要商量一件事體。

【D】到啥地方去个？出門收租米去个。老兄，我今朝特爲來同儂商量一件事體。

【E】去邊處嚟呢？出外收租嚟。哦，係咩。大哥，我今日特意嚟同你商量一件事。

【F】乙你去邊處呢？甲係，我出口收租嚟。乙哦，係咩。甲今日因事共你商量，特嚟拜候。

【A】是甚麽事情？我有個朋友，他在京西住家，他有幾頃地，有一處果木園子、一處菜園子。

【B】是甚麽事情？我有個朋友，他在京西住家，他有幾百畝地，有一處果木園、一處菜園。

【C】啥事體？我有个朋友，住拉城西面个。伊味有幾頃田，有一个菓子樹園，還有一个菜園。

【D】是啥事體？我有个朋友，伊住拉京西，伊有幾百畒地，有一處菓子園咾一處菜園。

【E】乜野事呢？我有個朋友，佢喺京西處住嘅，佢有幾頃田，有一間果木園，有一間菜園。

【F】乙乜事呢？甲我有箇朋友，喺京[改平]西住嘅，佢有幾頃地同一所果園、一所菜園。

【A】因爲他現在等錢用，託我把他這地畝、園子給他典出去，所以我來問問您納。

【B】因爲他現在等錢用，託我把他這地畝和園替他典出去，所以我來問問您納。

【C】因爲現在伊應用銅錢，托我担田咾園地典出去，所以我來問聲。

【D】因爲伊現在等用銅錢，托我拿第處園地替伊押脱，所以我來問問儂看。

【E】因爲佢而家等錢使，將呢啲田園託我搵人典，所以我嚟問聲你。

【F】因現在等錢使，叫我同佢典呢的地。我嚟問你。

【A】若是您願意典過來，我可以給您辦辦。這個地畝，現在是他自己種着哪？還是有佃户種着呢？

【B】若是您願意典過來，我可以替您辦辦。這個地畝，現在是他自己種着哪？還是有佃户種着呢？

【C】若使自家要个味，我想商量商量看。箇塊田，現在伊自家種拉呢？還是佃户種拉？

【D】若是儂願意押个末,我可以替儂去辦。第个田地,現在是伊自家種拉个呢? 還是租戶種拉?

【E】若係你想典,呢件事我可以同你辦得嚟。呢啲田園,現在係佢自己耕翻吖? 抑或批過佃戶耕嘅呢?

【F】你中意典,我同你辦得嚟。乙嗰的地,佢現時自己耕? 抑或租過人耕呢?

【A】是他自己種着了。他打算典多少銀子呢? 他打算要典一千兩銀子。

【B】是他自己種着的。他打算典多少銀子呢? 他打算要典一千兩銀子。

【C】伊自家種拉个。伊打算典幾化銀子? 伊打算典千把兩銀子。

【D】是伊自家種拉。伊打算押幾化銀子? 伊打算要押一千兩銀子。

【E】係佢自己耕翻嘅。佢打算要典幾多銀呢? 佢想典一千両銀。

【F】甲佢自己耕嘅。乙佢想典幾多銀呢? 甲佢想典一千両銀。

【A】他若是打算典一千兩銀子,我怕是湊不出那麽些個來。那麽您可以湊得出多少來呢?

【B】他若是打算典一千兩銀子,我怕是湊不出那麽許多來。那麽您可以湊得出多少來呢?

【C】伊打算要典千把兩銀子,我怕湊勿出箇個數目。格味可以湊得出个幾化呢?

【D】伊若是打算押一千兩銀子,我獨怕湊勿出實蓋許多。蓋末儂可以湊得出幾化?

【E】佢若係要典一千両銀,我就怕唔湊得出咁多錢嚟嘴。噉你可以湊得出幾多錢呢?

【F】乙噉。我怕唔搵得咁多銀嘴。甲你可以搵得出幾多呢?

【A】若凑個六七百兩銀子還可以行。那層您等我回去和他商量去罷。

【B】若凑個六七百兩銀子還可以行。那麽您等我回去和他商量去着。

【C】凑个六七百兩銀子還可以。格味等我去搭伊商量起來看。吧。

【D】若是凑个六七百兩銀子還可以。實葢末儂讓我轉去同伊商量。

【E】若係凑六七百両銀都可以得。呢層等我翻去同佢商量喇。

【F】乙我或者可以搵得五六百両。甲嗷,呢件等我番去同佢講。

【A】可是他打算典多少年呢?這層我也問他來着,他說是不用寫典多少年,就寫錢到回贖就得了。

【B】實在他打算典多少年呢?這層我也問過他來着,他說是不用寫典多少年,就寫錢到回贖就是了。

【C】格味伊想典个幾年呢?箇倒我問過伊拉者,伊話勿要寫幾年,不過有錢就贖。

【D】實在伊打算押幾化年數?第層我也問過伊个,伊話是勿消寫得年期个,就寫還錢回贖就是哉。

【E】但係佢打算典幾多年呢?呢層我亦問佢嚟咯,佢話唔使寫幾耐,就寫銀到物還就得喇。

【F】乙但重有一層,佢想典幾多年呢?甲呢層我都問過佢嚟咯。佢話唔使寫年期咁清楚,至好話銀到契還係喇。

【A】不寫典多少年,總不大妥當。

【B】不寫典多少年,總不大妥當。

【C】勿寫典幾年,總勿大妥當。

【D】勿寫押幾化年期,總勿大妥當。

【E】唔寫明典幾多年,總係大唔妥當。

【F】乙唔定典嘅限期,有的唔妥嘅。

【A】因爲這幾年,我若是放下外任來,我就得用這個銀子。所以總還是說明白了典幾年纔好哪。

【B】因爲這幾年,我若是放了外任來,我就要用這個銀子。所以總還是說明白了典幾年纔好哪。

【C】因爲拉箇個幾年當中,我若使放之外任官者,就要用箇票銀子。所以話明白典幾年个好。

【D】因爲第个幾年,我若是放之外任末,就要用第注銀子。所以總要話明白押幾年末好。

【E】因為呢幾年,若係放個外任嘅缺出嚟,我就要用呢筆銀。所以都要講明白典幾多年致好。

【F】或者我呢幾年內,有外任缺出,就要呢筆款。所以典期必要寫落至得。

【A】是,那我還可以和他商量。您約摸您大概還得幾年可以放下外任來呀?

【B】是,那我還可以和他商量。您想着您大概還要幾年可以放出外任呀?

【C】呬,我去搭伊商量味者。自家大約光景再是幾年味要放任外官者?

【D】是个,葢是我還可以同伊商量。儂約歸儂大分幾年可以放到外任去?

【E】係,咁啲我可以同佢商量。閣下約膜重要幾多年致放出去外任呢?

【F】甲哦。嗷呢層要再見吓佢。閣下估幾耐至外放呢?

【A】我約摸着還得過個五六年罷。我想和他商量寫五六年,他也沒甚麽不願意的。

【B】我想着還要過個五六年罷。我想和他商量寫五六年,他也沒甚麽不願意的。

【C】我想再是五六年味者。我想起來寫个五六年味者,伊亦無啥,箇倒願意个。

【D】我約歸還要過个五六年。我想同伊商量寫个五六年，伊也無啥勿情願个。

【E】大概要過五六年之間喇。我想吓就同佢商量寫五六年，佢亦冇乜話唔願意嘅。

【F】乙大約五六年喇。甲我信得過同佢寫五六年，佢都怕肯應承嘅。

【A】還有那地契，您都看見了麼？我都看見了。是幾張紅契？幾張白契？兩張紅契，兩張白契。

【B】還有那地契，您都看見了麼？我都看見了。是幾張紅契？幾張白契？両張紅契，両張白契。

【C】田上契張，自家儕看見過否？看見過个。格味幾張紅契？幾張白契？兩張紅契，兩張白契。

【D】還有伊个契張，儂全看見過否？我全看見過个。是幾張紅契？幾張白契？兩張紅契，兩張白契。

【E】重有佢個啲地契，你都睇見嚟嘞嗎？我都見嚟咯。係幾多張紅契？幾多張白契？兩張紅契，兩張白契。

【F】乙箇的地契，你見過未曾呀？甲我見過咯。乙有幾多張紅契白契呢？甲有兩張紅契，兩張白契。

【A】那麼，您就回去和他商量去罷。

【B】那麼，您就回去和他商量去罷。

【C】正介，閣下回轉去對伊商量起來看。

【D】實蓋末，儂就轉去同伊商量去。

【E】噉，你就翻去同佢商量喇。

【F】乙唔，噉你去同佢講過喇。

【A】他若是願意就這銀數兒辦，願意寫五六年偺們就辦。趕這事定妥的時候，您還得先照回地去哪。

【B】他若是願意就這銀數兒辦，願意寫五六年我們就辦。等這事定妥的時候，您還要先點看地去哪。

【C】若使照箇個銀子數目,五六年工夫,伊肯个味,辦味者。事體辦定當个前頭,地皮咾啥,先要去看一看否?

【D】伊若是情願个照第个銀數做,情願寫五六年,我伲就做。等第件事停當个時候,儂還要先看看地皮去否?

【E】如果佢肯照噉嘅銀數,共埋寫明限期五六年,我就同佢典喺喇。若係呢件事講啱個時,你重先要去勘過地盤嚅?

【F】若係佢肯照呢筆數,寫明係五六年,就可以定喇。甲呢件事定嘵之後,你要睇過的地嗎?

【A】那層是這麼着,您若是肯出切實的保,保這事決不錯的,那我就不必先照地去了。

【B】那層是這麼樣,您若肯出切實的保,保這事决不錯的,那我就不必先看地去呢。

【C】哈。箇個事體,自家肯着實保个,包得定勿錯个,亦勿必得預先去看者。

【D】伊層是實蓋个,儂若是肯出來做切實个擔保,保第件事決勿錯个,蓋末我也勿必去看啥地皮哉。

【E】啲層就噉樣,若係你肯出切實嘅保結,保得過呢件事斷冇失誤嘅,噉,我就唔使先去勘驗咯。

【F】乙定規係噉,但如果你找得頭等擔保,保呢件事妥當,唔使睇地先。

【A】這事是决不錯的,那我可以落切實的保。既是這麼着,那我就憑您一句話了。

【B】這事是决不錯的,那我可以做切實的保。既是這麼的,那我就憑您一句話了。

【C】固是一定勿錯个,我肯着實保个。既然什介,我相信箇句說話。

【D】第件事體是决勿錯个,我可以做切實个擔保。既然實蓋末,我就憑儂說話末哉。

【E】呢件事斷冇失悮嘅,啲啲我可以出切實担保。既係噉樣子,我就信你一句說話。

【F】甲呢件斷冇錯嘅,我可以搵至殷實嘅擔保。乙既然噉様,我就信你係喇。

【A】趕偺們把事情都辦完了之後,我再同他到地裏去看一看去就得了。

【B】等我們把事情辦完了之後,我再同他到地裏看一看去就是了。

【C】事體辦舒徐之後來,我同伊一淘到地上去看一看就是者。

【D】等我伲拿事體辦完之以後,我再同伊到地上去看一看就是哉。

【E】等我哋把呢件事做完之後,我再同佢去响啲田園處睇吓就得咯。

【F】等我哋做妥嗤,就去睇箇笪地吖。

## 2 第九章(第九課　借銀頂鋪)

【A】回稟老爺,大恒布舖的徐掌櫃的來了,說是要見您有話說。

【B】回稟老爺,大恒布鋪的徐老板來了,說是要見您有話說。

【C】對老爺話,大恒布莊上个徐先生要來,見見老爺白話聲。

【D】回覆老爺,大恒布莊上徐老班來哉,話是要對老爺白話。

【E】回老爺知,大恒布舖個徐事頭嚟,話見你有說話講。

【F】傭話回先生知,大恆布舖箇徐事頭嚟,想見先生有事講。

【A】你出去請進來,讓在客廳裡坐。是。我們老爺請您到客廳裏坐哪。

【B】您出去請進來,引在客廳裏坐。是。我們老爺請您到客廳裏坐哪。

【C】儂去請伊進來,客廳裏坐。叩。老爺請先生進來,客廳裏請坐。

【D】儂出去請伊進來,領到客廳裏坐。是个。我伲老爺請儂客廳裏坐。

【E】你出去請佢入嚟,引入客廳裡頭坐。係咯。我哋老爺請你入去客廳處坐唎。

【F】甲請佢入嚟,帶佢入客廳喇。傭答係咯。又傭話我哋先生請尊駕入客廳坐吓唎。

【A】徐掌櫃的,您怎麼這麼閒在呀?我是來找您說句話。是。您請坐。

【B】徐老板,您怎麼這麼閒在呀?我是來找您說句話。是。您請坐。

【C】徐先生,那能今朝倒有空拉?我來要搭老爺白話一句說話。吅。請坐。

【D】徐老班,儂那能實蓋閒空呀?我是來尋儂白話一句說話。是。儂請坐。

【E】徐事頭,做乜咁得閒啊?我係過嚟見你講句說話。哦。請坐喇。好。

【F】甲啊,徐事頭,今日咁得閒呀。乙我想嚟見吓先生,講幾句話。甲哦。請坐喇。

【A】您坐下。您這幾天沒出門麼?沒有。因爲我這幾天有點兒不舒坦,所以沒出去。

【B】您坐下。您這幾天沒出去麼?沒有。因爲我這幾天有點兒不舒服,所以沒出去。

【C】自家請坐。第个幾日倒勿出門?勿出門。因爲箇兩日身向裏有點勿爽,所以不出去。

【D】儂坐呀。儂第个幾日勿出去否?勿出去。因爲我第个幾日有點勿適意,所以勿出去。

【E】(——按:無對應句。)閣下呢幾日冇出街咩?冇。因爲我呢幾日有啲唔舒服,所以冇出街。

【F】乙先生請坐。呢幾日先生怕冇乜出街啩?甲冇呀。因爲有的唔自然吖。

【A】現在倒大好了？是，大好了。我來找您，是和您借一項銀子。是用多少呢？

【B】現在可全安了？是，全好了。我來找您，是和您借一項銀子。是要多少呢？

【C】現在完全好沒？完全好者。我今朝來見老爺，要想借一票銀子。幾化呢？

【D】現在全好末？是，全好哉。我來尋儂，要同儂借一票銀子。是要幾化呢？

【E】現在好啲喇？係，好啲咯。我嚟見你，係想共你借啲銀。係要幾多呢？

【F】乙而家好番啲嚇啩？甲係，好番啲咯。乙我到嚟，想共先生借的銀嚡。甲想要幾多呢？

【A】總得五百兩銀子。是又買着甚麽俏貨了麽？不是。是因爲我倒過一個舖子來。

【B】總要五百兩銀子。是又買著甚麽俏貨了麽？不是。是因爲我頂過一個鋪子來呢。

【C】總要五百兩戶蕩。還是儂要買啥巧貨呢啥？勿是。因爲我買之一爿店咾。

【D】總要五百兩銀子。是又買着啥好貨哉否？勿是。是因爲我盤之一爿店咾。

【E】要五百両銀。又怕買到帮乜野平貨嚇啩？唔係。我因爲頂嗰間舖頭。

【F】乙至少要五百両銀咯。甲你又買倒的相宜貨嗎？乙唔係。我想頂一間舖啫。

【A】倒過一個甚麽舖子來呀？倒過一個錢舖來。是幾間門面？兩間門面。

【B】頂過一個甚麽鋪子來呀？頂過一個錢鋪呢。是幾間門面？兩間門面。

【C】買之一爿啥个店？買之一爿錢莊。幾間門面个？兩間門面。

【D】盤之一爿啥个店？盤之一爿錢莊。是幾間門面？兩間門面。

【E】頂間乜野舖頭呀？頂嘵間錢舖。有幾大間嚿？係兩邊過嘅。

【F】甲頂乜野舖呢？乙頂一間錢舖呀。甲有幾大間呢？乙係兩便過嘅。

【A】在甚麽地方兒？在偺們這城外頭八寶街路西裡。原先是誰的舖子？

【B】在甚麽地方呀？在我們這城外頭八寶街路西裏。原先是誰的鋪子？

【C】拉啥地方？拉城外八寶街西首。本來啥人開拉个？

【D】拉啥地方？拉我伲城外頭八寶街西面。起初是啥人个店？

【E】喺邊笪地方呢？喺呢處城外八寶街西頭啲處。從前係邊啲開嘅舖呀？

【F】甲喺邊處呢？乙喺華人城內八寶街西頭。甲舊時係邊箇嘅舖呢？

【A】原先是一個南邊人的鋪子。怎麽是關了之後纔倒的麽？

【B】原先是一個南邊人的鋪子。怎麽是關了之後纔頂的麽？

【C】本來是一个南頭人開拉个。阿是關之後來買个呢啥？

【D】起初是一个南邊人个店。那能是關脱之後纔纔盤个呢？

【E】呢間舖從前係一個南邊人開嘅。點嚿係關嘵之後致頂嘅咩？

【F】乙嗰間舖舊時係一箇南便人開嘅。甲未頂以前係收盤嘅咩？

【A】沒關,是因爲那舖子的東家,是候選知縣,新近選上了,他得出去作官去。

【B】沒關,是因爲那鋪子的東家,是候選知縣,新近選上了,他要出去做官去。

【C】勿曾關个,因爲店裡个東家,是候選知縣,近來候着者,要出去做官。

【D】勿關,爲之伊爿店裏个東家,是候選知縣,新近選着之,伊要出去做官去。

【E】冇關嘅,間舖啲個東家本來係個候選知縣,因爲新選到缺,佢要去赴任。

【F】乙唔係收盤,嗰箇東家係候選知縣,近來被選箇缺。

【A】他又沒有弟兄本家可以照應買賣,所以得倒出去。

【B】他又沒有弟兄本家可以照應買賣,所以要頂出去。

【C】伊無得弟兄又無得自族裏个人可以照應箇个生意,所以賣脫拉个。

【D】伊又無沒弟兄咾本家可以照應生意,所以要盤出去。

【E】佢又冇兄弟親戚可以照料生意,所以要頂出嚟呮。

【F】佢又冇兄弟本家打理的生意,因嗽逼住頂啫。

【A】您是多少銀子倒過來的? 一千銀的倒價。連傢俱都在其內麼? 是,連傢俱一包在內。

【B】您是多少銀子頂過來的? 一千銀子的頂價。連傢俱都在其內麼? 是,連傢俱一並在內。

【C】幾化銀子買拉个? 一千兩銀子。傢生咾啥儕垃拉化否? 傢生咾啥儕拉化个。

【D】儂是幾化銀子盤來个? 一千銀子个盤價。連生財全在其內否? 是个,連生財一應在內。

【E】你係幾多銀承頂嚟嚿? 一千両銀頂嘅。連傢伙都在內喇嗎? 係,連傢伙一切包在內。

【F】甲你幾多銀承頂呢? 乙一千三百両。甲連傢私在內嗎? 乙係,連傢私包在內。

【A】倒價都給完了麼? 是,都給完了。那麼您現在就是用銀子作買賣了?

【B】頂價都把完了麼? 是,都把完了。那麼您現在就是要銀子作買賣了?

【C】賬還清拉沒? 還清拉者。格味現在要銀子來做生意呢啥?

【D】盤價全付清拉末？是,全付清哉。實蓋儂現在就是要銀子來做生意哉？

【E】頂價已經俾嘥哩咩？係,交嘥咯。噉而家你就係要銀嚟做生意嘛嗎？

【F】甲頂價都俾嘥咧咩？乙係,俾嘥咯。甲噉呢陣你想要的銀嚟做箇的生意啩？

【A】不錯,我手裏現在還有五百兩銀子,不彀週轉的,還得有五百兩銀子纔行哪。

【B】不錯,我手裏現在還有五百兩銀子,不彀週轉的,還要有五百兩銀子纔行哪。

【C】勿錯,我手裏還有五百兩銀子,少咾勃勿轉,再有子五百兩味可以者。

【D】勿錯,我手裏現在還有五百兩銀子,勿彀咾掉勿轉,還要有个五百兩銀子難末好做。

【E】冇錯,我手裡頭現在重有五百両,咁多銀唔夠轉動,重要找五百両添致做得。

【F】乙係,我手上有五百両銀,但係唔夠,我必要多五百両至得。

【A】是,我可以借給您五百兩銀子就是了。費心費心。您可以作項怎麼個利息？

【B】是,我可以借把您五百兩銀子就是了。費心費心。您可以作個甚麼個利息？

【C】固是無啥,借五百兩銀子去味者。多謝多謝。借撥我味幾分利呢？

【D】是个,我可以借撥儂五百兩銀子就是哉。費心費心。儂可以作啥个利錢？

【E】哦,噉我借五百両銀過你就嘹喇。費心費心。你算點嘅利息呢？

【F】甲噉,我借五百両過你就係喇。乙費心費心。你自己定利息喇。

【A】這是甚麼話呢，偺們這樣兒的交情，您用這點兒銀子還提甚麼利錢哪。

【B】這是甚麼話呢，我們這樣兒的交情，您用這點兒銀子還提甚麼利錢哪。

【C】箇味話伊啥耶，大家老朋友者，借點銀子有啥利咾勿利。

【D】第个是啥說話，我伲實蓋能个交情，儂用第點銀子還要提啥利錢呢。

【E】呢啲係乜野說話呢，我哋噉樣嘅交情，你使呢啲咁多銀重講乜野利息呢。

【F】甲乜說話呢，我哋咁好朋友，借些少銀重要講利息。

【A】您若是給利錢，我就不借了。是了，那麼我從命了。豈敢。

【B】您若是把利錢，我就不借了。是了，那麼我從命了。豈敢。

【C】若使要撥利錢我，我勿借者。正介，我就從命味者。豈敢。

【D】儂若是撥利錢，我就勿借哉。是哉，實蓋我從命哉。勿敢。

【E】你若係俾利我，就唔借咯。係咯，噉我遵命就喺喇。豈敢豈敢。

【F】如果你要納利，我就唔借俾你。乙噉，我就從命喇。甲好話咯。

【A】那個錢舖原來是甚麼字號？原字號是德合。您倒過來還改字號麼？是，改字號。

【B】那個錢舖原來是甚麼字號？原字號是德合。您頂過來還改字號麼？是，改字號。

【C】箇爿莊上老底子店號呌啥？老底子店號呌德合。自家盤買之味店號改否？要改个。

【D】伊爿錢莊原來是啥字號？原來是德合。儂盤之來還改啥店號否？是，要改店號个。

【E】啪間錢舖本來係乜嘢店名呀？個間店名本來係德合。你頂過嚟重改過字號唔呢？要改呀。

【F】箇間錢舖本來係乜野字號呢？乙本來呌做德合。甲你頂之後重改字號唔呢？乙改呀。

【A】打算改甚麼字號呢？打算改裕成字號，您想好不好？這個字號很好。

【B】打算改甚麼字號呢？打算改裕成字號，您想好不好？這個字號很好。

【C】打算改啥字號？打算改裕成，看來好勿好？箇个字號極好。

【D】打算改啥个店號？打算改裕成字號，儂想好勿好？第个店號極好。

【E】打算改乜野字號呢？打算改裕成，你話好唔好？呢個字號甚好。

【F】甲打算改乜字號呢？乙打算改做裕成，你話好唔呢？甲甚好。

【A】這錢行的買賣，您也通達麼？那錢行的賣買(買賣)，我不通行。我們舍姪學的是錢行，我打算把他安置在那鋪子裏了事。

【B】這錢行的買賣，你也通達麼？那錢行的買賣，我不通行。我們舍姪學的是錢行，我打算把他安置在那鋪子裏了事。

【C】錢莊生意，自家精工个否？錢莊生意，我勿大精工个。伲个舍姪，伊味學錢莊生意个，我想教伊等拉箇爿店裏。

【D】第个錢莊生意，儂阿內行否？伊个錢莊生意，我勿內行。我伲舍姪學个是錢莊，我打算撥伊登拉伊爿店裏管事。

【E】呢行嘅生意，你通身都熟嘅嚹嗎？呢行生意，我不甚在行。我舍姪係學呢啲錢舖生意，我打算安置佢落舖頭處司事。

【F】錢舖嘅生意，你熟行咩？乙我唔在行。但我舍姪學過，我想喺呢間舖安置佢做呢樣生意。

【A】這倒很妥當。打算多偺開市呀？總得下月初間纔能開市哪。等開市，我過去給您道喜去。

【B】這倒很妥當。打算幾早開張呀？總在下月初間纔能開張哪。等開張，我過去和您道喜去。

【C】箇倒勿怵。打算幾時開市？下一个月初頭上開市。等開市起來,我來恭喜。

【D】第个倒極妥當。打算幾時開張？總拉下月頭上纔纔能彀開市。等儂開張,我過來同儂道个喜。

【E】噉甚妥當。想幾時開張呢？總要十月初間致開得張。等開張,我致過去同你道喜。

【F】甲噉好極喇。你打算幾時開張呢？乙總要下月初間至得。甲等你開張,我過去同你道喜。

【A】不敢當。我也要回去了。您忙甚麽了,再坐一坐兒罷。不咖了,我舖子裏還有事哪。

【B】不敢當。我也要回去了。您忙甚麽呢,再坐一坐兒罷。不坐了,我鋪子裏還有事哪。

【C】吔,勿敢當。乃我要歸去者。啥多化忙耶,坐个坐咾味者。勿者,我店裏還有小事體拉哩。

【D】勿敢當。我也要轉去哉。儂忙啥呢,再坐一歇。勿坐哉,我店裏還有事體。

【E】唔敢當。我要翻去嘞。使乜咁忙呢,再坐陣添喇。唔坐嘞,我舖頭處重有事幹。

【F】乙哦,唔敢當。我要番去咯。甲乜咁急呢,再坐吓喇。乙唔閒吖,我舖頭有的事要辦嘅。

【A】那項銀子,明天晚上我給您送到舖子裏去罷。就是,就是。您回去了？你請進去罷。

【B】那項銀子,明天晚上我與您送到鋪子裏去罷。就是,就是。您回去了？您請進去罷。

【C】箇票銀子,明早(朝)下晝我送到店裏來。正介味者,正介味者。去者否？去者,請進去。

【D】伊項銀子,明朝夜裏我叫人送到儂店裏來末哉。是哉,是哉。儂轉去末哉？儂請進去罷。

【E】個筆銀,聽日晚上我送到你舖頭喇。係咯,係咯。你好行喇？你請翻入去。

【F】甲噉，箇筆銀，我聽晚送到你舖頭喇。乙甚好。甲噉你而家番去嗎？乙係，請番入去喇。

## 2 第十章(第十課　請薦工程)

【A】回稟老爺，劉木匠來了要見您。叫他進來。劉師傅，我們老爺叫你進去哪。

【B】回禀老爺，劉木匠來了要見您。叫他進來。劉司務，我們老爺叫您進去哪。

【C】告訴老爺，木匠劉司務要見見老爺。教伊進來。劉司務，老爺教咾進去。

【D】告禀老爺，劉木匠來哉要見儂。叫伊進來。劉司務，我伲老爺叫儂進去。

【E】回老爺，劉木匠嚟要見你。叫佢入嚟。劉師傅，我哋老爺請你入去呻。

【F】傭話回老爺知，劉木匠嚟請見。甲叫佢入嚟喇。傭話劉師傅，我哋先生請你入去呻。

【A】老爺，您好啊。好啊，你好啊。好啊您納。怎麽這程子我總沒見你呀？

【B】老爺，您好啊。好啊，你好啊。好啊您納。怎麽這些時我總沒見您呀？

【C】老爺，一向好拉。好拉，儂一向好。好拉，謝謝。那能箇一時常遠勿看見者？

【D】老爺，儂好拉。好拉，儂好拉。好个儂呢。那能第兩日勿看見儂？

【E】老爺，你好吖。好，你好吖。老爺好。做乜呢排總唔見你呀？

【F】乙先生，好吖。甲好，有心。你好。乙託福，先生有心。甲乜唔見咁耐呀？

【A】我是回了一盪家。幹甚麽回家去了？回家收莊稼去了。今年你們那兒年頭兒怎麽樣？

【B】我是回了一盪家。爲甚麽回家去的？回家收莊稼去呢。今年你們那裏年歲怎麽樣？

【C】我一向歸拉屋裏咾。歸拉屋裏有啥事幹？田裏收成。今年年成好否？

【D】我是轉去之一盪咾。爲啥咾轉去个？轉去收成去。今年倻墟頭个年成那能？

【E】我翻去歸一回嚟。翻去做乜事呢？翻去收割。今年你哋啲便嘅時年點樣呢？

【F】乙我去歸一回呀。甲因乜事番屋跄呢？乙去歸割禾啫。甲你鄉下今年禾造收成點呢？

【A】瞉八成年紀呀。你種着有多少畝地呀？我種着有一頃多地。今年打了有多少石粮食啊？

【B】有八成年歲呀。你種的有多少畝地呀？我種的有一百多地。今年打了有多少担粮食啊？

【C】年成八成光張。種幾畝田？我種一頃多點。今年打之幾化石數米？

【D】有个八分年成。儂種个有幾化畝数田？我種个有一百多畝。今年打之幾化擔數糧食？

【E】得八成度喇。你耕咽有幾多畆田呀？我耕曉頃幾田。今年收得幾多石米呢？

【F】乙算八九成成熟喇。甲你耕幾多畝地呢？乙我耕一頃有多。甲今年嘅收成有幾多擔穀呢？

【A】今年打了有一百石粮食。你這回來,應着甚麽活了沒有？還沒應着活了。

【B】今年打了有一百担粮食。你這回來,做倒甚麽工了沒有？還沒做倒事呢。

【C】今年打之一百石米。箇回轉來,有生活拉做否？無啥生活。

【D】今年打之一百擔糧食。儂第回來,做之啥个生活? 還勿曾做啥。

【E】收得一百石米。你呢回翻嚟,有接到啲乜野工夫做冇呢? 都唔曾接到工夫做。

【F】乙有一百石。甲你呢賬番嚟,有接倒工程嗎? 乙未呀。

【A】我今兒來見您,是因爲有一處活我要應,就是沒有薦主,我打算求您給我舉薦舉薦。

【B】我今天來見您,是因爲有一處事我要做,就是沒有薦主,我打算求您替我舉薦舉薦。

【C】今朝來,因爲有一樣生活,我想尋來做,倒底無得薦主,想求老爺舉薦舉薦。

【D】我今朝來見儂,因爲有一樣生活要做,我要做个雖是勿有人薦,我打算求儂替我薦一薦。

【E】我今日嚟見你,就係有處工夫我想接,因爲冇薦主,想嚟求你吹薦吓。

【F】我今日嚟見你,想接一處工程,但冇人舉薦,想求先生介紹呀。

【A】你要應那兒的活呀? 西城江老爺那兒不是要蓋房子麽,我打算要應那個活。

【B】你要做那裏的事呀? 西城江老爺那裏不是要蓋房子麽,我打算要做那個工。

【C】啥生活耶? 城西面江老爺阿是伊要造房子,我想求老爺話話看。

【D】儂要做那裡一个生活? 西城江老爺壗頭阿是要造房子否,我打算要做伊个生活。

【E】你想接邊處工夫呀? 西城江老爺嗰笪唔係要起屋,我打算接嗰處工夫。

【F】甲你想接邊處工程呢? 乙聞得西城江先生處要起屋,我想接呢的工程吖。

【A】我聽見說，江老爺找了好幾個人看過了，可不知道有人應妥了沒有？

【B】我聽見說，江老爺找了好幾個人看過了，却不曉得有人應妥了沒有？

【C】我聽見，江老爺教多化人看過者，勿曉得講定當拉味？

【D】我聽見話，江老爺尋之好幾个人看過哉，倒勿曉得有人定當呢勿定當？

【E】我聽見話，江老爺找咽好幾個人睇過嚹，唔知有人接成唔曾就喺咯？

【F】甲聞得江先生處有好多人去睇，唔知有人定嘵唔呢？

【A】不錯，我聽見說，有三個人看過了，有倆要了八千兩銀子，有一個要了七千五百兩銀子，江老爺都不願意。

【B】不錯，我聽見說，有三個人看過了，有兩個要他八千兩銀子，有一個要他七千五百両銀子，江老爺都不願意。

【C】勿錯，我聽見話，有三个人看過者，有兩个味要八千兩銀子，一个味要七千五百兩銀子，江老爺秃勿要。

【D】勿錯，我聽見話起，有三个人看過哉，有兩个人要伊八千兩銀子，有一个人要伊七千五百兩銀子，江老爺全勿願意。

【E】冇錯，我聽見話，有三個人去睇過，有個要七千五百両銀，有兩個要八千両銀，江老爺都唔啱。

【F】乙冇錯，我聽見話，三箇人睇過咯，兩箇要八千両，一個要七千五百両，江先生唔願意出咁多。

【A】所以都還沒定規了。那麼若是你包那個活，自然總比別人便宜點兒啊。那是自然的。

【B】所以都還沒定規呀。那麼若是你包那個工，自然總比別家便宜點兒啊。那是自然的。

【C】所以勿曾定當哩。箇裝(粧)生活包撥自儂，生拉比別人便宜點。固是自然。

【D】所以全還勿曾定規哩。蓋末若是儂包伊个生活，自然總比别人便宜點。蓋是自然哉。

【E】所以現在重未成。噉様如果你包呢分工夫,自然總平啲過别人嘅喇。啢啲自然喇。

【F】呢件事尚未曾定嘛。甲好吖。若係你承接,一定比較别人取價更廉至得。乙自然喇。

【A】我若是包那個活,不但比别人便宜幾百兩銀子,工程準還要堅固,一點兒也不能含糊。

【B】我若是包那個工,不但比别家便宜幾百兩銀子,工程定還要堅固,一點兒也不能㾖留。

【C】若使包撥我做味,勿但比别人便宜百幾兩銀子,就是生活亦堅固新拉,一些無啥撻漿个。

【D】我若是包伊个生活,勿但比别人便宜幾百兩銀子,工程一定還要堅固,一點也勿能搭將。

【E】若係我包啢分工夫,不但係比别人平幾百両銀,包管工作更爲堅固,一啲都唔噲兒嬉致算。

【F】如果我應承,我不特減幾百両銀,但工程包佢堅固,冇的苟且嘅。

【A】我給你說說那倒容易。

【B】我替你說說那到容易。

【C】我替儂話是倒亦容易个。

【D】我替儂去話倒還容易。

【E】我同你講吓都容易。

【F】甲噉我話你知,我可以提起你名。

【A】可有一層,我聽見説,江老爺的意思,打算説定規了之後,立合同的時候,先給一半兒銀子,下剩那一半兒銀子,總得等完了活纔能給呢。

【B】却有一層,我聽見説,江老爺的意思,打算説定規了之後,立合同的時候,先把一半兒銀子,下剩那一半兒銀子,總要等完了工纔能把呢。

【C】到底有一樣,我聽見話,江老爺个意思,打算講定之後來,約好之時候,銀子先付一半,還有一半味,等生活滿工之然後交清。

【D】惟有一層,我聽見話,江老爺个意思,打算話定之以後,立合同个時候,先付一半銀子,還有一半銀子,總要等完之工纔纔能付呢。

【E】但係有層,我聽見話,江老爺意思打算講成之後,立合同個時,交一半銀,有剩啲半,就要完工致交埋。

【F】但聞得,嗰位江先生意思,定咽之後,立合同箇時,卽交價銀一半,其餘一半,要做妥工程至交銀。

【A】你可以先墊辦的起麽?是,我也知道是先領一半兒銀子,我也打算了打算,可以墊辦的了。

【B】你可以先墊辦得起麽?是,我也曉得是先領一半兒銀子,我也打算了打算,可以墊辦的了。

【C】儂先墊得起否耶?是,我亦曉得先領一半銀子,仔細想想,我墊得起个。

【D】儂可以先墊得起否?是个,我也曉得是先領一半个銀子,我也打算打算,可以墊辦个。

【E】你可能墊得呢筆銀出唔墊得呢?係,我亦知係領一半銀先嘅,我都算度過吓,可以墊得嘅咯。

【F】你暫時可墊得箇筆款唔呢?ㄜ係,我亦知到領一半先,算度過,墊得出嘅。

【A】因爲我有個朋友,開着個甎瓦窰,用多少甎瓦,他都可以供。

【B】因爲我有個朋友,開着個磚瓦窰,用多少磚瓦,他都可以供。

【C】因爲我有个朋友,開磚瓦窰个,應用幾化磚瓦,儕肯賒拉我个。

【D】因爲我有一个朋友,開一个磚瓦窰,用幾化磚瓦,伊全可以賒。

【E】因爲我有個朋友,開磚瓦窰嘅,使幾多磚瓦,佢都可以供。

【F】因我有位朋友,係開磚瓦窰嘅,佢肯賒住呢兩樣。

【A】不用給現錢,趕完了活再給錢,很可以行。還有我的個小舅子,現在開着個木廠子。

【B】不用拿現錢,等完了工再把錢,很可以行。還有我的個小舅子,現在開着個木廠子。

【C】不必得現錢,儘可以生活滿工之咾,交銅錢。我還有个小娘舅,開木行个。

【D】勿消撥啥現銅錢,等完之工再撥銅錢,是可以个。還有我个小阿舅,現在開一爿木行。

【E】唔使俾現錢,等完工後俾錢,可以做得。我重有一個細舅,現時開緊木廠。

【F】等做妥至收銀。我重有箇細舅,而家開緊木廠。

【A】他存着的木料很多,我可以隨便用,也不用先給錢。

【B】他存着的木料很多,我可以隨便用,也不先把錢。

【C】伊蕩木料十分多,我隨便可以用,勿必預先交銅錢。

【D】伊存拉个木料極多,我可以隨便用,也勿要先撥啥銅錢。

【E】佢上埋好多木料,我都隨便使得,亦唔使俾現錢。

【F】上埋大幫木料,我隨便攞嚟使,佢都肯賒俾我。

【A】我領這一半兒銀子,不過是預備着買石頭、買灰,開發大家的工錢。算了一算,也不差甚麽,彀了。

【B】我領這一半兒銀子,不過是預備着買石頭、買灰,開發大家的工錢。算了一算,也不差甚麽,彀了。

【C】我先領一半銀子,担伊來買點石頭、石灰,開銷開銷大家人工錢。實在勿遠許彀者。

【D】我領第个一半銀子,不過是預備拉買石頭咾買灰,開發大家个工錢。算之一算,也勿差啥咾彀个哉。

【E】我領呢半銀,不過要嚟買灰、買石,與及開支夥記人工嘅嘅啫。算過吓亦差不多夠嘅咯。

【F】我領一半銀,係要嚟買石、買灰,及支夥計嘅人工。我算得冇乜差嘅咯。

【A】既是這麽樣,很好了。趕明天我就見江老爺去,給你說說。那麽費老爺的心罷。

【B】既是這麽樣,很好了。等明天我就見江老爺去,替你說說。那麽費老爺的心罷。

【C】既然什介最好者。明朝我就對江老爺替儂話話看。什介費老爺个心。

【D】既然蓋能末極好哉。等明朝我就替儂去見江老爺,對儂話話看。實蓋費老爺个心哉。

【E】既係噉樣就甚好咯。等聽日我就去見江老爺,同你講吓喇。噉費老爺嘅心。

【F】甲噉好喇。聽日我就去見江先生,講吓你嘅事吖。乙噉好費先生嘅心。

【A】我多喒來聽老爺的信哪?你後兒來聽信罷。是了,那麽我回去了。你回去了。

【B】我幾早來聽老爺的信哪?你後天來聽信罷。是了,那麽我就回去了。你回去了。

【C】格味幾時可以等回信者?後日我撥回信儂。正介格味,我去者。啁,去味者。

【D】我幾時來聽老爺个信?儂後日來聽信末哉。是哉,實蓋我就轉去哉。儂轉去末哉。

【E】我幾時嚟聽老爺聲氣呢?你後日嚟聽吓聲氣喇。係咯,噉我就翻去咯。唔,你翻去喇。

【F】我幾時過嚟聽聲氣呢?甲你後日嚟聽聲氣喇。乙甚好,我而家番去咯。甲唔,你可以番去喇。

## 2 第十一章(第十一課 兄弟分家)

【A】老弟是甚麽時候來的？我先來過一盪了,聽說是您沒在家,這麽着我又上別處去了。

【B】老弟是甚麽時候來的？我先來過一回了,聽說是您不在家,這麽的我又往別處去了。

【C】老弟啥時候來个？我來過歇者,聽見話自家勿拉屋裏咾,我到之別搭去。

【D】老弟是啥時候來个？我先來過一盪哉,聽見話是儂勿拉屋裡,實蓋末我又到之別處去。

【E】賢弟你係乜野時候嚟嘅？我先嚟過一回咯,聽見話你唔喺府上,噉我又去第處。

【F】甲閣下幾時到呢？乙我先嚟過一躺,聞得你唔喺跮,我就去吓第處。

【A】這剛纔我回來,聽他們說,您還沒回來了,所以我在這兒竟等着您回來哪。

【B】這剛纔我回來,聽他們說,您還沒回來呢,所以我在這裏竟等着您回來哪。

【C】刻刻又來,聽見伊拉話,閣下還勿曾轉來哩,所以我拉搭等自家轉來。

【D】現在我纔纔轉來,聽見伊拉話,儂還勿曾轉來哩,所以我拉此地竟等儂轉來。

【E】而家致翻嚟,聽見佢哋話,你重未翻,所以我喺處專等你翻嚟。

【F】而家正番嚟,聽見佢哋話,重未曾番,我就等候你番嚟啫。

【A】那麽叫老弟受等。好說,您納。您是上那兒去了一盪？我是出城去到莊稼地裏看了看。

【B】那麽叫老弟受等。好說,您納。您是到那裏去了一回？我是出城去到莊稼地裏看了一看。

【C】哈,弄神老弟等拉。啥話頭,閣下走拉啥地方?拉城外勢望望田頭。

【D】實蓋弄成老弟等哉。啥說話,儂到那裡去之一盪?我是出城去到田裏去看之一看。

【E】噉累你等咯。好話,你去邊處一轉嚟呢?我出城去田裡頭睇咽一吓。

【F】甲噉累你等咯。乙好話咯,閣下去邊處嚟呢?甲我出城外睇鄉下嘅禾田點啫。

【A】現在的莊稼所都長起來了罷?是,都長起來了。那麼今年秋收有望了。

【B】現在的莊稼所都長起來了罷?是,都長起來了。那麼今年秋收有望了。

【C】現在田裡物事長來那能者?長來長者。什介是今年秋裏收成有望頭者。

【D】現在个稻全長去(起)來哉否?是个,全長起來哉。實蓋今年秋收有望哉。

【E】現在田裡頭都生得好好啩?係,都生得甚好咯。噉就今年秋收大有可望咯。

【F】乙現在田裏頭的禾稼長得幾好啩?甲係,長得幾好。乙今秋嘅收成都有可望咯。

【A】按着脚下看,今年準可以豐收的。您到莊稼地裏,看見他們種地的做活了麼?

【B】據着目下看,今年準可以豐收的。您到莊稼地方,看見他們種地的做工了麼?

【C】照目下看起來,今年定見好收成。刻刻到田裏去,看見種田个生活做否?

【D】照眼下看,今年準可以豐收哉。儂到稻田地方,看見伊拉種田个做生活否?

【E】照而家噉睇,今年收成定係豐熟。你到田裡頭,睇見佢哋啲啲耕田嘅做工夫嗎?

【F】甲照睇起嚟,今年嘅收成一定甚好呀。乙你有去睇農場的人做工夫嗎?

【A】是,我去的時候,他們正在地裏鋤地了。趕晌午的時候,他們就都回去吃晌飯去了。

【B】是,我去的時候,他們正在地裏鋤地了。到中時的時候,他們就都回去吃午飯去了。

【C】我去个時候,伊𠈌貼正拉坌田。日頭直模樣,儕轉去吃飯。

【D】是个,我去个時候,伊拉正拉田裏坌田。到日中个時候,伊拉就全轉去吃中飯去哉。

【E】係,我去到個時,佢哋正喺處掘緊地。及至晏晝,佢哋就都去吃晏。

【F】乙係,我去到,佢大家鋤緊地。正午,佢哋去歸食晏。

【A】這麼着,我就找了一棵大樹,在樹底下凉快了半天,瞧了一會子放牛、放羊的。

【B】這麼的,我就找了一棵大樹,在樹底下乘了半天凉,看了一會兒放牛、放羊的。

【C】恰好尋着一顆(棵)大樹,大樹底下乘之半日風凉,看放牛羊个人。

【D】實蓋末,我就尋之一棵大樹,拉樹底下乘之半日風凉,看之一歇放牛咾放羊个。

【E】噉,我就搵倒一蔸大樹,喺樹底下凉喫半日,睇咽一排人哋放牛放羊。

【F】我搵着蔸大樹,喺樹陰乘凉,睇住的放牛放羊嘅人。

【A】趕凉快彀了,我這纔趨達[①]着回來了。您倒眞的會高樂的。

【B】等凉快彀了,我這纔遊蕩着回來了。您倒眞是會高樂的。

【C】後來凉之點,乃味動身跑轉來。儂倒相信好白相个。

【D】等風凉來觳哉,我纔纔勃相咾轉來个。儂倒真真會作樂个。

【E】等到凉透,我致優優遊遊行翻嚟。你到是眞噲高興。

【F】隨後凉透,我就緩步番嚟咯。乙你眞曉得快活呀。

【A】甚麼會高樂呀,不過是在家裏坐着,也是悶得慌,睡晌覺起來,也是不舒服,莫若出去趨達趨達倒好。

【B】甚麼會高樂呀,不過是在家裏坐着,也是悶得很,睡中醒起來,也是不舒服,莫若出外遊蕩遊蕩倒好。

【C】啥叫相信好白相耶,不過等拉屋裏,坐拉昏悶咾,日裏睏拉味,勿自然,倒勿如出去泛泛。

【D】會作樂个啥呢,不過是拉屋裏坐拉,也是悶得極,睏中覺起來,也是勿舒服,勿如朝外遊蕩遊蕩倒好。

【E】乜野噲高興呢,不過係喺屋唫坐處,亦係悶到極,瞓晏覺起身,又係唔自然,不如出去散吓步噉嘅啫。

【F】甲乜野曉快活吖,不過噉嘅啫喺屋跢坐處,冇的味道,如果瞓晏覺,起身又唔自然,不如出去逛吓就係喇。

【A】您這倒也是養身之法。那兒是(的)話呢?老弟今兒到舍下來,是有甚麼話說麼?

【B】你這倒也是養身之法。那裏的話呢?老弟今天到舍下來,是有甚麼話說麼?

【C】箇倒亦是一个養身之法。去話啥呢?老弟今朝舍下來味,對我有啥話頭否?

【D】儂第个倒也是養身之法。啥說話?老弟今朝到舍下來,是有啥說話否?

【E】你噉都係個養身之法呀。乜野說話呢?弟台今日嚟舍下,有乜說話講呢?

【F】乙啊,噉樣眞合於衛生運動咯。甲乜說話呢?你今日嚟,有事同我講係嗎?

【A】大哥,我來是有件爲難的事,要求您替我辦辦。是甚麽事情?

【B】大哥,我來是有件爲難的事,要求您替我辦辦。是甚麽事情?

【C】大哥哥,我來有一件難事體,請教替我辦一辦。啥事體呢?

【D】老兄,我來是有件爲難个事體,要求儂替我辦一辦。是啥事體?

【E】大哥,我嚟係有件爲難事,求你替我做。係乜野事呢?

【F】乙係,有件爲難嘅事,求你幫我解決嘅。甲係乜事呢?

【A】是因爲我兄弟現在忽然要分家。你們弟兄們素日不是很和睦麽,怎麽他忽然想起要分家來呢?

【B】是因爲我兄弟現在忽然要分家。你們弟兄們素日不是很和睦麽,怎麽他忽然想起要分家來呢?

【C】因爲我兄弟現在忽然間要分家者。倻弟兄淘裏平素日脚和睦个宛,那能伊忽然間要分起家來呢?

【D】是因爲我兄弟現在忽然要分家。倻弟兄淘裏素來豈勿是極和睦否,那能伊忽然要想起分家來呢?

【E】因爲我個細佬現在忽然要分家。你哋兄弟平日唔係極和睦嘅,乜佢忽然想起要分家嚟呢?

【F】嗷嘅因爲我舍弟現時忽然要分家。甲你兩兄弟向來極之友愛,為乜佢忽然想起分家嚟呢?

【A】我也不知道是甚麽緣故,我想他大概是受了人的挑唆了。所以纔要和我分家。

【B】我也不曉得是甚麽緣故,我想他大概是受了人的挑唆,所以纔要和我分家。

【C】我亦勿懂啥緣故,想起來,總是别人攛掇之咾,要搭我分家拉个。

【D】我也勿曉得是啥个緣故,我想伊大分是受之人个攛掇,所以就要同我分家。

【E】我都唔知係因乜緣故,大概佢聽人地(哋)唆擺啩,故此致要我分喇。

【F】乙箇的緣故我實在唔知,佢自己唔噲想自立嘅,我估大概係由別人唆擺啩。

【A】莫非偺們這些親友裏頭,誰還能離間你們弟兄麽?

【B】莫非我們這些親友裏頭,有那個離間你們弟兄麽?

【C】自家親眷朋友當中,有啥人要離間自伽弟兄个否咾?

【D】豈勿我伲第个幾化親友淘裏,有啥人離間伽弟兄否?

【E】莫非我地呢啲親友裡頭,重有邊個噲離間你嘅兄弟咩?

【F】甲唔通我哋親友中,有邊箇噲令你兩兄弟離間呢?

【A】偺們這些親友裏頭,自然誰也不能挑唆他分家呀。

【B】我們這些親友裏頭,自然斷乎不能挑唆他分家呀。

【C】拉伲親眷朋友當中,實在勿像有啥人攛掇伊要分个。

【D】我伲第个幾化親友淘裏,自然斷勿有攛掇伊分家个。

【E】我哋啲親友,自然冇邊個噲攪佢分家。

【F】乙一實親友裏頭,冇邊箇攪佢自立。

【A】我知道他近來交了幾個新朋友,都不是很好的人,我想必是他們挑唆的。

【B】我曉得他近來交了幾個新朋友,都不是很好的人,我想必是他們挑唆的。

【C】我想起來近來伊攀幾個新朋友,人眞正是勿局个,要味總歸伊拉攛掇拉个。

【D】我曉得伊近來劼个幾个新朋友,全勿是極好个人,我想必定是伊拉攛掇个。

【E】總係我知佢近來交到幾個新朋友,都唔係乜好人,就怕必係佢哋攪嘅喇。

【F】我知佢近來有的新朋友,唔係幾妥,我估怕係呢的人唆擺佢。

【A】那麼您來找我,打算是怎麼個辦法呢?

【B】那麼您來找我,打算是怎麼個辦法呢?

【C】閣下來尋我,打算要我那能辦法呢?

【D】實蓋儂來尋我,打算那能个辦法呢?

【E】噉樣你嚟搵我,打算點樣做法呢?

【F】甲噉你想我點樣辦法呢?

【A】我來是因爲我兄弟素日和您對勁,我打算求您這幾天把他找到您家裏來,勸勸他,總是能叫他不分家纔好哪。

【B】我來是因爲我兄弟平素和您合式,我打算求您這幾天把他找到您家裏來,勸勸他,總是能叫他不分家纔好哪。

【C】我看起來,因爲我兄弟平素搭自家蠻好个,箇兩日裏費心叫伊到閣下屋裏來,勸勸伊,總是勿分家味最好。

【D】我來是因爲我兄弟素來同儂要好,我打算求儂第个幾日叫伊到儂屋裏來,勸勸伊,總能彀叫伊勿分家末是好。

【E】我因爲見舍弟平日共你講得埋,我想請你呢幾日叫佢嚟到你府上,你切切實實勸吓佢,總要勸住佢唔好反分家就好喇。

【F】乙我嚟因你向來同舍弟交好,請你呢幾日約佢到府上,勸諫吓佢,總要令佢免致分家就好咯。

【A】我把他找來勸勸他,那到沒甚麼不行的。

【B】我把他找來勸勸他,那到沒甚麼不行的。

【C】我叫伊來勸勸伊,固是無啥勿可以。

【D】我去尋伊來勸勸伊,第个倒無啥煩難个。

【E】我搵佢嚟到勸吓佢,啲晌都冇乜唔做得。

【F】甲哦,噉請佢嚟勸諫吓,都冇乜點難。

【A】可有一層,我們倆平常雖然對勁,無奈令弟的那個左皮氣,我也不敢保他準聽我的話。儻或他不聽勸,又該當怎麼辨(辦)呢?

【B】可有一層,我們兩個平常雖然合式,無奈令弟的那個怪皮氣,我也不敢包他準聽我的話。倘或他不聽勸,又該當怎麼辦呢?

【C】但是有一樣,平素日脚雖然伲兩家頭相好个,到底閣下个令弟有个脾氣,保勿定是肯聽我勸个。倘使勿聽,格味那能做法呢?

【D】惟有一層,我伲平常雖然要好,無奈令弟个伊个怪皮氣,我也勿敢包伊一定聽我个說話。倘若伊勿聽勸,還應該那能辦呢?

【E】總係有層,我地兩家平日雖係講得埋,無奈令弟咁啲古怪脾氣,我亦唔敢保佢一定聽我說話。倘若佢唔聽我勸,又點做好呢?

【F】至緊要呢層,我雖係平素共佢相好,但令弟嘅怪脾氣,我唔敢包佢聽我話嚐。如果佢唔聽,就點辦呢?

【A】他若實在不聽勸,那沒法子,只可由着他分家就是了。

【B】他若是實在不聽勸,那沒法子,只可由着他分家就是了。

【C】伊若使眞正勿肯聽,固是亦無法子,只好搭伊分家个者。

【D】伊若是實在勿聽勸,蓋也無法則个,只好由伊分家就是哉。

【E】佢若然實在唔聽勸,咁啲都冇法喇,只可由得佢分就喺喇。

【F】乙若係佢一定唔聽勸,就冇法喇,由得佢自立係喇。

【A】若是他一定要分家,您打算是怎麽個的分法呢?我們的房產,是兩處住房,兩處舖面房。

【B】若是他一定要分家,您打算是怎麽樣的分法呢?我們的房產,是兩處住房,兩處舖面。

【C】若是伊一定要分家,閣下想那能分頭呢?伲个房子,兩處住房,兩處店房。

【D】若是伊一定要分家,儂打算那能分法?我伲个房產,是兩處住房,兩處店面。

【E】若係佢一定要分家,你又打算點樣分法呢?我地嘅產業,係兩間屋,兩間舖。

【F】甲倘或佢是必要分,你想點樣分法呢?乙噉。我哋的產業,係有兩間屋共兩間舖。

【A】西城那處住房和城外頭那處舖面房,那兩處的房契,全都在外頭押着了。

【B】西城那處住房和城外頭那處鋪面,那兩處的房契,都外頭押着了。

【C】城西面个住房搭之城外頭个店房,箇兩處个契張,儕押拉外勢。

【D】西城伊處住房同城外伊處店面,伊兩處个房契,全押脫拉外頭。

【E】西城處啗間屋同埋城外啗間舖,啗兩間屋契,都押喺人哋處嚟。

【F】西城箇間屋共華人城內箇間舖,嘓兩所契據,都已經典過人。

【A】現在就是我們住着的這處房,和我們舖子那個房子,這兩處的房契沒押。

【B】現在就是我們住着的這處房,和我們鋪子那個房子,這兩處的房契沒有押。

【C】不過伲現在登拉个房子,還有開店拉个,第个房契勿曾押脫个。

【D】現在不過是我伲住拉个第處房子,同伲店裏个伊處房子,第兩處个房契勿曾押脫。

【E】但係我哋住緊個間屋,共我哋開緊個間舖,呢兩張契冇押。

【F】但係我哋住緊箇間屋,共埋開緊箇間舖的契據,都冇典過人。

【A】我可以分給他這兩處房產就是了。其餘我們家裏的傢俱[②]東西,他愛甚麽,都可以拿了去,我决沒甚麽不願意的。

【B】我可以分把他這兩處房產就是了。其餘我們家裡的傢業東西,他愛甚麽,都可以拿了去,我决沒甚麽不願意的。

【C】分起來,箇兩處房子味,讓伊担去味者。別様屋裏个傢生咾啥,伊相信啥,隨便伊担啥,我無得勿肯个。

【D】我可以分撥伊第兩處房產就是哉。其餘我伲屋裏个傢生物事,伊愛啥,全可以拿去,我决無啥勿背(肯)个。

【E】我將呢兩嘸嘅屋俾過佢就喺喇。其餘我屋裡頭啲家私什物,佢喜歡邊樣,都可以擰去,我斷冇乜話唔肯。

【F】我將呢兩處物業俾佢係喇。其餘傢私什物,佢所中意嘅,任從佢要,我乜都唔論嘅。

【A】您這麼辦是公道極了,親友們决不能有甚麼議論你的了。

【B】您這麼辦是公道極了,親友們决不能有甚麼議論你的了。

【C】什介辦法公道得極者,親眷朋友總勿能覈再有啥說話个者。

【D】儂實蓋个辦法是公道得極哉,親友拉决勿有啥議論儂个哉。

【E】你噉做法就公道到極咯,親友各人必不能有乜野議論你嘅咯。

【F】甲你噉辦法極之公道,你嘅親朋亦不能評論你咯。

【注解】

① 按:趨達,A1 作遛打。

② 按:傢俱,A1 作傢具。

## 2 第十二章(第十二課　佔田興訟)

【A】老兄,怎麼這程子我總沒見您哪?我回家收莊稼去了。今年收成的怎麼樣啊?

【B】老兄,怎麼這些時我總沒見您哪?我回家收莊稼去了。今年收成的怎麼樣啊?

【C】老兄,那得箇一時常遠勿看見者?我等拉屋裏收成咾。今年收成那能?

【D】老兄,那能第兩日我總勿看見儂?我轉去收成去个。今年个收成那能?

【E】老兄,做乜我呢排總唔見你呀?我翻去歸收割嚟。今年嘅收成點樣呀?

【F】甲兄台,做乜好耐總唔見你呢?乙我去歸收割呀。甲今年嘅收成係點呢?

【A】今年收成的還算好啊。您種着有多少地呀?我的地不多,纔一頃多地。

【B】今年收成的還算好啊。你種的有多少地呀?我的地不多,纔一百畝多地。

【C】今年收成還算好。種幾化田?種得勿多,不過一頃多點。

【D】今年个收成還算好。儂種个有幾化田?我个田勿多,只得一百多畝。

【E】今年嘅收成都重算好。你耕咽幾多田呀?我耕田有限,不過頃幾田啫。

【F】乙今年嘅收成算係幾好。甲你耕曉幾多地呢?乙我耕冇幾多,不過頃零啫。

【A】今年您打了有多少石糧食啊?打了有一百多石糧食。那麼今年您打的糧食比去年多?

【B】今年你打了有多少粮食啊?打了有一百多擔粮食。那麼今年您打的粮食比去年多?

【C】今年打之幾化石數米?打之一百多石米。今年打拉个米阿是比舊年多點?

【D】今年儂打之有幾化糧食?打得一百多擔糧食。實蓋今年儂打个糧食比舊年多?

【E】今年你收埋有幾多石穀呢?收埋有百多石穀。噉你今年收嘅穀較之舊年多啩?

【F】甲今年你收埋有幾多石穀呢?乙有百零石喇。甲噉多過舊年嚹?

【A】是,去年纔打了六十石糧食,今年比去年多打着有四十多石糧食了。

【B】是,去年剛打了六十担粮食,今年比去年多打的有四十多担粮食了。

【C】哈，舊年打六十石，今年比舊年多打三四十石。

【D】是个，舊年貼準打得六十擔糧食，今年比舊年多打个四十幾擔糧食。

【E】係，舊年致收得六十石呎，今年比舊年收多咽四十幾石。

【F】乙係吖，舊年收得六十石，今年比較舊年多收四十幾石。

【A】您去了日子不少了罷？可不是麽，我去了有倆多月了。

【B】您去的日子不少了罷？那待是啊，我去了有兩個多月了。

【C】箇回日脚倒去得勿少？倒勿是咾啥，去之兩个多月。

【D】儂去个日脚倒勿少哉？是拉个，我去之有兩个多月哉。

【E】你去嘵好耐吓嘛啩？係唎，我去有兩個幾月嘛。

【F】甲你去嘵好耐係嗎？乙係吖，我去兩箇幾月嘛。

【A】怎麽您這盪回家，去了這麽些日子呢？我是和人打了一場官司，又賣了一回地。

【B】怎麽您這回回家，去了這麽些日子呢？我是和人家打了一場官司，又賣了一回地。

【C】那能箇回轉去，登之兩个多月个呢？搭别人打之一場官司，又賣脱之一塊田咾。

【D】那能儂第盪轉去，去之實蓋幾化日脚呢？我是同别人家打之一場官司，又賣之一塊田。

【E】做乜你呢囘翻去得咁耐呢？我因爲同人地打咽一場官司，又賣咽啲田。

【F】甲乜喺屋踛咁耐呢？我共人哋打場官司，又賣嘵的地。

【A】您是和誰打官司來着？是和我們一個地隣打官司來着。是爲甚麽事情？

【B】您是和那個打官司來呢？是和我一個地鄰打官司來呢。是爲甚麽事情？

【C】同啥人打官司耶？同伲一个隔壁鄰舍。爲啥事體咾？

【D】儂是同啥人打官司？是同我伲一个田鄰打官司。是爲啥事體？

【E】共邊個打官司嚟呀？係同我個隔離田嘅打官司嚟。爲乜事嘅呢？

【F】甲同邊箇打官司呢？乙係同我哋一箇鄰田嘅人打官司。甲因乜事幹呢？

【A】是因爲我有十幾畝窪地,每年夏天一下大雨就淹了,所以這幾年,我也沒種,竟荒着了。

【B】是因爲我有十幾畝窪地,每年夏天一下大雨就淹了,所以這幾年,我也沒種,竟荒着了。

【C】我有十幾畝一塊蕩田,年常夏天落之大雨就沒脱,所以我多年勿種咾,荒脱个者。

【D】是因爲我有十幾畝低田,每年夏天一落大雨就沒哉,所以第个幾年,我也勿種,竟荒脱哉。

【E】係因爲我有十幾畝低田,每年一落大雨就浸嘅咯,所以呢幾年,我都冇耕到,已經丟荒咽嘅咯。

【F】乙爲嗷嘅我有好多畝低地,每逢夏天之時,落大雨浸住,我呢幾年間冇耕到,由得佢丟荒。

【A】我那個地,緊挨着一個姓于的地畝,這幾年我不是沒種那個地麼,可就叫那個姓于的零碎佔了有幾畝地去。

【B】我那個地,緊靠着一個姓于的地畝,這幾年我不是沒種那個地麼,却就叫那個姓于的零碎佔了有幾畝地去。

【C】箇塊田,搭之姓于个田味連拉个,我幾年勿種之箇塊田否咾,姓于个逐眼逐眼佔之幾畝去。

【D】我第个田,靠着一个姓于个田,第个幾年我豈勿是勿種伊个田否,倒就撥伊个姓于个零碎佔之幾畝田去。

【E】我啲幅田,貼住一個姓于嘅田,呢幾年我唔係冇耕啲幅田囉,誰不知俾呢個姓于嘅零零碎碎佔曉好多畝去。

【F】呢的地,有貼近一箇姓于嘅地,嗷我冇耕咽幾年,逐漸被佢佔曉幾畝。

【A】我常在外頭,所以也不知道這個事。

【B】我常在外頭,所以也不曉得這個事。

【C】我常常垃拉外頭咾,所以勿曉得箇件事體。

【D】我常拉外頭,所以也勿曉得第个事體。

【E】我週年喺外頭,唔知到呢件事。

【F】我時時唔喺踛,未知呢件事。

【A】趕我這盪回去,聽見我們長工說,我就親自到地裏去一查,可不是叫他佔了我的地去了麽。

【B】等我這回回去,聽見我們長工說,我就親自到地裏去一查,果然是被他佔了我的地去了麽。

【C】箇回我轉去,聽見伲个長工話起,我親自到田裡去一查,果然伊佔之我田去者。

【D】等我第盪轉去,聽見我伲長工話起,我就親自到田裏去一查,果然是撥伊佔之我个田去哉。

【E】及至我呢冋翻到去,聽見我哋個長工話俾我知,我就親自到田裡頭睇吓,見佢眞係佔嘵我嘅田噃。

【F】呢回番到去,我一箇老長工話過我知,我親自去查,見佢眞係佔嘵我嘅地。

【A】這麽着我就找那個姓于的去,問他這件事,他一定不認。我可就到衙門去,把他告下來了。

【B】這麽的我就找那個姓于的去,問他這件事,他一定不認。我却就到衙門去,把他告下來了。

【C】我就尋姓于个來,問伊箇件事體,伊到一口勿認。我就到衙門去,告之伊一狀。

【D】實蓋末我就去尋伊个姓于个,問伊第个事體,伊一定勿認。我就到衙門裏去,拿伊告之一狀。

【E】我就去找個于氏,問佢呢件事,但係佢總唔認。我就衹可到衙門去告佢喇。

【F】我就去搵箇姓于嘅嚟,問佢呢件事,佢一於唔認。噉我就去衙門告佢。

【A】趕知縣查明白了,就叫他把佔去我的地都給我退出來了。這麽着我就都把他賣出去了。

【B】等知縣查明白了,就叫他把佔去我的地都和我退出來了。這麽的我就都把他賣出去了。

【C】縣裡查清爽之,就教伊佔我拉个田退還拉我。我乃味一齊担來賣脫之。

【D】等知縣查明白之,就叫伊拿佔我去个田全讓撥拉我。實蓋末我就全拿伊來賣脫哉。

【E】及至個縣官查明白,就叫佢把佔我啲啲田都讓翻俾我。噉我就摵佢嚟賣曉喇。

【F】箇縣長審呢件案,叫佢交還所佔我箇的地。噉我就摵嚟賣曉咯。

【A】是了,像您每年打的這個糧食,都是留着自己吃啊?還是賣呢?

【B】是了,像您每年打的這個粮食,都是留着自己吃啊?還是賣呢?

【C】咀,格味年常打出來个米,留拉自家吃呢?還是糶脫个?

【D】是个,像儂每年打个第个糧食,全是留拉自家吃呢?還是賣个?

【E】哦,係噉嘅,比如你年中收到呢啲穀,係留翻自己吃吖?嗕係賣呢?

【F】甲哦,你每年收倒的穀,係自己食?抑或賣呢?

【A】不是都留着自己吃,我們家裏也就是留個三四十石糧食,下賸的都就賣了。

【B】不是都留着自己吃,我們家裡也就是留個三四十担糧食,下剩的都就賣了。

【C】勿是完全留拉自家吃个,伲屋裡留个三四十石,多下來糶脱个。

【D】勿是全留拉自家吃,我伲屋裏也不過留个三四十擔糧食,剩下來个全賣脱。

【E】唔淨係留翻自己吃,我家裏不過留起三四十石穀嘅啫,其餘剩個啲都係摵嚟賣嘅咯。

【F】乙我哋唔係收埋啲嘅,但留番三四十石,其餘摵嚟出賣吖。

【A】您的糧食都是賣在甚麽地方啊? 離我們住的那個地方有幾里地,有個大鎮店,每五天一集。

【B】您的粮食都是賣在甚麽地方啊? 離我們住的那個地方有幾里路,有個大鎮店,每五天一集。

【C】糶拉啥地方? 遠開伲屋裡幾裡路,有個大鎮,每五日一聚會。

【D】儂个糧食全賣拉啥地方? 離開我伲住个地方有幾里路,有大鎮上个店,每五日一聚。

【E】你個啲穀賣去邊處地方呢? 離我住咆處冇幾遠,有個大墟塲,逢五十日墟期。

【F】甲你喺邊處發賣呢? 乙離我住家幾里路,有箇大墟塲,每五日爲一期。

【A】我們都是拿牲口馱上糧食,到那個鎮店上賣去。

【B】我們都是拿牲口馱上粮食,到那個鎮店上賣去。

【C】伲个米,讓牲口駝出去咾,到箇个鎮上去糶个。

【D】我伲全拿牲口駝之糧食,到伊个大鎮上个店裏去賣。

【E】我地俾騾馬馱啲穀米,去墟塲處賣。

【F】我哋俾牲口馱的穀,去嗰處賣。

【A】到了鎮店上,是賣給糧食店哪? 還是賣給客人呢? 都是賣給客人的時候多。是您自己賣給客人麽?

【B】到了鎮店上,是賣把粮食店哪? 還是賣把客人呢? 都是賣把客人的時候多。是您自己賣把客人麽?

【C】到之鎮上,賣拉米行裡个呢?還是賣拉客人个?(——按:原文無對應句。)

【D】到之鎮上个店裏,糧食是賣撥拉店裏呢?還是賣撥拉客人?全賣撥客人个時候多。是儂自家賣撥客人个否?

【E】去到墟塲處,係賣俾啲米舖吖?嗥賣過人客呢?都係賣過人客居多。係由你自己賣過人客嗎?

【F】甲的穀到時,你賣俾糧食舖?嗥賣過趁墟嘅人呢?乙多數都係賣俾趁墟嘅人喇。甲係自己賣過佢嗎?

【A】不是,都是經紀給賣。那經紀都是奉官的麼?是奉官的。

【B】不是,都是經紀替賣的。那經紀都是奉官的麼?是奉官的。

【C】勿个,總經主人家手咾賣个。主人家味官府搭領帖个否?哈。

【D】勿是,全是主人家替賣个。伊个主人家全是當官个否?是當官个。

【E】唔係,係由經紀共我哋賣嚿。啯啲經紀係喺官處領出嚟做嘅嗎?係喺官處領嘅。

【F】乙唔係,託由經紀賣嘅。(——按:原文無對應句。)

【A】他們都得有官給的牙帖,纔能當經紀了。賣糧食用的斛斗,那也都是官定的麼?

【B】他們都是有官把的牙帖,纔能當經紀呢。賣粮食用的斛斗,那也都是官定的麼?

【C】總要奉之官命領之帖,乃味能彀作主人家。糶米用个斗咾斛子,亦官府定當个否?

【D】伊拉有官个牙帖末,可以做主人家。賣糧食用个斛子,伊个也全是官定个否?

【E】佢哋要官發曉諭帖,致做得嘅。賣穀米用使嘅啯啲升斗,係由官定嘅啩?

【F】(——按:原文無對應句。)甲佢哋使箇的升斗,係政府定嘅唔呢?

【A】是,那都是官定的。那麽那經紀掙的都是甚麽錢呢?那經紀就是得用錢。

【B】是,那都是官定的。那麽那經紀賺的都是甚麽錢呢?那經紀就是得用錢。

【C】儕是官府定當个。主人家味出產啥个銅錢呢?主人家味得用錢。

【D】是个,全是官定个。實蓋末伊个主人家賺个全是啥个銅錢呢?伊个主人家不過賺點用錢。

【E】係,由官定嘅。噉咟啲經紀係賺乜野錢呢?你由佢賣就要俾錢佢咯。

【F】乙係呀。甲箇的經紀賺乜野錢呢?乙佢得箇的佣錢囉。

【A】那糧食的行情是經紀定麽?不是經紀定。是誰定呢?

【B】那粮食的行情是經紀定的麽?不是經紀定。是那個定呢?

【C】米價阿是主人家定个?勿是主人家定个。(按:原文無對應句。)

【D】伊个糧食个行情是主人家定个否?勿是主人家定个。是啥人定个?

【E】噉穀米行情係咟啲經紀定嘅嗎?唔係佢哋定嘅。係邊個人定呢?

【F】甲箇的市價係由經紀定嘅嗎?乙唔係佢定。甲係乜人定呢?

【A】沒人定,大概是這麽着,若是這天糧食來的多,自然行市往下落。若是這天糧食來的少,自然行市往上長。

【B】沒人定,大概是這麽的,若是這天粮食來的多,自然行市往下跌。若是這天粮食來的少,自然行市往上長。

【C】無啥人定个,大概看光景,若使日上米多,行情小點。日上米少,行情大點。

【D】大分是實蓋个,若是第日糧食來得多,自然行情朝下跌/小點。若是第日糧食來得少,自然行情朝上長/大點。

【E】冇人定嘱,大概係噉様,若係呢日穀米嚟得多,自然價錢噲跌。若係呢排穀米嚟得少,自然價錢噲高。

【F】乙冇人定嘅,大概係噉,嗰日多穀米出賣,市價自然跌低。若係穀米嚟少,市價自然升高。

【A】這是一定的理,並不是有人先定出一個行市來。是了,您這麼說,我就明白了。

【B】這是一定的理,並不是有人先定出一個行市來。是了,您這麼說,我就明白了。

【C】固是一定个道理,並勿有啥人預先定價个。是者,什介一話味,我懂者。

【D】第个是一定个理,並勿是有人先定啥行情个。是个,儂實蓋話,我就明白哉。

【E】呢啲係一定道理,唔係有人先定出個行情嚟嘅。係咯,你噉講我聽,我就明白咯。

【F】呢的係一定之理,唔係俾人先定出行情[即市價]嘅。甲嗒,噉我就明白咯。

## 2 第十三章(第十三課　議拌果園)

【A】老弟,"得(我)"來是問你一件事情。您是問甚麼事情?你西山裏不是有一處果木園子麼?

【B】老弟,我來是問你一件事情。您是問甚麼事情?你西山裏不是有一處果木園子麼?

【C】老弟,我來請教儂一樣事體。要問啥事體?西山裡自家阿是有个菓子樹園是否?

【D】老弟,我來問儂一件事體。儂問啥事體?儂西山裏豈勿有一處菓子園否?

【E】弟台,我嚟問你一件事呀。閣下問乜野事呢?西山嗰笪,你唔係有間果園?

【F】甲兄台,我嚟問你一件事嚡。乙係乜事呢?甲西山箇處,你有所果木園係嗎?

【A】不錯,是有一處果木園子。是多少畝地的園子啊?五十多畝地的園子。

【B】不錯,是有一處果木園子。是多少畝地的園子啊?五十多畝地的園子。

【C】勿錯,有介事个。有幾畝園地?五十多畝園地。

【D】勿錯,是有一處菓子園。是幾化畝數田个園?五十幾畝田个園。

【E】冇錯,係有間木園呀。啲個園幾上下大呢?五十零畝田地方喇。

【F】乙係有一所呀。甲箇果園有幾大呢?乙五十畝有多。

【A】每年你那園子是自己收果子賣呀?還是把樹包給別人呢?

【B】每年你那園子是自己收果子賣呀?還是把樹包與別人呢?

【C】年常園裡收拉个菓子自家賣个呢?阿是担樹包拉別人个?

【D】每年儂个園裏个菓子是自家收來賣个呢?還是拿樹包撥別人个?

【E】每年你個間園係自己收果子賣吖?噑拌啲樹過人呢?

【F】甲每年係你自己收果子賣?[illegible]拌的樹過別人呢?

【A】前些年,我都是自己收果子賣,這幾年,我可是把樹包給別人。

【B】前幾年,我都是自己收果子賣,這幾年,我却是把樹包與別人。

【C】前幾年味,收來自家賣个,近來幾年,担樹包拉別人。

【D】前幾年,我全是自家收菓子來賣个,第个幾年,我却是拿樹包撥別人。

【E】前幾年,我就係自己收果子賣,呢幾年,我就將啲樹拌過人咯。

【F】乙先幾年,我自已收嚟賣,近年以來,就拌過人咯。

【A】你都是包給誰呢?我都是包給海淀順義雜貨舖。

【B】你都是包與那個呢？我都是包與海淀順義雜貨鋪。

【C】包拉啥人？包拉海定(淀)順義雜貨行裡。

【D】儂全包撥拉啥人呢？我全包撥拉海淀順義雜貨店裏。

【E】你係拌過乜誰呀？我係拌過海淀義順雜貨鋪。

【F】甲拌過乜誰呢？乙係拌過海淀順義雜貨鋪。

【A】我今兒個來見你,是因爲我有個相好的,他現時在西城開了一個乾果子鋪。

【B】我今天來見你,是因爲我有個相好的,他現今在西城開了一個乾果子鋪。

【C】今朝我來,因爲我有个相好个朋友,現在拉西城開之一爿乾菓子行。

【D】我今朝來見儂,因爲有一个朋友,伊現在拉西城開一爿乾菓子店。

【E】我今日嚟搵你,係因爲我有個相好,佢現時喺西門處開曉間賣乾果嘅鋪。

【F】甲今日到嚟見你,因我有位朋友,喺西城開間京果鋪。

【A】他再三的求我給他辨(辦)這包果子的事情,我知道你有果木園子,所以我來問問你。

【B】他再三的求我替他辦這包果子的事情,我曉得你有果木園子,所以我來問問你。

【C】伊再三托我替伊辦包菓子个事體,我曉得自家有个菓子園,所以我來問問看。

【D】伊再三个求我替伊辦第个包菓子个事體,我曉得儂有菓子園,所以我特來問問儂看。

【E】佢再三嗰我同佢做呢件拌果嘅事,我知道你有果木園,所以我嚟問聲你。

【F】佢多次求我同佢定一宗拌果嘅事,我知你有箇果木園,故此嚟問你。

【A】若是你願意過年把樹包給他,我可以給你們拉這縴。

【B】若是你願意過年把樹包與他,我可以替你們拉這縴。

【C】若使肯年底裡包撥拉伊个味,我可以替倻話成功攏來。

【D】若是儂情願過年拿樹包撥伊,我可以替倻做第个中人。

【E】若係你肯過嘵年就將啲樹拌過佢,我就可以同你搭條路。

【F】如果你肯出年拌俾佢,我就介紹佢嚟同你相見。

【A】他若是願意包,那也沒甚麼不行的。他還叫我問問,這包果子,都是怎麼個規短(矩)?

【B】他若是願意包,那也沒甚麼不行的。他還叫我問問,這包果子,都是怎麼個規矩?

【C】伊要个,是我亦無啥勿可以。伊亦教我問問看,包菓子,有啥个章程?

【D】伊若是情願包,伊个也無啥勿可以个。伊還叫我問問,第个包菓子,全是那能个規矩?

【E】佢如果想拌,咁啲亦冇乜話唔得嘅。佢重叫我問聲你,拌呢啲果子,係點嘅章程?

【F】乙如果佢想同我拌,我冇話唔得嘅。甲佢又邀我查問吓,拌嘅章程點呢?

【A】那麼您這個相好的,他是外行麼?可不是麼,他本是外行,他這是頭一回作這果行的買賣。

【B】那麼您這個相好的,他是外行麼?不錯,他本是外行,他這是頭一回作這果行的買賣。

【C】閣下个令友,難道是外行麼?一眼勿錯,伊本來外行,箇回頭一回開菓子行哩。

【D】實蓋儂伊个朋友,伊是外行否?勿錯,伊本來是外行,伊第个是頭一回做第个菓子个生意。

【E】噉你咁位相好,係外行嘅咩?係呀,佢本係唔在行嘅,佢呢回致初做呢啲果子生意嘅呀。

【F】乙噉你位貴友,係外行嘅咩?甲係,佢先時唔在行嘅,呢回係佢初做啫。

【A】那包果子,也沒有多規矩,就是結果子的時候,我同他到園子裏看一看,然後就商量包價是多少。

【B】那包果子,也沒有麽規矩,就是結果子的時候,我同他到園子裏看一看,然後就商量包價是多少。

【C】包菓子,無啥多化章程个,就是交付菓子个時候,我搭伊到園裡去看个看,乃味商量價錢那能。

【D】伊个包菓子,也勿有啥規矩个,不過結菓子个時候,我同伊到園裏去看一看,然後末商量包價是幾化。

【E】拌呢啲果子,亦冇乜點嘅章程,就係結果之時,我同埋佢到園處睇過,然後就議拌嘅價錢幾多。

【F】乙拌果合同嘅章程不甚多,的果係熟,我同佢到園睇過,至商妥所拌合同嘅價錢。

【A】趕說妥了,把銀子給了,這一年的果子就是他的了。

【B】等說妥了,把銀子兌了,這一年的果子就是他的了。

【C】話定當之,交付銀子,箇一年个菓子是伊个者。

【D】等話定當之,拿銀子付之,第个一年个菓子就是伊个哉。

【E】等議成價,交曉銀,呢年嘅果子就歸佢嘅喇。

【F】價一講定,就交銀,箇年嘅果子係歸佢咯。

【A】趕包妥之後,還得有個看果子的了罷?

【B】等包妥之後,還要有個看果子的人罷?

【C】包定當之後來,阿要教人來看拉个否?

【D】等包定之後,還要有个看菓子个人?

【E】噉拌成之後,重要有個看果子嘅啩?

【F】甲立合同之後,就要搵箇人看果係嗎?

【A】那是自然的,總得找一個人,黑下白日在園子裏看着纔行哪。這個看園子的,是偺們給他找啊?還是他各人找呢?

【B】那是自然的,總要找一個人,黑夜白日在園子裏看着纔行哪。這個看園子的,是我們替他找啊？還是他各人找呢？

【C】固是自然,總要教人來,日白夜裡等園裡看拉个。箇个看園个人,俚要替伊去尋个呢？阿是伊各人自家去尋个？

【D】伊个是自然哉,總要尋一个人,日夜个拉菓子園裏看拉末還好。第个看園个,是我伲替伊尋个呢？還是伊託人去尋？

【E】�自然,總要搵個人,日夜喺園裡頭看住致得。呢個看園嘅,係我哋同佢搵吖？嗥佢自己搵呢？

【F】乙一定之理喇,佢要搵箇人,喺園處日夜看守囉噃。甲呢箇看園嘅人,係我哋同佢搵？抑或佢自己搵呢？

【A】那是隨他,若是他託偺們給他找,偺們就給他找。若是他願意他自己找,也使得。

【B】那是隨他,若是他託我們替他找,我們就替他找。若是願意他自己找,也可以。

【C】箇亦隨伊便,伊咾要俚尋,俚去替伊尋一个。伊相信自家去尋,固是亦可以个。

【D】伊个是隨便伊,若是伊託我伲替伊尋,我伲就替伊尋。若是伊情願自家尋,也可以。

【E】咁啲隨他喇,如果佢託我哋同佢搵,我哋就同佢搵個。若係若佢想自己搵,亦做得。

【F】乙任從佢喇,佢係邀我哋搵,我可以搵得嘅。如果佢中意自己搵,亦無不可。

【A】那看園子的人,不至於偷果子賣呀？

【B】那看園子的人,不至於偷果子賣呀？

【C】看園个人,阿要偷菓子出去賣个否？

【D】伊个看園个人,勿至於偷菓子來賣？

【E】個看園人,怕唔噲偷果子嚟賣啩？

【F】甲箇看守人,噲偷果嚟賣唔呢？

【A】那是這麼着,若我給他找的人,那自然我得下保,若是有偷果子的事情,有我一面承管了。

【B】那是這麼的,若我替他找的人,那自然我要保下,若是有偷果子的事情,有我一面承管了。

【C】固是儂勿要管得个,比方人咾我尋拉个,我該當要保,若使偷出去賣之,有我拉經管个。

【D】伊个是實蓋个,若是我替伊尋个人,伊个自然我要保伊个,若是有偷菓子个事體,有我一人經管。

【E】呴層呢,如果我共佢搵嘅人,呴啲自然我要擔保佢,若係有偷果子賣嘅事情,唯我是問喇。

【F】乙係噉樣嘅,倘若我同佢搵人,我必定要擔保佢,若有偷果賣嘅事,惟我是問[或負責]喇。

【A】那看園子的,每月就是給他工錢,沒別的麼?是,就是給他工錢。

【B】那看園子的,每月就是把他工錢,沒別的麼?是,就是把他工錢。

【C】看園个人,每月出之工錢,無啥别樣者否?哈,撥伊工錢。

【D】伊个看園个,每月撥伊工錢,無啥别樣否?是个,就是撥之工錢伊。

【E】個看園嘅,每月俾佢工錢,就冇第樣咩?係,要俾佢工錢。

【F】甲箇看守人,只係得每月嘅人工咩?乙係,淨俾人工呎。

【A】不過還有那搭窩棚用的席、木板、繩子、杆子這些個東西,都是包果子的給他買。

【B】不過還有搭歇棚用的席、木板、繩子、桿子這些個東西,都是包果子的替他買。

【C】不過還要撥拉伊搭棚个蘆席、木板、繩、柱頭箇个物事味,儕包菓子个替伊買个。

【D】還有搭望棚用个蘆席、木板、繩咾竹頭第个幾化个物事,全是包菓子个替伊買个。

【E】重有搭個間住寮，使啲蓆呀、繩呀、杉呀、板呀之類嘅野，都係拌主買過佢嘅。

【F】但拌主要買蓆呀、板呀、繩索、杉料之類，同佢搭棚廠。

【A】趕後來拆窩棚的時候，可也是那包果子的把這些個東西拿回去。

【B】等後來拆歇棚的時候，那也是那包果子的把這些個東西拿回去。

【C】後來棚拆脫者，包菓子个味一齊可以拿去。

【D】等到後來拆望棚个時候，也是伊个包菓子个拿第个幾化个物事拿轉去。

【E】等將來拆啯間寮個時，亦係個拌主將啯啲野擰翻去。

【F】到拆棚箇陣時，佢可以擰番嚟去嘅。

【A】那麽若是樹上掉下果子來，該當怎麽樣呢？

【B】那麽若是樹上掉下果子來，該當怎麽樣呢？

【C】比方樹上落下來菓子味，那能呢？

【D】蓋末若是樹上落下來个菓子，應該那能呢？

【E】噉如果樹上跌落嚟嘅果，又點呢？

【F】甲喺樹上跌落嚟嘅果，點辦法呢？

【A】若是平常掉下來的果子不多，那就在地下擱着，等包果子的多喒去了，告訴他就是了。

【B】若是平常掉下來的果子不多，那就在地下擱着，等包果子的幾早去了，告訴他就是了。

【C】若使平常落脫下來菓子咾勿多，讓伊落拉地上歇，等包菓子人來者，回頭[①]聲好者。

【D】若是平常落下來个菓子勿多，伊就拉地上放拉，等包菓子个去之幾時，難末告訴伊就是哉。

【E】若然閒常跌落嚟嘅果冇幾多，啯啲就由佢丟到地處，等拌主幾時去，話過佢聽就喺喇。

【F】乙如係閒時些少跌落嚟嘅,就擠喺地面,拌主到之時,就話佢知係喇。

【A】若是偶然遭大風或是遭雹子,掉下來的果子太多了,那個看園子的應當趕緊的去告訴那包果子的,叫他好去收那掉下來的果子。

【B】若是偶然遭大風或是遭雹子,掉下來的果子太多了,那個看園子的應當趕緊的去告訴那包果子的,叫他好去收那掉下來的果子。

【C】若使碰着大風或者落氷塊,打下來菓子多者,看園个該當就要去告訴包菓子个,教伊担落下來个菓子來收之去。

【D】若是偶然遭大風或是遭氷塊,打下來个菓子忒多哉,伊个看菓子園个應該赶緊去告訴伊个包菓子个,叫伊好去收伊个打下來个菓子。

【E】若係遭大風大雹,跌落嚟嘅果子太多呢,啲個看園嘅就要趕緊去話過個拌主知,等佢好早啲去收拾個啲跌落嚟嘅果子。

【F】若係偶然遇着吹大風或落雹,打跌嘵好多果子,箇看守人要立刻報拌主知,等佢可以去收箇的果子咯。

【A】是了,我回去就照着你所說的這話,告訴我那相好的。

【B】是了,我回去就照着你所說的這話,告訴我那相好的。

【C】是者,照閣下話拉个,我去告訴我个朋友。

【D】是哉,我就轉去照儂所話个說話,告訴我伲个朋友。

【E】係咯,我翻去就將你所講呢的說話,話過我個相好聽。

【F】甲係咯,噉我就番去將你所講,話嗻我朋友知。

【A】等他有甚麼話,我再來見你罷。就這麼樣罷。

【B】等他有甚麼話,我再來見你罷。就這麼樣罷。

【C】等伊那能話頭,我再來撥信罷。好个,正介味者。

【D】等伊有啥說話,我再來見儂末哉。就實蓋末哉。

【E】等佢有乜囘話,我再嚟見你。就噉話喇。

【F】若佢有回音,我再嚟見你喇。乙好喇。

【注解】
① 回頭: 告訴,老派滬語用詞。

## 2 第十四章(第十四課　修理鐘錶)

【A】劉才。喳。書房裏那架坐鐘不走了,你回頭到祥盛鐘表舖,把許掌櫃的請來,給收拾收拾。

【B】劉才。唯。書房裏那架坐鐘不走了,你回頭到祥盛鐘錶舖,把許老板請來,和我收拾收拾。

【C】劉才。啊。書房裏箇只鐘勿走者,儂到祥盛鐘表店裏去,叫許司務來,收作收作。

【D】劉才。嗳。書房裏伊隻擺鐘勿走哉,儂去回頭祥盛鐘表店裏,叫許老班來,搭我收築收築。

【E】劉才。哦。書房裡頭啲個坐鐘唔行嚹,你等吓去祥盛鐘錶舖,請啲個許事頭嚟,修整吓。

【F】甲劉才。乙哦。書房箇座鐘唔行嚹,你等陣去祥盛鐘錶舖,請箇許事頭嚟,修整喇。

【A】是了。辛苦眾位。您來了,您請坐。

【B】是了。辛苦眾位。您來了,您請坐。

【C】吧。開翁好拉否? 好拉,那得來,請坐歇。

【D】是哉。各位辛苦。儂來哉,儂請坐。

【E】係咯。各位咁落力呀。閣下嚟囉咩? 請坐喇。

【F】係咯。又滾攪你哋列位。丙啊,閣下嚟,請坐喇。

【A】我們老爺打發我來,請許掌櫃的到宅裏,有一架坐鐘給收拾收拾。您在那宅裏? 我在富宅裏。

【B】我們老爺打發我來,請許司務到公館,有一架坐鐘要收拾收拾。您在那宅裏? 我在富宅裏。

【C】伲老爺教我來,請許司務到宅裏去收作一只鐘。俤拉那裡一个宅裏? 富宅裏。

【D】我伲老爺呌我來,請許老班到宅裏去,有一隻擺鐘要收築收築。儂拉啥人家宅裏? 我拉富家宅裏。

【E】我哋老爺打發我嚟,請許事頭去公館處修吓個鐘啝。尊駕喺邊間公館呀? 我喺富公館。

【F】乙我東家打發我嚟,請許事頭到佢公館修整箇座鐘啝。丙你喺邊間公館呀? 乙我哋喺富公館。

【A】是棉花胡同富宅麼? 不錯,是棉花胡同富宅。您貴姓? 我賤姓劉。未領教您納?

【B】是棉花巷富家麼? 不錯,是棉花巷富家。您貴姓? 我賤姓劉。未領教您納?

【C】是棉花街上富宅裏,是否? 勿錯,是棉花街上富宅裏。請教貴姓? 賤姓劉。請教自家?

【D】是棉花衖富家否? 勿錯,是棉花衖富家。儂尊姓? 敝姓劉。勿曾請教儂?

【E】係棉花巷富公館嗎? 冇錯,係棉花巷富公館。尊駕貴姓呀? 我小姓劉。未請教?

【F】丙係棉花巷富公館嗎? 乙係嘞。丙尊駕高姓呀? 乙我小姓劉。未領教?

【A】我賤姓許。啊,您就是掌櫃的,您照應點兒罷。彼此彼此。

【B】我賤姓許。啊,您就是老板,您照應點兒罷。彼此彼此。

【C】賤姓許。噢,就是許司務麼,請費心費心。豈敢豈敢。

【D】賤姓許。吚,儂就是許老班,請儂照應照應。彼此彼此。

【E】我小姓許。哦,許事頭就係你囉嗎,你照應吓喇。彼此彼此。

【F】丙我小姓許。乙哦,許事頭就係你嗎,望你照應吓喇。丙彼此彼此。

【A】您那宅裡,還是那位姓朱的管事麼?不是,换了人了。换了那位了?

【B】你那屋裏,還是那位姓朱的管事麼?不是,换了人了。换了那位了?

【C】倻宅裏,原是箇位姓朱个拉當賬呢啥?勿是,换之人者。换之那裡一位?

【D】儂拉宅裏,還是伊位姓朱个管事否?勿是,换之人哉。换之那裡一位?

【E】你哋公館裡頭,重有位姓朱嘅管家嗎?唔係,换曉人咯。换啲邊個呀?

【F】你嗰處,姓朱嘅管事重喺處唔呢?乙唔喺處,换過别人咯。丙請過乜人呢?

【A】换了一位姓范的。怎樣那位姓朱的擱下了麼?可不是麼,散了。

【B】换了一位姓范的。怎麼那位姓朱的擱下了麼?不錯,走了。

【C】换之一位姓范个。那得咾箇位姓朱个停之个呢?想起來回脱拉个。

【D】换之一位姓范个。伊位姓朱个那能停个?自家辭脱个。

【E】换一個姓范嘅。點解個姓朱嘅告辭哩咩?係咯,去曉咯。

【F】乙請過一位姓范嘅。丙嗰件事點樣嚫?箇朱管事係自行辭職嘅咩?乙係,佢自己離開咯。

【A】是爲甚麼散的?是因爲病散的。是得了甚麼病了?

【B】是爲甚麼走的?是因爲病走的。是得了甚麼病了?

【C】那能咾回脱个呢?因爲有病咾回拉个。生之啥个病耶?

【D】爲啥辭个?爲之病咾辭个。是得之啥个病?

【E】爲乜事去曉呢?因爲有病去嘅。係得曉乜野病呢?

【F】丙乜緣故呢?乙因佢身子唔多好。丙佢有乜病呢?

【A】他本來是個弱身子,又吃烟,今年他忽然一忌烟,烟也沒斷成,可就得了病了,一天比一天重。

【B】他本來是個弱身子,又吃烟,今年他忽然一戒烟,烟也沒斷成,却就得了病了,一天比一天重。

【C】伊个體氣本來勿强,又吃之烟,今年忽然間一戒烟,烟癮勿曾戒斷,得之病者,一日重一日。

【D】伊本來是身體輭弱,又吃之煙,今年伊忽然一戒煙,煙還勿曾戒脱,倒就得之病哉,一日重一日。

【E】佢身子本來係單薄嘅,又食烟喇,今年佢忽然戒起烟嚟,烟都未戒得甪,就得嘵病。

【F】乙係噉嘅,佢本來身子單薄,又食洋煙,今年忽然戒起嚟,唔曾戒斷就病,日甚一日。

【A】後來簡直的成了癆病了,甚麼都不能幹了,這麼着他就把事情辭了,回家養病去了。

【B】後來簡直的成了癆病了,甚麼都不能做了,這麼的他就把事情辭了,回家養病去了。

【C】後來成功之癆病咾,一眼勿能个管啥者,因而退脱之本分,轉去養病个。

【D】後來一直个成之癆病哉,隨便啥全勿能做,實蓋末伊就拿事體來辭之咾,轉去養病去哉。

【E】(——按:原文無對應句。)噉佢就把工夫告辭唔做,翻去養病咯。

【F】致變成癆病喇,佢乜都做唔得,就辭工去歸養病咯。

【A】是了,可是您知道,是竟收拾鐘啊?是還收拾表呢?

【B】是了,都是您曉得,是竟收拾鐘呵?是還收拾表呢?

【C】吧,儂曉得否,不過要修只鐘呢?還是表亦要修个?

【D】是个,阿是儂曉得,是收築鐘呢?還是收築表呀?

【E】哦,噉咩尊駕知到,淨係整鐘吖?嗅修表添呢?

【F】丙哦,尊駕知到淨係修鐘?或重有的錶修整唔呢?

【A】我們老爺就説是收拾鐘,可沒提還收拾表。到底據我想,您把收拾表的傢伙帶上,萬一收拾表了也不定。

【B】我們老爺就説是收拾鐘,却沒提還收拾表。到底據我想,您把收拾表的傢伙帶去,萬一收表了也不定。

【C】伲老爺單單話修只鐘,勿提起啥表。到底我想起來,修表个傢伙亦帶拉味者,一脱手要修表亦勿希奇个。

【D】我伲老爺不過話是收築鐘,倒勿提起收築啥表。到底據我想來,儂拿收築表个傢生帶去,萬一收築表也勿一定个。

【E】我哋老爺淨話係修鐘,冇提及到修表。到底據我講,閣下就把修表嘅傢伙都帶埋去,或者修表添都未定吖。

【F】我哋東家話要修鐘,冇提及到整錶。你依我講,帶埋修錶嘅器具,便中或有箇錶要修吓都唔定。

【A】那麼偺們這就走罷。掌櫃的,您先請在書房裏坐一坐,我進裏頭告訴我們老爺去。

【B】那麼我們將就走罷。老板,您先請在書房裏坐一坐,我進裏頭告訴我們老爺去。

【C】格味伲就去罷。老司務,請書房裏先坐一坐,我來進去告訴老爺。

【D】蓋末我伲第歇就去末哉。老班,儂先請拉書房裏坐一坐,我到裏向告訴我伲老爺。

【E】噉我哋而家去喇。請事頭喺書房處坐住,我入去裡頭,話過我哋老爺聽。

【F】丙哦,噉就同去喇。乙請事頭喺書廔坐住,等我話過我東家知。

【A】是了。許掌櫃的,這一向好啊?好啊。富老爺倒好?好啊您納。買賣好啊?

【B】是了。許老板,這一向好啊?好啊。富老爺倒好?好啊您納。買賣好啊?

【C】是者。許司務,一向好?好。富老爺倒好?好拉。生意那能?

【D】是哉。許老班,一向好拉?好拉。富老爺倒好?好拉。儂个生意好拉?

【E】係咯。許事頭,呢排好喇?好。富老爺好吖?呀,好。好生意喇?

【F】丙好喇。甲許事頭,好吖?丙好,託福。富先生一向好啩?甲有心。你嘅生意好嗎?

【A】托您福,倒還好。現在打夜作了麼?是,打夜作了。

【B】托您福,倒還好。現在打夜作了麼?是,打夜作了。

【C】靠福,還算好。現在夜作做否?夜作做个。

【D】托儂个福,倒還好。現在做夜作否?是,做个。

【E】托你老人家嘅福,都幾好。現在開夜工噃嗎?係,開夜工咯。

【F】丙託福,係幾好。甲現時有開夜工嗎?丙係,開夜工咯。

【A】現在舖子裏幾位夥計?脚下是四個夥計。幾個徒弟?倆徒弟。

【B】現在鋪子裏有幾位夥計?目下是四個夥計。幾個徒弟?兩徒弟。

【C】現在店裡有幾个夥計?現在四个夥計。徒弟幾个?徒弟兩个。

【D】現在店裏有幾位夥計?目下是四个夥計。幾个徒弟?兩个徒弟。

【E】現在舖頭處有幾多位夥記呀?現目四個夥記。幾多徒弟呢?兩個徒弟。

【F】甲現今寶號有幾位夥計呢?丙目下四箇夥計。甲幾多箇徒弟呢?乙兩箇徒弟。

【A】都可以上案子做活了麼?有一個可以上案子做活了,那個是新來的,還不行哪。

【B】都可以坐棹子做工夫麼？有一個可以坐棹子做工夫，那箇是新來的，還不行哪。

【C】儕可以上場做生活沒？一个可以上場做生活个者，還有一个新來咾，勿局拉哩。

【D】全可以上作臺上做生活否？有一个可以上作臺做生活，伊个新來个，還勿可以拉哩。

【E】都可以上檯做工夫嚇嗎？有個可以上檯做工夫，啲個係新嚟嘅，重唔曾得。

【F】甲各箇都可以上檯做工夫嗎？丙一箇可以做得，嗰箇新嚟嘅，就未曾得。

【A】您見天也在舖子裏做活麼？我是不能整工夫在舖子裏做活，總是在外頭辨(辦)事的時候多。

【B】您每天也在舖子裏做事麼？我是不能整工夫在舖子裏做事，總是在外頭辦事的時候多。

【C】自家日都亦拉店裏做生活个呢啥？我勿能彀完全登拉店裏做生活个，總拉外勢做个時候多。

【D】儂每日也拉店裏做生活否？我是勿能全日工夫拉店裏做生活，總是拉外頭辦事个時候多。

【E】你日日都喺舖頭處做工夫咩？我不能成日喺嘸嘅，總係喺外便辦事嘅時候多。

【F】甲你每日喺舖頭做工夫嗎？丙唔係，我不能成日喺舖處嚟做，係喺外頭辦事嘅多。

【A】脚下您那舖子裏，每月做多少錢的手工啊？現在每月也就是做個四百來吊錢的手工。

【B】目下您那鋪子裏，每月做多少錢的手工啊？現在每月也就是做個四百來吊錢的手工。

【C】現在店裡，每月做得幾化手工錢？現在每月做得个四十千工錢模樣。

【D】目下儂伊爿店裏，每月做幾化手工錢？現在每月也不過做个四百來千个手工錢。

【E】而家你啲間舖,一個月做得幾多錢工夫呀?而家一個月都不過係做四十零千錢工夫呮。

【F】甲而家你嘅工夫,每月值得幾多呢?丙呢陣時一箇月大概四十幾千錢咁上下。

【A】四百多吊錢的手工,也就算不少了。不過算可以的就是了,到底比上從先可差多了。

【B】四百多吊錢的手工,也就算不少了。不過算可以的就是了,到底比上從先可差多了。

【C】四十千工錢,總算勿少者。不過算可以就是者,到底傍之前頭時候差得多者。

【D】四百來千个手工錢,也總算勿少哉。不過算可以就是哉,到底比從前差得多拉哩。

【E】四十零千錢,都唔算少咯。不過算係僅夠而已喇,講到比起從前就差得遠咯。

【F】甲四十零千錢,都算唔少咯。丙中中哋啫,比較從前爭好遠呀。

【A】先頭裏每月可以做多少錢的手工呢?早先每月總做七百吊錢的手工。

【B】先頭裏每月可以做多少錢的手工呢?早先每月總做七百吊錢的手工。

【C】前頭起每月做得幾化工錢?前頭起每月要做到七十千工錢。

【D】起先每月可以做幾化手工錢?從前每月總可以做个七百千。

【E】上前一個月做得幾多錢嘅工夫呢?先時一個月頭總做得七十千錢工夫。

【F】甲噉上前每月做得幾多呢?丙上前做得七十千錢。

【A】敢情先頭裏每月做這麼個手工哪？是，那個時候，每月總有這麼些個。

【B】當眞先頭裏每月做這些手工啊？是，那個時候，每月總有這些。

【C】吧，前頭起每月工錢到什介數目拉？哈，那个時候，是有什介拉。

【D】真真起先每日做第个幾化手工呢啥？是拉，伊个時候，每月總有第个幾化。

【E】乜上前一個月做得倒咁多呢？係，啲陣時，總有咁上下嘅。

【F】甲眞嘅有咁多咩？丙係，箇時，至少亦有咁多嘅。

【A】今兒個我請您來，給瞧瞧這架坐鐘是怎麼個緣故不走了。

【B】今天我請您來，和我看看這架坐鐘是甚麼緣故不走了。

【C】今朝我煩勞司務，看个看箇只鐘那得咾勿走者。

【D】今朝我請儂來，搭我看看第隻擺鐘是啥个緣故咾勿走。

【E】今日我請閣下嚟，同我睇吓呢個坐鐘係因乜唔行。

【F】甲噉咩，我今日打發人請你嚟，睇吓箇座鐘點解唔行。

【A】我瞧瞧，這個鐘是錶子折了。那麼得換一根新錶子了罷？

【B】我看看，這個鐘是練子斷了。那麼要換一根新練子罷？

【C】讓我看，斷之弦咾。箇是要換一根新个弦拉裡宛？

【D】我看看，第隻鐘是法條斷哉。實蓋末要換一根新法條哉？

【E】我睇，呢個鐘係斷嘵鍊啩。噉要換過條新嘅嚹啩？

【F】丙我睇吓吖，啊，條鏈斷咽。甲要換過條新嘅係嗎？

【A】不用換新的了，我把這根錶子拿到舖子去釘上，再拿回來安上就得了。

【B】不用換新的了，我把這根練子拿到鋪子去釘上，再拿回來安上就好了。

【C】勿要換得新个，讓我担到店裡去釘之攏來，再担來安上之味好者。

【D】勿消換新个,我拿第根法條拿到店裏去釘一釘,再拿轉來安上就好哉。

【E】唔使換新嘅,我擰呢條鍊去舖頭打好佢,摵翻嚟安翻就得喇。

【F】丙唔使嘅,我擰條鏈番舖頭駁好佢,後來擰番嚟安妥就係喇。

【A】那麽更好了,您請喝茶罷。您喝罷。我請問您納,像您這貴行,都是學幾年哪?

【B】那麽更好了,您請喝茶罷。您喝罷。我請問您納,像您這貴行,都是學幾年哪?

【C】什介頂好者,請用茶。自家用罷。我要請教,像俉个貴行業,要學个幾年味有者?

【D】葢是更好哉,儂請吃茶末哉。儂吃。我請問儂,像儂第个貴業,全是學幾年?

【E】噉更好咯,你喝茶喇。請茶。我請教你,比如你哋貴行,要學幾多年師呢?

【F】甲噉更好,你請茶喇。丙請先生飲喇。啱,我請問你,貴行學師嘅,要幾多年呢?

【A】我們敝行都是學六年。是還得寫個字據麽?是得寫一張字據。

【B】我們敝行都是學六年。是還要寫個字據麽?是要寫一張字據。

【C】敝業要學六年。阿要寫啥紙張个?紙張要寫个。

【D】我伲敝業全是學六年。是還要寫一个關約否?是要寫一張關約。

【E】我哋敝行要學六年致得呀。噉重要立合同嗎?要立張合同呀。

【F】丙我敝行都要學六年嘅。甲行中要立[或簽]合同嗎?丙要呀。

【A】這張字據,是徒弟剛一上舖子就寫麼?不是,先得瞧一年,若是徒弟好,纔寫字據哪。

【B】這張字據,是徒弟剛一上鋪子就寫麼?不是,先要看一年,若是徒弟好,纔寫字據哪。

【C】箇張紙,阿是徒弟上之店就寫个呢啥?勿是,先要學一年看,若是徒弟好,乃味寫投師紙。

【D】第張關約,是徒弟纔到店就寫否?勿是,先要看一年,若是徒弟好,難末寫關約。

【E】呢張合同,係徒弟初到舖個時就立嘅嗎?唔係,先要睇過一年,如果個徒弟好,致立合同。

【F】甲呢張合同,係徒弟初到舖學師[英文作一上檯做工]箇時立嘅咩?丙唔係,要先試佢一年,如果係好徒弟,箇時至立合同嘅。

【A】那麼赶他學滿了之後,是還在本舖子裏要手藝啊?是就上別處要手藝去呢?

【B】那麼到他學滿了之後,是還在本鋪子裏做手藝啊?是就到別處做手藝去呢?

【C】格味滿師之後,原拉箇爿店裡做生活个呢?還是到別人家店裡去做生活个?

【D】蓋末等伊學滿之以後,還是拉本店裏做生活呢?就到別處去做生活?

【E】噉樣等佢學滿之後,重係喺舖頭做工夫吖?嗅去別處做功夫呢?

【F】甲噉佢期滿之後,留喺箇間舖做工?啵去別處做呢?

【A】那都是隨他的便,若是他還願意在本舖子裏要手藝,也是給他開出工錢來,按着夥計一個樣。

【B】那都是隨他的便,若是他還願意在本鋪子裏做手藝,也是替他開發工錢來,照着夥計一個樣。

【C】固是隨便伊个,若使伊要等拉老店裡做生活,出還伊工錢,搭夥計一樣。

【D】伊个全是隨伊个便,若是伊還情願拉本店裏做生活,也是開發工錢撥伊,照夥計一樣。

【E】啲啲都係由得佢嘅,如果佢重願喺本舖做功夫,就俾翻份工夫過佢,照夥記一様。

【F】丙嗰的係由得佢,如果佢中意喺番本舖嚟做,箇份工錢,同夥計一樣。

【A】若是他不願意在本舖子裏耍手藝,願意上別處當夥計去,也使得。

【B】若是他不願意在本鋪子裏做手藝,願意到別處當夥計去,也可以。

【C】若使伊勿高興等拉老店裡做生活,願意別爿店裡去做夥計,亦可以个。

【D】若是伊勿情願拉本店裏做生活,情願到別處去做夥計,也可以个。

【E】若係佢唔願意喺本舖處做咯,想去別處當夥計,亦都做得。

【F】若佢唔中意,又想去別家做夥計,都得嘅。

【A】那就是了。還有上回,我託您給買一個醒鐘,您給買了沒有? 是。

【B】那就是了。還有上回,我託您替買一個鬧鐘,您納買了沒有? 是。

【C】吧,是者。還有上回,托辦拉箇只醒鐘買着否?

【D】蓋末是哉。還有上回,我託儂替我買一隻鬧鐘,儂買呢勿曾買? 是个。

【E】哦,係噉嘅。重有件嘢,前回我託閣下共我買個鬧鐘,你共我買倒冇呀? 係。

【F】甲哦,噉我明白咯。我先躺託你買箇鬧鐘,有買倒唔呢? 丙係呀。

【A】我在這城裏頭各舖子裏都給您找了,沒有。

【B】我在這城裏頭各鋪子裏都替您找了,沒有。

【C】城裡向各店家我儕問到个,無味。

【D】我拉此地城裏向各爿店裏全替儂尋過,無沒。

【E】我喺呢處城裡各處舖頭共你找過,都冇。

【F】我喺通城嘅舖頭問過,都冇。

【A】新近有我們一個同行的人下天津買貨去,我已經託他到洋行裏給您找一找。若是有,他回來的時候就給您帶來了。

【B】現在有我們一個同行的人下天津買貨去,我已經託他到洋行裏替您找一找。若是有,他回來的時候就替您帶來了。

【C】新近伲有个同行个人到天津去買貨色,我已經托伊替老爺到洋行裡去尋尋看。若使有味,等伊轉來之我就担來。

【D】現在我有一个同行中到天津買貨去,我已經託伊到洋行裏替儂尋尋看。若是有,伊轉來个時候就替儂帶來个。

【E】近日我哋有個行家去天津買貨,我已經託佢去洋行裡頭同你搵咯。如果有,佢翻嚟個時就噲同你帶翻嚟喇。

【F】但近日有位行家到天津,我託佢去洋行搵。若然係有,佢番嚟箇時,我就帶俾你。

【A】那實在費心的很了。那兒的話呢。我也該回去了,偺們改天見罷。

【B】那實在費心的很了。那裏的話呢。我也該回去了,我們改天見罷。

【C】呵唷,固是十分費心者。啥話頭。我要轉去者,明朝會罷。

【D】倒實在費心得極哉。啥說話。我也要轉去哉,我伲歇日會罷。

【E】噉實在費心咯。乜野說話呢。而家我都要翻去嚹,我哋改日再見喇。

【F】甲實在費心。丙乜說話呢。而家我要番去咯,我哋改日再見喇。[此數句所譯與英文稍異]。

【A】您回去了,累肯您納。好說好說。

【B】您回去了,累煩您納。好說好說。

【C】要轉去者,費心費心。話得好。

【D】儂轉去哉,弛瘏儂。啥說話啥說話。

【E】請翻去喇,勞動你嚇。好話好話。

【F】甲哦,你番去咧咩。丙勞動你咯。好話好話。

## 2 第十五章(第十五課 東北打獵)

【A】老弟是解家裏來麼? 喳,是解家裏來。怎麼這幾天我沒見你呀,是幹甚麼來着?

【B】老弟是從家裏來麼?(喳/是⁺)①是從家裏來。怎麼這幾天我沒見你呀,是做甚麼來着?

【C】老弟從屋裡來呢啥? 哈,是從屋裡來。那得箇兩日裡勿看見,拉做啥?

【D】老弟是拉屋裏來否? 嗳,是拉屋裡來。那能第兩日勿看見儂,是拉做啥?

【E】弟台係由府上出嚟嘅嗎? 呀,打舍下出嚟嘅。點解呢幾日唔見你呢,做乜嘢嚟呀?

【F】甲閣下係由府上嚟嗎? 乙係呀。甲呢幾日唔見你,有乜事幹呢?

【A】我是出外打圍去了。是同誰去的? 是同着我們一個街坊去的。

【B】我是出外打獵去了。是同那個去的? 是同着我們一個鄰舍去的。

【C】到外勢打獵去之咾。同啥人去个? 同一个鄰舍一淘去个。

【D】我是出門打獵去个。同啥人去个? 是同我伲一个鄰舍去个。

【E】我出外打獵嚟吖。同邊個去嚿? 係同我哋一個街坊去嘅。

【F】乙我去打獵嚟。甲同乜人去呢? 乙同一箇街坊[或改鄰舍]去嘅。

【A】是上那兒打圍去了？上東山打圍去了。多喒回來的？昨兒晚上回來的。

【B】是到那裏打獵去了？往東山打獵去了。多早回來的？昨日晚上回來的。

【C】到之那裡去打獵？到東山去打獵。幾時轉來个？昨日下晝。

【D】是到那裏打獵去个？到東山打獵去个。幾時轉來个？昨日夜裏轉來个。

【E】去邊處打獵呢？上東山打囉。幾時翻嚟嚐？昨晚翻嚟嘅。

【F】甲你去邊處打獵呢？乙去東山呀。甲幾時番嚟嚐？乙昨晚番嚟咯。

【A】打了些個甚麼野牲口來？打了些個野雞、野猫，還打了個野猪。

【B】打了些甚麼野牲口來？打了些野雞、兔子，還打了一個野猪。

【C】打着之啥个野獸？打着之點野雞、野猫，還有野猪玀。

【D】打之點啥个野獸轉來？打之點野雞咾兎子，還打之一隻野猪。

【E】打倒啲乜野獸翻嚟呀？打倒啲山雞呀、野貓呀，兼共打隻山猪添。

【F】甲獵倒的乜野獸番嚟呢？乙獵倒的山雞呀、野兎[或譯野貓]呀，共有隻山猪添。

【A】那麼你們這盪圍打的不錯呀。不錯可是不錯，到底受的累也不輕。

【B】那麼你們這回獵打的不錯呀。不錯到(倒)是不錯，到底受的累也不輕。

【C】那得到箇回打獵勿是白去个。哈，去是勿是白去个，到底受累亦勿輕。

【D】實蓋儂第回獵打來勿推班。錯是勿錯，到底受个苦也勿輕。

【E】噉就你哋呢盪獵打得唔錯嘞。錯係唔錯,但係究竟受辛苦唔少嶓。

【F】甲噉呢回去都打得幾好嶓。乙係,打得都幾好,但算係幾辛苦。

【A】受了甚麼累了? 我們倆人是一個人騎着一匹馬去的。

【B】受了甚麼累了? 我們兩人是一個人騎着一匹馬去的。

【C】受啥累耶? 伲兩家頭各人騎之馬咾去个。

【D】受之啥个苦呢? 我伲兩家頭每人騎之一匹馬咾去个。

【E】受嘵啲乜野辛苦呀? 我兩個騎住兩匹馬去喇。

【F】甲點樣辛苦呢? 乙噉嘅我哋兩人各騎自己匹馬。

【A】趕到了離東山還有幾里地,有個鎮店,我們可就在那個鎮店上找了個店住下了。

【B】等到了離東山還有幾里路,有個鎮店,我們却就在那個鎮店上找了個店住下了。

【C】到東山還有勿多幾里路,有個鎮,拉箇个鎮上客寓裏耽擱之一夜。

【D】赶到離東山還有幾里路,有一个鎮,我伲就拉伊个鎮上尋之客寓宿之。

【E】及至去到離東山重有幾里嘅地方,有個墟塲,我哋就喺呾處搵間客店住落唎。

【F】去到離東山有幾里路,有箇墟塲,我哋就喺嗰處搵間旅店住宿。

【A】趕第二天,我們就在店裏吃完了飯,把那兩匹馬寄放在店裏了,我們倆就擯着槍,趨達[②]着上山去了。

【B】到第二天,我們就在店裏吃完了飯,把那兩匹馬寄放在店裡了,我們兩人就擯着鎗,遊蕩上山去了。

【C】到之第二日,伲拉店裏吃之飯,担兩匹馬味寄拉店裏之,伲兩家頭揵之鎗咾，爬到北山去。

【D】到第二日，我伲就拉寓裏吃完之飯，拿伊兩匹馬寄拉寓裏之，我伲兩家頭就掮之鎗，無要無緊上山去。

【E】等到第二日，我哋喺店裏頭吃曉飯，就摵個兩匹馬寄落間店處，我兩個担住枝鎗，蕩蕩吓上山囉噃。

【F】第朝食完飯後，就喺旅店餵兩匹馬，兩人各托枝槍，行上山。

【A】趕到了山上，我們先是竟打了些個野雞、野猫。

【B】等到了山上，我們先是竟打了些野雞、兔子。

【C】到之山頂上，伲不過打着之野雞野猫咾啥。

【D】等到到之山上，我伲先打之點野雞咾兔子。

【E】及到山上，我哋一筆就打倒啲山雞、野貓先喇。

【F】到山箇時，先打倒的山雞共野兎。

【A】趕天有平西的時候，忽然跑來了個野猪，我們倆就拿槍一打，可就打死了。

【B】等天有平西的時候，忽然跑來了個野猪，我們兩個就拿鎗一打，却就打死了。

【C】日頭歪西之後來，忽然有只野猪瀘跑來，伲就担鎗來一打，倒打殺者。

【D】到日頭横西个時候，忽然跑之一隻野猪來，我伲兩家頭就拿鎗來一打，就打殺哉。

【E】等到挨晚噉時候，忽然走隻山猪出嚟，我兩個放鎗一打，就打死佢咯。

【F】日頭將近落崗之時，隻山猪忽然走出嚟，我兩人放槍，就打死佢。

【A】那個地方又雇[③]不出人來抬那個野猪，這麼着我們倆人就把那個野猪拉回店裏[④]去了。

【B】那個地方又僱不出人來抬那個野猪，這麼的我們兩人就把那個野猪拉回店裡去了。

【C】箇搭地方尋勿着啥人來扛箇只猪玀,只得伲兩家頭自家担之咾回到店裏去。

【D】伊个地方又喊勿着啥人來扛伊隻野猪,實蓋末我伲兩家頭就拿伊个野猪拉之到寓裏去。

【E】啲處地方又搵唔得倒人嚟抬個隻山猪喇,噉樣我兩個就要拉佢翻去客店哩。

【F】但嗰笪地方請唔倒人嚟抬猪,噉我兩人拉佢番去旅店。

【A】趕回來的時候,我們就用一匹馬馱着野猪,我們倆人換替着騎那一匹馬。

【B】等回來的時候,我們就用一匹馬馱着野猪,我們兩人替換騎着那一匹馬。

【C】就担箇只猪玀放拉一只馬上之,伲兩个人替換騎之一只馬。

【D】到轉來个時候,我伲就用一匹馬馱之野猪,我伲兩家頭替換騎伊个一匹馬。

【E】及後翻嚟之時,我哋就俾噉匹馬嚟馱隻山猪,我兩個又將啲匹馬輪流騎囉。

【F】到嗰陣時,就俾一匹馬馱呢隻山猪,我哋兩人輪流騎第匹馬番嚟。

【A】趕到了家就累的動不得了。您說受的這個累還輕麼?你們雖然受了些個累,到底還打着野牲口了。

【B】等到了家就累得動不得了。您說受的這個累還輕麼?您們雖然受了些累,到底還打着野牲口了。

【C】回到屋裡衰瘏來動勿動个者。阿是受累勿輕否?倻雖然受累,到底還打着之點野獸个裏。

【D】等到之屋裡就弛瘏來動勿動哉。儂話受實蓋个苦還輕拉哩?倻雖然受點苦,到底還打着之野獸。

【E】翻到住家就辛苦到唔郁得。你話受呢啲辛苦重輕咩?你哋雖係受嘵啲辛苦,到底都重打倒啲野獸吖。

【F】番到住家好疚癐唔郁得。噉唔係幾咁辛苦唎咩?甲哦,你都辛苦咯,但重有的野打倒吖。

【A】我們有個親戚前幾天打圍去了,不但沒打着甚麼,倒把他的一匹馬丟了。

【B】我們有個親戚前幾天打獵去了,不但沒打着甚麼,倒把他的一匹馬掉了。

【C】伲有个親眷前幾日伊去打獵去,勿單單一眼打勿着,連搭自家只馬落脫之。

【D】我伲有个親眷前幾日打獵去,勿但勿打着啥,倒拿伊个一匹馬甩脫。

【E】我哋有個舍親前幾日去打獵,不但乜野都打唔倒,反失嘵佢嗰匹馬添。

【F】前幾日我有箇舍親去打獵,乜野都打唔倒,反失嘵佢匹馬添。

【A】怎麼打圍去會把馬丟了呢?他告訴我說,他騎着一匹馬,上北山打圍去了。

【B】怎麼打獵去會把馬掉了呢?他告訴我說,他騎着一匹馬,上北山打獵去了。

【C】那能打獵味馬會得落脫个呢?伊對我話,伊味騎之馬咾,到北山上打獵去。

【D】那能打獵去會拿馬甩脫个呢?伊對我話,伊騎之一匹馬,上北山打獵去。

【E】點解去打獵又會失嘵馬嚿?佢話我知,佢騎住匹馬,上去北山打獵。

【F】乙佢去打獵點噲致到失嘵佢匹馬呢?甲佢話我知,佢騎住匹馬,去北山打獵。

【A】他把他的那匹馬就拴在山底下一棵樹上了,他就揹着槍,上山找野牲口去了。

【B】他把他的那匹馬就拴在山底下一棵樹上了,他就揁着鎗,上山找野牲口去了。

【C】担箇只馬味纜拉山脚上一棵樹上之,揵之鎗咾,上山去尋野獸。

【D】伊拿伊个伊匹馬就縛拉山脚下一棵樹上,伊就掮之鎗,上山尋野獸去哉。

【E】就把佢匹馬綁咽山下佢蔸樹處,佢就担鎗,上山搵野獸喇。

【F】就喺山脚蔸樹處綁住箇匹馬,佢托槍,上山搵野獸喇。

【A】他找了半天,連一個野牲口也沒找着,這麽着,他就下山來了。

【B】他找了半天,連一個野牲口也沒找着,這麽的,他就下山來了。

【C】尋之半日,一眼亦尋勿着,只得下山。

【D】伊尋之半日,連一隻野獸也尋勿着,實蓋末,伊就下山來哉。

【E】去嘵半日,一隻野獸都搵唔倒,噉樣,佢就落山喇。

【F】去搵好耐,一隻獸都唔見,就落山。

【A】趕到了山底下一瞧,他的那匹馬沒了。這個工夫兒,天忽然下起雪來了,他就頂着雪,各處找了會子,所⑤沒有。

【B】等到了山底下一看,他的那匹馬不見了。這一會兒,天忽然下起雪來了,他就冒着雪,各處找了會兒,都沒有。

【C】下山一看,伊只馬無得者。箇辰光,天味忽然落起雪來者,冒之雪咾,各處去尋箇只馬,尋勿着。

【D】到之山脚下一看,伊个伊匹馬勿見哉。第个辰光,天忽然落起雪來哉,伊就冒之雪,各處尋之一會,全勿有。

【E】及落到山下一睇,佢佢匹馬就唔見嘵咯。嗰陣,個天忽然落起雪嚟,佢就噏雪,走去各處,搵嘵一排,喊都不見。

【F】到山脚一睇,佢匹馬唔喺處。剛啱箇時,忽然起首落綿花雪,冒雪搵一排,周圍搵過,都係唔見。

【A】這個時候天也就黑上來了,他就找了一個破廟,將就着住了一夜。

【B】這個時候天就黑了,他就找了個破廟,將就的住了一夜。

【C】併且箇辰光天味暗者,乃味碰着一只破廟,進去過之一夜。

【D】第个時候天就夜哉,伊就尋之一隻破廟,將就个住之一夜。

【E】斯時天又入黑咯,佢就搵倒一間爛廟,將就住住一晚喇。

【F】到嗰陣時就入黑,佢就搵倒間爛廟,將就捱嘵一晚。

【A】趕到第二天早起,他就覺着身上很不舒服,他沒法子,就扎掙着到衙門裏去報了官。

【B】等到第二天早起,他就覺着身上很不舒服,他沒法子,就免强的到衙門裏去報了官。

【C】明朝早辰起來,覺着周身勿舒徐,無法子,勉强撐到衙門去報官。

【D】等到第二日早起,伊就覺着身上極勿舒服,伊無法則,就免强个到衙門裏去報之官。

【E】等到第朝起身,佢覺得身子甚唔舒服,都冇法吖,就劄硬去到衙門報嘵官。

【F】第朝覺得好唔自然,但冇奈何,就勉強去衙門報知官府。

【A】那個官把他丟馬的緣故都問明白了,可就和他說,我這就派差到各處給你找馬去。

【B】那個官把他掉馬的緣故都問明白了,却就和他說,我這就派差到各處和你找馬去。

【C】官府担伊落脫馬个緣故問清爽之,對伊話,我就差人到各處去替儂尋箇只馬。

【D】伊个官拿甩脫馬个緣故全問明白之,倒搭伊話,我第歇就派差人到各處替儂尋馬去。

【E】啲個官將佢失馬嘅原委問明白嗺,就對佢話,我而家就派差同你去各處搵馬喇。

【F】官府問明佢失馬嘅原委,話,我就派差四處訪查。

【A】若是這本地人偷了你的馬去,終久總找的着。若是過路的人把你的馬偷了去了,那可就難找了。

【B】若是這本地人偷了你的馬去,終久總找得着。若是過路的人把你的馬偷了去了,那却就難找了。

【C】若使是本地人偷拉个,總尋得着个。若使路過人偷之去,難尋得着个者。

【D】若是本地人偷之儂个馬去,終久尋得着个。若是過路个人拿儂个馬偷之去,伊个倒難尋哉。

【E】若本地人偷去嘵,終歸搵得翻嘅。若過路嘅人偷去,噉就難搵咯。

【F】若係本處人偷,就一定遲早搵番。倘被過路人偷,就好難搵咯。

【A】你先回家去就是了。這麼着他就雇了一匹驢回來了。

【B】你先回家去就是了。這麼的他就雇了一匹驢回來了。

【C】儂現在先轉去咾。乃味伊叫之一只驢子咾轉來。

【D】儂先轉去就是哉。實蓋末伊就喊之一匹驢子轉來个。

【E】你先翻去歸就係喇。噉樣佢就賃匹驢翻嚟。

【F】[英譯作搵唔倒之意]箇官又話,你先番屋詮喇。噉佢就租一匹驢番嚟。

【A】到了家,病更利害了,到如今還沒好了。你瞧他這運氣,有多麼背[⑥]呀。

【B】到了家,病更利害了,到如今還沒好呢。你看他這運氣,有多麼閉呀。

【C】到之屋裡,病更加利害,到如今還勿曾好。看伊个運氣,比㑚推扳幾化。

【D】到之屋裏,病更加利害哉,到現在還勿曾好拉哩。儂看伊个運氣,有實蓋勿好哉。

【E】後來翻到去歸,的病更關係起嚟,到而家都未曾好翻。你睇佢呢啲運數,咁多蹇滯嘅喎。

【F】番到屋趾,病得更關係添,到而家未曾好番。你話佢的運數,係蹇滯[或作唔好彩]唔呢。

【注解】

① 對應A版北方話的應諾詞"喳"有23例,而B版有用"是"(4例)、"唯"(5例)、"哦"(1例),空而無字的13例。因為最早1例是在第二卷第三章出現應諾詞"是",我們著錄時用括弧(喳/是+)標示,因此在第二卷第十五章括注,B版下文同。

② 遛,A版"遛"字从"走"偏旁。"遛達",A1作"溜打"。

③ 雇,A1和B版字作"僱"。

④ 裏,A1和B版字作"裡"。

⑤ A1字也作"所"。按:"所",副詞,北京土語,全。

⑥ 背,運氣不好。

## 2 第十六章(第十六課　吞煙喪命)

【A】兄台,您沒聽見說,偺們那個朋友馮子園死了麼?我沒聽見說呀,他是多喒死的?

【B】兄台,您沒聽見說,我們那個朋友馮子園死了麼?我沒聽見說呀,他是多早死的?

【C】老兄,聽見否?伲个朋友馮子園死者。我勿曾聽見,伊幾時死个耶?

【D】老兄,儂勿聽見話起,我伲伊个朋友馮子園死哉否?我勿曾聽見話起,伊是幾時死个?

【E】兄台,你冇聽人講話,我個朋友馮子園死曉咩?我冇聽見到,佢係幾時死嚿?

【F】甲兄台,你冇聽見人話,我箇朋友馮子園死曉咩?乙我冇聽見呀,佢幾時死嘅呢?

【A】今兒早起有人說,他是昨兒晚上死的。你知道他是甚麼病死的麼?

【B】今天早晨有人說,他是昨天晚上死的。你曉得他是甚麼病死的麼?

【C】今朝早辰有人話,是昨日夜裡死个。格味曉得伊啥病死个耶?

【D】今朝早辰有人話,伊是昨日夜裏死个。儂曉得伊是啥个病死个?

【E】今朝早聽人講話,佢昨晚死嘅。你知到佢係乜野病死嘅呢?

【F】甲今朝有人話過我知,佢昨晚死嘅。乙你知佢因乜病死呢?

【A】我聽見說,他不是好死的。是怎麼死的?說是吞烟死的。

【B】我聽見說,他不是好死的。是怎麼死的?說是吞烟死的。

【C】我聽見話,伊勿是好死个。那能死个呢?話咾吃之生鴉片烟咾死个。

【D】我聽見話,伊勿是好死个。是那能死个?話是吞煙死个。

【E】我聽見話,佢唔係好死嗒。係點死嘅呢?話係食鴉片膏死嘅啝。

【F】甲話佢唔係好死嘅。乙係點死嘅呢?甲話係吞煙死嘅。

【A】他爲甚麼吞烟死了呢?我聽見說,是這麼件事,他有一個朋友,是外鄉人。

【B】他爲甚麼吞烟死了呢?我聽見說,是這麼件事,他有一個朋友,是外鄉人。

【C】爲啥咾吃之生鴉片咾死个呢?聽見話,爲第个緣故,伊有个朋友,客邊人。

【D】伊爲啥吞煙死个呢?我聽見話,是實蓋个一件事體,伊有一个朋友,是外鄉人。

【E】佢爲乜事食鴉片膏死呢?我聽見話,係噉嘅事,佢有一個朋友,係外江人。

【F】乙佢爲乜吞煙死呢？甲我聞得噉樣講，佢有位鄉間嘅朋友。

【A】去年到京裏來，有幾千兩銀子交給他收着，那個人可就回家去了。

【B】去年到京裏來，有幾千兩銀子交把他收着，那個人可就回家去了。

【C】舊年到京裡去，有幾千兩銀子教伊收管拉，後來味箇个人轉去者。

【D】舊年到京裏來，有幾千兩銀子交撥伊收拉，伊个人倒就轉去哉。

【E】舊年嚟京嘅，有幾千両銀交過佢收埋，啲個人就翻去歸。

【F】舊年嚟京[或平，下倣此]，帶有幾千両銀交託過佢，嗰箇人就去歸。

【A】趕到今年那個人又上京來了，可就和他要那幾千兩銀子，子園就不認了。

【B】等到今年那個人又到京來了，却就和他要那幾千兩銀子，子園就不認了。

【C】到今年箇个人又從京裡來，就替伊討箇幾千兩銀子，子園倒勿認者。

【D】等到今年伊个人又到京來哉，倒就搭伊要伊个幾千兩銀子，子園就勿認哉。

【E】及至今年啲個人又翻上京，就問佢攞翻個幾千銀，子園就唔認賬。

【F】今年嗰箇人又入京，問佢攞箇的銀，子園就唔認賬。

【A】這麼着那個人到衙門去，就把他告下來了。趕官把子園傳到衙門去一問，子園說，並沒這麼件事。

【B】這麼的那個人到衙門去，就把他告下來了。等官把子園傳到衙門去一問，子園說，並沒這一件事。

【C】箇个人味就到衙門去，告之伊一狀。官府提子園到衙門裡去一問,子園話,並勿有箇件事體。

【D】實蓋末伊个人到衙門裏去,就拿伊告哉。等官拿子園傳到衙門裏去一問,子園話,並無沒第件事體。

【E】噉咁個人就到衙門告佢喇。及至官把子園傳到去衙門問,子園就供話,並冇呢件噉嘅事。

【F】嗰箇人就去衙門告佢。子園被傳到衙門審問箇時,佢一概唔認。

【A】又說,若是我存着他的銀子必有個憑據,如今他一點兒憑據沒有,這是他訛我了。

【B】又說,若是我存着他的銀子必有個憑據,如今他一點兒憑據沒有,這是他訛我了。

【C】若使伊是存銀子拉我搭味總有憑據个,現在無憑無據,不過伊要詐我。

【D】又話,若是我存之伊个銀子必定有一个憑據个,現在一點憑據無沒,第个是伊詐我哉。

【E】又話,若係我收嘵佢銀必有啲憑據吖,而家佢一啲憑據都冇,呢啲係佢訛詐我嘅啫。

【F】就話,如果我係收佢銀一定有的字様吖,而家佢總冇噉嘅字様,呢的係佢訛詐勒索我啫。

【A】這麽着,官就問那個人,有甚麽憑據沒有?那個人說,因爲相好,當初並沒立憑據。

【B】這麽的,官就問那個人,有甚麽憑據沒有?那個人說,因爲相好,當初並沒立憑據。

【C】官府乃味就問箇个人話,憑據有否?伊話因爲相好咾,當初憑據味是勿曾寫个。

【D】實蓋末,官就問伊个人,憑據有呢勿有?伊个人話,因爲朋友,當初並勿立啥憑據。

【E】噉,官就問就咁個人,有乜憑據冇?咁個人話,因爲相好,當初並冇立憑據。

【F】箇官就問嗰箇人,有字據冇?嗰箇人話,因爲大家咁相好,當時並冇簽立字據。

【A】官說,你既沒有憑據,竟憑口說,我不能給你辨(辦)這個事。

【B】官說,你既沒有憑據,竟憑口說,我不能和你辨(辦)這個事。

【C】官府話,既然無味憑據,單單嘴裡空話,箇个事體我勿能个替儂辦个。

【D】官話,儂既然無沒憑據,但憑口說,我勿能對儂斷第个事體。

【E】官就話,你既然冇憑據,靜空口講,我不能同你辦呢件事。

【F】官就話,既然你冇字據,但憑口講,我不能同你辦呢件事。

【A】這麼着就散了。那個人起那麼一氣,可就回家去了,到了家,不多幾天就弔[①]死了。

【B】這麼的就散了。那個人從那麼一氣,却就回家去了,到了家,不過幾天就吊死了。

【C】格咾儕放伊拉去者。箇个人氣昏之咾,歸到屋裡,勿多幾日一根繩吊殺者。

【D】實蓋末就散哉。伊个人就實蓋一氣,倒就轉去哉,到之屋裏,勿多幾日就弔殺哉。

【E】噉樣就了嘵喇。啗個人就氣嘵一頓,翻去歸,翻到屋唸,冇幾多日,就吊頸死嘵。

【F】噉就兩人離開衙門。嗰箇人好惱氣,番去歸,過嘵幾日,就吊頸死咯。

【A】趕知縣去驗屍的時候,起死鬼套褲裡頭,翻出一張陰狀來,上頭寫的都是告子園的話。

【B】等知縣去驗屍的時候,從死鬼套褲裏頭,翻出一張陰狀來,上頭寫的都是告子園的話。

【C】知縣就去騐屍,拉死人套褲裡向,尋着一張告陰狀个紙,禿是告子園个說話。

【D】等到知縣去相屍个時候,拉死鬼个套褲裏向,翻出一張陰狀來,上頭寫个全是告子園个說話。

【E】及至縣官去驗屍個時,喺個屍身套褲裡頭,搵出一張陰狀嚟,狀上寫嘅都係告子園嘅說話。

【F】及至縣長到驗屍箇時,喺屍身套褲抰出張陰狀,係寫告馮子園嘅話。

【A】這麽着他聽見這個風聲不好,他一害怕,就吞烟死了。

【B】這麽的他聽見這個風聲不好,他就害怕,就吞烟死了。

【C】伊聽見風聲勿好者,怕之咾,吞生鴉片烟死个。

【D】實蓋末伊聽見第个風聲勿好,伊一嚇,就吞煙死哉。

【E】噉佢聽見呢個風聲,就慌起嚟,食鴉片膏死喇。

【F】子園聽見呢的風聲唔好,就慌起嚟,吞煙膏死咯。

【A】你提這件事情,我想起來了,今年春天,我恍惚聽見人說,他和人打官司來着。

【B】你提這件事情,我想起來了,今年春天,我恍惚聽見人說,他和人打官司來的。

【C】閣下話起之箇件事體,乃我想着者,今年春上,好像有人話,伊同別人打官司。

【D】儂提起第件事體,我想着哉,今年春天,我好像聽見人話,伊同人打官司个。

【E】你提起呢件事,我想起來嚇,今年春天個時,我似乎聽見人講,佢共人哋打官司。

【F】乙你講起嚟,我記得,今年春天,畧畧聞得,佢同一箇人打官司。

【A】巧了,就是爲這件事。光景就是這件事罷。還有一件事,你管保不知道。

【B】恰巧,就是爲這件事。光景就是這件事罷。還有一件事,包管你不曉得。

【C】要咏,就是箇件事體者,看光景是箇件事體。還有一樣事體亦是着實个,曉得否?

【D】恰巧,就是爲之第件事體。光景就是第件事體末哉。還有一件事體,儂一定勿曉得。

【E】原來就係呢件事。睇得就怕係呢件事嘞。重有件事,你包管唔知嘅。

【F】我就思疑係呢件,都唔定呀。甲大概係呢件事咯。乙重有一件,大約你唔知嘅。

【A】在偺們沒認得他之先,他已經就作過一件屈心的事了。

【B】在我們沒認得之先,他已經就作個(過)一件虧心的事。

【C】我搭閣下勿曾認得伊个前頭,伊已經做過歇一件心虛事體个者。

【D】拉我伲勿曾認得以前,伊已經做過一件虧心个事體。

【E】在我哋未識佢之先,佢已經做過一件虧心事嚟。

【F】在我哋未識佢之前,佢舊時犯過件奸猾嘅事添。

【A】作過一件甚麼屈心的事?他先頭裏,不是開過一個錢舖麼?不錯,他是開過一個錢舖。

【B】作過一件甚麼虧心的事?他先頭裏,不是開過一個錢鋪[②]麼?不錯,他是開過一個錢舖。

【C】做過歇啥个虛心事體呢?伊前頭起,阿是開過歇錢莊个?勿錯,開過歇一爿錢莊个。

【D】做過一件啥个虧心事體?伊起初,豈勿是開過一爿錢莊个否?勿錯,伊是開過一爿錢莊个。

【E】做過件乜野虧心事呢?佢在前,唔係開過間錢舖?冇錯,佢開過間錢舖咯。

【F】甲係乜野事呢?乙你知到佢舊時,做過一間錢舖嘅喇?甲係,冇錯,佢開過咯。

【A】他開錢舖的時候,有一個外省的人,和他相好,就在他那舖子裏借住。

【B】他開錢鋪的時候，有一個外省人，和他相好，就在他那鋪子裏借住。

【C】伊開錢莊个時候，有一個客省裡个人，同伊相好个，就借住拉伊莊上。

【D】伊開錢莊个時候，有一个客省人，同伊朋友，就拉伊伊爿店裏躭擱。

【E】佢開錢舖啣陣時，就有個外江人，同佢相好，借佢舖裡住。

【F】乙嗰陣時，佢有位朋友，係外江嘅，喺舖中俾地方佢朋友住。

【A】後來那個人得了重病了，臨死的時候，可就和他說，我那箱子裏有一千多兩銀子。

【B】後來那個人得了重病了，臨死的時候，却就和他說，我那箱子裡[③]有一千多兩銀子。

【C】後來箇个人生之重病者，臨死个時候，對伊話，拉我箱子裡有一千多兩銀子。

【D】後來伊个人得之重病哉，臨死个時候，倒就對伊話，我伊隻箱子裏有一千多兩銀子。

【E】後來啣個人病重，臨死個時，就同佢講話，我個箱裡頭有一千両銀。

【F】後至箇朋友病重，未死之先話，我箇箱裏頭有千多両銀。

【A】偺們倆相好一場，我死之後，所有我那銀子和東西，都求你給我寄回家裏去。

【B】我們兩相好一場，我死之後，所有我那銀子和東西，都求你替我寄回家裡去。

【C】我搭閣下既然什介相好味，我死之後來，所有拉个銀子咾搭之別樣東西，求閣下一齊寄之我屋裡去。

【D】我伲大家好之一世，我死之後，所有我伊注銀子搭物事，全求儂替我寄到屋裏去。

【E】我哋兩家相好一場，我死之後，所有我啣啲銀同野，都求你共我寄翻去歸。

【F】我兩家相好有咁耐,我死之後,所有嘅銀両物件,望你同我寄番屋踰。

【A】他當時就都答應了,趕那個人死之後,他就變了心了,他竟把東西給那個人寄回家去了,可就把那一千兩銀子昧起來了。

【B】他當時就都答應了,等那個人死之後,他就變了心了,他竟把東西替那個人寄回家去了,却就把那一千兩銀子瞞起來了。

【C】伊當時應承之,勿㑚㑚箇个人死之後來,伊个心就變者,担伊个東西教人寄之歸去,担伊一千多兩銀子味瞞起之。

【D】伊當時全答應个,等伊个人死之以後,伊就變之心哉,伊不過拿物事替伊寄到屋裏去,倒就拿一千兩銀子瞞之起來。

【E】佢當時就滿口應承,及至個人死之後,佢就變嘵心,靜把野共佢寄去歸,把嗰一千両銀吞嘵。

【F】佢當時答應,誰不知箇朋友死後,佢心就變嘵,淨係寄嗰箇人嘅物件去歸,嗰千多両銀就埋沒嘵。

【A】後來那個人家裏給他來信,問他死鬼留下銀子沒有?

【B】後來那個人家裡把他來信,問他死鬼留下銀子沒有?

【C】後來箇个人家屋裡寄信來,問伊死人留下來銀子有否?

【D】後來伊个人个屋裏拿伊來信,問伊死鬼存拉个銀子有勿有?

【E】後來嗰個人嘅家眷寫信嚟,問佢嗰個死者有留落銀冇呢?

【F】及至嗰箇人嘅家屬寫信嚟,問箇死者有無遺下的銀?

【A】他就寫了一封回信,告訴人家說,沒留下銀子。趕後來,他忽然得了一場病。

【B】他就寫了一封回信,告訴人家說,沒留下銀子。等後來,他忽得了一場病。

【C】自伊寫之一封回信,告訴伊屋裡人話,勿曾留啥銀子。到之後來,忽然生一場病。

【D】伊就寫之一封回信,告訴人家話,勿曾留啥銀子。到後來,伊忽然生之一塲病。

【E】佢就回信,話過人聽,冇銀留落。及後,佢忽然得倒一塲病。

【F】佢回信話,冇。後來,佢病咽一場。

【A】他在家裏養病的時候,他鋪子裏有一個夥計就偷了他幾百兩銀子跑了。

【B】他在家裏養病的時候,他鋪子裏有一個夥計就偷了他幾百兩銀子跑了。

【C】拉屋裡養病个時候,店裡有一个夥計偷之伊幾百兩銀子逃走脱者。

【D】伊拉屋裏養病个時候,伊店裏有一个夥計就偷之伊幾百銀子逃走哉。

【E】佢喺屋唫養病個時,佢鋪頭處有一個夥計偷嘵佢幾百銀走去。

【F】喺屋跲養病箇時,佢鋪內有箇夥計偷嘵幾百両銀走路。

【A】趕他病好了,就把買賣也收了。您這都是聽誰説的? 我這都是聽有在他鋪子裏學過買賣的一個徒弟説的。

【B】(等)他病好了,就把買賣也收了。您這都是聽那個説的? 我這都是聽有在鋪子裏學過買賣的一個徒弟説的。

【C】後來病好之,生意就勿做个。箇多化事體啥人話撥閣下聽个? 箇多化事體拉伊店裡有个學生意个徒弟話拉我聽个。

【D】等到伊病好之,就拿生意收哉。儂第个全是聽見啥人話个? 我第个全是聽見拉伊店裏學過生意个一个徒弟話个。

【E】及至佢病好,就把生意收咽。呢啲你聽見乜人講嚾? 我聽見有個喺過佢鋪頭學生意嘅徒弟講嘅。

【F】到佢病好,就摵間鋪收盤咯。甲你聽見邊箇講嘅呢? 乙我聽見喺佢錢鋪學過師一箇徒弟講嘅。

【A】像他先頭裏,既然做過一件屈心的事了,就該當悔改纔是的。

【B】像他先頭裏,既然做過一件屈心的事了,就該當悔改纔是的。

【C】伊前頭起,既然做過歇虛心事體,該當改過味好耶。

【D】像伊起初,既然做過一件虧心个事體,就應該悔過末是好。

【E】似佢噉起先,做過件虧心咯,就應該悔改致係喇。

【F】甲噉佢既然舊時,做過一件奸滑嘅事,應要悔改。

【A】怎麼後來又做這麼件屈心的事呢?到如今還是各人把各人的命要了。

【B】怎麼後來又做這件虧心事呢?到如今還是各人把各人的命要了。

【C】那能後來從新又做什介虛心事體个呢?到如今大家儕拉討命。

【D】那能後來又做第件虧心事呢?到現在還是各人拿各人个命來抵哉。

【E】點好後來又做件噉嘅事添呢?到底都你自己害自己嘅啫。

【F】唔好再犯一件喇?呢回係佢自己累死自己咯。

【A】你不知道,凡這宗沒良心的人,大概都是這麼着,若是一見錢,立刻就把天理報應全都忘在九霄雲外了。

【B】你不曉得,凡這宗沒良心的人,大概都是這麼樣,若是一見錢,立刻就把天理報應都丟在九霄雲外了。

【C】閣下勿曉得,箇種無良心个人味,大概是什介个,一看見之銅錢味,担天道賞善罰惡个道理儕甩拉霄雲外勢。

【D】儂勿曉得,凡係第等無良心个人,大分全是實蓋个,若是一見銅錢,立刻就拿天理報應拉九霄雲裏全忘記哉。

【E】你唔知叻,但凡呢宗冇良心嘅人,大概都係噉,若係見親錢,即刻將天理報應個件都丟去九霄雲外咯。

【F】乙你唔知到咩,呢種咁冇良心嘅人,大概都係噉樣,佢一見錢,即時把報應嘅思想丟在九霄雲外咯。

【A】他現在吞烟死了,這簡直的就是遭了報了。
【B】他現在吞烟死了,這簡直的就是報應了。
【C】現在吞烟咾死,定見是作惡个惡報。
【D】伊現在吞煙死之,實蓋直捷痛快,就是報應哉。
【E】佢而家食鴉片膏死,呢啲直頭係現報咯。
【F】其實佢吞煙死,係恰恰可可嘅咯。

【注解】
① 按:弔,A1 作吊。
② 按:B 版"鋪""舖"上下文并用。
③ 按:B 版作"裡"。

## 2 第十七章(第十七課　借款求差)

【A】老兄,剛纔那個姓馬的進來找您,是說甚麼話來着?他說他現在要贖當。

【B】老兄,剛纔那個姓馬的進來找您,是說甚麼話來的?他說他現在要取當。

【C】老兄,刻刻有个姓馬个進來尋閣下,白話啥事體?伊話要去贖當頭。

【D】老兄,纔然伊个姓馬个進來尋儂,是來話啥个說話?伊話伊現在要贖當頭。

【E】老兄,先時啲個姓馬嘅入嚟搵你,講啲乜野說話吖?佢話現在要贖當。

【F】甲嗰位姓馬嘅先頭入嚟見你,因乜野事呢?乙佢話想贖當。

【A】托我給他借幾十吊錢,另外還託我給他找個跟官的事情。他託您這兩件事,您都應了麼?

【B】托我替他借幾拾吊錢,另外還托我替他找個跟官的事情。

他托您這兩件事,你都應了麼?

【C】教我替伊借一千銅錢,又教我去尋一个跟官府个差使。伊托拉箇兩件事體,自家儕應承否?

【D】託我替伊借幾十千銅錢,另外還託我替伊尋个跟官个事體。伊託儂第兩件事體,儂全答應否?

【E】托我共佢借幾千錢,另外托我同佢搵笪跟官嘅地方咧。佢託你呢兩件事幹,你都應承唎咩?

【F】求我借幾千錢,又問我可否喺政界同佢搵件當差嘅事,甲你應承佢唔呢?

【A】是,我都應了。我這麼告訴他的,我說,現在我手底下沒錢,等我上別處給你借去。

【B】是,我都應了。我這麼告訴他的,我說,現在我手底下沒錢,等我到別處替你借去。

【C】儕應承个。不過我告訴伊話,我手裡現在銅錢無味,等我別搭去借借看。

【D】是,我全答應个。我實蓋告訴伊,我話,現在我手裏無沒銅錢,等我到別處替儂去借。

【E】係,我應承曉佢咯。我噉話過佢聽,現在我手裡頭冇錢,等我去第處同你借。

【F】乙係,應承咯。我話,而家冇現銀喺處,等我去爲你借。

【A】若是借着了,你就使喚。若是借不着,你再另打主意就是了。

【B】若是借着了,你就使用。若是借不着,你再另打主意就是了。

【C】借着之,担去用味者。借勿着味,再打譜。

【D】若是借着之,儂就好用。若是借勿着,儂再另外想法則就是哉。

【E】若係借得倒,就俾你使住。若係借唔倒,你再另打主意喺喇。

【F】倘若借倒,你就擰住去使。如果借唔倒,你另設法係喇。

【A】至於說找事這層,等底下有跟官的事,我必給你舉薦。

【B】至於說找事這層,等底下有跟官的事,我就必替你舉薦。

【C】論到跟官个差使,後來有機會,我替儂薦味者。

【D】至於話尋事體个一層,等到朝後有跟官个事體,我一定替儂薦。

【E】至於話搵頭路呢一層,等將來有人搵跟班,我必推薦你。

【F】講到同你喺政界搵當差嘅事,一有機會,我必介紹你。

【A】依我勸您,他託的這兩件事您都別給他管。怎麼?您若是給他借錢,他一定不還您。

【B】依我勸你,他托的這兩件事您都莫和他管。怎麼?您若是替他借錢,他一定不還您。

【C】我勸閣下,伊托拉兩件事體儕勿要去替伊管。啥咾?若使借銅錢拉伊,後來一定勿還。

【D】依我勸儂,伊託儂第兩件事體儂勿要搭伊管。爲啥咾?儂若是替伊借銅錢,伊一定勿還儂。

【E】依我話,佢託你呢兩件事你都咪理佢罷嘞。做乜呢?你如果借錢過佢,佢一定冇得還翻過你。

【F】甲若然你聽我講,呢兩件事一件都唔好理佢。乙做乜呢?甲如果你替佢借錢,佢一定冇還番過你。

【A】你怎麼知道他一定不還我呢?他向來借人家的錢都沒還過,所以我知道他如今借您的錢,將來也是一定不還您。

【B】您怎麼曉得他一定不還我呢?他向來借人家的錢都沒還過,所以我曉得他如今借您的錢,將來也是一定不還您。

【C】那曉得一定勿還我呢?伊向來借之人家銅錢總勿曾還歇个,格咾我曉得伊借之閣下个銅錢味,亦一定勿還个。

【D】儂那能曉得伊一定勿還我呢?伊向來借人家个銅錢全勿曾還過,所以我曉得伊現在借儂个銅錢,將來也是一定勿還儂个。

【E】係點知到佢一定冇得還呢？佢向來借人哋錢都冇還過，我所以知佢呢回借你嘅錢，將來又係一定冇得還咯。

【F】乙你點知到呀？甲因舊時佢借人哋嘅錢都未還過，噉我知到你而家借錢俾佢，佢將來亦唔還你。

【A】我想這幾十吊錢，他不至於不還我。別說幾十吊錢，就是幾吊錢，他也是不還。

【B】我想這幾十吊錢，他不至於不還我。莫說幾十吊錢，就是幾吊錢，他也是不還。

【C】我想一千銅錢，勿至於賴脫个。勿要話一千，就是幾百味，伊亦勿肯還个。

【D】我想第个幾十千銅錢，伊勿至於勿還我。勿要話幾十千銅錢，就是幾千銅錢，伊也是勿還。

【E】我想吓呢幾千錢，佢大概唔至於冇得還啩。慢講話幾千錢，就係幾百錢，佢亦係唔還。

【F】乙我估佢未必唔還呢幾千錢啩。甲唔講話幾千錢，就幾吊錢，都冇還嘅。

【A】況且他借這個錢，也不是眞拿去贖當。他不是拿去贖當，是拿去幹甚麽呢？他是拿去耍去。

【B】況且他借這個錢，也不是眞拿去取當。他不是拿去取當，是拿去做甚麽呢？他是拿去賭去。

【C】況且伊借箇个銅錢，並勿是眞个擔去贖當。勿是贖當頭味，借去做啥呢？借去白相。

【D】況且伊借第个銅錢，也勿是真拿去贖當。伊勿是拿去贖當，是拿去做啥？伊是拿去賭个。

【E】況且佢借呢啲錢，亦唔係眞正去贖當嘱。佢唔係擰去贖當，擰去做乜野呢？佢係擰去賭喇。

【F】而且佢借呢的錢，唔係眞去贖當嘱。乙倘若唔係因贖當，就係爲乜呢？甲佢擰去賭錢喇。

【A】怎麽,他還耍錢麽?他最愛耍錢,他整天家竟在寶局上。

【B】怎麽,他還賭錢麽?他最愛賭錢,他整天的竟在寶廠裏。

【C】那能,担銅錢來白相呢?伊頂喜歡搶銅錢來白相,囫日等拉賭場裡个。

【D】那能,伊還要賭銅錢呢?伊最愛賭銅錢,伊終日个竟拉寶臺上。

【E】做乜,佢重賭錢咩?佢至中意賭錢喇,佢成日靜喺番攤館處。

【F】乙乜話,佢賭錢嘅咩?甲佢至好賭錢,佢成日喺賭場嘅。

【A】他家裏都是有甚麽人哪?他母親早死了,現在就是他父親還活着了。

【B】他家裏都是有甚麽人哪?他母親早死了,現在就是他父親還在。

【C】伊屋裡還有啥人否?娘味老早死拉者,爺味還垃拉裡(哩)。

【D】伊屋裏全有啥人呢?伊个娘早已死个哉,現在是伊个爺還垃拉哩。

【E】佢屋唫有啲乜野人呀?佢老母早已死曉,佢老豆而家重生。

【F】乙佢屋踰有乜人呢?甲佢老母大早死曉,佢老晅仍然在生。

【A】他沒有弟兄姐妹麽?他沒有哥哥,也沒有兄弟,就有一個姐姐,早就出了門子了。

【B】他沒有弟兄姐妹麽?他沒有哥哥,也沒有兄弟,只有一個姐姐,早嫁出去了。

【C】伊兄弟姊妹有个否?阿哥、兄弟無味个,阿姐味出嫁拉者。

【D】伊阿有弟兄姊妹否?伊無沒阿哥,也無沒兄弟,只有一个阿姊,早已嫁出去个哉。

【E】佢有兄弟姊妹咩?佢冇大佬,又冇細佬,祇有個亞姊,嫁咽好耐嘅咯。

【F】乙佢有兄弟姊妹咩?甲佢冇兄冇弟,有一箇亞姐,嫁曉好耐嘅咯。

【A】他還沒成家了麼？他沒成家了。他父親有多大年紀了？他父親今年總有七十多了。

【B】他還沒成家麼？他沒成家。他父親有多大年紀？他父親今年總有七十多了。

【C】伊成家拉味？勿曾成家个裡。伊个父親有幾化年紀者？伊个父親今年七十多歲者。

【D】伊還勿曾成家否？伊勿曾成家。伊爺有幾化年紀哉？伊爺今年總有七十多哉。

【E】佢重唔曾置家咩？未咯。佢老豆有幾大年紀呢？佢老豆今年總有七十幾歲咯。

【F】乙佢未曾置家咩？甲未呀。乙佢老哹有幾大年紀呢？甲諒佢老哹今年有七十多歲。

【A】是個做甚麼的？是木作的手藝，先頭裏開過一個小木廠子，後來也關了。

【B】是個做甚麼的？是木作的手藝，先頭裏開過一個小木廠子，後來也關了。

【C】拉做啥个？木作手藝，前起頭開過歇一爿小木作店个，後來味關脫之。

【D】是做啥个？是木作个手藝，起初開過一爿小木匠店，後來也關哉。

【E】係做乜野嘅呢？係做木匠，在前開過一間細木舖，後來亦關咽咯。

【F】乙佢係做乜野嘅呢？甲係做木匠，從前佢自己都開過細間嘅木舖，後來收盤。

【A】如今是竟仗着給人家做活，掙錢來過日子。

【B】如今是竟仗着給人家做生活，掙錢來過日子。

【C】現在味拉別人家蕩做做生活，尋兩個銅錢來過日脚个。

【D】現在靠別人家做生活，賺幾錢過日脚。

【E】而家靜靠同人做工夫嚟過日子。

【F】而家佢全靠共人打工聽的錢嚟度日喇。

【A】他這個人會幹甚麼呀?他任甚麼都不會幹,就會花錢。
【B】他這個人會做甚麼呢?他任甚麼都不會做,只會花錢。
【C】伊个人阿有啥本事?一眼無啥本事,不過精工賭銅錢。
【D】伊第个人會做啥呢?伊隨便啥全勿會做个,只會用銅錢。
【E】佢呢個人做過啲乜野嚟呢?佢乜野都唔噲做,獨係噲散錢。
【F】乙呢箇人佢自己噲做乜野呢?甲佢乜野都唔噲做,淨噲花散錢啫。

【A】他沒學過買賣麼?他學過一回買賣。他學過甚麼買賣?
【B】他沒學過買賣麼?他學過一回買賣。他學過甚麼買賣?
【C】生意學歇否?
【D】伊勿曾學過生意否?伊學過一回生意。伊學過啥生意?
【E】佢冇學過生意咩?佢都學過一回生意嚟咯。佢學過乜野生意呢?
【F】乙佢未學過生意咩?甲佢學過吓咯。乙學過乜野呢?

【A】他在一個藥鋪裏學過買賣,去了有一個月,掌櫃的就不要他了。
【B】他在一個藥鋪裏學過買賣,去了有一個月,老板就不要他了。
【C】拉爿藥店裡學歇生意个,去之後來一個月,管賬先生就勿要伊者。
【D】伊拉一爿藥店裏學過生意,去之有一个月,開店个就勿要伊哉。
【E】佢喺一間藥舖處學過,去嘵一個月,個事頭就唔使佢咯。
【F】甲佢喺間藥材舖學過,喺處一箇月度,後來箇司事就唔請佢咯。

【A】是爲甚麽不要他了？是因爲他又饞又懶，不守舖規，所以就不要他了。

【B】是爲甚麽不要他了？是因爲他又饞又懶，不守舖規，所以就不要他了。

【C】啥咾勿要伊个呢？因爲貪吃懶做，勿守店規，所以就勿要拉个。

【D】是爲啥勿要伊呢？因爲伊貪吃懶做，勿守店規，所以就勿要伊哉。

【E】係爲乜野事唔使佢呢？因係嘴又饞又懶，唔依舖規，所以人哋就唔使佢喇。

【F】乙爲乜緣故呢？甲因佢大食夾懶，又唔依舖規喇。

【A】那麽他後來沒作別的事麽？他後來又跟過一回官。跟過甚麽官？

【B】那麽他後來沒作別的事麽？他後來跟過一回官。跟過甚麽官？

【C】後來伊去做啥？後來跟過歇一个官。跟過那裡一个官？

【D】實蓋伊後來勿曾做啥別樣事體否？伊後來跟過一回官。跟過啥个官？

【E】噉佢後來冇第様事幹做哩咩？佢後來又跟過一回官喇。跟過個乜野官呀？

【F】乙後來佢冇第様做咩？甲有吖。佢後來跟過一次官。乙跟過乜野嘅官呢？

【A】那一年，有一個外任的官進京引見來了，住在城外頭會舘裏了，有人把他舉薦了去當跟班的。

【B】那一年，有一個外任的官進京引見來的，住在城外頭會舖(舘)裏，有人把他舉薦了去當跟班的。

【C】箇年，有一个外任官府到京裡引見去，住拉城外頭會舘裡，有人替伊薦上去當跟班。

【D】伊年子，有一个外任个官進京來引見，住拉城外頭會館裏，有人拿伊薦去做跟班。

【E】個年,有一個外任官入京嚟引見,住喺城外會館處,有人薦佢去做跟班。

【F】甲先幾年,有箇外任嘅官入京引見,就喺華人城內一間會館處住,有人介紹呢箇去做跟班。

【A】那個官見天就吗他出去給買古玩玉器各様兒的東西,他就撒開了一賺錢。

【B】那個官每天就吗他出去替買古玩玉器各様的東西,他就撒胆了一賺錢。

【C】箇个官府足慣教伊去買古玩玉器各様物事,伊倒用法子來賺銅錢。

【D】伊个官每日差伊出去買古董玉器各様个物事,伊就放大之膽一賺銅錢。

【E】啲個官就日日吗佢出外頭同佢買古玩玉器各様野,佢撈錢極勢凶。

【F】嗰箇官每日使佢去買古玩玉器各物件,佢撈嘵好多錢。

【A】倆月的工夫,他就賺了有好幾百兩銀子。後來那個官知道他這個毛病了,可就把他辭了。

【B】兩月的工夫,他就賺了有好幾百兩銀子。後來那個官曉得他這個毛病了,却就把他辭了。

【C】兩个月工夫,賺之好幾百兩銀子。後來第个官府曉得之伊个毛病者,就搶伊來停脫之。

【D】兩个月工夫,就賺之好幾百兩銀子。後來伊个官曉得伊第个毛病,就拿伊停脫哉。

【E】兩個月咁耐,就撈咽幾百銀。後來啲個官知道佢呢啲毛病,就辭嘵佢咯。

【F】兩箇月間,撈得好幾佰両銀。嗰箇官查出佢呢的弊病,就辭嘵佢。

【A】現在那幾百兩銀子巧了是都花完了,所以纔來找您給借錢。

【B】現在那幾百兩銀子是都花完了,所以纔來找您替借錢。

【C】現在箇幾百兩銀子儕用完者,所以來借銅錢耶。

【D】現在伊个幾百兩銀子是全花費完哉,所以纔來尋儂借銅錢。

【E】而家啲幾百両銀想必散嘥咯,所以致嚟搵你借錢。

【F】我估而家箇幾佰両銀係散清咯,佢嚟你處想你替佢借錢。

【A】依我勸您,也別給他借錢,也別給他找事,您若是給他借錢,他必不還您。

【B】依我勸您,也莫替他借錢,也莫替他找事,您若是替他借錢,他必不還您。

【C】我勸閣下,勿要去借撥伊,亦勿要去替伊尋差使,借銅錢拉伊,一定勿還。

【D】依我勸儂,勿要替伊借啥銅錢,也勿要替伊尋啥事體,儂若是替伊借銅錢,伊一定勿還儂。

【E】依我話,亦唔好借過佢,亦咪個薦佢頭路,你如果借錢過佢,佢必唔還。

【F】但如果你聽我講,你就唔替佢借錢,又唔同佢搵差當,倘若你做頭一件,佢必唔還你。

【A】若是給他找事,他必不能給您作臉。索性不管他的事倒好。

【B】若是替他找事,他必不能替你顧。索性不管他的事倒好。

【C】替伊尋差使,伊板要坍坑个。索性勿要去管倒好得多。

【D】若是替伊尋事體,伊一定勿能替儂留啥面孔。索性勿管伊个事體倒好。

【E】薦佢頭路,必然丟你嘴。索性唔理佢重好咯。

【F】做第二件,又於你無益。最好立定主意,乜都唔同佢做更好。

【A】那麽據你這麽說,將來他父親死了,他可就要遭了。
【B】那麽據你這麽說,將來他父親死了,他却就要遭了。
【C】什介話起來,隔日伊个父親一死之,只好做爛料个者。
【D】蓋末據儂實蓋話,將來伊爺死之,伊要吃苦哉。
【E】噉樣據你講,將來佢老豆死埋,佢就要敝囉嗒。
【F】乙噉照你所講,佢老啞死嘵,就自己弊囉嗒。

【A】我早給他斷就了,他父親死之後,他一定抱沙鍋。
【B】我早和他算就了,他父親死之後,他一定拃棍兒。
【C】我老早替伊算到拉者,父親死之後來味,一定煨沙鍋。
【D】我老早對伊算就哉,伊爺死之以後,伊一定討飯做叫化子。
【E】我大早批定佢,佢老豆死之後,佢一定揸砵頭。
【F】甲我大早批定,佢老啞死,佢就必噲去揸砵頭。

【A】那麽他託我的那兩件事,我怎麽回復他呢?
【B】那麽他託我的那兩件事,我怎麽回復他呢?
【C】格味托我拉个事體,那能回答伊呢?
【D】實蓋伊託我个伊兩件事體,我那能回覆伊呢?
【E】噉佢託我啲兩件事,我點囘覆佢好呢?
【F】乙噉佢求我嗰兩件事,我點回覆佢呢?

【A】您就告訴他,錢是借不出來,找事是沒有,就得了嗎。
【B】您就告訴他,錢是借不出來,找事是沒有,就是了嗎。
【C】對伊話,銅錢味借勿出,差使尋勿着,就好者宛。
【D】儂回頭伊,銅錢是借勿着,尋事體也無沒,就是哉。
【E】你話過佢聽,錢我借唔倒,頭路亦冇,噉就得嘅喇。
【F】甲你只係講佢聽,現時借唔倒錢,又唔揾得差過佢當,就係喇。

【A】這麽着,我就照您這話告訴他,免得他望[①]了。
【B】這麽樣,我就照您這話告訴他,免得他來了。

【C】遵依什介,照閣下个高見我去回答伊,省是伊再來者。

【D】實蓋末,我就照儂第个說話回頭伊,省之伊來哉。

【E】噉,我就照你呢番說話話過佢聽,免致佢盼望喇。

【F】乙好喇,我照你噉話,免致佢掛望嚇。

【注解】

① 按:望,A1 作"來"。

## 2 第十八章(第十八課　配夾買書)

【A】李起。喳。你把這套書給琉璃廠寶文堂書舖裏送了去。

【B】李起。唯。你拿這套書把琉璃廠寶文堂書鋪裏送了去。

【C】李起。哈。儂担箇部書送到琉璃廠寶文堂書房去。

【D】李起。嗳。儂拿第套書送到琉璃廠寶文堂書坊裏。

【E】李起。哦。你把呢套書同我擰去玻琉廠寶文堂書舖處。

【F】甲李起。乙哦。甲你擰呢套書去琉璃廠內寶文堂賣書舖。

【A】告訴俞掌櫃的說,叫他給配一個書套,還有這個單子,也交給他。

【B】告訴俞老板說,叫他和我配一個書套,還有這個單子,也交把他。

【C】告訴俞先生,配一个書套,還有箇章單子,亦撥拉伊。

【D】告訴俞老班,叫伊搭我配一个書壳套,還有第張單子,也交代伊。

【E】話過個俞事頭聽,叫佢同我配個書套,共呢張單,一氣交過佢。

【F】話過俞事頭知,請佢配書夾,又交呢張單過佢。

【A】叫他按着這個單子上所開的書,每一部先拿一套,交給你帶回來,我看看。

【B】叫他照着這個單子上所開的書,每一部先拿一套,交把你帶回來,我看看。

【C】教伊照單子上所開拉个書,每一部担一套,教儂帶轉來,讓我看个看。

【D】叫伊照第張單子上所開个書,每一部先拿一套,交撥儂帶轉來,我看看。

【E】叫佢照單內所開嘅書,每一套揸簿,交俾你帶翻嚟,過我睇吓。

【F】請佢每書俾一套過你帶番嚟,我睇吓。

【A】是,老爺若沒甚麽別的事,我現在就去罷。我沒別的事,你這就去罷。

【B】是,老爺若沒甚麽別的事,我現在就去罷。我沒別的事,你將[①]就去罷。

【C】唎,老爺無得啥別樣事體味,我就去者。無啥別樣,就去味者。

【D】是,老爺若然無啥別樣事體,我現在就去哉。我無沒別樣事體,儂就去末哉。

【E】係咯,老爺如果冇第樣事,我而家就去哩。我冇第件事,你而家去喇。

【F】乙係咯,如果先生冇別樣吩咐,就可以立刻去嗎?甲冇第樣事,你卽時去重好喇。

【A】辛苦眾位,俞掌櫃的在舖子裏了麽?是,在裏頭了,您請進來坐罷。

【B】辛苦眾位,俞老板在舖子裏麽?是,在裏頭了,您請進來坐罷。

【C】眾位費心,俞先生拉店裡否?垃拉裡向坐。

【D】各位辛苦,俞老班拉店裏否?是个,拉裏向,儂裏向請坐末哉。

【E】眾位咁落力呀,俞事頭喺嗻唔呢?係,喺裡頭處,請入嚟坐喇。

【F】乙滾攪吓列位，俞事頭喺舖嗎？丙係，喺處，請入嚟坐喇。

【A】辛苦俞掌櫃的。李爺，您起宅裏來麽？是，起宅裏來。您來是有甚麽事麽？

【B】辛苦俞老板。李爺，你從公舘裏來的？是，從公舘裏來。您來是有甚麽事麽？

【C】兪先生好拉否？呬，李先生，屋裡來是否？是，屋裡來。今朝來有啥貴幹？

【D】辛苦兪老班。李二爺，儂拉公館裏來否？是个，從公館裏來。儂來有啥事體否？

【E】咁勤力俞事頭。李爺，你由公館嚟嗎？係，喺公館處嚟嘅。尊駕嚟有乜貴幹呢？

【F】乙嚟滾攪吓俞事頭。丁啊，李爺，你喺公館嚟嗎？乙係呀。丁尊駕嚟有乜貴幹冇呢？

【A】可不是麽，我們老爺打發我拿這套書來，叫您給配個套，這兒還有一個單子，你瞧瞧。

【B】是有事，我們老爺打發我拿這部書來，叫您和他配個套，這裏還有一個單子，你看看。

【C】噝，伲老爺教我担箇部書來，請先生配个書套，還有一張單子，請先生看。

【D】是有事體，我伲老爺打發我拿第部書來，叫儂搭伊配一个壳套，此地還有一張單子，儂看看。

【E】係囉，我哋老爺打發我送呢套書嚟，叫你同佢配個套吶，重有張單，請你睇吓。

【F】乙有呀，我東家叫我帶呢套書嚟，請你配夾，又請睇呢張單。

【A】我們老爺說，叫您按着這個單子上所開的書，每一部交給我拿回一套去，先看看。

【B】我們老爺說，叫你照着這個單子上所開的書，每一部交把我拿回一部去，先看看。

【C】老爺話,教咾照單子上開拉个書,每部教我帶一套去,先讓伊看个看。

【D】我伲老爺話,吅儂照第个單子上所開个書,每一部交撥我拿轉去,先看看。

【E】我哋老爺話,請事頭你照單內所開嘅書,每套交簿俾我帶翻去,佢睇吓先啝。

【F】佢吅我噉對你話,單內嘅書名,每樣俾一套我帶番去,佢睇吓啝。

【A】這個書套我們給配一個就是了,這個單子上所開的書,我們這舖子裏就有兩部。

【B】這個書套我們和他配一個就是了,這個單子上所開的書,我們這舖子裏就有兩部。

【C】第个書套伲替伊配一个味者,單子上開拉个書,現在店裡單有兩部。

【D】第个書壳套我伲搭伊配一个就是哉,第个單子上所開个書,我伲第爿店裏只有兩部。

【E】呢個書套我地同佢配過就喺喇,單內所開嘅書,我舖頭衹有兩套。

【F】ㄒ噉呢套我就配夾喇,呢張單所列嘅書,我舖頭有兩種。

【A】下餘的那幾部,我還得上別處去找去。那麼您就先把舖子所有的這兩部,交給我帶回去。

【B】下餘的那幾部,我還要到別處去找去。那麼您就先把鋪子所有的這兩部,交把我帶回去。

【C】還有幾部,我到別搭去尋起來。格味搭店裡有拉个兩部,先交代我帶轉去。

【D】再有个幾部,我還要到別處去拆去。實蓋儂就先拿店裏所有个第个兩部,交撥我帶轉去。

【E】其餘啲幾套我重要去第間找。噉樣你就先把呢兩套,交我帶翻去先。

【F】其餘我要去第間攞呀。乙哦,做得。如果你將現有嗰兩種,先交過我。

【A】下餘的那幾部,您上別處給找找去,過幾天我再上您這兒取來罷。

【B】下餘的那幾部,您在別處去找找去,過幾天我再到您這裏取來罷。

【C】還有幾部,等到別搭去尋着之,隔幾日我再來擔罷。

【D】還有伊个幾部,儂到別處去拆拆看,歇幾日我再到儂此地來拿末哉。

【E】其餘啲幾套,請你去第間找吓,過幾日我再嚟寶號攞喇。

【F】其餘箇的向別處攞,等過幾日我再嚟擰,好唔好呢?

【A】我想您不用上這兒取來了,趕過幾天,若是我找着了,我就親自給送到宅裡去罷。

【B】我想您不用到這裏取來了,等幾天,若是我找着了,我就親自替送到公舘去罷。

【C】我想勿必得再來擔者,隔兩日,讓我尋着之,我親自送到宅裡來罷。

【D】我想儂勿消到此地來拿个,等幾日,若是我就拆着末,我親自替儂送到公館裏來末哉。

【E】我想吓你都唔使嚟呢處攞,等過幾日,如果找得倒,我就噲親自送到公館嘅。

【F】丁嗰層唔使你再嚟擰,過幾日,如果搵倒,我就噲親身帶嚟你處。

【A】那更好了。這兩套書給您包好了。那麼我失陪了。您回去了。

【B】那更好了。這兩部書和您包好了。那麼我少陪了。您回去了。

【C】固是頂好者。箇兩套書担好之。呾,我失陪者。就去者唉。

【D】蓋是更好哉。第兩部書搭儂包好哉。實蓋我少陪哉。儂轉去哉。

【E】噉更好喇。呢兩簿書俾你包好。噉恕我唔陪咯。請翻去喇。

【F】乙噉更好。丁嗱,呢兩套包好俾你咯。乙哦,恕我唔陪咯。好行喇。

【A】回老爺知道,那套書,我交給俞掌櫃的了,告訴他給配個套了(子)。

【B】回老爺知道,那部書,我交把俞老板了,告訴他要配個套子。

【C】禀明老爺,箇部書味,我交代俞先生拉者,教伊配書套。

【D】回覆老爺,伊部書,我交撥俞老班哉,告訴伊要配个売套。

【E】回老爺知,個套書,我交過俞事頭,呌佢配個書套咯。

【F】乙先生,嗰套書,我交俾俞事頭,請佢配夾咯。

【A】您要的那幾部書,他們那舖子裏就有兩部,叫我先把那兩部拿了兩套來,給您看看。

【B】您要的那幾部書,他們那舘子裏就有兩部,呌我先把那兩部拿了兩部來,把您看看。

【C】要个幾部書味,伊拉店裏只有兩部,教我箇兩部書上先拿兩套來,請老爺看看。

【D】儂要个幾部書,伊拉个店裏只有兩部,呌我先拿伊兩部拿之兩部來,撥儂看看。

【E】你要個幾套書,佢地舖頭處獨有兩套,佢叫我摵呢兩套先擰兩簿翻嚟,俾你睇吓。

【F】你要嗰幾套書,佢舖頭衹得兩種,呢兩種佢俾曉兩套我,擰番嚟先生睇。

【A】下餘的那幾部,俞掌櫃的得上別處找找去。趕過幾天,他若是找着了,他親身給您送來。

【B】下餘的那幾部,俞老板要到別處找找去。等過幾天,他若是找着了,他親自和您送來。

【C】還有幾部,俞先生到別搭去尋起來。隔兩日,伊尋着之,親自送來。

【D】其餘个幾部,俞老班要到別處去拆。等歇幾日,伊若是拆着之,親自搭儂送來。

【E】其餘啲幾套,佢話要去別家找。等過幾日,如果找得倒,佢再親自送嚟啝。

【F】其餘嗰的,俞事頭要去第處搵。過幾日,若係搵倒,佢噲親自帶嚟啝。

【A】是了,您先把這兩套書擱在書槅子上去罷。辛苦李爺。俞掌櫃的,您纔進城麼?

【B】是了,您先把這兩部書擱在書架子上去罷。辛苦李爺。俞老板,你纔進城麼?

【C】是者,儂先擔箇兩套書擱拉書架裡。李先生好拉否?俞先生,刻進城呢啥?

【D】是哉,儂先拿第兩部書擱拉書架上。辛苦李二爺。俞老班,儂纔進城否?

【E】係咯,你先搣呢兩簿書丟落書架處喇。驚動吓李爺咋。俞事頭,就致入城嗎?

【F】甲甚好,暾箇兩套書暫時擠落書架喇。丁勞動吓李爺。乙啊,俞事頭,就至入城咩?

【A】可不是麽,纔進城。您這拿來的都是甚麽書啊?這就是上回老爺呌找的那幾部書。

【B】不錯的,纔進城。您這拿來的都是甚麽書啊?這就是上回老爺呌找的那幾部書。

【C】是,刻進城。拿來个啥書?就是上回老爺教我去尋个幾部書。

【D】勿错,纔進城。儂第个拿來个全是啥書?第个就是上回老爺吗嗟拆个伊个幾部書。

【E】係吖,就致入城嘅。你而家揸嚟呢啲係乜野書呀?呢啲就係貴老爺前囘吗我找啪幾簿書。

【F】丁係,就至入城呀。乙你帶嚟箇的書,係邊樣書呢?丁呢的卽係你東家先幾日想攞嘅書。

【A】我都找着了,拿來了。我們老爺下天津去了。多喒走的?昨兒早起起的身。

【B】我都找着了,拿來了。我們老爺往天津去了。多早走的?昨天早晨動的身。

【C】尋着之咾,擔來拉者。伲老爺到之天津去者。幾時動身个?昨日早辰動身个。

【D】我全拆着拉哉,拿來哉。我伲老爺到天津去哉。幾時去个?昨日早晨動身个。

【E】我都找倒,送嚟嘞。我哋老爺去咽天津。幾時去嘅?昨日動身嘅。

【F】我搵倒,又帶嚟咯。乙我哋先生去咽天津噃。丁幾時去嘅?乙昨朝起程嘅。

【A】是有官差去的麽?不是官差,是辨(辦)自己私事去了。

【B】是有官差去的麽?不是官差,是辦自己私事去了。

【C】爲官差咾去个呢啥?勿是官差,自家个事體。

【D】是有公事去个呢啥?勿是公事,是爲自家个私事去个。

【E】係有差事去嘅嗎?唔係有差事,係自己私事啫。

【F】丁佢有公事去嘅咩?乙唔係,係私家事去嘅呮。

【A】得去多少日子?連來帶去總得十天罷。那麽我拿來的這書怎麽樣呢?

【B】要去多少日子?連來帶去總要十天罷。那麽我拿來的這書怎麽樣呢?

【C】去个幾化日脚?來去總要十數日。我拿來箇種書味那能呢？

【D】要去幾化日脚？連來搭去總要十日工夫。蓋末我拿來个第个書那能呢？

【E】要去幾耐嚱？來回總要十日啩。噉我送嚟呢啲書點樣呢？

【F】丁佢去幾日至番嚟呀？乙連往返都要成十日嗰。丁噉我帶倒呢的書嚟點樣呢？

【A】我們老爺留下話了，說是若是您拿了書來，就先留下罷。

【B】我們老爺留下話來，說是若是您拿了書來，就先留下罷。

【C】老爺交代拉話咾，若使拿來味，放拉味者。

【D】我伲老爺話過歇个，話咾若是儂拿書來，就放拉末哉。

【E】我哋老爺話落嘞，佢話如果你送書嚟，就留落先咧。

【F】乙我哋先生話落，如果你帶倒的書嚟，暫留落喺處喇。

【A】那麽您瞧這是六套書，那個原單子上開的是八部，上回您拿了兩套來。

【B】那麽您瞧這是六部書，那個原單子上開的是八部，上回您拿了兩部來。

【C】格味拿箇裡六套書，照伊單子上開拉个味八部，上回拿來兩套。

【D】蓋末儂看第个是六部書，伊張原單子上開个是八部，上回儂拿之兩部來。

【E】噉請你睇吓呢處六簿書，啲張原單開嘅係八套，上前你擰兩簿翻嚟。

【F】丁噉呢處係有六套書，嗰張原單所開嘅係八套書嘅名目，先幾日你帶嘵兩套。

【A】我今兒個每一部又拿了一套來，前後共總拿了八套書來。

【B】我今天每一部又拿了一部來，前後共總拿了八部書來。

【C】今朝每部又拿一套來，兩回共總八套書。

【D】我今朝每部又拿之一部來，前後共總拿之八部書來。

【E】我今日每套又送咽一簿嚟,前後總共送曉八簿書嚟。

【F】今日我帶每種嘅書各一套,前後共攞過八套嚟。

【A】還有這個單子,也託您交給老爺,所有這幾部書的價值都在這個單子上寫着了。

【B】還有這個單子,也託您交把老爺,所有這幾部書的價錢都在這個單子上寫着了。

【C】還有箇張單子,拜托費心交代老爺,所有幾部書價錢,單子上寫清爽拉者。

【D】還有第張單子,也託儂交撥拉老爺,所有第个幾部書个價錢全拉第張單子上寫明拉哉。

【E】重有呢張單,請你交埋過老爺,所有呢幾套書價都剳明落個張單處嘅嘞。

【F】又帶番張原單,請交埋你哋先生,嗰的書價都剳明落單嘅咯。

【A】是了,還有配套的那套書,您給配得了[②]沒有?配得了,我今兒個忘了帶來了。

【B】是了,還有配套的那部書,您已配好了沒有?配好了,我今天忘記了帶來了。

【C】是者,還有配套子箇部書,配好沒?配好者,今朝忘記之咾,勿曾帶來。

【D】是哉,還有配売套个伊部書,儂配好呢勿曾配好?配好哉,我今朝忘記帶之來哉。

【E】係咯,重有配套咱簿書,你同佢配好未呢?配好嘞,我今日忘記帶嚟。

【F】乙好喇,噉嗰套書要配夾,做妥唔曾呢?丁配妥咯,今日唔記得帶嚟。

【A】等底下我再來的時候,給帶來罷。那就是了。您想我可以多喒來好呢?

【B】等底下我再來的時候,再帶來罷。那就是了。您想可以多早來好呢?

【C】下回來起來咾,擔來味者。吅。是者。想起來啥模樣我好來者?

【D】等以後我再來个時候,帶來末哉。蓋就是哉。儂想我幾時來好呢?

【E】等我下次嚟,就帶埋嚟咯。噉做得嘛。你睇過叫我幾時嚟好呢?

【F】第日我再到,就帶埋嚟喇。乙好呀。丁你估要我幾時嚟好呢?

【A】我算計着,我們老爺總得月底纔能回來了,這麼着罷,趕我們老爺回來的時候,我出城請您去罷。

【B】我算計着,我們老爺總要月底纔能回來了,這麼的罷,趕我們老爺回來的時候,我出城請您去罷。

【C】我算起來,伲老爺月底裡味轉來个者,什介罷,等伲老爺來之,我出城來撥信味者。

【D】我算起來,我伲老爺總要月底纔轉來哩,實蓋末哉,等我伲老爺轉來个時候,我出城來請儂末哉。

【E】我計吓,老爺總要月底致翻得嚟,噉罷喇,等我哋老爺翻嚟個時,我出城去請你喇。

【F】丁噉我估,先生至快都要月尾至番得嚟,噉罷喇,等我哋先生番嚟,我出城時請你嚟喇。

【A】那倒不用勞動您納,我月底、月初還有別的事進城來了,我可以順便到這兒來,打聽打聽就得了。

【B】那倒不用勞動您納,我月底、月初還有別的事進城來了,我可以順便到這裏來,打聽打聽就是了。

【C】箇亦不必煩勞者,月底裡或是月頭上,我還有別樣事體進城,順便來打聽打聽看味者。

【D】伊个倒勿消煩勞儂,我月底、月初還有別樣事體進城來哩,我可以順便到此地來,打聽打聽就是哉。

【E】咟啲唔好勞駕你咯,我月底、出(月)初重有第樣事要入城,我順便嚟呢處,打聽吓就喺喇。

【F】丁咪箇勞駕嘞,我本月尾、下月初重有第樣事要入城,可以順路過嚟,打聽吓喇。

【A】那麽也好。那麽我失陪了。您回去了。偺們過幾天見。

【B】那麽也好。那麽我少陪了。您回去了。我們過幾天見。

【C】箇亦好个。格味失陪者。去者。隔兩日會。

【D】實蓋也好。蓋末我少陪哉。儂轉去哉。我伲歇日會。

【E】噉亦好。噉我唔陪嘞。請翻去喇。我哋過幾日再見喇。

【F】乙噉亦好。丁噉我唔陪咯。乙請番去喇。丁冇耐再見呀。

【注解】

① 按:"將",表"現在"之義,是時間副詞,這個用法今九江地區仍用。

② 得了:完成了。

## 2 第十九章(第十九課　調停案件)

【A】老兄,怎麽我來找您好幾盪,您都沒在家,您是忙甚麽了?

【B】老兄,怎麽我來找您好幾盪,您總不在家,您是忙甚麽事?

【C】老兄,我來尋多回者,常莊勿拉屋裡,忙來那能?

【D】老兄,那能我來尋儂好幾盪,儂總勿拉屋裏,儂是忙个啥事體?

【E】老兄,做乜我嚟搵你幾囘,都唔喺唫,爲乜事咁忙呀?

【F】甲做乜我屢次嚟搵你,總唔喺踛,你做乜咁忙呢?

【A】我是給人說合事情了。您是給人說合甚麽事情來着?告訴得我告訴不得?

【B】我是和人說合事情呢。您是和人說甚麽事情來呢?告訴得我告訴不得?

【C】我拉替别人家話攏一莊事體。替啥人話一莊啥事體耶？告訴我看,話得呢話勿得个？

【D】我是搭人話件事體。儂是搭人話啥事體呢？好告訴我呢勿好告訴？

【E】我係共人調停件事嚟。你共人調停件乜野事呢？話得俾我聽唔話得嘴？

【F】乙我係共人哋調停一件案。甲你調停箇件係乜野案？話得過我知唔呢？

【A】沒甚麼告訴不得的。是我們舍親認得的一個朋友和人打了官司了。

【B】沒甚麼告訴不得的。是我們舍親認得的一個朋友和人打了官事(司)了。

【C】無啥話勿得。是自伲舍親認得个朋友搭别人打官司。

【D】無啥勿好告訴个。是我伲舍親認得个一个朋友搭人打官司。

【E】有乜唔話得嘅呢。因爲舍親有個朋友同人打官司。

【F】乙冇乜唔講得出嘅。因爲舍親有箇朋友同人打官司。

【A】我們親戚託我出去,給他們説合説合。是爲銀錢帳目的事情麼？不是銀錢帳目,是爲買貨的事。

【B】我們親戚託我出去,和他們説合説合。是爲銀錢賬目的事情麼？不是銀錢賬目,是爲買貨的事。

【C】舍親教我出去,替伊拉話攏之罷。還是爲銅錢賬目个事體呢啥？勿是銅錢賬目,是爲買貨色个事體。

【D】我伲親眷託我出去,同伊拉話話好。是爲之銀錢帳目个事體否？勿是銀錢帳目,是爲之買貨色个事體。

【E】我哋親戚託我出嚟,共佢調停吓。係爲錢銀賬目嘅事幹嗎？唔係,係爲買貨嘅事呀。

【F】舍親請我出嚟,同佢講和。甲係關於錢銀賬目嗎？乙唔係,係爲買貨嘅事情呀。

【A】爲買貨怎麽會打了官司了呢?

【B】爲買貨怎麽會打了官司了呢?

【C】買啥貨色? 那能咾打起官司來个呢?

【D】爲之買貨那能會打官司呢?

【E】爲買貨做乜噲打官司呢?

【F】甲買貨點噲致到打官司呢?

【A】是這麽件事,我們這個親戚認得的這個朋友姓沈,他是在保定府開着個大洋貨鋪。

【B】是這麽件事,我們這個親戚認得的這個朋友姓沈,他是在保定府開着個大洋貨鋪。

【C】是爲箇件事體,舍親認得个朋友咊姓沈,伊拉保定府開大洋貨店个。

【D】是實蓋个一件事體,我伲第个親眷認得个第个朋友姓沈,伊是拉保定府開爿大洋貨店。

【E】係噉樣嘅,我哋親戚有個沈氏朋友,佢喺保定府處開間大洋貨鋪。

【F】乙因係噉嘅,我舍親嘅朋友係姓沈嘅,佢喺保定府有大間洋貨鋪。

【A】字號是信義。他今年夏天到這兒來的,就住在這東關外頭福盛店裏了。

【B】字號是信義。他今年夏天到這裏來的,就住在這東關外頭福盛店裏了。

【C】店號𠯿信義。今年夏裡到蕩搭,住拉東關外頭福盛店裡。

【D】字號是信義。伊今年夏天到此地,東關外頭福順寓裏。

【E】招牌就做信義。今年夏間到呢笪,就住喺東關外福盛舖裡頭。

【F】招牌𠯿做信義。佢今年夏間到呢處,就喺東關福盛客棧[或改旅店]住。

【A】在偺們這大東街泰和洋貨棧裏,批了六十包洋布。
【B】在我們這大東街泰和洋貨棧裏,批了六十包洋布。
【C】拉箇搭大東街上泰和洋貨棧裡,批之六十包洋布。
【D】拉我伲此地大東街上泰和洋貨棧裏,批之六十包洋布。
【E】喺呢處大東街泰和洋貨棧,定咽六十包洋布。
【F】定嘵大東街泰和洋貨棧洋布六十包。

【A】批單上寫明白的,是倆月交貨,趕到上月就到了日子了。
【B】批單上寫明白的,是兩月交貨,等到上月就到了日子了。
【C】批單上寫明白拉,兩个月交付貨色,下月日子滿者。
【D】批單上寫明白,兩个月交貨色,等到上月就到期哉。
【E】定單裡頭,寫明話兩個月交貨,等到兩個月到期。
【F】箇張定單裏頭,寫明兩箇月交貨,先箇月到期。

【A】沈掌櫃的就到泰和棧去問貨到了沒有,他們說還沒到了,
【B】沈管事的就到泰和棧去問貨到了沒有,他們說還沒到呢,
【C】沈先生味到泰和棧裡去問貨色到沒,伊拉話咾還勿曾到裡,
【D】姓沈个就到泰和棧裏去問貨色到呢勿曾到,伊拉話還勿曾到哩,
【E】呢個沈事頭就去泰和棧處問啲貨到未,佢哋話重唔曾到,
【F】箇沈事頭就去泰和棧處問的貨到未,佢哋話唔曾到,

【A】這麽着沈掌櫃的又等了些日子,又去打聽,貨還沒來了。
【B】這麽樣沈管事的又等了些日子,又去打聽,貨還沒來了。
【C】因此沈先生味等之幾日,又去打聽,貨色原舊勿曾到。
【D】實蓋末姓沈个又等之幾日,又去打聽,貨色還勿曾到哩。
【E】噉個沈事頭等咽好多日,又去打聽,貨重未嚟。
【F】等過嘵幾日,再去問,嗰的貨重未嚟。

【A】趕到前幾天,沈掌櫃的到西街棧房裏,有別的事情去了。

【B】等到前幾天,沈管事的到西街棧房裏,有别的事情去的。

【C】勿多幾日前頭,沈先生到西街上棧房去,爲别樣事體。

【D】等到前幾日,姓沈个到西街棧房裏,有别樣事體去。

【E】及至前幾日,沈事頭因有第樣事,去西街棧房。

【F】前幾日,箇沈事頭去東關嘅西便一間棧房,講起第樣。

【A】聽見說,新近有一個客人買妥了泰和棧裏的六十包洋布。

【B】聽見說,近日有一個客人買妥了泰和棧裏的六十包洋布。

【C】聽見,新近有个客人買着泰和棧裡六十包洋布。

【D】聽見話,新近有一个客人買定當之泰和棧裏个六十包洋布。

【E】聽見人話,新近有個人客同泰和棧買成六十包洋布。

【F】聞得話,有人託箇姓王嘅經紀去泰和棧買曉六十包洋布。

【A】是起一個姓王的經紀手裏買的,聽那個客人買的那個價值比沈掌櫃的原定的價值貴。

【B】是在一個姓王的經紀手裏買的,聽那個客人買的那個價錢比沈管事的原定的價錢貴。

【C】是一个姓王个當賬經手咾買拉个,聽見箇个客人買个價錢比之沈先生講定拉个價錢大點。

【D】是拉一个姓王个手裏買个,聽見伊个客人買个伊个價錢比姓沈个原定个價錢貴。

【E】係一個王氏經紀經手買嘅,聽見呢個人買嘅價錢比個沈氏定落嘅價錢貴啲。

【F】(——按:原本無對應句。)將箇的價錢嚟比較,就呢箇人出價高的。

【A】銀子可還沒兌了,貨也還沒起哪。沈掌櫃的一想,這一定是他定的那六十包洋布。

【B】銀子却還沒兌了,貨也還沒起哪。沈管事的一想,這一定是他定的那六十包洋布。

【C】銀子味勿曾付,貨色味亦勿曾担。沈先生一想,一定是自伊个六十包洋布。

【D】銀子倒還勿曾付，貨色也還勿曾起。姓沈个一想，第个一定是伊定个伊个六十包洋布。

【E】但銀重未兑，貨亦未起。個沈事頭聽見噉想吓，話呢啲實係我定落嗰六十包洋布咯。

【F】但箇筆銀重未兑交，的貨亦未曾起。噉箇沈事頭想吓，必係自己所定嘅六十包洋布咯。

【A】泰和棧如今是貪多賺錢，又轉賣給別人了，心裏可就氣的了不得。

【B】泰和棧於今是貪多賺錢，又轉賣與別人了，心裏却就氣的了不得。

【C】現在泰和棧裡想多出產兩錢咾，又轉賣拉別人个者，心裡氣來非凡。

【D】泰和棧裏現在是貪多賺銅錢，又轉賣撥別人哉，心裏倒就氣勿過。

【E】嗰間泰和想撈多啲錢，就摵嚟轉賣過人，個心就氣到了不得。

【F】泰和棧摵嚟轉賣過別人，係想賺多的錢，噉佢就好嬲嘅嘩。

【A】這麽着他這天晚上就到秦和棧裏問這件事情去了，泰和棧不認，説是沒這麽件事。

【B】這麽的他這天晚上就到秦和棧裏問這件事情去了，泰和棧不認，説是沒這麽件事。

【C】當夜就到泰和棧裏去問箇件事體，泰和棧裏勿認，話咾並勿有介事个。

【D】實蓋末伊第日夜裏就到泰和棧裏去問第件事體，泰和棧裏勿認，話是無沒第件事體。

【E】噉樣佢嗰晚就去泰和棧處問佢呢件事，泰和唔認，話有呢件事幹。

【F】先幾日下午佢就去泰和棧嚟問，泰和嘅人話，並無此事。

【A】後來沈掌櫃的指出那個王經紀來了,泰和棧沒法子,可就認了。

【B】後來沈管事的指出那個王經紀來了,泰和棧沒法子,却就認了。

【C】後來沈先生味指出姓王个當賬來,泰和棧無法子者,只得承認咾話。

【D】後來姓沈个指出伊个姓王个來,泰和棧裏無法則,倒就認哉。

【E】後來沈事頭指出啲個王經紀嚟,泰和棧冇法,只得認曉。

【F】後來講出箇王經紀,泰和就無奈,要承認咯。

【A】就是下月還有六十包洋布來哪,叫沈掌櫃的等那六十包洋布來。

【B】說是下月還有六十包洋布來哪,叫沈管事的等那六十包洋布來。

【C】下一个月還有六十包洋布拉來裏,教沈先生担之箇个六十包味者。

【D】話下月還有六十包洋布來哩,叫姓沈个等伊个六十包洋布來。

【E】就話第個月重有六十包洋布嚟,叫個沈事頭等呢六十包嚟。

【F】但佢話下箇月重有六十包,你等呢的係喇。

【A】沈掌櫃的不等,說是就要這現在有的那六十包洋布。

【B】沈管事的不等,說是就要這現在有的那六十包洋布。

【C】沈先生等勿得,話咾要現在有拉个六十包洋布。

【D】姓沈个等勿得,話就要現在有拉个伊个六十包洋布。

【E】個沈事頭唔肯等,就話係要而家有嗻啲六十包。

【F】沈事頭唔肯,必要現時喺處嗰六十包。

【A】泰和棧不肯給,說是若實在不能等那六十包洋布,只可把原給的定銀退回去,把批單一燒,就算沒這麽件事了。

【B】泰和棧不肯把,說是若實在不能等那六十包洋布,只可把原交的定銀退回去,把批單一燒,就算沒這件事了。

【C】泰和棧裡勿肯撥,對伊話,若使實在勿能个等箇六十包洋布味,只好担定頭銀子味退還,批單味燒脫,只算勿曾有箇件事體。

【D】泰和棧勿肯撥,話若是實在勿能等伊个六十包洋布,只好拿原交个定銀退轉去,拿批單一燒,就算無沒第件事體。

【E】泰和棧唔肯俾,話如果一定唔等得,只可俾翻原定,將個張定單燒咽,就算了呢件事。

【F】泰和棧唔肯俾佢,又話,如果你唔等得嗰六十包,祇可俾番定銀,燒咽張定貨單,算了嘵呢件事。

【A】沈掌櫃的不答應,說是竟退定銀不行,還得包賠賺利纔行哪。

【B】沈管事的不答應,說是竟退定銀不行,還要包陪(賠)賺利纔行哪。

【C】沈先生勿肯應承咾,話如果是要退還定頭銀子味,還要賠還伊个賺頭。

【D】姓沈个勿答應,話但退定銀是勿可以,還要包賠賺利纔可以。

【E】沈事頭唔答應,話靜係俾翻原定嗷唔做得,必要賠翻利息致得。

【F】沈事頭唔答應,話淨係交回原定係唔做得,要賠補所賻嘅利益。

【A】泰和棧一定不肯認包賠賺利。這麼着沈掌櫃的就寫了一張呈詞粘連那張批單,在縣裏就把泰和棧告下來了。

【B】泰和棧一定不肯認包陪(賠)賺利。這麼的沈管事的就寫了一張呈詞粘連那張批單,在縣裏就把泰和棧告下來了。

【C】泰和棧裡勿肯賠伊个賺頭。沈先生乃味就寫之一張狀紙,一張批單味亦貼來連拉上之,到縣裡担泰和棧來告之一狀。

【D】泰和棧一定勿肯認包賠賺利。實蓋末姓沈个就寫之一張狀子連伊張批單,拉縣裏就拿泰和棧來一告。

【E】泰和棧又一定唔肯賠利。噉個沈事頭做嘵一張禀粘埋咱張定單,喺縣處告呢間泰和棧。

【F】泰和棧一於唔認有噉嘅責任。沈事頭就寫張禀連同定單,遞呈縣長告呢間泰和棧。

【A】前兒個知縣過堂,把他們兩造大概問了一問。

【B】前幾天知縣過堂,把他們兩造大概問了一問。

【C】過日子知縣過堂,搶伊拉兩面大家問之一問。

【D】前幾日知縣過堂,拿伊拉兩造大約問之一問。

【E】前日個知縣升堂,把佢哋兩造問咽吓。

【F】前日箇縣長喺公堂,把呢兩造問咽吓。

【A】就吩咐叫他們下去找人先說合,若是合不了,再補一張呈詞,再問就是了。

【B】就吩咐叫他們下去找人先說和,若是和不了,再補一張呈詞,再說就是了。

【C】就教伊拉下去教人話攏來,話勿攏味,再寫狀紙來咾,再審。

【D】就吩咐叫伊拉下去尋人先講和,若是和勿好,再補一張狀子,再話就是哉。

【E】就吩咐佢哋翻去先找人調停過,如果唔調停得落,補張呈嚟,再審過就喺嘞。

【F】就吩咐佢哋先出去找人同佢調停,倘唔調停得妥,就補禀嚟,再審過係喇。

【A】這麼着,我們親戚找我幫着他,出去給他們說合。

【B】這麼的,我們親戚找我幫着他,出去替他們說和。

【C】什介之咾,促舍親味教我相帮伊拉,去替伊拉話攏來。

【D】實蓋末,我伲親眷尋我帮伊,出去替伊拉講和。

【E】噉樣,我哋親戚搵我帮佢去調停吓呢件事。

【F】噉,舍親叫我出嚟,幫佢調停。

【A】昨天晚上,算是纔給他們都說合完了。您怎麼給他們說合完了的呢?

【B】昨天晚上,算是纔替他們都說熨貼了。您怎麼和他們說熨貼了的呢?

【C】昨日夜快,總算大家話之攏來者。閣下那能替伊拉話攏來个呢?

【D】昨日夜裏,全替伊拉講舒齊哉。儂那能搭伊拉講舒齊个呢?

【E】昨晚,算係共佢調停落嚟咯。你點共佢調停落嚟呢?

【F】到昨晚,至講妥咯。甲點妥法呢?

【A】我們給他們這麼說合的,還是叫秦和棧,先把這現在有的那六十包洋布給沈掌櫃的。

【B】我們和他們這麼說和的,還是叫秦和棧,先把這現在有的那六十包洋布付沈管事的。

【C】伲替伊拉話攏來味,教泰和棧,先擔現在有拉个六十包洋布味付撥沈先生。

【D】我伲搭伊拉實蓋講和个,還是叫泰和棧裏,先拿現在有拉个伊个六十包洋布付撥姓沈个。

【E】我共佢哋噉樣調停嚍,都係勸泰和棧,將現時到嘵啲六十包洋布先俾呢個沈事頭。

【F】乙我哋噉樣辦法,首先逼住泰和棧,將佢手上嗰六十包洋布俾過沈事頭。

【A】叫他們和那個客人說,等下月那六十包洋布到了,再給那個客人就是了。

【B】叫他們和那個客人說,等下月那六十包洋布到了,再把那個客人就是了。

【C】(按：原文無對應句)下一个月,來个六十包洋布味,付撥拉別个客人就是者。

【D】吗伊拉搭伊个客人話,等下月伊个六十包洋布到之,再撥伊个客人就是哉。

【E】叫佢哋共啲個人客講,等第個月啲六十包洋布到,致俾過佢。

【F】後來吗嗰箇人客,等下月六十包貨到箇時,就俾過佢。

【A】這麽着大家都答應了。

【B】這麽的大家都答應了。

【C】什介大家應承之。

【D】實蓋末大家全答應哉。

【E】噉樣大家都答應曉咯。

【F】噉各家都認可。

【A】昨兒個晚上把貨也起了去了,銀子也兑了,就等明兒個沈掌櫃的在縣裏遞一張和息呈詞,就結了。

【B】昨天的晚上把貨也起了去了,銀子也兑了,就等明天沈管事的在縣裏遞一張和息呈子,就結了。

【C】昨日夜快擔貨色起之起來,銀子交代清爽,到之明朝沈先生味,寫之一張講和个紙頭送拉縣裡之咾,算完結。

【D】昨日夜裏拿貨也起之去哉,銀子也付哉,就等明朝姓沈个拉縣裏遞一張和息狀子,就結哉。

【E】昨晚貨又起咁,銀又交咁,等聽日個沈事頭喺縣衙門遞張和息禀,算了事喇。

【F】昨晚貨已交,銀又兑收,明日沈事頭要喺縣衙門遞張和息嘅稟,就了曉呢件事咯。

## 2 第二十章(第二十課　拆貨賠聽)

【A】兄台,您這是解舖子來麽？不是,我是到天盛當舖封貨,去了纔回來。

【B】兄台,您這是由鋪子來麽? 不是,我是到天盛當鋪估貨,去了纔回來。

【C】老兄,從店來呢啥? 勿是,我拉天盛典當裡估之貨色咾轉來。

【D】老兄,儂第歇是拉店裏來否? 勿是,我是到天盛典當裏劃當,去纔轉來。

【E】大哥,你而家由寶號嚟嘅嗎? 唔係,我去天盛當舖拆貨,就正翻嚟呮。

【F】甲兄台,你係喺寶號嚟碼? 乙唔係,我喺天盛當舖出拆貨單俾佢,就至番嚟啫。

【A】您用過飯了麽? 我吃過了。您若是沒吃飯,我可以叫厨子給您快預備飯。

【B】您用過飯了麽? 我吃過了。您若是沒吃飯,我可以叫廚子和您快預備飯。

【C】飯用沒? 吃者。若使勿曾用味,我就教廚司去預備飯去。

【D】儂用過飯末? 我吃過哉。儂若是勿曾吃飯末,我可以叫燒飯个搭儂端正飯。

【E】閣下食過飯未呀? 偏過咯。若係未食,就叫廚子快啲預備噃。

【F】甲兄台食飯[或改用膳]未呀? 乙有偏咯。甲如果未呢,我可以叫廚子即刻整的野你食吖。

【A】我眞吃了,我是同着一位相好的在外頭吃的。那就是了。今兒個[①]天盛當舖貨多不多?

【B】我眞吃了,我是同着一位相好的在外頭吃的。那就是了。今天天盛當鋪貨多不多?

【C】眞个吃拉者,同我一个朋友外頭吃拉个。儕是者。今朝天盛典當裡貨色多呢勿多?

【D】我真个吃哉,我是同一个朋友拉外頭吃个。蓋就是哉。今朝天盛典當裏貨色多勿多？

【E】我確實係食咯，同個好朋友喺外便食嘅。噉就唔拘咯。天盛當舖今日貨多唔呢？

【F】乙我真食嘵咯，我同一位朋友喺外便食嘅。甲啊，好喇。天盛當舖今日好多貨啩？

【A】古玩玉器少，衣服、銅錫器多。您都封了些個甚麽貨？我就封了倆表。

【B】古玩玉器少，衣服、銅錫多。您都估了些的甚麽貨？我就估了兩個表。

【C】古董玉器少，衣裳咾銅錫傢生味多。自家估之啥个貨色？估兩只表。

【D】古董玉器勿多，衣裳咾銅錫物事勿少。儂全劃个幾化啥个貨色？我不過劃之兩隻表。

【E】古玩玉器有限呮，衣服共銅錫器多。閣下拆嘵啲乜野貨呢？我拆一對表。

【F】乙的古玩玉器少，衣服同銅錫器就多咯。甲你出價錢拆乜野貨呢？乙我拆一對表。

【A】沒封别的。我看封貨得便宜的少，總是上檔的多。

【B】沒估别的。我看估貨得便宜少，總是上檔的多。

【C】别樣勿曾估啥。我看起來估便宜个少，上當个多。

【D】勿劃啥别樣。我看劃貨得着便宜个少，總是上擋个多。

【E】冇拆到别樣。我睇拆當，好少撈倒便宜貨嘅總係上當嘅多。

【F】冇别樣吖。甲我估拆嘅法子，唔係幾好，多噲上檔嘅。

【A】那也是碰運氣，若是走紅運的人，他去封貨，就許遇見俏貨，趕他封了，當鋪就賣漏給他了，他就可以賺了好錢了。

【B】那也是碰運氣，若是走紅運的人，他去估貨，就許遇見俏貨，等他估了，當鋪就賣漏把他了，他就可以賺了好錢了。

【C】倒亦碰運氣看个，運氣好个人，估起來味，碰着好東西，估之後來，典當裡賣拉伊，伊就可以賺好價錢。

【D】伊个也是碰運氣个，若是走好運个人，伊去劃貨色，就會碰着巧貨，等伊劃着，典當裏就賣撥伊哉，伊就可以賺多个銅錢。

【E】啲喲係碰運數，倘若當行運嘅人，佢去拆親，必噲碰倒啲靚貨，及佢去拆喇，當舖又賣漏啲俾佢，佢就賺得大錢喇。

【F】乙箇的係碰彩數啫，有等行運嘅人，去拆親，就得的靚貨，當舖東家又賣極平貨俾佢，佢就賺大錢。

【A】若是走背運的人，他一封貨就打眼，當舖本就當打了眼了，他又封打了眼了。

【B】若是走閉運的人，他一估貨就打眼，當鋪本就當打了眼了，他又封打了眼了。

【C】人咾運氣勿好，估个物事推扳，典當裡本來當伊推扳个物事个，伊去估之箇種怺物事味。

【D】若是走怺運个人，伊一劃貨色就打之眼，典當裏就算打之眼哉，伊也封之眼哉。

【E】若係當衰嘅，佢拆親係發眼差嘅，當舖本來已自睇差，佢拆啲時又睇差。

【F】若係冇運數嘅人，一拆親就撞板，當舖初時已經貼底，佢拆貨就跟住喫虧。

【A】不但不能賺錢，倒還得賠出好些個錢去。

【B】不但不能賺錢，倒還要賠出好些的錢去。

【C】勿單單賺勿着，連本錢倒要折脫點。

【D】勿但勿能賺銅錢，倒還要賠幾化銅錢出去。

【E】不但賺唔倒，反重貼大錢添。

【F】不但冇利可圖，反致貼大本添。

【A】您說的這話實在不錯，我們這舖子，前幾年封了好幾回貨，沒一回不賠錢的。

【B】您說的這話實在不錯，我們這鋪子，前幾年估了好幾回貨，沒一回不賠錢的。

【C】閣下話來眞个勿錯，伲店裡，前幾年好多回估貨，無得一回勿折本个。

【D】儂話个第个說話實在勿錯，我伲第爿店裏，前幾年劃之好幾回貨色，無一回勿賠銅錢个。

【E】尊駕呢番說話確係冇錯，幾年前敝店拆嘵幾次貨，冇回唔賠嘅。

【F】甲你講得眞係啱咯，先幾年我哋鋪頭拆過好多回貨，每次都係賠嘅。

【A】所以現在不論那個當鋪請，我們决不去封貨了。

【B】所以現在不論那個當鋪裏請，我們决不去估貨了。

【C】所以現在隨便那裡爿典當裡教去估味，總勿去估个者。

【D】所以現在勿論那裡爿當裡請我伲劃貨，决勿去劃个哉。

【E】故此現時不論邊間當鋪嚟請去拆貨，我哋决意唔去嘅咯。

【F】現時唔論邊間當鋪邀我哋拆貨，總冇去拆嘅咯。

【A】我告訴你，去年有一個封貨得了便宜的，這個人是我們一個遠親。

【B】我告訴你，去年有一個估貨得了便宜的，這個人是我們一個遠親。

【C】我對閣下話，舊年有个估貨个便宜，箇个人味是伲个遠親。

【D】我告訴儂，舊年有一个劃貨得着之便宜，第个人是我伲一个遠親。

【E】我講你知吖，舊年有個拆得啲便宜貨嘅，呢個人係我哋嘅舍親。

【F】乙但我話你知吖，舊年有一回，有箇人拆貨，都極之好賰嚿，呢箇係我嘅遠親。

【A】去年十月裏，西城恒順當鋪，請他去封貨，他封了一個銅表,四兩銀子,當鋪就賣給他了。

【B】去年十月裏,西城恒順當鋪,請他去估貨,他估了一個銅表,四兩銀子,當舖[②]就賣把他了。

【C】舊年十月裏,西城恒順典當裏,教伊估貨色去,伊估之一只銅表,四兩銀子,典當裏就賣拉伊。

【D】舊年十月裏,西城恒盛當裏,請伊去劃貨,伊劃之一隻銅表,四兩銀子,當裏就賣撥伊哉。

【E】舊年十月,西城有間恒順當,請佢去拆貨,佢拆咽個銅鏢,咰間當舖四両銀就賣嘵過佢。

【F】舊年十月間,西城嗰間恆順當,請佢去拆貨,佢出四両銀,拆得一箇銅錶,嗰間當舖就賣俾佢。

【A】趕他拿回家去一細瞧,敢情是個金表。

【B】等他拿回家去一細瞧,那曉得是個金表。

【C】担到屋裏仔細一看,實在是只金表。

【D】等伊拿到屋裡去,細細能一看,那裏曉得是一隻金表。

【E】及至擰翻去歸,細睇吓,原來係個金鏢嚟。

【F】佢番屋踮睇眞,確係箇金錶嚟。

【A】後來拾掇好了,賣了四十多兩,賺了有十倍利。這就是遇見俏貨,得了便宜了。

【B】後來收拾好了,賣了四十多兩,賺了有十倍利。這就是遇見俏貨,得了便宜了。

【C】後來收作好之,賣之四十多兩銀子,賺之十倍利息。箇就叫碰着之好物事味便宜者。

【D】後來收築好之,賣之四十幾兩,賺之十倍。第个就是碰着巧貨,得之便宜哉。

【E】後來佢修好,賣翻四十多両銀,揇嘵十倍利。呢啲係碰着靚貨,就得倒便宜咯。

【F】就將箇錶嚟擦光,賣四十多両銀,揇十倍嘅利。噉就係遇着的靚貨,又賺得大錢咯。

【注解】

① 按：今兒個：個，A1 作“過”。

② 按：舖，原文如此用字，與上文有異。

## 2 第二十一章(第二十一課 換錯皮箱)

【A】大哥，剛纔我到棧裏找您去了，夥計們說您上西街去了。

【B】大哥，剛纔我到棧裏找您去了，夥計們說您往西街去了。

【C】大哥，刻刻我到棧裏去尋閣下，夥計拉話到之西街去者。

【D】老兄，纔然我到棧裏來尋儂，夥計拉話儂到西街去哉。

【E】大哥，我就致到棧處搵你，啲夥記話你去咽西街。

【F】甲啊，我剛啱到過你客棧[或改旅店]，的夥計話你去咽西街。

【A】所以我迎著頭找您來了，可巧就遇見了。您作甚麼這麼早上西街去了？

【B】所以我躐轉身碰您來了，恰巧就遇見了。您作甚麼這麼(早)往西街去了？

【C】所以朝西尋上來，恰好碰着者。老早到西街上去，有啥正經？

【D】所以我旋轉身來尋儂，恰巧就碰着哉。儂拉做啥實蓋到西街上來个？

【E】所以我再上嚟搵你，啱啱就遇倒。你做乜咁早就去西街處[illegible]END？

【F】我睇吓路上能否遇着你，好彩就遇着咯。做乜咁早去西街呢？

【A】今兒早起火輪船到了，我們棧裏給一個客人雇小車子運行李來着。

【B】今天早晨火輪船到了，我們棧裏和一個客人雇小車子運行李來着。

【C】今朝早辰到之火輪船，伲棧裡叫小車子替客人拉搬行李。

【D】今朝早晨火輪船到之，我伲棧裏搭一个客人喊之小車子裝之行李來。

【E】今朝火船埋頭，我哋嘅棧共一個人客叫車仔運行李埋棧。

【F】乙嗷嘅，今朝有隻火船埋頭，我哋客棧嘅人就同一位人客僱一駕車運行李嚟。

【A】推小車子的，給客人運錯了兩隻箱子，客人不答應了，夥計們沒了主意了，打發人到我家裏找我去了。

【B】推小車子的，和客人運錯了兩隻箱子，客人不答應了，夥計們沒了主意了，打發人到我家裏找我去了。

【C】推車子个，搬錯之客人拉兩隻箱子，客人勿快活，夥計拉無主意个者，教人到屋裡來尋我。

【D】推車子个，搭客人裝錯之兩隻箱子，客人勿答應哉，夥計拉無主意哉，打發人到我屋裏來尋我。

【E】個推車仔嘅，同人客搬錯兩個箱，人客唔肯，啲嘚夥記冇法，打發人到屋唸搵我。

【F】箇車伕，搬錯兩箇箱，嗰位人客就好嬲，的夥計又唔知點算好，打發人去我屋踨搵我。

【A】我纔起來，聽見這個事情，我就趕緊的洗了臉。

【B】我纔起來，聽見這個事情，我就趕緊的洗了臉。

【C】我刻刻踉起來，聽見之第个事體，就忙煞能揩之一把面。

【D】我纔起來，聽見第个事體，我就趕緊个揩之面。

【E】我正話起身，聽見呢件事，我就趕緊洗完面。

【F】我正話起身，一聞得呢件事，趕快洗面去棧見嗰位人客。

【A】到棧裏見了客人一問，那個客人說，他姓陳，是福建人，在江蘇作官，如今是要上京去。

【B】到棧裏見了客人一問，那個客人說，他姓陳，是福建人，在江蘇作官，如今是要進京去。

【C】到棧裡去問客人話，伊姓陳，福建人，拉江蘇做官个，現在要到京裡去。

【D】到棧裏看見之客人一問,伊个客人話,伊姓陳,是福建人,拉江蘇做官,現在是要進京去。

【E】喺棧處問個人客,個人客話,佢姓陳,係福建人,喺江蘇做官,而家要去京。

【F】我就問吓佢,佢話姓陳,係福建人,喺江蘇做官,現時要上京。

【A】今兒早起火輪船到了,他就下船,住在我們棧裏了。

【B】今天早晨火輪船到了,他就下船,住在我們棧裏了。

【C】今朝早辰火輪船到之,伊就上岸,住拉伲棧裏。

【D】今朝火輪船到之,伊就上岸,住拉我伲棧裏。

【E】今朝火船到,佢就上船,到我哋棧裡頭住。

【F】今朝火船埋頭,佢就上岸,埋我間棧住。

【A】他就叫我們夥計給他雇了倆小車子,叫他一個跟人帶着到船上去,把行李起下來。

【B】他就叫我們夥計和他雇了兩小車子,叫他一個跟人帶着到船上去,把行李起下來。

【C】叫伲个夥計替伊叫兩部小車子,教自家兩个跟班一淘到船上去,

【D】伊就叫我伲个夥計搭伊喊之兩部小車子,叫伊一个用人領到船上去,拿行李起下來。

【E】佢交帶我哋夥記同佢叫嗰兩駕車仔,叫佢一個跟人帶埋去船處起行李,

【F】囑託我哋夥計同佢僱兩駕車,又吩咐佢夥計同埋去火船,起佢嘅行李。

【A】趕把行李運到棧裏來了,他一瞧,他短了兩隻紅皮箱。

【B】等把行李運到棧裏來了,他一看,他少了兩隻紅皮箱。

【C】擔行李搬到棧裏來,伊一看,少兩隻紅皮箱者。

【D】等到拿行李裝到棧裏之,伊一看,少之兩隻紅皮箱。

【E】等行李起到上棧,佢睇過話,少咽兩個紅皮箱。

【F】佢係的行李到棧箇時,佢去點過,就少嘵兩箇紅皮箱。

【A】這裏頭又有兩隻白皮箱不是他的,那白皮箱上寫着徐子芹三個字。

【B】這裏頭又有兩隻白皮箱不是他的,那白皮箱上寫着徐子芹三個字。

【C】箇搭有拉兩隻白皮箱勿是伊个,白皮箱上寫徐子芹三个字。

【D】此地又有兩隻白皮箱勿是伊个,伊个白皮箱上寫着徐子芹三个字。

【E】佢裡頭又有兩個白皮箱唔係佢嘅,個白皮箱面寫住有徐子芹三個字。

【F】佢行李裏頭有兩箇白皮箱唔係佢嘅,嗰的白皮箱上面寫着徐子芹三箇字。

【A】他就問他那倆底下人,怎麼會運錯了兩隻箱子呢? 那倆跟人說,不是他們的錯。

【B】他就問他那個底下人,怎麼會運錯了兩隻箱子呢? 那兩跟人說,不是他們的錯。

【C】就問兩个跟班咾話,那能弄錯之兩隻箱子个呢? 伊拉兩家頭話,勿是伊拉弄錯个。

【D】伊就問伊个底下人,那能會弄錯之兩隻箱子呢? 伊兩个用人話,勿是伊拉个錯。

【E】佢就問佢個兩個跟人話,點解噲搬錯兩個箱呢? 啲兩個跟人話,唔係錯在佢哋。

【F】佢就問佢兩箇夥計,點噲搬錯兩箇箱呢? 嗰兩箇人話,唔係佢哋嘅錯。

【A】他們倆人在船上歸着零碎東西來着,是那倆推小車子的,自己上船把箱子搬下來的,所以纔搬錯了。

【B】他們兩人在船上歸着零碎東西來着,是那兩推小車子的,自己上船把箱子搬下來的,所以纔搬錯了。

【C】伊拉拉船上收作零散物事,是箇兩个推車子个,自家上船擔箱子搬起來咾,搬錯拉个。

【D】伊拉兩家頭拉船上收管零碎物事,是伊兩个推車子个,自家上船拿箱子搬下來个,所以搬錯哉。

【E】佢兩家喺船上執拾開啲嘢碎野,係啲兩個推車仔嘅,自己落到船擁啲箱搬上嚟呮,所以致噲搬錯。

【F】佢哋兩箇喺船上執拾零碎物件,嗰兩箇車伕,就落船自己搬箱,因噉就搬錯啫。

【A】這麼着,那個客人就告訴我們棧裏的夥訐(計),叫那倆推小車子的,快去把他那倆紅皮箱給找回來。

【B】這麼的,那個客人就告訴我們棧裏的夥計,叫那兩推小車子的,快去把他那倆紅皮箱找回來。

【C】客人乃味對棧裏夥計話,教推車子个,快點去擔兩隻紅箱子尋轉來。

【D】實蓋末,伊个客人就告訴我伲个夥計,叫伊兩个推車子个,快操去拿伊兩隻紅皮箱尋轉來。

【E】噉樣,啲個人客就話過我哋棧處啲夥記聽,叫啲兩個車夫,快的去搵翻佢嗰兩個紅皮箱翻嚟過佢。

【F】噉,嗰箇人客就吩咐我哋棧嘅夥計,叫兩箇車伕,立刻要搵番嗰兩箇紅皮箱。

【A】那倆推小車子的去找了半天,也沒找着。

【B】那兩推小車子的去找了半天,也沒找着。

【C】推車子个去尋之半日,尋勿着。

【D】伊兩个推車子个去尋之半日,也無尋處。

【E】啲兩個去嘵半日,搵唔到。

【F】周圍搵嘵好耐,都搵唔倒。

【A】客人是所不答應,要定了箱子了。夥計們也都着了忙了,就趕緊的打發人找我去了。

【B】客人是定不答應,要定了箱子了。夥計們也都看了忙了,就趕緊的打發人找我去了。

【C】客人乃味勿快活咾,話定見要兩隻箱子个。夥計拉着急之咾,就打發人來尋我。

【D】客人末一定勿答應,一定要原箱子。夥計拉全慌忙哉,就赶緊打發人來尋我。

【E】個人客是必唔肯,一定要愛翻佢嘅箱。啲夥記亦着急起嚟,故此趕緊打發人去搵我。

【F】嗰位人客極之怒氣,係唔係都要得番佢嘅箱。我哋夥計覺得好費事,就趕快打發人嚟邀我喇。

【A】您給那個客人找回那兩隻箱子來了麽?是,我已經找着那位姓徐的客人了。

【B】您和那個客人找回那兩隻箱子來了麽?是,我已經找着那位姓徐的客人了。

【C】閣下格味替客人箇兩隻箱子尋着否?我已經尋着箇位姓徐个客人拉者。

【D】儂搭客人伊兩隻箱子尋轉來否?是个,我已經尋着伊位姓徐个客人。

【E】啱個人客啱兩個箱你共佢搵翻唔會呢?我已經搵倒啱個姓徐嘅人客喇。

【F】甲噉你搵得倒人客箇的箱嗎?乙係,我就至搵倒箇位徐先生咯。

【A】姓陳的那兩隻紅皮箱,是在他那兒了。

【B】姓陳的那兩隻紅皮箱,是在他那裏了。

【C】姓陳个兩隻紅皮箱,是拉伊搭。

【D】姓陳个伊兩隻紅皮箱,是拉伊壚頭。

【E】陳氏啱兩個紅皮箱,喺佢個處。

【F】陳先生嗰兩箇紅皮箱,喺佢處。

【A】我現在回棧裏去,先雇一個小車子,把姓徐的那倆白皮箱給他推了去,把那倆紅皮箱就換回來了。

【B】我現在回棧裏,先雇一個小車子,把姓徐的那两白皮箱和他推了去,把那两紅皮箱就換回來了。

【C】我現在回到棧裡去,叫部小車子,担姓徐个兩隻白皮箱替伊車之去,然後担兩隻紅皮箱味車轉來。

【D】我現在到棧裏,先喊一部小車子,拿姓徐个伊兩隻白皮箱搭伊推之去,拿伊兩隻紅皮箱就換轉來哉。

【E】我而家翻去棧,先叫一駕車仔,將徐氏啲兩個白皮箱裝翻去佢,換翻啲兩個紅皮箱翻嚟。

【F】我現時番客棧,僱駕車,裝兩箇白皮箱俾徐先生,又搬兩箇紅皮箱番嚟。

【A】您怎麼找着那位姓徐的客人了?我先在偺們那條街上各棧都問了,並沒有姓徐的客人。

【B】您怎麼找着那位姓徐的客人了?我先在我們那條街上各棧都問了,並沒有姓徐的客人。

【C】那能倒尋着箇位姓徐个客人个呢?我起頭拉伲箇條街上客棧裡問過,並勿有姓徐个客人。

【D】儂那能尋着伊位姓徐个客人个?我先拉我伲伊條街上各棧裏全問之,並勿有姓徐个客人。

【E】你點樣搵得倒啲個徐氏呢?我先喺我哋個條街處咁多間棧都問過嚹,冇姓徐嘅人客。

【F】甲你點搵得倒嗰位徐先生呢?乙我先問過本街嘅客棧,冇噉嘅人喺處。

【A】這麼着,我就到了西街,挨着各棧一問,趕問到永利棧了,他們說,是有一位姓徐的客人,是剛纔到的。

【B】這麼着,我就到了西街,挨着各棧一問,及問到永利棧了,他們說,是有一位姓徐的客人,是剛纔到的。

【C】乃味,我就到西街去,逐一家客棧去問問,到永利棧裏,伊拉話咾,姓徐个客人有个,刻刻到。

【D】實蓋末,我就到西街上,挨到各棧去一問,問到永利棧裏,伊拉話,有一位姓徐个客人,是纔然到个。

【E】噉,我就到西街,着間棧嚟問,及至問到個間永利棧,佢話,有位姓徐嘅人客,係就正到嘅。

【F】我就向西便去,一路逐間客棧嚟問,問到間永利棧,佢話,有一位姓徐嘅人客,係就至到嘅。

【A】這麼着我就進那個客人的屋裏去了,一問他的號,他說是叫子芹。

【B】這麼樣我就進那個客人的房裏去了,一問他的別號,他說是叫子芹。

【C】乃味我就走到一个客人个屋裏去,問伊个號叫啥,伊話叫子芹。

【D】實蓋我就到伊个客人个房裏去,一問伊个別號,伊話是叫子芹。

【E】噉我就入去啯個客間房,問佢大號,佢話係子芹。

【F】我去佢間房,問佢別號[或台甫],佢話係子芹。

【A】我就把運錯了箱子的事情告訴他說了。

【B】我就把運錯了箱子事告訴他說了。

【C】我就担搬錯箱子个箇件事體話撥伊聽。

【D】我就拿弄錯箱子个事體對伊話之。

【E】我就將搬錯箱嘅事講佢聽。

【F】我提及搬錯行李嘅事。

【A】他說我的行李是纔運來的,還沒查點了,等我現在一查就知道了。

【B】他說我的行李是纔運來的,還沒查點了,等我現在一查就知道了。

【C】伊話我个行李刻刻搬起來,並勿曾檢點過,讓我查起來就曉得者。

【D】伊話我个行李是纔裝來,還勿曾點過,等我現在一點就曉得哉。

【E】佢話我啲行李就致搬上嚟,都未點到,等我而家點下就知嘞。

【F】佢話我嘅行李正話到嘵,重未點過,我去點過就知咯。

【A】趕他一查點,可就說是錯了兩隻箱子,我這兒短[①]了兩隻白皮箱,多出兩隻紅皮箱來。

【B】等他一查點,却就說是錯了兩隻箱子,我這裏少了兩隻白皮箱,多出兩隻紅皮箱來。

【C】果然一查,就話錯之兩隻箱子者,少之兩隻白皮箱,多之兩隻紅皮箱。

【D】等伊一點,就話弄錯兩隻箱子,我此地少之兩隻白皮箱,多之兩隻紅皮箱。

【E】及至佢點完,就話錯咽兩個箱,我呢處少嘵兩個白皮箱,多出兩個紅皮箱。

【F】點完就話,錯嘵兩箇箱,我有兩箇白皮箱唔見嘵,但多出兩箇紅皮箱。

【A】我一聽這話對了,這麼着我就和他說,回頭我就打發小車子,把您那兩隻箱子送來。

【B】我一聽這話對了,這麼樣我就和他說,回頭我就打發小車子,把您那兩隻箱子送來。

【C】我一聽伊个說話對者,乃味我就對伊話,讓我轉去打發小車子,担尊駕兩隻皮箱送來。

【D】我一聽第个說話對哉,實蓋末我就搭伊話,轉來之我就打發小車子,拿伊兩隻箱子送之來。

【E】我聽見噉話係對嗻喇,就同佢講話,歇吓我打發車仔,送翻你㗎兩個箱嚟。

【F】噉佢嘅說話係對喇,我就話,歇一陣我駛一駕車,裝你兩箇箱嚟。

【A】您把這兩隻紅箱子,就交給他們帶回去就得了[②]。

【B】您把這兩隻紅箱子,就交把他們帶回去就是了。

【C】箇兩隻紅皮箱味,費心教伊帶之轉來味就是者。

【D】拿第兩隻紅箱子,交撥伊拉帶轉去就是哉。

【E】請你交呢兩個紅皮箱,過佢帶翻去就得咯。

【F】你就可以交嗰兩箇紅皮箱,俾佢帶囘。

【A】這麼着我就回來了。你這麼早忙着找我,是有甚麼要緊的事情麼?

【B】這麼樣我就回來了。你這麼早忙着找我,是有甚麼要緊的事情麼?

【C】格咾我就回轉來。閣下老早來尋我,有啥要緊事體呢啥?

【D】實蓋我就轉來哉。儂老早來尋我,是有啥要緊事體否?

【E】噉而家我正翻嚟。做乜你咁忙咁早搵我,有乜緊要事呢?

【F】噉我就番嚟。你今朝咁早嚟搵我,有乜要事呢?

【A】因爲我們今兒個有點兒要緊用項,找您摘給我們幾百塊錢用。

【B】因爲我們今天有點兒要緊用項,找您掇把我們幾百塊錢用。

【C】因爲我今朝有樣要緊个用頭,請閣下借幾百塊洋錢拉我,有否?

【D】因爲我伲今朝有點要緊用頭,尋儂借幾百塊洋錢撥我用。

【E】因爲我今日有筆緊用嘅欵項,求閣下處挪移幾百個銀錢過我使住。

【F】甲我今日因有人逼緊攞的款項,想同你暫借轉幾百銀用�。

【A】有,您跟我到棧裏取去罷。

【B】有,您跟我到棧裏拿去罷。

【C】有个,跟我到棧裡去担。

【D】有个,儂跟我到棧裏去拿末哉。

【E】有,你跟我到棧攞喇。

【F】乙做得,你同我去客棧處攞喇。

【注解】

① 短:丢失。

② 得了:可以了。用於結束談話的時候,表示同意或制止,常與"了"連用。

## 2 第二十二章(第二十二課　因案被參)

【A】老弟,我聽見說你們那位令親王子泉被叅了,是眞的麼?不錯,是眞的。

【B】老弟,我聽見說你們那位令親王子泉被叅了,是眞的麼?不錯,是眞的。

【C】老弟,我聽見話令親王子泉官壞者,有介事否?勿錯,有介事个。

【D】老弟,我聽見話倻伊位令親王子泉叅脱哉,是眞个否?勿錯,是眞个。

【E】弟台,我聽見話你哋個位令親王子泉被叅咽,係眞嘅嗎?冇錯,眞嘅。

【F】甲我哋聞得你令親王子泉被人參劾,眞啵假呢?乙係眞嘅。

【A】你知道是爲甚麼事被的叅?我起去年就聽見說,他要被叅,我還不很信。

【B】你曉得是爲甚麼事被的叅?我從去年就聽見說,他要被叅,我還不很信。

【C】曉得爲啥咾壞个呢?舊年我聽見話,伊个官要壞快者,我勿那能相信。

【D】儂曉得是爲啥事體叅脱个？我從舊年就聽見話，伊要叅脱，我還勿相信。

【E】你知到佢係因乜事被叅嘱？我舊年就聽見話，佢噲參嘅嚹，我重唔多信。

【F】甲你知到爲乜案被參呢？乙嗷舊年我都聽見話，佢噲被參，但唔多信。

【A】如今果然眞被叅了。前幾天我見了子泉他哥哥，據他說，是因爲兩案事壞的官。

【B】如今果然眞被叅了。前幾天我見了子泉的哥哥，據他說，是因爲兩案的事壞的官。

【C】現在倒眞个壞者。前幾日我看見子泉个哥哥，據伊話，是爲兩莊案件咾壞个。

【D】現在果然叅脱哉。前幾日我看見子泉个阿哥，據伊話，是爲之兩件事體壞个官。

【E】而家果然叅咽咯。前幾日我見着子泉大佬，據佢講話，因爲兩宗案件壞官嘅。

【F】而家確係被參咽咯。先幾日我遇着子泉嘅大佬，照佢所講，因有兩宗案件壞官嘅。

【A】一案是前年秋天，縣城裏頭有一個錢舖被刦搶了有幾百兩銀子贓去。

【B】一案是前年秋天，縣城裏頭有一個錢舖被刦搶了有幾百兩銀子贓去。

【C】一件味舊年秋天，城裏有爿錢莊被劫，搶脱之幾百兩銀子。

【D】一件是前年秋天，縣城裏向有一爿錢莊撥强盜搶之幾百兩銀子去。

【E】一件係前年秋間，縣城裡頭有間錢舖被刦，搶嘵有幾百銀贓去。

【F】一宗係前年秋間，喺縣城裏頭有間錢舖被刦，搶嘵幾百両銀。

【A】他連一個賊也沒拿着。那個時候撫台就出了条了,把他的頂戴摘了。

【B】他連一個賊也沒拿到。那個時候撫台就出了叅了,把他的頂戴摘了。

【C】伊一个强盗也勿曾捉着。那个時候撫台就話,要革摘脱伊个頂戴者。

【D】伊連一个强盗也捉勿着。伊个時候撫台就奏衆哉,拿伊摘去頂戴。

【E】佢一個賊都唔捉到。個時撫台就奏衆佢喇,把佢摘頂留任。

【F】但冇捉倒一箇賊。嗰時箇位省主席[即從前督撫等]就參劾咽佢,把佢摘頂[今無摘頂處分,可改爲記大過]。

【A】給他幾個月的限,還留在任上,叫他趕緊的拿賊。趕到滿了限了,還是一個賊也沒拿着。

【B】給他幾個月的限,還留在任上,叫他趕緊的拿賊。等到滿了限了,還是一個賊也沒拿着。

【C】撥伊幾个月限,還留拉任上,教伊趕緊去捉第个强盜。限滿者,仍舊一个亦勿曾捉着。

【D】限伊幾个月,還留拉任上,叫伊赶緊个破案。等到滿之限,仍舊一个也捉勿着。

【E】限幾個月內,趕緊把賊捉到。(——按:原文無對應句。)等到限滿,佢仍舊捉唔倒一個賊。

【F】又限幾箇月,在任內要捉倒箇的賊,越快越好。但箇的限期屆滿,仍未捉倒一箇賊。

【A】這麽着,他又展了好幾回限,直展到去年冬天,那一夥子賊始終沒拿着。

【B】這麽的,他又展了好幾限,直展到去年冬天,那一夥子賊始終也沒拿着。

【C】乃味,又寬之好幾个限,直到舊年冬天,終究一个也捉勿着。

【D】實蓋末，伊又寬之好幾限，直寬到舊年冬天，伊等强盗到底捉勿着。

【E】噉，又展限佢幾個月，一直限到舊年冬天，啲帮賊始終捉唔倒一個。

【F】噉，又展限幾次，至到去年冬天，總未捉倒嗰的賊匪。

【A】偏巧今年春天，縣城裏頭有一個人，半夜裡進了一個人家兒裏去。

【B】偏巧今年春天，縣城裏頭有一個人，半夜裏進了一個人家屋裏去。

【C】勿愺恅，今年春上，縣城裡向又有个人，半夜把[①] 到人家屋裏去。

【D】恰巧今年春天，縣城裏向有一个人，半夜裏到一家人家屋裏去。

【E】偏偏咁凑巧，今年春間，縣城處又有個人，半夜走入人屋。

【F】凑巧今年春間，縣城內有一箇人，半夜入到民居。

【A】殺死了倆人，兇手逃跑了。

【B】殺死了兩人，兇手逃跑了。

【C】殺脫之兩个人，兇手跑脫者。

【D】殺脫之兩个人，兇手逃走之。

【E】殺死兩個人，兇手走咽。

【F】打死兩箇人，箇兇手又走甪。

【A】又添上了這麼一件棄兇逃走的案，這麼着撫台就把他參革了。

【B】又添上了這麼一件棄兇逃走的案，這麼樣撫台就把他參革了。

【C】又加之一件跑脫兇手个案，乃味撫台擔伊來革脫个。

【D】又添之實蓋一件逃兇个案件，實蓋撫台就拿伊硶革哉。

【E】又添多呢一件棄兇逃走嘅案，噉個撫台就把佢叅嘵咯。

【F】噉添呢件逞兇逃走嘅案，箇位省主席就呈明國府主席參革佢咯。

【A】那麽他現在已經離了任了麽？是，已經離了任了，在省裏住着了。

【B】那麽他現在已經離了任了麽？是，已經離了任了，在省裏住着了。

【C】格味現在已經離任拉沒？已經離任拉者，住拉省裏。

【D】實蓋末伊現在已經離之任哉？是，已經離之任哉，拉省裏住拉。

【E】噉佢現時已經離任唎咩？係。佢已經離任咯，現在喺省城處住。

【F】甲噉佢已經離任唔呢？乙係，佢離任重喺省城居住。

【A】他宦囊怎麽樣？他有甚麽宦囊啊，他現在是兩袖清風。

【B】宦囊怎麽樣？他有甚麽宦囊啊，他現在是兩袖清風。

【C】箇味俸味那能？有啥俸耶，兩手精空。

【D】宦囊那能樣式？伊有啥个宦囊呢，伊現在是兩袖清風。

【E】佢宦囊點樣呀？佢有乜宦囊吖，現時都係兩袖清風。

【F】甲佢宦囊點樣呢？乙重講宦囊咩，兩袖清風係喇(英譯作發財咩，一箇錢都冇)。

【A】他既是宦囊羞澁，何必還在省裏住着呢？他倒願意回來哪，就是一時回不來。

【B】他既是宦囊羞澀，何必還在省裏住着呢？他倒願意回來哪，就是一時難回來。

【C】既然俸罰脫拉者，還去等拉省裏做啥呢？勿是，倒要歸來拉个，一時勿能歸來咾。

【D】伊既然宦囊全無，何必還住拉省裏呢？伊到情願轉來，只是一時難轉來。

【E】佢既係宦囊羞澀,何必重喺省城住呢？佢都好想翻嚟嘅咯,不過一時未曾翻得嚟嘅吖。

【F】甲佢宦囊既然咁羞澀,何必重住省垣呢？乙啊,佢都想番嚟,但不能卽時番得吖。

【A】怎麽回不來呢？是沒有盤費麽？倒不是沒有盤費。

【B】怎麽難回來呢？是沒有盤費麽？倒不是沒有盤費。

【C】那能咾勿得歸來呢？還是無得盤費呢啥？倒勿是無得盤費。

【D】那能難轉來呢？是無沒盤費否？倒勿是無沒盤費。

【E】做乜唔翻得嚟呢？係冇盤費咩？都唔係冇盤費。

【F】甲點解呀？唔搵得銀做川資咩？乙唔係爲噉嘅。

【A】是因爲他革職之後,撫台派委員到他衙門盤查倉庫去了,查出他虧短有四千多兩銀子的錢糧。

【B】是因爲他革職之後,撫台派委員到他衙門盤查倉庫去了,查出他虧空有四千多兩銀子的錢粮。

【C】因爲革職之後來,撫台派委員到伊衙門裏查庫銀,一查味欠之四千多兩銀子錢糧。

【D】是爲之伊革職之後,撫台派委員到伊衙門裏去盤查倉庫,查出伊虧空有四千多兩銀子个錢糧。

【E】係因爲佢被叅之後,撫台派委員去佢衙門查倉庫,查出佢虧空四千幾銀錢粮。

【F】佢被參革職之後,省主席派委員到佢衙門盤查倉庫,查出佢所收地稅都虧空嘵四千幾兩嘅錢糧。

【A】委員問他怎麽會虧短這麽個錢糧呢？他認了是他挪用了。

【B】委員問他怎麽會虧空這麽些的錢粮呢？他認了是他挪用了。

【C】委員問伊那能欠之什介多化錢糧个呢？伊承認自家用空拉个。

【D】委員問伊那能會虧空實蓋點个錢糧呢？伊認是伊用脫哉。

【E】個委員問佢點噲虧空咁多錢粮呢？佢認話自己挪曉嚟使。

【F】箇委員問佢點噲虧空咁多錢糧呢？佢認話自己借曉嚟使。

【A】這麽着那個委員就禀報撫台了,撫台就派員把他寓所裏的東西都封了。

【B】這麽様那個委員就禀報撫台了,撫台就派員把他寓所裏的東西都封了。

【C】乃味委員禀報撫台,撫台就派委員担伊寓裏个物事封起來。

【D】實蓋末伊个委員就禀報撫台,撫台就派委員拿伊寓裏个物事全封之。

【E】噉個委員回禀撫台,個撫台派官去將佢寓所嘅野一啲都封嘥。

【F】噉箇委員稟覆省主席,省主席就派官去佢寓所查封佢所有嘅物業。

【A】把王子泉調到省裏去,給他倆月的限,叫他把虧短國家的這個錢糧都交還上。

【B】把王子泉調到省裏去,把他兩月的限,叫他把虧空國家的這個錢粮都交還出。

【C】担王子泉味提到省裏去,限伊兩个月,空拉國家个錢糧味儕要還出來。

【D】拿王子泉調到省裏去,撥伊兩个月限,叫伊拿虧空國家个第个錢糧全交出來。

【E】把子泉調去省,限佢兩個月,要將虧空嘅錢粮還清。

【F】調王子泉赴省,限兩箇月,還清佢虧空嘅銀兩,嗰的係所欠地稅項下嘅錢糧。

【A】若是過了限期不交還,就要請旨,抄他京裏的家了。

【B】若是過了限期不交還,就要請旨,抄他京裏的家了。

【C】期滿之咾勿交還味,就請旨咾,抄伊京裏个家者。

【D】若然過限勿交,就要抄伊京裏个家。

【E】若係過期唔還,就要請旨,抄佢京裡頭嘅家咯。

【F】倘逾期不還,就要呈明國府主席,請令抄佢平裏頭嘅家業。

【A】這麼着他急了,就寫了一封信,打發了他一個家人,到京裏來見他哥哥。

【B】這麼樣他急了,就寫了一封信,打發他一個家人,到京裏來見他哥哥。

【C】乃味伊着急之咾,連忙寫一封信,打發一个相帮人,到京裏尋伊个哥哥。

【D】實蓋伊着急哉,就寫之一封信,打發伊一个家人,到京裏來見伊个阿哥。

【E】噉佢急起嚟,寫封信,打發個家人,入京嚟見佢大佬。

【F】噉佢在此極困苦之時,就打發箇家人,赴平到佢大佬處。

【A】叫他哥哥不論怎麼想法子,趕緊的給他湊五千兩銀子,交給這個家人給他帶回去。

【B】叫他哥哥不論怎麼想法子,趕緊的替他湊五千兩銀子,交把這個家人把他帶回去。

【C】教伊隨便那能,總要想法子趕緊湊滿五千兩銀子來撥拉伊,教箇个相帮人帶轉來。

【D】叫伊阿哥勿論那能,想个法則赶緊个替伊湊五千兩銀子,交兌第个家人撥伊帶轉去。

【E】叫佢無論點樣,設法趕緊同佢湊五千両銀,交過呢個家人帶翻去俾佢。

【F】立刻湊足五千両銀,交嗰箇家人帶回。

【A】他哥哥見着這封信,着急的了不得,找我去了,託我把他城外頭那處鋪面房給他賣了。

【B】他哥哥見了這封信,着急得了不得,找我去了,託我把他城外頭那處鋪面房和他賣了。

【C】伊个哥哥看見之箇封信,着急來非凡,叫我去,托我担伊城外頭个店面房子替伊賣脫。

【D】伊个阿哥看見第封信,着急得了勿得,來尋我,託我拿伊城外頭伊處店面房子搭伊賣脫。

【E】佢大佬接到信,就急到了不得,搵到我,託我同佢賣嘵城外啲間鋪。

【F】佢大佬讀嗰封信,操心到了不得,佢嚟我處,邀我代賣華人城內箇間舖。

【A】這麼着我就趕緊的一給他賣,還算好,賣了五千兩銀子。

【B】這麼的我就趕緊的一替他賣,還算好,賣了五千兩銀子。

【C】我味趕緊得極替伊一賣,還算造化,賣之五千兩銀子。

【D】實蓋我赶緊个就替伊賣,還算好,賣之五千兩銀子。

【E】噉樣我就趕緊同佢賣,重算好,賣得五千両銀。

【F】噉我就替佢賣嘵,好彩,賣得五千両銀。

【A】前兒個他哥哥交給來的那個家人,給他帶了去了。

【B】前幾天他哥哥交把來的那個家人,替他帶了去了。

【C】過日子伊个哥哥交代拉差來个相帮人,帶去撥伊者。

【D】前幾日伊个阿哥交撥來伊个家人,替伊帶之去哉。

【E】前日佢大佬已經打發個家人翻去,帶咽呢筆銀俾佢咯。

【F】佢立刻交帶箇來人,帶番去咯。

【A】那麼他若是把虧短的錢糧如數都交還上,他寓所裏封着的那個(些)東西怎麼樣呢?

【B】那麼他若是把虧空的錢粮如數都交還了,他寓所裡封着的那些東西怎麼樣呢?

【C】格味若使担欠拉个錢糧照數還清之,伊寓裏封拉个東西味那能呢?

【D】蓋是伊若然拿虧空个錢糧照數全交還之,伊寓裏所封拉个幾化物事那能呢?

【E】嗷佢如果把虧空嘅錢粮如數繳清,佢寓所封嘵個啲野點呢?

【F】甲嗷佢若係將虧空嘅錢糧如數繳清,佢寓所被封箇的野又點呢?

【A】趕他把這銀子交還之後,上司自然派官到他寓所裏去啟封。

【B】等他把這銀子交還之後,上司自然派官到他寓所裡去取封。

【C】等伊担箇票銀子交清之後來,上司自然派委員到伊寓裏去開封。

【D】等伊拿第个銀子交還之後,上司自然派官到伊寓裏來去封。

【E】等佢繳清銀之後,上司自然噲派人去寓所處揭封。

【F】乙佢繳清銀之後,上司噲派員去佢寓所處揭封。

【A】就把東西照舊還給他了,那他也就可以回來了。

【B】就把東西照舊還把他了,那他也就可以回來了。

【C】担東西照舊還之伊,乃味伊可以歸來者。

【D】就拿物事照數還撥伊,伊也就可以轉來哉。

【E】把啲啲野照舊俾翻佢,個時佢就可以翻嚟嘅咯。

【F】俾番物業過佢,佢就可以番嚟喇。

【注解】

按:① 半夜把,按照原版,"把"字下有逗號,則可看做約數助詞。又第二卷第38章有:"伊拉本地方只有水神廟,有个客人住拉。起箇日半夜把吊殺者。"

## 2 第二十三章(第二十三課　當店倒盤)

【A】大哥,我問您一件事,令友錢輔臣那個當舖現在止當候贖了,是爲甚麼呀?

【B】大哥,我問您一件事,令友錢輔臣那個當鋪現在止當候贖了,是爲甚麼呀?

【C】大哥,我要請教一樣事體,令友錢輔臣有爿典當,現在停之當咾等贖者,啥緣故耶?

【D】老兄,我問儂一件事體,貴友錢輔臣伊个當裏現在聽贖勿當,是爲啥呢?

【E】大哥,我問你一件事,令友錢輔臣嗰間錢舖止當候贖,係爲乜事嘅呢?

【F】甲大哥,請問吓,令友[或貴友]錢輔臣嗰間當舖而家止當候贖,係爲乜緣故呢?

【A】那個買賣不行了,快收了。怎麼?聽説那個買賣不是很好麼,怎麼會不行了呢?

【B】那個買賣不行了,快收了。怎麼?聽説那個買賣不是很好麼,怎麼會不行了呢?

【C】生意勿局,收快者咾。異[①]?聽見話生意好个味,那能啥勿局呢?

【D】伊个生意勿局哉,快點收脱哉。爲啥咾?聽見話伊个生意豈勿是極好否,那能會勿局呢?

【E】個間鋪生意不前,就要收盤喇。做乜呢?聽見話佢間鋪生意唔係幾好咩,做乜噲不前呢?

【F】乙因箇的生意唔夠皮,將近收盤呀。甲點解呢?箇行生意唔係幾好咩,為乜唔夠皮呢?

【A】你止知其外,不知其內。當初他開那個當鋪,並不是都是他自己的銀子。

【B】你止知其外,不知其內。當初他開那個當鋪,並不是都是他自己的銀子。

【C】閣下單不過曉得外面,勿曉得裡向。起頭伊開店个辰光,勿儕是自家个銀子。

【D】儂但知其外,不知其內。當初伊開伊爿典當,並勿是全是伊自家个銀子。

【E】你衹知其外,唔知其內呎。當初佢開呢間當舖,唔獨係佢自己嘅銀。

【F】乙啊,你淨係睇佢表面上啫。佢始初開當舖,唔係完全用自己嘅本錢。

【A】他有一個親戚,是個作官的,有一萬多兩銀子,白借給他使喚,不要利錢。

【B】他有一個親戚,是個做官的,有一萬多兩銀子,白借把他使用,不要利錢。

【C】伊有个親眷做个官,有一萬多銀子,白借伊開銷,勿要利錢个。

【D】伊有一个親眷,是个做官个,有一萬多兩銀子,白借撥伊用,勿要利錢。

【E】佢有親戚,係做官嘅,有萬幾銀白丟佢處,唔愛利。

【F】佢有箇親戚做官,借一萬両銀過佢,唔使利息。

【A】他自己不過有幾千兩銀子,就這麼把那個當舖開了。這幾年買賣倒很好,賺的錢也不少。

【B】他自己不過有幾千兩銀子,就這麼把那個當鋪開了。這幾年買賣倒很好,賺的錢也不少。

【C】伊自家不過有幾千兩銀子,開之箇爿典當。箇幾年裡向味生意倒怪好,銅錢賺得勿少。

【D】伊自家不過有幾千兩銀子,就實蓋拿伊爿當開哉。第个幾年生意倒極好,賺个銅錢也勿少。

【E】佢自己不過僅得幾千銀,噉就開間起當舖嚟。呢幾年都算十分好生意,賰錢都唔少。

【F】佢自己亦有幾千,噉就開張。幾年間生意甚好,利權都幾大。

【A】趕到前年,他那個親戚放下知府來了,可就把那一萬多兩銀子要回去了。

【B】等到前年,他那個親戚放下知府來了,却就把那一萬多兩銀子要回去了。

【C】前年之,伊个親眷放之知府,替伊要箇一萬多銀子者。

【D】等到前年,伊伊个親眷放之知府哉,倒就拿伊个一萬多兩銀子要收回哉。

【E】等到前年,佢個親戚放嘵知府出去,就將個萬幾銀起翻。

【F】但係前年,佢親戚放做知府[或改道尹,今無此缺],就要番嗰一萬両銀。

【A】雖然撤出那一萬多兩銀子去,他那個買賣還可以支持得住。

【B】雖然撤出那一萬多兩銀子去,他那個買賣還可以支持得住。

【C】雖然抽脱之箇一萬多銀子,伊个生意還可以撑得住个裏,

【D】雖然撤脱伊个一萬多兩銀子去,伊伊个生意還可以支持得住。

【E】嗰佢雖係俾人起翻萬幾銀去,但係生意都仍然可以支持。

【F】雖然係起番呢筆銀,佢嘅生意重可以支持。

【A】忽然他無故的想做洋藥的買賣,起初還不過買個一兩箱子洋藥賣。

【B】忽然他無故的想做洋葯的買賣,起初還不過買個一兩箱子洋葯賣。

【C】忽然間無緣無故伊想販土者,起頭个時候還不過買一二箱土。

【D】忽然伊無緣無故想做土生意,起初不過買个一兩箱土來賣。

【E】忽然佢無端想着賣起烟坭嚟,其始都不過買一兩箱嚟賣呎。

【F】但佢忽然想起做洋煙生意,佢起首不過買一兩箱嚟賣。

【A】偏巧賺了錢了,膽子可就壯了,這麼着又買了七八箱子洋藥,賣了,又賺了錢了。

【B】偏巧賺了錢了,膽子却就壯了,這麼的又買了七八箱子洋葯,賣了,又賺了錢了。

【C】造化賺點銅錢个,後來膽大起來者,買之七八箱土來賣,又倒賺點銅錢个。

【D】恰巧賺之銅錢哉,膽倒就大哉,實蓋又買之七八箱土來賣,又賺之銅錢哉。

【E】偏偏俾佢賍錢,膽就大嘵,第囘又買七八箱土嚟賣喇,俾佢賍錢。

【F】湊巧賍得的錢,就放膽,再買七八箱,又賍的添。

【A】所以膽子更大了。趕到了去年快封河的時候,有一個廣棧裏,來了一百箱子烟土。

【B】所以膽子更大了。等到了去年快封河的時候,有一個廣棧裏,來了一百箱子烟土。

【C】所以膽越弄越大者。到舊年,封河快个時候,有一爿廣東棧裏,來一百箱个土。

【D】所以膽更加大哉。等到之舊年封河快个時候,有一爿廣棧裏,來之一百箱土。

【E】噉佢膽更加大喇。等到舊年將近封河個時,有一間呌做廣棧,嚟嘵有一百箱烟坭。

【F】故此更加膽大喇。舊年將近封河時候,有間廣棧,嚟嘵一百箱煙土。

【A】他聽見說沒有別的火輪船來了,他一想,他若是把那一百箱子烟土買下,留着冬天賣,必賺好錢。

【B】他聽見說沒有別的火輪船來了,他一想,他若是把那一百箱子烟土買下,留着冬天賣,必賺好錢。

【C】伊聽見話無啥別只火輪船來者,心裏一想,若使担箇一百箱來買之,留到冬天咾賣味,必定要賺好價錢。

【D】伊聽見話無沒別隻火輪船來哉,伊一想,伊若是拿伊个一百箱土買拉,留到冬天賣脫,一定好賺銅錢。

【E】佢聽見話冇第隻火船嚟咯,佢想吓,如果把呢百箱烟坭買嚟,留到冬天,必賺大錢。

【F】佢聞得冇第隻火船嚟,就估價埋呢一百箱,留番冬天嚟賣,必賺大錢。

【A】這麽着他就到了那個廣棧裏,和那個廣棧的掌櫃的一商量,願意把那一百箱子烟土都留下,倆月之後付銀子。

【B】這麽樣他就到了那個廣棧裏,和那個廣棧的管事的一商量,願意把那一百箱子烟土都留下,兩月之後付銀子。

【C】乃味就到箇爿廣東棧裡去,同棧裡管賬先生一商量,要担箇一百箱土留拉,兩個月後來付銀子。

【D】實蓋末伊就到之伊爿廣棧裏,搭伊个廣棧裏个當手一商量,情願拿伊个一百箱土全留拉,兩个月後付銀子。

【E】噉佢就去啲間廣棧,同啲個事頭商量,想話劏啯個百箱烟坭,兩個月後俾銀。

【F】噉佢就去嗰間廣棧,同箇司理商量,佢就想劏呢一百箱,限期兩箇月至支銀。

【A】那個廣東人也答應了。

【B】那個廣東人也答應了。

【C】廣東人味倒肯个。

【D】伊个廣東人也答應个。

【E】啲個廣東客就應承佢。

【F】嗰箇廣東客就應承喇。

【A】趕他買妥了,過了有兩三天,忽然又來了一隻火輪船,裝了有五六百箱子烟土來。

【B】等他買妥了,過了有兩三天,忽然又來了一隻火輪船,裝了有五六百箱子烟土來。

【C】就買成功者,過之二三日,忽然又到一隻火輪船,裝之五六百箱个土。

【D】等伊買定當之,歇之有兩三日,忽然又來之一隻火輪船,裝之五六百箱土來。

【E】等到買成嘵,過兩三日,忽然又到咽隻火船,裝嘵有五六百箱烟泥。

【F】佢買成後兩三日,忽然又嚟隻火船,載有五六百箱煙土。

【A】這個行市就直往下這麼一掉,他沒法子了,就趕緊的都賣出去了。

【B】這個行市就直往下這麼一跌,他沒法子了,就趕緊的都賣出去了。

【C】行情頃刻大跌,乃味無啥法子,只得忙煞能賣出去。

【D】第个行情就實蓋朝下一跌,伊無法則哉,就赶緊个全賣脱哉。

【E】價錢整到大跌,佢冇法,都要趕住賣出去。

【F】的市價一跌,噉佢無法可施,就要立刻沽清。

【A】賠了有好幾千兩銀子,可就把那個當鋪也拉躺下了。這都是他放着穩當買賣不做,妄想發財。

【B】賠了有好幾千兩銀子,却就把那個當鋪也拉淌(躺)下了。這都是他放着穩當買賣不做,妄想發財。

【C】折脱之好幾千銀子,爲此咾典當亦倒下來者。箇秃是伊穩當个生意味勿做,瞎想發財。

【D】折之有好幾千兩銀子,倒就拿伊爿典當也倒下來哉。第个全是伊放之穩當生意咾勿做,要想發財。

【E】賠嘵好幾千銀,噉就把間當鋪搖倒喇。佢有穩陣生意唔做,亂想發財。

【F】賠嘵有幾千両銀,噉一倒連間當舖都倒埋。佢嘅唔好彩全因捨穩陣生意唔做,妄想發財啫。

【A】所以纔壞了事了。大哥您看,獨做那洋藥買賣的,總沒有長久富貴的。

【B】所以纔壞了事了。大哥您看,獨做那洋葯買賣的,沒有長久富貴的。

【C】所以事體壞个。大哥請看,販土个生意,富貴終勿常久个。

【D】所以就壞之事哉。老兄儂看,獨是做伊个土生意,無沒長久發財个。

【E】所以致累事咧。大哥你睇吓吖,做鴉片烟生意,總冇富貴得長久嘅噃。

【F】甲噉你知到喇,唔長享得富厚嘅人,獨係箇的做洋藥生意嘅喇。

【A】就是有起這上頭發了財的,也不過是眼前歡,不多幾年,自然的就敗了。

【B】就是有在這上頭發了財的,也不過是眼前歡,不要幾年,自然的就敗了。

【C】就是拉箇上發之財,亦不過眼前个喜歡,勿多幾年,自然亦就要敗个。

【D】就是拉第个前頭一回發之財,也不過眼前花(歡),勿多幾年,自然就敗哉。

【E】即使有由呢項發財嘅,亦不過係眼前歡嘅啫,冇幾多年,自然就敗嘅咯。

【F】縱然發達,亦係短期嘅快樂,唔上幾年,就自然失敗噃。

【A】那是一定的理,那本是損人利己的買賣,怎麽能長享富貴呢?

【B】那是一定的理,那本是損人利己的買賣,怎麽能長享富貴呢?

【C】固是一定个道理,本來是利己害人个生意,那得能彀常莊享富貴呢？

【D】第个是一定个理，伊个本來是損人利己个生意，那能會常莊發財呢？

【E】個啲係一定嘅道理，呴啲本來係損人利己生意，焉能長享富貴呢？

【F】乙箇的係一定之理喇，凡做利己損人嘅生意，點得長享富厚呢？

【A】我們本鄉有一個恒原土局子，買賣很大，四遠馳名，那個東家姓郝。

【B】我們本鄉有一個恒原土棧，買賣很大，四遠馳名，那個東家姓郝。

【C】伲本地方有一爿恒原土行，生意十分大，各處有名，箇个東家姓郝。

【D】我伲本地有一爿恒原土棧，生意極大，四遠馳名，伊个東家姓郝。

【E】我地本鄉有間恒源(原)鴉片行，生意甚大，遠近馳名嘅，呴個東家姓郝。

【F】甲我本處有間恆源(原)洋藥局，佢做嘅生意好大，而且極之著名，嗰位東家係姓郝嘅。

【A】都是自己下天津，起洋行裏買貨。一回總買幾百箱子的貨，舖子裏總有幾十個夥計。

【B】都是自己下天津，從洋行裏買貨。一回總買幾百箱子的貨，鋪子裏總有幾十個夥計。

【C】總是自家到天津，洋行裡去買貨色个。一回要買幾百箱貨色，店裡夥計總有幾十个。

【D】全是自家上天津，到洋行裏去買貨。一回總買个幾百箱貨色，店裏一總有幾十个夥計。

【E】總係自己去天津，喺洋行買賣。一回是必幾百箱貨，舖裡頭有幾十個夥記。

【F】佢自己去天津，喺間洋行嚟買貨。一買就幾百箱之多，間舖頭都有幾十箇夥計。

【A】這些年所發了財了，家裏蓋的房子很多，上下有數百多號人，騾馬成羣。

【B】這些年數發了財了，家裏蓋的房子很多，上下有數百多口人，騾馬成羣。

【C】多年工夫發財，屋裡造之多化房子，上下三班人有百外，騾子咾馬成淘拔隊。

【D】第个幾年發之財，屋裏造个房子極多，上下有幾百个人，騾馬成羣。

【E】呢幾年間發咁多財，屋唸起埋好多屋舍，上下有百幾口人，騾馬成羣。

【F】佢歷年賰長好多銀，佢嘅屋宇甚多，家中有百幾口人，騾馬成羣。

【A】這麼樣兒的財主。趕到去年，會一敗塗地了。我先還不知道是怎麼敗的這麼快。

【B】這麼樣兒的財主。等到去年，會一敗塗地了。我先還不曉得是怎麼敗的這麼快。

【C】什介財主。到舊年，弄來一塗地。我起頭還勿懂那能敗來什介快。

【D】實蓋能个有銅錢。等到舊年，爲一敗塗地。我起初還勿曉得是那能敗得實蓋个快。

【E】噉樣財主。到舊年，就一敗塗地。我始初重唔知佢點解噲敗得咁快。

【F】算得箇大富豪。去年，就一敗塗地[英譯作全弄到乞兒模樣]。我始初唔明白佢點敗得咁快。

【A】趕後來我細一打聽，纔知道敢情是這幾年買賣發了財了，東家所不上舖子了。

【B】到後來我細一打聽,纔曉得想情是這幾年的買賣發了財了,東家就不到鋪子了。

【C】後來仔細一打聽,曉得着實幾年工夫生意發財,東家店裡勿到个者。

【D】到後來我細細能一打聽,纔纔曉得想情是第幾年个生意發个財,東家勿到店裏。

【E】及後我仔細打聽吓,致知到緣來係呢幾年發曉財,東家總唔到舖頭。

【F】及後細心研究,就查出實係呢幾年間佢嘅生意重賺開錢,但東家總冇到舖。

【A】竟在家裏納福,也老沒算大帳。舖子裏那些個夥計們,見天黑下往外偷烟土。

【B】竟在家裏納福,也總不算大帳。鋪子裏那些個夥計們,見天晚上往外偷烟土。

【C】不過等拉屋裏作樂,從勿曾結歇總賬。店裏夥計,天夜之味偷土出去賣。

【D】竟拉屋裏享福,也總勿去算啥帳。店裡伊个幾化夥計,看見天夜之偷土到外頭去。

【E】靜係屋唫納福,亦總冇維吓個盤大數。舖裡頭啲夥記,賍晚黑偷的烟泥出去。

【F】佢總係喺踮嚟快活享福,隔好耐日子,連大數都冇盤算過嘅。每日到晚黑時候,夥計靜中去偷箇的鴉片煙坭。

【A】東家是一概不知道。趕到去年,還是姓郝的有倆朋友,知道他舖子有了毛病了。

【B】東家是一概不曉得。等到去年,還是那姓郝的有兩朋友,曉得他鋪子有了毛病了。

【C】東家一眼勿曉得,到舊年,有一个姓郝个朋友,曉得店裏出之毛病者。

【D】東家是一概勿曉得。等到舊年,還是伊个姓郝个有兩个朋友,曉得伊店裏有之毛病哉。

【E】東家一概唔知。等到舊年,佢有兩個朋友,知到佢舖頭裏頭有弊端。

【F】佢總唔知到。但舊年,姓郝嘅有兩位朋友,知到舖裏頭事務唔妥當。

【A】可就叫他上舖子算帳盤貨去,這麽着他纔到了舖子裏一算帳,虧空有好幾萬兩銀子。

【B】却就叫他到鋪子算帳盤貨去,這麽的他纔到了鋪子裏一算帳,虧空有好幾萬兩銀子。

【C】打合[②]伊到店去算算賬目盤盤貨色,乃味伊到店裡去賬一算,欠之好幾萬銀子。

【D】倒就叫伊到店裏去算帳咾盤貨,實蓋末伊就到之店裏一算帳,虧空有好幾萬兩銀子。

【E】就勸佢出舖頭盤吓啲貨共埋算吓啲賬,噉佢致出舖頭,先算吓盤數,已經空咽好幾萬銀咯。

【F】勸佢番去算吓的賬,點吓的貨,噉就去算箇盤數,見又虧空曉好幾萬両銀。

【A】又一盤貨,剩了不過有幾箱子土了。他就問夥計們,帳怎麽虧空的?貨怎麽短的?

【B】又一盤貨,剩了不過有幾箱子土了。他就問夥計們,帳怎麽虧空的?貨怎麽短的?

【C】一盤,剩下來个貨色不過有幾箱土者。就問夥計,賬那能空个?貨色那能缺个?

【D】又一盤貨,剩得不過幾箱土哉。伊就問夥計拉,帳那能虧空个?貨色那能少个?

【E】又盤吓啲貨,不過剩得幾箱烟泥。佢就問各夥記,個啲賬點解虧空得咁多?貨點解噲剩得咁少呢?

【F】盤貨之時,見不過剩番幾箱煙土。問吓箇的夥計,點解的賬咁虧的貨咁短?

【A】那些個夥計們都說不知道,這麼着他沒法子了,就把房子牲口都賣了。

【B】那些夥計們都說不曉得,這麼樣他沒法子了,就把房子牲口都賣了。

【C】夥計拉話勿曉得,乃伊無啥法子,就担房子牲口儕賣脱一齊担去。

【D】伊个幾化夥計拉全話勿曉得,實蓋末又無法則哉,全拿房子咾牲口全賣脱哉。

【E】啲啲夥計大家都話唔知,噉佢冇法,只可將啲啲屋舍騾馬所有賣清。

【F】佢哋全然話唔知,噉佢就將屋宇及騾馬賣清。

【A】算是把該洋行的銀子都歸上了,然後把鋪子也關了。

【B】算是把該洋行的銀子都歸還了,然後把鋪子也關了。

【C】還欠拉洋行裏个銀子,乃味店關脱。

【D】算拿欠洋行裏个銀子全歸還之,然後末拿店來關哉。

【E】還翻欠落洋行個啲賬,就將間舖關埋嘵。

【F】僅可夠還欠洋行嘅數目,後來就收盤咯。

【A】他起那麼一口氣,得了一場病就死了。家裏底下人們也都散了,就剩了他們本家的人了。

【B】他從那麼一氣,得了一場病就病死了。家裏底下人們也都散了,就剩了他們本家的人了。

【C】後來氣昏之,得之一場病咾死脱个。屋裏用拉个人味儕回脱,就剩兩个屋裏个人。

【D】伊就實蓋一氣,得之一場病就死哉。屋裏个底下人拉也全散哉,全剩之伊拉自家个人。

【E】佢由噉樣一氣,就得病死嘵。家裡啲下人喊都散晒嘞,獨剩得佢自己親丁幾個人。

【F】但因為噉樣嚟激氣,佢得病又死嘵。佢嘅夥計盡行離開,祇剩佢家中嘅人呮。

【A】脚下是吃一頓挨一頓,這麼樣兒的苦法,您瞧,這都是賣洋藥的收場。

【B】目下是吃一頓挨一頓,這麼樣兒的苦法,你看,這就是賣洋葯的收場。

【C】現在一日一日暝過去,什介苦法,請看,箇味是賣鴉片个收塲。

【D】現在是吃一頓無一頓,實蓋樣式个苦法,儂看,就是賣土个收塲。

【E】而家都係食一餐餓一餐,噉嘅苦法,你睇吓,呢啲就係賣鴉片嘅結局吖。

【F】現時佢家中受困窮,至到食一餐餓一餐,可以見得,呢的係賣洋藥嘅收場咯。

【注解】

① 按:異,不表義的音節造詞(語音造詞,以取聲為主,詞素只表音不表義的造詞方法)。取聲表情,同"喂""嗯"。《土話指南》出現兩次。另一例見第二卷第二十四章。

② 打合,主張,方言。

## 2 第二十四章(第二十四課　幕客談情)

【A】老弟,你是多咱回來的? 我是新近回來的。你這是解江西回來麼? 不是,我是起江蘇回來。

【B】老弟,你是多時回來的? 我是剛纔回來的。你這是由江西回來麼? 不是,我是從江蘇回來的。

【C】老弟,自家幾時轉來个? 我轉來得勿多幾日裡。從江西轉來是否? 勿是,我從江蘇轉來。

【D】老弟,儂是幾時轉來个? 我是纔然轉來个。儂第回是拉江西轉來否? 勿是,我是拉江蘇轉來。

【E】弟台,你幾時翻嚟嗎? 我就致翻嚟嘅。你係由江西翻嚟嘅嗎? 唔係,我打江蘇翻嚟嘅。

【F】甲你係幾時番嚟嘅？乙先冇幾耐啫。甲係喺江西番嚟嗎？乙唔係，我係由江蘇番嚟呢。

【A】你當初不是上江西去了麼？怎麼如今是解江蘇回來呢？
【B】你當初不是往江西去了麼？怎麼如今是由江蘇回來呢？
【C】異？起頭阿是到江西去个？那能從江蘇轉來个呢？
【D】儂當初豈勿是到江西去个否？那能現在是拉江蘇來呢？
【E】你當初唔係去江西嘅咩？點解而家打江蘇翻呢？
【F】甲你始初唔係去江西咩？何以而家喺江蘇番嚟呢？

【A】我是原本上江西去了，後來又到蘇州去了。你這幾年在外頭，事情怎麼樣？

【B】我是本來往江西去了，後來又到蘇州去了。你這幾年在外頭，事情怎麼樣？

【C】我本來是到江西去，後來又到蘇州个。幾年拉外勢，事體那能？

【D】我是本來到江西去个，後來又到之蘇州去。儂第个幾年拉外頭个事體那能？

【E】我本來去江西嘅，後來又轉過蘇州吖。你呢幾年喺外便嘅事情如何呀？

【F】乙我先去江西，後來又去蘇州咯。甲你去嘵咁耐，事情又點樣呢？

【A】在江西那幾年，事情倒很好，就起到了蘇州之後，事情就所不順了。

【B】在江西那幾年，事情到很好，就從到了蘇州之後，事情就是不順了。

【C】拉江西箇幾年，事體倒怪好，到之蘇州後來味，事體勿順者。

【D】拉江西个幾年，事體到極好，自從到蘇州以後，事體就勿順哉。

【E】喺江西咱幾年，都甚好，自到蘇州之後，事情就唔得順適咯。

【F】乙始初箇幾年，喺江西甚好，但到蘇州之後，乜野都唔成就咯。

【A】您既在江西很好，作甚麽又到蘇州去呢？

【B】你既在江西很好，作甚麽又到蘇州去呢？

【C】既然拉江西事體蠻好味，做啥咾又到蘇州去个呢？

【D】儂既然拉江西極好末，做啥又到蘇州去呢？

【E】既係喺江西咁好，做乜你又過蘇州呢？

【F】甲江西既然咁好世界，做乜又去到蘇州呢？

【A】因爲我們那位舊居停去年調任雲南了，打算要邀我一同去。

【B】因爲我們那位舊居停去年調任雲南了，打算要邀我一同去。

【C】因爲我个老東家舊年調任到雲南，打算要我一淘去。

【D】因爲我伲伊位舊東家舊年調任到雲南，打算要邀我一淘去。

【E】因爲舊年我咱個舊東家調任去雲南，想邀我同埋去嘅。

【F】乙因我嘅舊居停調任雲南，想邀我同去。

【A】我是嫌路太遠不願意去，打算要回京來，他勸我不叫我回來。

【B】我是嫌路太遠不願意去，打算要回京來，他勸我不要我回來。

【C】我嫌路遠咾勿高興，要想回到京裏來，伊勸我勿要回到京裏去。

【D】我是嫌路忒遠勿情願去，打算仍舊到京裏來，伊勸我勿要轉來。

【E】我嫌路程太遠唔想去，打算想翻京，佢勸我唔使翻京。

【F】我嫌路途遙遠就唔願去,想番到北平,佢勸我唔好回平。

【A】他說他有一位同年的,在蘇州是候補道,姓和,他要把我舉薦到那兒去辦書啟。

【B】他說他有一位同年的,在蘇州是候補道,姓和,他要把我舉薦到那裏去辦書啟。

【C】話咾伊有个同年,姓和,拉蘇州候補道,要薦我到伊搭去做書辨(辦)。

【D】伊話伊有一位同年,拉蘇州是个候補道,姓和,伊要薦我到伊壚頭去辦書啟。

【E】佢話有一位同年姓和,係江蘇候補道,佢想舉薦我去啲處辦書啟。

【F】就話佢同年有位姓和嘅孝廉,喺蘇州候補道員,佢想介紹我去嗰處辦書啓。

【A】我也願意去,這麼着他就寫了一封薦信,打發我到蘇州去了。

【B】我也願意去,這麼樣他就寫了一封薦書,打發我到蘇州去了。

【C】我倒亦肯个,伊味寫之一封薦書,打發我到蘇州去。

【D】我也情願去,實蓋末伊就寫之一封薦書,打發我到蘇州去。

【E】我都願情去,噉就佢寫嘵一封薦書,打發我過蘇州處。

【F】我都情願去,佢親自俾信介紹,打發我去蘇州。

【A】趕我到了蘇州,纔知道和公那兒還有兩位師爺了。

【B】等我到了蘇州,纔曉得和公那裏還有兩位師爺。

【C】我到之蘇州,那曉得箇位和公還有兩个師爺拉裏。

【D】等我到之蘇州,纔曉得和公壚頭還有兩位師爺。

【E】及我到蘇州,致知和公啲處重有兩位師爺嘅。

【F】我到嘵嗰處,至知到和公處有兩位老夫子。

【A】那倆人都是浙江人,見我去了,都很欺生,我是諸事掣肘。

【B】那兩人都是浙江人,見我去了,都很欺生,我是諸事掣肘。

【C】兲是浙江人,看見我去之,欺我陌生,格咾樣樣事體無景緻。

【D】伊兩个人全是浙江人,看見我去之,全要欺陌生,我諸事未便。

【E】呾兩個都係淅江人,見到我到嘵,十分欺生,嗷我就各件都受佢哋壓制。

【F】係浙江人,一見我喺處,十分欺生,所有我各公事都被佢阻滯。

【A】他們倆人若是打起鄉談來,我是連一句也不懂得。

【B】他們兩人若是打起鄉談來,我是連一句也不懂得。

【C】伊拉兩个若使打起本地反(話)來味,自我連搭一句亦勿懂。

【D】伊拉兩个人若然打起鄉談來,我是一句也勿懂。

【E】倘若佢兩個打起啲土談嚟,我就連一句都唔曉。

【F】佢一講出自己嘅土談,我一句都唔懂。

【A】若是偶然我問他們一件事,他們都和我粧不知道,不肯告訴我。

【B】若是偶然我問他們一件事,他們都和我粧不曉得,不肯告訴我。

【C】有常時,偶然問伊拉啥事體,伊拉假粧勿懂,勿肯告訴我。

【D】若是偶然我問伊拉一件事體,伊拉全搭我粧个勿曉得,勿肯回頭。

【E】若係偶然問佢一件事,佢哋詐作唔知,總唔肯講過我聽。

【F】若我偶然問佢一件事,佢詐作唔知,唔肯講過我聽。

【A】就連出去走走逛逛,他們倆都掰着我。

【B】就連出去走走蕩蕩,他們兩都撇着我。

【C】或者出去走走白相,伊拉總避脫我。

【D】就連我出去走勃相,伊拉兩个全避脫我。

【E】連到出去逛吓,佢兩個都騙開我。

【F】連到同行,佢都唔睬我。

【A】我看他們那光景,是過於咬羣,我一想,我們若是再往下混,可就要生分了。

【B】我看他們那光景,是過於欺生,我一想,我們若是再同他過,却就要生分了。

【C】看伊拉神氣,是容我勿起,我想,再等下去,要弄出勿平靜來者。

【D】我看伊拉个光景,是過於欺陌生,我一想,我若是再同伊拉纏下去,就要無趣哉。

【E】睇佢哋咱啲情形,妒忌得太闗係咯,我一想吓,如果再做落,噲爭執呦。

【F】睇佢哋嘅光景,冇交遊嘅心事咯,就想到,如果噉樣做落,將來定然生事。

【A】這麽着我就辭了館回來了。那位和公待你怎麽樣?

【B】這麽樣我就辭了舘回來了。那位和公待你怎麽樣?

【C】格咾就辭之舘轉來个。箇位和公待閣下那能?

【D】實蓋末我就辭之館咾轉來哉。伊位和公待儂那能?

【E】噉樣辭舘翻嚟喇。咱位和公待你又點呢?

【F】我因噉辭館番嚟喇。甲嗰位和公待你點樣呢?

【A】那位和公待我倒還罷了,得就是這回辭館的時候,他還問我,是為甚麽緣故辭館。

【B】那位和公待我到(倒)還罷了,却就是這回辭舘的時候,他還問我,是爲甚麽緣故辭舘。

【C】箇位和公待我倒亦無啥,就是箇回我辭舘个辰光,伊還問我啥咾辭。

【D】伊位和公待我到還無啥,就是第回辭个時候,伊還問我,是爲啥个緣故辭館。

【E】和公待我都唔話得呀,呢回我辭館個時,佢重問我,因乜緣故辭館。

【F】乙嗰位和公待我算好,但我告辭箇時,佢問我,爲乜緣故辭去。

【A】我也不便提我和同人不合。
【B】我也不便提我和同人不合。
【C】我亦不提起話搭別人勿對咾。
【D】我也勿便提起搭同事个勿合。
【E】我亦唔便將呢啲共同事唔啱嘅講出嚟。
【F】我甚難講出同事唔聯絡嘅。

【A】我就説,我京裏有件要緊的事,得回去一盪。
【B】我就説,我京裏有緊的事,要回去一回。
【C】單不過話,我京裏有件要緊事體,總要轉去一趟。
【D】我就話,我京裏有要緊个事體,要轉去一盪。
【E】就話,京處有件緊事,要翻去一轉致得。
【F】就話,平城有件要事,要立刻番去一次。

【A】他還説,若是我到京辦完了事,還請我回去哪。
【B】他還説,若是我到京裏辦完了事,還請我回去哪。
【C】伊還話,京裏事體舒徐之味,教我再去。
【D】伊還話,我若然到京裏辦完之事體,還請我仍舊去。
【E】佢重話,若係我到京辦完事,重要請我翻去佢處嘅。
【F】佢話,我到平辦完事,重望我再番去添。

【A】就麽你這盪回來,還打算出外去不出外去呢?
【B】就麽你這回回來,還打算出外去不出外去呢?
【C】什介自家箇回轉來之味,還想出去呢勿出去个者?
【D】就是儂第回轉來,還打算出門去呢勿出門去?

【E】噉呢囘你翻嚟，重想外出唔呢？

【F】甲噉呢次番嚟，重再去唔呢？

【A】我這盪回來，原打算是要考供事着，比若是考上了，我就要在京裏當差，不出外去了。

【B】我這回回來，原打算是要考供事的，如若是考得了，我就要在京裏當差，不出外去了。

【C】箇回轉來，本來想考供事，比方考着之，想等拉京裡當差咾，勿高興出去者。

【D】我第盪轉來，原打算要去考供事，如若考着哉，我就要登拉京裏當差，勿出門哉。

【E】我呢囘翻嚟，本來立意考供事嘅，比如考倒呢，就要喺京處當差喇，唔出外㑽咯。

【F】我呢躺番嚟，初擬投考供事，比如考倒，就想留平當差，唔去別處。

【A】趕我到京裏一打聽，已經考過去了。

【B】等我到京裏一打聽，已經考過完了。

【C】到之京裡一打聽，話咾已經考過个者。

【D】等我到之京裏一打聽，已經考過哉。

【E】及我到京打聽吓，已經考嘵。

【F】但我番到平打聽，見考期已過。

【A】現在我的意思是這麼着，若是有合宜的事，我就可以出去，若沒有相當的事，我就先在京裏就是了。

【B】現在我的意思是這麼的，若是有合式的事，我就可以出去，若沒有相當的事，我就先在京裏那是了。

【C】現在我个主見，若使湊巧味，出去，勿巧味，且到等拉京裡再話。

【D】現在我个意思是實蓋个，若是有合式个事體，我就可以出去，若然無沒合式个事體，我就登拉京裏哉。

【E】現今我立意係噉,倘若有合宜嘅事業,我都要出去吖,如果冇合式嘅,我先行喺京處罷咯。

【F】現在意思,如有恰可嘅事情,我就去咯,若係冇相當嘅事,就暫時留平住喇。

【A】現在可有個出外的事,不知道你願意就不願意就?

【B】現在却有個出外的事,不曉得你願意就不願意就?

【C】現在外勢有个缺拉,勿曉得閣下肯去呢勿肯去?

【D】現在倒有一个出門个事體,勿曉得儂情願呢勿情願?

【E】而家適值有宗出外嘅頭路,但唔知到你願做唔呎?

【F】甲現時離平有箇位置,唔知你願就唔呢?

【A】是怎麽個事情呢?我有個至好的朋友,他新近放下山西太原府遺缺知府來了。

【B】是甚麽個事情呢?我有個至好的朋友,他近日放了山西太原府遺鈌知府來了。

【C】啥个缺呢?我有个好朋友,新近放之山西太原府知府。

【D】是那能个事體呢?我有个極好个朋友,伊新近放之山西太原府遺鈌知府哉。

【E】係乜野嘅頭路呢?我有個至相好嘅朋友,新放嘵山西太原府遺缺知府。

【F】乙係點嘅位置呢?甲我有箇至相好嘅朋友,佢新放山西太原府遺缺知府[後曾改爲道尹,現無此缺]。

【A】前兩天他託我給請一位書啟師爺,我現在意中也是沒人可薦。

【B】前兩天他託我代請一位書啟師爺,我現在意中也是沒人可薦。

【C】前兩日托我請一位書啟師爺,現在自我尋勿着啥人薦拉伊。

【D】前兩日伊託我代請一位書啟師爺,我現在意中也無人好薦。

【E】前兩日佢託我代請一位書啟師爺,現時我意中亦冇邊個好薦。

【F】先兩日邀我請一位書啟老夫子,而家我心目中冇邊位可以介紹。

【A】如今你回來了,若是願意就,我可以給你舉薦舉薦。

【B】如今你回來了,若是願意就,我可以替你舉薦舉薦。

【C】閣下既然轉來拉,若使肯去个味,我想薦薦看。

【D】現在儂轉來之,若是儂情願去,我可以替儂薦个。

【E】而家你翻嘵嚟,若係喜歡做,我可能薦得你嘅。

【F】你番咽嚟,若係願就,我介紹你喇。

【A】此公怎麼稱呼?他姓常,號叫春圃。是在旗麼?不錯,是旗人。他那個人怎麼樣?

【B】此公怎麼稱呼?他姓常,號叫春圃。是在旗麼?不錯,是旗人。他那個人怎麼樣?

【C】箇一位姓啥叫啥?姓常,號叫春圃,是旗下人是否?勿錯,旗下人。伊做人那能个?

【D】此公啥个姓名?伊姓常,號叫春圃。是旗人否?勿錯,是旗人。伊个人那能个?

【E】此公點稱呼呢?佢姓常,別字春圃。係旗籍嘅嗎?冇錯,旗人嚟。啲個人點嘅呢?

【F】乙此公點稱呼呢?甲佢姓常,別號春圃。乙係在旗嘅嗎?甲冇錯,旗籍人呀。[現無旗籍]乙嗰箇人品性點呢?

【A】是個極忠厚極和平的人。既是這麼着,您就給我說說罷。束脩這層,你打算怎麼樣?

【B】是個極忠厚極和平的人。既是這麼樣,您就替我說說罷。束脩這層,你打算怎麼樣?

【C】十分忠厚十分和平个人。既然如此,替我話話看,束脩打算那能?

【D】是極忠厚咾極和平个人。旣然實蓋末,儂就替我去話話看末哉。束脩个一層,儂打算那能?

【E】極忠厚極平和嘅人。旣係噉樣,請閣下同我講聲喇。修金呢層,你想要點呢?

【F】甲極忠厚極慈祥嘅人呀。乙既然係噉,請閣下同我講聲喇。甲講到脩金箇層,你意思想點樣呢?

【A】那層倒好說,您給作項就是了,只要人對勁,錢多多少少的,甚麼要緊?

【B】那層到(倒)好說,您就作主就是了,只要人對勁,錢多多少少的甚麼要緊?

【C】箇層到好弄个,隨意商量味者,只要對路,銅錢多少無啥要緊。

【D】伊層到好話个,儂就作主末哉,只要人對勁,銅錢个多少無啥要緊个。

【E】呾層都易講,閣下話點就點係喇,但要人投機,錢多少有乜緊要呢?

【F】乙嗰的容易辦嘅,任閣下揸主意,倘若此公投機,就脩金厚薄有乜緊要呢?

【A】他那個人,我管保你們倆人准可以對勁。那麼明兒個我就見他,給你說去。

【B】他那個人,我包管你們兩人準可以對勁。那麼明天我就見他,替你說去。

【C】箇个人,我可以保得定,閣下搭伊對个。明朝我見伊,搭伊話話看。

【D】伊伊个人,我可以包倻對勁。蓋末我明朝就去見伊,替儂去話。

【E】佢呾個人,我包管你哋兩家一定投機嘅。噉就我聽日見佢,就仝你講吓喇。

【F】甲我可保你兩家一定拍合嘅。聽日我見佢,就提出你事同佢講。

【A】費心費心。好說好說。可是你現在沒當甚麽差使麽?

【B】費心費心。好說好說。却是你現在沒當甚麽差使麽?

【C】費心費心。啥話啥話?自家現在無啥差使拉當是否?

【D】費心費心。啥話啥話?儂現在勿當啥差使否?

【E】費心費心。好話咯。閣下現時冇當開乜野差事嗎?

【F】乙費心費心。甲好話好話。乙閣下現時未有差事咩?

【A】沒有。我就起那年告病回來,到如今舊病還是時常的犯,怎麽能當差呢?那麽您見天在家裏作甚麽呢?

【B】沒有。我就從那年告病回來,到如今舊病還是時常的發,怎麽能當差呢?(——按:原文無對應句。)

【C】無得。我還是箇年告病咾轉來,到現在老病不常發作,那能當得動差使耶?格味日逐拉屋裡做啥?

【D】無沒。我就拉伊年告病轉來,到現在舊病還是時常个復發,那能能彀當差呢?

【E】冇。我自從嗰年告病翻嚟,至今啲舊病重時常會發,點去當得差呢?噉閣下日中喺府上做乜野呢?

【F】甲未呀。我自從嗰年告病假番嚟,的舊疾仍變爲長病呀。乙噉每日喺府上做乜野呢?

【A】好天的時候,可以找朋友去談一談,颳風下雨的時候,就是在家裏看書。

【B】好天的時候,可以會朋友談一談,颳風下雨的時候,就是在家裏看書。

【C】天好味,尋朋友來白話白話,天勿好味,等拉屋裡看看書。

【D】天好个時候,可以尋朋友談談,大風咾落雨个時候,不過拉屋裏看看書。

【E】好天嘅時候,就去朋友處傾談吓,吹風落雨個時,就喺舍下睇書吖。

【F】甲好天嘅時候,我出街探朋友嚟傾談吓,如果翻風落雨,就喺舍下讀吓書係喇。

【A】那麽您倒是很清閒哪。甚麽清閒哪,不過是虛度歲月就是了。

【B】那麽您到(倒)是很清閒哪。甚麽清閒哪,不過是虛度歲月就是了。

【C】什介倒清爽个。啥清爽耶,不過叫空過日脚味者。

【D】實蓋儂到極清閒哉。啥个清閒呢,不過虛度歲月罷哉。

【E】噉閣下都是甚清閒嘅喇。有乜清閒呢,不過虛度光陰就係喇。

【F】乙噉閣下算係好清閒嘅人囉噃。甲清閒咩,不過空度歲月而已啫。

## 2 第二十五章(第二十五課　斯文被捕)

【A】老弟,我告訴你一件可笑的事。甚麽可笑的事?

【B】老弟,我告訴你一件可笑的事。甚麽可笑的事?

【C】老弟,我講一件可笑个事體撥儂聽。啥可笑个事體耶?

【D】老弟,我告訴儂一件可笑个事體。啥个可笑个事體?

【E】弟台,我講段好笑嘅事你聽吓。乜野好笑事呢?

【F】甲啊,我有段好笑嘅事講過你聽吓。乙係乜好笑嘅事呢?

【A】月裏頭有一天夜裏頭,有三更多天。我剛睡着,就聽見我們後頭院子裏咕咚的一聲,跳進一個人來,把我嚇醒了。

【B】這個月有一天月下裏,有三更多天。我剛纔睡,就聽見我們後頭院子裏咕咚的一聲,跳進一個人來,把我嚇醒了。

【C】箇个月裡有一夜工夫,三更多點。我刻刻睏去,聽見伲後面天井裏咕咚一聲,跳進一个人來,担我嚇醒者。

【D】第个月有一日月亮裏,有三更天。我纔纔睏,就聽見我伲後頭天井裏咕咚个一嚮,跳進一个人來,拿我嚇醒哉。

【E】呢個月有晚黑,三更個時。我正話瞓着,聽見我哋後院㗎嘭聲,跳個人入嚟,把我嚇醒咽。

【F】甲先箇月尾有一晚,下半夜箇時。我剛啱瞓着,聽見有人喺後院,㗎嘭聲跳落嚟,就警醒我。

【A】我當是有了賊裏(了),就趕緊的叫底下人們起來,快打着燈籠照照去。

【B】我當是有了賊了,就趕緊的叫底下人們起來,快打着燈籠照照去。

【C】我度是賊來者,就忙煞个叫相帮人起來,點之燈籠來照照看。

【D】我只道是有之賊哉,就赶緊个叫底下人拉起來,立刻點之燈籠照照。

【E】我估係賊,快啲叫啲使喚人起身,點燈籠去照吓。

【F】以爲係賊,卽時叫的工人起身,快點燈籠照吓。

【A】這麽着,那幾個底下人們,聽見說有了人了,就都趕緊的起來,點上了燈籠,拿上了棍子,就往後頭院裏去了。

【B】這麽的,那幾個底下人們,聽見說有了人了,就都趕緊的起來,點着了燈籠,拏着了棍子,就往後頭院裏去了。

【C】兩个相帮人,聽見話有人進來,就忙碌兜兜,點之燈,擔之棍子,跑到天井裡去。

【D】實蓋末,伊个幾个底下人,聽見話有之賊哉,就全赶緊个起來,爇之燈籠,拿之棍子,就到後頭天井裏去。

【E】噉,啲幾個下人,聽見話有人落嘵嚟,立刻起嚟身,點着燈籠,揸起棍,入去後院裏頭。

【F】噉,箇的夥計,聽聞話有人,就立刻起嚟身,點着燈籠,又揸棍,去後院。

【A】這個工夫兒,我也起來了,開開了屋門,就往後頭院子裏瞧去了。

【B】這個工夫兒,我也起來了,開開了房門,就往後頭院子裏看去了。

【C】箇辰光,我味亦起來,開之房門,到後頭天井裏去看去。

【D】伊歇辰光,我也起來拉哉,開開之房門,就到後頭天井裏去一看。

【E】呴陣時,我亦起嘵身,開咽房門,入去後門睇吓。

【F】箇時,我亦起身,開咽房門,去後院嚟睇吓。

【A】趕我到了後頭院裏,就聽見底下們人說,拿住了一個人。

【B】及我到了後頭院子裏,就聽見底下們人說,拿住了一個人。

【C】剛剛走到天井裡,聽見一个相帮人話,捉着一个人。

【D】等我到之後頭天井裏,就聽見底下人拉話,捉着之一个人。

【E】及我入到去,聽見的下人話,已經捉倒個人咯。

【F】就聽見的夥計話,捉倒一箇人咯。

【A】身上可穿的很體面,又不像個作賊的,又聽見那個人說,你們別拉我,我的脚踒了很疼。

【B】身上却穿得很體面,又不像個做賊的,又聽見那個人說,你們莫拉我,我的脚踒了很疼。

【C】身上衣裳著來蠻體面,勿像是做賊个。又聽見箇个人話,倻勿要拉我,我个脚跌來痛極拉。

【D】身上倒着得極體面,又勿像做賊个,又聽見伊个人話,倻勿要拉我,我个脚跟極痛。

【E】佢身上着得好駕勢,唔似係賊,又聽見呴個人話,你哋咪拉我,我隻脚屈得好痛。

【F】佢着好斯文衣服,唔似賊匪,又聽見嗰箇人話,咪拉我,我一隻脚眼屈親好痛呀。

【A】我不是作賊的,我是避難的。我聽見他說他是避難的,我可就往前去一看。

【B】我不是做賊的，我是避難的。我聽見他說他是避難的，我却就往前去一看。

【C】我勿是賊，我是避難个。我聽見伊話避難个，走前去一看。

【D】我勿是做賊个，是避難个。我聽見伊話伊是避難个，我倒就朝前去一看。

【E】我唔係賊嚟，我係避難嘅啫。我聽見佢話係避難嘅，行前去睇吓佢。

【F】我唔係賊，係避難嘅呮。我聞得佢話係避難嘅，就上前去睇。

【A】長的很體面的個年輕的人，我又一細瞧，認得他，是個念書的人。他姓蔣。

【B】長得[1]很體面的個年輕的人，我又一細看，認得他，是個念書的人。他姓蔣。

【C】生得來蠻體面个小夫子，又仔細一看，認得伊，是个讀書人。姓蔣。

【D】生得極體面个一个小伙子，我又細細能一看，認得伊，是个讀書人。伊姓蔣。

【E】見係個好體面嘅後生，我再細睇吓，認得佢，係個讀書人。姓蔣。

【F】見佢係箇好體面嘅青年，睇眞吓佢，認得佢，係華人城內一箇讀書人。係姓蔣嘅。

【A】在城外頭住，我們倆在城外頭一個古玩舖裏見過兩回，彼此倒還很相得。

【B】在城外頭住，我們兩在城外頭一個古玩鋪裏遇見個[2]兩回，彼此到還很相得。

【C】住拉城外个，伲兩家頭拉城外古玩店裡碰着歇兩回者，搭伊倒蠻好个。

【D】住拉城外頭个，我伲拉城外頭一爿古董店裏看見過兩回，大家到還極相熟。

【E】喺城外住,我兩個喺一間古董舖碰見過兩囘,彼此都頗投機。

【F】我哋喺古玩舖碰見有兩回咯,兩家都幾投合。

【A】這麽着我就叫倆底下人攙着他趨了半天,可就好了。然後我就把他讓到書房裏去了。

【B】這麽的我就叫兩底下人攙着他走動一會,却就好了。然後我就把他請到書房裏去了。

【C】乃味教兩个相帮人攙伊起來留之伊半日,倒好者。乃味我教伊到書房裡去,

【D】實蓋末我就叫底下人攙伊走之半日,倒就好哉。然後我就請伊到書房裏去。

【E】噉我叫兩個下人扶住佢慢慢行,半日就好嘵。然後我請佢入書房裡頭坐。

【F】噉我吩咐兩箇夥計扶佢行吓,佢就好番。後來我請佢入我書房坐。

【A】趕到了書房,他一瞧是我,臉上很不得勁。我就問他,是遇見甚麽事了?

【B】及到了書房,他一看是我,臉上很下不去。我就問他,是遇見甚麽事了?

【C】一進書房,伊看見之我,面孔十分勿放心。我就問伊,碰着之啥事體?

【D】及至到之書房裏,伊一看是我,面孔上極難爲情。我就問伊,碰着之啥事體哰?

【E】及至入咽書房,佢睇見係我,面上好唔過得去。我問佢,遇着乜事幹?

【F】佢入嚟箇時,睇見係我,覺得慚愧嗽。我問佢,遇着乜事幹?

【A】他説他是在我們房後頭寶局裏耍錢來着,忽然有一個官帶

着兵去抓局去了。

【B】他說他是在我們屋後頭寶局裏賭錢來着,忽然有一個官帶着兵去抓賭去了。

【C】伊話拉伲房子後面賭場裏賭銅錢,忽然間有个官帶之兵咾來捉賭。

【D】伊話伊是拉我伲屋後頭寶局裏賭銅錢,忽然來之一个官帶之兵咾來捉賭哉。

【E】佢話喺我哋屋後呻間攤館賭錢,忽然有個官帶兵入去搶攤。

【F】佢話喺屋後便嗰間寶館賭錢,忽然有箇官帶的警察走入去拉人。

【A】他先跑出來了,因爲沒地方藏,所以他就爬到牆上去,跳到這院裏來了。

【B】他先跑出來了,因爲沒地方藏,所以他就扒到墻上去,跳到這院裏來了。

【C】伊先跑出來,因爲無得地方避處,所以爬到牆上去,跳到伲天井裏來。

【D】伊先跑出來,因爲無地方避,所以伊就扒到墻上,跳到伲个天井裏來哉。

【E】佢先跑出嚟,見冇地方好躲,所以爬牆頭,跳入嚟我哋後院處。

【F】佢先跑出嚟,見冇地方可以躲避,就爬上牆頭,跳過院內。

【A】這麼着我勸了他半天,叫他後來改了,別要錢了,留他住了一夜,趕到天亮回去的。

【B】這麼的我勸了他半會,叫他後來改了,莫賭錢了,留他住了一夜,等到天亮回去的。

【C】乃味我勸之伊半日,教伊後來改過,勿要再賭銅錢者,留伊住之一夜,到明早天亮之咾歸去个。

【D】實蓋我勸之伊半日,叫伊後來改改,勿要賭銅錢,留伊住之一夜,等到天亮轉去个。

【E】我聽見佢噉講,就勸嘵佢半日,吖佢以後改過,咪個賭錢嘛,留佢住咽一晚,等到第朝致去。

【F】噉我就勸佢,以後唔好賭錢,留佢喺處過夜,佢到天光就番去歸咯。

【A】昨天他給我道謝來了,他告訴我說,他現在已經起下誓了,從此決不要錢了。

【B】昨天他和我到(道)謝來了,他告訴我說,他現在已經發下了誓,從此决不賭錢了。

【C】昨日伊來謝謝我,對我話,乃朝後,發咒再勿高興賭銅錢个者。

【D】昨日伊來謝謝我,伊告訴我,伊現在已經罰之咒哉,從此决勿賭銅錢哉。

【E】昨日佢嚟我處拜謝,話過我聽,佢現在已經誓過願,從今斷唔賭錢咯。

【F】昨日佢又嚟拜謝我,佢話,已經發誓,嗣後永唔賭錢嘛。

【A】像這個人,能彀聽您一勸,他立刻就改過了,這就是個有志氣的。

【B】像這個人,能彀聽您一勸,他立刻就改過了,這就是個有志氣的。

【C】像箇个人,聽見一勸咾,立刻就改過者,眞个是有志氣个。

【D】像第个人,能彀聽儂一勸,伊立刻就改過,第个就是有志氣个。

【E】好似呢個人,佢能夠聽你一勸,佢就即刻悔改,噉係有志氣喇。

【F】乙呢箇人,一聽你勸,就立即改良,必定好大志氣嘅。

【A】我先頭裏有一個相好,他吃大烟,因爲我勸他忌烟,他倒惱了我了,不和我來往了。

【B】我先頭裏有一個相好,他吃大烟,因爲我勸他戒烟,他到[3]惱了我了,不和我來往了。

【C】前頭去我有个朋友,伊吃大烟个,因爲我勸伊戒烟,伊倒恨我咾,搭我勿來往者。

【D】我起初有一个朋友,伊吃之鴉片煙,因爲我勸伊戒煙,伊倒恨我,勿搭我往來哉。

【E】我從前有個相好,食鴉片烟,因我勸佢戒烟,佢反爲嬲咽我,唔同我來往添。

【F】我舊時有箇朋友,係食鴉片煙嘅,但我勸佢戒煙,佢就好嬲,呢陣時總唔睬我。

【A】你們這個相好的也眞別致,怎麽你勸他忌烟,他倒惱了你了?他那個人實在的是糊塗。

【B】你們這個相好的也眞古怪,怎麽你勸他戒烟,他到惱了你了?他那人實在的是糊塗。

【C】閣下箇个朋友眞正是贛个,那能勸伊戒烟味倒恨个呢?伊个人眞个糊塗。

【D】俤第个朋友也實在古怪,那能儂勸伊戒煙,伊倒恨儂呢?伊个人實在糊塗。

【E】你呢個相好都算眞係古怪,點解你勸佢戒烟,佢倒轉頭嬲你呢?佢啲個人實在係糊塗。

【F】甲你嗰箇朋友咁出奇嘅,你勸佢戒煙,點解佢又嬲你呢?乙呢箇人眞係愚蠢咯。

【A】他原先本不吃烟,後來是因爲他挨着一個吃烟的朋友,慢慢兒的可就吃上癮了。

【B】他起頭不吃烟,後來是因爲他相與一個吃烟的朋友,慢慢的兒的却就吃上穩(癮)了。

【C】本來勿吃烟个,後來搭着之一个吃烟朋友,慢慢之亦吃上之癮者。

【D】伊本來勿吃煙个,後來爲之伊劼一个吃煙朋友,慢慢能个就上癮哉。

【E】佢當初本來唔食烟,後來因爲佢跟埋個的吃烟嘅朋友,慢慢就食上癮咯。

【F】佢本來唔食煙,後來同埋箇食煙嘅朋友來往得多,佢自己就逐漸上癮咯。

【A】先吃的還不多,後來是一天比一天吃的多。到了去年,他臉上所帶了烟氣了,精神也不佳了。

【B】先吃的還不算多,後來是一天比一天吃的多。到了去年,他臉上已帶了烟氣了,精神也不佳了。

【C】起頭亦吃得勿多,後來吃來一日多一日。到舊年,面上秃是吃烟神氣,精神勿局者。

【D】起初吃个還勿算多,後來一日一日个吃得多。到之舊年,伊面孔上有點煙容,精神也勿好。

【E】初初重吃冇幾多烟,後來就一日吃多過一日。吃到舊年,滿面都係煙氣咯,精神亦唔好咯。

【F】初初食有限啫,佢逐漸食到多。到舊年,就滿面煙氣,喪失咗佢嘅精神咯。

【A】我看他那光景很不好,我就和他說,依我勸你,把烟忌了罷,再要往下吃,可就怕不好了。

【B】我看他那光景很不好,我就和他說,依我勸你,把烟戒了罷,再要朝下吃,却就怕不好了。

【C】我看伊个光景實在勿好,對伊話,我勸儂,烟味戒脱之罷,再吃下去,要勿好者。

【D】我看伊个景况極勿好,我就搭伊話,依我勸,儂拿煙戒之末哉,再要吃下去,獨怕勿好。

【E】我見佢個光景十分唔好,同佢講話,依我所勸,不如戒咽烟罷喇,再吃落去,怕噲唔好。

【F】噉我見佢咁作賤,我就話,你聽我勸,戒咽煙罷喇,倘仍然噉食落去,怕將來有害於你呀。

【A】我可以起上海給你買忌烟藥來,見天你就按着那個方子吃藥,慢慢兒的自然就把烟斷了。

【B】我可以由上海替你買戒烟葯來,每天你就照着那個方子吃葯,慢慢兒的自然就把烟穩(癮)斷了。

【C】我可以上海去替儂買戒烟藥,日逐照之方子咾吃藥,慢慢交癮頭斷之味好者。

【D】我可以到上海替儂買戒煙藥來,每日儂照之伊張方子咾吃藥,慢慢能个自然就拿煙戒斷哉。

【E】我可以由上海買啲戒烟藥材翻嚟俾你,每日你照住個張方子嚟食,自然慢慢噲戒甩咯。

【F】等我喺上海買的戒煙藥料,如果你每日照佢方法所吩咐嚟食,逐漸可以到戒甩煙嘞。

【A】他聽我這話,就答應了一聲。這麼着,我就托朋友起上海買了好幾塊錢的忌烟藥來,給他送了去了。

【B】他聽我這話,就答應了一聲。這麼的,我就托朋友在上海買了好幾塊錢的戒烟葯來,和他送了去了。

【C】伊聽見之我个說話,答應之一聲。我味就托朋友拉上海買幾塊洋錢戒烟藥,担去送拉伊。

【D】伊聽我第个說話,就答應之一聲。實蓋,我就託一个朋友到上海買之好幾塊洋錢个戒煙藥來,搭伊送之去。

【E】佢聽見我噉講,應承我一聲。噉,我託朋友由上海買幾個銀錢戒煙藥材翻嚟,送過去。

【F】佢聽見我噉講,就答應曉。噉,我託箇朋友喺上海買的戒煙藥,都值幾箇銀錢,把嚟送俾佢。

【A】趕又過了些日子,我遇見他的底下人了,我就打聽他忌了烟了沒有?

【B】等又過了些日子,我遇見他的底下人了,我就打聽他戒了烟了沒有?

【C】隔之幾日,我碰着伊个相帮人,打聽伊烟戒脫拉沒?

【D】又歇之幾日,我看見伊个底下人,就打聽伊煙戒勿戒?

【E】等過嘵好耐,我見着佢個底下人,問佢戒嘵烟冇?

【F】過嘵幾日,遇着佢一箇夥計,我問佢有戒煙冇?

【A】他的跟人説,他並沒吃那忌烟藥,現在他吃的比先頭裏更多了。

【B】他的跟人説,他並沒吃那戒烟葯,現在他吃的比先頭裏更多了。

【C】相帮人話,伊並勿曾吃歇啥戒烟藥,現在吃个烟比前頭更加多者。

【D】伊个用人話,伊並勿吃啥戒煙藥,現在伊吃來比前頭更加多哉。

【E】佢個跟人話,佢並冇吃到啯啲戒烟藥材,而家佢食啲煙比上前更多添。

【F】嗰箇夥計話,佢冇食到戒煙藥,反轉食重煙添。

【A】這還不要緊,後來我聽見他在一個朋友家裏説我多事,無故的勸他忌烟。

【B】這還不要緊,後來我聽見他在一個朋友家裏説我多事,無故的勸他戒烟。

【C】倒還小事體,後來我拉伊个朋友屋裡聽見伊講究我多化事體,話我無緣無故味勸伊戒烟。

【D】第个還勿要緊,後來我聽見伊拉一个朋友屋裏話我多事,無故个勸伊戒煙。

【E】嗽都重冇緊要,後來我聽見話佢喺一個朋友屋唥話我多事,無端端勸佢戒烟。

【F】嗽都唔係幾要緊,後來我聞得佢喺朋友屋踋話我多事,無端勸佢戒煙。

【A】他很不喜歡我給他送去的那忌烟藥,他也不敢吃,説是怕是裏頭有毒藥害他。

【B】他很不喜歡我和他送去的那戒烟葯,他也不敢吃,說是怕裹頭有毒葯害他。

【C】伊十分勿喜歡我送撥伊个藥味,勿敢吃,常怕有毒物事去害伊咾。

【D】伊極勿快活我搭伊送去个戒煙藥,伊也勿敢吃,話恐怕裏向有毒藥害伊。

【E】佢好唔喜歡我送俾佢啲啲戒烟藥材,佢都唔敢吃,話怕係裡頭處有毒藥害佢。

【F】佢心中好唔舒服,但我送嘅的戒煙藥俾佢,佢唔敢食,怕箇裏頭有毒藥害佢。

【A】這麼着那個朋友聽不過他這話了,就說他,你說的這話不對,人家勸你忌烟,不是好意麼?

【B】這麼的那個朋友聽不過他這個話,就說他,你說的這話不在理,人家勸你戒烟,不是好意麼?

【C】後來伊个朋友聽勿進第个講究,對伊話,儂箇脚[④]攀談勿對,人家勸儂戒烟,倒勿是好意思麼?

【D】實蓋伊个朋友聽勿過伊第个說話,就話伊,儂話个第个說話無道理,人家勸儂戒煙,豈勿是好意否?

【E】嗰個朋友聽唔過佢呢啲說話,就駁佢話,你講呢啲說話唔啱咯,人哋勸你戒烟,唔係好意咩?

【F】我朋友聽見佢嗰話法,就駁佢話,你嗰樣講就冇道理咯,人哋勸你戒煙,豈唔係一番好意咩?

【A】人家和你又沒仇,作甚麼拿毒藥害你呢?你說這話實在是不說理。

【B】人家和你又沒仇,做甚麼拿毒葯害你呢?你說這話實在是不說理。

【C】伊又勿搭儂做啥對頭,有啥担毒藥來害儂个耶?儂箇脚話頭實在勿循理。

【D】人家搭儂又無啥仇,做啥拿毒藥來害儂呢?儂話个第个說話實在勿拉理上。

【E】人哋同你又唔係有仇,做乜野要送啲毒藥嚟害你呢？你啲說話眞係唔講理嘅。

【F】人哋同你冇冤仇,點解噲毒死你呢?

【A】起那麼,他連那個朋友也惱了。趕到今年年下,他也沒給我拜年來。

【B】從那麼,連那個朋友也惱了。及到今年年下,他也沒和我拜年來。

【C】從此,連搭同第个朋友亦勿快活者。今年新年裡,我搭拜年伊亦勿來。

【D】實蓋,連伊个朋友也恨起來哉。直到今年新年裏,伊也勿來搭我拜年。

【E】爲噉様,佢連呾個朋友都嬲埋。等到今年過年,佢都唔嚟同我拜年。

【F】自嗰陣時,佢連嗰位朋友都嬲埋。今年新正歲首,佢就冇嚟拜年。

【A】我知道他是和我絕了交了。您說像這様兒的人性,天下還有麼?

【B】我曉得他是和我絕了交了。您說像這様兒的人性,天下還有麼?

【C】我曉得伊同我絕交者。閣下替我話話看,像什介能个性子,天底下還有个否?

【D】我曉得伊是搭我絕交哉。儂想像蓋能个性格,天下還有个否?

【E】我知到佢係同我絕交唎。你話好似呢啲噉様嘅人,世間重有嘅冇呢?

【F】我知到佢已經同我絕交咯。你也曾聽過有人有噉様性格嘅冇呢?

【注解】

① B版中 A1 作“的”,B版作“得”,是倒置了,今正。

② 遇見過,B版中 A1 也作“遇見個”。

③ “到”,A1 同。下文同。

④ 箇脚,這个。南通話仍用。

## 2 第二十六章(第二十六課　因賭遇騙)

【A】老兄,我告訴您一件可氣的事。甚麽可氣的事?

【B】老兄,我告訴您一件可氣的事。甚麽可氣的事?

【C】老兄,我有一樁氣悶事體告訴儂聽。啥个氣悶事體?

【D】老兄,我告訴儂一件可氣个事體。可氣个啥事體?

【E】老兄,我講件可嬲嘅事過你聽。乜野可嬲嘅事呢?

【F】甲老哥,我講件激氣嘅事過你聽吓吖。乙係乜事呢?

【A】我認得那個相好的姓江的,他前幾天和別人夥同一氣,哄騙我好幾千吊錢去。

【B】我認得那個相好的姓江的,他前幾天和別人夥同一氣,哄騙我好幾千吊錢去。

【C】我認得拉个姓江个朋友,前幾日合之別人,一淘來騙我幾十千銅錢去。

【D】我認得个伊个朋友,姓江个,伊前幾日搭[①]別人通同一氣,哄騙我好幾千千銅錢去。

【E】我識得個江氏朋友,佢前幾日串同啲人,呃曉我好幾十千錢去。

【F】甲嗰位姓江嘅,我同佢相好,先幾日佢串一班人,謀騙曉我幾千吊錢。

【A】他怎麽會哄騙你這麽些個錢去呢?那天他到我家去了,他說他認得一個人,脚下在家里弄局。

【B】他怎麽會哄騙你這許多錢去呢?那天他到我家去了,他說他認得一個人,現今在家裏開賭。

【C】那能會得撥伊騙銅錢去个呢? 箇日到我屋裏來,對我話伊屋裏有个人,拉弄白相。

【D】伊那能會騙儂第个幾化銅錢去呢? 伊日伊到我屋裏來,伊話伊認得一个人,現在拉屋裏開賭。

【E】點解佢噲呃得你咁多錢去呢? 晌日佢去到我屋唫,話佢識得一個人,現在喺屋裏處作局。

【F】乙佢有乜法子謀騙你咁多錢呢? 甲佢先幾日到我屋跇,就話佢有箇相識嘅人,係喺佢屋跇嚟私開賭局。

【A】約我去耍去,我就跟他去了。趕到了那家兒一瞧,有七八個人,都坐在那兒耍哪。

【B】約我去玩去,我就跟他去了。及到了他家裏一看,有七八個人,都坐在那裏賭哪。

【C】教我一淘去白相去,我就跟之伊去。到屋裏一看,有七八个人,儕拉賭銅錢。

【D】約我去勃相,我就跟伊去。到之伊屋裏一看,有七八个人,全坐拉塊賭。

【E】約我去賭,我就跟佢去。及至去到個主人處,睇見有七八個人,都做喺晌處嚟賭。

【F】佢請我去頑吓,我就去喇。我到嗰陣時,見七八箇人,坐處嚟賭。

【A】我連他們一個人也不認得。他這麼一給我引薦,他告訴我說,都不是外人,都是他認得的。

【B】我連他們一個人也不認得。他這麼一和我引薦,他告訴我說,都不是外人,都是他認得的。

【C】我搭伊拉一个勿認得个。伊領我進去,對我話,無啥外勢人拉搭,儕是認得个。

【D】我連伊拉一个人也勿認得。伊實蓋搭我引薦,對我話,全勿是外頭人,全是伊認得个。

【E】我連佢哋一個都唔識嘅。噉佢帶到我去，佢就話過我聽，呢啲喊都唔係外人，俱係佢識嘅。

【F】冇一箇係我相識嘅。佢介紹我，就話，冇一箇係外人，佢全然熟識嘅。

【A】這麽着，我就坐下一要，可贏了幾十吊錢，然後就散了。

【B】這麽的，我就坐下一賭，却贏(贏)了幾十吊錢，然後就散了。

【C】乃味，我坐之搭伊拉白相之勿多歇，贏(贏)之幾千銅錢，就散者。

【D】實蓋，我就坐下去賭哉，贏之幾十千銅錢，然後就散哉。

【E】噉，我就坐埋去賭，贏嘵有幾千錢，後來就散喇。

【F】噉，我坐落頑吓，贏咽有幾十吊錢，就散局喇。

【A】趕下回我本打算不去耍去了，他一定約我去，我沒法子，又去了一盪，可就輸了好幾百吊。

【B】到下回我本打算不去賭了，他一定約我去，我沒法子，又去了一回，却就輸了好幾百吊。

【C】下一回我本來打算勿高興去白相者，伊一定要我去个，我無法子，又去之一轉[②]，就輸之好幾十千銅錢。

【D】到下回我打算勿去賭哉，伊一定約我去，我無法則，又去之一盪，倒就輸之好幾百千。

【E】等到第回我本來唔想去賭嘅咖，佢一定約我去，我冇法，又去一回，就輸嘵幾十千錢。

【F】昨晚，我打主意唔去，但佢踻住我，噉無柰，再去，輸嘵幾百吊錢。

【A】他就和我說，不要緊，再去幾回，就可以贏他們幾千吊錢。我就信了他的話了。

【B】他就和我說，不要緊，再去幾回，就可以贏(贏)他們幾千吊錢。我就信了他的話了。

【C】伊對我話，勿碍啥个，再弄兩回，就可以贏(贏)還伊拉幾十千者。我相信之伊个說話。

【D】伊搭我話,勿要緊,再去幾回,就可以贏伊拉幾千千銅錢。我就信之伊个說話。

【E】佢就同我講話,唔緊要,再去幾囘,就可以贏翻幾十千。我就信佢呢啲說話。

【F】佢話,啊,唔緊要,再去幾回,可以贏佢哋幾千吊喇。我就信佢話。

【A】又跟他去了五六盪,又輸了四千多吊錢。他們把局也收了。

【B】又跟他去了五六回,又輸了四千多吊錢。他們把賭廠也收了。

【C】又跟伊去之五六轉,又輸脫之四十多千銅錢。伊拉担賭場收脫者。

【D】又跟之伊去之五六盪,又輸之四千多千銅錢。伊拉拿賭塲也收哉。

【E】又跟佢去嘵五六囘,又輸有四十千多錢。佢哋把局收咽。

【F】再同佢去五六次,又輸四千幾吊添。佢哋收場咯。

【A】見天總有兩三個人,到我家裏去要賭帳。我找姓江的去,他藏起來不見我了。

【B】每天總有兩三個人,到我家裏去要賭帳。我找姓江的去,他躲起來不見我了。

【C】日逐總有二三个人,到我屋裡來討賭賬。我尋姓江个,伊避開之勿撥我看見。

【D】每日總有兩三个人,到我屋裏來要賭帳。我去尋姓江个,伊避開之勿見。

【E】每日總有兩個人,嚟我屋唅攞賭賬。我去搵個江氏,佢躲埋唔見我。

【F】每日有兩三箇人,嚟我屋蹤攞賭賬。我就去姓江嗰處,總唔見佢,佢又唔肯見我。

【A】這麽着，我當了兩箱子衣服，纔把賭帳還了。

【B】這麽樣，我當了兩箱子衣服，纔把賭帳還了。

【C】乃味，我當脱之兩箱子衣裳，刻刻還清箇票賭賬。

【D】實蓋末，我當之兩箱子衣裳，纔纔拿賭帳還之。

【E】噉，我當咽兩箱衣服，致把哳賭賬結清。

【F】噉，我當咽兩箱衣服，還呢的賬。

【A】到了昨天，有一個朋友告訴我說，是那個姓江的和那幾個人商量好了的哄騙我。您說可氣不可氣？

【B】到了昨天，有一個朋友告訴我說，是那個姓江的和那幾個人商量好了的哄騙我。你說可氣不可氣？

【C】到昨日，有个朋友對我話，箇个姓江个搭之伊拉幾个人合計之咾哄騙我。閣下話話看氣呢勿氣？

【D】到之昨日，有一个朋友告訴我話，伊个姓江个搭伊个幾个人商量好之咾來哄騙我。儂想動氣呢勿動氣？

【E】到曉昨日，有個朋友話俾我聽，話係個江氏同啲幾個人串埋嚟呃我嘅。你話可嬲唔可嬲呢？

【F】昨日，有箇朋友話過我知，佢哋係特登串埋箇的人嚟呃騙我嘅。你話激氣唔呢？

【A】那個姓江的自然是可惡，到底也怨你自己不好，你若不跟他要錢去，他也不能哄騙你。

【B】那個姓江的自然是可惡，到底也怨你自己不好，你若不跟他賭錢去，他也不能哄騙你。

【C】箇个姓江个實在可惡，到底怪自家亦勿好，若使閣下勿跟伊去賭銅錢，伊亦騙勿着个。

【D】伊个姓江个實在可惡得極，終要怨儂自家勿好，儂若然勿跟伊賭銅錢去，伊也勿能哄騙儂个。

【E】呢個江氏固然可惡，但到底都係怨你自己唔好，如果你唔跟埋佢去賭，佢亦唔騙得倒你吖。

【F】乙姓江箇份眞係可惡，到底都係你自己當受責，倘若你唔去睹,佢就冇法子呃騙你喇。

【A】這話也不錯,到底他既和我相好,又幫着别人賺我,他也太不是人行了。

【B】這話也不錯,到底他旣和我相好,又幫着别人賺我,他也太不是人行了。

【C】固是話來勿錯,到底伊旣然搭我相好,又帮别人賺我銅錢,太啥勿是人者。

【D】第个說話也勿错,到底伊搭我朋友,又帮之别人弄聳我,伊也勿是人个一類裏个哉。

【E】呢啲說話係冇錯,究竟佢旣同我相好,及串埋别人嚟撈我,佢亦太唔成人咯。

【F】甲箇的話係眞嘅,但佢同我相好,又幫别人嚟呃我,佢太不成人[或作佢係畜類]咯。

【A】你提起這設局誆騙來,我告訴你一件事。

【B】你提起這設局誆騙來,我告訴你一件事。

【C】閣下旣然提起開賭場騙銅錢,我講一件事體撥閣下聽。

【D】儂提起第个設局誆騙末,我告訴儂一件事體。

【E】你講起設賭局人,我又講件事過你知吖。

【F】乙講起串埋嚟呃人,我又講件事你聽吓呀。

【A】我們那本鄉地方,有一年,有幾個本地的無賴子,開了一個賭局,竟打算哄騙人,上了他們檔的,可也不少了。

【B】我們那本鄉地方,有一年,有幾個本地的無賴子,開了一個賭廠,竟打算哄騙人,上了他們的檔的,却也不少了。

【C】拉伲搭,有一年工夫,本地幾个撻皮,開一爿賭場,要想騙别人銅錢,上伊拉當个人,直頭勿少。

【D】我伲本鄉地方,有一年,有幾个本地个流氓,開之一个賭場,竟打算哄騙别人,上伊拉檔个,倒也勿少。

【E】我哋本鄉處,有年,有幾個本鄉撈家仔,開嘵一個賭局,靜係打算呃人,上嘵佢檔個啲人,亦都唔少嚹。

【F】我哋鄉下地方,有一年,有班本處嘅撈家仔,開一間賭局,專意想嚟呃人,好多上佢檔。

【A】並且都兇橫的了不得,誰若是輸給他們錢,還不起他們,就得把房產地產折給他們,就這麼樣兒的不說理。

【B】並且都兇橫的了不得,那個若是輸了他們錢,還不起他們,就要把房產地產折把他們,就這麼樣兒不說理。

【C】并且儕兇横來非凡,啥人輸垃伊拉之咾,還勿起味,就拿房子田地儕拆(折)撥伊拉,什介能勿講情理个。

【D】並且全兇橫來了勿得,伊个若是輸之伊拉个銅錢,還勿起伊拉,就要拿房產田地推撥伊拉,就實蓋个勿講情理。

【E】而且重兇横到了不得添,倘若乜人輸嘵錢過佢哋,結帳唔出,就要摵屋舍田產折過佢哋,就係噉樣唔講理嘅。

【F】重有樣,係佢哋兇横到極嘅,人家若係輸錢過佢,又冇得還,就要佢交出屋舍或田產嚟結數。

【A】我們本地有一個財主,人很聰明,待本地的人也很好。

【B】我們本地有一個財主,人很聰明,待本地的人也很好。

【C】伲本地方有个財主人,極其聰明,待人也好。

【D】我伲本地有一个財主人,極聰明,待本地人也極好。

【E】我哋本處有一個財主佬,人好聰明,待本處人亦甚好。

【F】噉我哋嗰處有一位財主佬,極之聰明,佢待本土人亦甚好。

【A】他聽見說了很有氣。這麼着這天晚上,他就坐着自己的車,到那個賭局去了。

【B】他聽見說了很有氣。這麼樣這天晚上,他就坐着自己的車,到那個賭廠去了。

【C】聽見之氣勿過。有一日夜快,坐拉自家車子上,到箇个賭場去。

【D】伊聽見之極動氣。實蓋末伊日夜裏,伊就坐之自家个車子,到伊个賭場裏去。

【E】佢聽見呢件事極生氣。噉啲晚黑,佢坐自己車,去到啲間賭館。

【F】聞得呢件事就好生氣。有一晚,佢坐私家車,去到嗰間賭館。

【A】趕他進了那個賭局,見了那幾個無賴子,就提他是誰,特意到這兒耍錢來了。

【B】等他進了那個賭廠,見了那幾個無賴子,就提他是誰,特意到這裏賭錢來的。

【C】伊一進之賭場,看見之幾个撻皮,話出自家是啥人,特地要來賭銅錢。

【D】等伊進之伊个賭場,看見伊幾个流氓,就提起伊是啥人,特爲到此地來賭銅錢个。

【E】入去,見倒啲幾個爛仔,就話我係某人,特意嚟呢處賭錢玩吓。

【F】佢入去,見倒箇的人,講出佢姓名,話特意嚟賭吓。

【A】大家聽說,都知道他是本地財主,可就喜歡的了不得。

【B】大家聽說,都曉得他是本地財主,却就喜歡的了不得。

【C】伊拉聽見之,曉得是本地方个財主人,快活來非凡,

【D】大家聽見話起,全曉得伊是本地个財主人,倒就歡喜來了勿得。

【E】個人聽見佢噉話,都知到佢係個財主佬,歡喜到了不得。

【F】佢哋聽見噉講,又知到佢係本處著名人物,大家極之歡喜。

【A】他們那幾個無賴子,就背地裏一商量說,他這乍來,偺們先叫他贏幾回錢去,後來他就肯來了。

【B】他們那幾個無賴子,就背地裏一商量說,他這初來,我們先叫他嬴(贏)幾回錢去,後來他就肯來了。

【C】伊拉幾个撻皮,背後底一商量話咾,隨卽進來,讓伊先贏着

幾回,乃味後來肯來者。

【D】伊拉伊幾个流氓,就暗暗裏一商量話,伊是初來,我伲先撥伊贏幾回銅錢去,後來伊就肯來哉。

【E】佢幾個就靜中商量話,佢呢囘初嚟,我哋先俾佢贏吩,噉佢以後致肯嚟。

【F】佢哋喺處暗中商量話,呢箇係初次嚟,等佢先贏幾躺,以後就肯再嚟。

【A】等着抽冷子一天,叫他輸個一萬八千去,偺們可就發了財了。

【B】等着不防備一天,叫他輸個一萬八千的,我們却就發了財了。

【C】隔日等伊一个勿做志着味,弄伊輸个一萬八千,乃伲可以發財者。

【D】等伊有日勿防備,叫伊輸个一萬八千,我伲就可以發財哉。

【E】等賍佢一日唔注意,令佢輸一萬八千,我哋就發財喇。

【F】我哋俾一日,令佢輸得一萬八千吊,大家就發財喇。

【A】趕都商量好了,就坐下了一耍,果然那個財主贏了。

【B】等都商量好了,就坐下了一賭,果然那個財主嬴(贏)了。

【C】商量好之,就坐下來賭者,果然財主人贏个。

【D】等全商量好之,就坐下來一賭,果然伊个財主人贏哉。

【E】及至商量定,就坐埋同佢賭,果然俾個財主佬贏。

【F】佢斟酌定佢嘅章程,就坐埋嚟賭,果然俾箇財主贏曉。

【A】他們當時就把錢給了。後來那個財主又去了兩盪,又贏了,又給的是現錢。

【B】他們當時就把錢交了。後來那個財主又去了兩回,又嬴(贏)了,又把的是現錢。

【C】伊拉銅錢就撥。後來箇个財主人又去之兩輈,原贏个,又就撥伊現錢。

【D】伊拉當時就拿銅錢交代之。後來伊个財主人又去之兩盪，又贏哉，又撥个現銅錢。

【E】佢哋登時俾錢。後來呢個財主佬又去嘵兩次，又係贏，又俾現錢過佢。

【F】佢哋當堂俾銀過佢。後來箇財主佬又去過兩回，再贏倒，佢哋亦俾現銀。

【A】趕到這天晚上，那個財主又去了，就起定更天耍起，直耍到天快亮了。

【B】等到天晚上，那個財主又去了，就從定更天賭起，直賭到天快亮了。

【C】有一日下晝，財主人再去，從黄昏頭開塲，直到明朝天亮快。

【D】等到天夜之，伊个財主人又去哉，就拉起更个辰光賭起，直賭到天亮快。

【E】等到有晚，個財主佬又去，由定更起，賭到差不多天光。

【F】有一晚夜，箇財主佬再去，由落更起，賭到上下天光。

【A】那個財主輸了有一萬多吊錢。趕到大天大亮了，那個財主就和他們說，我先回家去，把錢給你們預備出來。

【B】那個財主輸了有一萬多吊錢。等到大天大亮了，那個財主就和他們說，我先回家去，把錢和你們預備出來。

【C】箇个財主人輸脱之一百多千銅錢。天亮後來，財主人對伊拉話，讓我先轉去，預備銅錢起來撥拉倻。

【D】伊个財主人輸之有一萬多千銅錢。等到大天白亮之，伊个財主人就搭伊拉話，我先轉去，拿銅錢搭倻預備好之。

【E】輸嘵有十多千錢。等到天大白，個財主佬對佢哋話，我而家翻去先，整定錢喺唫。

【F】輸嘵有萬多吊錢。箇天大白，財主佬就話，我先番屋踛，攞便銀俾你。

【A】趕到晌午,你們到我家裏取去就是了。他們都答應了。

【B】等到中時,你們可以到我家裏取去就是了。他們都答應了。

【C】日頭直快,倻到我屋裡來担味者。伊拉答應之。

【D】等到日中,倻可以到我屋裏來收就是哉。伊拉全答應哉。

【E】等晏晝,你哋去我嗻攞就得喇。佢哋應承咽。

【F】你哋晏晝到我處攞係喇。佢哋應承咽。

【A】那個財主就回去了。趕到晌午,他們就去了倆人,到那個財主家取錢去了。

【B】那個財主就回去了。等到中時,他們就去了兩人,到那個財主家取錢去了。

【C】財主人轉去者。日頭直快,伊拉就去两个人,到財主人搭担銅錢去。

【D】伊个財主人就轉去哉。等到日中,伊拉就去之兩个人,到伊个財主人屋裏去收銅錢去。

【E】個財主佬就翻去歸。等到晏晝,佢哋就俾兩個人,去個財主佬屋唥攞錢。

【F】箇財主佬就番去歸。及至晏晝,有兩箇人,到財主佬嘅屋收銀。

【A】底下人回進去了,那個財主就把他們叫到書房裏去,就問他們倆,你們是幹甚麽的?到我這兒來作甚麽?

【B】底下人回進去了,那個財主就把他們吽到書房裏去,就問他們兩,你們是來幹甚麽的?到我這裏來做甚麽?

【C】相帮人進去告訴本家,財主人就吽伊拉到書房裡去,問伊拉兩家頭,倻做啥个到我搭來?有啥正經?

【D】底下人回進去之,伊个財主人就拿伊拉吽到書房裏去,就問伊拉兩家頭,倻是來做啥个?到我此地來做啥?

【E】啲下人入去,個財主佬吽佢哋入去書房處問話,你哋做乜嘅呀?嚟我呢處有乜事呢?

【F】的下人入去,話箇財主佬知,就叫佢哋入書房處問話,你哋係乜誰?做乜嚟呢處呢?

【A】那倆人說,您怎麼不認得我們了?我們是在某處開賭局的。

【B】那兩人說,您怎麼不認得我們了?我們是在某處開賭廠的。

【C】伊拉兩个人話,儂勿認得伲者否?伲就是某處開賭塲个。

【D】伊兩个人話,那能儂勿認得我伲哉?我伲是拉某處開賭塲个。

【E】啲兩個人話,你做乜唔識我呀?我哋喺某處開賭館嘅。

【F】嗰嗰兩人就話,做乜你唔識我呀,我哋喺某處有間賭館。

【A】您忘了?您昨兒夜裏不是在我們那塊兒耍錢輸了一萬多吊錢,叫我們現在取錢來麼?

【B】您忘了?您昨天夜裏不是在我們那塊兒賭錢輸了一萬多吊錢,叫我們現在取錢來麼?

【C】忘記者麼?昨日夜裡阿是拉伲搭賭銅錢咾輸脫一百多千銅錢个?現在伲來担銅錢耶?

【D】儂倒忘記哉?儂昨日夜裏豈勿是拉我伲塲化賭銅錢輸之一萬多千銅錢,叫我伲現在來收銅錢个否?

【E】你唔記得咧咩?昨晚黑喺我哋處賭錢輸落十多十(千)錢,叫我哋而家嚟收錢呢。

【F】昨晚你唔係喺我處賭輸嘵萬多吊錢,叫我哋呢箇時候嚟收銀,你忘記咧咩?

【A】那個財主聽這話,立刻就生了氣了說,你們倆別胡說。

【B】那個財主聽見這話,立刻就生了氣了說,你們兩人別胡說。

【C】財主人聽見之,動火咾話,倗兩家頭瞎話。

【D】伊个財主人聽見第个說話,立刻就動之氣話,倗兩家頭勿要瞎話。

【E】個財主佬聽見佢噉話,就卽刻生氣話,你哋唔好亂講。

【F】箇財主佬一聽見呢番說話,就極之生氣話,你哋咪糊言亂語。

【A】我一個財主,和你們無賴子要錢,你們真是發昏了,你們打算訛我來,你們可是瞎了眼了。

【B】我一個財主,和你們無賴子賭錢,你們真是發昏了,你們打算訛我來,你們却是瞎了眼了。

【C】我是一个財主人,搭倗箇種撻皮賭銅錢个麽?倗正真昏者,打算詐我,眼精瞎拉个是否?

【D】我是一个財主人,搭倗流氓賭銅錢,倗真是發昏哉,倗打算來詐我,倗是瞎脫之眼睛哉。

【E】我係個財主佬,肯同你哋撈家賭錢,你哋真係發昏咯,你哋打算嚟訛詐我咩?你哋就唔帶眼囉噃。

【F】我做財主佬,同你的撈家仔嚟賭咩?你一定發昏咯,如果你想訛詐我,就認錯人咯。

【A】你們倆快走,是你們的便宜,不然,我把你們倆送衙門辦你們訛詐。

【B】你們兩人快走,是你們的便宜,不然,我把你們兩人送衙門辦你們訛詐。

【C】倗快點替我走,箇咊倗便宜个,勿什介咊,我送倗到衙門去辦倗誑詐。

【D】倗兩个人快燥走,是倗个便宜,勿然,我拿倗兩家頭送到衙門裏去辦倗訛詐。

【E】你兩個人趕快走,就算你精,唔係我把你兩個送去衙門辦你訛詐。

【F】你兩箇快的走,算你便宜喇,唔係,我就送你去到衙門辦你訛詐勒索。

【A】那倆人聽這話,嚇的也不敢言語了,就趕緊的跑回去了。

【B】那兩人聽這話,嚇的也不敢言語了,就趕緊的跑回去了。

【C】伊拉兩家頭[3]聽見之,慲來响亦勿敢响,只得勃轉身來就跑。

【D】伊兩个人聽見第个說話,嚇得也勿敢話啥,就趕緊个跑轉去哉。

【E】咰兩個人聽見呢啲說話,嚇到唔噉出聲,趕快走翻去咯。

【F】佢哋一聞得就好慌,至到唔敢出聲,就有咁快跑咁快咯。

【注解】

① 按:搭,介詞,與同,滬語特徵詞。

② �,即"趟"。

③ 兩家頭:兩個人,滬語特徵詞。

## 2 第二十七章(第二十七課　受氣致病)

【A】老弟,你是怎麽了,臉上這麽刷白的?我是不舒坦了幾天。是怎麽不舒坦了?

【B】老弟,你是怎麽了,臉上這麽刷白的?我是不舒服了幾天。是怎麽不舒服了?

【C】老弟,那能咾,面色白淡淡?我勿舒徐之多日者。為啥咾勿舒徐呢?

【D】老弟,儂是那能,面孔上實蓋个雪白?我是勿適意之幾日。是啥勿適意?

【E】弟台,做乜野你面色咁白呀?我唔舒服咽幾日。係乜野唔自然呢?

【F】甲弟台,乜你面色咁灰白呢?乙我病嘵幾日咯。甲乜野緣故呢?

【A】我是給人管了件閒事,受了點兒氣,把肝氣的病匈(勾)起來了。

【B】我是替人管了件閒事,受了點兒氣,把肝氣的病匈(勾)起

來了。

【C】替别人管之一樁閒事,吃之點氣,肝氣發作起來咾。

【D】我是替人管之一件閒事,受之點氣,撥肝氣發起來哉。

【E】我同人理啯件閒事,受嘵哋氣,令個肝氣嘅病引起上嚟咯。

【F】乙我係落手打理人哋事幹,受人嘅氣,令我肝氣病發生起嚟。[英譯作脾部有病]

【A】給誰管閒事來着,受了甚麽氣了?上月,偺們那個相好的溫子山,託我給他買地。

【B】替那個管閒事來的,受了甚麽氣了?上月,我們那個相好的温子山,託我和他買地。

【C】管啥人个事體,吃之啥个氣?上一个月,伲个朋友温子山,教我替伊買一塊地皮。

【D】替啥人管閒事,受之啥个氣呢?上月,我伲伊个朋友温子山,託我搭伊買个地皮。

【E】共邊個理閒事,受嘵哋乜野氣呀?前個月,我哋個相好溫子山,託我同佢買田。

【F】甲你管邊箇嘅事,點樣令你受氣呢?乙先箇月,我嘅朋友溫子山,託我同佢買地。

【A】我認得有一個京東的人姓孫,他有一頃[1]多畝地要賣,這麽着我就把那個姓孫的帶了去見了溫子山。

【B】我認得有個京東的姓孫,他有一百多畝地要賣,這麽的我就把那個姓孫的帶了去見了温子山。

【C】我認得京城東面有个姓孫个,伊有一頃多田要賣脱,乃味我教姓孫个去見温子山。

【D】我認得有一个京東姓孫个,伊有一百多畝地皮要賣脱,實蓋末我就拿伊个姓孫个帶之去見之温子山。

【E】我認識有個京東姓孫嘅,佢有頃幾田要賣,噉我就帶呢個孫氏去見溫子山。

【F】我又有箇朋友係京東[今作平東],姓孫嘅,佢有一頃多地想賣,我就帶佢去見溫子山。

【A】然後他們倆到了京東,把地都瞧了,回來就請我作中人,給他們說合價值,說妥了的是一千兩銀子,兩下裏都答應了,就定規是大前兒個立字據過錢了。

【B】然後他們兩人到了京東,把地都看了,回來就請我作中人,和他說合價錢,說妥了的是一千兩銀子,兩下裏都答應了,定規是大前天立字據過錢了。

【C】然後兩家頭到京城東面看田去,轉來味請我做中人,替伊拉講價錢,話着實之一千兩銀子,兩面儕應承者,着過日子要簽花字咾交銅錢者。

【D】然後伊拉兩个人到之京東,拿地皮全看之,轉來就請我做中人,搭伊話好之,價錢話定當是一千兩銀子,兩面全答應哉,定規是着前日寫契張付銅錢。

【E】後來佢哋兩個去京東睇過啲田,翻嚟就請我做中人,同佢拍合吓啲價錢,收尾講成嘵一千兩銀,兩邊都答應嘵,定期話大前日立契交易。

【F】後來佢哋同去京東[今作平東]睇過箇的地,隨後託我同佢做中人,講定價值,定實一千両銀,雙方都答應嘵,就定咽大前日簽立契據交易。

【A】趕大前天,我一早和那個姓孫的到溫子山家裏去了。趕到了他家裏,他還沒起來了,我們倆就在他書房裏等了他半天,他這纔起來。

【B】等大前天,我一早和那個姓孫的到温子山家裏去了。及到了他家裏,他還沒起來了,我們兩人就在他書房裏等了他半天,他這纔起來。

【C】箇日早辰頭,同姓孫个到温子山屋裡去。到伊屋裡,伊勿曾起身个裡,伲兩家頭拉書房裡等之半日,伊刻刻起來。

【D】到着前日,我一早搭伊个姓孫个到温子山屋裏去。及至到之伊屋裏,伊還勿曾起來,我伲兩家頭就拉伊書房裏等之伊半日,伊纔纔起來。

【E】等到大前日一早,我就同呢個孫氏去溫子山屋唥。及至去到佢處,佢都未曾起身,我哋兩個人喺佢書房裡頭等咽半日,佢致起身出嚟。

【F】到大前日朝,我就同孫氏去溫子山屋跘。去到箇時,佢未曾起身,我哋喺佢書廈等嘵一排。

【A】趕他見了我們,他說那個地他不能買了。我們就問他,是怎麼不能買了?

【B】及他見了我們,他說那個地他不能買了。我們就問他,是怎麼不能買了?

【C】見伲,倒話咾箇塊地皮我勿能彀買。伲問伊咾話,啥咾勿能彀買呢?

【D】及至看見之我伲,伊話伊个地皮伊勿能買哉。我伲就問伊,是那能勿能買呢?

【E】見我兩個,佢話咰啲田我不能買咯。我哋問佢話,做乜不能買呢?

【F】佢見我哋箇時,話唔買得的地。我哋就問佢,爲乜唔買得呢?

【A】他說他湊了會子,不彀一千兩銀子。我們問他,湊了有多少銀子呢?

【B】他說他湊了會了(子),不彀一千兩銀子。我們問他,湊了有多少銀子呢?

【C】伊話合會湊,勿滿一千兩銀子。我問伊,湊之幾化者?

【D】伊話伊湊之會哉,勿滿一千兩銀子。我伲問伊,湊之有幾化銀子呢?

【E】佢話佢收咽份會,唔夠一千両銀。我哋問佢,噉你收到幾多銀呢?

【F】佢話我去湊銀,唔湊得夠一千両。我就問佢,你湊得幾多銀呢?

【A】他說他湊了有九百五十兩銀子。那個姓孫的聽這話就說，那麼九百五十兩銀子就九百五十兩就是了。

【B】他說他湊了有九百五十兩銀子。那個姓孫的聽這話就說，那麼九百五十兩銀子就九百五十兩就是了。

【C】伊話湊得九百五十兩銀子。姓孫个聽見之，伊話九百五十兩銀子味就九百五十兩味者。

【D】伊話伊湊之有九百五十兩銀子。伊个姓孫个聽見第个說話就話，實蓋九百五十兩銀子就九百五十兩銀子就是哉。

【E】佢話收到九百五十両銀。個孫氏聽見噉講，就話噉就九百五十両喺喇。

【F】佢話九百五十両呮。箇孫氏聽見噉講，就話九百五十両係喇。

【A】這麽着，就立了字據，過了錢了，鬧得我好對不過那個姓孫的。他若是果然眞湊不出那五十兩銀子來，那還倒情有可原。

【B】這麽的，就立了字據，過了價了，鬧得我好對不住那姓孫的。他是果然湊不出那五十兩銀子來，那還倒情有可原。

【C】乃味簽花字咾，交銅錢，弄得我來對勿過姓孫个。若使伊眞个担勿出五十兩銀子倒亦罷者。

【D】實蓋末，就寫之契張，付之價，恨得來我對勿住伊个姓孫个。伊若是果然湊勿出伊个五十兩銀子，伊个倒還情有可原。

【E】噉，然後致立咽契據，交咽銀，整得我好對呢個孫氏唔住。佢如果眞正湊唔出個五十両嚟，啲啲重情有可原。

【F】是以簽立契據交銀咯，噉樣令我對於呢箇孫氏立於極唔好嘅地位。因佢如果眞正湊唔出嗰五十両，重係情有可原。

【A】他那麽財主，別說是五十兩，就是五萬兩也現成。我可恨他，他安心佔人家的便宜，叫我不對住人。

【B】他那個財主，莫說是五十兩，就是五萬兩也現成。我却恨他，他安心佔人家便宜，叫我不對住人。

【C】伊什介財主，勿要話五十兩，就是五萬兩也有好拉。我恨伊埋沒良心,佔人家地皮,教我對勿住別人。

【D】伊實蓋財主个人,勿要話是五十兩,就是五萬兩也有。我倒恨伊,伊有心佔人家个便宜,叫我對勿住人。

【E】佢咁財主,慢講係五十両,就係五萬両都擰得出。我可恨佢,安心佔人嘅便宜,累我對人唔住。

【F】但佢噉嘅身份,唔講係五十両,五萬都卽時攞得倒。我極憎[②]佢,特意佔人嘅便宜,令我對人唔住。

【A】趕我那天回到家裏去,越想越可氣,就因爲這個,勾起我的舊病來了,就不舒坦了。

【B】及我那天回到家裏去,越想越可氣,就因爲這個,引得我的舊病來了,就不舒服了。

【C】箇日子回到屋裡,越想越氣,因爲什介,舊病發作起來咾,勿舒徐者。

【D】及至我伊日回到屋裏去,越想越可氣,就爲實蓋,氣得舊病復發,就勿適意哉。

【E】我啲日翻到屋唫,越想越嬲,因噉,引起我啲啲舊病嚟,故此我就唔舒服咯。

【F】噉我嗰日番到屋,越想越嬲,因此,舊恙復發起嚟,我就有病喇。

【A】你不知道,溫子山他那個兄弟比他還可惡了。先頭裏他常和我夥辦買賣。

【B】你不曉得,溫子山他那個兄弟比他還可惡了。先頭裏他常和我夥辦買賣。

【C】閣下勿曉得,温子山个兄弟比伊還要可惡哩。前頭起伊同我合做生意。

【D】儂勿曉得,温子山伊个兄弟比伊還要可惡。起初伊常莊搭我合做生意。

【E】你唔知,溫子山個兄弟重比佢可惡呀。從前佢常時共我合夥做生意。

【F】甲溫子山箇細佬更甚過佢,你知唔知呀? 舊時佢喺商場同我合夥。

【A】凡經他手賣的貨,到了分賺帳的時候,他總短分給我這麽三千兩吊。他知道我也不好意思和他要。

【B】凡經他手賣的貨,到了分賺帳的時候,他總少分把我這麽三千兩吊。也曉得我也不好意思和他要。

【C】凡經伊手賣脫拉个貨色,分賬个時候,總少撥我三頭二百銅錢。伊曉得我勿好意思替伊要。

【D】凡係經伊个手買个貨色,到之分賺帳个時候,伊總少分撥我實蓋三千二千。也曉得我勿好意思搭伊要。

【E】凡佢經手賣嘅貨,到分賬個時,佢總分少三二百錢過我。佢知到我都唔好意思問佢攞。

【F】凡佢所賣嘅貨,到分賬箇時,每次都俾少三幾吊錢過我。知我唔好意思問佢攞。

【A】他嘴裏可老說,我這回短您是兩吊是三吊,過兩天我給您找補。起那麽,可就永遠不提了。

【B】他嘴裏却又説,我這回少您是兩吊是三吊,過兩天我和您找補。從那麽,却就永遠不提了。

【C】到底伊嘴裡只慣拉話,箇回我欠儂二三百銅錢拉哩,隔兩日我要補還个。什介之味後來,永遠勿提起个者。

【D】伊嘴裏到又話,我第回是少儂二千呢三千,歇兩日我搭儂補足。從實蓋,倒永遠勿提哉。

【E】佢口裡低就昏咁話,我呢回我少你二百或三百,過兩日我補翻過你。從此噉就永遠唔提嘅。

【F】每次係噉話,呢回我欠你兩三吊錢,呢一兩日內我有法子補番過你。後來,總唔出聲。

【A】趕擱得日子多了,我也忘了,這件事就算化了。他就這麽小取,那幾年我吃了總有幾百吊錢的虧。

【B】等擱得日子多了，我也忘了，這件事就算完了。他就這麼小器，那幾年我吃了總有幾百吊錢的虧。

【C】日脚隔得多之，我亦忘記者，箇件事體算完結。伊什介能貪小利，幾年裡向③吃過我幾十千銅錢。

【D】等擱來日脚多之，我也忘記哉，第件事體就算完哉。伊就實蓋个小器，伊幾年我總吃之幾百千銅錢个虧。

【E】等歇得日子耐，我亦忘記嘵個件事就算了咽咯。佢係貪啲噉嘅小利，個幾年我總賠虧嘵有十千錢咁多。

【F】歇得日子耐，我亦忘記嘵[英譯作後來總唔想起呢件事]。因佢噉嘅小器，我幾年間大約賠嘵幾百吊錢咁多。

【A】再若是論外頭交朋友、走親戚的道理，他是一概不懂，他就是上炕認得女人，下炕認得錢。

【B】再若是論外頭交朋友、走親戚的道理，他是一概不懂，他就是上床認得女人，下床認得錢。

【C】再論伊外面交朋友、搭親戚來往个道理，伊一些勿懂个。

【D】再若是論外頭个交朋友、來往親眷个道理，伊是一概勿懂。

【E】若係講到結交朋友、來往親戚嘅道理，佢都一概唔董，佢只係上牀識女人，落牀識得錢銀。

【F】再想吓佢結交朋友及來往親戚嘅道理，一概唔曉，佢時時專顧自己。

【A】就這麼道人，去年他家裏辦白事，再三的求我給約兩位朋友，在他家裏幫着他熬熬夜。

【B】就這麼道人，去年他家裏辦白喜事，再三的求我和他約兩位朋友，在他家裏幫着他熬熬夜。

【C】噯。就是箇个人，舊年屋裡有喪事，再三再四來求，教我約兩个朋友去，拉屋裡相帮伊看看夜。

【D】是實蓋个一派人，舊年伊屋裏做喪事，再三个求我搭伊約兩位朋友，拉伊屋裏陪陪夜。

【E】噉嘅人嚟，舊年佢家中辦喪事，再三求我揾兩個朋友，去佢屋唥處陪佢捱夜。

【F】係噉嘅人咯,舊年佢家中有喪事,佢再三求我代請兩位朋友,幫佢捱通宵。

【A】我就請了兩位至好的朋友去,帮着他熬了五六夜。

【B】我就請了兩位至好的朋友去,帮着他熬了五六夜。

【C】我請兩个最好个朋友去,相帮伊看之五六夜。

【D】我就請之兩位至好个朋友去,相帮伊陪之五六夜。

【E】我就請嘵兩位至好朋友去陪佢,捱嘵有五六晚咁多。

【F】我就請倒兩位至好嘅朋友,同佢捱五六晚。

【A】人家還是眞盡心竭力的給他照應,趕辦完了事之後,他並沒到人家裏給人道乏去。

【B】人家還是眞盡心竭力的替他照應,等辦完了事之後,他並沒到人家裏和人道謝去。

【C】人家儕盡心竭力照應伊,事體舒徐之後來,伊並勿曾到人家裡去謝聲。

【D】人家還是盡心竭力个替伊照應,等辦完事體之後,伊並勿到人家屋裏去搭別人謝謝。

【E】人哋重兼係眞正盡心竭力帮佢嘅,等到辦完事之後,佢總唔去人哋處拜謝。

【F】盡心幫佢,事過之後,佢並冇去人哋處謝勞。

【A】後來有一天,在街上遇見人家,他一低頭就過去了,簡直的沒理人家。

【B】後來有一天,在街上遇見人家,他一低頭就過去了,簡直的沒理人家。

【C】後來有一日,路上碰着之,低之一低頭,就介過去者,正眞是勿顧別人个。

【D】後來有一日,拉街上碰見之人家,伊低倒頭就過去哉,一直个勿理人家。

【E】後來有一日,喺街上撞見人,佢噁低頭就行過嘵,竟然唔彩人哋添。

【F】後來有一日,喺街上撞見一位,佢就噁低頭行過,其實佢係並無道理嘅。

【A】你瞧,他這宗人性有多麼可惡。

【B】你看,他這宗人性有這樣可惡。

【C】箇種人个性子實在可惡得極。

【D】儂看,第種人性有實蓋个可惡。

【E】你話,呢種噉嘅人幾可惡呢。

【F】佢噉樣品格太可惡咯。

【A】近起來我聽見說更好了,他在家裏放重利息錢了,誰借他的錢使喚,都是八分的利錢。

【B】近日來我聽見說更好了,他在家裏放重利息錢了,那個借他的錢使用,都是八分的利錢。

【C】近來聽見更加勿好者,等垃[4]拉屋裡放重利錢,啥人借伊銅錢用味,總是八分利錢。

【D】近日來我聽見人話更加好哉,伊拉屋裏放重利錢,啥人借伊个銅錢來用,全是八分个利錢。

【E】近來我聽見話更好添,佢喺屋唫裡頭專放啲貴利,邊個借佢錢使,都要八分利。

【F】近日聞得佢嘅行爲更甚一層,佢專放債,抽好重嘅利息,凡係同佢借錢,就計月息八分。

【A】外頭已經有了重利盤剝的名聲了。我早就看透了,他那個財主不久就敗。

【B】外頭已經有了重利盤剝的名聲了。我早就看透了,他那個財主不久就敗。

【C】外勢已經有收重利个名聲者。我早已看穿拉箇者,凡財主人勿久就要敗个。

【D】外頭已經有之重利盤剝个名聲。我早已看穿哉,伊伊个銅錢勿久就敗。

【E】外頭已經得咽個重利盤剝嘅名聲。我大早睇透佢嘅嘞,佢呢個財主不久就敗。

【F】佢已經得箇重利盤剝嘅名。我識透佢好耐嘅,佢現時做財主,但不久噲敗咯。

【A】古人說的,刻薄成家,理無久享,這是一定的理。

【B】古人說的,刻薄成家,理無久享,這是一定的理。

【C】老話頭,刻薄別人成拉个家味,總無得常遠享受个,固是一定个道理。

【D】古人話个,刻薄人家,理無久享,第个是一定个理。

【E】古人有話,刻薄成家,理無久享,呢啲一定嘅道理喇。

【F】古人有句話,刻薄成家,理無久享,呢的就係一定嘅道理喇。

【注解】

① 按:頃,A1 作“項”,誤。應從“頃”。

② 憎:粵語特徵詞,討厭。

③ 裡向,即“裡”。

④ 垃,區別“拉”的動詞語義,而別寫的形體。“拉 1”:動詞“在”;“拉 2”:介詞“在”。

## 2 第二十八章(第二十八课　海賊刦船)

【A】老弟,我聽見說,你們令弟不是回來了麼,怎麼還沒見他出來了? 他回來就病了。

【B】老弟,我聽見說,你們令弟不是回來了麼,怎麼還沒見他出來了? 他回來就病了。

【C】老弟,聽見話,倻令弟轉來者,那得勿曾看見伊出來歇? 伊轉來之就生病个。

【D】老弟,我聽見話,傢令弟豈勿是轉來哉否,那能還勿看見伊出來呢?伊轉來就病哉。

【E】弟台,我唔係聽見話,你令弟翻嚟囉,做乜重唔見佢出嚟呢?佢一翻嚟就病咯。

【F】甲聞得你令弟番嚟,做乜唔見佢出街呢?乙佢番嚟就有病咯。

【A】是怎麼了,在道兒上受了熱了麼?倒不是受了熱了,是受了點兒驚恐。

【B】是怎麼了,在路上受了熱了麼?倒不是受了熱了,是受了一點驚恐。

【C】那能咾,路上着之熱呢啥?勿是着熱,吃之點驚嚇咾。

【D】是那能咾,拉路上着之熱呢啥?倒勿是着之熱,是受之點驚嚇。

【E】做乜野呀,喺路上受嘵熱咩?都唔係受嘵熱,係受嘵啲驚。

【F】甲點解呀,係路上受熱咩?乙唔係,不是受熱,係受驚慌呮。

【A】受了甚麼驚恐了?是在船上遇見賊了。你告訴我說,是怎麼遇見賊了?

【B】受了甚麼驚恐了?是在船上遇見賊了。你告訴我說,是怎麼遇見賊呢?

【C】吃之啥个驚嚇?船上碰着之强盜。替我話話看,那能碰着之强盜呢?

【D】受之啥个驚嚇呢?是拉船上碰着之强盜。儂對我話話看,是那能碰着强盜个呢?

【E】係受嘵啲乜野驚呀?佢喺船上遇賊。點樣遇着賊,你講吓我聽吖?

【F】甲受點嘅驚慌呢?乙佢喺船上遇着海賊吖。甲請講過我聽喇。

【A】他是和一個朋友搭帮回來,倆人帶着一個底下人,雇了一隻船。

【B】他是和一個朋友搭帮回來,兩人帶着一個底下人,雇了一隻船。

【C】伊同一个朋友一淘轉來,兩家頭帶一个相帮人,叫之一隻船。

【D】伊是搭一个朋友同帮轉來,兩家頭帶之一个底下人,喊之一隻船。

【E】佢係同一個朋友搭帮翻嚟,佢兩個人帶同一個底下人,叫咽一隻船。

【F】乙佢同箇朋友喺船搭幫,帶有一箇下人,又叫一隻船。

【A】這天晚上,船灣在一個地方了。

【B】這天晚上,船灣在一個地方了。

【C】箇日夜快,船味停拉一个地方。

【D】當日夜裏,船灣拉一个地方。

【E】咘晚,隻船灣埋喺一笪地方。

【F】有一晚,隻船灣埋一笪地方。

【A】趕到夜靜的時候,忽然起岸上來了十幾個賊,都拿著火把、刀槍,就上船上來了。

【B】等到夜靜的時候,忽然從岸上來了十幾個賊,都拿着火把、刀槍,就上船上來了。

【C】夜裡靜个時候,忽然岸上有十幾个强盜,担之篾箣火、刀鎗,跑到船上來。

【D】等到夜靜个時候,忽然拉岸上來之十幾个强盜,全拿之火把、刀鎗,就上船上來哉。

【E】到夜靜時候,忽然岸上嚟嘵十幾個賊,揸起火把、刀鎗,跑上船嚟。

【F】岸上嚟有十零箇賊,揸起火把、刀槍落船。

【A】拿刀把艙板砍開了,就進了艙裏頭去了,就拿着刀指着我們舍弟問：都是有甚麽東西？

【B】拿刀把艙板砍開了，就進了艙裏頭去了，就拿着刀指着我們舍弟問：都是有甚麽東西？

【C】担刀來撬開之棚門，跑到艙裡去，担刀來指之伲舍弟問：伊有啥東西？

【D】拿刀來拿艙板砍開之，就進艙裏向來，拿之刀點之我伲舍弟問：全有个多化啥个物事？

【E】摵刀劈開艙板，入到船艙，就俾刀指住舍弟問話：有啲乜野？

【F】就斬開的板，入到艙裏頭，執張刀指住我舍弟問佢話：你有的乜野？

【A】我們舍弟說，我們的東西都在這艙裏頭擺着了，別處沒有了。

【B】我們舍弟說，我們東西都在這艙裏放着的，別處沒有了。

【C】舍弟話，伲个東西儕拉箇搭艙裡，别搭無没。

【D】我伲舍弟話，我伲第个物事全放拉第个艙裏，別處無没哉。

【E】舍弟話，我哋嘅野都喺啲呢個艙裡頭放處，第處冇咯。

【F】舍弟話，我哋嘅野擺啲呢箇艙，第處冇咯。

【A】這麽着那群賊就把箱子和包袱、現錢都拿了去了，就是把鋪蓋給留下了。

【B】這麽的那羣賊就把箱子和包袱、現錢都拿了去了，就是把鋪蓋留下了。

【C】乃味箇多化强盜就担之箱子、包袱、銅錢咾去者，不過剩下鋪蓋。

【D】實蓋末伊羣强盜就拿箱子搭包袱、現銅錢全拿之去，不過拿鋪蓋留拉。

【E】噉嗰羣賊就將槓箱呀、包袱呀同所有啲現錢各樣都擰啲，静係得被鋪留翻。

【F】箇班人將槓箱共包袱、錢銀就擰咽去，留番的被鋪。

【A】幸虧我們舍弟身上有一個銀兜子,裏頭裝著有十幾兩金子,還有幾十[①]兩銀子沒丟。

【B】幸虧我們舍弟身上有一個銀兜子,裏頭裝着有幾十兩金子,還有十幾兩銀子沒丟。

【C】造化呢,舍弟身邊肚兜裡有十幾兩金子,還有十幾兩銀子,勿曾担去。

【D】幸虧我伲舍弟身上有一个銀洋肚兜,裏向有幾十兩金子,還有十幾兩銀子勿曾拿去。

【E】好彩舍弟身處有個肚兜,裡頭駄住有十幾両金,而且重有幾十両銀冇失去。

【F】好彩我舍弟有箇兜肚,裝住十幾両金,而且重有幾十両銀冇失去。

【A】趕到天亮了,他們到了一個馬頭上,我們舍弟就和那個朋友商量,打算下船起旱路走。

【B】等到天亮了,他們到了一個馬頭上,我們舍弟就和那個朋友商量,打算下船起旱路走。

【C】到天亮之,伊拉到之一个碼頭上,伲舍弟味同伊个朋友商量,打算上岸走旱路。

【D】等到天亮之,伊拉到之一个碼頭上,我伲舍弟就搭伊个朋友商量,打算上岸起來走旱路。

【E】等到天光,佢哋埋到一個埔頭。

【F】一天光,埋到一箇碼頭,噉我舍弟同箇朋友商量之後,想離船起旱。

【A】那個朋友也很願意。這麽着他們就把鋪蓋搬下來了,到了馬頭上雇了兩輛車,就起旱[②]回來了。

【B】那個朋友也很願意。這麽的他們就把舖蓋搬下來了,碼頭[③]上雇了兩輛車,就起早(旱)回來了。

【C】伊个朋友倒高興个。乃味伊拉担舖蓋搬起來,到碼頭上叫之兩部車子,打旱路轉來。

【D】伊个朋友也極情願。實蓋末伊拉就拿鋪蓋搬下來之,碼頭上喊之兩部車子,就起早(旱)轉來哉。

【E】吽兩駕車,起旱翻嚟。

【F】箇朋友都願意。噉就搬佢被鋪,喺碼頭僱兩駕車,就打路番嚟。

【A】趕到了家,可就病了,請大夫來瞧,說他是驚嚇,夾着點兒時令。現在吃着藥了,還沒好了。

【B】趕到了家,却就病了,請郎中來看,說他是驚嚇,夾着點兒時症。現在吃着葯的,還沒好呀。

【C】到屋裏,就生病,請郎中來看,話咾吃之驚懗,得之點時氣症。現在吃藥,病還勿曾好哩。

【D】趕到之屋裏,倒就病哉,請郎中來看,話伊吃之驚嚇,夾着點時症。現在吃之藥,還勿曾好哩。

【E】及到翻到屋唫,就得嘵病,請先生嚟睇,話佢係嚇親,兼夾有啲時氣。現在吃緊藥,重未曾好。

【F】一到屋踿,就覺有病,請醫生嚟睇,話佢係嚇親,兼夾的時症。而家食緊藥,重未曾好呀。

【注解】

① 按:"十幾兩金子,還有幾十兩銀子",A1 作"幾十兩金子,還有十幾兩銀子"。

② 起,介詞,從;旱,陸路。而 A1 却作"早",錯。B 版亦錯作"早"。此處不表時間,應表行程方式,字應作"旱"。

③ 碼頭,此處用"碼"字。上文作"馬頭"。

## 2 第二十九章(第二十九課　幸遇保鑣)

【A】老弟,你提你們令弟走路遇見賊了,我也想起一件事來告訴您說。

【B】老弟,你提你們令弟走路遇見賊了,我也想起一件事告訴您說。

【C】老弟,提起倻令弟碰着之强盜,我亦想着之一件碰着强盜个事體者。

【D】老弟,儂提起倻令弟走路碰着强盜,我也想起一件事體對儂話。

【E】弟台,你講起令弟遇着賊,我又想起一件事嚟,講你聽吓吖。

【F】甲講起令弟喺路上遇着賊嚟,令我記得一件事,我就講你聽喇。

【A】有一年,我們先伯同着一位朋友上甘肅去。雇了兩輛車,帶着倆跟人。

【B】有一年,我們先伯同着一位朋友上甘肅去。雇了兩輛車,帶着兩個跟人。

【C】有一年,伲先伯父同之一个朋友到甘肅去。叫之兩部車子,跟之兩个人。

【D】有一年,我伲个先伯同之一位朋友到甘肅去。喊之兩部車子,帶之兩个用人。

【E】我地先伯有一年同個朋友去甘肅。叫兩駕車,帶住兩個跟人。

【F】有一回,我先伯同一位朋友去甘肅。僱兩駕車,帶兩箇跟班[或下人]。

【A】一個人坐着一輛車,就起了身了。有一天走到一個地方,那倆趕車的路都不熟。

【B】一個人坐着一輛車,就起了身了。有一天走到一個地方,那兩個趕車的路都不熟。

【C】各人坐之車子咾動身者。有一日到一个地方,兩个推車子个路儕勿認得个咾。

【D】各人坐之一部車子,就動之身。有一日走到一个地方,伊兩个推車子个路全勿熟。

【E】一人坐駕車,就起程去。有一日行到一笪地方,啲兩個車夫唔多熟路嘅。

【F】一人坐一駕,就起程。有日到一笪地方,嗰兩箇車佚唔熟路徑。

【A】可就走岔了道了,直走到掌燈的時候,也找不着一個鎮店。

【B】却就走錯了路了,直走到點燈的時候,也找不着一個鎮店。

【C】走錯者,直到點燈个辰光,亦尋勿着一个鎮。

【D】倒走錯之路哉,直走到爇火个時候,也尋勿着一爿鎮店。

【E】就行錯嘵,一直行到點燈時候,都搵唔倒一間歇店。

【F】就行錯路,行到將近黑,總唔望見有城市。

【A】大家很着急,沒法子就這麼瞎走,趕走到快定更了,就走到了一座大樹林子裏。

【B】大家很着急,沒法子就這麼瞎走,及走到快定更了,就走到了一個大樹林子裏。

【C】大家着急得極,無法子只得瞎走,到起更者,走着一座大樹林。

【D】大家極着急,無法則就實蓋瞎走,直走到起更快,就走到一个大樹林裏。

【E】大家好着急,冇法子想只好亂行,行到差唔多落更,到嘵一座大樹林處。

【F】大家就好擔心,冇奈何昏咁行,挨近落更時候,到嘵一座大叢林。

【A】就看見樹林子那邊兒露出一點兒燈光來,這麼着他們這倆車就奔了那個燈光去了。

【B】就看見樹林子那邊兒露出一點兒燈光來,這麼的他們這兩車就奔了那個燈光去了。

【C】看見樹林過邊有一眼火光,乃味伊拉兩个推車子个望之光咾跑上去。

【D】看見樹林伊邊露出一顏燈光來,實蓋末伊拉第兩部車子就跑到伊个燈光裏去哉。

【E】望見樹林啲邊露出啲咁多燈光,噉佢呢兩駕車就走去有燈光啲處。

【F】喺嗰便見有小小燈光射出,噉兩駕車就對住燈光嚟行。

【A】趕臨近了一瞧,是個店,外頭掛着倆麪幌子。店門關着了,臨街是個窓戶,裏頭可點着燈了。

【B】等臨近了一看,是個店,外頭掛着兩個麪招牌。店門關着了,對街是個窗子,裏頭也點着燈了。

【C】臨近一看,是爿店,外頭掛个麵招牌。店門關拉,沿街路有扇窻,裡向味點盞燈拉。

【D】等到相近之一看,是爿店,外頭掛之兩个麵招牌。店門末關拉哉,靠街窗口,裏向也爇燈拉。

【E】去到睇見係一間店,外頭有對麵燈掛處。關住門,近街嘸有個窓口,裡頭點着燈。

【F】去到睇見係一間客店,外頭有賣麪嘅招牌。箇舖門閂住,有度窗,睇見裏頭有燈點着。

【A】這麼着他們就叫開店門了,把車趕進去了,趕到了裏頭一瞧,冷冷清清,連一個客人也沒有。

【B】這麼樣他們就叫開店門了,把車趕進去了,及到了裏頭一看,冷冷清清,連一個客人也沒有。

【C】乃味伊拉呌開門,担車子推進去,走到裡面一看,氷清水冷,一个客人亦無得。

【D】實蓋末伊拉就叫開之店,拿車子推之進去,走到裏向一看,冷清清,連一个客人也無沒。

【E】噉佢哋拍開店門,推啯兩駕車入去,入到裡頭,見極冷靜,一個客人都冇。

【F】噉佢哋開聲叫門,趕車入去,入到裏便,周圍望吓,見地方好冷靜,冇箇人客喺處。

【A】這麽着他們就挑了三間屋子，把行李都搬進去了，然後就叫店家打洗臉水、沏茶、弄飯吃。

【B】這麽的他們就揀了三間房子，把行李都搬進去了，然後就叫店家打洗臉水、沏茶、弄飯吃。

【C】伊拉味揀之三間房子，担行李搬進去，然後教店家搬面湯水來、燒茶、弄夜飯。

【D】實蓋末伊拉就揀之三間房子，拿行李全搬進去之，然後就叫店家舀揩面水、泡茶咾弄飯來吃。

【E】佢哋就揀嘵三間房，將行李搬嘵入去，然後叫店家倒水、沖茶、整飯食。

【F】佢哋就揀三間房，搬齊行李入去，叫店家倒水洗面及沖茶、整飯。

【A】我們先伯就見那幾個店家，都那麽賊眉鼠眼的，心裏可就有點兒犯疑。

【B】我們先伯就見那幾個店家，都那麽賊眉鼠眼的，心裏却就有點兒帶疑。

【C】伲先伯父看見店裡个人，賊形賊狀，心裡有點猜疑。

【D】我伲先伯就看見伊幾个店家，全實蓋賊頭賊腦，心裏倒就有點疑心。

【E】噉我地先伯見啲幾個店家，都係賊眉賊眼，心裡頭就有啲思疑。

【F】我先伯見店中嘅人，係唔信得過[或云蛇頭鼠眼]，就心中起有的思疑。

【A】趕吃完了飯了，那位朋友在炕上拾掇行李，這個工夫兒，就進來了一個店家沏茶。

【B】等吃完了飯了，那位朋友在鋪上收拾行李，這個工夫兒，就進來了一個店家沏茶。

【C】吃罷之夜飯，箇个朋友味拉床上收作行李，貼正箇个辰光，店家有个人跑進來泡茶。

【D】等吃完之飯,伊位朋友拉舖上收拾行李,第个辰光,就進來之一个店家泡茶。

【E】等到吃完飯,個位朋友喺床處執拾行李,嗰陣間剛啱個店家入嚟沖茶。

【F】食完飯後,嗰位朋友喺床上檢點行李,有箇夥計入嚟沖茶。

【A】我們先伯就見他不住的拿眼睛瞧炕上的行李,我們先伯看他這分光景,更疑惑了。

【B】我們先伯就見他不住的拿眼看鋪上的行李,我們先伯看他這樣光景,更疑惑了。

【C】伲先伯父看伊勿停个着緊之眼睛對伊床上个行李望,看見之第个光景,更加疑惑者。

【D】我伲先伯就看見伊眼勿停个看舖上个行李,我伲先伯看伊實蓋个光景,更加疑惑哉。

【E】我地先伯見佢注眼望住床處啲行李,我地先伯見呢個情景,更加思疑。

【F】我先伯見佢不歇睇住床上嘅行李,越發思疑。

【A】可不敢說,恐怕那位朋友知道害怕。趕喝完了茶,我們先伯就到後頭院裏出恭去了。

【B】却不敢說,恐怕那位朋友曉得害怕。等喝完了茶,我們先伯就到後頭院裏出恭去了。

【C】到底勿敢話,常怕朋友曉得之嚇咾,吃罷之茶,伲先伯父到後頭天井裡出恭去。

【D】倒勿敢話,恐怕伊位朋友曉得之要嚇。等吃完之茶,我伲先伯就到後頭天井裏去解溲哉。

【E】但唔敢講,怕到嗰個朋友聽見慌。等到飲完茶,我地先伯就入去後院裡頭出恭。

【F】但怕到嚇親嗰位朋友,就唔想講出嚟。飲茶之後,去後院出恭。

【A】趕他納到了後頭院裏一瞧,有三間屋子,一間是茅房,那兩間是堆草料的屋子。

【B】等他到來後頭院裏一看,有三間房子,一間是茅房,那兩間是堆草料的房子。

【C】到之天井裡一看,看見三間屋,一間是茅厠,還有兩間堆柴草个。

【D】伊到後頭天井裏去一看,有三閒(間)房子,一間是坑缸,伊兩間是堆草料个。

【E】入到去,見有三間房,一間係做厠坑,兩間係堆草料嘅。

【F】到嗰處,見有三間房,一間做廁所,兩間做堆草嘅房。

【A】趕我們先伯進到茅房裏去,正出恭了,這個工夫兒,就聽見起前頭院裏來了倆人。

【B】等我先伯進到茅房裏去,正出恭了,這個工夫兒,就聽見起前頭院裏來了兩人。

【C】伲先伯父到茅厠裡,出恭个辰光,聽見天井裡兩个人。

【D】我伲先伯末到坑缸上去解溲哉,第个時候,就聽見前頭天井裏來之兩个人。

【E】我哋先伯正話入去出緊恭,啣時,聽見前院處有兩個人行入嚟。

【F】先伯入廁所之後,聽見有兩箇人喺前院入嚟。

【A】把堆草料的那屋裏的門推開了,進去拿草料去了。就聽見這個和那個說:

【B】把堆草料的那屋裏的門推開了,進去拿草料去了。就聽見這個和那個說:

【C】開門到堆柴草个箇間屋裏來,拿柴草去。聽見一个垃拉對別个話:

【D】拿堆草料个伊間房子个門推開之,進去拿草料去哉。就聽見第个搭伊个話:

【E】推開堆草料啣間房門,入去裡頭擰草料。呢個就同啣個

講話:

【F】推開堆草房門,擰草料。聞得一人講話:

【A】剛纔掌櫃的把你叫了去,到底是怎麽商量的呢? 就聽見那個說,是這麽商量的:

【B】剛纔管事的把你叫了去,到底是怎麽商量的呢? 就聽見那個說,是這麽商量的:

【C】刻刻本家叫儂去,到底那能商量法則? 聽見箇个答應咾話,什介商量拉个:

【D】纔纔管事个喊儂進去,到底是那能商量呢? 就聽見伊个話,是實蓋商量个:

【E】就先事頭叫你去,到底點商量呀? 啲個話,噉商量法:

【F】上先事頭叫你,同你定奪乜野事呢? 就聽聞嗰箇答話,定曉噉法子:

【A】趕到夜靜的時候,偺們倆人去殺那倆趕車的,他們三人去殺那倆客人和那倆跟人。

【B】等到夜靜的時候,我們兩人去殺那兩趕車的,他們三人去殺那兩客人和那兩跟人。

【C】夜裏静之後來,促兩家頭去殺兩个車夫,伊拉三家頭去殺兩个客人咾還有兩个相帮人。

【D】等到夜靜个時候,我促兩家頭末去殺伊兩个推車子个,伊拉三家頭末去殺伊兩个客人搭伊兩个用人。

【E】到夜靜個時,我兩家去殺啲兩個車夫,佢哋啲三個人就去殺啲兩個人客同啲兩個跟人。

【F】到夜深時候,我兩人要入去打死兩箇車伕,佢哋三人入去打死兩箇人客。

【A】我已經和掌櫃的說開了,事完之後,就把那兩輛車分給偺們倆人,一個人一輛。

【B】我已經和管事的說好了,事完之後,就把那兩乘車分把我們兩人,一個人一乘。

【C】我已經對本家話清爽拉者,事體完畢之,担兩部車子分拉伲兩个人,每人一部。

【D】我已經搭管事个話好拉哉,完事之後,就拿伊兩部車子分撥我伲,兩家頭各人一部。

【E】我已共事頭講過咯,做完事之後,就搣啗兩駕車分俾你我兩個人,一人一駕。

【F】我同事頭約定,做完之後,兩駕車歸我兩人,各得其一。

【A】不論那倆客人有多少銀子,偺們倆人全不管。我的意思是這麽着:

【B】不論那兩客人有多少銀子,我們兩人全不管。我的意思是這麽的:

【C】不論客人拉有幾化銀子味,伲儕勿管。我个意思是什介:

【D】勿論伊兩个客人有幾化銀子,我伲兩家頭全勿關。我个意思是實蓋个:

【E】無論啗兩個人客有幾多銀都好,我哋兩家喊唔管。我而家打算噉:

【F】無論人客有幾多銀両,都唔關我哋嘅事。我立意噉做:

【A】趕[①]偺們倆人把這兩輛車分到手,明兒個早起偺們打買賣一辭,一個人趕着一輛車就回家去了。

【B】我們兩人把這兩乘車分到手,明天早晨我們把買賣一辭,一個人趕着一乘車回家去了。

【C】箇兩部車子分拉伲手裡之味,明朝就動身,推頭之做生意咾,各人趕之車子轉去。

【D】我伲兩家頭拿第兩部車子分到手之,明朝早晨我伲拿生意來一辭,各人推之一部車子咾歸去。

【E】等我哋分倒啗兩駕車,聽日就辭啯工,一人趕駕車翻去歸。

【F】明日我兩家得倒嗰份,我哋一早就收場,唔做呢的事業,各趕一駕車番屋踎。

【A】從今以後,偺們倆人改邪歸正,再別作那害人的事情了。

【B】從今以後,我們兩人改邪歸正,再莫作那害人的事情了。

【C】乃朝後,伲兩家頭棄邪歸正,再勿做害人个事體者。

【D】從今以後,我伲兩家頭去邪歸正,再勿做伊个害人个事體哉。

【E】從今以後,我哋就改邪歸正,再咪個做呢啲害人嘅事。

【F】從此以後,我兩家就改邪歸正,唔再害人。

【A】你想這麼辦好不好?那個人就說,不錯,這麼辦很好。

【B】你想這麼辦好不好?那個人就說,不錯,這麼辦很好。

【C】儂想什介辦法好勿好?一个答應咾話,勿錯,什介辦法極好。

【D】儂想實蓋好勿好?伊个人就話,勿錯,實蓋做極好。

【E】你估噉做法好唔好呢?啲個話,唔錯呀,噉做法好極吖。

【F】你話噉好唔呢?到第箇答話,着咯,第一好章程咯。

【A】說完了,就聽見他們倆人上前頭去了。我們先伯心裏說,怪不得我看那幾個店家,那麼賊形可疑的。

【B】說完,就聽見他們兩個往前頭去了。我們先伯心裏說,怪不得我看那幾個店家,那麼賊形可疑的。

【C】話完之,聽見兩个人朝前去者。伲先伯父心裡向暗暗裡話,怪勿得我看箇个店家,什介能賊形賊狀,可疑得極。

【D】話完之,就聽見伊拉兩个人到前頭去哉。我伲先伯心裏想,怪勿得我看伊个幾个店家,實蓋賊形賊狀个可疑。

【E】講完,就聽見佢兩個行咽翻出去。我地先伯心裡頭話,唔怪得我見啲幾個店家,都係賊噉樣形跡可疑呢。

【F】講完,聽見佢哋行出前頭。我先伯自己想吓話,啯啯,唔怪得我思疑呢箇店家,有蛇頭鼠眼嘅形狀咯。

【A】敢情眞是個黑店。

【B】想情眞是個黑店。

【C】眞个是黑店者。

【D】想情眞是爿黑店。

【E】原來眞正係間唔好店嚟嗅。

【F】呢間客店必定係黑店嚇。

【A】這麽着可就出了茅房,到了自已的屋裏,就把剛纔聽的話都告訴那個朋友說了。

【B】這麽的却就出了茅房,到了自己的房裏,就把剛纔聽的話都告訴那個朋友說了。

【C】乃味茅厠出去,到自家房裏,担刻刻聽見拉个說話講撥拉朋友聽。

【D】實蓋末就出之坑缸門口,到之自家个房裏,就拿纔聽見个說話全告訴之伊个朋友。

【E】噉就出咽厠坑,翻入去自已房,將就致聽見個啲說話講過响位朋友知。

【F】噉佢離開厠所,入房內便,講啲過佢朋友聽。

【A】那位朋友聽這話,就害怕的了不得,大家正在屋裏爲難,沒有主意了。

【B】那位朋友聽這話,就害怕的了不得,大家正在房裏爲難,沒有主意了。(這個工夫兒,)

【C】伊个朋友聽見之,嚇來非凡,大家正拉尷尬頭裡,無主意个辰光。

【D】伊位朋友聽之第个說話,就嚇來了勿得,大家正拉房裏爲難,無沒主意。

【E】响個朋友慌得乜野噉,大家正喺房裡頭閉翳開,冇主意。

【F】佢朋友聞得,極之驚慌,喺房內好閉翳,就唔知點做好。

【A】這個工夫兒,忽然聽見來了好幾輛車,直叫店門。趕店門開開了,就見趕進六輛鏢車來。

【B】忽然聽見來了好幾乘車,直叫店門。等店門開開了,就見趕進六乘鑣車來。

【C】忽然聽見有幾部車子來者,喊開門。開門進來,看見六部鑣車。

【D】忽然聽見來之好幾部車子,直叫店門。等店門開開之,就看見推進六部鑣車來。

【E】當個陣時,忽然聽見嚟咗好幾駕車,喺外頭拍門。等開咗店門,推嘵六駕標車入嚟。

【F】忽然聽見好幾駕車,直到店就拍門。門開之後,見有六駕鑣車。

【A】是倆客人,四個保鑣的。我們先伯就説,這可不怕了,偺們回頭可以放心睡覺罷。

【B】是兩個客人,四個保鑣的。我們先伯就説,這却不怕了,我們回頭可以放心睡覺罷。

【C】兩个客人,四个保鑣个。伲先伯父就話,乃味勿要怕得者,放心勃轉來睏味者。

【D】是兩个客人,四个保鑣个。我伲先伯話,難末勿怕哉,我伲就可以放心睏覺末哉。

【E】係兩個人客,四個保標嘅。我地先伯就話,噉唔怕咯,我地呢陣翻入去放心瞓覺都得略。

【F】其中載有兩箇人客,四箇係保鑣嘅。我先伯就話,而家唔使怕咯。我哋呢陣放心瞓覺咯。

【A】這麽着又打發了一個跟人過去問了問鑣車,他們説是明兒早起五更天起身。

【B】這麽的又打發一個跟人過去問了問鑣車,他們説是明天早起五更天起身。

【C】於是乎打發一个相帮人去打聽打聽保鑣个人,伊拉話明朝五更頭起身。

【D】實蓋末又打發一个用人過去問之問鑣車,伊拉話是明朝早起裏五更天動身。

【E】就打發個跟人過去問個啲標車,佢話聽朝五更起程。

【F】噉就打發箇人過去問的鏢車,佢話五更起程。

【A】這麽着,我們先伯他們也睡到五更天起來,叫趕車的套上了車,就跟鏢車一塊兒搭幫走了。

【B】這麽樣,我們先伯他們也睡到五更天起來,叫趕車的套上了車,就跟鏢車一塊兒搭幫走了。

【C】因此,伲先伯父拉幾家頭亦睏到五更頭起來,教車夫預備車子,跟之鏢車一淘動身。

【D】實蓋末,我伲先伯伊拉也睏到五更天起來,叫推車子个套好之車,就跟鏢車一淘搭帮走个。

【E】噉,我地先伯亦瞓到五更起身,叫醒車夫把車套好,就跟埋啲啲標車一齊行。

【F】噉,我先伯箇班人亦瞓到五更起身,叫車伕安妥車,共鏢車同幫起行。

【A】這算是纔免了那個大難了。你說險不險?

【B】這算是纔免了那個大難。你說險不險?

【C】就此咾免脱箇个大難。想想看險呢勿險?

【D】難末算纔纔免之伊个大難。儂想險呢勿險?

【E】噉都算走甪嘵個場大難。你話險唔險呢?

【F】噉就免嘵呢場大難。你話險唔險呢?

【注解】

① 按:趕,A1 無。B 版亦同。

## 2 第三十章(第三十課　慳吝被偷)

【A】大哥,您聽我告訴您一件事。我們那個村莊兒裏,住着有一個小財主。

【B】大哥,您聽我告訴您一件事。我們那個村莊兒裏,住着有一個小財主。

【C】大哥,我講一件事體拉閣下聽。伲村莊上,有个小財主人。

【D】老兄,儂聽我告訴儂一件事體。我伲伊个村莊裏,有一个小財東。

【E】大哥,你聽我講件事過你知。我哋條村,有個家道過得去嘅。

【F】甲大哥,我講件事過你聽吓呀。我哋條村有箇人,佢家道幾好嘅。

【A】素日人很嗇刻,向來他不帮人,不作好事。前幾天,他有一個出了門子的妹妹,頂着雨到他家來。

【B】素日人很嗇刻,向來他不帮人,不做好事。前幾天,他有一個嫁出去了的妹子,頂着雨到他家來。

【C】平素日脚小氣來,勿肯相帮別人,勿肯做好事个。前幾日,伊有一个出嫁拉个姊妹,冒之雨咾到伊屋裏來。

【D】素來人極苛刻,向來伊勿照應人,勿做好事。前幾日,伊有一个嫁出去个妹妹,冒之雨到伊屋裏來。

【E】平日爲人頂慳劣,向來唔肯帮人,唔做好事。前幾日,佢有個出嫁亞妹,監雨去佢屋唸。

【F】但佢素來好慳儉,未曾幫助過人,亦未捐過錢出嚟做好事。前幾日,佢有箇出嫁嘅妹,冒雨去佢屋跄。

【A】說是他男人,現在找了一個海船上管帳的事情。

【B】說是他男人,現在找了一個海船上管帳的事情。

【C】對伊話自家男人,現在尋着之海船上管賬个行業者。

【D】話是伊个男人,現在尋着一隻海船上管賬个事體。

【E】話佢老公,現在搵倒個席位係喺海船管賬嘅頭路。

【F】話佢丈夫,落咽隻海船當管賬。

【A】前两天已經開船出海去了。現在家裏沒有飯吃,所以頂着雨來。

【B】前幾天已經開船出海去了。現在家裏沒有飯吃，所以冒着雨來。

【C】着過日子，船已經開之咾出海去者。現在屋裏無得飯吃，所以雨裏向跑來。

【D】前幾日已經開船出洋去哉。現在屋裏無沒飯吃，所以冒之雨咾來。

【E】前兩日已經落船開身去嘵。而家屋唥冇飯食，所以監雨都要嚟。

【F】先兩日開身去嘵。現時家中冇得食，雖然落雨都嚟。

【A】要借一石米和幾兩銀子，等着他男人回來，必都還的。

【B】要借一石米和幾兩銀子，等着他男人回來，必都還的。

【C】要借一石米，又要借幾兩銀子，等男人轉來，必定還味者。

【D】要借一石米搭幾兩銀子，等伊男人轉來，一定全還个。

【E】共佢借幾両銀同一石米，等佢老公翻嚟，是必還翻㗎。

【F】係想借一石米同幾両銀，等佢丈夫番嚟，定必清還。

【A】這個人聽這話，和他妹妹說，他米也沒有，錢也沒有，辦不了，叫他妹妹另上別處借去罷。

【B】這個人聽這話，和他妹妹說，他米也沒有，錢也沒有，辦不及，叫他妹妹另到別處借去罷。

【C】箇个人聽見之，對自家姊妹話，米亦無得，銅錢亦無得，無啥法子，叫伊別搭去借罷。

【D】第个人聽見第个說話，搭伊妹妹話，伊米也無沒，銅錢也無沒，辦勿到个，叫伊妹妹另外到別處去借末哉。

【E】呢個人聽見，對亞妹話，錢又冇米又冇，唔應承得你咯，你去第處借罷喇。

【F】嗰箇人一聽見，就話佢妹知，佢冇米又冇銀，不能幫佢妹嘅事咯，去別處借係喇。

【A】他妹妹聽他不管，可就哭了。趕他見他妹妹哭了，他就賭氣子出去躲開了。

【B】他妹妹聽他不管,却就哭了。及他見他妹妹哭了,他就賭氣的出去躲開了。

【C】伊个姊妹聽見伊勿管,就哭者。伊看見姊妹哭,就賭氣咾出去避開者。

【D】伊个妹妹聽見伊勿肯,倒就哭哉。等伊見伊个妹妹哭哉,伊就動氣咾出去避開哉。

【E】佢亞妹聽見佢唔肯,就大喊[①]起嚟。及至佢睇見個亞妹喊,就鬬氣行出去躲埋曉。

【F】佢妹見佢總唔幫,就喊起嚟。佢睇見,就賭氣行開。

【A】他同院子住着有一個街坊,是個爽快人,聽他不管他妹妹的事,很有氣。

【B】他同院子住的有一個鄰舍,是個爽快人,聽他不管他妹妹的事,很有氣。

【C】同伊住拉一个天井裡有个鄰舍,是个爽快人,聽見伊勿管姊妹个事體,氣極。

【D】伊合天井住拉一个鄰舍,是个爽快人,聽見伊勿管伊妹妹个事體,極動氣。

【E】佢咱處有個同屋住,係個爽快人,聽見佢唔理個亞妹,就好生氣。

【F】同箇剌屋佢有箇街坊,係好爽快嘅人,聞得佢唔幫箇妹,就好嬲。

【A】這麽着就把他妹妹請過來,借給他一石米,還有幾兩銀子。

【B】這麽樣就把他妹妹請過來,借把他一石米,還有幾兩銀子。

【C】就教伊妹妹走過來,借撥伊一石米,還有幾兩銀子。

【D】實蓋末就拿伊个妹妹請過來,借撥伊一石米,還有幾兩銀子。

【E】登時請咽佢亞妹過嚟,借石米共幾両銀過佢。

【F】噉就請佢嘅妹過佢屋,借一石米同幾両銀過佢。

【A】另外又給他雇了一匹驢,可就把他送回去了。

【B】另外又替他雇了一匹驢,却就把他送回去了。

【C】另外替伊叫只驢子,送伊轉去。

【D】另外又搭伊喊之一匹驢子,倒就拿伊送轉去之。

【E】另自請隻騾,送佢翻去。

【F】又同佢僱匹驢。

【A】趕這個人回來了,聽見他家裏人說,是他街坊借給他妹妹錢米回去的。

【B】等這個人回來了,聽見他家裏人說,是他鄰舍借把他妹妹錢米回去的。

【C】箇个人歸來,聽見別人話,隔壁人家借銅錢咾米拉伊个姊妹之咾轉去者。

【D】等第个人轉來之,聽見伊屋裏人話,是伊鄰舍借撥伊妹妹銅錢咾米轉去个。

【E】及後呢個人翻到嚟,聽佢個啲家人話,佢個同屋主借啯啲米共銀過佢亞妹翻去嘵。

【F】等佢去歸,嗰箇人番嚟,聽聞家人講,話佢鄰舍借嘵米共銀俾佢嘅妹。

【A】他也不說長也不道短,粧作不知道的樣子。可巧這天夜裏來了一個賊。

【B】他也不說長也不道短,粧做不曉得的樣子。恰巧這天夜裏來了一個賊。

【C】伊亦勿話長亦勿話短,只做勿曉得。恰好箇日夜裡有个賊來。

【D】伊也勿說長也勿道短,只做勿曉得个樣式。恰巧第日夜裏來之一个賊。

【E】又冇話好冇話唔好,詐作唔知噉樣。偏偏個晚黑有個賊。

【F】佢乜都唔聲,詐作唔知。剛啱嗰晚有箇賊。

【A】起他後牆上挖了一個窟窿,進他屋裏去,偷了他幾十兩銀子和幾件衣裳去。

【B】從他後墻上挖了一個窟窿,進他屋裏去,偷了他幾十兩銀子和幾件衣裳去。

【C】拉伊後面牆上挖之一个洞,到伊屋裡,偷脫之十幾兩銀子還有幾件衣裳咾啥去者。

【D】拉伊後墻上挖之一个洞,到之伊屋裏去,偷之伊幾十兩銀子搭幾件衣裳去。

【E】喺佢後牆處開個竇,入佢屋裡頭,偷咽佢十幾両銀同幾件衣服去。

【F】喺佢後牆挖竇,入到佢間房,偷嘵幾十両銀共埋的衣服。

【A】趕到第二天早起,他知道鬧賊丟了東西了。

【B】等到第二天早晨,他曉得被賊偷了東西了。

【C】到明朝早上起來,曉得賊偷脫之物事者。

【D】等到第二日早晨,伊曉得撥賊偷脫之物事哉。

【E】等到第朝,佢知道俾賊嚟偷嘵野。

【F】第朝佢知到有賊嚟,佢失嘵的野。

【A】他怕是他妹妹聽見說他丟了銀子、衣服了,又必趁願又必找他來問他,所以他沒敢到衙門去報他家裏失盜。

【B】他怕是他妹妹聽見說他失了銀子、衣服了,又不很願又不找他來問他,所以他沒敢到衙門去報他家裏失賊。

【C】常怕姊妹聽見伊偷脫銀子咾衣裳,(——按:原文無對應句。)所以勿敢到衙門去報竊案。

【D】恐怕撥伊个妹妹聽見話伊無沒之銀子衣裳,(——按:原文無對應句。)所以伊勿敢到衙門裏去報伊屋裏失竊。

【E】又怕佢亞妹知佢失嘵衣服共銀,是必心凉又是必搵佢嚟問,所以佢亦唔敢去衙門報失竊。

【F】怕個妹知到佢失衣服共銀,是必心凉噲嚟問及吓,就不但唔去衙門報告。

【A】他還囑咐他同院住着的這個街坊,外頭不用告訴人說,他家裏鬧賊丟東西的事情。

【B】他還囑咐他同院住着的這個鄰舍,外頭不要告訴人說,他家裏被賊失東西的事情。

【C】倒還叮囑一淘等拉个鄰舍,伊屋裡賊來偷物事个事體,外頭勿要話出去。

【D】伊還叮囑伊合天井住拉个鄰舍,外頭勿要回頭別人話,伊屋裏撥賊偷脫之物事个事體。

【E】佢重囑咐佢個同屋住,咪個話過外人知,佢屋唫俾賊偷野呢件事。

【F】重託同院住嘅街坊,咪將佢被人偷野嘅事,講過人知。

【A】誰知道那個賊那天夜裏偷了他的東西去,偏巧走大街上,叫下夜的兵給拿住,送了衙門了。

【B】那曉得那個賊那天夜裏偷了他的東西去,偏巧走大街上,等查夜的兵捉倒了,送到衙門去。

【C】那曉得箇个賊其日夜裡偷之物事出去,恰好拉大街上,撥拉巡夜兵捉來,送之衙門裡去者。

【D】那裏曉得伊个賊伊夜裏偷个物事去,恰巧走到大街上,撥查夜个兵捉着哉,送之到衙門裏去。

【E】誰不知個賊啪晚偷倒野翻去,行到大街,俾巡夜兵捉住,送入衙門。

【F】嗰晚箇賊偷咽野之時,啱啱行到大街,被箇巡夜兵捉住,送佢到衙門。

【A】官就問那個賊,那個銀子和衣裳是起誰家偷出來的?

【B】官就問那個賊,那個銀子和衣裳是在那家偷出來的?

【C】官問伊,銀子咾衣裳啥人家搭偷拉个?

【D】官就問伊个賊,伊个銀子搭衣裳是拉啥人家偷出來个?

【E】個官就問佢,啲衣服銀両喺邊家偷出嚟嘅?

【F】官就問箇人,喺邊間偷嘅的銀共衣服?

【A】那個賊就招了,說是起某村莊兒裏某家偷出來去的。

【B】那個賊就招了,說是在某村莊兒裏某家偷出來的。

【C】賊就招者,話咾某村莊某人家搭偷拉个。

【D】伊个賊就招哉,話是拉某村莊裏某人家偷出來个。

【E】個賊就認,話喺某村某家偷出嚟嘅。

【F】箇賊就認,喺邊條村某人處偷出嚟嘅。

【A】這麼着官就打發衙役來叫事主領臟去。這個人聽說這話,就爲了難了。

【B】這麼的官就打發衙役來叫失主領臟去。這個人聽說這話,就爲了難了。

【C】乃味官府打發差人來教失主領臟去。箇个人聽見之,倒尷尬者。

【D】實蓋末官就打發衙役來叫失主去領臟。第个人聽見第个説話,就爲難哉。

【E】噉個官就打發衙役嚟傳事主去領賍。呢個人聽見呢件事,就好維難。

【F】噉箇官就打發差役叫事主去領臟。呢箇人聞得,就見好爲難。

【A】不到衙門領臟去不行,到衙門領臟去,又怕他妹妹知道這件事。

【B】不到衙門去領臟不行,到衙門領臟去,又怕他妹妹曉得這件事。

【C】衙門裏勿去,臟領勿着,去領起來,常怕姊妹曉得。

【D】勿到衙門裏去領臟末勿好,到衙門裏領臟去,又怕伊妹妹曉得第件事體。

【E】因爲唔去衙門領賍又唔得,去領,又怕佢亞妹知到。

【F】唔去衙門領唔得,去又怕佢嘅妹知。

【A】這麼着,他就想了個主意,託他同院子住的那個街坊,頂他的名,到衙門替他領賍去。

【B】這麽的,他就想了個主意,託他同院住的那個鄰舍,頂他的名,到衙門替他領賍去。

【C】乃味,想个主意,託伊一淘等拉个鄰舍,頂伊个名頭,到衙門裏領賍去。

【D】實蓋末,伊想之一个主意,託伊合天井住个伊个鄰舍,頂伊个名,到衙門裏替伊領賍去。

【E】噉,佢就想嘵一個法子,叫佢個同屋住頂名,代佢去領。

【F】就想出箇法子,請箇鄰舍,冒佢名字,到衙門領賍。

【A】那個人就應了,替他去了。

【B】那個人就應了,替他去了。

【C】鄰舍味應承之,代伊去者。

【D】伊个人答應替伊去。

【E】啲個同屋住應承代佢去。

【F】噉佢朋友應承替佢去。

【A】那個人因爲那天他不幫他妹妹,很瞧不起他。

【B】那個人因爲那天他不幫他妹妹,很看不起他。

【C】箇个人因爲前日伊勿肯相帮伊个姊妹,十分看伊勿起。

【D】伊个人爲之伊日伊勿照應伊妹妹,極看勿起。

【E】因爲佢味日見佢唔肯帮個亞妹,心裡頭好睇輕佢。

【F】嗰箇朋友見呢箇人噉樣對待箇妹,好睇輕佢。

【A】就有意要收拾他,趕起在衙門把銀子和衣服都領出來了,那個人就都給他妹妹送了去了。

【B】就有意要收拾他,等從在衙門把銀子和衣服都領出來了,那個人就都把他妹妹送了去了。

【C】有意要提醒伊,就到衙門裏去担銀子咾衣裳領之出來,一齊担去送撥拉伊个姊妹之。

【D】伊就有心要收拾伊,等到衙門裏拿銀子搭衣裳全領出來之,伊个人就全拿來送撥伊个妹妹哉。

【E】故意想收拾吓佢,及至喺衙門領到啲衣服銀両出嚟,就送咽去過佢個亞妹。

【F】就立意收拾佢,領番的銀共衣服,就俾過佢嘅妹。

【A】趕回到家裹來,見了他,就撒了一個謊說:

【B】等回到家裹來,見了他,就撒了一個白話說:

【C】到屋裡來,看見之伊,騙伊話:

【D】等到轉來之,見之伊,就裝一句謊話:

【E】翻到嚟,見着佢,就安咽一段大話:

【F】又番嚟,對佢話:

【A】我剛纔解衙門出來,走到街上正遇見令妹。

【B】我剛纔解出注:應是"從"字,九江本解從二字次序失誤。衙門出來,走到街上正遇見令妹。

【C】我刻刻從衙門裡出來,走到街上貼正碰着自家个令妹。

【D】我纔然拉衙門裏出來,走到街上貼準碰着令妹。

【E】話我就致由衙門出嚟,行到街上啱啱撞見你令妹。

【F】我到衙門後,喺街上見着你妹。

【A】他問我是上那兒去了,我說是到衙門替你領銀子、衣服去了。

【B】他問我是到那裏去了,我說是到衙門替你領銀子、衣服去的。

【C】問我到那裡去,我話到衙門裡替閣下領之銀子衣裳咾轉來。

【D】伊問我是到那裏去,我話是到衙門裏替儂領銀子、衣裳去个。

【E】佢問我去邊處,我話去衙門替你領翻啲銀両、衣服。

【F】佢問我做乜事,我話到衙門替你領番的銀共衣服。

【A】這麽着,他就叫我把那銀子和衣服給他罷,我因爲他是你的親妹妹,不好推辭不給他。

【B】這麽的,他就叫我把那銀子和衣服交他罷,我因爲他是你的親妹妹,不好推辭不把他。

【C】乃味,伊就教我担銀子衣裳交代拉伊之味者,我就想伊是閣下个嫡親姊妹,勿好推辭咾勿撥拉伊。

【D】實蓋末,伊就叫我拿伊个銀子搭衣裳交代伊,我因爲是儂个親妹妹,勿好推辭勿撥伊。

【E】噉,佢就叫我把啲銀両衣服交過佢,我因爲見佢係你親亞妹,不便推話唔俾佢吖。

【F】你(佢)叫我將箇的銀両衣服俾過佢,因佢係你親亞妹,唔敢推辭話唔俾。

【A】這麽着,我就都給了他了。

【B】這麽的,我就都把了他了。

【C】格咾完全撥拉伊者。

【D】實蓋末,我就全撥伊哉。

【E】所以我喊都交晒過佢咯。

【F】噉,我就交晒過佢咯。

【A】這個人聽這話,不但不敢生氣,倒還得給那個人道謝。

【B】這個人聽這話,不但不敢生氣,倒還要與那個人道謝。

【C】箇个人聽見之,什介說話不單單勿敢動氣,併且還要謝謝伊。

【D】第个人聽見,勿但勿敢動氣,倒還要搭伊个人道謝。

【E】呢個人聽見呢啲話,不但唔敢生氣,重反要謝嗰個同屋住。

【F】嗰箇人聽見噉講,不但止唔敢生氣,反轉要稱謝添。

【A】現在大家聽見這件事,都說那個人實在是快人作快事。

【B】現在大家聽見這件事,都說那個人實在是快人作快事。

【C】大概人聽見箇件事體,儕話箇个人實在快人做快事。

【D】現在大家聽見第件事體,全話伊个人實在是爽快个人做爽快个事體。

【E】現在大家聽見你件事,都話佢响個同屋住眞係爽快人做爽快嘅事呀。

【F】而家大衆聞得呢件事,都話呢箇街坊係爽快人做爽快事咯。

【注解】

① 喊:粵語特徵詞,哭。

## 2 第三十一章(第三十一課　術士濟貧)

【A】你提起這慳吝人遭報來了,我也告訴你一件事。

【B】你提起這慳吝人遭報來了,我也告訴你一件事。

【C】閣下提起之小氣人遭拉个報答,我亦想着之一樣事體者。

【D】儂提起第个小氣人報應末,我也告訴儂一件事體。

【E】你講起呢啲慳吝人嘅報應嚟,我又講件事過你知吖。

【F】甲講起嗰箇慳吝嘅人遇着嗰嘅報應,我又講一件事俾你聽吓吖。

【A】那一年,我在南邊一個客店裏住着的時候,同店裏住着有一個山西買賣客人。

【B】那一年,我在南邊一個客店裏住着的時候,同店裏住着一個山西買賣客人。

【C】前幾年,我拉南邊住拉客店裡个時候,有一个做生意个山西客人。

【D】伊年子,我拉南邊一爿客寓裏住拉个時候,同寓裏住个一个山西个生意客人。

【E】响年,我喺南便一間客寓住處,同時有個嚟做生意嘅山西客亦喺埋响處住。

【F】有一年,我喺南便一間客店,有箇山西商人亦同住箇間店嘅。

【A】這天忽然來了一個窮人,也是山西人,身上穿的衣服很襤褸。

【B】這天忽然來了一個窮人,也是山西人,身上穿的衣服很襤褸。

【C】一日忽然來一个窮人,也是山西人,身上衣裳破完者。

【D】第日忽然來之一个窮人,也是山西人,身上着个衣裳極襤褸。

【E】有一日忽然嚟咽個窮人,亦係個山西佬,週身衣服極之襤褸。

【F】有一日忽然嚟嘵一箇窮佬,亦係山西人,的衣服全然破爛。

【A】到店裏找那個買賣客人來了,店家可就把他帶進來了。

【B】到店裏找那個買賣客人來了,店家也就把他帶進來。

【C】到店裏尋箇个做生意个人,店家領伊進去。

【D】到寓裏來尋伊个生意客人,寓裏末就拿伊領之進來。

【E】嚟啲間客寓處搵啲個山西客,啲店家就帶佢入嚟。

【F】係想見嗰箇商人,的店家帶佢入去。

【A】趕見了那個買賣客人就說,如今我流落這兒了,因爲沒有盤費,不能回家去,苦的了不得。

【B】等見了那個買賣客人就說,如今我流落這裏了,因爲沒有盤費,不能回家去,苦得了不得。

【C】看見之箇个做生意个客人就話,現在我落難之咾,無得盤費,勿能轉去,苦來非凡。

【D】等見之伊个生意客人就話,我流落拉此地哉,因爲無沒盤費,勿能歸去,苦得了勿得。

【E】及至見嘵嗰個山西客就話,我而家流落呢處,因爲冇盤費,唔翻得去歸,了不得咁苦。

【F】見嗰箇商人就話,我流落在呢處,苦到了不得,又冇銀做盤費,唔番得去歸。

【A】昨兒個有偺們一個同鄉的朋友,告訴我說,您到這兒辦貨來了,住在這個店裏了。

【B】昨天有我們一個同鄉的朋友,告訴我說,您到這裏辦貨來了,住在這個店裏的。

【C】昨日有个同鄉朋友,告訴我話,自己到蕩搭來辦貨色,住拉此地店裏。

【D】昨日有我伲一个同鄉个朋友,告訴我話,儂此地來辦貨个,住拉第爿寓裏。

【E】昨日聽見我哋個同鄉話,你嚟呢處辦貨,喺呢間店住。

【F】昨日有箇同鄉話我知,你嚟呢處做生意,喺呢間店住。

【A】我聽見說很喜歡,所以現在我來找你,求你念其偺們倆舊日的交情,借給我一百兩銀子,我作盤費回家去。

【B】我聽見說很喜歡,所以現在我來找你,求你念其我兩個舊日的交情,借把我一百兩銀子,我做盤費回家去。

【C】我一聽見喜歡得極,格咾現在來尋閣下,請記念老朋友个情分咾,借一百兩銀子,我轉去做盤費。

【D】我聽見話起極快活,所以現在我來尋儂,求儂念我伲舊日个交情,借一百兩銀子撥我,我做盤費轉去。

【E】我好歡喜,所以現在我嚟搵你,望你念彼此舊時交情,借轉一百両銀過我做盤費,翻去歸。

【F】我聞得就喜歡,望你念我哋舊日嘅交情,借一百両銀過我,俾我做歸家嘅盤費。

【A】等我到了家裏,再設法還你。

【B】等我到了家裏,再設法還你。

【C】到之屋裏,我設法起來還味者。

【D】等我到之屋裏,再設法還儂。

【E】等我翻到屋唫,再設法還翻過你。

【F】我到家嗰陣時,設法還俾你。

【A】那個客人聽這話就說，我的銀子已經都買了貨了。
【B】那個客人聽這話就說，我的銀子已經都買了貨了。
【C】箇个客人聽見之就話，我个銀子儕買之貨色个者。
【D】伊个客人聽見第个說話就話，我个銀子已經買之貨色哉。
【E】嗰個山西客就答佢話，我啲銀買咽貨咯。
【F】箇山西人答話，我的本銀買曉貨咯。

【A】現在我手底下連一兩銀子也沒有，你另打主意罷，我實在不能爲力。
【B】現在我手底下連一兩銀子也沒有，你另打主意罷，我實在不能爲力。
【C】現在手裏一兩銀子亦無味拉，去想想別个主意罷，我實在勿能相帮。
【D】現在我手裏一兩銀子也無沒，儂另想主意末哉，我實在無能爲力。
【E】而家我手裡頭一兩銀都冇，你另打主意喇，我實不能同你為力呀。
【F】而家一両現銀都冇，你想過別樣法喇，我實係不能同你爲力。

【A】那個窮人聽他說不能爲力，可就掉下眼淚來了。
【B】那個窮人聽他說不能爲力，却就掉下眼淚來了。
【C】箇个人聽見伊話實在勿能相帮，眼淚就落之下來者。
【D】伊个窮人聽見伊話無能爲力，倒就落出眼淚來哉。
【E】啲個窮人聽見噉講，就跌出眼淚嚟。
【F】噉箇窮佬聽見佢不能幫助，就流出眼淚嚟。

【A】這個工夫兒那個買賣客人，就上裏間屋裏坐着去了。
【B】這個工夫兒那個買賣客人，就往裏間房裏坐着去了。
【C】箇辰光做生意个客人味，坐之裏面去者。
【D】第个辰光伊个生意客人，就到裏向房間裏去坐哉。

【E】呡陣呡個山西客,就去去咽裡頭房坐。

【F】嗰箇商人,入裏便房坐處。

【A】可巧有同店裏住着的一個四川人,到那屋裏,找那個買賣客人閒談去了。

【B】恰巧有同店裏住着的一個四川人,到那房裏,找那個買賣客人閒談去的。

【C】貼正有个四川人亦拉箇爿店裏,到裏面屋裡[①],去尋箇个生意人來閒白話。

【D】恰好有同寓住个一个四川客人,到伊房裏,尋伊个生意客人閒談去。

【E】啱啱[②]有個同店住嘅四川人,入去呡間房,搵呡個山西客閒談。

【F】湊巧有箇同店住嘅四川人,入去呢間房,共嗰箇商人談論。

【A】見那個窮人坐在椅子上掉眼淚,可就問他,是爲甚麼事傷心?

【B】見那個窮人坐在椅子上掉眼淚,却就問他,是爲甚麼事傷心?

【C】看見第个窮人坐拉椅子裡落眼淚,就問伊,有啥傷心个事體?

【D】看見伊个窮人坐拉椅子上落眼淚,倒就問伊,爲啥事體咾傷心?

【E】見呡個人坐處喊,就問佢話,爲乜事咁傷心呢?

【F】見呢箇窮佬坐處嚟喊,問佢,爲乜緣故咁閉翳呢?

【A】他説這個買賣客人,原先在本鄉和我是緊街坊,他當年窮的時候,我常幫他錢米。

【B】他説這個買賣客人,原先在本鄉和我是緊鄰舍,他當年窮的時候,我常幫他錢米。

【C】伊話箇个客人,是自我同鄉鄰舍,伊前頭窮苦个時候,我担銅錢咾米相帮伊。

【D】伊話第个生意客人,起初是拉本鄉搭我貼鄰,伊當初窮个時候,我常莊照應伊銅錢咾米。

【E】佢就答話呢個山西客,舊時喺本鄉同我係鄰近街坊,當日佢窮啪時,我常常帮錢米過佢。

【F】佢答話呢箇商人,係我敝處嘅鄰舍,上年佢窮困箇時,我常時幫助錢銀糧食俾佢。

【A】後來我又借給他銀子做買賣。如今他發了財了,我是在這本地做買賣虧空了,沒盤費回家去。

【B】後來我又借把他銀子做買賣。如今他發了財了,我是在這裏做買賣了虧空了,沒盤費回家去。

【C】後來我又借撥銀子伊做生意。現在伊味發財者,我拉第个地方做生意折之本咾,無得盤費轉去。

【D】後來我又借銀子撥伊做生意。現在伊發之財哉,我拉此地做生意虧空哉,無沒盤費轉去。

【E】後來又借錢過佢做生意。而家佢發曉財,我因喺本處做生意賠本,冇盤費翻去歸。

【F】後來又借銀過佢做生意。現在佢發曉財,我喺呢處做生意,就賠本,冇盤費番去歸。

【A】找他來借給我一百兩銀子回家去,他不肯借,所以我很傷心。

【B】找他來借把我一百两銀子回家去,他不肯借,所以我很傷心。

【C】尋伊借一百兩銀子拉我做盤費咾轉去,伊勿肯,所以我十分傷心。

【D】來尋伊借个一百兩銀子撥我轉去,伊勿肯借,所以我極傷心。

【E】嚟搵佢借百零銀做盤費翻去家鄉,佢唔肯借,是以我十分傷心咯。

【F】我嚟借一百両銀番去,佢都唔肯借,故此我十分傷心咯。

【A】那個四川人聽完了這話,就進裏間屋裏去。

【B】那個四川人聽完了這話,就進裏間房裏去。

【C】四川人聽見之箇幾句說話,就到裏面去。

【D】伊个四川人聽完之第个說話,就到裏向房裏去。

【E】啗個四川人聽見佢講完,就入去裡頭房。

【F】嗰箇四川人聽見講完呢件事,入裏頭房。

【A】問那個買賣客人,你們這個貴鄉親,他說他當年幫你的話,是眞的麽?

【B】問那個買賣客人,你們這個貴鄉親,他說他當年幫你的話,是眞的麽?

【C】問箇个做生意个客人咾話,倻个貴鄉親,話前頭相帮歇閣下過,眞个呢啥?

【D】問伊个生意客人,倻第个貴鄉親,伊話伊當初照應儂个說話,是眞个否?

【E】問啗個山西客話,你哋呢個貴鄉親,話佢舊時帮過你件事,係眞嘅咩?

【F】問嗰箇商人話,你呢位同鄉,提起上年幫助過你,係眞嘅唔呢?

【A】那個買賣客人說,那倒是眞的,無奈我現在沒錢借給他。

【B】那個買賣客人說,那倒是眞的,無奈我現在錢沒(沒錢)借把他。

【C】客人話,眞是眞个,無奈何我無得銅錢借撥拉伊。

【D】伊个生意客人話,伊个倒是眞个,無奈我現在無沒銅錢借撥伊。

【E】啗個山西客話,個啲都是冇錯嘅,無奈我現時冇錢借過佢吖。

【F】佢答話,係眞嘅,可惜我現時冇銀借得俾佢。

【A】那個四川人就說,着比[3]我現在給你一百兩銀子,你給他作盤費回去。

【B】那個四川人就說,比如我現在把你一佰兩銀子,你把他做盤費回去。

【C】四川人話,比方我現在借一百兩銀子拉閣下,担去撥伊做盤費咾轉去。

【D】伊个四川人話,比方我現在撥儂一百兩銀子,儂撥伊做盤費轉去。

【E】啲個四川人話,比如現在我借百銀過你,俾佢做盤費翻去。

【F】嗰箇四川人話,比如我借一百両銀過你,你就俾佢做盤費。

【A】你一個月之後還我,寫給我一張借約,我也不要利錢,你願意不願意?

【B】你一個月之後還我,寫一張借帖把我,我也不要利錢,你願意不願意?

【C】一个月後來還我,只要寫一張借票拉我,並勿要啥利錢个,好否？肯呢勿肯?

【D】儂一个月以後還我,寫一張借據撥我,我也勿要利錢个,儂情願呢勿情願?

【E】你一個月後還翻俾我,就寫張揭單過我揸手,我亦唔愛你利錢,你情願唔情願呢?

【F】你寫張揭單過我,一箇月還番,唔計利息,你肯唔呢?

【A】他勉強說是願意。這麼着那個四川人就起自己屋裏拿了一百兩銀子來借給他。

【B】他勉强說是願意。那個四川人就往自己房裏拿了一百兩銀子來借把他。

【C】乃味伊勉勉强强話咾肯个。四川人味就到自家屋裡去担一百兩銀子來借拉伊。

【D】伊勉强話是情願个。伊个四川人就到自家房裏去拿之一百兩銀子借撥伊。

【E】佢勉強話情願。噉樣啲個四川人就入去自己房攞壹百両銀出嚟借過佢。

【F】佢無奈承認嘵。嗰箇四川人喺自己房攞一百両銀借俾佢。

【A】叫他給了那個窮人拿了走了。那個四川人就叫他寫了一張借約收起來了。

【B】叫他把了那個窮人拿了走了。那個四川人就叫他寫了一張借約收起來了。

【C】教伊撥拉窮人担之咾去。後來就教伊寫之一張借票。

【D】叫伊撥拉伊个窮人拿之咾去。伊个四川人就叫伊寫之一張借據囥起來。

【E】叫佢交俾啲個窮人擰嘵就去。啲個四川人就叫佢寫張揭單收埋。

【F】要佢交俾箇窮佬帶去。又要箇山西人寫回揭單俾佢收埋。

【A】趕過了兩天,那個四川人也搬了走了。

【B】等過了兩天,那個四川人也搬了走了。

【C】隔之二日,四川人換之戶蕩者。

【D】等歇之兩日,伊个四川人也搬之去哉。

【E】等過得兩日,啲個四川人亦搬去。

【F】過嘵兩日,嗰箇四川人又搬嘵。

【A】又過了些個日子,那個買賣客人打開箱子一瞧,短了一百兩銀子。

【B】又過了好些日子,那個買賣客人打開箱子一看,少了一百兩銀子。

【C】又歇之幾日,做生意个客人開開箱子來一看,少之一百兩銀子者。

【D】又歇之幾化日脚,伊个生意客人打開箱子一看,少之一百兩銀子。

【E】又過得幾日,啲個山西客打開箱一睇,少嘵一百両銀。

【F】過得幾日，箇山西人打開槓箱一睇，唔見咽一百両銀。

【A】他原先寫的那張借約在箱子裹擱着了。他這纔明白那個四川人是個術士。

【B】他原先寫的那張借約在箱子裹擱着了。他這纔明白那個四川人是個術士。

【C】寫拉一張借票味垃拉箱子裡。懂得箇个四川人會做戲法。

【D】伊起初寫个伊張借據拉箱子裹擱拉。伊難末纔明白伊个四川人是个術士。

【E】佢前時所寫啲張揭單喺箱裡頭放處。佢致明白啲個四川人係個術士嚟。

【F】箇張揭單又放喺處。佢就查出箇四川人係箇術士。

【A】會搬運法，搬出他一百兩銀子來，給了那個窮人拿了走了。

【B】會搬運法，搬了他一百兩銀子來，把了那個窮人拿了走了。

【C】能彀搬運別人物事个，搬伊一百兩銀子去，撥拉箇个窮人。

【D】會搬運法，搬之伊一百兩銀子去，撥之伊个窮人拿之去哉。

【E】噲使搬運法，運佢一百両銀嚟俾啲個窮人撜去嘵。

【F】噲使搬運法，運嘵佢一百両銀嚟俾嗰箇窮佬撜去。

【A】後來還是那個買賣客人的一個跟人洩漏出的。大家聽說都很趁願。

【B】後來還是那個買賣客人的一個跟人洩漏出的。大家聽見都很趁意的。

【C】後來做生意客人个相帮人話出來个。大家聽見之快活得極。

【D】後來還是伊个生意客人个一个用人話出來个。大家聽見極快活。

【E】呢件事後來重係啲個山西人嘅跟班洩露出嚟嘅。各人聽見都極心凉。

【F】再遲吓，呢箇商家嘅夥計講出過人知。所有聽見嘅都話當然[英語作至恰合]咯。

【注解】

① 按:"裏面屋裡",上下文"裏""裡"並用,原文如此用字。

② 啱啱,粵語特徵詞,剛剛,恰好。

③ 按:着比,連詞,用在假設句中,引起下文,是清末北京官話口語文獻中常見的話題標記。A1 同。B 版作"比如"。

## 2 第三十二章(第三十二課　失馬圖賴)

【A】老兄,我聽見說令弟和人打官司來着,是眞的麼?不錯,是眞的。

【B】老兄,我聽見說令弟和人打官司來的,是眞的麼?不錯,是眞的。

【C】老兄,我聽見自家令弟搭人打官司,眞个否?勿錯,有介事个。

【D】老兄,我聽見人話令弟來搭人打官司,是眞个否?勿錯,是眞个。

【E】大哥,聞說令弟同人哋打緊官司,係眞嘅嗎?冇錯,係眞嘅呀。

【F】甲聞得你令弟同人打官司,係眞噉假呢?乙係,冇錯。

【A】是和誰呀?是和偺們這本鎮店上一個無賴子。爲甚麼事情?

【B】是和那個呀?哦,是和我們這本鎮市上一個無賴子。爲甚麼事情?

【C】同啥人耶?同伲鎮上店裡个撻皮。爲啥事體?

【D】是搭啥人呢?咳,是搭我伲本鎮上一个流氓。爲啥事體?

【E】同乜誰呢?同我哋呢處墟塲上一個無賴之徒。為乜野事呢?

【F】甲共乜人打官司呢?乙係同我哋本墟裏便一箇無賴啫。甲因乜事呢?

【A】是因爲那天,我們舍弟在這鎮店外頭北邊兒一座樹林子裏頭,拿槍打鴿子來着。

【B】是因爲那天,我們舍弟在這鎮市外頭北邊兒一座樹林子裏頭,拿鎗打鴿子來的。

【C】因爲前日,促舍弟拉外頭鎮个北面樹林裡担鎗來打鳥。

【D】是因爲伊日,我伲舍弟拉此地鎮外頭北面一个樹林裏向,拿鎗來打鴿子。

【E】因爲啲日,舍弟擰枝鎗喺呢個墟外頭北便啲座樹林裏便打開白鴿。

【F】乙因爲嗰日,我舍弟喺呢箇墟外頭北便嘅樹林裏去打斑鳩(或白鴿)。

【A】趕他放了一槍,誰知道[①]樹林子外頭,有一個人拉着一匹馬站着了,那匹馬冷孤丁的聽見一聲槍嚮(響),嚇的可就驚下去了。

【B】剛他放了一槍,那曉得樹林子外頭,有一個人拉着一匹馬站着了,那匹馬忽然的聽見一聲槍響,嚇的却就一個驚走去了。

【C】一鎗放出去味,那曉得樹林外頭,有个人牽之馬咾立拉,箇只馬冷陌生頭裡聽見一聲鎗嚮,怕之咾跑脱者。

【D】貼正伊放个一鎗,那裏曉得樹林外頭,有一个人拉之一匹馬立拉,伊匹馬忽然聽見一聲鎗響,嚇來一跳跑之去哉。

【E】及佢放嘵一鎗,點知樹林外頭,有個人拉住一匹馬企倒嗻,啲匹馬忽然聽見鎗響聲,嚇慌佢就走落去嘵。

【F】啾佢放槍,自己唔知林外,有人拉住匹馬,嗰匹馬忽然聽見槍響,就着驚跑嘵咯。

【A】那個人就不答應了,揪住我們舍弟叫他賠馬。

【B】那個人就不答應了,揪住我們舍弟叫他賠馬。

【C】第个人勿快活,一把揪住之伲舍弟教伊賠還一只馬。

【D】伊个人就勿答應哉,揪住我伲舍弟叫伊賠馬。

【E】啲個人就唔肯喇,揪住舍弟要佢賠馬喇。

【F】嗰箇人嬲起嚟,拉住我舍弟要賠番馬價。

【A】我們舍弟就和他說,你不用着急,那匹馬是往那麽(兒)跑下去了? 他說是往西北跑下去了。

【B】我們舍弟就和他說,你不用着急,那匹馬是往那裏跑下去了? 他說是往西北跑下去了。

【C】伲舍弟對伊話,勿要着急,馬朝那裡一面跑个? 伊話朝西北上跑个。

【D】我伲舍弟就搭伊話,儂勿消着急个,伊匹馬是朝那裏跑个? 伊話是朝西北跑个。

【E】舍弟就同佢講,話你唔使咁着急,啲匹馬跑去邊處呀。佢話跑落去西北角啲便咯。

【F】舍弟就同佢講,話你唔使咁着急,箇匹馬向邊便跑呢? 佢話跑曉去西北箇便囉。

【A】又問他,那匹馬是甚麽顔色的? 他說是紅顔色的。我們舍弟就説,這事好辦。

【B】又問他,那匹馬是甚麽顔色的? 他說是紅顔色的。我們舍弟就說,這事好辦。

【C】又問伊,箇匹馬啥顔色? 伊話紅顔色个。伲舍弟話,事體好辦个。

【D】又問伊,伊匹馬是啥顔色个? 伊話是紅顔色个。我伲舍弟就話,第个事體好辦个。

【E】又問佢只馬係乜野色水嘅呢? 佢話係紅色嘅。舍弟話,呢件事易得商量。

【F】問嗰匹馬點色水嘅呢? 佢話赤色嘅。舍弟話,呢的容易辦吖。

【A】我現在同你到鎮店上,對給你一個鋪保,你就先去找馬去,若是將馬找不着眞丟了,我賠你馬就是了。

【B】我現在同你到鎮市上,對把你一個鋪保,你就先去找馬去,若是將馬找不着眞掉了,我賠你馬就是了。

【C】現在一淘到鎮上去,教店家做之保人,閣下先去尋起馬來,如果到底尋勿着味，我賠還一只味者。

【D】我現在同儂到鎮上去，對儂尋一个保人撥儂，儂就先去尋馬去，若然馬尋勿着眞眞跑脱哉，我就賠還儂馬末哉。

【E】而家我同你去墟上，俾間舖做保家，對過你就先去搵馬，若係後來搵唔得翻眞係失嘵，我就賠馬過你係喇。

【F】我同你入墟場，搵間舖當堂擔保，你就去搵箇匹馬先，倘後來唔搵得倒，眞係失嘵，我賠番過你係喇。

【A】他聽這話也很願意，這麼著我們舍弟就同他到了鎭店上，

【B】他聽這話也很願意，這麼的我們舍弟就同他到了鎭市上，

【C】伊聽見之倒肯个，乃味伲舍弟同伊到鎮上去，

【D】伊聽見第个説話也極情願，實蓋末我伲舍弟就同伊到之鎮上，

【E】佢聽見呢番説話極喜歡，噉樣舍弟就同佢到嘵墟上，

【F】嗰箇人極喜歡，舍弟就同佢入墟場，

【A】對給他全順糧食店了，他就先找馬去了，我們舍弟就回家來了。

【B】對把他全順糧食店了，他就先找了馬去了，我們舍弟就回家來了。

【C】托拉全盛糧食行裡之，伊去尋馬者，伲舍弟因此歸來之。

【D】對之全順糧食店撥伊，伊就先尋馬去哉，我伲舍弟末就歸來哉。

【E】喺全順糧食舖對過，佢就先去搵馬喇，舍弟就翻去屋唸囉嚙。

【F】得間全順糧食店擔保，嗰箇人去搵馬，舍弟就番屋踿。

【A】趕待了會子，那個人回來了，到了全順糧食店裏，他説他的馬丟了，沒找着，要見我們舍弟。

【B】等過了一會兒，那個人回來了，到了全順糧食店裏，他説他的馬掉了，沒找着，要見我們舍弟。

【C】等之勿多歇,箇个人轉來者,到全盛糧食行裡,話馬無脱个者,尋勿着,要碰着伲舍弟。

【D】等停之一歇,伊个人回轉來哉,到之全順糧食店裏,伊話伊个馬跑脱之,無尋處,要見我伲舍弟。

【E】及後一陣間,啲個人又翻去,到全順糧食舖,話佢啲匹馬搵唔倒,失曉咯,要見我舍弟。

【F】過冇耐,嗰箇人又番嚟全順舖,話匹馬唔搵得倒,眞係失咽咯,佢想見我舍弟。

【A】這麽著糧食店就打發徒弟到家來,把我們舍弟找了去了。

【B】這麽的糧食店就打發徒弟到家來,把我們舍弟找了去了。

【C】糧食行裡打發徒弟到屋裡來,尋伲舍弟去。

【D】實蓋末糧食店裏就打發徒弟到屋裏來,拿我伲舍弟尋之去哉。

【E】噉樣糧食舖就打發徒弟到屋唸,搵舍弟去曉喇。

【F】嗰間舖使箇徒弟到我屋踮,帶舍弟去見佢喇。

【A】趕他見了我們舍弟就說,我去找了半天,我的馬所沒找着。

【B】等他見了我們舍弟就說,我去找了半天,我的馬總沒找着。

【C】箇个人一看見伲舍弟就話,我去尋之半日,我个馬尋勿着。

【D】等伊見之我伲舍弟就話,我去尋之半日,我个馬總尋勿着。

【E】及佢見曉舍弟就話,我去搵曉半日,都唔搵得倒我嘅馬咯。

【F】佢一見就話,我周圍搵曉好耐,到處都搵唔倒。

【A】我那匹馬當初是六十兩銀子買的,如今我見個情,你賠我五十兩銀子就得了。

【B】我那匹馬當初是六十兩銀子買的,如今我做個情,你賠我五十兩銀子就是了。

【C】箇只馬當初六十兩銀子買拉个,現在讓情點,賠我五十兩銀子就是者。

【D】我伊匹馬當初是六十兩銀子買个,現在我讓情點,儂賠我五十兩銀子末是哉。

【E】我啲匹馬當初買嘵六十両銀嚟,而家我俾個情過你,賠翻五十両銀過我罷喇。

【F】我嗰匹馬係俾六十両銀買嚟嘅,你賠番五十両就算喇。

【A】我們舍弟說,竟你那麽大概找了一找沒有,那還不算是準丟了。

【B】我們舍弟說,竟你那麽隨便找了一找沒有,那還不算是準掉了。

【C】伲舍弟話,閣下不過大約尋之一尋,勿好就算馬一定無脱个者。

【D】我伲舍弟話,儂不過實蓋隨意尋之一尋呢啥,伊个還勿算是个跑脱个。

【E】舍弟話,但係你噉就大概搵嘵一搵唔見,啲啲都唔算係一定失嘵嘅。

【F】舍弟話,怕你隨便望一望,話唔見點算得定係失呢。

【A】你等我再各處給你找一找去,若是過一兩天,那匹馬所沒下落,那便是眞丟了。

【B】你等我再各處和你找一找去,若是過一兩天,那匹馬實沒着落,那便是眞掉了。

【C】讓我再去各處尋尋看,過个一頭兩日,馬咾眞正無着落个,乃味是無脱者。

【D】儂等我再到各處搭儂去尋一尋,若然歇之一兩日,伊匹馬實在無着落,難末是眞个跑脱哉。

【E】你等我再同你去各處搵吓,若係過一兩日,啲匹馬都唔知到下落,噉就係眞正失嘵喇。

【F】等我同你認眞搵一兩日,嗰匹馬冇下落,

【A】到了那個時候,我再賠你還不遲哪。那個人不答應,他叫立刻就賠他。

【B】到了那個時候,我再賠你還不遲哪。那個人不答應,他叫立刻就賠他。

【C】箇辰光咾,我賠還味勿算晚。箇个人勿肯,要立刻就賠个。

【D】到之伊个時候,我再賠儂還勿算遲。伊个人勿答應,要立刻就賠伊。

【E】到嗰陣,我致賠俾你都未遲吖。嗰個人唔肯喇,佢要立刻賠。

【F】嗰陣時至賠俾你,都唔遲吖。嗰箇人唔肯,就要卽刻賠。

【A】我們舍弟就和他吵翻起來了,大家給勸開了。

【B】我們舍弟就和他吵翻起來了,大家就勸開了。

【C】伲舍弟乃味同伊爭論起來者,多化人替伊拉勸開來。

【D】我伲舍弟就搭伊吵鬧起來哉,大家就勸開之。

【E】舍弟就反面同佢吵鬧起嚟哩,大家就勸開咯。

【F】舍弟共佢嘈吵起嚟,眾人勸止住佢。

【A】誰知道那個人就到巡檢衙門去,把舍弟告下來了。

【B】那曉得那個人就到巡撿(檢)衙門去,把舍弟告下來了。

【C】那曉得箇个人就到巡檢衙門裡去,担伲舍弟告之一狀。

【D】那裏曉得伊个人就到巡檢司衙門裏去,拿舍弟來告哉。

【E】點知到嗰個人就到司官衙門,告起我舍弟嚟。

【F】點知嗰箇人就去區長衙門,告我舍弟。

【A】衙門裏來人,把舍弟傳了去了。他到了堂上,就把這件事據實的說了。

【B】衙門裏來人,把舍弟傳了去了。他到了堂上,就把這件事據實的說了。

【C】衙門裏人來,教伲舍弟去。伊到之堂上,担箇件事體牢牢實實一講。

【D】衙門裏人來,拿舍弟傳之去哉。伊到堂上,就拿第件事體確實个話之。

【E】衙門使人嚟,傳舍弟去嘵喇。佢到堂上,就將呢件事據實情講出嚟喇。

【F】衙門嘅人,就傳舍弟到堂審問。佢到堂時,將實情講出嚟。

【A】巡檢給了舍弟五天的限,叫他給那個人找馬去。

【B】巡撿(檢)把了舍弟五天的限,叫他替那個人找馬去。

【C】巡檢司限伲舍弟五日裡,教伊替箇个人尋着馬。

【D】巡檢司拿舍弟限之五日,叫伊替伊个人尋馬去。

【E】司官限舍弟五日,要同哬個人去搵翻匹馬。

【F】噉箇區長限期五日,俾我舍弟去搵箇匹馬。

【A】這麼着,我們舍弟就到各村莊一打聽。後來打聽着了。

【B】這麼的,我們舍弟就到各村莊一打聽。後來打聽着了。

【C】乃味,伲舍弟到各村莊上去打聽。後來打聽着者。

【D】實蓋末,我伲舍弟就到各村莊去一打聽。後來打聽着哉。

【E】噉樣,舍弟去到各村莊打聽吓。後來打聽倒。

【F】舍弟逐條村四圍尋問。後來打聽倒消息。

【A】偺們這鎮店西北地方,有一個村莊兒,住着有一個姓趙的,前兩天買了一匹紅馬。

【B】我們這鎮市西北地方,有一個村莊兒,住着有一個姓趙的,前兩天買了一匹紅馬。

【C】鎮个西北上,有一个村莊,其中有个姓趙个,前兩日買一只紅馬。

【D】拉我伲此地鎮个西北方,有一个村莊,有一个姓趙个,前兩日買之一匹紅馬。

【E】我哋呢處墟上西北地方,有所村莊,住嘵一個姓趙嘅,前兩日買咽一匹紅馬。

【F】我哋本墟西北有條村,有一姓趙嘅人喺處住,先兩日呢箇人買咽匹赤馬。

【A】這麽着,舍弟就找那個姓趙的去了,一問,敢情那個人前些個日子,

【B】這麽的,舍弟就找那個姓趙的去了,一問,那曉那個人前好幾天子,

【C】乃味,伲舍弟就尋姓趙个來,一問,果眞幾日前頭,

【D】實蓋末,舍弟就去尋伊个姓趙个,一問,正是伊个人前幾日,

【E】噉様,舍弟搵倒呻個趙氏嚟問吓哩,原來呻個人前個幾日,

【F】噉,我舍弟去搵呢箇姓趙嘅,就請問佢,

【A】就把那匹馬賣給那個姓趙的了,説妥了的八兩銀子。

【B】就把他那匹馬賣得那個姓趙的了,説妥了的八兩銀子。

【C】箇个人賣撥箇只馬拉姓趙个,㪅話定當八兩銀子。

【D】就拿伊伊匹馬賣撥伊个姓趙个,話定當八兩銀子。

【E】講成八両銀,賣呻匹馬過呻個趙氏。

【F】實係嗰箇人賣馬過佢,講定價錢八両銀。

【A】就定規是那天他給姓趙的送馬去取銀子。趕那天那匹馬聽見槍響,不是驚了麽,後來他追上了。

【B】就定規是那天他和姓趙的送馬去取銀子。正那天那匹馬聽見槍響,不是驚走了麽,隨後他追上了。

【C】約拉箇日子伊替姓趙个送馬去咾收銀子。箇日馬聽見之鎗響,阿是怕者否,是自伊追上去。

【D】就定規是伊日伊搭姓趙个送馬去收銀子。貼準伊日伊匹馬聽見鎗響,豈勿是嚇走个否,後來伊追上去。

【E】定實呻日交匹馬俾趙氏收銀嘅。等到呻日呻匹馬聽見鎗聲,唔係驚起嚟,後來佢追翻。

【F】約定某日帶匹馬嚟收銀。嗰日箇匹馬聽見槍響就跑嘵,嗰箇人追馬捉番。

【A】給姓趙的送了去了,把銀子也取來了。

【B】和姓趙的送了去了,把銀子也取來了。

【C】送撥拉姓趙个人之,收之銀子。

【D】搭姓趙个送之去,拿銀子也收之來。

【E】交嘵過趙氏收嗰銀。

【F】就帶去趙氏處收銀。

【A】他回來可告訴舍弟說他的馬丢了,叫賠他五十兩銀子。

【B】他回來却告訴舍弟說他的馬掉了,叫賠他五十兩銀子。

【C】轉來告訴伲舍弟話馬無脫者,要賠五十兩銀子。

【D】伊轉來倒對舍弟話伊匹馬跑脫哉,要賠伊五十兩銀子。

【E】翻嚟佢對舍弟話佢嘅馬失嘵,要賠五十両銀過佢。

【F】番嚟講舍弟知,話失嘵匹馬,要賠五十両銀過佢。

【A】這麼着舍弟就約了那個姓趙的,拉着馬同他一塊兒到衙門作見證去了。

【B】這麼的舍弟就約了那個姓趙的,拉着馬同他一路兒到衙門作見證去了。

【C】乃味舍弟就約姓趙个人,牽之馬同伊一淘到衙門裡對證去。

【D】實蓋末舍弟就約之伊个姓趙个,牽之馬同伊一淘到衙門裏去做見證去。

【E】噉樣舍弟約埋嗰個趙氏,拉住匹馬同佢一齊去衙門做見證喇。

【F】噉舍弟就約埋呢箇趙氏,帶住匹馬到衙門自行作證。

【A】趕那個人見有了見證了,就沒話可說了,自己認了是訛詐了。

【B】及那個人見有了見證了,就沒話可說了,自己認了是訛詐了。

【C】箇个人看見有之見證者,就一句話勿出,承認自家誑詐。

【D】及至伊个人看見有之見證,就無言可答哉,自家認之訛詐。

【E】及至啁個人見已經有證人,就冇說話好講,自己認係訛詐咧。

【F】嗰箇人見有證人,佢就冇說話好講,自己認係訛詐喇。

【A】巡檢因爲他過於狡詐,就打了他四十板子,把他放了。

【B】巡檢因爲他過於狡詐,就打了他四十板子,把他放了。

【C】巡檢看見伊過於刁皮,打之伊四十記板子,乃味放伊。

【D】巡檢因爲伊過於刁詐,就打之伊四十板子,拿伊放哉。

【E】司官因爲佢奸詐得嚌,就打嘵佢四十板,致放嘵佢唎。

【F】區長因佢咁奸詐,就打嘵佢四十板[今無此刑,或改笞四十藤],然後釋放佢咯。

【注解】
① 按:誰知道,A1 作"知道誰"。

## 2 第三十三章(第三十三課　百包棉花)

【A】老兄,昨兒個我到榮發棧裏去,聽見說您那棧裏給他們發了一百包棉花去。

【B】老兄,昨天我到榮發棧裏去,聽見說棧您那(您那棧)裏替他們發了一百包棉花去。

【C】老兄,前日我到榮法棧裡去,聽見話閣下打發一百包棉花到伊拉棧裡。

【D】老兄,昨日我到榮發棧裏去,聽見話儂墟頭替伊發之一百包棉花去。

【E】老兄,昨日我去榮發棧,聽見話你間棧處亦俾過佢啲一百包棉花。

【F】甲兄台,昨日我喺榮發棧,聞得你寄一百包棉花俾佢。

【A】說是短了一包棉花,是怎麽短的? 你提起這件事來,倒是個笑話兒。

【B】説是少了一包棉花,是怎麼少的?你提起這件事來,倒是個笑話兒。

【C】缺之一包,那能咾缺个呢?閣下提起箇件事體,眞正是个笑話。

【D】話是少之一包棉花,是那能少个?儂提起第件事體,倒是个笑話。

【E】少咽一包,係點樣少嘅?你提起呢件事,眞係一段笑話。

【F】少咽一包,呢件事點噲啾樣呢?ㄹ啊,提起箇件,眞係可笑嘅。

【A】昨天我們給他們發棉花之先,就預備出一百根籌來。

【B】昨天我們和他們發棉花之先,就預備出一百根籌來。

【C】昨日我替伊拉打發棉花去个前頭,預備出一百根籌來。

【D】昨日我伲搭伊拉發棉花以前,就預備出一百根籌來。

【E】昨日我地交棉花去過佢之先,就預備出一百條籌嚟。

【F】我哋昨日未寄棉花之先,係豫便一百枝籌。

【A】趕後來發一包棉花,我們就交給抬棉花的帶一根籌去。趕這一百包棉花都發完了,待了好大半天。

【B】等後來發一包棉花,我們就交把抬棉花的帶根籌去。等這一百包棉花都發完了,待了好大半天。

【C】乃味發一包棉花味,我教担棉花个拿一根籌去。一百包棉花發完者,等之大半日。

【D】等後來發一包棉花,我伲就交撥扛棉花个帶根籌去。等第个一百包棉花全發完之,歇之大半日。

【E】等棉花去個時,每抬一包棉花俾一條籌。及至呢壹百包棉花發完去,大半日。

【F】每工人托一包箇時,就俾枝籌過佢。我哋寄足百包之後,歇成半日。

【A】榮發棧王掌櫃的打發一個人,到我們棧裏去了,問我們爲甚麼少給他們發了一包棉花去。

【B】榮發棧王管事的打發一個人,到我們棧裏來了,問我們爲甚麼少和他們發了一包棉花去。

【C】榮法棧裡王先生差一个人,到伲棧裏來問伲,爲啥咾少發一包棉花。

【D】榮發棧裏个王管事打發一个人,到我伲棧裏來,問我伲爲啥搭伊拉少發一包棉花去呢。

【E】榮發棧個王事頭打發個人,去我哋棧問話,爲乜事俾少包棉花過佢。

【F】嗰間榮發棧嘅王司理打發箇人,到我哋棧,問我哋爲乜寄少一包。

【A】我們就說,我們發了去的是一百包棉花,怎麼說少發了一包去呢?

【B】我們就說,我們發了去的是一百包棉花,怎麼說少發了一包去呢?

【C】伲話,一百包發滿拉个,那能少之一包个呢?

【D】伲就話,我伲發去个是一百包棉花,那能話少發一包去个呢?

【E】我哋就話,交去嘅係壹百包棉花吖,點噲少得壹包去呢?

【F】我哋回覆話,已經附佰包棉花,你哋話寄少一包,呢句說話點解嚟?

【A】那個人說,他們那棧裏是收了九十九包棉花,短一包棉花。

【B】那個人說,他們棧裏是收了九十九包棉花,少一包棉花。

【C】箇个人話,伊拉棧裡是收得九十九包,缺一包棉花。

【D】伊个人話,伊拉棧裏是收之九十九包棉花,少一包棉花。

【E】個來人話,佢哋棧只收得九十九包棉花,係少咽壹包。

【F】嗰箇來人話,佢哋棧不過收九十九包,係少曉一包嚅。

【A】我聽這話很詫異,這麼着,我就向(同)着那個人,到他們棧裏去了。

【B】我聽這話很詫異,這麼的,我就同着那個人,到他們棧裏去了。

【C】我聽見之詫異得極,乃味,就同箇个人,到伊拉棧裡去。

【D】我聽見第句說話極詫異,實蓋末,我就同伊个人,到伊拉棧裏去。

【E】我聽見呢句說話好奇怪咯,噉,我就同埋個來人,去佢棧處。

【F】我聽聞呢件事覺得好出奇,就同箇來人,去佢舖頭。

【A】趕王掌櫃的見了我,有氣的樣子就說,你們那棧裏的夥計們太不留心,

【B】等王管事的見了我,有氣的樣子就說,你們棧裏的夥計們太不留心,

【C】王先生看之我,有勿快活个神氣咾話,倷棧裡个夥計太粗心,

【D】王管事看見我,有動氣个樣式就話,倷棧裏个夥計忒勿留心,

【E】個王事頭見我,生氣嘅樣就話,你棧處啲夥記太唔留心嘅咯,

【F】箇王司理一見我,似含怒意話,你棧房的人太唔小心咯,

【A】怎麽會給我們少發了一包棉花來呢?我就問他,你怎麽知道是少發了一包棉花來呢?

【B】怎麽會和我們少發了一包棉花來呢?我就問他,你怎麽曉得是少發了一包棉花來呢?

【C】那能少發一包棉花來个呢?我問伊,那能曉得少發一包棉花呢?

【D】那能會搭我伲少發一包棉花來个呢?我就問伊,儂那能曉得是少發一包棉花來呢?

【E】點解唔交少包棉花嚟我呢?我問佢話,你點知到交少包棉

花嚟你呢?

【F】點噲寄少一包棉花嘅呢?我問佢話,你點知到佢寄少一包呢?

【A】他說,我們收完了棉花,一掐籌是九十九根籌,這不是少發了一包來麽?

【B】他說,我們收完了棉花,一掐籌是九十九根籌,這不是少發了一包來麽?

【C】伊話,伲收完之棉花後來,一盤籌不過九十九根,到勿是少一包花麽?

【D】伊話,我伲收完之棉花,一點籌是九十九根,第个豈勿是少發之一包來否?

【E】佢話,我地收完棉花,數籌係得九十九條,噉唔係少咽壹包咩?

【F】佢答話,箇的棉花交嗺之後,收籌嘅人數過的籌,係得九十九枝,噉唔係少咽一包咩?

【A】我就問他們,剛纔你們這棧裏是誰接的籌?就見傍邊兒站着有一個夥計答應說,是他接的籌。

【B】我就問他們,剛纔你們這棧裏是那個收的籌?就見傍邊站着有一個夥計答應說,是他收的籌。

【C】我問伊,刻刻棧裡啥人接籌个?邊頭立拉一个夥計答應咾話,是自伊接个。

【D】我就問伊拉,纔然倻此地棧裏是啥人收个籌?就看見傍邊立拉有一个夥計答應話,是伊收个籌。

【E】我就問,先時你哋呢處係邊個收籌嘅呢?就見旁邊企處壹個夥記話,係佢收籌嘅。

【F】我就問嗰處嘅人,你哋邊位喺棧收籌呢?企側邊一箇夥計話,係佢收籌。

【A】我就問他,你方纔接籌的時候,沒上別處去麽?他說,我並沒上那兒去。

【B】我就問他,你方纔收籌的時候,沒往別處去麼?他說,我並沒往那裏去。

【C】我問伊,接籌个時候,到別搭去歇否?伊話,並勿曾到別搭去歇个。

【D】我就問伊,儂纔然收籌个時候,勿到別處去否?伊話,我並勿到那裏去。

【E】我就問佢,上先收籌個時,你冇去第處麼?佢話,我冇去到邊處。

【F】噉我問佢,你先上收籌箇時,有去第處冇呢?佢話,總冇去過別處。

【A】就是忽然我肚子疼,到茅房去出了一回恭。這麼着我就和他說,偺們倆先到茅房裏找一找去再說。

【B】就是忽然我肚子疼,到茅厠去出了一回恭。這麼的我就和他說,我們兩人先到茅厠裏找一找去再說。

【C】不過肚裡痛咾,到茅厠裡出之一个恭。乃味我對伊話,我搭儂先到茅厠裏去尋一尋咾再話。

【D】不過我忽然肚裏痛,到坑缸上去解之一回溲。實蓋末我就搭伊話,我伲兩家頭到坑缸上去尋一尋再話。

【E】但係忽然間肚痛,去出咽督恭。噉我就對佢話,我哋兩家先去厠坑處搵吓再講。

【F】但忽然間肚痛,去廁所出恭啫。我就話,我哋兩家去廁所睇一睇先吖。

【A】趕我同他到了茅房裏一瞧,地下有一根籌,我就撿起來拿着見王掌櫃的去了。

【B】等我同他到了茅厠裏一看,地下有一根籌,我就撿起來拿着見王管事的去了。

【C】同伊到茅厠裡一看,地下有一根籌,撥我拾起來担去撥拉王先生看。

【D】等我同伊到之坑缸上去一看,地上有一根籌,我就拾起來拿去見王管事。

【E】及至同佢入到厠坑處,一睇見地下有條籌,我就執起擰去見個王事頭。

【F】就同埋去到箇處,睇見地下有枝籌,我就執起擰俾王司理話。

【A】我說到底是誰的夥計不留心哪,你們的夥計掉了茅房裏一根籌。

【B】我說到底是那個的夥計不留心哪,你們的夥計掉在茅厠裏一根籌。

【C】我话到底是啥人家夥計勿留心,倻自家夥計茅坑裡去,落脱之籌。

【D】我話到底是啥人个夥計勿留心,倷个夥計拿一根籌落拉坑缸上。

【E】我話到底係邊個嘅夥記唔留心呢,你哋夥記跌條籌落厠坑。

【F】邊箇嘅夥計唔小心呢,你夥計喺廁所跌曉枝籌。

【A】你可說是我們少給你們發了一包棉花來。其實這也不要緊,不過你未免的太冒失些個。

【B】你却說是我們少把你們發了一包棉花來。其實這也不要緊,不過你未免的太冒失些了。

【C】倒怪伲少撥一包棉花。其實是亦無啥要緊,不過自家太蒼忙點。

【D】儂倒話我伲少發一包花。其實第个還勿要緊,不過儂未免忒个粗心哉。

【E】你話我俾少一包棉花過你。噉都究竟冇乜緊要,但係你哋未免太失魂啲咯。

【F】你就話我哋寄少一包。實在唔大要緊,不能話你唔係太着急的囉嗗。

【A】他聽這話,臉上很不得勁,一句話也還不出來了。

【B】他聽這話,臉上很下不去,一句話也回不出來。

【C】伊聽見之,面孔難爲情得極,一句亦還勿出。

【D】伊聽之第个說話,面孔上極難爲情,一句說話也回頭勿出。

【E】佢聽見我嘅話,面上好唔啱嘅,一句說話都唔答。

【F】佢就見失嘵面子[英譯作佢就似只羊],一的聲都唔出。

【A】我又說雖然把這根籌找出來了,到底偺們再把貨盤一盤,看看短不短,彼此可就更放心了。

【B】我又說雖然把這根籌找出來了,到底我們再把貨盤一盤,看看少不少,彼此就可更放心了。

【C】我又話,雖然籌味尋之出來者,到底盤盤貨色,看究竟缺勿缺,大家可以更加放心者。

【D】我又話,雖然拿第根籌尋之出來,到底我伲再拿貨色來盤一盤,看少呢勿少,大家就可以放心哉。

【E】我又話,雖然搵出呢條籌嚟,究竟我哋盤吓貨,睇有少到冇,彼此就可以放心喇。

【F】我就話,雖然搵番箇枝籌,等我點吓的貨,睇過係唔係少,噉大家較滿意喇。

【A】這麽着,我就叫他們那幾個夥計把棉花包起棧房裏又都盤到院子來。

【B】這麽的,我就叫他們那幾個夥計把棉花包從棧房裏又都盤到院子來。

【C】乃味,我教伊拉幾个夥計担棉花包從棧房裏搬到天井裡。

【D】實蓋末,我就叫伊拉个幾个夥計拿棧房裏个棉花又搬到天井裏。

【E】噉我就叫佢咱幾個夥記將啲棉花由房裡頭搬嗺出嚟天井。

【F】我就叫佢的夥計摵的包由棧房搬到後院。

【A】細細兒的數了一數,不錯,是一百包棉花。我說你們都看明白了,不錯了。

【B】細細兒的數了一數,不錯,是一百包棉花。我說你們都看明白了,不錯了。

【C】細細能數一數,勿錯,是一百包。我話倻儕看見沒,勿錯拉者。

【D】細細能數之一數,勿錯,是一百包棉花。我話倻全看明白之,勿錯哉。

【E】仔細數佢一數,冇錯,足一百包。我話你哋都睇清楚,冇錯喇。

【F】小心數過,真係有一百包。我話,唔,你哋睇真,係冇錯囉噃。

【A】他們說都看明白了,對了。這麽着我就回來了。你說,可笑不可笑?

【B】他們說都看明白了,對了。這麽的我就回來了。你說,可笑不可笑?

【C】伊拉話看清爽者,對个。乃味我轉去。閣下想想看,可笑呢勿可笑?

【D】伊拉話全看明白哉,對个哉。實蓋末我就轉來哉。儂想,好笑呢勿好笑?

【E】佢哋話睇清楚咯,啱咯。噉我就翻嚟喇。你話,好笑唔好笑呢?

【F】佢哋答話,係咯。見得係唔錯咯,我就番嚟喇。你話,係好笑唔呢?

【A】我先頭裏就和您說過,那個王掌櫃的人糊塗,您還不大很信。

【B】我先頭裏和您說過,那個王管事的人糊塗,您還不大很信。

【C】我前頭起話過歇个,王先生个人實在糊塗,閣下還勿大相信。

【D】我前頭搭儂話過,伊个王管事个人糊塗,儂還勿大相信。

【E】我在前就對閣下講過,話啯個王事頭個人糊塗,你都唔多信。

【F】甲我舊時話過你知嘅喇,呢箇王司理係戇戇地[或作糊塗],你都唔多信我。

【A】那兒有他竟搯籌不盤貨,就說您少給他們發了一包貨去的理呢?

【B】那裏有他竟搯籌不盤貨的,就說您少替他們發了一包貨去的理呢?

【C】那能有啥脫落之籌貨色勿去盤,倒話倻少發一包貨色,有介理个?

【D】那裏曉得伊竟點籌勿盤貨个,就話儂少替伊拉發之一包貨色去个理哉?

【E】邊笪有靜數籌唔盤貨,就話人俾少貨過佢嘅道理呢?

【F】淨係收嗰的籌唔點嗰的貨,就話你寄少一包,豈有噉道理咩?

【A】您還不知道了,去年有這麼件事,我們買了他們棧裏一百兩銀子的貨。

【B】你還不曉得咧,去年有這樣件事,我們買了他們棧裏一百兩銀子的貨。

【C】閣下還勿曉得拉哩,舊年有歇啥事體,伲拉伊拉棧裡買之一百兩銀子貨色。

【D】儂還勿曉得,舊年也有實蓋个一件事體,我伲買之伊拉棧房裏一百兩銀子貨色。

【E】你重唔知咋,舊年有件噉事添呀,我哋買曉佢棧處一百両銀貨。

【F】乙舊年重有件噉嘅事添,我哋喺佢棧買一百両銀貨。

【A】給了他們一百兩一張的銀票。過了兩天,他把那張銀票拿回來了,說是假的。

【B】把了他們一百兩一張的銀票。過了兩天,他把那張銀票拿回來了,說是假的。

【C】撥伊拉一百兩銀子个張銀票。過之二日,銀票送之轉來者,話咾假个。

【D】撥伊拉一百兩一張个銀票。歇之兩日,伊拿伊張銀票拿之轉來,話是假个。

【E】俾啯張一百両銀單過佢。歇得兩日,佢擰翻個張單嚟,話係假嘅。

【F】就俾一百両銀票過佢。佢兩日後,擰番張銀票嚟,話係假嘅。

【A】我一看銀票並沒圈着,我就問他,既是假的,怎麼沒圈呢?他說沒到本鋪子去,所以沒圈。

【B】我一看銀票並沒圈着,我就問他,既是假的,怎麼沒圈呢?他說沒到本鋪子去,所以沒圈。

【C】我一看銀票並勿圈過,就問伊,是假个味,那得勿圈呢?伊話勿曾担到莊上去,所以勿曾圈。

【D】我一看銀票並勿曾圈過,我就問伊,既然是假个,那能勿曾圈呢?伊話勿到本店裏去,所以勿曾圈過。

【E】我睇吓張單並冇圈到,我就問佢話,既係假嘅,做乜冇圈呢?佢話冇去到本舖,所以冇圈。

【F】我就睇箇張銀票,見佢冇給假嘅憑據字樣喺處,我就問佢,如係假嘅,做乜冇圈到呢?佢話因爲未曾去箇間舖,所以冇圈。

【A】我又問他,既沒到本鋪子去,怎麼知道是假的呢?他說他們管帳的瞧着像假銀票。

【B】我又問他,既沒到本鋪子去,怎麼曉得是假的呢?他說他們管帳的看了像假銀票。

【C】我一問伊,既然勿曾担到莊上去,那曉得是假个呢?伊話伊拉管賬个看出來是假銀票。

【D】我又問伊,既然勿到本店裏去,那能曉得是假个呢?伊話伊拉管帳个看之像假銀票。

【E】我又話,既然冇去到本舖,點知係假嘅呢?佢話我哋管帳嘅睇,佢話似張假單。

【F】我就問佢,你未曾去箇間舖,點知到係假嘅呢?佢話我哋掌櫃睇過,話似乎係假嘅。

【A】我聽這話很荒唐,就說,偺們倆拿着這張銀票到銀號裏取銀子去,看看是假的不是。

【B】我聽見這話很荒唐,就說,我們兩個拿着這張銀票到銀號裏發銀子去,看看是假的不是。

【C】我一聽伊个說話荒唐得極,對伊話,來,担之箇張銀票咾,伲一淘到莊上領銀子去,看伊假呢勿假。

【D】我一聽第个說話極荒唐,就話,我伲兩家頭拿第張銀票到銀號裏收銀子去,看是假个呢勿是假个。

【E】我聽見呢句說話甚荒唐,我就話,我哋兩家揸呢張單去攞銀,睇吓係假嘅唔係噎。

【F】我聽倒咁荒唐嘅說話,我就話,同埋去銀號找換,睇過係假嘅唔喇。

【A】這麼着我們倆到了銀號,竟自不是假的,把銀子取出來了。

【B】這麼的我們兩個到了銀號,竟自不是假的,把銀子發回來了。

【C】乃味兩家頭到莊上去,究竟勿是假个,銀子領出來者。

【D】實蓋末我伲兩家頭到之銀號,竟勿是假个,拿銀子收轉來哉。

【E】噉我就同佢兩個去到銀舖,竟然攞咽銀出嚟。

【F】我哋去到,實在唔係假嘅,找換銀番嚟。

【A】那個時候,他臉上很磨不開,就羞羞慚慚的,把銀子拿回去了。

【B】那個時候,他臉上很磨不開,就羞羞慚慚的,把銀子拿回去了。

【C】箇辰光,面孔上勿好意思,坍坍坑坑,担之銀子咾轉去个。

【D】伊个時候,伊面孔上極其放勿開,就坍坍銃銃,拿銀子拿轉去哉。

【E】响陣時,佢面上好落唔嚟,致醜醜哋,擰咽啲銀去。

【F】箇陣,佢唔忍得醜,就滿面羞慚,擰銀番去咯。

## 2 第三十四章(第三十四課　退換銀票)

【A】掌櫃的,這兒有一張退票,給你打回來了。拿來我瞧瞧,這張票子不是我們給的。

【B】管事的,這裏有一張退票,和(你)打回來。拿了來我看看,這張票不是我們把的。

【C】先生,箇張退票要還銀子咾打印,無用个者。担來讓我看,箇張票子勿是伲發拉个。

【D】管事个,此地有一張退票,打回轉來哉。拿拉我看看,第張票子勿是我伲撥倗个。

【E】事頭呀,呢處有張退換票,打翻轉頭嚟俾你嘞。擰嚟我睇吓,呢張票唔係我哋交嘅吖。

【F】甲司理先生,我帶回一張退換票俾你嘞。乙俾我睇吓,呢張票唔係我哋嘅。

【A】怎麽不是你們給的呢?因爲這張票子上沒有我們的收號。

【B】怎麽不是您們把的呢?因爲這張票子上沒有我們的收號。

【C】那能勿是倗發拉个呢?因爲票子上無得伲个收號。

【D】那能勿是倗撥个呢?因爲第張票子上無沒我伲簽拉个字。

【E】做乜唔係你哋交嘅呢?因爲呢張票冇我哋嘅收號喎。

【F】甲有乜唔係呢?乙因票上冇我哋嘅收號吖。

【A】我記得,可實在是你們給的,怎麽如今你們說不是你們給的呢?

【B】我記得,却實在是你們把的,怎麼如今你們説不是你們把的呢?

【C】我記得,一定是自伽發拉个,那能現在話勿是伽發个呢?

【D】我記得,實在是伽撥个,那能現在伽話勿是伽撥个呢?

【E】我記得,確實係你哋交嘅,點解而家又話唔係呢?

【F】甲但我記得,實在由你處擺嘅,點解而家話唔係呢?

【A】我告訴你,若是我們給的票子,必有我們的收號、我們的戳子。

【B】我告訴你,若是我們把的票子,必有我們的收號、我們的戳子。

【C】我對儂話,若使伲發个票子,總有伲个收號、伲个印子。

【D】我告訴儂,若然我伲个票子,必有我伲簽拉个字、我伲个圖書。

【E】我話你知咋,若係我哋交嘅呢,必有我哋收號共圖章。

【F】乙我講過你聽吖,如果係由我處出,定必有我哋收號及圖章喇。

【A】如今這張票子上又沒我們的收號,又沒我們的戳子,怎麼是我們給的呢?

【B】如今這張票子上又沒我們的收號,又沒我們的戳子,怎麼是我們把的呢?

【C】現在票子上又勿有啥伲个收號,又勿有啥伲个印,那能是自伲發个呢?

【D】現在第張票子上又勿有我伲簽个字,又勿有我伲个圖書,那能是我伲撥个呢?

【E】而家呢張票我地收號共圖章都冇嘸,焉能係我哋嘅呢?

【F】呢張票兩樣都冇,就不能作爲我哋嘅咯。

【A】你説沒有你們的收號,我這票子上可收的是你們了。

【B】你説沒有你們的收號,我這票子上可收的是你們了。

【C】侬話無得侬个收號,到底票子上記拉,自我是自侬搭收拉个味。

【D】儂話無沒侬簽个字,我第个票子上簽拉个字是侬个。

【E】你話冇你哋嘅收號,我呢張票上所收嘅冇錯號係你哋嘅喇。

【F】甲你話冇你哋嘅收號,但我呢張銀票有箇收號係由你箇處得嚟嘅。

【A】竟你收的是我們不行啊,總得有我們收的人家纔行了。

【B】光是你收的是我們不行啊,總要有我們收的人家纔行了。

【C】單不過有伲搭收拉个記號勿彀事个,總要有伲收別人家个印味可以。

【D】不過是儂簽个字伲塲化勿行个,總要有我伲簽拉个字別人家纔可以行。

【E】但係你收嘅我地唔做得吖,總要有我地收人家嘅致得�。

【F】甲淨有你收號話由我處得嘅不足爲憑,必有我嘅收號顯出由乜人收至得呀。

【A】就是有你們的收號,你們如今不認,我也沒法子呀。

【B】就是有你們的收號,你們如今不認,我也沒法子呀。

【C】就是有侬个收號,侬現在咾勿認,教我有啥法子。

【D】就是有侬簽拉个字,侬現在勿認,我也無法則个。

【E】就係有你地嘅收號,而家你唔認,我都冇法嘅喇。

【F】甲如果有你哋嘅收號,你又唔承認,噉我就冇法喇。

【A】沒有不認的理,若是我們給的,我們也是給人家往回裏[①]打。

【B】沒有不認的理,若是我們把的,我們也是(把)人家往回頭退。

【C】無得勿認个,若使是自伲撥拉个,伲亦可以回轉去,教人打無用頭个印。

【D】無沒勿認个理,若是我伲撥个,伲也是撥人家退轉來个。

【E】冇唔認之理呀，若係我地交嘅，我哋亦係俾翻别家退換嘅呮。

【F】乙我哋唔認冇乜理由吖，倘若由我處取，我哋退番嗰箇交嚟嘅人。

【A】我們又不賠甚麽，作甚麽不認呢？也許這張票子你們忘了收了。

【B】我們又不賠甚麽，做甚麽不認呢？想是這張票子你們忘記收了。

【C】伲勿落脱啥，那哼勿認呢？勿要箇張票子倷忘記脱收之哰。

【D】我伲又勿要賠啥，爲啥哼勿認呢？想情第張票子倷忘記簽哉。

【E】我哋又唔使賠乜野，使乜唔認呢？呢張票都怕你哋忘記寫收號唎。

【F】我哋冇賠吖，做乜唔承認呢？甲但呢張票你或者唔記得給箇收號，噉都有之嚅。

【A】沒有的話，我們决不能忘了收。這裏頭還有個緣故，我告訴你説，是一張母錢鋪的票子。

【B】沒有的話，我們决不能忘了收。這裏頭還有個緣故，我告訴你説，是一張母錢鋪的票子。

【C】瞎話，伲總勿忘記个。還有个講究，我對儂話，箇張小錢莊上个票子。

【D】無沒第个説話个，我伲决勿能忘記簽个。第个裏向還有一个緣故，我告訴儂，第个是一張刁猾錢莊上个票子。

【E】唔係噉講嘅，我哋斷唔會忘記收嘅。裏頭重有個緣故添，我話你知吖，呢一張係私家錢店嘅票嚟。

【F】乙冇噉道理嘅，我哋斷不能忘記給箇的收號嘱。但重有様緣故，我話你知喇，呢張銀票係由箇的私家錢舖出嘅。

【A】我們這舖子向來不使母錢舖的票子,所以更知道不是我們給的了。

【B】我們這鋪子向來不用母錢舖的票子,所以更曉得不是我們把的了。

【C】伲莊上向來勿用小錢莊上个票子,所以更加曉得勿是伲發个。

【D】我伲店裏向來勿用刁猾錢莊上个票子,所以更曉得勿是我伲撥个哉。

【E】我哋呢間舖向來唔使私家錢店嘅票,所以更知到唔係由我哋交嘅喇。

【F】我哋呢間舖永冇用私家嘅銀票,噉我哋越發確知呢張票唔係由我哋交出嘅喇。

【A】你們若一定說不是你們給的,那沒法子,只可我認這個苦子就是了。

【B】你們若一定說不是你們把的,那沒法子,只是我吃這個虧就是了。

【C】倗若使話一定勿是自倗發拉个,無啥別樣法子,只好我吃箇个苦頭。

【D】倗若然一定話勿是倗撥个,葢是無法則,只好我吃第个虧末是哉。

【E】你一定話唔係你哋交嘅,噉都冇法監住、我哋受難就係喇。

【F】甲如果你一實唔認由你處出嘅,噉就冇法,自己當貼虧係喇。

【A】依我說,你拿回去,再想想,是誰給的罷。

【B】依我說,你拿回去,再想想,是那個把的罷。

【C】照我話起來,箇張票子且到担轉去,仔細再想想看,啥人發个。

【D】據我看來,儂拿轉去,再想想看,是啥人家撥个。

【E】依我話,你擰翻去,再想吓,邊個俾嘅罷喇。

【F】乙我勸你,擰番去,再想過,由邊處得嚟嘅罷喇。

【A】你把這個十吊錢的票子,給破五個一吊,一個五吊。

【B】你把這個十吊錢的票子,分破五張一吊,一張五吊。

【C】箇張十千銅錢个票子,替我換五張味一千頭銅錢个,一張味五千頭个。

【D】儂拿第个十千銅錢个票子,分開之五張一千,一張五千。

【E】你摵呢張一千錢嘅票,換過五張一百嘅,一張五百嘅吖。

【F】甲呢處一張十吊嘅銀票,你同我換五張一吊嘅,一張五吊嘅,做得唔呢?

【A】一吊一張的,沒有我們本鋪子的。給你磨別處的行不行?磨別處的也使得。

【B】一吊一張的,沒有我們本鋪子的。和你磨別處的行不行?磨別處的也可以。

【C】一千一張个,伲莊上無得个。別人家店裡个要勿要?別人家店裡个亦可以个。

【D】一千一張个,我伲本店無沒个。搭儂掉別場化个好勿好?掉別場化个也好。

【E】一百一張嘅,我哋本舖冇嘧。同你換別處嘅得唔呢?換別處嘅都使得吖。

【F】乙我哋自己冇一吊一張嘅銀票。同你換別間嘅做得唔呢?甲係,做得。

【A】你點點對不對?不錯,對了。這票子上你們都收着了?都收着了。

【B】你點點對不對?不錯,對了。這票子上你們都收了號了?都收了號了。

【C】自家點點看對勿對?勿錯,對个。票子上收印打拉沒?打拉者。

【D】儂點一點對呢勿對?勿錯,對个。第个票子上个字儂全簽拉末？全簽拉哉。

【E】你點吓睇對唔對？冇錯,對嘞。呢的票你地寫曉收號喇？俱有收號咯。

【F】以你數過睇啱唔喇？甲冇錯咯。呢的票全有你嘅收號冇呀？乙有嘥咯。

【注解】

① 按：裏,A1 作"頭"。

## 2 第三十五章(第三十五課　警區判案)

【A】大哥,我剛纔在鎮店上看了一個熱鬧。看了一個甚麽熱鬧？

【B】大哥,我剛纔在鎮市上看了一個熱鬧。看了一個甚麽熱鬧？

【C】大哥,刻刻我拉鎮上看見人家做鬧。啥个做鬧？

【D】老兄,我纔然拉鎮上看見一處鬧熱事體。看見一處啥个鬧熱事體？

【E】大哥,我就正喺墟上睇見啲嘈鬧嘅。睇見啲乜野嘈鬧嘅呢？

【F】甲大哥,我就至喺墟上睇見一件嘈鬧嘅事情。乙係乜野呢？

【A】看見一個南邊人,揪着一個本地人,上巡檢衙門打官司去,後頭跟着好些個人。

【B】看見一個南邊人,揪着一個本地人,到巡檢衙門打官司去,後頭跟着許多的人。

【C】看見一个南邊人,揪住之一个本地人,到巡檢衙門去打官司,後頭跟之好幾个人。

【D】看見一个南邊人,拖住一个本地人,到巡檢衙裏去打官司,後頭跟之幾化人。

【E】睇見一個南便嘅人,執住個本地人,上司官衙門打官司咽,後尾好多個人跟住。

【F】甲有一箇南便人,捉倒箇本地人,上警察分署處告佢,噉就有好多人跟住去。

【A】我也不知道是爲甚麽事情。這麽着,我就跟着他們到衙門去,瞧他們到底是爲甚事情。

【B】我也不曉得是爲甚麽事情。這麽的,我就跟着他們到衙門去,看他們到底是爲麽事情。

【C】我勿曉得爲啥事體? 就跟伊拉到衙門裡去,看伊究竟啥事體。

【D】我也勿曉得是爲啥个事體。實蓋末,我就跟之伊拉到衙門裏去,看伊拉到底是爲啥事體。

【E】我都唔知係乜野事。噉樣我跟住佢地到衙門,睇佢到底係爲乜事喇。

【F】因我唔知乜理由。我都同到區署,睇過係乜野事。

【A】就見他們倆人到了衙門,那個南邊人就告訴衙役說,他們倆人要打官司。

【B】就見他們兩個到了衙門,那個南邊人就告訴衙役說,他們兩個要打官司。

【C】伊拉兩家頭到之衙門裡,南邊人就告訴衙役話,伲要打官司。

【D】就看見伊拉兩个人到之衙門裏,伊个南邊人就對衙役話,伲兩家頭要打官司。

【E】睇見佢兩個到嘵司官衙門,呾個南便人對衙役話,佢兩個嚟想打官司。

【F】我見佢兩箇到區署,嗰南便人講過署役知,話佢兩人有件案情。

【A】那個衙役就把他們倆人帶進去了,我也跟進去了,就見巡檢坐堂,他們倆人到了堂上,就都跪上[①]了。

【B】那個衙役就把他們兩個帶進去了,我也跟進去了,就見巡檢坐堂,他們兩個到了堂上,就都跪下了。

【C】衙役担伊領進去,我亦跟之伊拉進去,巡檢司坐之堂,伊拉兩个人到堂上儕跪下來。

【D】伊个衙役就拿伊拉兩家頭帶進去之,我也跟之進去,就看見巡檢坐堂,伊拉兩个人到之堂上就全跽之下來。

【E】啪個衙役就帶佢兩個人去喇,我都跟埋入去哩,就見司官坐堂,佢兩個到堂跪倒嘛。

【F】箇署役就帶佢哋入去,我都入去,就見箇區員上堂,兩人就喺區員面前敬立[原文作跪]。

【A】巡檢就先問那個南邊人,你叫甚麼名字,是甚麼地方人,是爲甚麼事情來打官司?

【B】巡檢就先問那個南邊人,你叫甚麼名字,是甚麼地方人,是爲甚麼事情來打官司?

【C】巡檢司問箇个南邊人,叫啥名頭,啥地方人,爲啥咾要來打官司?

【D】巡檢就先問伊个南邊人,儂叫啥个名字,是啥地方人,是爲啥事體來打官司?

【E】司官先問啪個南便人,你叫乜名,係邊處人,因乜事嚟打官司呢?

【F】箇區員先問南便人,姓甚名誰,喺邊處嚟,想告乜案呢?

【A】就見那個南邊人磕了一個頭說,小的名字叫俞配,是江西臨江府的人,在這本地開着個成衣鋪。

【B】就見那個南邊人磕了一個頭說,小的名字叫俞配,是江西臨江府的人,在這本地開着個裁縫鋪。

【C】箇个南邊人磕之一个頭咾話,小的名頭叫俞配,江西臨江府人,拉第搭開裁縫店个。

【D】就看見伊个南邊人磕之一个頭話,小的名字叫俞配,是江西臨江府人,拉此地開爿裁縫店。

【E】睇見啣個南便人叩曉個頭話，小的名叫俞配，係江西臨江府人，喺本處開曉間新衣舖。

【F】南便人就鞠躬[舊稱叩頭]話，民姓名叫做俞配，係江西臨江府[今改縣]人，民喺本處開間成衣舖。

【A】因爲小的去年在這兒買了一個妾，就在這個鎮店上燈籠衚衕租了兩間房住家。

【B】因爲小的去年在這裏買了一個妾，就在這個鎮市上燈籠衚衕租了兩間房住家。

【C】因爲小的拉蕩搭買之一个妾，就拉鎮上燈籠街上租之兩間住房。

【D】因爲小的舊年拉此地買之一个小，就拉第个鎮上燈籠衖租之兩間房子住。

【E】因小的舊年喺呢處娶個妾氏，喺呢個墟內燈籠街租曉兩間屋住。

【F】去年民買得箇妾侍，喺燈籠里租兩間房屋。

【A】剛纔小的在舖子裏做活了，打發一個徒弟到家裏取東西去了，他回來說，小的家裏坐着一個年輕的人，他不認得是誰。

【B】剛纔小的在舖子裏做生活，打發一個徒弟到家裏拿東西去的，他回來說，小的家裏坐着一個年輕的人，他不認得是那個。

【C】貼正小的拉店裡做生活，打發一个徒弟到屋裡去担點東西，轉來對我話，小的屋裡坐个年輕人拉，勿認得个。

【D】纔然小的拉做生活，打發一个徒弟到屋裏去拿物事，伊轉來話，小的屋裏坐一个年紀輕个人拉，伊勿認得是啥人。

【E】適值小的喺舖頭做生意，打發個徒弟去住家攞野，佢翻嚟話，小的住家有個後生仔坐嘛，佢唔識係乜誰。

【F】適值民上先喺舖做工，打發箇徒弟去民住家攞野，佢番嚟話，民住家有箇後生仔坐處，唔知佢係乜誰。

【A】小的聽這話很犯疑，就趕緊的到家裏瞧去了，趕小的到了家一瞧,街門對着了。

【B】小的聽這話很起疑,就趕急的到家裏看去的,小的到了家一看,街門關着了。

【C】小的聽見之,疑惑得極,就跑歸去看看看,到屋裡一看,街上門關拉。

【D】小的聽見第个說話極疑心,就赶緊到屋裏去看,到之屋裏一看,門末關拉。

【E】小的聽聞呢啲說話好思疑,趕快翻歸睇吓,及至翻到住家一睇,見掩住街門。

【F】民覺得好思疑,趕快番屋踰嚟睇,民到時,見箇度街門掩埋。

【A】小的推開了街門,進到屋裏去一看②,就見這個人在屋裏坐着喝茶了,和小的的那個妾又說又笑的。

【B】小的推開了街門,進到屋裏去一看,就見這個人在屋裏坐着喝茶了,和小的的那個妾又說又笑的。

【C】小的推門進去,到屋裏一看,就是箇个人坐拉屋裡,

【D】小的推開之門,跑到房裏向去一看,就看見第个人拉房裏坐之吃茶,搭小的个伊个小又話又笑。

【E】小的推開門,入屋睇吓,就見呢個人喺屋裏坐嗻飲茶,同小的啲個妾氏又講又笑。

【F】民就推開門,入到間屋[或房]嚟睇,見呢箇人喺處飲茶,同民箇妾侍又講又笑。

【A】小的就問他你是誰,到我家來作甚麽?

【B】小的就問他你是那個,到我家來做甚麽?

【C】(——按:原文無對應句。)

【D】小的就問伊儂是啥人,到我房裏來做啥?

【E】噉,小的問佢係乜誰,爲乜到我住家?

【F】民就問佢話,你係乜誰,爲乜嚟我住家?

【A】他回答説,他是到小的家裏打茶圍[④]去了。小的聽這句話氣急了,就打了他一個嘴巴,他回手就把小的的臉抓了。

【B】他回答説,他是到小的家裏打茶圍的呢。小的聽這句話氣急了,就打了他一個嘴巴,他回手就把小的的臉抓了。

【C】(——按:原文無對應句)小的歎之火咾,就打伊一記巴掌,伊回手拉穿我面孔。

【D】伊對我話,伊是到小的屋裏來打茶圍个。小的聽見第句説話氣勿過,就打之伊一紀耳光,伊還手就拿小的面孔來抓。

【E】佢答話,佢嚟小的住家打茶圍㖭。小的聽倒呢啲話頭,嬲起嚟,打曉佢一吓嘴巴,佢回手揢小的嘅面。

【F】佢答話,因爲到呢處打茶圍,民聽見就好嬲,打佢一吓嘴巴,佢回手抓民嘅面。

【A】這麼着,小的就把他揪來打官司,求老爺問他,到底到小的家裏是幹甚麼去了?

【B】這麼的,小的就把他揪來打官司,求老爺問他,到底到小弟(的)家裏是做甚麼去的?

【C】乃味,小的就揪伊來打官司,求老爺問伊,到底到小的屋裡來做啥?

【D】實蓋末,小的就拿伊拖來打官司,求老爺問伊,到底到小的屋裏來是做啥?

【E】故此,小的拉佢嚟打官司,求老爺問佢,到底爲乜事入小的住家,想做乜野?

【F】噉,民拉佢嚟呢處送案,求區員問佢,實係爲乜事到民住家?

【A】這麼着巡檢就問那個人,你叫甚麼名字,在那兒住家,你是幹甚麼的,到俞配家裏是作甚麼去了?

【B】這麼的巡檢就問那個人,你叫甚麼名字,在那裏住家,你是爲甚麼事到俞配家裏,是作甚麼去的?

【C】巡檢乃味問箇个人,叫啥名頭,住拉啥地方,做啥个,到俞配屋裏去爲啥事體?

【D】實蓋末巡檢就問伊个人,儂叫啥名字,屋裏住拉那裏,儂是爲啥事體到僉配个屋裏去,是做啥去个?

【E】司官就問啲個人,你叫乜名,喺邊處住,做乜野嘅,做乜入俞配住家呢?

【F】區員就問嗰箇人,你乜姓乜名,喺邊處住,做何職業,因乜事去俞配住家呢?

【A】那個人說,小的名字叫王安,在這鎮店上紅竹衚衕住家,平常是放印子爲生。

【B】那個人說,小的名字叫王安,在這鎮市上紅竹衚衕住家,平常是放(印子)為生。

【C】箇个人話,小的名頭叫王安,住拉鎮上紅竹街上个,平素做放印子生意个。

【D】伊个人話,小的名字叫王安,屋裏住拉鎮上紅竹弄裏,向來是放印錢活命个。

【E】嗰個人話,小的叫做王安,喺呢個墟內紅竹街做住家,平日係放印子嘅。

【F】嗰箇人答話,民姓名叫做王安,喺本埠紅燭里住,平日係放印子錢[即短期債]爲業。

【A】俞配這個妾,當初和小的在一個院子裏住過,因爲前倆月,他的這個妾借了小的十兩銀子的印子。

【B】俞配這個妾,當初和小的在一個院子裏住過,因爲前兩個月,他的這個妾借了小的十兩銀子的印子。

【C】僉配个妾,起頭搭我住拉一个牆圈裡个,二个月前頭,伊个妾借小的十兩銀子印子。

【D】僉配第个小,當初搭小的合天井住過个,因爲前兩个月,伊个第个小借之小的十兩銀子个印錢。

【E】俞配呢個妾氏,當初同小的喺一間屋同居,因前兩月,佢呢個妾氏借小的十両印子銀。

【F】俞配嘅妾侍,舊時係與民同院居住,先兩箇月,佢借嘵十両印子錢。

【A】每月小的到他家裏取印子去,今兒個又到了日子了,小的拿摺子到他家裏去了。

【B】每月小的到他家裏收去,今天又到了日期了,小的拿摺子到他家裏去的。

【C】每月小的到伊屋裡担印子,今朝日子又到者,小的担之摺子到伊屋裡。

【D】每月小的到伊屋裏收印錢去,今朝又到期哉,小的拿摺子到伊屋裏去个。

【E】每月小的去佢住家攞印子銀,今日又到期嘞,小的揸手摺到佢住家哩。

【F】民每月去佢嘅屋收利息,今日輪到限期,民就帶埋圖章去佢嘅屋。

【A】他的這個妾讓小的進裏頭喝茶去,小的就進去了。他把印子錢給了小的了。

【B】(他的)這個(妾)叫小的進裏頭喝茶去,小的就進去了。他把(印子)錢把了小的了。

【C】(——按:原文無對應句)伊个妾味担印子錢來撥拉我。

【D】難末叫小的到裏向吃茶去,小的就進去哉。伊拿印錢撥小的哉。

【E】佢呢個妾氏請小的入裏便飲茶,小的入去嘞。佢俾咽印子錢。

【F】佢呢箇妾侍請民入去飲茶,民就入去嘞。佢將印子錢俾民。

【A】然後又給小的沏子(了)一壺茶,小的正坐在屋裏喝茶了,這個工夫兒,俞配家去了。

【B】然後又和小的沏了一壺茶,小的正坐在屋裏喝茶了,這個時候兒,俞配就回了。

【C】(——按:原本無對應句。)小的貼正坐拉屋裡,吃茶个辰光,俞配到者。

【D】然後伊搭小的泡之一壺茶,小的貼準坐拉房裏吃茶,第个時候,俞配就轉來哉。

【E】後來又沖一壺茶嚟,小的正話坐屋裏飲緊茶,個陣,俞配翻到家咯。

【F】後來又擰箇茶壺沖茶,民坐處飲緊,箇陣時,俞配番嚟。

【A】見了小的,就一腦門子的氣,瞪着倆眼睛問小的,你是誰,到我家裏來作甚麼?

【B】見了小的,就一頭子的氣,瞪着兩眼睛問小的,你是那個,到我家裏來做甚麼?

【C】看見之小的,滿頭个火,眼精蛋出之,問小的是啥人,到我屋裡來做啥?

【D】看見小的,就一味个鬧,定之兩隻眼睛就問小的,儂是啥人,到我屋裏來做啥?

【E】見嘵小的,就嬲得一把火,睜起雙眼問小的,係乜誰,入佢住家做乜野?

【F】一見咽民,就滿面怒容,凸起對眼睛向住民問,你係乜誰,嚟我住家做乜野?

【A】小的見他說話太沒禮貌,可也就上了氣了,就說是到他家裏打茶圍去了。

【B】小的見他說話太沒禮貌,却也就起了氣了,就說是到他家打茶圍去呢。

【C】(——按:原文無對應句。)

【D】(——按:原文無對應句。)

【E】小的見佢啲話頭太冇禮,又嬲起嚟哩,就話去佢處打茶圍喇。

【F】民聽佢講得咁無禮,就嬲起嚟話,去佢住家打茶圍。

【A】他聽這話,就打了小的一個嘴巴,小的急了,就回手把他的臉抓了,這麼着他就揪着小的打官司來了。

【B】他聽這話,就打了小的一個嘴巴,小的急了,回手就把他的臉抓了,這麼着他就揪着小的打官司來了。

【C】話完之味,就打小的一記巴掌,小的亦歎火,就還手拉伊面孔,因而伊揪小的來打官司。

【D】就打小的一記耳光,小的著之急,就還手拿伊面孔抓哉,實蓋末伊就拖小的來打官司。

【E】佢聽聞噉話,打小的一吓嘴巴,小的急起嚟還手,掠佢嘅面啫,噉樣佢拉小的嚟打官司嘞。

【F】佢即時打民一吓嘴巴,民心急起嚟,連嬲帶抓佢面喇,噉佢就拉民嚟呢處送案。

【A】他說完了,就把取印子錢的摺子拿出來給官看⑤了。

【B】他說完了,就把收錢的摺字(子)拿出來把官看了。

【C】話完之,就担印子錢个摺子出來撥拉官府看。

【D】伊話完之,就拿收印錢个摺子拿出來撥官看。

【E】佢講完,揸出攞印子錢嘅手摺俾官睇喇。

【F】佢講完之後,就攞出一箇息摺[英譯作摺息銀]俾官睇。

【A】巡檢就說,既是俞配不願意你到他家裏去,你後來每月就到他成衣鋪裏取印子錢去就是了。

【B】巡檢就說,既是俞配不願意你到他家裏去,你後來每月就到他裁縫店裏收錢去就是了。

【C】巡檢話,旣然俞配勿要儂到伊屋裡去,後來每个月儂到伊裁縫店去担印子錢。

【D】巡檢就話,旣然俞配勿情願儂到伊屋裏去,儂以後每月就到伊裁縫店裏收印錢去就是哉。

【E】司官話,既係俞配唔中意你到佢住家,你嗣後每月去佢新衣舖攞印子錢罷喇。

【F】箇區員就話,既係俞配唔願意你去佢屋,你按月到佢舖頭收息。

【A】不准你再到他家裏去了,你若是再到他家裏去,俞配來告你,我可是必要治你罪的。

【B】不准你再到他家裏去了,你若是再到他家裏去,俞配來告你,我却是必要治你的罪的。

【C】不許儂到伊屋裡去,若使再到伊屋裡去,兪配告起儂來,我要辦儂。

【D】勿準儂再到伊屋裏去,儂若然再到伊屋裏去,兪配來告儂,我一定要治儂个罪个。

【E】唔准你再到佢住家咯,若係你再到佢住家,俞配嚟告你,我必要治你罪囉嗜。

【F】唔准你再去佢住家,若係再去佢住家,俞配嚟告你,我必定治你嘅罪噃。

【A】這麼着就叫他們倆人都回去了。

【B】這麼樣就叫他們兩個都回去了。

【C】乃味教伊拉大家轉去。

【D】實蓋末就叫伊拉兩家頭全轉去哉。

【E】噉樣就開發佢哋兩個翻去喇。

【F】噉就吩咐佢兩人番去咯。[按此課多有删改各稱謂,因新舊制不同故也。]

【注解】

① 按:A版用“上”,疑為“下”字。

② 按:A版用“看”。B版用“看”。但是在B版對應的A1版本中却是“瞧”,竊以為可從。

③ 按:C版此章有些句子沒有對應的文字,下文均直接在文中標示。

④ 打茶圍,舊時稱至妓院品茗飲酒取樂。清《京塵雜錄・夢華瑣簿》:“入伎館閒遊者曰打茶圍。”後泛指有錢人閒時在一起喝酒、抽烟、閒聊、吃點心、看戲等娛樂方式。《海上花列傳》第三回:“我只道耐同朋友打茶會去了。”魯迅《彷徨・弟兄》:“對面的寓客還沒有回來,照例是看戲,或是打茶圍去了。”亦作“打茶會”。

⑤ 按:同注②。

## 2 第三十六章(第三十六課　錢鋪被騙)

【A】老弟,我告訴你一件事情。甚麼事情?新近我起外頭回來。

【B】老弟,我告訴你一件事情。甚麼事情?近日我在外頭回來。

【C】老弟,我有一件事體拉,講撥儂聽。啥事體?新近我從外頭轉來。

【D】老弟,我告訴儂一件事體。啥事體?新近我拉外頭歸來。

【E】弟台,我講件事你聽吖。乜野事呢?日間同我由外便翻嚟。

【F】甲老弟,我有件事話你知。乙乜野事呢?甲我先排喺鄉下番嚟。

【A】有一天,我住在一個大鎮店上客店裏了,聽見那個店裏的掌櫃的說:

【B】有一天,我住在一個大鎮市上客店裏了,聽見那個店裏管帳的說:

【C】有一日,我住拉大鎮上客寓裡,聽見店裡當賬个話:

【D】有一日,我住拉一个大鎮上客寓裏,聽見伊爿寓裏管帳个話:

【E】有一日,我喺個墟處啲間客店住,聽聞個店主講:

【F】有一日,我喺一箇大墟場喺客店住,聞得箇店主話:

【A】前些個日子,那個鎮店上有一個德成錢鋪,這天去了一個人,拿着一隻鐲子,到那個錢鋪裏賣去了。

【B】前些個日子,那個鎮市上有一個德成錢舖,這天去了一個人,拿着一隻鐲子,到那錢鋪裏換了去。

【C】有一爿德成錢莊,其日來一个人,担之一只手鐲賣拉箇爿莊上。

【D】前幾日,伊个鎮上有一爿德成錢莊,第日來之一个人,拿之一隻鐲頭,到伊爿錢莊上來兌。

【E】前幾日,咱個墟處有間德成錢舖,咱日有個人,擰隻鈪,去咱間錢舖賣。

【F】先幾日,有箇人拈一隻鈪,賣過埠內一間錢舖,叫做德成。

【A】那個錢鋪的人,剛拿過一個戥子來,邀那隻鐲子,這個工夫兒又進來了一個人。

【B】那個錢鋪的人,剛拿過一個戥子來,平那隻鐲子,這個時候兒又進來一個人。

【C】莊上个人,剛剛担戥子來,稱箇只手鐲,个辰光又跑來一个人。

【D】伊爿錢莊上个人,貼正拿一个戥子來,平伊隻鐲頭,第个時候又進來一个人。

【E】咱間錢舖啲人,啱啱擰把戥嚟秤,個陣又有個人入嚟。

【F】噉箇的夥計,就擰把釐戥嚟,想秤吓嗰隻鈪,適值又有箇人入嚟。

【A】就和那個賣鐲子的人說,剛纔我到您府上,給您送銀信去了,您家裏的人說您上街來了。

【B】就和那個換鐲子的人說,剛纔我到您府上,和您送銀信去的,您家裏人說您上街來了。

【C】對賣鐲頭个人話,刻刻我到尊府邊,帶一封銀信撥拉閣下,閣下个屋裡人話自家到之街上來者。

【D】就搭伊个兌鐲頭个人話,纔然我到儂府上,搭儂送銀信來个,儂屋裏个人話儂到街上去哉。

【E】同咱個賣鈪嘅講話,我就致送銀信到你府上,尊府啲人話閣下出街去嘵。

【F】對賣鈪嘅話,我就至送封銀信去你府上,貴伴話閣下去街。

【A】這麼着我就到街上找您來了,可巧瞧見您進這個鋪子來了。

【B】這麼的我就到街上找您來呢,恰巧看見您進這個鋪子來了。

【C】我乃味就到街上來尋,恰好看見閣下到箇爿莊上來。

【D】實蓋末我就到街上來尋儂个,恰巧看見儂到第爿店裏來。

【E】噉樣我到街上搵你咧,凑巧睇見閣下入呢間舗嚟。

【F】我就出嚟搵你,剛啱見你入嚟呢處。

【A】說話之間,就起懷裏拿出一封信、一包銀子來說,這是起浙江來的銀信。

【B】說話之間,就從懷裡[①]拿出一封信、一包銀子來說,這是從浙江來的銀信。

【C】話个時氣,身邊一頭拿出一封信、一个銀子包來對伊話,箇个是浙江來个銀信。

【D】說話之間,就從胸膛頭拿出一封信咾一包銀子來話,第个是從浙江來个信。

【E】講緊個陣,就喺衿頭擰出封信共一包銀嚟話,係由浙江嚟嘅銀信。

【F】講緊箇時[②],佢就喺懷內攞出封信共一包銀話,呢的係由浙江嚟嘅銀信。

【A】那個賣鐲子的人把銀信就接過去了,給了那個送信的一百錢,那個送信的就走了。

【B】那個換鐲子的人把銀信就接過去了,把了那個送信的人一百個錢,那個送信的就走了。

【C】賣鐲頭人味收之銀子咾信,撥之送信个人一百銅錢,送信个人味就去者。

【D】伊个兌鐲頭个人拿銀信接之過來,撥伊个送信个人一百个銅錢,伊个送信个就走哉。

【E】啲個賣鈪嘅接嘵銀信,俾咽一百錢過佢,啲個帶信嘅去嘵咯。

【F】嗰箇賣鈪嘅接嘵嗰封銀信,就俾一百錢過帶信人,嗰箇帶信人就去嘵。

【A】然後那個賣鐲子的人就和錢鋪的人說,現在是我兄弟起浙江給我帶了銀子來了。

【B】然後那個換鐲子的人就和錢鋪的人說,現在是我兄弟從浙江替我帶了銀子來了。

【C】賣鐲頭个人對錢莊上人話,現在我兄弟從浙江寄之銀子來者。

【D】然後伊个兑鐲頭个人就搭錢莊上个人話,現在我兄弟拉浙江替我寄之一封銀信來哉。

【E】後來呻個賣鈪嘅對錢舖嘅人講,而家我個兄弟由浙江寄嘵銀嚟俾我。

【F】箇賣鈪嘅人對舖家話,我兄弟由浙江寄的銀過我。

【A】我不賣那隻鐲子了,我可以把這銀子賣給你們罷。

【B】我不換那隻鐲子了,我可以把這銀子換把你們罷。

【C】鐲頭勿要賣者,箇个銀子換撥拉倗之罷。

【D】伊隻鐲頭我勿要兑哉,我可以拿第个銀子兑撥倗末哉。

【E】我唔賣呻隻鈪咯,等我賣呢啲銀過你啦罷喇。

【F】我唔賣呢隻鈪咯,賣銀俾你好唔好呢。

【A】還有一件事,我是不識字,求你們把這封信拆開,念給我聽聽。這麽着,那個錢鋪的人,把那隻鐲又給了他了。

【B】還有一件事,我是不識字,求你們把這封信拆開,念把我聽聽。這麽的,那個錢鋪的人,把那隻鐲子又把了他了。

【C】還有一樣,我勿識字个,費神先生,箇封信拆開來,替我念一念。莊上个人,担鐲頭還之伊。

【D】還有一件事體,我是勿識字个,求倗拿第封信拆開之,念撥我聽聽看。實蓋末,伊爿錢莊上个人,拿伊隻鐲頭又撥之伊。

【E】重有一件事,我唔識字嘅,求你哋拆開呢封信,讀俾我聽吓。噉様,咁間錢舖啲人,又俾翻隻鈪過佢。

【F】重有一件事,我唔識字嘅,求你同我拆封信,讀俾我聽做得唔呢? 噉就嗰間舖的人,俾番隻鈪過佢。

【A】就把那封信拆開了,念把他聽。前頭不過說是在外頭很平安,請放心。

【B】就把那封信拆開了,唸把他聽。前頭不過說是在外頭很平安,請放心。

【C】拆開信來,念伊聽。起頭不過話,拉外勢一路平安,請放心味者。

【D】就拿伊封信拆開之,念撥伊聽。前頭不過話,是拉外頭極平安,請放心。

【E】拆開封信,讀過佢聽喇。前頭不過話,喺外便甚平安,唔使掛念。

【F】拆開封信,讀過佢聽。箇封信起首話,家中一切如常,無庸掛念。

【A】後頭說,現在先帶了十兩銀子來,請您先用着,等後來有順便人,再多帶銀子就是了。

【B】後頭說,現在先帶了十兩銀子來,請您先用着,等後來有順便人,再多帶銀子就是了。

【C】後來味又話,現在先寄十兩銀子來,請收來用,等我有便,再多寄點來。

【D】後頭話,現在先寄十兩銀子來,請儂先用,等後來有順便个人,再多帶點銀子來就是哉。

【E】後頭話,現今先寄十両銀嚟過你使住,後來若有便人,致再寄多啲銀翻嚟咯。

【F】我而家寄十両銀過你使住先,遇再有機會,我又寄多的俾你係喇。

【A】這麼著,那個人就說,你們把這十兩銀子拿下去平一平,都給換了現錢罷。

【B】這麽的,那個人就説,你們把這個[3]十兩銀子拿下去平一平,都可換了現錢罷。

【C】箇个人話,格味十兩銀子,倻担來稱一稱咾,一齊換之現錢味者。

【D】實蓋末,伊个人就話,倻拿第个十兩銀子拿去平一平,全換之現銅錢末哉。

【E】噉樣,嗰個人就話,你擰呢十両銀落去兑吓,找啲錢嚟罷喇。

【F】嗰箇人就話,你同我擰的銀兑過,找錢做得唔呢。

【A】那個錢鋪的人就拿下去一平,是十一兩銀子,心裏很喜歡。

【B】那個錢鋪的人就拿過去一平,是十一兩銀子,心裏很喜歡。

【C】莊上个人担去一稱,看見十一兩銀子,心裡喜歡得極。

【D】伊个錢莊上个人就拿過來一平,是十一兩銀子,心裏極快活。

【E】嗰間錢舖啲人擰落去兑過,係十一両銀嘆,心中極歡喜。

【F】間錢舖的人擰落去兑過,見有十一両,就極喜歡。

【A】可就打算昧起他一兩銀子來,就按着十兩銀子合好了現錢給他了,那個人就拿了走了。

【B】却就打算瞞起他一兩來,就照着十兩銀子合算正了現錢把他了,那個人就拿了走了。

【C】要想吃過伊一兩銀子,就照之十兩銀子个現錢咾撥拉伊,箇个人擔之咾去者。

【D】倒就打算瞞起伊一兩來,就照十兩銀子合算好之現銅錢撥伊,伊个人就拿之走哉。

【E】想瞞起一両銀,就照十両嘅數計曉錢計啱交俾佢,嗰個人就擰咽去。

【F】以爲瞞起佢一両銀,噉就當十両銀找錢過佢,佢就番去咯。

【A】趕待了不大的工夫兒,又進來了一個人,拿票子取錢,可就和錢鋪的說,你們上了檔了。

【B】等待不一會兒,又進來一個人,拿票子發錢,却就和錢鋪的說,你們上了檔了。

【C】等之勿多歇,又有一个人進來,担之銀票咾領銀子,對莊上人話,倗上之當者。

【D】等之一歇,又進來一个人,拿票子來收銅錢,倒就搭錢莊上話,倗上之擋哉。

【E】等一陣間,又有個人,揸票入嚟攞錢,話錢舖啲人話,你哋上嘵檔囉嗒。

【F】歇冇耐,又有箇人,揸錢嚟找換,話你哋俾嗰箇人呃咽嘛。

【A】剛纔那個賣銀子的人,是個騙子手,他賣給你們的那是假銀子,你們怎麼會叫他賺了呢?

【B】剛纔那個換銀子的人,是過(個)騙子手,他換把你們的那是假銀子,你們怎麼會等④他忽了呢?

【C】刻刻換銀子个拐子耶,換拉倗个假銀子,那能放伊做什介生意个呢?

【D】纔然伊个兌銀子个人,是个騙子,伊兌撥倗个是假銀子,倗那能會錯撥伊个呢?

【E】先時賣銀咱個人,係光棍嚟嗒,佢賣過你哋咱啲銀係銅嘅唎,你哋點解噲俾佢騙倒呢?

【F】賣銀過你嗰箇,係光棍(或稱老千)嚟呀,佢賣箇的係唔好銀,你哋點樣被佢呃你呢?

【A】那錢鋪的人聽這話,就趕緊的拿夾剪把銀子夾開了一瞧,可不是假的麼?

【B】那錢鋪裏聽這話,就趕急的拿夾剪把銀子夾開了一看,却就是假的。

【C】莊上人忙煞能担夾剪,剪開銀子來一看,果眞假个。

【D】伊爿錢莊上聽見第个說話,就赶緊个拿夾剪拿銀子夾開來一看,倒是假个。

【E】咁間錢舖啲人聽見呢沓說話,就趕快攞把鉸嚟,鉸開啲銀睇吓,真係銅嘅嘞。

【F】錢舖嘅人一聽聞呢番說話,就攞把銀鉸剪,剪開的銀就一目了然,睇倒的銀係假嘅。

【A】我就可以帶你們找他去。這麼着錢鋪的人就問這個人,你認得那個騙子手的家麼?這個人說,你們若是肯給我錢,

【B】我就可以帶你們找他去。這麼的錢鋪的就問這個人,你認得那個騙子手的家麼?這個人說,你們若是肯把我錢,

【C】我領倗去尋着箇个人。乃味就問伊,尊駕認得箇个人否?第个人話,倗肯撥銅錢我,

【D】我就可以領倗去尋伊。實蓋末錢莊上就問第个人,儂認得伊个騙子个屋裏否?第个人話,倗若是肯撥銅錢我,

【E】我就帶得你去搵佢呀。噉樣錢舖啲人問呢個人話,你知到咁個棍徒住家嗎?呢個人話,你哋若係肯俾啲錢我,

【F】我就帶你搵佢喇。嗰間錢舖嘅人問呢箇人話,你識嗰箇光棍嘅屋唔呢?嗰箇人就話,你肯俾的錢我,

【A】這麼着,錢鋪的掌櫃的就給了這個人一吊錢。

【B】這麼的,錢鋪的管帳的就把了這個人一吊錢。

【C】莊上管賬个撥伊一百銅錢。

【D】實蓋末,錢莊上个管帳个就撥第个人一千銅錢。

【E】噉樣,錢舖事頭俾嘵一百錢過呢個人。

【F】噉樣,箇司理就俾嘵一吊錢過佢。

【A】叫他帶了他們找那個人去。這個人接過那一吊錢來,就帶着錢鋪的兩個人走了。

【B】叫他帶了他們找那個人去。這個人接過那一吊錢來,就帶着錢鋪的兩個人走了。

【C】教伊領之咾去尋箇个拐子。箇个人担之一百銅錢,領之莊

上兩个人咾去者。

【D】叫伊領之伊拉尋伊个人去。第个人接之伊一千銅錢，就領錢莊上个兩个人走。

【E】叫佢帶佢哋去搵嗰個棍徒喇。呢個人接咽百錢，帶住啲兩個錢舖佬去嘵。

【F】叫佢帶佢哋去搵先頭嗰箇人。嗰箇人就接住吊錢，共錢舖兩夥計去嘵。

【A】趕他們走到了一個點心鋪的門口兒，這個人就和錢鋪的那倆人說，你們瞧那個騙子手，在點心鋪裏吃點心哪。

【B】等他們走到了一個點心鋪的門口兒，這個人就和錢鋪的那倆個說，你們看那個騙子手，在點心鋪裏吃點心哪。

【C】伊走到一爿點心店个門口頭，對莊上兩个人話，俤看箇个拐子，拉點心店裡吃點心。

【D】等伊拉走到一爿點心店門口頭，第个人就搭錢莊上个兩个人話，俤看伊个騙子，拉點心店裏吃點心。

【E】及至行到一間點心舖門口，呢個人對啲兩個話，你哋睇吓啲個棍徒，喺個間舖裏便食緊點心嘸哩。

【F】佢哋行到一間點心舖，呢箇就對嗰兩箇人話，你睇吓箇棍徒，喺箇間鋪食緊點心。

【A】你們各人進去找他去罷。這倆錢鋪的人就拿着那包假銀子進去了。

【B】你們各人進去找他去罷。這兩個錢鋪的人就拿着那包假銀子進去了。

【C】俤進去尋伊罷。兩个莊上人担之一包假銀子進去。

【D】俤各人進去尋伊末哉。第兩个錢莊上个人就拿之伊包假銀子進去。

【E】你哋自己入去搵佢罷喇。啲兩個錢舖佬擰住啲包銅銀入去。

【F】你哋自己入去睇吓喇。佢哋兩箇擰住箇包假銀入去。

【A】見了那個騙子手就說,你賣給我們的這包是假銀子。那個人說,我也不知道那銀子是假的不是。

【B】見了那個騙子手就說,你換把我們的這包是假銀子。那個人說,我也不曉得那銀子是假的不是。

【C】看見之拐子對伊話,儂換拉伲个箇包銀子是假个。第个人話,我亦勿曉得銀子是假个呢眞个。

【D】看見之伊个騙子就話,儂兌撥我伲个第包是假銀子。伊个人話,我也勿曉得伊个銀子是假呢眞。

【E】見嘵呾個棍徒話,你賣過我哋呢包係銅銀嚟嗥。呾個人話,我都唔知到呾啲係銅銀唔係嚐。

【F】搵着箇棍徒就話,你賣過我呢包係假銀嚸。箇棍徒話,我唔知的銀係眞噉假。

【A】那本是我兄弟解外頭帶來的,既是假的,我還你們錢就是了。

【B】那本是我兄弟從外頭帶來的,既是假的,我還你們錢就是了。

【C】本來是自我兄弟外勢寄來个,既然是假个,還之倗銅錢味者。

【D】伊个本來是我兄弟拉外頭寄來个,既然是假个,我還倗銅錢就是哉。

【E】呾啲銀係人哋由外省我嘅兄弟處帶嚟嘅,你知到嘅唎,既然係銅,我俾翻的銀過你係喇。

【F】你知到我鄉下兄弟處帶嚟我嘅啫,既然係假,我俾番的錢過你喇。

【A】這麼着,那個人就求點心鋪裏的掌櫃的,給我平平那包銀子,是十兩不是。

【B】這麼的,那個人求點心鋪裏的管帳的,替我平平那包銀子,是十兩不是。

【C】箇个人就教點心店裡管賬个,担箇包銀子來稱一稱,十兩是拉个否。

【D】實蓋末,伊个人求點心店裏个管賬个,替我平平伊包銀子,是十兩呢勿是十兩。

【E】噉樣,咱個人就求點心舖個事頭,同佢兌過咱包銀,係十両唔係。

【F】就請點心舖嘅事頭,兌過箇包銀,是否十両。

【A】趕那個掌櫃的把銀子接過去,擱在天平上一平,說這是十一兩銀子。

【B】(趕)那個管帳的把銀子接過去,擱在天平上一平,說這是十一兩銀子。

【C】管賬个授去,擱拉天平上一稱,話咾十一兩銀子拉去。

【D】伊个管賬个拿銀子接過去,擱拉天平上一平,話第个是十一兩銀子。

【E】噉咱個事頭接咽啲銀,放落天平一兌,話呢的係十一両銀嚟。

【F】箇舖主擰箇的銀嚟兌,兌過,佢話係十一両銀嚧。

【A】那個人聽這話,就和那倆錢舖的人說,我纔賣給你們的那是十兩銀子。

【B】那個人聽這話,就和那兩個錢舖的人說,我纔換把你們的那是十兩銀子。

【C】箇个人聽見之,對莊上人話,我刻刻換撥拉倷个是十兩銀子。

【D】伊个人聽見第个說話,就搭伊兩个錢莊上个人話,我纔然兌撥倷个是十兩銀子。

【E】咱個人聽見噉話,就對咱兩個錢舖佬話,我就致賣過你哋咱的係十両銀啫。

【F】嗰箇人聽見呢句話,就對住錢舖箇兩箇人講,我賣過你箇包係十両銀啫。

【A】如今這包假銀子是十一兩,那怎麽是我的呢?你們這是拿別的假銀子來訛我來了。

【B】如今這假銀是十一兩,那怎麽是我的呢?你們這是拿別的假銀子來訛我來的。

【C】現在箇包銀子十一兩拉去,那能是我个呢?儕担假个銀子來詐我。

【D】現在第个假銀子是十一兩,伊个那能是我个呢?儕是拿別樣假銀子來詐我哉。

【E】而家呢包銅銀係十一両,噉邊處係我嘅呢?你呢的係揸別處嘅銅銀嚟訛詐我哾。

【F】呢包係十一両,點講得係我嘅呢?你揸的假銀嚟想呃騙我咩?

【A】錢鋪的那倆人聽這麽說,也還不出話來了。

【B】錢鋪的那兩個聽這麽說,也還不出話來了。

【C】莊上人聽見之,一聲口亦還勿出。

【D】錢莊上伊兩个人聽之實蓋个説話,也還勿出啥説話來。

【E】嗰兩個錢舖佬聽見噉様講,冇説話好出聲。

【F】噉錢舖嘅人,冇話講。

【A】這個工夫兒有幾個別的吃點心的人,聽這件事,都不平,全要打那倆錢鋪的人。

【B】這個時候兒有幾個別的吃點心的人,聽這件事,都不平,都要打那兩個錢鋪的人。

【C】其時別个吃點心个人,聽見之,儕勿平,要打莊上个人。

【D】第个時候有幾个吃點心个人,聽見第件事體,全勿平,全要打伊兩个錢莊上个人。

【E】嗰陣時有幾個別的人食點心嘅,聽聞呢件事,都好不平,個個都要打嗰兩個錢舖佬。

【F】嗰處有的人食緊野,箇箇都好嬲,想捉錢舖箇的人。

【A】那倆人沒法子,就趕緊的拿着那包假銀子,跑回去了。

【B】那兩個沒法子,就趕急的拿着那包假銀子,跑回去了。

【C】伊拉無法子,就担之箇包假銀子咾,跑子轉去。

【D】伊兩个人無法則,就赶緊拿之伊包假銀子,跑轉去哉。

【E】啲兩個冇法,趕快揸住包銅銀,走翻去咯。

【F】嗰佢哋冇法可施,就快的揸番包假銀,走番去咯。

【注解】

① 按:裡,原文如此用字。

② “講緊箇時”,正在講的時候。

③ 按:A1 有“個”。

④ 等:被動標記詞,同“叫”。今天九江方言中的“等”字句是有形式標誌被動句的唯一格式。(參見張林林 1989)今南方其他地區也有使用。

## 2 第三十七章(第三十七課 棍女皮衲)

【A】提起這騙子手來了,我告訴你一件事。前些年我們本鄉地方,有一個出名的大夫,姓方。

【B】提起這騙子手來了,我告你一件事。前幾年我們本鄉地方,有一個出名的郎中,姓方。

【C】閣下提起之个拐子味,我亦講一个撥閣下聽。幾年前頭伲本地方有个出名个郎中姓方。

【D】提起第个騙子末,我告訴儂一件事體。前幾年我拉本鄉地方,有一个出名个郎中姓方。

【E】提起呢啲棍徒嚟,我講件事過你聽吖。前個幾年我哋本村地方,有個出名嘅醫生姓方嘅。

【F】甲講到呢等棍騙箇宗事,令我記得一件,而家話你知吖。先箇幾年,近我哋鄉下處有位好出名嘅醫生,係姓方嘅。

【A】他身上也有個功名,家裏也算是個小財主,見天早起瞧門脈的總有幾十號。

【B】他頭上也有功名,家裏也算是個小財主,每天早晨上門看脈的總有幾十號。

【C】伊有功名个,屋裡財主得極,日逐早辰頭門上看病个總有幾十號。

【D】伊頭上也有功名,屋裏也算是一个小富翁,每日早晨上門看診个總有幾十號。

【E】佢本身都有個功名,家裏頭亦算幾財主嘅,每朝起身在館睇脈嚮,睇親都有幾十個証嘅。

【F】佢都有的功名,自己亦幾有錢,每日上午有幾十人到嚟睇脈。

【A】有一天早起,來了一個人,打扮的是宅門子裏跟班的樣兒,見了方大夫就說:

【B】有一天早晨,來了一個人,打扮的是公館裏跟班的樣子,見了方郎中就說:

【C】有一日早起裡,來一个人,打扮之大人家跟班个神氣,來見箇个郎中方先生咾話:

【D】有一日早晨,來之一个人,打扮个是公館裏跟班个樣式,見之方郎中就話:

【E】有一朝,嚟嘵一個人,打扮成公館裡便嘅跟班噉樣,見方醫生話:

【F】有一朝早,有箇人嚟,見佢裝扮得好似大屋嘅跟班[或改下人,以下倣此],一見倒方醫生,佢就話:

【A】我是在某宅裏,因爲現在我們老爺和我們太太都病了,打算上您這兒瞧病來。

【B】我是在某公舘裏,因爲現在我們老爺和我們太太都病了,打算到您這裏看病來。

【C】我是某宅裡个,因爲現在屋裡伲个老爺太太儕生病拉,打算蕩搭來看病。

【D】我是某公舘裏,因爲現在我伲老爺搭我伲太太全有之病哉,打算到儂壚頭來看病。

【E】我係喺某公館,因爲我哋老爺共太太現今都有病,想上嚟閣下呢處睇吓脉。

【F】我係喺某某號屋,我東家兩公婆都有病,想嚟睇脈。

【A】請您明兒個早起在家裏等着。方大夫説是了。趕到第二天早起,就見那個底下人又來了。

【B】請您明日早晨在家裏等着。方郎中説是了。等到第二天早晨,就見那個底下人又來了。

【C】請先生明朝早辰頭等拉屋裡。方先生話是者。到明朝早上,箇个相帮人又來者。

【D】請儂明朝早晨拉屋裏等一等。方郎中話是哉。等到第二日早晨,就看見伊个底下人又來哉。

【E】請閣下聽朝在府上等吓。方醫生話係咯。及至第朝,就見啪個下人嚟。

【F】請先生明朝喺踛等候。方醫生答應。到第朝,嗰箇人又嚟。

【A】還同着一個人,手裏拿着一個包袱。那個底下人進來,就問方大夫説:

【B】還同着一個人,手裏那(拿)着一個包袱。那個底下人進來,就問方郎中説:

【C】還同之一个别个人,手裡担之包袱。箇个相帮人進來,問方先生咾話:

【D】還同之一个人,手裏拿之一个包袱。伊个底下人進來,就問方郎中話:

【E】重帶一個人,擰住個包袱嚟添。啪個下人入嚟,問方醫生話:

【F】重有一箇人,擰包野同埋嚟。嗰箇跟班入嚟,問方醫生話:

【A】請問您納,是老爺先瞧?是太太先瞧?方大夫説,那自然是太太先瞧。

【B】請問您納,是老爺先看?是太太先看?方郎中説,那自然是太太先看。

【C】老爺先看呢?還是太太先看?方先生話,生拉[①]太太先看。

【D】請問儂是老爺先看?還是太太先看?方郎中話,自然太太先看。

【E】請問閣下係老爺先睇?嗅太太先睇呢?方醫生話,自然太太先睇啊。

【F】唔該呀,先生,老爺先?啵太太先呢?醫生話,必定太太先喇。

【A】這麼着這個底下人就起那個人手裏把那個包袱要過來,就拿着出去了。

【B】這麼的這個底下人就從那個人手裏把那箇包袱要過來,就拿着出去了。

【C】乃味第个相帮人就担箇个人手裡个包裹受過來,担之咾出去者。

【D】實蓋末第个底下人就拉伊个人手裏拿伊个包袱担過來,就拿之出去哉。

【E】噉様呢個下人就喺啲個人手上攞嘵個包袱過嚟,揸咽出去喇。

【F】噉呢箇人就喺嗰箇人手上揸咽包野出去咯。

【A】那個人就坐在一個凳子上等着。趕大家都瞧完了病走了,方大夫就問那個人,您也是瞧病的麽?

【B】那個(人)就坐在一個凳子上等着。等大家都看完了病走了,方郎中就問那個人,您也是看病的麽?

【C】箇个人味坐拉橙(櫈)上等拉。後來多化人看完之病咾走者,方先生問箇个人咾話,儂亦要看病呢啥?

【D】伊个人就坐拉一隻凳上等拉。等大家全看完之病走哉,方郎中就問伊个人,儂也是看病个否?

【E】呾個人坐倒張橙處嚟等。等到各人睇完脉去曉，方醫生問呾個人話，你都睇脉嘅嗎？

【F】嗰箇人坐處嚟等。到睇完脈後，各人都去啱咯，方醫生問佢話，你都嚟睇脈咩？

【A】那個人說，我不是瞧病的，我是估衣鋪的人，在這兒竟等着您的跟班的，給我拿出衣裳來哪。

【B】那個人就說，我不是看病的，我是估衣鋪的人，在這裏竟等着您的跟班的，替我拿出衣裳來哪。

【C】伊話我勿是看病个，我是衣莊上个人，拉搭等先生个相帮人，担衣裳出來。

【D】伊个人就話，我勿是看病个，我是衣莊上个人，拉此地等儂个跟班，同我拿衣裳來也。

【E】呾個人話，唔係睇脉，我係故衣舖嘅，喺呢處專等住閣下個跟班，擰翻啲衣裳出嚟俾我呎。

【F】嗰箇人答話，我係故衣舖處嚟嘅，我等你跟班，擰番的衣服出嚟俾我吖。

【A】方大夫聽這話很詫異，就問他，我那個跟班的呀？是拿了甚麼衣裳來了？

【B】方郎中聽這話很詫異，就問他，我那個跟班的呀？是拿了甚麼衣裳來了？

【C】方先生聽見之詫異得極，問咾話，等那裡一个我个相帮人耶，担啥个衣裳耶？

【D】方郎中聽之第个說話極詫異，就問伊，我伊个跟班？是拿啥个衣裳來个？

【E】方醫生聽聞呢沓話十分奇怪，問佢，我邊個跟班呀？擰曉乜野衣裳嚟呀？

【F】方醫生見得好出奇，就問，我邊一箇跟班呀？你帶乜野衣服嚟呢？

【A】那個人說,就是剛纔和我一塊兒進來的那個底下人,您不是告訴他說,是太太先瞧麼。

【B】那個人說,剛纔和我一路兒進來的那個底下人,您不是告訴他說,是太太先看麼。

【C】伊話咾,就是刻刻同我一淘進來个相帮人,先生對伊話,太太先看。

【D】伊个人話,纔然搭我一淘來个伊个底下人,儂豈勿是告訴伊話,是太太先看否。

【E】咱個人話,就係先時同我一齊入嚟咱個下人喇,你唔係話佢知,係太太睇咩。

【F】嗰箇人話,頭先同我入嚟嗰箇跟班,你唔係叫佢,俾太太先睇。

【A】他就把衣裳拿到裏頭去了。方大夫又問他,那個人他怎麽告訴你們說的,他是我的底下人?

【B】他就把衣裳拿到裏頭去了。方郎中又問他,那個人他怎麽告訴你們說的,他是我的底下人?

【C】伊乃味担之衣裳咾就到裡向去个。方先生又問咾話,箇个人那能對儂話,伊是我个相帮人呢?

【D】伊就拿衣裳拿到裏向去个。方郎中又問伊,伊个人伊那能對伽話,伊是我个底下人?

【E】佢就摵啲衣裳擰入裏便喇。方醫生又問佢,咱個點話你知佢係我嘅下人呢?

【F】佢唔係擰嗰的衣服,入去裏便咩[英譯入去二字似與上文出去不符]。方醫生又問佢,嗰箇人話係我嘅跟班咩?

【A】到底是拿了一件甚麽衣裳來?

【B】到底是拿了一件甚麽衣裳來?

【C】担過歇啥个衣裳來耶?

【D】到底是拿一件啥衣裳來?

【E】到底係擰嘵一件乜野衣裳嚟呀?

【F】到底係擰乜野衣服入嚟呢？［此四句與英譯稍異］

【A】那個估衣鋪的人説，那個人今兒早起，他到了我們鋪子裏，他説他是您的底下人，説是您要買一件女皮襖。

【B】那個估衣鋪的人説，那個人今天早晨，他到了我們鋪子裏，他説他是您的底下人，説是您要買一件女皮襖。

【C】衣莊上人話，箇个人今朝早上，到伲店裡來，話自家味是先生个相帮人，話先生要買一件女皮襖。

【D】伊个衣莊上个人話，伊个人今朝早晨，到我伲店裏，伊話伊是儂个底下人，話是儂要買件女皮襖。

【E】咱個故衣佬話，咱個人今朝早，到我舖頭，話佢係閣下嘅下人，佢話你想買一件女皮衲。

【F】箇故衣舖嘅人話，今朝呢箇人到我舖，話佢係你嘅跟班，你想買件女皮衲。

【A】拿來先瞧瞧，合式就留下了。叫我們跟一個人來，這麽着我就跟他來了。

【B】拿來先看看，合式就留下了。叫我們跟一個人來，這麽的我就跟他來了。

【C】先担來看看看，對个味放拉。教伲跟一个人來，格咾我跟來拉个。

【D】拿來先看看，合式末就留拉。叫我伲跟一个人來，實蓋末我就跟伊來哉。

【E】先擰嚟睇過，合式就留落。叫我哋俾個人跟佢嚟，噉様我就跟佢嚟喇。

【F】叫我哋擰俾你睇，如果合式，你哋噲買。佢叫我哋俾箇人同佢嚟，噉我就跟住入嚟喇。

【A】方大夫説，我告訴你，那個人不是我的跟人，我也不認得他是誰。

【B】方郎中説，我告訴你，那個人不是我的跟人，我也不認得他是那個。

【C】方先生話,箇个人勿是伲个相帮人,我亦勿認得伊是啥人。

【D】方郎中話,我告訴儂,伊个人勿是我个跟班,我也勿認得伊是啥人。

【E】方醫生話,我話你聽吖,呾個唔係我嘅下人,我都唔識佢係乜誰。

【F】方醫生話,啊,嗰箇唔係我嘅跟班,我唔知佢係乜誰。

【A】他昨兒來告訴我說,他是在某宅裏,因爲他們老爺和太太都病了,要上這兒瞧病來。

【B】他昨天來告訴我說,他是在某公舘裏,因爲他們老爺和太太都病了,要往這裏看病來。

【C】昨日伊來對我話,伊拉宅裡,因爲老爺太太儕生病拉,要到箇搭來看病。

【D】伊昨日來對我話,我是拉某公舘裏,因爲伊拉老爺搭太太全有之病哉,要到此地來看病。

【E】佢昨日嚟話我知,佢喺某公舘,因爲佢哋老爺同太太而家都病,想上呢處睇脉。

【F】佢昨日嚟話,佢係某人嘅跟班,佢老爺、太太兩箇都病,想嚟睇脈。

【A】呌我今兒早起在家裏等着。剛纔他進來問我,是老爺先瞧?是太太先瞧?

【B】呌我今天早晨在家裏等着。剛纔他進來問我,是老爺先看?是太太先看?

【C】教我今朝早辰等拉屋裡。刻刻進來問我,老爺先看呢?太太先看?

【D】呌我今朝早晨拉屋裏等拉。纔然伊進來問我,是老爺先看?還是太太先看?

【E】呌我喺屋唫等吓。就致佢入嚟問我,係老爺睇先?嗅太太先睇呢?

【F】吗我今朝喺家中等佢。佢先頭入嚟問我話，先生，老爺先？啲太太先呢？

【A】我當是他們老爺和太太來到了，所以我說是自然是太太先瞧。

【B】我當是他們老爺和太太來到了，所以我說是自然太太先看。

【C】我度是伊拉老爺太太到拉者，所以我話自然太太先看。

【D】我只道是伊拉老爺搭太太來哉，所以我話自然太太先看。

【E】我重估係佢哋老爺太太嚟喇，故此我話自然係太太睇先哩。

【F】我估佢老爺同太太到嚟，我就話太太先定喇。

【A】我說的是先瞧病，我並不知道甚麼衣裳的事情。你如今快找他去罷。

【B】我說的是先看病，我並不曉得甚麼衣裳的事情。你如今快找他去罷。

【C】我是話先看病，並勿曉得衣裳啥啥个事體。儂現在快點去尋箇个人罷。

【D】我話个是先看病，我並勿曉得啥衣裳个事體。儂現在快點尋伊去末哉。

【E】我係講先睇脉呮，唔知到乜野衣裳嘅事情呀。你而家快啲去搵佢罷喇。

【F】我意思係先睇佢太太嘅脈啫，講到衣服，我全然不知。你快的去搵佢喇。

【A】這個估衣鋪的人聽這話，纔明白那個人是個騙子手，把他的衣裳騙了去了。

【B】這個估衣鋪的人聽這話，纔明白那個人是個騙子手，把他的衣裳騙了去了。

【C】衣莊上人聽見之，曉得箇个人是拐子，担衣裳騙之去者。

【D】第个衣莊上个人聽見第个說話,纔明白伊个人是个騙子,拿伊个衣裳騙子子(之)去哉。

【E】呢個故衣佬聽聞呢沓說話,致明白啲個係棍徒,棍嘵佢嘅衣裳去咯。

【F】箇故衣舖嘅人聽見呢番說話,至知到嗰箇係棍徒,已經擰咽的衣服逃走去咯。

【注解】

① 生拉,副詞,天生,本來。

## 2 第三十八章(第三十八課　命案累償)

【A】郭福。喳。你去請先生來。先生來了,在外間屋裏坐着哪。啊,先生歇過乏來了?

【B】郭福。唯。你去請先生來。先生來了,在外間房裏坐着哪。啊,先生(歇過乏來)了?

【C】郭福。哈。儂去請先生來。先生來者,坐拉外面屋裡。啊,先生辛苦者,歇歇罷。

【D】郭福。嗳。儂去請先生來。先生來哉,拉外頭坐拉。吙,先生弛瘏哉。

【E】郭福。嚇。你去請先生嚟。先生嚟咽咯,係外便房坐嗻嚹。阿,先生抖過瘡氣嚹嗎?

【F】甲郭福。乙呀,先生。甲你去請先生嚟我處喇。乙先生嚟咽,佢喺外便房坐住咯。甲哦,先生抖過吓嗎?

【A】是,閣下也歇過乏來了。我倒不覺很乏,我今兒個打算和先生斟酌一件事情。

【B】是,閣下也(歇過乏來)了。我倒不覺很(乏),我今天打算和先生斟酌一件事情。

【C】歇者,閣下衰瘏歇歇罷。我倒勿那能衰瘏,今朝我想請先生來斟酌一件事體。

【D】是，閣下也弛瘏哉。我倒勿大覺著弛瘏，我今朝打算搭先生斟酌一件事體。

【E】係呀，閣下都抖過瘏氣喇。我都唔覺十分瘏嚍，今日想同先生商量一件事呀。

【F】丙係呀，閣下都抖過嚇啩。甲我都唔覺瘏，有一件事，我想同你商量吓。

【A】甚麼事情？就是偺們這盪出外，我作的那本日記，得把他修飾好了，找人抄出來。

【B】甚麼事情？就是我們這回出外，我做的那本日記，想把他修飾好了，找人抄出來。

【C】啥事體？就是箇回出門拉个時候，我做一本日記，修飾好之咾，尋个人抄出來。

【D】啥事體？就是我伲第回出門，我做个伊本日記，想拿伊來改改好，尋个人來抄出來。

【E】乜野事呢？就係我哋呢囘出門所做啲本日記，修飾好佢，搵人鈔出嚟。

【F】丙係乜野事呢？甲係我哋呢躺旅行箇時，作箇本日記，想謄正吓佢，搵箇人同我鈔出嚟。

【A】那麼您把那本草稿兒拿出來，我先看看。這裏頭我還有件事忘了，求先生給我想想。

【B】那麼您把那本草稿兒拿出來，我先看看。這裏頭我還有件事忘計(记)了，求先生替我想想。

【C】格味第个草稿担出來，讓我看看看。其中還有一件事體忘記者，請先生替我想想看。

【D】實蓋末儂伊本草稿拿出來，先撥我看一看。第个裏向我還有一件事體忘記哉。

【E】噉你先擰啲簿草稿出嚟，等我睇吓。呢裏頭重忘記嘵一件事，請先生替我想吓喇。

【F】丙哦，如果你有草稿，擰出嚟我睇吓先。甲重有件事，我唔記得,望你同我想吓喇。

【A】甚麽事情?就是偺們那天在三和鎮店裏打早尖的時候,聽見有一個客人説是有一個人在甚麽地方的廟裏住着,自己弔死了。

【B】甚麽事情?就是我那天在三和鎮店裏吃早飯的時候,聽見有一個客人説是有一個人在甚麽地方的廟裏住着,自己吊死了。

【C】啥事體?就是箇日拉三和鎮上店裡吃早飯个時候,聽見有一个客人話起:有个人住拉啥地方廟裏,自家吊殺个。

【D】啥事體?就是伊日拉三和鎮寓裏吃早飯个時候,聽見有一个客人話:有一个人拉啥地方个廟裏躭擱拉,自家吊殺哉。

【E】乜野事呢?就係我哋啯日喺三和墟內食早飯之時,聽見有個客講:有個人住在某處地方間廟裏頭,自縊死嘵。

【F】丙乜野事呢?甲我哋喺三和墟間客店食緊早飯箇時,聽見一箇客話:有箇人喺某處嘅廟裏頭住,自己吊頸。

【A】帶累的那廟裏的和尚也打了官司了。

【B】帶累了那廟裏的和尚也打了官司了。

【C】帶累廟裡和尚吃官司咾啥。

【D】帶累伊隻廟裏个和尚也打之官司哉。

【E】拖累啯間廟嘅和尚都鬧官司哩。

【F】拖累箇間廟嘅和尚就鬧出官司。

【A】我記不清是怎麽件事情了,您還記得不記得了?啊,那件事我記得。那麽您再説給我聽聽。

【B】我記不清是怎麽件事情了,您還記得不記得呢?啊,那件事我記得。那麽您再説與我聽聽。

【C】箇件事體我記勿清爽者,先生還記得否?吅,箇件事體我記得个。那能个再講我聽聽看。

【D】我記勿清是那能一件事體,儂還記得勿記得?吠,伊件事體我記得个。實蓋儂話撥我聽聽看。

【E】我唔記得清楚件事係點嘅,你重記得唔呢?呵,啯件事我記得。噉你講過我聽吓喇。

【F】但唔記得清楚,呢件事係點樣,你記得唔呢?丙係,嗰件事我記得。甲請再講我聽喇。

【A】那個打尖的客人説,他們那本鄉地方有一個水神廟,裏頭住着一個客人,這天半夜裏吊死了。

【B】那個歇脚的客人説,他們那本鄉地方有一個水神廟,裏頭住着一個客人,這天半夜裏吊死了。

【C】吃早飯个客人話,伊拉本地方有只水神廟,有个客人住拉,起[①]箇日半夜把吊殺者。

【D】伊个歇脚个客人話,伊拉本鄉地方有一隻水神廟,廟裏向躭擱个一个客人,伊日半夜裏吊殺哉。

【E】嗰個食飯嘅客話,佢哋本村有間水神廟,裏頭住咽一個客,個日半夜弔死嘵。

【F】丙食早餐嗰箇客話,近佢鄉下有間水神廟,一晚夜有箇人喺處住,就去吊頸。

【A】趕到天亮,和尚就報了官了。知縣就帶着件作去驗了一回。

【B】等到天亮,和尚就報了官了。知縣就帶着件作去驗了一回。

【C】天一亮,和尚就去報官。知縣帶之驗屍个人咾去驗之一驗。

【D】等到天亮,和尚就去報之官。知縣就帶之件作去相之一回屍。

【E】及到天光,和尚去報官喇。縣官帶埋件作去驗嘵一囘。

【F】第日一天光,的和尚就報告官。箇縣長帶埋的件作去驗屍。

【A】那個件作沒驗明白,説彷彿是勒死的。這麽著,那個知縣就把和尚帶到衙門去,問那個和尚是爲甚麽把那個客人勒死了?

【B】那個仵作沒驗明白,說彷彿是勒死的。這麽的,那個知縣就把和尚帶進衙門去,問那個和尚是爲甚麽把那個客人勒死了?

【C】驗屍个人勿曾驗明白,話咾像是勒死拉个。乃味,知縣就担和尚帶到衙門去,問和尚爲啥咾勒殺箇个人?

【D】伊个仵作勿曾相明白,話是像个勒殺个。實蓋末,伊个知縣就拿和尚帶到衙門裏去,問伊个和尚是爲啥拿伊个客人勒殺个?

【E】嗰個仵作唔驗得明白,話好似勒死嘅。噉樣,呻個縣官將和尚帶翻衙門,問佢因何勒死呻個客呢?

【F】驗得不甚清楚,話此人似乎被勒死嘅。箇縣長就將和尚帶番衙門,問佢話,你因何勒死箇人客呢?

【A】那個和尚說,我和那個客人往日無仇,近日無冤,我怎麽能勒死他呢?

【B】那個和尚說,我和那個客往日無仇,近日無冤,我怎麽能勒死他呢?

【C】和尚話,伲同第个人前日子無啥仇,近來日脚無啥冤,啥咾話要勒死伊呢?

【D】伊个和尚話,我搭伊个客人向來無啥寃仇,我那能勒殺伊呢?

【E】呻個和尚話,我同呻個客往日無寃,近日又無仇,我做乜噲勒死佢呢?

【F】箇和尚答話,我同嗰箇客舊日無寃,新近無仇,我點能勒死佢呢?

【A】知縣不信,就動刑拷打和尚,叫他招定了,和尚白說不招,這麽着知縣就把和尚押起來了。

【B】知縣不信,就動刑拷打和尚,叫他招定了,和尚白說不招,這麽的知縣究(就)把和尚押取(起)來了。

【C】知縣勿相信,動刑罰拷打箇个和尚,教伊招,和尚勿肯招,知縣担和尚收拉監裏。

【D】知縣勿信,就用刑拷打伊个和尚,叫伊招定,和尚話勿招,實蓋末知縣就拿和尚押起來哉。

【E】縣官唔信,就行刑拷打個和尚哩,叫佢招認,和尚硬話唔認,噉樣縣官押起個和尚喇。

【F】縣長唔信,就用刑拷打箇和尚,逼佢招認,總係徒然呮,和尚唔肯認,縣長就押佢落監。

【A】那個和尚有個徒弟,急了,就進省裏去,在院上告了。

【B】那個和尚有個徒弟,急了,就進省裏去,在院上告了。

【C】第个和尚有个徒弟,着急起來,到省城裡去爬上司。

【D】伊个和尚有一个徒弟,着急哉,就上省到撫台衙門裏去上控哉。

【E】呾個和尚有個徒弟,情急起嚟,上省喺院處告喇。

【F】嗰箇和尚有箇徒弟,佢心內唔安樂,就上省主席衙門報案。

【A】撫台就派鄰封,帶着幹練的仵作,到那個廟裏又驗了一回,那個死屍果然是弔死的。

【B】撫台就派鄰縣,帶着幹練的仵作,到那[②]廟裏又驗了一回,那個死屍果然是吊死的。

【C】撫台派別个相近箇搭个知縣,領之精工驗屍个人,到箇只廟裡去再驗一驗死尸[③],果眞是吊殺拉个。

【D】撫台就派鄰縣,帶之能幹个仵作,到伊隻廟裏又去相之一回屍,伊个死屍果然[勿][④]是吊殺个。

【E】撫台就委鄰縣,帶同啲本事熟手仵作,到呾間廟又相驗過一回,呾個屍果然係弔死嘅。

【F】箇省主席就派臨縣知事,前往查辦,佢就帶埋的幹練仵作,再去廟堂驗過,噉就睇出箇死者係吊頸死嘅。

【A】那個鄰封知縣就據實的稟報撫台了,現在巡撫把那個原審的知縣參革了。

【B】那個鄰縣就據實的稟報撫台了,現在巡撫把那個原審的知縣參革了。

【C】箇个知縣照事體个眞實回稟撫台,現在撫台担原審个知縣味革脫。

【D】伊个鄰縣就據實个稟報之撫台,現在撫台拿伊个原審个知縣衾革哉。

【E】呾個鄰縣嘅官據實稟報撫台,現時撫台將呾個原審嘅知縣參嘵。

【F】箇臨縣知事查明實據,稟報省主席,佢就參革嘵原審箇縣長,

【A】把原驗的仵作也治了罪了,把和尚也放了,就是這麽件事。

【B】把原驗的仵作也治了罪了,把和尚也放了,就是這麽件事。

【C】老底子驗屍个人來治罪,和尚味放之出去,就是箇件事體。

【D】拿原驗个仵作治之罪,拿和尚也放之,就是實蓋一件事體。

【E】又將原驗呐仵作嚟定罪,將個和尚都放嘵,就係個件噉嘅事。

【F】又將初驗屍嘅仵作嚟治罪,放嘵嗰箇和尚,係噉嘅事喇。

【A】不錯,對了,是這麽件事。請先生把這件事也敘在那日記裏頭,您想好不好?

【B】不錯,對了,是這麽件事。請先生把這件事也叙在那日記裏頭,你想好不好?

【C】勿錯,對个,是箇件事體。請先生担箇件事體亦叙拉日記上,想起來好勿好?

【D】勿錯,對个,是實蓋一件事體。請先生拿第件事體也敘拉伊本日記上,儂想好勿好?

【E】冇錯,對吔,係個件噉嘅事。請先生摵呢件事都敘埋落個日記裏頭,先生估着唔着呢?

【F】甲係,冇錯。眞嘅。我想你鈔落箇日記部,好唔好呢?

【A】那也好,趕我修飾得了,是叫誰謄呢? 我打算雇人抄寫。

【B】那也好,等我修飾好了,是叫那個謄呢? 我打算請人抄寫。

【C】好个,我修飾好之,啥人謄呢?我打算教一个人來抄寫。

【D】伊个也好个,等我改好之,是吽啥人謄呢?我打算請人謄。

【E】噉都好,等到我修飾好,吽乜誰鈔呢?我想請人鈔呀。

【F】丙啊,做得,我謄正後,邊箇共你鈔呢。甲我立意請人鈔。

【A】雇人謄寫,怕是給抄錯了。那麼怎麼辦好呢?閣下若是不忙,我得空兒謄出來罷。

【B】請人謄寫,怕是抄錯了。那麼怎麼辦好呢?閣下若是不忙,我得空兒謄出來罷。

【C】教一个抄寫,怕伊抄錯。格味那能做法?閣下若使勿要緊味,讓我有空點咾謄出來罷。

【D】請人謄,獨怕謄錯。實蓋那能末好呢?閣下若是勿忙,我有空來謄末哉。

【E】請人鈔,怕噲鈔錯啩。噉點做好呢?若係閣下唔係緊嘅,我得閒致鈔起罷喇。

【F】丙如果係人鈔,或有的鈔錯嚙。甲噉點辦好呢?丙如果你唔係緊嘅,我得閒就同你鈔喇。

【A】若是先生肯代勞,那我感情不盡了。那兒的話呢。

【B】若是先生肯代勞,那我感情不盡了。那裏的話呢。

【C】先生若使肯代勞,是我感恩勿盡者。啥話頭。

【D】若是先生肯代勞,蓋是我感激勿淺哉。啥个說話呢。

【E】倘若先生肯代勞,噉我了不得咁感激咯。乜說話呢

【F】甲倘先生肯代勞,我就極之感激咯。丙乜說話呢。

【注解】

① 起,如屬上,則是補語;如屬下,則是介詞。

② 那,原文没“個”。

③ 按:尸,此為簡體,上句卻用繁體之“屍”。

④ 按:原文有“勿”,不確,應刪去。

## 2 第三十九章(第三十九課 猜拳講古[①])

【A】偺們今兒個[②]這麽空喝酒,也無味,莫若偺們都斟滿了,滑幾拳罷。

【B】我們今天這麽空喝酒,也無味,莫若我們都斟滿了,划幾拳罷。

【C】今朝伲空吃酒,無旨味,大家豁兩幾拳罷。

【D】我伲今朝不過吃酒,也無味,勿如我伲篩滿之,發幾記拳否。

【E】今日我哋噉樣淨飲酒,都冇乜味吖,不如大家斟滿佢,我哋猜幾拳罷喇。

【F】甲我哋今日淨係噉飲,冇乜野做,眞係冇味吖,我哋可以斟過杯,猜幾拳喇。

【A】可以,偺們倆先滑一拳。你那拳不是白給麽?你先別誇口,不定誰輸誰贏哪。

【B】可以,我們兩個先划一拳。你那拳不是白的麽。你先莫誇口,不定那個輸嬴(贏)哪。

【C】好个,伲兩家頭先豁一記看。箇記拳勿是白豁个。勿要先擺架,勿一定个,啥人輸啥人贏。

【D】好个,我伲兩家頭先發一拳。儂个拳無用个。儂勿要先誇口,啥人輸贏勿定个。

【E】好吖,我哋兩個猜一拳先喇。你啲拳唔係白俾嘅咩。你咪誇定口先咋,唔話得定邊個輸贏嚐。

【F】乙做得,我哋兩箇猜吓先。甲你的拳好似白俾我得嘅喇。乙你咪咁快誇口,唔定得邊箇贏輸嘅。

【A】來,四季發財。六六順。對手。五金奎。你瞧如何?還是你輸了。

【B】來,四季發財。六六順。對手。五金奎。你瞧如何?還是你輸了。

【C】來,四季發財,六六順。對手。五金奎。儂看那能?阿是輸者?

【D】來,四季發財。六六順。對手。五金奎。儂看如何?原是儂輸。

【E】嚟過,四季發財。六六順。對手。五經魁,你睇吓點吖?都重係你輸吖。

【F】甲嚟嚇,四季發財。乙六六順。甲對手。乙五經魁[近無經魁之稱,或改五子貴]。甲你睇吓點吖?乙係你輸咯。

【A】你這贏也不過是瞎貓碰死耗子罷咧[③]。你先喝酒,回頭再批評。我已經喝了。

【B】你這贏(赢)也不過是瞎貓碰着死老鼠罷哪。你先喝酒,回頭再說。我已經喝了。

【C】儂贏亦不過瞎貓碰着死老鼠。先吃酒罷,後來再講張。我酒吃个者。

【D】儂第个贏也不過是瞎眼猫搌著死老鼠。儂先吃之酒再話。我已經吃哉。

【E】你呢囘贏哩都不過係盲貓踫着死老鼠嘅。你飲酒先喇,回手致批斷過呀。我已經飲嘵咯。

【F】你呢躺贏不過係盲貓碰着死老鼠嘅啫。甲你飲先,再批評喇。乙我飲嘵咯。

【A】你多咱喝了,我沒瞧見,你問大家,我喝了沒有?眾位,瞧見他喝了酒麼?

【B】你多早喝了,我沒瞧見,你問大家,我喝了沒有?眾位,瞧見他喝了酒麽?

【C】幾時吃个?我勿看見。問聲別人看,我吃呢勿曾吃?俤眾位看見伊酒吃个沒?

【D】儂幾時吃个,我勿看見。儂問大概[④],我吃呢勿吃?各位,看見伊吃酒否?

【E】我有睇見你幾時飲[illegible]md,你問過大家,我飲曉未吖? 各位,睇見佢飲曉未吖?

【F】甲你幾時飲,我有睇倒嘞。乙你問吓各位,係飲過唔喇? 甲列位,睇見佢飲過未呀?

【A】我們沒理會。大家都沒看見,這足見是你混酒了,快喝罷。

【B】我們沒理會。大家都沒看見,這足見是你混酒了,快喝罷。

【C】伲倒勿曾留心。大家儕勿曾看見,足見勿曾吃个,快點吃罷。

【D】我伲勿看見。大家全勿看見,第个足見儂賴酒,快點吃。

【E】我哋冇理會到嘞。大家都冇睇見,噉見得你嬾貓咯,快啲飲罷喇。

【F】丙我哋唔多覺眼嘞。大家都唔見你飲,你不過係怯啫,快的飲喇。

【A】我已經喝了,不能再喝了。你不喝,我們大家動手灌你。眞利害。

【B】我已經喝了,不能再喝了。你不喝,我們大家動手灌你。眞利害。

【C】我已經吃个者,勿能彀再吃者。儂勿吃,伲大家動手,倒來儂吃者。

【D】我已經吃之,勿能再吃个。儂勿吃末,我伲大家動手揑哉。

【E】我已經飲咽,不能再飲咯。你唔飲,我哋大家就郁手嚟灌你。眞利害嘞。

【F】乙我飲咽,不能再飲咯。甲你唔飲,我哋大家灌你嘑。乙噉就太過咯。

【A】這麼着罷,我的酒眞不行了,罰我說個笑話兒罷。那也可以,你若說的不好,還是要罰的。

【B】這麼樣罷,我的酒眞不行了,罰我說個笑話兒罷。那也可以,你若說的不好,還是要罰的。

【C】勿局个,就介罷,我酒眞个勿吃个,罰我話話笑話罷。到亦可以,話得勿好笑,要再罰个。

【D】眞利害。實蓋罷,我酒實在吃勿落哉,罰我話个笑話末哉。蓋也可以,儂若然話得勿好,還要罰哩。

【E】就噉罷喇,我確唔飲得咯,罰我講段笑話罷囉。都做得,倘若你講得唔好,重係要罰嚇。

【F】就噉罷咧,我唔受得酒,罰我講段古仔係喇。甲做得,但你講古仔唔好,都重要罰嚇。

【A】你聽著罷准好。快說。這個笑話兒是刻薄御史的,好在偺們在坐沒有當都老爺的。

【B】你聽着罷準好。快說。這個笑話是刻薄御史的,好在我們在坐沒有當都老爺的。

【C】聽好拉,一定有旨味个。快點話。(——按:原文無對應句。)

【D】儂聽好拉。快點話。(——按:原文無對應句。)

【E】你聽住喇,實好嘅。快講哩。呢段笑話係譏誚御史嘅,好彩座中冇邊個係做都老爺嘅呪。

【F】乙你聽住喇,眞係好嘅。甲快講喇。呢段古仔係講箇的前朝御史嘅,好彩呢處係冇做過都老爺在座啫。

【A】你竟管說罷,沒人不答應你。聽着,有一個鄉下人很窮,沒落子。

【B】你竟管說罷,沒人不答應你。聽着,有一個鄉下人很窮,沒着落。

【C】(——按:原文無對應句。)聽拉,有个十分窮个鄉下人,無着落。

【D】(——按:原文無對應句。)聽拉,有一个鄉下人,苦來無着落,

【E】你只管講,冇人唔准你講吖。聽住嚇,有個鄉下佬好窮,冇落着。

【F】甲你就講你嘅古喇,呢處冇人話唔贊成你嘅。乙你聽住嚇,舊時有箇鄉下佬係好窮嘅,一文錢都冇。

【A】心裏盤算,打算要上京當老公去,又尊貴,又弄錢,這麽着他就到了京裏。

【B】心裏盤算,打算要進京當太監去,又尊貴,又賺錢,這麽的他就到了京裏。

【C】心裡想暢之,打算進京到宫裏向當差去,又尊貴,有出產,就動身到京裡。

【D】心上打算要到京裏來做太監,又尊貴,又賺銅錢,實蓋末伊就到之京裏。

【E】心裡計算,想上京做太監,又尊貴,又搵得錢,噉様佢上到京處。

【F】佢想過啱得行情,就想上北京[今改北平]做太監[民國無此輩],噉又好缺,又搵得錢,佢就上到京【京改平,下做此】。

【A】拜在一個老太監門下當徒弟。你先等等説,你這話就不通,就憑這麽個[illegible]High鄉下老兒,到京裏就能進宫裏去麽,好容易事啊?

【B】拜在一個老太監門下當徒弟。你且慢點説,你這話就不通,就憑這麽個鄉下老兒,到京裏就能進宫裏去麽,好容易事啊?

【C】拜老太監門下做徒弟。等一等,慢咾話,儂个説話勿通,箇个蠢体个鄉下人,到之京裡能彀到宫裡去,什介容易个麽?

【D】拜之一个老太監門下做徒弟。儂且慢點話,儂第个説話就叫勿通,實蓋一个鄉下老頭子,進京就容易,進宫實蓋便當?

【E】拜嘵個老太監門做徒弟。你等吓致講,你噉講就欠解囉,淨指以噉嘅蠢才鄉下公,咁容易到京,就入得宫中喇咩?

【F】入去箇老太監處做徒弟。甲等吓至講,你嘅古要解過至得,噉一箇鄉下佬到京,就一直入得宫殿,冇乜難處唎咩?

【A】你聽我説呀,他也是托人把他引進去的。

【B】你聽我説呀,他也是託人把他引進去的。

【C】聽我講耶,伊亦是托人領進去个。

【D】儂聽我話呀,伊也是託人領伊進去个。

【E】你聽我講咋,佢都託嘵人薦引佢入去嘅噃。

【F】乙我話你知喇，佢係搵人介紹嘅。

【A】那麼你爲甚麼不把這層先說明白了呢？你別混挑字眼兒了[⑤]，聽我快說罷。

【B】那麼你爲甚麼不把這層先說明白了呢？你莫混挑字眼兒，聽我快說罷。

【C】做啥咾勿担箇層先話明白之呢？勿要纏勿清，讓我快點講。

【D】實蓋儂爲啥勿拿第層先話明白呢？儂勿要瞎捉別字，聽我話呢。

【E】噉就你因何唔將呢層先講明呢？你咪亂捉字虱咋，聽我快啲講罷喇。

【F】甲點解你始初唔講明白呢？乙你咪過於批評咋，等我講罷喇。

【A】你快說，底下怎麼樣了？他既然拜老太監爲老師了，他就求老太監諸事指教他照應他。

【B】你快說，底下怎麼樣了？他既然拜老太監爲老師了，他就求老太監諸事指教他照應他。

【C】格味快點講，後來那能？伊既然拜之太監做老師，就樣樣事體請老太監指教咾照應。

【D】儂快點話，以後那能樣式？伊既然拜老太監爲老師，伊就求老太監諸事指點伊照應伊。

【E】快講喇，下頭點樣子呢？佢已經拜嘵老太監做師傅，佢就凡事都求老太監指教佢照應佢。

【F】甲講喇，噉又到下文點樣呢？乙佢既然得箇老太監做師傅，凡事都求佢指教及照應佢。

【A】老太監就派他在大內裏管事。這一天，內裏傳旨用膳，這個鄉下人就說，萬歲爺要吃中飯哪。

【B】老太監就派他在大內裏管事。這一天，內裏傳旨用膳，這個鄉下人就說,萬歲爺要吃中飯哪。

【C】老太監派伊裡向管事體。一日裡面傳旨出來,話吃飯者,鄉下人就話,萬歲爺要吃中飯者。

【D】老太監就派伊拉宮裏管事。有一日,宮裏傳旨用膳,第个鄉下人就話,萬歲爺要吃中飯哉。

【E】個太監派佢喺大內處當差。有一日,內裏傳旨用膳,呢個村佬就話,萬歲爺要食中飯嚹。

【F】箇老太監派佢入大內[即皇宮,亦名內廷]嚟管事。有一日,萬歲爺[即皇帝]傳旨用午膳,箇鄉下佬話,萬歲爺要食中飯。

【A】老太監聽見了,可就喝呼他說,你別胡說,你說萬歲爺要用御膳哪。他聽這話,記下了。

【B】老太監聽見了,却就喝呼他說,你莫胡說,你說萬歲爺要用御膳哪。他聽這話,記倒了。

【C】太監聽見之,責備伊咾話,儂勿要瞎話,該當話萬歲爺要用御膳者。伊聽見之,就記拉。

【D】老太監聽見之,就喊伊話,儂勿要瞎話,儂要話萬歲爺要用御膳哩。伊聽見第个說話,記好之。

【E】老太監聽見,就喝住佢話,你咪亂講,你要話萬歲爺要用御膳呀。佢聽見噉話,就記住。

【F】箇老太監鬧佢,咪咁諭盡嚟講,你要話萬歲爺要用御膳呀。佢聽倒,就記在心。

【A】有一天,又傳旨大宴羣臣。這個鄉下人又說,萬歲爺要擺宴哪。

【B】有一天,又傳旨大宴羣臣。這個鄉下人又說,萬歲爺要擺宴哪。

【C】隔一日,又傳旨出來,大大能請請一眾官府。鄉下人話,萬歲爺要排酒席。

【D】有一日,又傳旨大宴羣臣。第个鄉下人又話,萬歲爺要擺宴哉。

【E】又有一日,傳旨大宴羣臣。呢個村佬又話,萬歲爺要擺宴呀。

【F】有一日,又傳旨大宴羣臣。箇鄉下佬話,萬歲爺要擺宴呀。

【A】老太監可就又說他,你說錯了,你該當說萬歲爺要擺御宴哪,你後來切記着。

【B】老太監却就又說他,你說錯了,你該當說萬歲爺要擺御宴哪,你後來切記着。

【C】太監從新對伊話,儂又錯者,該當話萬歲爺要排御宴,後來小心要記好拉。

【D】老太監倒又話伊,儂話錯哉,儂應該話萬歲爺要擺御宴哉,儂以後切記好之。

【E】老太監又話佢,你話錯嚇,你應該話萬歲爺要擺御宴呀,你後來至緊記住。

【F】老太監鬧佢話,你又講錯咯,你應該話萬歲爺要擺御宴呀,你第時要記得。

【A】假比大內裏的花園子,吗御花園,那護衛的兵丁,吗御林軍。這個鄉下人聽這話,恍然大悟。

【B】好比大內裏的花園子,吗御花園,那護衛的兵丁,吗御林軍。這個鄉下人聽這話,恍然大悟。

【C】比方裡向个花園味,吗御花園,護衛个兵丁味,吗御林軍。鄉下人聽見之,大大能懂者。

【D】比方宮裏个花園,吗御花園,伊个護衛个兵丁,吗御林軍。第个鄉下人聽見第个說話,恍然大悟。

【E】比如大內嘅花園,吗御花園,咱啲護衛嘅兵,吗御林軍。呢個村佬聽聞呢番說話,忽然醒起嚟。

【F】如係大內花園,要吗做御花園[今無此稱],箇的護衛嘅兵,吗御林軍[今無此稱]。箇鄉下佬聽倒。

【A】心裏說,怪不得皇上眼頭裏的東西,都添上一個御字呢,我如今可明白了。

【B】心裏說,怪不得皇上眼頭裏的東西,都添上一個御字呢,我如今却明白了。

【C】自家心裡想,怪勿得皇帝眼精裡个物事,儕要加一个御字,乃我如今明白者。

【D】心裏想,怪勿得皇上眼睛裏个物事,全要添一个御字个,我現在倒明白哉。

【E】心裡話,怪唔得皇上眼裏嘅野,都加上一個御字呢,我而家明白咯。

【F】忽然醒悟話,啱咯,係眞嘅咯。大凡皇上[今無此稱]眼所見嘅物件,都添上一箇御字喺處。

【A】打這兒我也算是老手了。這麼着,這一天,他解御花園門口兒過,忽然跴了一脚屎。

【B】從今後我也算是老手了。這麼的,這一天,他從御花園門口兒過,忽然跴了一脚屎。

【C】我現在亦算得老手哩。(——按:原文無對應句。)

【D】從今以後我也算老脚色哉。

【E】我從此都算得係老手咯。有一日,佢由御花園門口經過,忽然跴着一脚屎。

【F】從今以後我變做老手咯。有一日,佢就入御花園門口,踹着的屎。

【A】他很有氣,剛要罵,他一想又怕是皇上出的恭,這麼着他就拿手指着那灘屎說:我若不看你是御史,我一定罵你一頓。

【B】他很有氣,剛要罵,他一想又怕是皇上出的恭,這麼的他就拿手指着那灘屎說:我若不看你是御史,我一定罵你一頓。

【C】(——按:原文無對應句。)

【D】(——按:原文無對應句。)

【E】佢好嬲,啱啱想鬧,佢想吓又怕係皇上出嘅恭,噉様佢摵手指住啊攤屎話:若不以御史看待你,我一定鬧你一場。

【F】佢就好嬲,剛啱想鬧出聲,就想到或係皇上痾倒喺處,就指住箇篤屎話:如果我唔當你係御史[史、屎同音],我一定鬧你咯。

【A】今兒個幸虧沒御史在坐。

【B】今天幸虧沒御史在坐。

【C】(——按:原文無對應句。)

【D】(——按:原文無對應句。)

【E】今日好彩冇御史在座。

【F】甲如今好彩冇都老爺在座。

【A】若不然,你的嘴,早叫人擰腫了。我的嘴沒腫,你也該說一個了。

【B】若不然,你的嘴,叫人打腫了。我的嘴沒腫,你也該說一個了。

【C】勿要話下去者,大家早已明白个者。(——按:原文無對應句。)

【D】儂勿必朝下話哉,大家早已明白哉。

【E】唔係呢,你個嘴,大早俾人摵腫咯。我嘅嘴冇腫,你都應該講一段嘞。

【F】若係有呢,你箇嘴,噲被扭腫咯。乙我嘅嘴冇扭腫,你又講吓一段喇。

【A】我這個笑話兒是挖苦典史的。這個有趣兒,我們大家要聽聽。這叫典史十令。

【B】我這個笑話兒是挖苦典史的。這個有趣兒,我們大家要聽聽。這叫典史十令。

【C】我亦有个笑話拉,是挖窟典史个。箇个好者,伲大家要聽一聽。箇个叫典史十令。

【D】我也有个笑話是釺講典史个。第个有趣,我伲大家要聽聽。第个叫典史十令。

【E】我呢段笑話係脊骨典史嘅。呢段咁趣嘅,我哋大家想聽吓。呢段叫做典史十令。

【F】甲我呢段笑話係講箇的脊骨典史[今無此官]嘅。乙好有趣味嚙,大家聽吓喇。甲呢段典故係吗做典史十令。

【A】甚麼吗十令?你快說一說。聽着,一命之榮稱得,兩塊板子拖得,

【B】甚麼吗十令?你快說一說。聽着,一命之榮稱得,兩塊板子拖得,

【C】啥吗十令?快點話話看。聽拉,一命之榮稱得,兩塊竹爿拖得,

【D】啥吗十令?儂快點話。聽之,一命之榮稱得,兩塊板子拖得,

【E】點吗做典史十令呢?你快啲講講。聽住喇,一命之榮稱得,兩片竹板拖得,

【F】乙等我哋聽吓,你所講嘅典史十令喇。甲噉你聽住嚇,佢一命之榮稱得。兩片竹板拖得,

【A】三十兩俸銀領得,四鄉地保傳得,五個嘴巴打得,六路通詳出得,

【B】三十兩俸銀領得,四鄉地保傳得,五個嘴巴打得,六路通詳出得,

【C】三十兩俸銀領得,四鄉地保傳得,五記把(巴)掌打得,六路通詳出得,

【D】三十兩俸銀領得,四鄉地保傳得,五个嘴巴打得,六路通詳出得,

【E】三十両俸銀領得,四鄉地保傳得,五個嘴巴打得,六路通詳出得,

【F】三十両俸銀領得,四鄉地保傳得,五箇嘴巴打得,六路通詳出得,

【A】七品堂官靠得,八字牆開得,九品補子緣得,十分高興不得。

【B】七品堂官靠得,八字門墻開得,九品黼子縹得,十分高興不得。

【C】七品堂官靠得,八字臨門開得,九品補子繡得,十分高興不得。

【D】七品堂官靠得,八字墻門開得,九品補子釘得,十分高興不得。

【E】七品堂官靠得,八字牆門開得,九品補子挨得,十分高興未得。

【F】七品堂官靠得,八字牆門開得,九品補子着得,十分高興未得。

【A】可笑,那九句都好,就是末尾這一句壞了。今兒個若有典史聽見,只要饒得了你。

【B】可笑,那九句都好,就是末尾這一句壞了。今天若是有典史聽見,只要饒得着你。

【C】可笑,九句儕好,末脚一句壞者。若使有个典史拉搭,聽見之味只好饒儂。

【D】可笑,伊个九句全好,不過着末一句勿好。今朝若是有典史聽見,决勿肯饒儂。

【E】好笑,咁九句都好,總係收尾個句敝呎。今日若有典史聽見饒得你過嘅(讀上聲)。

【F】乙好笑,但嘅九句都好,收尾箇句係太㕭咯。甲倘今日有位典史喺處,你唔係要共佢講和嘅。

【注解】

① 按:古,指舊事。引申為故事。有時加"仔"綴構成"古仔",義同"古",本文指笑話。

② 按:今兒個,A1 作"今兒"。

③ 按:咧,A1 作"哪"。

④ 按:原文作"大概",疑應為"大家",音義通順。

⑤ 按:A1 無語氣詞"了"。

## 2 第四十章(第四十課　打中燈謎)

【A】你這兩天竟在家裏過年了,老沒出來麽? 我見天晚上出來。

【B】你這兩天竟在家裏過年了,總沒出來麽? 我天天晚上出來。

【C】閣下箇兩日拉屋裡過年咾,勿出來否? 我下晝日都出來个。

【D】儂第兩日眞拉屋裏過年,總勿出來否? 我日日夜裏出來。

【E】你呢兩日淨係喺屋唫過年,係囉咩? 喊唔見你出嚟呀。我每日晚上出嚟吖。

【F】甲呢兩日因爲新年,你就喺屋跧,總冇出街咩? 乙我晚晚都出吖。

【A】那麽你怎麽不上我這兒來呢? 我這兩天,是同着幾位朋友晚上到存古齋古玩鋪門口兒打燈虎兒去了。

【B】那麽你怎麽不到我這裏來呢? 我這兩天,是同着幾位朋友晚上到存古齋古玩鋪門口兒打燈謎兒去呢。

【C】那得勿到我搭來呢? 我箇兩日,同之幾个朋友下晝到存古齋古玩店裡打燈謎去之咾。

【D】蓋末儂那能勿到我墟頭來呢? 我第兩日,同幾位朋友夜裏到存古齋古董店門口頭打燈謎去个。

【E】噉你點解唔上我呢處嚟呢? 我呢兩日,同埋幾個朋友晚上到存古齋古玩舖門口打燈題呀。

【F】甲點解你唔嚟我處呢? 乙呢幾日,我共的朋友晚上喺存古齋古玩舖門口打燈謎。[或稱打燈題]

【A】是誰出的? 是一個舉人出的。作的好不好? 作的還算可以的。你猜着了幾個沒有?

【B】是那個出的? 是一個舉人出的。作的好不好? 作的還算可以的。你猜着了幾個沒有?

【C】啥人出个?一个舉人出个。做來好勿好?做來還算可以。自家猜着之幾个?

【D】是啥人做个?是一个舉人做个。做得好勿好?做得還算可以。儂猜着之幾个?

【E】係乜誰出嘅?係一個舉人出嘅。作得好唔好呀?作得都算幾好。你估中幾個呀?

【F】甲邊箇出題呢?乙有一位孝廉[即前朝舉人]出嘅。甲作得好唔呢?乙都算可以。甲你有冇猜着嗎?

【A】我揭了幾個。都是甚麽?我猜的一個,是沒點的言字,打四書四句。

【B】我揭了幾個。都是甚麽?我猜的一個,沒點的言字,打四書四句。

【C】我猜着兩个。是那能个?我猜着拉个,一个味是無得點个言字,打四書一句。

【D】我扯之幾个。全是啥?我猜之一个,無點个言字,打四書四句。

【E】我猜中得幾個咯。係乜野呢?我猜得一個係,冇點嘅言字,打四書四句嘅。

【F】乙我亦揭中幾箇咯。甲係乜嘅呢?乙我猜着一箇,係言字冇頭一點,打四書四句嘅。

【A】打那四句,你說一說。一句是"是何言也",一句是"無(吾)與點也",一句是"前言戲之耳",一句是"誠哉是言也"。

【B】打那四句,你說一說。一句是"是何言也",一句是"吾與點也",一句是"前言戲之耳",一句是"誠哉是言也"。

【C】話話看,打四書那裡一句。一句味是"是何言也",一句味是"吾與點也",一句味是"前言戲之耳",一句味"誠者是言也"。

【D】打那裏四句,儂話話看。一句"是何言也",一句是"前言戲之耳",一句是"誠哉是言也"。

【E】打邊四句,你講嚟聽吓。一句係“是何言也”,一句係“吾與點也”,一句係“前言戲之耳”,一句係“誠哉是言也”。

【F】甲打邊四句,你講我聽吓喇。乙一係“是何言也”,二係“吾與點也”,三係“前言戲之耳”,四係“誠哉是言也”。

【A】這個好難爲你猜。我還猜了一個,是三句話打一個字的。你快説,是怎麼三句話打一個字。

【B】這個好難爲你猜。我還猜了一個,是三句話打一個字的。你快説,是怎麼三句話打一個字。

【C】好个眞本事,猜得出个。我還有一个,是三句説話打一个字。快點話話看,那裡三句説話打一个字。

【D】第个虧儂猜个。我還猜一个,是三句話打一个字。儂快點話,是那能三句話打一个字。

【E】呢個好難爲你猜咯。我重猜得一個,係三句話打一個字嘅。

【F】甲呢箇好難爲你猜咯。乙我重猜倒箇係三句文話,打一箇字嘅。甲係乜野呢?

【A】你聽着,子路曰是也,顔回曰似也,孔子曰非也。直在其中矣,打一個乜字。還有一個是四句話,猜一個字的,是十字口中擡,莫作田字猜,無頭又無尾,悶死一秀才。我猜的是魚字,揭了來了。

【B】你聽着,子路曰是也,顔回曰似也,孔子曰非也。直在其中矣,打一個乜字。還有一個是四句話,猜着[①]一個字的,是十字口中擡,莫作田字猜,無頭又無尾,悶死一秀才。我猜的是魚字,揭了來了。

【C】聽拉,子路曰是也,顔回曰似也,孔子曰非也。直在其中矣,打一个乜字。還有一个是四句説話,猜一个字,是十字口中塞,莫作田字猜,無頭又無尾,悶死一秀才。我猜是个魚字,猜來貼對个。

【D】儂聽拉,子路曰是也,顔淵曰似也,孔子曰非也。直在其中矣,打一个乜字。還有一个是四句話猜一个字,是十字口中擡,莫作由字猜，無頭又無尾，悶死一秀才。我猜个是魚字，扯之下來。

【E】你聽住嚇：子路曰是也，顏子曰似也，孔子曰非也。直在其中矣，打一個乜字。重有一個係四句話，猜一個字嘅，十字口中擠，莫作田字猜，無頭又無尾，悶死一秀才。我猜係魚字，估中曉咯。

【F】你聽住嚇，子路曰是也，顏回曰似也，孔子曰非也，直在其中矣。打一箇乜字，解釋佢嘅，重有一箇，四句話猜一箇字嘅。係十字口中擠，莫作田字猜，無頭又無尾，悶死一秀才[或稱茂才]。我猜嘅係魚字，揭出嚟咯。

【A】這兩個作的也很好。我昨兒個晚上，又猜了兩個，一個是累朝事蹟過龍門，打四書人名，是史魚。

【B】這兩個作的也很好。我昨天晚上，又猜了兩個，一個是累朝事蹟過龍門，打四書人名，是史魚。

【C】箇兩个做來亦十分好。我昨日夜快，又猜着兩个，一个是累朝事跡過龍門，打四書上个人名頭，是史魚。

【D】第兩个做得也極好。我昨日夜裏，又猜之兩个，一个是累朝勝蹟過龍門，打四書人名，是史魚。

【E】呢兩個做得甚好。我昨晚又猜嘵兩個，一個係累朝事蹟過龍門，打四書人名，係史魚。

【F】甲呢兩箇極妙吖。昨晚我又猜過兩箇，一箇係累朝事蹟過龍門，打四書人名，係史魚。

【A】一個是節孝祠的祭品，打四書一句，是"食之者寡"。這兩句都恰。

【B】一個是節孝祠祭品，打四書一句，是"食之者寡"。這兩句都洽[②]。

【C】一个是節孝祠个祭品，打四書一句，是"食之者寡"。箇兩句儕完全對个。

【D】一个是節孝祠祭品，打四書一句，是"食之者寡"。第兩句全切。

【E】一個係節孝祠祭品，打四書一句，係"食之者眾"。呢兩句都啱吖。

【F】一箇係節孝祠祭品,打四書一句,係“食之者寡”。甲呢兩句都恰可。

【A】還有我一個朋友,打了一個,是圍棊盤內着象棊,猜四書一句,是“子路不對”。

【B】還有我一個朋友,打了一個,是圍棋盤內下象棋,猜四書一句,是“子路不對”。

【C】還有一个朋友,打拉一个,是圍棋盤裡着象棋,猜四書一句,是“子路不對”。

【D】還有个朋友,打之一个,是圍棋盤裹着象棋,猜四書一句,是“子路不對”。

【E】重有一個朋友,打嘵一個,係圍棋盤裏着象棋,猜四書一句,係“子路不對”。

【F】乙重有箇係我朋友,猜倒嘅,係圍棋盤裏捉象棋,猜四書一句,係“子路不對”。

【A】這個更恰了。我告訴你,前幾年我打了一個燈虎兒,是東街淘溝,西街不乾淨,打兩句小孩兒語。是這邊兒有水,那邊兒有鬼。

【B】這個更洽了。我告訴你,前幾年我打了一個燈謎兒,是東街淘溝,西街不乾淨,打兩句小孩子的話。是這邊兒有水,那邊兒有鬼。

【C】箇个更好者。我對閣下話,前幾年我打着一个燈謎,是東街淘溝,西街不乾淨,打兩句小囝說話。是這邊兒有水,那邊兒有鬼。

【D】第个更切哉。我告訴儂,前幾年我打着一个燈謎,是東街淘溝,西街勿乾淨,打兩句小囝个說話。是第邊有水,伊邊有鬼。

【E】呢個更啱咯。我講吓你聽吖,前幾年我打嘵一個燈題,係東街淘溝,西街不乾淨,打兩句童子話。係呢邊有水,啲邊有鬼。

【F】甲呢句更恰合咯。先幾年,我打一箇燈謎,你知未呢,係街東淘溝,街西唔乾淨,打兩句細佼仔話,係呢邊有水,嗰邊有鬼。

【A】這個是更妙了。據我看,像現在那位舉人作的這幾個,也就算在好的一路了。

【B】這個是更妙了。據我看,像現在那位舉人作的這幾個,也就算在好的一路了。

【C】箇个是更加妙者。照我看起來,像箇位舉人做拉幾个,亦算好个一路裡去者。

【D】第个是更妙哉。據我看來,像現在伊位舉人做个第幾个,也就算拉好个一路哉。

【E】呢個更妙咖。據我睇,好似現今啲個舉人做呢幾個,所有都算係好嘅。

【F】乙呢箇係更妙咯。我想度吓,同呢箇孝廉所作,都可以拍得住嘅咯。

【A】我還告訴你一件事,頭年我有個朋友,他是當缺的,託我給他寫春聯。

【B】我還告訴你一件事,頭年我有個朋友,他是當缺的,託我和他寫春聯。

【C】我再替閣下講一樣事體,舊年我有个朋友,伊是當缺个,教我替伊寫一付春聯。

【D】我還告訴儂一件事體,頭一年我有一个朋友,伊是當缺个,託我替伊寫副春聯。

【E】我重講件事過你知吖,年晚有個朋友,佢係有缺份嘅,託我寫副春聯。

【F】甲唔,我又講多件你聽吓吖,舊年我有箇朋友,係喺公使館做大寫嘅,託我同佢寫副春聯。

【A】我給他寫的上聯是:等因前來辭舊歲;下聯是:須至咨者大有年。

【B】我和他寫的上聯是:等因前來辭舊歲;下聯是:須至咨者

大有年。

【C】我替伊寫,上聯味:等因前來辭舊歲;下聯味:須至咨者大有年。

【D】我搭伊寫个上聯是:等因前來辭舊歲;下聯是:須至咨者大有年。

【E】我同佢寫嘵對頭係:等因前來辭舊歲;對尾:須至咨者大有年。

【F】首句係寫:等因前來辭舊歲;次句係:須至諮者大有年。[英譯於此等字樣、句法畧多]

【A】你有多麼可惡,怎麼說起他們的行話來呢?他大概準不肯貼這副春聯罷。

【B】你有這樣可惡,怎麼說起他們行話來呢?他大概準不肯貼這副春聯罷。

【C】𠯐,自家什介可惡个,那能担伊本行个話法寫出來个呢?只怕伊拉箇付春聯勿肯貼个。

【D】儂實蓋个可惡,那能話起伊拉本行个話來呢?第副春聯大約伊終勿肯貼个哉。

【E】你有好多件可惡嘸,點解講起佢哋嘅行家話嚟呢?呢副春聯佢大概唔肯貼嘅。

【F】乙你咁乞人憎嘅,點解提起佢哋行家說話嚟呢?佢大概唔肯貼呢副春聯嚹啩。

【A】那自然他不肯貼,他說的也好,這副春聯我雖然不貼,我可要收着,因爲這是我們的本色,將來也算是一件傳家寶。

【B】那自然他不肯貼,他說的也好,這副春聯我雖然不貼,我却要收着,因爲這是我們的本色,將來也算是一件傳家寶。

【C】固是自然勿肯貼个,到底伊對我話得蠻好,箇付春聯伲雖然勿貼,亦可以放拉,因爲是自伲个本色,將來算一件傳家之寶。

【D】蓋是自然伊勿肯貼个,伊話也好,第副春聯我雖然勿貼,我倒要囥拉,因爲第个是我伲个本色,將來也算是一件傳家寶。

【E】�自然唔肯貼喇,但佢話都好,呢副春聯我雖然唔貼,都要收埋,因係呢啲我哋嘅本色,將來算係一件傳家寶呀。

【F】甲佢自然唔貼喇,但佢話,呢副春聯我唔貼起,我都要收埋佢,呢的係我哋嘅本色,此後做一件傳家寶呀。

【A】你別瞎咧咧了,快穿衣裳,偺們出去趨達③會子去罷。你等一等兒,我就換衣服同你走。

【B】你莫多談了,快穿衣裳,我們出去蕩蕩會兒去罷。你等一等兒,我就換衣服同你走。

【C】勿要多講究者,快點穿之衣裳咾,去跑白相罷。閣下等一等,換之衣裳,我同閣下一淘去。

【D】儂勿要多話哉,快點着衣裳,我伲出去勃相去罷。儂等一等,我就換之衣裳咾同儂去。(《滬語指南》第二卷終)

【E】你咪亂吸罷咯,快着衣服,我哋出去,慢慢逛吓罷喇。你等一等,我就換衣服同你去。

【F】乙你咪箇糊説喇,快的著衣服,同我哋去行吓。甲唔,等我換過衣服就嚟咯。

【注解】

① 猜着,A1、B 都在"猜"後用"着",而 A 本不用。

② 洽,A1、B 都作"洽",下文"這個更洽了"之"洽"同。而 A 均作"恰"。

③ 按:趨,A 本原本字从"走",遛趨達,在 B 本對應的 A1 中作"溜打"。

# 第三卷　使令通話
# (《土話指南》下卷《訂正粵音指南》卷之三)

## 3 第一章(第一課　薦人做工)

【A】誰呀?是我呀。你進來。老爺,您上回叫我找的那十幾歲的小孩子,我找來了。

【B】那個呀？是我呀。你進來。老爺,您上回叫我找的那十幾歲的小孩子,我找來了。

【C】啥人？是我。進來。老爺,前日教我尋一个十幾歲个小囝,今朝我尋着者。

【E】乜誰呀？我。你入嚟。老爺,你前回叫我搵個十零歲嘅細蚊仔,我搵倒嚟咯。

【F】甲邊箇呀？乙係我。甲入嚟吖。乙前幾日先生叫我搵一箇後生,而家帶佢嚟。

【A】現在您若有工夫兒,可以帶他進來,老爺先看一看他,若是您願意,就留下他了。

【B】現在您若有工夫,可以帶他進來,老爺先看一看他,若是願意,就留下他了。

【C】現在有工夫味,我去領伊來,讓老爺先看一看,中意否？中意个味,留伊拉搭。

【E】若係老爺而家得閒,可以帶佢入嚟,等老爺睇吓,如果係啱,就請留起佢嚟使。

【F】如果得閒,我帶佢入嚟,倘先生中意,就可以請佢喇。

【A】那是自然的。這就是鄭老爺,你請安罷。

【B】那是自然的。這就是鄭老爺,你請安罷。

【C】固是自然。箇位就是鄭老爺,儂替伊請安。

【E】個啲自然喇。呢位就係鄭老爺,你請安喇。

【F】甲係呀,自然喇。乙呢位係鄭先生,你請安[或改鞠躬]佢喇。

【A】他是甚麼地方的人？姓甚麼？今年多大歲數兒了？他行幾？

【B】他是甚麼地方人？姓甚麼？今年多大年歲了,他行幾？

【C】伊啥地方人？姓啥？今年幾歲者？弟兄當中第幾个？

【E】佢係邊處嘅人？姓乜野？今年有幾多歲？佢係第幾？

【F】甲喺邊處嚟嘅,叫乜名呀,有幾多歲,排行第幾呢？

【A】我是山東人,姓張,今年十八歲了,我排大。
【B】我是山東人,姓張,今年十八歲了,我行一。
【C】我是上海人[①],姓張,今年十八歲,弟兄當中我頂大。
【E】我係山東人,姓張,今年十八歲,行一。
【F】丙我係山東人,本身姓張,今年十八歲,排行居長。

【A】他在京裏有好幾年了,他說的話不像是外鄉人。
【B】他在京裡[②]有好幾年了,他說話不像是別處人,
【C】伊拉京裡之好幾年者,話个說話,勿像客方人。
【E】佢喺京城有幾多年呢,佢所講的說話,唔似係外江人嚫。
【F】乙佢喺北京[改平]有好多年咯,佢講的說話唔似鄉間嘅。

【A】他原來是我們的街坊,人很聰明。可是向來沒當過跟班的。
【B】他原是我們的鄰舍,人很聰明。却是向來沒當過跟班的。
【C】我本來同伊是鄰舍,人十分儜儃个。不過勿曾做歇跟班。
【E】佢本來同我係街坊,人甚聰明。但係向來冇當過跟班。
【F】佢舊日係我哋鄰舍,人頗聰明。但向來未做過跟班[或下人]。

【A】所以得叫他慢慢兒的[③]歷練歷練纔行哪。那好辦,可是我是新近到這兒來的。
【B】所以要叫他慢慢兒歷練歷練纔行哪。那好辦,却是我是初次到這裏來的。
【C】所以教伊慢慢能操練操練味好拉哩。固是便當个,不過我新近到此地。
【E】怕要叫佢慢慢學習吓致做得。呢啲都易事,但係我新嚟呢處。
【F】要逐漸歷練過至得。甲噉可以吖,我係初到嘅啫。

【A】還沒使喚過人了,可不知道得[④]要保人不要?那是隨老爺的意思。

【B】還沒使喚過人的,却不曉得要保人不要?那是隨老爺的意思。

【C】勿曾用過歇人,勿曉得要用啥保人否?固是隨便老爺味者。

【E】都未請過人,唔知要搵個人担保吓佢唔呢?個啲隨老爺嘅主意喇。

【F】未請過人,唔知要有擔保唔呢?乙任從先生主意喇。

【A】那麼就這麼辦罷,既然是你舉薦他來的,你就作保,可以不可以?

【B】那麼就這麼辦罷,既然是你舉薦他來的,你就做保,可以不可以?

【C】什介味者,儂既然薦伊來个,就自儂做伊保人罷,可以勿可以?

【E】噉樣就不如噉罷喇,佢係你舉薦嚟嘅,就你做担保,都怕可以嚇啩?

【F】甲係噉就好喇,你介紹佢,你肯擔保佢嗎?

【A】可以。那麼叫他解多咱來伺候您哪?

【B】可以。那麼叫他從多早來伺候您哪?

【C】可以个。幾時起頭教伊來相帮呢?

【E】做得。噉叫佢幾時嚟上工呢?

【F】乙我擔保係喇。幾時起首服事先生呢?

【A】哼,今兒[5]是二十八,離月底還有兩天,索性叫他趕下月初一那天再來倒好。

【B】哼,今年(天)是二十八,離月底還有兩天,索性叫他從下月初一那天再來倒好。

【C】讓我看,今朝是廿八,到月底還有二日,索性教伊下个月初一來起頭罷。

【E】唔,今日係二十八,到月尾重有兩日,索性叫佢第個月初一致嚟重好。

【F】甲今日係廿八，過兩日添就月尾咯，至好係叫佢下箇月一號嚟喇。

【A】是。還有他的鋪蓋甚麼的，也都叫他[6]一塊兒拿來罷。喳。還得定規他住的屋子哪。

【B】是。還有他的舖蓋甚麼用的，也都叫一起的拿來罷。是。還要定規他住的房子哪。

【C】是者。伊个舖蓋咾啥，教伊一齊担之來罷。好个。還要安排伊等个房子拉哩。

【E】係咯。重有佢嘅鋪蓋各件，都叫佢一齊擰嚟喇。係。重要搵間房俾佢住嚁。

【F】乙哦。甲噉佢所有嘅鋪蓋行李，叫佢帶齊嚟嘛。乙我哋要定一間房俾佢住嚁。

【A】我想，這[7]院子儘溜頭兒，那白墻兒後頭，挨着洗澡房的西邊兒，向陽兒[8]的那一間閒屋子，叫他住怎麼樣？那敢自很好了。

【B】我想，院子儘灣頭兒，那白墻兒後頭，挨着洗澡房的西邊兒，向陽的那一間閒房子，叫他住怎麼樣？那竟是很好了。

【C】我想，天井邊頭白牆頭後面，淨浴間西邊，向陽有一間房子，讓伊等拉去之罷？箇倒眞个勿忰。

【E】我想摵呢幅地堂或启底個埲白牆後頭，挨住洗身房西便，個間向南嘅閒房俾佢住，點呢？噉樣好極咯。

【F】甲我估巷尾白牆後便，洗身房西便，嗰間向南嘅空房［或吉房］，怕可以啱嘅，係唔係呢？乙係呀，好極喇。

【A】這兒某老爺打發個人來，拿了這[9]個字兒來，給您瞧瞧。

【B】這裏某老爺打發個人來，拿了個字兒來，把您看看。

【C】某老爺打發人，担箇封信來，請老爺看。

【E】呢處某老爺打發人擰張字嚟，請你睇吓。

【F】又甲嗰位某先生使箇人帶封信嚟，俾先生嚁。

【A】現在某老爺請我,我這就要去,那麼這件[10]事,就按着那麼辦就是了。

【B】現在某老爺請我,我這就要去,那麼這事,就照着那麼辦就是了。

【C】現在箇位老爺請我,我就要去,箇件事體,就照什介安排味者。

【E】現在某老爺請我,我就要去,噉呢件事,就照噉樣做喇。

【F】甲啊,某先生邀我去見佢,我而家去咯,嗰件事,就噉定奪喇。

【注解】

① 此版改"山東人"為"上海人"。"弟兄"在上海話中就是指"兄和弟"。

② 按: 裡,B版原文如此用字。

③ 按: A1"的"字無。

④ 按: A1"得"字無。

⑤ 按: A1"兒",作"年"。

⑥ 按: A1"他"字無。

⑦ 按: A1"這"字無。

⑧ 按: A1"兒"字無。

⑨ 按: A1"這"字無。

⑩ 按: A1"件"字無。

## 3 第二章(第二課 指點做茶)

【A】來。喳。給先生沏茶。老爺是要沏甚麼茶? 是嘎啡? 是紅茶?

【B】來。(喳/是+)。替先生泡茶。老爺是要泡甚麼茶? 是嘎啡? 是紅茶?

【C】來。吅。替先生泡茶。老爺,要泡啥个茶? 加非呢,還是紅茶?

【E】嚟呀。哦。冲茶過先生。老爺,係要冲乜野茶? 係喋啡,嗅紅茶呢?

【F】甲亞乜。乙哦,先生。甲沖茶俾先生喇。乙先生要乜野茶呀?咖啡㗎紅茶呢?

【A】兩樣兒都不用,沏日本茶罷。老爺,這錫鑞罐兒裏的茶葉都沒了。

【B】兩樣的都不用,泡日本茶罷。老爺,這錫鑞罐兒裏的茶葉都沒有了。

【C】兩樣秃勿要,要泡日本茶。老爺,箇个錫鑞罐裏茶葉無沒者。

【E】兩樣都唔要,冲日本茶喇。老爺,呢個錫罐裏頭嘅茶葉冇囉噃。

【F】甲兩樣都唔係,做的日本茶喇。乙先生,箇錫罐冇茶葉嘞。

【A】那麼裏間屋裏的那櫃子上的第二層槅子上,不是有個洋鐵罐子麼,就拿那個罷。

【B】那麼裏間房裏的那櫃子上的第二層槅板上,不是有個洋鐵灌(罐)子麼,就拿那個罷。

【C】裡面房裡厨上第二槅有个洋鐵匣子,去擔[①]味者。

【E】噉你去房裏頭,打開櫃第二格,有個馬口鐵罐,你擰咽嚟。

【F】甲噉有箇馬口鐵罐,喺裏便房箇櫃第二槅,你擰出嚟。

【A】往後你瞧着多咱這罐子裏頭的茶葉完上來了,就是我不告訴你說,你就續上罷。

【B】往後你看着麼早這罐子裏頭的茶葉完了,就是我沒對你說,你就裝些罷。

【C】後來儂看見罐頭裡茶葉無沒之味,就是我勿替儂話啥,亦去担味者。

【E】以後你睇見罐裏嘅茶葉用完,唔使我吩咐,你就侵翻啲落去嘞。

【F】自後你見箇罐的茶葉將近冇嘵,唔使等我出聲,你就裝番佢喇。

【A】是。你趕緊的拿茶葉去,我自各兒沏上罷。請先生瞧那盃茶好,就喝那盃罷。

【B】是。你趕緊的拿茶葉去,我自己泡上罷。請先生看那盃茶好,就喝那盃罷。

【C】是者。儂快點去担茶葉來,伲各人自家泡罷。請先生看箇盃茶好否,請嗑嗑看。

【E】係咯。你趕緊去擰茶葉,等我自己嚟冲喇。請先生睇吓邊盃茶好,就飲邊盃喇。

【F】乙哦。甲快的攞茶,等我自己做喇。又甲你請先生中意嗰杯,就飲嗰杯喇。

【A】可是你昨兒個迷迷糊糊的擱了有多少茶葉,那個茶沏的彀多麼釅,苦得[②]簡直的喝不得了。

【B】却是你昨日曆曆畱畱的擱了有幾多茶葉,那個茶泡的個那麼釅,苦得簡直的喝不得了。

【C】昨日昏咚咚放之多化茶葉泡个茶,濃來發苦咾,吃勿進个者。

【E】到底你昨日瘟瘟癲俾咽幾多茶葉嚟冲個啲茶,冲到咁濃呀,苦到直頭唔入得口嘅。

【F】昨日你做茶,就冇細睇,落得茶葉太多,做的茶濃過頭,又太苦唔飲得。

【A】你沒瞧見[③]昨兒個吳少爺喝茶的時候,苦的直皺眉麼?

【B】你沒看昨日吳少爺喝茶的時候,苦得直皺眉麼?

【C】儂勿曾看見麼,吳少爺嗑个時候,苦咾正拉皺眉頭。

【E】你唔睇見昨日吳少爺飲茶個時,苦到皺埋眉頭咩?

【F】昨日吳少爺[或改少君]飲茶箇時,皺起眉頭,你唔睇見咩?

【A】是,往後小的沏茶的時候,留點兒神就是了。

【B】是,已後小的泡茶的時候,留點兒神就是了。

【C】曉得者,乃朝後泡去茶來,留心點味者。

【E】係,小的以後冲茶,就留心啲喺喇。

【F】乙係咯,第躺做茶,我小心的係喇。

【A】你把那茶机兒上的茶盤兒裏擺着的那茶壺、茶碗[4]、茶船兒,都拿過來。

【B】你把那茶机兒上的茶盤兒裏擺着的那茶壺、茶婉(碗)、茶船兒,都拿過來。

【C】儂拿茶机上盤裡向个茶壺、茶碗、茶襯儕担過來。

【E】你將茶几上茶盤裏頭擺處嘅個的茶壺、茶碗、茶船,都一氣擰嚟。

【F】甲的茶壺、茶杯、茶碟喺茶机上箇托盤處,要全數擰嚟。

【A】你再瞧瞧這火盆裏有火沒有了? 喳,火快滅了。那麼你快拿開水去,就手兒帶點兒熟炭來。

【B】你再看看這火盆裏有火沒有了? (喳/是+),火快息(熄)了。那麼你快拿開水去,就手兒帶點兒熟炭來。

【C】再看个看烘爐裡火還着否? 呵呀,火隱脫者。快點就去擔開水,隨手帶點熱炭來。

【E】你睇吓個火盤裏頭重有火冇? 係,火就烏咯。噉你快啲去攞滾水嚟,順手帶啲着炭嚟添。

【F】後來睇吓箇火盤有冇火? 乙係呀,先生,的火將近熄嚍。甲噉快攞的滾水,順便帶的熟炭嚟喇。

【A】老爺,甚麼叫熟炭哪? 你眞是個[5]糊塗人,連熟炭都不知道。

【B】老爺,甚麼叫熟炭哪? 你眞是糊塗人,連熟炭都不曉得。

【C】老爺,啥叫熱炭耶? 儂正眞是个糊塗人,連熱炭還勿曾曉得个哩。

【E】老爺,邊啲叫做着炭呀? 你眞係糊混嘞,連着炭都唔識。

【F】乙先生,乜野叫做熟炭呢? 甲嘏,蠢材,熟炭都唔知。

【A】我告訴你,沒燒過的炭叫生炭。燒紅了的炭就叫熟炭。

【B】我告訴你,沒燒過的炭叫生炭。燒紅了的炭就叫熟炭。

【C】我對儂話,勿曾燒个味叫生炭。燒紅拉个味叫熱炭。

【E】我話俾你知喇,冇燒過嘅就叫做生炭。燒紅嘅就叫做着炭喇。

【F】未曾燒着嘅,叫做生炭。燒紅嘅就叫做熟炭喇。

【A】喳,是,老爺,開水來了,您沏上罷。

【B】(喳/是+),是,老爺,開水來了,你(泡)⑥上罷。

【C】�,是者,老爺,開水來者,泡茶。

【E】哦,係,老爺,滾水擰嚟嘞,請你冲喇。

【F】乙哦,滾水喺處,先生做茶係嗎?

【A】哼,現在這痰盒兒裏的吐沫都滿了,你拿出去涮乾淨了再拿來。是。

【B】哼,現在這痰盒兒裏的痰都滿了,你拿出去洗乾淨了再拿來。是。

【C】噯,痰盂滿拉起者,擔去倒脫之,弄弄乾淨再放拉搭。是者。

【E】悟,现在呢個痰盂吐滿口水,你擰去刷乾淨佢,擰翻嚟。係咯。

【F】甲唔,呢箇痰盂滿咯,擰去哴過,就擰番嚟喇。乙係咯。

【注解】

① 擔,這一章,有繁體簡體,似乎隨意,非有規律。

② 按: A1 改“得”為“的”,甚確。

③ 按: A1“見”字無。

④ 按: A1“碗”,作“婉”,應從 A 為“碗”。

⑤ 按: A1“個”字無。

⑥ 對應 A 版“沏”字,B 版原文無字,竊以為是“泡”,或直接著錄為“沏”。

# 3 第三章(第三課　主僕傾談)

【A】誰叫門了？老爺,天不早了,您快起來罷。哼,你打洗臉水來罷。

【B】那個叫門了？老爺,天不早了,你快起來罷。哼,你打洗臉水來罷。

【C】啥人搞門？老爺,天勿早者,起來罷。吔,儂去擔面湯水來。

【E】乜人打門呀？老爺,幾晏噱,請你快啲起身喇。唔,你倒水嚟洗面喇。

【F】甲乜人呀？乙先生,好晏噱。快的起身喇。甲啊,攞的水嚟洗面喇。

【A】臉水打來子(了),漱口水也倒來了,胰子盒兒在臉盆架子上擱着哪。

【B】洗臉水打來了,漱口水也倒來了,胰子盒兒在臉盆架子上擱着的。

【C】面湯水來者,嚼口水亦倒拉者,肥皂味放拉面盆架子上。

【E】洗面水、漱口水都倒嚟啲,洋梘盒喺面盤架上放處。

【F】乙洗面水已經攞倒喺處,擦牙嘅水都倒便咯,番梘盒就喺面盤架處。

【A】刷牙散在那兒了？是在那張桌子的抽屜裏,和刷牙子在一塊兒了。把擦臉手巾拿來。

【B】刷牙散在那裏呢？是在那張桌子的抽屜裏,和牙刷子在一塊兒的。把洗臉手巾拿來。

【C】牙粉拉那裡？拉賬(張)桌抽屜裡,牙刷亦拉去,淨面手巾擔來。

【E】刷牙粉喺邊處呀？係喺個張檯嘅櫃桶裏頭,同牙刷都喺埋嗻。摵洗面手巾擰嚟。

【F】甲擦牙粉喺邊處呢?乙係嗰張檯嘅櫃桶,同箇牙擦一齊吖。甲遞手巾嚟喇。

【A】是。你忙甚麽?你現在先不用擦地板了,等着[①]疊好了鋪蓋再擦罷。

【B】是。你忙甚麽?你現在先不用擦地板了,等叠好了鋪蓋再擦罷。

【C】是者。儂忙个啥?地板現在勿要去拖,打好之鋪蓋咾再拖罷。

【E】哦。你咁忙做乜吖?而家唔使擦地板先,等叠好嗰被鋪致擦罷喇。

【F】乙哦。甲做乜你咁心急?唔使咁快洗地吖,你摺埋的被鋪至洗地喇。

【A】今兒還得換換枕頭籠布和被單子哪。喳,老爺這就要點心麽?哼,就拿來罷。

【B】今日還要換換枕頭籠布和被單子哪。(喳/是+),老爺這就要點心麽?哼,就拿來罷。

【C】今朝要换枕頭衣咾被單。吅,老爺點心就要用末?好个,就擔來罷。

【E】今日重要换吓的枕頭布共被單呀。係,老爺你愛點心自唔呢?唔,擰嚟喇。

【F】今日要換過的枕頭袋共被單。乙哦,先生而家食早餐唔呢?甲唔。好,擰嚟喇,

【A】雞子兒不要像昨兒個那麽老,越嫩越好。是。今兒個麵[②]包是抹上黄油烤麽?

【B】雞蛋不要像昨天的那麽老,越嫩越好。是。今天的丏(麪)包是抹上黄油烤麽?

【C】蛋勿要像昨日能硬來野,越嫩越好。是者。今朝个麵餅要用奶油來熯否?

【E】個啲雞蛋唔好學昨日煲得咁老,越嫩越好。係。今日的麵飽使搽啲牛油嗎?

【F】今朝的蛋唔好烚到昨日咁老,箇的蛋越生越好呀。乙啊,先生,今日中意食箇的盪牛油炕嘅麵飽係嗎?

【A】不用了,可別烤煳了。是。這兒還短把匙子和鹽盒兒哪。是,給[③]您拿來了。

【B】不用了,却莫烤糊了。是。這裏還少把挑子和鹽盒兒哪。是,和您拿來了。

【C】勿要緊,乾烘之味者。是者。缺一隻鈔還有鹽匣子。曉得者,我去擔來。

【E】唔使,但唔好炕到焦嚁。係。呢處重少隻匙羹同埋鹽盅呀。係,而家攞嚟嘞。

【F】甲係,我話你知喇,的麵飽咪炕到燶。乙係呀,先生。甲冇匙羹,又冇鹽兜仔。乙喺處吖。

【A】白糖彀不彀? 彀了。這個雞子兒煮的是筋觔兒。

【B】白糖彀不彀? 彀了。這個雞蛋煮的是(筋觔兒)。

【C】白糖彀是末? 彀是者。箇只雞炙來得法个。

【E】白糖够唔呢? 够嘞。呢的雞蛋煲得恰可咯。

【F】白糖夠唔夠呢? 甲夠咯。嗰隻蛋烚得好啱嘅。

【A】我問你一件事,我聽見說,這京裏賣的牛奶裏頭總攙多一半兒水,這話是眞的麼?

【B】我問你一件事,我聽見說,這京裏賣的牛奶裏頭總攙多少的水,這話是眞的麼?

【C】我問儂一樣事體,聽見京裡賣牛奶總要攙半把水,有介事否?

【E】我問你一件事,我聽見話,呢處京裏頭賣嘅牛奶,總摳一半水,呢句說話係眞嘅嗎?

【F】又甲啊,有件事想問吓你,聞得喺北平賣嗰的牛奶,常時摳大半水,係唔係呢?

【A】平常住家兒的買的牛奶,也許有這個事,偺們這公館裏用的,他們可不敢那麼胡攙亂對的。

【B】平常住家的買的牛奶,或者有這個事,我們這公舘裏用的,他們却不敢那麼胡攙亂對的。

【C】平常人家買牛奶味論勿得个,公舘裡買味勿敢瞎攙个。

【E】尋常人家買嘅牛奶,或者噲噉,我哋公館裏頭使嘅,佢唔敢立亂摳嘅。

【F】平常住家買嘅牛奶,或者係都唔定,但我哋公館所用嘅,佢唔敢摳雜嚐。

【A】這個地方買牛奶,是論斤哪,還是論瓶呢?是論瓶論碗。

【B】這個地方買牛奶,是論斤哪,還是論瓶呢?是論瓶論碗。

【C】箇个地方買牛奶,講斤數个呢,論瓶頭个?是論瓶咾論碗个。

【E】呢處地方買牛奶,係論斤嚐,嗅係論罇嘅呢?係論罇論碗。

【F】喺呢處買牛奶,係斷斤買,啵斷樽買呢?有時斷樽,有時斷碗。

【A】大概的價錢,總在九百錢一瓶,二百錢一碗,老爺還要嘎啡不要了?得了。

【B】大概的價錢,總在九百錢一瓶,弍百錢一碗,老爺還要嘎啡不要呢?彀了。

【C】大概價錢味,總是九百錢一瓶,二百錢一碗。老爺加非還要否?有者。

【E】大概價錢,總要九百錢一罇,二百錢一碗,老爺你重要喋啡唔要呀?做得咯。

【F】平常至低嘅價錢,約摸係九箇仙一樽,兩箇仙一碗。先生重要咖啡茶嗎?唔要咯。

【A】撤了去罷。我現在要上某老爺屋裏去,若是有人來找我,你給我送信去。是。

【B】撤了去罷,我現在要往某老爺屋裏去,若是有人來找我,你和我送信去。是。

【C】擔去罷。我現在要到某老爺屋裏去,若使有人尋味撥信我。是者。

【E】收咽啲野去罷喇。我而家要去某老爺公館,如果有人嚟搵我,你去話俾我知。係咯。

【F】甲擰番去喇。我去某先生嘅房,如果有人嚟想見我,你就話我知喇。乙係咯。

【注解】

① 按:A1"着"字無。

② 按:A1 麵,作丐。

③ 按:A1 給,作和。

## 3 第四章　(第四課　起餐懶慢)

【A】老爺,您的跟班的來說,飯得了,請老爺吃飯[①]去。知道了,就去。來。喳。

【B】老爺,您的跟班的來說,飯好了,請老爺吃餘(飯)去。曉得了,就去。來。(喳/是。+)

【C】老爺,相帮人話,飯好者,請老爺用飯去罷。吧,我就來者。走來。吧。

【E】老爺,你嘅跟班嚟話,飯好嘞,請老爺翻去吃飯。知道咯,就翻嚟。嚟。哦。

【F】甲先生,你嘅夥計話,你嘅餐豫備好嘞,請番去食喇。乙哦,就嚟咯。又乙喂。係呀,先生。

【A】你請我來吃飯,怎麼還磨蹭[②]着不擺台,是幹甚麼來着?

【B】你請我來吃飯,怎麼還(磨蹲[蹭]着)不擺台,是幹甚麼來的?

【C】儂請我來用飯,那能什介摸索,臺子還勿曾排好个哩,儂拉做啥耶?

【E】你請我翻嚟食飯,做乜重咁遲都唔擺檯,到底你喺處攪啲乜野?

【F】乙你請我番嚟食餐,爲乜咁懶慢唔起呢,究竟你做乜野吖?

【A】因爲剛纔送煤的送煤球兒來了,我邀了邀[③],又因爲他開來的帳錯了,小的查了一查摺子[④]。

【B】因爲剛纔送煤的,送煤兒來了,我稱了稱,又因爲他開來的帳錯了,小的查了一查摺字(子)。

【C】因爲刻刻賣煤个,送煤炭來,我去稱之一稱,又因爲開錯之賬,我去查之摺子。

【E】因爲個送煤嘅,就致送啲煤球嚟,我秤下,又因爲佢開嚟嘅單係錯,小的查吓個手摺。

【F】丙嗰箇賣煤炭嘅,剛啱寄到的煤球[或作炭基]嚟,我就秤過,適值佢嘅數又開錯,我要對過箇清摺。

【A】瞧瞧他是送了多少回來[⑤],就爲這個,可就躭悮了擺台了。那就是了。

【B】看看他是送了多少回了,就爲這個,却就躭悮了擺台了。那就是了。

【C】看伊送來之幾回,爲此咾,排臺子躭擱來晚之點。箇亦罷者。

【E】睇佢送過幾多囘嚟,就係因噉阻遲嘵擺檯咯。係咯。

【F】睇佢送過有幾多躺嚟,因此阻遲起餐啫。

【A】煤球兒原來是多少錢一百斤?四吊多錢罷。那麼現在你就[⑥]開飯罷。是。

【B】煤原來是多少錢一百斤?四吊多錢罷。那麼現在你開飯罷。是。

【C】煤炭幾化銅錢一擔?四百多點。格味現在搬飯來罷。

好个。

【E】煤球本來係幾多錢一百斤呢？四千幾錢啩。噉你而家開飯罷喇。係。

【F】乙噉箇的煤球計幾多銀一擔呢？丙四毫幾子一擔喇。乙唔，起餐喇。丙係咯，先生。

【A】你告訴厨子，昨兒[⑦]晌午他做的那雞湯不好吃，明兒再做湯的時候，叫他留點兒神。

【B】你告訴廚子，昨日中時他做的那雞湯不好吃，明日再做湯的時候，叫他留點兒神。

【C】儂替廚司話一聲，昨日中飯伊燒个雞湯勿好吃，明朝燒起雞湯來，留心點。

【E】你話過個廚子聽，昨日晏晝佢做得啲雞湯唔好，聽日做湯個時，叫佢留心做好啲。

【F】乙你話過廚子知，佢昨日晏晝做的雞湯係唔好，聽日要俾心機。

【A】是。盛飯來。喳。這不是我的飯碗，是少爺的。

【B】是。盛飯來。喳。這不是我的飯碗，是少爺的。

【C】曉得者。盛飯來。吧。箇只勿是我个飯碗，是少爺个。

【E】係。裝飯嚟。哦。呢個唔係我嘅飯碗，係少爺嘅。

【F】丙哦，係咯。乙裝飯俾我喇。丙哦。乙呢箇唔係我嘅飯碗，係少爺[或作少先生]嘅啫。

【A】把油撇淨了纔好。啊，這是拿錯了，把您的換來罷。不用換了，你瞧這兒還短一件要緊的東西。

【B】把油撇淨了纔好。啊，這是拿錯了，把您的換來罷。不用換了，你看這裏還少一件要緊的東西。

【C】擔油撇乾淨之味好。呵呀，擔錯者，擔去換之伊轉來罷。勿要去換者，儂看還少一樣要緊物事。

【E】撇淨吓嗰油致得。阿，呢啲係揸錯咯，等我換翻你嗰個嚟喇。唔使嚹,你睇吓呢處重少一件緊要野。

【F】撇淨箇的油。丙啊,我擰錯曉,等我去換過俾先生。乙唔使換咯,重欠一件必要嘅野。

【A】你想一想。是。是。這兒刀子、錘子、匙子、七星罐兒[⑧]、碟子、盤子、筷子都有了。

【B】你想一想。是。是。這裏刀子、錘子、挑子、七星罐子、碟子、盤子、筷子都有了。

【C】想得着否?是者。是者。刀叉咾、鈔、油瓶、盆子、褪盆、筷儕有拉个者宛。

【E】你想吓。係。呢處刀、义、匙羹、五味架、碟、盤、快子都有嚹。

【F】你要想過至得。丙係呀,先生。有刀、叉、(匙⁺)羹、五味架、兜碟、快子一概喺處。

【A】我直想不出是還短甚麽東西來,求老爺提醒我罷。還短酒盃哪。啊,不錯。

【B】我直想不出是還少甚麽東西呢,求老爺提醒我罷。還少酒盃哪。啊,不錯。

【C】我想勿出缺啥物事,請老爺話之罷。還缺酒盃。噢,勿錯。

【E】我總想唔出少樣乜野,請老爺提醒我喇。重未有酒盃呢。阿,冇錯。

【F】唔想得出欠邊樣,請先生指示吖。乙冇酒杯呢。丙啊,眞係。

【A】小的是眞忘死了。這是甚麽?這是芋頭和雞肉做的湯。這樣兒是眞合我們的口味。

【B】小的是眞忘記了。這是甚麽?這是芋頭和雞肉做的湯。這樣兒是眞合我們的口味。

【C】眞个我忘記者。箇个啥物事?箇个是芋頭搭之雞燒拉个湯。什介眞个對我胃口者。

【E】小的眞係冇記性咯。呢樣係乜野?呢啲係芋頭同雞肉做嘅湯。呢樣野眞係合我嘅口味。

【F】總唔記得嘅。乙呢的係乜野呀？丙呢的就係雞共芋頭整嘅粥。乙係，好合我口味嚙。

【A】巧了，是廚子擱了木魚了罷。大概是罷。這個牛肉很好，遞給我芥末和白鹽。是。

【B】奇了，是廚子擱了木魚了罷。大概是罷。這個牛肉很好，遞把我芥末和白鹽。是。

【C】阿是厨司貼正放之雲耳拉去，是否？只怕是。箇个牛肉極好，授點研細拉个芥菜子咾鹽拉我。是者。

【E】古怪咯，怕係廚子擠曉啲魚落去啩。大概係咯。呢樣牛肉極好，遞啲芥末同白鹽我。哦。

【F】我估箇廚子一定落的日本嘅鰍魚嚟釣味嘅。丙先生我估大概係咯。乙呢味牛肉甚好，俾的芥末共鹽喇。丙哦。

【A】哎喲，你瞧瞧你的袖子把這個碗给拐[9]躺下了，快拿搌布來擦擦罷。是。

【B】哎喲，你看看你的袖子把這個碗(拐躺下)了，快拿搌布來擦擦罷。是。

【C】噢唷，看看儂个袖子看，碗打翻者，快點擔揩臺布來揩个揩。吅。

【E】(——按：原文無對應句。)

【F】乙唉，吔，你摵筒衫[10]袖闘跌隻碗，卽刻攞塊布嚟抹過。丙係咯。

【A】你幹事老是這麼忙忙叨叨的，你瞧把這[11]湛新的台布都弄成了這麼哦嗤半片的了。

【B】你做事總是這麼忙忙碌碌的，你看把湛新的台布都弄壞了這麼(哦嗤半片)的了。

【C】儂做事體味總是投五投六个，乃儂看一塊新臺布，弄齷齪之半把。

【E】你做事總係咁燥燥暴暴,你睇吓摵呢張速礦新嘅檯布,都整成咁污糟嘅。

【F】乙你時時做野,係咁急躁嘅,你睇吓咁新嘅檯布,你整得咁污糟嘅痕跡喺處。

【A】啊,請[12]老爺饒恕小的罷,往後我幹事一定要留神的。

【B】啊,老爺饒恕小的罷,以後我做事一定要留神的。

【C】求老爺饒赦之罷,乃朝後我做生活一定留心點味者。

【E】請老爺恕過小的呢囘喇,以後我做事一定留心咯。

【F】丙請先生寬恕吓喇,自後我是必留神咯。

【A】拿鹹菜來。今兒沒有醃白菜,這兒拿了醬荳腐和醃黄瓜來了。

【B】拿鹹菜來。今天沒有醃白菜,這裏拿了醬豆腐和醃黄瓜來。

【C】拿鹹菜來。今朝灩白菜無得,我擔醬油拌荳腐,灩黄瓜拉此地。

【E】擰鹹菜嚟。今日冇醃白菜,而家擰咽啲醬豆腐同醃黄瓜嚟。

【F】乙擰的鹹菜俾我。丙今日冇醃倒嘅白菜,有的酸豆腐共醃過嘅王瓜。

【A】黄瓜裏頭已經擱了醬油了,還招點兒醋不招了? 不要醋,現在都吃完了。

【B】黄瓜裏頭已經擱了醬油了,還加點兒醋不加呢? 不要醋,現在都吃完了。

【C】黄瓜裏醬油放拉者,醋要安否? 醋勿要,現在儕吃罷者。

【E】黄瓜裏頭已經落咽的醬油嚡,重放的醋唔呢? 唔要醋,而家都吃完咯。

【F】有的醬油,重使加的醋嗎? 乙唔要咯,食完嚡。

【A】你都拿下去罷。老爺,給您牙籤兒。哼,把茶拿來,你也吃飯去罷。

【B】你都拿下去罷。老爺,把您牙籤兒。哼,把茶拿來,你也吃飯去罷。

【C】担去罷。老爺出牙杖。啢,担茶來,儂也去吃飯罷。

【E】你喊都收曉去喇。老爺,俾牙籤你嗌。悟,擰啯茶嚟,你都去吃飯喇。

【F】收埋的野喇。丙先生,要牙簽唔要呢?乙哦,擰茶嚟,你就自己去食飯喇。

【注解】

① 按:飯,A1 作“餘”。
② 按:蹭,A1 作“蹲”。
③ 按:邀了邀,A1 作“了邀邀”。
④ 按:子,A1 作“字”。
⑤ 按:来,A1 作“了”。
⑥ 按:“就”字,A1 無。
⑦ 按:兒,A1 作“日”。
⑧ 按:兒,A1 作“子”。
⑨ 按:“給”字,A1 無。拐:碰撞,拐躺,碰倒。
⑩ 衫:粵方言特徵詞。本書多作構詞詞素,指衣服。
⑪ 按:“這”字,A1 無。
⑫ 按:“請”字,A1 無。
⑬ 按:鹽,A1 作“鹹”。

## 3 第五章(第五課　遊隆福寺)

【A】今兒是初九,老爺不上隆福寺逛廟去麽?

【B】今天是初九,老爺不往隆福寺蕩廟去麼?

【C】今朝初九者,老爺要到隆福寺廟裏去白相相否?

【E】今日係初九,老爺唔去隆福寺逛吓廟?

【F】甲今日係初九,先生去逛隆福寺唔呢?

【A】哼,我已經約會了吳老爺一塊兒逛去,你去打聽打聽,鄭少爺在屋裏沒有?

【B】哼,我已經約會了吳老爺一路兒蕩去,你去打聽打聽,鄭少爺在屋裏沒有?

【C】哈,我已經約吳老爺一淘去白相个者,儂去打聽打聽,鄭少爺拉屋裏否?

【E】悟,我已經約定吳老爺一齊去逛,你去打聽吓,鄭少爺喺唔喺?

【F】乙唔,我請倒吳先生同我去,你去問吓,鄭先生喺屋跐唔喇?

【A】我剛纔看[①]見他出門去了,巧了,是沒在屋裏。那麽你拿出我的衣服來罷。

【B】我剛纔看見他出門去了,奇了,是沒在屋裏。那麽你拿出我的衣服來罷。

【C】刻刻我看伊出門个,所以一定勿拉屋裏者。我个衣裳儂去担出來。

【E】我就先見佢出街,怕唔喺屋唫咯。噉你攞我嘅衣服出嚟喇。

【F】甲我就至睇見佢出街,大約唔喺屋跐咯。乙哦,擰我嘅衣服出嚟喇。

【A】是,要甚麽衣裳[②]? 要西國的衣裳。您是穿氈子的好,是穿布的好?

【B】是,要甚麽衣服? 要西國的衣裳。您是穿氈子的好,是穿布的好?

【C】要啥衣裳? 要洋衣裳。著呢个好,還是布个好?

【E】係,要乜野嘅呢? 要西國衣服。你係着絨嚱,嗅布嘅呢?

【F】甲先生要乜野衣服呢? 乙要西裝嘅。甲要箇脫絨布嘅夏布嘅呢?

【A】今兒天氣凉一點兒,可以拿那件原青的絨褂子,和那條藍白線兒的布褲子來罷。

【B】今日天氣凉一點兒,可以拿那件原青的絨掛子,和那條藍白線兒的布褲子來罷。

【C】今朝天氣陰凉,担箇件玄青个絨馬褂子,搭之藍白線个布褲子味者。

【E】今日天氣凉啲,擰個件元青絨衫,共個條藍白線布褲嚟。

【F】乙今日天氣較凉,你搵箇件元青絨褂,同嗰條灰色柳條布褲出嚟罷喇。

【A】是,老爺看一看,坎肩兒、汗褟[③]兒,是要這兩件不是?

【B】是,老爺看一看,坎肩兒、汗褶兒,是要這兩件不是?

【C】吧,老爺,小布襖咾布衫要否?

【E】係,老爺睇吓,背心、汗褟,係愛呢兩件唔係?

【F】甲請先生睇吓,係要呢件背心共嗰件汗衫唔呢?

【A】啊,這副鈕子我很不愛,你換那副水晶的來罷。

【B】啊,這副扣子我很不愛,你換那副水晶的來罷。

【C】哈,箇副鈕子我極勿相信,儂去換副水晶个來罷。

【E】阿,呢副鈕我好唔中意,你換過個副水晶嘅嚟。

【F】乙啊,呢副鈕我唔中意,你攞過副水晶鈕喇。

【A】這個領子漿得[④]這麼軟,而且這上頭的泥也沒洗掉,又是翻過來熨的。

【B】這個領漿得這麼軟,而且這上頭的泥也沒洗掉,又是翻過來熨的。

【C】箇个領頭漿來軟來,而且上面个垙還勿曾淨脫个哩,又是翻轉燼拉个。

【E】呢條領漿成咁軟,而且上頭啲泥都未洗甪,又唔反過嚟熨吓。

【F】甲呢條領熨得咁軟,的汙糟又冇洗甪,熨時反轉嚟熨。

【A】明兒洗衣服的[⑤]再來的時候,你告訴他說,得留點兒神洗。

【B】明天洗衣服(的)再來的時候,你告訴他說,要留點兒神洗。

【C】明朝淨衣裳个來,儂對伊話,淨起來小心點。

【E】聽日個洗衣服嘅嚟,你話過佢聽,要留心啲洗。

【F】聽日箇洗衣佬嚟,你話佢知,洗衣服要小心。

【A】還得多用點兒粉子漿,噴上水,叫他好好兒的拿熨斗熨一熨,那纔能周正了。

【B】還要多用點兒粉子漿,噴上水,叫他好好兒的拿熨斗熨一熨,那纔能周正的。

【C】還要漿來硬點,噴之水咾,担熨斗來燙一燙,挺括點。

【E】重要叫佢俾多啲漿,噴吓水,好好的擰個熨斗嚟熨吓,噉致得歸一嚿。

【F】槳野要用多的粉,噴水箇時,用熨斗熨到佢好至得妥當。

【A】靴子是拿那雙短靿子的來罷。是。襪子這兒破了一點兒,叫丫頭找一塊補釘給補上。

【B】靴子是拿那雙短靿子的來罷。是。襪子這裏破了一點兒,叫丫頭找一塊布將他補上。

【C】靴担箇雙短梁个來。吔。襪有眼破者,教丫頭尋點布來補个補。

【E】擰個對短啲桶嘅靴嚟喇。係咯。隻襪呢處有啲爛,叫個妹仔搵塊布補翻佢。

【F】攞對鞋出嚟喇。甲係咯。乙呢的襪要補至得嘛,話過箇亞嬸[或侍婢]知,攞的布加入去補好佢喇。

【A】是。你先別走,在這兒服侍我穿上衣裳。

【B】是。你先莫走,在這裏照應我穿了衣裳。

【C】是者。儂勿要走開,等拉相帮我着衣裳。

【E】係。你咪個行,俟喺處伺候我着衣服。

【F】甲係咯。乙冇咁快去,你喺處等吓,幫我着好衣服喇。

【A】你現在要上那兒去？給老爺雇車去。不用雇車去，離這兒不遠，我可以走着去罷。

【B】你現在要往那裏去？和老爺去雇車。不用去雇車，離這裏不遠，我可以走得去罷。

【C】現在儂要到那裡去咾？替老爺叫車子去。勿要叫者，遠得勿多路，走之味者。

【E】你而家要去邊處呀？同老爺叫車。唔使叫咯，離呢處冇遠啫，可以行路去都做得。

【F】你想去邊處吖？甲我去同先生僱定駕車。乙唔使呀，冇幾遠，我行得嘅。

【A】坐車去到(倒)是體面些兒。那麽等我穿好了衣服，再雇去還不晚哪。是。

【B】坐車去到(倒)是體面些兒。那麽等我穿好了衣服，再去雇還不晏哪。是，

【C】坐車子去味體面點。格味等我著之衣裳咾，去叫來得及哩。是者。

【E】坐車去似乎體面啲。噉你等我着好衣服，再去叫都唔遲喇。係。

【F】甲坐車較體面喇。乙我着好衣服，重有大把時候去僱車喇。甲係咯，先生。

【A】拿鞋拔子來，把褲脚兒給往下擹一擹，拿一塊手帕子和那個金表來。

【B】拿鞋拔子來，把褲脚兒ㄔ往下拉一拉，拿一個手帕兒和那個金表來。

【C】担鞋拔子來，褲子脚下面擹一擹，担一條手巾咾金表來。

【E】擰個鞋抽嚟，共我搖好吓個啲褲脚，擰條手巾共個金表嚟。

【F】乙擰箇鞋抽俾我喇，掹箇褲脚落的，擰條手巾仔共埋箇金錶俾我。

【A】老爺要烟荷包不要？要。你回頭把我脫下來的東洋衣裳給[⑥]疊起來,可別拿刷子刷。

【B】老爺要煙荷包不要？要。你回頭把我脫下來的東洋衣裳快疊起來,別(却)莫拿刷子刷。

【C】老爺烟荷包要否？要个。儂去担我脫下來个東洋衣裳摺起來,勿要担毛刷來刷。

【E】老爺要煙包唔要？要呀。你回頭摵我脫落個件東洋衫摺好佢,千祈咪擰刷嚟刷嚐。

【F】甲先生,要呂宋煙盒唔呢？乙係呀。你摺埋我脫日本衣服喇,記得擦好佢嚐。

【A】是,老爺再畧等一等兒,這兒有一塊縱着了,得拉一拉。都舒展開了麽？都舒坦了。

【B】是,老爺再略等一等兒,這裏有一塊縐倒了,要拉一拉。都熨貼的了麽？都熨貼了。

【C】是者,老爺等一等,還有一塊皺拉哩,要攤一攤。儕挺沒？挺括者。

【E】係,請老爺等吓,呢處有啲皺埋,要搣好吓致得。整好喇嗎？都整好咯。

【F】甲係咯,先生等一陣喇,你衣服有的皺紋,要搵正至得。乙而家搵到正喇嗎？甲係,好正咯。

【A】那麽我在某老爺屋裏坐着去,竟等着你雇車來罷。是。

【B】那麽我在某老爺屋裏坐着去,竟等着你雇車來罷。是。

【C】我現在到某老爺搭去坐歇,等儂叫車子來。吗,曉得者。

【E】噉而家我去某老爺公館坐吓,等你叫車嚟。係咯。

【F】乙唔,我去某人嘅房嚟坐,等你僱車嚟喇。甲哦,係咯。

【注解】

① 按:看,A1 作“瞧”,甚确。

② 按:衣裳,A1 作“衣服”。

③ 按：禑，A1 作"褶"。

④ 按：得，A1 作"的"。

⑤ 按："的"字，A1 無。

⑥ 按：給，A1 作"快"。

## 3 第六章（第六課　僱私家車）

【A】回老爺，車來了。你告訴他說，先到交民巷，起那兒再上琉[1]璃廠，我要買點兒古玩去。

【B】回老爺，車來了。你告訴他說，先到交民巷，從那裏再往玻璃廠，我要去買點兒古玩。

【C】老爺，車子來拉者。儂對伊話，先到交民巷，後來到琉璃廠，我要買點古玩物事去。

【E】回老爺，車嚟嘞。你話過佢聽，先到交民巷，由個處再去琉璃廠，我要買啲古玩。

【F】甲先生，箇駕車嚟到嘞。乙呌佢先到交民巷，由嗰處去琉璃廠，我想買的古玩。

【A】是，老爺若是在那兒有躭悮兒，我想莫若就雇一送兒倒好。

【B】是，老爺若是在那裏有躭悮的，我想莫若就雇送去的倒好。

【C】是者，老爺若使箇面要躭擱个，我想單單教伊送到罷。

【E】係，老爺若係喺個處有躭擱，我話不如講一送嘅重好。

【F】甲哦，係咯。如果先生喺嗰處有躭擱，我估的車，最好呌一送呀。

【A】還是雇來回的好，免得又累贅。你雇的這個車乾淨不乾淨？車箱兒大小？騾子好不好？

【B】還是雇來回的好，免得又累贅。你雇的這個車乾净不乾淨？車箱兒是大是小？騾子好不好？

【C】教伊轉回个好，省之囉嗦者。儂叫拉个車子乾淨否？車廂大否？騾子好勿好？

【E】重係講來囘好,免致累贅。你叫呢駕車乾淨唔乾淨？車箱大嗅細？隻騾好唔好？

【F】乙唔係,要講來回至得,免致費事呀。你僱箇駕車乾淨嗎？裏頭大啲細呢？箇隻騾係好嘅嗎？

【A】都好,今兒雇的不是那站口子的車。那麼是跑海[②]的車麼？也不是,是宅門兒的車。

【B】都好,今天雇的不是那站口子的車。那麼是(跑海)的車麼？也不是,是公館裏的車。

【C】儕好个,今朝叫拉个勿是路上便車。是野雞車呢啥？勿是,人家宅裡个車子。

【E】樣樣都好,今日叫唔係站頭嘅車。噉樣係散站嘅車咩？都唔係,係長班嘅車。

【F】甲樣樣都甚好,今日箇駕車,唔係由站口僱嘅。乙噉就佢到處都去得嗎？甲又唔係,嗰樣車係私家車呀。

【A】宅門兒的車,怎麼能拉買賣呢？是因爲他們老爺沒差使,怕牲口閒出毛病來,所以叫趕車的套出來拉一天買賣。

【B】公館裏的車,怎麼能拉買賣呢？是因爲他們老爺沒差使,怕牲口閒出毛病來,所以叫趕車的套出來拉一天買賣。

【C】宅裡个車子味,那能亦做生意个呢？因爲伊拉老爺無得差使,常怕牲口出毛病,故所以放出來做一日生意。

【E】長班車點樣做得生意呢？係因爲佢哋老爺冇差事,怕到將個啲牲口丟閒就噲生出毛病,所以叫車夫套出嚟做一日生意。

【F】乙私家車點樣可以受僱呢？甲噉嘅嗰駕車嘅主人現未得缺,怕到嗰隻牲口,冇工夫做,又噲發生毛病,就叫車伕帶佢出去,受僱一日嘅工。

【A】老爺不信,回頭瞧,不但騾子肥,車圍子、車褥子都是應時對景的,而且還有傍帳兒。

【B】老爺不信,等下兒看,不但騾子肥,車圍子、車褥子都是應時對景的,而且還有傍帳兒。

【C】老爺勿信味,去看一看,不但騾子壯,就是車衣、車褥儕鑾時路个,而且兩邊還有撐陽。

【E】老爺唔信,回頭個時睇吓吖,不但隻騾肥,連車篷、車褥都係頂趨時嘅,而且重有傍帳添。

【F】先生若係唔信,一陣間自己都睇得倒嘅咯,唔但止佢隻騾肥,連車蓋、墊褥都合天時,重有旁帳添。

【A】呵,那敢情是很好的了。還有一層,那趕車的若是個力把兒頭

【B】呵,那想情是很好的了。還有一層,那趕車的若是個(力把兒頭)

【C】吧,什介是頂好者。到底還有一樣,若使車夫咾火頭火腦

【E】哦,噉樣大概係好好嘅咯。重有一層,個車夫若係唔在行

【F】乙哦,車眞係好嘅。但重有一件,如果箇車伕係新手

【A】趕到了前門[③],走到石頭道上,可就把車竟往踐窩裏趕,把人碰的頭暈眼花

【B】趕到了門前,走到石頭路上,却就把車竟往(踐窩)裏趕,把人碰得頭暈眼花

【C】到之前門石頭路上,担車子打七高八底个戶蕩走,定見弄得人來頭昏腦悶

【E】駛到前門個啲石頭路處,就將車趕落車痕嘅坑裏頭處,令個人碰到頭暈眼花

【F】到前門嗰條石路,有車過嘅痕跡,就噲令箇駕車兩便轆,兩便㨢,令人頭暈

【A】連坐車的屁股蛋兒都可以給撴腫了。現在這個是個好手趕車的,決不至於這麼樣。

【B】連坐車的屁股蛋兒都被他撴腫了。現在這個是個好手趕車

的,决不至於這麼樣。

【C】連搭坐身地方儕要腫起來个[4]。箇个車夫好把手者,勿造至於什介个。

【E】連坐車嘅屎窟都俾佢撴腫咯。现在呢個車夫係個好手,斷不致噲噉樣。

【F】連箇臀都噲腫起嚟。甲啊,呢箇車伕好熟手,斷冇噉造作嘅。

【A】是多少錢雇的?跟他說妥了的,是六吊錢,連飯錢也在其內。

【B】是多少錢雇的?跟他說妥了的,是六吊錢,連飯錢也在其內。

【C】叫伊幾化銅錢?對伊話着實拉者,六百銅錢,飯錢亦拉起者。

【E】係幾多錢叫嚿?同佢講妥嘅咯,係六千錢,連飯食錢在內。

【F】乙佢要幾多銀呢?甲已定嘅價,係六毫子,連佢嘅食用包在內。

【A】趕老爺坐回來[5]的時候,若是天太晚了,再賞給他幾個酒錢也可以的。

【B】等老爺坐回的時候,若是天太晚了,再賞把他幾個酒錢也可以的,

【C】若使老爺轉來咾太晚味,再賞伊幾个酒錢亦可以个。

【E】如果老爺翻嚟得夜,我賞多幾個酒錢過佢就得喇。

【F】如果番嚟太夜,可以加多少酒錢過佢。

【A】小的不用跟老爺去麼?哼,你可以胯(跨)[6]在車沿兒上,跟了我去罷。是。

【B】小的不用跟老爺去麼?哼,你可以跨在車沿兒上,跟了我去罷。是。

【C】我阿要緊跟老爺去否?儂䟫拉車子上跟我一淘去罷。

是者。

【E】小的唔使跟老爺嚹嗎？悟，你可以坐住車邊，跟我去喇。係。

【F】先生要我同去嗎？乙哦，你可以坐車面前嘅座位同去吖。甲係咯。

【A】你先把那塊花洋氈子拿到車裏頭去鋪好了罷。你不是有兩頂官帽兒麽？

【B】你先把那塊花洋氊子拿到車裏頭去鋪好了罷。你不是有兩頂官帽子麽？

【C】儂担箇塊西洋花氈單放拉車子上舖好之。阿是儂有兩只官帽是否？

【E】你搣個張花洋氈擰去車裏頭鋪好佢。你唔係有兩頂紅纓帽咩？

【F】乙先鋪開箇張染色嘅毡喇。你唔係有兩頂官帽？

【A】你可以借[⑦]給趕車的一頂戴罷。是。老爺上車，不要板凳兒麽？

【B】你可以把趕車的一頂戴罷。是。老爺上車，不要板凳兒麽？

【C】一只借拉車夫戴之。是者。老爺上車子，踏脚櫈要否？

【E】可以擰一頂嚟借俾個車夫戴吖。係咯。老爺上車，唔要張橋櫈咩？

【F】可以借一頂俾車伕吖。甲係咯。先生上車，要櫈唔呢？

【A】哼，要，你拿脚把板凳兒那頭兒踹住了罷。啊，你快把棍子取來。

【B】哼，要，你拿脚把板凳兒那頭踹住了罷。啊，你快把棍子拿來。

【C】要个，担儂个脚箇頭踏住拉。快點我根杖去尋來。

【E】要呀，你搣脚踹住橋櫈呢頭。阿，你快啲擰鞭杆嚟我。

【F】甲好,係呀。張櫈嗰邊,你用脚踹定佢。啊,你快的攞我枝鞭杆。

【A】小的拿來了,遞給您,您就掖在氈子底下就得了。哼,你快上車罷。吆喝罷。

【B】小的拿來了,遞把您。您就放在氈子底下就好了。哼,你快上車罷。(吆喝)罷。

【C】吧,來者,担去放拉氈單底下罷。哈,儂快點上車,喊朝前。

【E】小的擰嚟咯,老爺,搣佢擟喺張氈底下就得喇。悟,你快啲上車喇。

【F】甲我帶咽嚟咯,噚,喺處,擠張毡底下好嗎?乙噉就快的上車喇。甲起行喇。

【注解】

① 按:琉,A1 作"玻"。B 本同。

② 跑海:指沒有固定地點,四處招攬活的車。與之相對的是"站口子""路上便車""由站口僱嘅",指有相對固定的地點,等主顧找過來雇傭的車。

③ 按:前門,A1 作"門前",B 本同。

④ 嚇,滬語語氣詞用字。

⑤ 按:A1 無"來"字,B 本同。

⑥ 按:胯,A1,作"跨",B 本同。于文義較勝。

⑦ 按:A1 無"借"字,B 本同。

## 3 第七章(第七課　病遇西醫)

【A】來。喳。今天我有一點兒不舒服,先生來了告訴他說,我今兒個[1]不用功,因爲我不舒服,也不用讓他進來坐着了。是。

【B】來。(喳/是+。)今天我有一點兒不舒服,先生來了告訴他說,我今天不用功,因爲我不舒服,也不用請他進來坐着呢。是。

【C】走來。吧。今朝我有點勿舒徐,先生來之對伊話一聲,我讀勿動,因爲勿自然咾亦勿必得讓伊進來坐拉者。

【E】嚟。哦。今日我有啲唔舒服,先生嚟你就話佢聽,我今日唔讀書喇,因爲我唔舒服,可以不必請佢入嚟坐咯。係。

【F】甲亞乜。乙哦,先生。甲今日我覺得唔係幾精神,先生嚟你話佢知,我唔舒服,今日唔用功,你唔使帶先生入嚟吖。乙係咯。

【A】你把那凳[②]子拿過來,把烟盤兒擱在上頭。今兒早起我不吃點心,竟拿嘎啡來就得了。

【B】你把那櫈子拿過來,把烟盤兒擱在上頭。今天早晨我不吃點心,竟拿嘎啡來就是了。

【C】箇只櫈儂担過來,拿烟盤放拉上。今朝早辰點心我勿要吃,單單拿之加非味者。

【E】你去揸張櫈嚟,摵副煙盤丟上去。今朝早我唔吃點心,靜唔揸啲喋啡嚟我就得嘛。

【F】甲揸埋箇張櫈喇,擠煙盤喺櫈上。今朝唔食早餐,揸的咖啡俾我。

【A】再去吩咐廚子,不必給我預備飯,就給我熬一點兒粳米粥。

【B】再去吩咐廚子,不必和我預備飯,就和我熬一點兒粘米粥。

【C】再告訴厮司,勿要緊替我預備中飯,不過燉口薄粥。

【E】再去吩咐個廚子,吽佢唔使預備我嘅飯,同我煲翻啖老米粥。

【F】吽箇廚子,唔使做餐,但煲的粥嚟,要煲到脸。

【A】要爛爛兒的,可別把米粒兒弄碎了,要不稀不稠,匀溜的纔好。是。

【B】要爛爛兒的,却莫把米粒兒弄碎了,要不稀不稠,匀匀的纔好。是。

【C】米粒頭弄弄碎,勿要太薄咾太厚,中中教頂好。是者。

【E】要煲得爛爛吡,總係吽佢唔好摵啲米整碎,要煲成啲粥不稀不穛致好。係咯。

【F】的米粒咪爛,唔好太稠,又唔好太稀呀,大約糖膠咁結喇。

乙係咯。

【A】你給我把被窩再往上蓋一蓋。是。老爺這陣兒好點兒了麼?

【B】你替我把被窩再往上蓋一蓋。是。老爺這陣兒好點兒麼?

【C】儂替我被窩上蓋蓋好。是者,老爺現在好點否?

【E】你摵我張被再鋪上嚟啲。係,老爺而家好啲嘞嗎?

【F】甲同我拉呢張珠被上的。乙先生,而家見好的嗎?

【A】剛纔您吗買的那花兒,已經買來了,插在那個汝窰花瓶裏好不好?

【B】剛纔您吗買的那花兒,已經買來了,插在那個(汝)窰花瓶裏好不好?

【C】刻刻教我買花,買之來者,插汝窰花瓶裏好勿好?

【E】就先你吗買個啲花,已經買倒嘞,插落嗰個汝窰花瓶處,好唔好呀?

【F】你頭先定嘵箇的花,已經到咯,我插落箇汝窑瓶處,好唔好呢?

【A】可以的,現在我的腦袋還是覺着沉,又有點兒惡心。

【B】可以的,現在我的腦袋還是覺着沉重,又有點兒惡心。

【C】好个,我个頭腦子現在覺着惛惛沉沉,又有點惡心。

【E】好吖,现在我重覺得有啲頭重嗽,又見有啲作悶添。

【F】甲係,做得咯。我而家仍然覺得頭重,又想作嘔。

【A】你趕緊的拿我的名片,到我們公館,快請用吉大夫去。

【B】你趕緊的拿我的名片,到我們公館,快請用吉醫生來。

【C】快點担我片子,到伲公舘裏,去請用吉郎中來。

【E】你快啲擰我個名片,到我公館,趕住請嗰位用吉先生嚟。

【F】你快擰我嘅名片,去公使館,請用吉醫生嚟喇。

【A】那位用吉大夫是出馬麼？不出馬，這是交情的事情，而且他的醫道是最高。

【B】那位用吉醫生也出街麼？不出街，這是交情的事情，而且他的醫道是最高。

【C】用吉郎中出門看病个麼？勿出門个，箇个是朋友情分，而且伊本事極好。

【E】呢位用吉先生係出轎嘅咩？唔係出轎嘅，呢啲不過講交情嘅啫，而且佢嘅醫道係最高。

【F】乙用吉醫生有上門診症嘅咩？甲唔係嘅，大家好朋友，係講交情嘅啫，而且佢箇的醫道最高。

【A】到這兒日子雖不多，在這京裏可是很出名的。

【B】到這裏日子雖不多，在這京裏却是很出名的。

【C】雖然伊到此地日脚勿多，到底京裏伊个名聲響極者。

【E】到呢處雖則冇耐，但係喺京裏頭已經極出名咯。

【F】嚟呢處冇幾耐，但在京[或平]算好出名嘅咯。

【A】不錯，我也聽見中國老爺們說過，用吉大夫的醫藥靈極了。

【B】不錯，我也聽見中國老爺們說過，用吉醫生醫藥靈極了。

【C】勿錯，我亦聽見中國老爺們話過歇，用吉郎中个看病實在靈驗得極。

【E】冇錯，我亦聽見中國啲老爺講過，話呢個用吉先生嘅醫藥極靈驗嗷話。

【F】乙係眞嘅，我都聞得華人斯文家，話用吉醫生脈理用藥，有奇妙嘅功效呀。

【A】可有一層，中國人和他有交情的，常請他出去瞧病。

【B】却有一層，中國人和他有交情的，常請他出去看病。

【C】還有一樣，中國人搭伊相交个，常常請伊去看病。

【E】但係有一層，中國人同佢有交情嘅，常請佢去睇脈。

【F】甲但有一件，佢嘅華人朋友，時常請佢診脈。

【A】所以在家的時候少,就怕你這個時候去撲空。
【B】所以在家的時候少,就怕你這個時候去跑空。
【C】故所以拉屋裏个時候少,我怕儂箇回去勿要白去。
【E】所以佢喺唸嘅時候少,就怕你呢陣去枉行𠺝。
【F】故此佢甚少在家,怕佢去都係徒勞啫。

【A】好在老爺的病也不重,若是他不在家,就請個別的大夫來瞧瞧罷。

【B】好在老爺的病也不重,若是他不在家,就請別的醫生來看看罷。

【C】造化老爺个病勿重,若使伊勿拉屋裏味,就請別个郎中來看看罷。

【E】好在老爺嘅病唔係重,若係佢唔喺唸,就請過第個先生嘅睇吓就喺喇。

【F】乙好彩先生嘅病唔係幾交關,如果佢唔喺屋跦,另請別位醫生好唔好呢?

【A】哼,那時候你請個中國大夫來也使得。
【B】哼,那時候你請個中國醫生來也可以。
【C】什介儂請个中國郎中亦使得。
【E】悟,個陣你去請個唐醫生嚟都做得。
【F】甲如果係噉,你就請箇華人醫生,都可以嘅。

【A】我們的大夫都是行本地的醫道,不通外國的醫術。
【B】我們的醫生都是行本地的醫道,不通外國的醫術。
【C】伲搭个郎中儕是本地看法,外國看法勿明白个。
【E】我哋先生都係使翻本地嘅醫道啫嚩,唔曉(曉)外國醫理嘅呀。
【F】乙我哋華醫係照本國嘅醫術,唔同西法嚩。

【A】您請施醫院的德大夫來治,那不很妙[③]麼?
【B】您請施醫院的德醫生來治,那不很好麼?

【C】倒勿如去請施醫院个郎中德先生來看看,好否?
【E】不如請施醫院個位德先生嚟睇吓,豈唔係重好咩?
【F】請施醫院嗰位德醫生嚟診,怕重好啩?

【A】哼,那麼也好。回老爺,巧極了,用吉大夫望看您來了。
【B】哼,那麼也好。回老爺,巧極了,用吉醫生看看您來了。
【C】箇倒亦無啥。老爺,巧極,用吉郎中來替老爺看病者。
【E】悟,噉都好。回老爺,湊巧極嘞,用吉先生啱嚟探你。
【F】甲唔,都好。乙啊,先生得咁啱嘅,用吉醫生親自嚟拜候嚇。

【A】這實在是造化了。快請進來,你可以預備酒和點心。老爺,開甚麼酒?
【B】這實在是造化了。快請進來,你可以預備酒和點心。老爺,開甚麼酒?
【C】固是實在造化。快點請伊進來,儂去預備點酒咾點心。老爺,開瓶啥个酒?
【E】噉眞正係好彩咯。快啲請佢入嚟喇,你急啲去預備啲酒共點心。老爺,開乜野酒呢?
【F】甲眞好彩咯。你卽時請佢入嚟,又豫備的酒共點心喇。乙先生,要我開乜野酒呀?

【A】開三賓酒罷,紅酒若有也拿來罷。點心和菓子,瞧有甚麼,就可以拿甚麼來。
【B】開三賓酒罷,紅酒若有也拿來罷。點心和菓子,看有甚麼,就可以拿甚麼來。
【C】開瓶三賓酒罷,紅酒有拉味亦担來。點心咾菓子,看來有啥,担啥來味者。
【E】開三邊酒喇,有紅酒都一氣[4]擰嚟。點心共埋菓子,睇有乜野,就擰乜野嚟喇。
【F】甲開的三賓酒,如有紅酒又擰埋嚟,睇過有乜果子、點心,都搬出嚟喇。

【A】是。老爺,那把酒鑽是老爺收着了麼?

【B】是。老爺,那把酒鑽是老爺收着了麼?

【C】曉得者。開酒瓶个螺螄鑽老爺收拉是否?

【E】老爺,個把酒鑽係你收埋嗎?

【F】乙先生,你嘓箇酒鑽,係鎖住唔呢?

【A】是,在那櫃子裏頭槅板兒上了,和趕錐在一塊兒了。拿茶來。喳。

【B】是,在那櫃子裏頭槅板兒上,和趕錐在一塊兒的。拿茶來。(喳/是。十)

【C】是个,拉踏板上櫃裏,搭之研鑿一淘拉。担茶來。吅。

【E】係,喺個櫃裏頭熨板上,同個錐喺埋一起。攞茶嚟。哦。

【F】甲喺櫃至高箇槅,近住螺絲批嘓處。擰茶嚟喇。乙係咯。

【A】斟酒。是。拿烟捲兒來。你替我送送這位老爺罷。

【B】斟酒。是。拿烟捲兒來。你替我送送這位老爺罷。

【C】釃酒。是者。担捲紙烟來。儂替我送送箇位老爺。

【E】斟酒。係咯。擰呂宋烟嚟。你替我送吓呢位老爺。

【F】甲斟酒喇。乙哦。甲擰的呂宋煙嚟。又甲送呢位醫生出去喇。

【A】是。大夫走了,叫我告訴您說,那麪子藥叫分三回吃,務必要臨睡的時候吃纔好。

【B】是。醫生走了,叫我告訴您說,那麪子藥叫分三回吃,務必要臨睡時候吃纔好。

【C】吅。郎中去者,教我對老爺話,散藥分做三回吃,睏个前頭味頂好。

【E】係。先生去嘞,叫我話俾你聽,個啲藥散分開三次食,是必要臨瞓個時食致好。

【F】乙係咯。醫生去嘵咯,佢吩咐話,箇的藥散,分三四服,要將近瞓箇時至食。

【A】還說叫忌生冷。怎麽剛纔他沒告訴我說呀？怕大夫是纔想起來罷。

【B】還說要忌生冷。怎麽剛纔他沒告訴我說呀？怕醫生是纔想起來罷。

【C】又話要忌生冷个物事。那得刻刻伊勿替我話呢？勿要伊如即想着咾。

【E】重話叫戒生冷。做乜佢先時唔對我講呢？怕係先生就致想起嘅啫。

【F】佢又話，要戒生冷㗎。甲做乜佢先頭唔講我聽呢？乙怕佢就至想起嘅啫。

【A】那麽，趕晚上你服侍我吃就是了。是。老爺喝粥不喝呢？

【B】那麽，等晚上你照應我吃就是了。是。老爺喝粥不喝呢？

【C】格味，夜快點吃起來儂想(相)幫我。是者。老爺粥要吃否？

【E】噉樣，等晚黑你伺候我食就喺喇。係咯。老爺你吃粥唔吃呢？

【F】甲噉，你今晚整便俾我喇。乙係咯。先生而家食的粥嗎？

【A】得了就拿來罷，把梨也拿來。老爺，大夫不是叫忌生冷了麽？

【B】好了就拿來罷，把梨也拿來。老爺，醫生不是叫忌生冷了麽？

【C】要个，儂担來味者，生梨亦担來。老爺，郎中話拉忌生冷个物事耶？

【E】煲好你就嚟擰(擰嚟)喇，將雪梨都一氣擰嚟。老爺，先生唔係吩咐話戒生冷咩？

【F】甲如果豫備好，就揈入嚟喇，揈埋的雪梨添。乙醫生唔係話過要戒生冷咩？

【A】哼，那麽就不要了。是。

【B】哼，那麽就不要了。是。

【C】格味勿要担來。是者。

【E】悟,噉就唔要咯。

【F】甲唔,噉就唔食係喇。乙哦。

【注解】

① 按:A1 無"個"字,B 本同。

② 按:A1"凳",作"櫈",B 本同。

③ 按:A1"妙",作"好",B 本同。

④ 按:一氣,副詞,一連,一同。

## 3 第八章(第八課 夫婦旅行)

【A】過兩天我要上居庸關去,回頭的時候,就順便遶到西山去。

【B】過兩天我要往居庸關去,回頭的時候,就順便遶到西山去。

【C】隔二日我要到居庸關上去,轉來个辰光,順便到西山去白相。

【E】過兩日我要去居庸關,翻轉頭個時,就順便運去西山。

【F】甲呢兩日間我想去居庸關[英譯作南口關],番嚟順繞道西山。

【A】逛一逛那一帶那有好景致[①]的地方,然後再回來,你願意跟我去麼?

【B】玩一玩那一帶如有好景緻的地方,然後再回來,你願意跟我去麼?

【C】箇搭一排地方秃是好景緻,遊之一轉,然後歸來,儂肯同我一淘去否?

【E】逛一逛,睇吓個一帶有乜好景緻嘅地方,然後致翻嚟,你中意跟我去唔呢?

【F】睇吓嗰處附近嘅好風景,至番屋踮,你中意同去唔呢?

【A】怎麼不願意去呢?就是老爺赴湯投火去,我也要跟了去的。

【B】怎麽不願意去呢？就是老爺赴湯投火，我也要跟了去的。

【C】有啥勿肯？就是老爺教我跻拉湯裏跳拉火裏，我亦要跟去个。

【E】點敢話唔中意呢？就係老爺赴湯踏火，我都要跟埋去嚿。

【F】乙一定中意喇。如果先生赴湯蹈火，我都願同去嘅。

【A】你從前上那兒去過沒有？是，去年跟着別位老爺去過一盪。

【B】你從前到那裏去過沒有？是，去年跟着別位老爺去過一回。

【C】儂前頭箇搭去過歇否？前頭跟之別位老爺去歇一輈。

【E】你從前去過個笪唔曾呀？係，舊年跟過一位老爺去嘵一囘。

【F】甲舊時去過嗰處未呢？乙去過嘞，舊年同第位先生去過一回咯。

【A】老爺是打算坐轎子去呀，還是騎牲口去呢？我是怎麽着都行。

【B】老爺是打算坐轎子去呀，還是吃(騎)牲口去呢？我是麽的都行。

【C】老爺打算坐轎子去呢，還是騎牲口去？爲我本來隨便味者。

【E】老爺打算坐轎去吖，噑騎牲口去呢？我係點都啱。

【F】先生想坐轎去，啵騎馬呢？依我嚟計，點樣都好。

【A】這盪打算要帶太太逛去，所有應用的各樣兒的傢伙，你先都說給我聽聽。

【B】這回打算要帶太太玩去，所有應用的各樣兒的傢伙，你先都說把我聽聽。

【C】到底箇回打算領太太一淘去，所以應用各樣个傢伙，儂先對我話話看。

【E】呢囘打主意同埋太太去逛吓,所有應該帶去使嘅野,你都先講俾我聽吓。

【F】但我打算帶埋師奶去呀,應用什物,你豫先講我知喇。

【A】既然太太也要去,那實在得多帶些個東西。怎麽呢?

【B】既然太太也要去,那實在要多帶些個東西。怎麽呢?

【C】既然太太亦要去,東西自然要多帶點个。啥咾呢?

【E】既然太太都要去,就實在要帶多的野咯。何解呢?

【F】乙師奶同去,一定要帶多的野呀。

【A】從這兒起身,一住店,有一件老爺想不到得用的東西,爲太太可是很要緊。

【B】從這裏起身,一住店,有一件老爺想不到要用的東西,爲太太却是很要緊。

【C】比方此地動身,到之客寓裏,有樣把[②]老爺想勿到个物事,爲太太十分要緊个。

【E】打呢處起程,一住店,就有件老爺想唔出嘅野,係太太確實好緊要嘅。

【F】我哋一起程後入到旅店,有一件先生想唔到,但是必要用嘅,係師奶好緊要嚐。

【A】就是太太忽然若是走動的時候,怕是沒有個方便地方。那麽[③]怎麽着好呢?

【B】就是太太忽然若是走動的時候,怕是沒有個方便地方。那個怎麽的好呢?

【C】就是太太忽然有起罷,勿得个事體來者,恐怕無得便當个地方。格味那能之味好呢?

【E】因爲怕到太太忽然有乜走動嘅時候,地方唔得便。噉點樣好呢?

【F】即係佢一行動,怕有乜方便地點嚐。甲噉有乜法子呢?

【A】我們這兒的娘兒們走路的時候，都是自己帶着個馬桶，所以這盪也得帶着那樣兒東西。

【B】我們這裏的婦女們走路，都是自己帶着馬桶，所以這回也要帶着那樣兒東西。

【C】伲此地女眷行路，馬桶儕自家帶个，所以箇回第樣物事我想要担个。

【E】我哋呢處啲堂客出門之時，總係自己帶住個馬桶，所以呢回亦要帶呢件野。

【F】乙我哋華人女界，自己帶馬桶，呢回我哋都要帶嗽嘅野。

【A】若不然，就帶上一塊很寬很長的布，再拿上四根竹杆子。

【B】若不然，就帶上一塊很寬很長的布，再拿上四根竹杆子。

【C】若使勿什介，帶一塊長點咾闊點个布，再担四根竹頭。

【E】如果唔係，就要帶塊闊長嘅夾布，再擰四枝竹。

【F】或帶一張好寬闊嘅布，共四條竹。

【A】趕到了[④]店裏住下之後，可以在院子裏掮起一個帳房來當茅厠也使得。啊，敢情還有這麼件不方便的事情哪。

【B】等到店裏往(住)下之後，可以在院子裏掮起一個帳房來當茅廁也做得。啊，原來還有這麼件不方便的事情哪。

【C】住拉寓裏之後來，就拉天井裏撐一个棚棚來做茅廁亦使得个。吧，有什介勿便當个事體麽？

【E】等到咽店住落之後，可以喺天井裏頭搵起嚟當厠坑亦都做得。哦，原來重有件咁唔便嘅事嗅。

【F】我哋一入棧，揀笪地方嚟做小房都可以嘅。甲嗽怕有第樣唔方便嘅事，都未可料咯。

【A】我還告訴老爺說，別說是鋪蓋傢伙得帶上，就連太太吃[⑤]的東西，也得多帶些個去。

【B】我還告訴老爺說，莫說是鋪蓋傢伙要帶上，就連太太喫的東西，也要多帶些的去。

【C】我再替老爺話,勿必説起鋪蓋咾啥要帶去,就是太太吃个東西,亦要帶去。

【E】我重話過老爺聽,不但話鋪蓋什物要帶,就連埋太太吃嘅野,都要帶多啲致得。

【F】乙係呀。我話先生知吖,要帶被鋪同各物,及帶多的野俾師奶食。

【A】倘或老爺要上湯山洗澡去,那就得多躭悮幾天工夫了,在那兒住着,用的東西自然是更得多了。

【B】倘或老爺要往湯山洗澡去,那就要多躭悮幾天工夫了,在那裏住着,用的東西自然是更要多了。

【C】倘使老爺要到山上去淨淨浴,拉箇面多躭擱幾日,用个物事生拉[⑥]還要帶來多點哩。

【E】倘或老爺要上湯山洗身,就噲喺個處躭擱幾日咯,喺個處住嘛,使嘅野自然更要多喇。

【F】若係番嚟,你想去湯山洗身,又耽擱多幾日,必要多的野嚟用喇。

【A】那麽明兒個你先雇停當了一頂轎子和一頭騾子,回頭你再細細兒的想一想。

【B】那麽明天你先雇停當了一頂轎子和一匹騾子,回頭你再細細兒想一想。

【C】格味明朝儂呌一頂轎子一只騾子,仔細再想想看。

【E】噉聽日你先呌妥頂轎同一隻騾,回頭再仔細想吓。

【F】甲噉明日先僱定轎共隻騾,後來俾心機想吓。

【A】得帶甚麽吃的,你就都預備出來,裝在一個簍子裏,爲得是帶着方便。

【B】要帶甚麽吃的,你就都預備出來,裝在一個簍子裏,爲的是帶着方便。

【C】帶啥个吃个物事,預備起來,裝拉一只伙食籃裏,担起來便當點。

【E】要帶邊樣食嘅野,你就通共執出嚟,裝埋落一個籮處,因爲帶住啲便當得多嘅。

【F】要帶乜野食品,就執齊,俾箇笠裝住,便於帶去喇。

【A】是,這帶東西的那層,老爺倒不必操心,有小的了。

【B】是,這帶東西那層,老爺倒不必操心,有小的了。

【C】是者,帶箇个東西,老爺放心味者,有我拉个。

【E】係咯,噉帶野呢層,老爺唔使操心,小的噲打理啲。

【F】z係咯,先生唔使掛箇的物件,因爲我都喺處。

【A】該帶去的東西和吃食,趕都歸着好了,小的單雇一輛車,都裝在車裏頭,

【B】該帶去的東西和吃食,等都歸着好了,小的單雇一輛車,都裝在車裏頭,

【C】要緊帶去个物事還有吃个東西,儕已經歸好拉者,我去叫部車子,担物事裝拉上之,

【E】該帶去嘅野同食物等件,都執拾好,小的單叫一架車,摵的野都裝嗺落車裏頭,

【F】箇的行李食品,執妥嗺,我就僱車,檢齊各物上車,

【A】小的又照看着東西,又坐車。那就都很妥當了。

【B】小的又照看着東西,又坐了車。那就都很妥當了。

【C】我坐之箇部車子咾照顧物事。乃味儕安當者。

【E】小的又坐車照料住各樣。噉就啱嗺嘅咯。

【F】我就顧住的野,順便坐車。噉就好妥當嘅喇。

【注解】

① 按:致,A1 作"緻"。

② 把,約數助詞,多用於南方話中。

③ 按:麼,A1 作"個"。

④ 按：A1 無“了”字。
⑤ 按：吃，A1 作“喫”。
⑥ 生拉：副詞，自然，天生。多用於南方話中。

## 3 第九章(第九課 卽日移居)

【A】啊，好容易我今兒纔租妥了①一所兒房子，本來是一個小廟，那個屋子可很乾淨，房②錢也不大。

【B】啊，好容易我今天纔租妥一處所房子，本來是一個小廟，那個屋裏却很乾净，錢也不多。

【C】今朝我租坎房子容易得極，本來是只小廟，箇座房子十分乾淨，房錢亦勿大。

【E】呵，幾多艱難今日致租成間屋，本來係間細廟嚟，個的房係好乾淨，屋租都唔貴。

【F】甲啊，眞係事幹多咯。但今日到底租妥一間屋，舊時做過小廟嘅，的房係好乾淨，箇的租錢亦唔貴呀。

【A】是在甚麼地方？有幾間屋子？在齊化門外頭，日壇西邊兒。

【B】是在甚麼地方？有幾間房子？在齊化門外頭，日壇西邊兒。

【C】拉啥地方？有幾間房子？拉齊化門外頭，祭日頭个壇基西面。

【E】係喺乜野地方？有幾多間房呢？係齊化門外，日壇西便。

【F】乙喺邊處呀？有幾多間房呢？甲喺齊化門外，日壇西便。

【A】我可不知道那個地方的地名兒叫甚麼。那房子是三間正房，有四間廂房。

【B】我却不曉得那個地方的地名兒叫甚麼。那房子是三間正房，有四間廂房。

【C】地方个名頭叫啥，我勿曉得。有三間正房，四間廂房。

【E】我確唔知到個笪地方叫乜野名。個間屋係三間正房,四間廂房。

【F】個笪地名,我唔知點叫呢？嗰間屋嘅大座,有三間正房,另外有四間廂房。

【A】還有兩間倒座兒,東[③]嘎拉兒裹有厨房和你們住的屋子。

【B】還有兩間倒座兒,東邊嘎拉兒裏有廚房和你們住的屋子。

【C】還有兩間倒座,東角裏灶間還有俉等个房子。

【E】重有兩間到朝,東便角駱頭有廚房同埋你哋住嘅房。

【F】重有兩間到朝房,東便角駱頭有廚房,又有一間房俾你住。

【A】茅房是我搬了去之後,我得找個地方蓋一間。那麽老爺打算多咱搬呢？

【B】茅房是我搬了去之後,我必找個地方蓋一間。那麽老爺打算多早搬呢？

【C】茅廁味且到搬去之後來,尋个地方來收作一間。格味老爺打算幾時搬呢？

【E】厠坑就要等我搬過去之後,搵笪地方嚟搭間。噉樣老爺打算幾時搬呢？

【F】搬入去之後,要搵地方做一間小房嚹。乙先生打算幾時搬呢？

【A】我打算今天就趕緊的挪過去,爲得是到那兒給房錢的時候,解月頭兒起好算。

【B】我打算今天就趕緊的挪過去,爲的是到那裏把房錢的時候,從月頭兒起好算。

【C】我想趕緊點,今朝就搬,後來付起房錢來,拉月頭上咾好算點。

【E】我想今日就趕緊搬過去嚹,爲因係到嗰邊俾租嘅時候,齊呢個月頭算起好計。

【F】甲我想今日就搬,越早越好,噉就由月初起計租。

【A】那麽小的今天趕緊的把東西先歸着歸着罷。哼,你[4]先把這零碎東西挪到院子裏去[5]

【B】那麽小的今天趕緊的把東西先歸着歸着罷。哼,您先把這零碎東西挪到院子裏

【C】格味我今朝忙煞能,担物事出理出理[6]起來。哈,儂先担零碎物事放拉天井裏

【E】噉小的而家就要趕緊將啲啲野執拾好囉嚕。悟,你先摵呢啲零碎野搬出去天井

【F】乙噉我要快的盡今日執嗺野呀。甲唔,先搬箇的幼細物件,出到天井

【A】把地毯拿茶葉先[7]掃一回,捲起來,拿繩子綑上。

【B】把地毯拿条葉掃一回,捲起來,拿繩子綑好。

【C】擔地單散之濕茶葉掃之咾,捲起來,用繩綑之。

【E】先擰呢張地氈俾茶葉嚟掃過佢,捲起嚟,俾繩綑好。

【F】箇張地毡先洒茶葉掃過,然後捲起嚟,綁好佢。

【A】後來那書槅子和櫃子,還有其餘的那些個粗重的東西,你挑那皮刺的,都裝在那個劉二雇來的大車上罷。

【B】後來那書槅子和櫃子,還有其餘的那些的粗重的東西,你揀那皮刺的,都裝在那個劉二雇來的大車上罷。

【C】後來担書架子咾櫃臺,還有別樣硬頭傢生,儂担一眾碰得起个物事,裝拉劉二吽來个大車子上。

【E】然後將個書架同櫃,與及個啲粗重嘅野,你揀啲堅固嘅,都裝落劉二吽嚟個駕大車處。

【F】後來的書架共箇櫃,及粗重嘅野,揀出的堅固嘅,裝落劉二僱嚟箇駕大車喇。

【A】是,老爺外頭的那些個小物件,是我想要裝在一個大傢伙裏,叫苦力挑了去倒妥當。

【B】是,老爺外頭的那些的小物件,是我想要裝在一個大傢伙

裏,叫挑夫挑了去倒妥當。

【C】是者,老爺外頭多化小物事,我想裝拉一只大个傢生裏,教个脚班上人挑妥當點。

【E】係咯,老爺外頭個的啞碎細件嘅野,我話搵個大野裝埋佢一起,叫挑單担去重好喇。

【F】乙係咯,我估先生外便嗰的幼細物件,搣大箱嚟裝好佢,俾苦力擡去,更爲妥當。

【A】很好,可是那些個磁器,可得好好兒的拿紙包上。

【B】很好,却是那些的磁器,却要好好兒的拿紙包正。

【C】好个,不過碗咾啥味,担紙頭來要好好能[8]包个。

【E】好極咯,但係嗰啲磁器,要俾紙好好的包起佢致得。

【F】甲好極喇,的磁器,要子細俾紙包住嘅。

【A】那床若是不好搭,可以卸下來,等拿過去,到那兒再安上,然後再把帳子還照舊的揸上。[9]

【B】那床若是不好搭,可以卸下來,等拿過去,到那裏再安上,然後再把帳子照舊掛起。

【C】床咾若是勿好担,可以拆脫,到之過面再裝攏來,然後照舊張帳子味者。

【E】個鋪床若你難抬,可以拆佢落嚟,等擰到新屋個邊再𨂽翻好,然後將蚊帳照舊掛翻。

【F】如果嗰張牀唔擡得起去,就要拆開,去到嗰便,然後安番,後來的牀袦各物,照舊安好呀。

【A】老爺從先掛那些對聯和扁[10]幅的那個釘子,是都得拔下來麽? 哼。

【B】老爺從先掛那些對聯和匾幅的那個釘子,是都要拔下來麽? 哼。

【C】老爺掛對咾匾个釘,儕要拔下來否? 哈。

【E】老爺舊時掛畫個啲釘,都要起翻嚹嗎? 悟。

【F】乙箇的對共橫額掛住嘅釘,要搣用係嗎?甲唔。

【A】哼。嘿嘿,你留神,看牆上的土掉下來,你怎麽不拿鉗子拔呢?倒拿鎚子打呢?是。

【B】嗐嗐,你留神,看墻上的土掉下來,你怎麽不拿鉗子拔呢?倒拿鎚子打呢?是。

【C】儂小心,牆上个坭儕落下來者,做啥勿担鉗來拔咾,倒担㮟頭來敲呢?曉得者。

【E】你好聲,睇墻上啲泥跌落嚟,你做乜唔揸把鉗嚟起,倒轉揸個錘嚟撞呢?係。

【F】又甲喂,謹慎的,咪打𠱸箇得牆灰落嚟,做乜你搣錘打,唔俾鉗拔呢?乙係呀,先生。

【A】嗳,你和苦力說,小心出大門的時候磨傷了桌子[11]。是。

【B】嗳,你和挑夫說,小心出大門的時候莫碰了棹子。是。

【C】嗳,儂去對脚班上話一聲,小心出大門个時候檯子勿要碰壞。是者。

【E】嗰,你共挑夫講,担野出大門之時要小心啲,睇刷花啲檯。係。

【F】甲㗎,箇苦力行出去嗰度大門,咪劃花箇張檯呀。乙哦。

【A】那麽,我也跟着東西一塊兒去,先把東西都[12]照舊擺好了罷。那先不必。

【B】那麽,我也跟着東西一塊兒去,先把東西照舊擺好了罷。那先不必。

【C】格味,我同之物事一淘去,先担物事照舊擺好起來罷。先去擺亦勿必得者。

【E】噉,我都跟埋的野一齊去過到個邊,先將啲野擺好吓佢。呢層可以不必。

【F】先生我同埋的野去,照舊噉擺法,好唔好呢?甲唔係,唔使咁快吖。

【A】等那兒掃得了之後,鋪上地毯,那桌子[13]、椅子,就先暫且散擱着。

【B】等那裏掃過了之後,舖上地毯,那棹子、椅子,就先暫且散擱着。

【C】等過面掃乾淨之,舖之地單,檯子咾椅子,先放拉一邊。

【E】等個處打掃好之後,鋪起地氈,個的檯、櫈,隨便放處。

【F】掃乾淨的地方,就鋪落地毡,嗰的檯、椅,暫時到處都放得嘅。

【A】等我過去再調度安置。若你一個人兒弄不了,找個夥伴兒幫着也使得。

【B】等我過去再調度安置。若你一個人兒弄不了,找個夥伴兒幫着也可得。

【C】讓我過來再安排味者。若使儂一干子來勿及,呌夥計來相帮亦可以使得。

【E】等我過去再嚟擺設。若係你一個人做唔通,搵個夥記,帮吓亦好。

【F】等我過去至擺設好佢。如果佢自己唔做得噉箇的工夫,可以請人幫手吖。

【A】務必儘這一天,都挪過去纔好哪。是。

【B】務必儘這一天,搬過去纔好哪。是。

【C】必過今朝一日,要弄好个。是者。

【E】務須盡今日一日,搬𠸏過去致好嚇。係咯。

【F】但記住限今日內,所有都要擡過去。乙係咯。

【注解】

① 按:A1 無"了"字。

② 按:A1 無"房"字。

③ 按:東,A1 作"東邊"。

④ 按:你,A1 作您。

⑤ 按：A1 無"去"字。
⑥ 按：出理：收拾。在上海土話裏用,《土話指南》有 6 例。
⑦ 按：葉,A1 作箒。"先"字 A1 無。
⑧ 好好能,同"好好㕷""好好交"。上海土話裏用。
⑨ 按：該句 A1 無"還""的"兩字。
⑩ 按：扁,A1 作"匾"。
⑪ 按：桌子,A1 作棹子。
⑫ 按：A1 無"都"字。
⑬ 按：桌子,A1 作棹子。

## 3 第十章(第十課　晒晾衣物)

【A】今兒天氣好,也沒風,把衣裳得曬曬。是。老爺連那被窩一塊兒都曬麽？哼。

【B】今天天氣好,也沒風,把衣裳得曬晒[①]。是。老爺連那被窩一起的都晒麽？哼。

【C】今朝天氣好,無啥風,担衣裳出來晒晒。是者。老爺被頭亦一淘担出來晒晒罷？哈。

【E】今日天時好,又冇風,摵的衣裳嚟晒吓喇。係咯。老爺連個張被都一氣晒哩[去聲]？悟。

【F】甲今日好天,又冇乜風,要晒晾的衣服喇。乙哦。連牀鋪各物都要晒過嗎？唔。

【A】你先拿根繩子,起這根柱子拴到[②]那棵樹上去,趕拴好了,把衣裳搭在繩子上曬一曬[③]。

【B】你先拿根繩子,從這根柱子拴在那棵樹上去,等拴好了,把衣裳搭在繩子上晒一晒。

【C】儂先担根繩纜,拉箇根柱頭上之,牽到箇邊樹上,亦纜好之,担衣裳甩拉繩上晒一晒。

【E】你先攞條繩嚟,由呢條柱,綁到過去嗰欏樹處,等綁好,就將衣裳搭喺條繩上頭晒。

【F】先揸一條繩,喺呢條柱綁到箇啲樹,綁妥之後,就掛的衣服上箇條繩嚟晾乾佢。

【A】是。那麼那皮箱和箱子都得搭出院子裏去罷。哼,給你鑰匙,你自各兒開罷。

【B】是。那麼那皮箱和箱子都要拿出院子裏去罷。哼,把你鑰匙,你自己去開罷。

【C】吧。格味皮箱咾箱子儕担到天井裏去罷。哈,鑰匙担去,儂自家去開罷。

【E】係咯。噉樣個啲皮箱共箱都要抬份嚟天井嚹啩。悟,俾鎖匙過你,你自己開喇。

【F】乙哦。我或係搬箇皮槓共箇箱出去天井好啩。乙嘷,鎖匙喺處,你自己開箇的箱喇。

【A】那衣架子上掛着的那些個皮襖、皮褂子、斗蓬,是得在背陰兒地方晾晾。

【B】那衣架子上掛着的那些的皮襖、皮褂子、斗篷,是要在背陰兒地方晾晾。

【C】衣架上掛个皮襖、皮馬褂子、風兜放拉陰背後晾晾味者。

【E】個衣架上掛處個啲皮衲、皮褂、大褸,要搣嚟晾喺陰啲個嘛致好。

【F】衣架上箇三件皮大褂及皮褂共冇袖嘅長衣,晾在一笪陰陰地嘅地方。

【A】是,老爺,我已經把衣裳都抖摟好了,曬上了,請您去看看。

【B】是,老爺,我已經把衣裳都抖摟好了,晒了,請您去看看。

【C】吧,老爺,我已經担衣裳抖過之咾,甩拉繩上晒好拉者,請老爺自家去看一看罷。

【E】老爺,我已經將個啲衣服抰過,晒好嚹,請你睇吓。

【F】乙係咯,嗰的衣服我已經抰過,晾出俾熱頭晒,先生去睇吓嗎?

【A】哼,那麽我去瞧瞧罷。這是怎麽了?我不是說過,那皮衣裳是得晾麽?

【B】哼,那麽我去看看罷。這是怎麽了?我不是說過,那皮衣裳是要晾麽?

【C】吅,我來看味者。那能个?阿是我對儂話,皮衣裳晾晾味者?

【E】悟,噉等我嚟睇吓咋。呢啲點解呀?我唔係話過,嗰啲皮衣服係要晾咩?

【F】甲唔,我去睇吓喇。又甲嘏呢的係乜野?我唔係話過你知箇的皮衣服,要喺陰處嚟晾咩?

【A】怎麽你和别的衣裳都掛在一塊兒[④]了?難道你不知道,皮東西一曬,毛梢兒就焦了麽?

【B】怎麽你和别的衣裳都掛在一塊了?難道你不曉得,皮東西一晒,毛稍兒就焦了麽?

【C】那能搭之别件衣裳放拉一起个呢?難道儂勿曉得麽,皮衣裳晒之味,毛要脱个?

【E】做乜你又同第様衣服掛埋一堆呢?難道你唔知到,皮野晒親,鋒毛就噲焦嘅咩?

【F】點解你同埋嗰的衫一齊掛起呢?唔通你唔知到,的皮衣服被熱頭晒,的毛噲變黄色嘅?

【A】喳,那麽着,小的找根棍兒穿上,掛在那釘子上罷。那就對了。

【B】是,那麽的,小的找根棍兒穿上,掛在那釘子上罷。那就是了。

【C】什介格味,我去尋根竹頭來穿之咾,掛拉箇只釘上罷。哈,乃味對者。

【E】係咯,噉様就等小的搵條竹嚟穿起佢,掛喺呢口釘處喇。噉就啱咯。

【F】乙係咯,先生,噉我攞過枝棍穿住佢,掛上釘處好嗎?甲都做得。

【A】回頭你還得好好兒的抖晾抖晾。是。那些個衣服也得分出袷[⑤]的和棉的來。

【B】回頭你還要好好兒的抖晾抖晾。是。那些的衣服也要分出夾的和棉的來。

【C】對儂話,好好能抖个抖晾拉。是者。第个衣裳夾个搭綿个亦要分開來。

【E】你回頭重要好好的抰透吓,晾透佢呀。哦。呢啲衣服亦要分出棉嘅同夾嘅嚟咋。

【F】歇一陣,要認眞嚟抰過佢至得曬幡。乙係咯。甲嗰的衣服要分開佢,有的夾衣,有的棉衣嘅。

【A】這是棉衣裳,你從這一頭兒搭起,一直的搭到那一頭兒去。

【B】這是棉衣裳,你從這一頭兒搭起,一直的搭到那一頭兒去。

【C】第个綿衣裳,儂從第面攤過去,攤到過面。

【E】呢啲係棉嘅,你喺呢頭搭起,一直搭到去嗰頭。

【F】乙呢的係有棉嘅咯。甲你掛佢上一條繩由呢便起,一路到嗰便止喇。

【A】是,我想到了晌午都翻一翻,把那曬過的也倒一倒,把那背陰兒的都叫他[⑥]向陽兒。

【B】是,我想到了中時都翻一翻,把那晒過的也倒一倒,把那背陰的都把向陽來。

【C】吔,我想到日中性裏翻一翻,担晒過拉个倒轉來,讓陰背後个對日頭晒一晒。

【E】係咯,我想到曉晏晝,都反吓佢,摵呢啲晒過嘅嚟調轉便,摵嗰啲陰晾嘅嚟向翻陽。

【F】乙係呀,我估晏晝應該摵的衣服,反轉面至得,熱頭晒過箇的,就調換過,呢的係陰晾嘅,就俾熱頭晒。

【A】您說好不好?那都很好。你現在都把他弄完了,把那箱子磕打磕打罷。是。

【B】您說好不好？那都很好。你現在都把他弄完了，把那箱子磕打磕打罷。是。

【C】看來好否？什介頂好。現在儂担晒空拉个箱子拍个拍。是者。

【E】你話好唔好呢？噉都甚好。你而家整好呢啲，就摵個啲箱嚟撴吓喇。係。

【F】先生以爲好唔好呢？甲係，甚好。而家做埋呢的工夫，就將箇的箱拍乾淨喇。乙係咯。

【A】老爺想曬到甚麽時候就得收起來呢？等太陽壓山兒的時候，不差甚麽就都得收起來了。

【B】老爺想晒到甚麽時候就可收起來呢？等太陽壓山的時候，不差幾多就都要收起來了。

【C】老爺想晒到啥辰光味好收者？等到日頭落山快，一齊儕收攏來。

【E】老爺想晒到幾時致收呢？等熱頭落岡個時，就差不多都收得咯。

【F】先生，晾嗰的野晾到幾點鐘至執埋呢？甲等到日頭將近落崗喇。

【A】可是你還得把那根繩子拴到[⑦]屋裏來，叫他們透透風是要緊的。

【B】却是你還要把那根繩子拴在屋裏來，叫他透透風是要緊的。

【C】併且儂担根繩牽進來，纜拉屋裏，要緊風頭裏吹个吹。

【E】但係重要扎條繩落房裏頭，等佢透吓風係至緊要嘅。

【F】但係要噉嚩，綁嗰條繩喺房裏頭，俾風吹吓的衣服。

【A】不然，那羊毛織的東西，若是把暑氣藏在裏頭，往箱子裏頭一擱，寶色就掉了。

【B】不然，那羊毛織的東西，若是把暑氣藏在裏頭，往箱子裏頭一擱,簀色就掉了。

【C】勿什介味,羊毛織拉个物事,暑氣悶拉去之,箱子裏一擺,顏色要退。

【E】唔係個啲羊毛織嘅野,局啲暑氣喺裏頭,喺箱處一丟,啲光色就噲甩咯。

【F】如果箇的絨嘅衣服,重帶有熱氣,放落箱處,噲失佢嘅光潤。

【A】那可就都糟了。是,那麼着綢子緞子的呢?

【B】那却就好糟了。是,那麼的綢子緞子的呢?

【E】料作容易壞个。是者,格味綢咾緞子个味那能弄法?

【C】個時就該煨喇。係,噉樣個啲綢嘅同緞嘅呢?

【F】噉就壞嘵囉嗗。乙係呀,噉箇的綢嘅緞嘅又點樣呢?

【A】那也是一樣,所以今兒晚上,就這麼先擱著罷。赶[⑧]到明兒早起,再照舊的擱在箱子裏。

【B】那也是一樣,所以今天晚上,就這麼先擱着罷。等到明天早晨,再照舊的擱在箱子裏。

【C】亦什介个,所以今朝夜快點,且到放起拉味者。明朝早辰頭咾,原舊放拉箱子裡。

【E】個的都係一樣啫,所以今晚黑,就要由佢噉放處先。等聽朝早起身,再照舊放翻佢落箱。

【F】甲都係一樣,噉要今晚擠埋一便先,聽朝早照舊擠落箱。

【A】一層一層兒的都墊上紙,下上潮腦,拿包袱蓋上,四周圍都掖嚴了,再蓋上蓋兒。

【B】用一層一層兒的都墊上紙,加上潮腦,拿包袱蓋上,四周圍都掖嚴了,再蓋上蓋子。

【C】逐一層上襯紙頭上下底味放樟腦,担包袱蓋拉上頭,四面挨挨緊,乃味担來蓋好之。

【E】一層層俾紙隔好,落翻樟腦,擰袱包鋪住,四邊押到冚,再用蓋㗎上。

【F】一層層俾紙隔住,落的樟腦,用袱包搇住,四便攝實佢,搇番箇蓋。

【A】不然潮腦就走了。是。來,把那繩子還照着舊的繞起來,掛在那堆房裏樑上去。

【B】不然潮腦就走了。是。來,把那繩子還照着舊的挽起來,掛在那堆房裏樑上去。

【C】勿什介能樟腦就要烊完个。是者。走來,担繩照舊繞起來,掛拉箇塊屋裡樑上。

【E】唔係呢,個的樟腦就噲走氣嘅嚹。係咯。你嚟搣個條繩照舊撟翻佢,掛翻落堆房裏頭條樑處。

【F】免致樟腦洩氣消融呀。乙係唎,先生。甲喂,嘓條繩照舊捲起,掛番貯物房箇條杉處喇。

【A】是,老爺我忽然想不起來那東洋衣服的疊法了。啊,你眞是個廢物。

【B】是,老爺我忽然想不起來那東洋衣服的疊法了。啊,你眞是個廢物。

【C】是者,老爺我記勿得者,東洋衣裳那能叠法个。儂正眞吃胚。

【E】係咯,老爺我一陣想唔起,個的東洋衫係點摺法嘅。呵,你眞正係廢物。

【F】乙係咯,先生,我一陣唔記得,的日本衫點摺法呀。甲你眞冇用嘅。

【A】我那麽用心的教給你,你怎麽又忘了,太沒記性了。

【B】我那麽用心的告把你,怎麽又忘記了,太沒記性了。

【C】我一本眞經教之儂,又忘記脫个者,眞个無記性个。

【E】我咁用心教你,你做乜總唔記得嘅呢?太過冇記性咯。

【F】我咁多心機教你,又唔記得,你全冇記性。

【A】你瞧,是這麼疊,你先把左底邊疊上,再把右底邊折[9]在上頭。

【B】你看,是這麼疊,你先把左底邊疊上,再把右底邊拆(折)在上頭。

【C】儂看,什介叠个,担左面个邊朝上折,再担右面个邊味摺上去。

【E】你睇住,係噉樣摺法,先將左邊呢幅摺起,再將右邊呢幅叠上嚟。

【F】嗱,睇吓吖,係噉摺法嘅,先喺左手下便,摺過去,然後喺右手下便,又摺番上。

【A】然後再把衣裳一攏,把領子合上,摩抄平了。

【B】然後再把衣裳一攏,把領子合上,摩抄平了。

【C】乃味担衣裳攏一攏,領頭合攏來,担手來捕平之。

【E】然後摵件衫登吓,將條領合埋,抹舒服佢。

【F】後來扯行嗰件衫,將箇條領摺落去,整到佢平正。

【A】倆袖子往兩邊兒外頭一折[10],然後再一合就得了。承老爺的指教。

【B】兩袖子往兩邊兒外頭一拆(折),然後再一合就是了。承老爺的指教。

【C】兩只袖子朝外面一折,乃叠攏來味,是拉者宛。謝謝老爺指點。

【E】兩邊衫袖喺外頭一覆,就得咯。蒙老爺指教。

【F】兩邊袖又喺外便摺番入去,再摺一摺就啱咯。乙蒙先生指教嚇。

【注解】

① 按:得,A1 作"可"。曬,A1 作"晒",本章下同。B 本"曬晒"用了"曬"与"晒"的組合。

② 按:到,A1 作"在"。

③ 曬一曬,A1 作"晒一晒"。

④ 按：A1 無"兒"字。
⑤ 按：袂,A1 作"夾"。
⑥ 按：A1 無"他"字。
⑦ 按：到,A1 作"在"。
⑧ 按：趕到,A1 作"等到"。
⑨ 按：折,A1 作"拆"。
⑩ 按：折,A1 作"拆"。

## 3 第十一章(第十一課　宴客觀劇)

【A】來。喳。明兒個我要請客,你出城定地方去。您打算着[①]請多少位客?

【B】來。唯。明天我要請客,你出城去定地方。您打算看(着)請多少位客?

【C】走來。吅。明朝我要請客人,儂到城外頭去,揀一个地方。老爺打算請幾位客人?

【E】嚟呀。哦。聽日我要請客,你出城去搵定笪地方喇。老爺打算係請幾多位客呢?

【F】甲亞乜。乙哦,先生。甲我聽晚請客食餐,你入華人城定一所地方喇。乙先生請幾位人客呢?

【A】我想有十位客罷。這麽說,飯莊子比飯館子好。這兩處有甚麽分別呢?

【B】我想請十位客罷。這麽說,包席舘比飯舘子好。這兩處有甚麽分別呢?

【C】我想請个十數位客人。什介是,揀酒館比飯館來得好者。箇兩个地方有啥分別呢?

【E】大約計過十位客度。噉樣,就酒館好過晏店咯。呢兩處有乜分別呢?

【F】甲我估怕係十箇度。乙哦,噉就酒館好過晏店咯。甲兩處有乜分別呢?

【A】飯莊子是成桌[②]的，飯館子是成桌的也有，零要也可以，若是請的客多，倒是飯莊子好。

【B】包席舘是成棹的，飯舘子是成棹的也有，零要也可以，若是請的客多，倒是包席舘好。

【C】酒館味成桌个，飯館味成桌亦有，零碎亦有，若使客人多味酒館好。

【E】酒館係成圍嘅，晏店整成圍嘅都有，零碎攞亦做得，如果請得客多，重係酒館好。

【F】乙酒館嘅餐係擺便嘅，晏店呢，擺餐都有，逐件菜自己點又做得，但人客多，就酒館好咯。

【A】成桌的是甚麼？成桌的都是八大碗，四冷葷，另外愛添甚麼小吃兒，那是隨便再要。

【B】成棹的是甚麼？成棹的是八大碗，四冷葷，另外愛添甚麼小吃兒，那是隨便再要。

【C】啥叫成桌耶？成桌个味秃是八只大碗，四只冷盆，另外再添點小吃，要味隨便可以个。

【E】成圍嘅係的乜野呢？成圍嘅係八大碗，四冷葷，另外中意添的乜野桃碗，就隨便再攞。

【F】甲點呌做擺便嘅餐呢？乙擺便嘅即係八大碗，四冷葷，其餘若要多的野，就隨便再要。

【A】那麼零要呢？那是人喜歡吃甚麼東西，隨便叫他[③]現做。

【B】那麼零要呢？那是人喜歡吃甚麼東西，隨便叫現弄。

【C】啥叫零碎耶？就是相信吃啥，教伊當時預備啥。

【E】噉零碎攞係點嘅呢？個的係人地歡喜吃乜野菜，就點俾佢卽刻做。

【F】甲噉逐件自己點又如何呢？乙嗰的係當堂想箇樣，就叫整箇樣嘅。

【A】那麼還是成桌的爽快，可是定的菜要清淡的，不要油膩的。

【B】那麼還是成棹的爽快,却是定的菜要清淡的,不要油膩的。

【C】格味還是成桌个好點,不過定拉个菜要清水貨,勿要油膩膩。

【E】噉重係成圍嘅爽快咯,總係定佢的菜,要清的,唔要咁膩嘅。

【F】甲啊,噉就擺便嘅餐較自然咯,但係定菜要清潤的,唔係肥膩至得。

【A】老爺想是那幾樣兒菜合眾位的口味呢?那些個菜名兒,我可叫不上來。

【B】老爺想是那幾樣的菜合眾位的口味呢?那些麼菜名兒,我却叫不出來。

【C】老爺想那裡幾樣菜對眾位客人个胃口个?箇个菜名頭,我叫勿出。

【E】老爺想吓有邊幾樣菜,係佢哋各位喜歡食嘅呢?嗰的菜名,我又唔話得出。

【F】乙先生估的人客至中意邊樣菜呢?甲我唔記得箇的菜名。

【A】你總要挑那不膩[4]的,斟酌着定就是了,總要一百吊[5]一桌的纔好。

【B】你總要挑那不油膩的,斟酌着定就是了,總要一百吊錢一棹的纔好。

【C】儂揀勿是油膩膩个,斟酌定當之味是者,總要十千銅錢模樣一桌味還可以。

【E】你總係揀個的唔膩嘅,斟酌定就喺喇,但要一百千錢一圍嘅致好。

【F】你揀的咪太膩嘅,想眞自己定喇,一桌菜十元度。

【A】酒是要黃酒,不要燒酒。打算聽戲不聽[6]呢?

【B】酒是要黃酒,不要燒酒。打算聽戲不聽戲呢?

【C】酒味要黃酒,勿要燒酒。戲打算要看否?

【E】酒係要紹酒,唔要糟燒。打算睇戲唔呢?

【F】酒要紹酒,唔要燒酒嘫。乙先生去戲園唔呢?

【A】聽說中國人請客,總是要聽戲的多,我也要照那麼辦。

【B】聽說中國人請客,總是要聽戲的多,我也要照那麼辦。

【C】聽見中國人請客人,總是看戲个多,我想亦要照什介能做法。

【E】聽見話唐人請客,總係睇戲嘅多,我亦要照噉樣做。

【F】甲噉聞得中國人請餐,多數睇戲嘅,我都照樣吖。

【A】官座兒若是現在立刻定⑦,還怕沒有。若是沒有的時候,定桌子行不行?

【B】官座現在立刻定,還怕沒有。若是沒有的時候,定棹子行不行?

【C】官座現在定起來,恐怕無沒者。比方無得之味,別个座位要否?

【E】公座若係而家卽刻去定,都重怕冇。如果冇呢,就定張檯做得唔做得呢?

【F】乙如果要卽刻定位,怕而家冇廂房。若然係冇,就平常嘅座位做得唔呢?

【A】那也使得,定官座兒,可總找那不吃柱子的地方纔好。

【B】那也可得,定官座兒,却總找那不靠柱子的地方纔好。

【C】箇亦使得个,定起官座來味,要揀一个地方勿要有柱頭擋沒拉个。

【E】都可以嘅,但係定公座,至緊咪揾着個的俾柱遮住嘅地方致好。

【F】甲係,做得,倘若定廂房,至緊要揾的唔係有柱阻住嘅。

【A】是。那麼上場下場,都不論罷?總是下場好,上場那個鑼討厭。

【B】是。那麼上場下場,都不論罷? 總是下場好,上場那個鑼討厭。

【C】是者。上場咾下場隨便个否? 下場好,上場有鑼鼓討厭。

【E】係。噉就子棚個件唔論,係左便嗅右便啩? 重係右便棚好,左便棚有個的鑼鼓討厭。

【F】乙噉戲棚嘅左便或右邊都冇乜要緊啩? 甲右邊較好,左便的鑼鼓嘈嘈係好煩惱嘅。

【A】還有,我這兩天聽戲,瞧見對面兒官座兒裏有一個人吃東西,那也可以麽?

【B】還有,我這兩天聽戲,看見對面那官座兒裏有一個人吃東西,那也可以麽?

【C】還有,前二日我看戲个辰光,看見對面官座裡有人吃物事,亦可以个呢啥?

【E】重有一件,我呢兩日睇戲,睇見對面公座裏頭有個人喺處吃野,噉都做得嘅咩?

【F】重有一件事嚙,呢兩日我喺戲園,見對面嘅廂房有人食野,噉做得唔呢?

【A】怎麽不可以呢? 那總是有相公陪客坐着的時候,吃東西的多。甚麽叫相公?

【B】怎麽不可以呢? 那總是有相公陪客坐着的時候,吃東西的多。甚麽叫相公?

【C】有啥勿可以? 小青童陪客,坐拉个時候吃物事个多。啥叫小青童?

【E】做乜唔做得呢? 個的總係有相公陪客之時,吃野嘅多。乜野叫做相公呀?

【F】乙係好啱嘅,凡係請相公陪客時,多數係噉辦嘅。甲邊的叫做相公呀?

【A】您沒瞧見,常在戲台上[8]傍邊兒站着的小戲子,長得那麽很標緻的麽？

【B】您沒看見，常在戲台傍邊兒站着的小戲子，長得那麽很標緻的麽？

【C】老爺勿看見否？戲台傍邊站拉个小戲子，生來十分標緻得極个。

【E】你冇睇見，常喺戲檯傍邊企處，生得咁青靚個的戲仔咩？

【F】乙戲檯側便企緊有的青年嘅戲子，生得好樣嘅，先生冇見過咩？

【A】啊，我想起來了，不錯，有這麽項人，那是幹甚麽的？他們也唱戲，也陪酒。

【B】啊，我想起來了，不錯，有這麽項人，那是幹甚麽的？他們也唱戲，也陪酒。

【C】吧，我想着者，勿錯，有箇等人个，伊拉做啥个耶？伊拉亦唱戲，亦陪酒。

【E】呵，我記起咯，冇錯，有個停人，個啲係做乜野嘅呢？佢哋又唱戲，又陪酒。

【F】甲啊，記得咯。眞有噉嘅人喺處，佢做乜呢？乙有時就喺戲檯唱曲，有時陪酒。

【A】若是老爺要看，明天到飯館子裏，

【B】若是老爺要看，明天到飯館子裏，

【C】若是老爺要看味，

【E】若係老爺想睇吓，聽日到酒館處，

【F】如果先生想見吓佢，我明日去酒館定菜，

【A】可以發一個條子，叫他們一兩個來陪酒，那也很助酒興了。這也倒有趣。

【B】可以發一個條子，叫他們一兩個來陪酒，那也很助酒興了。這也倒有趣。

【C】明朝打發一條紙條去，叫兩个來陪酒，什介味更加助助酒

興者。倒亦起敬个。

【E】可以發個條子去,叫兩個嚟陪酒,噉都甚助酒興嘅。呢樣到時幾有趣嚹。

【F】可以寫條子入去,請一兩位嚟陪酒,噉飲酒嘅興趣,越發加多咯。甲噉好有趣吖。

【A】老爺若是喜歡[9]武戲就聽梆子,喜歡文戲就聽二黃。還是聽二黃好。

【B】老爺若是喜歡聽武戲就聽梆子,喜歡文戲就聽二黃。還是聽二黃好。

【C】老爺若使相信武戲味看梆子,相信文戲味看二黃。還是看二黃好。

【E】老爺若係歡喜武戲,就聽綁子,歡喜文戲,就聽二黃好。(按:原文無對應句。)

【F】乙如果先生中意武戲,就聽梆子,中意文戲,就聽二簧喇。甲我中意二簧呀。

【A】那麽聽三慶啊?是聽四喜呢?聽四喜罷。那麽我這就定去罷。

【B】那麽聽三慶啊?是聽四喜呢?聽四喜罷。那麽我這就去定罷。

【C】還是看三慶呢?看四喜?看四喜罷。格味我就去定者。

【E】噉樣睇三慶吖?嗅睇四喜呢?睇四喜罷喇。而家我就去定哩。

【F】乙先生聽三慶?噉四喜呢?甲聽四喜罷喇。乙噉我就去定囉嚹。

【A】啊,還有那跑堂兒的酒錢和戲價,明兒個就起你手裏給他們就是了。是。

【B】啊,還有那跑堂兒的酒錢和戲價,明天就由你手裏把他們就是了。是。

【C】吔,跑堂个酒錢搭之戲錢,明朝儂去撥之味者。吔,是者。

【E】呵,重有嗰啲企堂酒錢同埋戲價,聽日交俾你發過佢哋就喺喇。係咯。

【F】甲箇的夥計酒錢共戲園嘅數,明日都俾你經手支給喇。乙係咯。

【注解】

① 按:A1 着,作看。

② 按:A1 桌,作棹。下同。

③ 按:A1"他"字無。

④ 按:A1 膩,作油膩。

⑤ 按:A1 作一百吊錢。

⑥ 按:A1 聽,作聽戲。

⑦ 按:A1 作官座現在立刻定。

⑧ 按:A1"上"字無。

⑨ 按:A1 有"聽"字。

## 3 第十二章(第十二課　找換行情)

【A】那十塊錢換來了麼?是,都換來了。換了多少錢?換了一百一十四吊四百錢。

【B】那十塊錢換來了麼?是,都換來了。換了多少錢?換了一百一十四吊四百錢。

【C】箇十塊銀子換來拉沒?換來拉者。換之幾化銅錢?換十一千四百四十錢。

【E】嗰十個銀錢找咽翻嚟噃咩?係,找翻嚟咯。找得幾多錢呢?找得一百一十四千四百錢。

【F】甲嗰十箇銀錢找嘵未曾呀?乙係,找嘵咯。甲找得幾多錢呢?乙一百一十四吊四四。

【A】合多兒①錢一塊?合十一吊四百四一塊。怎麼比昨兒個倒多換了?

【B】合多少錢一塊？合十一吊四百四一塊。怎麽比昨日的倒換多了？

【C】近來幾化銅錢一塊？合轉來一千一百四十四錢一塊。那能比昨日倒換來多者呢？

【E】每元找幾多呢？一個銀錢找十一千四百四。做乜較之昨日找嘅平啲呢？

【F】甲每元嘅行情係點呢？乙一十一吊四四。甲點解呢比昨日行情好的囉嚽。

【A】是,今兒個銀盤兒長了。怎麽又長了呢？是因爲行市下來的大。這是誰定的行市呢？

【B】是,今日的銀價兒長了。怎麽又長了呢？是因爲行市叠下來了。這是誰定的行市呢？

【C】是,今朝銀價長之咾。那能又長者呢？因爲市面上行情下來得大。行情啥人定當个？

【E】係,今日銀價起高咽。做乜又起高呢？因係行情定得高。呢啲行情係邊個定嘅呢？

【F】乙係呀,銀價升高咯。甲做乜再升高呢？乙因爲市價低得好交關。甲噉,市價邊箇定嘅呢？

【A】老爺您不知道,這前門外頭珠寶市,有一個銀市,見天一清早,所有[②]京裏錢鋪的人[③],都到市上買銀子賣銀子去。

【B】老爺您不曉得,這前門外頭珠寶市,有一個銀市,見天一清早,所以京裏錢舖的,都到市上買銀子賣銀子去。

【C】老爺勿曉得否？箇搭前門外頭有个珠寶市,還有一个銀市,日都老早,京裡錢莊上个人,來買銀子咾賣銀子。

【E】老爺你唔知,呢笪前門外頭珠寶市處,有個銀市,每日清早,所有京裡頭錢舖嘅人,都去到嗰笪買賣銀口。

【F】乙先生怕未明白啫,前門外珠寶市有箇銀業場,北京[改平]嘅錢莊,每朝早間間有人,去嗰市場,買賣銀嘅。

【A】若是這天市上的銀子多,行市就落。

【B】若是這天市上的銀子多,行市就叠。

【C】若使箇日市面上銀子多,行情就跌。

【E】若係個日市裏頭銀多,行情就跌。

【F】某日市上若係銀多,價就跌低。

【A】若是銀子少,行市就長。趕他們買賣定規了,合多少錢一兩,這錢數兒就算今兒的行市。

【B】若是銀子少,行市就長。等他們買賣定規了,合多少錢一兩,這錢數兒就算今天的行市。

【C】銀子少,行情就長。担伊拉个生意來算,定規值幾化銅錢一兩,第个數目就是今朝行情。

【E】若係銀少,行情就起。等佢哋買賣嘅定曉價,計幾多銀一両銀,呢的錢數就算今日嘅行情。

【F】如係銀少,價就升高嘅喇。噉買賣定曉一両嘅價值,就係嗰日嘅行情。

【A】九城的錢鋪,都按着這一個行市。④

【B】(——按:原文無對應句。)

【C】一眾城裡个錢莊味,儕照之第个行情。

【E】九城錢舖,都係依住呢個行情嚊。

【F】九城嘅錢莊都照呢樣價值咯。

【A】每天買銀子的賣銀子的,不能一定,一天是一個行市。⑤那麼一塊洋錢合多少銀子呢?

【B】(——按:原文無對應句。)那麼一塊洋錢合多少銀子呢?

【C】每日買銀子咾賣銀子个,無得一定个,一日有一日个行情。格味一塊洋錢值幾化銀子?

【E】每日買賣銀嘅,不能定實,一日有一日嘅行情。噉樣一個銀錢,算幾多銀呢?

【F】買賣銀不能豫定,就每日有嗰日嘅定價嘅。甲元數伸両數,又點找法呢?

【A】通行都是按七錢銀子一塊合,說的可是那貿易的洋錢和鷹洋,是一個樣。

【B】通行都是照七錢銀子一塊合,說的却是那生易的洋錢和鷹洋,是一個樣。

【C】通行作七錢銀子一塊,就是做生意个洋錢搭之鷹洋,亦一樣个。

【E】通行都係每元作七錢算,所講係指嘓啲舊銀,同鷹銀啫。

【F】乙照通行嚟計,一圓作爲七錢,貿易嘅常銀,係共鷹洋同價。

【A】那一圓的,少換一點兒,在平常用的時候,可也沒甚麼分別。

【B】那一圓的,少換一點兒,在平常用的時候,却也沒甚麼分別。

【C】不過鷹洋味,換起來少些强點,平常用个時候無啥大分別。

【E】嘓啲日本銀,重要換少啲,若在閒時使,亦冇乜分別嘅。

【F】日本銀算低的,但大約冇乜分別咯。

【A】那麼給您這票子,這都是和豐本出的。這票子上的錢數兒,怎麼這麼宗寫法呢?我簡直的不認得。

【B】那麼把您這票子,這都是和豐本出的。這票子上的錢數兒,怎麼這麼宗寫法呢?我簡直的不認得。

【C】現在箇張票子,我交代拉老爺,是和豐莊上下來个。箇張票子上,寫拉價錢个格式,啥講究耶?我一眼勿識。

【E】拿呢啲錢票交過老爺嚇,呢啲都係出自和豐嗻嘅。呢啲票裏頭嘅錢數,做乜噉寫法嘅呢?我竟然唔認得。

【F】請先生收呢的錢票喇,一概係和豐號所出嘅。甲箇的錢票,我總唔讀得出的數目嘅,做乜佢上面寫噉樣嘅字呢?

【A】是,這是五拾吊一整張,這是拾吊一張的,這是零的,五吊的、四吊的、三吊的、兩吊的,這是那四百四十錢的零兒。

【B】是,這是五拾吊一整張,這是十吊一張的,這是零的,五吊的、四吊、三吊的、兩吊的,這是那四百四十錢的零頭。

【C】𡁵,箇張上咊五千銅錢,第張上咊一千銅錢,箇張是零頭,五百个、四百个、三百个、二百个,就是四百四十錢个零頭。

【E】係,呢張係五十千嘅,呢張係十千嘅,呢啲係散碎五千嘅、四千嘅、三千嘅、弍千嘅,呢啲係個四百四十錢嘅零數。

【F】乙呢張五十吊嘅大票,嗰張係十吊,呢的係小票,五吊、四吊、三吊、兩吊嘅,嗰的就係四百四十錢嘅零數呀。

【A】是了,我各人點點這票子。

【B】是了,我各人點點這票子。

【C】是者,我來點點票子看。

【E】係咯,我嚟數吓呢的票咋。

【F】甲唔,我自己數過喇。

【A】您點了對不對? 不錯,都對了。可是這個五拾[6]吊一張的不好使喚[7]。

【B】你點了錯不錯? 不錯,都對了。却是這個五十吊一張的不好使用。

【C】老爺點來對否? 勿錯,儕對个。不過五千銅錢个一張換起來勿便當。

【E】你數過啱唔啱? 冇錯,啱咯。總係呢張五千嘅唔好使。

【F】乙你計得係啱唔呢? 甲係,冇錯。但呢張五十吊,就冇乜用吖。

【A】你拿去取五吊錢的現錢,下剩的破了零的來。是。還要他本鋪子的麽?

【B】你拿去發五吊錢的現錢,下剩的拆了零的來。是。還要他本舖子的麽?

【C】儂去換五百現錢,剩下來咊換之零頭咊者。吧。原到老底子箇爿莊上去呢啥？

【E】你揸去愛五千錢嘅現錢,有剩都換嗺散碎嘅票嚟。嗰重使要翻佢個間舖頭嘅唔使呀？

【F】你揸番去找過五吊嘅錢,其餘找的小票喇。乙哦,先生要番嗰間行嘅錢票係嗎？

【A】若是他本鋪子沒零的,磨别處的也使得,總要那字號靠得住的要緊。

【B】若是他本舖子沒零的,磨别處的也可以,總要那字號靠得住的要緊。

【C】若使老底子箇爿莊上零頭無没味,别搭亦使得个,總要揀靠得住點个一爿莊。

【E】如果佢個間冇散碑(碎)嘅,就換第間嘅都得,總要個間字號靠得住係至緊要。

【F】甲如果嗰間行冇小票,喺别間找都可以嘅,但要搵間妥當嘅字號至得。

【A】那是自然的,都磨四恒家的,可就妥當了。那麼你就辦去罷。

【B】那是自然的,都磨四恒家的,却就妥當了。那麼你就辦去罷。

【C】固是自然,箇爿四恒莊上,換票子亦穩當个。格味就去換罷。

【E】個的自然喇,都換過四恆嘅,就穩陣咯。嗰你就去換喇。

【F】乙箇的自然喇,我喺四恒找換,就好穩陣嘅咯。甲唔,去照嗰樣做喇。

【注解】

① 按：A1 多兒,作多少。

② 按：A1 有,作以。

③ 按：A1“人”字無。

④ 按: A1 此句無。
⑤ 按: A1 此句無。
⑥ 按: A1 拾,作十。
⑦ 按: A1 喚,作換。

## 3 第十三章(第十三課　准僕省親)

【A】你上那兒去了? 剛纔有小的一個本家的哥哥,從鄉下來找小的,說是小的的母親病得很重。

【B】你到那裏去了? 剛纔有小的一個本家的哥哥,從鄉下來找小的,說是小的的母親病得很重。

【C】儂到之啥地方去? 刻刻我屋裡个阿哥,從鄉下來尋我咾,話我个母親生病十分重。

【E】你去邊處呀? 先時小的有個胞兄,由鄉下出嚟揾我,話小的老母病得好重。

【F】甲你去邊處嚟呢? 乙頭先我胞兄,喺鄉下出嚟見我,話我母親病得好重。

【A】他把小的搭出去說了會子話,所以就悮了這麼半天,沒得稟知老爺。

【B】他把小的叫出去說了會兒話,所以就悮了這麼半天,沒來稟知老爺。

【C】教我去白話之歇,所以就擱之半日,勿曾稟明老爺个。

【E】佢叫小的出去講咽一排說話,所以就擱嘵咁耐,唔曾話過老爺知。

【F】佢帶我出外便講吓,因此我有咁耐唔到,又不能稟知先生。

【A】你這都不像話,無論出去多大工夫兒,你都應當告訴我說。

【B】你這都不像話,無論出去多少工夫兒,你都應告訴我曉得。

【C】儂个說話無解說,勿論出去幾化工夫,總要告訴我。

【E】你呢的都係唔似樣,無論出去幾耐,你都應該話聲我知吖。

【F】甲嗰的係發譫話啫,唔論你出去幾耐,應該話過我知。

【A】是。小的後來再不敢這麼大意了。還有一件事,小的要告幾天假。

【B】是,小的後來再不敢這麼大意了。還有一件事,小的要告幾天假。

【C】是者,乃朝後我勿敢再什介味者。還有一樣事體,我要告假幾日。

【E】係咯,小的以後再唔敢咁大意咯。重有件事,小的要告幾日假。

【F】乙自後我唔敢咁冇心機嘅。先生,我重有一件事,想告假幾日。

【A】回家瞧我母親的病去。眞是你母親病了麼?不是告謊假呀?

【B】回家看我母親的病去。眞是你母親病了麼?不是告謊假呀?

【C】歸去望望母親个病。眞个母親有病呢啥?勿要要轉去白相兩日咾騙我。

【E】翻去歸睇吓老母嘅病。眞正係你老母病咩?唔係講大話告假吖?

【F】我老母病,要番去服事佢。甲你母親眞有病咩?係唔係詐假意嚟告假?

【A】小的天胆,不敢咒我母親有病。既是眞的,你打算告幾天的假呢?

【B】小的天大的胆,不敢咒我母親有病。既是眞的,你打算告幾天的假呢?

【C】固是勿敢放肆,咒我母親有病个。既然眞个,儂打算告假幾日?

【E】小的縱係胆大,亦唔敢亂吸老母病嘅。既係眞嘅,打算告幾多日假呢?

【F】乙如果我天咁大膽,亦唔敢令我母有病吖。乙嗷既然係真,你想告幾日假呢?

【A】若是我母親病不礙事,小的三兩天就回來。

【B】若是我母親病不碍事,小的三兩天就回來。

【C】若使母親个病咾勿碍啥个,我兩三日就來,

【E】若係我老母嘅病冇乜緊要,小的三兩日就翻嚟。

【F】乙倘若我母親嘅病唔係幾重,我三兩日就番嚟。

【A】萬一小的的母親有個好歹,那就怕是得多躭悮幾天了。

【B】萬一小的的母親有個好歹,那就怕是要多躭悮幾天呢。

【C】若使母親个病咾有危險个,格味要多躭擱幾日拉哩。

【E】萬一小的老母有乜不測,嗰時就怕要多躭擱幾日咯。

【F】若係佢病唔好得,怕要躭擱多幾日至得嚅。

【A】你走了有替工沒有呢?小的有個朋友,他在法國府裏當過跟班的。

【B】你走了有替工沒有呢?小的有個朋友,他在法國府裏當過跟班的。

【C】儂去之,替工有否?我有个朋友,拉法國公舘裡當過歇跟班个。

【E】你去咽有人替身冇呢?小的有個朋友,佢從前喺過法國衙門做跟班。

【F】甲你去有箇替身冇呢?乙我有箇朋友,舊時喺法國公舘做過嘅。

【A】小的可以把他找來替幾天。那個人怎麼樣?他沒別的不好,就是吃幾口烟。

【B】小的可以把他找來替幾天。那個人怎麼樣?他沒別的不好,就是吃幾口烟。

【C】我去尋伊來代替幾日罷。箇个人那能个?伊無啥別樣勿好,不過吃點烟。

【E】小的可以搵佢嚟替住幾日。嗰個人點樣嚿?佢冇乜第樣唔好處,不過吃幾口煙。

【F】可以叫佢替幾日吖。乙嗰箇人係點嚿?乙佢冇乜唔好,獨係食些少鴉片煙啫。

【A】哼,我不要吃烟的,這麽辦罷,你不用找替工了,可以叫吳老爺的跟班的代管幾天罷。

【B】哼,我不要吃烟的,這麼辦罷,你不用找替工了,可以叫吳老爺的跟班的代管幾天罷。

【C】哈,吃烟个我勿要,什介之味者,儂勿要去尋啥替工者,叫吳老爺个跟班來,代之兩日罷。

【E】唔,吃煙嘅我唔要,就噉罷喇,你唔使搵替身咯,將就叫吳老爺個爺們做住幾日就喺喇。

【F】甲唔,我唔要食鴉片煙嘅,至好係噉,唔使搵替身,就請吳先生嘅跟班[或下人]打理幾日事幹喇。

【A】那更好了。你打算多咱走呢?若是老爺肯放小的去,我就今兒晚上趕出城去。

【B】那更好了。你打算多早走呢?若是老爺肯放小的去,我就今天晚上趕出城去。

【C】固是頂好者。儂想幾時動身?若使老爺肯放个味,我想今夜頭就出城者。

【E】噉更好咯。你想幾時去呢?若係老爺肯准小的去,今晚就想出城咯。

【F】乙噉係重好喇。甲你想幾時去呀?乙先生准我去,我就今晚離城咯。

【A】你旣打算今兒個趕出城去,現在天不早了,你就別愣着了,快歸着東西罷。

【B】你既打算今天趕出城去,現在天不早了,你就莫挨着了,快撿着東西罷。

【C】儂既然想今夜頭就出城,現在天勿早者,勿要再躭擱,快點就去收作東西罷。

【E】你既係打算今晚出城,就咪個咁遲疑囉嗒,而家已經時候唔早嚹,快執野罷喇。

【F】甲若係想今日出城,而家都好夜嚹,唔好躭擱,快執妥的野喇。

【A】還有一件事,求老爺把下月的工錢支給小的。我沒那麼些個錢,不能都支給你。

【B】還有一件事,求老爺把下月的工錢支把小的。我沒那麼些的錢,不能都支把你。

【C】還有一樣,求老爺下月个工錢撥拉我之罷。我無沒箇个銅錢,勿能㪅一齊撥拉儂。

【E】重有件事,求老爺將下月嘅工錢支俾小的。我冇咁多錢,不能支晒過你。

【F】乙重有件事嗒,望先生支下月嘅上期工錢呀。甲我冇咁多銀喺處,不能支晒下月嘅。

【A】先給你三塊,另外我賞給你一塊錢。謝老爺的恩典。

【B】先把你三塊,另外我賞把你一塊錢。謝老爺的恩典。

【C】先撥儂三塊,另外賞儂一塊。謝老爺个恩典。

【E】支住三個銀錢過你先,我另外賞你一個銀錢。多謝老爺恩典。

【F】而家俾上期三圓,另賞一圓過你喇。乙多謝先生厚惠咯。

【A】那麼你現在把吳老爺的跟班的找過來,把這屋裏的事,都交待明白他。

【B】那麼你現在把吳老爺的跟班的找過來,把這屋裏事,都交代明白他。

【C】乃儂現在去尋吳老爺个跟班來,担屋裡个事體明白交代之伊。

【E】嗷你而家將吳老爺嘅跟班揾倒嚟,將呢嗻嘅事幹,你都交帶清楚。

【F】甲去帶吳先生箇跟班[或下人]嚟,凡係房內嘅事,你就交託過佢,等佢一概明白吖。

【A】再把昨兒個破的那個燈罩子找出來,交給他,叫他明天照樣兒配一個來。是。

【B】再把昨天破的那個燈罩子找出來,交把他,叫他明天照樣兒配一個來。是。

【C】再拿昨日碎拉个燈罩尋出來,撥拉伊,教伊明朝照樣去配一个。是者。

【E】再搣昨日打爛嗰個燈罩揾出嚟,交過佢,叫佢聽日擰去照樣配一個翻嚟。係咯。

【F】昨日打爛箇燈窜,又交俾佢,叫佢明日配番箇同樣嘅。乙係咯。

## 3 第十四章(第十四課　整潔客房)

【A】明天有一位客人要來,你帶着苦力把上屋裏拾掇出來。是。

【B】明天有一位客人要來,你帶着小工把上房裏收拾出來。是。

【C】明早有个客人要來,儂叫个小工拿裏向屋裡出理出理。是者。

【E】聽日有位人客嚟,你帶啲咕哩去將上房裏執拾好佢。係咯。

【F】甲聽日有位人客嚟,你要帶箇苦力整乾淨箇間客房。乙係咯。

【A】那三間有一間棚都破了,棚架子也掉下來了,牆上的紙,因爲犯潮,都搭拉下來了。

【B】那三間有一間棚都破了,棚架子也掉下來了,墻上的紙,因爲有潮,都搭拉下來了。

【C】箇三間屋有一間凉棚儕破拉者,凉棚架亦落之下來,牆上个紙頭,因爲潮濕咾,亦脱完个者。

【E】嗰三間房有一間棚爛,個架都跌落嚟,墻上嘅紙,因爲受嘵潮濕,都䙡咄落嚟咯。

【F】嗰間房三槅,有一槅天花板爛咽,天花板嘅架,都跌落嚟,牆上裱箇的紙,因爲潮溼,又䙡落嘵。

【A】哼,不錯,不錯。那麽得叫裱糊匠來糊糊罷。是,老爺,您收着銀花紙了不是?

【B】哼,不錯,不錯。那麽可叫裱糊匠來糊糊罷。是,老爺,您撿着銀花紙了不是?

【C】哈,勿錯。要去叫裱匠來糊个糊拉哩。吧,銀花紙老爺收拉个還有否?

【E】悟,冇錯,冇錯。噉要叫裱畫佬嚟裱翻致做得。係咯,老爺,你收埋咽啲銀花紙咩?

【F】甲哦,冇錯。要叫箇裱糊匠嚟裱過喇。乙啊,先生,唔係有的銀花紙喺處咩?

【A】有好幾刀了,底半截兒牆得糊外國紙,棚上四面兒都拿藍條紙鑲上。

【B】有好幾刀了,底半截兒墻可糊外國紙,棚上四面兒都拿藍條紙鑲上。

【C】有多化拉哩,牆上下一半糊外國紙,棚上四面秃担藍紙條鑲拉上。

【E】有好幾刀喺處,墻下半截要裱洋紙,棚上頭四邊,都要俾藍紙條嚟鑲好佢。

【F】甲係,有好幾刀,箇幅牆下半截,要用的來路紙嚟裱,箇的天花板,要俾的藍間行嘅紙嚟鑲住。

【A】喳。還得買十幾根秫稭紮架子哪。哼,那麽一天可以報結麽?

【B】哦。還要買十幾根竹棍紮架子哪。哼,那麽一天可以完工麼?

【C】哈。還要買个十幾根高粱梗來紮架子。格味一日可以滿工否?

【E】哦。重要買十零條葦蘆嚟扎架呀。悟,噉樣一日可以做得起嚀嗎?

【F】乙哦,好喇。我哋要買十幾條高粱稈嚟紮箇架呀。甲唔,一日內做得妥嗎?

【A】現在天長,一天總可以完了。那搭交手還得以偺們給他預備杪槁麼?

【B】現在天長,一天總可以完罷。那搭交手還是要我們和他預俻杪槁麼?

【C】現在日長,一日可以完个者。搭架子个木頭預先要替伊預備否?

【E】而家日子長,一日可以做完咯。噉搭架重使我哋預備埋杉俾佢唔使呀?

【F】乙而家日子長,一日做妥都易嘅。甲搭架使我哋同佢攞杉料唔呢?

【A】那是他們各人帶來。還有甚麼[①]得買的?就是還得買打糨子的麵和竹籤子,還有蔴繩兒,這三樣兒東西。

【B】那是他們各人帶來。還有甚要買的?就是還要買攪糨子的灰麵和竹籤子,還有蔴繩兒,這三樣兒東西。

【C】固是伊拉自家帶來个。還要買啥否?還要買做漿个麵、竹籤子,還有蔴繩,箇三樣物事。

【E】嗰啲係佢哋自己帶嚟嘅。重有乜野要買呀?就係要買麵粉嚟煮漿糊同竹籤,與及蔴繩,呢三樣野啫。

【F】乙唔使,係佢自己帶嚟嘅。甲重有乜要買呢?乙要買煮漿嘅麪粉及竹簽,共麻繩,呢三樣野喇。

【A】現在你先把外頭屋裏那兩間好好兒的掃掃。

【B】現在你先把外頭屋裏那兩間好好的掃掃。

【C】現在自儂先担外面兩間打掃打掃。

【E】現在你先將外頭個兩間房打掃乾淨。

【F】甲嗷先生掃淨外便房箇兩槅。

【A】棚上若有蜘蛛網,可得掃乾淨了。把牆上的土都胡拉下來,把槅扇都撢淨了。

【B】棚上若有蜘蛛網,却要掃乾净了。把墻上的土都弄了下來,把槅扇都撢淨了,

【C】棚上有蜘蛛網攎脱點。牆上个墶塵要拍脱,槅子揩揩乾淨。

【E】棚上有蟧蟧絲網,就撩啲佢落嚟。掃吓墻處啲灰塵,摵啲圍屏掃乾淨吓。

【F】若係天花板有蟧蟧絲網,要掃淨佢。又掃牆上嘅塵,嘓度摺門就抹啲的塵。

【A】把窗戶上的玻璃也擦一擦。然後拿墩布蘸上水,擰乾了,把地板都擦了。

【B】把窗子上的玻璃也擦一擦。然後拿抹布蘸上水,擰乾了,把地板都擦了。

【C】窗上玻璃亦揩个揩。後來担布頭濕之水,擠乾之,搶地板亦拖一拖。

【E】窓門嘅玻璃抹吓。然後攞抹地布浞吓水,扭乾佢,嚟抹吓地板。

【F】又整乾淨箇的窗門嘅玻璃喇。後來攞一塊布浞水,扭乾,抹地板。

【A】可小心着,別拿墩布臢了牆。你就辦去罷。是。來。喳。

【B】可小心的,莫拿抹布臢了墻。你就去辦罷。是。來。喳。

【C】當心,牆脚勿要碰齷齪。是者。走來,吅,

【E】總要小心啲,咪俾抹地布整撚啲墻。你就照嗷去做喇。係

咯。嚟。哦。

【F】要小心,咪俾溼布整汙糟箇幅牆,快的埋手喇。乙係咯。甲喂。乙先生。

【A】現在來了信了,不行了,客人回頭就到了。那麽棚還沒糊了,可怎麽好呢?

【B】現在來了信了,不行了,客人一會就到了。那麽棚還沒糊了,是怎麽好呢?

【C】信來者,勿成功,客人立刻要到者。棚勿曾糊,格味那能呢?

【E】現在嚟嘵一封信,唔得嘞,嗰位人客就到嘞。個棚重未裱好,噉點算呢?

【F】甲我就至收一封信,冇法喇,箇人客就到咯。乙但係箇的天花板未裱,我哋點做好呢?

【A】這麽着罷,你就趕緊的先拾掇出來,就讓客人先將就着住罷。是。

【B】這麽的罷,你就趕緊的先收拾出來,就請客人先將就的住罷。是。

【C】什介味者,儂忙煞能預備起來,讓客人暫且等一等。是者。

【E】噉樣喇,你趕住隨便執好吓,請人客將就住住先致算啦。係咯。

【F】甲噉,卽時去整淨箇間房,請嗰位先生暫時捱住喇。乙係咯。

【A】你聽,大門外頭車站住了,光景是客人來了。回老爺知道,可不是客人來了麽?

【B】你聽,大門頭車跕住了,光景是客人來了。回老爺知道,却不是客人來了麽?

【C】聽見否?大門外頭停車子拉,看來客人到者。對老爺語,客人到者。

【E】你聽吓,門口外頭停車噉聲,個樣係人客嚟到咯。回老爺知,冇錯,係人客到咯。

【F】甲啊,聽住呀。有駕車喺大門外停住,大概係人客到咯。乙係呀,先生,嗰位人客到嘞。

【A】我先迎出去,你就叫苦力快打掃屋子,你出去搬行李去。

【B】我先迎接去,你就叫小工快打掃房子,你出去搬行李去。

【C】我先去迎接,快點教小工掃地,儂去搬行李去。

【E】我先出去迎接,你叫咕哩快啲打掃好間房,你就出去搬行李喇。

【F】甲唔,我先去接佢,你叫苦力快的整淨箇間房,你就出去搬行李入嚟喇。

【A】行李都搬進來了,請客人點點件數對不對。客人說都對了。

【B】行李搬進來了,請客人點點件數對不對。客人說都不錯。

【C】行李搬之進來者,請客人點點件數看對勿對。客人話對拉者。

【E】行李已經搬嚨入嚟咯,請人客點吓啲件數睇對唔對?佢話啱咯。

【F】乙的行李都搬嚨入嚟咯,請箇位先生點過,妥當唔喇?甲人客話妥當咯。

【A】還有趕車的說,還攏他兩塊錢的車錢哪。把這兩塊錢給他拿出去罷。

【B】還有趕車的說,還找他兩塊錢的車錢哪。把這兩塊錢和他拿出去罷。

【C】車夫話,還有兩塊洋錢車錢勿曾撥。担兩塊洋錢去撥拉伊。

【E】但係車夫話,重爭佢兩個銀錢車銀㖭。摵呢兩個銀錢攞出去俾佢喇。

【F】乙哦,箇車伕話,先生唔記得俾兩箇銀錢車費㖭。甲就攞呢兩箇銀錢出去俾佢。

【A】你去瞧瞧,若是屋子拾掇出來了,你把這行李挪到那屋裏去。

【B】你去看看,若是房子收拾出來了,你把這行李搬到那房裏去。

【C】儂去看个看,房間收作好拉沒?若使收作好之味,拿行李搬到裡向去。

【E】你去睇吓,如果間房執好,你就將呢啲行李搬入裏頭。

【F】你去睇,嗰間房掃淨未曾喇?嗰的行李搬入房。

【A】安置好了,再來沏茶,打洗臉水。是。

【B】安置好了,再來泡茶,打洗臉水。(是。)

【C】放好之,再來搬面湯②咾泡茶。是者。

【E】安置好佢,再嚟冲茶倒水洗面。係咯。

【F】擺到妥,後來冲茶,又攞的水俾人客洗面喇。乙係咯。

【注解】

① 按:A1"麼"字無。

② 面湯,洗臉水。

## 3 第十五章(第十五課　警戒下人)

【A】怎麼了,燈罩兒又炸了?可不是麼,又壞了一個。

【B】怎麼了,燈罩兒又炸了?却不是麼,又壞了一個。

【C】那能燈罩又碎者?倒勿是咾啥,又碎之一个者。

【E】點解個燈筒又爆嘵呢?係囉,又爛嘵一個咯。

【F】甲喂,又爛嘵一箇燈罩咯。乙眞係呀,又壞嘵一箇嘷。

【A】我常告訴你說,剛點上的時候,燈苗兒要小,趕慢慢兒的再往大裏捻。

【B】我常告訴你說,剛點着的時候,燈心兒要小,等慢慢兒再往大裏捻。

【C】我常常對儂話,刻刻點味燈心要低,後來慢慢之拈上去。

【E】我週時話俾你聽,初點個時,個燈頭要細啲,等點興吓,致慢慢扭高佢。

【F】甲我時時話你知,起首點燈嗰陣時,箇火要慢的,歇一陣,扭搣的。

【A】你老聽不進去,太沒記性了罷。去年就幹過這麼一回了,老改不了。

【B】你總聽不清楚,太沒記心了罷。去年就幹過這麼一回了,總改不來。

【C】儂味終勿聽个,一眼無得記性。舊年有歇一回者,仍舊勿想改過。

【E】你總唔肯聽住嘅,太冇記性咯。舊年做過一回噉嘅,總唔肯改。

【F】但你永唔留意,總冇記性。舊年都係噉樣做,你永冇進步嘅。

【A】總是你沒把我的話擱在心上,這是怎麼個理呢? 也是小的一時沒留神的緣故。

【B】總是你沒把我的話擱在心上,這是怎麼個理呢? 也是小的一時沒留神的緣故。

【C】我个說話終勿放拉心裡个,那能做法呢? 實在因爲我一時勿小心咾。

【E】硬唔搣我啲說話丟喙心,到底係點解呢? 都係小的一時冇留心之故咯。

【F】其實總冇理會我嘅說話,點解你噉嘅呢? 乙哦,因爲我一時唔小心啫。

【A】你不止一時沒留神了,永遠沒小心過。

【B】你不止一時沒留神了,向來沒小心過。

【C】勿罷一回勿小心者,從勿曾小心歇个。

【E】你唔單止一時唔留心,永遠冇留心過。

【F】甲你唔係話一時唔小心,你未試過用心嘅。

【A】就拿去年冬天説罷,爐子永遠沒乾淨過,趕今年撤了火了,爐子裏頭的剩煤,也不弄出來。

【B】就拿去年冬天説罷,爐子向來沒乾净過,等今年撤了火了,爐子裏頭的剩煤,也不弄出來。

【C】就看舊年冬裡,烘爐終勿曾揩乾淨歇个,今年火勿用者,烘爐裡剩拉个煤,亦勿弄出來。

【E】就摵舊年冬天嚟講,火爐永冇乾淨過嘅,到今年撤曉火咖,爐裏頭剩啲煤,都唔整嘔出嚟。

【F】嗱,舊年冬天,你冇一回整淨箇火爐,今年收火箇陣時,爐裏頭燒剩的煤炭,你都唔攞出嚟。

【A】爐子也不刷上黑色,就扔在那堆房裏了,趕後來日子多了,全上了鏽了。

【B】爐子也不刷上黑色,就丢在那堆房裏了,等後來日子多了,全上了銹了。

【C】烘爐上黑顏色味勿揩脱,堆拉空屋裡,歇之常遠味銹完。

【E】又唔刷吓啲黑嘅,就抹喺個堆房裏頭,等將來日子耐呢,通身都生嘥銹咯,

【F】又冇俾油嚟擦箇爐,淨係搽落箇堆房,日子耐,成箇生銹咯。

【A】還有那個煤,就在院子裏那麽堆着,不定那一天就許着了。

【B】還有那個煤,就在院子裏那麽堆着,不定那一天就許着了。

【C】還有煤炭堆,拉天井裡,勿曉得有一日恐怕要着起來。

【E】重有個啲煤,就由佢喺天井裏頭堆處,唔知邊日就燒着咯。

【F】重有嗰的煤炭,喺天井噉樣堆法,邊時何日燒着,都有之嚤。

【A】那是我不知道。莫非你是瞎子麽?那是苦力的事情,不是我應管的。

【B】那是我不曉得。莫非你是瞎子麽？那是小工的事情，不是我應管的。

【C】固是我勿曉得。儂眼睛瞎拉个咾？箇个是小工个事體，勿關得我啥事个。

【E】個的我唔知呀。莫非你係盲嘅咩？個的係咕哩嘅事幹，唔係我應管嘅。

【F】乙我都唔知到吖。甲噉你一定係盲嘅。乙嗰的係苦力嘅工夫，唔係我打理嘅吖。

【A】你別滿嘴裏胡說，你不會叫苦力收起來麽？我告訴過好幾回了，他老不聽。

【B】你莫滿嘴裏胡說，你不會叫小工收起來麽？我告訴過好幾回了，他總不聽。

【C】儂勿要瞎話，儂勿爲(會)教小工收作个否？我對伊話之多回拉者，伊勿聽。

【E】你咪立亂吸罷喇，你唔噲叫咕哩執起嚟咩？我話過佢聽好幾囘咯，佢總唔聽。

【F】甲你咪講的咁霎戇話喇，唔噲叫苦力收好咩。乙我話過好多回，佢唔聽咯。

【A】你別混遮掩，你向來是嘴硬。我怎麽嘴硬了？

【B】你莫混遮掩，你向來是嘴硬。我怎麽嘴硬呢？

【C】儂還要遮頭蓋脚，儂嘴本來硬个。我那能嘴硬呢？

【E】你唔使乳咁擋塞，你向來口硬嘅。我點口硬呢？

【F】甲你咪講咁多遮掩嘅話，時時係咁硬頸嘅。我點硬頸法呀？

【A】那麽我問你，昨兒個我回來，你上那兒去了？我任那兒沒去呀。

【B】那麽我問你，我昨天回來，你往那裏去了？我是那裏沒去呀。

【C】格味我問儂，昨日我轉來个辰光，儂拉啥地方？我勿曾到那裡去。

【E】噉我問你,昨日我翻嚟個時,你去邊處呀?我冇去到邊處吖。

【F】甲噉你話我知喇,昨日我番嚟,你去咽邊處呢?乙我冇邊處去吖。

【A】那麼我這屋裏,瓢朝天、碗朝地的,招了好些個蒼蠅,你也不管,那是怎麼了?

【B】那麼我這屋裏,瓢朝天、碗朝地的,引了好些的蒼蠅,你也不管,那是怎麼呢?

【C】格味屋裡,葫蘆瓢味朝天、碗味朝地,蒼蠅弄之交關,儂勿管味爲啥呢?

【E】噉我間房裏頭,碟向天、碗向地,惹得咁多烏蠅,你都唔管,嗰啲係點解呢?

【F】甲噉呢間房箇的野呸呸亂,惹倒好多烏蠅入嚟,你總唔打理,係點解呀?

【A】是因爲我有個朋友來了,躭悮了一會兒的工夫,沒能拾掇。

【B】是因爲我有個朋友來了,躭悮了一會兒的工夫,沒能收拾。

【C】因爲我有个朋友來,耽擱之歇,無工夫收作咾。

【E】因爲我有個朋友嚟,躭擱一陣工夫,未曾執拾好。

【F】乙啊,我有箇朋友嚟,就阻遲吓我,噉我就唔執得妥箇的野吖。

【A】我不管那些個,起今兒往後,我出去的時候,你總要把屋子拾掇俐儸了。

【B】我不管那許多,從今以後,我出去的時候,你總要把房子收拾乾净了。

【C】第个事體我勿管,乃朝後,我出去之後來,屋裡總要出理來乾乾淨淨。

【E】我唔管咁多,從今以後,我出親街,你總要將房裡頭執拾企理。

【F】甲我唔管咁多事幹，自後，我出去，你要整周至呢間房至得。

【A】把衣服給疊好了，小爐裏燒上炭，拿灰培上。

【B】把衣服該叠好了，小爐子裏燒上炭，那(拿)灰培上。

【C】衣裳味叠叠好，小烘爐裡火味生之，培點灰上。

【E】搣衣服摺好，細爐處燒翻着炭，俾灰冚住。

【F】又摺埋的衣服，小爐箇處，要落的煤炭搣灰配上。

【A】瞧有甚麽使不得的東西，該倒的該扔的，就都倒了扔了，那纔是有眼裏見兒哪。竟等着挨説纔幹(哪)，那還算人麽？

【B】看有甚麽用不得的東西，該倒的該丢的，就都倒了丢了，那纔是有(眼裏見兒)哪。竟等着挨説纔做，那還算人麽？

【C】看見有啥無用頭个物事，担來或者放拉，或者甩脱點，只銷生眼睛拉去看。等到話之咾做个，算人个否？

【E】睇有邊啲唔使得嘅，該倒嘅就倒，該抾嘅就抾，噉致係有雙眼嘴。若係必要人吩咐你致做，嗰啲重算得係人咩？

【F】重要睇過有乜唔要嘅野，應抾就抾，應倒就倒，噉至算你頭上帶住眼喇。但等人指點至做野，係大丈夫嘅行爲咩？

【A】還有你常愛砸東西，也不是事。

【B】還有你常愛喫東西，也不是事。

【C】還有儂常常相信弄壞物事，本來勿是道理。

【E】重有你時時咁中意打爛野，個啲都唔係事嘅。

【F】況且你時時打爛野，嗰的唔係法子吖。

【A】近起來又添了一様兒毛病，你有朋友來，把我的各様兒的東西拿出去用，這還像事麽？

【B】近日來又添了一様兒毛病，你有朋友來，我的各様兒的東西拿出去用，這還像事麽？

【C】現在多之一様毛病者，有朋友來，担我各様物事出去用，乃像啥呢?

【E】近來又多樣毛病添,你有朋友嚟,擰我各樣野出去使,都重似樣咩?

【F】近來你重有的唔好習慣,你有朋友嚟,就拵我各樣野嚟使,你估噉係啱嘅咩?

【A】我多咱拿您的東西了?你別不認帳,昨兒個你拿我的茶葉,我悄悄兒的進來瞧見了。

【B】我多早拿你的東西呢?你莫不認帳,昨天你拿我的茶葉,我悄悄的進來看見了。

【C】我幾時担老爺个物事出去用耶?儂勿要賴,昨日担我个茶葉,我偷拌之跑進來看見拉个。

【E】我幾時擰到你野呀?你唔使唔認賬,昨日你擰我嘅茶葉,我靜靜入嚟睇見咯。

【F】乙先生,我幾時拵過你野呀?甲你咪箇唔認嶓,昨日你拵我嘅茶葉,我靜靜入嚟,又睇見你咯。

【A】我沒拿。你說你沒拿,我現在到你屋裏搜一搜去。

【B】我沒拿。你說你沒拿,我現在到你房裏去搜一搜。

【C】我勿担。儂話勿担,我到儂房裡去尋尋看。

【E】我冇擰。你重話冇擰,我而家入你房搜吓嗌。

【F】乙我冇拵到吖。甲你重認冇拵,我就去你間房搜過唎。

【A】你竟管去搜。你瞧瞧,這是甚麼?你還狡情麼?那是我各人買的。

【B】您竟管去搜。你看看,這是甚麼?你還嘴硬麼?那是我自己買的。

【C】儘管去尋味者。儂看,箇个啥物事?儂還要刁皮否?箇个是我買拉个。

【E】你只管去搜喇。你睇吓,呢啲係乜野?你重敢推諉?個的係我自己買嘅。

【F】乙好喇,隨便去搜喇。甲嗱,呢的係乜野?你重咁硬頸咩?乙嗰的係我自己買嘅。

【A】這兒有眞贓實犯,你還不肯認帳,你滾出去罷,我不要你了。

【B】這裏有眞贓實犯,你還不肯認帳,你滾出去罷,我不要你了。

【C】現在眞贓實犯查着拉者,儂還勿認,替我滾罷,我勿要儂者。

【E】呢處都有眞脏實證咯,你重敢唔認,扯喇,我唔使嘅嘅人。

【F】甲眞贓喺處,實犯又喺處,如果你重唔認,你好扯喇,我唔要你。

【A】老爺別生氣,是小的拿老爺的東西了,求您寬恕罷。

【B】老爺莫生氣,是小的拿老爺的東西了,求您寬恕罷。

【C】老爺勿要動氣,我是拿老爺个物事个,乃求老爺寬免之味者。

【E】老爺唔好生氣,係小的揸錯老爺嘅野咯,求老爺恕過我呢回就喺喇。

【F】乙先生唔好鬧咯,我眞係揸你嘅野,求你寬恕喇。

【A】你既認了,我還要你就是了,後來再若有這些毛病,一定立刻得走出去。

【B】你既認了,我還要你就是了,後來再若有這些兒毛病,一定立刻就趕出去。

【C】儂既然認之錯,我亦就介味者。後來再有什介毛病,一定立刻趕儂出去。

【E】你既然肯認錯,我就使翻你喇,以後再有噉嘅混帳之事,一定立刻要辭叻。

【F】甲噉你既屬認,我仍然收留你,但自後重有噉嘅習慣,就即時趕你嘛。

【A】是,給老爺請安,謝您的恩典。

【B】是,和老爺請安,謝老爺恩典。

【C】是者,請老爺个安,謝老爺个恩典。

【E】係咯,請老爺安,多謝老爺恩典。

【F】乙係咯,請安[或改鞠躬],先生,感謝厚恩咯。

## 3 第十六章(第十六課 養馬情形)

【A】回老爺知道,馬籠頭壞了。是那個地方壞了?是嚼子那兒壞了。

【B】回老爺知道,馬籠頭壞了。是那個地方壞了?是嚼子那裏壞了。

【C】對老爺話,馬籠頭壞脫者。壞拉啥地方?嚼鐵跟頭。

【E】回老爺聽,個馬籠頭爛嘞。係邊笪爛呢?係馬口環個笪爛。

【F】甲先生,你嘅馬籠頭爛曉囉嗰。乙喺邊處爛呀?甲箇馬嚼鐵斷曉咯。

【A】那麼你拿到鞍韂鋪裏去收拾收拾。是。還有近起來所有鞍子、馬鐙、肚帶,這些(個)傢伙,都臢的了不得。

【B】那麼你拿到鞍韂鋪裏去收拾收拾。是。還有近日裏所有鞍子、馬鐙、帶肚(肚帶),這些傢伙,都腌臢的了不得。

【C】格味儂担到修馬鞍轡个店裡去收作收作好。是者。近來鞍轡咾、馬踏鐙、肚帶,多化傢生齷齪來非凡。

【E】噉你擰去馬鞍舖整翻佢喇。係咯。重有近來所有馬鞍、馬凳、肚帶,嗰啲家伙,都了唔得咁污糟。

【F】乙噉就擰去馬鞍舖處修補喇。甲好吖。乙你顧住嗰,近來箇馬鞍、馬踏櫈、馬肚帶,及各部份好污糟,

【A】怎麼你也不拾掇啊?沒有的話,那天都拾掇。

【B】怎麼你也不收拾啊?沒有的話,那一天不收拾?

【C】那能儂勿出理个？無介事个，箇日我儕出理拉个。

【E】嗷都唔一氣修整吓佢咩？邊個話呢？每日都打理好嘅。

【F】點解你唔理妥的野呢？甲唔係吖，先生，我日日打理佢嘅。

【A】那麽那上頭的鐵活，怎麽會上了鏽呢？那是沒用[①]磚麪子[①]擦的緣故。

【B】那麽那上頭的鐵圈，怎麽會上了銹呢？那是沒有磚瓦灰擦的緣故。

【C】格味上頭个活鐵，那能銹个呢？因爲用磚灰來擦拉个咾。

【E】嗷做乜嘢上頭嘅鐵器，點解噲生銹呢？個啲係冇俾磚灰嚟擦吓嘅緣故啫。

【F】乙嗷其中嘅鐵點生銹呢？甲係因爲我冇㩒磚灰嚟擦呀。

【A】我這幾天騎馬出去，馬的脚底下彷彿是發軟，老愛打前失，那是怎麽個緣故？

【B】我這幾天騎馬出去，馬的脚底下彷彿是發軟，總愛打前失，那是怎麽個緣故？

【C】前幾日我騎馬出去，馬脚底上像煞發軟，有點朝前衝，不曉得啥緣故？

【E】我呢幾日騎馬出去，隻馬好似發軟蹄嗷，前蹄溢想打失，嗷嘢的唔知因乜緣故呀？

【F】乙我呢幾日騎馬箇時，覺得馬蹄發軟，又打失前蹄，係乜緣故呢？

【A】不錯，我也覺着是有那麽點兒毛病。我想光景是馬掌掉了。

【B】不錯，我也覺得是有那麽點兒毛病。我想光景是馬掌掉了。

【C】勿錯，我亦覺着有第个毛病。我想馬脚上个鐵落脫之咾。

【E】冇錯，我都覺得有的嗷嘅弊病。我睇個樣係甩咽掌。

【F】乙眞係呀，先生，我都覺得佢有嗷嘅毛病呀。甲我估或者甩嘵馬甲鐵。

【A】或是釘錯了,也未可定。那麽我今兒個拉到獸醫樁子上去,再從新釘一回罷。

【B】或是釘錯了,也未可定。那麽我今天拉到獸醫樁子上去,再從新釘一回罷。

【C】或者釘錯,亦勿希奇。格味今朝我牽伊馬郎中搭去[②],從新再釘一釘罷。

【E】或係釘錯,都唔定啩。等我今日拉去獸醫樁處,從新再釘過佢一回睇吓點。

【F】或釘得唔妥,亦未可定咯。乙噉我帶佢去獸醫處,從新再釘過一匀喇。

【A】也好。還有一件,馬怎麽老不上膘呢?怎麽不上膘?老爺瞧不出來就是了。

【B】也好。還有一件,馬怎麽總不上膘呢?怎麽不上膘?老爺看不出來就是了。

【C】亦好。還有,馬啥咾勿滋潤?啥勿滋潤耶?老爺看勿出咾,看來蠻清爽拉个。

【E】亦都好。重有様,隻馬做乜總唔上膘呢?做乜唔上膘呀?老爺睇唔出啫。

【F】甲好吖。重有一件,做乜匹馬總唔長膘呢?乙乜話呀,唔長膘?先生睇唔倒啫啩。

【A】我很瞧得出來,我知道你是夜裏不餧的緣故。若是馬再不長肉,我可就不叫你包餧了。

【B】我很看得出來,我曉得你是夜裏不餧的緣故。若是馬再不長肉,我却就不叫你包餧了。

【C】我曉得,因爲夜裡勿撥伊吃个緣故。若使再勿長肉,我勿要儂管馬者。

【E】我致睇得出,我知到你晚頭夜總唔喂佢,所以噉様。如果隻馬再唔長肉,我就唔要你包喂嘞。

【F】甲我睇得好眞,又知到嘅,你晚上唔餵佢。如果佢唔長膘,我就唔俾你包餵咯。

【A】老爺别這麼説,所有麸子、黑荳、紅高粱、棒子、草,沒不餧足了他的。

【B】老爺莫這麼説,所有麸子、黑豆、紅高粱、棒子、草,沒不餧足了他的。

【C】老爺勿要什介話,麸皮、黑荳、紅高粱、乾草咾啥,無得啥吃勿飽个。

【E】老爺唔好噉講,所有嗰啲麸同黑豆、紅高糧(粱)、粟米、草,冇樣唔喂足佢嘅。

【F】乙先生咪噉講呀,唔論箇的麥皮、黑豆、紅高粱、粟米、禾稈,樣樣都餵足佢嚐。

【A】我今兒早起瞧見馬棚外頭,地下汪着好些個水,那是甚麼水?

【B】我今天早晨看見馬棚外頭,地下汪着好多的水,那是甚麼水?

【C】今朝早辰我看見馬棚外頭,地上有多化水,啥个水耶?

【E】我今朝早睇見個馬棚外頭,留住一汪水,嗰啲係乜野水呢?

【F】甲我今朝見馬房門外,有好多滲水,箇的係乜野水呢?

【A】那不是我弄的水,那是管洗澡房的他幹的。那麼你把他叫來。

【B】那不是我弄的水,那是管洗澡房的他弄的。那麼你把他叫來。

【C】箇个水勿是我弄拉个,是管淨浴間个弄拉个。格味儂去叫伊來。

【E】嗰啲水唔關我事,係管洗身房嗰個整嘅啫。噉你叫佢嚟。

【F】甲嗰的唔係我做嘅,係打理洗身房嗰箇人做嚐。乙噉叫佢嚟呢處喇。

【A】是,我就找他去罷。老爺現在要洗澡麼?我先問你一件事。

【B】是,我就找他去罷。老爺現在要洗澡麼?我先問你一件事。

【C】是者,我去尋伊。老爺要淨浴呢啥?我先要問儂一樣事體。

【E】係咯,我而家去叫佢。老爺而家要洗身嗎?我問你一件事先。

【F】甲哦,我去搵佢。丙先生想呢陣洗身係嗎?乙我先要問一件事。

【A】你怎麼把澡盆的髒水都倒在馬棚外頭了呢?不是倒的,是因爲溝眼堵住了,水漾出來了。

【B】你怎麼把澡盆裏的水都倒在馬棚外頭了呢?不是倒的,是因爲溝眼堵住了,水漾出來了。

【C】阿是浴盆个水秃倒拉馬棚外頭?勿是倒拉个,因爲水溝塞住之咾,涪出來拉个。

【E】你做乜摵洗身盤啲污糟水倒㗎落個馬棚處呢?唔係倒嘅,因係個坑渠眼塞住,啲水滲出嚟嘅啫。

【F】做乜將洗身房的污糟水倒馬房外便呢?丙唔係倒箇處吖,箇渠口塞咽,的水就漾出嘅啫。

【A】那麼你得把那溝眼通開纔好哪。是,我回頭就通去。

【B】那麼你要把那溝眼開通纔好哪。是,我回頭就去通。

【C】格味担水溝開通之味好者宛。是,我就去通去。

【E】噉你要挖翻通佢致好吖。係咯,我就嚟去挖通佢咯。

【F】乙噉你要通箇度渠至得。丙係咯。我而家卽刻嚟通佢喇。

【A】可是今兒個不是您洗澡的日子麼?你燒得了洗澡水了麼?是。

【B】却是今日不是您洗澡日的(的日)子麼?你燒好了洗澡水了

麽？是。

【C】今朝阿是是[3]淨浴个日脚？淨浴个水儂燒拉沒？燒拉者。

【E】但係今日唔係你洗身日期咩？你燒好洗身水哩咩？係喇。

【F】先生，今日係你洗身日子唔呢？乙你燒倒有洗身水唎咩？丙係。

【A】都倒在洗澡盆裏預備好了。那麽你拿着手巾和胰子，跟我去罷。

【B】都倒在洗澡盆裏預備好了。那麽你拿着手巾和胰子，跟我去罷。

【C】倒拉盆裡預備拉者。格味担之手巾、肥皂，跟我去。

【E】倒曉落洗身盤處吻，一啲都預備好咯。噉你擰埋手巾、洋梘，跟我去喇。

【F】豫備嘅咯，倒咽落箇盤添。乙擰埋的手巾、番梘，同我去喇。

【A】你先前頭走一步，等我解完了手兒就去。是。

【B】你先前頭走一步，等我解過完了手兒就去。是。

【C】儂先去，我解完之溲就來。是者。

【E】你行一步，等小完便致嚟。係咯。

【F】又你行先一步咋，等我小解完就嚟。丙係咯，先生。

【A】你可要把澡房的地板都刷乾淨了，別弄的那麽溜滑的。是。

【B】你却要把澡房的地板都刷乾净了，莫弄得那麽溜滑的。是。

【C】淨浴間裡地板揩揩乾淨，勿要弄來滑滑澾澾。是者。

【E】你眞正要將房裡頭嘅地板擦乾淨，咪整得咁滑呀。係咯。

【F】乙喂，你要掃淨洗身房嘅地至得，唔好俾佢咁滑呀。丙係呀。

【A】老爺，水熱不熱？熱一點[4]兒，再對一點兒涼水，你給我搓搓澡。是。

【B】老爺,水滚不滚？滚了那(點)兒,再對一點兒涼水,你和我搓搓背。是。

【C】老爺,水熱勿熱？太熱一眼,加一點冷水去。儂替我揩个揩。呭。

【E】老爺,水熱唔熱呀？熱得啲,再摳的凍水[5]落去喇,你同我抹吓身。係咯。

【F】先生,箇的水太熱嗎？乙係,熱得的,加些少凍水,就擦吓我喇。丙哦。

【A】油泥多罷？不算很多。那麼你給我擦乾淨了罷。是。

【B】油泥多罷？不算很多。那麼你和我擦乾净了罷。是。

【C】油泥多否？勿算那能多。格味儂替我揩乾淨之罷。是者。

【E】老泥多唔多呀？唔係十分多呮。噉你同我擦乾淨佢喇。係咯。

【F】乙我身上好多老泥嗎？丙冇幾多呮。乙噉擦到我乾淨喇。丙哦。

【注解】

① 按：A1 用,作有,麪子,作麵子。

② 按：我牽伊馬郎中搭去,表示去到义,上海土话可不用"到"。

③ 按："阿",滬語疑問詞,"阿是",是不是。

④ 按：A1 點,作那。

⑤ 按：凍水：冷水,凉水。

## 3 第十七章(第十七課　束裝赴滬)

【A】我現在要上上海去,你把東西都歸着起來。老爺打算多宗(早)晚兒起身呢？

【B】我現在要往上海去,你把東西都歸齊起來。老爺打算多早晚兒動身呢？

【C】現在我要到上海去,物事儂去收作起來。老爺打算幾時動身?

【E】我現在要去上海,你將行李都執拾出嚟。老爺打算幾時起程呢?

【F】甲我去上海,你同我執行李喇。乙先生幾時起程呢?

【A】一兩天就要動身。那麼這粗重的傢伙也都帶了去麼?不咖。

【B】一兩天就要動身。那麼這粗重的傢伙也都帶了去麼?不哪。

【C】一二日裡就要動身。格味硬頭傢生亦帶去呢啥?勿帶。

【E】一兩日就要動身咯。噉呢啲粗重物件都帶去嗎?唔帶咯。

【F】甲係呢兩日間嘛。乙噉箇的粗重嘅行李重帶埋去嗎?甲唔帶咯。

【A】那我打算託朋友都把他拍賣了,等我今兒晚上連夜把拍賣的和留着的分出來,再打點罷。

【B】我打算託朋友都把他拍賣了,等我今天晚上連夜把拍賣的和留着的分出來,再打算罷。

【C】我想託朋友拍賣脫之味者,今朝連夜担拍賣咾留拉个物事分出來,儂去罷(擺)好之。

【E】個啲我打算託朋友擰嚟投咽佢,等我今晚漏夜將邊啲要出投嘅,邊啲要留翻嘅分出嚟,致放好喇。

【F】想託朋友同我拍賣,我今晚通宵分開的要拍賣嘅野,共留番嘅物件,噉你就執正佢喇。

【A】我先把這箱子騰空了,把這零碎兒都插在裏頭,好不好?

【B】我先把這箱子騰空了,把零碎兒都插在裏頭,好不好?

【C】我先要出空箇只箱子,担零碎小物事儕放拉起,好勿好?

【E】我先摵呢個箱執空咽謄(騰)出嚟,執啲啲零碎野落去,好唔好呢?

【F】乙我先倒起呢的槓箱,執埋箇的嘢碎落去,好唔好呢?

【A】好是好,趕插在裏頭之後,可得拿滑藉或是棉花揎磁實了,別叫他在裏頭搖晃纔行哪。

【B】好是好,等插在裏頭之後,却要拿東西或是棉花築結實了,莫叫他在裏頭搖動纔行哪。

【C】好是好个,放之後來,拿點草或者棉花挨挨緊,勿要讓伊動咾動箇味好。

【E】好係好,總係丟野落去之後,四圍要使禾草或棉花嚟搪到緊,咪俾佢喺裏頭嚟搖動致得噃。

【F】甲可以嘅,但執好之後,你要俾的禾稈或棉花,攝到佢實,等佢咪兩頭嘟嚙。

【A】那是自然的,還有那些衣服怎麽樣呢?那等着歸在那皮箱兒裏,軟片一塊兒打包。

【B】那是自然的,還有那些衣服怎麽樣呢?那等着歸在那皮箱兒裏,軟片一堆兒打包。

【C】固是自然,還有箇主衣裳味那能呢?放拉皮箱裡,軟个放拉一堆之咾,打一个包裹。

【E】嗰的自然喇,重有嗰的衣服點樣呢?嗰的等吓丟落皮箱裏頭,歸入啲細軟嘅野一氣打包喇。

【F】乙係定喇,的衣服又點樣呢?甲嗰的衣服擠落皮槓之後,就紮埋箇的軟物件一包喇。

【A】那就是了。那書槅子上的書和字帖、條幅,都拿紙裹上就行了。

【B】那就是了。那書槅板上的書和字帖、條幅,都拿紙包倒就行了。

【C】正介味者。書架裡个書咾帖、對條,儕担紙來包好之。

【E】噉就喺喇。個書架上嘅書,同埋法帖、條幅,都摵紙嚟包住佢就得咯。

【F】乙好喇。書架嘅書、字帖、條幅,一概用紙包裹嘅。

【A】那匾額竟把字撤[①]出來,那架子不好帶,可怎麽辦呢?

【B】那匾額竟把字拆下來,那架子不好帶,却怎麽樣呢?

【C】箇只扁字,担之下來,架子勿好帶味,那能呢?

【E】個横額擘咽的字出嚟,個架又係惡帶,想個乜野法子好呢?

【F】乙嗰箇匾額等我拆出的字罷喇,箇架唔帶得去咯,就點安置佢呢?

【A】那就先擱着罷。老爺,箱子都裝好了,那麽把蓋兒蓋上,可以就先釘死了罷。

【B】那就先擱着罷。老爺,箱子都裝好了,那麽把葢兒葢上,可以就先鎖起來罷。

【C】第个且到放拉咾罷。老爺,箱子儕裝好者,担蓋來蓋之咾,釘住之罷。

【E】由佢丟處先喇。老爺,箱都裝好咯,咁好蓋,就可以摵嚟釘緊佢嚹啩。

【F】甲暫時唔理佢先。乙先生,的箱執好咯,安蓋之後,我就釘妥佢啩。

【A】可以可以。你把那張紅紙遞給我,寫個籤子,貼在箱子上。

【B】可以可以。你把那張紅紙遞把我,寫個籤字,貼在箱子上。

【C】好个。儂担箇張紅紙撥拉我,寫个紙條來,貼拉箱子上。

【E】可以咯。你遞嗰張紅紙過我,等我寫條簽嚟,貼落的箱處。

【F】甲係自然喇。俾嗰張紅紙我,等我寫幾條簽,貼落箱面。

【A】那皮箱還得上鎖,拿馬蓮包包上,然後拿繩子綑上,可就省得車磨了。

【B】那皮箱還要上鎖,拿馬連包包好,然後拿繩子綑倒,却就省得車上磨了。

【C】皮箱還要鎖一鎖,担草蓆來包之,然後用繩來一綑,省之車子上磨壞脱。

【E】個皮箱重要落鎖,等擰蔴包嚟包起佢,再俾繩綑實,就唔怕俾車揩親咯。

【F】乙嗰箇皮槓要鎖住佢,後來至打蓆包,俾繩綁住嘅,噉樣喺駕車處,唔使俾佢損壞咯。

【A】不錯,那繩子扣兒,務必要勒死了。看上車之後掍蕩開。

【B】不錯,那繩子扣兒,務必要剔緊了。看上車之後(掍蕩開)。

【C】勿錯,繩个結要打死結。格味裝拉車子上勿怕伊散開來者。

【E】冇錯,個的繩結,是必要打死結。唔係噉就落車之時噲撳開。

【F】甲冇錯,箇的繩結要打得實,免致箱上車後,結就鬆曉。

【A】你快打發苦力去買兩張油紙來,包那綢子。

【B】你快打發小工去買兩張油紙來,包那綢子。

【C】快點教脚班上个人去買兩張油紙來,包綢緞。

【E】你快的打發個咕哩去買兩張油紙翻嚟,包嗰的綢。

【F】快的叫苦力買兩張油紙,包埋箇的絲髮喇。

【A】喳。那軟帘子摘下來,捲上不好麼?

【B】(喳/是+)。那軟帘子取下來,捲倒不好麼?

【C】是者。窻簾担下來,捲拉上局否?

【E】哦。唔好除個張軟簾捲住佢?

【F】乙係咯。嗰塊門簾我拆落嚟捲埋好嗎?

【A】也好。還有那旱傘,也套上罷。再把這文具都裝在白拜匣裏。

【B】也好。還有那布傘,也套上罷。再把這些文具都裝在白拜匣裏。

【C】亦可以。還有傘,亦要放拉傘袋裡。併且多化寫字傢生儕要放拉拜帖匣裡。

【E】亦好。重有嗰把遮,都套起佢喇。你再將呢個文具都丟埋落白拜匣裡頭。

【F】甲好。箇把遮安番箇套。後來擰的文具,執落箇白拜帖盒。

【A】現在把您的鋪蓋,也都捲起來罷。把夾被棉被都疊起來,裝在褥套裏,那褥子明兒個還要鋪在車上哪。

【B】現在把您的鋪蓋,也都捲起來罷。把夾被棉被都叠起來,裝在褥套裏,那褥子明日是還要鋪在車上哪。

【C】現在儂担舖蓋亦捲起來罷。担夾被綿被叠來,放拉褥套裡,褥子味明朝還要舖拉車上个哩。

【E】現在將你嘅鋪蓋,都打起嚟喇。摵夾被棉被都摺起佢,入埋落個褥套處,個張褥聽日重要鋪落車咯。

【F】乙呢陣時,我捲埋你的被鋪,好唔好呢?甲摺好箇張夾被共埋棉被,擠落褥套[即馬連包]裏頭,明日摵箇張褥鋪喺車處喇。

【A】是。明兒個把那個馬蓮包的箱子,煞[②]在後車尾兒上,您想怎麽樣?

【B】是。明日把那個馬連包的箱子,放在後車尾兒上,您想怎麽樣?

【C】是者。明朝我想箱子担草蓆來包之咾,放伊車子後面,看起來那能?

【E】係。聽日摵呢個蔴包箱,綁落車尾嚟,你話點樣呢?

【F】乙好呀,先生。俾蓆包住箇箱,聽日綁車後便,好唔好呢?

【A】使得罷。那磁器得拿紙蘸上水糊上,再裝纔妥當。

【B】可得罷。那(磁)器要拿紙蘸上水糊上,再裝纔丢(妥)當。

【C】只怕可以个。碗料傢生味担紙頭濕之水,挨緊之,乃味裝拉妥當者。

【E】做得吖。嗰啲磁器要俾紙浛水嚟粘落去,再裝致穩陣嘅。

【F】甲做得。未裝好磁器箇時,摵紙浛水黐落去,等佢穩陣吖。

【A】這個法子更妙了。回老爺知道,某老爺打發人給您送了送行的禮物來了。

【B】這個法子更妙了。回老爺知道,某老爺打發人和您送了送行的李(禮)物來了。

【C】箇个法子實在好个。對老爺話,某老爺差人來送送行个禮物拉。

【E】呢個法子更妙咯。回老爺知,東(某)老爺打發人送下程嚟呀。

【F】乙真得法咯。啊。先生,某先生使人帶送行禮嚟啝。

【A】拿進來,給他拿出個片子去,叫他回去道謝就是了。

【B】拿進來,把他拿出個片子去,叫他回去道謝就是了。

【C】担進來,撥个片子拉伊,教伊轉去謝謝。

【E】擰入嚟,拈個名片出去交俾過個來人,叫佢翻去話多謝就喺喇。

【F】甲擰入嚟喇,攞我嘅名片[或咭紙],叫來人帶番去,話我多謝佢呀。

【注解】

① 按:A1 撤,作撒。

② 煞,動詞,用繩子把東西捆紮、勒緊。今北方方言以及中原官話、膠遼魯冀官話、南通話中仍用。

## 3 第十八章(第十八課　派人送禮)

【A】你幹甚麼來着?我在花園子澆花兒來着。那花兒開的怎麼樣?

【B】你做甚麼來的?我在花園裏澆花水來的。那花開的怎麼樣?

【C】儂拉做啥?我拉園裡澆花。花開來那能者?

【E】你做乜野嚟呀?我喺花園裏頭淋花嚟。啲花開成點呀?

【F】甲你就至做乜野事幹呢?乙我喺花園淋花呀。甲的花開成點樣呢?

【A】現在正是盛開的時候,開的好看極了。怎麼你這手上這麼些個泥?

【B】現在正是盛的時候,開的好看極了。怎麼你這手上這麼些的呢(泥)?

【C】現在是開來興來,最好看个時候。那能儂手上儕是坭呢?

【E】而家正在開到鬧熱嘅時候,開得眞好睇咯。做乜你隻手整得咁多泥?

【F】乙而家開得好茂盛,箇的花眞好睇咯。甲你箇手有咁多泥,做乜野呢?

【A】我是在花園子弄土來着。你回頭吃完了飯,我要打發你送禮去。

【B】我是在花園弄土來呀。你回頭吃完了飯,我要打發你送禮去。

【C】我拉花園裡弄之一歇坭咾。儂就去吃飯,吃罷之飯後來,我要教儂送禮物去。

【E】我喺花園裏頭攪啲泥嚟啫。你等吓食完飯,我要打發你去送禮。

【F】乙我喺花園整箇的泥啫。甲你一食完飯,我想你去送禮呀。

【A】是給那宅裏送禮去?是給後門徐老爺送禮去。那麼小的這個工夫兒先剃頭去罷。

【B】是和那一家送禮去?是送後門徐老爺送禮去。那麼小的這個時候兒先剃頭去罷。

【C】送禮到那裡个宅裡?送禮拉後面徐老爺搭。格味現在讓我先去剃一个頭咾去罷。

【E】係送禮去邊位呢?係送去後門嗰位徐老爺。噉樣小的而家先去剃個頭。

【F】乙先生,想送去邊間呢?甲送去後門街徐先生處嘅。乙噉,我先剃頭[今稱剪髮下做此]更好啫。

【A】哎,你別竟[①]剃頭,還得打辮子哪。剃頭和打辮子那是一回事。

【B】哎,你莫竟先剃頭,只須打辮子哪。剃頭和辮子那是一回事。

【C】儂勿要單單剃頭,辮亦打之罷。哈,剃頭咾打辮連拉个耶。

【E】吖,你唔好靜係剃頭,都重要打條辮添嚿。剃頭同打辮都係一氣嘅事幹啫。

【F】甲哦,唔止係剃頭,重要電面[原文作打辮下做此]添。剃頭共電面係同時做嘅。

【A】你還得換上乾淨點兒的衣裳。平常在家裏做粗活,那原不講究。

【B】你還要換上(乾)净點兒的衣裳。平常在家裏做粗事,那原不講究。

【C】儂衣裳還要換來乾淨點。拉屋裡做粗生活,本來勿要緊。

【E】你重要換過件乾淨衣服呀。閒時喺唸做事,個啲原本唔使拘。

【F】甲你重要着的乾淨衣服至得。因你喺屋裏頭,着箇的嚟做污糟嘅工夫,就唔係好睇。

【A】到別的宅裏去,總得要撒俐纔是樣子哪。靴子、帽子,小的可沒有。

【B】到別人家裏去,總得要撒俐纔成樣子哪。靴子、帽子,小的却沒有。

【C】到底到別人家搭去,總要清水點味好。靴咾帽子,我無得个味。

【E】去別人處,就總要打整得企理的致似樣嘅。小的冇靴帽,點呢?

【F】你去第間屋,都要齊整的至合格呀。乙啊,先生,我實在冇帽冇鞋嚿。

【A】你可以和夥伴兒們借一頂帽子、一雙靴子就得了麽。你就快拾掇去罷，別磨稜子了。

【B】你可以和夥伴兒們借一頂帽子、一雙靴子就是了麽。你就快去收拾罷，莫竟挨了。

【C】儂去夥計淘裡借之一雙靴咾借之一只帽子味者。快點預備去罷，勿要躭擱者。

【E】你可以共你啲夥記借頂帽，借對靴，就造得喇。你就趕快執拾好，咪個遲疑囉嗻。

【F】甲你可以向別箇夥計借帽共鞋吖。快的去豫備，唔好嘥時候嘛。

【A】老爺，小的都拾掇完了，有甚麽話，請老爺吩咐罷。還有那禮物，您都打點出來了麽？

【B】老爺，小的收拾完了，有甚麽話，請老爺吩咐罷。還有那禮物，您都辦正出來了麽？

【C】老爺，我儕預備好拉者，還有啥說話，請老爺吩咐。禮物儕預備好拉沒？

【E】老爺，小的都已經收拾好咯，有的乜野說話，請老爺吩咐喇。重有個的禮物，你都執定出嚟嘛嗎？

【F】乙先生，我都豫備咯，請吩咐點樣喇。的禮物唔知有執開未呢？

【A】你瞧，這是四匣子東西，這是我的職名。那麽，小的得雇一輛車去罷。

【B】你看，這是四匣子東西，這是我的片子。那麽，小的可雇一乘車去罷。

【C】儂看，箇个四匣子是物事，箇个味是我个片子。格味，我去叫部車子罷。

【E】你睇住，呢處四盒野，呢個係我嘅官銜帖。噉樣，小的叫駕車去哩[去聲]。

【F】甲嘷，睇住喇，呢處有四盒禮物，嗰箇係我官銜帖。乙噉我要去僱車嘴啩。

【A】不行,這裏頭有嬌嫩東西,怕車撴。若不然就叫苦力挑着,跟了你去罷。

【B】不行,這裏頭有嬌嫩東西,怕車撴。若不然就叫挑子挑着,跟了你去罷。

【C】勿要,裡向有碰勿起个物事,去車子上怕伊顛壞之个。勿是味教个脚班挑之,儂跟之伊去味者。

【E】唔做得,呢裏頭有幼細嘅野,怕車撴。不如叫個咕哩[②]担住,跟你去罷喇。

【F】甲唔係裏頭的物件,好容易爛嚐,怕被車撴爛。你就叫苦力同去担喇。

【A】喳,那也好。趕你到那兒就說,是我們老爺新近打外頭回來帶來的土物。

【B】(喳/是+,)那也好。若你到那裏就說,是我們老爺近日從外頭回來帶來的土物。

【C】啣,箇亦好个。儂到之箇面對伊拉話,第个是自伲老爺新近外頭轉來帶拉个土產。

【E】係,噉亦好。等吓你去到就話,呢啲係我地老爺近日喺外處帶翻嚟嘅土產。

【F】乙噉都做得。甲你去到嗰處要噉話,我哋先生近日由鄉下番出嚟,帶的特別嘅土產。

【A】奉送這兒的老爺用。務必把職名給留下,然後你就回來。是。那麼小的這就去罷。

【B】奉送這裡的老爺用。務必把片子留下,然後你就回來。是。那麼小的將就去罷。

【C】送拉老爺用个。總要担我个片子留拉之味,然後儂轉來。曉得者。格味我就去呢啥?

【E】送啲過嚟老爺。你是必摵個官銜帖留落,然後致好翻嚟嚹。係咯。噉小的而家就去哩[去聲]。

【F】送過先生處。又留落我名片[或咭紙]，就番嚟喇。乙係咯，先生。我而家可以去得嗎？

【A】啊，還有你到花園子去掐幾[③]朵花兒來拿着，順便到吳宅，給那位老爺送了去。

【B】啊，還有你到花園裏去摘朵花兒來拿着，順便到吳家，和那老爺送了去。

【C】哈，還有一樣，儂到花園裡去採一把花來，順便到吳老爺搭去咾，送拉伊。

【E】呵，你重嚟去花園摘幾朵花，順便擰去吳公館，送俾佢地老爺噉話。

【F】甲啊，重有樣添，你去花園，摘幾扎花帶埋去，順路送到吳先生府上喇。

【A】老爺，小的回來了。徐老爺在家了[④]麼？是，在家了。把小的叫進去了。

【B】老爺，小的回來了。徐老爺在家麼？是，在家裏。把小的叫進去了。

【C】老爺，我轉來者。徐老爺垃拉屋裡否？垃拉屋裡。伊叫我進去。

【E】老爺，小的翻嚟嘞。徐老爺喺公館嗎？係，喺嘛。已經叫小的入去見過佢咯。

【F】乙先生，我番嚟囉嚹。甲徐先生喺屋踨嗎？乙係呀。佢叫我入去。

【A】說是老爺起外頭大遠的帶了點兒東西來，留着自己用就結了。

【B】說是老爺從外頭許遠的帶了點兒東西來，留着自己用就算了。

【C】對我話倗老爺從外勢遠地方轉來帶拉點東西，留拉自家用之味者。

【E】佢話老爺喺咁遠帶的野翻嚟,留翻自己使罷喇。

【F】話你嘅先生喺咁遠地方帶的野番嚟,應該留番自己用吖。

【A】又何必費心惦記着我呢,實在我心裏不安得很。這麽着,給了得(我)一個回片子,給老爺道費心。

【B】又何必費心罣記着我呢,實在我心裏不安得很。這麽的,就把了我一個回片子,和老爺道謝。

【C】做啥咾費伊心想着我,我心裡實在對勿過。乃味,授我一个片子送來,謝謝老爺。

【E】何必重咁費心掛住我呢,實在過意唔去咯。噉樣,就俾個名片帶翻嚟,話多謝老爺費心囉喎。

【F】爲乜咁費心嚟顧我哋,令我心中抱歉咯。佢就回番箇帖[或咭],呌我道謝先生有心唎。

【A】是了。你手裏拿着的那紅封兒是甚麽?

【B】是了。你手裏拿着的那紅封兒是甚麽?

【C】是者。儂手裡担一包紅个啥物事?

【E】係咯。你手擰住個紅封係乜野呀?

【F】甲唔。你手上嗰箇紅封係乜野呢?

【A】可是,小的還要回稟老爺哪,這是那兒的老爺給小的一個賞封兒。

【B】正是,小的還要稟老爺哪,這是那裏的老爺把小的一個賞封兒。

【C】貼正,我要對老爺話,箇个是伊拉老爺撥拉我一包賞封。

【E】冇錯,小的重要回明老爺知,呢的係徐老爺俾小的嘅賞封。

【F】乙啊,係呀,我正想講過先生知,係嗰位先生送俾我嘅。

【A】小的原不敢接,徐老爺說,你只管拿着,若是不接,我就有了氣了。

【B】小的原不敢接，徐老爺說，你只管拿着，若是不接，我就要發氣了。

【C】我本來勿敢受，徐老爺話，儂只管担，若使儂勿担，我要動氣个。

【E】小的本來唔敢接，徐老爺話，你只管愛，如果唔愛，我就生氣嚇。

【F】我想唔收，但徐先生話，你擰住喇，若係唔收，我就生氣咯。

【A】小的這纔勉強接過來了。好好，你歇歇兒去罷。

【B】小的這纔免(勉)强接下來了。好好，你歇歇兒去罷。

【C】乃咊我勉强受拉个。好好，儂去歇歇罷。

【E】小的噉致勉强接咽。好喇，你去抖吓喇。

【F】不得已就接喇。甲唔，好，你去抖吓喇。

【注解】

① 按：A1 此处有"先"字。

② 咕哩，是"苦力"。

③ 按：A1"幾"字無。

④ 按：A1 家了，作了家。

## 3 第十九章(第十九課　囑買食品)

【A】你洗完了臉了麽？洗完了。我要叫你買東西去。買甚麽東西去？我要買口蘑、大蝦米和掛麪。

【B】你洗完了臉了麽？洗完了。我要叫你去買東西。去買甚麽東西？我要買口蘑、大蝦米和掛麪。

【C】儂面淨好沒？淨好者。我要教儂買物事去。買啥物事呢？要買木耳、大蝦米搭之扎麵。

【E】你洗面哩咩？洗咽咯。我想叫你去買啲野。買乜野呢？我要買磨(蘑)菇、大蝦米共線麵。

【F】甲你洗完面未呀？乙洗完咯。先生。甲我想使你去買的野。

乙先生想買乜野呢？甲我想買的北口[即古北口]外嘅磨菰共大蝦米及線麪。

【A】是買四牌樓的麼？別買四牌樓的，那幾個鋪子的東西，連一個好的也沒有。

【B】是買四牌樓的麼？莫買四牌樓的，那個鋪子的東西，連一個好的也沒有。

【C】到四牌樓去買，是否？勿要到四牌樓去買，箇搭好物事，一眼無得个。

【E】係買四牌樓嘅嗎？唔買四牌樓嘅，嗰幾間舖頭嘅野，搵一件好啲嘅都冇。

【F】乙喺四牌廔買好唔好呢？甲唔好去四牌廔，嗰處冇一間好舖頭嘅。

【A】那麼，我出城買去罷。你出城，要買前門大街路東那個海味店的纔好哪。

【B】那麼，我出城去買罷。你出城，要買前門大街路東那個南京店的纔好哪。

【C】格味，我出城去買罷。儂出城，到前門大街上路東面箇爿海味店裡去買來得好。

【E】噉樣，我就出城去買喇。你出城，就要去前門大街東便個派啲海味舖買致好嗒。

【F】乙噉，我入華人城去買好嗎？甲係，至好係華人城內前門街嘅東便箇間海味店喇。

【A】不錯，那兒的東西可好，就是貴一點兒。貴一點兒也有限的。您是要買多少呢？

【B】不錯，那裏的東西却好，就是貴一點兒。貴一點兒也有限的。你是要買幾多呢？

【C】勿錯，物事雖然少些貴點，箇搭个來得好。貴得有限个。要買幾化呢？

【E】冇錯,嗰處啲野確係好,獨係貴啲呹。貴啲都有限喇。你想買幾多呢?

【F】乙啊,眞嘅。佢的野確實好,但係貴的。甲貴的都有限喇。乙先生要買幾多呢?

【A】我要買一斤口蘑,斤半大蝦米,十子兒掛麪。可是那口蘑多兒錢一斤?

【B】我要買一斤口蘑,斤半大蝦米,十仔兒掛麵。却是那口蘑幾多錢一斤?

【C】我要買一斤木耳,斤半大蝦米,十捲扎麵。木耳啥價錢一斤?

【E】我買一斤磨(蘑)菇,斤半大蝦米,十子線麵。但係嗰啲磨(蘑)菇賣幾多錢斤呢?

【F】甲我要買一斤磨菰,斤半大蝦米,十扎線麪。箇的磨菰幾多銀斤呢?

【A】有六吊四的,有四吊八的。賤的東西總次罷?那是自然的。

【B】有六吊四的,有四吊八的。便宜的東西總差罷?那是自然的。

【C】有个味六百四十,有个味四百八十。價錢强貨色總要推扳點?固是自然。

【E】有六百四嘅,有四百八嘅。平野係吟啲啩?個的自然喇。

【F】乙有的六毫四,有的四毫八。甲嗰的平嘅有咁好啩?乙自然喇。

【A】那麽,買那貴的罷,分兩可叫他們邀足了。他們不敢短分兩的。

【B】那麽,買那貴的罷,分兩却叫他們稱足了。他們不敢少分兩的。

【C】格味,買貴个一主味者,不過分兩教伊要稱足个。分兩是伊拉勿敢缺个。

【E】噉,買個的貴嘅罷喇,斤両眞要叫佢秤足嚅。佢哋都唔敢秤少嘅。

【F】甲噉,就買貴的嘅,叫佢秤夠嚅。乙佢唔敢秤少嘅。

【A】那些買賣人的習氣,都愛要[①]謊價,你也別竟聽他們要,總要還個價兒。

【B】那些買賣人的脾氣,都愛說虛頭,你也莫竟聽他們要,總要還個價錢。

【C】做生意人个脾氣,相信話虛頭,儂勿要依伊个討價,總要還價个。吅。

【E】嗰啲生意佬嘅慣勢,至興開價,你咪個話佢愛咁多就俾咁多,必要講吓價致好呀。

【F】甲做生意嘅習慣,取價太高,唔好淨聽佢要,總要還價至得。

【A】老爺不知道,他們那大字號都是言無二價,不敢要謊的。

【B】老爺不知道,他們那大字號都是言無二價,不敢說假的。

【C】老爺勿曉得,大店家是眞不二價,無啥虛頭个。

【E】老爺唔知啫,佢哋嗰的大字號不二價嘅,唔敢亂開價嘅。

【F】乙嗰的大字號,不二價嘅,先生怕唔知嚅,斷冇取高價嘅。

【A】那就是了,另外你打城外頭,再給帶些個鮮菓子來。

【B】那就是了,另外你從城外頭,再帶幾個鮮菓子來。

【C】格味就介味者,儂打城外轉味,買點鮮菓子來。

【E】噉就係喇,另外你喺城外頭,再同我帶的生菓翻嚟。

【F】甲噉又啱,順便喺城外,同我帶的生果番嚟喇。

【A】老爺打算要買甚麼鮮菓子呢?杏兒和李子,還有沒有了?那兩様兒菓子,現在可沒了。

【B】老爺打算要買甚麼鮮果子呢?杏子和李子,還有沒有呢?那兩樣的果子,現在都沒有。

【C】老爺打算買啥个鮮菓子？杏子咾李子，還有否？箇兩樣菓子，現在只怕無得个者。

【E】老爺想買啲乜野生菓呢？杏共李，而家重有冇呀？嗰兩樣菓子，現在都怕冇咯。

【F】乙先生要乜野生果呢？甲重有的杏子共李冇呢？乙而家冇嗰兩樣咯。

【A】那麽就買梨、桃、平菓、莎菓、檳子，脆棗兒、葡萄，這幾樣兒罷。

【B】那麽就買梨、桃、平果、莎果、檳子、脆棗兒、葡萄，這幾樣兒罷。

【C】格味買點生梨、桃子、蘋果、花紅、檳榔、棗子、葡萄，箇幾樣味者。

【E】噉就買的梨、桃、平果、沙菓、檳榔、脆棗、葡萄，幾樣喺喇。

【F】甲噉買的雪梨、桃、苹果、莎果子、檳子、脆棗、菩提子之類喇。

【A】一樣兒買多少呢？買一斤葡萄，一斤棗子，下剩那些個菓子，每樣兒買十個就得了。

【B】一樣兒買幾多呢？買一斤葡萄，一斤棗子，下剩那些樣果子，每樣兒買十個就是了。

【C】每一樣買幾化呢？買一斤葡萄，一斤棗子，多下來味買別樣菓子，每樣買个十只有者。

【E】一樣買幾多呢？葡萄買一斤，脆棗買一斤，其餘嗰的菓子，一樣買十個就得咯。

【F】乙每樣買幾上下呢？甲買菩提子、脆棗各一斤，其餘每樣十箇喇。

【A】是。你帶這四十吊錢的票子去，除了買這些個東西，剩下錢，想着再買氷糖和藕粉來。

【B】是。你帶這四十吊錢的票子去，除了買這些的東西，剩下的錢,想想再買氷糖和藕粉來。

【C】是者。儂担四千銅錢个一張錢票去,買之箇个物事,多下來味,再買點氷糖咾藕粉。

【E】係咯。你帶呢四千錢嘅錢票去,除買呢的野之外,有剩嘅錢,或者再買的冰糖共藕粉翻嚟。

【F】乙係咯,先生。甲呢處有四十吊嘅錢票,你就帶去喇,買咽咁多野,餘剩嘅錢就買的冰糖、藕粉。

【A】是。那麼,小的現在就去麼? 等一等,這兒還有十吊一張的退票。

【B】是。那麼,小的現在就去麼? 等一等,這裏還有十吊一張的退票。

【C】是者。格味,我現在就去者。等一等,還有一千銅錢个一張退票。

【E】係咯。噉,小的而家就去哩[去聲]。等一吓,呢處重有張一千錢嘅換票。

【F】乙啊,好喇。呢陣時就去嗎? 甲唔,等一陣,呢張十吊嘅錢票唔好。

【A】你給珠市口兒那個萬順皮貨鋪裏帶了去,告訴他們,這是一張假票子。

【B】你和珠市口兒那個萬順皮貨鋪裏帶了去,告訴他們,這是一張假票子。

【C】儂担去撥拉珠市口頭箇爿萬順皮貨店裡,對伊拉話,箇張假票子。

【E】你帶去交俾珠市口嗰間萬順皮草舖,話過佢聽,呢張係假票。

【F】你帶去珠市口萬順皮貨舖,話佢知係假嘅。

【A】叫他們立刻給換上,交給你帶回來。老爺怎麼知道是他們的退票呢?

【B】叫他們立刻掉換,交把你帶回來。老爺怎麽曉得是他們的退票呢?

【C】教伊拉立刻換一張,交代儂帶轉來。老爺那能曉得是自伊拉个退票呢?

【E】叫佢卽刻換過,交俾你帶翻嚟。老爺點知到係佢哋嘅囘換票呢?

【F】要卽刻換過,俾你帶番嚟喇。乙先生點知嗰張假票係佢嘅呢?

【A】我收着他們了,並且這是前幾天到他們那兒買東西去了,他們找給我的。

【B】我收着他們的,並且這是前幾天到他們那裏買東西時候,他們找把我的。

【C】我伊拉蕩收拉个,就是前幾日我到伊拉搭去買物事咾,找撥拉我个。

【E】我收佢哋嘅,而且呢的係我前幾日去佢嗰處買野,佢找翻俾我嘅。

【F】甲我都號過佢咯,先幾日,我去佢處買野,佢找過我嘅。

【A】老爺,打那麽沒別的事了麽?還有事,赶你回頭的時候,順便到那個熟裁縫鋪裏,問一問,我定做的那件衣服得了沒有?

【B】老爺,從那麽沒別的事了麽?還有事,你回頭的時候,順便到那個熟裁縫舖裏,問一問,我定做的那件衣服有了沒有?

【C】老爺,還有別樣啥事體否?還有一樣味,轉來个辰光,趁帶便到儂認得拉个裁縫店裡,替我問聲看,定做拉个一件衣裳好沒?

【E】老爺,打個處翻嚟,重有乜別樣事冇呢?重有件事,你翻轉頭個時,順便到嗰間熟裁縫舖處,問吓,我交過佢做嗰件衣服做起唔曾?

【F】乙先生,重有第樣吩咐冇呢?甲有,你番嚟箇時,順路去嗰間裁縫舖,問吓佢,我定嘵嗰件野豫備唔曾吖?

【A】若是有了,你就拿包袱包上,帶回來了。

【B】若是有了,你就那(拿)包袱包倒,帶回來喇。

【C】若使好之味,儂拿包袱來包之咾,担之轉來味者。

【E】若係做起,你就擰包袱包住,帶翻嚟喇。

【F】如果係有,就包好擰番嚟喇。

【注解】

① 按:A1 要,作說。

## 3 第二十章(第二十課 薦傭赴粵)

【A】張福。喳。你來,我有話和你說。是,老爺有甚麼話吩咐?

【B】張福。唯。你來,我有話和你說。是,老爺有甚麼話吩咐?

【C】張福。哈。儂來,我要對儂白話。吧。老爺有啥說話吩咐?

【E】張福。哦。你嚟,我有說話同你講。係咯,老爺有乜野說話吩咐?

【F】甲張福。乙先生。甲嚟呢處,我有事話你知。乙先生有乜吩咐呢?

【A】現在有一位老爺,陞到廣東作領事官去,要找一個跟班的,我打算把你薦給他。

【B】(現)在有一位老爺,陞到廣東做領事官去,要找一個跟班的,我打算把你薦與他。

【C】現在有一个老爺,升到廣東做領事官,要尋一个跟班,我打算担儂薦撥伊。

【E】現在有位老爺,升去廣東做領事官,要搵個跟班,我想薦你去佢處。

【F】甲有一位陞去廣州做領事官,想請箇跟班[或下人,下做此],我想舉薦你。

【A】你願意去不願意去?蒙老爺的抬愛,小的願意去,可不知道得去幾年？

【B】你願意去不願意去？蒙老爺的擡愛，小的願意去，却不曉得要去幾年？

【C】儂肯去否？承老爺个抬舉，我肯去个，勿曉得去幾年。

【E】你情願唔情願呢？蒙老爺栽培，小的極情願去，但係唔知到要去幾多年？

【F】你歡喜去唔呢？乙多謝先生費心，我亦喜歡去，但唔知要去幾年呢？

【A】那位老爺大概得在廣東三年，他願意你跟他[1]在那兒三年，你的意思怎麼様？

【B】那位老爺大概要在廣東三年，他願意你跟他去，在那裏三年，你的意思怎麼様？

【C】箇位老爺大約光景廣東等个三年，伊要儂拉箇搭三年工夫跟伊，儂想起來那能？

【E】個位老爺大約要喺廣東三年，佢都係想你喺處跟佢三年嘅咯，你主意想點呢？

【F】甲呢位領事官大約喺廣州省城三年，如果佢中意你同佢做三年，你話點呢？

【A】那倒可以的。可有一層，若是將來滿了三年，那位老爺陞到别處去，他可以[2]給你船價，把你打發回來。

【B】那到(倒)可以的。却有一層，若是將來滿了三年，那位老爺陞到别處去，他可(以)把你船價，把你打發回來。

【C】固是可以个。還有一樣，若使三年滿之後來，箇位老爺升到别个地方去者，伊撥船錢拉儂，打發儂轉來。

【E】噉都做得。但係有一樣，若係將來滿嘵三年，嗰位老爺升去第處，佢可以俾船錢，打發你翻嚟。

【F】乙好，我都願意。甲但重有件事，如果嗰位先生三年任滿之後，陞去别處，佢就出你嘅川資[或盤費]，使你番嚟。

【A】若是不到三年,他不要你了,也是他給你船價,叫你回來。

【B】若是不到三年,他不要你了,也是他把你船價,叫你回來。

【C】若使勿曾滿三年咾,伊勿要儂者,亦是伊出船錢咾,讓儂轉來。

【E】如果唔到三年,佢唔使你,都係由佢俾船錢,過你翻嚟。

【F】若三年期未滿,佢辭你,亦同你出番嚟嘅川資。

【A】倘或沒滿三年,你自己不幹了,要回來,那可是你[③]自備盤費,他是一概不管。

【B】倘若沒滿三年,你自己不幹了,(要回來,)那却就是自備盤費,他是一概不管。

【C】倘使勿曾滿咾,儂自家勿高興,要轉來者,格味船錢儂要自家出,伊勿管个。

【E】倘若唔滿三年,你自己唔做,要翻嚟嘅,噉就要你自備盤費,佢一概唔打理。

【F】倘或三年內你離開佢,自己要番嚟,就盤錢要自備。甲唔關佢事嘅咯。

【A】是,小的都明白了。還有工錢那層,那位老爺說:

【B】是,小的都明白了。還有工錢那層,那位老爺說:

【C】是,我懂拉者。論到工錢,箇位老爺話:

【E】係,小的都曉得咯。重有工錢個層,嗰位老爺話:

【F】乙係,明白咯,先生。甲講到人工箇層,呢位先生,

【A】每月給你十塊錢的工錢,四季的衣服都是他管,你想怎麼樣?

【B】每月把你十塊錢的工錢,四季的衣服都是他管,你想怎麼樣?

【C】每月撥儂十塊洋錢,四季个衣裳儕是伊管,儂想那能?

【E】每月俾十個銀錢,四季衣裳都係由佢打理,你話點樣呢?

【F】每月俾十圓過你,你四季嘅衣服都由佢置,你點話呢?

【A】十塊錢的工錢,小的也倒願意。就有兩層,求老爺給説一説。是那兩層呢?

【B】十塊錢的工錢,小的也倒願意。就有兩層,求老爺給説一説。是那兩層呢?

【C】工錢十塊洋錢,倒亦無啥。不過有二樣,求老爺對伊話一聲。二樣啥事體?

【E】十個銀錢,小的都願咯。但係有兩件事,求老爺代我講聲。係邊兩件事呢?

【F】乙每月十圓工錢,我都願意,但有兩件事,勞動先生同我講喇。甲係邊兩件呢?

【A】一層是先求那位老爺支給小的十塊錢安家。還有一層,每月小的的工錢得起京裏兑給小的家裏五六塊錢,就省得小的打外頭往京裏帶錢囉瑣了。

【B】一層是先求那位老爺支個小的十塊錢安家。還有一層,每月小的工錢要從京裏兑把小的家裏五六塊錢,就省得小的從外頭往京裏帶錢囉瑣了。

【C】一樣味求箇位老爺先撥十塊洋錢安放我个屋裡。還有一樣味,我每月个工錢就蕩搭京裡劃會撥五六塊洋錢拉我屋裡,省之囉嗦從外勢寄銅錢到屋裡來。

【E】一件係求嗰位老爺先支十個銀錢過小的安家。重有件,小的每月嘅工錢要喺京裏頭支五六個銀錢過屋唫,免致喺外頭寄銀入京咁費事咯。

【F】乙一件想嗰位先生,俾上期銀拾圓過我,留番做家用。第二件就想喺北京[或改平]每月支伍陸圓俾我家人應用,免路遠寄銀嘅費事咯。

【A】那我給你説一説,也倒可以行,可是先支給你這十塊安家的錢,你想每月是怎麼個扣法呢?

【B】那我和你説一説,也倒可以行,却是先支把你這十塊安家的錢,你想是每月是怎麼個扣法呢?

【C】我替儂話話看味者,可以个,不過先撥儂十塊洋錢安放自家个屋裡,儂想每月那能樣子扣法?

【E】嗰啲我共你講聲,都做得,但係先支嗰十個銀錢安家銀,你打主意點扣法呢?

【F】甲唔,噉我同佢講喇,嗰的都可以嘅,但係支上期箇拾圓當家嘅銀,你想每月點扣除呢?

【A】那是隨那位老爺的便,每月扣一塊兩塊都使得。那就是了。

【B】那是隨那位老爺的便,每月扣一塊兩塊都可以。那就是了。

【C】箇是隨便箇位老爺味者,每月扣个一塊兩塊亦可以个。箇味就是者。

【E】嗰啲隨嗰位老爺點喇,每月扣一文兩文都做得呀。噉就係喇。

【F】乙聽先生喜歡,每月扣一兩圓就係喇。甲噉做得。

【A】若是那位老爺都答應這兩層了,小的願意每月起老爺手裏,兌給小的家裏錢,纔妥當哪。

【B】若是那位老爺都答應這兩層了,小的願意每月從老爺手裏,兌把小的家裏錢,纔妥當哪。

【C】若是箇位老爺兩樣事體儕應承者,我願意每月拉老爺自家手裡,劃會撥銅錢拉我屋裡,格味妥當。

【E】如果嗰位老爺都應承啯呢兩件事,小的意思重想每月由老爺處,交呢筆錢過我屋唥,噉致妥當。

【F】乙如果嗰位先生係應承呢兩件,我想請由先生手,每月支的銀俾我屋踨嶓。

【A】那都好說的,趕定規之後,我可以寫個取錢的執照給你。

【B】那都好說的,等定規之後,我可以寫個取錢的執照把你。

【C】樣樣話好之,定當之後來,我寫一張領銅錢个票子撥拉儂。

【E】嗰啲都易講嘅,等定實之後,我可以寫張執照俾你。

【F】甲𠮶甚好。一定嘵之後,我寫箇支銀嘅憑部過你屋跧。

【A】每月初一,你們家裏可以打發人拿那個執照,到我這兒來取就是了。

【B】每月初一,你們家裏可以打發人拿那個執照,到我這裏來取就是了。

【C】每月初一,儂个屋裡可以打發人担之票子咾,到我搭來領銅錢味者。

【E】每月初一,你屋唫打發人揸住呢張執照,嚟我處支錢就係喇。

【F】你家中每月初一,使箇人嚟我處,帶埋箇部據嚟收銀喇。

【A】費老爺的心,還有小的走之後,老爺不得另找個跟班的麼?

【B】費老爺的心,還有小的走之後,老爺不要另找個跟班的麼?

【C】費老爺个心,我去之後來,老爺只怕還要尋一个跟班?

【E】費老爺心,𠮶小的去之後,老爺唔係要另外搵過個跟班咩?

【F】乙啊,多謝先生咯。先生我去嘵之後,又要請箇夥計,係唔係呀?

【A】小的有個親戚可以來伺候老爺,好不好?你這個親戚多大了?他今年十八歲。

【B】小的有個親戚可以來伺候老爺,好不好?你這親戚幾大了?他今年十八歲。

【C】勿希奇,我有个親眷拉可以相帮老爺,好勿好?儂个親眷幾歲拉者?伊今年十八歲。

【E】小的有個親戚,呌佢嚟伺候老爺,好唔好呢?你呢個親戚幾大呀?佢今年十八歲。

【F】我有箇親戚,薦佢嚟服事先生,好唔好呢?甲佢有幾多歲呀?乙今年十八歲。

【A】當過跟班的麼？是,他原先在俄國公館[④]當過跟班的。

【B】當過跟班的麼？他是原先在俄國(公館)當過跟班的。

【C】做歇跟班否？前頭起拉俄國公舘裡做過歇个。

【E】當過跟班哩咩？係,佢從前喺俄國公館當過跟班嘅咯。

【F】甲佢舊時做過跟班未呀？乙做過,始初喺俄公使館做嘅。

【A】那件事挨一挨兒再說罷,因爲現在有一位老爺給我薦了一個人,一兩天可以來試一試。

【B】那件事等一等兒再說罷,因爲現在有一位老爺替我薦了一個人,一兩天可以來試一試。

【C】箇件事體且到慢一慢咾話罷,因爲現在有个老爺替我薦一个人拉者,一二日裡要來試一試。

【E】呢件事慢步再算,因爲現在有一位老爺薦個人過我,一兩日就可以嚟咯,試過佢。

【F】甲噉呢件遲吓至講,有人介紹箇跟班嚟我處,呢兩日佢就嚟試過。

【A】若是不行,再叫你那個親戚來罷。是,小的竟聽老爺的信兒就是了。

【B】若是不行,再叫你那個親戚來罷。是,小的竟聽老爺的信兒就是了。

【C】若使勿局味,再教儂个親眷來罷。曉得者,我等老爺个信拉味者。

【E】若係唔做得,再叫你個親戚嚟喇。係咯,小的專聽老爺處聲氣就喺喇。

【F】如果佢唔合式,可以再叫你親戚嚟喇。乙噉我等候先生嘅聲氣係喇。

【A】你這兩天,先把我的東西都歸着齊截了,好交代給新手兒,把外頭首尾的事情,也都要算清了。

【B】你這兩天,先把我的東西都歸着齊全了,好交代與新手兒,把外頭手(首)尾的事情,也都要算清了。

【C】箇兩日,儂担我个物事收拾起來,交代拉新經手个人,担外勢一眾个事體,從頭到底亦儕要算算清爽。

【E】你呢兩日,先將我啲野都執好嘥,等好交俾過新手,將外頭啲首尾,都一概算清喇。

【F】甲呢兩日內,你同我執妥當箇的野,就可以交帶第二箇人,同你辦清手續喇。

【A】是。若是定妥了,小的可以多咱上工呢?

【B】是。若是定妥了,小的可以多早上工呢?

【C】是者。舒徐之後來,幾時咊我可以上工去者?

【E】係。如果定實,小的可以幾時上工呢?

【F】乙係咯。如果呢的事定奪,我就幾時開工呢?

【A】脚下離月頭兒還有八天,那總是下月初一上工罷。那就是了。

【B】目下離月頭還有八天,那總是下月初一上工罷。那就是了。

【C】現在到月頭上還有八日,只怕總是下一个月初一上工。吅,儕是者。(《土話指南》終)

【E】現在重有八日就係第個月啲,個的總在下月初一上工喇。噉就嗱喇。

【F】甲至到月尾重有八日,你就下箇月初一日開工喇。乙甚好。(卷之三終)

【注解】

① 按: A1 跟他,作跟他去。

② 按: A1 可以,作可。

③ 按: A1 那可是你,作那可就是。

④ 按: A1“公館”兩字無。

# 第四卷　官話問答

## 4 第一章[①]

【A】這是我們新任的欽差大人,特來拜會王爺、中堂大人們來了。

【B】這是我們新任的欽差大人,特來拜會王爺、中堂大人們來的。

【E】呢位係我哋新任欽差大人,特自過嚟拜會王爺、中堂大人各位呀。

【A】啊,久仰久仰,今日幸得相會,實在是有緣哪。我們大人問王爺、中堂大人們好。

【B】啊,久仰久仰,今日幸得相會,實在是有緣哪。我們大人問王爺、中堂大人們好。

【E】素仰素仰,今日幸得相會,實在係有緣咯。我哋大人問王爺、中堂大人各位好。

【A】啊,托福托福,請欽差大人上坐。我們大人說,不敢那麽坐,還是請王爺上坐罷。

【B】啊,托福托福,請欽差大人上坐。我們大人說,不敢那麽坐,還是請王爺上坐罷。

【E】呀,托福托福,請欽差大人上坐。我哋大人話,唔敢噉樣坐,請王爺上坐致係嘅。

【A】那如何使得呢?大人今日是初到敝署,該當上坐的。我們大人說,既是那麽着,就從命了。

【B】那如何可得呢?大人是今日初到敝署,該當上坐的。我們大人說,既是那麽的,就從命了。

【E】噉點係得呢?大人今日係初到敝署,應當上坐嘅。我哋大人話,既係噉樣,就從命咯。

【A】理當,理當。大人是幾時到的京?我們大人是貴國本月十六到的。

【B】理當,理當。大人是幾時到京的?我們大人是貴國本月十六到的。

【E】應份,應份。大人係幾時到京嚿?我哋大人係貴國本月十六到嘅。

【A】我們久已就聽說,這位大人處事公平,尤重和好。

【B】我們久已就聽說,這位大人處事公平,尤重和好。

【E】我哋久已聽見講,呢位大人考事公平,更重和好。

【A】如今既來駐劄敝國,遇事必能持平和衷商辦,於兩國商民,均有利益,何幸如之。

【B】如今既來駐劄敝國,遇事必能持平和衷商辦,於兩國商民,均有利益,何幸如之。

【E】現今既嚟駐劄敝國,遇事必能持平和衷商辦,于兩國商民,均有利益,何幸如之。

【A】我們大人說,承王爺、中堂大人們過獎,實在是自愧才短,謬膺重任。

【B】我們大人說,承王爺、中堂大人們過獎,實在是自愧才短,謬膺重任。

【E】我哋大人話,承王爺、中堂大人各位過獎,實在係自愧才短,謬膺重任。

【A】諸事還要求王爺、中堂大人們指教。大人實在是太謙了,我們遇事還要請教大人哪。

【B】諸事還要求王爺、中堂大人們指教。大人實在是太謙了,我們遇事還要請教大人哪。

【E】諸事重要求王爺、中堂各位指教呀。大人實在係太謙嘞,我哋遇事重要請教大人咯。

【A】我們大人說不敢當。請問這位大人,今年高壽了? 我們大人今年六十一歲了。

【B】我們大人說不敢當。請問這位大人,今年高壽了? 我們大人今年六十一歲了。

【E】我哋大人話唔敢當。請問呢位大人,今年高壽呀? 我哋大人今年六十一歲咯。

【A】大人年逾六旬了,精神還是如此的強健,實在是養法好。來。喳。擺點心菓子,快盪酒來。

【B】大人年逾六旬了,精神還是如此的强健,實在是養法好呢。來。(喳/是+。)擺點心菓子,快盪酒來。

【E】大人年逾六旬,精神重係咁強健,實在係養得好。嚟。哦。擺啲點心果子,快煖酒嚟。

【A】我們大人說,今日是初次到貴衙門來,那兒有就叨擾的理呢? 大人這話說遠了。

【B】我們大人說,今日是初次到貴衙門來,那裏有就叨擾的理呢? 大人這話說遠了。

【E】我哋大人話,今日係初到貴衙門,焉有就嚟打攪之理呢? 大人呢句說話客氣咯。

【A】我們今日和大人雖是初會,就[②]如同故交一樣,况且這不過預備一點兒粗點心。

【B】我們今日和大人雖是初會,如同故交一樣,况且這不過預備一點兒粗點心。

【E】我哋今日共大人雖係初會,就如同故交一樣,況且不過預備一啲粗點心。

【A】爲得是彼此可以長談,請大人賞臉,不必推辭。

【B】爲的是彼此可以多談,請大人賞臉,不必推辭。

【E】爲想着彼此可以長談,請大人賞面,不必推辭。

【A】我們大人説，叫王爺、中堂大人們如此費心，實在是於心不安。

【B】我們大人説，叫王爺、中堂大人們如此費心，實在是於心不安。

【E】我哋大人話，王爺、中堂大人哋如此費心，實在係於心不安。

【A】那兒的話呢，這實在是[3]不成敬意，請大人別見怪。豈敢豈敢。我們大人説，這[4]太盛設了。

【B】那裏的話呢，這實在不成敬意，請大人莫見怪。豈敢豈敢。我們大人説，太盛設了。

【E】乜說話呢，呢啲係實在是不成敬意，請大人咪見怪。豈敢豈敢。我哋大人話，噉太盛設嘞。

【A】這有甚麼，這[5]實在的不成格局的很了。我先敬大人一盃，我們大人説，那實在不敢當。

【B】這有甚麼，實在的不成格局的很了。我先敬大人一杯。我們大人説，那實在不敢當。

【E】呢啲有乜野呢，呢啲實在唔成體勢嘅。我先敬大人一盅。我哋大人話，實在不敢當。

【A】大人請坐罷。我們大人還要回敬王爺一盃。那我可眞當不起。

【B】大人請坐罷。我們大人還要回敬王爺一杯。那我是眞當不起。

【E】大人請坐喇。我哋大人還要回敬王爺一杯。噉我眞正當唔起咯。

【A】那麽我替我們大人回敬王爺、中堂大人們一盃罷。

【B】那麽我替我們大人回敬王爺、中堂大人們一杯罷。

【E】噉樣我替我哋大人回敬王爺、中堂大人各位一盃喇。

【A】閣下是客,我們如何敢當,還是我們自己斟罷。那麼我就恭敬不如從命了。隨便隨便。

【B】閣下是客,我們如何敢當,還是我們自己斟罷。那麼我就恭敬不如從命了。隨便隨便。

【E】閣下係客,我哋點敢當呢,不如等我哋自己斟罷喇。噉就從命嚹。隨便隨便。

【A】請大人嚐一嚐這個點心。我們大人說,請王爺、中堂大人們別周旋了,還是自取倒好。

【B】請大人嚐一嚐這個點心。我們大人說,請王爺、中堂大人們莫周旋了,還是自取倒好。

【E】請大人嘗一嘗呢啲點心。我哋大人話,請王爺、中堂大人各位不必咁週到咯,不如各便重好。

【A】若是大人肯依實,我們就不布[⑥]了。我們大人說,决不會粧假的。

【B】若是大人肯依老實,我們就不動手了。我們大人說,决不會作禮的。

【E】若係大人歡喜處實,我哋噉就唔拘嚹。我哋大人話,斷唔噲粧假嘅。

【A】那更好極了。請大人再用一點兒點心。我們大人實在是彀了。

【B】那更好極了。請大人再用一點兒點心。我們大人實在是彀了。

【E】噉更好極喇。請大人再用啲點心吖。我哋大人實在係夠咯。

【A】那麼請大人過那邊屋裏坐罷。我們大人請問王爺、中堂大人們,那國書可以幾時呈遞?

【B】那麼請大人過那邊兒屋裏坐罷。我們大人請問王爺、中堂大人們,那國書可以幾時呈遞?

【E】噉請大人過啲邊房坐喇。我哋大人請問王爺、中堂大人各位,個封國書幾時致可以呈遞呢?

【A】那層是等我們這一兩天之內,奏明皇上,請旨定於何日,然後再照會大人就是了。

【B】那層是等我們這一兩天之內,奏明皇上,請旨定於何日,然後再照會大人就是了。

【E】嗰層等我哋呢兩日內奏明皇上,請旨定於何日,然後再照會大人就喺喇。

【A】那麽竟候王爺的信就是了。就是。我們大人現在要告辭回去。何妨再多談一會兒呢?

【B】那麽竟候王爺的信就是了。就是。我們大人現在要告辭回去。何妨再多談一會兒呢?

【E】噉樣專候王爺嘅信(就)喺咯。係咯。我哋大人現在要告辭翻去哋。何妨再談吓添呢?

【A】我們大人是還有些緊要公事,得趕緊回去料理,不能在此久坐了,還給王爺、中堂大人們道費心。

【B】我們大人是還有些緊要公事,要趕緊回去料理,不能再(在)此久坐了,還和王爺、中堂大人們道謝。

【E】我哋位大人因係重有啲緊要嘅公事,要趕住翻去料理,不能在此久坐嚇,話費王爺、中堂大人各位嘅心囉喎。

【A】此須微意,何足掛齒,實在是簡慢得很。那兒的話呢?等改天我們再到貴館去謝步。不敢當,不敢當,請王爺、中堂大人們留步罷。請了請了,再會再會。

【B】此須微意,何足掛齒,實在是簡慢得很。那裏的話呢?等改天我們再到貴公館去謝步。不敢當,不敢當,王爺、中堂大人們留步罷。請了請了,再會再會。

【E】些須微意,何足掛齒,實在簡慢到極。乜野說話呢？等改日我哋再到貴館謝步。唔敢當,唔敢當,請王爺、中堂大人各位留步咯。請嚇請嚇。再會再會。

【注解】

① 第四卷因屬於官方用語,故只有 ABE 三個對應版本。

② 按：A1“就”字無。

③ 按：A1“是”字無。

④ 按：A1“這”字無。

⑤ 按：A1“這”字無。

⑥ 按：A1“布”,作“佈”。

## 4 第二章

【A】大人這一向好？托王爺的福。王爺近來倒好？托福托福。

【B】大人這一向好？托王爺的福。王爺近來倒好？托福托福。

【E】大人一向好吖？托王爺嘅福。王爺近來好吖？托福托福。

【A】列位中堂大人們,這一向也都好？承問承問。大人那一天回來好啊？

【B】列位中堂大人們,這一向也都好？承問承問。大人那一天回來好啊？

【E】列位中堂大人,一向都好吖？承問承問。大人嗰日翻嚟好吖？

【A】喳,承諸位掛心。今日我們到這兒來,一來是給大人賀喜,二來是謝步。

【B】是,承諸位罣心。今日我們到這裏來,一來是和大人賀喜,二來是謝步。

【E】係,承各位掛心。今日我哋嚟呢處,一來係同大人賀喜,二來係謝步。

【A】不敢當,王爺和列位中堂大人們,實在是多禮了。大人恕我們來遲。豈敢。

【B】不敢當,王爺和列位中堂大人們,實在是多禮了。大人恕我們來遲。豈敢。

【E】唔敢當,王爺同列位中堂大人,實在係多禮咯。大人恕我地嚟得遲呀。豈敢。

【A】這位大人怎麼稱呼?我們還沒會過面了。可是,我們倒忘了,你們二位大人見一見。

【B】這位大人怎麼稱呼?我們還沒會過面了。啊是,我們倒忘記了,你們二位大人見一見。

【E】呢位大人點樣稱呼呢?我地都未會過嚙。冇錯,我地都唔記得咯,你兩位大人見吓。

【A】這是新任的欽差某大人,這是我們劉大人。久仰久仰。

【B】這是新任的欽差某大人,這是我們劉大人。久仰久仰。

【E】呢位係新任欽差某大人,呢位係我地劉大人。素仰素仰。

【A】彼此彼此,日前蒙大人光顧,我正告着假了,故此失迎,求大人原諒。豈敢豈敢。

【B】彼此彼此,日前蒙大人光顧,我正告着假了,故此失迎,求大人原諒。豈敢豈敢。

【E】彼此彼此,日前蒙大人光臨,我正在告緊假,故此失迎,求大人原諒。豈敢豈敢。

【A】大人貴處是甚麼地方?敝處是江蘇。大人現在是那衙門行走?

【B】大人貴處是甚麼地方?敝處是江蘇。大人現在是那衙門行走?

【E】大人貴處係乜野地方呢?敝處係江蘇。大人現在喺邊間衙門辦事呢?

【A】我現在是吏部侍郎,兼管總理衙門事務。是。大人貴科分？我是已卯科舉人,癸未科進士。

【B】我現在是吏部侍郎,兼管總理衙門事務。是。大人科貴分？我是已卯科舉人,癸未科進士。

【E】癸未科進士。我現在係吏部侍郎,兼管總理衙門事務。係咩。大人貴科分呀？我係已卯科舉人。

【A】大人都是榮任過外省甚麼地方？我沒作過外任,自從癸未那年僥倖之後,就在翰林院供職。

【B】大人都是榮任過外省甚麼地方？我沒做過外任,自從癸未僥倖之後,就在翰林院供職。

【E】大人曾經榮任過外省乜野地方呢？我冇做過外任,自從癸未嗰年僥倖之後,就喺翰林院供職。

【A】後來放過一次學差,又派過一次試差。都是放過那省的學差？

【B】後來放過一次學差,又派過一次試差。都是放過那省的學差？

【E】後來放過一次學差,又派過一次試差。係放過邊省學差呢？

【A】放過一次四川的學差,後來試差派的是陝西。大人今年貴庚？今年虛度四十七歲。

【B】放過一次四川的學差,後來試差派的是陝西。大人今年貴庚？今年虛度四十七歲。

【E】放過一次四川學差,後來試差係派陝西。大人今年貴庚呀？今年虛度四十七咯。

【A】大人年歲未及五旬,已經榮膺顯秩,這足見是大人才高了。

【B】大人年紀未及五旬,已經榮膺顯秩,這足見是大人才高了。

【E】大人年紀未及五旬,已經榮膺顯秩,呢啲足見大人才高嘞。

【A】過獎過獎,我這不過是僥倖,實在是自愧無才,濫竽充數就是了。

【B】過獎過獎,我這不過是僥倖,實在是自愧無才,濫竽充數是了。

【E】過獎過獎,我呢啲不過僥倖啷呪,實在自愧無才,濫竽充數就嗪咯。

【A】大人太謙了,今兒個我預備一點兒菓酒,請王爺、中堂大人們,在此多談一會兒。

【B】大人太謙了,今天我預備一點兒菓酒,請王爺、中堂大人們,在此多談一會兒。

【E】大人太謙嘞,今日我預備咽啲酒菜,請王爺、中堂大人,喺呢處多談一陣。

【A】承閣下費心,我們理當討擾的,無奈今日是有奉旨特派的事件,必須趕緊回去辦理。

【B】承閣下費心,我們理當叨擾的,無奈今日是有奉旨特派的事件,必須趕緊回去辦理。

【E】承閣下費心,我哋本要係處攪擾嘅,無奈今日係有奉旨特派事,必須趕緊翻去辦理。

【A】我們心領就是了。既是如此,我也不敢強留了。那麼我們改天再來領教,就此告辭。

【B】我們心領就是了。既是如此,我也不敢强留了。那麼我們改天再來領教,就此告辭。

【E】我地心領就嗪咯。既係如此,我亦唔敢強留咯。噉樣我哋改日再嚟領教,就此告辭。

【A】勞王爺、中堂大人們的駕。那兒的話呢,大人留步罷。候乘候乘,磕頭磕頭。

【B】勞王爺、中堂大人們的駕。那裏的話呢,大人留步罷。候乘候乘,磕頭磕頭。

【E】勞王爺、中堂大人嘅駕。乜野說話呢,大人留步喇。候乘候乘,叩頭叩頭。

## 4 第三章

【A】請大人見一見,這一位是我們新任的欽差大人,今日特來拜望大人來了。

【B】請大人見一見,這一位是我們新任的欽差大人,今日特來拜望大人來呢。

【E】請大人見吓,我哋呢位新任欽差大人吖,今日特嚟拜會大人呀。

【A】啊,久仰久仰。我們大人問大人好。哦,大人好。我們大人說,托大人的福。

【B】啊,久仰久仰。我們大人問大人好。哦,大人好。我們大人說,托大人的福。

【E】呀,素仰素仰。我哋大人問大人好。哦,大人好吖。我哋大人話,托大人嘅福。

【A】貴國大皇帝,一向聖體康泰?是,我們大人說,敝國大皇帝一向倒很康泰。

【B】貴國大皇帝,一向聖體康泰?是,我們大人說,敝國大皇帝一向倒很康泰。

【E】貴國大皇帝,一向聖體康泰吖?係,我哋大人話,敝國大皇帝一向都甚安康。

【A】請問貴國大皇帝一向聖駕安康?是,敝國大皇帝一向倒很安康。

【B】請問貴國大皇帝一向聖駕安康？是，敝國大皇帝一向倒很安康。

【E】(——按：原文無對應句。)

【A】請大人上坐。我們大人讓大人上坐。豈敢，大人到此，理當上坐的。

【B】請大人上坐。我們大人讓大人上坐。豈敢，大人到此，理當上坐的。

【E】請大人上坐。我哋大人讓大人坐。豈敢，大人到此，理應上坐嘅。

【A】我們大人說，這實在是膽大了。請坐請坐，請問大人，是幾時由貴國動的身？

【B】我們大人說，實在是膽大了。請坐請坐，請問大人，是幾時由貴國動身的？

【E】我哋大人話，噉就實在胆大咯。請坐請坐，請問大人，係幾時由貴國動身嚟嚯？

【A】我們大人是敝國上月初十動的身。一路倒都很平安？

【B】我們大人是敝國上月初十動的身。一路倒都很平安？

【E】我哋大人由敝國上月初十動身嚟嘅。一路都平安吖？

【A】是，我們大人說，托大人的福庇，沿途都很平安。

【B】是，我們大人說，托大人的福庇，沿途都很平安。

【E】係，我哋大人話，托大人嘅福，沿途都平安。

【A】大人到上海住了幾日？我們大人在上海住了不過兩天，就往這麼來了。

【B】大人到上海住了幾日？我們大人在上海住了不過兩天，就往這裏來了。

【E】大人到上海住咽幾多日呢?我哋大人不過喺上海住咽兩日啫,就嚟呢處咯。

【A】沿路上走着往這麼來,也很遠哪,可不知道有甚麼新聞沒有,我們要請教的。

【B】沿路上走着往這裏來,也很遠哪,却不曉得有甚麼新聞沒有,我們要請教的。

【E】沿路到呢處,都好遠嚇,但係唔知有乜野新聞冇,我哋想請教吓。

【A】我們大人說,沿路上的古蹟倒不少,但是關係現在國政的事情,倒沒甚麼新聞。

【B】我們大人說,沿路上的古蹟倒不少,但是關係現在國政的事情,倒沒甚麼新聞。

【E】我哋大人話,沿路上古蹟都唔少,但係關着現在國政嘅事情,都冇乜野新聞。

【A】是,那麼大人上京,定規是那一天?我們大人打算後日就要北上。

【B】是,那麼大人上京,定規是那一天?我們大人打算後日就要北上。

【E】係咩,噉樣大人上京,係定期邊一日呢?我哋大人打算後日就要北上咯。

【A】大人行期何必如此緊急?是,因爲欽限將滿,不敢久延。

【B】大人行期何必如此緊急?是,因爲欽現將滿,不敢久延。

【E】大人行期何必咁緊急呢?係呀,因爲欽限將滿,不敢久延。

【A】是由水路走,還是由旱路走呢?我們大人是因爲行李太多,打算由水路走。

【B】是由水路走,還是由旱路走呢?我們大人是因爲行李太多,打算由水路走。

【E】係由水路去,嗅由旱路去呢？我哋大人係因爲行李太多,打算水路去咧。

【A】般隻都雇妥了麽？今日已經打發人雇去了,大約明日可就雇齊了。

【B】般隻都雇妥了麽？今日已經打發人雇去了,大約明日可就雇齊了。

【E】船隻都請妥喇嗎？今日已經打發人去請咯,大約聽日就可以叫齊咯。

【A】告訴大人說,我可以派兩個武弁,帶領二十名兵丁,護送大人到通州。

【B】告訴大人說,我可以派兩個武弁,帶領二十名兵丁,護送大人到通州。

【E】話俾大人聽,我可以派兩個武官,帶領二十名兵丁,護送大人到通州呀。

【A】我們大人說,大人如此費心,實在是感謝不盡了。

【B】我們大人說,大人如此費心,實在是感謝不盡了。

【E】我哋大人話,大人如此費心,實在係感謝不盡咯。

【A】豈敢,大人到此,我這是該當効勞的。我們大人說,實在領情。

【B】豈敢,大人到此,我這是該當効勞的。我們大人說,實在領情。

【E】豈敢,大人到呢處,我哋係應該效勞嘅。我哋大人話,實在係領情。

【A】那麽我今晚就發文書,咨報總理衙門,就提欽差大人是後日由水路北上就是了。

【B】那麽我今晚就發文書,咨報總理衙門,就提欽差大人是後日由水路到京就是了。

【E】噉樣我今晚就發文書,諮報總理衙門,提話欽差大人後日由水路北上就喺嘞。

【A】那好極了。我們大人今晚也有文書到京裏敝國公館去。那更妥當了。

【B】那好極了。我們大人今晚也有文書到京裏敝國公舘去。那更妥當了。

【E】噉好極嘞。我哋大人今晚亦有文書到京裏敝國公館。噉更妥當咯。

【A】我們大人現在要告辭回去。請大人再畧坐坐兒,多盤桓一會兒。

【B】我們大人現在要告辭回去。請大人再畧坐坐兒,多盤桓一會兒。

【E】我哋大人而家要告辭翻去嘞。請大人再畧爲坐吓,盤旋多一陣吖。

【A】我們大人還有點兒公事,得趕緊回去辦理。

【B】我們大人還有點兒公事,要趕緊回去辦理。

【E】我哋大人重有啲公事,要趕緊翻去辦理㖭。

【A】那麽勞大人的駕,我明日再回拜大人去就是了。

【B】那麽勞大人的駕,我明日再去囘拜大人就是了。

【E】噉勞大人嘅駕,我聽日再去囘拜大人就係咯。

【A】我們大人說,不敢勞動大人的駕。該當的。大人留步罷。候乘候乘。磕頭磕頭。

【B】我們大人說,不敢勞動大人的駕。該當的。大人留步罷。候乘候乘。磕頭磕頭。

【E】我哋大人話,唔敢勞大人駕唎。應當嘅。大人留步嚹。候乘候乘。叩頭叩頭。

## 4 第四章

【A】我今日來,一來是回拜大人,二來是給大人謝步。豈敢,大人實在是多禮。

【B】我今日來,一來是回拜大人,二來是和大人謝步。豈敢,大人實在是多禮。

【E】我今日嚟,一來係回拜大人,二來係嚟大人嗻謝步。豈敢,大人實在係多禮。

【A】那兒的話呢,是該當的。大人榮行準在明日麼?是,明日一準起身的。

【B】那裏的話呢,是該當的。大人榮行準在明日麼?是,明日準起身的。

【E】乜野說話呢,係應該嘅。大人榮行準在聽日咩?係,準于聽日起程咯。

【A】船隻想都齊備了?是,俱已齊備了。那麼明早是在何時啓節呢?大約就在巳初罷。

【B】船隻想都齊備了?是,俱已齊備了。那麼明早是在何時啟節呢?大約就在巳初罷。

【E】船隻想必都齊備嚹啩?係,俱已齊備咯。噉樣明早係在何時啟節呢?大約係在巳初喇。

【A】那麼我明早辰(晨)正過來送行就是了。那實在不敢勞動了,今日偺們一見,就都有了。

【B】那麼明早晨正過來送行就是了。那實在不敢勞動了,今日我們一見,就都可以了。

【E】噉我聽朝早辰正過來送行就喺咯。嗰啲實在唔敢勞動咯,今日我哋一見,就算咯。

【A】等後來我再來之時,或是大人上京,偺們可以再多盤桓幾日。

【B】等後來我再來之時,或是大人上京,我們可以再多盤桓幾日。

【E】等後來我嚟之時,或係大人上京,我哋可以再多盤旋多幾日。

【A】既是如此,我就遵命不過來了。豈敢,大人約摸可以幾時到京去呢?

【B】既是如此,我就遵命不過來了。豈敢,大人大約可以幾時到京去呢?

【E】既係如此,我就遵命唔過嚟咯。豈敢,大人約膜可以幾時去京呢?

【A】大概今年冬子月底可以到京去,彼時必當到貴館拜會的。

【B】大概今年冬月底可以到京去,彼時必當到貴舘拜會的。

【E】大概今年冬月底可以上到京咯,嗰時必定到貴館拜會呀。

【A】倘或大人上京之時,請您先期賞我個信,我便當掃榻以待。豈敢。

【B】倘或大人上京之時,請您先期賞我個信,我便當掃搨(榻)以待。豈敢。

【E】倘或大人上京之時,請你先期賞我一封信,我便當掃榻以待。豈敢。

【A】要去之先,必然要預先奉告的。還有一件事托咐大人,大人有甚麽事,只管吩咐。

【B】要去之先,必然要預先奉告的。還有一件事託咐大人,大人有甚麽事,只管吩咐。

【E】要去之時，必然預先奉告嘅。重有一件事拜託大人，大人有乜野事，只管吩咐喇。

【A】豈敢，我們這個領事官，人甚年輕，況且又是初次當差，尚欠歷練。

【B】豈敢，我們這個領事官，人甚年輕，況且又是初次當差，尚欠歷練。

【E】豈敢，我哋呢位領事官，人甚年輕，況且又係初次當差，尚欠歷練。

【A】倘有不到之處，求大人擔待些個纔好，並且還要求大人諸事指教，俾伊有所遵循，則我感同身受矣。

【B】有不到之處，求大人擔待些兒纔好，並且還要求大人諸事指教，俾伊有所遵循，則我感同身受矣。

【E】倘有不到之處，求大人關照吓致好，而且重要求大人諸事指教，等佢有所遵循，則我感激如同身受一樣咯。

【A】大人太謙了，這位領事官，人雖年輕，才情敏捷。

【B】大人太謙了，這位領事官，人雖年輕，才情敏捷。

【E】大人太謙咯，呢位領事官，人雖年輕，才情敏捷。

【A】數月以來，我風聞所辦的交涉事件，均甚妥善，我心中實在佩服得很。

【B】數月以來，我風聞所辦的交涉事件，均甚妥善，我心中實在佩服得很。

【E】數月以來，我風聞或辦交涉事件，均甚妥善，我心中實在佩服到極。

【A】不過是在敝國年分尚淺，于敝國制度、風土人情，恐還不能周知。

【B】不過是在敝國年分尚淺，於敝國制度、風土人情，恐還不能周知。

【E】不過係喺敝國年分尚淺,于敝國制度、風土人情,重怕不能周知。

【A】倘有不甚明白的事情,問及於我,我必要詳細告知的,以副雅囑。

【B】倘有不甚明白的事情,問及於我,我必要詳細告知的,以副雅囑。

【E】倘有不甚明白嘅事情,問及於我,我必要詳細告知,以副雅囑嘅。

【A】大人實在是過加獎譽了,他這不過是學習當差而已。我現在還有公事在身,就要告辭了。

【B】大人實在是過加獎譽了,他不過是學習當差而已。我現在還有公事在身,就要告辭了。

【E】大人實在係過加獎譽咯,佢不過係學習當差而已啫。我現在重有公事喺身,要告辭咯。

【A】那麼偺們就等在京裏相會了。是,趕大人到京之後,還要求賞給一信,以慰遠念。

【B】那麼我們就等在京裏相會了。是,等大人到京之後,還要求賞發一信,以慰遠念。

【E】噉我哋等在京城致再會嘞。係咯,等大人到京之後,重求賞封信嚟,以慰遠念呀。

【A】是,到京之後,必有信奉致大人。

【B】是,到京之後,必有信奉致大人。

【E】係咯,到京之後,必定有信奉致大人嘅。

【A】那麼明早我就派武弁,帶領兵丁到此,聽候大人指使就是了。

【B】那麽明早我就派武弁,帶領兵丁到此,聽候大人差使就是了。

【E】噉聽朝我就派武官過嚟,聽候大人差使就喺喇。

【A】豈敢,實在承大人的盛情了。該當的。大人請留步罷。請了。再會再會。

【B】豈敢,實在承大人的盛情了。該當的。大人請留步罷。請了。再會再會。

【E】豈敢,實在領大人盛情嚹。應該嘅。請大人留步。豈敢。再會再會。

## 4 第五章

【A】中堂大人們都好。承問承問,閣下這一向好?托列位大人的福,這一向倒很好。

【B】中堂大人們都好。承問承問,閣下這一向好?托列位大人的福,這一向到很好。

【E】中堂大人列公都好吖。承問承問,閣下呢排好吖?托列位大人嘅福,呢排都甚好。

【A】閣下請坐。中堂大人們請坐。這一向公事忙不忙?

【B】閣下請坐。中堂大人們請坐。這一向公事忙不忙?

【E】閣下請坐。中堂大人請坐。呢排公事忙唔忙呢?

【A】這一向倒不甚忙。閣下今日到此,有何公事見諭?

【B】這一向到(倒)不甚忙。閣下今日到此,有何公事見諭?

【E】呢排公事都唔係十分忙呀。閣下今日過嚟,有乜公事見教呢?

【A】今日我是奉我們欽差大人的委派,到貴衙門來,有件面談的公事。

【B】今日我是奉我們欽差大人的委泒(派),到貴衙門來,有件面談的公事。

【E】今日我係奉我哋欽差大人委派,到貴衙門嚟,有件公事面談。

【A】哦,請說一說,是件甚麽事呢？因爲上月有敝國一個繙譯官,領有護照。

【B】哦,請說一說,是件甚麽事呢？因爲前月有敝國一個繙譯官,領有護照。

【E】哦,請講聲,係件乜野事呢？因爲前個月敝國有個繙譯官,領嘵護照。

【A】到某處遊歷去,趕他到了那個地方,就住在一個店裏頭了。

【B】到某處遊歷去,等他到了那個地方,就住在一個店裏頭了。

【E】到某處遊歷,佢到個笪地方,就駐喺一間店處。

【A】誰知那兒的百姓,少見多怪,每日三五成羣,在店門口兒擁擠觀看,其中還有口出不遜者。

【B】誰知那裏的百姓,少見多怪,每月(日)三五成羣,在店門口兒擁擠觀看,其中還有口出不遜者。

【E】誰知嗰處啲百姓,少見多怪,每日三五成羣,擠擠擁擁喺門口處嚟睇,其中重有啲出言不遜嘅。

【A】並且敝國繙譯官,風聞那些個百姓,有意滋事。

【B】並且敝國繙譯官,風聞那些的百姓,有意滋事。

【E】而且敝國繙譯官,風聞得嗰啲百姓,有意滋事。

【A】因爲那個店離汛官衙門不遠,於是他就到汛官衙門去,意在面見汛官,請他設法彈壓,免生事端。

【B】因爲那個店離汛官衙門不遠,於是他就到汛官衙門去,意在面見汎官,請他設法彈壓,免生事端。

【E】因爲個間店離汛官衙門冇遠,於是佢就跑到汛地處,意在面見汛官,請佢設法彈壓,免生事端。

【A】誰知那個汛官竟自托病不見,敝國繙譯官無法,就又到知縣衙門去拜會。

【B】誰知那個汛官竟自托病不見,敝國繙譯官無法,就又到知縣衙門去拜會。

【E】誰知嗰個汛官竟然推病不見,敝國繙譯官冇法,又跑到知縣衙門處拜會。

【A】趕他到了知縣衙門,把名片投進去了,等候許久,門丁出來說,知縣陪客說話哪,不能接見。

【B】等他到了知縣衙門,把名片投進去了,等候許久,門丁出來說,知縣陪客說話哪,不能接見。

【E】及佢到知縣衙門,將帖投入去,等候好耐,門丁出嚟話,知縣陪客講開說話,不能接見。

【A】這麽着敝國繙譯官就回店裏來了,次日清早,他又到縣衙門去請見。

【B】這麽的敝國繙譯官就回店裏來了,次日清早,他又到縣衙門去請見。

【E】噉樣敝國繙譯官就翻去店裏頭,第朝清早,佢又去知縣衙門處請見。

【A】有一個姓王的書辦出來,把他讓到科房裏去了,王書辦問他的來意。

【B】有一個姓王的書辦出來,把他請到科房裏去了,王書辦問他的來意。

【E】有個姓王嘅書辦出嚟,將佢讓入房科裏頭坐,王書辦問佢來意。

【A】他就將百姓有意生事、打算請知縣設法保護的話說了一遍。王書辦說：

【B】他就將百姓有意生事、打算請知縣設法保護的話說了一遍。王書辦說：

【E】佢就將百姓有意滋事、打算請知縣設法保護嘅話細說一翻。王書辦話：

【A】因爲知縣現有公事在身,不接能見,敝國繙譯官就說,既是知縣公事煩冗,我也不便請見。

【B】因爲知縣現有公事在身,不能接見,敝國繙譯官就說,既是知縣公事煩冗,我也不便請見。

【E】因爲知縣現有公事在身,不能接見,敝國繙譯官就話,既係知縣公事煩冗,我亦不便請見咯。

【A】不過求閣下將此事回明知縣,就提我請他趕緊彈壓,免生意外之事是要緊的。

【B】不過求閣下將此事回明知縣,就提我請他趕緊彈壓,免生意外之事是要緊的。

【E】求閣下將呢件事囘明知縣,就提話我請佢趕緊彈壓,免生意外之事係要緊嘅。

【A】王書辦滿口應允,然後敝國繙譯官就告辭回店裏去了。

【B】王書辦滿口應允,然後敝國繙譯官就告辭回店裏去。

【E】王書辦滿口應承,然後敝國繙譯官致告辭囘店。

【A】誰知他在店裏又等了兩日,並沒音信,百姓越聚越多,信口胡言,勢必要鬧出事來。

【B】誰知他在店裏又等了兩日,並沒音信,百姓越聚越多,信口胡言,勢必要鬧出事來。

【E】誰知佢喺店處又等嘵兩日,並無音信,百姓越聚越多,信口胡言,有必要鬧出事嚟之勢。

【A】他看情形不妥,就一面發稟帖,稟報我們欽差大人,一面他就起身到府裏去。

【B】他看情形不妥,就一面發稟帖,稟報我們欽差大人,一面他就起身到府裏去。

【E】佢見情形唔妥,就一面發稟帖,稟報我哋欽差大人,一面起程上府。

【A】打算面求知府,轉飭知縣,妥爲保護,可不知道到府裏去辦理如何。

【B】打算面求知府,轉飭知縣,妥爲保護,却不曉得到府裏去辦理如何。

【E】打算面求知府,轉飭知縣,妥爲保護,但不知到府裏頭辦理如何。

【A】但是我們欽差大人接到他的稟帖,十分詫異,因想各國人民到處遊歷,既領有護照,地方官就應當照章保護纔是。

【B】但是我們欽差大人接到他的稟帖,十分詫異,因想各國人民到處遊歷,既領游有護照,地方官就應當照章保護纔是。

【E】惟是我哋欽差大人接到佢稟,十分奇怪,因想各國商民到處遊歷,既領有護照,地方官就應該照章保護致係。

【A】此事不但載在條約,而且屢次奉旨,飭令各省督撫,轉飭各地方官,恪遵條約,保護洋人。

【B】此事不但載在條約,而且屢次奉旨,飭令各省督撫,各地方官,恪遵條約,保護洋人。

【E】呢件事不但載落條約,而且屢次奉旨,飭令各省督撫,轉飭各地方官,恪遵條約,保護洋人。

【A】何以各省督撫倒能遵守條約,而地方州縣仍是以保護之責,視爲無足輕重之事,令人實不可解。

【B】何以各省督撫倒能遵手(守)條約,而地方州縣仍是以保護之責,視爲無足輕重之事,令人實不可解。

【E】何以各省督撫都能遵守條約,而地方州縣反以保護之責,視爲無足重輕之事,令人實不可解。

【A】如今我們欽差大人,就求王爺、中堂大人們,再咨請各省督撫大人,轉飭所屬。

【B】如今我們欽差大人,就求王爺、中堂大人們,再咨請各省督撫大人,轉飭所屬。

【E】而家我哋欽差大人,就求王爺、中堂大人列公,再諮請各省督撫大人,轉飭該屬。

【A】後來若是有外國人帶着護照,到處遊歷,地方官總應當加意保護,以符條約,是要緊的。

【B】後來若是有外國人帶着護照,到處游歷,地方官總應當加意保護,以符條約,是要緊的。

【E】後來若係有外國人帶住護照,到處遊歷,地方官總要加意保護,以符條約,係最緊要嘅呀。

【A】是了,閣下回去,可以告訴欽差大人說,這件事我們明日就行文到那兒去,

【B】是了,閣下回去,可以告訴欽差大人說,這件事我們明日就行文到那裏去,

【E】係咯,閣下翻去,可以話俾欽差大人聽,呢件事聽日我哋就行文去嗰處,

【A】請該省的巡撫,要查問那個知縣和那個汛官,究竟他們是為甚麼不肯接見,及不設法彈壓的原故。

【B】請該省的巡撫,要查問那個知縣和那個汛官,究竟他們是爲甚麼不肯接見,及不設法彈壓的原故。

【E】請該省巡撫,要查問嗰個汛官,究竟佢哋係爲乜事唔肯接見,同埋唔設法彈壓嘅緣故。

【A】若是查出他們有辦理不善之處,必須將他們開條的。
【B】若是查出他有辦理不善之處,必須將他們開条的。
【E】若係查出佢哋有辦理不善之處,必要將佢哋開条呀。

【A】並且我們還可以再行咨請各省督撫,嚴飭各州縣,日後若有洋人到各地方遊歷去,總要按照條約加意保護。

【B】並且我們還可以再行咨請各省督撫,嚴飭各州縣,日後若有洋人到各地方去游歷,總要按照條約加意保護。

【E】而且我哋重可以再行諮請各省督撫,嚴飭各州縣,日後若有洋人到各處地方遊歷,總要按照條約加意保護。

【A】倘或有不肯盡力保護的,一定要指明奏条的。
【B】倘或有不肯盡力保護的,一定要指名奏条的。
【E】倘或有唔肯盡力保護嘅,一定要指名奏条。

【A】是,中堂大人們,如此費心,敝國的官民,實在感謝不盡了。
【B】是,中堂大人們,如此費心,敝國的官民,實在感謝不盡了。
【E】係咯,中堂大人,如此費心,敝國官民,實在感謝不盡嘞。

【A】那兒的話的呢,這是我們該當盡力的。那麼我回去就遵照中堂大人們的話,回明我們大人就是了。

【B】那裏的話的呢,這是我們該當盡力的。那麽我回去就遵照中堂大人們話,回明我們大人就是了。

【E】乜野說話呢,呢啲係我哋該當盡力嘅。噉我翻去吔,就遵照中堂大人嘅說話,回明我哋大人就喺咯。

【A】閣下回去,替我們問欽差大人好。是,回去都替說。請了請了。再見再見。

【B】閣下回去,替我們問欽差大人好。是,回去都替說。請了請了。再見再見。

【E】閣下翻去,替我哋問候欽差大人喇。係咯,翻去代回嘅。

請嚇請嚇。再見再見。

## 4 第六章

【A】今日我是奉了我們大人的委派,到貴衙門來,和王爺、中堂大人們說知一件公事。

【B】今日我是奉了我們大人委派,到貴衙門來,和王爺、中堂大人們說知一件公事。

【E】今日我奉我哋大人委派,嚟貴衙門,共王爺、中堂大人講一件公事。

【A】啊,是甚麼公事呢?因爲是上月有敝國的一隻火輪商船,船名風順,由上海往天津來。

【B】啊,是甚麼公事呢?因爲是上月有敝國的一隻火輪商船,船名風順,由上海往天津來。

【E】呵,係乜野公事呢?因爲係前個月,敝國有一隻火輪商船,船名風順,由上海到天津。

【A】行至葛沽的上邊兒,撞壞了貴國停泊的一隻商船。

【B】行至葛沽的上邊兒,撞壞了貴國停泊的一隻商船。

【E】行到葛沽嘸上便,撞壞嘵貴國灣處一隻商船。

【A】趕到風順輪船到天津之後,船主業將此事稟報敝國領事官了,並且稟明了那隻中國商船停泊的地方。

【B】候到風順輪船到天津之後,船主業將此事稟報敝國領事官了,並且稟明了那隻中國商船停泊的地方。

【E】及至風順輪船到天津之後,船主已經將呢件事稟報過敝國領事官,而且稟明嗰隻中國商船停泊嘅地方。

【A】有礙輪船往來之路,說是既然那隻商船不按河泊章程停泊,此次被輪船碰壞,便不應認賠的。

【B】有礙輪船往來之路,說是既然那隻商船不按河泊章程停泊,此次被輪船碰壞,便不應認賠的。

【E】有碍輪船來往之路,話係既然嗰隻商船唔按河泊章程停泊,此次被輪船碰壞,就不應認賠。

【A】後來敝國領事官,接到貴國道台的照會,說是據中國船戶周立成稟報:

【B】後來敝國領事官,接到貴國道台的照會,說是據中國船戶周立成稟報:

【E】後來敝國領事官,接到貴國道台照會,話係據中國船戶周立成稟報:

【A】該商船正在葛沽水面上行走之間,敝國風順輪船由後面來將該商船撞壞。

【B】該商船正在葛沽水面上行走之間,敝國風順輪船由後面來將該商船撞壞。

【E】該商船正在葛沽水面上行走之間,敝國風順輪船由後面嚟將該船撞壞。

【A】船舵已經撞折了,船幫也撞壞了。彼時敝國領事官照復道台

【B】船舵已經撞拆了,船幫也撞壞了。彼時敝國領事官照復道台

【E】船舵已經撞折,船傍亦撞壞嘵。嗰時敝國領事官照復道台

【A】就提風順船主已經稟明了,說是中國那只商船是在河裏灣着了。

【B】就提風順船主已經稟明了,說是中國那隻商船是在河裏灣着了。

【E】就話風順船主已經稟明咯,話係中國嗰隻商船喺河裏頭灣處。

【A】因他停泊處所有礙輪船往來之路,以致被碰,按照河泊章程,是不應賠的。

【B】因他停泊處所有礙輪船往來之路,以致被碰,按照河泊章程,是不應賠的。

【E】因佢停泊處所有碍輪船來往之路,以致被碰,按照河泊章程,係不應賠嘅。

【A】但是現在兩國應當先彼此派員,會同到碰船之處,查看一回,然後再議應賠不應賠的事。

【B】但見現在兩國應當先彼此派員,會同到碰船之處,查看一回,然後再議應賠不應賠的事。

【E】但係兩國現在先應彼此派員,會同到碰船嗰處,查看一囘,然後再議應賠唔應賠嘅事。

【A】這麽着道台就派了一位委員,會同敝國繙譯官,到碰船的地方查看了一回。

【B】這麽的道台就派了一位委員,會同敝國繙譯官,到撞船的地方查看了一回。

【E】噉樣道台就派嘵一位委員,會同敝國繙譯官,到碰船嗰笪地方查看一囘。

【A】那個船戶周立成原禀的是把他的船舵撞折了,把船幫也撞壞了。

【B】那個船戶周立成原禀的是把他的船舵碰拆(折)了,把船幫也撞壞了。

【E】嗰個船戶周立成原稟話係將佢嘅船舵撞折,船傍撞壞噉講。

【A】趕他們一看,不過將船舵撞折了,並沒撞壞船幫。這一節就先與原報不符。

【B】等他們一看,不過將船舵撞折了,並沒撞壞船幫。這一節就先與原報不符。

【E】及佢哋一睇,不過將船舵撞折啫,船傍並冇撞壞到。呢一節就先與原報不符嘞。

【A】又據船戶周立成說,那天他的船實在是正走之間,被輪船碰的。

【B】又據船戶周立成說,那天他的船實在是正走之間,被輪船碰的。

【E】又據艇戶周立成話,嗰日佢船實在係行緊[illegible]METADATA,被輪船碰嘅。

【A】然而據敝國船主說,那天周立成的船,並沒在河內行走,實在是在河裏停泊。

【B】然而據敝國的船主說,那天周立成的船,並沒在河內行走,實在是在河裏停泊。

【E】但係據敝國船主話,嗰日周立成嘅船,並冇喺河內行走,實係喺河裏頭灣泊。

【A】阻礙輪船之路,以致被碰的。道台總以敝國船主之話不足信,以中國船戶之言爲足憑。

【B】阻礙輪船之路,以致被碰的。道台總以敝國船主之話不足信,以中國船戶之言爲足憑。

【E】阻碍輪船嘅路,以致被碰嘅。道台總以敝國船主之話爲不足信,以中國船主之話爲足憑。

【A】敝國領事官和道台辯論說,若是以中國船戶之話爲可信,那麽那個船戶,

【B】敝國領事官和道台辯論說,若是以中國船戶之話爲可信,那麽那個船戶,

【E】敝國領事官同道台辯論話,若係以中國船主之話爲可信,噉個船戶,

【A】原禀的是輪船將他的船舵撞折了，將船幫也碰壞了，及至一查，不過將船舵撞折了。

【B】原禀的是輪船將他的船舵撞拆(折)了，將船幫也碰壞了，及至一查，不過將船舵撞拆(折)了。

【E】原禀係輪船將佢船舵撞折，又將佢船傍撞壞，及至一查，不過將船舵撞折啫。

【A】並未撞壞船幫。只舉此一端，可見那個船戶的話不足為憑了。

【B】並未撞壞船幫。只舉此一端，可見那個船戶的話不足爲憑了。

【E】並冇碰壞到船傍。只舉此一端，可見個船戶嘅說話不足爲憑喇。

【A】道台雖然無話可答，到底還是堅請敝國領事官，飭令輪船船主賠償修費。

【B】道台雖然無話可答，到底還是堅請敝國領事官，飭令輪船船主賠償修費。

【E】道台雖係無言可答，到底重係堅請敝國領事官，飭令輪船船主賠償修費。

【A】敝國領事官據輪船船主供說，那個中國船戶既然不按照河泊章程停泊，致被碰壞，照例是不能賠償的。

【B】敝國領事官據輪船船主供說，那個中國船戶既然不按照河泊章程停泊，致被碰壞，照例是不能賠償的。

【E】敝國領事官據輪船船主供話，嗰個中國船戶既然唔按照河泊章程停泊，致被碰壞，照例係不應賠償。

【A】敝國領事官若強令該船主賠償修費實不足以服其心。

【B】敝國領事官若强令該船主賠債(償)修費實不足以服其心。

【E】敝國領事官若強令該船主賠償修費實不足以服其心。

【A】無奈道台總不以敝國領事官之言爲然,彼此辯論不休。

【B】無奈道台總不以敝國領事官之言爲然,彼此辯論不休。

【E】無奈道台總不以敝國領事官之言爲然,彼此辯論不休。

【A】敝國領事官實無法可辦,所以詳報我們欽差大人,請示辦法。

【B】敝國領事官實無法可辦,所以詳報我們欽差大人,請示辦法。

【E】敝國領事官實係無法可辦,所以詳報我哋欽差大人,請示辦法。

【A】我們大人派我來請問王爺、中堂大人們,此案應如何辦理,方免彼此爭論。

【B】我們大人派我來請問王爺、中堂大人們,此案應如何辦理,方免彼此爭論。

【E】我哋大人派我嚟請問王爺、中堂大人列公,此案應如何辦理,方免彼此爭論。

【A】雖然今日王爺不在坐,依我們之見,這案兩造各執一詞,都不可憑信。

【B】雖然今日王爺不在坐,依我們之見,這案兩造各執一詞,都不可憑信。

【E】雖然今日王爺唔在坐,依我哋之見,呢件案兩造各執一詞,都難憑信。

【A】總應由貴國欽差大人,札飭領事官,由我們札飭道台。

【B】總應由貴國欽差大人,札飭領事官,由我們札飭道台。

【E】總應由貴國欽差大人,札飭領事官,由我哋札飭道台。

【A】叫他們飭令兩造各尋見證,然後彼此會訊,自然就有個水落石出了。

【B】叫他們飭令兩造各尋見証,然後彼此會訊,自然就有個水落石出了。

【E】吗佢飭令兩造各尋見證,然後彼此會訊,自然就噲水落石出咯。

【A】閣下回去,將此節回明欽差大人,如以爲可,就請賜一信來。

【B】閣下回去,將此節回明欽差大人,如以爲可,就請賜一信來。

【E】閣下翻去,將呢節回明欽差大人,如以爲可,就請賜封信嚟。

【A】我們就給道台行文去就是了。是,那麽我回去,將中堂大人們所論的辦法,回明我們大人。

【B】我們就和道台行文去就是了。是,那麽我回去,將中堂大人們所論的辦法,回明我們大人。

【E】我哋行文去道台就喺喇。係咯,噉我翻去,將中堂大人所論嘅辦法,回明我哋大人。

【A】斟酌可否,再寫信來就是了。

【B】斟酌可否,再寫信來就是了。

【E】斟酌可否,再寫信嚟就喺嘞。

【A】是,就是這麽樣罷。那麽我暫且就要告辭了。請了請了。

【B】是,就是這麽樣罷。那麽我暫且就告辭了。請了請了。

【E】係咧,就噉樣喇。噉我暫且告辭嘞。請嘞請嘞。好行喇。

## 4 第七章

【A】大人這一向好?托福托福。閣下一向可好?承問承問。閣下請坐。大人請坐。

【B】大人這一向好?托福托福。閣下一向可好?承問承問。閣下請坐。大人請坐。

【E】大人呢排好吖?託福託福。閣下近來好吖?有心有心。閣下請坐。大人請坐。

【A】閣下這一向公事忙不忙？公事倒不甚多。閣下今日光臨敝署是有甚麼公事麼？

【B】(閣)下一向公事忙不忙？公事倒不甚多。閣下今日光臨敝署是有甚麼公事麼？

【E】閣下呢排公事忙唔忙呢？公事都不甚多啫。閣下今日光臨敝署係有乜公事呢？

【A】是，今日是奉了我們領事官的委派，到貴衙門來商量一件公事。是甚麼公事呢？

【B】是，今日是奉了我們領事官的委派，到貴衙門來商量一件公事。是甚麼公事呢？

【E】係呀，今日是奉我哋領事官委派，嚟貴衙門商量一件公事。係乜野公事呢？

【A】因爲有這本地一個商人名叫劉雲發，由福州雇定了敝國一隻夾板船，裝載雜貨。

【B】因爲有這本地一個商人名叫劉雲發，由福州雇定了敝國一隻夾板船，裝載雜貨。

【E】因爲有一個本地商人名叫劉雲發，由福州請曉敝國一隻夾板船，裝載雜貨。

【A】運到此處，議定水脚是四千五百塊洋錢。在福州地方，先付過一千五百塊。

【B】運到此處，議定水脚是四千五百塊洋錢。在福州地方，先付過一千五百塊。

【E】運到呢處，議定水脚係四千五百元。喺福州處，先交曉一千五百元。

【A】說明白的，下欠那三千塊錢是到此處付清。船主當時也都答應了。

【B】說明白的，下欠那三千塊錢是到此處付清。船主當時也都答應了。

【E】講明白話,欠下嗰三千元,等到呢處致找清。船主當時亦都答應咯。

【A】這其中並沒有中人行棧經管,俱是他們彼此對講的。

【B】這其中並沒有中人行棧經管,俱是他們彼此對講的。

【E】呢件事並冇中人行棧經手,俱係佢哋彼此當面講嘅。

【A】趕前四天船到了此處,次日一早,劉雲發用撥船將貨物起下來,裝上了,運到海關門口候驗。

【B】至前四天船到了此處,次日一早,劉雲發用撥船將貨物起下來,裝上了,運到海關門口候驗。

【E】及前四日船到嘵呢處,第日一早,劉雲發使駁船將貨起上嚟,裝起,運到山海關口候驗。

【A】然後他和船主說,他先到家去措辦水脚,晚上必回船上來,把下欠的銀兩都要交清的。

【B】然後他和船主說,他先到家去措辦水脚,晚上必回船上來,把下欠的銀兩都要交清的。

【E】然後佢對船主講,他先翻去屋唫措辦水脚,晚上必翻嚟船,將欠下個啲銀両一起交清。

【A】他還開了他的住址,交給船主收着。船主看他那個人是個正經商人,可就答應叫他去了。

【B】他還開了他的住址,交把船主收着。船主看他那個人是個正經商人,却就答應等他去了。

【E】佢重開出佢嘅住址,交俾船主收埋。船主見佢係個正經商人,就應承俾佢去嚇。

【A】趕到那天晚上,劉雲發並未回船,直等到昨日晚上,仍未回船。

【B】等到那天晚上，劉雲發並未回船，直等到昨日晚上，仍未回船。

【E】及到嗰日晚上，劉雲發並冇翻船，一直等到昨晚，仍舊唔見佢翻。

【A】船主就遣人按他所開的住址，到那個地方去找，並未找着。

【B】船主就叫人照他所開的住址，到那個地方去找，並未找着。

【E】船主就打發人按照佢所開嘅住址，到嗰笪地方去找，唔找得倒。

【A】心裏就未免設疑，故此稟報領事官，函致稅務司。

【B】心裏就未免設疑，故此稟報領事官，函致稅務司。

【E】心裏頭就未免思疑，故此稟報領事官，寫信過稅務司。

【A】若是劉雲發完清稅項，暫且將貨物扣留，等他交清水脚銀兩，再爲放行。

【B】若是劉雲發完清稅項，暫且將貨物扣留，等他交清水脚銀兩，再爲放行。

【E】若係劉雲發完清貨項，暫且將貨物扣留，等佢交清水脚銀両，致可放行。

【A】後來接得稅務司函復說，若是劉雲發完清稅項，海關沒有暫行扣留貨物之例。

【B】後來接得稅務司函復說，若是劉雲發完清稅項，海關沒有暫行扣留貨物之例。

【E】後來接到稅務司回信話，若係劉雲發完清稅項，海關冇暫行扣留個條例。

【A】此事碍難照辦。領事官恐怕劉雲發忽然交清稅課，海關將貨船放行。

【B】此事碍難照辦。領事官恐怕劉雲發忽然交清稅課，海關將貨船放行。

【E】此事碍難照辦。領事官恐怕劉雲發忽然交清税課,海關將貨船放行。

【A】這項水脚銀兩可就無着落了,所以領事官派我來,請大人函致税務司。

【B】這項水脚銀兩却就無着落了,所以領事官派我來,請大人函致税務司。

【E】呢筆水脚銀両就冇着落嘞,所以領事官派我過嚟,請大人知會税務司。

【A】如若劉雲發完清税項,暫且把他的貨船扣留,等他還清水脚,由我們領事官知會大人,轉致税務司放行。

【B】如若劉雲發完清税項,暫且把他的貨船扣留,等他還清水脚,由我們領事官知會大人,轉致税務司放行。

【E】如果劉雲發完清餉項,暫且把佢貨船扣留,等佢還清水脚,由我哋領事官知會大人,轉致税務司放行。

【A】請大人千萬費心,給辦一辦,我們就感情了。

【B】請大人千萬費心,替辦一辦,我們就感情了。

【E】請大人千萬費心,替我哋辦理吓,我哋就感情咯。

【A】這件事若以公事而論,劉雲發完清税項,海關原無扣留貨船之例。

【B】這件事若以公事而論,劉雲發完清税項,海關原無扣留貨船之例。

【E】呢件事若以公事而論,劉雲發完清税項,海關原無扣留貨船之例。

【A】如今領事官既然託咐我,我不過按着私交情,轉託税務司。

【B】如今領事官既然託咐我,我不過看着私交情,轉託税務司。

【E】而家領事官既然託到我,我不過論私下交情,轉託稅務司。

【A】把劉雲發貨船暫且扣留就是了,趕到他交清水脚銀兩,請領事官趕緊賜我回信。

【B】把劉雲發貨船暫且扣留就是了,等到他交清水脚銀兩,請領事官趕緊賜我回信。

【E】將劉雲發貨船暫且扣留就喺喇,等到佢交清水脚銀両,請領事将趕緊賜我囘信。

【A】我好知會稅務司,把貨船放行,這不過是暫時通融辦理,後來不可以此為例。

【B】我好知會稅務司,把貨船放行,這不過是暫時通融辦理,後來不可以此爲例。

【E】我好知會稅務司,將貨船放行,呢啲不過係暫時通融辦理嘅呪,後來不可以此爲例嚡。

【A】大人如此費心,我們實在感謝不盡了。那兒的話呢,這回頭,我就給稅務司發信。

【B】大人如此費心,我們實在感謝不盡了。那裏的話呢,這回頭,我就和稅務司發信。

【E】大人如此費心,我哋實在感謝不盡咯。乜野說話呢,等我就即刻發信俾稅務司咋。

【A】那麼我要告辭了。請,請,改日再見。

【B】那麼我要告辭了。請,請,改日再見。

【E】噉就我告辭嚹。請,請,改日再見。

## 4 第八章

【A】今日我是奉了我們道台的委派,到這兒來,是和領事大人說一件公事。

【B】今日我是奉了我們道台的委派,到這裏來,是和領事大人說一件公事。

【E】今日奉我哋道台委派,到呢處,同領事大人講一件公事。

【A】是甚麼公事呢?因爲前次大人照會我們道台,說是這本地慶長洋貨鋪東家趙錫三,批定了貴國天盛洋行哈喇六十包。立有批單。

【B】是甚麼公事呢?因爲前次大人照會我們道台,說是這本地慶長洋貨鋪東家趙錫三,批定了貴國天盛洋行哈喇六十包。立有批單。

【E】係乜野公事呢?因爲前次大人照會我哋道台,話本處有個趙錫三,呢個人係慶長洋貨鋪東家,批定貴國天盛洋行哈喇六十包。立有批單。

【A】趕到上月貨到了,洋商催趙錫三起貨。

【B】等到上月貨到了,洋商催趙錫三起貨。

【E】及至前個月貨到嘵,洋商催錫三起貨。

【A】趙錫三藉詞挑剔,不肯將貨物起去,大人請我們道台飭縣把趙錫三傳案查訊。

【B】趙錫三藉詞挑剔,不肯將貨物起去,大人請我們道台飭縣把趙錫三傳案查訊。

【E】趙錫三借意推諉,唔肯去起,大人請我哋道台飭縣將趙錫三傳案查訊。

【A】後來據知縣稟復說,把趙錫三已經傳到案了。

【B】後來據知縣稟復說,把趙錫三已經傳到案了。

【E】後來據知縣稟復話,已經將趙錫三傳到案嘞。

【A】據他說,去年封河之先,他在天盛洋行批定了六十包哈喇,立了一張批單,他付過定銀一百兩。

【B】據他說,去年封河之先,他在天盛洋行定了六十包哈喇,立了一張批單,他付過定銀一百兩。

【E】據佢講,舊年封河之先,佢喺天盛洋行批定咽六十包哈喇,立下批單一張,佢交過定銀一百両。

【A】言明今年三月初間交貨兌銀子,兩無躭悞。

【B】言明今年三月初間交貨兌銀子,兩無躭悞。

【E】講明今年三月初間交貨兌銀,兩無躭誤。

【A】趕到本年三月初間貨到了,天盛洋行遣人去給他送信,他就拿着原樣去到洋行,把貨包拆開。

【B】等到本年三月初間貨到了,天盛洋行遣人去和他送信,他就拿着原樣去到洋行,把貨包折(拆)開。

【E】及至本年初間貨到,天盛洋行打發人去通知佢,佢就擰原樣貨辦到洋行,將貨包拆開。

【A】拿原樣一比,內有十包,貨樣不符,所以他不肯收貨,要把原給的定銀退回。

【B】拿原樣一比,內有十包,貨樣不符,所以他不肯收貨,要把原交的定銀退回。

【E】擰貨說一對,內有十包,貨樣不符,所以佢唔肯收貨,要把原定取回。

【A】叫洋商將貨物另行出售,洋商不肯退還定銀,這麽着倆人也沒說開就散了。

【B】叫洋商將貨物另行出售,洋商不肯退還定銀,這麽的兩人也沒說開就散了。

【E】叫洋商將貨物另行出售,洋商唔肯交還定銀,噉樣佢兩個人又冇講開,就散咽。

【A】不料洋商竟自將他禀控,他不肯起貨,實在是因有貨樣不符的緣故。

【B】不料洋商竟自將他稟控,他不肯起貨,實在是因有貨樣不符的緣故。

【E】不料嗰個洋商竟自將佢稟控,佢唔肯起貨,實在係因有貨辦不符嘅緣故。

【A】並非是藉詞推托。我們道台據知縣的稟復,已經照會大人了,後來又接到大人的回文。

【B】並非是藉詞推托。我們道台據知縣的稟復,已經照會大人了,後來又接到大人的回文。

【E】並不是藉詞推搪。我哋道台據知縣稟復,已經照會大人咯,後來又接到大人回文。

【A】說是趙錫三在縣署所供的情形,是一面之詞,不足爲憑。請飭縣仍舊叫趙錫三收貨兌銀子。

【B】說是趙錫三在縣署所供的情形,是一面之詞,不足爲憑。請飭縣仍舊叫趙錫三收貨兌銀子。

【E】話趙錫三在署所供嘅情形,係一面之詞,不足爲憑。仍請飭縣叫趙錫三收貨兌銀。

【A】我們道台說,雖然趙錫三所供的是一面之詞,無奈他既供出貨樣不符。

【B】我們道台說,雖然趙錫三所供的是一面之詞,無奈他既供出貨樣不符。

【E】我哋道台話,雖然趙錫三所供係一面之詞,無奈佢既供出因貨樣不符。

【A】他不肯起貨,如今若是勒令叫他收貨付銀子,實在不足折服他的心。

【B】他不肯起貨,如今若是勒令叫他收貨付銀子,實在不足拆(折)服他的心。

【E】故此佢唔肯起貨,現在若係勒令佢收銀交銀,實在不足以折服佢嘅心。

【A】若是一定以趙錫三之言爲憑,洋商又未必肯服。
【B】若是一定以趙錫三之言爲憑,洋商又未必肯服。
【E】若係一定以趙錫三說話爲憑,洋商又未必肯服。

【A】我們道台現在想了一個善法,遣我來和大人商量。
【B】我們道台現在想了一個善法,叫我來和大人商量。
【E】我哋道台現在想到一個善法,打發我過嚟同大人商量。

【A】打算定規本月某日,我們道台同大人在會訊公所,把原被兩造傳來,叫洋商雇人把六十包哈喇抬到公所去。

【B】打算定規本月某日,我們道台同大人在會訊公所,把原被兩造傳來,叫洋商僱人把六十包哈喇抬到公所去。

【E】打算定期本月某日,我哋道台同大人到會訊公所,將原被兩造傳嚟,吩咐洋商叫人把嗰六十包哈喇抬去公所。

【A】大人和我們道台過一回堂,公同看一回貨物,孰是孰非,自然立判。

【B】大人和我們道台過一回堂,公同看一回貨物,孰是孰非,自然立判。

【E】大人同我哋道台過一回堂,公同睇過嗰啲貨物,孰是孰非,自然立判。

【A】不知道大人的尊意,以爲何如？此事我原無成見,如今既然兩造各供一詞,難以定案,道台所想的辦法也很妥當。

【B】不曉得大人的尊意,以爲何如？此事我原無成見,如今既然兩造各供一詞,難以定案,道台所想的辦法也很妥當。

【E】唔知大人尊意,以爲何如呢？此事我本無成見,如今既然兩造各供一詞,難以定案,道台所想嘅辦法亦甚妥當呀。

【A】然而以我的愚見,由道台飭令趙錫三,約兩個華商,由我飭令天盛行的東家,邀兩個洋商,是日都齊集會訊公所。

【B】然而以我的愚見,由道台飭令趙錫三,約兩個華商,由我飭令天盛行的東家,邀兩個洋商,是日都齊集會訊公所。

【E】但係以我愚見,由道台飭令趙錫三,約兩個華商,由我呢處飭令天盛行東家,邀請兩個洋商,是日都齊集會訊公所。

【A】叫他們四個商人看明貨物,是否與原樣相符,以他們四個人爲憑據。

【B】呌他們四個商人看明貨物,是否與原樣相符,以他們四個人爲憑據。

【E】呌佢哋四個商人驗明貨物,是否與貨辦相符,以佢四個人作憑據。

【A】若果他們四個人看明貨樣相符,道台便可飭令趙錫三起貨付銀子。

【B】若果他們四個人看明貨樣相符,道台便可飭令趙錫三起貨付銀子。

【E】如果佢哋四個人驗明貨樣相符,道台就可以飭令趙錫三起貨交銀。

【A】如果貨樣不符,彼時我訊明天盛行主,再和道台商議辦法。

【B】如果貨樣不符,彼時我訊明天盛行主,再和道台商議辦法。

【E】倘或貨樣不符,嗰時我訊明天盛行主,再同道台商議辦法。

【A】愚見若此,閣下以爲如何? 大人所論的辦法,更盡善盡美了。

【B】愚見若此,閣下以爲如何? 大人所論的辦法,更盡善盡美了。

【E】愚見噉樣,閣下以爲如何呢? 大人所論嘅辦法,更盡善盡美嘞。

【A】我回去將此節禀明道台,再回復大人就是了。閣下再坐一會兒罷。

【B】我囘去將此節禀明道台,再回復大人就是了。閣下再坐一會兒罷。

【E】我翻去將呢節事禀明道台,再囘復大人就喺喇。閣下可以坐陣添致走。

【A】今日是有公事在身,不能久陪,等底下再給大人來請安。

【B】今日是有公事在身,不能久陪,等底下再和大人來請安。

【E】今日係有公事在身,不能久陪,等下次再過嚟同大人請安。

【A】豈敢豈敢。大人留步罷。改日再見。

【B】豈敢豈敢。大人留步罷。改日再見。

【E】豈敢豈敢。請大人留步。改日再見。

## 4 第九章

【A】今日我們領事官委派我來,和大人商量一件公事。是甚麽事呢?

【B】今日我們領事官委派我來,和大人商量一件公事。是甚麽事呢?

【E】今日我哋領事官委派我嚟,同大人商量一件公事。係乜事呢?

【A】就是敝國寶昌行掌櫃的朱曉山虧空銀兩的那一案。那一案前日我已經照會領事官了。

【B】就是敝國寶昌行管事的朱曉山虧空銀兩的那一案。前日我已經照會領事官了。

【E】就係敝國寶昌行個掌櫃朱曉山虧空銀両個一案。個一案我前日已經照會領事官嘞。

【A】不知道領事官以爲如何？我們領事官的意思是這麽着，當初寶昌行聘請朱曉山之時，有祥立、仁和、福順、晋昌，四家俱的保單。

【B】不曉得領事官以爲如何？我們領事官的意思是這麽的，當初寶昌行聘請朱曉山之時，有祥立、仁和、福順、晋昌，四家具的保單。

【E】唔知領事官意思點呢？我地領事官意思係噉樣子，當初寶昌行聘請朱曉山之時，有祥立、仁和、福順、晉昌，四家立嘵保單。

【A】言明嗣後朱曉山如有虧空等事，除將朱曉山家私變價賠還外，下欠若干兩，四家保人一律攤賠，各無異議。

【B】言明嗣後朱曉山如有虧空等事，除將朱曉山家私變價賠還外，下欠若干兩，四家保人一律攤賠，各無異議。

【E】訂明朱曉山嗣後有虧空等事，將朱曉山傢私議價賠還外，欠下若干銀両，四家保人一律攤賠，各無異議。

【A】前日我們領事官接到大人的照會說，現在除將朱曉山家私變價一千兩賠還外，下欠四千兩。

【B】前日我們領事官接到大人的照會說，現在除將朱曉山家私變價一千兩賠還外，下欠四千兩。

【E】前日我哋領事官接到大人照會話，現在除將朱曉山傢私變價一千両賠還外，欠下四千両。

【A】應着落保家晋昌綢緞鋪賠出銀二千兩。

【B】應着落保家晋昌綢緞鋪賠出銀二千兩。

【E】應着落保家晉昌綢緞舖賠出銀二千両。

【A】其餘二千兩，着落祥立、仁和、福順三個洋貨鋪保家一律攤賠。

【B】其餘二千両，着落祥立、仁和、福順三個洋貨舖保家一律攤賠。

【E】其餘嗰二千両，着落保家祥立、仁和、福順三個洋貨舖一律攤賠。

【A】我們領事官看大人如此辦法，實有不解，所以打發我來，請問大人，因何不按保單上所說的，叫他們四家保人均攤？

【B】我們領事官看大人如此辦法，實有不解，所以打發我來，請問大人，因何不照保單上所說的，叫他們四家保人均攤？

【E】我哋領事官見大人噉樣辦法，唔知點解，所以打發我過嚟，請問大人，因何唔照保單所訂嘅，叫他哋四家保人均攤？

【A】怎麼單叫晋昌號多賠，叫那三家少賠呢？

【B】怎麼單叫晋昌號多賠，叫那三家少賠呢？

【E】做乜單叫晉昌號賠多，嗰三間賠少呢？

【A】我叫晋昌號多賠，叫那三家少賠，這其中有個緣故。

【B】我叫晋昌多賠，叫那三家少陪(賠)，這其中有個緣故。

【E】我叫晉昌賠多，嗰三間賠少嘅，其中有個緣故。

【A】因爲前次我把那四家保人傳來審訊之時，據祥立、仁和、福順三家鋪東說：

【B】因爲前次我把那四家保人傳來審訊之時，據祥立、仁和、福順三家鋪東說：

【E】因爲我前次將嗰四家保人傳嚟審訊之時，據祥立、仁和、福順三間嘅東家話：

【A】當初具保單時，雖然言明，將來朱掌櫃的如有虧空等事

【B】當初具保單時，雖然言明，將來朱管事的如有虧空的等事

【E】當初立保單個時，雖然訂過，將來朱掌櫃如有虧空等事

【A】除將朱曉山家私變價賠償外，下欠若干兩，四家保人一律均賠。

【B】除將朱曉山家私變價賠償外，下欠若干兩，四家保人一律均賠。

【E】除將該掌櫃傢私變價賠償外，欠下若干銀両，四家保人一律攤賠。

【A】然而這些年，晋昌號時常有借用朱曉山銀兩買貨之事。

【B】然而這些年，晋昌號時常有借用朱曉山銀兩買貨之事。

【E】但係咁多年，晉昌號常時有借用朱曉山銀両買貨嘅事。

【A】其所借用之銀兩，並無利息，所以他這些年也頗沾朱曉山之光。

【B】其所借用之銀両，並無利息，所以他這些年也頗沾朱曉山之光。

【E】佢所借用啲銀，並有利息，所以佢咁多年亦頗沾朱曉山嘅光。

【A】我們這三家保人，這些年和朱曉山並沒有交往錢財的事情。

【B】我們這三家保人，這些年和朱曉山並沒有交往錢財的事情。

【E】我哋呢三家保人，就咁多年同朱曉山並無有拉扯錢銀嘅事。

【A】向來沒有沾過朱曉山之光。如今若是叫我們都一律攤賠虧空，我們三家實在冤屈。

【B】向來沒有沾過朱曉山之光。如今若是叫我們都一律攤賠虧空，我們三家實在寃屈。

【E】向來冇沾過朱曉山嘅光。而家若係叫我哋都一律攤賠虧空，我哋三家實在寃屈。

【A】這麼着，我又問晋昌東家，他們那三家所說的，是實有其事麼?

【B】這麼樣,我又問晋昌東家,他們那三家所說的,是實有其事麼?

【E】噉,我又問晉昌東家話,佢哋嗰三家所講嘅,係實有其事唔係呢?

【A】據他供認,這些年實有借用朱曉山銀兩買貨之事情,實沾朱曉山之光頗多。

【B】據他供認,這些年實有借用朱曉山銀兩買貨之事情,實沾朱曉山之光頗多。

【E】據佢供話,咁多年實有借用過朱曉山銀両買貨嘅事,亦實在沾過朱曉山嘅光頗多。

【A】因此我纔將朱曉山虧空的這四千兩銀子,斷令晋昌號賠出銀二千兩。

【B】因此我纔將朱曉山虧空的這四千兩銀子,斷令晋昌號賠出銀二千兩。

【E】因此我就致將朱曉山虧空呢四千両銀,斷令晉昌賠二千両。

【A】那三家保人分賠那二千兩銀子,他們四個人都情願,具輸服甘結。

【B】那三家保人分賠那二千銀子,他們四個人都情願,具輸服甘結。

【E】嗰三家保人分賠二千両,佢哋四個人都情願,具輸服甘結。

【A】此事我也並未十分勉強,閣下看如此判斷,還有甚麼不公平之處麼?

【B】此事我也並未十分勉强,閣下看如此判斷,還有甚麼不公平之處麼?

【E】呢件事我亦並冇十分勉強到佢哋,閣下睇吓噉樣判斷,重有乜唔公平之處冇呢?

【A】我斗胆說一句話,求大人可別見怪。閣下有話,不妨明言。
【B】我斗胆說一句話,求大人却莫見怪。閣下有話,不妨明言。
【E】我斗胆講一句,求大人咪見怪。閣下有說話,不妨明講。

【A】據我看,如此斷法,似乎不甚公平。有何不公平之處呢?
【B】據我看,如此斷法,似乎不甚公平。有何不公平之處呢?
【E】據我睇,噉樣斷法,似乎不甚公平。有乜野唔公平之處呢?

【A】大人之意,是以爲晋昌號這些年沾過朱曉山之光,所以如今斷令他多賠。

【B】大人之意,是以爲晋昌號這些年沾過朱曉山之光,所以如今斷令他多賠。

【E】大人意思,以爲晉昌咁多年沾過朱曉山嘅光,所以而家斷令佢賠多。

【A】那祥立、仁和、福順三家,向來並沒沾過朱曉山之光,所以斷令他們少賠。

【B】那祥立、仁和、福順三家,向來並沒沾過朱曉山之光,所以斷令他們少賠。

【E】嗰祥立、仁和、福順三家,向來並冇沾過朱曉山嘅光,所以斷令佢賠少吖。

【A】依我的愚見,斷此案,總應當據保單上所說的話爲憑。
【B】依我的愚見,斷此案,總應當據保單上所說的話爲憑。
【E】依我愚見,斷呢件案,總應該據保單內所講說話爲憑。

【A】保單上既然言明,將來賠補朱曉山虧空,應當四家保人一律均攤。

【B】保單上既然言明,將來賠補朱曉山虧空,應當四家保人一律均攤。

【E】保單內既然訂明,將來賠補朱曉山虧空,應當四家保人一律均攤。

【A】如今若單叫晋昌號多賠,不但與保單原議不符,且恐那三家有幸免之詞,似乎不公。

【B】如今若單叫晋昌號多賠,不但與保單原議不符,且恐那三家有幸免之詞,似乎不公。

【E】現在若係單叫晉昌賠多,不但與保單原議不符,重怕嗰三家有倖免嘅說話,似乎不公。

【A】至於說晋昌號常借用朱曉山銀兩買貨,並沒利錢,這些年沾朱曉山之光頗多,

【B】至於說晋昌號常借用朱曉山銀兩買貨,並沒利錢,這些年沾朱曉山之光頗多,

【E】至於話晉昌時常借用朱曉山銀両買貨,並冇利錢,咁多年沾朱曉山嘅光頗多,

【A】因此斷令晋昌號多賠,然而晋昌號借用朱曉山銀兩,

【B】因此斷令晋昌號多賠,然而晋昌號借用朱曉山銀兩,

【E】故此斷令晉昌賠多,但係晉昌借用朱曉山銀両,

【A】那是他們的私交情,與此案無涉,斷無因此案而牽涉伊等私情之理。

【B】那是他們的私交情,與此案無涉,斷無因此案而牽涉伊等私情之理。

【E】嗰啲係佢哋私下交情,與此案無涉,斷冇因此案,就牽涉佢哋私情之理。

【A】在那三家保人希圖少賠錢,原可以任意混供,在大人原不必據他們之言而斷。

【B】在那三家保人希圖少賠錢,原可以任意混供,在大人原不必據他們之言而斷。

【E】在嗰三家保人希圖少賠啲錢,原可以任意混供,在大人本可不必據佢哋說話嚟斷。

【A】設若這四家保人,內中有兩家沾過朱曉山之光,那兩家沒有沾過朱曉山之光,

【B】設若這四家保人,內中有兩家沾過朱曉山之光,那兩家沒有沾過朱曉山之光,

【E】設如呢四家保人,內中有兩家沾過朱曉山嘅光,嗰兩家冇沾過朱曉山嘅光,

【A】那麼就應當竟叫這兩家沾過光的賠銀子,那兩家沒沾過光的,就可以置身事外麼?

【B】那麼就應當竟叫這两家沾過光的賠銀子,那两家沒沾過光的,就可以置身事外麼?

【E】噉樣就應該叫呢兩家沾過光嘅賠銀,嗰兩家冇沾過光嘅,就可以置身事外咩?

【A】所以大人總應當據保單斷令他們四個保人一律均賠,不可有賠多賠少之分,方爲公允。

【B】所以大人總應當據保單斷令他們四個保人一律均賠,不可有多賠少賠之分,方爲公允。

【E】所以大人總應該據保單斷令佢哋四個保人一律均賠,唔好話有賠多賠少之分,方爲公允。

【A】閣下所說的是據理而論,我所說的是隨勢酌情權變之法。

【B】閣下所說的是據理而論,我所說的是隨勢酌情權變之法。

【E】閣下所講嘅係據理而論,我所講嘅係隨事酌情權變之法。

【A】大人所說的隨勢酌情權變之法,那是據理判斷有萬難之處,方可用權變之法。

【B】大人所說的隨勢酌情權變之法,那是據理判斷有萬難之

處,方可用權變之法。

【E】大人所講隨事酌情權變之法,嗰啲係據理判斷有萬難之處,方可用權變之法啫。

【A】如今此案據理而斷,並無礙難之處,又何必用此權變之法呢?

【B】如今此案據理而斷,並無碍難之處,又何必用此權變之法呢?

【E】而家呢件案據理嚟斷,並冇碍難之處,又何必要用此權變之法呢?

【A】閣下既然看我所斷的不甚公平,請閣下回去之時和領事官商量商量。

【B】閣下既然看我所斷的不甚公平,請閣下回去之時和領事官商量商量。

【E】閣下既然見得我所斷嘅不甚公平,請閣下翻去之時同領事官透徹商量。

【A】然後偺們再從長計議也未爲不可。既是如此,偺們再議就是了,我現在要告辭回去。

【B】然後我們再從長計議也未爲不可。既是如此,我們再議就是了,我現在要告辭回去。

【E】然後我哋再從長計議亦未爲不可。既係噉樣,我哋就再議係喇,我現在要告辭翻去咯。

【A】忙甚麽,偺們再談一會兒罷。我還有公事了,偺們改天再會罷。請了請了。再見再見。

【B】忙甚麽,我們再談一會兒罷。我還有公事了,我們改天再會罷。請了請了。再見再見。

【E】使乜咁忙呢,我哋可以多談一陣添吖。我重有公事,我哋改日再會嚇。請嚇請嚇。再見再見。

## 4 第十章

【A】今日我到貴衙門來,是和大人面商一件事情。哦,請教是甚麽事呢?

【B】今日我到貴衙門來,是和大人面商一件事情。哦,請教是甚麽事呢?

【E】今日我嚟貴衙門,係同大人面商一件事幹。哦,請教係乜野事呢?

【A】就是因爲貴國信成洋貨鋪欠敝國恒裕洋行的貨銀那一案。

【B】就是因爲貴國信成洋貨鋪欠敝國恒裕洋行的貨銀那一案。

【E】就係因爲貴國信成洋貨舖欠敝國恒裕洋行貨銀個一案。

【A】因爲上回恒裕洋行禀控信成洋貨鋪的時候,我先把信成的東家王保山傳來問了一問。

【B】因爲上回恒裕洋行禀控信成洋貨鋪的時候,我先把信成的東家王保山傳來問了一問。

【E】因爲前回恒裕洋行禀控信成洋貨舖之時,我先將信成東家王保山傳嚟問嘵一吓。

【A】據他説,這本地富順雜貨棧欠他有一萬多兩銀子的貨銀,屢次去催討,總也沒還。

【B】據他説,這本地富順雜貨棧欠他有一萬多兩銀子的貨銀,屢次去催討,總也沒還。

【E】據佢講,本處富順雜貨棧欠佢有萬多両銀貨銀,屢次去催討,總冇還到。

【A】若是能把那項銀子追出來,除了還恒裕洋行貨銀五千兩,還富餘五千多兩銀子哪。

【B】若是能把那項銀子追出來,除了還恒裕洋行貨銀五千兩,還多餘五千多兩銀子哪。

【E】如果有能將呢筆銀追出嚟,除還恒裕洋行貨銀五千両之外,還有五千多両銀剩。

【A】他求我照會大人,飭縣先把富順棧的東家傳到案,把那項銀子追出來。

【B】他求我照會大人,飭縣先把富順棧的東家傳到案,把那項銀子追出來。

【E】佢求我照會大人,飭縣先將富順棧東家傳到案,將嗰筆銀追出嚟。

【A】他就可以歸還恒裕洋行的貨銀。我是恐怕恒裕洋行貨銀無着落。

【B】他就可以歸還恒裕洋行的貨銀。我是恐怕恒裕洋行貨銀無着落。

【E】佢就可以歸還恒裕洋行貨銀嘞。我係恐怕恒裕洋行貨銀冇着落。

【A】所以照會大人,飭縣傳訊富順棧的東家,把他該信成的貨銀追出來,爲得是好歸還恒裕洋行的欠款。

【B】所以照會大人,飭縣傳訊富順棧的東家,把他該信成的貨銀追出來,爲的是好歸還恒裕洋行的欠欵(款)。

【E】所以照會大人,飭縣傳訊富順棧東家,將佢欠信成貨銀追出來,因爲好歸還恒裕洋行嘅欠欵(款)。

【A】昨日大人遣委員楊大老爺到敝館去,說是此案恐怕是信成東家託出恒裕洋行東家,揑詞代為控追富順棧的欠欵(款)。

【B】昨日大人遣委員楊大老爺到敝舘去,說是此案恐怕是信成東家託出恒裕洋行東家,揑詞代爲控追富順棧的欠欵(款)。

【E】昨日大人打發委員楊大老爺去敝館,話係呢件案恐怕係信成東家託出恒裕洋行東家,揑詞代爲控追富順棧嘅欠欵(款)。

【A】如果照辦,怕是開洋商包攬插訟之端。

【B】如果照辦,怕是開洋商包攬插訟之端。

【E】如果照辦,怕係開洋商包攬挿訟之端。

【A】請我細細的查問明白再議。這麼着我又把恒裕行的東家叫了去,細問了一問。

【B】請我細細的查問明白再議。這麼的我又把恒裕行的東家叫了去,細問了一問。

【E】請我細細查問明白再議。噉樣子我又將恒裕東家叫曉嚟,細問佢一遍。

【A】據他說,信成洋貨鋪實在欠他行裏的貨銀五千兩,有帳可憑。

【B】據他說,信成洋貨舖實在欠他行裏的貨銀五千兩,有帳可憑。

【E】據佢話,信成洋貨舖實在欠佢行處貨銀五千両,有賬部可憑。

【A】他並不知道富順棧該信成洋貨鋪銀兩的事。

【B】他並不知道富順棧該信成洋貨舖銀兩的事。

【E】佢並不知富順棧欠信成洋貨舖銀両嘅事。

【A】至於求我照會大人,飭縣傳富順棧的東家,訊追欠欵,那實在是王保山的主意,並非是他們倆人商量的辦法。

【B】至於求我照會大人,飭縣傳富順棧的東家,訊追欠欵,那實在是王保山的主意,並非是他們兩個商量的辦法。

【E】至於求我照會大人,飭縣傳富順棧東家,訊追欠欵,呢啲實在係王保山主意,並非係佢哋兩個人商量噉做嘅。

【A】如今我既然查明白了,這其中並沒有毛病,那麼就還請大人飭縣照辦就是了。

【B】如今我既然查明白了,這其中並沒有毛病,那麽就還請大人飭縣照辦就是了。

【E】而家我既然查明白,其中並冇弊端,噉就重係請大人飭縣照辦就喺喇。

【A】大人雖然查明白了,這其中並沒有弊病,總還該當由洋商控追信成。

【B】大人雖然查明白了,這其中並沒有敝病,總還該當由洋商控追信成。

【E】大人雖然查明白,呢件之中並無弊病,總還應該由洋商控追信成。

【A】由信成控告富順,各清各帳,方爲正辦,若是隨便牽扯,雖然這案沒毛病,難保後來不滋生弊端。

【B】由信成控告富順,各清各帳,方爲正辦,若是(隨)便牽址(扯),雖然這案沒毛病,難保後來不滋生獘端。

【E】由信成控追富順,各清各賬,致係正辦,若係隨便牽控,雖然呢一件案冇弊端,難保將來唔滋生弊端。

【A】這也不可不預爲防範,大人尊意以爲何如?

【B】這也不可不預爲防範,大人尊意以爲何如?

【E】呢啲亦不可不預爲防備,大人尊意以爲點樣呢?

【A】我想大人所說的也很有理,不過有一層,請大人吩咐知縣。

【B】我想大人所說的也很有理,不過有一層,請大人吩咐知縣。

【E】據大人所講亦極有道理,但有一層,請大人吩咐知縣。

【A】將來王保山到縣控告富順,知縣把富順棧欠信成的銀兩追出來的時候,先別叫信成領去。

【B】將來王保山到縣控告富順,知縣把富順棧欠信成的銀兩追出來的時候,先莫叫信成領去。

【E】將來王保山到縣控告富順,若係知縣將富順欠信成銀両追出嚟個時,咪俾信成領自先。

【A】由知縣把信成欠恒裕洋行那五千兩貨銀扣下。
【B】由知縣把信成欠恒裕洋行那五千兩貨銀扣下。
【E】由知縣將信成欠恒裕洋行呢五千両貨銀扣起。

【A】其餘的銀兩再叫王保山領去。大人想這麽辦好不好?
【B】其餘的銀兩再叫王保山領去。大人想這麽辦法好不好?
【E】其餘嘅銀致俾王保山領。請大人睇吓噉辦好不好呢?

【A】這層我倒可以飭縣遵辦就是了。既是如此,我明日行文過來就是了,暫且失陪。
【B】這層我倒可以飭縣遵辦就是了。既是如此,我明日行文過來就是了,暫且失陪。
【E】呢層都可以嘅,我飭縣遵辦就喙喇。既係噉樣,我聽日再行文過嚟,暫且少陪吔。

【A】那麽偺們改日再見。請了請了。再會再會。
【B】那麽我們改日再見。請了請了。
【E】噉我哋改日再見。請嘞請嘞。再會再會。

## 4 第十一章

【A】老兄大喜了,老弟同喜。因爲昨日我看京報,知道老兄選上了。
【B】老兄大喜了,老弟同喜。因爲昨日我看見京報,曉得老兄選上了。
【E】老兄大喜嘞,弟台同喜。我因昨日睇京報,知到老兄選到缺咯。

【A】所以今日特來給老兄賀喜。實在勞駕得很了，老弟請坐。老兄請坐。

【B】所以今日特來和老兄賀喜。實在勞駕得很了，老弟請坐。老兄請坐。

【E】所以今日特自過嚟同老兄道喜。實在十分勞駕，弟台請坐喇。老兄請座。

【A】老弟這一向官差忙不忙？這一程子公事很忙，總未得暇。

【B】老弟這一向官差忙不忙？這些時的公事很忙，總不得空。

【E】弟台呢排差事忙唔忙呀？呢一輪公事極忙，總唔得閒咯。

【A】何以如此之忙呢？是因爲這一向竟辦理秋審的事情哪。

【B】何以如此之忙呢？是因爲這一向竟辦秋審的事情哪。

【E】做乜咁忙呢？因爲呢排辦秋審事幹。

【A】秋審也快辦結了罷？是，也就在這個月底，就可以辦結了。

【B】秋審也快辦了罷？是，也就在這個月底，就可以辦了了。

【E】秋審都快脆辦完嚹啩？係喇，都係呢個月底，就可以辦完咯。

【A】是，老兄是幾時騐放？大概就在本月初十驗放。缺分怎麼樣呢？算是個中缺罷。

【B】是，老兄是幾時驗放？大概就在本月初十驗放。鈌分怎麼樣呢？算是個中鈌罷。

【E】係咩，老兄係幾時騐放嘅呢？大約總在呢個月初十騐放咯。缺分點樣呢？算係個中缺喇。

【A】老兄如此大才，不久便要調首縣的。那如何敢指望呢？

【B】老兄如此大才，不久便要調首縣的。那如何敢指望呢？

【E】老兄噉嘅大才，不久就要調首縣嘅咯。嗰啲點敢望呢？

【A】我這初次作官,但願得一簡缺,免有竭蹶之虞。

【B】我這初次作官,但願得一簡鈌,免有竭厥之虞。

【E】我呢回初次做官,但願得個簡缺,免使有竭蹶之虞就好咯。

【A】若遇一煩難之缺,轉恐才不勝任,必致貽笑大方。老兄太謙了,那麼老兄行期大約得幾時呢?

【B】若遇一煩難之鈌,轉恐才不勝任,必至(致)貽笑大方。老兄太謙了,那麼老兄行期大約要幾時呢?

【E】若係遇着個煩難嘅缺,倒轉怕才不勝任,必致貽笑大方呮。老兄太謙咯,噉老兄嘅行期約摸定於幾時呢?

【A】大約也就在冬子月初間罷。限期是多少日子呢?

【B】大約也就在這冬月初間罷。限期是多少日子呢?

【E】大約亦係冬月初間喇。限期係幾耐呢?

【A】限期原是三個月,若是有緊急的事,也還可以再告一個月的假。

【B】限期原是三個月,若是有緊急的事,也還可以再告一個月的假。

【E】限期本來係三個月,若係有緊急嘅事,重可以告一個月假。

【A】在我的意思看,若到臨時沒有甚麼緊要事件,也就無須告假了。

【B】在我的意思看,若到臨時沒有甚麼緊要事件,也就無須告假了。

【E】在我意思睇,如果臨時冇乜緊事,亦唔告假咯。

【A】老兄此次攜眷去麼?我想冬天路上太冷,若是攜眷去,諸多不便。

【B】老兄此次攜眷去麼?我想冬天路上太冷,若是攜眷去,諸多不便。

【E】老兄呢冋帶家眷去唔帶呀？我想吓冬天路上咁冷，若係帶家眷去，諸多不便。

【A】我打算今年我先到任上去，趕明年春天，再遣家人來接家眷去，倒方便些個。

【B】我打算今年我先到任上去，等明年春天，再打發家人來接家眷去，倒方便好多。

【E】我打算今年我先去到任，等明年春天，再打發家人嚟接家眷去，噉係方便啲。

【A】是，老兄這麼辦倒很妥當，我現在要上衙門去，改天再談罷。

【B】是，老兄這麼辨(辦)倒很妥當，我現在要上衙門去，改天再談罷。

【E】係呀，老兄噉辦法係極妥當，我現在要上去衙門，改日再談嚹。

【A】老弟有官差在身，我也不敢久留，等我驗放之後，再到老弟府上請安去就是了。

【B】老弟有官差在身，我也不敢久留，等我驗放之後，再到老弟府上請安去就是了。

【E】弟台有官差喺身，我亦唔敢久留咯，等我驗放之後，再到府上請安就喺咯。

【A】不敢當，老兄請留步罷。老弟請走罷。那兒有不送之理呢？

【B】不敢當，老兄請留步罷。老弟請走罷。那裏有不送之理呢？

【E】唔敢當，老兄請留步。弟台好行喇。邊笪有唔送嘅道理呢？

【A】老兄請進去罷。候乘候乘。磕頭磕頭。

【B】老兄請進去罷。候乘候乘。磕頭磕頭。

【E】請老兄冋嚹。候乘候乘。叩頭叩頭。

## 4 第十二章

【A】老兄久違了。彼此彼此。老弟大喜了。同喜同喜。我是前日到的家,看見題名錄了。

【B】老兄久違了。彼此彼此。老弟大喜了。同喜同喜。我是前日到的家,看見題名錄上

【E】老兄違教好耐嘑。彼此彼此,弟台大喜喇。同喜同喜。我昨日翻到舍下,睇見題名錄。

【A】知道老弟高中了,所以今日特來賀喜。勞老兄的駕。那兒的話呢。老兄請上坐。

【B】曉得老弟高中了,所以今日特來賀喜。勞老兄的駕。那裏的話呢。老兄請上坐。

【E】知到弟台高中嘵,所以今日特自過嚟道喜。勞老兄嘅駕。乜野說話呢。老兄請上坐。

【A】老弟請坐。老兄一路上倒都很好？是,托福,一路都很平安。

【B】老弟請坐。老兄一路上倒都很好？是,托福,一路都很平安。

【E】弟台請坐。老兄一路嚟道甚好吖？係,托福,一路都甚平安。

【A】老弟此次中的很高,足見是學問有素了。承過獎了,這不過僥倖如此就是了。

【B】老弟此次中的很高,足見是學問有素了。承過獎了,這不過僥倖如此就是了。

【E】弟台呢帳中得極高,足見學問有素呀。承過獎咯,呢啲不過僥倖得有噉樣嘅咟。

【A】老弟太謙了,此次房師是那位？房師是張太史。都拜過了麽？

【B】老弟太謙了。此次房師是那位？房師是張太史。都拜過

了麽？

【E】弟台太謙咯。呢㷫房師係邊位呢？房師係張太史。都拜過喇嗎？

【A】是，前日座師、房師都拜過了。令弟此次抱屈的很。那兒的話呢？出了房了沒有？

【B】是，前日座師、房師都拜過了。令弟此次抱屈的很。那裏的話呢？出了房了沒有？

【E】係前日房師座師，都拜嚟咯。令弟呢囘十分抱屈嘞。乜野說話呢？有出房冇？

【A】是薦卷了，就是因爲詩不妥，批落了。這也是一時的科名蹭蹬，下次鄉試一定要取中的。

【B】是薦卷了，就是因爲詩不妥，批落了。這也是一時的科名遲滯，下次鄉試一定要取中的。

【E】有吖，薦嘵卷添，係因爲詩唔妥就批落咽。呢啲亦係一時科名蹭蹬嘅呪，下次鄉試，一定要中嘅咯。

【A】借老兄的吉言罷，您此次進京來，是有何公幹？我是解銅來了。都交代完了麽？

【B】借老兄的吉言罷，您此次進京來，是有何公幹？我是解銅來的。都交代完了麽？

【C】承老兄貴言喇。老兄呢㷫入京嚟，係有乜公幹？我係解銅嚟嘅。都交待完喇嗎？

【A】昨日已經都交代清楚了。那麽您此次回省，就可以補缺了罷？

【B】昨日已經都交代清楚了。那麽您此次回省，就可以補鈌了罷？

【E】昨日已縣(經)交待清楚咯。噉樣老兄呢㷫翻省，就可以補缺嘞卦？

【A】今年回省,署事還可以,補缺大概總得明年罷。可是覆試是多咱哪?

【B】今年回省,署事還可以,補缺大概總要明年罷。却是覆試是幾早哪?

【E】今年翻省,署事怕有望,補缺大概總要出年咯。弟台幾時覆試呢?

【A】覆試是本月二十三。那麽等過了老弟覆試,偺們再談罷,我現在要告辭了。

【B】覆試是本月二十三。那麽等過了老弟覆試,我們再談罷,我現在要告辭了。

【E】係本月二十三覆試。噉等老兄覆嘵試,我哋致再談嚹。我現在就要告辭嚹。

【A】老兄何妨多坐一會兒呢?我是今兒個還要拜客去哪。

【B】老兄何妨多坐一會兒呢?我是今天還要去拜客哪。

【E】老兄何妨多坐一吓呢?我今日重要去拜客。

【A】那麽等過了覆試,我再到府上請安去罷。不敢當,老弟留步罷,偺們改日再會。

【B】那麽等過了覆試,我再到府上請安去罷。不敢當,老弟留步罷,我們改日再會。

【E】噉等覆嘵試,我致再到府上請安嚹。唔敢當,弟台請留步呀,我哋改日再見喇。

## 4 第十三章

【A】今日我到府上來,是有奉懇兄台的事情。豈敢,老弟有何見教?

【B】今天到府上來,是有奉懇兄台的事情。豈敢,老弟有何見教?

【E】我今日到府上嚟,係有件事拜託老兄。豈敢,弟台有乜見教呢?

【A】是,因為有我們一個敝鄉親由四川運來有十數箱川土,托我給他辦這上稅的事情。

【B】是,因爲有我們一個敝鄉親由四川運來有十數箱川土,托我和他辦這上稅的事情。

【E】因係有個敝鄉親,由四川嚟帶有十幾箱川土,託我同佢辦呢啲打餉事幹。

【A】我也是一概茫然,所以特來奉懇兄台代爲辦理。

【B】我也是一概茫然,所以特來奉懇兄台代爲辦理。

【E】我亦係一概茫然,所以特嚟拜託老兄同我代辦。

【A】大概貨物得幾時到呢? 大約後日可以到京。此事容易辦。兄台可以托誰給辦呢?

【B】大概貨物要幾時到呢? 大約後日可以到京。此事容易辦。兄台可以托那個辦呢?

【E】約摸貨物要幾時致到得呢? 大約後日可以到京咯。呢件容易辦嘅。兄台可以託乜人辦呢?

【A】你們這位貴鄉親現在到京了麼? 他是昨兒晚上到的京,打算把這上稅的事情安置好了,他再出城迎貨去。

【B】你們這位貴鄉親現在到了京麼? 他是昨日晚上到京的,打算把這上稅的事情安置好了,他再出城引貨來。

【E】你呢位貴鄉親,現在到京喇嗎? 他係昨晚到京,打算將呢件打餉嘅事安置好,佢再出城去接貨。

【A】是,我今兒可以出城託好了稅務司的經承,叫他派兩個人,後日一清早到您的寓所去。

【B】是,我今天可以出城託好了稅務司的經承,叫他派兩個人,後日一清早到您的寓所去。

【E】我今日可以出城去託落稅務司經承,吽佢派兩個人,後日一清早,到你府上。

【A】跟着您那位貴鄉親,一同出城迎貨,然後吽那倆人押着貨車到務,囑咐貴鄉親。

【B】跟着您那位貴鄉親,一同出城引貨,然後吽那兩個押着貨車到務,囑咐貴鄉親。

【E】跟住你嗰位貴鄉親,一齊出城接貨,然後吽嗰兩個人押住貨車到關,囑咐你貴鄉親。

【A】可以先期開一清單交給我,是日由我呈請查驗,趕查驗之後,就可以先打印子放行。

【B】可以先期開一清單交把我,是日由我呈請查驗,等查驗之後,就可以先打印子放行。

【E】可以預先開張清單交俾我,是日由我呈請查驗,查驗之後,就可以打印花放行。

【A】等科房把稅銀算清,告訴我說,我再和貴鄉親要出來,給稅務司送去。

【B】等科房把稅銀算清,告訴我說,我再和貴鄉親要出來,和稅務司送去。

【E】等房科將稅銀算清,話過我聽,我再同你貴鄉親攞出呢筆銀送去稅務司。

【A】不過得給底下當差的些個飯錢就是了。我們那個敝鄉親,倒不怕多花幾個錢。

【B】不過要把底下當差的些微飯錢就是了。我們那個敝鄉親,倒不怕多花幾個錢。

【E】不過要俾啲底下當差嘅飯錢就喺咯。我個敝鄉親,係是唔怕花多幾個錢嘅。

【A】只要保其平安就是造化。如今聽您說的這個辦法，是妥當極了。

【B】只要保其平安就是造化。如今聽您說的這個辦法，是妥當極了。

【E】只要保佢平安就係萬幸。而家聽你講話，呢個辦法，極妥當咯。

【A】請貴鄉親竟管放心，此事既是我承辦，我管保萬無一失。

【B】請貴鄉親竟管放心，此事既是我承辦，我保管萬無一失。

【E】請貴鄉親只管放心，呢件事既係我承辦，包管萬無一失。

【A】您不知道，我們那個敝鄉親，現在是驚弓之鳥。怎麼？

【B】您不曉得，我們那個敝鄉親，現在是驚弓之鳥。怎麼？

【E】你唔知，我哋呢個敝鄉親，現在係驚弓之鳥呀。做乜呢？

【A】他前年運來十箱子川土。趕到了彰儀門的時候，城關了，他就住在一個店裏頭了。

【B】他前年運來十箱子川土。等到了彰儀門的時候，城關了，他就在一個店裏頭了。

【E】佢因前年運十箱川土嚟。及到彰儀門之時，關城嚹，佢就住喺一間店處。

【A】趕車的起車上把烟土卸下來了，被巡役看見了，報他私卸貨物，因此罰①了若許銀兩，所以此次他是膽戰心寒。

【B】趕車的從車上把烟土卸下來了，被巡役看見了，報他私卸貨物，因此罰了若干銀兩，所以此次他是膽戰心寒。

【E】個車夫由車裏頭卸啲烟土落嚟，被巡役睇見，報佢私卸貨物，因此罰嘵好多銀，所以呢口嘅佢胆戰心驚。

【A】故此纔託我預先安置。您告訴他萬安，决不能有差錯。

【B】故此纔託我預先安置。您告訴他萬安，决不能有差錯。

【E】故此致託我預先同佢安置嚿。你話佢聽放心,决不至於有差錯。

【A】那麽實在承您費心了,我明日在寓所候您的佳音就是了。就是就是。

【B】那麽實在承您費心了,我明日在寓所候您的佳音就是了。就是就是。

【E】噉實在承你費心,我聽日喺舍下候閣下佳音就喺咯。係咯係咯。

【注解】

① 按: A1 罰,作發。

## 4 第十四章

【A】前次承兄台枉顧,今日持(特)來謝步。豈敢,老兄實在多禮。那兒的話呢,這是該當的。

【B】前次承兄台枉顧,今日特來謝步。豈敢,老兄實在多禮。那裏的話呢,這是該當的。

【E】前日承兄台枉顧,今日特嚟謝步。豈敢,老兄實在多禮。乜說話呢,呢啲係應份嘅。

【A】老兄,這一向官差如何? 這幾日稍微的漸消停一點兒。老兄是能者多勞。

【B】老兄,這一向官差如何? 這幾日稍微的漸消停一點兒。老兄是能者多勞。

【E】老兄,呢排差事如何呀? 呢幾日少啲暫停淡一啲。老兄係能者多勞呀。

【A】承過獎了,不過以勤補拙就是了。老兄太謙了。

【B】承過獎了,不過以勤補拙就是了。老兄太謙了。

【E】承過獎咯,不過將勤補拙就喺喇。老兄太謙咯。

【A】今日兄弟來,打算初五,奉請兄台在同慶堂一聚會,求老兄千萬賞臉,別推辭。兄台何必如此費心?

【B】今日兄弟來,打算初五,奉請兄台在同慶堂一聚會,求老兄千萬賞臉,莫推辭。兄台何必如此費心?

【E】今日兄弟嚟,打算初五,請老兄喺同慶堂敘會吓,求老兄千萬賞面,咪個推辭。老兄何必咁費心呢?

【A】偺們一見如故,似無須拘此形跡。這不過是兄弟一點兒誠心,聊盡地主之情。

【B】我們一見如故,似無須拘此形迹。這不過是兄弟一點兒誠心,聊盡地主之情。

【E】我哋一見如故,似乎無須拘呢啲形跡嚇啩。呢啲不過係兄弟一點誠心,聊盡地主之情啫。

【A】況且同座幾位,都是偺們道義中人,又是和兄弟至好,大家不過聚在一處談一談就是了。

【B】況且同座的幾位,都是我們道義中人,又是和兄第(弟)至好,大家不過聚在一處談一談就是了。

【E】況且同席幾位,都是係我哋道義中人,又係同兄弟致好,不過大家聚埋一處談吓就喺咯。

【A】既蒙老兄抬愛,我就遵命了。豈敢,這是兄台賞臉賜光了。那麼明日我備帖過來就是了。

【B】既蒙老兄抬愛,我就遵命了。豈敢,這是兄台賞臉賜光了。那麼明日我備帖過來就是了。

【E】既係老兄咁過愛,我就遵命咯。豈敢,呢啲係老兄賞面賜光啫。噉就聽日我送帖過嚟嘛。

【A】偺們今日既當面說明白了,老兄就不必送帖來了,不過請告訴我時辰就得了。

【B】我們今日既當面説明白了,老兄就不必送帖來了,不過請告訴我時辰就是了。

【E】我哋今日既然當面講明白,老兄就不必送帖過嚟喇,但係請話明乜野時候就得咯。

【A】那麽我就從命不送帖來了,偺們初五午初在同慶堂會面就是了。我屆時必要早到的。

【B】那麽我就從命不送帖來了,我們初五午初在同慶堂會面就是了。我那時必要早到的。

【E】噉我就從命唔送帖過嚟咯,我哋初五日午初喺同慶堂會面就喺咯。我到嗰時必嚟早啲嘅。

【A】那好極了。還有一件事,我要奉懇老兄替我爲力。兄台有何事吩咐?

【B】那好極了。還有一件事,我要奉懇老兄替我爲力。兄台有何事吩咐?

【E】噉好極嘞。重有件事,我要奉求老兄替我爲吓力。老兄有乜事吩咐呢?

【A】因爲我這是初次到京,舉目無親,現在要投供,無處找互結官。

【B】因爲我這是初次到京,舉目無親,現在要投供,無處找互結官。

【E】因爲我呢次初次到京,舉目無親,而家要投供,互結官冇地方找。

【A】老兄若有素識投供的朋友,求給我找一位互結官纔好。

【B】老兄若有素識投供的朋友,求替我找一位互結官纔好。

【E】老兄如果有素識投供嘅朋友,務求同我找位互結官致好。

【A】此事甚巧,現在有一位朋友是舉人,他連今年會試,算是已過三科了。

【B】此事甚巧,現在有一位朋友是舉人,他連今年會試,算是已過三科了。

【E】呢件事甚爲湊巧,現在有位朋友係舉人,佢連今年會試,算係已經過曉三科。

【A】正打算要投供候選了,你們二位互具保結,倒是很好。偺們初五這約,就有此公在座。

【B】正打算要投供候選了,你們二位互具保結,倒是很好。我們初五這約,就有此公在座。

【E】佢正打算要投供候選,你哋兩位互具保結,到是極好。我哋初五呢約,就有此公在座。

【A】那個時候便可當面商議。這實在是萬分湊巧了,此事全仗老兄爲力了。

【B】那個時候便可當面商議。這實在是萬分湊巧了,此事全仗老兄爲力了。

【E】嗰時你兩位可以當面商量呀。噉真係萬分湊巧咯,呢件事全仗老兄爲力囉噃。

【A】豈敢,該當効勞的。我也要告辭回去了,偺們初五見就是了。老兄回去了。再見再見。

【B】豈敢,該當效勞的。我也要告辭回去了,我們初五見就是了。老兄囘去了。再見再見。

【E】豈敢,應當效勞嘅。我亦要告辭翻去咯,我哋初五嗰日致見就喺咯。老兄翻去喇。再見再見。

## 4 第十五章

【A】你們二位見一見,這是朱筱園,這是黃毅臣。久仰久仰。

彼此彼此。老兄請坐。

【B】你們二位見一見，這是朱小園，這是黃毅臣。久仰久仰。彼此彼此。老兄請坐。

【E】你哋兩位見吓吖，呢位係朱筱園，呢位係黃毅臣。素仰素仰。好話好話。老兄請坐。

【A】請坐請坐。我常聽見這位李芝軒老兄提閣下學問淵博，實在仰慕得很，今日一見，眞是有緣有緣。

【B】請坐請坐。我常聽見這位李芝軒老兄提閣下學問淵博，實在仰慕得很，今日一見，眞是有緣有緣。

【E】請坐請坐。我常時聽見呢位李芝軒兄講起閣下學問淵博，實係十分仰慕，今日得見，眞係有緣咯。

【A】豈敢，兄弟是才疎學淺，承芝軒兄台謬奬，實在是慚愧的了不得。

【B】豈敢，兄弟才疎學淺，承芝軒兄台謬奬，實在是慚悔(愧)的了不得。

【E】豈敢豈敢，兄弟才疏學淺，承芝軒兄過奬，實在慚愧到了唔得。

【A】老兄太謙了，請問老兄，是由幾時丁的憂？是由今年春間。老伯大人在的時候，都是榮任過甚麽地方？

【B】老兄太謙了，請問老兄，是由幾時丁的憂？是由今年春間。老伯大人在的時候，都是榮任過甚麽地方？

【E】老兄太謙嚹，請問老兄，係幾時丁憂嚊？係今年春間。老伯大人在生嗰時，榮任過邊處地方呢？

【A】先父是由翰林轉御史，後來陞給事中，然後京察一等，簡放廣東督糧道。

【B】先父是由翰林轉御史，後來陞給事中，然後京察一等，簡放廣東督糧道。

【E】先父係由翰林轉御史,再陞給事中,後來京察一等,放廣東督糧道。

【A】去年升任河南藩司,今年春天二月初五,在河南藩司任內出的缺。

【B】去年陞運河南藩司,今年春間二月初五,在河南藩司任內出的鈌。

【E】舊年陞任河南藩司,今年二月初五日,喺河南藩司任上出缺嘅。

【A】老伯大人今年高壽了?今年六十六歲。實在可惜可惜。伯母大人今年高壽了?

【B】老伯大人今年高壽哪?今年六十六歲。實在可惜可惜。伯母大人今年高壽哪?

【E】老伯大人今年高壽呀?今年六十六歲。實在可敬咯。伯母大人今年高壽呢?

【A】家母今年整六十。身體倒還康健?是,托福,倒很健壯。閣下是在翰林院供職麼?

【B】家母今年六十歲整。身體想必康健?是,托福,倒很健壯。閣下是在翰林院供職麼?

【E】家母今年齊頭六十。身體都重好康健吖?係,托福,都甚壯健。閣下係喺翰林院當差嗎?

【A】是,兄弟是癸未科僥倖之後,入翰林當庶常,去年散館,授職編修。

【B】是,兄弟是癸未科僥倖之後,入翰林當庶常,去年散舘,授職編修。

【E】係,兄弟由癸未科僥倖之後,入翰林院當庶常,舊年散館,授職編修。

【A】今年春間丁憂,就回籍守制來了。貴昆仲幾位?我還有一個兄弟,就是我們兩個。

【B】今年春間丁憂,回藉(籍)守制來的。貴昆仲幾位?我還有一個兄弟,就是我們兩個。

【E】今年春間丁憂,就冋籍守制咯。貴昆仲幾多位呀?我重有個舍弟,就係我哋兩個啫。

【A】令弟原先榮任過甚麼地方?他沒當差,他是壬午副榜,先父在的時候,他隨侍任所。

【B】令弟原先榮任過甚麼地方?他沒當差,他是壬午科副榜,先父在的時候,他隨侍任所。

【E】令弟從前榮任過乜野地方呀?佢冇當過差,佢係壬午副榜,先父在生嗰時,佢隨侍任上。

【A】現在是在家裏念書?是。兄弟這是初次到貴處,一切未諳,諸事總是求老兄指教。

【B】現在是在家裏念書?是。兄弟這是初次到貴處,一切未諳,諸事總是求老兄指教。

【E】現在喺舍下讀書?係咩。兄弟呢次初到貴處,一切唔懂,諸事重要求老兄指教。

【A】豈敢,老兄從先是在何處遊幕?前年曾就易州衙門刑席,去年冬間,舊居停因案去任,兄弟脫館,就回家去了。

【B】豈敢,老兄從先是在何處遊幕?前年曾就易州衙門刑席,去年冬間,舊東家因案去任,兄弟脫館,就回家去了。

【E】豈敢,老兄從前係喺邊處遊幕呢?前年也曾就過易州衙門嘅刑席,舊年冬間,舊居停因案去任,兄弟失館,將翻去歸。

【A】趕到今年夏間,我們這位朋友,選授此缺,執意邀兄弟同來。

【B】等到今年夏間,我們這位朋友,選授此缺,執意邀兄弟同來。

【E】及至今年夏間,我哋呢位朋友,選授呢個缺,堅意邀兄弟同嚟。

【A】誼不容辭,所以就一同來了。我們這位老父台是由甚麼出身? 他是由舉人國史館議敘。

【B】誼不容辭,所以就一同來了。我們這位老父台是由甚麼出身? 他是由舉人國史館議敘。

【E】誼不容辭,所以就同埋一起嚟咯。我哋呢位老父台係由乜野出身呢? 佢由舉人國史館議敘。

【A】是,我現在要告辭回去,改日再來領教。豈敢,老兄回府,先替我給伯母大人請安。

【B】是,我現在要告辭回去,改日再來領教。豈敢,老兄回府,先替我和老伯母大人請安。

【E】係咩,我現在要告辭翻去,改日再過嚟領教。豈敢,老兄回府,伯母大人嗻先替我請安。

【A】兄弟改日親身到府上請安去。不敢當,兄台留步別送。請了請了。

【B】兄弟改日親身到府請安去。不敢當,兄台留步莫送。請了請了。

【E】兄弟改日再親自到府請安喇。唔敢當,老兄留步唔使送咯。請嘛請嘛。

## 4 第十六章

【A】前次,我是聽見孔竹菴兄提老兄大名,不敢造次晋謁,託孔兄代爲先容。

【B】前次,我是聽見孔竹庵兄提老兄大名,不敢造次晋謁,託孔兄代爲致意。

【E】前次,我係聽見孔竹菴兄講起老兄大名,唔敢造次拜謁,託孔兄代爲先容。

【A】今日特意到府上來請安。豈敢,勞兄台的駕,我也是久仰大名。

【B】今日特意到府上來請安。豈敢,勞兄台的駕,我是久仰大名。

【E】今日特意嚟府上請安。豈敢,勞老兄嘅駕,我亦係久仰大名。

【A】只因家事煩雜,還沒得過去拜訪,今日一見,深慰下懷。我這是初到貴處,人地生疎。

【B】只因家事煩雜,還沒先過去拜訪,今日一見,深慰下懷。我這是初到貴處,人地生疎。

【E】只爲家事煩雜,所以冇過去拜訪,今日得見,深慰下懷咯。我呢回係初到貴處,人生地疏。

【A】諸事仰仗兄台指教。豈敢,有甚麽事兄弟是必當効勞的。請問老兄是幾時到的敝處?

【B】諸事仰仗(兄)台指教。豈敢,有甚麽事兄弟是必當效勞的。請問老兄是幾時到敝處的?

【E】諸事重要仰仗老兄指教。豈敢,有乜野事必當效勞嘅。請問老兄,係幾時到敝處嚟?

【A】我到此不過兩個月。我聽見孔兄說,老兄現在是辦理本處釐捐局的事務。

【B】我到此不過兩個月。我聽見孔兄說,老兄現在是辦理本處釐捐局的事務。

【E】我到呢處不過兩個月啫。我聽見孔兄話,老兄現在係辦理本處釐捐局事務。

【A】是,我到省裏稟見撫台之後,奉委幫辦本處釐捐事務。

【B】是,我到省裏稟見撫台之後,奉委幫辦本處釐金事務。

【E】係呀,到省裏稟見撫台之後,奉委帮辦本處釐捐事務呀。

【A】老兄在省裏住了有多少日子?住了不過一個月。老兄可以幾時補缺呢?

【B】老兄在省裏住了有多少日子?住了不過一個月。老兄可以幾時補鈌呢?

【E】老兄喺省處住嘵幾耐呢?住咽不過一個月。老兄可以幾時補缺呢?

【A】補缺大概還得過三年罷。貴班次的還有幾位候補的?連我還有五個人。

【B】補鈌大概還要過三年罷。貴班次的還有幾位候補的?連我還有五個人。

【E】補缺大概重要三年致得。貴班次嘅重有幾多人候補呢?連我重有五個人。

【A】老兄名次在第幾呢?我的名次是在第四。是了。兄台是幾時起服呢?

【B】老兄名次在第幾呢?我的名次是在第四。是了。兄台是幾時起服呢?

【E】老兄名字喺第幾呢?我名次係在第四。係咩。老兄係幾時致起服呢?

【A】後年正月起服。現在老兄是在崇正書院主講麽?

【B】後年正月起服。現在老兄是在崇正書院主講麽?

【E】後年正月起服。老兄喺崇正書院主講嚹嗎?

【A】是,因爲是敝處紳衿,公舉兄弟在書院主講,其實自愧無才,徒負虛名而已。那兒的話呢。

【B】是,因爲是敝處紳衿,公舉兄弟在書院主講,其實自愧無才,徒負虛名而已。那裏的話呢。

【E】係,因爲敝處紳衿,公舉兄弟喺書院主講,其實自愧無才,徒然負個虚名就喺咯。乜野説話呢。

【A】前次兄弟曾託孔兄來,面求老兄一件事,今日我斗膽特來奉懇。

【B】前次兄弟曾託孔兄來,面求老兄一件事,今日我斗膽特來奉懇。

【E】前次兄弟乜曾託孔兄嚟,面求老兄個件事,今日我斗胆自己過嚟奉求。

【A】不是爲令弟的那件事情啊? 不錯,就是那件事。

【B】不是爲令弟那件事情啊? 不錯,就是那件事。

【E】唔係爲令弟嗰件事吖? 冇錯,就係嗰件事。

【A】我是因為才疎學淺,恐怕躭悮令弟的科名,不敢率允。老兄太謙了,若是舍弟拜在老兄門下,得親大教,

【B】我是因爲才疎學淺,恐怕躭悮令弟的科名,不敢率允。老兄太謙了,若是舍弟拜在老兄門下,得親大教,

【E】我因係才疏學淺,恐怕有悮令弟科名,唔敢草率應承。老兄太謙嚹,若係舍弟在老兄門下,得親大教,

【A】學業日新,何幸如之。老兄既然願意,令弟問道於盲,那麼我就勉強從命了。

【B】學業日新,何幸如之。老兄既然願意,令弟問道於肓(盲),那麽我就勉强從從(按:應删)命了。

【E】學業日新,重乜野好彩得過呢? 老兄既係唔嫌,令弟問道於盲,噉我就勉強從命喇。

【A】兄台既然允許了,我就感激非淺了。等着擇吉,我帶舍弟來拜師就是了。

【B】兄台既然允許了,我就感激非淺了。等着擇吉,我帶舍弟

來拜師就是了。

【E】老兄既肯應承,我就感激不淺嘞。等擇個好日,我帶舍弟嚟拜見老師就[illegible]METAL咯。

【A】不敢當不敢當。令弟是幾時進的學?他是前年進的學。

【B】不敢當不敢當。令弟是幾時進的學?他是前年進的學。

【E】豈敢豈敢。令弟係幾時入學嘴?佢係前年入學嘅。

【A】我怕是他在家裏荒疎學業,所以我把他帶出來,投一位名師肄業以圖上進。

【B】我是怕他在家裏荒疎學業,所以我把他帶出來,投一位名師肄業以圖上進。

【E】我怕到佢喺唫荒疏咽,所以帶佢出嚟,從遊位名師肄業以圖上進。

【A】如今得蒙老兄陶鎔,將來舍弟成名,舉家感戴,沒齒不忘也。豈敢豈敢。那麼等老兄定妥日子,我和令弟會面就是了。

【B】如今得蒙老兄陶鎔,將來舍弟成名,舉家感戴,沒齒不忘也。豈敢豈敢。那麼等老兄定妥日子,我和令弟會面就是了。

【E】而家得蒙老兄陶鎔,將來舍弟功名成就,舉家感戴,沒齒不忙(忘)咯。豈敢豈敢。噉樣等老兄擇定日子,我再同令弟會面就喺嘞。

【A】等我擇定日期,先託孔兄過來,知會老兄罷。就是就是。

【B】等我擇定日期,先託孔兄過來,知會老兄罷。就是就是。

【E】等我日子擇定,先託孔兄過嚟,知會老兄。係咯係咯。

## 4 第十七章

【A】兄台,這一向少見,是有甚麼貴幹去麼?是同着幾位朋友到西山遊玩去了。

【B】兄台,這一向少見,是有甚麼貴幹去了麼?是同着幾位朋友到西山遊玩去了。

【E】呢排少何見老兄面,係有乜貴幹呀?係同幾位朋友去西山遊玩。

【A】去了有多少日子呢?在山上住了有十天。住了十天,可逛[①]足了罷。遊玩的地方倒不多。

【B】去了有多少日子呢?在山上住了有十天。住了十天,可玩足了罷。遊玩的地方倒不多。

【E】去嘵幾多日呢?喺山上住成十日。住呢十日,逛夠嘞啩。遊玩地方冇幾多呗。

【A】在(那)兒竟住了好幾天。在那兒住着幹甚麼來着?

【B】在那裏竟住了幾天。在那裏住着做甚麼來的?

【E】淨喺處住嘵幾日啫。喺嗰處住做啲乜野呢?

【A】我們這幾個人,是在西山上一個關帝廟裏立了一個詩會。這雅的狠哪,都是每月逢幾開會呢?

【B】我們這幾個人,是在西山上一個關帝廟裏立了個詩會。這雅得很哪,都是每月逢幾開會呢?

【E】我地幾個人,係喺西山一座關帝廟裡頭立嘵一個詩會。呢件事雅極吖,每月係逢幾開會呢?

【A】每月初一至初五,十一至十五,二十一至二十五,這都是作[②]會的日子。

【B】每月初一至初五,十一至十五,二十一至二十五,這都是作會的日子。

【E】每月初一至初五,十一至十五,卄一至卄五,呢啲就係做會嘅日子。

【A】這麼說,一會是五天,一個月共是十五天。不錯,每月是十五天。

【B】這麼說,一會是五天,一個月共是十五天。不錯,每月是十五天。

【E】噉樣講,一會就係五日,一個月係總共有十五日咯。冇錯,每月係有十五日。

【A】這每月作會的日子狠多呀,共總有幾位朋友呢?偺們京裏的連我是五個人。

【B】這每月做會的日子很多呀,總共有幾位朋友呢?我們京裏的連我是五個人。

【E】噉每月作會嘅日子甚多吖,總共有幾多位朋友呢?我哋京裡頭嘅連我係五個人。

【A】還有那本地的兩位朋友,共總七個人。那麼你們這五位作會的日子,得在那兒[3]下榻罷。

【B】還有那本地的兩位朋友,共總七個人。那麼你們這五位作會的日子,要在那兒下榻罷。

【E】重有兩位本地朋友,總共七個人。噉你哋呢五位每逢做會的日子,要喺嗰處設榻囉噃。

【A】是,我們每逢作會的日子,頭一天去,趕過了作會就回來。在山裏頭,是住在那兒呢?

【B】是,我們每逢做會的日子,頭一天去,等過了做會就回來。在山裏頭,是住在那裏呢?

【E】係喇,我哋每逢做會嘅日子,頭一日去,等做完會致翻嚟嚹。喺山裡頭,係住喺邊處呢?

【A】就住在那本廟裏。那麼飯食是怎麼辦呢?我們是由京裏帶一個厨子去。

【B】就住在那本廟裏。那麼飯食是怎麼辦呢?我們是由京裏帶一個廚子去。

【E】就住喺本廟裡頭。啲食飯係點呢？我哋由京處帶一個廚子去。

【A】吃的東西也是由京裏買了帶了去,酒和肉彼處有一個小鎮店,還可以買。

【B】吃的東西也是由京裏買了帶了去,酒和肉彼處有一個小鎮市,還可以買。

【E】吃嘅野亦係由京裡頭買定帶去,酒共肉跡(喺)嗰處有個小墟場,都可以買。

【A】既是如此,我也願意入這個詩會。若是得兄台去與這個會,更增光了。承過獎了。

【B】既是如此,我也願意入這個詩會。若是得兄台去與這個會,更增光了。承過獎了。

【E】既然噉樣,我亦願入呢個詩會咯。若係得老兄去入呢個會,更增光喇。承過獎咯。

【A】我是不長於做詩,不過去給眾位研墨就是了。兄台太謙了。

【B】我是不長於做詩,不過去替眾位磨墨就是了。兄台太謙了。

【E】我係唔長於做詩嘅,不過去同眾位磨吓墨就喺咯。老兄太謙嚹。

【A】還有飯食這一層,我也是一律均攤,我纔肯去哪。那一層,兄台倒無須介意,都在兄弟身上就是了。

【B】還有飯食這一層,我也是一律均攤,我纔肯去哪。那一層,兄台倒無須介意,都在兄弟身上就是了。

【E】重有飯食呢層,我亦係一律均攤,我致肯去。嗰層,老兄都無須介意,都係兄弟身上招呼就喺咯。

【A】若是不說明白了,那我决不敢從命的。既然如此,偺們就同席吃飯,各自會錢就是了。

【B】若是不說明白了,那我决不敢從命的。既然如此,我們就同席吃飯,各自會錢就是了。

【E】如果唔講明白,我斷唔敢從命。既係噉樣,我哋就同席食飯,各自招呼使費就係咯。

【A】如此,我便可以去。可是誰是會首呢?我們這麽商量的,大家輪流着當會首。

【B】如此,我便可以去。却是那個是會首呢?我們這麽(商)量的,大家輪流着當會首。

【E】噉,我就可以去得。但係邊個係會首呢?我哋噉商量嘅,年家輪流做會首。

【A】這麽辦倒是狠好,那麽二十一早,我就來約上兄台,偺[④]們一齊動身就是了。

【B】這麽辦倒是很好,那麽二十一早,我就來約定兄台,偺們一齊動身就是了。

【E】噉辦法都是甚好。噉廿一早,我嚟約埋老兄,我哋一齊動身就喺咯。

【A】是,就這麽辦罷。

【B】是,就這麽辨(辦)罷。

【E】係咯,就噉辦喇。

【注解】

① 逛,A1作"往"。于文義似"逛"為勝。B本作"玩",正反映了北方話"逛"與南方話"玩"的地域差異。詳見張美蘭、周瀅照(2014)所論。

② 按:A1作,作做。

③ 按:A1那兒,作那裏。

④ 按:A1偺,作我。

## 4 第十八章

【A】閣下是貴國那一縣？我是敝國長崎縣的人。那麼離敝國甚近哪。不錯，離貴國很近。

【B】閣下是貴國那一縣？我是敝國長崎縣的人。那麼離敝國甚近哪。不錯，離貴國很近。

【E】閣下係貴國邊一縣？我係敝國長崎縣人。噉離敝國甚近呀。冇錯，離貴國好近呎。

【A】閣下到敝國來有幾年了？我到貴國有三年了。閣下在敝國三年，官話能說得這麼好，實在是聰明絕頂，佩服佩服。

【B】閣下到敝國有幾年了？我到貴國有三年了。閣下在敝國三年，官話能說得這麼好，實在是聰明絕頂，佩服佩服。

【E】閣下嚟嘵敝國有幾多年呢？我到貴國有三年咯。閣下到敝國三年，官話講得咁好，實在係絕頂聰明，佩服佩服。

【A】承閣下過獎了，我這不過粗知大概，那兒就能說到會呢。

【B】承閣下過獎了，我這不過粗知大概，那裏就能說到會呢。

【E】承閣下過獎咯，我呢啲不過粗知大概，點算係講得噲呢。

【A】閣下的口音與敝國人的口音毫無差別，不是我當面奉承，像閣下這樣聰明的人，實在是罕見的①。

【B】閣下的口音與敝國人的口音毫無差別，不是我當面奉承，像閣下這樣聰明的人，實在是罕見的。

【E】閣下嘅口音同敝國人口音毫無分別，唔係我當面奉承，似閣下咁聰明嘅人，實在是係罕見呀。

【A】那兒的話呢。閣下在此，是當甚麼差呢？我現在是在此當繙譯官。

【B】那裏的話呢。閣下在此，是當甚麼差呢？我現在此當繙譯官。

【E】乜野說話呢。閣下喺呢處,係當乜野差呀?我現在係喺處當緖譯官。

【A】這好極了,偺們這兩下裏時常有會辦的事件,若是有我不知道的,還要求閣下多指教。

【B】這好極了,我們這兩下裏時常有會辨(辦)的事件,若是有我不曉得的,還要求閣下多指教。

【E】噉好極咯,我哋呢兩處時常有會辦事件,若係有我唔知到嘅,重要求閣下指教多啲。

【A】豈敢豈敢,我這是初次當差,一切未諳,諸事還要請教閣下哪。

【B】豈敢豈敢,我這是初次當差,一切未諳,諸事還要請教閣下哪。

【E】豈敢豈敢,我呢囘係初次當差,一切唔懂,諸事要請教閣下呀。

【A】不敢當,偺們倒是常常的互相討論,彼此都可以有進益。

【B】不敢當,我們倒是常常的互相討論,彼此都可以有進益。

【E】唔敢當,我哋都是時常互相討論,彼此都可以有進益。

【A】不錯,閣下所論甚是。請問閣下,是由甚麼出身?我是由舉人,揀發到此。

【B】不錯,閣下所論甚是。請問閣下,是由甚麼出身?我是由舉人,揀發到此。

【E】冇錯,閣下所論甚是。請問閣下,係乜野出身嘅呢?我係由舉人,揀發到呢處。

【A】閣下揀發到此有幾年了?我到此不過纔一年多。閣下貴處是甚麼地方?

【B】閣下揀發到此有幾年了？我到此不過一年多。閣下貴處是甚麼地方？

【E】閣下揀發到呢處有幾多年嘞？我到呢處不過一年。閣下貴處係乜野地方呀？

【A】敝處是湖北江夏縣。寶眷也在此麽？我沒携眷來,因爲家母年邁,不耐舟車之苦。

【B】敝處是湖北江夏縣。寶眷也在此麽？我沒攜眷來,因爲家母年邁,不耐舟車之苦。

【E】敝處是係湖北江夏縣。寶眷都喺呢處嗎？我冇帶家眷嚟,因爲家母年老,唔受得舟車嘅辛苦。

【A】故不能往(同)來,就是我隻身在此。是,我到此聽見我們領事官說:

【B】故不能同來,就是我隻身在此。是,我到此聽見我們領事官說:

【E】故此不能同嚟,就係我自己喺呢處啫。係咩,我到呢笪,聽見我哋領事官話:

【A】閣下在此,與各國官員同(向)來交際,均甚水乳,實在令人欽佩。那兒的話呢。

【B】閣下在此,與各國官員同(向)來交際,均甚相合,實在令人佩服。那裏的話呢。

【E】閣下喺呢處,同各國官員向來交結,均甚水乳,實在令人欽佩。乜野說話呢。

【A】我本不甚熟諳洋情,蒙上憲委派到此,幫辦交涉事件,不過以實心行實事。

【B】我本不甚熟識洋務,蒙上憲委派到此,幫辦交涉事件,不過以實心行實事。

【E】我本來不甚熟悉洋務,蒙上憲委派到呢處,帮辦交涉事件,不過以實心行實事。

【A】總望兩無猜疑，推誠相信，彼此自可融洽，這就是我的本意。

【B】總望兩無猜疑，推誠想(相)信，彼此自可融洽，這就是我的本意。

【E】總望兩無猜疑，推誠相信，彼此自然融洽，呢啲就係我嘅本意呮。

【A】閣下常存此意，自然辦理妥當，我今日還要到別處拜客去[②]，等底下我再到貴寓來，面領大教。

【B】閣下常存此意，自然辨(辦)理妥當，我今還要到別處拜客去，等底下我再到貴寓來，面領大教。

【E】閣下時常存住呢個意思，自然辦理得妥當，我今日重要到別處拜個客，等下次再到貴寓，面領大教。

【A】倘閣下得暇時，請到敝館談一談去。是，旣蒙閣下不棄嫌，過一天必要到貴館望看去。

【B】倘閣下得空的時，請到敝舘談一談去。是，旣蒙閣下不棄嫌，過一天必要到貴舘望看去。

【E】若係閣下得閒，請去敝館談吓吖。係咯，旣蒙閣下唔嫌棄，後日必到貴館處拜侯。

【A】豈敢，那麽我在敝館恭候大駕就是了。不敢當，閣下乘上走罷。

【B】豈敢，那麽我在敝舘恭候大駕就是了。不敢當，閣下乘(承)上走罷。

【E】豈敢，噉我喺敝館恭候大駕就喙咯。唔敢當，閣下請上馬去喇。

【A】閣下留步罷。磕頭磕頭。再見再見。

【B】閣下留步罷。磕頭磕頭。再見再見。

【E】閣下請留步。叩頭叩頭。再見再見。

【注解】

① 按：A1 的，作了。

② 按：拜客去，A1 作"去拜客"。

## 4 第十九章

【A】今日我到府上來，是有一件事，奉懇老弟替我爲力。兄台是有何吩咐？

【B】今日我到府上來，是有一件事，奉懇老弟替我爲力。兄台是有何吩咐？

【E】今日我到府上，係有件事，奉託弟台替我爲力。老兄係有乜吩咐？

【A】是因爲我們舍親顧子恒，去年春天，借用令友秦寶臣一項銀子，新近秦寶臣索取此欵。

【B】是因爲我們舍親顧子恆，去年春天，借用令友秦寶臣一項銀子，近來秦寶臣索取此欵。

【E】因係我哋個舍親顧子恒，舊年春間，借用貴友秦寶臣一筆銀，現在秦寶臣索取此欵。

【A】倆人[①]言語不合，就吵鬧起來了。現在我聽見説，秦寶臣要和舍親搆訟。

【B】兩個言語不合，就吵鬧起來了。現在我聽見説，秦寶臣要和舍親搆頌(訟)。

【E】佢兩個人言語不合，就吵閙起上嚟。現在我聽見話，秦寶臣要同我哋舍親打官司。

【A】我因爲知道老弟和秦寶臣是莫逆之交，所以特來求老弟出頭,給他們説合説合。

【B】我因爲曉得老弟和秦寶臣是莫逆之交,所以特來求老弟出頭,替他們説合説合。

【E】我因爲知到弟台共寶臣最相好,所以特嚟求弟台出頭,同佢講開吓。

【A】兄台知道,當初令親借銀子的時候,有中人沒有?我知道有一個中人,名字叫高五。

【B】兄台曉得,當初令親借銀子的時候,有中人沒有?我曉得有一個中人,名字叫高五。

【E】老兄知到,當初令親借銀個時,有中人冇呢?我知佢有個中人,叫做高五。

【A】去年冬天已經去世了。令親借用秦寶臣是多少兩銀子,有利錢沒有呢?

【B】去年冬天已今(經)去世了。令親借用秦寶臣是多少兩銀子,有利錢沒有呢?

【E】舊年冬間已經過身咯。令親借寶臣係幾多銀,有利錢冇嘅呢?

【A】舍親借的是二百兩銀子,言明是分半利錢,立了一張借字兒,寫的是二年歸還。

【B】舍親借的是二佰兩銀子,言明是分半利錢,立了一張借字兒,寫的是二年歸還。

【E】舍親借佢二百両銀,講明分半利息,立咽一張借字,寫明兩年歸還。

【A】到現在纔一年半,前倆月秦寶臣告訴舍親説,他要置房子,等這項銀子用,他也不接利錢,要停利歸本。

【B】到現在纔一年半,前两月秦寶臣告訴舍親説,他要置房子,等這項銀子用,他也不接利錢,要停利歸本。

【E】現在致年半,前兩個月秦寶臣話過舍親,聽佢要買屋,等住呢筆銀使,佢亦唔受利錢嘞,要停利歸本嚹。

【A】我們舍親說,一時不能歸本。秦寶臣叫我們舍親盡力湊辦就是了。

【B】我們舍親說,一時不能歸本。秦寶臣叫我們盡力湊辦就是了。

【E】我哋舍親話,一時不能歸本自。寶臣對舍親話,你盡力湊辦就係喇。

【A】然後也就散了。新近秦寶臣又到舍親家裏去,要立刻歸本,舍親說,一時實難湊辦。

【B】然後也就散了。近日秦寶臣又到舍親家裏去,要立刻歸本,舍親說,一時實難湊辨(辦)。

【E】後來就散曉。而家秦寶臣又到舍親屋唸,要立刻還本,舍親話,一時實係湊唔出。

【A】總得再緩幾個月,纔能如數歸還啊,現在還是照舊按月給利錢就是了。

【B】總要再緩幾個月,纔能如數歸還啊,現在還是照舊按月把利錢就是了。

【E】重要再緩幾個月,致可以如數歸還,現在仍係按月納利就喺咯。

【A】秦寶臣不依,定要歸本,不要利錢,因此倆人言語不合,就吵鬧起來了。

【B】秦寶臣不依,定要歸本,不要利錢,因此兩個言語不合,就吵鬧起來了。

【E】秦寶臣唔肯,一定要還本,唔肯要利錢,因此兩個人言語唔對,就吵鬧起上嚟。

【A】現在我聽見說,秦寶臣要打官司,在舍親因爲沒到約期,不能歸本,況且又不拖欠利錢。

【B】現在我聽見說,秦寶臣要打官司,在舍親因爲沒到約期,不能歸本,況且又不拖欠利錢。

【E】現在我聽見話,秦寶臣要打官司,在我哋舍親因爲唔曾到期,不能歸本,而且又冇拖欠利息。

【A】就是打了官司也不算沒理的事,不過是他有官差在身,若是一打官司,便要誤差的。

【B】就是打了官司也不算沒理的事,不過是他有官差在身,若是一打官司,便要悞差的。

【E】就係打官司亦唔算冇理,不過係佢有官差喺身,如果一打官司,官差就誤咯。

【A】所以我打算奉求老弟,給他們出來說合說合,叫他們兩下裏平安沒事,那不好麼?

【B】所以我打算奉求老弟,和他們出來說合說合,叫他們兩下裏平安沒事,那不好麼?

【E】所以我打算奉求弟台,出嚟同佢講開吓,等佢哋兩邊都平安無事,噉唔係好咩?

【A】您打算叫我出頭怎麼說合呢?求老弟見秦寶臣,和他說一說,過兩個月,一準給他歸本就是了。

【B】您打算叫他(我)出頭怎麼說合呢?求老弟見秦寶臣,和他說一說,過兩個月,一準和他歸本就是了。

【E】老兄打算叫我出嚟點講開法呢?求弟台見寶臣,同佢講聲,過兩個月,一定還佢嘅本就喺咯。

【A】現在還是按月給他利錢,倘屆期舍親不能歸本,都有我一面承管了。

【B】現在還是按月把他利錢,倘到期舍親不能歸本,都有我一面承管了。

【E】現在仍係按月納利,如果到嗰時候舍親不能還本俾佢,都爲(唯)我是問喇。

【A】既是如此,我明日見寶臣和他說去就是了。

【B】既是如此,我明日見寶臣和他說去就是了。

【E】既係噉樣,我聽日去見寶臣同佢講就嘅咯。

【A】勞老弟的駕,等事完之後,我再帶舍親給老弟道乏來。豈敢豈敢。

【B】勞老弟的駕,等事完之後,我再帶舍親和老弟謝勞來。豈敢豈敢。

【E】費弟台嘅心,等事完之後,我再帶舍親嚟叩謝弟台喇。豈敢豈敢。

【注解】

① 按: A1 倆人,作兩人。

## 4 第二十章

【A】今日我們倆人[①]是專誠來拜望閣下。勞二位的駕,請坐請坐。

【B】今日我們兩個是專誠來拜望閣下。勞二位的駕,請坐請坐。

【E】今日我哋兩個人專誠嚟拜候閣下。勞兩位嘅駕,請坐請坐。

【A】閣下請坐。你們二位怎麽稱呼?我姓島,他姓井。是幾時到的此處?我們是昨日到的。

【B】閣下請坐。你們二位怎麽稱呼?我姓島,他姓井。是幾時到的此處?我們是昨日到的。

【E】閣下請坐。你哋兩位點稱呼呀？我姓島，佢姓井。係幾時到呢處嘅？我哋係昨日到嘅。

【A】住在那兒了？住在這東關德元店裏頭了。閣下在敝國有幾年了？

【B】住在那裏的？住在這東關德元店裏頭了。閣下在敝國有幾年了？

【E】住喺邊處呢？住喺東關德元店裡頭。閣下喺敝國有幾多年嚇？

【A】我在貴國有四年了。這位在敝國有幾年了？他來了不過纔半年。

【B】我在貴國有四年了。這位在敝國有幾年了？他來了不過纔半年。

【E】我喺貴國有四年咯。呢位喺敝國有幾耐呢？佢嚟嘵半年啫。

【A】通曉敝國的語言麼？他不通曉，還沒學話哪。你們二位，是到此處遊歷來了，還是有公事呢？

【B】通曉敝國的言語麼？他不通曉，還沒學話哪。你二位，是到此處游歷來的，還是有公事呢？

【E】曉講敝國說話嗎？佢未曉嘅，重未學話呀。你哋兩位，係到呢處遊歷吖，嗅有公事呢？

【A】沒有公事，不過到此來遊歷。閣下是貴國甚麼地方的人？

【B】沒有公事，不過到此來游歷。閣下是貴國甚麼地方的人？

【E】冇公事，不過嚟遊歷吓啫。閣下係貴國乜野地方嘅人呀？

【A】我是敝國大坂府的人。此公和閣下也是同鄉麼？他和我不是同鄉，他是横濱人。

【B】我是敝國大坂府的人。此公和閣下是同鄉麼？他和我不是同鄉,他是橫濱人。

【E】我係敝國大阪府人。呢位同閣下亦係同鄉嗎?我共佢唔係同鄉,佢係橫濱人呀。

【A】請問閣下,貴同鄉有一位姓福的,他原先在上海當繙譯官,閣下認識不認識?

【B】請問閣下,貴同鄉有一位姓福的,他原先在上海當繙譯官,閣下認識不認識?

【E】請問閣下,有位姓福嘅,佢從前喺上海當繙譯官,閣下湊佢認識唔呢?

【A】是,認識他,和我們還是老世交了。現在福公在貴國是當甚麽差使呢?

【B】是,認識他,和我們還是老世交了。現在福公在貴國是當甚麽差使呢?

【E】認識吖,佢同我重係世交呀。現在福公喺貴國係當乜野差呢?

【A】他現時沒在敝國,他自從由貴國回去之後,就奉命到英國去了。

【B】他現在沒在敝國,他自從由貴國回去之後,就奉命到英國去了。

【E】佢現時唔喺敝國,佢自從由貴國翻去之後,就奉命去英國咯。

【A】那就是了,閣下和福繙譯相好麽?是,我們倆人②至好。閣下和他是在那兒認識的呢?

【B】那就是了,閣下和福繙譯相好麽?是,我們兩個至好。閣下和他是在那裏認識的呢?

【E】噉係咯,閣下同福繙譯甚相好嗎?係,我哋兩個至好。閣下同佢係喺邊處認識嘅呢?

【A】原先我在上海當委員的時候,我們倆認識的,結爲文字之交,最相契厚。

【B】原先我在上海當委員的時候,我們兩個認識的,結爲文字之交,最相契厚。

【E】從前我喺上海當委員之時,我哋兩個認識嘅,結爲文字之交,最相契厚。

【A】趕後來福繙譯回國去了,他到了長崎的時候,還給我來過一封信了。

【B】等後來福翻譯回國去了,他到了長崎的時候,還和我來過一封信的。

【E】及至後來福繙譯囘國去咽,佢到曉長崎個時,重有封信嚟過我。

【A】後來因爲我奉委到直隸來了,從此就踪跡渺茫了。

【B】後來因爲我奉委到直隸來了,從此就踪跡渺茫了。

【E】後來因爲我奉委到直隸嚟,從此就踪跡渺茫咯。

【A】如今聽閣下說,纔知道他奉命到英國去了。我這兩天修一封信,交給閣下,遇便求您給他帶到英國去。

【B】如今聽閣下說,纔曉得他奉命到英國去了。我這兩天修一封信,交把閣下,遇便求您和我帶到英國去。

【E】而家我聽見閣下講,致知佢去曉英國。我呢兩日修封信,交過閣下,請順便同我寄去英國吖。

【A】可以的,我們還得在此住幾天了。

【B】可以的,我們還要在此住幾天的。

【E】可以嘅,我哋重要喺處住幾日添。

【A】閣下可以隨便寫得了,遣人送到店裏交給我帶去就是了。我這兩天還要到貴寓回拜你們二位去哪。

【B】閣下可以隨便寫好了,遣人送到店裏交把我帶去就是了。我這兩天還要到貴寓回拜你們二位去哪。

【E】閣下隨時寫好,打發人送到店處交俾我寄就得咯。我呢兩日重要到貴寓回拜你哋兩位。

【A】那我們實在不敢當,閣下公務[3]甚忙,況[4]且閣下既然是和福繙譯相好,偺們這更親近一層了,似不必拘此形跡。

【B】那我們實在不敢當,閣下公事甚忙,況且閣下既然是和福繙譯相好,我們這更親近一層了,似不必拘此形跡。

【E】噉我哋實在唔敢當,閣下公事甚忙,況且閣下既然同福繙譯相好,我哋更親近一層,似乎不必拘呢啲形跡咯。

【A】那是該當的。我們現在要告辭回去了。

【B】那是該當的。我們現在要告辭回去了。

【E】嗰啲應份嘅。我哋現在要告辭翻去咯。

【A】勞二位的駕。那兒的話呢,閣下留步,別送。

【B】勞二位的駕。那裏的話呢,閣下留步,莫送。

【E】勞兩位嘅駕。乜野說話呢,閣下留步,不必送咯。

【A】那麽,我就從命,不遠送了。豈敢,改日再會。(《官話指南》終)

【B】那麽,我就從命,不遠送了。豈敢,改日再會。(《官話指南》終)

【E】噉,我就遵命,唔遠送嘞。豈敢,改日再會喇。(终)

【注解】

① 按: A1 倆人,作兩人。

② 按: A1 倆人,作兩人。

③ 按: A1 公務,作公事。

張美蘭 / 著

# 《官話指南》匯校與語言研究（下）

## ——《官話指南》（六種）異文比較研究

# 第一章 《官話指南》及其方言譯本常用詞異文匯編

《官話指南》及其改編本共有六個版本,是同一個版本不同地域方言的修訂本,內容上具有傳承關係,差異主要在口語詞的不同表達上。從各版異文的差異看,這些口語詞彙偏重在常用詞的同義方言表達方面。就詞彙而言,A、B兩版清代北京官話和南方官話的差異,C、D兩版是滬語、E、F兩版是粵語。各版異文反映了清末和民國初期官話用詞與方言詞彙之間的異同特點,反映了官話的特徵詞、滬語特徵詞、粵語特徵詞面貌。

因此我們專章討論六個版本常用詞同義異文的面貌特點。

1. 本章所使用六種文獻依次標為A、B、C、D、E、F版:

A: 初版《官話指南》,編者吳啟南、鄭永邦,明治十四年(1881)十二月楊龍太郎出版。全書分為四卷。本書依據的是楊龍太郎出版初刻本。

B: 改訂本《官話指南》,四卷。九江書會著,1893年(清光緒十九年),九江印書局活字印出。本書依據的是九江印書局出版刻本。

C: 上海方言版《土話指南》,三卷。1889年,上海土山灣慈母堂出版,全書內容體例完全依據《官話指南》,是《官話指南》的上海方言翻譯本。方言譯者待考。本書依據的是1908年土山灣慈母堂第二次印刷。

D: 滬語版《滬語指南》,兩卷。1908年由上海美華書館出版。

E: 粵方言版《粵音指南》,四卷。譯者待考。本書依據的是1910年(清宣統二年)香港別字館印本。

F: 粵方言版《訂正粵音指南》,三卷。英國威禮士重訂,惠陽馮䄪亭校字,1930 年 Printed by Wing Fat & Company, Hong Kong。

我們將按詞類收集,每個詞按 ABCDEF 六個版本的順序分列它們的異文使用情況。以表格形式呈現,如果有的版本沒有出現異文,則空格表示。並注明卷次、章次的數字出處。表格如下:

| A | B | C | D | E | F | 出處 |
|---|---|---|---|---|---|---|

2. 所收詞條如屬於多義詞則在詞的右下腳用數字標示;(如拉$_1$、拉$_2$、拉$_3$、拉$_4$;都$_1$、都$_2$、都$_3$、都$_4$)。

3. 按詞類排列,再以語義加以排列。

4. 少數詞條曾在《〈清文指要〉匯校與語言研究》(2013)一書中出現,按語部分有所參照。

5. 所列詞條實詞部分基本上反映了整體面貌,但虛詞部分收錄詞條的用例大部分能反映概貌,表中用例統計未能貫徹到底。

6. 每個條目下,概述了官話、滬語、粵語用詞異同面貌。

# 一　名　詞

## 1.1　稱謂名詞

### 1.1.1　父親

| A | B | C | D | E | F | 出處 |
|---|---|---|---|---|---|---|
| 父親 | 父親 | 爺 | 爺 | 老豆 | 老哑 | 2-17 |
| 父親 | 父親 | 父親 | 爺 | 老豆 | 老哑 | 2-17 |
| 父親 | 父親 | 父親 | 爺 | 老豆 | 老哑 | 2-17 |
| 父親 | 父親 | 父親 | 爺 | 老豆 | 老哑 | 2-17 |
| 父親 | 父親 | 父親 | 爺 | 老豆 | 老哑 | 2-17 |

ABC 版用通語詞:"父親"。D 版用滬語特徵詞:"爺"。EF 版用

粵語特徵詞:“老豆(哣)”。

按:“父親”較書面語,而當時北方還用口語詞“老子”。

1.1.2　母親

| | | | | | | |
|---|---|---|---|---|---|---|
| 母親 | 母親 | 娘 | 娘 | 老母 | 老母 | 2-17 |
| 母親 | 母親 | 母親 | | 老母 | 母親 | 3-13 |
| 母親 | 母親 | 母親 | | 老母 | 老母 | 3-13 |
| 母親 | 母親 | 母親 | | 老母 | 母親 | 3-13 |
| 母親 | 母親 | 母親 | | 老母 | 母 | 3-13 |
| 母親 | 母親 | 母親 | | 老母 | 母親 | 3-13 |
| 母親 | 母親 | 母親 | | 老母 | | 3-13 |

ABC版用通語詞:“母親”。D版用滬語特徵詞:“娘”。EF版傾向於用粵語特徵詞:“老母”。

1.1.3　父母(老子娘)

| | | | | | | |
|---|---|---|---|---|---|---|
| 老子娘 | 老子娘 | 爺娘 | 爺娘 | 父母 | 父母 | 1-33 |

AB版用口語詞:“老子娘”。CD版用滬語特徵詞:“爺娘”。EF版用古今通用詞:“父母”。

1.1.4　哥哥

| | | | | | | |
|---|---|---|---|---|---|---|
| 哥哥 | 哥哥 | 阿哥 | 阿哥 | 大佬 | 兄 | 2-17 |
| 哥哥 | 哥哥 | 哥哥 | 阿哥 | 大佬 | 大佬 | 2-22 |
| 哥哥 | 哥哥 | 哥哥 | 阿哥 | 大哥 | 大佬 | 2-22 |
| 哥哥 | 哥哥 | | 阿哥 | | | 2-22 |
| 哥哥 | 哥哥 | 哥哥 | 阿哥 | 大哥 | 大佬 | 2-22 |
| 哥哥 | 哥哥 | 哥哥 | 阿哥 | 大佬 | | 2-22 |
| 哥哥 | 哥哥 | 阿哥 | | 胞兄 | 胞兄 | 3-13 |

AB版用明清以來通語詞:“哥哥”。(參見張婷 2008)CD版用滬語特徵詞:“阿哥”。EF版用粵語特徵詞:“大佬”“胞兄”。

1.1.5 兄弟1: 兄和弟

| | | | | | | |
|---|---|---|---|---|---|---|
| 弟兄 | 弟兄 | 弟兄 | 弟兄 | 兄弟 | 兄弟 | 1-1 |
| 弟兄 | 弟兄 | 弟兄 | 弟兄 | 兄弟 | 兄弟 | 2-9 |
| 弟兄 | 弟兄 | 弟兄 | 弟兄 | 兄弟 | 兄弟 | 2-11 |
| 弟兄 | 弟兄 | 弟兄 | 弟兄 | 兄弟 | 兄弟 | 2-11 |
| 弟兄 | 弟兄 | 兄弟 | 弟兄 | 兄弟 | 兄弟 | 2-17 |

ABCD版用明代以來北方話語詞:“弟兄”。(張美蘭、穆涌 2015)EF版用古代通用詞:“兄弟”。按:表“哥哥和弟弟”,明代以前用“兄弟”,自元代開始,北方有用“弟兄”稱“哥哥和弟弟”。“弟兄”偏指弟弟。正如《老乞大集覽》所云:“只呼弟曰‘兄弟’,並舉兄及弟曰‘弟兄’。”張美蘭、穆湧(2015)詳細論證了明代以來“弟兄”在北方話中的使用情況。

1.1.6 兄弟2: 弟弟

| | | | | | | |
|---|---|---|---|---|---|---|
| 兄弟 | 兄弟 | 兄弟 | 兄弟 | 細佬 | 舍弟 | 2-11 |
| 兄弟 | 兄弟 | 兄弟 | 兄弟 | 舍弟 | 舍弟 | 2-11 |
| 兄弟 | 兄弟 | 兄弟 | 兄弟 | 細佬 | 弟 | 2-17 |
| 兄弟 | 兄弟 | 兄弟 | 兄弟 | 兄弟 | 細佬 | 2-27 |
| 兄弟 | 兄弟 | 兄弟 | 兄弟 | 兄弟 | 兄弟 | 2-36 |
| 兄弟 | 兄弟 | 兄弟 | 兄弟 | 兄弟 | 兄弟 | 2-36 |
| 兄弟 | 兄弟 | | | 舍弟 | | 4-15 |

ABCD版用元明以來通語詞:“兄弟”。張美蘭、穆涌(2015)指出:元明以來“兄弟”偏指“弟弟”。EF版用語 EF版用粵語特徵詞:“細佬”“舍弟”。

1.1.7 兄弟3:自我謙稱

| | | | | | | |
|---|---|---|---|---|---|---|
| 兄弟 | 兄弟 | 我 | 兄弟 | 兄弟 | 我 | 1-4 |
| 兄弟 | 兄弟 | | | 兄弟 | | 4-14 |
| 兄弟 | 兄弟 | | | 兄弟 | | 4-14 |
| 兄弟 | 兄弟 | | | 兄弟 | | 4-14 |
| 兄弟 | 兄弟 | | | 兄弟 | | 4-15 |
| 兄弟 | 兄弟 | | | 兄弟 | | 4-15 |
| 兄弟 | 兄弟 | | | 兄弟 | | 4-15 |
| 兄弟 | 兄弟 | | | 兄弟 | | 4-15 |
| 兄弟 | 兄弟 | | | 兄弟 | | 4-15 |
| 兄弟 | 兄弟 | | | 兄弟 | | 4-15 |
| 兄弟 | 兄弟 | | | | | 4-16 |
| 兄弟 | 兄弟 | | | 兄弟 | | 4-16 |
| 兄弟 | 兄弟 | | | 兄弟 | | 4-16 |
| 兄弟 | 兄弟 | | | 兄弟 | | 4-17 |

元明以來自我謙稱“兄弟”(張美蘭、穆湧 2015)大都出現在第四卷之 ABE 三個版本中,偏官方書面用語,故語用基本一致。

1.1.8 昆仲

| | | | | | | |
|---|---|---|---|---|---|---|
| 昆仲 | 昆仲 | 昆仲 | 昆仲 | 昆季 | 昆季[或昆仲] | 1-1 |
| 昆仲 | 昆仲 | | | 昆仲 | | 4-15 |

“昆仲”一詞偏書面語,故語用基本一致。

1.1.9 姐姐

| | | | | | | |
|---|---|---|---|---|---|---|
| 姐姐 | 姐姐 | 阿姐 | 阿姊 | 亞姊 | 亞姐 | 2-17 |

AB 版用南宋以來通語詞:“姐姐”(參見李小平、曹瑞芳 2012)。CD 版用滬語特徵詞:“阿姊(姐)”。EF 版用粵語特徵詞:“亞姊(姐)”。

1.1.10 姊妹₁:姐姐和妹妹

| | | | | | | |
|---|---|---|---|---|---|---|
| 姐妹 | 姐妹 | 姊妹 | 姊妹 | 姊妹 | 姊妹 | 2-17 |

AB版用清代以來通語詞:"姐妹"。CDEF版用南方(古今通語詞):"姊妹"。

1.1.11 姊妹₂:妹妹

| | | | | | | |
|---|---|---|---|---|---|---|
| 妹妹 | 妹子 | 姊妹 | 妹妹 | 亞妹 | 妹 | 2-30 |
| 妹妹 | 妹妹 | 姊妹 | 妹妹 | 亞妹 | 妹 | 2-30 |
| 妹妹 | 妹妹 | 姊妹 | 妹妹 | 亞妹 | 妹 | 2-30 |
| 妹妹 | 妹妹 | 姊妹 | 妹妹 | 亞妹 | 妹 | 2-30 |
| 妹妹 | 妹妹 | 姊妹 | 妹妹 | 亞妹 | 妹 | 2-30 |
| 妹妹 | 妹妹 | 姊妹 | 妹妹 | 亞妹 | 妹 | 2-30 |
| 妹妹 | 妹妹 | 姊妹 | 妹妹 | 亞妹 | 妹 | 2-30 |
| 妹妹 | 妹妹 | 姊妹 | 妹妹 | 亞妹 | 妹 | 2-30 |
| 妹妹 | 妹妹 | 姊妹 | 妹妹 | 亞妹 | 妹 | 2-30 |
| 妹妹 | 妹妹 | 姊妹 | 妹妹 | 亞妹 | 妹 | 2-30 |
| 妹妹 | 妹妹 | 姊妹 | 妹妹 | 亞妹 | 亞妹 | 2-30 |

ABD版用明代以來通語詞:"妹妹",《漢語大詞典》首例引明丘濬《忠孝记·感天明目》:"我是你的姐姐,你是我的妹妹,難比别人。"C版用滬語特徵詞:"姊妹"。EF版用粵語特徵詞:"亞妹",或保持古語特徵,單稱"妹"。

1.1.12 丈夫(男人)

| | | | | | | |
|---|---|---|---|---|---|---|
| 男人 | 男人 | 男人 | 男人 | 老公 | 丈夫 | 2-30 |
| 男人 | 男人 | 男人 | 男人 | 老公 | 丈夫 | 2-30 |

ABCD版用清代常用詞:"男人",《漢語大詞典》首例引《二十年目睹之怪现状》第三四回:"昨天我聽見説他的男人死了。"E版用粵語特徵詞:"老公"。F版用唐代以來的特稱詞"丈夫",《漢語大詞典》

首例引《太平廣記》卷三〇六引《河東記・盧佩》:“母曰:‘老婦將死之骨爲天師再生,未知何階上答全德?’婦人曰:‘但不棄細微,許奉九郎巾櫛,常得在太夫人左右則可,安敢論功乎。’母曰:‘佩猶願以身爲天師奴,今反得爲丈夫有何不可。’”

1.1.13　(小)孩子

| 孩子 | 孩子 | 小囝 | 小囝 | 細蚊仔 | 細蚊仔 | 1-33 |
|---|---|---|---|---|---|---|
| 孩子 | 孩子 | 小囝 | 小囝 | | 細佊仔 | 1-35 |
| 孩子 | 孩子 | 小囝 | 小囝 | 細蚊仔 | 細蚊仔 | 1-39 |
| 小孩子 | 小孩子 | 小囝 | 小囝 | 童子 | 細佊仔 | 2-40 |
| 小孩子 | 小孩子 | 小囝 | | 細佊仔 | 後生 | 3-1 |

AB版用戰國以來通語詞:“(小)孩子”。《漢語大詞典》首例引《墨子・明鬼下》:“播棄黎老,賊誅孩子。”CD版用滬語特徵詞:“小囝”。EF版用粵語特徵詞:“細蚊仔”。

1.1.14　妾

| 妾 | 妾 | 妾 | 小 | 妾氏 | 妾侍 | 2-35 |
|---|---|---|---|---|---|---|
| 妾 | 妾 | | 小 | 妾氏 | 妾侍 | 2-35 |
| 妾 | 妾 | 妾 | 小 | 妾氏 | 妾侍 | 2-35 |
| 妾 | 妾 | 妾 | 小 | 妾氏 | | 2-35 |
| 妾 | | | | 妾氏 | 妾侍 | 2-35 |

ABC版用古代通用詞:“妾”。D版用滬語詞:“小”。EF版用粵語较書面語詞:“妾氏”“妾侍”。

1.1.15　小舅子

| 小舅子 | 小舅子 | 小娘舅 | 小阿舅 | 細舅 | 細舅 | 2-10 |
|---|---|---|---|---|---|---|

AB版用明代以來通用詞:“小舅子”,《漢語大詞典》首例引明无名氏《勘金环》楔子:“這箇是我的小舅子,喚做孫榮,是我渾家的親兄弟。”CD版用滬語特徵詞:“小娘舅”“小阿舅”。EF版用粵語特徵

詞:“細舅”。

1.1.16 親戚(舍親)

| | | | | | | |
|---|---|---|---|---|---|---|
| 舍親 | 舍親 | 舍親 | 舍親 | 舍親 | 親戚 | 1-38 |
| 親戚 | 親戚 | 親眷 | 親眷 | 親戚 | 親戚 | 2-1 |
| 本家 | 本家 | 自族裏个人 | 本家 | 親戚 | 本家 | 2-9 |
| 親戚 | 親戚 | 親眷 | 親眷 | 舍親 | 舍親 | 2-15 |
| 親戚 | 親戚 | 舍親 | 親眷 | 親戚 | 舍親 | 2-19 |
| 親戚 | 親戚 | 舍親 | 親眷 | 親戚 | 舍親 | 2-19 |
| 親戚 | 親戚 | 舍親 | 親眷 | 親戚 | 舍親 | 2-19 |
| 親戚 | 親戚 | 親眷 | 親眷 | 親戚 | 親戚 | 2-23 |
| 親戚 | 親戚 | 親眷 | 親眷 | 親戚 | 親戚 | 2-23 |
| 親戚 | 親戚 | 親戚 | 親眷 | 親戚 | 親戚 | 2-27 |
| 親戚 | 親戚 | 親眷 | | 親戚 | 親戚 | 3-20 |
| 親戚 | 親戚 | 親眷 | | 親戚 | | 3-20 |
| 親戚 | 親戚 | 親眷 | | 親戚 | 親戚 | 3-20 |

ABEF版用古今通用詞:“親戚”。CD版用滬語特徵詞:“親眷”。ABCDEF版亦用古代書面語詞:“舍親”。

1.1.17 朋友(相好的)

| | | | | | | |
|---|---|---|---|---|---|---|
| 相好的 | 相好的 | 相好个朋友 | 朋友 | 相好 | 朋友 | 2-13 |
| 相好的 | 相好的 | 令友 | 朋友 | 想(相)好 | 貴友 | 2-13 |
| 相好的 | 相好的 | 朋友 | 朋友 | 相好 | 朋友 | 2-13 |
| 相好的 | 相好的 | 朋友 | 朋友 | 好朋友 | 朋友 | 2-20 |
| 相好的 | 相好的 | 朋友 | 朋友 | 相好 | 朋友 | 2-25 |
| 相好 | 相好 | 朋友 | 朋友 | 相好 | 朋友 | 2-25 |
| 相好的 | 相好的 | 朋友 | 朋友 | 朋友 | (同佢)相好 | 2-26 |
| 相好的 | 相好的 | 朋友 | 朋友 | 相好 | 朋友 | 2-27 |

AB版用清代以來的口語詞:“相好的”,《漢語大詞典》首例引清

宣鼎《夜雨秋燈錄·騙子》:"爾我既成相好,不妨實告。"CDEF 版用古今通用詞:"朋友"。

1.1.18　鄰舍(街坊)

| 街坊 | 鄰舍 | 鄰舍 | 鄰舍 | 街坊 | 街坊[或改鄰舍] | 2-15 |
|---|---|---|---|---|---|---|
| 街坊 | 鄰舍 | 鄰舍 | 鄰舍 | 同屋住 | 街坊 | 2-30 |
| 街坊 | 鄰舍 | 隔壁人家 | 鄰舍 | 同屋住 | 鄰舍 | 2-30 |
| 街坊 | 鄰舍 | 鄰舍 | 鄰舍 | 同屋住 | 街坊 | 2-30 |
| 街坊 | 鄰舍 | 鄰舍 | 鄰舍 | 同屋住 | 鄰舍 | 2-30 |
| 街坊 | 鄰舍 | 鄰舍 | 貼鄰 | 街坊 | 鄰舍 | 2-31 |
| 街坊 | 鄰舍 | 鄰舍 | | 街坊 | 鄰舍 | 3-1 |

A 版"街坊"7 例,B 版均改為"鄰舍"。

A 版用北方話詞:"街坊"。BCDF 用南方話詞:"鄰舍"。E 版或沿用 A 版用詞,或以短語"同屋住"表示。

1.1.19　姑娘

| 姑娘 | 姑娘 | 小姑娘 | 小姐 | 姑娘 | 女子 | 1-38 |
|---|---|---|---|---|---|---|
| 姑娘 | 姑娘 | 小姐 | 小姐 | 姑 | 女子 | 1-38 |

AB 版為清代以來口語詞:"姑娘",《漢語大詞典》首例引《儒林外史》第三十回:"因老爺人物生得太齊整了,料想那將就些的姑娘配不上,不敢來説。"CD 版為滬語特徵詞:"小姐"。E 版沿用 A 版,F 版用古今通用詞:"女子"。

1.1.20　醫生(大夫)

| 大夫 | 醫生 | 郎中 | 先生/郎中 | 名功先生 | 醫生 | 1-5 |
|---|---|---|---|---|---|---|
| 大夫 | 醫生 | 郎中 | 郎中/先生 | 先生 | 醫生 | 1-7 |
| 大夫 | 郎中 | 郎中 | 郎中 | 先生 | 醫生 | 2-28 |
| 大夫 | 郎中 | 郎中 | 郎中 | 醫生 | 醫生 | 2-37 |
| 大夫 | 郎中 | 郎中 | 郎中 | 醫生 | 醫生 | 2-37 |

（續表）

| 大夫 | 郎中 | 先生 | 郎中 | 醫生 | 醫生 | 2-37 |
|---|---|---|---|---|---|---|
| 大夫 | 郎中 | 先生 | 郎中 | 醫生 | 醫生 | 2-37 |
| 大夫 | 郎中 | 先生 | 郎中 | 醫生 | 醫生 | 2-37 |
| 大夫 | 郎中 | 先生 | 郎中 | 醫生 | 醫生 | 2-37 |
| 大夫 | 郎中 | 先生 | 郎中 | 醫生 | 醫生 | 2-37 |
| 大夫 | 郎中 | 先生 | 郎中 | 醫生 | 醫生 | 2-37 |
| 大夫 | 郎中 | 先生 | 郎中 | 醫生 | 醫生 | 2-37 |
| 大夫 | 醫生 | 郎中 |  | 先生 | 醫生 | 3-7 |
| 大夫 | 醫生 | 郎中 |  | 先生 | 醫生 | 3-7 |
| 大夫 | 醫生 | 郎中 |  | 先生 | 醫生 | 3-7 |
| 大夫 | 醫生 | 郎中 |  | 先生 | 醫生 | 3-7 |
| 大夫 | 醫生 | 郎中 |  | 醫生 | 醫生 | 3-7 |
| 大夫 | 醫生 | 郎中 |  | 先生 | 華醫 | 3-7 |
| 大夫 | 醫生 | 郎中 |  | 先生 | 醫生 | 3-7 |
| 大夫 | 醫生 | 郎中 |  | 先生 | 醫生 | 3-7 |
| 大夫 | 醫生 | 郎中 |  | 先生 | 醫生 | 3-7 |
| 大夫 | 醫生 |  |  | 先生 |  | 3-7 |
| 大夫 | 醫生 | 郎中 |  | 先生 | 醫生 | 3-7 |

A 原版 23 例“大夫”，除 2 例外，其餘有 10 例 B 版改為“郎中”，11 例改為“醫生”。

A 版“大夫”為宋代以來用詞，據《漢語大詞典》該條，宋医官别设官阶，有大夫、郎、医效、祇候等。后称医生为大夫。BEF 版之“醫生”為宋代以來用詞，《漢語大詞典》首例引宋范成大《書事》詩之二：“門外雖無車轍，醫生卜叟猶來。”BCD 版之“郎中”為宋代以來用詞，《漢語大詞典》首例引宋洪邁《夷堅支甲志・杜郎中驢》：“杜涇郎中，河府滎河縣上原村人也。世爲醫，貲業稍給。”CE 版之“先生”為南方話口語詞。

按：狄考文《官話類編》(1902)第92課對大夫、醫生、郎中這組詞的南北地域特點有説明：大夫 is used in the North for physician, but not in the South. It is heard in Western, but not in Eastern Shantung. How it came to supplant the more regular and proper term 醫生 is not certainly known. 郎中 is the common term in the South, and is also found in books. It Probably came into use in the same way as 大夫.

《語言自邇集》:"自從有病,那'個大夫沒治過?【注】大 tai[4],只在"大夫 tai-fu"一詞裡這麼讀,醫生。"(249頁)

《伊蘇普喻言》：有一個士大夫,包治一個病,還是照常的本事。【注】曰:"大,音待。"

1.1.21 老師(先生)

| 老師 | 老師 | 老師 | 老師 | 老師 | 老師 | 1－10 |
|---|---|---|---|---|---|---|
| 師傅 | 先生 | 先生 | 老師/先生 | 先生 | 教員 | 1－28 |
| 師傅 | 先生 | 教書先生 | 老師/先生 | | | 1－28 |
| 師傅 | 先生 | 先生 | 老師/先生 | 先生 | 先生 | 1－30 |
| 師傅 | 先生 | 先生 | 老師/先生 | 先生 | 先生 | 1－30 |
| 老師 | 老師 | 老師 | 老師 | 師傅 | 師傅 | 2－39 |

按:"老師"為清代新詞。"教員"清末民初用詞。A版之"師傅"為通用詞,BCDEF之"先生"為古代用詞,尤其在南方口語中多用。

1.1.22 掌櫃的

| 掌櫃的 | 老板 | | 老板 | 賣野嘅 | 事頭 | 2－7 |
|---|---|---|---|---|---|---|
| 掌櫃的 | 老板 | 先生 | 老班 | 事頭 | 事頭 | 2－9 |
| 掌櫃的 | 老板 | 先生 | 老班 | 事頭 | 事頭 | 2－9 |
| 掌櫃 | 老板 | 司務 | 老班 | 事頭 | 事頭 | 2－14 |
| 掌櫃的 | 司務 | 司務 | 老班 | 事頭 | 事頭 | 2－14 |
| 掌櫃的 | 老板 | 司務 | 老班 | 事頭 | 事頭 | 2－14 |

(續表)

| 掌櫃的 | 老板 | 司務 | 老班 | 事頭 | 事頭 | 2－14 |
|---|---|---|---|---|---|---|
| 掌櫃的 | 老板 | 司務 | 老班 | 事頭 | 事頭 | 2－14 |
| 掌櫃的 | 老板 | 管賬先生 | 開店个 | 事頭 | 司事 | 2－17 |
| 掌櫃的 | 老板 | 先生 | 老班 | 事頭 | 事頭 | 2－18 |
| 掌櫃的 | 老板 | 先生 | 老班 | 事頭 | 事頭 | 2－18 |
| 掌櫃的 | 老板 | 先生 | 老班 | 事頭 | 事頭 | 2－18 |
| 掌櫃的 | 老板 | 先生 | 老班 | 事頭 | 事頭 | 2－18 |
| 掌櫃的 | 老板 | 先生 | 老班 |  | 事頭 | 2－18 |
| 掌櫃的 | 老板 | 先生 | 老班 | 事頭 | 事頭 | 2－18 |
| 掌櫃的 | 管事的 | 先生 |  | 事頭 | 事頭 | 2－19 |
| 掌櫃的 | 管事的 | 先生 |  | 事頭 |  | 2－19 |
| 掌櫃的 | 管事的 | 先生 |  | 事頭 | 事頭 | 2－19 |
| 掌櫃的 | 管事的 | 先生 |  |  |  | 2－19 |
| 掌櫃的 | 管事的 | 先生 |  | 事頭 | 事頭 | 2－19 |
| 掌櫃的 | 管事的 | 先生 |  | 事頭 |  | 2－19 |
| 掌櫃的 | 管事的 | 先生 |  | 事頭 |  | 2－19 |
| 掌櫃的 | 管事的 | 先生 |  | 事頭 | 事頭 | 2－19 |
| 掌櫃的 | 管事的 | 先生 |  | 事頭 | 事頭 | 2－19 |
| 掌櫃的 | 管事的 | 先生 |  | 事頭 | 事頭 | 2－19 |
| 掌櫃的 | 管事的 | 先生 |  | 事頭 | 事頭 | 2－19 |
| 掌櫃的 | 管事的 | 管賬先生 | 當手 | 事頭 | 司理 | 2－23 |
| 掌櫃的 | 管事的 | 本家 | 管事个 | 事頭 | 事頭 | 2－29 |
| 掌櫃的 | 管事的 | 本家 | 管事个 | 事頭 | 事頭 | 2－29 |
| 掌櫃的 | 管事的 | 先生 | 管事 | 事頭 | 司理 | 2－33 |
| 掌櫃的 | 管事的 | 先生 | 管事 | 事頭 | 司理 | 2－33 |
| 掌櫃的 | 管事的 | 先生 | 管事 | 事頭 | 司理 | 2－33 |
| 掌櫃的 | 管事的 | 先生 | 管事 | 事頭 | 司理 | 2－33 |

(續表)

| | | | | | | |
|---|---|---|---|---|---|---|
| 管帳的 | 管帳的 | 管賬个 | 管賬个 | 管賬嘅 | 掌櫃 | 2-33 |
| 掌櫃的 | 管事的 | 先生 | 管事个 | 事頭 | 司理先生 | 2-34 |
| 掌櫃的 | 管帳的 | 當賬个 | 管賬个 | 店主 | 店主 | 2-36 |
| 掌櫃的 | 管帳的 | 管賬个 | 管帳个 | 事頭 | 司理 | 2-36 |
| 掌櫃的 | 管帳的 | 管賬个 | 管帳个 | 事頭 | 事頭 | 2-36 |
| 掌櫃的 | 管帳的 | 管賬个 | 管帳个 | 事頭 | 舖主 | 2-36 |
| 掌櫃的 | 管事的 | | | 掌櫃 | | 4-9 |
| 掌櫃的 | 管事的 | | | 掌櫃 | | 4-9 |

A版“掌櫃的”41例,B版將其中14例改為“老板”,4例改為“管賬的”,22例改為“管事的”,1例改為“司務”。

A版“掌櫃的”為清以來北方口語用詞,B版“老板”為清以來南方口語用詞,BD版之“管事的”為南方口語詞之一。D版之“老班/老板”是滬語口語詞之一,C版之“先生”是滬語口語詞之一,C版之“司務”為滬語特徵詞,實為“師傅”之方言音,EF版“事頭”為粵語特徵詞。

按:《官话类编》中有类似用法,“老板,the head of a shop or business. A Southern word.”(P. 21)“In the North 掌柜 is generally used of the headman of any business. In the South,老板 is used in place of it. and is also heard at sea ports in the North.”(P. 96). 又按:“司務”同“師傅”,是南方語音的讀音特徵,至今上海話還這麼讀。埃德金斯(Mr. Edkins) *A Vocabulary of the Shanghai Dialect* P. 7收有“剃頭司務”一詞。《官話類編》專門有注,如:木匠師傅/司務在那裡嗎? P. 24【注】“師傅 means properly a master or teacher in any art or profession. It is used throughout the North. Teachers along the Yangtse reject it, however, and substitute 司務 which would be wholly inadmissible in the South.”“司務,Same as preceding(師傅), but used only in the South.”(P. 24)

按:“老板”《漢語大詞典》該條下首例引鲁迅《书信集·致郑伯

奇》:"版税请交内山老版。"略晚。

1.1.23　居停——東家

| (舊)居停 | (舊)居停 | (老)東家 | (舊)東家 | (舊)東家 | (舊)居停 | 2-24 |
|---|---|---|---|---|---|---|
| (舊)居停 | (舊)東家 | | | (舊)居停 | | 4-15 |

ABEF版之"居停"是書面語用詞,BCDE版之"東家"是口語詞。

1.1.24　經紀

| 經紀 | 經紀 | 主人家 | 主人家 | 經紀 | 經紀 | 2-12 |
|---|---|---|---|---|---|---|
| 經紀 | 經紀 | 主人家 | 主人家 | 經紀 | | 2-12 |
| 經紀 | 經紀 | 主人家 | 主人家 | | | 2-12 |
| 經紀 | 經紀 | 主人家 | 主人家 | 經紀 | 經紀 | 2-12 |
| 經紀 | 經紀 | 主人家 | 主人家 | | | 2-12 |
| 經紀 | 經紀 | 主人家 | 主人家 | 經紀 | 經紀 | 2-12 |
| 經紀 | 經紀 | 主人家 | 主人家 | | | 2-12 |
| 經紀 | 經紀 | 當賬 | | 經紀 | 經紀 | 2-19 |
| 經紀 | 經紀 | 當賬 | | 經紀 | 經紀 | 2-19 |

1.1.25　巡檢

| 巡檢 | 巡撿(檢) | 巡檢 | 巡檢司 | 司官 | 區長 | 2-32 |
|---|---|---|---|---|---|---|
| 巡檢 | 巡檢 | 巡檢司 | 巡檢司 | 司官 | 區長 | 2-32 |
| 巡檢 | 巡檢 | 巡檢 | 巡檢 | 司官 | 區長 | 2-32 |
| 巡檢衙門 | 巡檢衙門 | 巡檢衙門 | 巡檢衙門 | 司官衙門 | 警察分署處 | 2-35 |
| 巡檢 | 巡檢 | 巡檢司 | 巡檢 | 司官 | 區員 | 2-35 |
| 巡檢 | 巡檢 | 巡檢司 | 巡檢 | 司官 | 區員 | 2-35 |
| 巡檢 | 巡檢 | 巡檢司 | 巡檢 | 司官 | 區員 | 2-35 |
| 巡檢 | 巡檢 | 巡檢 | 巡檢 | 司官 | 區員 | 2-35 |
| 汛官 | 汛官 | 汛地官 | 汛地官 | 汛官 | 警察官 | 2-6 |
| 兵 | 兵 | 兵 | 兵 | 兵 | 警察 | 2-6 |
| 兵 | 兵 | 兵 | 兵 | 兵 | 警察 | 2-25 |

ABCD版之"巡檢"是古代通用詞,E版之"司官"較書面語,F版之"區員/區長"約是民國時期用詞。"警察"是日語詞。(參見《現代漢語詞彙的形成——十九世紀漢語外來詞研究》,馬西尼著,黄河清譯,漢語大詞典出版社,1997年)

1.1.26　舉人

| 舉人 | 舉人 | 舉人 | 舉人 | 舉人 | 孝廉 | 2-40 |
|---|---|---|---|---|---|---|
| 舉人 | 舉人 | 舉人 | 舉人 | 舉人 | 孝廉 | 2-40 |

按:隋、唐、宋三代,被地方推舉而赴京都應科舉考試者為舉人;明清兩代稱鄉試錄取者為舉人。

ABCDE版之"舉人",是當時之通用詞,F版之"孝廉",沿用古書面語詞。

1.1.27　底下人

| 底下人們 | 底下人們 | 底下頭人 | 底下人 | 使喚人 | 底下人 | 2-1 |
|---|---|---|---|---|---|---|
| 底下人 | 底下人 | 跟班 | 底下人 | 跟人 | 夥計 | 2-21 |
| 底下人們 | 底下人們 | 用拉个人 | 底下人拉 | 下人 | 夥計 | 2-23 |
| 底下人們 | 底下人們 | 相幫人 | 底下人拉 | 使喚人 | 工人 | 2-25 |
| 底下人們 | 底下人們 | 相幫人 | 底下人 | 下人 | 夥計 | 2-25 |
| 底下們人 | 下們人 | 相幫人 | 底下人拉 | 下人 | 夥計 | 2-25 |
| 底下人 | 底下人 | 相幫人 | 底下人 | 下人 | 夥計 | 2-25 |
| 底下人 | 底下人 | 相幫人 | 底下人 | 底下人 | 夥計 | 2-25 |
| 底下人 | 底下人 | 相幫人 | 底下人 | 下人 | 下人 | 2-26 |
| 底下人 | 底下人 | 相幫人 | 底下人 | 底下人 | 下人 | 2-28 |
| 底下人 | 底下人 | 相幫人 | 底下人 | 下人 | 跟班 | 2-37 |
| 底下人 | 底下人 | 相幫人 | 底下人 | 下人 | 跟班 | 2-37 |
| 底下人 | 底下人 | 相幫人 | 底下人 | 下人 | 跟班 | 2-37 |
| 底下人 | 底下人 | 相幫人 | 底下人 | 下人 | 跟班 | 2-37 |

1.1.28 跟人

| 跟人 | 跟人 | 跟班 | 用人 | 跟人 | 夥計 | 2-21 |
|---|---|---|---|---|---|---|
| 跟人 | 跟人 | | 用人 | 跟人 | 人 | 2-21 |
| 跟人 | 跟人 | 相幫人 | 用人 | 跟人 | 夥計 | 2-25 |
| 跟人 | 跟人 | 人 | 用人 | 跟人 | 跟班[或下人] | 2-29 |
| 跟人 | 跟人 | 相幫人 | 用人 | 跟人 | | 2-29 |
| 跟人 | 跟人 | 相幫人 | 用人 | 跟人 | 人 | 2-29 |
| 跟人 | 跟人 | 相幫人 | 用人 | 跟班 | 夥計 | 2-31 |
| 跟人 | 跟人 | 相幫人 | 跟班 | 下人 | 跟班 | 2-37 |

按：AB版稱被使喚之人叫"底下人"或"跟人",C版滬語則多稱為"相幫人",偶稱"跟班",D版滬語多稱為"底下人"或"用人",E版粵語多稱"(底)下人"或"跟人",F版粵語多稱"夥計"或"跟班"。《語言自邇集》曾提及"跟班(兒)的"一詞,指出南方話只用"跟班"。"'跟班的'是使喚的人。他叫跟班的把箱子裝在車上,車走了,他趕不上了。注：南方官話(southern mandarin)管單個兒的僕從叫'跟班 kên-pan',北京叫'跟班的 kên-pan-ti',更多的是'跟班兒的 kên-parh-ti'。"(P. 106)

1.1.29 客人

| 客人 | 客人 | 客人 | 客人 | 人客 | 趁墟嘅人 | 2-12 |
|---|---|---|---|---|---|---|
| 客人 | 客人 | | 客人 | 人客 | 趁墟嘅人 | 2-12 |
| 客人 | 客人 | | 客人 | 人客 | | 2-12 |
| 客人 | 客人 | 客人 | 客人 | 人客 | | 2-19 |
| 客人 | 客人 | 客人 | 客人 | | | 2-19 |
| 客人 | 客人 | | 客人 | 人客 | 人客 | 2-19 |
| 客人 | 客人 | 客人 | 客人 | | | 2-19 |
| 客人 | 客人 | 客人 | 客人 | 人客 | 人客 | 2-21 |
| 客人 | 客人 | 客人 | 客人 | 人客 | | 2-21 |

(續表)

| | | | | | | |
|---|---|---|---|---|---|---|
| 客人 | 客人 | 客人 | 客人 | 人客 | 人客 | 2－21 |
| 客人 | 客人 | 客人 | 客人 | 人客 | | 2－21 |
| 客人 | 客人 | | 客人 | 人客 | | 2－21 |
| 客人 | 客人 | 客人 | 客人 | 人客 | 人客 | 2－21 |
| 客人 | 客人 | 客人 | 客人 | 人客 | 人客 | 2－21 |
| 客人 | 客人 | 客人 | 客人 | 人客 | 人客 | 2－21 |
| 客人 | 客人 | 客人 | 客人 | 人客 | | 2－21 |
| 客人 | 客人 | 客人 | 客人 | | | 2－21 |
| 客人 | 客人 | 客人 | 客人 | 人客 | | 2－21 |
| 客人 | 客人 | 客人 | 客人 | 人客 | 人客 | 2－21 |
| 客人 | 客人 | 客人 | 客人 | 客 | | 2－21 |
| 客人 | 客人 | 客人 | 客人 | 客人 | 人客 | 2－29 |
| 客人 | 客人 | 客人 | 客人 | 人客 | 人客 | 2－29 |
| 客人 | 客人 | 客人 | 客人 | 人客 | 人客 | 2－29 |
| 客人 | 客人 | 客人 | 客人 | 人客 | 人客 | 2－29 |
| 客人 | 客人 | 客人 | 客人 | 客 | | 2－31 |
| 客人 | 客人 | | 客人 | 客 | | 2－31 |
| 客人 | 客人 | 客人 | 客人 | 客 | | 2－31 |
| 客人 | 客人 | 客人 | 客人 | 客 | | 2－31 |
| 客人 | 客人 | 客人 | 客人 | 客 | | 2－31 |
| 客人 | 客人 | | 客人 | 客 | | 2－31 |
| 客人 | 客人 | 客人 | 客人 | | | 2－31 |
| 客人 | 客人 | 客人 | 客人 | 客 | | 2－31 |
| 客人 | 客人 | 客人 | 客人 | 客 | | 2－31 |
| 客人 | 客人 | 客人 | 客人 | 客 | | 2－31 |
| 客人 | 客人 | 客人 | 客人 | 客 | | 2－31 |
| 客人 | 客人 | 客人 | 客人 | 客 | 客 | 2－38 |

(續表)

| 客人 | 客人 | 客人 | 客人 | 客 | 客 | 2－38 |
|---|---|---|---|---|---|---|
| 客人 | 客人 | 客人 | 客人 | 客 |  | 2－38 |
| 客人 | 客人 |  | 客人 | 客 | 人客 | 2－38 |
| 客人 | 客 |  | 客人 | 客 | 客 | 2－38 |
|  |  | 客人 |  |  | 人客 | 3－11 |
| 客 | 客 | 客人 |  | 客 | 客 | 3－11 |
| 客 | 客 | 客人 |  | 客 | 人客 | 3－11 |
| 客 | 客 | 客人 |  | 客 |  | 3－11 |
| 客 | 客 | 客人 |  | 客 | 人客 | 3－11 |
| 客 | 客 | (請)客人 |  | (請)客 | (請餐) | 3－11 |
| 客人 | 客人 | 客人 |  | 人客 | 人客 | 3－14 |
| 客人 | 客人 | 客人 |  | 人客 | 人客 | 3－14 |
| 客人 | 客人 | 客人 |  | 人客 | 先生 | 3－14 |
| 客人 | 客人 | 客人 |  | 人客 | 人客 | 3－14 |
| 客人 | 客人 | 客人 |  | 人客 | 人客 | 3－14 |
| 客人 | 客人 | 客人 |  | 人客 | 先生 | 3－14 |
| 客人 | 客人 | 客人 |  |  | 人客 | 3－14 |

按：ABCDE版之"客人"，是古今通用詞，EF版之"人客"，粵語特徵詞。該詞唐代已見。唐代杜甫《遣興》詩："問知人客姓，誦得老夫詩。"至今南方很多方言仍用。

1.1.30　老手

| 老手 | 老手 | 老手 | 老脚色 | 老手 | 老手 | 2－39 |
|---|---|---|---|---|---|---|

按：ABCEF版用宋代以來口語用詞，《漢語大詞典》首例引宋蘇軾《至真州再和王勝之》："老手王摩詰，窮交孟浩然。"D版用吳語特徵詞"老脚色"。

1.1.31 賊

| 賊 | 賊 | 強盜 | 強盜 | 賊 | 賊 | 2－22 |
|---|---|---|---|---|---|---|
| 賊 | 賊 | 強盜 | | 賊 | 賊 | 2－22 |
| 賊 | 賊 | | | 賊 | 賊 | 2－22 |
| 賊 | 賊 | | 強盜 | 賊 | 賊匪 | 2－22 |
| 賊 | 賊 | 賊 | 賊 | 賊 | 賊 | 2－25 |
| 賊 | 賊 | 賊 | 賊 | 賊 | 賊匪 | 2－25 |
| 賊 | 賊 | 賊 | 賊 | 賊 | 賊 | 2－25 |
| 賊 | 賊 | 強盜 | 強盜 | 賊 | 海賊 | 2－28 |
| 賊 | 賊 | 強盜 | 強盜 | 賊 | | 2－28 |
| 賊 | 賊 | 強盜 | 強盜 | 賊 | 賊 | 2－28 |
| 賊 | 賊 | 強盜 | 強盜 | 賊 | 人 | 2－28 |
| 賊 | 賊 | 強盜 | 強盜 | 賊 | 賊 | 2－29 |
| 賊 | 賊 | 賊 | 賊 | 賊 | 賊 | 2－30 |
| 賊 | 賊 | 賊 | 賊 | 賊 | 賊 | 2－30 |
| 賊 | 賊 | 賊 | 賊 | 賊 | 人 | 2－30 |
| 賊 | 賊 | 賊 | 賊 | 賊 | 賊 | 2－30 |
| 賊 | 賊 | 賊 | 賊 | 賊 | 賊 | 2－30 |

“賊”是通用詞,CD版滬語根據語境對竊劫財物的重賊用“強盜”,F版用“賊匪”。

1.1.32 無賴子

| 無賴子 | 無賴子 | 撻皮 | 流氓 | 無賴脚色 | 平民[或無賴之徒] | 2－6 |
|---|---|---|---|---|---|---|
| 無賴子 | 無賴子 | 撻皮 | 流氓 | 無賴脚色 | 人 | 2－6 |
| 無賴子 | 無賴子 | 撻皮 | 流氓 | 無賴脚色 | | 2－6 |
| 無賴子 | 無賴子 | 撻皮 | 流氓 | 撈家仔 | 撈家仔 | 2－26 |

(續表)

| | | | | | | |
|---|---|---|---|---|---|---|
| 無賴子 | 無賴子 | 撻皮 | 流氓 | 爛仔 | | 2-26 |
| 無賴子 | 無賴子 | 撻皮 | 流氓 | | | 2-26 |
| 無賴子 | 無賴子 | 撻皮 | 流氓 | 撈家 | 撈家仔 | 2-26 |
| 無賴子 | 無賴子 | 撻皮 | 流氓 | 無賴之徒 | 無賴 | 2-32 |

AB版用明代以來口語詞“無賴子”,《漢語大詞典》首例引明劉基《北嶺將軍廟碑》:“無賴子競起爲刧,且應賊。”撻皮,滬語特徵詞。C版用滬語特徵詞“撻皮”,D版用“流氓”。E、F用粵語特徵詞“無賴脚色”“撈家(仔)”。

按:D版滬語之“流氓”《漢語大詞典》首例引陈白尘等《乌鸦与麻雀》第四章六:“流氓甲挥手,乙、丙二人便冲进后客堂。”略晚。

1.1.33 騙子手

| | | | | | | |
|---|---|---|---|---|---|---|
| 騙子手 | 騙子手 | 拐子 | 騙子 | 光棍 | 光棍 | 2-36 |
| 騙子手 | 騙子手 | | 騙子 | 棍徒 | 光棍 | 2-36 |
| 騙子手 | 騙子手 | 拐子 | 騙子 | 棍徒 | 棍徒 | 2-36 |
| 騙子手 | 騙子手 | 拐子 | 騙子 | 棍徒 | 棍徒 | 2-36 |
| 騙子手 | 騙子手 | 拐子 | 騙子 | 棍徒 | | 2-37 |
| 騙子手 | 騙子手 | 拐子 | 騙子 | 棍徒 | 棍徒 | 2-37 |

ABD版用清代以來口語詞“騙子手”“騙子”。C版滬語用明代以來口語詞“拐子”。EF版則用元代以來口語詞“光棍”“棍徒”。

1.1.34 草雞毛(比喻人粗野無知)

| | | | | | | |
|---|---|---|---|---|---|---|
| (欺軟怕硬的)草雞毛 | (欺軟怕硬的)草雞毛 | (欺軟怕硬个)東西 | (欺善怕兇个)草包 | (欺軟怕硬嘅)野雞毛 | (欺軟怕硬嘅)躁暴人 | 1-37 |

1.1.35 苦力

| | | | | | | |
|---|---|---|---|---|---|---|
| 苦力 | 挑夫 | 脚班上人 | | 挑單 | 苦力 | 3-9 |
| 苦力 | 挑夫 | 脚班 | | 挑夫 | 苦力 | 3-9 |

(續表)

| | | | | | | |
|---|---|---|---|---|---|---|
| 苦力 | 小工 | 小工 | | 咕哩 | 苦力 | 3-14 |
| 苦力 | 小工 | 小工 | | 咕哩 | 苦力 | 3-14 |
| 苦力 | 小工 | 小工 | | 咕哩 | 苦力 | 3-15 |
| 苦力 | 小工 | 小工 | | 咕哩 | 苦力 | 3-15 |
| 苦力 | 小工 | 脚班上个人 | | 咕哩 | 苦力 | 3-17 |
| 苦力 | 挑子 | 脚班 | | 咕哩 | 苦力 | 3-18 |

A 版“苦力”8 例,B 版 2 例改為“挑夫”,5 例改為“小工”,1 例改為“挑子”。

AF 版用“苦力”。E 版用“咕哩”,偶爾用“挑單”“挑夫”。BC 版多見用“小工”,B 版另用“挑夫”“挑子”,C 版另用“脚班”“脚班上(个)人”。

按:《語言自邇集》:打雜兒的:幹雜務的人。打 ta,行為動詞;雜 tsa,雜務(工作)。英語課文對譯為 A coolie,即“苦力 k‘u³ li⁴(重體力勞動)”。【注】:這個詞北京人不知道,除非當作一個英式漢語的詞(an Anglo-Chinese term)。如此看來,“苦力”,從事重體力。該詞的來源與英文有關,AF 版之“苦力”為音义兼譯詞,E 版之“咕哩”為音譯詞。

1.1.36 老公——太監

| | | | | | | |
|---|---|---|---|---|---|---|
| 老公 | 太監 | | 太監 | 太監 | 太監 | 2-39 |

1.1.37 娘兒們——婦女

| | | | | | | |
|---|---|---|---|---|---|---|
| 娘兒們 | 婦女們 | 女眷 | | 堂客 | 女界 | 3-8 |

按:《官話類編》中有類似用法,並在英文注解中指出了南北地域分佈,如:

他做爺兒們/男子漢碰見這個尚且紥掙不住,何況你是娘兒們/婦人家呢? P. 573【注】爺兒們 as here used is a Pekingese term, and means a man as distinguished from a woman. The term is not heard in

Eastern Shantung nor anywhere in Southern Mandarin. The term 娘兒們 is formed in the same way, and means a woman as distinguished from a man。P. 576

E 版之"堂客"泛指女賓客(稱男客為"官客"),《漢語大詞典》首例引《金瓶梅詞話》第六三回:"分付後邊堂客躲開。"

### 1.2 衣物類名詞

#### 1.2.1 衣服

| 衣服 | 衣服 | 衣裳 | 衣裳 | 衣服 | 衣服 | 1-4 |
|---|---|---|---|---|---|---|
| 衣服 | 衣服 | 衣裳 | 衣裳 | 衣服 | 衣服 | 2-20 |
| 衣服 | 衣服 | 衣裳 | 衣裳 | 衣服 | 衣服 | 2-26 |
| 衣裳 | 衣裳 | 衣裳 | 衣裳 | 衣服 | 衣服 | 2-30 |
| 衣服 | 衣服 | 衣裳 | 衣裳 | 衣服 | 衣服 | 2-30 |
| 衣裳 | 衣裳 | 衣裳 | 衣裳 | 衣服 | 衣服 | 2-30 |
| 衣服 | 衣服 | 衣裳 | 衣裳 | 衣服 | 衣服 | 2-30 |
| 衣服 | 衣服 | 衣裳 | 衣裳 | 衣服 | 衣服 | 2-30 |
| 衣服 | 衣服 | 衣裳 | 衣裳 | 衣服 | 衣服 | 2-30 |
| 衣服 | 衣服 | 衣裳 | 衣裳 | 衣服 | 衣服 | 2-31 |
| 衣裳 | 衣裳 | 衣裳 | 衣裳 | 衣裳 | 衣服 | 2-37 |
| 衣裳 | 衣裳 | 衣裳 | 衣裳 | 衣裳 | 衣服 | 2-37 |
| 衣裳 | 衣裳 | 衣裳 | 衣裳 | 衣裳 | 衣服 | 2-37 |
| 衣裳 | 衣裳 | 衣裳 | 衣裳 | 衣裳 | 衣服 | 2-37 |
| 衣裳 | 衣裳 | 衣裳 | 衣裳 | 衣裳 | 衣服 | 2-37 |
| 衣裳 | 衣裳 | 衣裳 | 衣裳 | 衣裳 | 衣服 | 2-37 |
| 衣服 | 衣服 | 衣裳 | 衣裳 | 衣服 | 衣服 | 2-40 |
| 衣裳 | 衣裳 | 衣裳 | 衣裳 | 衣服 | 衣服 | 2-40 |
| 衣服 | 衣服 | 衣裳 |  | 衣服 | 衣服 | 3-5 |
| 衣裳 | 衣服 | 衣裳 |  |  | 衣服 | 3-5 |
| 衣裳 | 衣裳 | 衣裳 |  | 衣服 | 西裝 | 3-5 |

(續表)

| | | | | | | |
|---|---|---|---|---|---|---|
| 衣服 | 衣服 | 衣裳 | | 衣服 | 衣 | 3－5 |
| 衣裳 | 衣裳 | 衣裳 | | 衣服 | 衣服 | 3－5 |
| 衣服 | 衣服 | 衣裳 | | 衣服 | 衣服 | 3－5 |
| 衣裳 | 衣裳 | 衣裳 | | 衫 | 衣服 | 3－5 |
| 衣裳 | 衣裳 | 衣裳 | | 衣裳 | 衣服 | 3－10 |
| 衣裳 | 衣裳 | 衣裳 | | 衣裳 | 衣服 | 3－10 |
| 衣裳 | 衣裳 | 衣裳 | | 衣服 | 衣服 | 3－10 |
| 衣裳 | 衣裳 | 衣裳 | | 衣服 | 衣服 | 3－10 |
| 衣裳 | 衣裳 | 衣裳 | | 衣服 | 衫 | 3－10 |
| 衣服 | 衣服 | 衣裳 | | 衣服 | 衣服 | 3－10 |
| 衣服 | 衣服 | 衣裳 | | 衫 | 衫 | 3－10 |
| 衣服 | 衣服 | 衣裳 | | 衣服 | 衣服 | 3－15 |
| 衣服 | 衣服 | 衣裳 | | 衣服 | 衣服 | 3－17 |
| 衣裳 | 衣裳 | 衣裳 | | 衣服 | 衣服 | 3－18 |
| 衣服 | 衣服 | 衣裳 | | 衣服 | | 3－19 |
| 衣服 | 衣服 | 衣裳 | | 衣裳 | 衣服 | 3－20 |

按：表示衣服的通稱，“衣服”“衣裳”是明清以來常用詞，“衣服”偏用於正統書面語文獻，“衣裳”偏用於口語文獻(參見張美蘭2012)。ABE版用“衣服”和“衣裳”，CD版用“衣裳”，F版用“衣服”，也偶用單音節詞“衣”。除此外，EF版偶用粵語特徵詞“衫”。

1.2.2 襖

1.2.2.1 皮襖

| | | | | | | |
|---|---|---|---|---|---|---|
| 女皮襖 | 女皮襖 | 女皮襖 | 女皮襖 | 女皮衲 | 女皮衲 | 2－37 |
| 皮襖 | 皮襖 | 皮襖 | | 皮衲 | 皮大褂 | 3－10 |

1.2.2.2 布襖

| | | | | | | |
|---|---|---|---|---|---|---|
| 坎肩兒 | 坎肩兒 | 小布襖 | | 背心 | 背心 | 3－5 |

1.2.3 汗衫

| 汗褟兒 | 汗褶兒 | 布衫 | | 汗褟 | 汗衫 | 3-5 |
|---|---|---|---|---|---|---|

1.2.4 扣子

| 鈕子 | 扣子 | 鈕子 | | 鈕 | 鈕 | 3-5 |
|---|---|---|---|---|---|---|

1.2.5 斗篷

| 斗蓬 | 斗篷 | 風兜 | | 大褸 | 冇袖嘅長衣 | 3-10 |
|---|---|---|---|---|---|---|

按:"褸"表示"大衣,外套"是客話、粵語、閩語用詞。

1.2.6 絨褂子

| 絨褂子 | 絨掛子 | 絨馬褂子 | | 絨衫 | 絨褂 | 3-5 |
|---|---|---|---|---|---|---|

1.3 生活用具類名詞

1.3.1 傢俱

| 傢俱 | 傢俱 | 傢生 | 生財 | 傢伙 | 傢私 | 2-9 |
|---|---|---|---|---|---|---|
| 傢俱 | 傢俱 | 傢生 | 生財 | 傢伙 | 傢私 | 2-9 |
| 傢俱 | 傢業 | 傢生 | 傢生 | 家私 | 傢私 | 2-11 |

1.3.2 桌子

1.3.2.1 一般的家具

| 桌子 | 卓(桌)子 | 檯子 | 席 | 席 | 席 | 1-18 |
|---|---|---|---|---|---|---|
| 桌子 | 桌子 | 桌 | | 檯 | 檯 | 3-3 |
| 桌子 | 棹子 | 檯子 | | 檯 | 檯 | 3-9 |
| 桌子 | 棹子 | 檯子 | | 檯 | 檯 | 3-9 |
| 桌子 | 棹子 | 座位 | | 檯 | 座位 | 3-11 |

1.3.2.2 桌席(成桌、成圍)

| | | | | | | |
|---|---|---|---|---|---|---|
| 成桌 | 成棹 | 成桌 | | 成圍 | 擺便 | 3-11 |
| 成桌 | 成棹 | 成桌 | | 成圍 | 擺餐 | 3-11 |
| 成桌 | 成棹 | 成桌 | | 成圍 | 擺便 | 3-11 |
| 成桌 | 成棹 | 成桌 | | 成圍 | 擺便 | 3-11 |
| 成桌 | 成棹 | 成桌 | | 成圍 | 擺便 | 3-11 |
| 一桌 | 一棹 | 一桌 | | 一圍 | 一桌 | 3-11 |

1.3.3 抽屜

| | | | | | | |
|---|---|---|---|---|---|---|
| 抽屜 | 抽屜 | 抽屜 | | 櫃桶 | 櫃桶 | 3-3 |

1.3.4 床

| | | | | | | |
|---|---|---|---|---|---|---|
| 炕 | 炕 | 床 | 炕 | 床 | 床 | 1-23 |
| 炕 | 床 | | | 床 | | 2-27 |
| 炕 | 床 | | | 床 | | 2-27 |
| 炕 | 鋪 | 床 | 舖 | 床 | 床 | 2-29 |
| 炕 | 鋪 | 床 | 舖 | 床 | 床 | 2-29 |

炕,北方話詞,床,通語詞,鋪,南方口語詞,吳語、江淮官話至今仍用。

1.3.5 槅子1:房屋中有窗格子的門或隔扇

| | | | | | | |
|---|---|---|---|---|---|---|
| 槅扇 | 槅子 | 屏風 | 窻 | 圍屏 | 屏風 | 1-16 |
| 槅扇 | 槅扇 | 槅子 | | 圍屏 | 摺門 | 3-14 |

表示“房屋中有窗格子的門或隔扇”,A版用“槅扇”,B版用“槅扇”或“槅子”,C版用“槅子”或“屏風”,D版用“窻”,E版用“圍屏”,F版用“屏風”或“摺門”。

按:槅扇、槅子,指落地長窗。“槅子”是南方話的特徵詞。曹廷玉(2002:186)指出:南昌、永修、安義、都昌以及贛西宜豐、鄂東南咸寧等地的贛方言都說。江蘇吳語區的太倉、江淮官話區的揚州、湖南西南官話的寧遠等地也說。

1.3.6 槅子2: 分層放置器物的架子,多指書架

| (書)槅子 | (書)架子 | (書)架 | (書)架 | (書)架 | (書)架 | 2-18 |
|---|---|---|---|---|---|---|
| 槅子 | 槅板 | 槅 | | 格 | 槅 | 3-2 |
| 槅子 | 槅子 | 架子 | | 架 | 架 | 3-9 |
| 槅子 | 槅板 | 架 | | 架 | 架 | 3-17 |

1.3.7 火盆

| 火盆 | 火盆 | 烘爐 | | 火盤1 | 火盤1 | 3-2 |
|---|---|---|---|---|---|---|

1.3.8 窗

| 窻戶 | 窗子 | 窻口 | 窗口 | 窗 | 窗口 | 1-23 |
|---|---|---|---|---|---|---|
| 窻戶 | 窗子 | 窻 | 窗口 | 窗口 | 窗 | 2-29 |
| 窻戶 | 窗子 | 窻 | | 窗門 | 窗門 | 3-14 |

1.3.9 鋪蓋

| 鋪蓋 | 鋪蓋 | 鋪蓋 | 鋪蓋 | 被鋪 | 被鋪 | 2-28 |
|---|---|---|---|---|---|---|
| 鋪蓋 | 鋪蓋 | 鋪蓋 | 鋪蓋 | 被鋪 | 被鋪 | 2-28 |
| 舖蓋 | 鋪蓋 | 舖蓋 | | 鋪蓋 | 鋪蓋 | 3-1 |
| 舖蓋 | 鋪蓋 | 舖蓋 | | 被鋪 | 被鋪 | 3-3 |
| 舖蓋 | 鋪蓋 | 舖蓋 | | 鋪蓋 | 被鋪 | 3-8 |
| 鋪蓋 | 鋪蓋 | 鋪蓋 | | 鋪蓋 | 被鋪 | 3-17 |

1.3.10 枕頭籠布

| 枕頭籠布 | 枕頭籠布 | 枕頭衣 | | 枕頭布 | 枕頭袋 | 3-3 |
|---|---|---|---|---|---|---|

1.3.11 肥皂

| 胰子 | 胰子 | 肥皂 | | 洋梘 | 番梘 | 3-3 |
|---|---|---|---|---|---|---|
| 胰子 | 胰子 | 肥皂 | | 洋梘 | 番梘 | 3-16 |

按：胰子，北方詞，肥皂，通語詞，“洋梘”是南方地區方言詞。

1.3.12 牙刷

| 刷牙子 | 牙刷子 | 牙刷 | | 牙刷 | 牙擦 | 3-3 |
|---|---|---|---|---|---|---|

1.3.13 牙粉

| 刷牙散 | 刷牙散 | 牙粉 | | 刷牙粉 | 擦牙粉 | 3-3 |
|---|---|---|---|---|---|---|

1.3.14 盆

| 臉盆 | 臉盆 | 面盆 | | 面盤1 | 面盤1 | 3-3 |
|---|---|---|---|---|---|---|

| 澡盆 | 澡盆 | 浴盆 | | 洗身盤1 | 洗身房 | 3-16 |
|---|---|---|---|---|---|---|
| 洗澡盆 | 洗澡盆 | 盆 | | 身盤1 | 盤1 | 3-16 |

表示“盆子”，ABC 版用“盆”，EF 版用粵語特徵詞“盤1”。

1.3.15 匙子

| 匙子 | 挑子 | 鈔 | | 匙羹 | 匙羹 | 3-3 |
|---|---|---|---|---|---|---|
| 匙子 | 挑子 | 鈔 | | 匙羹 | (匙+)羹 | 3-4 |

按：表示“勺子”，A 版用“匙子”，B 版用“挑子”，C 版之“鈔”本字作“抄”，唐代已見，吳語常用，官話區也用。EF 版用“匙羹”。

1.3.16 鹽盒

| 鹽盒兒 | 鹽盒兒 | 鹽匣子 | | 鹽盅 | 鹽兜仔 | 3-3 |
|---|---|---|---|---|---|---|

1.3.17 痰盂

| 痰盒兒 | 痰盒兒 | 痰盂 | | 痰盂 | 痰盂 | 3-2 |
|---|---|---|---|---|---|---|

1.3.18 醒鐘

| 醒鐘 | 鬧鐘 | 醒鐘 | 鬧鐘 | 鬧鐘 | 鬧鐘 | 2-14 |
|---|---|---|---|---|---|---|

1.3.19 地毯

| 地毯 | 地毯 | 地單 | | 地氈 | 地毡 | 3-9 |
|---|---|---|---|---|---|---|
| 地毯 | 地毯 | 地單 | | 地氈 | 地毡 | 3-9 |

1.3.20 開水

| 開水 | 開水 | 開水 | | 滚水 | 滚水 | 3-2 |
|---|---|---|---|---|---|---|
| 開水 | 開水 | 開水 | | 滚水 | 滚水 | 3-2 |

按:"滚"來源於"涫","涫"是"滚"的本字。段玉裁注《説文解字》"涫":"今江蘇俗語沸水曰滚水。涫即滚,語之轉也。""涫"的使用如《春秋繁露》:"繭待繅以涫湯,而後能為絲。"《史記》:"寡人念其如此,腸如涫湯。"

據宫田一郎《漢語方言大詞典》(P.6703)記載,"滚水"義為"熱水"的用法,在晉語、西南官話、贛語、客話、閩語等方言區都有所使用。

據李榮等主編的《現代漢語方言大詞典》,在閩語區的雷州、海口等地,還使用"沸"表"液體沸騰""煮""加熱"等意義。在吴語區的崇明、蘇州等地,還是用"滚"表示"液體煮沸","滚水"等同于"開水"。

粤語。廣東東莞。1916年《番禺縣誌》:"廣州呼～為滚水,東莞人仍呼～。"(參見周瀅照2013)

1.3.21 鎚子

| 鎚子 | 鎚子 | 狼(榔)頭 | | 錘 | 錘 | 3-9 |
|---|---|---|---|---|---|---|

1.3.22 鍊子

| 鍊子 | 練子 | 弦 | 法條 | 鍊 | 鏈 | 2-14 |
|---|---|---|---|---|---|---|
| 鍊子 | 練子 | 弦 | 法條 | | | 2-14 |
| 鍊子 | 練子 | | 法條 | 鍊 | 鏈 | 2-14 |

按:D版之"法條"比較后產,吴語區用。

1.3.23 夾剪

| 夾剪 | 夾剪 | 夾剪 | 夾剪 | 鉸 | 鉸剪 | 2-36 |
|---|---|---|---|---|---|---|

1.3.24 琺藍

| 琺藍 | 琺藍 | 碗料 | 琺藍 | 燒青野 | 燒青貨 | 2-7 |
|---|---|---|---|---|---|---|
| 琺藍 | 琺藍 | 碗料 | 琺藍 | 燒青野 | 燒青貨 | 2-7 |
| 琺藍 | 琺藍 | 碗料 | 琺藍 | 燒青 | 燒青 | 2-7 |
| 藍貨 | 藍貨 | 碗料傢生 | 琺藍 | 燒青 | 燒青貨 | 2-7 |
| 琺藍 | 琺藍 | | 琺藍 | 燒青野 | 燒青貨 | 2-7 |
| 藍貨 | 藍貨 | 碗料傢生 | | 燒青貨 | 燒青貨 | 2-7 |
| 琺藍瓶 | 琺藍瓶 | 碗沙瓶 | 琺藍瓶 | 燒青 | 燒青嘅瓶 | 2-7 |

按:表示"瓷器",ABD版之"琺藍"為"琺瑯"之記音,是通語詞;C版用吳語特徵詞"碗料",EF版用粵語特徵詞"燒青"。

1.3.25 箱

1.3.25.1 箱子

| 箱子 | 箱子 | 箱子 | 箱子 | 槓箱 | 槓箱 | 1-4 |
|---|---|---|---|---|---|---|
| 箱子 | 箱子 | 箱子 | 箱子 | 箱 | 箱 | 2-16 |
| 箱子 | 箱子 | 箱子 | 箱子 | 箱 | 箱 | 2-21 |
| 箱子 | 箱子 | 箱子 | 箱子 | 箱 | 箱 | 2-21 |
| 箱子 | 箱子 | 箱子 | 箱子 | 箱 | 箱 | 2-21 |
| 箱子 | 箱子 | 箱子 | 箱子 | 箱 | 箱 | 2-21 |
| 箱子 | 箱子 | 箱子 | 箱子 | 箱 | 箱 | 2-21 |
| 箱子 | 箱子 | 箱子 | 箱子 | 箱 | 行李 | 2-21 |
| 箱子 | 箱子 | 箱子 | 箱子 | 箱 | 箱 | 2-21 |
| 箱子 | 箱子 | 皮箱 | 箱子 | 箱 | 箱 | 2-21 |
| 箱子 | 箱子 | 皮箱 | 箱子 | 皮箱 | 皮箱 | 2-21 |
| 皮箱 | 皮箱 | 皮箱 | 皮箱 | 皮箱 | 皮箱 | 2-21 |

（續表）

| | | | | | | |
|---|---|---|---|---|---|---|
| 皮箱 | 皮箱 | 皮箱 | 皮箱 | 皮箱 | 皮箱 | 2－21 |
| 皮箱 | 皮箱 | 皮箱 | 皮箱 | 皮箱 | 皮箱 | 2－21 |
| 皮箱 | 皮箱 | 箱子 | 皮箱 | 皮箱 | 皮箱 | 2－21 |
| 皮箱 | 皮箱 | 皮箱 | 皮箱 | 皮箱 | 皮箱 | 2－21 |
| 皮箱 | 皮箱 | 皮箱 | 皮箱 | 皮箱 | 皮箱 | 2－21 |
| 皮箱 | 皮箱 | 皮箱 | | 皮箱 | 皮槓 | 3－10 |
| 箱子 | 箱子 | 箱子 | 箱子 | 槓箱 | 槓箱 | 2－28 |
| 箱子 | 箱子 | 箱子 | 箱子 | 箱 | 槓箱 | 2－31 |
| 箱子 | 箱子 | 箱子 | 箱子 | 箱 | | 2－31 |
| 箱子 | 箱子 | 箱子 | | 箱 | 箱 | 3－10 |
| 箱子 | 箱子 | 箱子 | | 箱 | 箱 | 3－10 |
| 箱子 | 箱子 | 箱子 | | 箱 | 箱 | 3－10 |
| 箱子 | 箱子 | 箱子 | | 箱 | 箱 | 3－10 |
| 箱子 | 箱子 | 箱子 | | 箱 | 槓箱 | 3－17 |
| 箱子 | 箱子 | 箱子 | | 箱 | 箱 | 3－17 |
| 箱子 | 箱子 | 箱子 | | 箱 | 箱 | 3－17 |
| 箱子 | 箱子 | 箱子 | | 箱 | 箱 | 3－17 |
| 皮箱兒 | 皮箱兒 | 皮箱 | | 皮箱 | 皮槓 | 3－17 |
| 皮箱 | 皮箱 | 皮箱 | | 皮箱 | 皮槓 | 3－17 |
| 車箱兒 | 車箱兒 | 車廂 | | 車廂 | | 3－6 |

按：皮箱，《漢語大詞典》釋為"用皮革制成的箱篋。"首例引宋歐陽修《謝胥學士啟》："所期用覆醬瓿，譬十年之練都，投置皮箱，資一笑於相樂。"

槓，《粵音指南》中共 2 例，均與"箱"連用。《訂正粵音指南》中共 7 例，與"皮"或"箱"連用，"皮槓"3 例，"槓箱"4 例。

### 1.3.25.2 “箱子”臨時用作量詞

| | | | | | | |
|---|---|---|---|---|---|---|
| 一兩箱子洋藥 | 一兩箱子洋藥 | 一二箱土 | 一兩箱土 | 一兩箱 | 一兩箱 | 2-23 |
| 七八箱子洋藥 | 七八箱子洋藥 | 七八箱 | 七八箱土 | 七八箱土 | 七八箱 | 2-23 |
| 七八箱子洋藥 | 七八箱子洋藥 | 七八箱 | 七八箱土 | 七八箱土 | 七八箱 | 2-23 |
| 一百箱子烟土 | 一百箱子烟土 | 一百箱个土 | 一百箱土 | 一百箱煙泥 | 一百箱煙土 | 2-23 |
| 一百箱子烟土 | 一百箱子烟土 | 一百箱 | 一百箱土 | 百箱煙土 | 一百箱 | 2-23 |
| 一百箱子烟土 | 一百箱子烟土 | 一百箱土 | 一百箱土 | 百箱烟泥 | 一百箱 | 2-23 |
| 五六百箱子烟土 | 五六百箱子烟土 | 五六百箱个土 | 五六百箱土 | 五六百箱煙泥 | 五六百箱煙土 | 2-23 |
| 幾百箱子的貨 | 幾百箱子的貨 | 幾百箱貨色 | 幾百箱貨色 | 百箱貨 | 幾百箱 | 2-23 |
| 幾箱子土 | 幾箱子土 | 幾箱土 | 幾箱土 | 幾箱煙泥 | 幾箱煙土 | 2-23 |
| 兩箱子衣服 | 兩箱子衣服 | 兩箱子衣裳 | 兩箱子衣裳 | 兩箱衣服 | 兩箱衣服 | 2-26 |
| 十數箱川土 | 十數箱川土 | | | 十幾箱川土 | | 4-13 |
| 十箱子川土 | 十箱子川土 | | | 十箱川土 | | 4-13 |

按：AB版臨時量詞傾向於用“箱+子”,CDEF版單音節“箱”。

### 1.3.26 書套

| | | | | | | |
|---|---|---|---|---|---|---|
| 書套 | 書套 | 書套 | 書売套 | 書套 | 書夾 | 2-18 |
| 套 | 套 | 書套 | 売套 | 套 | 夾 | 2-18 |
| 書套 | 書套 | 書套 | 書売套 | 書套 | 套 | 2-18 |
| 套了(子) | 套子 | 書套 | 売套 | 書套 | 夾 | 2-18 |

### 1.3.27 鞋拔子

| | | | | | | |
|---|---|---|---|---|---|---|
| 鞋拔子 | 鞋拔子 | 鞋拔子 | | 鞋抽 | 鞋抽 | 3-5 |

1.3.28 火輪船

| | | | | | | |
|---|---|---|---|---|---|---|
| 火輪船 | 火輪船 | 火輪船 | 火輪船 | 火船 | 火船 | 2-21 |
| 火輪船 | 火輪船 | 火輪船 | 火輪船 | 火船 | 火船 | 2-21 |
| 船 | 船 | 船 | 船 | 船處 | 火船 | 2-21 |
| 火輪船 | 火輪船 | 火輪船 | 火輪船 | 火船 | 火船 | 2-23 |
| 火輪船 | 火輪船 | 火輪船 | 火輪船 | 火船 | 火船 | 2-23 |

按：ABCD用"火輪船"，EF用"火船"。邱克威(2012)曾以"火車"一詞為物件，提出"火輪車/火輪船"與"火車/火船"二詞分別由官話與粵方言形成並相互競爭，而最終定於"火車/輪船"的現代漢語詞彙現狀。

1.4 器官類名詞

1.4.1 臉

| | | | | | | |
|---|---|---|---|---|---|---|
| 臉 | 臉 | 面 | 面孔 | 面 | | 1-5 |
| 臉 | 臉 | | 面 | 面 | 面 | 1-8 |
| 臉 | 臉 | 面 | 面 | 面 | 面 | 2-21 |
| 臉 | 臉 | 面孔 | 面孔 | 面 | | 2-25 |
| 臉 | 臉 | 面 | 面孔 | 面 | 面 | 2-25 |
| 臉 | 臉 | 面色 | 面孔 | 面色 | 面色 | 2-27 |
| 臉 | 臉 | 面 | 面 | | 面 | 2-29 |
| 臉 | 臉 | 面孔 | 面孔 | 面 | | 2-33 |
| 臉 | 臉 | 面孔 | 面孔 | 面 | | 2-33 |
| 臉 | 臉 | 面孔 | 面孔 | 面 | 面 | 2-35 |
| 臉 | 臉 | 面孔 | 面孔 | 面 | 面 | 2-35 |
| 臉 | 臉 | 面 | | 面 | 面 | 3-3 |
| 臉 | 臉 | 面 | | 面 | 面 | 3-3 |
| 臉 | 臉 | 面 | | 面 | 面 | 3-3 |
| 臉 | 臉 | 面 | | 面 | | 3-3 |

(續表)

| | | | | | | |
|---|---|---|---|---|---|---|
| 臉 | 臉 | 面 | | 面 | 面 | 3－14 |
| 臉 | 臉 | 面 | | 面 | 面 | 3－19 |
| 臉 | 臉 | | | 面 | | 4－1 |
| 臉 | 臉 | | | 面 | | 4－14 |
| 臉 | 臉 | | | 面 | | 4－14 |

表"面孔"之义,《官话指南》有 AB 之"脸",CD 之"面、面孔",EF 之"面"。

按:"臉"和"面"在中古漢語中分工不同,"臉"指臉頰,如《集韻琰韻》:"臉,頰也。""面"指面容,《說文面部》:"面,顏前也。"隋唐時"臉"和"面"仍分工明確,到明代"臉"已經擴展到指整個面部,兩者的使用頻率基本相當,到清代"臉"的使用就大大超過了"面",佔據了優勢。

1.4.2　牙齒

| | | | | | | |
|---|---|---|---|---|---|---|
| 牙 | 牙齒 | 牙齒 | 牙齒 | 牙 | 牙 | 1－41 |
| 牙 | 牙 | 牙齒 | 牙齒 | 牙 | 牙 | 1－41 |

1.5　方所類名詞

1.5.1　街巷(胡同)

| | | | | | | |
|---|---|---|---|---|---|---|
| 胡同 | 巷子 | 街上 | 衖 | 胡同 | 巷內 | 2－1 |
| 胡同 | 巷子 | 街上 | 衖 | 巷 | 巷內 | 2－1 |
| 胡同 | 巷 | 街上 | 衖裏 | 巷 | 巷 | 2－2 |
| 胡同 | 巷 | 街上 | 衖 | 巷 | 巷 | 2－14 |
| 胡同 | 巷 | 街上 | 衖 | 巷 | | 2－14 |

按:A 版用"胡同",典型的北方官話詞,元代才出現。《漢語大詞典》該條下"源于蒙古語 gudum。元人呼街巷為胡同,後即為北方街巷的通稱。""巷",早見(《說文》有"衖"字),今為南方方言詞。

B 版用單音節"巷"或子尾化雙音詞"巷子"。

D版之“衖”見於先秦,《漢語大詞典》首例引《楚辭·離騷》:“不顧難以圖後兮,五子用失乎家衖。”朱熹集注:“衖,一作巷,與巷同。”

EF版用單音節“巷”,E版偶爾用“胡同”。

1.5.2　房子

| 房 | 房子 | 房子 | 房子 | 屋 | 屋 | 2-1 |
|---|---|---|---|---|---|---|
| 房子 | 房子 | | | 屋 | 屋 | 2-1 |
| 房子 | 房子 | 房子 | 房子 | 屋 | 屋 | 2-1 |
| 房子 | 房子 | 房子 | 房子 | 屋 | 屋 | 2-1 |
| 房東 | 房東 | 房東 | 房東 | 屋主 | 屋主 | 2-1 |
| 房子 | 房子 | 房子 | 房子 | 屋 | 房屋 | 2-1 |
| 住房的 | 住房子的 | 房客 | 房客 | 屋客 | 客 | 2-1 |
| 房錢 | 租錢 | 房錢 | 房租 | 錢租 | 屋租 | 2-1 |
| 房錢 | 房租錢 | 房錢 | 房租 | | | 2-1 |
| 房子 | 房子 | 房子 | 房子 | 屋 | | 2-1 |
| 屋子 | 屋子 | 房子 | 房子 | 屋 | | 2-1 |
| 房 | 房子 | 房子 | 房子 | 屋 | | 2-1 |
| 房 | 房子 | 房子 | 房子 | 屋 | 屋 | 2-1 |
| 房子 | 房子 | 房子 | 房子 | 屋 | 屋 | 2-1 |
| 房子 | 房子 | 房子 | 房子 | 屋 | 屋 | 2-10 |
| 住房 | 住房 | 住房 | 住房 | 屋 | 屋 | 2-11 |
| 住房 | 住房 | 住房 | 住房 | 屋 | 屋 | 2-11 |
| 房契 | 房契 | 契張 | 房契 | 屋契 | 契據 | 2-11 |
| 房 | 房 | 房子 | 房子 | 屋 | 屋 | 2-11 |
| 房契 | 房契 | 房契 | 房契 | 屋契 | 契據 | 2-11 |
| 屋裏 | 房裏 | 屋裡 | 房裏 | 房間 | 間房 | 2-21 |
| 房子 | 房子 | 房子 | 房子 | 屋舍 | 屋宇 | 2-23 |
| 房子 | 房子 | 房子 | 房子 | 屋舍 | 屋宇 | 2-23 |
| 屋門 | 房門 | 房門 | 房門 | 房門 | 房門 | 2-25 |

(續表)

| 房 | 屋 | 房子 | 屋 | 屋 | 屋 | 2－25 |
|---|---|---|---|---|---|---|
| 房產 | 房產 | 房子 | 房產 | 屋舍 | 屋舍 | 2－26 |
| 屋子 | 房子 | 房子 | 房子 | 房 | 房 | 2－29 |
| 屋子 | 房子 | 屋 | 房子 | 房 | 房 | 2－29 |
| 屋裏 | 屋裏 | 屋裡 | 房子 | 房 | 房 | 2－29 |
| 屋裏 | 房裏 | 房裡 | 房裏 | 房 | 房内 | 2－29 |
| 屋裏 | 房裏 | | | 房間裡頭 | 房内 | 2－29 |
| 屋裏 | 屋裏 | 屋裡 | 屋裏 | 屋裡頭 | 房 | 2－30 |
| 屋裏 | 房裏 | 裡面 | 房間裏 | 房 | 房 | 2－31 |
| 屋裏 | 房裏 | 屋裡 | 房裏 | 房 | 房 | 2－31 |
| 屋裏 | 房裏 | 裡面 | 房裏 | 房間 | 房 | 2－31 |
| 屋裏 | 房裏 | 屋裡 | 房裏 | 房 | 房 | 2－31 |
| 房 | 房 | 住房 | 房子 | 屋 | 房屋 | 2－35 |
| 屋裏 | 屋裏 | 屋裏 | 房裏向 | 屋 | 屋[或房] | 2－35 |
| 屋裏 | 房裏 | 屋裡 | | 房 | 房 | 2－38 |
| 屋子 | 房子 | 房子 | | 房 | 房 | 3－1 |
| 屋子 | 房子 | 房子 | | 房 | 房 | 3－1 |
| 屋裏 | 房裏 | 房裡 | | 房裏頭 | 房 | 3－2 |
| 屋裏 | 屋裏 | 屋裏 | | 公館 | 房 | 3－3 |
| 屋裏 | 屋裏 | 屋裡 | | 唫 | 屋踚 | 3－5 |
| 屋裏 | 屋裏 | 屋裡 | | 屋唫 | 屋踚 | 3－5 |
| 屋子 | 屋裏 | 房子 | | 房 | 房 | 3－9 |
| 屋子 | 房子 | 房子 | | 房 | 房 | 3－9 |
| 房子 | 房子 | | | 屋 | 屋 | 3－9 |
| 屋子 | 屋子 | 房子 | | 房 | 房 | 3－9 |
| 屋裏 | 屋裏 | 屋裡 | | 房裏頭 | 房裏頭 | 3－10 |
| 房裏 | 房裏 | 屋裡 | | 房裏頭 | 房 | 3－10 |

(續表)

| | | | | | | |
|---|---|---|---|---|---|---|
| 屋裏 | 屋裏 | 屋裡 | | | 房內 | 3-13 |
| 屋裏 | 房裏 | 屋裡 | | 房裡 | 房 | 3-14 |
| | | 屋 | | 房 | 房 | 3-14 |
| 屋裏 | 屋裏 | | | 房 | 房 | 3-14 |
| 屋子 | 房子 | | | 房 | 房 | 3-14 |
| 屋子 | 房子 | 房間 | | 房 | 房 | 3-14 |
| 屋裏 | 房裏 | 裡向 | | 裏頭 | 房 | 3-14 |
| 房裏 | 房裏 | 屋裡 | | 房裏頭 | 房 | 3-15 |
| 屋裏 | 屋裏 | 屋裡 | | 房裏頭 | 房 | 3-15 |
| 屋子 | 房子裏 | 屋裡 | | 房裡頭 | 房 | 3-15 |
| 屋裏 | 房裏 | 房裡 | | 房 | 房 | 3-15 |
| 屋裏 | 屋裏 | | | 房 | | 4-1 |
| 屋裏 | 屋裏 | | | 房 | | 4-1 |
| 房子 | 房子 | | | 屋 | | 4-19 |

按:"房"在戰國中晚期由特指"正室兩旁的房間"變為泛指整個房屋。(參見丁喜霞 2006: 258-260)稱"房、房子",或者叫"屋、屋子",的確有區域之別。東北、華北、西北、西南等廣大的官話方言區多說"房"或"房子",說"屋"或"屋子"的比較少;而南方的大部分地區,如吳語、徽語、贛語、湘語、客家話、粵語、平話通行的地區多說"屋"或"屋子",說"房"或"房子"的比較少。(參見黃金貴《古代文化詞義集類辨考》"宮、室、房、屋",頁 992-996)

1.5.3 院子

| | | | | | | |
|---|---|---|---|---|---|---|
| 院 | 院 | 天井 | 院 | 院 | 院 | 2-1 |
| 院子 | 院子 | 園地 | 天井 | 天井 | 院子 | 2-1 |
| 院子 | 院子 | 廳堂 | 天井 | 天井 | 院 | 2-7 |
| 院子 | 院子 | 天井 | 天井 | 院 | 院 | 2-25 |
| 院 | 院 | 天井 | 天井 | 院 | 院 | 2-25 |

(續表)

| | | | | | | |
|---|---|---|---|---|---|---|
| 院子 | 院子 | 天井 | 天井 | 後門 | 院 | 2-25 |
| 院 | 院子 | 天井 | 天井 | | | 2-25 |
| 院 | 院 | 天井 | 天井 | 院 | 院 | 2-25 |
| 院 | 院 | 天井 | 天井 | 院 | 院 | 2-29 |
| 院 | 院 | 天井 | 天井 | | | 2-29 |
| 院 | 院 | 天井 | 天井 | 院 | 院 | 2-29 |
| 院子 | 院子 | 天井 | 天井 | 屋 | 屋 | 2-30 |
| 院 | 院 | | 天井 | 屋 | 院 | 2-30 |
| 院 | 院 | | 天井 | 屋 | | 2-30 |
| 院子 | 院子 | 天井 | 天井 | 天井 | 院 | 2-33 |
| 院子 | 院子 | 牆圈 | 天井 | 屋 | 院 | 2-35 |
| 院子 | 院子 | 天井 | | 地堂 | 巷 | 3-1 |
| 院子 | 院子 | 天井 | | 天井 | | 3-8 |
| 院子 | 院子 | 天井 | | 天井 | 天井 | 3-9 |
| 院子 | 院子 | 天井 | | 天井 | 天井 | 3-10 |
| 院子 | 院子 | 天井 | | 天井 | 天井 | 3-15 |

按:天井,南方詞。

1.5.4 家(家裏)

| | | | | | | |
|---|---|---|---|---|---|---|
| 張二家 | 張二家 | 張老二屋裡 | 張二个屋裡 | 張老二處 | 張老二家 | 1-18 |
| 家裏 | 家裏 | 屋裡 | 屋裏 | 屋唫 | 屋踗 | 2-3 |
| 家裏 | 家裏 | 屋裡 | 屋裏 | 屋唫 | 屋踗 | 2-3 |
| 家 | 家 | 屋裡 | 屋裏 | 唫 | 踗 | 2-3 |
| 家 | 家 | 屋裡 | 屋裏 | 唫 | 家 | 2-3 |
| 家裡 | 家裡 | 屋裏 | 府上 | | | 2-3 |
| 家裡 | 家裡 | 屋裏 | 屋裏 | 屋唫 | 踗 | 2-8 |
| 家 | 家 | 屋裡 | 屋裡 | 府上 | 踗 | 2-11 |
| 家裏 | 家裏 | 屋裏 | 屋裏 | 屋唫 | 屋踗 | 2-11 |

(續表)

| | | | | | | |
|---|---|---|---|---|---|---|
| 家裏 | 家裏 | 屋裏 | 屋裏 | 府上 | 府上 | 2－11 |
| 家裏 | 家裡 | 屋裏 | 屋裏 | 屋裡頭 | | 2－11 |
| 家裡 | 家裡 | 屋裡 | 屋裏 | 家裡 | | 2－12 |
| 家裏 | 家裏 | 屋裡 | 屋裏 | 府上 | 府上 | 2－15 |
| 家裏 | 家裏 | 屋裡 | 屋裏 | 舍下 | | 2－15 |
| 家 | 家 | 屋裡 | 屋裡 | 住家 | 住家 | 2－15 |
| 家 | 家 | 屋裡 | 屋裏 | | 屋踏 | 2－15 |
| 家裡 | 家裡 | 屋裡 | 屋裏 | | 屋踏 | 2－16 |
| 家 | 家 | | 屋裏 | | | 2－16 |
| 家裡 | 家裡 | 屋裡 | 屋裏 | 家眷 | 家屬 | 2－16 |
| 家裏 | 家裏 | 屋裡 | 屋裏 | 屋唸 | 屋踏 | 2－16 |
| 家裏 | 家裏 | 屋裡 | 屋裏 | 屋唸 | 屋踏 | 2－17 |
| 宅裏 | 公館裏 | 屋裡 | 公館裏 | 公館 | 公館 | 2－18 |
| 家 | 家 | 屋裡 | 屋裏 | 唸 | 踏 | 2－19 |
| 家 | 家 | 屋裡 | 屋裡 | | 屋踏 | 2－20 |
| 家裏 | 家裏 | 屋裡 | 屋裏 | 屋唸 | 屋踏 | 2－21 |
| 家兒裏 | 屋裏 | 屋裡 | 裏屋 | 人屋 | 民居 | 2－22 |
| 家裏 | 家裏 | 屋裡 | 屋裏 | 屋唸 | | 2－23 |
| 家裏 | 家裏 | 屋裏 | 屋裏 | 家裡 | | 2－23 |
| 家裏 | 家裏 | 屋裡 | 屋裏 | 屋唸 | 踏 | 2－23 |
| 家裏 | | 屋裡 | | 府上 | 府上 | 2－24 |
| 家裏 | 家裏 | 屋裡 | 屋裏 | 舍下 | 舍下 | 2－24 |
| 家裏 | 家裏 | 屋裡 | 屋裏 | 屋唸 | 屋踏 | 2－25 |
| 家 | 家 | 屋裡 | 屋裏 | 屋唸 | 屋踏 | 2－26 |
| 家兒 | 家裏 | 屋裏 | 屋裏 | | | 2－26 |
| 家裏 | 家裏 | | 屋裏 | 屋裡 | 屋踏 | 2－26 |
| 家裏 | 家裏 | 屋裡 | 屋裏 | 屋唸 | 屋踏 | 2－26 |

**(續表)**

| 家 | 家 | | | | 屋𨀤 | 2－26 |
|---|---|---|---|---|---|---|
| 家裏 | 家裏 | 屋裡 | 屋裏 | 我嗻 | 我處 | 2－26 |
| 家 | 家 | 財主人搭 | 屋裏 | 屋唫 | 屋 | 2－26 |
| 家裏 | 家裏 | 屋裡 | 屋裏 | 屋唫 | 屋𨀤 | 2－27 |
| 家裏 | 家裏 | 屋裡 | 屋裏 | 佢處 | | 2－27 |
| 家裏 | 家裏 | 屋裡 | 屋裏 | 屋唫 | 屋 | 2－27 |
| 家裏 | 家裏 | 屋裡 | 屋裏 | 家中 | 家中 | 2－27 |
| 家裏 | 家裏 | 屋裡 | 屋裏 | 屋唫 | | 2－27 |
| 家裏 | 家裏 | 家裡 | 屋裏 | 人哋處 | 人哋處 | 2－27 |
| 家裏 | 家裏 | 屋裡 | 屋裏 | 屋唫 | | 2－27 |
| 家 | 家 | 屋裡 | 屋裏 | 屋唫 | 屋𨀤 | 2－28 |
| 家 | 家 | | | | 屋𨀤 | 2－29 |
| 家 | 家 | 屋裡 | 屋裏 | 屋唫 | 屋𨀤 | 2－30 |
| 家裡 | 家裏 | 屋裏 | 屋裏 | 屋唫 | 家中 | 2－30 |
| 家裏人 | 家裏人 | 別人 | 屋裏人 | 家人 | 家人 | 2－30 |
| 家裏 | 家裏 | 屋裡 | 屋裏 | 屋唫 | | 2－30 |
| 家裏 | 家裏 | | 屋裏 | | | 2－30 |
| 家裏 | 家裏 | 屋裡 | | | | 2－30 |
| 家裏 | 家裏 | 屋裡 | 屋裏 | 屋唫 | 家 | 2－31 |
| 家 | 家 | | | 屋唫 | 屋𨀤 | 2－32 |
| 家 | 家 | 屋裡 | 屋裏 | 屋唫 | 屋𨀤 | 2－32 |
| 家裏 | 家裏 | 屋裡 | 屋裏 | 住家 | 住家 | 2－35 |
| 家裏 | 家裏 | 屋裡 | 屋裏 | 住家 | 住家 | 2－35 |
| 家裏 | 家裏 | | 屋裏 | | 屋𨀤 | 2－35 |
| 家 | 家 | 屋裡 | 屋裏 | 住家 | | 2－35 |
| 家裏 | 家裏 | | 屋裏 | 住家 | 呢處 | 2－35 |
| 家裏 | 家裏 | 屋裡 | 屋裏 | 住家 | 住家 | 2－35 |

(續表)

| | | | | | | |
|---|---|---|---|---|---|---|
| 家裏 | 家裏 | 屋裡 | 屋裏 | 住家 | 住家 | 2-35 |
| 家裏 | 家裏 | 屋裡 | 屋裏 | 住家 | 屋 | 2-35 |
| 家裏 | 家裏 | 屋裡 | 屋裏 | 住家 | 屋 | 2-35 |
| 家裏 | 家裏 | 屋裡 | 屋裏 | 住家 | 住家 | 2-35 |
| 家裏 | 家裏 | 屋裡 | 屋裏 | 住家 | 屋 | 2-35 |
| 家裏 | 家裏 | 屋裡 | 屋裏 | 住家 | 住家 | 2-35 |
| 家裏 | 家裏 | 屋裡 | 屋裏 | 住家 | 住家 | 2-35 |
| 家裏的人 | 家裏人 | 屋裡人 | 屋裏个人 | 尊府啲人 | 貴伴 | 2-36 |
| 家 | 家 | | 屋裏 | 住家 | 屋 | 2-36 |
| 家裏 | 家裏 | 屋裡 | 屋裏 | 家裡頭 | 自己 | 2-37 |
| 家裏 | 家裏 | 屋裡 | 屋裏 | 府上 | 趾 | 2-37 |
| 家裏 | 家裏 | 屋裡 | 屋裏 | 屋唫 | 家中 | 2-37 |
| 家裏 | 家裏 | 屋裡 | 屋裏 | 屋唫 | 屋趾 | 2-40 |
| 家 | 家 | 屋裡 | | 唫 | 家 | 3-7 |
| 家 | 家 | 屋裡 | | 唫 | 屋趾 | 3-7 |
| 本家 | 本家 | 屋裡 | | | | 3-13 |
| 家裏 | 家裏 | 屋裡 | | 唫 | 屋裏頭 | 3-18 |
| 宅裏 | 家裏 | 家搭 | | 處 | 屋 | 3-18 |
| 家 | 家 | 屋裡 | | 公館 | 屋趾 | 3-18 |
| 家 | 家裏 | 屋裡 | | | | 3-18 |
| 安家 | 安家 | 安放我个屋裡 | | 安家 | 做家用 | 3-20 |
| 家裏 | 家裏 | 屋裡 | | 屋唫 | 家人 | 3-20 |
| 家裏 | 家裏 | 屋裡 | | 屋唫 | 屋趾 | 3-20 |
| 家裏 | 家裏 | 屋裡 | | 屋唫 | 家中 | 3-20 |
| 家 | 家 | | | 屋唫 | | 4-7 |
| 家裏 | 家裏 | | | 屋唫 | | 4-19 |

按:"屋裏"是南方詞,稱自己的家。

### 1.5.5 舍下:書面語詞

| 舍下 | 舍下 | 舍下 | 舍間 | 舍下 | 舍下 | 2-1 |
|---|---|---|---|---|---|---|
| 舍下 | 舍下 | 敝處 | 舍間 | 舍 | 舍 | 2-1 |
| 舍下 | 舍下 | 舍下 | 舍間 | 舍下 | 舍下 | 2-2 |
| 舍下 | 舍下 | 舍下 | 舍下 | 舍下 | | 2-11 |
| 家 | 家 | | | 舍下 | | 4-12 |
| 家裏 | 家裏 | | | 舍下 | | 4-15 |

按:舍下,《漢語大詞典》"謙稱自己的家。"首例引唐李邕《秦望山法華寺碑》:"師以縮屋未可,枕扆乃明,移出樹間,延入舍下。"

舍間,《漢語大詞典》"謙稱自己的家。"首例引清全祖望《答史雪汀問〈十六國春秋〉書》:"此舍間所無者。"

### 1.5.6 寓所

| 寓所裏 | 寓所裏 | 寓裏 | 寓裏 | 寓所 | 寓所 | 2-22 |
|---|---|---|---|---|---|---|
| 寓所裡 | 寓所裡 | 寓裏 | 寓裏 | 寓所 | 寓所 | 2-22 |
| 寓所裡 | 寓所裡 | 寓裏 | 寓裏 | 寓所處 | 寓所處 | 2-22 |
| 寓所 | 寓所 | | | 府上 | | 4-13 |
| 寓所 | 寓所 | | | 舍下 | | 4-13 |

### 1.5.7 公館

| 公館 | 公舘 | 公舘 | 公館 | 公館 | | 2-7 |
|---|---|---|---|---|---|---|
| 公館 | 公舘 | 公舘 | 公館 | 公館 | | 2-7 |
| 宅裏 | 公舘 | 宅裏 | 宅裏 | 公館 | 公館 | 2-14 |
| 宅裏 | 宅裏 | 宅裏 | 宅裏 | 公館 | 公館 | 2-14 |
| 宅裏 | 宅裏 | 宅裏 | 宅裏 | 公館 | 公館 | 2-14 |
| 宅 | 家 | 宅裏 | 家 | 公館 | 公館 | 2-14 |
| 宅 | 家 | 宅裏 | 家 | 公館 | | 2-14 |
| 宅裡 | 屋裡 | 宅裏 | 宅裏 | 公館裡頭 | | 2-14 |

(續表)

| | | | | | | |
|---|---|---|---|---|---|---|
| 宅裹 | 公舘裹 | 屋裡 | 公館裹 | 公館 | 公館 | 2-18 |
| 宅裹 | 公舘裹 | 屋裡 | 公館裹 | 公館 | | 2-18 |
| 宅裡 | 公舘 | 宅裡 | 公館裹 | 公館 | | 2-18 |
| 宅門子 | 公舘 | 大人家 | 公舘 | 公館 | 大屋 | 2-37 |
| 宅裹 | 公舘裹 | 宅裡 | 公舘裹 | 公館 | 屋 | 2-37 |
| 宅裹 | 公舘裹 | 宅裡 | 公舘裹 | 公館 | | 2-37 |
| 公館 | 公舘 | 公舘 | | 公館 | 公館 | 3-3 |
| 屋裹 | 屋裹 | 屋裹 | | 公館 | 房 | 3-3 |
| 某老爺屋裹 | 某老爺屋裹 | 某處老爺搭 | | 某老爺公館 | 某人嘅房 | 3-5 |
| 宅門兒 | 公舘 | 宅裡 | | 長班 | 私家 | 3-6 |
| 宅門兒 | 公舘 | 宅裡 | | 長班 | 私家 | 3-6 |
| 吳宅 | 吳家 | 吳老爺搭 | | 吳公館 | 吳先生府 | 3-18 |
| 家 | 家 | 屋裡 | | 公館 | 屋踿 | 3-18 |

1.5.8 廂房

| | | | | | | |
|---|---|---|---|---|---|---|
| 廂房 | 廂房 | 廂房 | | 廂房 | 廂房 | 3-9 |
| 官座兒 | 官座 | 官座 | | 公座 | 廂房 | 3-11 |
| 官座兒 | 官座兒 | 官座 | | 公座 | 廂房 | 3-11 |
| 官座兒裹 | 官座兒裹 | 官座裡 | | 公座裹頭 | 廂房 | 3-11 |

1.5.9 書房

| | | | | | | |
|---|---|---|---|---|---|---|
| 書房裡 | 書房裡 | 書房裹 | 書房裹 | 書房嗰邊 | 書房 | 2-4 |
| 書房裡 | 書房裡 | 書房裹 | 書房裹 | 書房 | 書廔 | 2-8 |
| 書房裡 | 書房裡 | 書房裹 | 書房裹 | 書房裡頭 | 書房 | 2-14 |
| 書房裡 | 書房裡 | 書房裹 | 書房裹 | 書房 | 書廔 | 2-14 |
| 書鋪 | 書鋪 | 書房 | 書坊 | 書鋪 | 書舗 | 2-18 |
| 書房裹 | 書房裹 | 書房裡 | 書房裹 | 書房裡頭 | 書房 | 2-25 |

(續表)

| 書房 | 書房 | 書房 | 書房裏 | 書房 | | 2－25 |
|---|---|---|---|---|---|---|
| 書房裏 | 書房裏 | 書房裡 | 書房裏 | 書房處 | 書房處 | 2－26 |
| 書房裏 | 書房裏 | 書房裡 | 書房裏 | 書房 | 書廔 | 2－27 |

按：書房,《漢語大詞典》釋為"家中讀書寫字的房間。"首例引宋洪邁《夷堅乙志・陳如塤》:"一妹嫁遠鄉何屯田之孫,嘗往其家……已灑掃書房延待矣。"

廔,《訂正粵音指南》共 7 例,與"牌"或"書"連用,"牌廔"4 例,"書廔"3 例。粵語特徵詞。

1.5.10　茅房

| 茅房 | 茅房 | 茅廁 | 坑缸 | 廁坑 | 廁所 | 2－29 |
|---|---|---|---|---|---|---|
| 茅房裏 | 茅房裏 | 茅廁裡 | 坑缸上 | | 廁所 | 2－29 |
| 茅房 | 茅房 | 茅廁 | 坑缸 | 廁坑 | 廁所 | 2－29 |
| 茅房 | 茅廁 | 茅廁裡 | 坑缸上 | | 廁所 | 2－33 |
| 茅房裏 | 茅廁裏 | 茅厕裏 | 坑缸上 | 廁坑處 | 廁所 | 2－33 |
| 茅房裏 | 茅廁裏 | 茅廁裡 | 坑缸上 | 廁坑個處 | | 2－33 |
| 茅房裏 | 茅廁裏 | 茅坑裡 | 坑缸上 | 廁坑 | 廁所 | 2－33 |
| 茅房 | 茅房 | 茅廁 | | 廁坑 | 小房 | 3－9 |

1.5.11　學堂

| 學房 | 學堂 | 學堂 | 學堂 | 書館 | 館 | 1－28 |
|---|---|---|---|---|---|---|
| 學房 | 學堂 | 學堂 | 學堂 | 書館 | | 1－28 |

A 版用"學房",BCD 版用"學堂",E 版用"書館"。

按:《官話類編》中也有類似用法,如:李先生的學房/堂沒有規矩。P. 11【注】:"Both 學房 and 學堂 are intelligible anywhere, but the former prevails in the North and the latter in the South." (p. 4)

### 1.5.12 飯館(酒館)

| 飯館子 | 飯舘子 | 飯館 | | 晏店 | 晏店 | 3-11 |
|---|---|---|---|---|---|---|
| 飯館子 | 飯舘子 | 飯館 | | 晏店 | 晏店 | 3-11 |
| 飯莊子 | 包席舘 | 酒館 | | 酒館 | 酒館 | 3-11 |
| 飯莊子 | 包席舘 | 酒館 | | 酒館 | 酒館 | 3-11 |
| 飯莊子 | 包席舘 | 酒館 | | 酒館 | 酒館 | 3-11 |
| 飯館子 | 飯舘子 | | | 酒館 | 酒館 | 3-11 |

### 1.5.13 醫館

| 瞧門脈 | 在家裡看 | 人家上門 | 拉屋裡看 | 嚟館睇 | 人到診 | 2-2 |
|---|---|---|---|---|---|---|
| 瞧門脈 | 在家看 | 人家上門 | 拉屋裡看 | 到館睇 | 喺館 | 2-2 |
| 瞧門脈 | 上門看脈 | 門上看病 | 上門看診 | 在館睇脈 | 到嚟睇脈 | 2-37 |

### 1.5.14 賭場

| 寶局 | 寶廠 | 賭場 | 寶臺 | 攤館 | 賭場 | 2-17 |
|---|---|---|---|---|---|---|
| 寶局 | 寶局 | 賭場 | 寶局 | 攤館 | 賓館 | 2-25 |
| 賭局 | 賭廠 | 賭場 | 賭場 | 賭館 | 賭館 | 2-26 |
| 賭局 | 賭廠 | 賭場 | 賭場 | 賭館 | 賭館 | 2-26 |

### 1.5.15 客店

| 店裡 | 店裏 | 店裡 | 寓裡 | 鋪頭 | 旅店 | 2-2 |
|---|---|---|---|---|---|---|
| 店裡 | 店裏 | 店裡 | 寓裡 | 鋪頭 | 旅店 | 2-2 |
| 店裏 | 店裏 | 店裡 | 寓裏 | 店裡頭 | 店 | 2-2 |
| 店裡 | 店裡 | 寶號裡 | 寓裏 | 鋪頭處 | 旅店 | 2-2 |
| 店裡 | 店裡 | 店裡 | 寓裏 | 店處 | 旅店 | 2-2 |
| 店 | 店 | 客寓 | 客寓 | 客店 | 旅店 | 2-15 |
| 店裏 | 店裏 | 店裏 | 寓裏 | 店裡頭 | | 2-15 |
| 店裏 | 店裏 | 店裏 | 寓裏 | 店處 | 旅店 | 2-15 |

(續表)

| | | | | | | |
|---|---|---|---|---|---|---|
| 店裏 | 店裡 | 店裡 | 寓裏 | 客店 | 旅店 | 2 - 15 |
| 店裏 | 店裏 | 店裡 | 寓裏 | 鋪裡頭 | 客棧 | 2 - 19 |
| 客店裏 | 客店裏 | 客店裡 | 客寓裏 | 客宿 | 客店 | 2 - 31 |
| 店裏 | 店裏 | | 寓裏 | | 店 | 2 - 31 |
| 店裏 | 店裏 | 店裡 | 寓裏 | 客寓處 | | 2 - 31 |
| 店家 | 店家 | 店家 | 寓裏 | 店家 | 店家 | 2 - 31 |
| 店裏 | 店裏 | 店裡 | 寓裏 | 店 | 店 | 2 - 31 |
| 店裏 | 店裏 | 店裡 | 寓 | 店 | 店 | 2 - 31 |
| 客店裏 | 客店裏 | 客寓裡 | 客寓裏 | 客店 | 客店 | 2 - 36 |
| 店裏 | 店裏 | 店裡 | 寓裏 | 店 | 店 | 2 - 36 |
| 店裏 | 店裏 | 店裡 | 寓裏 | | 客店 | 2 - 38 |
| 店 | 店 | 客寓裏 | | 店 | 旅店 | 3 - 8 |
| 店裏 | 店裏 | 寓裏 | | 店 | 棧 | 3 - 8 |

1.5.16　窩棚

| | | | | | | |
|---|---|---|---|---|---|---|
| 窩棚 | 歇棚 | 棚 | 望棚 | 住寮 | 棚廠 | 2 - 13 |
| 窩棚 | 歇棚 | 棚 | 望棚 | 寮 | 棚 | 2 - 13 |

1.5.17　銀號(錢鋪):旧时由私人经营的以存款、放款、汇兑为主要业务的較大的金融业商店

| | | | | | | |
|---|---|---|---|---|---|---|
| 銀號裡 | 銀號裡 | 錢莊 | 銀號裏 | 銀鋪 | 銀號 | 2 - 6 |
| 銀號 | 銀號 | 錢莊 | 銀號 | 銀鋪 | | 2 - 6 |
| 銀號 | 銀號 | 莊上 | 銀號裏 | 銀鋪 | | 2 - 6 |
| 銀號裡 | 銀號裡 | 莊上 | 銀號裏 | 銀鋪 | 銀號 | 2 - 6 |
| 銀號裡 | 銀號裡 | 莊上 | 銀號裏 | 銀鋪 | 銀號 | 2 - 6 |
| 銀號裡 | 銀號裡 | 莊上 | 銀號裏 | 銀鋪 | 銀號 | 2 - 6 |
| 銀號裡 | 銀號裡 | 莊上 | 銀號裏 | 銀鋪 | 銀號 | 2 - 6 |

（續表）

| 銀號裡 | 銀號裡 | 莊上 | 銀號裏 | 銀鋪處 | 銀號 | 2-6 |
|---|---|---|---|---|---|---|
| 銀號 | 銀號 | 莊上 | 銀號 | 銀鋪 |  | 2-6 |
| 銀號 | 銀號 | 錢莊 | 銀號 | 銀鋪 | 銀號 | 2-6 |
| 銀號裏 | 銀號裏 | 莊上 | 銀號裏 |  | 銀號 | 2-33 |
| 銀號 | 銀號 | 莊上 | 銀號 | 銀鋪 |  | 2-33 |

| 錢鋪 | 錢鋪 | 錢莊 | 錢莊 | 錢鋪 | 錢鋪 | 2-9 |
|---|---|---|---|---|---|---|
| 錢鋪 | 錢鋪 | 莊上 | 錢莊 | 錢鋪 | 錢鋪 | 2-9 |
| 錢行 | 錢行 | 錢莊 | 錢莊 |  | 錢鋪 | 2-9 |
| 錢行 | 錢行 | 錢莊 | 錢莊 | 錢鋪 |  | 2-9 |
| 錢鋪 | 錢鋪 | 錢莊 | 錢莊 | 錢鋪 | 錢鋪 | 2-16 |
| 錢鋪 | 錢鋪 | 錢莊 | 錢莊 | 錢鋪 |  | 2-16 |
| 錢鋪 | 錢鋪 | 錢莊 | 錢莊 | 錢鋪 |  | 2-16 |
| 錢鋪 | 錢鋪 | 錢莊 | 錢莊 | 錢鋪 | 錢鋪 | 2-22 |
| 錢鋪 | 錢鋪 | 錢莊 | 錢莊 | 錢鋪 | 錢鋪 | 2-36 |
| 錢鋪 | 錢鋪 | 莊上 | 錢莊上 | 錢鋪 |  | 2-36 |
| 錢鋪 | 錢鋪 | 錢莊上 | 錢莊上 | 錢鋪 | 舖 | 2-36 |
| 錢鋪 | 錢鋪 | 莊上 | 錢莊上 | 錢鋪 | 舖 | 2-36 |
| 錢鋪 | 錢鋪 | 莊上 | 錢莊上 | 錢鋪 | 錢鋪 | 2-36 |
| 錢鋪 | 錢鋪 | 莊上 | 錢莊上 | 錢鋪 |  | 2-36 |
| 錢鋪 | 錢鋪裏 | 莊上 | 錢莊上 | 錢鋪 | 錢鋪 | 2-36 |
| 錢鋪 | 錢鋪 |  | 錢莊上 | 錢鋪 | 錢鋪 | 2-36 |
| 錢鋪 | 錢鋪 | 莊上 | 錢莊上 | 錢鋪 |  | 2-36 |
| 錢鋪 | 錢鋪 | 莊上 | 錢莊上 | 錢鋪 | 錢鋪 | 2-36 |
| 錢鋪 | 錢鋪 | 莊上 | 錢莊上 |  |  | 2-36 |
| 錢鋪 | 錢鋪 | 莊上 | 錢莊上 | 錢鋪 |  | 2-36 |
| 錢鋪 | 錢鋪 | 莊上 | 錢莊上 | 錢鋪 | 錢鋪 | 2-36 |

(續表)

| 錢鋪 | 錢鋪 | 莊上 | 錢莊上 | 錢鋪 | 錢舖 | 2-36 |
|---|---|---|---|---|---|---|
| 錢鋪 | 錢鋪 | 莊上 | 錢莊上 | 錢鋪 | 錢舖 | 2-36 |
| 錢鋪 | 錢鋪 | 錢莊上 |  | 錢鋪 | 錢莊 | 3-12 |
| 錢鋪 |  | 錢莊 |  | 錢鋪 | 錢莊 | 3-12 |

| 母錢鋪 | 母錢鋪 | 小錢莊 | 刁猾錢莊 | 私家錢鋪 | 私家錢舖 | 2-34 |
|---|---|---|---|---|---|---|

### 1.5.18 估衣鋪(用於典當衣服)

| 估衣鋪 | 估衣鋪 | 衣莊上 | 衣莊上 | 故衣鋪 | 故衣舖 | 2-37 |
|---|---|---|---|---|---|---|
| 估衣鋪 | 估衣鋪 | 衣莊上 | 衣莊上 |  | 故衣舖 | 2-37 |
| 估衣鋪 | 估衣鋪 | 衣莊上 | 衣莊上 |  | 故衣舖 | 2-37 |

### 1.5.19 鎮店

| 鎮店 | 鎮店 | 鎮 | 大鎮上个店 | 墟場 | 墟場 | 2-12 |
|---|---|---|---|---|---|---|
| 鎮店 | 鎮店 | 鎮 | 大鎮上个店裏 | 墟場 |  | 2-12 |
| 鎮店 | 鎮店 | 鎮 | 鎮上个店裏 | 墟場 |  | 2-12 |
| 鎮店 | 鎮店 | 鎮 | 鎮 | 墟場 | 墟場 | 2-15 |
| 鎮店 | 鎮市 | 鎮上店裡 | 鎮 | 墟場 | 墟 | 2-32 |
| 鎭店 | 鎭市 | 鎮 | 鎮 | 墟 | 墟 | 2-32 |
| 鎭店 | 鎭市 | 鎮 | 鎮 | 墟 | 墟場 | 2-32 |
| 鎭店 | 鎭市 | 鎮 | 鎮 | 墟 | 墟場 | 2-32 |
| 鎮店 | 鎮市 | 鎮 | 鎮 | 墟 | 墟 | 2-32 |
| 鎮店 | 鎮市 | 鎮 | 鎮 | 墟 | 墟 | 2-35 |
| 鎮店 | 鎮市 | 鎮 | 鎮 | 墟 |  | 2-35 |
| 鎮店 | 鎮市 | 鎮 | 鎮 | 墟 | 埠 | 2-35 |
| 鎮店 | 鎮市 | 鎮 | 鎮 | 墟 | 墟場 | 2-36 |
| 鎮店 | 鎮市 |  | 鎮 | 墟 | 埠 | 2-36 |
| 鎮 | 鎮 | 鎮 | 鎮 | 墟 | 墟 | 2-38 |
| 鎮 | 鎮市 |  |  | 墟場 |  | 4-17 |

按：墟，南方詞。《漢語大詞典》釋為："村落；乡村市集。"首例引晉何劭《贈張華》詩："在昔同班司，今者並園墟。"

1.5.20 買賣場所

| 點心鋪 | 點心鋪 | 點心店 | 點心店 | 點心舖 | 點心舖 | 2-36 |
|---|---|---|---|---|---|---|
| 點心鋪裏 | 點心鋪裏 | 點心店裡 | 點心店裏 | 舖裡便 | 舖 | 2-36 |
| 乾果子鋪 | 乾果子舖 | 乾菓子行 | 乾菓子店 | 賣乾果嘅舖 | 京果舖 | 2-13 |

| 皮貨鋪裏 | 皮貨鋪裏 | 皮貨店裡 |  | 皮草舖 | 皮貨舖 | 3-19 |
|---|---|---|---|---|---|---|

| 木廠子 | 木廠子 | 木作店 | 木匠店 | 木舖 | 木舖 | 2-17 |
|---|---|---|---|---|---|---|

| 布鋪 | 布鋪 | 布莊上 | 布莊上 | 布舖 | 布舖 | 2-9 |
|---|---|---|---|---|---|---|

1.5.21 碼頭

| 馬頭上 | 馬頭上 | 碼頭上 |  | 埔頭 | 碼頭 | 2-28 |
|---|---|---|---|---|---|---|
| 馬頭上 | 碼頭上 | 碼頭上 | 碼頭上 | 埔頭 | 碼頭 | 2-28 |

按：馬頭，《漢語大詞典》釋為："船隻停泊處。即碼頭。"首例引《資治通鑒·唐穆宗長慶二年》："又於黎陽築馬頭，爲度河之勢。"《漢語大詞典》："埔頭，方言。碼頭；交通便利的商業城市。"首例引清王韜《歐洲各都民數》："四海之內徧設埔頭，歐洲人足跡徧於天下，所至即思兼併。"或寫作"鋪"，南方話，上海有一個碼頭叫"十六鋪"。

1.5.22 村莊

| 村莊兒裏 | 村莊兒裏 | 村莊上 | 村莊裏 | 村 | 村 | 2-30 |
|---|---|---|---|---|---|---|
| 村莊兒裏 | 村莊兒裏 | 村莊 | 村莊裏 | 村 | 村 | 2-30 |
| 村莊 | 村莊 | 村莊上 | 村莊 | 村莊 | 村 | 2-32 |
| 村莊兒 | 村莊兒 | 村莊 | 村莊 | 村莊 | 村 | 2-32 |

1.5.23 田園

| | | | | | | |
|---|---|---|---|---|---|---|
| 田園 | 田園 | 園地 | 園地 | 田園 | 田園 | 1-31 |
| 園子 | 園 | 園地 | 園地 | 田園 | 地 | 2-8 |
| 地畝 | 地畝 | 田 | 田地 | 田園 | 地 | 2-8 |
| 地裡 | 地裡 | 地上 | 地上 | 田園處 | 地 | 2-8 |

1.5.24 地下

| | | | | | | |
|---|---|---|---|---|---|---|
| | | 地上 | | | 地下 | 2-6 |
| 地下 | 地下 | 地上 | 地上 | 地處 | 地面 | 2-13 |
| 地下 | 地下 | 地下 | 地下 | 地下 | 地下 | 2-33 |
| 地下 | 地下 | 地上 | | | | 3-16 |

1.5.25 台階

| | | | | | | |
|---|---|---|---|---|---|---|
| 台階兒上 | 台堦兒上 | 階簷上 | 堦簷石上 | 石級 | 石級 | 1-45 |

按:石級,粵語特徵詞。

1.5.26 窟窿

| | | | | | | |
|---|---|---|---|---|---|---|
| 窟窿 | 窟窿 | 洞 | 洞 | 竉 | 竉 | 2-30 |

按:窟窿,就是洞;洞,古今通用。窟窿是連綿詞。

竉:【廣韻】力董切【集韻】【韻會】魯孔切,并音籠。孔竉,穴也。

1.5.27 外頭

| | | | | | | |
|---|---|---|---|---|---|---|
| 外頭 | 外頭 | 外勢 | 外頭 | | | 2-11 |
| 外頭 | 外頭 | 外勢 | 外頭 | 外便 | 外頭 | 2-14 |
| 外頭 | 外頭 | 外勢 | 外頭 | 外便 | | 2-24 |
| 外頭 | 外頭 | 外勢 | 外頭 | | | 2-36 |
| 外頭 | 外頭 | 外勢 | 外頭 | 外便 | | 2-36 |
| 外頭 | 外頭 | 外勢 | | | | 3-18 |
| 外頭 | 外頭 | 外勢 | | 外頭 | | 3-20 |

（續表）

| | | | | | | |
|---|---|---|---|---|---|---|
| 外頭 | 外頭 | 外勢 | 外頭 | 外頭 | | 2 - 27 |
| 外頭 | 外頭 | 外勢 | | 外頭 | | 3 - 20 |

| | | | | | | |
|---|---|---|---|---|---|---|
| 外 | 外 | 外勢 | 以外 | 外 | 外 | 1 - 20 |
| 外 | | 外勢 | | | | 2 - 8 |
| 外 | 外 | 外勢 | | 外 | | 2 - 15 |
| 外 | 外 | 外勢 | | 外 | 外 | 2 - 16 |
| 外 | 外 | 外勢 | 外頭 | 外 | 外 | 2 - 26 |
| 外邊兒 | 外邊 | 外勢 | | 外頭 | | 1 - 5 |
| | | 外勢 | | | | 1 - 25 |
| | | 外勢 | | 外 | | 2 - 8 |

| | | | | | | |
|---|---|---|---|---|---|---|
| 外頭 | 外省 | 外頭 | 外省 | 外便 | 外便 | 2 - 3 |
| 外頭 | 外頭 | 外頭 | 外頭 | 外便 | 外便 | 2 - 20 |
| 外頭 | 外頭 | 外頭 | 外頭 | 外便 | | 2 - 36 |
| 外頭 | 外頭 | 外頭 | | 外頭 | 外便 | 3 - 9 |
| 外頭 | 外頭 | 外頭 | | | 外便 | 3 - 16 |

| | | | | | | |
|---|---|---|---|---|---|---|
| 外間 | 外間 | 外面 | 外頭 | 外便 | 外便 | 2 - 38 |
| 外頭 | 外頭 | 外面 | | 外頭 | 外便 | 3 - 10 |
| 外頭 | 外頭 | 外面 | | 外頭 | 外便 | 3 - 14 |

### 1.5.28　裏頭

| | | | | | | |
|---|---|---|---|---|---|---|
| 裡頭 | 裏頭 | | 裏向 | 裡頭 | | 2 - 14 |
| 裡頭 | 裏頭 | 裡向 | 裏向 | 裡頭 | | 2 - 14 |
| 裡頭 | 裏頭 | 裡向 | 裏向 | 裡頭 | | 2 - 16 |
| 裏頭 | 裏頭 | 裡向 | 裏向 | 裡頭 | | 2 - 18 |

**(續表)**

| | | | | | | |
|---|---|---|---|---|---|---|
| 裏頭 | 裏頭 | 裏 | 裏向 | 裡頭 | 裏頭 | 2-22 |
| 裏頭 | 裏頭 | 裡向 | 裏向 | | 內 | 2-22 |
| 裏頭 | 裏頭 | | 裏向 | 裡頭 | 裏頭 | 2-25 |
| 裏頭 | 裏頭 | 裡 | 裏向 | | 裏頭 | 2-28 |
| 裏頭 | 裏頭 | | 裏向 | 裡頭 | | 2-28 |
| 裏頭 | 裏頭 | 裡向 | 裏向 | 裡頭 | 裏頭 | 2-29 |
| 裏頭 | 裏頭 | 裡面 | 裏向 | 裡頭 | 裏便 | 2-29 |
| 裏間 | 裏間 | 裏面 | 裏向 | 裡頭 | 裏便 | 2-31 |
| 裏間 | 裏間 | 裏面 | 裏向 | 裡頭 | 裏頭 | 2-31 |
| 裏頭 | 裏頭 | 裡 | 裏向 | 裡便 | 裏 | 2-32 |
| 裏頭 | 裏頭 | | 裏向 | 裡頭 | | 2-34 |
| 裏 | 裏 | 裏 | 裏向 | | | 2-35 |
| 裏頭 | 裏頭 | | 裏向 | 裡便 | | 2-35 |
| 裏 | 裏 | 裡 | 裏 | 裡便 | | 2-36 |
| 裏 | 裏 | | 裏 | 裡便 | | 2-37 |
| 裏頭 | 裏頭 | 裡向 | 裏向 | 裡便 | 裏便 | 2-37 |
| 裏頭 | 裏頭 | | 裏向 | 裡頭 | | 2-38 |
| 裏頭 | 裏頭 | | 裏向 | 裡頭 | | 2-38 |
| 裏間 | 裏間 | 裡面 | | | 裏便 | 3-2 |

按:表示“裏面,裏邊”,方位詞“裡”源於名詞“裏”,西漢時開始成為方位名詞。唐五代時期單音節“裏”組配功能及意義範圍進一步擴展,意義越來越虛泛,開始語法化。為彌補“裏”的語法化所造成的損耗,該時期雙音節詞“裏頭”“裏面”產生,多見於口語中。而雙音節詞“裏邊”出現于宋代。(參見劉清平 2011)“裏向”是元代以來常用詞,《漢語大詞典》首例引《七國春秋平話》卷上:“一人報曰:‘告相公,先生在裏向書案上,有先生下棊,正是孫子。’”ABE 版主要

用"裹頭",C 版用"裡向",偶爾也用"裡面",D 版用"裏向",F 版用"裏頭"或粵語特徵詞"裏便"。古語詞"裏"ABCF 版都有使用。

1.5.29 後頭

| | | | | | | |
|---|---|---|---|---|---|---|
| 後頭 | 後頭 | 後面 | 後頭 | 後 | 後便 | 2-25 |
| 後頭 | 後頭 | 後面 | | 後頭 | 後便 | 3-1 |
| 後車尾兒 | 後車尾兒 | 車子後面 | | 車尾 | 車後便 | 3-17 |

1.5.30 南邊

| | | | | | | |
|---|---|---|---|---|---|---|
| 南邊 | 南邊 | 南頭 | 南邊 | 南邊 | 南便 | 2-9 |
| 南邊 | 南邊 | 南邊 | 南邊 | 南便 | 南便 | 2-31 |
| 南邊 | 南邊 | 南邊 | 南邊 | 南便 | 南便 | 2-35 |
| 南邊 | 南邊 | 南邊 | 南邊 | 南便 | 南便 | 2-35 |
| 南邊 | 南邊 | 南邊 | 南邊 | 南便 | 南便 | 2-35 |
| 南邊 | 南邊 | 南邊 | 南邊 | 南便 | 南便 | 2-35 |

1.5.31 北邊

| | | | | | | |
|---|---|---|---|---|---|---|
| 北邊兒 | 北邊兒 | 北面 | 北面 | 北便 | 北便 | 2-32 |

1.5.32 西邊

| | | | | | | |
|---|---|---|---|---|---|---|
| 西街 | 西街 | 西街 | 西街 | 西街 | 西便 | 2-19 |
| 西街 | 西街 | 西街 | 西街 | 西街 | 西便 | 2-21 |
| 西邊兒 | 西邊 | | | 西便 | 西便 | 3-1 |
| 西邊兒 | 西面 | | | 西便 | 西便 | 3-9 |

1.5.33 東(邊)

| | | | | | | |
|---|---|---|---|---|---|---|
| 東 | 東 | 東面 | | 東便 | 東便 | 3-19 |

1.5.34 西北

| | | | | | | |
|---|---|---|---|---|---|---|
| 西北 | 西北 | 西北 | 西北 | 西北角個便 | 西北箇便 | 2-32 |

### 1.5.35 左邊

| 左底邊 | 左底邊 | 左面个邊 | | 左邊 | 左手下便 | 3-10 |
|---|---|---|---|---|---|---|

| 上場 | 上場 | 上場 | | 左便 | 左便 | 3-11 |
|---|---|---|---|---|---|---|
| 上場 | 上場 | 上場 | | 左便 | 左便 | 3-11 |

### 1.5.36 右邊

| 右底邊 | 右底邊 | 右面个邊 | | 右邊 | 右手下便 | 3-10 |
|---|---|---|---|---|---|---|

| 下場 | 下場 | 下場 | | 右便 | 右邊 | 3-11 |
|---|---|---|---|---|---|---|
| 下場 | 下場 | 下場 | | 右便 | 右邊 | 3-11 |

### 1.5.37 傍邊兒

| 傍邊兒 | 傍邊兒 | 傍邊 | | 傍邊 | 側便 | 3-11 |
|---|---|---|---|---|---|---|

### 1.5.38 那邊兒

| 那邊兒 | 那邊 | 箇搭 | 伊 | 嗰頭 | | 1-38 |
|---|---|---|---|---|---|---|
| 那邊兒 | 那邊兒 | 過邊 | 伊邊 | 嗰邊 | 嗰便 | 2-29 |
| 那邊兒 | 那邊兒 | 那邊兒 | 伊邊 | 嗰邊 | 嗰邊 | 2-40 |
| 那邊兒 | 那邊兒 | | | 嗰邊 | | 4-1 |
| 那邊兒 | 那邊兒 | | | 嗰邊 | | 4-1 |

### 1.5.39 兩邊

| | | | | 兩邊 | 兩便 | 2-9 |
|---|---|---|---|---|---|---|

### 1.5.40 四周圍

| 四周圍 | 四周圍 | 四面 | | 四邊 | 四便 | 3-10 |
|---|---|---|---|---|---|---|

### 1.5.41 底下1:表空間

#### 1.5.41.1 樹底下

| 樹底下 | 樹底下 | 大樹底下 | 樹底下 | 樹底下 | 樹陰 | 2-11 |
|---|---|---|---|---|---|---|

### 1.5.41.2　山底下

| | | | | | | |
|---|---|---|---|---|---|---|
| 山底下 | 山底下 | 山脚上 | 山脚下 | 山下 | 山脚 | 2-15 |
| 山底下 | 山底下 | | 山脚下 | 山下 | 山脚 | 2-15 |

### 1.5.41.3　手底下

| | | | | | | |
|---|---|---|---|---|---|---|
| 手底下 | 手底下 | 手裡 | 手裏 | 手裡頭 | 喺處 | 2-17 |
| 手底下 | 手底下 | 手裡 | 手裏 | 手裡頭 | | 2-31 |

### 1.5.41.4　脚底下

| | | | | | | |
|---|---|---|---|---|---|---|
| 脚底下 | 脚底下 | 脚底上 | | 蹄 | 蹄 | 3-16 |

### 1.5.42　底下₂：表時間

| | | | | | | |
|---|---|---|---|---|---|---|
| 底下 | 底下 | 下回 | 以後 | 第回 | 有日子 | 2-2 |
| 底下 | 底下 | 下回 | 以後 | 下次 | 俾日 | 2-2 |
| 底下 | 底下 | 後來 | 朝後 | 將來 | | 2-17 |
| 底下 | 底下 | 下回 | 以後 | 下次 | 第日 | 2-18 |
| 底下 | 底下 | 後來 | 以後 | 下頭 | 又到下文 | 2-39 |
| 底下 | 底下 | | | 下次 | | 4-8 |
| 底下 | 底下 | | | 下次 | | 4-18 |

### 1.5.43　角落

| | | | | | | |
|---|---|---|---|---|---|---|
| 嘎拉兒 | 嘎拉兒 | 角 | —— | 角駱頭 | 角駱頭 | 3-9 |

## 1.6　時間名詞

### 1.6.1　去年(北方)——舊年(南方)

| | | | | | | |
|---|---|---|---|---|---|---|
| 去年 | 去年 | 舊年 | 舊年 | 舊年 | 舊年 | 2-12 |
| 去年 | 去年 | 舊年 | 舊年 | 舊年 | 舊年 | 2-12 |
| 去年 | 去年 | 舊年 | 舊年 | 舊年 | 舊年 | 2-12 |
| 去年 | 去年 | 舊年 | 舊年 | 舊年 | 舊年 | 2-16 |

(續表)

| | | | | | | |
|---|---|---|---|---|---|---|
| 去年 | 去年 | 舊年 | 舊年 | 舊年 | 舊年 | 2－20 |
| 去年 | 去年 | 舊年 | 舊年 | 舊年 | 舊年 | 2－20 |
| 去年 | 去年 | 舊年 | 舊年 | 舊年 | 舊年 | 2－22 |
| 去年 | 去年 | 舊年 | 舊年 | 舊年 | 去年 | 2－22 |
| 去年 | 去年 | 舊年 | 舊年 | 舊年 | 舊年 | 2－23 |
| 去年 | 去年 | 舊年 | 舊年 | 舊年 | 去年 | 2－23 |
| 去年 | 去年 | 舊年 | 舊年 | 舊年 | 舊年 | 2－23 |
| 去年 | 去年 | 舊年 | 舊年 | 舊年 | | 2－24 |
| 去年 | 去年 | 舊年 | 舊年 | 舊年 | 舊年 | 2－25 |
| 去年 | 去年 | 舊年 | 舊年 | 舊年 | 舊年 | 2－27 |
| 去年 | 去年 | 舊年 | 舊年 | 舊年 | 舊年 | 2－33 |
| 去年 | 去年 | | 舊年 | 舊年 | 去年 | 2－35 |
| 去年 | 去年 | 前頭 | | 舊年 | 舊年 | 3－8 |
| 去年 | 去年 | 舊年 | | 舊年 | 舊年 | 3－15 |
| 去年 | 去年 | 舊年 | | 舊年 | 舊年 | 3－15 |
| 去年 | 去年 | | | 舊年 | | 4－8 |
| 去年 | 去年 | | | 舊年 | | 4－15 |
| 去年 | 去年 | | | 舊年 | | 4－15 |
| 去年 | 去年 | | | 舊年 | | 4－15 |
| 去年 | 去年 | | | 舊年 | | 4－19 |
| 去年 | 去年 | | | 舊年 | | 4－19 |

### 1.6.2　前幾年

| | | | | | | |
|---|---|---|---|---|---|---|
| 前幾年 | 前幾年 | 前幾年 | 前幾年 | 先幾年 | 先幾年 | 2－2 |
| 前幾年 | 前幾年 | 前幾年 | 前幾年 | 先幾年 | 先幾年 | 2－2 |
| 前些年 | 前幾年 | 前幾年 | 前幾年 | 前幾年 | 先幾年 | 2－13 |
| 前幾年 | 前幾年 | 前幾年 | 前幾年 | 幾年前 | 先幾年 | 2－20 |

(續表)

| 前些年 | 前幾年 | 幾年前頭 | 前幾年 | 前個幾年 | 先箇幾年 | 2－37 |
|---|---|---|---|---|---|---|
| 前幾年 | 前幾年 | 前幾年 | 前幾年 | 前幾年 | 先幾年 | 2－40 |

1.6.3　這幾年

| 這幾年 | 這幾年 | 箇個幾年 | 第个幾年 | 呢幾年 | 呢幾年 | 2－8 |
|---|---|---|---|---|---|---|
| 這幾年 | 這幾年 |  | 第个幾年 | 呢幾年 | 呢幾年間 | 2－12 |
| 這幾年 | 這幾年 |  | 第个幾年 | 呢幾年 |  | 2－12 |
| 這幾年 | 這幾年 | 近來幾年 | 第个幾年 | 呢幾年 | 近年以來 | 2－13 |
| 這幾年 | 這幾年 | 箇幾年裡 | 第个幾年 | 呢幾年 | 幾年間 | 2－23 |
| 這幾年 | 這幾年 | 幾年工夫 | 第幾年 | 呢幾年 | 呢幾年間 | 2－23 |
| 這幾年 | 這幾年 | 幾年 | 第个幾年 | 呢幾年 | 咁耐 | 2－24 |

1.6.4　這些年

| 這些年 | 這些年 | 多年 | 第个幾年 | 呢幾年間 | 歷年 | 2－23 |
|---|---|---|---|---|---|---|
| 這些年 | 這些年 |  |  | 咁多年 |  | 4－9 |
| 這些年 | 這些年 |  |  | 咁多年 |  | 4－9 |
| 這些年 | 這些年 |  |  | 咁多年 |  | 4－9 |
| 這些年 | 這些年 |  |  | 咁多年 |  | 4－9 |
| 這些年 | 這些年 |  |  | 咁多年 |  | 4－9 |

1.6.5　原先

| 原先 | 原先 | 本來 | 起初 | 從前 | 舊時 | 2－9 |
|---|---|---|---|---|---|---|
| 原先 | 原先 | 本來 | 起初 | 從前 | 舊時 | 2－9 |
| 從先 | 從先 | 前頭個時候 | 從前 | 從前 | 從前 | 2－14 |
| 早先 | 早先 | 前頭起 | 從前 | 先時 | 上前 | 2－14 |
| 從前 | 從前 | 前頭 |  | 從前 | 舊時 | 3－8 |
| 原先 | 原先 | 前頭起 |  | 從前 | 始初 | 3－20 |
| 原先 | 原先 |  |  | 從前 |  | 4－15 |

(續表)

| | | | | | | |
|---|---|---|---|---|---|---|
| 從先 | 從先 | | | 從前 | | 4－15 |
| 原先 | 原先 | | | 從前 | | 4－20 |
| 原先 | 原先 | | | 從前 | | 4－20 |

## 1.6.6 先頭裏(裡)

| | | | | | | |
|---|---|---|---|---|---|---|
| 先頭裏 | 先頭裏 | 前頭 | 前頭 | 從前 | 舊時 | 2－7 |
| 先頭裏 | 先頭裏 | 前頭起 | 起初 | 在前 | 舊時 | 2－16 |
| 先頭裏 | 先頭裏 | 前頭起 | 起初 | 起先 | 舊時 | 2－16 |
| 先頭裏 | 先頭裏 | 前起頭 | 起初 | 在前 | 從前 | 2－17 |
| 先頭裏 | 先頭裏 | 前頭去 | 起初 | 從前 | 舊時 | 2－25 |
| 先頭裏 | 先頭裏 | 前頭 | 前頭 | 上前 | | 2－25 |
| 先頭裏 | 先頭裏 | 前頭起 | 起初 | 從前 | 舊時 | 2－27 |
| 先頭裏 | 先頭裏 | 前頭起 | 前頭 | 在前 | 舊時 | 2－33 |
| 先頭裡 | 先頭裏 | 前頭 | 前頭 | 上先 | | 2－7 |
| 先頭裡 | 先頭裏 | 前頭起 | 起先 | 上前 | 上前 | 2－14 |
| 先頭裡 | 先頭裏 | 前頭起 | 起先 | 上前 | | 2－14 |

## 1.6.7 現在

| | | | | | | |
|---|---|---|---|---|---|---|
| 現在 | 現在 | 現在 | 現在 | 現在 | 呢回 | 1－40 |
| 現在 | 現在 | 現在 | 現在 | 現時 | 呢回 | 2－2 |
| 現在 | 現在 | | 現在 | 而家 | | 2－2 |
| 現在 | 現在 | 現在 | 現在 | 現時 | 現在 | 2－2 |
| 現在 | 現在 | 現在 | 現在 | 而家 | 而家 | 2－2 |
| 現在 | 現在 | 現在 | 現在 | 現在 | 現時 | 2－3 |
| | | 現在 | | | 而家 | 2－3 |
| 現在 | 現在 | 現在 | 現在 | 而家 | 現在 | 2－8 |
| 現在 | 現在 | 現在 | 現在 | 現在 | 現時 | 2－8 |

(續表)

| 現在 | 現在 | 現在 | 現在 | 現在 | 而家 | 2-9 |
|---|---|---|---|---|---|---|
| 現在 | 現在 | 現在 | 現在 | 而家 | 呢陣 | 2-9 |
| 現在 | 現在 |  | 現在 | 現時 | 而家 | 2-10 |
| 現在 | 現在 | 現在 | 現在 | 現在 | 現時 | 2-11 |
| 現在 | 現在 | 現在 | 現在 | 現在 | 現時 | 2-14 |
| 現在 | 現在 | 現在 | 現在 | 現在 | 現今 | 2-14 |
| 現在 | 現在 | 現在 | 現在 | 而家 | 呢陣時 | 2-14 |
| 現在 | 現在 | 現在 | 現在 | 而家 |  | 2-16 |
| 現在 | 現在 | 現在 | 現在 | 現在 | 而家 | 2-17 |
| 現在 | 現在 |  | 現在 | 而家 |  | 2-17 |
| 現在 | 現在 | 現在 | 現在 | 而家 | 而家 | 2-17 |
| 現在 | 現在 |  | 現在 | 而家 |  | 2-18 |
| 現在 | 現在 | 現在 | 現在 | 而家 | 現時 | 2-19 |
| 現在 | 現在 | 現在 | 現在 | 現時 |  | 2-19 |
| 現在 | 現在 | 現在 | 現在 | 現時 | 現時 | 2-20 |
| 現在 | 現在 | 現在 | 現在 | 而家 | 現時 | 2-21 |
| 現在 | 現在 |  | 現在 | 而家 |  | 2-21 |
| 現在 | 現在 | 現在 | 現在 | 現時 |  | 2-22 |
| 現在 | 現在 |  | 現在 | 現時 |  | 2-22 |
| 現在 | 現在 | 現在 | 現在 |  | 而家 | 2-23 |
| 現在 | 現在 | 現在 | 現在 | 現今 | 現在 | 2-24 |
| 現在 | 現在 | 現在 | 現在 | 而家 | 現時 | 2-24 |
| 現在 | 現在 | 現在 | 現在 | 現時 | 而家 | 2-24 |
| 現在 | 現在 | 現在 | 現在 | 現時 | 現時 | 2-24 |
| 現在 | 現在 | 現在 | 現在 | 而家 |  | 2-25 |
| 現在 | 現在 | 現在 | 現在 | 而家 | 呢箇時候 | 2-26 |
| 現在 | 現在 | 現在 | 現在 | 現在 | 而家 | 2-28 |

(續表)

| 現在 | 現在 | 現在 | 現在 | 現在 | | 2-30 |
|---|---|---|---|---|---|---|
| 現在 | 現在 | 現在 | 現在 | 而家 | 現時 | 2-30 |
| 現在 | 現在 | | 現在 | 現在 | 而家 | 2-30 |
| 現在 | 現在 | 現在 | 現在 | 現在 | | 2-31 |
| 現在 | 現在 | 現在 | 現在 | 而家 | 而家 | 2-31 |
| 現在 | 現在 | | 現在 | 現時 | 現時 | 2-31 |
| 現在 | 現在 | 現在 | 現在 | 現在 | | 2-31 |
| 現在 | 現在 | 現在 | 現在 | 而家 | | 2-32 |
| 現在 | 現在 | 現在 | 現在 | 而家 | | 2-36 |
| 現在 | 現在 | 現在 | 現在 | 現今 | 而家 | 2-36 |
| 現在 | 現在 | 現在 | 現在 | 現今 | | 2-37 |
| 現在 | 現在 | 現在 | 現在 | 現時 | | 2-38 |
| 現在 | 現在 | | 現在 | 現今 | | 2-40 |
| 現在 | 現在 | 現在 | | 而家 | | 3-1 |
| 現在 | 現在 | 現在 | | 現在 | | 3-1 |
| 現在 | 現在 | 現在 | | 而家 | | 3-3 |
| 現在 | 現在 | 現在 | | 而家 | | 3-3 |
| 現在 | 現在 | 現在 | | 而家 | | 3-4 |
| 現在 | 現在 | 現在 | | 而家 | | 3-4 |
| 現在 | 現在 | 現在 | | 而家 | | 3-5 |
| | | 現在 | | 而家 | | 3-5 |
| 現在 | 現在 | | | 現在 | | 3-6 |
| 現在 | 現在 | 現在 | | 現在(而家) | 而家 | 3-7 |
| 現在 | 現在 | 現在 | | 而家 | 而家 | 3-10 |
| 現在 | 現在 | 現在 | | 而家 | 而家 | 3-11 |
| 現在 | 現在 | 現在 | | 而家 | 而家 | 3-13 |
| 現在 | 現在 | 現在 | | 而家 | | 3-13 |

（續表）

| 現在 | 現在 | 現在 | | 而家 | 而家 | 3 - 14 |
|---|---|---|---|---|---|---|
| 現在 | 現在 | 現在 | | 現在(而家) | | 3 - 14 |
| 現在 | 現在 | | | 現在(而家) | | 3 - 14 |
| 現在 | 現在 | | | 而家 | | 3 - 15 |
| 現在 | 現在 | | | 而家 | 呢陣 | 3 - 16 |
| 現在 | 現在 | 現在 | | 現在 | 呢陣時 | 3 - 17 |
| 現在 | 現在 | 現在 | | 而家 | 而家 | 3 - 18 |
| 現在 | 現在 | 現在 | | 現在 | 而家 | 3 - 19 |
| 現在 | 現在 | 現在 | | 而家 | 呢陣時 | 3 - 19 |
| 現在 | 現在 | 現在 | | 現在 | | 3 - 20 |
| 現在 | 現在 | | | 現在 | | 4 - 1 |
| 現在 | 現在 | | | 現在 | | 4 - 2 |
| 現在 | 現在 | | | 現在 | | 4 - 2 |
| 現在 | 現在 | | | 現在 | | 4 - 3 |
| 現在 | 現在 | | | 而家 | | 4 - 3 |
| 現在 | 現在 | | | 現在 | | 4 - 4 |
| 現在 | 現在 | | | 現在 | | 4 - 6 |
| 現在 | 現在 | | | 現在 | | 4 - 8 |
| 現在 | 現在 | | | 現在 | | 4 - 9 |
| 現在 | 現在 | | | 現在 | | 4 - 9 |
| 現在 | 現在 | | | 現在 | | 4 - 11 |
| 現在 | 現在 | | | 現在 | | 4 - 12 |
| 現在 | 現在 | | | 現在 | | 4 - 13 |
| 現在 | 現在 | | | 現在 | | 4 - 13 |
| 現在 | 現在 | | | 而家 | | 4 - 14 |
| 現在 | 現在 | | | 現在 | | 4 - 14 |
| 現在 | 現在 | | | 現在 | | 4 - 15 |

(續表)

| | | | | | | |
|---|---|---|---|---|---|---|
| 現在 | 現在 | | | 現在 | | 4-15 |
| 現在 | 現在 | | | 現在 | | 4-16 |
| 現在 | 現在 | | | 現在 | | 4-19 |
| 現在 | 現在 | | | 現在 | | 4-20 |

按：現在,《漢語大詞典》釋為"眼前一剎那。與過去、未來相區別。後泛指此時、目前。"首例引《百喻經·病人食雉肉喻》:"外道等執於常見,便謂過去、未來、現在,唯是一識,無有遷謝。"

而家,《廣州方言詞典》頁64:"現在,這會兒。"也說"家下"或"家陣"。《粵音指南》中共92例,《訂正粵音指南》44例。

1.6.8 如今

| | | | | | | |
|---|---|---|---|---|---|---|
| 如今 | 如今 | 現在 | 現在 | 而家 | 而家 | 1-13 |
| 如今 | 如今 | | 現在 | 現今 | 而家 | 1-22 |
| 如今 | 如今 | 現在 | 現在 | 近來 | 現在 | 1-36 |
| 如今 | 如今 | 現在 | 現在 | 現今 | 現 | 2-5 |
| 如今 | 如今 | 如今 | 現在 | 而家 | 而家 | 2-15 |
| 如今 | 如今 | 現在 | 現在 | 而家 | 而家 | 2-16 |
| 如今 | 如今 | 如今 | 現在 | | 呢回 | 2-16 |
| 如今 | 如今 | | 現在 | 呢回 | 而家 | 2-17 |
| 如今 | 如今 | 現在 | 現在 | 而家 | 而家 | 2-17 |
| 如今 | 於今 | 現在 | 現在 | | | 2-19 |
| 如今 | 如今 | 現在 | 現在 | 而家 | 現時 | 2-21 |
| 如今 | 如今 | 現在 | 現在 | 而家 | 而家 | 2-22 |
| 如今 | 如今 | | 現在 | 而家 | 而家 | 2-24 |
| 如今 | 如今 | | 現在 | 而家 | | 2-24 |
| 如今 | 如今 | 現在 | 現在 | 今 | | 2-24 |
| 如今 | 如今 | 現在 | | 而家 | | 2-31 |

（續表）

| | | | | | | |
|---|---|---|---|---|---|---|
| 如今 | 如今 | 現在 | 現在 | 而家 | 現在 | 2－31 |
| 如今 | 如今 | 現在 | 現在 | 而家 | | 2－32 |
| 如今 | 如今 | 現在 | 現在 | 而家 | 而家 | 2－34 |
| 如今 | 如今 | 現在 | 現在 | 而家 | | 2－34 |
| 如今 | 如今 | 現在 | 現在 | 而家 | | 2－34 |
| 如今 | 如今 | 現在 | 現在 | 而家 | | 2－36 |
| 如今 | 如今 | 現在 | 現在 | 而家 | | 2－37 |
| 如今 | 如今 | 如今 | 現在 | 而家 | | 2－39 |
| 如今 | 如今 | | | 現在 | | 4－8 |
| 如今 | 如今 | | | 現在 | | 4－9 |

1.6.9 新近

| | | | | | | |
|---|---|---|---|---|---|---|
| 新近 | 現在 | 新近 | 現在 | 近日 | 近日 | 2－14 |
| 新近 | 近日 | 新近 | 新近 | 新近 | | 2－19 |
| 新近 | 剛纔 | 勿多幾日 | 纔然 | 就致 | 先冇幾耐 | 2－24 |
| 新近 | 近日 | 新近 | 新近 | 近日 | 先排 | 2－36 |
| 近日 | 近日 | 近來日脚 | | 近日 | 新近 | 2－38 |
| 新近 | 近日 | 新近 | | 近日 | 近日 | 3－18 |
| 新近 | 近來 | | | 現在 | | 4－19 |
| 新近 | 近日 | | | 而家 | | 4－19 |

| | | | | | | |
|---|---|---|---|---|---|---|
| 新近 | 新近 | 近來 | 新近 | 新 | 近來 | 2－9 |
| 新近 | 近日 | 新近 | 新近 | 新 | 新 | 2－24 |
| 新近 | 初次 | 新近 | | 新 | 初 | 3－1 |

1.6.10 脚下

| | | | | | | |
|---|---|---|---|---|---|---|
| 脚下 | 眼前 | | 眼前 | 目下 | 近今 | 2－1 |
| 脚下 | 目下 | 現在 | 目下 | 現目 | 目下 | 2－14 |

(續表)

| | | | | | | |
|---|---|---|---|---|---|---|
| 脚下 | 目下 | 現在 | 目下 | 而家 | 而家 | 2-14 |
| 脚下 | 目下 | 現在 | 現在 | 而家 | 現時 | 2-23 |
| 脚下 | 現今 | | 現在 | 現在 | | 2-26 |
| 脚下 | 目下 | 現在 | | 而家 | | 3-20 |

### 1.6.11 平素

| | | | | | | |
|---|---|---|---|---|---|---|
| 素日 | 素日 | 平素日脚 | 素來 | 平日 | 向來 | 2-11 |
| 素日 | 平素 | 平素 | 素來 | 平日 | 向來 | 2-11 |
| 平常 | 平常 | 平素日脚 | 平常 | 平時 | 平素 | 2-11 |
| 素日 | 素日 | 平素日脚 | 素來 | 平日 | 素來 | 2-30 |
| 平常 | 平常 | 平素 | 向來 | 平日 | 平日 | 2-35 |

### 1.6.12 这一向

| | | | | | | |
|---|---|---|---|---|---|---|
| 這一向 | 這一向 | | 第个一向 | 呢排 | | 2-8 |
| 這一向 | 這一向 | | 第向 | 呢排 | | 2-8 |
| 這一向 | 這一向 | 一向 | 一向 | 呢排 | | 2-14 |
| 這一向 | 這一向 | | | 呢排 | | 4-5 |
| 這一向 | 這一向 | | | 呢排 | | 4-5 |
| 這一向 | 這一向 | | | 呢排 | | 4-5 |
| 這一向 | 這一向 | | | 呢排 | | 4-5 |
| 這一向 | 這一向 | | | 呢排 | | 4-7 |
| 這一向 | 這一向 | | | 呢排 | | 4-11 |
| 這一向 | 這一向 | | | 呢排 | | 4-11 |
| 這一向 | 這一向 | | | 呢排 | | 4-14 |
| 這一向 | 這一向 | | | 呢排 | | 4-17 |

| | | | | | | |
|---|---|---|---|---|---|---|
| 這一向 | 這一向 | | | 一向 | | 4-2 |
| 這一向 | 這一向 | | | 一向 | | 4-2 |

1.6.13 這程子

| 這程子 | 這些時 | 箇一時 | 第兩日 | 呢排 | | 2-10 |
|---|---|---|---|---|---|---|
| 這程子 | 這些時 | 箇一時 | 第兩日 | 呢排 | 好耐 | 2-12 |
| 這一程子 | 這些時的 | | | 呢一輪 | | 4-11 |

1.6.14 整天家

| 整天家 | 整天的 | 一日到夜 | 終日个 | 成日 | 成日 | 1-33 |
|---|---|---|---|---|---|---|
| 整工夫 | 整工夫 | 完全 | 全日工夫 | 成日 | 成日 | 2-14 |
| 整天家 | 整天的 | 圇日 | 終日个 | 成日 | 成日 | 2-17 |

1.6.15 見天

| 見天 | 每天 | 日都 | 每日 | 日日 | 每日 | 2-14 |
|---|---|---|---|---|---|---|
| 見天 | 每天 | 足慣 | 每日 | 日日 | 每日 | 2-17 |
| 見天 | 見天 | | | | 每日 | 2-23 |
| 見天 | | 日逐 | | 日中 | 每日 | 2-24 |
| 見天 | 每天 | 日逐 | 每日 | 每日 | 每日 | 2-25 |
| 見天 | 每天 | 日逐 | 每日 | 每日 | 每日 | 2-26 |
| 見天 | 每天 | 日逐 | 每日 | | 每日 | 2-37 |
| 見天 | 天天 | | 日日 | 每日 | | 2-40 |
| 見天 | 見天 | 日都 | | 每日 | 每朝 | 3-12 |

按：表示“每天”，A版用北京話口語詞“見天”，《北京話詞語》(2001：420)：“見天兒，天天兒，時常。”B版用“每天”，偶爾用“見天”“天天”。C版用元代以來常用詞“日逐”(逐，澄母)、“日都”(都，端母)，《元語言詞典》頁262收錄“日逐”。DEF版主要用“每日”，DE版偶爾也用“日日”。

1.6.16 今兒——今朝——今日

| 今兒 | 今天 | 今朝 | 今朝 | 今日 | 今日 | 1-20 |
|---|---|---|---|---|---|---|
| 今兒個 | 今天 | 今朝 | 今朝 | 今日 | 今日 | 1-32 |

(續表)

| | | | | | | |
|---|---|---|---|---|---|---|
| 今兒個 | 今天 | 今朝 | 今朝 | 今日 | 今日 | 2-3 |
| 今兒個 | 今天 | 今朝 | 今朝 | 今日 | 今日 | 2-4 |
| 今兒個 | 今天 | 今朝 | 今朝 | 今日 | 今日 | 2-5 |
| 今兒個 | 今天 | 今朝 | 今朝 | 今日 | 今日 | 2-8 |
| 今兒 | 今天 | 今朝 | 今朝 | 今日 | 今日 | 2-10 |
| 今兒 | 今天 | 今朝 | 今朝 | 今日 | 今日 | 2-11 |
| 今兒個 | 今天 | 今朝 | 今朝 | 今日 | 今日 | 2-13 |
| 今兒個 | 今天 | 今朝 | 今朝 | 今日 | 今日 | 2-14 |
| 今兒個 | 今天 | 今朝 | 今朝 | 今日 | 今日 | 2-18 |
| 今兒個 | 今天 | 今朝 | 今朝 | 今日 | 今日 | 2-18 |
| 今兒個 | 今天 | 今朝 | 今朝 | 今日 | 今日 | 2-20 |
| 今兒個 | 今天 | 今朝 | 今朝 | 今日 | 今日 | 2-21 |
| 今兒個 | 今天 | 今朝 | 今朝 | 今日 | 今日 | 2-35 |
| 今兒個 | 今天 | 今朝 | 今朝 | 今日 | | 2-38 |
| 今兒個 | 今天 | 今朝 | 今朝 | 今日 | 今日 | 2-39 |
| 今兒個 | 今天 | | | 今日 | 如今 | 2-39 |
| 今兒個 | 今天 | | 今朝 | 今日 | 今日 | 2-39 |
| 今兒 | 今日 | 今朝 | | 今日 | 今日 | 3-3 |
| 今兒個 | 今天 | 今朝 | | 今日 | 今日 | 3-3 |
| 今兒 | 今天 | 今朝 | | 今日 | 今日 | 3-4 |
| 今兒 | 今日 | 今朝 | | 今日 | 今日 | 3-5 |
| 今兒 | 今天 | 今朝 | | 今日 | 今日 | 3-5 |
| 今兒 | 今天 | 今朝 | | 今日 | 今日 | 3-6 |
| 今天 | 今天 | 今朝 | | 今日 | 今日 | 3-7 |
| 今兒個 | 今天 | | | 今日 | 今日 | 3-7 |
| 今兒 | 今天 | 今朝 | | 今日 | 今日 | 3-9 |
| 今天 | 今天 | 今朝 | | 今日 | 今日 | 3-9 |
| 今天 | 今天 | 今朝 | | 而家 | 今日 | 3-9 |

(續表)

| | | | | | | |
|---|---|---|---|---|---|---|
| 今兒 | 今天 | 今朝 | | 今日 | 今日 | 3-10 |
| 今兒個 | 今日 | 今朝 | | 今日 | | 3-12 |
| 今兒 | 今天 | 今朝 | | 今日 | 嗰日 | 3-12 |
| 今兒 | 今日 | 今朝 | | 今日 | 今日 | 3-16 |
| 今兒個 | 今天 | 今朝 | | 今日 | | 3-16 |
| 今日 | 今日 | | | 今日 | | 4-1 |
| 今日 | 今日 | | | 今日 | | 4-2 |
| 今兒個 | 今天 | | | 今日 | | 4-2 |
| 今日 | 今日 | | | 今日 | | 4-2 |
| 今日 | 今日 | | | 今日 | | 4-3 |
| 今日 | 今日 | | | 今日 | | 4-3 |
| 今日 | 今日 | | | 今日 | | 4-4 |
| 今日 | 今日 | | | 今日 | | 4-5 |
| 今日 | 今日 | | | 今日 | | 4-6 |
| 今日 | 今日 | | | 今日 | | 4-7 |
| 今日 | 今日 | | | 今日 | | 4-8 |
| 今日 | 今日 | | | 今日 | | 4-9 |
| 今日 | 今日 | | | 今日 | | 4-10 |
| 今日 | 今日 | | | 今日 | | 4-11 |
| 今日 | 今日 | | | 今日 | | 4-12 |
| 今兒個 | 今天 | | | 今日 | | 4-12 |
| 今日 | 今日 | | | 今日 | | 4-13 |
| 今兒 | 今天 | | | 今日 | | 4-13 |
| 今日 | 今日 | | | 今日 | | 4-14 |
| 今日 | 今日 | | | 今日 | | 4-15 |
| 今日 | 今日 | | | 今日 | | 4-16 |
| 今日 | 今日 | | | 今日 | | 4-18 |
| 今日 | 今日 | | | 今日 | | 4-19 |
| 今日 | 今日 | | | 今日 | | 4-20 |

| 今兒 | 今天 | 今朝 | 今朝 | 今 | 今 | 1-4 |
|---|---|---|---|---|---|---|
| 今兒 | 今天 | 今朝 | 今朝 | 今 | 今 | 2-16 |
| 今兒 | 今天 | 今朝 | 今朝 | 今 | 今 | 2-21 |
| 今兒 | 今天 | 今朝 | 今朝 | 今 | 今 | 2-21 |
| 今兒 | 今天 | 今朝 | 今朝 | 今 | 今 | 2-37 |
| 今兒 | 今天 | 今朝 | 今朝 |  | 今 | 2-37 |
| 今兒 | 今天 | 今朝 |  | 今 | 今 | 3-7 |
| 今兒 | 今天 | 今朝 |  | 今 | 今 | 3-10 |
| 今兒 | 今天 | 今 |  | 今 | 今 | 3-13 |
| 今兒 | 今天 | 今朝 |  | 今 | 今 | 3-16 |
| 今兒 | 今天 | 今朝 |  | 今 | 今 | 3-17 |

### 1.6.17 明兒——明朝——明日

| 明天 | 明天 | 明朝 | 明朝 | 明日 | 明日 | 1-4 |
|---|---|---|---|---|---|---|
| 明兒 | 明天 | 明朝 | 明朝 | 聽日 | 聽日 | 1-38 |
| 明兒個 | 明天 | 明朝 | 明朝 | 聽日 | 聽日 | 1-43 |
| 明天 | 明天 | 明朝 | 明朝 | 聽日 | 聽日 | 2-10 |
| 明兒個 | 明天 | 明朝 | 明朝 | 聽日 | 明日 | 2-19 |
| 明兒個 | 明天 | 明朝 | 明朝 | 聽日 | 聽日 | 2-24 |
| 明兒個 | 明天 | 明朝 | 明朝 | 聽日 | 明日 | 2-29 |
| 明兒 | 明天 | 明朝 | 明朝 | 聽朝 |  | 2-29 |
| 明兒 | 明日 | 明朝 |  | 聽日 | 聽日 | 3-4 |
| 明兒 | 明天 | 明朝 |  | 聽日 | 聽日 | 3-5 |
| 明兒個 | 明天 | 明朝 |  | 聽日 | 明日 | 3-8 |
| 明天 | 明天 |  |  | 聽日 | 明日 | 3-11 |
| 明兒個 | 明天 | 明朝 |  | 聽日 | 明日 | 3-11 |
| 明天 | 明天 | 明朝 |  | 聽日 | 明日 | 3-13 |
| 明天 | 明天 | 明早(朝) |  | 聽日 | 聽日 | 3-14 |

（續表）

| | | | | | | |
|---|---|---|---|---|---|---|
| 明兒個 | 明日 | 明朝 | | 聽日 | 明日 | 3－17 |
| 明兒個 | 明日 | 明朝 | | 聽日 | 聽日 | 3－17 |
| 明日 | 明日 | | | 聽日 | | 4－3 |
| 明日 | 明日 | | | 聽日 | | 4－3 |
| 明日 | 明日 | | | 聽日 | | 4－4 |
| 明日 | 明日 | | | 聽日 | | 4－4 |
| 明日 | 明日 | | | 聽日 | | 4－5 |
| 明日 | 明日 | | | 聽日 | | 4－10 |
| 明日 | 明日 | | | 聽日 | | 4－13 |
| 明日 | 明日 | | | 聽日 | | 4－14 |
| 明日 | 明日 | | | 聽日 | | 4－19 |

| | | | | | | |
|---|---|---|---|---|---|---|
| 明天 | 明天 | 明早(朝) | 明朝 | 聽日 | 聽 | 2－9 |
| 明兒個 | 明日 | 明朝 | 明朝 | 聽 | 明 | 2－37 |
| 明兒 | 明天 | 明朝 | | 聽 | 聽 | 3－10 |
| 明兒個 | 明天 | 明朝 | | 聽日 | 聽 | 3－11 |

### 1.6.18　昨兒——昨日

| | | | | | | |
|---|---|---|---|---|---|---|
| 昨天 | 昨天 | 前日 | 昨日 | 昨日 | 昨日 | 1－9 |
| 昨兒 | 昨天 | 昨日 | 昨日 | 昨日 | 昨日 | 1－21 |
| 昨兒 | 昨日 | 昨日 | 昨日 | 昨日 | 昨日 | 1－31 |
| 昨天 | 昨天 | 昨日 | 昨日 | 昨日 | 昨日 | 2－4 |
| 昨兒個 | 昨天 | 昨日 | 昨日 | 昨日 | 昨日 | 2－5 |
| 昨天 | 昨天 | 昨日 | 昨日 | 昨日 | 昨日 | 2－25 |
| 昨天 | 昨天 | 昨日 | 昨日 | 昨日 | 昨日 | 2－26 |
| 昨兒個 | 昨天 | 昨日 | 昨日 | 昨日 | 昨日 | 2－31 |
| 昨兒個 | 昨天 | 前日 | 昨日 | 昨日 | 昨日 | 2－33 |
| 昨天 | 昨天 | 昨日 | 昨日 | 昨日 | 昨日 | 2－33 |

(續表)

| 昨兒 | 昨天 | 昨日 | 昨日 | 昨日 | 昨日 | 2－37 |
|---|---|---|---|---|---|---|
| 昨兒個 | 昨日 | 昨日 | | 昨日 | 昨日 | 3－2 |
| 昨兒個 | 昨日 | | | 昨日 | 昨日 | 3－2 |
| 昨兒個 | 昨天 | 昨日 | | 昨日 | 昨日 | 3－3 |
| 昨兒個 | 昨日 | 昨日 | | 昨日 | 昨日 | 3－12 |
| 昨兒個 | 昨天 | 昨日 | | 昨日 | 昨日 | 3－13 |
| 昨兒個 | 昨天 | 昨日 | | 昨日 | 昨日 | 3－15 |
| 昨兒個 | 昨天 | 昨日 | | 昨日 | 昨日 | 3－15 |
| 昨日 | 昨日 | | | 昨日 | | 4－10 |
| 昨日 | 昨日 | | | 昨日 | | 4－11 |
| 前日 | 前日 | | | 昨日 | | 4－12 |
| 昨日 | 昨日 | | | 昨日 | | 4－12 |
| 昨日 | 昨日 | | | 昨日 | | 4－20 |

| 昨天 | 昨天 | 昨日 | 昨 | 昨 | 昨 | 1－4 |
|---|---|---|---|---|---|---|
| 昨兒 | 昨天 | 昨 | 昨 | 昨 | 昨 | 1－23 |
| 昨兒 | 昨天 | 昨日 | 昨日 | 昨 | 昨 | 1－23 |
| 昨兒 | 昨日 | 昨 | 昨日 | 昨 | 昨 | 1－25 |
| 昨兒 | 昨日 | 昨日 | 昨日 | 昨 | 昨 | 2－15 |
| 昨兒 | 昨天 | 昨日 | 昨日 | 昨 | 昨 | 2－16 |
| 昨天 | 昨天 | 昨日 | 昨日 | 昨 | 昨 | 2－19 |
| 昨兒個 | 昨天的 | 昨日 | 昨日 | 昨 | 昨 | 2－19 |
| 昨兒 | 昨天 | 昨日 | 昨日 | 昨 | 昨 | 2－26 |
| 昨兒個 | 昨天 | 昨日 | 昨日 | 昨 | 昨 | 2－40 |
| 昨兒 | 昨日 | 昨日 | | 昨日 | 昨日 | 3－4 |
| 昨日 | 昨日 | | | 昨 | | 4－7 |
| 昨兒 | 昨日 | | | 昨 | | 4－13 |

按：太田辰夫(1991：242)、王福堂(1999：105)指出，北京話"今兒、昨兒"等是由"今日、昨日"等音變而來的，前者更指出這種音變是從清初開始的。但"今兒、昨兒"等替換"今日、昨日"等大約發生在18世紀前後的北方話作品中。"今日"變成"今兒"以後，元代以來就有的"今日個"也就變成了"今兒個"(參見太田辰夫2003：8)。岩田禮(2009：15／19／87)通過對現代漢語方言的調查，也認為"今天、明天、昨天"等詞是江淮起源的。

《官話類編》也有類似用法，並英文作注："今兒 or 今兒個、明兒 or 明兒個、昨兒 or 昨兒個 These are colloqnial forms in constant use. The addition of 個 is peculiar to Pekingese. "P . 40"前兒 or 前兒個、後兒 or 後兒個，The addition of 個 is peculiar to Pekingese. "P. 40

1.6.19　前天——前日

| 前天 | 前天 | 前幾日 | 前日子 | 前日 | 前日 | 1-19 |
|---|---|---|---|---|---|---|

1.6.20　大前天——大前日

| 大前兒個 | 大前天 | 過日子 | 前日 | 大前日 | 大前日 | 2-27 |
|---|---|---|---|---|---|---|
| 大前天 | 大前天 | 箇日 | 前日 | 大前日 | 大前日 | 2-27 |

1.6.21　改天

| 改天 | 改天 | 隔日 | 緩日 | 改日 | 不日 | 2-2 |
|---|---|---|---|---|---|---|
| 改天 | 改天 | 隔日 | 歇日 | 改日 | 改日 | 2-2 |
| 改天 | 改天 | 隔一日 | 緩日 | 改日 | 不日 | 2-5 |
| 改天 | 改天 | 明朝 | 歇日 | 改日 | 改日 | 2-14 |
| 改天 | 改天 |  |  | 改日 |  | 4-1 |
| 改天 | 改天 |  |  | 改日 |  | 4-2 |
| 改天 | 改天 |  |  | 改天 |  | 4-9 |
| 改天 | 改天 |  |  | 改日 |  | 4-11 |

### 1.6.22 早晨

| 早起 | 早晨 | 早辰頭 | 早辰 | 朝 | 朝 | 1-4 |
|---|---|---|---|---|---|---|
| 早起 | 早晨 | 早辰頭 | 早晨 | 朝 | 朝 | 1-25 |
| 早起 | 早晨 | 早辰 | 早晨 | 朝早 | 上晝 | 2-2 |
| 早起 | 早晨 | 早辰 | 早辰 | 朝早 | 朝 | 2-16 |
| 早起 | 早晨 | 早晨 | 早晨 |  | 朝 | 2-18 |
| 早起 | 早晨 | 早辰 | 早晨 | 朝 | 朝 | 2-21 |
| 早起 | 早晨 | 早上 | 早晨 | 朝 | 朝 | 2-30 |
| 早起 | 早晨 | 早辰頭 | 早晨 | 朝 | 上午 | 2-37 |
| 早起 | 早晨 | 早起裡 | 早晨 | 朝 | 朝早 | 2-37 |
| 早起 | 早晨 | 早辰頭 | 早晨 | 朝 | 朝 | 2-37 |
| 早起 | 早晨 | 早上 | 早晨 | 朝 | 朝 | 2-37 |
| 早起 | 早晨 | 早上 | 早晨 | 朝早 | 朝 | 2-37 |
| 早起 | 早晨 | 早辰 | 早晨 |  | 朝 | 2-37 |
| 早起 | 早晨 | 早辰 |  | 朝早 | 朝 | 3-7 |
| 早起 | 早晨 | 早辰頭 |  | 朝早 | 朝早 | 3-10 |
| 早起 | 早晨 | 早辰 |  | 朝早 | 朝 | 3-16 |
| 早辰(晨) | 早晨 |  |  | 早辰 |  | 4-4 |

《官話指南》表“早晨”的語義,有 A 之“早起”,B 之“早晨”,CD 之“早晨/辰頭”“早上”,EF 之“朝”“朝早”。從產生時間看,朝/早>早晨>早上>早起,從地域特點看從南到北的分佈。

按:古代表“早晨”語義的時間詞有“晨、旦、朝、早、曉、夙”等,多用“朝”。《爾雅·釋詁下》:“朝,早也。”《說文·人部》:“朝,旦也。”晚唐五代《祖堂集》中表示早晨用“朝(34 例)”,早(4 例,其中 1 例為“侵早”,3 例為“早朝”)。“朝”“暮”對稱。(而“早”,其他用例多表早些、早個等)。今天廣州話“朝晚”對稱,在地方報紙上有:朝早(早上)、今朝(今早)、聽朝(明早)、朝朝(每天早上)、成朝(整個早上)、朝頭晚夜(早晚)。

複音詞按時間先後有：早上、早晌、早晨(唐代)、早期、早間、早來、早辰、早作、早夜、朝晨、朝頭、侵晨、侵早、侵曉、向明、向早、向晨、向曉、向曙、質明、昧爽、平明、投明、雞鳴、清晨(魏晉)、清早(宋代)、早起、大清早(元代)、清早晨(元代)、大清早起、拂曉、黎(犁)明、淩晨、淩曉、黑早。

1.6.23　第二天(早晨)

| 第二天 | 第二天 | 第二日 | 第二日 | 第二日 | 第朝 | 2-15 |
|---|---|---|---|---|---|---|
| 第二天早起 | 第二天早起 | 明朝早辰起來 | 第二日早起 | 第朝起身 | 第朝 | 2-15 |
| 第二天早起 | 第二天早晨 | 明朝早上起來 | 第二日早晨 | 第朝 | 第朝 | 2-30 |
| 第二天早起 | 第二天早晨 | 明朝早上 | 第二日早晨 | 第朝 | 第朝 | 2-37 |
| 次日清早 | 次日清早 | | | 第朝清早 | | 4-5 |

1.6.24　清早

| 清早 | 清早 | 日都老早 | | 清早 | 朝早 | 3-12 |
|---|---|---|---|---|---|---|
| 清早 | 清早 | | | 清早 | | 4-5 |
| 清早 | 清早 | | | 清早 | | 4-13 |

1.6.25　晌午

| 晌午 | 中時 | 日中性裏 | 日中 | 晏晝 | 晏晝 | 1-20 |
|---|---|---|---|---|---|---|
| 晌午 | 晌午 | 日中性裏 | 日中 | 晏晝心 | | 1-24 |
| 晌午 | 下午 | 日裏 | 日中 | 晏晝 | 下晝 | 2-2 |
| 晌午 | 中時 | 日頭直模樣 | 日中 | 晏晝 | 正午 | 2-11 |
| 晌午 | 中時 | 日頭直快 | 日中 | 晏晝 | 晏晝 | 2-26 |
| 晌午 | 中時 | 日頭直快 | 日中 | 晏晝 | 晏晝 | 2-26 |
| 晌午 | 中時 | 中飯 | | 晏晝 | 晏晝 | 3-4 |
| 晌午 | 中時 | 日中性裡 | | 晏晝 | 晏晝 | 3-10 |

| (吃)晌飯 | (吃)午飯 | | (吃)中飯 | (吃)晏 | (食)晏 | 2-11 |
|---|---|---|---|---|---|---|

表示“中午”,A 版用“晌午”,B 版用“中時”,C 版用吳語特徵詞“日中性裏”(本字或作“日晝心裏”,參見《漢語方言大詞典》頁 707)、“日中直快”,D 版之“日中”是吳語和西南官話用詞,EF 版用“晏晝”。

按:《官話類編》也有類似用法,如:(2)晌午/中時/中上買的銀子是八件,你數了沒有?【注】晌午 is the form used in the North, While 中時 and 中上 are used in the South. P. 68

因此南北地域稱“晌飯”“晌覺”就有“晌飯”與“午飯”“晌覺”與“中醒”的不同說法。

1.6.26　晚上

| | | | | | | |
|---|---|---|---|---|---|---|
| 晚上 | 晚上 | 夜快 | 夜 | 晚 | 晚 | 1-4 |
| 晚上 | 晚上 | 夜 | 夜 | 晚 | 晚 | 1-21 |
| 晚上 | 晚上 | 夜頭 | 夜 | 晚 | 夜 | 1-23 |
| 晚上 | 晚上 | 夜裏 | 夜裏 | 晚 | 晚 | 2-6 |
| 晚上 | 晚上 | 下晝 | 夜裏 | 晚 | 晚 | 2-15 |
| 晚上 | 晚上 | 夜裡 | 夜裏 | 晚 | 晚 | 2-16 |
| 晚上 | 晚上 | 夜 | 夜裏 | 晚 | 下午 | 2-19 |
| 晚上 | 晚上 | 夜快 | 夜裏 | 晚 | 晚 | 2-19 |
| 晚上 | 晚上 | 夜快 | 夜裏 | 晚 | 晚 | 2-19 |
| 晚上 | 晚上 | 夜快 | 夜裏 | 晚黑 | 晚 | 2-26 |
| 晚上 | 晚上 | 夜快 | 夜裏 | 晚 | 晚 | 2-28 |
| 晚上 | 晚上 | 夜快 | 夜裏 | 晚 | 晚 | 2-40 |
| 晚上 | 晚上 | 夜快點 | | 晚黑 | 晚 | 3-7 |
| 晚上 | 晚上 | 夜快點 | | 晚黑 | 晚 | 3-10 |
| 晚上 | 晚上 | 夜頭 | | 晚 | 晚 | 3-13 |
| | | 夜頭 | | 晚 | | 3-13 |
| 晚上 | 晚上 | | | 晚 | 晚 | 3-17 |
| 晚 | 晚 | | | 晚 | | 4-3 |
| 晚 | 晚 | | | 晚 | | 4-3 |

(續表)

| 晚上 | 晚上 | | | 晚 | | 4-7 |
|---|---|---|---|---|---|---|
| 晚上 | 晚下 | 夜快 | 夜裏 | 晚上 | 晚上 | 2-6 |
| 晚上 | 晚上 | 下晝 | 夜裏 | 晚上 | 晚 | 2-9 |
| 晚上 | 晚上 | 下晝日 | 夜裏 | 晚上 | 晚晚 | 2-40 |
| 晚上 | 晚上 | 下晝 | 夜裏 | 晚上 | 晚上 | 2-40 |
| 晚上 | 晚上 | | | 晚上 | | 4-7 |
| 晚上 | 晚上 | | | 晚上 | | 4-7 |
| 晚上 | 晚上 | | | 晚 | | 4-13 |
| 黑下 | 晚上 | 夜 | 夜 | 晚黑 | 晚黑 | 2-23 |

| 夜裏 | 夜裏 | 夜 | 夜裏 | 晚 | 晚 | 1-25 |
|---|---|---|---|---|---|---|
| 夜裏頭 | 月下裏 | 一夜工夫 | 月亮裏 | 晚黑 | 晚 | 2-25 |
| 夜裏 | 夜裏 | 夜裡 | 夜裏 | 晚黑 | 晚 | 2-26 |
| 夜裏 | 夜裏 | 夜裡 | 夜裏 | 晚黑 | 晚 | 2-30 |
| 夜裏 | 夜裏 | 夜裡 | 夜裏 | | 晚 | 2-30 |
| 夜裏 | 夜裏 | 夜裡 | | 晚頭夜 | 晚上 | 3-16 |
| 黑下 | 黑夜 | 夜裡 | 夜 | 夜 | 夜 | 2-13 |

AB版用清代以來常用詞“晚上”,《漢語大詞典》首例引《儒林外史》第四二回:“六老爺,是即刻就來,是晚上纔來?”少量用清代以來常用詞“夜裏”,《漢語大詞典》首例引《儒林外史》第十六回:“太公夜裏要出恭,從前没人服侍,就要忍到天亮。”A版偶爾用清代北方口語詞“黑下”,B版偶爾用“晚下”。

按:“黑下”也作“下黑”,《官話類編》中也有類似用法,并英文作注:“下黑 or 黑下, Both forms are used in the North, the one in some places, the other in other places. In the South 夜里 is chiefly used, 黑下 being heard in some places.”

C版用“夜裡”唐五代以來常用詞“夜頭”(《漢語大詞典》該條下

首例引《敦煌曲子詞·南歌子》:"白日長相見,夜頭各自眠。")、明清以來常用詞"下晝"(《漢語大詞典》該條下首例引《初刻拍案驚奇》卷十一:"下晝時節,是有一個湖州姓呂的客人叫我的船過渡。")和滬語特徵詞"夜快"。D版主要用"夜裏"。CD版偶爾也用單音節"夜"。

EF版多用單音節"晚",E版也用雙音節"晚黑""晚上",F版偶爾也雙音節用"晚上""晚晚""晚黑"。

1.6.27 剛纔

| 剛纔 | 方纔 | 刻刻 | 纔纔 | 就先 | 先頭 | 1-16 |
|---|---|---|---|---|---|---|
| 剛纔 | 剛纔 | 刻刻 | 纔纔 | 就致 | 先頭 | 1-26 |
| 剛纔 | 剛纔 | 刻刻 | 纔纔 | 就致 | 先頭 | 1-38 |
| 剛纔 | 剛纔 | 刻刻 | 纔纔 | 先時 | 頭先 | 2-7 |
| 剛纔 | 剛纔 | 刻刻 | 纔纔 | | | 2-11 |
| 剛纔 | 剛纔 | 刻刻 | 纔然 | 先時 | 先頭 | 2-17 |
| 剛纔 | 剛纔 | 刻刻 | 纔然 | 就致 | 剛啱 | 2-21 |
| 剛纔 | 剛纔 | 刻刻 | 纔然 | 正 | 就至 | 2-21 |
| 新近 | 剛纔 | 勿多幾日 | 纔然 | 就致 | 先冇幾耐 | 2-24 |
| 剛纔 | 剛纔 | 刻刻 | 纔纔 | 就先 | 上先 | 2-29 |
| 剛纔 | 剛纔 | 刻刻 | 纔 | 就致 | | 2-29 |
| 剛纔 | 剛纔 | 刻刻 | 纔然 | 就致 | | 2-30 |
| 剛纔 | 剛纔 | 刻刻 | 纔然 | 先時 | | 2-33 |
| 剛纔 | 剛纔 | 刻刻 | 纔然 | 就正 | 就至 | 2-35 |
| 剛纔 | 剛纔 | 貼正 | 纔然 | 適值 | 適值 | 2-35 |
| 剛纔 | 剛纔 | 刻刻 | 纔然 | 就致 | 就至 | 2-36 |
| 剛纔 | 剛纔 | 刻刻 | 纔然 | 先時 | | 2-36 |
| 剛纔 | 剛纔 | 刻刻 | 纔然 | 先時 | 頭先 | 2-37 |
| 剛纔 | 剛纔 | 刻刻 | 纔然 | 就致 | 先頭 | 2-37 |
| 剛纔 | 剛纔 | 刻刻 | | 就致 | 剛啱 | 3-4 |
| 剛纔 | 剛纔 | 刻刻 | | 就先 | 就至 | 3-5 |

（續表）

| 剛纔 | 剛纔 | 刻刻 | | 就先 | 頭先 | 3-7 |
|---|---|---|---|---|---|---|
| 剛纔 | 剛纔 | 刻刻 | | 先時 | 先頭 | 3-7 |
| 剛纔 | 剛纔 | 刻刻 | | 先時 | 頭先 | 3-13 |

1.6.28 ＊更天

| 四更天 | 四更天 | 四更頭 | 四更天 | 四更 | 過三更 | 1-21 |
|---|---|---|---|---|---|---|
| 五更天 | 五更天 | 五更頭 | 五更 | 五更 | 五更天 | 1-25 |
| 三更多天 | 三更多天 | 三更多點 | 三更天 | 三更個時 | 下半夜箇時 | 2-25 |
| 定更天 | 定更天 | 黃昏頭 | 起更个辰光 | 更 | 落更 | 2-26 |
| 五更天 | 五更天 | 五更頭 | 五更天 | 五更 | 五更 | 2-29 |
| 五更天 | 五更天 | 五更頭 | 五更天 | 五更 | 五更 | 2-29 |

1.6.29 日脚

| 日子 | 日子 | 日子 | 日脚 | 日子 | 時候 | 2-3 |
|---|---|---|---|---|---|---|
| 日子 | 日子 | 日脚 | 日脚 | | | 2-12 |
| 日子 | 日子 | | 日脚 | | | 2-12 |
| 日子 | 日子 | 日脚 | 日腳 | 日子 | 日 | 2-17 |
| 日子 | 日子 | 日脚 | 日腳 | 幾耐 | 日 | 2-18 |
| 日子 | 日子 | 日脚 | 日腳 | 日子 | 日子 | 2-27 |
| 日子 | 日子 | 日 | 日脚 | 日 | 日 | 2-31 |
| 日子 | 日子 | 日脚 | | | | 3-7 |
| 日子 | 日子 | 日脚 | | 日期 | 日子 | 3-16 |

按：日脚，西南官話、吳語用詞。

1.6.30 工夫兒（时候）——辰光——陣（陣時）

| 工夫兒 | 工夫兒 | 辰光 | 時候 | | | 2-6 |
|---|---|---|---|---|---|---|
| 工夫兒 | 一會兒 | 辰光 | 辰光 | 陣 | 時 | 2-15 |
| 工夫兒 | 工夫兒 | 辰光 | 辰光 | 陣 | 時 | 2-25 |

(續表)

| 工夫兒 | 工夫兒 | 辰光 | 辰光 | 陣 | | 2－29 |
|---|---|---|---|---|---|---|
| 工夫兒 | 工夫兒 | 辰光 | 時候 | 時 | | 2－29 |
| 工夫兒 | | 辰光 | | 陣時 | | 2－29 |
| 工夫兒 | 工夫兒 | 辰光 | 辰光 | 陣 | | 2－31 |
| 工夫兒 | 時候兒 | 辰光 | 時候 | 陣 | 陣時 | 2－35 |
| 工夫兒 | 時候兒 | 辰光 | 時候 | 陣 | | 2－36 |
| 工夫兒 | 時候兒 | 時 | 時候 | 陣時 | 處 | 2－36 |
| 工夫兒 | 時候兒 | 現在 | | 而家 | | 3－18 |

| 時 | 時 | | 歇 | | | 1－24 |
|---|---|---|---|---|---|---|
| 時候 | 時候 | 時候 | 辰光 | | | 1－26 |
| 時候 | 時候 | 辰光 | 時候 | 時 | 陣時 | 2－15 |
| 時候 | 時候 | 回 | | 陣 | | 3－7 |
| 時候 | 時候 | 時候 | 時候 | 陣時 | 時 | 2－14 |
| 時候 | 時候 | 辰光 | 時候 | 陣 | 陣時 | 2－32 |
| 時候 | 時候 | 辰光 | 時候 | 陣 | 陣 | 2－33 |
| 時候 | 時候 | | | 時 | | 4－14 |

### 1.6.31 空——閒

| 閒空兒 | 閒空兒 | 空 | 空 | 閒 | 閒 | 1－10 |
|---|---|---|---|---|---|---|
| | | 空 | 空 | | 閒 | 2－2 |
| | | 空 | 閒空 | 閒 | 閒 | 2－9 |
| 空兒 | 空兒 | 空 | 空 | 閒 | 閒 | 2－38 |
| 工夫兒 | 工夫 | 工夫 | | 閒 | 閒 | 3－1 |
| 暇 | 空 | | | 閒 | | 4－11 |
| 暇 | 空 | | | 閒 | | 4－18 |

## 1.7 顔色名詞

### 1.7.1 顔色

| | | | | | | |
|---|---|---|---|---|---|---|
| 顔色 | 顔色 | 顔色 | 顔色 | 顔色 | 顔色 | 1-12 |
| 顔色 | 顔色 | 顔色 | 顔色 | 色水 | 色水 | 2-32 |
| 賣色 | 賣色 | 顔色 | | 光色 | 光潤 | 3-10 |

### 1.7.2 紅色

| | | | | | | |
|---|---|---|---|---|---|---|
| 紅顔色 | 紅顔色 | 紅顔色 | 紅顔色 | 紅色 | 赤色 | 2-32 |

### 1.7.3 藍白

| | | | | | | |
|---|---|---|---|---|---|---|
| 藍白 | 藍白 | 藍白 | | 藍白 | 灰色 | 3-5 |

### 1.7.4 原青

| | | | | | | |
|---|---|---|---|---|---|---|
| 原青 | 原青 | 玄青 | | 元青 | 元青 | 3-5 |

## 1.8 動物類名詞

### 1.8.1 老鼠

| | | | | | | |
|---|---|---|---|---|---|---|
| 耗子 | 老鼠 | 老鼠 | 老鼠 | 老鼠 | 老鼠 | 1-43 |
| 耗子 | 老鼠 | 老鼠 | 老鼠 | 老鼠 | 老鼠 | 1-43 |
| 耗子 | 老鼠 | 老鼠 | 老鼠 | 老鼠 | 老鼠 | 2-39 |

A 版用北方口語詞“耗子”,BCDEF 用通語老鼠。

### 1.8.2 野獸

| | | | | | | |
|---|---|---|---|---|---|---|
| 野牲口 | 野牲口 | 野獸 | 野獸 | 野獸 | 野獸 | 2-15 |
| 野牲口 | 野牲口 | 野獸 | 野獸 | 野獸 | | 2-15 |
| 野牲口 | 野牲口 | 野獸 | 野獸 | 野獸 | 野獸 | 2-15 |
| 野牲口 | 野牲口 | | 野獸 | 野獸 | 獸 | 2-15 |

按：表示“牲畜”義的,元代和明代多用“頭匹”“頭口”,少見“牲口”,清代開始“牲口”一詞開始占主導地位。《老乞大》四種版本裡,

《原本老乞大》和《老乞大諺解》裡使用“頭口”“頭匹”,到清代的《老乞大新釋》和《重刊老乞大》一律使用“牲口”。據夏鳳霞(2005)統計,《紅樓夢》《綠野仙蹤》《孽海花》《官場現形記》《二十年目睹之怪現狀》等就全部使用“牲口”,不再用“頭口”“頭匹”。《歧路燈》和《兒女英雄傳》儘管使用了“頭口”“牲口”,但“頭口”和“牲口”的用例比分別為10：40、2：73,“牲口”比例大。另外,《清文指要》也只用“牲口”。可見,“牲口”一詞是清代的常用詞。

1.8.3 雞蛋

| | | | | | | |
|---|---|---|---|---|---|---|
| 雞子兒 | 雞蛋 | 蛋 | | 雞蛋 | 蛋 | 3-3 |
| 雞子兒 | 雞蛋 | 雞 | | 雞蛋 | 蛋 | 3-3 |

表示“雞蛋”,A版用北方話語詞“雞子兒”,BE版用通語“雞蛋”,CF版用單音節詞“蛋”。

1.9 商務類名詞

1.9.1 買賣

| | | | | | | |
|---|---|---|---|---|---|---|
| 買賣 | 買賣 | 生意 | 生意 | 生意 | 生意 | 1-3 |
| 買賣 | 買賣 | 生意 | 生意 | 生意 | 生意 | 2-2 |
| 買賣 | 買賣 | 生意 | 生意 | 生意 | 生意 | 2-2 |
| 買賣 | 買賣 | 生意 | 生意 | 生意 | 生意 | 2-2 |
| 買賣 | 買賣 | 生意 | 生意 | 生意 | 生意 | 2-9 |
| 買賣 | 買賣 | 生意 | 生意 | 生意 | 生意 | 2-9 |
| 買賣 | 買賣 | 生意 | 生意 | 生意 | 生意 | 2-9 |
| 買賣 | 買賣 | | 生意 | 生意 | | 2-13 |
| 買賣 | 買賣 | 生意 | 生意 | 生意 | 生意 | 2-14 |
| 買賣 | 買賣 | 生意 | 生意 | 生意 | | 2-16 |
| 買賣 | 買賣 | 生意 | 生意 | 生意 | 生意 | 2-17 |
| 買賣 | 買賣 | 生意 | 生意 | 生意 | 生意 | 2-23 |
| 買賣 | 買賣 | 生意 | 生意 | 生意 | 生意 | 2-23 |

(續表)

| 買賣 | 買賣 | 生意 | 生意 | 生意 | 生意 | 2-23 |
|---|---|---|---|---|---|---|
| 買賣 | 買賣 | 生意 | 生意 | 生意 | 生意 | 2-23 |
| 買賣 | 買賣 | 生意 | 生意 | 生意 | 生意 | 2-23 |
| 買賣 | 買賣 | 生意 | 生意 | 生意 | 生意 | 2-23 |
| 買賣 | 買賣 | 生意 | 生意 | 生意 | 生意 | 2-23 |
| 買賣 | 買賣 | 生意 | 生意 | 生意 | 生意 | 2-23 |
| 買賣 | 買賣 | 生意 | 生意 | 生意 | | 2-27 |
| 買賣 | 買賣 | 生意 | 生意 | 工 | 事業 | 2-29 |
| 買賣 | 買賣 | 生意 | 生意 | 生意 | 生意 | 2-31 |
| 買賣 | 買賣 | 生意 | 生意 | 生意 | 生意 | 2-31 |
| 拉買賣 | 拉買賣 | 做生意 | | 做得生意 | 受僱 | 3-6 |

### 1.9.2 買賣客人(或買賣人)

| 買賣客人 | 買賣客人 | 做生意個人 | 生意客人 | | 商人 | 2-31 |
|---|---|---|---|---|---|---|
| 買賣客人 | 買賣客人 | 做生意個客人 | 生意客人 | | 商人 | 2-31 |
| 買賣客人 | 買賣客人 | 做生意个客人 | 生意客人 | | 商人 | 2-31 |
| 買賣客人 | 買賣客人 | 生意人 | 生意客人 | | 商人 | 2-31 |
| 買賣客人 | 買賣客人 | | 生意客人 | 商人 | 商人 | 2-31 |
| 買賣客人 | 買賣客人 | 做生意個客人 | 生意客人 | | 商人 | 2-31 |
| 買賣客人 | 買賣客人 | | 生意客人 | | | 2-31 |
| 買賣客人 | 買賣客人 | 做生意个客人 | 生意客人 | | | 2-31 |
| 買賣客人 | 買賣客人 | 做生意客人 | 生意客人 | | 商家 | 2-31 |
| 買賣人 | 買賣人 | 做生意个人 | | 生意佬 | 做生意嘅 | 3-19 |

### 1.9.3 銅錢

| 錢 | 錢 | 銅錢 | 銅錢 | 賍 | 贜 | 1-35 |
|---|---|---|---|---|---|---|
| 錢 | 錢 | 銅錢 | 銅錢 | 錢 | 贜 | 1-36 |
| 錢 | 錢 | 銅錢 | 銅錢 | 錢 | 錢 | 2-8 |

**(續表)**

| 錢 | 錢 | 銅錢 | 銅錢 | 錢 | 銀 | 2-10 |
|---|---|---|---|---|---|---|
| 錢 | 錢 | 銅錢 | 銅錢 | 現錢 |  | 2-10 |
| 錢 | 錢 | 銅錢 | 銅錢 | 錢 | 錢 | 2-12 |
| 錢 | 錢 | 銅錢 | 銅錢 | 錢 | 錢 | 2-16 |
| 錢 | 錢 | 銅錢 | 銅錢 | 錢 | 現銀 | 2-17 |
| 錢 | 錢 | 銅錢 | 銅錢 | 錢 | 錢 | 2-17 |
| 錢 | 錢 | 銅錢 | 銅錢 | 錢 | 錢 | 2-17 |
| 錢 | 錢 | 銅錢 | 銅錢 | 錢 | 錢 | 2-17 |
| 錢 | 錢 | 銅錢 | 銅錢 | 錢 | 錢 | 2-17 |
| 錢 | 錢 | 銅錢 | 銅錢 | 錢 | 錢 | 2-17 |
| 錢 | 錢 | 銅錢 | 錢 |  | 錢 | 2-17 |
| 錢 | 錢 | 銅錢 | 銅錢 | 錢 | 錢 | 2-17 |
| 錢 | 錢 | 銅錢 | 銅錢 | 錢 | 錢 | 2-17 |
| 錢 | 錢 | 銅錢 | 銅錢 | 錢 | 錢 | 2-17 |
| 錢 | 錢 | 銅錢 | 銅錢 | 錢 | 錢 | 2-17 |
| 錢 | 錢 | 銅錢 | 銅錢 | 錢 | 錢 | 2-17 |
| 錢 | 錢 | 錢 | 銅錢 | 錢 | 錢 | 2-19 |
| 錢 | 錢 | 銅錢 | 銅錢 | 錢 | 利權 | 2-23 |
| 錢 | 錢 | 銅錢 | 銅錢 | 錢 | 錢 | 2-23 |
| 錢 | 錢 |  | 銅錢 | 錢 |  | 2-23 |
| 錢 | 錢 | 銅錢 | 銅錢 | 錢 | 俻金 | 2-24 |
| 錢 | 錢 | 銅錢 | 銅錢 | 錢 | 錢 | 2-25 |
| 錢 | 錢 | 銅錢 | 銅錢 | 錢 | 錢 | 2-25 |
| 錢 | 錢 | 銅錢 | 銅錢 | 錢 | 錢 | 2-25 |
| 錢 | 錢 | 銅錢 | 銅錢 | 錢 | 錢 | 2-26 |
| 錢 | 錢 | 銅錢 | 銅錢 |  |  | 2-26 |
| 錢 | 錢 |  | 銅錢 | 錢 | 錢 | 2-26 |

（續表）

| | | | | | | |
|---|---|---|---|---|---|---|
| 錢 | 錢 | 銅錢 | 銅錢 | 錢 | | 2－26 |
| 錢 | 錢 | | 銅錢 | | | 2－26 |
| 錢 | 錢 | 銅錢 | 銅錢 | 錢 | 銀 | 2－26 |
| 錢 | 錢 | 銅錢 | 銅錢 | 錢 | 銀 | 2－26 |
| 錢 | 錢 | 銅錢 | 銅錢 | 錢 | 銀 | 2－26 |
| 錢 | 錢 | 銅錢 | 銅錢 | 錢 | | 2－26 |
| 錢 | 錢 | 銅錢 | 銅錢 | 錢 | 銀 | 2－26 |
| 錢 | 錢 | 銅錢 | 銅錢 | 錢 | | 2－26 |
| 錢 | 錢 | 銅錢 | 銅錢 | | | 2－27 |
| 錢 | 價 | 銅錢 | 價 | 銀 | 銀 | 2－27 |
| 錢 | 錢 | 銅錢 | 銅錢 | 錢 | 錢 | 2－27 |
| 錢 | 錢 | 銅錢 | 銅錢 | 錢銀 | 錢銀 | 2－28 |
| 錢 | 錢 | 銅錢 | 銅錢 | 錢 | 銀 | 2－30 |
| 錢 | 錢 | 銅錢 | 銅錢 | 銀 | 銀 | 2－30 |
| 錢 | 錢 | 銅錢 | 銅錢 | 錢 | 錢銀 | 2－31 |
| 錢 | 錢 | 銅錢 | 銀子 | 銀 | 銀 | 2－31 |
| 錢 | 錢 | 錢 | 銅錢 | 錢 | 錢 | 2－36 |
| 錢 | 錢 | 錢 | 銅錢 | 錢 | 錢 | 2－36 |
| 錢 | 錢 | 銀子 | 銅錢 | 錢 | 錢 | 2－36 |
| 錢 | 錢 | 銅錢 | 銅錢 | 錢 | 錢 | 2－36 |
| 錢 | 錢 | 銅錢 | 銅錢 | 銀 | 錢 | 2－36 |
| 錢 | 錢 | | 銅錢 | 錢 | 錢 | 2－39 |
| 錢 | 錢 | 銅錢 | | 錢 | 銀 | 3－4 |
| 錢 | 錢 | 銅錢 | | 錢 | 銀 | 3－6 |
| 錢 | 錢 | 銅錢 | | 錢 | 錢 | 3－12 |
| 錢 | 錢 | 銅錢 | | | | 3－12 |
| 錢 | 錢 | 銅錢 | | 銀 | | 3－12 |

(續表)

| | | | | | | |
|---|---|---|---|---|---|---|
| 錢 | 錢 | 銅錢 | | 錢 | 銀 | 3－13 |
| 錢 | 錢 | 銅錢 | | 銀 | 銀 | 3－20 |
| 錢 | 錢 | 銅錢 | | 錢 | 銀 | 3－20 |
| 錢 | 錢 | 銅錢 | | | 銀 | 3－20 |
| | | 銅錢 | | 錢 | 銀 | 3－20 |
| 銀錢 | 銀錢 | 銅錢 | 銀錢 | 錢銀 | 錢銀 | 2－19 |
| 銀錢 | 銀錢 | 銅錢 | 銀錢 | | | 2－19 |

| | | | | | | |
|---|---|---|---|---|---|---|
| 七十吊錢 | 七十吊錢 | 七千 | 七十千銅錢 | 七千錢 | 七十吊錢 | 2－1 |
| 七十吊錢 | 七十吊錢 | 七千 | 七十千銅錢 | 七千錢 | 七十吊錢 | 2－1 |
| 幾十吊錢 | 幾拾吊錢 | 一千銅錢 | 十千銅錢 | 幾千錢 | 幾千錢 | 2－17 |
| 十吊錢 | 十吊錢 | 一千銅錢 | 十千銅錢 | 幾千錢 | 幾千錢 | 2－17 |
| 幾十吊錢 | 幾十吊錢 | 一千 | 十千銅錢 | 幾千錢 | 幾千錢 | 2－17 |
| 幾吊錢 | 幾吊錢 | 幾百 | 幾千銅錢 | 幾百錢 | 幾吊錢 | 2－17 |
| 幾千吊錢 | 幾千吊錢 | 幾十千銅錢 | 幾千千銅錢 | 幾十千錢 | 幾千吊錢 | 2－26 |
| 幾十吊錢 | 幾十吊錢 | 幾千銅錢 | 幾千銅錢 | 幾千錢 | 幾十吊錢 | 2－26 |
| 幾百吊 | 幾百吊 | 幾十千銅錢 | 幾百千 | 幾十千錢 | 幾百吊錢 | 2－26 |
| 幾千吊錢 | 幾千吊錢 | 幾十千 | 幾千千銅錢 | 幾十千 | 幾千吊 | 2－26 |
| 四千多吊錢 | 四千多吊錢 | 四十多千銅錢 | 四千多千銅錢 | 四十千多錢 | 四千幾吊 | 2－26 |
| 一萬多吊錢 | 一萬多吊錢 | 一百多千銅錢 | 一萬多千銅錢 | 十多千錢 | 萬多吊錢 | 2－26 |
| 一萬多吊錢 | 一萬多吊錢 | 一百多千銅錢 | 一萬多千銅錢 | 十多千錢 | 萬多吊錢 | 2－26 |
| 三千兩吊 | 三千兩吊 | 三頭二百銅錢 | 三千二千 | 三幾吊錢 | 三幾吊錢 | 2－27 |
| 幾百吊錢 | 幾百吊錢 | 幾十千銅錢 | 幾百千銅錢 | 十千錢 | 幾百吊錢 | 2－27 |
| 十吊錢 | 十吊錢 | 十千銅錢 | 十千銅錢 | 一千 | 十吊 | 2－34 |
| 一百錢 | 一百個錢 | 一百銅錢 | 一百个銅錢 | 一百錢 | 一百錢 | 2－36 |

(續表)

| | | | | | | |
|---|---|---|---|---|---|---|
| 一吊錢 | 一吊錢 | 一百銅錢 | 一千銅錢 | 一百錢 | 一吊錢 | 2-36 |
| 一吊錢 | 一吊錢 | 一百銅錢 | 一千銅錢 | 百錢 | 吊錢 | 2-36 |
| 六吊錢 | 六吊錢 | 六百銅錢 | | 六千錢 | 六毫子 | 3-6 |
| 一百吊 | 一百吊錢 | 十千銅錢 | | 一百千錢 | 十元度 | 3-11 |
| 四十吊錢 | 四十吊錢 | 四千銅錢 | | 四千錢 | 四十吊 | 3-19 |
| 十吊 | 十吊 | 一千銅錢 | | 一千錢 | 十吊 | 3-19 |

按：銅錢，吳語常用詞，異文如下：一吊錢(A、B、F版)＝一百銅錢(C版)＝一千銅錢(D版)＝一百錢(E版)。

1.9.4 好錢

| | | | | | | |
|---|---|---|---|---|---|---|
| 好錢 | 好錢 | 好價錢 | 多个銅錢 | 大錢 | 大錢 | 2-20 |
| 好錢 | 好錢 | 好價錢 | | 大錢 | 大錢 | 2-23 |

1.9.5 行情(行市)

| | | | | | | |
|---|---|---|---|---|---|---|
| 行情 | 行市 | 行情 | 行情 | 行情 | 行情 | 2-2 |
| 行情 | 行市 | 行情 | 行情 | 行情 | | 2-2 |
| 行情 | 行市 | 行情 | 行情 | 行情 | 價 | 2-2 |
| 行市 | 行市 | 行情 | 市面 | 行情 | | 2-2 |
| 行情 | 行情 | 價 | 行情 | 行情 | 市價 | 2-12 |
| 行市 | 行市 | 行情 | 行情 | 價錢 | 市價 | 2-12 |
| 行市 | 行市 | 行情 | 行情 | 價錢 | 市價 | 2-12 |
| 行市 | 行市 | 價 | 行情 | 行情 | 行情 | 2-12 |
| 行市 | 行市 | 行情 | 行情 | 價錢 | 市價 | 2-23 |
| 行市 | 行市 | 行情 | | 行情 | 市價 | 3-12 |
| 行市 | 行市 | 行情 | | 行情 | 市價 | 3-12 |
| 行市 | 行市 | 行情 | | 行情 | 價 | 3-12 |
| 行市 | 行市 | 行情 | | 行情 | 價 | 3-12 |

(續表)

| 行市 | 行市 | 行情 | | 行情 | 行情 | 3－12 |
|---|---|---|---|---|---|---|
| 行市 | | 行情 | | 行情 | 價值 | 3－12 |
| 行市 | | 行情 | | 行情 | 定價 | 3－12 |

## 1.9.6 貨

| 貨 | 貨 | 貨色 | 貨 | 貨 | 貨 | 2－2 |
|---|---|---|---|---|---|---|
| 貨物 | 貨物 | 貨色 | 貨色 | 貨 | | 2－2 |
| 貨 | 貨 | 貨色 | 貨色 | 貨 | 貨 | 2－2 |
| 貨 | 貨 | 貨 | 貨色 | 貨 | 貨 | 2－2 |
| 貨 | 貨 | 貨色 | 貨色 | 貨 | 貨 | 2－2 |
| 貨 | 貨 | 貨色 | 貨色 | 貨 | 貨 | 2－2 |
| 貨物 | 貨物 | 貨色 | 貨色 | 貨 | 貨 | 2－2 |
| 貨 | 貨 | 貨色 | 貨 | 貨 | | 2－2 |
| 貨 | 貨 | 物事 | 貨色 | 貨 | 貨 | 2－2 |
| 貨 | 貨 | 貨色 | 貨色 | 貨 | 貨 | 2－2 |
| 貨 | 貨 | | 貨色 | 貨 | 貨 | 2－2 |
| 貨 | 貨 | 貨色 | 貨 | 貨 | 貨 | 2－2 |
| 東西 | 東西 | 貨色 | 物事 | 野 | 貨 | 2－7 |
| 貨 | 貨 | 貨色 | 貨 | 貨 | | 2－14 |
| 貨 | 貨 | 貨色 | 貨色 | 貨 | 貨 | 2－19 |
| 貨 | 貨 | 貨色 | 貨 | 貨 | 貨 | 2－19 |
| 貨 | 貨 | 貨色 | 貨色 | 貨 | 貨 | 2－19 |
| 貨 | 貨 | 貨色 | 貨色 | 貨 | 貨 | 2－19 |
| 貨 | 貨 | 貨色 | 貨色 | 貨 | 貨 | 2－19 |
| 貨 | 貨 | 貨色 | 貨色 | 貨 | 貨 | 2－19 |
| 貨 | 貨 | 貨色 | 貨 | 貨 | 貨 | 2－19 |

(續表)

| | | | | | | |
|---|---|---|---|---|---|---|
| 貨 | 貨 | 貨色 | | 貨 | 貨單 | 2-20 |
| 貨 | 貨 | 貨色 | 貨色 | 貨 | 貨 | 2-20 |
| 貨 | 貨 | 貨色 | 貨色 | 貨 | 貨 | 2-20 |
| 貨 | 貨 | 物事 | 貨色 | | | 2-20 |
| 貨 | 貨 | 貨色 | 貨 | 貨 | 貨 | 2-20 |
| 貨 | 貨 | 貨色 | 貨 | 賣 | 貨 | 2-23 |
| 貨 | 貨 | 貨色 | 貨色 | 貨 | | 2-23 |
| 貨 | 貨 | 貨色 | 貨 | 貨 | 貨 | 2-23 |
| 貨 | 貨 | 貨色 | 貨色 | 貨 | 貨 | 2-23 |
| 貨 | 貨 | 貨色 | 貨色 | 貨 | 貨 | 2-27 |
| 貨 | 貨 | 貨色 | 貨 | 貨 | | 2-31 |
| 貨 | 貨 | 貨色 | 貨色 | 貨 | 貨 | 2-31 |
| 貨 | 貨 | 貨色 | 貨色 | 貨 | 貨 | 2-33 |
| 貨 | 貨 | 貨色 | 貨 | 貨 | 貨 | 2-33 |
| 貨 | 貨 | 貨色 | 貨色 | 貨 | | 2-33 |
| 貨 | 貨 | 貨色 | 貨色 | 貨 | 貨 | 2-33 |
| 東西 | 東西 | 貨色 | | 野 | | 3-19 |

按：表示“貨物”，ABEF 主要用“貨”，CD 版用滬語特徵詞“貨色”，《上海方言詞典》頁 37 收錄該條。

1.9.7　皮貨

| | | | | | | |
|---|---|---|---|---|---|---|
| 皮貨 | 皮貨 | 皮貨 | 皮貨 | 皮草 | 皮草 | 2-2 |
| 皮貨 | 皮貨 | 皮貨 | 皮貨 | 皮草 | 皮草 | 2-2 |
| 皮貨 | 皮貨 | 皮貨 | 皮貨 | 皮草 | | 2-2 |

按：皮草，《漢語方言大詞典》頁 1537 該條下釋“皮衣”，是西南官話和粵語用詞。

### 1.9.8 字據

| 字據 | 字據 | 紙張 | 關約 | 合同 | 合同 | 2－14 |
|---|---|---|---|---|---|---|
| 字據 | 字據 | 紙張 | 關約 | 合同 |  | 2－14 |
| 字據 | 字據 | 紙 | 關約 | 合同 | 合同 | 2－14 |
| 字據 | 字據 | 投師紙 | 關約 | 合同 | 合同 | 2－14 |
| 憑據 | 憑據 | 憑據 | 憑據 | 憑據 | 字據 | 2－16 |
| 憑據 | 憑據 | 憑據 | 憑據 | 憑據 | 字據 | 2－16 |
| 憑據 | 憑據 | 憑據 | 憑據 | 憑據 | 字據 | 2－16 |
| 字據 | 字據 | 花字 | 契張 | 契 | 契據 | 2－27 |
| 字據 | 字據 | 花字 | 契張 | 契據 | 契據 | 2－27 |

按：字據,《漢語大詞典》釋為"書面的憑證,如合同、契約、收據、借條等。"首例引《儿女英雄传》第三回："我這裏只有二千銀子,就全拿了去,可得大少爺寫個字據。"

憑據,《漢語大詞典》釋為"凭证,证据。"首例引唐白居易《论姚文秀打杀妻状》："況阿王已死,無以辨明。姚文秀自云相争,有何憑據?"

### 1.9.9 批單

| 批單 | 批單 | 批單 | 批單 | 定單 | 定單 | 2－19 |
|---|---|---|---|---|---|---|
| 批單 | 批單 | 批單 | 批單 | 定單 | 定貨單 | 2－19 |
| 批單 | 批單 | 批單 | 批單 | 定單 | 定單 | 2－19 |
| 批單 | 批單 |  |  | 批單 |  | 4－8 |
| 批單 | 批單 |  |  | 批單 |  | 4－8 |

## 1.10 自然風景、現象類名詞

### 1.10.1 風景

| 景致 | 景致 | 緻 | 景緻 | 景致 | 風景 | 1－20 |
|---|---|---|---|---|---|---|
| 風景 | 風景 | 景緻 | 景緻 | 景致 | 風景 | 1－21 |
| 景致 | 景緻 | 景緻 |  | 景緻 | 風景 | 3－8 |

按:“景致”之“致”,CD版作“緻”。《漢語大詞典》“景緻,風景。”首例引唐白居易《題周皓大夫新亭子二十二韻》:“規模何日創? 景致一時新。”

風景,《漢語大詞典》釋為“风光景色。”首例引南朝宋鮑照《绍古辞》之七:“怨咽對風景,悶瞀守閨闥。”

1.10.2 太陽

| 太陽 | 太陽 | 日頭 | 日頭 | 熱頭 | 熱頭 | 1-24 |
|---|---|---|---|---|---|---|
| 太陽 | 太陽 | 日頭 | 日頭 | 熱頭 | 熱頭 | 1-24 |
| 太陽 | 太陽 | 日頭 | | 熱頭 | 日頭 | 3-10 |

按:“日頭”,南唐已見,《唐五代語言詞典》頁 319 引《祖堂集》卷七“夾山和尚”:“老僧要坐卻日頭,天下暗黑,忙然者匝地普天。”又卷二“灌溪和尚”:“問:‘如何是高峰獨宿底人?’師云:‘夜半日頭明,午時打三更。’”。據岩田禮(2009):“日頭”在南方用得更密更多;“太陽”在北方零散使用,在南方用得更多,江淮地區最密集。熱頭:太陽的别稱,主要用於北方話中。清人李光庭《鄉言解頤》一書追憶故鄉(今天津寶坻)鄉語,其卷一《日》:“又曰日頭爺,曰老爺兒。”《官話類編》記錄了該詞的南北地域差異表達,如:“雨也淋/灑不著,日頭/太陽也曬不著。”并自注:“In Nanking, 日頭 is hardly ever used, 太陽 being almost always used instead. ”(P. 227)

1.10.3 雹子

| 雹子 | 雹子 | 氷塊 | 氷塊 | 大雹 | 雹 | 2-13 |
|---|---|---|---|---|---|---|

1.11 抽象名詞

1.11.1 事

具體的事情一般簡稱“事”,滬語叫“事體”。抽象泛指的“事情”用雙音節,滬語仍叫“事體”,而粵語會用“事幹”等。按:表示“事情”,“事幹”是元代以來常用詞,《元語言詞典》頁 292 該條下引《賺蒯通》三白:“丞相今日喚小官來,有何事幹?”

### 1.11.1.1 事情——事體——事

| 事情 | 事情 | 事體 | 事體 | 事情 | 事 | 1-16 |
|---|---|---|---|---|---|---|
| 事情 | 事情 | 事體 | 事體 | 事 | | 1-34 |
| 事情 | 事情 | 貴幹 | 事體 | 貴幹 | 貴幹 | 2-1 |
| 事情 | 事情 | 事體 | 事體 | 事 | 事幹 | 2-1 |
| 事情 | 事情 | 事體 | 事體 | 事 | 小案 | 2-4 |
| 事情 | 事情 | 事體 | 事體 | 事 | 事 | 2-8 |
| 事情 | 事情 | 事體 | 事體 | 事 | | 2-8 |
| 事情 | 事情 | 事體 | 事體 | 事 | 事 | 2-11 |
| 事情 | 事情 | 事體 | 事體 | 事 | 事幹 | 2-12 |
| 事情 | 事情 | 事體 | 事體 | 事 | 事 | 2-13 |
| 事情 | 事情 | 事體 | 事體 | 事 | 事 | 2-13 |
| 事情 | 事情 | 事體 | 事體 | 事 | 事 | 2-13 |
| 事情 | 事情 | | 事體 | 事情 | 事 | 2-13 |
| 事情 | 事情 | 本分 | 事體 | 工夫 | 工 | 2-14 |
| 事情 | 事情 | 事體 | 事體 | 事 | | 2-16 |
| 事情 | 事情 | 差使 | 事體 | | 事 | 2-17 |
| 事情 | 事情 | 事體 | 事體 | 事 | 案 | 2-19 |
| 事情 | 事情 | 事體 | 事體 | 事 | 案 | 2-19 |
| 事情 | 事情 | 事體 | 事體 | 事幹 | | 2-19 |
| 事情 | 事情 | 事體 | 事體 | 事 | | 2-19 |
| 事情 | 事情 | 事體 | 事體 | 事 | | 2-19 |
| 事情 | 事情 | 事體 | 事體 | 事 | 事 | 2-21 |
| 事情 | 事 | 事體 | 事體 | 事 | 事 | 2-21 |
| 事情 | 事情 | 事體 | 事體 | 事 | 事 | 2-21 |
| 事情 | 事情 | 事體 | 事體 | 事情 | 事情 | 2-24 |
| 事情 | 事情 | 事體 | 事體 | | | 2-24 |
| 事情 | 事情 | 事體 | 事體 | 事情 | | 2-24 |
| 事情 | 事情 | | 事體 | 頭路 | 位置 | 2-24 |

(續表)

| | | | | | | |
|---|---|---|---|---|---|---|
| 事情 | 事情 | 事體 | 事體 | 事 | | 2－29 |
| 事情 | 事情 | 行業 | 事體 | 頭路 | | 2－30 |
| 事情 | 事情 | 事體 | 事體 | 事 | 事 | 2－30 |
| 事情 | 事情 | 事體 | 事體 | 事 | 事 | 2－32 |
| 事情 | 事情 | 事體 | 事體 | 事 | 理由 | 2－35 |
| 事情 | 事情 | 事體 | 事體 | 事 | 事 | 2－35 |
| 事情 | 事情 | | 事體 | 事 | 案 | 2－35 |
| 事情 | 事情 | 事體 | 事體 | 事 | 事 | 2－36 |
| 事情 | 事情 | 事體 | 事體 | 事 | 事 | 2－36 |
| 事情 | 事情 | 事體 | 事體 | 事情 | | 2－37 |
| 事情 | 事情 | 事體 | 事體 | 事 | 事 | 2－38 |
| 事情 | 事情 | 事體 | 事體 | 事 | 事 | 2－38 |
| 事情 | 事情 | 事體 | 事體 | 事 | 事 | 2－38 |
| 事情 | 事情 | 事體 | 事體 | 事 | 事 | 2－38 |
| 事情 | 事情 | | | | | 3－7 |
| 事情 | 事情 | 事體 | | 事 | 事 | 3－8 |
| 事情 | 事情 | 事體 | | 事幹 | 工夫 | 3－15 |
| 事情 | 事情 | | | 事情 | | 4－3 |
| 事情 | 事情 | | | 事情 | | 4－4 |
| 事情 | 事情 | | | 事情 | | 4－4 |
| 事情 | 事情 | | | 事 | | 4－9 |
| 事情 | 事情 | | | 事 | | 4－9 |
| 事情 | 事情 | | | 事幹 | | 4－10 |
| 事情 | 事情 | | | 事幹 | | 4－11 |
| 事情 | 事情 | | | 事 | | 4－13 |
| 事情 | 事情 | | | 事幹 | | 4－13 |
| 事情 | 事情 | | | 事 | | 4－13 |
| 事情 | 事情 | | | 事 | | 4－16 |

### 1.11.1.2 事——事體——事

| 事 | 事 | 事體 | 事體 | 事 | 事 | 1-8 |
|---|---|---|---|---|---|---|
| 事 | 事 | 事體 | 事 | 事 | 事 | 1-16 |
| 事 | 事 | 事體 | 事體 | 事 |  | 1-16 |
| 事 | 事 | 事體 | 事體 | 事 | 事 | 1-19 |
| 事 | 事 | 事體 | 事體 | 事 | 事 | 1-19 |
| 是(事) | 事 | 事體 | 事體 | 事 | 事 | 1-24 |
| 事 | 事 | 事體 | 事體 | 事 | 事 | 1-24 |
| 事 | 事 | 事體 | 事體 | 事 | 事 | 1-33 |
| 事 | 事 | 事體 | 事體 | 事 |  | 1-36 |
| 事 | 事 | 事體 | 事 | 事 | 事 | 1-36 |
| 事 | 事 | 事體 | 事體 | 事幹 |  | 1-40 |
| 事 | 事 | 事 | 事體 | 事 | 事 | 1-42 |
| 事 | 事 | 事體 | 事體 | 事 |  | 1-42 |
|  | 事 |  | 事體 |  |  | 2-6 |
| 事 | 事 | 事體 | 事體 | 事 | 事 | 2-8 |
| 事 | 事 | 事體 | 事 | 事 | 事 | 2-8 |
| 事 | 事 |  | 事 | 事 | 事 | 2-8 |
| 事 | 事 |  | 事體 | 事 |  | 2-8 |
| 事 | 事 | 事體 | 事體 | 事幹 | 事 | 2-9 |
| 事 | 事 | 事體 | 事體 | 事 | 事 | 2-11 |
| 事 | 事 | 事體 | 事體 | 事 | 事 | 2-12 |
| 事 | 事 | 事體 | 事體 | 事 | 事 | 2-12 |
| 事 | 事 | 事體 | 事體 | 事 |  | 2-16 |
| 事 | 事 | 事體 | 事體 |  | 事 | 2-16 |
| 事 | 事 | 事體 | 事體 | 事 |  | 2-16 |
| 事 | 事 | 事體 | 事體 | 事 | 事 | 2-16 |
| 事 | 事 | 事體 | 事體 | 事 |  | 2-16 |

（續表）

| 事 | 事 | 緣故 | 事體 | 事 |  | 2－16 |
|---|---|---|---|---|---|---|
| 事 | 事 | 事體 | 事體 |  | 事 | 2－16 |
| 事 | 事 | 事體 | 事體 | 事 |  | 2－16 |
| 事 | 事 | 事體 | 事體 | 事 |  | 2－16 |
| 事 | 事 | 事體 | 事體 | 事 | 事 | 2－16 |
| 事 | 事 | 事體 | 事體 | 事 | 事 | 2－16 |
| 事 | 事 | 事體 | 事體 |  | 事 | 2－16 |
| 事 | 事 | 事體 | 事 | 事 |  | 2－16 |
|  |  | 事體 |  |  | 事 | 2－17 |
| 事 | 事 | 事體 | 事體 | 事幹 |  | 2－17 |
| 事 | 事 | 事體 | 事體 | 事 | 事 | 2－17 |
| 事 | 事 | 事體 | 事體 | 事 | 事 | 2－17 |
| 事 | 事 | 差使 | 事體 | 頭路 | 事 | 2－17 |
| 事 | 事 |  | 事體 |  |  | 2－17 |
| 事 | 事 | 差使 | 事體 | 頭路 | 差 | 2－17 |
| 事 | 事 | 差使 | 事體 | 頭路 |  | 2－17 |
| 事 | 事 |  | 事體 |  |  | 2－17 |
| 事 | 事 |  | 事體 | 事幹 |  | 2－17 |
| 事 | 事 | 事體 | 事體 | 事 | 吩咐 | 2－18 |
| 事 | 事 |  | 事體 | 事 | 事 | 2－18 |
| 事 | 事 | 貴幹 | 事體 | 貴幹 | 貴幹 | 2－18 |
| 事 | 事 | 事體 | 事 | 事 | 事 | 2－18 |
| 事 | 事 | 事體 | 事體 | 事 | 事 | 2－18 |
| 事 | 事 | 事體 | 事體 | 事 | 事情 | 2－19 |
| 事 | 事 | 事體 | 事體 |  |  | 2－19 |
|  | 事 |  | 事體 |  |  | 2－18 |
|  | 事 |  | 事體 | 事 |  | 2－19 |

(續表)

| | | | | | | |
|---|---|---|---|---|---|---|
| 事 | 事 | 事 | 事體 | 事幹 | 事 | 2－19 |
| 事 | 事 | 事體 | 事體 | 事 | 事 | 2－19 |
| 事 | 事 | | 事體 | 事 | 案 | 2－22 |
| 事 | 事 | 事體 | 事 | | 事 | 2－24 |
| 事 | 事 | 事體 | 事體 | | | 2－27 |
| 事 | 事 | 事體 | 事 | 事 | 事 | 2－27 |
| 事 | 事 | | 事體 | | | 2－30 |
| 事 | 事 | 事體 | 事體 | 事 | 事 | 2－30 |
| 事 | 事 | 事 | 事體 | 事 | 事 | 2－30 |
| 事 | 事 | 事體 | 事 | 事 | 事 | 2－39 |
| 事 | 事 | 事體 | 事 | | 事 | 2－39 |
| 事 | 事 | 事體 | | 事 | 野 | 3－4 |
| 事 | 事 | 事體 | | 事 | 吩咐 | 3－19 |
| 事 | 事 | | | 事 | | 3－19 |
| | | 事體 | | 事 | | 3－20 |
| | | 事體 | | 事 | | 3－20 |
| 事 | 事 | 事體 | | 事 | | 3－20 |
| 事 | 事 | | | 事 | | 4－5 |
| 事 | 事 | | | 事 | | 4－5 |
| 事 | 事 | | | 事 | | 4－9 |
| 事 | 事 | | | 事 | | 4－9 |
| 事 | 事 | | | 事 | | 4－9 |
| 事 | 事 | | | 事 | | 4－9 |
| 事 | 事 | | | 事 | | 4－6 |
| 事 | 事 | | | 事 | | 4－9 |
| 事 | 事 | | | 事 | | 4－10 |
| 事 | 事 | | | 事 | | 4－10 |

（續表）

| 事 | 事 | | | 事 | | 4－11 |
|---|---|---|---|---|---|---|
| 事 | 事 | | | 事 | | 4－14 |
| 事 | 事 | | | 事 | | 4－16 |
| 事 | 事 | | | 事 | | 4－16 |
| 事 | 事 | | | 事 | | 4－16 |
| 事 | 事 | | | 事 | | 4－19 |
| 事 | 事 | | | 事 | | 4－19 |

1.11.1.3 事

| 事 | 事 | 事 | 事 | 事 | | 2－6 |
|---|---|---|---|---|---|---|
| 事 | 事 | | | 事 | | 4－1 |
| 事 | 事 | | | 事 | | 4－1 |
| 事 | 事 | | | 事 | | 4－1 |
| 事 | 事 | | | 事 | | 4－1 |
| 事 | 事 | | | 事 | | 4－4 |
| 事 | 事 | | | 事 | | 4－5 |
| 事 | 事 | | | 事 | | 4－5 |
| 事 | 事 | | | 事 | | 4－5 |
| 事 | 事 | | | 事 | | 4－5 |
| 事 | 事 | | | 事 | | 4－7 |
| 事 | 事 | | | 事 | | 4－8 |
| 事 | 事 | | | 事 | | 4－6 |
| 事 | 事 | | | 事 | | 4－7 |
| 事 | 事 | | | 事 | | 4－9 |
| 事 | 事 | | | 事 | | 4－9 |
| 事 | 事 | | | 事 | | 4－9 |
| 事 | 事 | | | 事 | | 4－12 |

(續表)

| | | | | | | |
|---|---|---|---|---|---|---|
| 事 | 事 | | | 事 | | 4-13 |
| 事 | 事 | | | 事 | | 4-14 |
| 事 | 事 | | | 事 | | 4-14 |
| 事 | 事 | | | 事 | | 4-14 |
| 事 | 事 | | | 事 | | 4-15 |
| 事 | 事 | | | 事 | | 4-16 |
| 事 | 事 | | | 事 | | 4-16 |
| 事 | 事 | | | 事 | | 4-18 |
| 事 | 事 | | | 事 | | 4-18 |
| 事 | 事 | | | 事 | | 4-19 |

1.11.1.4　公事:書面語

| | | | | | | |
|---|---|---|---|---|---|---|
| 公事 | 公事 | 外場事體 | 公事 | 公事 | 辦事 | 1-35 |
| 公事 | 公事 | | | 公事 | | 4-1 |
| 公事 | 公事 | | | 公事 | | 4-3 |
| 公事 | 公事 | | | 公事 | | 4-4 |
| 公事 | 公事 | | | 公事 | | 4-5 |
| 公事 | 公事 | | | 公事 | | 4-5 |
| 公事 | 公事 | | | 公事 | | 4-5 |
| 公事 | 公事 | | | 公事 | | 4-5 |
| 公事 | 公事 | | | 公事 | | 4-5 |
| 公事 | 公事 | | | 公事 | | 4-6 |
| 公事 | 公事 | | | 公事 | | 4-6 |
| 公事 | 公事 | | | 公事 | | 4-7 |
| 公事 | 公事 | | | 公事 | | 4-7 |
| 公事 | 公事 | | | 公事 | | 4-7 |
| 公事 | 公事 | | | 公事 | | 4-7 |

（續表）

| 公事 | 公事 | | | 公事 | | 4－7 |
|---|---|---|---|---|---|---|
| 公事 | 公事 | | | 公事 | | 4－7 |
| 公事 | 公事 | | | 公事 | | 4－8 |
| 公事 | 公事 | | | 公事 | | 4－8 |
| 公事 | 公事 | | | 公事 | | 4－8 |
| 公事 | 公事 | | | 公事 | | 4－9 |
| 公事 | 公事 | | | 公事 | | 4－9 |
| 公事 | 公事 | | | 公事 | | 4－11 |
| 公事 | 公事 | | | 公事 | | 4－20 |
| 公事 | 公事 | | | 公事 | | 4－20 |
| 公務 | 公事 | | | 公事 | | 4－20 |

1.11.1.5　差事

| 官差 | 官差 | | | 差事 | | 4－11 |
|---|---|---|---|---|---|---|
| 官差 | 官差 | | | 差事 | | 4－14 |
| 差使 | 差使 | 差使 | | 差事 | | 3－6 |

1.11.1.6　事件

| 事件 | 事件 | | | 事 | | 4－2 |
|---|---|---|---|---|---|---|
| 事件 | 事件 | | | 事件 | | 4－4 |
| 事件 | 事件 | | | 事 | | 4－2 |
| 事件 | 事件 | | | 事 | | 4－11 |
| 事件 | 事件 | | | 事件 | | 4－18 |
| 事件 | 事件 | | | 事件 | | 4－18 |

1.11.1.7　事務

| 事務 | 事務 | | | 事務 | | 4－16 |
|---|---|---|---|---|---|---|
| 事務 | 事務 | | | 事務 | | 4－16 |

### 1.11.1.8 白事——丧事

| 白事 | 白喜事 | 喪事 | 喪事 | 喪事 | 喪事 | 2－27 |
|---|---|---|---|---|---|---|

### 1.11.2 物事

| | | | | | | |
|---|---|---|---|---|---|---|
| 東西 | 東西 | 物事 | 物事 | 野 | | 1－9 |
| 東西 | 東西 | 物事 | 物事 | 野 | 野 | 1－12 |
| 東西 | 東西 | | 物事 | 野 | 野 | 2－1 |
| 東西 | 東西 | | 物事 | 野 | | 2－7 |
| 東西 | 東西 | 啥啥 | 物事 | 什物 | 什物 | 2－11 |
| 東西 | 東西 | 物事 | 物事 | 野 | | 2－13 |
| 東西 | 東西 | | 物事 | 野 | | 2－13 |
| 東西 | 東西 | 東西 | 物事 | 野 | 物件 | 2－16 |
| 東西 | 東西 | 東西 | 物事 | 野 | 物件 | 2－16 |
| 東西 | 東西 | 物事 | 物事 | 野 | 物件 | 2－17 |
| 東西 | 東西 | 物事 | 物事 | 野 | 物件 | 2－21 |
| 東西 | 東西 | 物事 | 物事 | 野 | 物業 | 2－22 |
| 東西 | 東西 | 東西 | 物事 | 野 | 野 | 2－22 |
| 東西 | 東西 | 東西 | 物事 | 野 | 物業 | 2－22 |
| 東西 | 東西 | 物事 | 物事 | 野 | 野 | 2－30 |
| 東西 | 東西 | 物事 | 物事 | 野 | 野 | 2－30 |
| 東西 | 東西 | 物事 | 物事 | 野 | 野 | 2－30 |
| 東西 | 東西 | 東西 | 物事 | 野 | 野 | 2－35 |
| 東西 | 東西 | 物事 | 物事 | 東西野 | 物件 | 2－39 |
| 東西 | 東西 | 物事 | | 野 | 野 | 3－4 |
| 東西 | 東西 | 物事 | | | | 3－4 |
| 古玩 | 古玩 | 古玩物事 | | 古玩 | 古玩 | 3－6 |
| 東西 | 東西 | 物事 | | 野 | | 3－8 |
| 東西 | 東西 | 物事 | | 野 | 野 | 3－8 |

(續表)

| | | | | | | |
|---|---|---|---|---|---|---|
| 東西 | 東西 | 東西 | | 野 | 野 | 3-8 |
| 東西 | 東西 | 物事 | | 野 | 野 | 3-8 |
| 吃的 | 吃的 | 吃个物事 | | 食嘅野 | 食品 | 3-8 |
| 東西 | 東西 | 物事 | | 野 | | 3-8 |
| | | 物事 | | 野 | 物 | 3-8 |
| 東西 | 東西 | 物事 | | | 野 | 3-8 |
| 東西 | 東西 | 物事 | | 野 | 野 | 3-9 |
| 東西 | 東西 | 物事 | | 野 | 物件 | 3-9 |
| 東西 | 東西 | 物事 | | 野 | 野 | 3-9 |
| 東西 | 東西 | 物事 | | 野 | | 3-9 |
| 東西 | 東西 | 物事 | | 野 | 衣服 | 3-10 |
| 東西 | 東西 | 物事 | | 野 | 野 | 3-11 |
| 東西 | 東西 | 物事 | | 野 | | 3-11 |
| 東西 | 東西 | 物事 | | 野 | 野 | 3-14 |
| 東西 | 東西 | 物事 | | | 野 | 3-15 |
| 東西 | 東西 | 物事 | | 野 | 野 | 3-15 |
| 東西 | 東西 | 物事 | | 野 | 野 | 3-15 |
| 東西 | 東西 | 物事 | | 野 | 野 | 3-15 |
| 東西 | 東西 | 物事 | | 行李 | 行李 | 3-17 |
| | | 物事 | | 野 | | 3-17 |
| 東西 | 東西 | 物事 | | 野 | 禮物 | 3-18 |
| 東西 | 東西 | 物事 | | 野 | 物件 | 3-18 |
| 東西 | 東西 | 物事 | | 野 | 野 | 3-19 |
| 東西 | 東西 | 物事 | | 野 | | 3-19 |
| 東西 | 東西 | 物事 | | 野 | 野 | 3-19 |
| 東西 | 東西 | 物事 | | 野 | 野 | 3-19 |

(續表)

| 東西 | 東西 | 物事 |  | 野 | 野 | 3－19 |
|---|---|---|---|---|---|---|
| 東西 | 東西 | 物事 |  | 野 | 野 | 3－20 |
| 小物件 | 小物件 | 小點个物事 | 小件頭 | 細件野 | 細件 | 2－7 |
| 小物件 | 小物件 | 小物事 | 小件頭 | 細物件 | 細件 | 2－7 |
| 小物件 | 小物件 | 小物事 | 小件頭 | 細物件 |  | 2－7 |
| 小物件 | 小物件 | 小物事 | 小件頭 | 細件野 |  | 2－7 |
| 物件 | 物件 | 物事 |  | 野 | 物件 | 3－9 |

按：在表“物品、東西”這個意義上，“物”“事”“事物”“物事”“東西”是同義詞。“東西”一詞泛指各種具體或抽象的事物，宋時已見。如：

殷勤猶勸玉東西。不道使君，腸斷已多時。(周紫芝《南柯子》，特指“酒”)

元代漸漸成為南北的通用詞，明清時“東西”的使用頻率漸超過“物事”發展到現代漢語而與“事物”並用，成為表“物品、東西”的常用詞。

1.11.3　活

| 活 | 工 | 生活 | 生活 | 工夫 | 工程 | 2－10 |
|---|---|---|---|---|---|---|
| 活 | 工 | 生活 |  | 工夫 | 工程 | 2－10 |
| 活 | 工 | 生活 | 生活 | 工夫 |  | 2－10 |
| 活 | 工 |  | 生活 | 工夫 |  | 2－10 |
| 活 | 工 | 生活 | 工 | 工 | 工程 | 2－10 |
| 活 | 工 | 生活 | 工 | 工 |  | 2－10 |
| 活 | 工 | 生活 | 生活 | 工夫 | 工夫 | 2－11 |
| 活 | 工夫 | 生活 | 生活 | 工夫 | 工夫 | 2－14 |
| 活 | 工夫 | 生活 | 生活 | 工夫 |  | 2－14 |
| 活 | 生活 | 生活 | 生活 | 工夫 | 工 | 2－17 |
| 活 | 生活 | 生活 | 生活 | 生意 | 工 | 2－35 |

| | | | | | | |
|---|---|---|---|---|---|---|
| 活 | 事 | 生活 | | 工夫 | | 2-10 |
| 活 | 事 | 生活 | 生活 | 工夫 | 工程 | 2-10 |
| 活 | 事 | 生活 | 生活 | 工夫 | 工程 | 2-10 |
| 活 | 事 | 生活 | 生活 | 工夫 | 工夫 | 2-14 |
| 活 | 事 | 生活 | 生活 | | | 2-14 |
| 事 | 事 | 生活 | | 事 | | 3-4 |
| 活 | 事 | 生活 | | 事 | 工夫 | 3-18 |

按：A版北方官話用通語“活”，B版南方官話用上古的“工”和普通的“事”，CD版用“生活”，今天吳語區還用“生活”指從事的生計，E版粵語多用“工夫”，F版用“工夫”“工程”，偶爾也用單音節的“工”。

1.11.4 手藝(官話)——生活(滬語)——功夫(老粵語)

| | | | | | | |
|---|---|---|---|---|---|---|
| 手藝 | 手藝 | 生活 | 生活 | 功夫 | 工 | 2-14 |
| 手藝 | 手藝 | 生活 | 生活 | 功夫 | | 2-14 |
| 手藝 | 手藝 | 生活 | 生活 | 功夫 | | 2-14 |
| 手藝 | 手藝 | 生活 | 生活 | | | 2-14 |

| | | | | | | |
|---|---|---|---|---|---|---|
| 手藝 | 手藝 | 本事 | 本事 | 手藝 | 人工 | 1-13 |
| 本事 | 本事 | 本事 | 本事 | 本事 | 才能 | 1-36 |
| 醫道 | 醫道 | 本事 | | 醫道 | 醫道 | 3-7 |

1.11.5 法子

| | | | | | | |
|---|---|---|---|---|---|---|
| 法子 | 法子 | 法子 | 法則 | 辦法 | 法 | 2-11 |
| 法子 | 法子 | 法子 | 法則 | 法 | | 2-22 |
| 法子 | 法子 | 法子 | 法則 | 法 | 法 | 2-23 |
| 法子 | 法子 | 法子 | 法則 | 辦法 | | 2-23 |
| 法子 | 法子 | 法子 | 法則 | 法 | 法 | 2-34 |

(續表)

| 法子 | 法子 | 法子 | 法則 | 法 | 法 | 2-36 |
|---|---|---|---|---|---|---|
| 法子 | 法子 | 法子 | | 法子 | 法 | 3-17 |
| 法子 | 法子 | 法子 | 法則 | (無)奈何 | | 1-24 |
| 法子 | 法子 | 法子 | 法則 | 法 | (冇)奈何 | 2-15 |
| 法子 | 法子 | 法子 | 法則 | 辦法 | (無)奈 | 2-19 |
| 法子 | 法子 | 法子 | 法則 | 法 | (無)奈 | 2-26 |
| 法子 | 法子 | 法子 | 法則 | 法子 | (冇)奈何 | 2-29 |
| 主意 | 主意 | 主意 | 主意 | 法子 | 法子 | 2-30 |

### 1.11.6 聲氣1：聲音

| 聲兒 | 聲音 | 聲氣 | 聲音 | | 聲 | 1-15 |
|---|---|---|---|---|---|---|
| 聲兒 | 聲兒 | 聲氣 | 聲響 | 聲 | 聲 | 1-20 |

### 1.11.7 聲氣2：從聲音引申指對信息的回應

| 信 | 信 | 回信 | 信 | 聲氣 | 聲氣 | 2-10 |
|---|---|---|---|---|---|---|
| 信 | 信 | 回信 | 信 | 聲氣 | 聲氣 | 2-10 |
| 信兒 | 信兒 | 信 | | 聲氣 | 聲氣 | 3-20 |

### 1.11.8 土談

| 鄉談 | 鄉談 | 土白 | 鄉談 | 土談 | 土談 | 1-17 |
|---|---|---|---|---|---|---|
| 鄉談 | 鄉談 | 本地反(話) | 鄉談 | 土談 | 土談 | 2-24 |

### 1.11.9 味道

| 味道 | 味道 | 旨味 | 味道 | 味道 | 味道 | 1-9 |
|---|---|---|---|---|---|---|
| 味 | 味 | 旨味 | 味 | 味 | 味 | 2-39 |

### 1.11.10 千秋

| 千秋 | 千秋 | 壽誕 | 壽誕 | 千秋 | 千秋 | 1-32 |
|---|---|---|---|---|---|---|

# 二　代　詞

## 2.1　人稱代詞

### 2.1.1　您納

| | | | | | | |
|---|---|---|---|---|---|---|
| 您納 | 您 | 閣下 | | | | 1-1 |
| 您納 | 您 | 閣下 | 儂 | 你 | 你 | 1-14 |
| 您納 | 您 | 閣下 | 儂 | 你 | 你 | 1-15 |
| 您納 | 您納 | 閣下 | 儂 | | | 1-18 |
| 您納 | 您納 | 閣下 | 儂 | 你 | 你 | 2-1 |
| 您納 | 您 | | 儂 | 閣下 | | 2-2 |
| 您納 | 您納 | | 儂 | 閣下 | 先生 | 2-37 |

按：齊如山《北京土話》(1991：173)："您,北京人對面說話,絕對不會說'你'的,以其太不恭敬也,都要說'您',雖與父母長輩說話,亦可以'您'呼之。對外人,再客氣者,則多掛一'哪'字,曰'您哪',語助詞也。"《北京土話》中的"您哪",就是"您納""你納",是北京口語中第二人稱單數的敬稱形式。《語言自邇集》(1867年,第一版)多用,資訊較早。D版之"儂"為滬語特徵詞。

### 2.1.2　您

| | | | | | | |
|---|---|---|---|---|---|---|
| 您 | 您 | 閣下 | 儂 | 你 | 你 | 1-6 |
| 您 | 您 | 閣下 | 儂 | | 你 | 1-7 |
| 您 | 您 | 閣下 | 儂 | 老兄 | 你 | 1-8 |
| 您 | 您 | 閣下 | 儂 | 你 | 你 | 1-8 |
| 您 | 您 | 閣下 | 儂 | 你 | 你 | 1-10 |
| 您 | 您 | 閣下 | 儂 | | | 1-19 |
| 您 | 您 | 閣下 | | | | 2-1 |
| 您 | 您 | 閣下 | 儂 | 你 | 你 | 2-1 |

(續表)

| | | | | | | |
|---|---|---|---|---|---|---|
| 您 | 您 | 閣下 | 儂 | 你 | 你 | 2－1 |
| 您 | 您 | 閣下 | 儂 | 你 | 你 | 2－1 |
| 您 | 您 | 閣下 | 儂 | 你 | 你 | 2－1 |
| 您 | 您 | 閣下 | 儂 | 你 | 你 | 2－1 |
| 您 | 您 | 閣下 | 儂 | 你 | 你 | 2－1 |
| 您 | 您 | 閣下 | 儂 | 你 | 你 | 2－1 |
| 您 | 您 | 閣下 | 儂 | 你 | | 2－2 |
| 您 | 您 | 閣下 | 儂 | 你 | | 2－3 |
| 您 | 您 | 閣下 | 儂 | 你 | 你 | 2－8 |
| 您 | 您 | 閣下 | 儂 | 你 | | 2－11 |
| 您 | 您 | 閣下 | 儂 | 你 | 你 | 2－11 |
| 您 | 您 | 閣下 | 儂 | 你 | | 2－11 |
| 您 | 您 | 閣下 | 儂 | 你 | 你 | 2－11 |
| 您 | 您 | 閣下 | 儂 | 你 | 你 | 2－13 |
| 您 | 您 | 閣下 | 儂 | 你 | 你 | 2－16 |
| 您 | 您 | 閣下 | 儂 | 你 | 你 | 2－17 |
| 您 | 你 | 閣下 | 儂 | | 你 | 2－17 |
| 您 | 您 | 閣下 | 儂 | 你 | | 2－17 |
| 您 | 您 | 閣下 | 儂 | | 你 | 2－17 |
| 您 | 您 | 閣下 | 儂 | 你 | 你 | 2－17 |
| 您 | 您 | 閣下 | 儂 | 你 | | 2－19 |
| 您 | 您 | 閣下 | 儂 | 尊駕 | 你 | 2－20 |
| 您 | 您 | 閣下 | 儂 | 你 | | 2－21 |
| 您 | 您 | 閣下 | 儂 | 你 | 你 | 2－21 |
| 您 | 您 | 閣下 | 儂 | 你 | 你 | 2－25 |
| 您 | 您 | 閣下 | 儂 | 你 | 你 | 2－26 |

（續表）

| | | | | | | |
|---|---|---|---|---|---|---|
| 您 | 您 | 閣下 | 儂 | 你 | 你 | 2-30 |
| 您 | 您 | 閣下 | 儂 | 你 | 你 | 2-33 |
| 您 | 您 | 閣下 | 儂 | 你 | 你 | 2-33 |
| 您 | 您 | 閣下 | 儂 | 你 | | 2-33 |
| 您 | 您 | 閣下 | 儂 | 你 | 你 | 2-36 |
| 您 | 您 | 閣下 | 儂 | | | 2-36 |
| 您 | 您 | 閣下 | 儂 | 你 | 閣下 | 1-18 |
| 您 | 您 | | 閣下 | 閣下 | | 2-1 |
| 您 | 您 | 閣下 | 儂 | 閣下 | 閣下 | 2-1 |
| 您 | 您 | 閣下 | 儂 | 閣下 | 尊駕 | 2-1 |
| 您 | 您 | 閣下 | | 你 | 閣下 | 2-1 |
| 您 | 您 | 閣下 | 儂 | 閣下 | 閣下 | 2-2 |
| 您 | 您 | | 儂 | 閣下 | | 2-5 |
| 您 | 您 | 老兄 | 儂 | 老兄 | 閣下 | 2-5 |
| 您 | 您 | 自家 | 儂 | 閣下 | 閣下 | 2-8 |
| 您 | 您 | | 儂 | 閣下 | 先生 | 2-9 |
| 您 | 您 | 閣下 | 儂 | 你 | 閣下 | 2-11 |
| 您 | 您 | | 儂 | 閣下 | | 2-13 |
| 您 | 您 | | 儂 | 閣下 | 閣下 | 2-14 |
| 您 | 您 | | 儂 | 閣下 | | 2-14 |
| 您 | 您 | | 儂 | 閣下 | 你 | 2-14 |
| 您 | 您 | | 儂 | 閣下 | 你 | 2-14 |
| 您 | 您 | | 儂 | 閣下 | 兄台 | 2-20 |
| 您 | 您 | 自家 | 儂 | 閣下 | 你 | 2-20 |
| 您 | 您 | 閣下 | 儂 | 閣下 | 你 | 2-21 |
| 您 | 您 | | 儂 | 閣下 | 閣下 | 2-24 |

(續表)

| | | | | | | |
|---|---|---|---|---|---|---|
| 您 | 您 | | 儂 | 閣下 | 閣下 | 2-24 |
| 您 | 您 | | 儂 | 閣下 | 閣下 | 2-24 |
| 您 | 您 | | 儂 | 閣下 | 你 | 2-33 |
| 您 | 您 | 自家 | 儂 | 閣下 | 閣下 | 2-36 |
| 您 | 您 | 閣下 | 儂 | 閣下 | 你 | 2-36 |
| 您 | 您 | | 儂 | 閣下 | | 2-37 |
| 您 | 您 | 先生 | 儂 | 閣下 | 先生 | 2-37 |
| 您 | 您 | 先生 | 儂 | 閣下 | 你 | 2-37 |
| 您 | 您 | 先生 | 儂 | 閣下 | 你 | 2-37 |
| 您 | 您 | | | 閣下 | | 4-13 |

### 2.1.3 你

| | | | | | | |
|---|---|---|---|---|---|---|
| 你 | 你 | 閣下 | | 你 | 你 | 1-5 |
| 你 | 你 | 閣下 | 儂 | 你 | 你 | 1-8 |
| 你 | 你 | 閣下 | 儂 | | 你 | 1-9 |
| 你 | 你 | 閣下 | 儂 | 你 | 尊駕 | 1-10 |
| 你 | 你 | 閣下 | 儂 | 你 | 你 | 1-11 |
| 你 | 你 | 閣下 | 儂 | 你 | 你 | 1-12 |
| 你 | 你 | 閣下 | 儂 | 你 | 你 | 1-12 |
| 你 | 你 | 閣下 | 儂 | | 你 | 1-16 |
| 你 | 你 | 閣下 | 儂 | 你 | 你 | 1-19 |
| 你 | 你 | 自家 | 儂 | | 閣下 | 1-19 |
| 你 | 你 | 閣下 | 儂 | 你 | 你 | 1-21 |
| 你 | 你 | 閣下 | 儂 | 你 | 你 | 1-27 |
| 你 | 你 | 閣下 | 儂 | 你 | 你 | 1-27 |
| 你 | 你 | 閣下 | 儂 | 你 | | 1-40 |
| 你 | 你 | 閣下 | 儂 | 你 | 你 | 1-41 |
| 你 | 你 | 閣下 | 儂 | 你 | 你 | 1-42 |

（續表）

| 你 | 你 | 閣下 | 儂 | 你 | 你 | 1-42 |
|---|---|---|---|---|---|---|
| 你 | 你 | 閣下 | 儂 | 你 | 你 | 2-16 |
| 你 | 你 | 閣下 | 儂 | 你 | 你 | 2-13 |
| 你 | 你 | 閣下 | 儂 | 你 | 你 | 2-16 |
| 你 | 你 | 閣下 | 儂 | 你 | 你 | 2-16 |
| 你 | 你 | 閣下 | 儂 | 你 | 你 | 2-20 |
| 你 | 你 | 閣下 | 儂 | 你 | 你 | 2-21 |
| 你 | 你 | 閣下 | 儂 | 你 | 你 | 2-23 |
| 你 | 你 | 閣下 | 儂 | 你 | 你 | 2-24 |
| 你 | 你 | 閣下 | 儂 | 你 | 你 | 2-24 |
| 你 | 你 | 閣下 | 儂 | 你 | 你 | 2-24 |
| 你 | 你 | 閣下 | 儂 | 你 | 你 | 2-16 |
| 你 | 你 | 閣下 | 儂 | 你 | 你 | 2-16 |
| 你 | 你 | 閣下 | 儂 | 你 | 你 | 2-20 |
| 你 | 你 | 閣下 | 儂 | 你 | 你 | 2-21 |
| 你 | 你 | 閣下 | 儂 | 你 | 你 | 2-23 |
| 你 | 你 | 閣下 | 儂 | 你 | 你 | 2-24 |
| 你 | 你 | 閣下 | 儂 | 你 | 你 | 2-24 |
| 你 | 你 | 閣下 | 儂 | 你 | 你 | 2-24 |
| 你 | 你 | 自家 | 儂 | 閣下 | 閣下 | 2-24 |
| 你 | 你 | 閣下 | 儂 | 你 |  | 2-33 |
| 你 | 你 | 閣下 | 儂 | 你 | 你 | 2-33 |
| 你 | 你 | 閣下 | 儂 | 你 | 你 | 2-37 |
| 你 | 你 | 閣下 | 儂 | 你 | 你 | 2-40 |
| 你 | 你 | 閣下 | 儂 | 你 |  | 2-40 |
| 你 | 你 | 閣下 | 儂 | 你 | 你 | 2-40 |
| 你 | 你 | 閣下 | 儂 | 你 |  | 2-40 |
| 你 | 你 | 閣下 | 儂 | 你 |  | 2-40 |

## 2.1.4 閣下：書面語詞

| 閣下 | 閣下 | 閣下 | 閣下 | 閣下 | | 1-19 |
|---|---|---|---|---|---|---|
| 閣下 | 閣下 | 閣下 | 閣下 | 閣下 | 閣下 | 2-38 |
| 閣下 | 閣下 | 閣下 | 閣下 | 閣下 | 你 | 2-38 |
| 閣下 | 閣下 | | | 閣下 | | 4-1 |
| 閣下 | 閣下 | | | 閣下 | | 4-2 |
| 閣下 | 閣下 | | | 閣下 | | 4-5 |
| 閣下 | 閣下 | | | 閣下 | | 4-5 |
| 閣下 | 閣下 | | | 閣下 | | 4-5 |
| 閣下 | 閣下 | | | 閣下 | | 4-5 |
| 閣下 | 閣下 | | | 閣下 | | 4-5 |
| 閣下 | 閣下 | | | 閣下 | | 4-5 |
| 閣下 | 閣下 | | | 閣下 | | 4-6 |
| 閣下 | 閣下 | | | 閣下 | | 4-7 |
| 閣下 | 閣下 | | | 閣下 | | 4-7 |
| 閣下 | 閣下 | | | 閣下 | | 4-7 |
| 閣下 | 閣下 | | | 閣下 | | 4-7 |
| 閣下 | 閣下 | | | 閣下 | | 4-8 |
| 閣下 | 閣下 | | | 閣下 | | 4-8 |
| 閣下 | 閣下 | | | 閣下 | | 4-9 |
| 閣下 | 閣下 | | | 閣下 | | 4-9 |
| 閣下 | 閣下 | | | 閣下 | | 4-9 |
| 閣下 | 閣下 | | | 閣下 | | 4-9 |
| 閣下 | 閣下 | | | 閣下 | | 4-9 |
| 閣下 | 閣下 | | | 閣下 | | 4-15 |
| 閣下 | 閣下 | | | 閣下 | | 4-15 |
| 閣下 | 閣下 | | | 閣下 | | 4-18 |
| 閣下 | 閣下 | | | 閣下 | | 4-18 |

(續表)

| | | | | | | |
|---|---|---|---|---|---|---|
| 閣下 | 閣下 | | | 閣下 | | 4－18 |
| 閣下 | 閣下 | | | 閣下 | | 4－18 |
| 閣下 | 閣下 | | | 閣下 | | 4－18 |
| 閣下 | 閣下 | | | 閣下 | | 4－18 |
| 閣下 | 閣下 | | | 閣下 | | 4－18 |
| 閣下 | 閣下 | | | 閣下 | | 4－18 |
| 閣下 | 閣下 | | | 閣下 | | 4－18 |
| 閣下 | 閣下 | | | 閣下 | | 4－18 |
| 閣下 | 閣下 | | | 閣下 | | 4－18 |
| 閣下 | 閣下 | | | 閣下 | | 4－18 |
| 閣下 | 閣下 | | | 閣下 | | 4－18 |
| 閣下 | 閣下 | | | 閣下 | | 4－18 |
| 閣下 | 閣下 | | | 閣下 | | 4－18 |
| 閣下 | 閣下 | | | 閣下 | | 4－18 |
| 閣下 | 閣下 | | | 閣下 | | 4－18 |
| 閣下 | 閣下 | | | 閣下 | | 4－18 |
| 閣下 | 閣下 | | | 閣下 | | 4－18 |
| 閣下 | 閣下 | | | 閣下 | | 4－18 |
| 閣下 | 閣下 | | | 閣下 | | 4－20 |
| 閣下 | 閣下 | | | 閣下 | | 4－20 |
| 閣下 | 閣下 | | | 閣下 | | 4－20 |
| 閣下 | 閣下 | | | 閣下 | | 4－20 |
| 閣下 | 閣下 | | | 閣下 | | 4－20 |
| 閣下 | 閣下 | | | 閣下 | | 4－20 |
| 閣下 | 閣下 | | | 閣下 | | 4－20 |
| 閣下 | 閣下 | | | 閣下 | | 4－20 |
| 閣下 | 閣下 | | | 閣下 | | 4－20 |

(續表)

| 閣下 | 閣下 | | | 閣下 | | 4－20 |
|---|---|---|---|---|---|---|
| 閣下 | 閣下 | | | 閣下 | | 4－20 |
| 閣下 | 閣下 | | | 閣下 | | 4－20 |
| 閣下 | 閣下 | | | 閣下 | | 4－20 |
| 閣下 | 閣下 | | | 閣下 | | 4－20 |
| 閣下 | 閣下 | | | 閣下 | | 4－20 |

## 2.1.5　我們

### 2.1.5.1　我們

| 我們 | 我們 | 伲 | 伲 | | | 1－1 |
|---|---|---|---|---|---|---|
| 我們 | 我們 | 伲 | 我伲 | 我 | 我哋 | 1－13 |
| 我們 | 我們 | | 伲 | | | 1－20 |
| 我們 | 我們 | 伲 | 伲 | 我哋 | 我哋 | 1－30 |
| 我們 | 我們 | 伲 | 伲 | | | 1－38 |
| 我們 | 我們 | 伲 | 伲 | 我哋 | 我 | 2－1 |
| 我們 | 我們 | 我 | 我伲 | 我哋 | 我 | 2－6 |
| 我們 | 我們 | 伲 | 我伲 | 我地 | 我哋 | 2－7 |
| 我們 | 我們 | 伲 | 伲 | 我哋 | | 2－7 |
| 我們 | 我們 | | 我伲 | 我哋 | | 2－7 |
| 我們 | 我們 | | 伲 | 我哋 | | 2－8 |
| 我們 | 我們 | | 我伲 | 我哋 | 我哋 | 2－9 |
| 我們 | 我們 | 伲 | 我伲 | 我 | 我 | 2－9 |
| 我們 | 我們 | | 我伲 | 我哋 | 我哋 | 2－10 |
| 我們 | 我們 | 伲 | 我伲 | 我地 | 我哋 | 2－11 |
| 我們 | 我們 | 伲 | 我伲 | 我哋 | 我哋 | 2－11 |
| 我們 | 我們 | | 伲 | 我哋 | | 2－11 |
| 我們 | 我們 | | 我伲 | 我屋 | | 2－11 |

(續表)

| 我 | 我 | 伲 | 我伲 | 我 | 我哋 | 2-12 |
|---|---|---|---|---|---|---|
| 我們 | 我們 | 伲 | 我伲 | 我哋 | 我 | 2-12 |
| 我們 | 我們 | 伲 | 我伲 | 我 |  | 2-12 |
| 我們 | 我們 | 伲 | 我伲 | 我 | 我 | 2-12 |
| 我們 | 我們 | 伲 | 我伲 | 我地 | 我哋 | 2-12 |
| 我 | 我 | 我 | 我伲 | 我 | 我 | 2-13 |
| 我們 | 我們 | 伲 | 我伲 | 我哋 | 我 | 2-14 |
| 我們 | 我們 | 伲 | 我伲 | 我哋 | 我哋 | 2-14 |
| 我們 | 我們 | 伲 | 我伲 | 我哋 |  | 2-14 |
| 我們 | 我們 |  | 我伲 | 我哋 | 我 | 2-14 |
| 我們 | 我們 | 伲 | 我 | 我哋 |  | 2-14 |
| 我們 | 我們 |  | 我伲 | 我 |  | 2-15 |
| 我們 | 我們 | 伲 | 我伲 | 我 | 我哋 | 2-15 |
| 我們 | 我們 |  | 我伲 | 我哋 | 我哋 | 2-15 |
| 我們 | 我們 | 伲 | 我伲 | 我哋 |  | 2-15 |
| 我們 | 我們 | 伲 | 我伲 | 我 |  | 2-15 |
| 我們 | 我們 | 伲 | 我伲 | 我哋 |  | 2-15 |
| 我們 | 我們 | 伲 | 我伲 | 我哋 | 我 | 2-15 |
| 我們 | 我們 | 伲 | 我伲 | 我 | 我 | 2-15 |
| 我們 | 我們 |  | 我伲 | 我哋 |  | 2-15 |
| 我們 | 我們 | 伲 | 我伲 | 我 | 我哋 | 2-15 |
| 我們 | 我們 | 伲 | 我伲 | 我哋 | 我 | 2-15 |
| 我們 | 我們 | 伲 | 我伲 | 我哋 | 我 | 2-18 |
| 我們 | 我們 |  | 我伲 | 我哋 |  | 2-18 |
| 我們 | 我們 | 伲 | 我伲 | 我地 | 我 | 2-18 |
| 我們 | 我們 |  | 我伲 | 我 | 我 | 2-18 |
| 我們 | 我們 | 伲 | 我伲 | 我哋 | 我哋 | 2-18 |

(續表)

| 我們 | 我們 |  | 我佢 | 我哋 | 我哋 | 2－18 |
|---|---|---|---|---|---|---|
| 我們 | 我們 | 佢 | 我佢 |  |  | 2－18 |
| 我們 | 我們 | 佢 | 我佢 | 我哋 | 我哋 | 2－18 |
| 我們 | 我們 | 自佢 | 我佢 |  |  | 2－19 |
| 我們 | 我們 |  | 我佢 | 我 |  | 2－19 |
| 我們 | 我們 |  | 我佢 | 我哋 | 我 | 2－19 |
| 我們 | 我們 | 佢 | 我佢 | 我哋 |  | 2－19 |
| 我們 | 我們 | 佢 | 我佢 | 我 | 我哋 | 2－19 |
| 我們 | 我們 | 佢 | 我佢 |  | 我哋 | 2－20 |
| 我們 | 我們 |  | 我佢 | 我哋 | 我哋 | 2－20 |
| 我們 | 我們 | 佢 | 我佢 | 我哋 | 我 | 2－20 |
| 我們 | 我們 | 佢 | 我佢 | 我哋 | 我哋 | 2－21 |
| 我們 | 我們 | 佢 | 我佢 | 我哋 | 我聞 | 2－21 |
| 我們 | 我們 | 佢 | 我佢 | 我哋 | 我哋 | 2－21 |
| 我們 | 我們 |  | 我佢 | 我哋 | 我哋 | 2－21 |
| 我們 | 我們 | 我 | 我佢 | 我 | 我 | 2－21 |
| 我們 | 我們 | 佢 | 我佢 | 我地 | 我 | 2－23 |
| 我們 | 我們 | 我 | 我佢 | 我 | 我 | 2－24 |
| 我們 | 我們 | 佢 | 我佢 | 我哋 |  | 2－25 |
| 我們 | 我們 | 佢 | 我佢 | 我 | 我哋 | 2－25 |
| 我們 | 我們 | 佢 | 我佢 | 我哋 |  | 2－25 |
|  |  | 佢 | 佢 | 我哋 |  | 2－25 |
| 我們 | 我們 | 佢 | 我佢 | 我哋 | 我哋 | 2－26 |
| 我們 | 我們 | 佢 | 我佢 | 我哋 | 我哋 | 2－26 |
| 我們 | 我們 | 佢 | 我佢 | 我 | 我 | 2－26 |
| 我們 | 我們 | 佢 | 我佢 | 我哋 | 我哋 | 2－26 |
| 我們 | 我們 | 佢 | 我佢 | 我哋 | 我 | 2－26 |

(續表)

| | | | | | | |
|---|---|---|---|---|---|---|
| 我們 | 我們 | 伲 | 我伲 | 我哋 | 我哋 | 2－26 |
| 我們 | 我們 | 伲 | 我伲 | 我哋 | 我哋 | 2－27 |
| 我們 | 我們 | 伲 | 我伲 | 我哋 | 我哋 | 2－27 |
| 我們 | 我們 | 伲 | 我伲 | 我哋 | 我哋 | 2－27 |
| 我們 | 我們 | 我 | 我伲 | 我哋 | 我 | 2－27 |
| 我們 | 我們 | 伲 | 我伲 | | 我 | 2－28 |
| 我們 | 我們 | | 我伲 | | | 2－28 |
| 我們 | 我們 | 伲 | 我伲 | 我哋 | 我哋 | 2－28 |
| 我們 | 我們 | | 我伲 | | 我 | 2－28 |
| 我們 | 我們 | 伲 | 我伲 | | 我 | 2－28 |
| 我們 | 我們 | 伲 | 我伲 | 我地 | 我 | 2－29 |
| 我們 | 我們 | 伲 | 我伲 | 我地 | 我 | 2－29 |
| 我們 | 我們 | 伲 | 我伲 | 我哋 | 我 | 2－29 |
| 我們 | 我們 | | 我伲 | 我地 | | 2－29 |
| 我們 | 我們 | 伲 | 我伲 | 我地 | | 2－29 |
| 我們 | 我 | 伲 | 我伲 | 我哋 | | 2－29 |
| 我們 | 我們 | 伲 | 我伲 | 我地 | 我 | 2－29 |
| 我們 | 我們 | 伲 | 我伲 | 我地 | 我 | 2－29 |
| 我們 | 我們 | 伲 | 我伲 | 我地 | 我 | 2－29 |
| 我們 | 我們 | 伲 | 我伲 | 我哋 | 我哋 | 2－30 |
| 我們 | 我們 | 伲 | 我伲 | | 我 | 2－32 |
| 我們 | 我們 | 伲 | 我伲 | | 我 | 2－32 |
| 我們 | 我們 | 伲 | 我伲 | | | 2－32 |
| 我們 | 我們 | 伲 | 我伲 | | | 2－32 |
| 我們 | 我們 | 伲 | 我伲 | | | 2－32 |
| 我們 | 我們 | 伲 | 我伲 | | | 2－32 |
| 我們 | 我們 | 伲 | 我伲 | 我 | 我 | 2－32 |

(續表)

| 我們 | 我們 | 伲 | 我伲 | | | 2-32 |
|---|---|---|---|---|---|---|
| 我們 | 我們 | 伲 | 我伲 | | | 2-32 |
| 我們 | 我們 | 伲 | 我伲 | | | 2-32 |
| 我們 | 我們 | 伲 | 我伲 | | | 2-32 |
| | | 伲 | | 我 | 我 | 2-32 |
| 我們 | 我們 | 伲 | 我伲 | | | 2-32 |
| | | 伲 | | | 我 | 2-32 |
| 我們 | 我們 | 我 | 我伲 | 我地 | 我哋 | 2-33 |
| 我們 | 我們 | 我 | 我伲 | | | 2-33 |
| 我們 | 我們 | 伲 | 我伲 | 我哋 | 我哋 | 2-33 |
| 我們 | 我們 | 伲 | 伲 | 我哋 | 我哋 | 2-33 |
| 我們 | 我們 | | 我伲 | | | 2-33 |
| 我們 | 我們 | 伲 | 我伲 | 我哋 | | 2-33 |
| 我們 | 我們 | 伲 | 我伲 | 我 | 我哋 | 2-33 |
| 我們 | 我們 | 伲 | 我伲 | 我哋 | 我哋 | 2-33 |
| 我們 | 我們 | 伲 | 我伲 | 我哋 | 我哋 | 2-34 |
| 我們 | 我們 | 伲 | 我伲 | 我哋 | 我哋 | 2-34 |
| 我們 | 我們 | 伲 | 我伲 | 我哋 | 我處 | 2-34 |
| 我們 | 我們 | 伲 | 我伲 | 我哋 | 我哋 | 2-34 |
| 我們 | 我們 | 伲 | 我伲 | 我哋 | | 2-34 |
| 我們 | 我們 | 伲 | 我伲 | | | 2-34 |
| 我們 | 我們 | 自伲 | 我伲 | 我哋 | 我哋 | 2-34 |
| 我們 | 我們 | 伲 | 伲 | 我地 | 我 | 2-34 |
| 我們 | 我們 | 伲 | 我伲 | 我地 | 我 | 2-34 |
| 我們 | 我們 | 自伲 | 我伲 | 我地 | 我 | 2-34 |
| 我們 | 我們 | 伲 | 伲 | 我哋 | 我哋 | 2-34 |
| 我們 | 我們 | 伲 | 我伲 | 我哋 | 我哋 | 2-34 |

（續表）

| | | | | | | |
|---|---|---|---|---|---|---|
| 我們 | 我們 | 伲 | 我伲 | 我哋 | 我哋 | 2－34 |
| 我們 | 我們 | 伲 | 我伲 | 我哋 | 我哋 | 2－34 |
| 我們 | 我們 | 伲 | 我伲 | 我哋 | 我哋 | 2－34 |
| 我們 | 我們 | 伲 | 我伲 | 我哋 | 我哋 | 2－34 |
| 我們 | 我們 | 伲 | 我伲 | 我哋 | 我 | 2－36 |
| 我們 | 我們 | 伲 | 我拉 | 我哋 | 我哋 | 2－37 |
| 我們 | 我們 | 伲 | 伲 | 我哋 | 我 | 2－37 |
| 我們 | 我們 | | 我伲 | | | 2－37 |
| 我們 | 我們 | 伲 | 我伲 | 我 | 我 | 2－37 |
| 我們 | 我們 | 伲 | 我伲 | 我哋 | 我哋 | 2－37 |
| 我 | 我 | 伲 | 我 | 我 | 我 | 2－37 |
| 我 | 我 | 伲 | 我 | 我 | 我 | 2－38 |
| 我們 | 我們 | 伲 | 我伲 | 我哋 | 我哋 | 2－39 |
| 我們 | 我們 | 伲 | 我伲 | 我哋 | 我哋 | 2－39 |
| 我們 | 我們 | 伲 | 我伲 | 我哋 | | 2－39 |
| 我 | 我 | 伲 | 我 | 我 | 我 | 2－40 |
| 我們 | 我們 | 自伲 | 我伲 | 我哋 | 我哋 | 2－40 |
| 我們 | 我們 | 伲 | | 我 | | 3－7 |
| 我們 | 我們 | 伲 | | 我哋 | 我哋 | 3－7 |
| 我們 | 我們 | 伲 | | 我哋 | 我哋 | 3－8 |
| 我們 | 我們 | 自伲 | | 我們 | 我哋 | 3－18 |

按：表示第一人稱複數，AB版用通語“我們”，C版之“伲”，D版之“我伲”均是滬語特徵詞，EF版用之“我哋(地)”是粵語複數稱法。

2.1.5.2　偺們

| | | | | | | |
|---|---|---|---|---|---|---|
| 偺們 | 我們 | 伲 | 我伲 | 我哋 | 我哋 | 1－13 |
| 偺們 | 我們 | 伲 | 伲 | 我哋 | 我哋 | 1－14 |

(續表)

| | | | | | | |
|---|---|---|---|---|---|---|
| 偺們 | 我們 | 伲 | 伲 | 我哋 | 我 | 1－18 |
| 偺們 | 我們 | 伲 | 伲 | 我哋 | 我哋 | 1－20 |
| 偺們 | 我們 | | 我伲 | | | 2－1 |
| 偺們 | 我們 | | 伲 | 我哋 | | 2－2 |
| 偺們 | 我們 | | 我伲 | 我就同佢 | | 2－8 |
| 偺們 | 我們 | | 我伲 | 我哋 | 我哋 | 2－8 |
| 偺們 | 我們 | | 我伲 | | | 2－9 |
| 偺們 | 我們 | 大家 | 我伲 | 我哋 | 我哋 | 2－9 |
| 偺們 | 我們 | 自家 | 我伲 | 我地 | 我哋 | 2－11 |
| 偺們 | 我們 | 伲 | 我伲 | 我哋 | | 2－11 |
| 偺們 | 我們 | 伲 | 我伲 | 我哋 | 我哋 | 2－13 |
| 偺們 | 我們 | 伲 | 我伲 | 我哋 | 我哋 | 2－13 |
| 偺們 | 我們 | 伲 | 我伲 | 我哋 | 我 | 2－13 |
| 偺們 | 我們 | | 我伲 | 我哋 | 我哋 | 2－14 |
| 偺們 | 我們 | 伲 | 我伲 | 我 | 我 | 2－16 |
| 偺們 | 我們 | 我搭閣下 | 我伲 | 我哋 | 我哋 | 2－16 |
| 偺們 | 我們 | 我搭閣下 | 我伲 | 我哋 | 我 | 2－16 |
| 偺們 | 我們 | | 我伲 | 我哋 | | 2－18 |
| 偺們 | 我們 | | 我伲 | | | 2－19 |
| 偺們 | 我們 | 伲 | 我伲 | 我哋 | | 2－21 |
| 偺們 | 我們 | | 我伲 | 我哟 | | 2－26 |
| 偺們 | 我們 | 伲 | 我伲 | 我哋 | 大家 | 2－26 |
| 偺們 | 我們 | 伲 | 我伲 | 我哋 | 我 | 2－27 |
| 偺們 | 我們 | 伲 | 我伲 | 我 | 我 | 2－29 |
| 偺們 | 我們 | 伲 | 我伲 | 我 | 我 | 2－29 |
| 偺們 | 我們 | 伲 | 我伲 | 我哋 | 我哋 | 2－29 |
| 偺們 | 我們 | 伲 | 我伲 | 我地 | 我 | 2－29 |

(續表)

| | | | | | | |
|---|---|---|---|---|---|---|
| 偺們 | 我們 | | 我伲 | | 我哋 | 2-29 |
| 偺們 | 我們 | 伲 | 我伲 | 我哋 | 我 | 2-29 |
| 偺們 | 我們 | | 我伲 | 我地 | 我哋 | 2-29 |
| 偺們 | 我們 | | 我伲 | 我哋 | | 2-31 |
| 偺們 | 我 | | 我伲 | 彼此 | 我哋 | 2-31 |
| 偺們 | 我們 | 伲 | 我伲 | 我哋 | 我哋 | 2-32 |
| 偺們 | 我們 | | 我伲 | 我哋 | 我哋 | 2-32 |
| 偺們 | 我們 | 我搭儂, | 我伲 | 我哋 | 我哋 | 2-33 |
| 偺們 | 我們 | 伲 | 我伲 | 我地 | | 2-33 |
| 偺們 | 我們 | | 我伲 | 我哋 | 我 | 2-33 |
| 偺們 | 我們 | | 我伲 | 我哋 | 我哋 | 2-38 |
| 偺們 | 我們 | 伲 | 我伲 | 我哋 | 我哋 | 2-39 |
| 偺們 | 我們 | | 我伲 | 大家 | 我哋 | 2-39 |
| 偺們 | 我們 | 伲 | 我伲 | 我哋 | 我哋 | 2-39 |
| 偺們 | 我們 | | 我伲 | 我哋 | 我哋 | 2-40 |

2.1.6　你們

| | | | | | | |
|---|---|---|---|---|---|---|
| 你們 | 你們 | 那(倻) | 倻 | 你哋 | | 1-38 |
| 你們 | 你們 | 大家 | 倻 | 你地 | 你 | 2-6 |
| 你們 | 你們 | 倻 | 倻 | 你哋 | 你 | 2-6 |
| 你們 | 你們 | | 倻 | 你 | 你 | 2-6 |
| 你們 | 你們 | | 倻 | 你哋 | | 2-7 |
| 你們 | 你們 | | 倻 | 你 | | 2-7 |
| 你們 | 你們 | 倻 | 倻 | 你哋 | | 2-7 |
| 你們 | 你們 | 倻 | 倻 | 你哋 | 你 | 2-7 |
| 你們 | 你們 | 倻 | 倻 | 你哋 | 你 | 2-8 |
| 你們 | 你們 | 倻 | 倻 | | | 2-8 |

(續表)

| 你們 | 你們 | 㑚 | 㑚 | | | 2-8 |
|---|---|---|---|---|---|---|
| 你們 | 你們 | | 㑚 | 你哋 | 你 | 2-10 |
| 你們 | 你們 | 㑚 | 㑚 | 你哋 | 你 | 2-11 |
| 你們 | 你們 | 自㑚 | 㑚 | 你 | 你 | 2-11 |
| 你們 | 你們 | 㑚 | 㑚 | | | 2-13 |
| 您們 | 您們 | 㑚 | 㑚 | 你哋 | 你 | 2-15 |
| 你們 | 你們 | | 㑚 | 你哋 | 你 | 2-22 |
| 你們 | 你們 | 閣下搭伊 | 㑚 | 你哋 | 你 | 2-24 |
| 你們 | 你們 | 㑚 | 那 | 你哋 | | 2-25 |
| 你們 | 你們 | 閣下 | 㑚 | 你 | 你 | 2-25 |
| 你們 | 你們 | 㑚 | 㑚 | | 你 | 2-26 |
| 你們 | 你們 | 㑚 | 㑚 | 你哋 | 你哋 | 2-26 |
| 你們 | 你們 | 㑚 | 㑚 | 你哋 | 你哋 | 2-26 |
| 你們 | 你們 | 㑚 | 㑚 | 你哋 | 你哋 | 2-26 |
| 你們 | 你們 | 㑚 | 㑚 | 你哋 | 你的 | 2-26 |
| 你們 | 你們 | 㑚 | 㑚 | 你哋 | 你 | 2-26 |
| 你們 | 你們 | | 㑚 | 你哋 | 你 | 2-26 |
| 你們 | 你們 | | 㑚 | 你哋 | | 2-26 |
| 你們 | 你們 | 㑚 | 㑚 | 你 | 你 | 2-26 |
| 你們 | 你們 | 㑚 | 㑚 | 你 | 你 | 2-26 |
| 你們 | 你們 | 㑚 | 㑚 | 你 | 你 | 2-26 |
| 你們 | 你們 | 㑚 | 㑚 | 你 | 你 | 2-26 |
| 你們 | 你們 | 㑚 | 㑚 | 你 | 你 | 2-28 |
| 你們 | 你們 | 㑚 | 㑚 | | | 2-29 |
| 你們 | 你們 | 㑚 | 㑚 | 你哋 | 你 | 2-31 |
| 你們 | 你們 | 㑚 | 㑚 | 你 | 你 | 2-33 |
| 你們 | 你們 | | 㑚 | 你地 | 你哋 | 2-33 |

（續表）

| | | | | | | |
|---|---|---|---|---|---|---|
| 你們 | 你們 | 㑚 | 㑚 | 你吔 | 你 | 2－33 |
| 你們 | 你們 | 㑚 | 㑚 | 你吔 | 你吔 | 2－33 |
| 你們 | 您們 | 㑚 | 㑚 | 你吔 | | 2－34 |
| 你們 | 你們 | 㑚 | 㑚 | 你吔 | 你 | 2－34 |
| 你們 | 你們 | 㑚 | 㑚 | | | 2－34 |
| 你們 | 你們 | 㑚 | 㑚 | 你吔 | 你吔 | 2－34 |
| 你們 | 你們 | 㑚 | | 你吔 | 你 | 2－34 |
| 你們 | 你們 | 㑚 | 㑚 | 你吔 | 你吔 | 2－34 |
| 你們 | 你們 | 㑚 | 㑚 | 你 | 你 | 2－34 |
| 你們 | 你們 | 㑚 | 㑚 | 你吔 | 你 | 2－34 |
| 你們 | 你們 | 㑚 | 㑚 | 你 | 你 | 2－34 |
| 你們 | 你們 | 㑚 | 㑚 | 你吔 | 你 | 2－34 |
| 你們 | 你們 | 㑚 | 㑚 | 你 | 你 | 2－36 |
| 你們 | 你們 | | 㑚 | 你吔 | 你 | 2－36 |
| 你們 | 你們 | 㑚 | 㑚 | 你 | 你 | 2－36 |
| 你們 | 你們 | 㑚 | 㑚 | 你吔 | 你吔 | 2－36 |
| 你們 | 你們 | 㑚 | 㑚 | 你吔 | | 2－36 |
| 你們 | 你們 | | 㑚 | 你吔 | 你吔 | 2－36 |
| 你們 | 你們 | 㑚 | 㑚 | 你吔 | 你 | 2－36 |
| 你們 | 你們 | 㑚 | 㑚 | 你 | 你 | 2－36 |
| 你們 | 你們 | 㑚 | 㑚 | 你吔 | 你 | 2－36 |
| 你們 | 你們 | 㑚 | 㑚 | 你吔 | 你吔 | 2－36 |
| 你們 | 你們 | 㑚 | 㑚 | 你 | 你 | 2－36 |
| 你們 | 你們 | 㑚 | 㑚 | 你吔 | 你 | 2－36 |
| 你們 | 你們 | 㑚 | 㑚 | 你 | 你 | 2－36 |
| 你們 | 你們 | 儂 | 㑚 | 你 | | 2－37 |
| 你們 | 你們 | 㑚 | | 你吔 | 你 | 3－9 |
| | | 㑚 | | | 你 | 3－18 |

表示第二人稱複數,AB版用通語"你們",CD版用滬語特徵詞"倻",EF版用粵語特徵詞"你哋"。

2.1.7 您

| 您 | 您 | 倻 | 儂 | 尊駕 | 你 | 2-14 |
|---|---|---|---|---|---|---|
| 您 | 您 | 倻 | 儂拉 | 你哋 | 你 | 2-14 |
| 您 | 您 | 倻 | 儂 | 你哋 |  | 2-14 |
| 您 | 您 | 倻 | 儂 | 人 | 你 | 2-33 |
| 你 | 你 | 倻 | 儂 | 你 | 你 | 2-34 |

2.1.8 他

| 他 | 他 | 伊 | 伊 | 佢 | 佢 | 1-6 |
|---|---|---|---|---|---|---|
| 他 | 他 | 伊 | 伊 | 佢 | 佢 | 1-6 |
| 他 | 他 | 伊 | 伊 | 佢 | 佢 | 1-6 |
| 他 | 他 | 伊 | 伊 | 佢 | 佢 | 1-10 |
| 他 | 他 | 伊 | 伊 | 佢 | 佢 | 1-10 |
| 他 | 他 | 伊 | 伊 | 佢 | 佢 | 1-10 |
| 他 | 他 | 伊 | 伊 | 佢 | 佢 | 1-10 |
| 他 | 他 | 伊 | 伊 | 佢 | 佢 | 1-10 |
| 他 | 他 | 伊 | 伊 | 佢 | 佢 | 1-16 |
| 他 | 他 | 伊 | 伊 | 佢 | 佢 | 1-33 |
| 他 | 他 | 伊 | 伊 | 佢 | 佢 | 1-37 |
| 他 | 他 | 伊 | 伊 | 佢 | 佢 | 1-37 |
| 他 | 他 | 伊 | 伊 | 佢 | 佢 | 1-37 |
| 他 | 他 | 伊 | 伊 | 佢 | 佢 | 1-37 |
| 他 | 他 | 伊 | 伊 | 佢 | 佢 | 1-39 |
| 他 | 他 | 伊 | 伊 | 佢 | 佢 | 1-43 |
| 他 | 他 | 伊 | 伊 | 佢 | 佢 | 1-45 |
| 他 | 他 | 伊 | 伊 | 佢 | 佢 | 1-45 |
| 他 | 他 | 伊 | 伊 | 佢 | 佢 | 1-45 |

(續表)

| 他 | 他 | 伊 | 伊 | 佢 | 佢 | 1－45 |
|---|---|---|---|---|---|---|
| 他 | 他 | 伊 | 伊 | 佢 | 佢 | 2－2 |
| 他 | 他 | 伊 | 伊 | 佢 | 佢 | 2－3 |
| 他 | 他 | 伊 | 伊 | 佢 | 佢 | 2－3 |
| 他 | 他 | 伊 | 伊 | 佢 | 佢 | 2－6 |
| 他 | 他 | 伊 | 伊 | 佢 | 佢 | 2－6 |
| 他 | 他 | 伊 | 伊 | 佢 | 佢 | 2－6 |
| 他 | 他 | 伊 | 伊 | 佢 | 佢 | 2－6 |
| 他 | 他 | 伊 | 伊 | 佢 | 佢 | 2－7 |
| 他 | 他 | 伊 | 伊 | 佢 | 佢 | 2－7 |
| 他 | 他 | 伊 | 伊 | 佢 | 佢 | 2－7 |
| 他 | 他 | 伊 | 伊 | 佢 | 佢 | 2－7 |
| 他 | 他 | 伊 | 伊 | 佢 | 佢 | 2－7 |
| 他 | 他 | 伊 | 伊 | 佢 | 佢 | 2－7 |
| 他 | 他 | 伊 | 伊 | 佢 | 佢 | 2－8 |
| 他 | 他 | 伊 | 伊 | 佢 | 佢 | 2－8 |
| 他 | 他 | 伊 | 伊 | 佢 | 佢 | 2－8 |
| 他 | 他 | 伊 | 伊 | 佢 | 佢 | 2－8 |
| 他 | 他 | 伊 | 伊 | 佢 |  | 2－8 |
| 他 | 他 | 伊 | 伊 | 佢 | 佢 | 2－8 |
| 他 | 他 | 伊 | 伊 | 佢 | 佢 | 2－8 |
| 他 | 他 | 伊 | 伊 | 佢 | 佢 | 2－8 |
| 他 | 他 | 伊 | 伊 | 佢 | 佢 | 2－8 |
| 他 | 他 | 伊 | 伊 | 佢 | 佢 | 2－8 |
| 他 | 他 | 伊 | 伊 | 佢 | 佢 | 2－8 |
| 他 | 他 | 伊 | 伊 | 佢 | 佢 | 2－8 |
| 他 | 他 | 伊 | 伊 | 佢 | 佢 | 2－9 |

(續表)

| 他 | 他 | 伊 | 伊 | 佢 | 佢 | 2-10 |
|---|---|---|---|---|---|---|
| 他 | 他 | 伊 | 伊 | 佢 | 佢 | 2-11 |
| 他 | 他 | 伊 | 伊 | 佢 | 佢 | 2-11 |
| 他 | 他 | 伊 | 伊 | 佢 | 佢 | 2-11 |
| 他 | 他 | 伊 | 伊 | 佢 | 佢 | 2-11 |
| 他 | 他 | 伊 | 伊 | 佢 | 佢 | 2-11 |
| 他 | 他 | 伊 | 伊 | 佢 | 佢 | 2-11 |
| 他 | 他 | 伊 | 伊 | 佢 | 佢 | 2-11 |
| 他 | 他 | 伊 | 伊 | 佢 | 佢 | 2-11 |
| 他 | 他 | 伊 | 伊 | 佢 | 佢 | 2-11 |
| 他 | 他 | 伊 | 伊 | 佢 | 佢 | 2-11 |
| 他 | 他 | 伊 | 伊 | 佢 | 佢 | 2-11 |
| 他 | 他 | 伊 | 伊 | 佢 | 佢 | 2-12 |
| 他 | 他 | 伊 | 伊 | 佢 | 佢 | 2-12 |
| 他 | 他 | 伊 | 伊 | 佢 | 佢 | 2-12 |
| 他 | 他 | 伊 | 伊 | 佢 | 佢 | 2-12 |
| 他 | 他 | 伊 | 伊 | 佢 | 佢 | 2-12 |
| 他 | 他 | 伊 | 伊 | 佢 | 佢 | 2-13 |
| 他 | 他 | 伊 | 伊 | 佢 | 佢 | 2-13 |
| 他 | 他 | 伊 | 伊 | 佢 | 佢 | 2-13 |
| 他 | 他 | 伊 | 伊 | 佢 | 佢 | 2-13 |
| 他 | 他 | 伊 | 伊 | 佢 | 佢 | 2-13 |
| 他 | 他 | 伊 | 伊 | 佢 | 佢 | 2-13 |
| 他 | 他 | 伊 | 伊 | 佢 | 佢 | 2-13 |
| 他 | 他 | 伊 | 伊 | 佢 | 佢 | 2-13 |
| 他 | 他 | 伊 | 伊 | 佢 | 佢 | 2-13 |
| 他 | 他 | 伊 | 伊 | 佢 | 佢 | 2-13 |

（續表）

| | | | | | | |
|---|---|---|---|---|---|---|
| 他 | 他 | 伊 | 伊 | 佢 | 佢 | 2-13 |
| 他 | 他 | 伊 | 伊 | 佢 | 佢 | 2-13 |
| 他 | 他 | 伊 | 伊 | 佢 | 佢 | 2-13 |
| 他 | 他 | 伊 | 伊 | 佢 | 佢 | 2-13 |
| 他 | 他 | 伊 | 伊 | 佢 | 佢 | 2-13 |
| 他 | 他 | 伊 | 伊 | 佢 | 佢 | 2-13 |
| 他 | 他 | 伊 | 伊 | 佢 | 佢 | 2-14 |
| 他 | 他 | 伊 | 伊 | 佢 | 佢 | 2-14 |
| 他 | 他 | 伊 | 伊 | 佢 | 佢 | 2-14 |
| 他 | 他 | 伊 | 伊 | 佢 | 佢 | 2-14 |
| 他 | 他 | 伊 | 伊 | 佢 | 佢 | 2-14 |
| 他 | 他 | 伊 | 伊 | 佢 | 佢 | 2-14 |
| 他 | 他 | 自家 | 伊 | 佢 | 佢 | 2-15 |
| 他 | 他 | 伊 | 伊 | 佢 | 佢 | 2-15 |
| 他 | 他 | 伊 | 伊 | 佢 | 佢 | 2-15 |
| 他 | 他 | 伊 | 伊 | 佢 | 佢 | 2-15 |
| 他 | 他 | 伊 | 伊 | 佢 | 佢 | 2-15 |
| 他 | 他 | 伊 | 伊 | 佢 | 佢 | 2-15 |
| 他 | 他 | 伊 | 伊 | 佢 | 佢 | 2-16 |
| 他 | 他 | 伊 | 伊 | 佢 | 佢 | 2-16 |
| 他 | 他 | 伊 | 伊 | 佢 | 佢 | 2-16 |
| 他 | 他 | 伊 | 伊 | 佢 | 佢 | 2-16 |
| 他 | 他 | 伊 | 伊 | 佢 | 佢 | 2-16 |
| 他 | 他 | 伊 | 伊 | 佢 | 佢 | 2-16 |
| 他 | 他 | 伊 | 伊 | 佢 | 佢 | 2-16 |
| 他 | 他 | 伊 | 伊 | 佢 | 佢 | 2-16 |
| 他 | 他 | 伊 | 伊 | 佢 | 佢 | 2-16 |

(續表)

| 他 | 他 | 伊 | 伊 | 佢 | 佢 | 2－16 |
|---|---|---|---|---|---|---|
| 他 | 他 | 伊 | 伊 | 佢 | 佢 | 2－16 |
| 他 | 他 | 伊 | 伊 | 佢 | 佢 | 2－16 |
| 他 | 他 | 伊 | 伊 | 佢 | 佢 | 2－16 |
| 他 | 他 | 伊 | 伊 | 佢 | 佢 | 2－16 |
| 他 | 他 | 伊 | 伊 | 佢 | 佢 | 2－16 |
| 他 | 他 | 伊 | 伊 | 佢 | 佢 | 2－16 |
| 他 | 他 | 自伊 | 伊 | 佢 | 佢 | 2－16 |
| 他 | 他 | 伊 | 伊 | 佢 | 佢 | 2－17 |
| 他 | 他 | 伊 | 伊 | 佢 | 佢 | 2－17 |
| 他 | 他 | 伊 | 伊 | 佢 | 佢 | 2－17 |
| 他 | 他 | 伊 | 伊 | 佢 | 佢 | 2－17 |
| 他 | 他 | 伊 | 伊 | 佢 | 佢 | 2－17 |
| 他 | 他 | 伊 | 伊 | 佢 | 佢 | 2－17 |
| 他 | 他 | 伊 | 伊 | 佢 | 佢 | 2－17 |
| 他 | 他 | 伊 | 伊 | 佢 | 佢 | 2－17 |
| 他 | 他 | 伊 | 伊 | 佢 | 佢 | 2－17 |
| 他 | 他 | 伊 | 伊 | 佢 | 佢 | 2－17 |
| 他 | 他 | 伊 | 伊 | 佢 | 佢 | 2－17 |
| 他 | 他 | 伊 | 伊 | 佢 | 佢 | 2－17 |
| 他 | 他 | 伊 | 伊 | 佢 | 佢 | 2－17 |
| 他 | 他 | 伊 | 伊 | 佢 | 佢 | 2－17 |
| 他 | 他 | 伊 | 伊 | 佢 | 佢 | 2－17 |
| 他 | 他 | 伊 | 伊 | 佢 | 佢 | 2－17 |
| 他 | 他 | 伊 | 伊 | 佢 | 佢 | 2－17 |
| 他 | 他 | 伊 | 伊 | 佢 | 佢 | 2－17 |
| 他 | 他 | 伊 | 伊 | 佢 | 佢 | 2－17 |

（續表）

| | | | | | | |
|---|---|---|---|---|---|---|
| 他 | 他 | 伊 | 伊 | 佢 | 佢 | 2-17 |
| 他 | 他 | 伊 | 伊 | 佢 | 佢 | 2-17 |
| 他 | 他 | 伊 | 伊 | 佢 | 佢 | 2-17 |
| 他 | 他 | 伊 | 伊 | 佢 | 佢 | 2-17 |
| 他 | 他 | 伊 | 伊 | 佢 | 佢 | 2-17 |
| 他 | 他 | 伊 | 伊 | 佢 | 佢 | 2-17 |
| 他 | 他 | 伊 | 伊 | 佢 | 佢 | 2-18 |
| 他 | 他 | 伊 | 伊 | 佢 | 佢 | 2-18 |
| 他 | 他 | 伊 | 伊 | 佢 | 佢 | 2-18 |
| 他 | 他 | 伊 | 伊 | 佢 | 佢 | 2-19 |
| 他 | 他 | 伊 | 伊 | 佢 | 佢 | 2-20 |
| 他 | 他 | 伊 | 伊 | 佢 | 佢 | 2-20 |
| 他 | 他 | 伊 | 伊 | 佢 | 佢 | 2-20 |
| 他 | 他 | 伊 | 伊 | 佢 | 佢 | 2-20 |
| 他 | 他 | 伊 | 伊 | 佢 | 佢 | 2-20 |
| 他 | 他 | 伊 | 伊 | 佢 | 佢 | 2-20 |
| 他 | 他 | 伊 | 伊 | 佢 | 佢 | 2-21 |
| 他 | 他 | 伊 | 伊 | 佢 | 佢 | 2-21 |
| 他 | 他 | 伊 | 伊 | 佢 | 佢 | 2-21 |
| 他 | 他 | 自家 | 伊 | 佢 | 佢 | 2-21 |
| 他 | 他 | 伊 | 伊 | 佢 | 佢 | 2-21 |
| 他 | 他 | 伊 | 伊 | 佢 | 佢 | 2-21 |
| 他 | 他 | 伊 | 伊 | 佢 | 佢 | 2-21 |
| 他 | 他 | 伊 | 伊 | 佢 | 佢 | 2-21 |
| 他 | 他 | 伊 | 伊 | 佢 | 佢 | 2-21 |
| 他 | 他 | 伊 | 伊 | 佢 | 佢 | 2-21 |
| 他 | 他 | 伊 | 伊 | 佢 | 佢 | 2-22 |

(續表)

| 他 | 他 | 伊 | 伊 | 佢 | 佢 | 2-22 |
|---|---|---|---|---|---|---|
| 他 | 他 | 伊 | 伊 | 佢 | 佢 | 2-22 |
| 他 | 他 | 伊 | 伊 | 佢 | 佢 | 2-22 |
| 他 | 他 | 伊 | 伊 | 佢 | 佢 | 2-22 |
| 他 | 他 | 伊 | 伊 | 佢 | 佢 | 2-22 |
| 他 | 他 | 伊 | 伊 | 佢 | 佢 | 2-22 |
| 他 | 他 | 伊 | 伊 | 佢 | 佢 | 2-22 |
| 他 | 他 | 伊 | 伊 | 佢 | 佢 | 2-22 |
| 他 | 他 | 伊 | 伊 | 佢 | 佢 | 2-22 |
| 他 | 他 | 伊 | 伊 | 佢 | 佢 | 2-22 |
| 他 | 他 | 伊 | 伊 | 佢 | 佢 | 2-22 |
| 他 | 他 | 伊 | 伊 | 佢 | 佢 | 2-22 |
| 他 | 他 | 伊 | 伊 | 佢 | 佢 | 2-22 |
| 他 | 他 | 伊 | 伊 | 佢 | 佢 | 2-22 |
| 他 | 他 | 伊 | 伊 | 佢 | 佢 | 2-22 |
| 他 | 他 | 伊 | 伊 | 佢 | 佢 | 2-23 |
| 他 | 他 | 伊 | 伊 | 佢 | 佢 | 2-23 |
| 他 | 他 | 伊 | 伊 | 佢 | 佢 | 2-23 |
| 他 | 他 | 伊 | 伊 | 佢 | 佢 | 2-23 |
| 他 | 他 | 伊 | 伊 | 佢 | 佢 | 2-23 |
| 他 | 他 | 伊 | 伊 | 佢 | 佢 | 2-23 |
| 他 | 他 | 伊 | 伊 | 佢 | 佢 | 2-23 |
| 他 | 他 | 伊 | 伊 | 佢 | 佢 | 2-23 |
| 他 | 他 | 伊 | 伊 | 佢 | 佢 | 2-24 |
| 他 | 他 | 伊 | 伊 | 佢 | 佢 | 2-24 |
| 他 | 他 | 伊 | 伊 | 佢 | 佢 | 2-24 |
| 他 | 他 | 伊 | 伊 | 佢 | 佢 | 2-24 |

(續表)

| 他 | 他 | 伊 | 伊 | 佢 | 佢 | 2－24 |
|---|---|---|---|---|---|---|
| 他 | 他 | 伊 | 伊 | 佢 | 佢 | 2－25 |
| 他 | 他 | 伊 | 伊 | 佢 | 佢 | 2－25 |
| 他 | 他 | 伊 | 伊 | 佢 | 佢 | 2－25 |
| 他 | 他 | 伊 | 伊 | 佢 | 佢 | 2－25 |
| 他 | 他 | 伊 | 伊 | 佢 | 佢 | 2－25 |
| 他 | 他 | 伊 | 伊 | 佢 | 佢 | 2－25 |
| 他 | 他 | 伊 | 伊 | 佢 | 佢 | 2－25 |
| 他 | 他 | 伊 | 伊 | 佢 | 佢 | 2－25 |
| 他 | 他 | 伊 | 伊 | 佢 | 佢 | 2－25 |
| 他 | 他 | 伊 | 伊 | 佢 | 佢 | 2－25 |
| 他 | 他 | 伊 | 伊 | 佢 | 佢 | 2－25 |
| 他 | 他 | 伊 | 伊 | 佢 | 佢 | 2－25 |
| 他 | 他 | 伊 | 伊 | 佢 | 佢 | 2－25 |
| 他 | 他 | 伊 | 伊 | 佢 | 佢 | 2－25 |
| 他 | 他 | 伊 | 伊 | 佢 | 佢 | 2－25 |
| 他 | 他 | 伊 | 伊 | 佢 | 佢 | 2－25 |
| 他 | 他 | 伊 | 伊 | 佢 | 佢 | 2－25 |
| 他 | 他 | 伊 | 伊 | 佢 | 佢 | 2－25 |
| 他 | 他 | 伊 | 伊 | 佢 | 佢 | 2－25 |
| 他 | 他 | 伊 | 伊 | 佢 | 佢 | 2－25 |
| 他 | 他 | 伊 | 伊 | 佢 | 佢 | 2－25 |
| 他 | 他 | 伊 | 伊 | 佢 | 佢 | 2－25 |
| 他 | 他 | 伊 | 伊 | 佢 | 佢 | 2－25 |
| 他 | 他 | 伊 | 伊 | 佢 | 佢 | 2－25 |
| 他 | 他 | 伊 | 伊 | 佢 | 佢 | 2－25 |
| 他 | 他 | 伊 | 伊 | 佢 | 佢 | 2－26 |

(續表)

| | | | | | | |
|---|---|---|---|---|---|---|
| 他 | 他 | 伊 | 伊 | 佢 | 佢 | 2-26 |
| 他 | 他 | 伊 | 伊 | 佢 | 佢 | 2-26 |
| 他 | 他 | 伊 | 伊 | 佢 | 佢 | 2-26 |
| 他 | 他 | 伊 | 伊 | 佢 | 佢 | 2-26 |
| 他 | 他 | 伊 | 伊 | 佢 | 佢 | 2-26 |
| 他 | 他 | 伊 | 伊 | 佢 | 佢 | 2-26 |
| 他 | 他 | 伊 | 伊 | 佢 | 佢 | 2-26 |
| 他 | 他 | 伊 | 伊 | 佢 | 佢 | 2-26 |
| 他 | 他 | 伊 | 伊 | 佢 | 佢 | 2-26 |
| 他 | 他 | 伊 | 伊 | 佢 | 佢 | 2-26 |
| 他 | 他 | 伊 | 伊 | 佢 | 佢 | 2-27 |
| 他 | 他 | 伊 | 伊 | 佢 | 佢 | 2-27 |
| 他 | 他 | 伊 | 伊 | 佢 | 佢 | 2-27 |
| 他 | 他 | 伊 | 伊 | 佢 | 佢 | 2-27 |
| 他 | 他 | 伊 | 伊 | 佢 | 佢 | 2-27 |
| 他 | 他 | 伊 | 伊 | 佢 | 佢 | 2-27 |
| 他 | 他 | 伊 | 伊 | 佢 | 佢 | 2-27 |
| 他 | 他 | 伊 | 伊 | 佢 | 佢 | 2-27 |
| 他 | 他 | 伊 | 伊 | 佢 | 佢 | 2-27 |
| 他 | 他 | 伊 | 伊 | 佢 | 佢 | 2-27 |
| 他 | 他 | 伊 | 伊 | 佢 | 佢 | 2-27 |
| 他 | 他 | 伊 | 伊 | 佢 | 佢 | 2-27 |
| 他 | 他 | 伊 | 伊 | 佢 | 佢 | 2-27 |
| 他 | 他 | 伊 | 伊 | 佢 | 佢 | 2-27 |
| 他 | 他 | 伊 | 伊 | 佢 | 佢 | 2-27 |
| 他 | 他 | 伊 | 伊 | 佢 | 佢 | 2-27 |
| 他 | 他 | 伊 | 伊 | 佢 | 佢 | 2-27 |

(續表)

| | | | | | | |
|---|---|---|---|---|---|---|
| 他 | 他 | 伊 | 伊 | 佢 | 佢 | 2-27 |
| 他 | 他 | 伊 | 伊 | 佢 | 佢 | 2-27 |
| 他 | 他 | 伊 | 伊 | 佢 | 佢 | 2-28 |
| 他 | 他 | 伊 | 伊 | 佢 | 佢 | 2-28 |
| 他 | 他 | 伊 | 伊 | 佢 | 佢 | 2-28 |
| 他 | 他 | 伊 | 伊 | 佢 | 佢 | 2-29 |
| 他 | 他 | 伊 | 伊 | 佢 | 佢 | 2-30 |
| 他 | 他 | 伊 | 伊 | 佢 | 佢 | 2-30 |
| 他 | 他 | 伊 | 伊 | 佢 | 佢 | 2-30 |
| 他 | 他 | 伊 | 伊 | 佢 | 佢 | 2-30 |
| 他 | 他 | 伊 | 伊 | 佢 | 佢 | 2-30 |
| 他 | 他 | 伊 | 伊 | 佢 | 佢 | 2-30 |
| 他 | 他 | 伊 | 伊 | 佢 | 佢 | 2-30 |
| 他 | 他 | 伊 | 伊 | 佢 | 佢 | 2-30 |
| 他 | 他 | 伊 | 伊 | 佢 | 佢 | 2-30 |
| 他 | 他 | 伊 | 伊 | 佢 | 你(佢) | 2-30 |
| 他 | 他 | 伊 | 伊 | 佢 | 佢 | 2-30 |
| 他 | 他 | 伊 | 伊 | 佢 | 佢 | 2-30 |
| 他 | 他 | 伊 | 伊 | 佢 | 佢 | 2-30 |
| 他 | 他 | 伊 | 伊 | 佢 | 佢 | 2-30 |
| 他 | 他 | 伊 | 伊 | 佢 | 佢 | 2-30 |
| 他 | 他 | 伊 | 伊 | 佢 | 佢 | 2-30 |
| 他 | 他 | 伊 | 伊 | 佢 | 佢 | 2-31 |
| 他 | 他 | 伊 | 伊 | 佢 | 佢 | 2-31 |
| 他 | 他 | 伊 | 伊 | 佢 | 佢 | 2-31 |
| 他 | 他 | 伊 | 伊 | 佢 | 佢 | 2-31 |
| 他 | 他 | 伊 | 伊 | 佢 | 佢 | 2-31 |

(續表)

| | | | | | | |
|---|---|---|---|---|---|---|
| 他 | 他 | 伊 | 伊 | 佢 | 佢 | 2-31 |
| 他 | 他 | 伊 | 伊 | 佢 | 佢 | 2-31 |
| 他 | 他 | 伊 | 伊 | 佢 | 佢 | 2-31 |
| 他 | 他 | 伊 | 伊 | 佢 | 佢 | 2-31 |
| 他 | 他 | 伊 | 伊 | 佢 | 佢 | 2-31 |
| 他 | 他 | 伊 | 伊 | 佢 | 佢 | 2-31 |
| 他 | 他 | 伊 | 伊 | 佢 | 佢 | 2-31 |
| 他 | 他 | 伊 | 伊 | 佢 | 佢 | 2-31 |
| 他 | 他 | 伊 | 伊 | 佢 | 佢 | 2-32 |
| 他 | 他 | 伊 | 伊 | 佢 | 佢 | 2-32 |
| 他 | 他 | 伊 | 伊 | 佢 | 佢 | 2-32 |
| 他 | 他 | 伊 | 伊 | 佢 | 佢 | 2-32 |
| 他 | 他 | 伊 | 伊 | 佢 | 佢 | 2-32 |
| 他 | 他 | 伊 | 伊 | 佢 | 佢 | 2-32 |
| 他 | 他 | 伊 | 伊 | 佢 | 佢 | 2-32 |
| 他 | 他 | 伊 | 伊 | 佢 | 佢 | 2-32 |
| 他 | 他 | 伊 | 伊 | 佢 | 佢 | 2-32 |
| 他 | 他 | 伊 | 伊 | 佢 | 佢 | 2-33 |
| 他 | 他 | 伊 | 伊 | 佢 | 佢 | 2-33 |
| 他 | 他 | 伊 | 伊 | 佢 | 佢 | 2-33 |
| 他 | 他 | 伊 | 伊 | 佢 | 佢 | 2-33 |
| 他 | 他 | 伊 | 伊 | 佢 | 佢 | 2-33 |
| 他 | 他 | 伊 | 伊 | 佢 | 佢 | 2-33 |
| 他 | 他 | 伊 | 伊 | 佢 | 佢 | 2-33 |
| 他 | 他 | 伊 | 伊 | 佢 | 佢 | 2-33 |
| 他 | 他 | 伊 | 伊 | 佢 | 佢 | 2-33 |
| 他 | 他 | 伊 | 伊 | 佢 | 佢 | 2-35 |

(續表)

| | | | | | | |
|---|---|---|---|---|---|---|
| 他 | 他 | 伊 | 伊 | 佢 | 佢 | 2－35 |
| 他 | 他 | 伊 | 伊 | 佢 | 佢 | 2－35 |
| 他 | 他 | 伊 | 伊 | 佢 | 佢 | 2－35 |
| 他 | 他 | 伊 | 伊 | 佢 | 佢 | 2－35 |
| 他 | 他 | 伊 | 伊 | 佢 | 佢 | 2－35 |
| 他 | 他 | 伊 | 伊 | 佢 | 佢 | 2－35 |
| 他 | 他 | 伊 | 伊 | 佢 | 佢 | 2－35 |
| 他 | 他 | 伊 | 伊 | 佢 | 佢 | 2－35 |
| 他 | 他 | 伊 | 伊 | 佢 | 佢 | 2－35 |
| 他 | 他 | 伊 | 伊 | 佢 | 佢 | 2－35 |
| 他 | 他 | 伊 | 伊 | 佢 | 佢 | 2－35 |
| 他 | 他 | 伊 | 伊 | 佢 | 佢 | 2－35 |
| 他 | 他 | 伊 | 伊 | 佢 | 佢 | 2－36 |
| 他 | 他 | 伊 | 伊 | 佢 | 佢 | 2－36 |
| 他 | 他 | 伊 | 伊 | 佢 | 佢 | 2－36 |
| 他 | 他 | 伊 | 伊 | 佢 | 佢 | 2－36 |
| 他 | 他 | 伊 | 伊 | 佢 | 佢 | 2－36 |
| 他 | 他 | 伊 | 伊 | 佢 | 佢 | 2－37 |
| 他 | 他 | 伊 | 伊 | 佢 | 佢 | 2－37 |
| 他 | 他 | 伊 | 伊 | 佢 | 佢 | 2－37 |
| 他 | 他 | 伊 | 伊 | 佢 | 佢 | 2－37 |
| 他 | 他 | 伊 | 伊 | 佢 | 佢 | 2－37 |
| 他 | 他 | 伊 | 伊 | 佢 | 佢 | 2－38 |
| 他 | 他 | 伊 | 伊 | 佢 | 佢 | 2－38 |
| 他 | 他 | 伊 | 伊 | 佢 | 佢 | 2－39 |
| 他 | 他 | 伊 | 伊 | 佢 | 佢 | 2－39 |
| 他 | 他 | 伊 | 伊 | 佢 | 佢 | 2－39 |

(續表)

| | | | | | | |
|---|---|---|---|---|---|---|
| 他 | 他 | 伊 | 伊 | 佢 | 佢 | 2-39 |
| 他 | 他 | 伊 | 伊 | 佢 | 佢 | 2-39 |
| 他 | 他 | 伊 | 伊 | 佢 | 佢 | 2-39 |
| 他 | 他 | 伊 | 伊 | 佢 | 佢 | 2-40 |
| 他 | 他 | 伊 | | 佢 | 佢 | 3-1 |
| 他 | 他 | 伊 | | 佢 | 佢 | 3-1 |
| 他 | 他 | 伊 | | 佢 | 佢 | 3-1 |
| 他 | 他 | 伊 | | 佢 | 佢 | 3-1 |
| 他 | 他 | 伊 | | 佢 | 佢 | 3-1 |
| 他 | 他 | 伊 | | 佢 | 佢 | 3-1 |
| 他 | 他 | 伊 | | 佢 | 佢 | 3-1 |
| 他 | 他 | 伊 | | 佢 | 佢 | 3-1 |
| 他 | 他 | 伊 | | 佢 | 佢 | 3-4 |
| 他 | 他 | 伊 | | 佢 | 佢 | 3-4 |
| 他 | 他 | 伊 | | 佢 | 佢 | 3-5 |
| 他 | 他 | 伊 | | 佢 | 佢 | 3-5 |
| 他 | 他 | 伊 | | 佢 | 佢 | 3-6 |
| 他 | 他 | 伊 | | 佢 | 佢 | 3-6 |
| 他 | 他 | 伊 | | 佢 | 佢 | 3-7 |
| 他 | 他 | 伊 | | 佢 | 佢 | 3-7 |
| 他 | 他 | 伊 | | 佢 | 佢 | 3-7 |
| 他 | 他 | 伊 | | 佢 | 佢 | 3-7 |
| 他 | 他 | 伊 | | 佢 | 佢 | 3-7 |
| 他 | 他 | 伊 | | 佢 | 佢 | 3-7 |
| 他 | 他 | 伊 | | 佢 | 佢 | 3-13 |
| 他 | 他 | 伊 | | 佢 | 佢 | 3-13 |
| 他 | 他 | 伊 | | 佢 | 佢 | 3-13 |

（續表）

| 他 | 他 | 伊 |  | 佢 | 佢 | 3 - 14 |
|---|---|---|---|---|---|---|
| 他 | 他 | 伊 |  | 佢 | 佢 | 3 - 14 |
| 他 | 他 | 伊 |  | 佢 | 佢 | 3 - 15 |
| 他 | 他 | 伊 |  | 佢 | 佢 | 3 - 16 |
| 他 | 他 | 伊 |  | 佢 | 佢 | 3 - 16 |
| 他 | 他 | 伊 |  | 佢 | 佢 | 3 - 17 |
| 他 | 他 | 伊 |  | 佢 | 佢 | 3 - 20 |
| 他 | 他 | 伊 |  | 佢 | 佢 | 3 - 20 |
| 他 | 他 | 伊 |  | 佢 | 佢 | 3 - 20 |
| 他 | 他 | 伊 |  | 佢 | 佢 | 3 - 20 |
| 他 | 他 | 伊 |  | 佢 | 佢 | 3 - 20 |
| 他 | 他 |  |  | 佢 |  | 4 - 5 |
| 他 | 他 |  |  | 佢 |  | 4 - 5 |
| 他 | 他 |  |  | 佢 |  | 4 - 5 |
| 他 | 他 |  |  | 佢 |  | 4 - 5 |
| 他 | 他 |  |  | 佢 |  | 4 - 5 |
| 他 | 他 |  |  | 佢 |  | 4 - 5 |
| 他 | 他 |  |  | 佢 |  | 4 - 5 |
| 他 | 他 |  |  | 佢 |  | 4 - 5 |
| 他 | 他 |  |  | 佢 |  | 4 - 5 |
| 他 | 他 |  |  | 佢 |  | 4 - 5 |
| 他 | 他 |  |  | 佢 |  | 4 - 5 |
| 他 | 他 |  |  | 佢 |  | 4 - 5 |
| 他 | 他 |  |  | 佢 |  | 4 - 6 |
| 他 | 他 |  |  | 佢 |  | 4 - 6 |
| 他 | 他 |  |  | 佢 |  | 4 - 6 |
| 他 | 他 |  |  | 佢 |  | 4 - 6 |

(續表)

| 他 | 他 |  |  | 佢 |  | 4－7 |
|---|---|---|---|---|---|---|
| 他 | 他 |  |  | 佢 |  | 4－7 |
| 他 | 他 |  |  | 佢 |  | 4－7 |
| 他 | 他 |  |  | 佢 |  | 4－7 |
| 他 | 他 |  |  | 佢 |  | 4－7 |
| 他 | 他 |  |  | 佢 |  | 4－7 |
| 他 | 他 |  |  | 佢 |  | 4－7 |
| 他 | 他 |  |  | 佢 |  | 4－7 |
| 他 | 他 |  |  | 佢 |  | 4－7 |
| 他 | 他 |  |  | 佢 |  | 4－8 |
| 他 | 他 |  |  | 佢 |  | 4－8 |
| 他 | 他 |  |  | 佢 |  | 4－8 |
| 他 | 他 |  |  | 佢 |  | 4－8 |
| 他 | 他 |  |  | 佢 |  | 4－8 |
| 他 | 他 |  |  | 佢 |  | 4－8 |
| 他 | 他 |  |  | 佢 |  | 4－8 |
| 他 | 他 |  |  | 佢 |  | 4－8 |
| 他 | 他 |  |  | 佢 |  | 4－8 |
| 他 | 他 |  |  | 佢 |  | 4－8 |
| 他 | 他 |  |  | 佢 |  | 4－8 |
| 他 | 他 |  |  | 佢 |  | 4－8 |
| 他 | 他 |  |  | 佢 |  | 4－9 |
| 他 | 他 |  |  | 佢 |  | 4－10 |
| 他 | 他 |  |  | 佢 |  | 4－10 |
| 他 | 他 |  |  | 佢 |  | 4－10 |
| 他 | 他 |  |  | 佢 |  | 4－10 |
| 他 | 他 |  |  | 佢 |  | 4－10 |

(續表)

| | | | | | | |
|---|---|---|---|---|---|---|
| 他 | 他 | | | 佢 | | 4－10 |
| 他 | 他 | | | 佢 | | 4－10 |
| 他 | 他 | | | 佢 | | 4－10 |
| 他 | 他 | | | 佢 | | 4－13 |
| 他 | 他 | | | 佢 | | 4－13 |
| 他 | 他 | | | 佢 | | 4－13 |
| 他 | 他 | | | 佢 | | 4－13 |
| 他 | 他 | | | 佢 | | 4－13 |
| 他 | 他 | | | 佢 | | 4－13 |
| 他 | 他 | | | 佢 | | 4－13 |
| 他 | 他 | | | 佢 | | 4－13 |
| 他 | 他 | | | 佢 | | 4－14 |
| 他 | 他 | | | 佢 | | 4－15 |
| 他 | 他 | | | 佢 | | 4－15 |
| 他 | 他 | | | 佢 | | 4－15 |
| 他 | 他 | | | 佢 | | 4－15 |
| 他 | 他 | | | 佢 | | 4－16 |
| 他 | 他 | | | 佢 | | 4－16 |
| 他 | 他 | | | 佢 | | 4－16 |
| 他 | 他 | | | 佢 | | 4－19 |
| 他 | 他 | | | 佢 | | 4－19 |
| 他 | 他 | | | 佢 | | 4－19 |
| 他 | 他 | | | 佢 | | 4－19 |
| 他 | 他 | | | 佢 | | 4－19 |
| 他 | 他 | | | 佢 | | 4－19 |
| 他 | 他 | | | 佢 | | 4－20 |
| 他 | 他 | | | 佢 | | 4－20 |

(續表)

| | | | | | | |
|---|---|---|---|---|---|---|
| 他 | 他 | | | 佢 | | 4－20 |
| 他 | 他 | | | 佢 | | 4－20 |
| 他 | 他 | | | 佢 | | 4－20 |
| 他 | 他 | | | 佢 | | 4－20 |
| 他 | 他 | | | 佢 | | 4－20 |
| 他 | 他 | | | 佢 | | 4－20 |
| 他 | 他 | | | 佢 | | 4－20 |
| 他 | 他 | | | 佢 | | 4－20 |

表示第三人稱單數，AB版用通語“他”，CD版用滬語特徵詞“伊”，EF版用粵語特徵詞“佢”。

2.1.9 他們

| | | | | | | |
|---|---|---|---|---|---|---|
| 他們 | 他們 | | 伊拉 | 佢地 | | 2－6 |
| 他們 | 他們 | | 伊拉 | 佢哋 | | 2－6 |
| 他們 | 他們 | | 伊拉 | 佢 | 佢 | 2－6 |
| 他們 | 他們 | 伊拉 | 伊拉 | 佢哋 | 佢哋 | 2－11 |
| 他們 | 他們 | | 伊拉 | 佢哋 | | 2－11 |
| 他們 | 他們 | 伊㑚 | 伊拉 | 佢哋 | 佢 | 2－11 |
| 他們 | 他們 | | 伊拉 | 佢哋 | 佢哋 | 2－11 |
| 他們 | 他們 | 伊拉 | 伊拉 | 佢哋 | 呢的人 | 2－11 |
| 他們 | 他們 | | 伊拉 | 佢哋 | | 2－12 |
| 他們 | 他們 | 伊拉 | 伊拉 | 佢地 | 佢 | 2－18 |
| 他們 | 他們 | 伊拉 | 伊拉 | 佢 | 佢 | 2－19 |
| 他們 | 他們 | 伊拉 | 伊拉 | 佢哋 | 佢哋 | 2－19 |
| 他們 | 他們 | 伊拉 | 伊拉 | 佢哋 | | 2－19 |
| 他們 | 他們 | 伊拉 | 伊拉 | 佢哋 | 佢哋 | 2－19 |
| 他們 | 他們 | 伊拉 | 伊拉 | 佢 | 佢 | 2－19 |

（續表）

| | | | | | | |
|---|---|---|---|---|---|---|
| 他們 | 他們 | | 伊拉 | 佢 | | 2-19 |
| 他們 | 他們 | 伊拉 | 伊拉 | 佢 | | 2-19 |
| 他們 | 他們 | 伊拉 | 伊拉 | 佢哋 | | 2-19 |
| 他們 | 他們 | | 伊拉 | 佢哋 | | 2-19 |
| 他們 | 他們 | 伊拉 | 伊拉 | 佢哋 | 佢哋 | 2-21 |
| 他們 | 他們 | 伊拉 | 伊拉 | 佢 | 佢 | 2-21 |
| 他們 | 他們 | 伊 | 伊拉 | 佢 | 佢 | 2-21 |
| 他們 | 他們 | | 伊拉 | 佢 | 佢 | 2-23 |
| 他們 | 他們 | 伊拉 | 伊拉 | 佢 | 佢 | 2-24 |
| 他們 | 他們 | 伊拉 | 伊拉 | 佢 | 佢 | 2-24 |
| 他們 | 他們 | 伊拉 | 伊拉 | | 佢 | 2-24 |
| 他們 | 他們 | 伊拉 | 伊拉 | 佢 | 佢 | 2-24 |
| 他們 | 他們 | 伊拉 | 伊拉 | 佢哋 | 佢哋 | 2-24 |
| 他們 | 他們 | 伊拉 | 伊拉 | 佢哋 | | 2-26 |
| 他們 | 他們 | 伊拉 | 伊拉 | | 佢哋 | 2-26 |
| 他們 | 他們 | 伊拉 | 伊拉 | 佢哋 | 佢哋 | 2-26 |
| 他們 | 他們 | 伊拉 | 伊拉 | 佢 | 佢 | 2-26 |
| 他們 | 他們 | 伊拉 | 伊拉 | 佢哋 | 佢 | 2-26 |
| 他們 | 他們 | 伊拉 | 伊拉 | 佢哋 | | 2-26 |
| 他們 | 他們 | 伊拉 | 伊拉 | 佢 | 佢哋 | 2-26 |
| 他們 | 他們 | 伊拉 | 伊拉 | 佢哋 | 佢哋 | 2-26 |
| 他們 | 他們 | 伊拉 | 伊拉 | 佢哋 | | 2-26 |
| 他們 | 他們 | 伊拉 | 伊拉 | 佢哋 | 佢哋 | 2-26 |
| 他們 | 他們 | 伊拉 | 伊拉 | 佢哋 | | 2-26 |
| 他們 | 他們 | 伊拉 | 伊拉 | 佢哋 | 佢哋 | 2-26 |
| 他們 | 他們 | | 伊拉 | 佢哋 | 佢哋 | 2-27 |
| 他們 | 他 | 伊拉 | 伊 | 佢 | 佢 | 2-27 |

(續表)

| | | | | | | |
|---|---|---|---|---|---|---|
| 他們 | 他們 | 伊拉 | | 佢哋 | | 2－28 |
| 他們 | 他們 | 伊拉 | 伊拉 | 佢 | 佢 | 2－28 |
| 他們 | 他們 | 伊拉 | 伊拉 | 佢 | | 2－29 |
| 他們 | 他們 | 伊拉 | 伊拉 | 佢哋 | 佢哋 | 2－29 |
| 他們 | 他們 | 伊拉 | 伊拉 | 佢哋 | 佢哋 | 2－29 |
| 他們 | 他們 | 伊拉 | 伊拉 | 佢哋 | 佢哋 | 2－29 |
| 他們 | 他們 | | 伊拉 | 佢 | 佢哋 | 2－29 |
| 他們 | 他們 | 伊拉 | 伊拉 | 佢 | 佢 | 2－29 |
| 他們 | 他們 | 伊拉 | 伊 | 佢 | 佢 | 2－33 |
| 他們 | 他們 | 伊拉 | 伊拉 | 佢 | | 2－33 |
| 他們 | 他們 | | 伊拉 | 佢 | | 2－33 |
| 他們 | 他們 | 伊拉 | 伊拉 | 佢哋 | 佢哋 | 2－33 |
| 他們 | 他們 | 伊拉 | 伊拉 | 佢 | 佢 | 2－33 |
| 他們 | 他們 | 伊拉 | 伊拉 | 佢 | 佢 | 2－33 |
| 他們 | 他們 | 伊拉 | 伊拉 | 佢哋 | 佢哋 | 2－33 |
| 他們 | 他們 | | 伊拉 | 佢 | | 2－33 |
| 他們 | 他們 | 伊 | 伊拉 | 佢 | 佢 | 2－33 |
| 他們 | 他們 | 伊拉 | 伊拉 | 佢 | 佢 | 2－33 |
| 他們 | 他們 | 伊拉 | 伊拉 | 佢哋 | | 2－35 |
| 他們 | 他們 | 伊 | 伊拉 | 佢 | | 2－35 |
| 他們 | 他們 | 伊拉 | 伊拉 | 佢 | 佢 | 2－35 |
| 他們 | 他們 | | | 佢 | 佢 | 2－35 |
| 他們 | 他們 | 伊 | 伊拉 | 佢 | 佢哋 | 2－35 |
| 他們 | 他們 | 伊拉 | 伊拉 | 佢 | | 2－35 |
| 他們 | 他們 | 伊拉 | 伊拉 | 佢哋 | 佢 | 2－35 |
| 他們 | 他們 | | 伊拉 | 佢哋 | 佢哋 | 2－36 |
| 他們 | 他們 | 伊 | 伊拉 | | 佢哋 | 2－36 |

(續表)

| | | | | | | |
|---|---|---|---|---|---|---|
| 他們 | 他們 | 伊拉 | 伊拉 | 佢哋 | 佢 | 2－37 |
| 他們 | 他們 | 伊拉 | 伊拉 | 佢哋 | 佢 | 2－37 |
| 他們 | 他們 | 伊拉 | 伊拉 | 佢哋 | 佢 | 2－38 |
| 他們 | 他們 | 伊 | 伊拉 | 佢哋 | 佢哋 | 2－40 |
| 他們 | 他們 | | | 佢 | 佢 | 3－3 |
| 他們 | 他們 | 伊拉 | | 佢哋 | | 3－6 |
| 他們 | 他 | | | 佢 | | 3－10 |
| 他們 | 他們 | 伊拉 | | 佢哋 | | 3－11 |
| 他們 | 他們 | | | 佢哋 | | 3－11 |
| 他們 | 他們 | 伊拉 | | 佢哋 | | 3－12 |
| 他們 | 他們 | 伊拉 | | 佢哋 | 佢 | 3－14 |
| 他們 | 他們 | 伊 | | 佢 | 佢 | 3－19 |
| 他們 | 他們 | 伊拉 | | 佢哋 | 佢 | 3－19 |
| 他們 | 他們 | 伊 | | 佢 | 佢 | 3－19 |
| 他們 | 他們 | | | 佢哋 | | 3－19 |
| 他們 | 他們 | 伊拉 | | 佢 | 佢 | 3－19 |
| 他們 | 他們 | 伊拉 | | 佢 | | 3－19 |
| 他們 | 他們 | 伊拉 | | 佢哋 | 佢 | 3－19 |
| 他們 | 他們 | 伊拉 | | 佢哋 | 佢 | 3－19 |
| 他們 | 他們 | 伊拉 | | 佢 | 佢 | 3－19 |
| 他們 | 他們 | | | 佢 | 佢 | 3－19 |
| 他們 | 他們 | | | 佢哋 | | 4－5 |
| 他們 | 他們 | | | 佢哋 | | 4－5 |
| 他們 | 他們 | | | 佢哋 | | 4－6 |
| 他們 | 他們 | | | 佢 | | 4－6 |
| 他們 | 他們 | | | 佢哋 | | 4－7 |
| 他們 | 他們 | | | 佢哋 | | 4－8 |

(續表)

| | | | | | | |
|---|---|---|---|---|---|---|
| 他們 | 他們 | | | 佢 | | 4－8 |
| 他們 | 他們 | | | 佢哋 | | 4－8 |
| 他們 | 他們 | | | 佢哋 | | 4－9 |
| 他們 | 他們 | | | 佢哋 | | 4－9 |
| 他們 | 他們 | | | 佢 | | 4－9 |
| 他們 | 他們 | | | 佢哋 | | 4－9 |
| 他們 | 他們 | | | 佢哋 | | 4－9 |
| 他們 | 他們 | | | 佢哋 | | 4－10 |
| 他們 | 他們 | | | 佢 | | 4－19 |
| 他們 | 他們 | | | 佢 | | 4－19 |
| 他們 | 他們 | | | 佢哋 | | 4－19 |

按：表示第三人稱複數，AB版用通語“他們”，CD版用滬語特徵詞“伊拉”，EF版用粵語特徵詞“佢哋”。

2.1.10　敝姓：謙辭

| | | | | | | |
|---|---|---|---|---|---|---|
| 賤姓 | 賤姓 | 賤姓 | 敝姓 | 小姓 | | 1－1 |
| 賤姓 | 賤姓 | 賤姓 | 敝姓 | 小姓 | 小姓 | 2－1 |
| 賤姓 | 賤姓 | 賤姓 | 敝姓 | 小姓 | 小姓 | 2－2 |
| 賤姓 | 敝姓 | 賤姓 | 敝姓 | 小姓 | 小姓 | 2－2 |
| 賤姓 | 賤姓 | 賤姓 | 敝姓 | 小姓 | 小姓 | 2－14 |
| 賤姓 | 賤姓 | 賤姓 | 賤姓 | 小姓 | 小姓 | 2－14 |

2.2　指示代詞

2.2.1　各人$_1$：自己

| | | | | | | |
|---|---|---|---|---|---|---|
| 各人 | 自己 | | 自家 | 自己 | | 2－6 |
| 各人 | 各人 | | 各人 | 自己 | 自己 | 2－16 |
| 各人 | 各人 | | 各人 | 自己 | 自己 | 2－16 |

（續表）

| 各人 | 各人 | | 各人 | 自己 | 自己 | 2-36 |
|---|---|---|---|---|---|---|
| 各人 | 各人 | | | | 自己 | 3-12 |
| 各人 | 各人 | 自家 | | 自己 | 自己 | 3-14 |
| 各人 | 自己 | | | 自己 | 自己 | 3-15 |

| 各人 | 各人 | 各人自家 | 自家 | 個人 | 箇人自定 | 1-35 |
|---|---|---|---|---|---|---|
| 各人 | 各人 | 各人自家 | | 自己 | 自己 | 2-13 |
| 自各兒 | 自己 | 各人自家 | | 自己 | 自己 | 3-2 |

2.2.2　各人2：每人

| 一個人 | 一個人 | 各人 | 每人 | | 各 | 2-15 |
|---|---|---|---|---|---|---|
| 一個人 | 一個人 | 各人 | 各人 | 一人 | 一人 | 2-29 |
| 一個人 | 一個人 | 每人 | 各人 | 一人 | 各 | 2-29 |
| 一個人 | 一個人 | 各人 | 各人 | 一人 | 各 | 2-29 |

2.2.3　各人3：大家，所有人

| 大家 | 大家 | 大家 | 大家 | 各人 | 所有 | 2-31 |
|---|---|---|---|---|---|---|
| 大家 | 大家 | 多化人 | 大家 | 各個人 | 各人 | 2-37 |

2.2.4　這：近指代詞

2.2.4.1　這

| 這 | 這 | 箇 | 第 | 呢 | 呢 | 1-6 |
|---|---|---|---|---|---|---|
| 這 | 這 | 箇 | 第 | 呢 | 呢 | 1-7 |
| 這 | 這 | 第 | 第 | 呢 | 呢 | 1-12 |
| 這 | 這 | 個 | 第 | 呢 | 呢 | 1-22 |
| 這 | 這 | 箇 | 第 | 呢 | 呢 | 1-31 |
| 這 | 這 | 箇 | 第 | 呢 | 呢 | 1-33 |
| 這 | 這 | 箇 | 第 | 呢 | 呢 | 1-40 |

(續表)

| 這 | 這 | 箇 | 第 | 呢 | 呢 | 1－42 |
|---|---|---|---|---|---|---|
| 這 | 這 | 箇 | 第 | 呢 | 呢 | 1－43 |
| 這 | 這 | 箇 | 第 | 呢 | 呢 | 2－3 |
| 這 | 這 | 第 | 第 | 呢 | 呢 | 2－3 |
| 這 | 這 | 第 | 第 | 呢 | 呢 | 2－3 |
| 這 | 這 | 第 | 第 | 呢 | 呢 | 2－3 |
| 這 | 這 | 箇 | 第 | 呢 | 呢 | 2－6 |
| 這 | 這 | 箇 | 第 | 呢 | 呢 | 2－7 |
| 這 | 這 | 箇 | 第 | 呢 | 呢 | 2－7 |
| 這 | 這 | 箇 | 第 | 呢 | 呢 | 2－7 |
| 這 | 這 | 箇 | 第 | 呢 | 呢 | 2－7 |
| 這 | 這 | 箇 | 第 | 呢 | 呢 | 2－8 |
| 這 | 這 | 箇 | 第 | 呢 | 呢 | 2－8 |
| 這 | 這 | 箇 | 第 | 噉樣嘅 | 呢 | 2－8 |
| 這 | 這 | 箇 | 第 | 呢 | 呢 | 2－8 |
| 這 | 這 | 固 | 第 | 呢 | 呢 | 2－8 |
| 這 | 這 | 第 | 第 | 呢 | 呢 | 2－9 |
| 這 | 這 | 箇 | 第 | 呢 | 呢 | 2－10 |
| 這 | 這 | 拉 | 第 | 呢 | 呢 | 2－7 |
| 這 | 這 | 箇 | 第 | 呢 | 呢 | 2－11 |
| 這 | 這 | 箇 | 第 | 呢 | 呢 | 2－11 |
| 這 | 這 | 箇 | 第 | 呢 | 呢 | 2－12 |
| 這 | 這 | 箇 | 第 | 呢 | 呢 | 2－12 |
| 這 | 這 | 箇 | 第 | 呢 | 呢 | 2－12 |
| 這 | 這 | 固 | 第 | 呢 | 呢 | 2－12 |
| 這 | 這 | 箇 | 第 | 呢 | 呢 | 2－13 |
| 這 | 這 | 箇 | 第 | 呢 | 呢 | 2－14 |

（續表）

| 這 | 這 | 箇 | 第 | 呢 | 呢 | 2－15 |
|---|---|---|---|---|---|---|
| 這 | 這 | 箇 | 第 | 呢 | 呢 | 2－15 |
| 這 | 這 | 個 | 第 | 呢 | 呢 | 2－16 |
| 這 | 這 | 箇 | 第 | 呢 | 呢 | 2－16 |
| 這 | 這 | 箇 | 第 | 呢 | 呢 | 2－16 |
| 這 | 這 | 箇 | 第 | 呢 | 呢 | 2－17 |
| 這 | 這 | 箇 | 第 | 呢 | 呢 | 2－18 |
| 這 | 這 | 箇 | 第 | 呢 | 呢 | 2－18 |
| 這 | 這 | 箇 | 第 | 呢 | 呢 | 2－18 |
| 這 | 這 | 第 | 第 | 呢 | 呢 | 2－18 |
| 這 | 這 | 箇 | 第 | 呢 | 呢 | 2－18 |
| 這 | 這 | 箇 | 第 | 呢 | 呢 | 2－18 |
| 這 | 這 | 箇 | 第 | 呢 | 呢 | 2－18 |
| 這 | 這 | 箇 | 第 | 呢 | 呢 | 2－19 |
| 這 | 這 | 箇 | 第 | 呢 | 呢 | 2－20 |
| 這 | 這 | 第 | 第 | 呢 | 呢 | 2－21 |
| 這 | 這 | 箇 | 第 | 呢 |  | 2－23 |
| 這 | 這 |  | 第 | 呢 | 呢 | 2－23 |
| 這 | 這 | 箇 | 第 | 呢 | 呢 | 2－24 |
| 這 | 這 | 箇 | 第 | 呢 | 呢 | 2－24 |
| 這 | 這 | 箇 | 第 | 呢 | 呢 | 2－25 |
| 這 | 這 | 箇 | 第 | 呢 | 呢 | 2－27 |
| 這 | 這 | 箇 | 第 | 呢 | 呢 | 2－28 |
| 這 | 這 | 箇 | 第 | 呢 | 呢 | 2－30 |
| 這 | 這 | 此 | 這 | 呢 | 呢 | 2－31 |
| 這 | 這 | 箇 | 第 | 呢 | 呢 | 2－31 |
| 這 | 這 | 箇 | 第 | 呢 | 呢 | 2－34 |

(續表)

| 這 | 這 | 箇 | 第 | 呢 | 呢 | 2-34 |
|---|---|---|---|---|---|---|
| 這 | 這 | 箇 | 第 | 呢 | 呢 | 2-35 |
| 這 | 這 | 箇 | 第 | 嗰 | 呢 | 2-36 |
| 這 | 這 | 箇 | 第 | 呢 | 呢 | 2-36 |
| 這 | 這 | 之 | 第 | 呢 | 呢 | 2-37 |
| 這 | 這 | 第 | 第 | 呢 | 呢 | 2-37 |
| 這 | 這 | 箇 | 第 | 呢 | 呢 | 2-38 |
| 這 | 這 | 箇 | 第 | 呢 | 呢 | 2-39 |
| 這 | 這 | 箇 | 第 | 呢 | 呢 | 2-40 |
| 這 | 這 | 箇 | 第 | 呢 | 呢 | 2-40 |
| 這 | 這 | 箇 | 第 | 呢 | 呢 | 2-40 |
| 這 | 這 | 箇 | 第 | 呢 | 呢 | 2-40 |
| 這 | 這 | 箇 | 第 | 呢 | 呢 | 2-40 |
| 這 | 這 | 箇 | 第 | 呢 | 呢 | 2-40 |
| 這 | 這 | 箇 | 第 | 呢 | 呢 | 2-40 |
| 這 | 這 | 箇 | 第 | 呢 | 呢 | 2-40 |
| 這 | 這 |  | 第 | 呢 | 箇 | 1-26 |
| 這 | 這 | 箇 | 第 | 呢 | 箇 | 1-27 |
| 這 | 這 | 箇 | 第 | 呢 | 箇 | 1-38 |
| 這 | 這 |  | 第 | 呢 | 箇 | 2-1 |
| 這 | 這 |  | 第 | 呢 | 箇 | 2-3 |
| 這 | 這 |  | 第 | 呢 | 箇 | 2-6 |
| 這 | 這 |  | 第 | 嗰 | 箇 | 2-11 |
| 這 | 這 | 箇 | 第 | 呢 | 箇 | 2-13 |
| 這 | 這 | 箇 | 第 | 呢 | 箇 | 2-14 |
| 這 | 這 | 箇 | 第 | 呢 | 箇 | 2-18 |
| 這 | 這 |  | 第 | 呢 | 箇 | 2-18 |
| 這 | 這 | 箇 | 第 | 呢 | 箇 | 2-33 |

| 這 | 這 | 第 | 第 | 呢 | 嗰 | 2-36 |
|---|---|---|---|---|---|---|
| 這 | 這 | 箇 | 第 | 呢 | 嗰 | 2-36 |
| 這 | 這 | 箇 | 第 | 呢 | 嗰 | 1-39 |
| 這 | 這 | 箇 | 第 | 呢 | 嗰 | 2-8 |
| 這 | 這 | 个 | 第 | 呢 | 嗰 | 2-18 |
| 這 | 這 |  | 第 | 呢 | 嗰 | 2-18 |
| 這 | 這 | 箇 | 第 | 呢 | 嗰 | 2-21 |
| 這 | 這 | 箇 | 第 | 呢 | 嗰 | 2-22 |
| 這 | 這 | 箇 | 第 | 呢 | 嗰 | 2-25 |
| 這 | 這 | 箇 | 第 | 嗰 | 嗰 | 2-29 |
| 這 | 這 | 箇 | 第 | 呢 | 嗰 | 2-30 |
| 這 | 這 | 箇 | 第 | 呢 | 嗰 | 2-30 |
| 這 | 這 | 箇 | 第 | 嗰 | 嗰 | 2-30 |
| 這 | 這 | 箇 | 第 | 呢 | 嗰 | 2-30 |
| 這 | 這 | 之 | 第 | 呢 | 嗰 | 2-31 |

| 這話也不錯 | 這話也不錯 | 固是話來勿錯 | 第个說話也勿錯 | 呢啲說話係有錯 | 箇的話係真嘅 | 2-26 |
|---|---|---|---|---|---|---|
| 這是一定的理 | 這是一定的理 | 固是一定个道理 | 第个是一定个理 | 呢啲就係一定嘅道理喇 | 呢的就係一定嘅道理喇 | 2-27 |
| 這實在是造化了 | 這實在是造化了 | 固是實在造化 |  | 噉眞正係好彩咯 | 眞好彩咯 | 3-7 |

| 這 | 這 | 箇脚 | 第个 | 呢啲 | 噉樣 | 2-25 |
|---|---|---|---|---|---|---|
| 這 | 這 | 箇脚 | 第个 | 啲 |  | 2-25 |

按：對應官話指示代詞“這”，滬語是：箇、第，粵語是：呢、嗰。

2.2.4.2　這些

| 這些 | 這些 | 多化 | 多化 | 呢啲 |  | 1-36 |
|---|---|---|---|---|---|---|
| 這些 | 這些 |  | 第个幾化 | 呢啲 |  | 2-11 |
| 這些 | 這些 |  | 第个幾化 | 啲 |  | 2-11 |

(續表)

| | | | | | | |
|---|---|---|---|---|---|---|
| 這些 | 這些兒 | 什介 | | 啲 | 啲 | 3-15 |
| 這些 | 這些 | 多 | 第个 | 呢幾 | 歷 | 2-23 |
| 這些 | 這些 | | | 咁多 | | 4-9 |
| 這些 | 這些 | | | 咁多 | | 4-9 |
| 這些 | 這些 | | | 咁多 | | 4-9 |
| 這些 | 這些 | | | 咁多 | | 4-9 |
| 這些 | 這些 | | | 咁多 | | 4-9 |

2.2.4.3 這些個

| | | | | | | |
|---|---|---|---|---|---|---|
| 這些個 | 這些 | | 多化 | | 咁多 | 1-20 |
| 這些個 | 這些個 | 箇个 | 第个幾化个 | | | 2-13 |
| 這些個 | 這些個 | | 第个幾化个 | 嗰啲 | | 2-13 |
| 這些(個) | 這些 | 多化 | | 嗰啲 | | 3-16 |

2.2.4.4 這麼個

| | | | | | | |
|---|---|---|---|---|---|---|
| 這麼個 | 這些 | 什介 | 第个幾化 | 咁多 | 咁多 | 2-14 |
| 這麼個 | 這麼些的 | 什介多化 | 實蓋點个 | 咁多 | 咁多 | 2-22 |

2.2.4.5 這麼些(個)

| | | | | | | |
|---|---|---|---|---|---|---|
| 這麼些 | 這麼些 | | 實蓋幾化 | 咁耐 | 咁耐 | 2-12 |
| 這麼些個 | 這些 | 什介 | 第个幾化 | 咁上下 | 咁多 | 2-14 |
| 這麼些個 | 這許多 | | 第个幾化 | 咁多 | 咁多 | 2-26 |
| 這麼些個 | 這麼些的 | | | 咁多 | 咁多 | 3-18 |

2.2.4.6 這兒/這/這麼

| | | | | | | |
|---|---|---|---|---|---|---|
| 這兒 | 這裏 | 此地 | 此地 | 呢處 | 呢處 | 1-8 |
| 這兒 | 這裏 | | 此地 | 呢處 | | 1-38 |
| 這兒 | 這裏 | 搭 | 此地 | 處 | | 2-11 |

**(續表)**

| 這兒 | 這裏 | | 此地 | | | 2－18 |
|---|---|---|---|---|---|---|
| 這兒 | 這裏 | | 此地 | | | 2－18 |
| 這兒 | 這裏 | | 此地 | 呢處 | | 2－18 |
| 這兒 | 這裏 | 蕩搭 | 此地 | 呢笪 | 呢處 | 2－19 |
| 這兒 | 這裏 | | 此地 | 呢處 | | 2－21 |
| 這兒 | 這裏 | | 此地 | 呢處 | | 2－26 |
| 這兒 | 這裏 | 搭 | 此地 | 呢處 | 呢處 | 2－26 |
| 這兒 | 這裏 | | 此地 | 呢處 | 呢處 | 2－31 |
| 這兒 | 這裏 | 蕩搭 | 此地 | 呢處 | 呢處 | 2－31 |
| 這兒 | 這裏 | | 此地 | 呢處 | | 2－34 |
| 這兒 | 這裏 | 蕩搭 | 此地 | 呢處 | | 2－35 |
| 這兒 | 這裏 | 蕩搭 | 壚頭 | 呢處 | | 2－37 |
| 這兒 | 這裏 | 搭 | 此地 | 呢處 | | 2－37 |
| 這兒 | 這裏 | 箇搭 | 此地 | 呢處 | | 2－37 |
| 這兒 | 這裏 | 搭 | 壚頭 | 呢處 | 處 | 2－40 |
| 這兒 | 這裏 | 此地 | | 呢處 | | 3－1 |
| 這兒 | 這裏 | | | 呢處 | | 3－1 |
| 這兒 | 這裏 | | | 呢處 | | 3－3 |
| 這兒 | 這裏 | | | 呢處 | | 3－4 |
| 這兒 | 這裏 | | | 呢處 | | 3－4 |
| 這兒 | 這裏 | 此地 | | 而家 | | 3－4 |
| 這兒 | 這裏 | | | | | 3－5 |
| 這兒 | 這裏 | | | 處 | 處 | 3－5 |
| 這兒 | 這裏 | | | 呢處 | | 3－5 |
| 這兒 | 這裏 | | | 呢處 | | 3－5 |
| 這兒 | 這裏 | 此地 | | 呢處 | 呢處 | 3－7 |
| 這兒 | 這裏 | 此地 | | 呢處 | | 3－8 |

(續表)

| | | | | | | |
|---|---|---|---|---|---|---|
| 這兒 | 這裏 | 此地 | | 呢處 | | 3-8 |
| 這兒 | 這裏 | | | 呢處 | 處 | 3-15 |
| 這兒 | 這裏 | | | | | 3-18 |
| 這兒 | 這裏 | | | 呢處 | | 3-19 |
| 這兒 | 這裏 | 搭 | | 處 | 處 | 3-20 |
| 這兒 | 這裏 | | | 呢處 | | 4-2 |
| 這兒 | 這裏 | | | 呢處 | | 4-8 |

| | | | | | | |
|---|---|---|---|---|---|---|
| 這 | 這 | 過面 | 此地 | | | 1-28 |
| 這 | 這 | 箇搭 | 此地 | 呢處 | | 2-19 |

| | | | | | | |
|---|---|---|---|---|---|---|
| 這麽 | 這裏 | | | 呢處 | | 4-3 |
| 這麽 | 這裏 | | | 呢處 | | 4-3 |

2.2.4.7 這麽着(著)

| | | | | | | |
|---|---|---|---|---|---|---|
| 這麽着 | 這麽着 | | 實蓋 | 噉 | 噉樣 | 1-12 |
| 這麽的 | 這麽的 | | 實蓋 | 噉樣 | | 1-14 |
| 這麽着 | 這麽樣 | 介味者 | 實蓋 | 噉 | 噉 | 1-16 |
| 這麽着 | 這麽的 | 什介 | 實蓋 | 敢樣 | | 2-2 |
| 這麽着 | 這麽樣 | | 實蓋个 | 噉樣 | 噉 | 2-8 |
| 這麽着 | 這麽的 | 什介 | 實蓋末 | 噉樣子 | 噉樣 | 2-8 |
| 這麽着 | 這麽的 | | 實蓋末 | 噉 | | 2-11 |
| 這麽着 | 這麽的 | | 實蓋末 | 噉 | | 2-11 |
| 這麽着 | 這麽的 | | 實蓋个 | 噉樣 | 噉 | 2-12 |
| 這麽着 | 這麽的 | 乃味 | 實蓋末 | 噉 | 噉 | 2-12 |
| 這麽着 | 這麽的 | 因而 | 實蓋末 | 噉 | | 2-14 |
| 這麽着 | 這麽的 | | 實蓋末 | 噉樣 | 噉 | 2-15 |
| 這麽着 | 這麽的 | | 實蓋末 | 噉樣 | | 2-15 |

(續表)

| 這麼着 | 這麼的 | 乃味 | 實蓋末 | 噉樣 | 噉 | 2-15 |
|---|---|---|---|---|---|---|
| 這麼着 | 這麼的 |  | 實蓋末 | 噉 |  | 2-16 |
| 這麼着 | 這麼的 | 乃味 | 實蓋末 | 噉 |  | 2-16 |
| 這麼着 | 這麼的 | 格咾 | 實蓋末 | 噉樣 | 噉 | 2-16 |
| 這麼着 | 這麼的 |  | 實蓋末 | 噉 |  | 2-16 |
| 這麼着 | 這麼樣 | 什介个 | 實蓋个 | 噉 | 噉樣 | 2-16 |
| 這麼着 | 這麼樣 | 什介 | 實蓋末 | 噉 | 好喇 | 2-17 |
| 這麼着 | 這麼的 | 什介 | 實蓋末 | 噉 | 噉 | 2-18 |
| 這麼着 | 這麼樣 | 因此 | 實蓋末 | 噉 |  | 2-19 |
| 這麼着 | 這麼的 |  | 實蓋末 | 噉樣 |  | 2-19 |
| 這麼着 | 這麼的 | 乃味 | 實蓋末 | 噉 |  | 2-19 |
| 這麼着 | 這麼的 | 什介之咾 | 實蓋末 | 噉 | 噉 | 2-19 |
| 這麼着 | 這麼的 | 什介 | 實蓋末 | 噉樣 | 噉 | 2-19 |
| 這麼着 | 這麼的 | 乃味 | 實蓋末 | 噉樣 | 噉 | 2-21 |
| 這麼着 | 這麼着 | 乃味 | 實蓋末 | 噉 |  | 2-21 |
| 這麼着 | 這麼樣 | 乃味 | 實蓋 | 噉 |  | 2-21 |
| 這麼着 | 這麼樣 | 乃味 | 實蓋末 |  |  | 2-21 |
| 這麼着 | 這麼樣 | 格咾 | 實蓋 | 噉 | 噉 | 2-21 |
| 這麼着 | 這麼的 | 乃味 | 實蓋末 | 噉 | 噉 | 2-22 |
| 這麼着 | 這麼樣 | 乃味 | 實蓋 | 噉 |  | 2-22 |
| 這麼着 | 這麼樣 | 乃味 | 實蓋末 | 噉 | 噉 | 2-22 |
| 這麼着 | 這麼樣 | 乃味 | 實蓋 | 噉 | 噉 | 2-22 |
| 這麼着 | 這麼的 |  | 實蓋 | 噉樣 | 噉 | 2-22 |
| 這麼着 | 這麼的 | 第回 | 實蓋 |  |  | 2-23 |
| 這麼着 | 這麼樣 | 乃味 | 實蓋末 | 噉 | 噉 | 2-23 |
| 這麼着 | 這麼的 | 乃味 | 實蓋末 | 噉 | 噉 | 2-23 |
| 這麼着 | 這麼樣 | 乃 | 實蓋末 | 噉 | 噉 | 2-23 |

(續表)

| 這麽着 | 這麽樣 | | 實蓋末 | 噉 | | 2－24 |
|---|---|---|---|---|---|---|
| 這麽着 | 這麽的 | | 實蓋个 | 噉 | | 2－24 |
| 這麽着 | 這麽樣 | 如此 | 實蓋末 | 噉樣 | 噉 | 2－24 |
| 這麽着 | 這麽的 | | 實蓋末 | 噉 | 噉 | 2－25 |
| 這麽着 | 這麽的 | 乃味 | 實蓋末 | 噉 | 噉 | 2－25 |
| 這麽着 | 這麽的 | 乃味 | 實蓋 | | 噉 | 2－25 |
| 這麽着 | 這麽的 | | 實蓋 | 噉 | 噉 | 2－25 |
| 這麽着 | 這麽的 | 後來 | 實蓋 | 噉 | | 2－25 |
| 這麽着 | 這麽的 | 乃味 | 實蓋 | 噉 | 噉 | 2－26 |
| 這麽着 | 這麽樣 | 乃味 | 實蓋末 | 噉 | 噉 | 2－26 |
| 這麽着 | 這麽樣 | | 實蓋末 | 噉 | | 2－26 |
| 這麽着 | 這麽的 | 乃味 | 實蓋末 | 噉 | | 2－27 |
| 這麽着 | 這麽的 | 乃味 | 實蓋末 | 噉 | 是以 | 2－27 |
| 這麽着 | 這麽的 | 乃味 | 實蓋末 | 噉 | | 2－28 |
| 這麽着 | 這麽的 | 乃味 | 實蓋末 | 噉 | 噉 | 2－28 |
| 這麽着 | 這麽樣 | 乃味 | 實蓋末 | 噉 | 噉 | 2－29 |
| 這麽着 | 這麽的 | | 實蓋末 | | | 2－29 |
| 這麽着 | 這麽的 | 什介 | 實蓋个 | 噉 | 噉 | 2－29 |
| 這麽着 | 這麽的 | 乃味 | 實蓋末 | 噉 | 噉 | 2－29 |
| 這麽着 | 這麽的 | 於是乎 | 實蓋末 | | 噉 | 2－29 |
| 這麽着 | 這麽樣 | 因此 | 實蓋末 | 噉 | 噉 | 2－29 |
| 這麽着 | 這麽樣 | | 實蓋末 | 登時 | 噉 | 2－30 |
| 這麽着 | 這麽的 | 乃味 | 實蓋末 | 噉 | 噉 | 2－30 |
| 這麽着 | 這麽的 | 乃味 | 實蓋末 | 噉 | | 2－30 |
| 這麽着 | 這麽的 | 乃味 | 實蓋末 | 噉 | | 2－30 |
| 這麽着 | 這麽的 | 格咾 | 實蓋末 | 喊(噉) | 噉 | 2－30 |
| 這麽着 | | | | 噉樣 | | 2－31 |

（續表）

| | | | | | | |
|---|---|---|---|---|---|---|
| 這麽着 | 這麽的 | | 實蓋末 | 暾樣 | | 2－32 |
| 這麽着 | 這麽的 | 乃味 | 實蓋末 | 暾樣 | | 2－32 |
| 這麽着 | 這麽的 | 乃味 | 實蓋末 | 暾 | 暾 | 2－32 |
| 這麽着 | 這麽的 | 乃味 | 實蓋末 | 暾樣 | 暾 | 2－32 |
| 這麽着 | 這麽的 | 那味 | 實蓋末 | 暾 | | 2－33 |
| 這麽着 | 這麽的 | 乃味 | 實蓋末 | | | 2－33 |
| 這麽着 | 這麽的 | 乃味 | 實蓋末 | 暾 | | 2－33 |
| 這麽着 | 這麽的 | | 實蓋末 | 暾樣 | | 2－35 |
| 這麽着 | 這麽的 | 乃味 | 實蓋末 | 故此 | 暾 | 2－35 |
| 這麽着 | 這麽的 | 乃味 | 實蓋末 | | | 2－35 |
| 這麽着 | 這麽樣 | 乃味 | 實蓋末 | 暾樣 | 暾 | 2－35 |
| 這麽着 | 這麽的 | 乃味 | 實蓋末 | 暾樣 | | 2－36 |
| 這麽着 | 這麽的 | 乃味 | 實蓋末 | 暾樣 | | 2－36 |
| 這麽着 | 這麽的 | | 實蓋末 | 暾樣 | 暾樣 | 2－36 |
| 這麽着 | 這麽的 | | 實蓋末 | 暾樣 | | 2－36 |
| 這麽着 | 這麽的 | 乃味 | 實蓋末 | 暾樣 | 暾 | 2－37 |
| 這麽着 | 這麽的 | | 實蓋末 | 暾樣 | | 2－38 |
| 這麽着 | 這麽樣 | 介 | 實蓋 | 暾 | 暾 | 2－39 |
| 這麽着 | 這麽的 | | 實蓋末 | 暾樣 | 暾 | 2－39 |
| 這麽着 | 這麽的 | 什介味者 | | 暾樣 | 暾 | 3－14 |
| 這麽着 | 這麽的 | 乃味 | | 暾樣 | | 3－18 |
| 這麽着 | 這麽的 | | | 暾樣 | | 4－5 |
| 這麽着 | 這麽的 | | | 暾樣 | | 4－6 |
| 這麽着 | 這麽的 | | | 暾樣 | | 4－8 |
| 這麽着 | 這麽的 | | | 暾樣子 | | 4－9 |
| 這麽着 | 這麽樣 | | | 暾 | | 4－9 |
| 這麽着 | 這麽的 | | | 暾樣子 | | 4－10 |

| 這麽著 | 這麽樣 |  | 實蓋末 | 噉樣 | 噉 | 2－6 |
|---|---|---|---|---|---|---|
| 這麽著 | 這麽樣 | 乃味 | 實蓋末 | 噉 |  | 2－6 |
| 這麽著 | 這麽的 |  | 實蓋末 |  |  | 2－12 |
| 這麽著 | 這麽的 |  | 實蓋个 |  | 噉樣嘅 | 2－13 |
| 這麽著 | 這麽的 | 乃味 | 實蓋末 | 噉 | 噉 | 2－29 |
| 這麽著 | 這麽的 | 那味 | 實蓋末 | 噉 |  | 2－33 |
| 這麽著 | 這麽的 | 乃味 | 實蓋末 |  |  | 2－33 |
| 這麽著 | 這麽的 |  | 實蓋末 | 噉樣 | 噉 | 2－36 |
| 這麽著 | 這麽的 |  | 實蓋末 | 噉樣 |  | 2－36 |
| 這麽著 | 這麽的 | 格咾 | 實蓋末 | 噉樣 | 噉 | 2－37 |
| 這麽著 | 這麽的 | 乃味 | 實蓋末 | 噉噉樣 |  | 2－38 |
| 這麽著 | 這麽的 |  |  | 噉樣 |  | 2－39 |

2.2.4.8　這麽樣(樣兒)

| 這麽樣 | 這麽樣 | 什介 | 實蓋末 | 噉樣 | 噉 | 1－8 |
|---|---|---|---|---|---|---|
| 這麽樣 | 這麽樣 | 什介 | 蓋能末 | 噉樣 | 噉 | 2－10 |
| 這麽樣 | 這麽樣 | 介味者 | 實蓋末 | 噉 |  | 2－13 |
| 這麽樣 | 這麽樣 | 格咾 | 格咾 | 噉樣 | 因噉 | 2－24 |
| 這麽樣 | 這麽樣 | 什介個 |  | 噉樣 | 噉造作 | 3－6 |
| 這麽樣 | 這麽樣 |  |  | 噉樣 |  | 4－6 |

| 這麽樣兒 | 這麽樣兒 | 什介 | 實蓋能 | 噉樣 | 算得箇 | 2－23 |
|---|---|---|---|---|---|---|
| 這麽樣兒 | 這麽樣兒 | 什介 | 實蓋樣式 | 噉 |  | 2－23 |
| 這麽樣兒 | 這麽樣兒 | 什介能 | 實蓋 | 噉 |  | 2－26 |

2.2.4.9　這麽——噉

| 這麽 | 這麽 | 什介 | 實蓋 | 噉 | 噉 | 1－13 |
|---|---|---|---|---|---|---|
| 這麽 | 這樣 |  | 實蓋 |  | 噉樣 | 1－33 |

（續表）

| | | | | | | |
|---|---|---|---|---|---|---|
| 這麽 | 這麽 | | 實蓋 | | | 2－6 |
| 這麽 | 這麽 | 什介 | 實蓋个 | 噉 | 噉 | 2－11 |
| 這麽 | 這麽 | 什介 | 實蓋 | 噉 | 噉 | 2－12 |
| 這麽 | 這麽 | | 實蓋 | 噉 | | 2－17 |
| 這麽 | 這麽 | 什介 | 實蓋 | | | 2－17 |
| 這麽 | 這麽 | | 實蓋 | 噉樣 | 噉樣 | 2－19 |
| 這麽 | 這麽 | | 實蓋 | 噉 | 噉 | 2－23 |
| 這麽 | 這麽 | | 實蓋 | 噉 | | 2－26 |
| 這麽 | 這麽 | | 實蓋 | | | 2－27 |
| 這麽 | 這麽 | 什介 | 實蓋 | 噉 | 噉 | 2－29 |
| 這麽 | 這麽 | 什介 | 實蓋 | 噉 | 噉 | 2－29 |
| 這麽 | 這麽 | 什介 | 實蓋 | 噉 | | 2－29 |
| 這麽 | 這麽 | | 實蓋个 | 噉樣 | | 2－36 |
| 這麽 | 這麽 | | | 噉樣 | 噉 | 2－39 |
| 這麽 | 這麽 | | | 噉 | 噉 | 3－1 |
| 這麽 | 這麽 | | | 噉 | 噉 | 3－10 |
| 這麽 | 這麽 | 什介 | | 噉樣 | 噉 | 3－10 |
| 這麽 | 這麽 | 什介 | | 噉樣 | 噉 | 3－11 |
| 這麽 | 這麽 | 什介之味者 | | 噉 | 噉 | 3－13 |
| 這麽 | 這麽 | 什介 | | 噉 | 噉 | 3－16 |
| 這麽 | 這麽 | | | 噉 | | 4－10 |
| 這麽 | 這麽 | | | 噉 | | 4－11 |
| 這麽 | 這麽 | | | 噉樣 | | 4－17 |
| 這麽 | 這麽 | | | 噉 | | 4－17 |
| 這麽 | 這麽 | | | 噉 | | 4－17 |
| 這麽 | 這麽 | | | 噉 | | 4－17 |

### 2.2.4.10 這麼——咁

| | | | | | | |
|---|---|---|---|---|---|---|
| 這麼 | 這麼 | | 實蓋 | 咁 | 咁 | 2-9 |
| 這麼 | 這麼 | 老 | 實蓋 | 咁 | 咁 | 2-21 |
| 這麼 | 這麼 | 老 | 老 | 咁 | 咁 | 2-21 |
| 這麼 | 這麼 | 什介 | 實蓋个 | 咁 | 咁 | 2-23 |
| 這麼 | 這麼 | | 實蓋个 | 咁 | 咁 | 2-27 |
| 這麼 | 這麼 | | 實蓋 | | 咁 | 2-29 |
| 這麼 | 這麼 | | | 咁 | 咁 | 3-4 |
| 這麼 | 這麼 | | | 咁 | 咁 | 3-4 |
| 這麼 | 這麼 | | | 咁 | 咁 | 3-5 |
| 這麼 | 這麼 | 什介之味者 | | 咁 | 咁 | 3-13 |
| 這麼 | 這麼 | | | 咁 | | 4-18 |

| | | | | | | |
|---|---|---|---|---|---|---|
| 這麼半天 | 這麼半天 | 半日 | | 咁耐 | 咁耐 | 3-13 |

### 2.2.4.11 這様——咁

| | | | | | | |
|---|---|---|---|---|---|---|
| 這様 | 這様 | 什介能 | 實蓋个 | 咁 | 咁 | 1-30 |
| 這様 | 這様 | 什介能 | 實蓋能 | 咁 | | 1-45 |
| 這様 | 這様 | | | 咁 | | 4-18 |

| | | | | | | |
|---|---|---|---|---|---|---|
| 這様兒 | 這様兒 | | 實蓋能 | 噉様 | 咁 | 2-9 |

## 2.2.5 那:遠指代詞

### 2.2.5.1 那

| | | | | | | |
|---|---|---|---|---|---|---|
| 那 | 那 | 箇 | 伊 | 嗰 | 嗰 | 1-20 |
| 那 | 那 | | 伊 | 嗰 | 嗰 | 2-3 |
| 那 | 那 | 第 | 伊 | 嗰 | 嗰 | 2-6 |
| 那 | 那 | 箇 | 伊 | 嗰 | 嗰 | 2-6 |
| 那 | 那 | 箇 | 伊 | 嗰 | 嗰 | 2-11 |

（續表）

| | | | | | | |
|---|---|---|---|---|---|---|
| 那 | 那 | 箇 | 伊 | 嗰 | 嗰 | 2-15 |
| 那 | 那 | 箇 | 伊 | 嗰 | 嗰 | 2-15 |
| 那 | 那 | 箇 | 伊 | 嗰 | 嗰 | 2-16 |
| 那 | 那 | 箇 | 伊 | 嗰 | 嗰 | 2-16 |
| 那 | 那 | 箇 | 伊 | 嗰 | 嗰 | 2-16 |
| 那 | 那 | 箇 | 伊 | 嗰 | 嗰 | 2-16 |
| 那 | 那 | 箇 | 伊 | 嗰 | 嗰 | 2-17 |
| 那 | 那 | 第 | 伊 | 嗰 | 嗰 | 2-17 |
| 那 | 那 | 箇 | 伊 | 個 | 嗰 | 2-18 |
| 那 | 那 | 個 | 个 | 個 | 嗰 | 2-18 |
| 那 | 那 | 箇 | 伊 | 嗰 | 嗰 | 2-18 |
| 那 | 那 | 個 | 伊 | 嗰 | 嗰 | 2-19 |
| 那 | 那 | 箇 | 伊 | 嗰 | 嗰 | 2-21 |
| 那 | 那 | 箇 | 伊 | 嗰 | 嗰 | 2-21 |
| 那 | 那 | 箇 | 伊 | 個 | 嗰 | 2-23 |
| 那 | 那 | 箇 | 伊 | 嗰 | 嗰 | 2-23 |
| 那 | 那 | 箇 | 伊 | 嗰 | 嗰 | 2-23 |
| 那 | 那 | 箇 | 伊 | 嗰 | 嗰 | 2-24 |
| 那 | 那 | 箇 | 伊 | 嗰 | 嗰 | 2-24 |
| 那 | 那 | 箇 | 伊 | 嗰 | 嗰 | 2-24 |
| 那 | 那 | 箇 | 伊 | 嗰 | 嗰 | 2-25 |
| 那 | 那 | 箇 | 伊 | 嗰 | 嗰 | 2-26 |
| 那 | 那 | 箇 | 伊 | 嗰 | 嗰 | 2-27 |
| 那 | 那 | 箇 | 伊 | 嗰 | 嗰 | 2-29 |
| 那 | 那 | 箇 | 伊 | 嗰 | 嗰 | 2-31 |
| 那 | 那 | 箇 | 伊 | 嗰 | 嗰 | 2-31 |

(續表)

| 那 | 那 | 箇 | 伊 | 嗰 | 嗰 | 2-31 |
|---|---|---|---|---|---|---|
| 那 | 那 | 箇 | 伊 | 嗰 | 嗰 | 2-31 |
| 那 | 那 | 箇 | 伊 | 嗰 | 嗰 | 2-31 |
| 那 | 那 | 箇 | 伊 | 嗰 | 嗰 | 2-32 |
| 那 | 那 | 第 | 伊 | 嗰 | 嗰 | 2-32 |
| 那 | 那 | 箇 | 伊 | 嗰 | 嗰 | 2-32 |
| 那 | 那 | 箇 | 伊 | 嗰 | 嗰 | 2-32 |
| 那 | 那 | 箇 | 伊 | 嗰 | 嗰 | 2-32 |
| 那 | 那 | 箇 | 伊 | 嗰 | 嗰 | 2-32 |
| 那 | 那 | 箇 | 伊 | 嗰 | 嗰 | 2-32 |
| 那 | 那 | 箇 | 伊 | 個 | 嗰 | 2-33 |
| 那 | 那 | 箇 | 伊 | 嗰 | 嗰 | 2-35 |
| 那 | 那 | 箇 | 伊 | 嗰 | 嗰 | 2-35 |
| 那 | 那 | 箇 | 伊 | 嗰 | 嗰 | 2-36 |
| 那 | 那 | 箇 | 伊 | 嗰 | 嗰 | 2-36 |
| 那 | 那 | 箇 | 伊 | 嗰 | 嗰 | 2-36 |
| 那 | 那 | 箇 | 伊 | 嗰 | 嗰 | 2-36 |
| 那 | 那 | 箇 | 伊 | 嗰 | 嗰 | 2-37 |
| 那 | 那 | 箇 | 伊 | 嗰 | 嗰 | 2-37 |
| 那 | 那 | 箇 | 伊 | 嗰 | 嗰 | 2-37 |
| 那 | 那 | 箇 | 伊 | 嗰 | 嗰 | 2-37 |
| 那 | 那 | 箇 | 伊 | 嗰 | 嗰 | 2-37 |
| 那 | 那 | 箇 | 伊 | 嗰 | 嗰 | 2-37 |
| 那 | 那 | 箇 | 伊 | 嗰 | 嗰 | 2-37 |
| 那 | 那 | 箇 | 伊 | 嗰 | 嗰 | 2-38 |
| 那 | 那 | 第 | 伊 | 嗰 | 嗰 | 2-38 |
| 那 | 那 | 第 | 伊 | 嗰 | 嗰 | 2-38 |

| 那 | 那 | 第 | 伊 | 嗰 | 箇 | 1－26 |
|---|---|---|---|---|---|---|
| 那 | 那 | 箇 | 伊 | 嗰 | 箇 | 1－38 |
| 那 | 那 | 箇 | 伊 | 嗰 | 箇 | 2－7 |
| 那 | 那 | 箇 | 伊 | 嗰 | 箇 | 2－9 |
| 那 | 那 | 箇 | 伊 | 個 | 箇 | 2－9 |
| 那 | 那 | 伊 | 伊 | 嗰 | 箇 | 2－11 |
| 那 | 那 | 箇 | 伊 | 嗰 | 箇 | 2－14 |
| 那 | 那 | 箇 | 伊 | 嗰 | 箇 | 2－15 |
| 那 | 那 | 箇 | 伊 | 個 | 箇 | 2－16 |
| 那 | 那 | 箇 | 伊 | 嗰 | 箇 | 2－16 |
| 那 | 那 | 箇 | 伊 | 個 | 箇 | 2－16 |
| 那 | 那 | 箇 | 伊 | 嗰 | 箇 | 2－18 |
| 那 | 那 | 箇 | 伊 | 嗰 | 箇 | 2－21 |
| 那 | 那 | 箇 | 伊 | 嗰 | 箇 | 2－21 |
| 那 | 那 | 箇 | 个 | 嗰 | 箇 | 2－24 |
| 那 | 那 | 箇 | 伊 | 呢 | 箇 | 2－26 |
| 那 | 那 | 箇 | 伊 | 呢 | 箇 | 2－26 |
| 那 | 那 | 箇 | 伊 | 個 | 箇 | 2－28 |
| 那 | 那 | 伊 | 伊 | 個 | 箇 | 2－28 |
| 那 | 那 | 伊 | 伊 | 個 | 箇 | 2－28 |
| 那 | 那 | 箇 | 伊 | 嗰 | 箇 | 2－31 |
| 那 | 那 | 箇 | 伊 | 嗰 | 箇 | 2－31 |
| 那 | 那 | 第 | 伊 | 嗰 | 箇 | 2－36 |
| 那 | 那 | 箇 | 伊 | 嗰 | 箇 | 2－36 |
| 那 | 那 | 箇 | 伊 | 嗰 | 箇 | 2－37 |
| 那 | 那 | 箇 | 伊 | 個 | 箇 | 2－33 |
| 那 | 那 | 箇 | 伊 | 嗰 | 箇 | 2－38 |
| 那 | 那 | 箇 | 伊 | 嗰 | 箇 | 2－38 |

| 那 | 那 | 箇 | 伊 | 呢 | 呢 | 2－1 |
|---|---|---|---|---|---|---|
| 那 | 那 | 箇 | 伊 | 嗰 | 呢 | 2－1 |
| 那 | 那 | 箇 | 第 | 嗰 | 呢 | 2－12 |
| 那 | 那 | 箇 | 伊 | 呢 | 呢 | 2－19 |
| 那 | 那 | 箇 | 伊 | 呢 | 呢 | 2－19 |
| 那 | 那 | 箇 | 伊 | 呢 | 呢 | 2－23 |
| 那 | 那 | 箇 | 伊 | 個 | 呢 | 2－23 |
| 那 | 那 | 伊 | 伊 | 嗰 | 呢 | 2－25 |
| 那 | 那 | 箇 | 伊 | 嗰 | 呢 | 2－29 |
| 那 | 那 | 箇 | 伊 | 個 | 呢 | 2－29 |
| 那 | 那 | 第 | 伊 | 嗰 | 呢 | 2－31 |

| 那就是了 | 那就是了 | 固是亦無啥 | 蓋也無啥 | | | 2－1 |
|---|---|---|---|---|---|---|
| 那好辦 | 那好辦 | 固是便當个 | 蓋也便當个 | 嗰啲容易 | | 2－1 |
| 那就是了 | 那就是了 | 固就介味者 | 蓋就是哉 | 噉就喺啦 | 噉好喇 | 2－1 |
| 那更好了 | 那更好 | 固是再好無沒者 | 蓋是更加好哉 | 噉更好咧 | | 2－2 |
| 那是自然的 | 那是自然的 | 固是自然 | 蓋是自然哉 | 嗰啲自然喇 | | 2－10 |
| 那是自然 | 那是自然 | 固是自然 | 伊个是自然 | 嗰啲自然 | 一定之理 | 2－13 |
| 那更好 | 那更好 | 固是頂好 | 蓋是更好 | 噉更好 | 噉更好 | 2－18 |
| 那是自然 | 那是自然 | 固是自然 | | 個啲自然 | | 3－1 |
| 那好辦 | 那好辦 | 固是便當个 | | 呢啲都易事 | 噉可以吖 | 3－1 |
| 那是自然 | 那是自然 | 固是自然 | | 個的自然 | 箇的自然 | 3－12 |
| 那更好 | 那更好 | 固是頂好 | | 噉更好 | 噉係重好 | 3－13 |
| 那是自然 | 那是自然 | 固是自然 | | 嗰的自然 | | 3－17 |
| 那是自然 | 那是自然 | 固是自然 | | 個的自然 | | 3－19 |
| 那倒可以 | 那到(倒)可以 | 固是可以 | | 噉都做得 | | 3－20 |

2.2.5.2　那兒——嗰處(個處)/嗰邊(嗰便)

| | | | | | | |
|---|---|---|---|---|---|---|
| 那兒 | 那裏 | 過面 | 一處 | 笪地方 | 嗰處 | 1-14 |
| 那兒 | 那裏 | 伊搭 | 伊壚頭 | 嗰處 | 嗰處 | 2-24 |
| 那兒 | 那裏 | | | 嗰處 | | 2-24 |
| 那兒 | 那裏 | | 塊 | 嗰處 | 處 | 2-26 |
| 那兒 | 那裏 | 箇面 | | 個處 | 嗰處 | 3-6 |
| 那兒 | 那裏 | 箇搭 | | 個笪 | 嗰處 | 3-8 |
| 那兒 | 那裏 | 箇面 | | 個處 | | 3-8 |
| 那兒 | 那裏 | 過面 | | 個處 | 的地方 | 3-9 |
| 那兒 | 那裏 | 箇面 | | | 嗰處 | 3-18 |
| 那兒 | 那裏 | | | 嗰處 | | 3-19 |
| 那兒 | 那裏 | 搭 | | 嗰處 | 處 | 3-19 |
| 那兒 | 那裏 | | | 嗰處 | | 4-5 |
| 那兒 | 那裏 | | | 嗰處 | | 4-5 |
| 那兒 | 那裏 | | | 嗰處 | | 4-17 |
| 那兒 | 那兒 | | | 嗰處 | | 4-17 |

| | | | | | | |
|---|---|---|---|---|---|---|
| 那兒 | 那裏 | | 壚頭 | 嗰便 | | 2-10 |
| 那兒 | 那裏 | | | 嗰邊 | | 3-9 |
| 那兒 | 那裏 | 過面 | | 個邊 | 嗰便 | 3-9 |

2.2.5.3　那麽——噉

| | | | | | | |
|---|---|---|---|---|---|---|
| 那麽 | 那 | 格味 | | 噉 | | 1-10 |
| 那麽 | 這樣 | 什介 | 實蓋 | 噉樣 | 箇的 | 1-34 |
| 那麽 | 那樣 | | 實蓋 | 噉樣 | 噉樣 | 1-39 |
| 那麽 | 那麽 | 什介是 | 實蓋 | 噉 | 噉 | 2-1 |
| 那麽 | 那麽 | 格味 | 蓋末 | 噉 | 噉 | 2-1 |
| 那麽 | 那麽 | 格味 | 蓋末 | 噉 | 噉 | 2-1 |

(續表)

| 那麽 | 那麽 | | 實蓋末 | 㘎樣 | | 2-1 |
|---|---|---|---|---|---|---|
| 那麽 | 那麽的 | 什介 | 實蓋末 | 㘎樣 | 㘎 | 2-2 |
| 那麽 | 那 | 格味 | 實蓋末 | 㘎 | | 2-2 |
| 那麽 | 那麽 | 格味 | 實蓋 | 㘎樣 | 㘎 | 2-3 |
| 那麽 | 那麽 | 格味 | 實蓋 | 㘎 | | 2-4 |
| 那麽 | 那麽 | | 蓋末 | 㘎樣 | | 2-5 |
| 那麽 | 那麽 | 格味 | 蓋末 | 㘎 | 㘎 | 2-7 |
| 那麽 | 那麽 | | 實蓋末 | 㘎 | 㘎 | 2-7 |
| 那麽 | 那麽 | | 蓋末 | 㘎 | | 2-7 |
| 那麽 | 那麽 | 正介 | 實蓋末 | 㘎 | 㘎 | 2-8 |
| 那麽 | 那麽 | 格味 | 實蓋 | 㘎 | 㘎 | 2-9 |
| 那麽 | 那麽 | 正介 | 實蓋 | 㘎 | 㘎 | 2-9 |
| 那麽 | 那麽 | | 蓋末 | 㘎樣 | | 2-10 |
| 那麽 | 那麽 | 什介 | 實蓋 | 㘎 | 㘎 | 2-10 |
| 那麽 | 那麽 | 格味 | 實蓋 | 㘎 | | 2-10 |
| 那麽 | 那麽 | | 實蓋 | 㘎 | 㘎 | 2-11 |
| 那麽 | 那麽 | 什介 | 實蓋 | 㘎 | 㘎 | 2-11 |
| 那麽 | 那麽 | | 實蓋 | 㘎樣 | 㘎 | 2-11 |
| 那麽 | 那麽 | | 實蓋 | 㘎 | 㘎 | 2-12 |
| 那麽 | 那麽 | | 實蓋末 | 㘎 | | 2-12 |
| 那麽 | 那麽 | | 實蓋 | 㘎 | 㘎 | 2-13 |
| 那麽 | 那麽 | | 蓋末 | 㘎 | | 2-13 |
| 那麽 | 那麽 | 格味 | 蓋末 | 㘎 | 㘎 | 2-14 |
| 那麽 | 那麽 | 箇 | 實蓋末 | 㘎 | | 2-14 |
| 那麽 | 那麽 | 什介 | 蓋 | 㘎 | 㘎 | 2-14 |
| 那麽 | 那麽 | 格味 | 蓋末 | 㘎樣 | 㘎 | 2-14 |

(續表)

| 那麼 | 那麼 | 那得到 | 實蓋 | 㗎 | 㗎 | 2-15 |
|---|---|---|---|---|---|---|
| 那麼 | 那麼 |  | 實蓋 | 㗎 |  | 2-17 |
| 那麼 | 那麼 | 什介 | 蓋末 | 㗎樣 | 㗎 | 2-17 |
| 那麼 | 那麼 | 格味 | 實蓋 | 㗎 | 㗎 | 2-17 |
| 那麼 | 那麼 | 格味 | 實蓋 | 㗎樣 |  | 2-18 |
| 那麼 | 那麼 |  | 實蓋 | 㗎 |  | 2-18 |
| 那麼 | 那麼 |  | 蓋末 | 㗎 | 㗎 | 2-18 |
| 那麼 | 那麼 | 格味 | 蓋末 | 㗎 | 㗎 | 2-18 |
| 那麼 | 那麼 | 格味 | 實蓋 | 㗎 | 㗎 | 2-18 |
| 那麼 | 那麼 |  | 蓋末 | 㗎 | 㗎 | 2-18 |
| 那麼 | 那麼 | 格味 | 實蓋末 | 㗎 | 㗎 | 2-22 |
| 那麼 | 那麼 | 格味 | 蓋是 | 㗎樣 | 㗎 | 2-22 |
| 那麼 | 那麼 |  | 實蓋 | 㗎樣 | 㗎樣 | 2-23 |
| 那麼 | 那麼 |  | 蓋末 | 㗎 |  | 2-24 |
| 那麼 |  | 格味 |  | 㗎 | 㗎 | 2-24 |
| 那麼 | 那麼 | 什介 | 實蓋 | 㗎 | 㗎 | 2-24 |
| 那麼 | 那麼 |  | 實蓋 | 㗎 |  | 2-32 |
| 那麼 | 那麼 | 格味 | 實蓋末 | 㗎 |  | 2-38 |
| 那麼 | 那麼 | 那能个 | 實蓋 | 㗎 |  | 2-38 |
| 那麼 | 那麼 | 格味 | 實蓋 | 㗎 | 㗎 | 2-38 |
| 那麼 | 那麼 |  | 實蓋 | 㗎 |  | 2-39 |
| 那麼 | 那麼 | 那得 | 蓋末 | 㗎 |  | 2-40 |
| 那麼 | 那麼 | 什介味者 |  | 㗎樣 | 㗎 | 3-1 |
| 那麼 | 那麼 |  |  | 㗎 |  | 3-1 |
| 那麼 | 那麼 |  |  | 㗎 |  | 3-1 |
| 那麼 | 那麼 |  |  | 㗎 | 㗎 | 3-2 |

(續表)

| | | | | | | |
|---|---|---|---|---|---|---|
| 那麼 | 那麼 | | | 嗽 | 嗽 | 3－2 |
| 那麼 | 那麼 | | | 嗽 | | 3－3 |
| 那麼 | 那麼 | 格味 | | 嗽 | | 3－4 |
| 那麼 | 那麼 | | | 嗽 | | 3－5 |
| 那麼 | 那麼 | 格味 | | 嗽 | | 3－5 |
| 那麼 | 那麼 | | | 嗽 | | 3－5 |
| 那麼 | 那麼 | | | 嗽樣 | 嗽 | 3－6 |
| 那麼 | 那麼 | 格味 | | 嗽樣 | 嗽 | 3－7 |
| 那麼 | 那麼 | 格味 | | 嗽 | 嗽 | 3－7 |
| 那麼 | 那個 | 格味 | | 嗽 | 嗽 | 3－8 |
| 那麼 | 那麼 | 格味 | | 嗽 | 嗽 | 3－8 |
| 那麼 | 那麼 | 格味 | | 嗽樣 | | 3－9 |
| 那麼 | 那麼 | 格味 | | 嗽 | 嗽 | 3－9 |
| 那麼 | 那麼 | 格味 | | 嗽 | | 3－9 |
| 那麼 | 那麼 | 格味 | | 嗽樣 | | 3－10 |
| 那麼 | 那麼 | | | 嗽 | | 3－10 |
| 那麼 | 那麼 | | | 嗽 | 嗽 | 3－11 |
| 那麼 | 那麼 | 格味 | | 嗽 | 嗽 | 3－11 |
| 那麼 | 那麼 | 什介能 | | 嗽樣 | | 3－11 |
| 那麼 | 那麼 | | | 嗽 | 嗽 | 3－11 |
| 那麼 | 那麼 | | | 嗽樣 | | 3－11 |
| 那麼 | 那麼 | 格味 | | | 嗽 | 3－11 |
| 那麼 | 那麼 | 格味 | | 嗽樣 | | 3－12 |
| 那麼 | 那麼 | 格味 | | 嗽 | | 3－12 |
| 那麼 | 那麼 | 乃 | | 嗽 | | 3－13 |
| 那麼 | 那麼 | | | 嗽 | | 3－14 |

（續表）

| | | | | | | |
|---|---|---|---|---|---|---|
| 那麼 | 那麼 | 格味 | | 噉樣 | | 3-14 |
| 那麼 | 那麼 | | | | 噉樣 | 3-15 |
| 那麼 | 那麼 | 格味 | | 噉 | 噉 | 3-15 |
| 那麼 | 那麼 | 格味 | | 噉 | 噉 | 3-15 |
| 那麼 | 那麼 | 格味 | | 噉 | 噉 | 3-16 |
| 那麼 | 那麼 | 格味 | | 噉 | 噉 | 3-16 |
| 那麼 | 那麼 | 格味 | | | 噉 | 3-16 |
| 那麼 | 那麼 | 格味 | | 噉 | 噉 | 3-16 |
| 那麼 | 那麼 | 格味 | | 噉 | 噉 | 3-16 |
| 那麼 | 那麼 | 格味 | | 噉 | | 3-16 |
| 那麼 | 那麼 | 格味 | | 噉 | 噉 | 3-16 |
| 那麼 | 那麼 | 格味 | | 噉 | 噉 | 3-17 |
| 那麼 | 那麼 | 格味 | | 噉樣 | 噉 | 3-18 |
| 那麼 | 那麼 | 格味 | | 噉樣 | 噉 | 3-18 |
| 那麼 | 那麼 | 格味 | | 噉 | | 3-18 |
| 那麼 | 那麼 | 格味 | | 噉樣 | 噉 | 3-19 |
| 那麼 | 那麼 | 格味 | | 噉 | 噉 | 3-19 |
| 那麼 | 那麼 | 格味 | | 噉 | 噉 | 3-19 |
| 那麼 | 那麼 | 格味 | | 噉 | | 3-19 |
| 那麼 | 那麼 | | | 噉樣 | | 4-1 |
| 那麼 | 那麼 | | | 噉 | | 4-1 |
| 那麼 | 那麼 | | | 噉 | | 4-1 |
| 那麼 | 那麼 | | | 噉 | | 4-1 |
| 那麼 | 那麼 | | | 噉樣 | | 4-1 |
| 那麼 | 那麼 | | | 噉樣 | | 4-2 |
| 那麼 | 那麼 | | | 噉樣 | | 4-3 |

(續表)

| | | | | | | |
|---|---|---|---|---|---|---|
| 那麼 | 那麼 | | | 噉樣 | | 4－3 |
| 那麼 | 那麼 | | | 噉 | | 4－3 |
| 那麼 | 那麼 | | | 噉樣 | | 4－4 |
| 那麼 | 那麼 | | | 噉 | | 4－4 |
| 那麼 | 那麼 | | | 噉 | | 4－4 |
| 那麼 | 那麼 | | | 噉 | | 4－4 |
| 那麼 | 那麼 | | | 噉 | | 4－5 |
| 那麼 | 那麼 | | | 噉 | | 4－6 |
| 那麼 | 那麼 | | | 噉 | | 4－6 |
| 那麼 | 那麼 | | | 噉 | | 4－6 |
| 那麼 | 那麼 | | | 噉 | | 4－7 |
| 那麼 | 那麼 | | | 噉樣 | | 4－9 |
| 那麼 | 那麼 | | | 噉 | | 4－10 |
| 那麼 | 那麼 | | | 噉 | | 4－10 |
| 那麼 | 那麼 | | | 噉 | | 4－11 |
| 那麼 | 那麼 | | | 敢樣 | | 4－12 |
| 那麼 | 那麼 | | | 噉 | | 4－12 |
| 那麼 | 那麼 | | | 噉 | | 4－12 |
| 那麼 | 那麼 | | | 噉 | | 4－13 |
| 那麼 | 那麼 | | | 噉 | | 4－14 |
| 那麼 | 那麼 | | | 噉 | | 4－14 |
| 那麼 | 那麼 | | | 噉 | | 4－16 |
| 那麼 | 那麼 | | | 噉樣 | | 4－16 |
| 那麼 | 那麼 | | | 噉 | | 4－17 |
| 那麼 | 那麼 | | | 噉 | | 4－17 |
| 那麼 | 那麼 | | | 噉 | | 4－17 |

(續表)

| 那麼 | 那麼 | | | 嗷 | | 4-18 |
|---|---|---|---|---|---|---|
| 那麼 | 那麼 | | | 嗷 | | 4-18 |
| 那麼 | 那麼 | | | 嗷 | | 4-20 |

按：用於指示樣態或情態的"那麼"大約形成于元代，但用例卻罕見。元明時期一般寫作"那們"。明末清初"那麼"仍不多見，它大量使用是入清以後的事。(馮春田《近代漢語語法研究》，山東教育出版社，2004：129)

2.2.5.4 那麼——咁

| 那麼 | 那麼 | 能 | 能个 | 咁 | 咁 | 2-2 |
|---|---|---|---|---|---|---|
| 那麼 | 那個 | 什介 | 實蓋 | 咁 | 嗷 | 2-27 |
| 那麼 | 那麼 | | | 咁 | 咁 | 3-3 |
| 那麼 | 那麼 | | | 咁 | 咁 | 3-10 |
| 那麼 | 那麼 | | | 咁 | | 3-11 |
| 那麼 | 那麼 | | | 嗷 | 咁 | 3-16 |

2.2.5.5 那麼着

| 那麼着 | 那麼的 | 什介 | 蓋 | 嗷 | | 2-1 |
|---|---|---|---|---|---|---|
| 那麼着 | 那麼的 | 什介格味 | | 嗷樣 | 嗷 | 3-10 |
| 那麼着 | 那麼的 | 格味 | | 嗷樣 | 嗷 | 3-10 |
| 那麼着 | 那麼的 | | | 嗷樣 | | 4-1 |

2.2.5.6 那些

| 那些 | 那些 | | 幾化 | 嗰啲 | 箇的 | 2-22 |
|---|---|---|---|---|---|---|
| 那些 | 那些 | | 伊个幾化 | 嗰啲 | | 2-23 |
| 那些 | 那些 | | | | 箇的 | 3-9 |
| 那些 | 那些 | 箇 | | 嗰的 | 的 | 3-17 |
| 那些 | 那些 | | | 嗰啲 | | 3-19 |

## 2.2.5.7 那些個

| | | | | | | |
|---|---|---|---|---|---|---|
| 那些個 | 那些 | | 伊个多化 | 咁多 | 嗰件 | 2-6 |
| 那些個 | 那些個 | | 伊个幾化 | 啲 | | 2-23 |
| 那些個 | 那些的 | | | 個啲 | | 3-9 |
| 那些個 | 那些的 | 多化 | | 個的 | 嗰的 | 3-9 |
| 那些個 | 那些的 | | | 嗰啲 | 的 | 3-9 |
| 那些個 | 那些的 | | | 個啲 | 箇三件 | 3-10 |
| 那些個 | 那些的 | 第个 | | 呢啲 | 嗰的 | 3-10 |
| 那些個 | 那些麼 | 箇个 | | 嗰的 | 箇的 | 3-11 |
| 那些個 | 那許多 | 第个 | | 咁多 | 咁多 | 3-15 |
| 那些個 | 那些樣 | 別樣 | | 嗰的 | | 3-19 |
| 那些個 | 那些的 | | | 嗰啲 | | 4-5 |

## 2.2.5.8 那麽些個

| | | | | | | |
|---|---|---|---|---|---|---|
| 那麽些個 | 那麽許多 | 箇多化个 | 實蓋許多 | 咁多 | | 2-1 |
| 那麽些個 | 那麽許多 | 箇個數目 | 實蓋許多 | 咁多 | 咁多 | 2-8 |
| 那麽些個 | 那麽些的 | 箇个 | | 咁多 | 咁多 | 3-13 |

## 2.2.6 別:旁指代詞

| | | | | | | |
|---|---|---|---|---|---|---|
| 別 | 別 | 別 | 別 | 第 | 第 | 1-17 |
| 別 | 別 | 別 | 別 | 第 | 別 | 2-1 |
| 別 | 別 | 別 | 別 | 第 | 第 | 2-1 |
| 別 | 別 | 別 | 別 | 別 | 第 | 2-2 |
| 別 | 別 | | 別 | 第 | | 2-2 |
| 別 | 別 | 別 | 別 | 別 | 別 | 2-6 |
| 別 | 別 | 別 | 別 | 別 | 別 | 2-10 |
| 別 | 別 | 別 | 別 | 第 | 第 | 2-11 |
| 其餘 | 其餘 | 別 | 其餘 | 其餘 | 其餘 | 2-11 |
| 別 | 別 | 別 | 別 | | 別 | 2-13 |

(續表)

| | | | | | | |
|---|---|---|---|---|---|---|
| 別 | 別 | 別 | 別 | 第 | | 2－13 |
| 別 | 別 | 別 | 別 | 別 | 別 | 2－14 |
| 別 | 別 | 別 | 別 | 別 | 別 | 2－14 |
| 別 | 別 | 別 | 別 | 第 | | 2－17 |
| 別 | 別 | | 別 | 第 | 第 | 2－17 |
| 別 | 別 | 別 | 別 | 第 | 別 | 2－18 |
| 別 | 別 | 別 | 別 | 第 | 第 | 2－18 |
| 別 | 別 | 別 | 別 | 第 | 第 | 2－18 |
| 別 | 別 | 別 | 別 | 第 | 別 | 2－18 |
| 別 | 別 | 別 | 別 | 別 | 第 | 2－18 |
| 別 | 別 | 別 | 別 | 第 | 第 | 2－18 |
| 別 | 別 | 別 | 別 | 第 | 第 | 2－19 |
| 別 | 別 | 別 | 別 | | 別 | 2－19 |
| 別 | 別 | 別 | 別 | 別 | 別 | 2－20 |
| 別 | 別 | 別 | 別 | 第 | 第 | 2－23 |
| 別 | 別 | 別 | 別 | | 一班 | 2－26 |
| 別 | 別 | 別 | 別 | 別 | 別 | 2－26 |
| 別 | 別 | 別 | 別 | 第 | 第 | 2－28 |
| 別 | 別 | 別 | 別 | 第 | 別 | 2－30 |
| 別 | 別 | 別 | 別 | 第 | 第 | 2－33 |
| 別 | 別 | 別 | | 第 | 別 | 3－7 |
| 別 | 別 | 別 | | 一 | 第 | 3－8 |
| 別 | 別 | 別 | | 第 | 嗰的 | 3－10 |
| 別 | 別 | 別 | | 第 | 別 | 3－12 |
| 別 | 別 | 別 | | 第 | | 3－13 |
| 別 | 別 | 別 | | 別 | 第 | 3－18 |
| 別 | 別 | 別 | | 別 | 第 | 3－19 |
| 別 | 別 | 別 | | 第 | 別 | 3－20 |
| 別 | 別 | | | 別 | | 4－18 |

## 2.3 疑問代詞

### 2.3.1 誰

| | | | | | | |
|---|---|---|---|---|---|---|
| 誰 | 那個 | 啥人 | 啥人 | 邊個 | 邊箇 | 2-11 |
| 誰 | 那個 | 啥人 | 啥人 | 邊個 | 邊箇 | 2-12 |
| 誰 | 那個 | | 啥人 | 邊個人 | 乜人 | 2-12 |
| 誰 | 那個 | 啥人 | 啥人 | 乜誰 | 乜誰 | 2-13 |
| 誰 | 那個 | 啥人 | 啥人 | 邊個 | 乜人 | 2-15 |
| 誰 | 那個 | 啥人 | 啥人 | 乜人 | 邊箇 | 2-16 |
| 誰 | 那個 | 啥人 | 伊个 | 乜人 | 人家 | 2-26 |
| 誰 | 那個 | 啥人 | 啥人 | 邊個 | | 2-27 |
| 誰 | 那個 | 啥人 | 啥人 | 乜誰 | 乜人 | 2-32 |
| 誰 | 那個 | 啥人 | 啥人 | 邊位 | 邊位 | 2-33 |
| 誰 | 那個 | 啥人家 | 啥人 | 邊個 | 邊箇 | 2-33 |
| 誰 | 那個 | 啥人 | 啥人家 | 邊個 | 邊處 | 2-34 |
| 誰 | 那個 | | 啥人 | 乜誰 | 乜誰 | 2-35 |
| 誰 | 那個 | 啥人 | 啥人 | 乜誰 | 乜誰 | 2-35 |
| 誰 | 那個 | 啥人 | 啥人 | 乜誰 | 乜誰 | 2-37 |
| 誰 | 那個 | 啥人 | 啥人 | 乜誰 | 邊箇 | 2-38 |
| 誰 | 那個 | 啥人 | 啥人 | 邊個 | 邊箇 | 2-39 |
| 誰 | 那個 | 啥人 | 啥人 | 乜誰 | 邊箇 | 2-40 |
| 誰 | 那個 | 啥人 | | 乜誰 | 邊箇 | 3-1 |
| 誰 | 那個 | 啥人 | | 乜人 | 乜人 | 3-3 |
| 誰 | 那個 | | | 乜人 | | 4-13 |
| 誰 | 那個 | | | 邊個 | | 4-17 |

按：表示“誰”,A版用“誰”,B版用“那個”,CD版用“啥人”,EF版用粵語特徵詞“乜誰”“邊個/箇”“乜人”。

| | | | | | | |
|---|---|---|---|---|---|---|
| 誰家 | 那家 | 啥人家 | 啥人家 | 邊家 | 邊家 | 1-38 |
| 誰家 | 那家 | 啥人家 | 啥人家 | 邊間 | 邊間 | 2-2 |
| 誰家 | 那家 | 啥人家 | 啥人家 | 邊間 | 箇間 | 2-2 |
| 誰家 | 那家 | 啥人家 | 啥人家 | 邊家 | 邊間 | 2-30 |

### 2.3.2 那——那裡/那裏——邊

| | | | | | | |
|---|---|---|---|---|---|---|
| 那一省 | 那一省 | 那裡一府 | 那裏一省 | | | 1-1 |
| 那一季兒 | 那一季兒 | 那裡一季 | 那裏一季 | 邊一季 | 邊季 | 1-27 |
| 那季兒 | 那一季 | 那裡一季 | 那裏一季 | 邊季 | 邊季 | 1-27 |
| 那一位 | 那一位 | 那裡一位 | 那裏一位 | 邊一位 | 邊位 | 1-28 |
| 那衙門 | 那衙門 | 那裡一個衙門 | 啥个衙門 | 邊間衙門 | 邊間衙門 | 2-1 |
| 那科 | 那科 | 那裡一科 | 那裏一科 | 邊科 | 邊科 | 2-5 |
| 那宅裡 | 那宅裡 | 那裡一个宅裏 | 啥人家宅裏 | 邊間公館 | 邊間公館 | 2-14 |
| 那位 | 那位 | 那裡一位 | 那裡一位 | 邊個 | 乜人 | 2-14 |
| 那個 | 那個 | 那裡一个 | 伊个 | 邊個 | 邊一箇 | 2-37 |
| 那四句 | 那四句 | 那一句 | 那裏四句 | 邊四句 | 邊四句 | 2-40 |
| 那幾樣兒 | 那幾樣的 | 那裏幾樣 | | 邊幾樣 | 邊樣 | 3-11 |
| 那宅裏 | 那一家 | 那裡个宅裡 | | 邊位 | 邊間 | 3-18 |

### 2.3.3 那兒——邊處/邊笪

| | | | | | | |
|---|---|---|---|---|---|---|
| 那兒 | 那裏 | 啥地方 | 那裡/啥地方 | 邊處 | 邊處 | 1-3 |
| 那兒 | 那裏 | 那裡 | 那裡 | 邊處 | 邊處 | 1-10 |
| 那兒 | 那裏 | 啥地方 | 啥地方 | 邊處 | 邊處 | 1-18 |
| 那兒 | 那裏 | 那裡 | 那裏 | 邊處 | 邊處 | 1-28 |
| 那兒 | 那裏 | 啥地方 | 那裏 | 邊處 | | 2-1 |
| 那兒 | 那裏 | 啥地方 | 那裏 | 邊處 | 邊處 | 2-2 |
| 那兒 | 那裡 | 啥地方 | 那裏 | 邊處 | 邊處 | 2-2 |
| 那兒 | 那裏 | | 那裡一个 | 邊處 | 邊處 | 2-10 |

(續表)

| | | | | | | |
|---|---|---|---|---|---|---|
| 那兒 | 那裏 | 啥地方 | 那裡 | 邊處 | 邊處 | 2-11 |
| 那兒 | 那裏 | 那裡 | 那裏 | 邊處 | 邊處 | 2-15 |
| 那兒 | 那裏 | 那裡 | 那裏 | 邊處 | | 2-30 |
| 那兒 | 那裏 | 別搭 | 那裏 | 邊處 | 別處 | 2-33 |
| 那兒 | 那裏 | 啥地方 | 那裡 | 邊處 | 邊處 | 2-35 |
| 那兒 | 那裏 | 那裡 | | 邊處 | 邊處 | 3-3 |
| 那兒 | 那裏 | 那裡 | | 邊處 | 邊處 | 3-5 |
| 那兒/裏 | 那裏 | 啥地方 | | 邊處 | 邊處 | 3-13 |
| 那兒 | 那裏 | 啥地方 | | 邊處 | 邊處 | 3-15 |
| 那兒 | 那裏 | 那裡 | | 邊處 | 邊處 | 3-15 |
| 那兒 | 那裏 | | | 邊處 | | 4-17 |
| 那兒 | 那裏 | | | 邊處 | | 4-20 |
| 那兒 | 那裏 | | | 邊處 | | 4-20 |

| | | | | | | |
|---|---|---|---|---|---|---|
| 那兒 | 那裏 | 那能 | | 邊笪 | | 1-45 |
| 那兒 | 那裏 | 那能 | 那裏 | 邊笪 | | 2-33 |
| 那兒 | 那裏 | | | 邊笪 | | 4-11 |

表示"哪裏",A版用"那兒",B版用"那裏",C版用"那裡"或"啥地方",D版主要用"那裏",EF版用粵語特徵詞"邊處",E版有時也用粵語特徵詞"邊笪"。

按:"那兒"作疑問代詞和指示代詞在九江本中無一例外,均分別改為"那裏",其中43次疑問,相當於"哪裏",24次表指示,相當於"那裏"。

2.3.4 那兒的話

| | | | | | | |
|---|---|---|---|---|---|---|
| 那兒的話 | 那裏的話 | 啥話頭 | 啥說話 | 乜野說話 | 唔在嗽講 | 1-40 |
| 那兒的話 | 那裏的話 | 那能話 | 啥說話 | 乜說話 | 乜嗽話 | 2-5 |
| 那兒的話 | 那裏的話 | 去話啥 | 啥說話 | 乜野說話 | 乜說話 | 2-11 |

（續表）

| 那兒的話 | 那裏的話 | 啥話頭 | 啥說話 | 乜野說話 | 乜說話 | 2－14 |
|---|---|---|---|---|---|---|
| 那兒的話 | 那裏的話 | 啥話頭 | 啥个說話 | 乜說話 | 乜說話 | 2－38 |
| 那兒的話 | 那裏的話 |  |  | 乜說話 |  | 4－1 |
| 那兒的話 | 那裏的話 |  |  | 乜野說話 |  | 4－1 |
| 那兒的話 | 那裏的話 |  |  | 乜野說話 |  | 4－2 |
| 那兒的話 | 那裏的話 |  |  | 乜野說話 |  | 4－4 |
| 那兒的話 | 那裏的話 |  |  | 乜野說話 |  | 4－5 |
| 那兒的話 | 那裏的話 |  |  | 乜野說話 |  | 4－7 |
| 那兒的話 | 那裏的話 |  |  | 乜野說話 |  | 4－12 |
| 那兒的話 | 那裏的話 |  |  | 乜野說話 |  | 4－12 |
| 那兒的話 | 那裏的話 |  |  | 乜說話 |  | 4－14 |
| 那兒的話 | 那裏的話 |  |  | 乜野說話 |  | 4－16 |
| 那兒的話 | 那裏的話 |  |  | 乜野說話 |  | 4－18 |
| 那兒的話 | 那裏的話 |  |  | 乜野說話 |  | 4－18 |
| 那兒的話 | 那裏的話 |  |  | 乜野說話 |  | 4－20 |

### 2.3.5 甚麽

#### 2.3.5.1 甚麽

| 甚麽 | 甚麽 | 啥味 | 啥末 | 乜嘢 | 乜野 | 1－13 |
|---|---|---|---|---|---|---|
| 甚麽 | 甚麽 | 啥 | 啥个 | 乜 | 乜 | 1－13 |
| 甚麽 | 甚麽 | 啥 | 啥 | 乜野 | 乜野 | 1－19 |
| 甚麽 | 甚麽 | 啥 | 啥 | 乜野 | 乜野 | 1－34 |
| 甚麽 | 甚麽 | 啥 | 啥 | 乜野 |  | 1－36 |
| 甚麽 | 甚麽 | 物事 | 啥 | 乜野 |  | 1－41 |
| 甚麽 | 甚麽 | 啥 | 啥 | 乜野 | 乜 | 1－41 |
| 甚麽 | 甚麽 | 啥 | 啥 | 乜 | 乜 | 2－1 |
| 甚麽 | 甚麽 | 啥 | 啥 | 乜 | 邊 | 2－1 |

(續表)

| | | | | | | |
|---|---|---|---|---|---|---|
| 甚麼 | 甚麼 | 啥 | 那能个 | 乜 | 乜 | 2－1 |
| 甚麼 | 甚麼 | 那裡一个 | 那能个 | 乜嘢 | 嗰樣 | 2－1 |
| 甚麼 | 甚麼 | 那裡一个 | 那能个 | 乜嘢 | 嗰樣 | 2－1 |
| 甚麼 | 甚麼 | 啥 | 啥 | 乜 | | 2－2 |
| 甚麼 | 甚麼 | 啥 | 啥个 | 乜 | 乜 | 2－2 |
| 甚麼 | 甚麼 | 啥個 | 啥 | 乜嘢 | 乜野 | 2－2 |
| 甚麼 | 甚麼 | 啥個 | 啥个 | 乜嘢 | 乜野 | 2－2 |
| 甚麼 | 甚麼 | 啥味 | 啥 | 乜嘢 | | 2－2 |
| 甚麼 | 甚麼 | 啥 | 啥个 | 邊啲 | 乜野 | 2－2 |
| 甚麼 | 甚麼 | 啥 | 啥 | 乜 | 乜 | 2－3 |
| 甚麼 | 甚麼 | | 啥 | 乜 | | 2－4 |
| 甚麼 | 甚麼 | | 啥 | | | 2－4 |
| 甚麼 | 甚麼 | 那裡 | 啥 | 邊處 | 邊處 | 2－5 |
| 甚麼 | 甚麼 | 啥 | 啥 | 乜 | 乜 | 2－6 |
| 甚麼 | 甚麼 | 啥 | 啥 | 乜 | 乜 | 2－7 |
| 甚麼 | 甚麼 | | 啥个 | 乜嘢 | 乜野 | 2－7 |
| 甚麼 | 甚麼 | | | 乜 | 乜 | 2－7 |
| 甚麼 | 甚麼 | 啥 | 啥个 | 乜嘢 | 乜野 | 2－7 |
| 甚麼 | 甚麼 | 啥 | 啥 | | | 2－7 |
| 甚麼 | 甚麼 | 啥 | 啥 | 乜 | 乜 | 2－8 |
| 甚麼 | 甚麼 | 啥 | 啥 | 乜 | | 2－8 |
| 甚麼 | 甚麼 | 啥 | 啥 | 乜嘢 | | 2－9 |
| 甚麼 | 甚麼 | 啥个 | 啥个 | 乜 | 乜野 | 2－9 |
| 甚麼 | 甚麼 | 啥 | 啥 | 乜野 | 乜 | 2－9 |
| 甚麼 | 甚麼 | 啥 | 啥 | 乜嘢 | 乜野 | 2－9 |
| 甚麼 | 甚麼 | 啥 | 啥 | 乜嘢 | 乜 | 2－9 |
| 甚麼 | 甚麼 | 啥 | 啥 | 乜 | 乜 | 2－9 |

(續表)

| | | | | | | |
|---|---|---|---|---|---|---|
| 甚麼 | 甚麼 | 啥 | 啥 | 乜 | 乜 | 2－10 |
| 甚麼 | 甚麼 | | 啥个 | 乜嘢 | | 2－10 |
| 甚麼 | 甚麼 | | 啥 | | 乜 | 2－10 |
| 甚麼 | 甚麼 | 啥 | 啥 | 乜野 | 乜野 | 2－11 |
| 甚麼 | 甚麼 | 啥 | 啥 | 乜 | | 2－11 |
| 甚麼 | 甚麼 | 啥 | 啥 | 乜嘢 | 乜 | 2－11 |
| 甚麼 | 甚麼 | 啥 | 啥个 | 乜 | | 2－11 |
| 甚麼 | 甚麼 | 啥 | 啥 | 乜 | 乜 | 2－11 |
| 甚麼 | 甚麼 | 啥 | 啥 | 邊樣 | | 2－11 |
| 甚麼 | 甚麼 | | 啥 | 乜 | 乜 | 2－11 |
| 甚麼 | 甚麼 | 啥 | 啥 | 乜 | 乜 | 2－12 |
| 甚麼 | 甚麼 | 啥个 | 啥个 | 乜野 | 乜野 | 2－12 |
| 甚麼 | 甚麼 | 啥 | 啥 | 乜野 | 乜 | 2－13 |
| 甚麼 | 甚麼 | 啥 | 啥 | 乜 | | 2－13 |
| 甚麼 | 甚麼 | 那能 | 啥 | 乜 | | 2－13 |
| 甚麼 | 甚麼 | 啥个 | 啥个 | 乜野 | 乜 | 2－14 |
| 甚麼 | 甚麼 | 啥 | 啥 | | 乜 | 2－14 |
| 甚麼 | 甚麼 | 啥 | 啥 | 乜嘢 | 乜 | 2－15 |
| 甚麼 | 甚麼 | 啥個 | 啥个 | 乜 | 乜 | 2－15 |
| 甚麼 | 甚麼 | 啥 | 啥个 | 乜野 | | 2－15 |
| 甚麼 | 甚麼 | | 啥 | 乜野 | 乜野 | 2－15 |
| 甚麼 | 甚麼 | 啥 | 啥个 | 乜野 | 乜 | 2－16 |
| 甚麼 | 甚麼 | 啥 | 啥 | 乜 | 乜 | 2－16 |
| 甚麼 | 甚麼 | | | 乜 | | 2－16 |
| 甚麼 | 甚麼 | 啥个 | 啥个 | 乜 | 乜野 | 2－16 |
| 甚麼 | 甚麼 | 啥 | 啥个 | 乜 | 乜野 | 2－17 |
| 甚麼 | 甚麼 | 啥 | 啥 | 乜野 | 乜 | 2－17 |

(續表)

| 甚麼 | 甚麼 | 啥 | 啥 | 乜野 | 乜 | 2-17 |
|---|---|---|---|---|---|---|
| 甚麼 | 甚麼 | 啥 | 啥 | 乜野 | 乜野 | 2-17 |
| 甚麼 | 甚麼 | 啥 | 啥 | 乜野 | 乜野 | 2-17 |
| 甚麼 | 甚麼 | 啥 | 啥 | 乜野 | 乜野 | 2-17 |
| 甚麼 | 甚麼 |  | 啥 | 乜 | 乜野 | 2-17 |
| 甚麼 | 甚麼 | 啥 | 啥 | 乜野 | 乜 | 2-17 |
| 甚麼 | 甚麼 | 那裡一个 | 啥个 | 乜野 | 乜野 | 2-17 |
| 甚麼 | 甚麼 | 啥 | 啥 |  |  | 2-18 |
| 甚麼 | 甚麼 | 啥 | 啥 | 乜 | 乜 | 2-18 |
| 甚麼 | 甚麼 | 啥 | 啥 | 乜野 | 邊樣 | 2-18 |
| 甚麼 | 甚麼 | 那能 | 啥 | 乜 | 乜 | 2-19 |
| 甚麼 | 甚麼 | 啥 | 啥 | 乜野 | 乜野 | 2-19 |
| 甚麼 | 甚麼 | 啥 | 啥 | 乜 | 乜 | 2-19 |
| 甚麼 | 甚麼 | 啥个 | 啥个 | 乜野 | 乜野 | 2-20 |
| 甚麼 | 甚麼 | 啥个 | 啥个 | 乜野 | 乜野 | 2-20 |
| 甚麼 | 甚麼 | 啥 | 啥 | 乜 | 乜 | 2-21 |
| 甚麼 | 甚麼 | 啥 | 啥 | 乜 | 乜 | 2-21 |
| 甚麼 | 甚麼 | 啥 | 啥 | 乜 | 乜 | 2-22 |
| 甚麼 | 甚麼 | 啥 | 啥个 | 乜 |  | 2-22 |
| 甚麼 | 甚麼 | 啥 | 啥 | 乜 | 乜 | 2-23 |
| 甚麼 | 甚麼 | 啥 | 啥 | 乜 | 乜 | 2-24 |
| 甚麼 | 甚麼 | 啥 | 啥 | 乜 | 乜 | 2-24 |
| 甚麼 | 甚麼 | 啥 | 啥 | 乜 | 乜 | 2-24 |
| 甚麼 | 甚麼 | 啥 | 啥 | 乜野 |  | 2-24 |
| 甚麼 |  | 啥 |  | 乜野 | 乜野 | 2-24 |
| 甚麼 | 甚麼 | 啥 | 啥个 | 乜 |  | 2-24 |
| 甚麼 | 甚麼 | 啥 | 啥个 | 乜野 | 乜 | 2-25 |

（續表）

| | | | | | | |
|---|---|---|---|---|---|---|
| 甚麼 | 甚麼 | 啥 | 啥 | 乜 | 乜 | 2－25 |
| 甚麼 | 甚麼 | 啥个 | 啥 | 乜野 | 乜 | 2－26 |
| 甚麼 | 甚麼 | 啥 | 啥 | 乜 | 乜 | 2－26 |
| 甚麼 | 甚麼 | 啥个 | 啥个 | 乜野 | | 2－27 |
| 甚麼 | 甚麼 | 啥個 | 啥个 | 乜野 | 點 | 2－28 |
| 甚麼 | 甚麼 | 啥 | 啥个 | 乜野 | 乜野 | 2－28 |
| 甚麼 | 甚麼 | 啥 | 啥 | 乜 | 乜 | 2－31 |
| 甚麼 | 甚麼 | 啥 | 啥 | 乜野 | 乜 | 2－32 |
| 甚麼 | 甚麼 | 啥 | 啥 | 乜野 | 點 | 2－32 |
| 甚麼 | 甚麼 | 啥 | 啥 | 乜野 | | 2－34 |
| 甚麼 | 甚麼 | 啥个 | 啥个 | 乜 | 乜野 | 2－35 |
| 甚麼 | 甚麼 | 啥 | 啥个 | 乜野 | 乜 | 2－35 |
| 甚 | 麼 | 啥 | 啥 | 乜 | 乜野 | 2－35 |
| 甚麼 | 甚麼 | 啥 | 啥 | 乜 | 乜 | 2－35 |
| 甚麼 | 甚麼 | 啥 | 啥 | 乜 | 乜 | 2－35 |
| 甚麼 | 甚麼 | 啥 | 啥 | 乜 | 乜 | 2－35 |
| 甚麼 | 甚麼 | 啥 | 啥 | 乜 | 乜 | 2－35 |
| 甚麼 | | 啥 | | 乜野 | 何 | 2－35 |
| 甚麼 | 甚麼 | 啥 | 啥 | 乜 | 乜 | 2－35 |
| 甚麼 | 甚麼 | 啥 | 啥 | 乜野 | 乜野 | 2－35 |
| 甚麼 | 甚麼 | 啥 | 啥 | 乜野 | 乜野 | 2－36 |
| 甚麼 | 甚麼 | 啥个 | 啥个 | 乜野 | 乜野 | 2－37 |
| 甚麼 | 甚麼 | 啥個 | 啥 | 乜野 | 乜野 | 2－37 |
| 甚麼 | 甚麼 | 啥个 | 啥 | 乜野 | | 2－37 |
| 甚麼 | 甚麼 | 啥 | 啥 | 乜野 | 乜野 | 2－38 |
| 甚麼 | 甚麼 | 啥 | 啥 | 乜野 | 乜野 | 2－38 |
| 甚麼 | 甚麼 | 啥 | 啥 | 點 | | 2－39 |
| 甚麼 | 甚麼 | 那能个 | 啥 | 乜野 | 乜 | 2－40 |

(續表)

| 甚麼 | 甚麼 | 啥 |  | 乜野 | 乜 | 3－1 |
|---|---|---|---|---|---|---|
| 甚麼 | 甚麼 | 啥 |  |  |  | 3－1 |
| 什麼 | 甚麼 | 啥个 |  | 乜野 | 乜野 | 3－2 |
| 甚麼 | 甚麼 | 啥 |  | 邊啲 | 乜野 | 3－2 |
| 甚麼 | 甚麼 | 啥 |  | 乜 | 乜 | 3－3 |
| 甚麼 | 甚麼 | 啥 |  | 乜野 | 乜野 | 3－4 |
| 甚麼 | 甚麼 | 啥 |  | 乜野 | 邊樣 | 3－4 |
| 甚麼 | 甚麼 | 啥 |  | 乜野 | 乜野 | 3－4 |
| 甚麼 | 甚麼 | 啥 |  | 乜野 | 乜野 | 3－5 |
| 甚麼 | 甚麼 | 啥 |  | 乜野 | 乜野 | 3－7 |
| 甚麼 | 甚麼 | 啥 |  | 乜野 | 乜 | 3－7 |
| 甚麼 | 甚麼 | 啥 |  | 乜野 |  | 3－7 |
| 甚麼 | 甚麼 | 啥个 |  | 邊樣 | 乜野 | 3－8 |
| 甚麼 | 甚麼 | 啥 |  | 乜 | 乜 | 3－11 |
| 甚麼 | 甚麼 |  |  | 乜野 |  | 3－11 |
| 甚麼 | 甚麼 | 啥 |  | 乜野 |  | 3－11 |
| 甚麼 | 甚麼 | 啥个 |  | 乜野 | 乜 | 3－11 |
| 甚麼 | 甚麼 | 啥 |  | 乜 | 乜 | 3－12 |
| 甚麼 | 甚 | 啥 |  | 乜野 | 乜 | 3－14 |
| 甚麼 | 甚麼 | 啥 |  | 邊啲 | 乜 | 3－15 |
| 甚麼 | 甚麼 | 啥 |  | 乜野 | 乜野 | 3－15 |
| 甚麼 | 甚麼 | 啥 |  | 乜野 | 乜野 | 3－16 |
| 甚麼 | 甚麼 | 啥 |  | 乜野 | 乜野 | 3－18 |
| 甚麼 | 甚麼 | 啥 |  | 乜野 | 點樣 | 3－18 |
| 甚麼 | 甚麼 | 啥 |  | 乜野 | 乜野 | 3－18 |
| 甚麼 | 甚麼 | 啥 |  | 乜野 | 乜野 | 3－19 |
| 甚麼 | 甚麼 | 啥个 |  | 乜野 | 乜野 | 3－19 |
| 甚麼 | 甚麼 | 啥 |  | 乜野 | 乜 | 3－20 |

（續表）

| | | | | | | |
|---|---|---|---|---|---|---|
| 甚麽 | 甚麽 | | | 乜野 | | 4－1 |
| 甚麽 | 甚麽 | | | 乜野 | | 4－2 |
| 甚麽 | 甚麽 | | | 乜野 | | 4－2 |
| 甚麽 | 甚麽 | | | 乜野 | | 4－3 |
| 甚麽 | 甚麽 | | | 乜野 | | 4－3 |
| 甚麽 | 甚麽 | | | 乜野 | | 4－4 |
| 甚麽 | 甚麽 | | | 乜野 | | 4－5 |
| 甚麽 | 甚麽 | | | 乜 | | 4－5 |
| 甚麽 | 甚麽 | | | 乜野 | | 4－6 |
| 甚麽 | 甚麽 | | | 乜野 | | 4－7 |
| 甚麽 | 甚麽 | | | 乜野 | | 4－7 |
| 甚麽 | 甚麽 | | | 乜野 | | 4－8 |
| 甚麽 | 甚麽 | | | 乜野 | | 4－9 |
| 甚麽 | 甚麽 | | | 乜 | | 4－9 |
| 甚麽 | 甚麽 | | | 乜 | | 4－9 |
| 甚麽 | 甚麽 | | | 乜野 | | 4－10 |
| 甚麽 | 甚麽 | | | 乜 | | 4－11 |
| 甚麽 | 甚麽 | | | 乜野 | | 4－15 |
| 甚麽 | 甚麽 | | | 乜野 | | 4－15 |
| 甚麽 | 甚麽 | | | 乜野 | | 4－16 |
| 甚麽 | 甚麽 | | | 乜 | | 4－17 |
| 甚麽 | 甚麽 | | | 乜野 | | 4－17 |
| 甚麽 | 甚麽 | | | 乜野 | | 4－18 |
| 甚麽 | 甚麽 | | | 乜野 | | 4－18 |
| 甚麽 | 甚麽 | | | 乜野 | | 4－18 |
| 甚麽 | 甚麽 | | | 乜野 | | 4－20 |
| 甚麽 | 甚麽 | | | 乜野 | | 4－20 |

### 2.3.5.2 甚麼地方

| 甚麼地方 | 甚麼地方 | 啥地方 | 啥地方 | 邊處 | 邊處 | 2 - 7 |
|---|---|---|---|---|---|---|
| 甚麼地方 | 甚麼地方 | 啥地方 | 啥地方 | 乜野地方 | 邊處 | 2 - 8 |
| 甚麼地方 | 甚麼地方 | 啥地方 | 啥地方 | 邊處 | 邊處 | 2 - 8 |
| 甚麼地方 | 甚麼地方 | 啥地方 | 啥地方 | 邊笪地方 | 邊處 | 2 - 9 |
| 甚麼地方 | 甚麼地方 | 啥地方 | 啥地方 | 邊處地方 | 邊處 | 2 - 12 |
| 甚麼地方 | 甚麼地方 | 啥地方 | 啥地方 | 邊處 | 邊處 | 2 - 35 |
| 甚麼地方 | 甚麼地方 | 啥地方 | 啥地方 | 某處地方 | 某處 | 2 - 38 |
| 甚麼地方 | 甚麼地方 | 啥地方 | | 邊處 | 邊處 | 3 - 1 |
| 甚麼地方 | 甚麼地方 | 啥地方 | | 乜野地方 | 邊處 | 3 - 9 |
| 甚麼地方 | 甚麼地方 | | | 邊處地方 | | 4 - 15 |

### 2.3.5.3 甚麼時候

| 甚麼時候 | 甚麼時候 | 啥時候 | 啥時候 | 乜野時候 | 幾時 | 2 - 11 |
|---|---|---|---|---|---|---|
| 甚麼時候 | 甚麼時候 | 啥辰光 | | 幾時 | 幾點鐘 | 3 - 10 |

### 2.3.5.4 為甚麼/作甚麼

| 為甚麼 | 為甚麼 | 那能 | 爲啥 | 為乜事 | 乜緣故 | 2 - 14 |
|---|---|---|---|---|---|---|
| 為甚麼 | 為甚麼 | 啥咾 | 為啥 | 乜事 | 為乜 | 2 - 33 |
| 為甚麼 | 為甚麼 | 為啥咾 | 爲啥 | 因何 | 因何 | 2 - 38 |
| 為甚麼 | 為甚麼 | 做啥咾 | 為啥 | 因何 | 點解 | 2 - 39 |

### 2.3.5.5 作甚麼

| 作甚麼 | 做甚麼 | 有啥 | 做啥 | 做乜野 | 點解 | 2 - 25 |
|---|---|---|---|---|---|---|
| 作甚麼 | 做甚麼 | 那咾 | 為啥咾 | 使乜 | 做乜 | 2 - 34 |

### 2.3.5.6 姓什麼/叫甚麼

| 怎麼稱呼 | 姓甚麼 | 姓啥 | 姓啥 | 點稱呼 | 點稱呼 | 1 - 31 |
|---|---|---|---|---|---|---|
| 叫甚麼 | 叫甚麼 | 叫啥 | | 叫乜野名 | 點叫 | 3 - 9 |

2.3.6 多咱/多喒:詢問時間。

A——B——CDEF

多咱(8)——多早(5)麽早(1)幾早(1)——CDEF 幾時

| | | | | | | |
|---|---|---|---|---|---|---|
| 多咱 | 多時 | 幾時 | 幾時 | 幾時 | 幾時 | 2-24 |
| 多咱 | 多早 | 幾時 | 幾時 | 幾時 | 幾時 | 2-39 |
| 多咱 | 多早 | 幾時 | | 幾時 | 幾時 | 3-1 |
| 多咱 | 麽早 | | | | | 3-2 |
| 多咱 | 多早 | 幾時 | | 幾時 | 幾時 | 3-9 |
| 多咱 | 多早 | 幾時 | | 幾時 | 幾時 | 3-13 |
| 多咱 | 多早 | 幾時 | | 幾時 | 幾時 | 3-15 |
| 多咱 | 幾早 | | | 幾時 | | 4-12 |

A 多喒(14)——B 麽早(2)多早(9)幾早(3)——CDEF 幾時

| | | | | | | |
|---|---|---|---|---|---|---|
| 多喒 | 麽早 | 啥 | 啥辰光 | 幾時 | | 1-33 |
| 多喒 | 麽早 | 幾時 | 幾時 | 幾時 | 幾時 | 2-1 |
| 多喒 | 多早 | 幾時 | 幾時 | 幾時 | 幾時 | 2-4 |
| 多喒 | 多早 | 幾時 | 幾時 | 幾多日 | 幾時 | 2-4 |
| 多喒 | 多早 | | 幾時 | 幾時 | 幾時 | 2-5 |
| 多喒 | 多早 | 幾時 | 幾時 | 幾時 | 幾耐 | 2-7 |
| 多喒 | 幾早 | 幾時 | 幾時 | 幾時 | 幾時 | 2-10 |
| 多喒 | 幾早 | | 幾時 | 幾時 | | 2-13 |
| 多喒 | 多早 | 幾時 | 幾時 | 幾時 | 幾時 | 2-15 |
| 多喒 | 多早 | 幾時 | 幾時 | 幾時 | 幾時 | 2-16 |
| 多喒 | 多早 | 幾時 | 幾時 | 幾時 | 幾時 | 2-18 |
| 多喒 | 多早 | 啥模樣 | 幾時 | 幾時 | 幾時 | 2-18 |
| 多喒 | 多早 | 幾時 | | 幾時 | 幾時 | 3-20 |
| 多偺 | 幾早 | 幾時 | 幾時 | 幾時 | 幾時 | 2-9 |

按:"幾時"是中古以來的舊詞,只有 ABCF 版用。"多咱"是元

代以來的詞,從元代起,詢問時間的"早晚"說成"多早晚",其後,"早晚"變成合音字"咱/咱/咱"。"多咱"一詞的使用體現了各版的北方話色彩,A 版"多咱、多喒"被 B 版改為"多早、麼早、幾早、多時"。

2.3.7 多少,表疑問,詢問年齡、數量、尺寸、面积、時間等。

官話的"多少",滬語對應的是"幾化",粵語對應的是"幾多""幾耐""幾大"。

| 高壽 | 高壽 | 幾化高壽 | 幾化高壽 | 貴庚 | 貴庚 | 1-2 |
|---|---|---|---|---|---|---|
| 貴甲子 | 貴庚 | 貴甲子 | 貴甲子/尊庚有幾化 | 貴庚 | 貴甲子 | 1-3 |
| 多少 | 多少 | 幾位 | 幾化 | 幾多位 | 幾多位 | 1-28 |
| 多少間 | 多少間 | 幾化間數 | 幾間 | 幾多間 | 幾多間 | 2-1 |
| 多少間數 | 多少間數 | 幾間 | 幾化間數 | 幾多間 | | 2-1 |
| 多少間 | 多少間 | | 幾間 | 幾多間 | | 2-1 |
| 多少房錢 | 多少租錢 | 幾化房錢 | 幾化房租 | 幾多租錢 | 幾多銀租 | 2-1 |
| 幾分兒茶錢 | 幾分兒茶錢 | 幾分小租 | 幾化中金 | 幾多次 | 幾多次 | 2-1 |
| 多大尺寸 | 多大尺寸 | 幾化尺寸 | 幾化尺寸 | 幾大尺寸 | 幾大尺寸 | 2-7 |
| 多少塊錢 | 多少塊錢 | 啥價錢 | 幾化塊數洋錢 | 幾多個銀錢 | 幾多銀 | 2-7 |
| 多少銀子 | 多少銀子 | 幾化銀子 | 幾化銀子 | 幾多銀 | 幾多銀 | 2-8 |
| 多少 | 多少 | 幾化 | 幾化 | 幾多 | 幾多 | 2-8 |
| 多少年 | 多少年 | 幾年 | 幾化年數 | 幾多年 | 幾多年 | 2-8 |
| 多少年 | 多少年 | 幾年 | 幾化年期 | 幾多年 | | 2-8 |
| 多少 | 多少 | 幾化 | 幾化 | 幾多 | 幾多 | 2-9 |
| 多少銀子 | 多少銀子 | 幾化銀子 | 幾化銀子 | 幾多銀 | 幾多銀 | 2-9 |
| 多少石 | 多少担 | 幾化石數 | 幾化擔數 | 幾多石 | 幾多擔 | 2-10 |
| 多少甎瓦 | 多少甎瓦 | 幾化磚瓦 | 幾化磚瓦 | 幾多磚瓦 | | 2-10 |
| 多少地 | 多少地 | 幾化田 | 幾化田 | 幾多地 | 幾多地 | 2-12 |
| 多少石 | 多少 | 幾化石數 | 幾化 | 幾多石 | 幾多石 | 2-12 |

（續表）

| | | | | | | |
|---|---|---|---|---|---|---|
| 多少畝地 | 多少畝地 | 幾畝園地 | 幾化畝數田 | 幾上下大 | 幾大 | 2－13 |
| 多少 | 多少 | | 幾化 | 幾多 | | 2－13 |
| 多少錢 | 多少錢 | 幾化手工錢 | 幾化手工錢 | 幾多錢 | 幾多 | 2－14 |
| 多少錢 | 多少錢 | 幾化工錢 | 幾化手工錢 | 幾多錢 | 幾多 | 2－14 |
| 多大年紀 | 多大年紀 | 幾化年紀 | 幾化年紀 | 幾大年紀 | 幾大年紀 | 2－17 |
| 多少日子 | 多少日子 | 幾化日脚 | 幾化日脚 | 幾耐 | 幾日 | 2－18 |
| 多少銀子 | 多少銀子 | 幾化 | 幾化銀子 | 幾多錢 | 幾多銀 | 2－27 |
| 多少銀子 | 多少銀子 | 幾化銀子 | 幾化銀子 | 幾多銀兩 | 幾多銀兩 | 2－29 |
| 多少錢 | 多少錢 | 幾化銅錢 | | 幾多錢 | 幾多銀 | 3－4 |
| 多少錢 | 多少錢 | 幾化銅錢 | | 幾多錢 | 幾多銀 | 3－6 |
| 多少錢 | 多少錢 | 幾化銅錢 | | 幾多錢 | 幾多錢 | 3－12 |
| 多兒錢 | 多少錢 | 幾化銅錢 | | 幾多 | | 3－12 |
| 多少錢 | 多少錢 | 幾化銅錢 | | 幾多銀 | | 3－12 |
| 多少銀子 | 多少銀子 | 幾化銀子 | | 幾多銀 | | 3－12 |
| 多大工夫兒 | 多少工夫兒 | 幾化工夫 | | 幾耐 | 幾耐 | 3－13 |
| 多少 | 幾多 | 幾化 | | 幾多 | 幾多 | 3－19 |
| 多少 | 幾多 | 幾化 | | 幾多 | 幾上下 | 3－19 |

2.3.8　怎麼

2.3.8.1　詢問方式：怎么——那能——點、做乜

| | | | | | | |
|---|---|---|---|---|---|---|
| 怎麼 | 怎麼 | | 阿是 | | | 1－18 |
| 怎麼 | 怎麼 | 那能 | 那能 | 點 | 點 | 1－24 |
| 怎麼 | | | | 點 | 點 | 1－31 |
| 怎麼 | 怎麼 | 那得 | 豈 | 點樣 | | 1－39 |
| 怎麼 | 怎麼 | 那能 | 那能 | 點樣 | 點樣 | 1－40 |
| 怎麼 | 怎麼 | 那能 | 那能 | 點 | 點樣 | 1－42 |
| 怎麼 | 怎麼 | 啥咾 | 實在 | 做乜 | 點解 | 1－43 |

(續表)

| 怎麼 | 怎麼 | 那能 | 那能 | 點 | 點 | 1-43 |
|---|---|---|---|---|---|---|
| 怎麼 | 怎麼 | 阿是 | | 做乜 | | 2-1 |
| 怎麼 | 怎麼 | 那能 | 爲啥咾 | 噉樣 | | 2-1 |
| 怎麼 | 怎麼 | 那 | 那能 | 點 | 點 | 2-7 |
| 怎麼 | 怎麼 | 那能 | 那能 | 做乜 | | 2-9 |
| 怎麼 | 怎麼 | 阿是 | 那能 | 點 | | 2-9 |
| 怎麼 | 怎麼 | 那能 | 那能 | 做乜 | 乜 | 2-10 |
| 怎麼 | 怎麼 | 那能 | 那能 | 點 | 點 | 2-11 |
| 怎麼 | 怎麼 | 那能 | 那能 | 乜 | 為乜 | 2-11 |
| 怎麼 | 怎麼 | 那得 | 那能 | 做乜 | 做乜 | 2-12 |
| 怎麼 | 怎麼 | 那能 | 那能 | 做乜 | 乜 | 2-12 |
| 怎麼 | 怎麼 | 那得 | 那能 | 點解 | 點樣 | 2-14 |
| 怎麼 | 怎麼 | 那得 | 那能 | 點解 | | 2-15 |
| 怎麼 | 怎麼 | 那能 | 那能 | 點解 | 點噲 | 2-15 |
| 怎麼 | 怎麼 | 那能 | 那能 | 點 | 點 | 2-16 |
| 您(怎)麼 | 怎麼 | 那能 | 那能 | 點 | | 2-16 |
| 怎麼 | 怎麼 | 那能 | 那能 | 點 | 點 | 2-17 |
| 怎麼 | 怎麼 | 啥咾 | 爲啥咾 | 做乜 | 做乜 | 2-17 |
| 怎麼 | 怎麼 | 那 | 那能 | 點 | 點 | 2-17 |
| 怎麼 | 怎麼 | | 那能 | 做乜 | 做乜 | 2-19 |
| 怎麼 | 怎麼 | 那能 | 那能 | 點 | 點 | 2-19 |
| 怎麼 | 怎麼 | 那能 | 那能 | 點樣 | 點 | 2-21 |
| 怎麼 | 怎麼 | 那能 | 那能 | 做乜 | 點解 | 2-22 |
| 怎麼 | 怎麼 | 那能 | 那能 | 點樣 | | 2-22 |
| 怎麼 | 怎麼 | | 爲啥咾 | 做乜 | 點解呢 | 2-23 |
| 怎麼 | 怎麼 | 那能 | 那能 | 點解 | 點 | 2-23 |

（續表）

| | | | | | | |
|---|---|---|---|---|---|---|
| 怎麼 | 怎麼 | 那能 | 那能 | 點解 | 點解 | 2－23 |
| 怎麼 | 怎麼 | 那能 | 那能 | 點解 | 點解 | 2－23 |
| 怎麼 | 怎麼 | 那能 | 那能 | 點解 | 何以 | 2－24 |
| 怎麼 | 怎麼 | 那能 | 那能 | 點解 | 點解 | 2－25 |
| 怎麼 | 怎麼 | | 那能 | 做乜 | 做乜 | 2－26 |
| 怎麼 | 怎麼 | 那能 | 那能 | 做乜 | 乜 | 2－27 |
| 怎麼 | 怎麼 | 為啥咾 | 是啥 | 係乜 | 乜野緣故 | 2－27 |
| 怎麼 | 怎麼 | 啥咾 | 那能 | 做乜 | 為乜 | 2－27 |
| 怎麼 | 怎麼 | 那得 | 那能 | 做乜 | 做乜 | 2－28 |
| 怎麼 | 怎麼 | 那能 | 那能 | 做乜野 | 點解 | 2－28 |
| 怎麼 | 怎麼 | 那能 | 那能 | 點樣 | | 2－28 |
| 怎麼 | 怎麼 | 那能 | 那能 | 點 | | 2－29 |
| 怎麼 | 怎麼 | 那能 | 那能 | 點樣 | 點 | 2－33 |
| 怎麼 | 怎麼 | 那能 | 那能 | 點 | 點解 | 2－33 |
| 怎麼 | 怎麼 | 那能 | 那能 | 點 | 點 | 2－33 |
| 怎麼 | 怎麼 | 那得 | 那能 | 做乜 | 做乜 | 2－33 |
| 怎麼 | 怎麼 | 那 | 那能 | 點 | 點 | 2－33 |
| 怎麼 | 怎麼 | 那能 | 難能 | 做乜 | 有乜 | 2－34 |
| 怎麼 | 怎麼 | 那能 | 那能 | 點解 | 點解 | 2－34 |
| 怎麼 | 怎麼 | 那能 | 那能 | 焉 | | 2－34 |
| 怎麼 | 怎麼 | 那能 | 那能 | 邊處 | 點 | 2－36 |
| 怎麼 | 怎麼 | 那能 | 那能 | 點 | | 2－37 |
| 怎麼 | 怎麼 | 那能 | 那能 | 點 | 點 | 2－38 |
| 怎麼 | 怎麼 | 那得 | 那能 | 點解 | 點解 | 2－40 |
| 怎麼 | 怎麼 | 那裡 | 那能 | 怎麼 | 乜野 | 2－40 |
| 怎麼 | 怎麼 | 那能 | 那能 | 點解 | 點解 | 2－40 |

(續表)

| 怎麼 | 怎麼 | 那能 |  | 做乜 | 為乜 | 3－4 |
|---|---|---|---|---|---|---|
| 怎麼 | 怎麼 | 那得 |  | 做乜 | 做乜 | 3－7 |
| 怎麼 | 怎麼 | 有啥 |  | 點 |  | 3－8 |
| 怎麼 | 怎麼 | 啥咾 |  | 何解 |  | 3－8 |
| 怎麼 | 怎麼 | 做啥 |  | 做乜 | 做乜 | 3－9 |
| 怎麼 | 怎麼 | 那能 |  | 點解 | 乜野 | 3－10 |
| 怎麼 | 怎麼 | 那能 |  | 做乜 | 點解 | 3－10 |
| 怎麼 | 怎麼 |  |  | 做乜 |  | 3－10 |
| 怎麼 | 怎麼 | 有啥 |  | 做乜 |  | 3－11 |
| 怎麼 | 怎麼 | 那能 |  | 做乜 | 點解 | 3－12 |
| 怎麼 | 怎麼 | 那能 |  | 做乜 | 做乜 | 3－12 |
| 怎麼 | 怎麼 |  |  | 做乜 | 做乜 | 3－12 |
| 怎麼 | 怎麼 | 那能 |  | 點解 |  | 3－15 |
| 怎麼 | 怎麼 | 那能 |  | 點 | 點 | 3－15 |
| 怎麼 | 怎麼 | 為啥 |  | 點解 | 點解 | 3－15 |
| 怎麼 | 怎麼 | 那能 |  |  | 點解 | 3－16 |
| 怎麼 | 怎麼 | 啥咾 |  | 做乜 | 做乜 | 3－16 |
| 怎麼 | 怎麼 | 阿是 |  | 做乜 | 做乜 | 3－16 |
| 怎麼 | 怎麼 | 那能 |  | 做乜 | 做乜野 | 3－18 |
| 怎麼 | 怎麼 | 那能 |  | 點 | 點 | 3－19 |
| 怎麼 | 怎麼 |  |  | 點樣 |  | 4－2 |
| 怎麼 | 怎麼 |  |  | 做乜 |  | 4－9 |
| 怎麼 | 怎麼 |  |  | 做乜 |  | 4－13 |
| 怎麼 | 怎麼 |  |  | 點 |  | 4－17 |
| 怎麼 | 怎麼 |  |  | 點 |  | 4－19 |
| 怎麼 | 怎麼 |  |  | 點 |  | 4－20 |

### 2.3.8.2 詢問狀態：怎麽樣——那能——點樣

| | | | | | | |
|---|---|---|---|---|---|---|
| 怎麽樣 | 怎麽樣 | 那能 | 那能 | 點樣 | 如何 | 1－16 |
| 怎麽樣 | 怎麽樣 | 那能 | 那能 | 點樣 | 點 | 1－42 |
| 怎麽樣 | 怎麽樣 | 那能 | 那能樣式 | 點樣 | 點樣 | 2－2 |
| 怎麽樣 | 怎麽樣 | 好否 | 那能 | 點樣 | 點 | 2－10 |
| 怎麽樣 | 怎麽樣 | 那能 | 那能 | 點樣 | 點 | 2－12 |
| 怎麽樣 | 怎麽樣 | 那能 | 那能 | 點 | 點辦法 | 2－13 |
| 怎麽樣 | 怎麽樣 | 那能 | 那能 | 點樣 | 點樣 | 2－18 |
| 怎麽樣 | 怎麽樣 | 那能 | 那能樣式 | 點樣 | 點樣 | 2－22 |
| 怎麽樣 | 怎麽樣 | 那能 | 那能 | 點 | 點 | 2－22 |
| 怎麽樣 | 怎麽樣 | 那能 | 那能 | 如何 | 點樣 | 2－24 |
| 怎麽樣 | 怎麽樣 | 那能 | 那能 | 點 | 點樣 | 2－24 |
| 怎麽樣 | 怎麽樣 | 那能 | 那能 | 點樣 | 點 | 2－24 |
| 怎麽樣 | 怎麽樣 | 那能 | 那能 | 點 | 點樣 | 2－24 |
| 怎麽樣 | 怎麽樣 | 那能 | 那能樣式 | 點樣子 | 點樣 | 2－39 |
| 怎麽樣 | 怎麽樣 | | | 點 | | 3－1 |
| 怎麽樣 | 怎麽樣 | 那能 | | 點樣 | 點 | 3－13 |
| 怎麽樣 | 怎麽樣 | 那能 | | 點樣 | 點樣 | 3－17 |
| 怎麽樣 | 怎麽樣 | 那能 | | 點樣 | 好唔好 | 3－17 |
| 怎麽樣 | 怎麽樣 | 那能 | | 點 | 點樣 | 3－18 |
| 怎麽樣 | 怎麽樣 | 那能 | | 點 | 點 | 3－20 |
| 怎麽樣 | 怎麽樣 | 那能 | | 點樣 | 點 | 3－20 |
| 怎麽樣 | 怎麽樣 | | | 點樣 | | 4－11 |

### 2.3.8.3 詢問狀態：怎麽個

| | | | | | | |
|---|---|---|---|---|---|---|
| 怎麽個 | 怎麽的 | 啥 | 啥个 | 乜嘢 | 乜 | 2－2 |
| 怎麽個 | 甚麽個 | | 啥个 | 點嘅 | | 2－9 |
| 怎麽個的 | 怎麽樣的 | 那能 | 那能 | 點樣 | 點樣 | 2－11 |

(續表)

| | | | | | | |
|---|---|---|---|---|---|---|
| 怎麽個 | 怎麽個 | 那能 | 那能个 | 點樣 | 點樣 | 2-11 |
| 怎麽個 | 怎麽個 | 啥个 | 那能个 | 點嘅 | 點 | 2-13 |
| 怎麽個 | 甚麽 | 那得 | 啥个 | 因乜 | 點解 | 2-14 |
| 怎麽個 | 甚麽個 | 啥个 | 那能个 | 乜野嘅 | 點嘅 | 2-24 |
| 怎麽個 | 怎麽個 | 那能 | | 點解 | 點解 | 3-15 |
| 怎麽個 | 怎麽個 | 啥 | | 因乜 | 乜 | 3-16 |
| 怎麽個 | 怎麽個 | 那能樣子 | | 點 | 點 | 3-20 |

2.3.8.4 怎麽着

| | | | | | | |
|---|---|---|---|---|---|---|
| 怎麽着 | 麽的 | | | 點 | 點樣 | 3-8 |
| 怎麽着 | 怎麽的 | 那能 | | 點樣 | 有乜法子 | 3-8 |

2.3.8.5 詢問可能：怎麽＋會——那能/那能＋會——點解＋噲/點＋噲；

| | | | | | | |
|---|---|---|---|---|---|---|
| 怎麽會 | 怎麽會 | 那能 | 那能會 | 做乜噲 | 點噲 | 2-19 |
| 怎麽會 | 怎麽會 | 那能 | 那能會 | 點解噲 | 點噲 | 2-21 |
| 怎麽會 | 怎麽會 | 那能 | 那能會 | 點噲 | 點噲 | 2-22 |
| 怎麽會 | 怎麽會 | 那能 | 那能會 | 做乜噲 | 為乜 | 2-23 |
| 怎麽會 | 怎麽會 | 那能會 | 那能會 | 點解去噲 | 有乜法子 | 2-26 |
| 怎麽會 | 怎麽會 | 那能 | 那能會 | 點解噲 | 點噲 | 2-33 |
| 怎麽會 | 怎麽會 | 那能 | 那能會 | 點解噲 | 點樣 | 2-36 |
| 怎麽會 | 怎麽會 | 那能 | | 點解噲 | 點 | 3-16 |

2.3.8.6 怎麽＋能

| | | | | | | |
|---|---|---|---|---|---|---|
| 怎麽能 | 怎麽能 | 那得能彀 | 那能會 | 焉能 | 點得 | 2-23 |
| 怎麽能 | 怎麽能 | 那能 | 那能能彀 | 點 | | 2-24 |
| 怎麽能 | 怎麽能 | 啥咾話 | 那能 | 做乜噲 | 點能 | 2-38 |
| 怎麽能 | 怎麽能 | 那能 | | 點樣 | 點樣可以 | 3-6 |

按：對應官話"怎麼能/怎麼會"，C版滬語用"那能"，D版滬語用"那能會"或"那能能夠"。疑C版滬語"那能"之"能"仍包含助動詞的功能，D版"那能"可能已經完全成為一個語法詞。

# 三　量　詞

## 3.1　名量詞

### 3.1.1　個——个——個E/箇F

| | | | | | | |
|---|---|---|---|---|---|---|
| 個 | 個 | 个 | 个 | 個 | 箇 | 1-6 |
| 個 | 個 | 个 | 个 | 個 | 箇 | 1-39 |
| 個 | 個 | 个 | 个 | 個 | 箇 | 2-3 |
| 個 | 個 | 个 | 个 | 個 | 箇 | 2-6 |
| 個 | 個 | 个 | 个 | 個 | 箇 | 2-6 |
| 個 | 個 | 个 | 个 | 個 | 箇 | 2-6 |
| 個 | 個 | 个 | 个 | 個 | 箇 | 2-6 |
| 個 | 個 | 个 | 个 | 個 | 箇 | 2-6 |
| 個 | 個 | 个 | 个 | 個 | 箇 | 2-7 |
| 個 | 個 | 个 | 个 | 個 | 箇 | 2-8 |
| 個 | 個 | 个 | 个 | 個 | 箇 | 2-10 |
| 個 | 個 | 个 | 个 | 個 | 箇 | 2-13 |
| 個 | 個 | 个 | 个 | 個 | 箇 | 2-14 |
| 個 | 箇 | 个 | 个 | 個 | 箇 | 2-14 |
| 個 | 個 | 个 | 个 | 個 | 箇 | 2-16 |
| 個 | 個 | 个 | 个 | 個 | 箇 | 2-16 |
| 個 | 個 | 个 | 个 | 個 | 箇 | 2-16 |
| 個 | 個 | 个 | 个 | 個 | 箇 | 2-16 |
| 個 | 個 | 个 | 个 | 個 | 箇 | 2-17 |
| 個 | 個 | 个 | 个 | 個 | 箇 | 2-17 |

(續表)

| 個 | 個 | 个 | 个 | 個 | 箇 | 2－19 |
|---|---|---|---|---|---|---|
| 個 | 個 | 个 | 个 | 個 | 箇 | 2－20 |
| 個 | 個 | 个 | 个 | 個 | 箇 | 2－21 |
| 個 | 個 | 个 | 个 | 個 | 箇 | 2－22 |
| 個 | 個 | 个 | 个 | 個 | 箇 | 2－22 |
| 個 | 個 | 个 | 个 | 個 | 箇 | 2－23 |
| 個 | 個 | 个 | 个 | 個 | 箇 | 2－25 |
| 個 | 個 | 个 | 个 | 個 | 箇 | 2－25 |
| 個 | 個 | 个 | 个 | 個 | 箇 | 2－25 |
| 個 | 個 | 个 | 个 | 個 | 箇 | 2－26 |
| 個 | 個 | 个 | 个 | 個 | 箇 | 2－26 |
| 個 | 個 | 个 | 个 | 個 | 箇 | 2－28 |
| 個 | 個 | 个 | 个 | 個 | 箇 | 2－29 |
| 個 | 個 | 个 | 个 | 個 | 箇 | 2－29 |
| 個 | 個 | 个 | 个 | 個 | 箇 | 2－29 |
| 個 | 個 | 个 | 个 | 個 | 箇 | 2－29 |
| 個 | 個 | 个 | 个 | 個 | 箇 | 2－31 |
| 個 | 個 | 个 | 个 | 個 | 箇 | 2－32 |
| 個 | 個 | 个 | 个 | 個 | 箇 | 2－32 |
| 個 | 個 | 个 | 个 | 個 | 箇 | 2－33 |
| 個 | 個 | 个 | 个 | 個 | 箇 | 2－35 |
| 個 | 個 | 个 | 个 | 個 | 箇 | 2－35 |
| 個 | 個 | 个 | 个 | 個 | 箇 | 2－35 |
| 個 | 個 | 个 | 个 | 個 | 箇 | 2－35 |
| 個 | 個 | 个 | 个 | 個 | 箇 | 2－36 |
| 個 | 個 | 个 | 个 | 個 | 箇 | 2－36 |
| 個 | 個 | 个 | 个 | 個 | 箇 | 2－36 |

（續表）

| 個 | 個 | 个 | 个 | 個 | 箇 | 2 – 36 |
|---|---|---|---|---|---|---|
| 個 | 個 | 个 | 个 | 個 | 箇 | 2 – 36 |
| 個 | 個 | 个 | 个 | 個 | 箇 | 2 – 36 |
| 個 | 個 | 个 | 个 | 個 | 箇 | 2 – 37 |
| 個 | 個 | 个 | 个 | 個 | 箇 | 2 – 37 |
| 個 | 個 | 个 | 个 | 個 | 箇 | 2 – 37 |
| 個 | 個 | 个 | 个 | 個 | 箇 | 2 – 37 |
| 個 | 個 | 个 | 个 | 個 | 箇 | 2 – 37 |
| 個 | 個 | 个 | 个 | 個 | 箇 | 2 – 37 |
| 個 | 個 | 个 | 个 | 個 | 箇 | 2 – 37 |
| 個 | 個 | 个 | 个 | 個 | 箇 | 2 – 37 |
| 個 | 個 | 个 | 个 | 個 | 箇 | 2 – 38 |
| 個 | 個 | 个 | 个 | 個 | 箇 | 2 – 38 |
| 個 | 個 | 个 | 个 | 個 | 箇 | 2 – 40 |
| 個 | 個 | 个 | 个 | 個 | 箇 | 2 – 40 |
| 個 | 個 | 个 | 个 | 個 | 箇 | 2 – 40 |
| 個 | 個 | 个 | 个 | 個 | 箇 | 2 – 40 |
| 個 | 個 | 个 | 个 | 個 | 箇 | 2 – 40 |
| 個 | 個 | 个 | 个 | 個 | 箇 | 2 – 40 |
| 個 | 個 | 个 | 个 | 個 | 箇 | 2 – 40 |

### 3.1.2 個——家頭——個$_{E}$/箇$_{F}$

|  | 個 | 家頭 | 家頭 | 家 |  | 1 – 13 |
|---|---|---|---|---|---|---|
|  | 個 | 家頭 | 家頭 | 個 | 箇 | 1 – 13 |
|  | 個 | 家頭 | 家頭 | 家 | 家 | 1 – 14 |
|  | 個 | 家頭 | 家頭 |  | 箇 | 1 – 18 |
|  | 個 | 家頭 |  | 家 |  | 2 – 11 |

(續表)

| | | | | | | |
|---|---|---|---|---|---|---|
| | | 家頭 | 家頭 | 個 | | 2-15 |
| | | 家頭 | 家頭 | 個 | | 2-15 |
| 個 | | | 家頭 | 個 | | 2-15 |
| | | 家頭 | 家頭 | 個 | | 2-15 |
| | | 个 | 家頭 | 個 | | 2-15 |
| | | 家頭 | | 個 | | 2-25 |
| | | 家頭 | 家頭 | | | 2-26 |
| | | 家頭 | 家頭 | | | 2-26 |
| | | 家頭 | 家頭 | 個 | | 2-29 |
| | 個 | 家頭 | 家頭 | 個 | | 2-33 |
| | 個 | 家頭 | 个 | 個 | 箇 | 2-35 |
| | 個 | | 家頭 | 個 | | 2-35 |
| | 個 | 家頭 | 家頭 | 個 | 箇 | 2-39 |

### 3.1.3 個——爿——間

| | | | | | | |
|---|---|---|---|---|---|---|
| 個 | 個 | 爿 | 爿 | 間 | 間 | 2-2 |
| 個 | 個 | 爿 | 爿 | 間 | 間 | 2-6 |
| 個 | 個 | 爿 | 爿 | 間 | 間 | 2-9 |
| 個 | 個 | 爿 | 爿 | 間 | | 2-9 |
| 個 | 個 | 爿 | 爿 | 間 | 間 | 2-9 |
| 個 | 個 | 爿 | 爿 | 間 | 間 | 2-9 |
| 個 | 個 | 爿 | 爿 | 間 | 間 | 2-13 |
| 個 | 個 | | 爿 | 間 | 間 | 2-16 |
| 個 | 個 | 爿 | 爿 | 間 | | 2-16 |
| 個 | 個 | 爿 | 爿 | 間 | 間 | 2-17 |
| 個 | 個 | 爿 | 爿 | 間 | 間 | 2-17 |
| 個 | 個 | | 爿 | 間 | 間 | 2-19 |

（續表）

| | | | | | | |
|---|---|---|---|---|---|---|
| 個 | 個 | 爿 | 爿 | 間 | 間 | 2－22 |
| 個 | 個 | 爿 | 个 | 間 | 間 | 2－23 |
| 個 | 個 | | 爿 | 間 | | 2－23 |
| 個 | 個 | 爿 | 爿 | 間 | 間 | 2－23 |
| 個 | 個 | 爿 | 爿 | 間 | 間 | 2－23 |
| 個 | 個 | | 爿 | 間 | 間 | 2－23 |
| 個 | 個 | 爿 | 爿 | 間 | 間 | 2－23 |
| 個 | 個 | | 爿 | 間 | | 2－25 |
| 個 | 個 | 个 | 爿 | 間 | | 2－29 |
| 個 | 個 | 爿 | 爿 | 間 | 間 | 2－29 |
| 個 | 個 | | 爿 | 間 | 間 | 2－29 |
| 個 | 個 | | 爿 | 間 | 間 | 2－31 |
| 個 | 個 | | 爿 | 間 | 間 | 2－31 |
| 個 | 個 | | 爿 | 間 | 間 | 2－35 |
| 個 | 個 | 爿 | 爿 | 間 | | 2－36 |
| 個 | 個 | 爿 | 爿 | 間 | | 2－36 |
| 個 | 個 | 爿 | 爿 | 間 | | 2－36 |
| 個 | 個 | | 爿 | 間 | 間 | 2－36 |
| 個 | 個 | 爿 | 爿 | 間 | 間 | 2－36 |
| 個 | 個 | 爿 | | 間 | | 3－19 |

### 3.1.4　棵——쬶

| | | | | | | |
|---|---|---|---|---|---|---|
| 棵 | 棵 | 顆(棵) | 棵 | 쬶 | 쬶 | 2－11 |
| 棵 | 棵 | 棵 | 棵 | 쬶 | 쬶 | 2－15 |
| 棵 | 棵 | | | 쬶 | 쬶 | 3－10 |

### 3.1.5 部

#### 3.1.5.1 书:套——部——套

| | | | | | | |
|---|---|---|---|---|---|---|
| 套 | 套 | 部 | 套 | 套 | 套 | 2-18 |
| 套 | 部 | 部 | 部 | 套 | 套 | 2-18 |
| 套 | 部 | 套 | 部 | 套 | 套 | 2-18 |
| 套 | 部 | 部 | 部 | 套 | 套 | 2-18 |
| 套 | 部 | 套 | 部 | 套 | 套 | 2-18 |
| 套 | 部 | 套 | 部 | 本 | 套 | 2-18 |
| 套 | 部 | 套 | 部 | 部 | 套 | 2-18 |
| 套 | 部 | 套 | 部 | 套 | 套 | 2-18 |
| 套 | 部 | 套 | 部 | 本 | 套 | 2-18 |
| 套 | 部 | 套 | 部 | 套 | 套 | 2-18 |
| 套 | 部 | 部 | 部 | 部 | 套 | 2-18 |

| | | | | | | |
|---|---|---|---|---|---|---|
| 部 | 部 | 部 | 部 | 套 | | 2-18 |
| 部 | 部 | 部 | 部 | 套 | 樣 | 2-18 |
| 部 | 部 | 部 | 部 | 套 | 種 | 2-18 |
| 部 | 部 | 部 | 部 | 套 | | 2-18 |
| 部 | 部 | 部 | 部 | 套 | 種 | 2-18 |
| 部 | 部 | 部 | 部 | 套 | | 2-18 |
| 部 | 部 | 部 | 部 | 套 | 套 | 2-18 |
| 部 | 部 | 部 | 部 | 套 | 種 | 2-18 |
| 部 | 部 | 部 | 部 | 套 | 種 | 2-18 |
| 部 | 部 | 部 | 部 | 套 | | 2-18 |
| 部 | 部 | 部 | 部 | 套 | 套 | 2-18 |
| 部 | 部 | 部 | 部 | 套 | 種 | 2-18 |

3.1.5.2 車子：輛——部——駕

| | | | | | | |
|---|---|---|---|---|---|---|
| | | 部 | 部 | 駕 | 駕 | 2-21 |
| 個 | 個 | 部 | 部 | 駕 | 駕 | 2-21 |

| | | | | | | |
|---|---|---|---|---|---|---|
| 輛 | 輛 | 部 | 部 | 駕 | 駕 | 2-28 |
| 輛 | 輛 | 部 | 部 | 駕 | 駕 | 2-29 |
| 輛 | 輛 | | 部 | 駕 | 駕 | 2-29 |
| 輛 | 輛 | 部 | | 架 | | 3-8 |

| | | | | | | |
|---|---|---|---|---|---|---|
| 輛 | 乘 | 部 | 部 | 駕 | 駕 | 2-29 |
| 輛 | 乘 | 部 | 部 | 駕 | | 2-29 |
| 輛 | 乘 | | 部 | 駕 | 駕 | 2-29 |
| 輛 | 乘 | 部 | 部 | 駕 | 駕 | 2-29 |
| 輛 | 乘 | 部 | 部 | 駕 | 駕 | 2-29 |
| 輛 | 乘 | | | 駕 | | 3-18 |

3.1.6 個——搭 C(滬語)——笪(粵語)

| | | | | | | |
|---|---|---|---|---|---|---|
| 個 | 個 | 搭 | 个 | 處 | 笪 | 2-15 |
| | | 搭 | | 笪 | 處 | 2-19 |
| | | 搭 | | 笪 | 處 | 3-8 |
| | | 搭 | | 笪 | | 3-12 |
| | | | | 笪 | 處 | 3-16 |

| | | | | | | |
|---|---|---|---|---|---|---|
| 個 | 個 | 个 | 个 | 笪 | 笪 | 2-29 |

3.2 動量詞

3.2.1 躺

| | | | | | | |
|---|---|---|---|---|---|---|
| 回 | 回 | 回 | 回 | 回 | 躺 | 1-7 |
| 回 | 回 | 回 | 回 | 賬 | 躺 | 1-9 |

(續表)

| | | | | | | |
|---|---|---|---|---|---|---|
| 回 | 回 | 回 | 回 | 回 | 躺 | 2-14 |
| 回 | 回 | 回 | 回 | | 躺 | 2-36 |
| | | | 个 | 回 | 躺 | 2-39 |
| 回 | 回 | 回 | | 回 | 躺 | 3-4 |

按：躺是"趟",宋代始见"趟"。

3.2.2 盪

| | | | | | | |
|---|---|---|---|---|---|---|
| 盪 | 盪 | 趟 | 盪 | 轉 | | 2-2 |
| 盪 | 盪 | 回 | 回 | 回 | 回 | 2-3 |
| 盪 | 盪 | 回 | 盪 | 次 | 次 | 2-4 |
| 盪 | 盪 | | 盪 | | | 2-8 |
| 盪 | 盪 | | 盪 | 回 | 回 | 2-10 |
| 盪 | 回 | | 盪 | 回 | 躺 | 2-11 |
| 盪 | 回 | | 盪 | | | 2-11 |
| 盪 | 回 | 回 | 蕩 | 回 | | 2-12 |
| 盪 | 回 | 回 | 蕩 | 回 | 回 | 2-12 |
| 盪 | 回 | 回 | 回 | 盪 | 回 | 2-15 |
| 盪 | 盪 | 回 | 蕩 | 回 | 次 | 2-19 |
| 盪 | 回 | 趟 | 盪 | 轉 | 次 | 2-24 |
| 盪 | 回 | 回 | 回 | 回 | 次 | 2-24 |
| 盪 | 回 | 回 | 盪 | 回 | 躺 | 2-24 |
| 盪 | 回 | 輞(趟) | 盪 | 回 | | 2-26 |
| 盪 | 回 | 輞(趟) | 盪 | 回 | 次 | 2-26 |
| 盪 | 回 | 輞(趟) | 盪 | 次 | 回 | 2-26 |
| 盪 | 回 | 回 | 回 | 回 | 躺 | 2-38 |
| 盪 | 回 | 輞(趟) | | 回 | 回 | 3-8 |
| 盪 | 回 | 回 | | 回 | | 3-8 |
| 盪 | 回 | 回 | | 回 | 回 | 3-8 |

盪,其實也是"趟",清代北方口語文獻中多用該字。

3.3 時量詞

3.3.1 一會兒/一會子——歇$_1$/一歇$_1$——一陣間/冇耐

| | | | | | | |
|---|---|---|---|---|---|---|
| 待(等)一會兒 | 待一會兒 | 等一歇 | 等个一歇 | 等吓 | 等吓 | 1-24 |
| 瞧了一會子 | 看了一會兒 | | 看之一歇 | 睇咽一排 | | 2-11 |
| 待了會子 | 過了一會兒 | 等之勿多歇 | 停之一歇 | 及後一陣間 | 過冇耐 | 2-32 |
| 待不大的工夫兒 | 待不一會兒 | 等之勿多歇 | 等之一歇 | 等一陣間 | 歇 V 冇耐 | 2-36 |
| 說了會子話 | 說了會兒話 | 白話之歇 | | 講咽一排說話 | 講吓 | 3-13 |
| 躭悞了一會兒的工夫 | 躭悞了一會兒的工夫 | 耽擱之歇 | | 躭擱一陣工夫 | 阻遲吓我 | 3-15 |
| 坐一坐兒 | 坐一坐兒 | 坐个坐 | 坐一歇 | 坐陣 | 坐吓 | 2-9 |
| 坐着去 | 坐着去 | 坐歇 | | 坐吓 | 嚟坐 | 3-5 |

3.4 不定量詞

3.4.1 些

參見2.2.4.2"這些"、2.2.4.3"這些個"、2.2.4.4."這麼個"、2.2.4.5"這麼些個"2.2.5.6"那些"、2.2.5.7"那些個"、2.2.5.8"那麼些個"。

3.4.2 點兒(一點兒)

| | | | | | | |
|---|---|---|---|---|---|---|
| 不多 | 不多 | 一眼眼 | 一顏 | 啲咁多 | 些少 | 1-9 |
| 點兒 | 點兒 | 一眼 | 一顏 | 一啲 | | 1-33 |
| 一點兒 | 一點兒 | 一眼 | 一顏 | 啲咁多 | 小小 | 2-29 |
| 一點兒 | 那(點)兒 | 一眼 | | 啲 | 的 | 3-16 |

按:一眼(一顏),滬語特徵詞。

# 四 數 詞

## 4.1 倆/兩

| | | | | | | |
|---|---|---|---|---|---|---|
| 倆 | 兩個 | 兩家頭 | 兩家頭 | 兩個 | 兩箇 | 1-13 |
| 倆 | 兩個 | 兩家頭 | 兩家頭 | 兩家 | | 1-13 |
| 倆 | 兩個 | 兩家頭 | 兩家頭 | 兩家 | 兩家 | 1-14 |
| 倆 | 兩個 | 兩家頭 | 兩家頭 | | 兩箇 | 1-18 |
| 倆 | 兩個 | 兩個 | 兩个人 | 兩個 | 兩箇 | 2-10 |
| 倆 | 兩個 | 兩家頭 | | 兩家 | | 2-11 |
| 倆 | 两 | 兩个 | 兩个 | 兩個 | 兩箇 | 2-14 |
| 倆 | 兩 | 兩家頭 | 兩家頭 | 兩個 | 兩人 | 2-15 |
| 倆 | 兩人 | 兩家頭 | 兩家頭 | 兩個 | 兩人 | 2-15 |
| 倆 | 兩個 | | 兩家頭 | 兩個 | 兩人 | 2-15 |
| 倆 | 兩 | | | 兩家 | 兩家 | 2-16 |
| 倆 | 兩個 | 兩只 | 兩隻 | 一對 | 一對 | 2-20 |
| 倆 | 倆 | 兩隻 | 兩隻 | 兩個 | 箇紅 | 2-21 |
| 倆 | 兩 | 兩個 | 兩个 | 兩個 | 兩箇 | 2-23 |
| 倆 | 兩 | 一個 | 兩个 | 兩個 | 兩位 | 2-23 |
| 倆 | 兩 | | 兩个 | 兩個 | | 2-24 |
| 倆 | 兩 | 兩家頭 | | 兩個 | | 2-25 |
| 倆 | 兩 | 兩个 | | 兩個 | 兩箇 | 2-25 |
| 倆 | 兩 | 兩家頭 | 兩家頭 | | | 2-26 |
| 倆 | 兩人 | 兩家頭 | 兩家頭 | | | 2-26 |
| 倆 | 兩人 | | 兩个人 | 兩個人 | 兩箇 | 2-26 |
| 倆 | 兩人 | 兩家頭 | 兩个人 | 兩個 | | 2-27 |
| 倆 | 兩人 | 兩家頭 | 兩家頭 | | | 2-27 |
| 倆 | 兩個 | 兩个 | 兩个 | 兩個 | 兩箇 | 2-29 |

（續表）

| 倆 | 兩個 | 兩个 | 兩个 | 兩個 | 兩箇 | 2－29 |
|---|---|---|---|---|---|---|
| 倆 | 兩 |  | 兩部 | 兩駕 | 兩駕 | 2－29 |
| 倆 | 兩個 |  | 兩个 | 對 |  | 2－29 |
| 倆 | 兩 | 兩个 | 兩个 | 兩個 | 兩箇 | 2－29 |
| 倆 | 兩 | 兩个 | 兩个 | 兩個 | 兩箇 | 2－29 |
| 倆 | 兩 | 兩个 | 兩个 | 兩個 | 兩箇 | 2－29 |
| 倆 | 兩 | 兩个 | 兩个 | 兩個 |  | 2－29 |
| 倆 | 兩 | 兩个 |  | 兩個 | 兩 | 2－29 |
| 倆 | 兩 |  | 兩个 | 兩個 |  | 2－29 |
| 倆 | 兩個 | 兩個 | 兩个 | 兩個 | 兩箇 | 2－29 |
| 倆 | 兩個 |  |  |  |  | 2－31 |
| 倆 | 兩人 |  | 兩家頭 | 兩家 | 兩家 | 2－33 |
| 倆 | 兩個 |  | 兩家頭 | 兩家 |  | 2－33 |
| 倆 | 兩個 | 兩家頭 | 兩家頭 | 兩個 |  | 2－33 |
| 倆 | 兩 |  | 兩隻 | 雙 | 對 | 2－35 |
| 倆 | 兩個 | 兩个 | 兩个 | 兩個 | 兩箇 | 2－36 |
| 倆 | 兩個 |  | 兩个 | 兩個 | 兩箇 | 2－36 |
| 倆 | 兩個 |  | 兩个 | 兩個 |  | 2－36 |
| 倆 | 兩個 | 兩家頭 | 兩家頭 | 兩個 | 兩箇 | 2－39 |
| 倆 | 兩 | 兩隻 |  | 兩邊 | 兩邊 | 3－10 |
| 倆 | 兩個 |  |  | 兩個 |  | 4－20 |
| 倆人 | 兩人 |  |  | 兩個人 |  | 4－8 |
| 倆人 | 兩個 |  |  | 兩個人 |  | 4－10 |
| 倆人 | 兩個 |  |  | 兩個人 |  | 4－13 |
| 倆人 | 兩個 |  |  | 兩個 |  | 4－19 |
| 倆人 | 兩個 |  |  | 兩個人 |  | 4－19 |
| 倆人 | 兩個 |  |  | 兩個人 |  | 4－20 |

(續表)

| 倆人 | 兩個 | | | 兩個 | | 4-20 |
|---|---|---|---|---|---|---|
| 倆人 | 兩人 | | 兩个人 | 兩家 | 兩家 | 2-6 |
| 倆人 | 兩人 | 兩家頭 | 兩家頭 | 兩個 | 兩人 | 2-15 |
| 倆人 | 兩人 | 兩个人 | 兩家頭 | 兩個 | 兩人 | 2-15 |
| 倆人 | 兩人 | 兩个人 | 兩个人 | 兩個人 | 兩箇人 | 2-22 |
| 倆人 | 兩人 | | 兩个人 | 兩個 | | 2-24 |
| 倆人 | 兩人 | 兩個 | 兩个人 | 兩個 | | 2-24 |
| 倆人 | 兩人 | | | 兩家 | 兩家 | 2-24 |
| 倆人 | 兩人 | 兩个人 | 兩个人 | 兩個人 | 兩箇人 | 2-26 |
| 倆人 | 兩人 | 兩个人 | 兩个人 | 兩個人 | 兩人 | 2-26 |
| 倆人 | 兩人 | 兩家頭 | 兩个人 | 兩個人 | | 2-26 |
| 倆人 | 兩人 | 兩家頭 | 兩家頭 | 兩個 | | 2-28 |
| 倆人 | 兩人 | 兩家頭 | 兩家頭 | 兩家 | 兩人 | 2-29 |
| 倆人 | 兩人 | | 兩家頭 | 兩家 | | 2-29 |
| 倆人 | 兩人 | | 兩家頭 | | 兩家 | 2-29 |
| 倆人 | 兩人 | 兩家頭 | 兩家頭 | | 兩家 | 2-29 |
| 倆人 | 兩個 | 兩个人 | 兩个人 | 兩個 | | 2-29 |
| 倆人 | 兩個 | 兩家頭 | 兩个人 | 兩個 | 兩箇 | 2-35 |
| 倆人 | 兩個 | | 兩家頭 | 兩個 | 兩人 | 2-35 |
| 倆人 | 兩個 | | 兩家頭 | 兩個人 | | 2-35 |
| 倆人 | 兩個 | 兩个人 | 兩个人 | 兩個 | 兩人 | 2-35 |
| 倆人 | 兩個 | | 兩家頭 | 兩個 | 兩人 | 2-35 |
| 倆人 | 倆個 | 兩个人 | 兩个人 | 兩個 | 兩箇人 | 2-36 |
| 倆人 | 兩個 | | 兩个人 | 兩個 | | 2-36 |
| 倆人 | 兩個 | | 兩个人 | 兩個 | | 2-36 |
| 倆個 | 兩個 | 兩個 | 兩个 | 兩個 | 兩箇 | 2-12 |
| 倆月 | 兩月 | | | 兩個月 | | 4-19 |

| 倆 | 兩 | 兩部 | 兩部 | 兩駕 | 兩駕 | 2-21 |
|---|---|---|---|---|---|---|
| 倆 |  | 兩个 |  | 兩個 | 兩箇 | 2-21 |
| 倆 | 兩 | 兩个 | 兩个 | 兩個 | 兩箇 | 2-21 |
| 倆 | 兩 |  | 兩个 | 兩個 | 兩箇 | 2-21 |
| 倆 | 兩 |  | 兩个 | 兩個 |  | 2-21 |
| 倆 | 兩 | 兩隻 | 兩隻 | 兩個 | 兩箇 | 2-21 |
| 倆 | 兩 | 兩隻 | 兩隻 | 兩隻 | 兩箇 | 2-21 |
| 倆人 | 兩人 |  | 兩家頭 | 兩家 | 兩箇 | 2-21 |
| 倆月 | 兩月 | 兩个月 | 兩个月 | 兩個月 | 兩箇月 | 2-22 |
| 倆月 | 兩個月 | 二个月 | 兩个月 | 兩月 | 兩箇月 | 2-35 |
| 倆月 | 兩月 | 兩个月 | 兩个月 | 兩個月 | 兩箇月 | 2-17 |
| 倆月 | 兩月 | 兩個月 | 兩个月 | 兩個月 | 兩箇月 | 2-19 |

4.2 二十

| 二十四 | 二十四 | 廿四 | 念(廿)四 | 二十四 | 二十四 | 1-3 |
|---|---|---|---|---|---|---|
| 二十八 | 二十八 | 廿八 |  | 二十八 | 廿八 | 3-1 |
| 二十一 | 二十一 |  |  | 廿一 |  | 4-17 |
| 二十五 | 二十五 |  |  | 廿五 |  | 4-17 |
| 二十一 | 二十一 |  |  | 廿一 |  | 4-17 |

# 五 動 詞

## 5.1 肢體動詞——手部動詞

### 5.1.1 "給予"義動詞(給動 A——把 B——撥拉 1/撥——俾)

| 給 | 把 |  | 出 | 俾 | 俾 | 2-1 |
|---|---|---|---|---|---|---|
| 給 | 把 | 出 | 出 | 俾 | 俾 | 2-1 |
| 給 | 把 | 撥拉 | 撥拉 | 俾 |  | 2-1 |

(續表)

| 給 | 把 | 付…拉… | 撥…拉… | 俾…過… | 俾…過… | 2-6 |
|---|---|---|---|---|---|---|
| 給 | 把 | 撥 | 撥 | 俾…過… |  | 2-6 |
| 給 | 把 | 還 | 撥 | 俾翻 | 俾 | 2-6 |
| 給 | 把 | 還 | 付 | 俾 | 俾 | 2-9 |
| 給 | 把 | 還 | 付 | 交 | 俾 | 2-9 |
| 給 | 把 | 撥 | 撥 | 俾 | 納 | 2-9 |
| 給 | 把 | 付 | 付 | 交 | 交 | 2-10 |
| 給 | 把 | 交 | 付 | 交 | 交 | 2-10 |
| 給 | 把 | 交 | 撥 | 俾 |  | 2-10 |
| 給 | 把 | 交 | 撥 | 俾 |  | 2-10 |
| 給 | 把 |  |  |  |  | 2-12 |
| 給 | 把 | 出 | 撥 | 俾 |  | 2-13 |
| 給 | 把 | 撥 | 撥 | 俾 | 俾 | 2-13 |
| 給 | 把 | 撥 | 撥 | 俾 | 俾 | 2-19 |
| 給 | 把 | 付撥拉 | 撥 | 俾過 | 俾過 | 2-19 |
| 給 | 把 | 限 | 撥 | 限 | 限 | 2-22 |
| 給 | 把 | 撥拉 | 撥 |  | 俾 | 2-30 |
| 給 | 把 | 撥拉 | 撥 | 交[口進]過 | 交[口進]過 | 2-30 |
| 給 | 把 | 借…拉 | 撥 | 借…過 | 借…過 | 2-31 |
| 給 | 把 | 撥拉 | 撥拉 | 交俾 | 交俾 | 2-31 |
| 給 | 把 | 撥拉 | 撥 | 俾 |  | 2-31 |
| 給 | 把 | 限 | 限 | 限 | 限 | 2-32 |
| 給 | 把 | 撥 | 撥 | 俾…過… | 俾…過… | 2-33 |
| 給 | 把 | 發拉 | 撥 | 交 |  | 2-34 |
| 給 | 把 | 發拉 | 撥 | 交 |  | 2-34 |
| 給 | 把 | 發 | 撥 |  |  | 2-34 |
| 給 | 把 | 發 |  | 交 |  | 2-34 |

(續表)

| | | | | | | |
|---|---|---|---|---|---|---|
| 給 | 把 | 發拉 | 撥 | | | 2－34 |
| 給 | 把 | 撥拉 | 撥 | 交 | | 2－34 |
| 給 | 把 | 發 | 撥 | 交 | 交 | 2－34 |
| 給 | 把 | 發拉 | 撥 | 交 | | 2－34 |
| 給 | 把 | 發 | 撥 | 俾 | | 2－34 |
| 給 | 把 | 撥拉 | 撥 | | 俾 | 2－35 |
| 給 | 把 | 撥 | 撥 | 俾…過… | 俾…過… | 2－36 |
| 給 | 把 | | | 俾 | | 3－4 |
| 給 | 把 | | | 俾 | | 3－9 |
| 給 | 把 | | | 俾…過… | | 3－10 |
| 給 | 把 | 撥 | | 發過 | 支給 | 3－11 |
| 給 | 把 | 交代拉 | | 交過 | | 3－12 |
| 給 | 把 | 撥 | | 支…過… | 俾 | 3－13 |
| 給 | 把 | 授 | | 俾 | | 3－18 |
| 給 | 把 | 撥拉 | | 俾 | 送俾 | 3－18 |
| 給 | 把 | 撥…拉… | | 俾 | | 3－20 |
| 給 | 把 | 撥 | | 俾 | 俾…過… | 3－20 |
| 給 | 把 | | | 俾 | | 4－13 |
| 給 | 把 | | | 納 | | 4－19 |
| 給 | 把 | | | 納 | | 4－19 |

表示“給予”,A版用“給”,B版用“把”,C版用滬語特徵詞“撥”“撥拉”(“付”在滬語裏也是偏多),D版用滬語特徵詞“撥”,EF版用粵語特徵詞“俾”。

按:《官話類編》有類似的例子,如:他臨走留這五百錢給/把夥計。我的大襖不能借給/把他。【注】曰:“把 to take, is much used along the Yangtse for 給, when 給 means to, but never when it means for. this use of 把 is not properly Mandarin, but is allied to the

Southern coast dialects."P. 62

今天許多南方地區方言仍用,如:湖南雙峰縣青樹坪鎮的:"記倒寫信把我"。(引自淩雲國 2002)把書把你。(湖北英山話,見陳淑梅 2001)江淮官話洪巢片的安徽廬江方言(陳壽義,2006),上海方言的"撥"字給予句,也應是與此"把"字句對應的。明清小說開始有"把"表給予義的記錄,如《型世言》。

5.1.2 "尋找"義動詞

表示"尋找",宋以後"尋"逐漸占主導地位。元明時期"尋"繼續大量使用,"找"開始出現,但使用仍較少。從清中葉開始,"尋"的使用逐漸下降,"找"的數量急劇上升。AB版主要用"找",CD版主要用"尋",EF版主要用粵語特徵詞"搵"。

5.1.2.1 找——尋——搵

| | | | | | | |
|---|---|---|---|---|---|---|
| 找 | 找 | 尋 | 尋 | 搵 | 搵 | 2-1 |
| 找 | 找 | 尋 | 尋 | 搵 | 搵 | 2-1 |
| 找 | 找 | 尋 | 尋 | 搵 | 搵 | 2-11 |
| 找 | 找 | 尋 | 尋 | 找 | 搵 | 2-12 |
| 找 | 找 | | 尋 | 搵 | 搵 | 2-13 |
| 找 | 找 | 尋 | 尋 | 搵 | 搵 | 2-13 |
| 找 | 找 | 尋 | 尋 | 搵 | 搵 | 2-13 |
| 找 | 找 | 尋 | 尋 | 搵 | 搵 | 2-13 |
| 找 | 找 | 尋 | 尋 | 搵 | 搵 | 2-13 |
| 找 | 找 | 尋 | 尋 | 搵 | 搵 | 2-13 |
| 找 | 找 | 尋 | 尋 | 搵 | 搵 | 2-13 |
| 找 | 找 | 尋 | 尋 | 搵 | 搵 | 2-14 |
| 找 | 找 | | 尋 | 搵 | 搵 | 2-15 |
| 找 | 找 | 尋 | 尋 | 搵 | 搵 | 2-15 |
| 找 | 找 | 尋 | 尋 | | 搵 | 2-15 |
| 找 | 找 | 尋 | 尋 | 搵 | | 2-15 |

(續表)

| | | | | | | |
|---|---|---|---|---|---|---|
| 找 | 找 | 尋 | 尋 | 搵 | 揾 | 2-15 |
| 找 | 找 | 碰 | 尋 | 搵 | 揾 | 2-15 |
| 找 | 找 | 尋 | 尋 | 搵 | 揾 | 2-15 |
| 找 | 找 | 尋 | 尋 | 搵 | 揾 | 2-15 |
| 找 | 找 | 尋 | 尋 | 搵 | 揾 | 2-17 |
| 找 | 找 | | 尋 | 搵 | 揾 | 2-17 |
| 找 | 找 | 尋 | 尋 | | 揾 | 2-17 |
| 找 | 找 | 尋 | 尋 | | 揾 | 2-17 |
| 找 | 找 | 尋 | 尋 | 搵 | 揾 | 2-19 |
| 找 | 找 | 尋 | 尋 | 搵 | 揾 | 2-21 |
| 找 | 找 | 尋 | 尋 | 搵 | 揾 | 2-21 |
| 找 | 找 | 尋 | 尋 | | 揾 | 2-21 |
| 找 | 找 | 尋 | 尋 | 搵 | 揾 | 2-21 |
| 找 | 找 | 尋 | 尋 | 搵 | 揾 | 2-21 |
| 找 | 找 | 尋 | 尋 | 搵 | 揾 | 2-21 |
| 找 | 找 | 尋 | 尋 | 搵 | 揾 | 2-21 |
| 找 | 找 | 尋 | 尋 | 搵 | 揾 | 2-21 |
| 找 | 找 | 尋 | 尋 | 搵 | 揾 | 2-32 |
| 找 | 找 | 尋 | 尋 | 搵 | 揾 | 2-32 |
| 找 | 找 | 尋 | 尋 | 搵 | 揾 | 2-32 |
| 找 | 找 | 尋 | 尋 | 搵 | 揾 | 2-32 |
| 找 | 找 | 尋 | 尋 | 搵 | 揾 | 2-32 |
| 找 | 找 | 尋 | 尋 | 搵 | 揾 | 2-32 |
| 找 | 找 | 尋 | 尋 | 搵 | 揾 | 2-32 |
| 找 | 找 | 尋 | 尋 | 搵 | 揾 | 2-33 |
| 找 | 找 | 尋 | 尋 | 搵 | 揾 | 2-36 |
| 找 | 找 | 尋 | 尋 | 搵 | 揾 | 2-36 |

(續表)

| 找 | 找 | 尋 | 尋 | 搵 | 搵 | 2-36 |
|---|---|---|---|---|---|---|
| 找 | 找 | 尋 | 尋 | 搵 | 搵 | 2-37 |
| 找 | 找 | 尋 | 尋 | 搵 | 搵 | 2-38 |
| 找 | 找 | 尋 |  | 搵 | 搵 | 3-1 |
| 找 | 找 | 尋 |  | 搵 | 搵 | 3-9 |
| 找 | 找 | 尋 |  | 搵 | 攞 | 3-10 |
| 找 | 找 | 揀 |  | 搵 | 搵 | 3-11 |
|  |  | 揀 |  |  | 搵 | 3-12 |
| 找 | 找 | 尋 |  | 搵 |  | 3-13 |
| 找 | 找 | 尋 |  | 搵 |  | 3-13 |
| 找 | 找 | 尋 |  | 搵 | 搵 | 3-13 |
| 找 | 找 | 尋 |  | 搵 | 帶 | 3-13 |
| 找 | 找 | 尋 |  | 搵 |  | 3-13 |
| 找 | 找 | 尋 |  | 呌 | 搵 | 3-16 |

5.1.2.2　找——尋/拆——找/搵、攞

| 找 | 找 | 尋 | 拆 | 找 | 搵 | 2-18 |
|---|---|---|---|---|---|---|
| 找 | 找 | 尋 | 拆 | 找 | 搵 | 2-18 |
| 找 | 找 | 尋 | 拆 | 找 | 搵 | 2-18 |
| 找 | 找 | 尋 | 拆 | 找 | 搵 | 2-18 |
| 找 | 找 | 尋 | 拆 | 找 | 攞 | 2-18 |
| 找 | 找 | 尋 | 拆 |  | 攞 | 2-18 |

按：單指尋找書籍時，ABE版主要用明清以來常用詞"找"。C版主要用"尋"，D版主要用"拆"，F版用粵語特徵詞"搵""攞"。

| 找 | 找 | 尋 |  | 搵 | 攞 | 3-5 |
|---|---|---|---|---|---|---|
| 找 | 找 | 尋 |  | 搵 | 攞 | 3-10 |

5.1.2.3　找——吗/尋——搵/請

| 找 | 找 | 吗 | | 搵 | 請 | 3-9 |
|---|---|---|---|---|---|---|
| 找 | 找 | 尋 | | 搵 | 請 | 3-20 |
| 找 | 找 | 尋 | | 搵 | 請 | 3-20 |

按：單指找人時，AB 版用“找”，C 版用“尋”或“吗”，E 版用“搵”，F 版用“請”。

5.1.2.4　湊——搵：(找錢)湊足

| 湊 | 湊 | 湊 | 湊 | 湊 | 搵 | 2-8 |
|---|---|---|---|---|---|---|
| 湊 | 湊 | 湊 | 湊 | 湊 | 搵 | 2-8 |
| 湊 | 湊 | 湊 | 湊 | 湊 | 搵 | 2-8 |

5.1.3　“整理、修理”義動詞

5.1.3.1　表示“整理”

| 拾掇 | 收拾 | 安放 | 收拾 | 執拾 | 執拾 | 1-4 |
|---|---|---|---|---|---|---|
| 拾掇 | 收拾 | 收作 | 收拾 | 執拾 | 檢點 | 2-29 |
| 歸着歸着 | 歸着歸着 | 出理出理 | | 執拾 | 執 | 3-9 |
| 拾掇 | 收拾 | 出理出理 | | 執拾 | 整 | 3-14 |
| 拾掇 | 收拾 | 預備 | | 執 | 整 | 3-14 |
| 拾掇 | 收拾 | 收作 | | 執 | 掃 | 3-14 |
| 拾掇 | 收拾 | 收作 | | 執拾 | 執 | 3-15 |
| 拾掇 | 收拾 | 出理 | | 執拾 | 整 | 3-15 |
| 拾掇 | 收拾 | 出理 | | 修整 | 理 | 3-16 |
| 拾掇 | 收拾 | 出理 | | 打理 | 打理 | 3-16 |
| 拾掇 | 收拾 | 預備 | | 執拾 | 豫備 | 3-18 |
| 拾掇 | 收拾 | 預備 | | 收拾 | 豫備 | 3-18 |
| 歸着 | 歸着 | 收拾 | | 執 | 執 | 3-20 |

按：拾掇、歸著，清以來北方口語常用。

5.1.3.2 表示"修理"

| 收拾 | 收拾 | 修 | 收築 | 整 | 修 | 2-14 |
|---|---|---|---|---|---|---|
| 收拾 | 收拾 | 修 | 收築 | 修 | 修整 | 2-14 |
| 收拾 | 收拾 | 修 | 收築 | 修 | 修 | 2-14 |
| 收拾 | 收拾 | | 收築 | 修 | 整 | 2-14 |
| 收拾 | 收拾 | 修 | 收築 | 修 | 修 | 2-14 |
| 收 | 收 | 修 | 收築 | 修 | 修 | 2-14 |
| 拾掇 | 收拾 | 收作 | 收築 | 修 | 擦光 | 2-20 |
| 收拾收拾 | 收拾收拾 | 收作收作 | 收築收築 | 修整吓 | 修整喇 | 2-14 |
| 收拾收拾 | 收拾收拾 | 收作 | 收築收築 | 修吓 | 修整 | 2-14 |
| 收拾收拾 | 收拾收拾 | 收作收作 | | 整 | 修補 | 3-16 |

按: AB版"收拾"之重疊式"收拾收拾"(VV式),C版對應"收作收作"(VV式),D版對應"收築收築"(VV式),E版對應"修整吓"。另外,官話之"V一V"重疊式,E版一般也對應"V吓"。

5.1.3.3 收拾、折磨(人)

| 收拾 | 收拾 | 提醒 | 收拾 | 收拾 | 收拾 | 2-30 |
|---|---|---|---|---|---|---|

按:《北京土話》(1991: 117):"收拾二字,平常都是整理,修理之義。此則作'整治、毀壞'解。"

5.1.4 "摩擦"義動詞(磨——粵語: 揩1)

| 磨 | 磨 | 磨壞脫 | | 揩親 | 損壞 | 3-17 |
|---|---|---|---|---|---|---|

5.1.5 "擦拭"義動詞(洗、搌、擦、撢、搓、刷——滬語: 揩2)

| 洗了臉 | 洗了臉 | 揩之一把面 | 揩之面 | 洗完面 | 洗面 | 2-21 |
|---|---|---|---|---|---|---|
| 洗臉水 | 洗臉水 | 面湯水 | 揩面水 | | 倒水洗面 | 2-29 |
| 搌布 | 搌布 | 揩臺布 | | | | 3-4 |
| 擦擦 | 擦擦 | 揩個揩 | | | 抹過 | 3-4 |
| 撢淨 | 撢淨 | 揩揩乾淨 | | 掃乾淨 | 抹啲的塵 | 3-14 |

（續表）

| | | | | | | |
|---|---|---|---|---|---|---|
| 擦一擦 | 擦一擦 | 揩个揩 | | 抹吓 | 整乾淨 | 3－14 |
| | | 揩乾淨 | | | 整淨 | 3－15 |
| 刷乾淨 | 刷乾淨 | 揩揩乾淨 | | 擦乾淨 | 掃淨 | 3－16 |
| 搓搓澡 | 搓搓背 | 揩个揩 | | 抹吓身 | 擦吓我 | 3－16 |
| 擦乾淨 | 擦乾淨 | 揩乾淨 | | 擦乾淨 | 擦到我乾淨 | 3－16 |

按：表"擦拭"義的動詞出現最早的是"拭"，先秦已見，但在先秦表"擦拭"義的常用詞為"拂"，"拭"的用例並不多見。"拂"多"拭"少的情況一直到南北朝時期才徹底改變。南北朝之後一直到唐宋時期，"拭"是表"擦拭義"的常用詞。"揩"直至盛唐時期，仍屬北方方言詞，中唐時期迅速發展成為常用詞，甚至成為公文中的常用詞。元代"揩"在這一時期使用頻率有所上升，使情況變得複雜。"擦"正式成為"擦拭"義最常用詞的時代應為宋末元初，元代"抹"成為表"擦拭"義的常用詞之一。但發展迅猛，一躍成了明代表"擦拭"義的常用詞。明代主要用"揩"和"抹"來表達"擦拭"義，到了清代"擦"迅速發展，"揩"進入方言詞彙。

《官話指南》有 AB 之"擦"，CD 之"揩"，EF 之"抹""擦"，表現了用法的複雜性。但"揩"在江淮官話和吳語的地域特點仍然。

5.1.6 "塗抹"義動詞（刷——滬語：揩₃）

| | | | | | | |
|---|---|---|---|---|---|---|
| 刷上 | 刷上 | 揩脫 | | 刷吓 | 擦 | 3－15 |

5.1.7 "折疊"義動詞

| | | | | | | |
|---|---|---|---|---|---|---|
| 疊 | 疊 | 打 | | 疊 | 摺 | 3－3 |
| 疊 | 疊 | 摺 | | 摺 | 摺 | 3－5 |
| 疊 | 疊 | 叠 | | 摺 | 摺 | 3－10 |
| 疊 | 疊 | 疊 | | 摺 | 摺 | 3－10 |
| 疊 | 疊 | 疊 | | 摺 | 摺 | 3－15 |
| 疊 | 疊 | 疊 | | 摺 | 摺 | 3－17 |

| | | | | | | |
|---|---|---|---|---|---|---|
| 折 | 拆(折) | 摺 | | 疊 | 摺 | 3 - 10 |
| 折 | 拆(折) | 折 | | 覆 | 摺 | 3 - 10 |
| 合 | 合 | 疊 | | | 摺 | 3 - 10 |

5.1.8 “擰扭”義動詞(擰——擠、拈——扭)

| | | | | | | |
|---|---|---|---|---|---|---|
| 擰腫 | 打腫 | | | 摵腫 | 扭腫 | 2 - 39 |
| 擰乾 | 擰乾 | 擠乾 | | 扭乾 | 扭乾 | 3 - 14 |
| 往大裏捻 | 往大裏捻 | 拈上去 | | 扭高 | 扭搖 | 3 - 15 |

5.1.9 “索取”義動詞(官話：取、打、要——粵語：攞)

5.1.9.1 取——攞

| | | | | | | |
|---|---|---|---|---|---|---|
| 取 | 發 | 領 | 收 | 攞 | 找 | 2 - 6 |
| 取 | 發 | 領 | 收 | 攞 | 攞 | 2 - 6 |
| 取 | 發 | 領 | 收 | 攞 | 找 | 2 - 33 |
| 取 | 發 | 領 | 收 | 攞 | 找 | 2 - 33 |
| 取 | 發 | 領 | 收 | 攞 | 找 | 2 - 36 |

| | | | | | | |
|---|---|---|---|---|---|---|
| 取 | 取 | 担 | 收 | 攞 | 攞 | 2 - 26 |
| 取 | 取 | 担 | 收 | 攞 | 收 | 2 - 26 |
| 取 | 收 | 担 | 收 | 攞 | 收 | 2 - 35 |
| 取 | 收 | 担 | 收 | 攞 | 攞 | 2 - 35 |
| 取 | 收 | 担 | 收 | 攞 | 收 | 2 - 35 |

| | | | | | | |
|---|---|---|---|---|---|---|
| 取 | 取 | 擔 | 拿 | 攞 | 擰 | 2 - 18 |
| 取 | 取 | 擔 | 拿 | 攞 | 擰 | 2 - 18 |
| 取 | 拿 | 擔 | 拿 | 攞 | 攞 | 2 - 21 |
| 取 | 拿 | 尋 | | 擰 | 攞 | 3 - 6 |
| 取 | 拿 | 担 | 拿 | 攞 | 攞 | 2 - 35 |

5.1.9.2 打(水)——擺

| 打 | 打 | 擔 | | 倒 | 擺 | 3-3 |
|---|---|---|---|---|---|---|
| 打 | 打 | | | 倒 | 擺 | 3-3 |
| 打 | 打 | 搬 | | 倒 | 擺 | 3-14 |

5.1.9.3 "索要"義動詞(要——擺)

| 要 | 要 | 討 | 要 | 擺 | 擺 | 2-16 |
|---|---|---|---|---|---|---|
| 要 | 要 | 討 | 要 | 擺 | 擺 | 2-26 |
| 要 | 要 | 要 | 要 | 擺 | 擺 | 2-27 |
| 要 | 要 | 受 | 擔 | 擺 | | 2-37 |
| 要 | 要 | | | 擺 | 點 | 3-11 |
| 要 | 要 | 要 | | 擺 | 要 | 3-11 |
| 要 | 要 | | | 擺 | 點 | 3-11 |
| 要 | 要 | | | 擺 | | 4-13 |

5.1.10 "拿取"義動詞

5.1.10.1 拿₁——担(擔)/拿——擺

| 拿 | 拿 | | 拿 | 送 | 擺 | 2-18 |
|---|---|---|---|---|---|---|
| 拿 | 拿 | 担 | 拿 | 擺 | 擺 | 2-31 |
| 拿 | 拿 | 拿 | 拿 | 擰 | 擺 | 2-36 |
| 拿 | 拿 | 担 | 拿 | 擺 | 擺 | 2-36 |
| 拿 | 拿 | 担 | | 擰 | 擺 | 3-2 |
| 拿 | 拿 | 担 | | 擺 | 擺 | 3-2 |
| 拿 | 拿 | 擔 | | 擰 | 擺 | 3-5 |
| 拿 | 拿 | 担 | | 擺 | 擰 | 3-7 |
| 拿 | 拿 | 擔 | | 擺 | 擰 | 3-10 |
| 拿 | 拿 | 担 | | 擰 | 擺 | 3-14 |
| 拿 | 拿 | | | 拈 | 擺 | 3-17 |

### 5.1.10.2 拿 1——担(擔)C/拿 D——搼

| 拿 | 拿 | 弄 | 拿 | 搼 | 搼 | 1-22 |
|---|---|---|---|---|---|---|
| 拿 | 拿 | 弄 | 拿 | 搼 | 搼 | 1-22 |
| 拿 | 拿 | | 拿 | 搼 | 搼 | 2-6 |
| 拿 | 拿 | 拿 | 帶 | 搼 | 收 | 2-6 |
| 拿 | 拿 | 担 | 拿 | 搼 | 搼 | 2-7 |
| 拿 | 拿 | 担 | 拿 | 搼 | 帶 | 2-7 |
| 拿 | 拿 | 擔 | 拿 | 搼 | | 2-7 |
| 拿 | 拿 | 担 | 拿 | 搼 | 搼 | 2-7 |
| 拿 | 拿 | 担 | 拿 | 搼 | 搼 | 2-7 |
| 拿 | 拿 | 担 | 拿 | 搼 | | 2-11 |
| 拿 | 拿 | 拿 | 拿 | 搼 | 搼 | 2-13 |
| 拿 | 拿 | 担 | 拿 | 搼 | 搼 | 2-14 |
| 拿 | 拿 | 担 | 拿 | 摵 | 搼 | 2-14 |
| 拿 | 拿 | | 拿 | 搼 | | 2-17 |
| 拿 | 拿 | 借 | 拿 | 搼 | | 2-17 |
| 拿 | 拿 | 借 | 拿 | 搼 | 搼 | 2-17 |
| 拿 | 拿 | 担 | 拿 | 搼 | | 2-18 |
| 拿 | 拿 | 拿 | 拿 | 搼 | 搼 | 2-18 |
| 拿 | 拿 | 拿 | 拿 | 搼 | 帶 | 2-18 |
| 拿 | 拿 | 拿 | 拿 | 搼 | 帶 | 2-18 |
| 拿 | 拿 | 担 | 拿 | 搼 | | 2-20 |
| 拿 | 拿 | 擔 | 拿 | 搼 | 搼 | 2-28 |
| 拿 | 拿 | 拿 | 拿 | 搼 | 搼 | 2-29 |
| 拿 | 拿 | 担 | 拿 | 搼 | 帶 | 2-31 |
| 拿 | 拿 | | 拿 | 搼 | 搼 | 2-31 |
| 拿 | 拿 | 担 | 拿 | 搼 | | 2-32 |
| 拿 | 拿 | 担 | 拿 | 搼 | 搼 | 2-33 |

（續表）

| 拿 | 拿 | 送 | 拿 | 擰 | 擰 | 2－33 |
|---|---|---|---|---|---|---|
| 拿 | 拿 | 担 | 拿 | 擰 |  | 2－33 |
| 拿 | 拿 | 擔 | 拿 | 擰 | 擰 | 2－33 |
| 拿 | 拿 | 担 | 拿 | 擰 |  | 2－34 |
| 拿 | 拿 | 担 | 拿 | 擰 | 擰 | 2－34 |
| 拿 | 拿 | 担 | 拿 | 擰 | 帶 | 2－35 |
| 拿 | 拿 | 担 | 拿 | 擰 | 拈 | 2－36 |
| 拿 | 拿 | 擔 | 拿 | 擰 | 擰 | 2－36 |
| 拿 | 拿 | 担 | 拿 | 擰 | 擰 | 2－36 |
| 拿 | 拿 | 担 | 拿 | 擰 | 擰 | 2－36 |
| 拿 | 拿 | 担 | 拿 | 擰 |  | 2－36 |
| 拿 | 拿 | 担 | 拿 | 擰 | 擰 | 2－36 |
| 拿 | 拿 | 担 | 拿 | 擰 | 擰 | 2－36 |
| 拿 | 拿 | 担 | 拿 | 擰 | 擰 | 2－36 |
| 拿 | 拿 | 担 | 拿 | 擰 | 擰 | 2－36 |
| 拿 | 拿 | 担 | 拿 | 擰 | 擰 | 2－37 |
| 拿 | 拿 | 担 | 拿 | 擰 | 擰 | 2－37 |
| 拿 | 拿 | 担 | 拿 | 擰 | 擰 | 2－37 |
| 拿 | 拿 | 担 | 拿 | 擰 | 帶 | 2－37 |
| 拿 | 拿 | 担 | 拿 | 擰 | 擰 | 2－37 |
| 拿 | 拿 | 担 | 拿 | 擰 | 擰 | 2－37 |
| 拿 | 拿 | 担 | 拿 | 擰 | 擰 | 2－37 |
| 拿 | 拿 | 担 | 拿 | 擰 | 擰 | 2－38 |
| 拿 | 拿 | 担 |  | 擰 | 帶 | 3－1 |
| 拿 | 拿 | 担 |  | 擰 | 帶 | 3－1 |
| 拿 | 拿 | 擔 |  | 擰 | 擰 | 3－2 |
| 拿 | 拿 | 担 |  | 擰 | 擰 | 3－2 |

(續表)

| | | | | | | |
|---|---|---|---|---|---|---|
| 拿 | 拿 | 擔 | | 拏 | 拏 | 3-2 |
| 拿 | 拿 | | | 拏 | 拏 | 3-2 |
| 拿 | 拿 | 擔 | | 拏 | | 3-3 |
| 拿 | 拿 | 擔 | | 拏 | 拏 | 3-3 |
| 拿 | 拿 | 擔 | | 拏 | | 3-3 |
| 拿 | 拿 | 擔 | | 拏 | 拏 | 3-4 |
| 拿 | 拿 | 擔 | | | 拏 | 3-4 |
| 拿 | 拿 | 拿 | | 拏 | 拏 | 3-4 |
| 拿 | 拿 | 擔 | | 拏 | | 3-4 |
| 拿 | 拿 | 擔 | | 拏 | 拏 | 3-4 |
| 拿 | 拿 | 擔 | | 拏 | 拏 | 3-5 |
| 拿 | 拿 | 擔 | | 拏 | | 3-5 |
| 拿 | 拿 | 擔 | | 拏 | 拏 | 3-5 |
| 拿 | 拿 | 擔 | | 拏 | 拏 | 3-5 |
| 拿 | 拿 | 擔 | | 拏 | | 3-5 |
| 拿 | 拿 | | | 拏 | | 3-6 |
| 拿 | 拿 | | | 拏 | 帶 | 3-6 |
| 拿 | 拿 | 擔 | | 拏 | 拏 | 3-7 |
| 拿 | 拿 | 拿 | | 拏 | 拏 | 3-7 |
| 拿 | 拿 | 擔 | | 拏 | 拏 | 3-7 |
| 拿 | 拿 | 擔 | | 拏 | 拏 | 3-7 |
| 拿 | 拿 | 担 | | 拏 | 搬 | 3-7 |
| 拿 | 拿 | 担 | | 拏 | 拏 | 3-7 |
| 拿 | 拿 | 担 | | 拏 | 拏 | 3-7 |
| 拿 | 拿 | 担 | | 拏 | 拏 | 3-7 |
| 拿 | 拿 | 擔 | | 拏 | | 3-8 |
| 拿 | 拿 | | | 拏 | | 3-9 |

（續表）

| | | | | | | |
|---|---|---|---|---|---|---|
| 拿 | 拿 | 擔 | | 擰 | 俾 | 3－9 |
| 拿 | 拿 | 擔 | | 擰 | 摵 | 3－9 |
| 拿 | 拿 | 擔 | | 擰 | 用 | 3－10 |
| 拿 | 拿 | | | 擰 | 擰 | 3－12 |
| 拿 | 拿 | 担 | | 擰 | 擰 | 3－14 |
| 拿 | 拿 | 担 | | 擰 | 擰 | 3－15 |
| 拿 | 拿 | 担 | | 擰 | 擰 | 3－15 |
| 拿 | 拿 | 担 | | 擰 | 擰 | 3－15 |
| 拿 | 拿 | 擔 | | 擰 | 擰 | 3－15 |
| 拿 | 拿 | 擔 | | 擰 | 擰 | 3－15 |
| 拿 | 拿 | 拿 | | 擰 | 擰 | 3－15 |
| 拿 | 拿 | 担 | | 擰 | 擰 | 3－16 |
| 拿 | 拿 | 担 | | 擰 | 擰 | 3－16 |
| 拿 | 拿 | 担 | | 擰 | | 3－17 |
| 拿 | 拿 | 担 | | 擰 | 擰 | 3－17 |
| 拿 | 拿 | 担 | | 擰 | | 3－18 |
| 拿 | 拿 | 担 | | 愛 | 擰 | 3－18 |
| 拿 | 拿 | 担 | | 擰 | 帶 | 3－20 |
| 拿 | 拿 | | | 擰 | | 4－8 |
| 拿 | 拿 | | | 擰 | | 4－8 |

按：表示"拿"，擔，滬語詞；擰，粵語詞。

5.1.10.3　拿₁——担(擔)/拿——揸

| | | | | | | |
|---|---|---|---|---|---|---|
| 拿 | 拿 | 擔 | 拿 | 揸 | 揸 | 2－25 |
| 拿 | 拿 | 担 | 拿 | 摣 | 揸 | 2－28 |

| | | | | | | |
|---|---|---|---|---|---|---|
| 抱沙鍋 | 拃棍兒 | 煨沙鍋 | 討飯做呌花子 | 揸砵頭 | 揸砵頭 | 2－17 |

| | | | | | | |
|---|---|---|---|---|---|---|
| 作項 | 作主 | 隨意商量 | 作主 | 話點就點係 | 任…揸主意 | 2－24 |

按：EF版之"揸"，同"摣"，表示"撈取；抓；拿；握"。漢語史上，屬古南方方言，《方言》第十："摣，取也。南楚之間凡取物溝泥中，或謂之摣。"現代為膠遼官話、西南官話、吳語、客話、粵語用詞。清宣統辛亥年《東莞縣志》："以手握物曰摣。"(《漢語方言大詞典》頁6000"揸"、頁6792"摣"，以上參見"摣"條。)

5.1.11 "捉拿、捕捉"義動詞(拿₂——捉——抓E/捉F)

| | | | | | | |
|---|---|---|---|---|---|---|
| 拿 | 捉 | 捉 | 捉 | 捉 | 捉 | 1-43 |
| 拿 | 拿 | 捉 | 捉 | 捉 | 解 | 2-6 |
| 拿 | 拿 | 捉 | 捉 | 抓 | 捉 | 2-22 |
| 拿 | 拿 | 捉 | | 抓 | 捉 | 2-22 |
| 拿 | 拿 | 捉 | 捉 | 抓 | 捉 | 2-22 |
| 拿 | 拿 | 捉 | 捉 | 抓 | 捉 | 2-22 |
| 拿 | 拿 | 捉 | 捉 | 抓 | 捉 | 2-25 |
| 拿 | 捉 | 捉 | 捉 | 捉 | 捉 | 2-30 |

| | | | | | | |
|---|---|---|---|---|---|---|
| 抓局 | 抓賭 | 捉賭 | 捉賭 | 搶攤 | 拉人 | 2-25 |

| | | | | | | |
|---|---|---|---|---|---|---|
| 挑字眼兒 | 挑字眼兒 | 纏勿清 | 捉別字 | 捉字虱 | 過於批評 | 2-39 |

| | | | | | | |
|---|---|---|---|---|---|---|
| 著象棊 | 下象棋 | 着象棋 | 着象棋 | 著象棋 | 捉象棋 | 2-40 |

按：下棋，《漢語大詞典》釋為"弈棋，著棋，首例引明馮夢龍《古今譚概·不韻·宣水》："村子言吹簫，必曰品簫；言彈琴，必曰操琴；言著棋，必曰下棋。"著，《漢語大詞典》釋為"圍棋下子。亦謂招數，比喻計策或手段。"首例引前蜀貫休《棋》詩："著高圖暗合，勢王氣彌驕。"

5.1.12 "蘸濕"義動詞(蘸——濕——汪)

| | | | | | | |
|---|---|---|---|---|---|---|
| 蘸上水 | 蘸上水 | 濕之水 | | 汪吓水 | 汪水 | 3-14 |
| 蘸上水 | 蘸上水 | 濕之水 | | 汪水 | 汪水 | 3-17 |

5.1.13　“拾取”義動詞(撿——拾——執)

| 撿 | 撿 | 拾 | 拾 | 執 | 執 | 2-6 |
|---|---|---|---|---|---|---|
| 撿 | 撿 | 拾 | 拾 | 執 | 執 | 2-33 |
| 歸着 | 撿 | 收作 |  | 執 | 執 | 3-13 |
| 收 | 撿 | 收 |  | 收 |  | 3-14 |

按：表示“拾取”義，上古用“拾”，《漢語大詞典》首例引《荀子·正名》：“是君子之所棄，而愚者拾以爲己寶。”CD 版用“拾”。EF 版之“執”為粤語特徵詞。“撿”，本義是約束，大約在清代“撿”引申表示“拾取”，《紅樓夢》第四十回已有用例，如：劉姥姥便伸箸子要夾，那裏夾的起來，滿碗裏鬧了一陣好的，好容易撮起一個來，才伸著脖子要吃，偏又滑下來滾在地下，忙放下箸子要親自去撿，早有地下的人撿了出去了。(《紅樓夢》第四十回)

AB 版用“撿”，蓋清代的新用法。

5.1.14　“攙扶”義動詞(攙$_1$——扶)

| 攙 | 攙 | 攙 | 攙 | 扶 | 扶 | 2-25 |
|---|---|---|---|---|---|---|

按：表示“攙扶”，ABCD 版用宋代以來常用詞“攙”，《漢語大詞典》首例引宋沈遼《禪僧岩》詩：“吾身有病苦下濕，復畏神怪來邀攙。”EF 版用古今通用詞“扶”。

5.1.15　“摻雜”義動詞(攙$_2$——摳)

| 攙 | 攙 | 攙 |  | 摳 | 摳 | 3-3 |
|---|---|---|---|---|---|---|
| 攙 | 攙 | 攙 |  | 摳 | 摳 | 3-3 |

5.1.16　“耕種”義動詞(種——耕)

| 種 | 種 | 種 | 種 | 耕 | 耕 | 2-8 |
|---|---|---|---|---|---|---|
| 種 | 種 | 種 | 種 | 耕 | 耕 | 2-8 |
| 種 | 種 | 種 | 種 | 耕 | 耕 | 2-8 |
| 種 | 種 | 種 | 種 | 耕 | 耕 | 2-10 |

(續表)

| 種 | 種 | 種 | 種 | 耕 | 耕 | 2-10 |
|---|---|---|---|---|---|---|
| 種 | 種 | 種 | 種 | 耕 | | 2-11 |
| 種 | 種 | 種 | 種 | 耕 | 耕 | 2-12 |
| 種 | 種 | 種 | 種 | 耕 | 耕 | 2-12 |
| 種 | 種 | 種 | 種 | 耕 | 耕 | 2-12 |

按：蔣紹愚(2013)對10種先秦語料的調查,"耕"帶賓語次數6次(賓語只是田、地),不帶賓語次數170,不帶賓語占總數的百分比次97%。而《敦煌變文校注》中"耕"37例,其中不帶賓語21例。而動詞"種"常常帶賓語,所帶的賓語使用範圍很廣泛。所以在歷時替換中間"種"替換了"更"。《官話指南》官話版和滬語版ABCD四版之"種",粵語版EF用"耕"。

5.1.17 "稱量物體"義動詞(平——稱 C/平 D——兌)

| 邀 | 平 | 稱 | 平 | 稱 | 稱 | 2-36 |
|---|---|---|---|---|---|---|
| 平 | 平 | 稱 | 平 | 兌 | 兌 | 2-36 |
| 平 | 平 | 稱 | 平 | 兌 | 兌 | 2-36 |
| 平 | 平 | 稱 | 平 | 兌 | 兌 | 2-36 |
| 平 | 平 | 稱 | 平 | 兌 | 兌 | 2-36 |

按：表示"稱量物體",ABD版主要用"平",A版偶爾用"邀"。C版用"稱"。EF版用明清以來常用詞"兌",《漢語大詞典》首例引《初刻拍案惊奇》卷十五:"賈秀才起個清早,往庫房中取天平,兑勾了一百四十二兩之數。"偶爾也用"稱"。埃德金斯(*Mr. Edkins*),*A Vocabulary of the Shanghai Dialect*, P. 7收有"balance,天平,(to)平一平。"A版之"邀",《漢語方言大詞典》頁7264該條下釋"用秤稱",是北京官話和冀魯官話用詞。

5.1.18 "抖動"義動詞(抖——抰)

| 抖摟 | 抖摟 | 抖 | | 抰 | 抰 | 3-10 |
|---|---|---|---|---|---|---|
| 抖晾抖晾 | 抖晾抖晾 | 抖個抖晾 | | 抰透吓 | 抰過 | 3-10 |

| 翻出 | 翻出 | 尋着(之) | 翻出 | 搵出 | 抉出 | 2-16 |
|---|---|---|---|---|---|---|

按：抉，表示"抖"，粵語特徵詞。

5.1.19　"擔荷"義動詞(揁——揹/揵——擔/托)

| 揁 | 揁 | 揵 | 揹 | 擔 | 托 | 2-15 |
|---|---|---|---|---|---|---|
| 扛 | 揁 | 揵 | 揹 | 擔 | 托 | 2-15 |

按：揁：用肩扛。揹，用肩扛；揵，音近同義詞。

5.1.20　"承包"義動詞(包——拌$_1$)

| 包 | 包 | 包 | 包 | 拌 | 拌 | 2-13 |
|---|---|---|---|---|---|---|
| 包 | 包 | 包 | 包 | 拌 | 拌 | 2-13 |
| 包 | 包 | 包 | 包 | 拌 | 拌 | 2-13 |
| 包 | 包 | 包 | 包 | 拌 | 拌 | 2-13 |
| 包 | 包 | 包 | 包 | 拌 | 拌 | 2-13 |
| 包 | 包 | 包 | 包 | 拌 | 拌 | 2-13 |
| 包 | 包 |  | 包 | 拌 | 拌 | 2-13 |
| 包 | 包 | 包 | 包 | 拌 | 拌 | 2-13 |
| 包 | 包 | 包 | 包 | 拌 | 拌 | 2-13 |
| 包 | 包 |  | 包 | 拌 | 拌 | 2-13 |
| 包 | 包 | 包 | 包 | 拌 |  | 2-13 |
| 包 | 包 | 包 | 包 | 拌 | 拌 | 2-13 |
| 包 | 包 | 包 | 包 | 拌 |  | 2-13 |
| 包 | 包 | 包 | 包 | 拌 | 拌 | 2-13 |
| 包 | 包 | 包 | 包 | 拌 | 拌 | 2-13 |

5.1.21　"擱置"義動詞

| 擱 | 擱 |  | 擱 |  |  | 2-6 |
|---|---|---|---|---|---|---|
| 擱 | 擱 | 落 | 放 | 丢 | 擠 | 2-13 |
| 擱 | 擱 | 擱 | 擱 | 丢 | 擠 | 2-18 |

(續表)

| | | | | | | |
|---|---|---|---|---|---|---|
| 擱 | 擱 | 放 | | 丟 | 擠 | 3－7 |
| 擱 | 擱 | 擺 | | 丟 | 放 | 3－10 |
| 擱 | 擱 | 放 | | 丟 | | 3－15 |
| 擱 | 擱 | 放 | | 丟 | | 3－17 |

| | | | | | | |
|---|---|---|---|---|---|---|
| 擱 | 擱 | | 擱 | 放 | 放 | 2－31 |
| 擱 | 擱 | 擱 | 擱 | 放 | | 2－36 |
| 擱 | 擱 | 放 | | 放 | 放 | 3－9 |
| 擱 | 擱 | 放 | | 放 | 擠 | 3－10 |
| 擱 | 擱 | 放 | | 放 | 擠 | 3－10 |

| | | | | | | |
|---|---|---|---|---|---|---|
| 擱 | 擱 | 放 | | 擠 | 落 | 3－4 |
| 擱 | 擱 | 放 | | 落 | | 3－4 |

| | | | | | | |
|---|---|---|---|---|---|---|
| 擱得日子多了 | 擱得日子多了 | 隔得多之 | 擱來日腳多之 | 敂得日子耐 | 敂得日子耐 | 2－27 |

AB版用“擱”。CD版翻譯時或沿用官話版之“擱”,多用常用詞“放”。《廣雅・釋詁四》:“放,置也。”在“放置”義,其典型成員上古中古是“置”,至少在明代被“放”所取代。EF版用“丟”,“擠”。

按:擱,早期文獻寫作“閣”,“閣”,用作動詞表擱置義在《齊民要術》、王梵志詩、唐張鷟《遊仙窟》已見。今天北方官話常用。“擠”在粵語詞典中的語義:《廣州方言詞典》頁121:躋:放置,擱置。

5.1.22　“雕刻”義動詞(刻——雕)

| | | | | | | |
|---|---|---|---|---|---|---|
| 刻 | 刻 | 刻 | 刻 | 雕工 | 雕刻 | 1－12 |

5.1.23 “打架”義動詞(打架——相打——打交)

| | | | | | | |
|---|---|---|---|---|---|---|
| 打架 | 打架 | 相打 | 相打 | 打交 | 打交 | 2-6 |
| 打架 | 打架 | 相打 | 相打 | 打交 | | 2-6 |
| 打架 | 打架 | 相打 | 打 | 吵鬧 | 嘈吵 | 2-6 |
| 打架 | 打架 | 相打 | 相打 | 打交 | 打交 | 2-6 |

5.1.24 “推趕”義動詞(趕(車子)——推(車子))

| | | | | | | |
|---|---|---|---|---|---|---|
| 趕 | 趕 | 推 | 推 | | | 2-29 |
| 趕 | 趕 | 推 | 推 | 推 | 趕 | 2-29 |
| 趕 | 趕 | | 推 | | | 2-29 |
| 趕 | 趕 | 趕 | 推 | 趕 | 趕 | 2-29 |
| 趕 | 趕 | | 推 | 推 | | 2-29 |
| 趕 | 趕 | | 推 | | | 2-29 |

5.1.25 “磕打”義動詞

| | | | | | | |
|---|---|---|---|---|---|---|
| 磕打 | 磕打 | 拍 | | 撴 | 拍 | 3-10 |

5.1.26 “抄寫”義動詞

| | | | | | | |
|---|---|---|---|---|---|---|
| 抄寫 | 抄寫 | 抄寫 | 謄 | 鈔 | 鈔 | 2-38 |
| 謄寫 | 謄寫 | 抄寫 | 謄 | 鈔 | 鈔 | 2-38 |

按:汪維輝(2000):“書寫”的“寫”始見於秦。“寫”替代“書”大概也是分段完成的,整個過程延續的時間相當長。東漢魏晉南北朝完成第一步:“寫”接替“書”的“抄寫”義。同時泛指“書寫”的“寫”也開始出現。魏晉南北朝表示“抄寫”義還常用“鈔”,偶爾也用“謄”。潘牧天(2014)指出,“鈔”表“謄寫”義,與古人的書寫器具、習慣有關。《釋名·釋書契》:“書稱刺,書以筆刺紙簡之上也。”古人稱“書”為“刺”,是因為書寫器具和材料的原因。“抄”從“手”表行為動作,使得“抄”更多地承擔動詞義以至完全替代“鈔”。《官話指南》粵語EF版用古字“鈔”,滬語D版用“謄”,官話AB版和滬語C版

都用“抄”。

5.1.27 “綁縛”義動詞

| 拴 | 拴 | 纜 | 縛 | 綁 | 綁 | 2-15 |
|---|---|---|---|---|---|---|
| 拴 | 拴 | | | 綁 | 綁 | 3-10 |
| 拴 | 拴 | 纜 | | 綁 | 綁 | 3-10 |
| 拴 | 拴 | 纜 | | 扎 | 綁 | 3-10 |

表“用繩子等繞在物體上”,AB版用元代以來常用詞“拴”,(《漢語大詞典》首例引元馬致遠《薦福碑》第二折:“我去這柳陰之下歇息,咱下的這馬來拴在這樹上。”)C版還用隋唐以來常用詞“纜”,(《漢語大詞典》首例引《隋書·南蠻傳·赤土》:“其王遣婆羅門鳩摩羅以舶船三十艘來迎……進金鎖以纜駿船。”)D版用先秦已見之“縛”,EF版用宋代以來常用詞“綁”。

| 綑 | 捆 | 綑 | | 綑 | 綁 | 3-9 |
|---|---|---|---|---|---|---|
| 綑 | 綑 | 綑 | | 綑 | 綁 | 3-17 |

表示“綁縛”義,歷時有“縛、綁、捆”的歷史替換。“縛”先秦已見,一直到明代占主導地位,“綁”,宋代新出現,明代已大量出現,基本取代“縛”。同時“捆”在明代小說中才開始大量使用,清代漸漸取代“綁”成為主導詞並保持到現代漢語。ABCE版用元代以來常用詞“綑”,F版用“綁”。

| 煞 | 放 | 放 | | 綁 | 綁 | 3-17 |
|---|---|---|---|---|---|---|

表示“(以索)勒緊”義,A版之“煞”。BC用“放”,EF用一般詞“綁”。

按:《漢語大詞典》首例引魏巍《山雨》:“車尾上用繩子煞著高高的行李捲兒。”引例晚,應補。

5.1.28 “砍劈”義動詞

| 砍 | 砍 | 撬 | 砍 | 劈 | 斬 | 2-28 |
|---|---|---|---|---|---|---|

5.1.29 “釘打”義動詞

| | | | | | | |
|---|---|---|---|---|---|---|
| 釘上 | 釘上 | 釘之攏來 | 釘一釘 | 打好 | 駁好 | 2-14 |

5.1.30 “夾剪”義動詞

| | | | | | | |
|---|---|---|---|---|---|---|
| 夾 | 夾 | 剪 | 夾 | 鈒 | 剪 | 2-36 |

按：E版之“鈒”爲古語詞。

5.1.31 “敲打”義動詞(打——敲——打)

| | | | | | | |
|---|---|---|---|---|---|---|
| 打 | 打 | 敲 | 敲 | 打 | 打 | 1-26 |
| 打 | 打 | 敲 | | 撞 | 打 | 3-9 |

5.1.32 “支撑”義動詞

| | | | | | | |
|---|---|---|---|---|---|---|
| 揹 | 揹 | 撐 | | 搯 | 揀 | 3-8 |
| 揹 | 掛 | 張 | | 掛 | 安 | 3-9 |

按：AB版用北方語詞“揹”,C版用南方語詞“撐”,E版用粵語特徵詞“搯”。“揹”,又寫作“楮”,吴支謙譯《撰集百緣經》有1例:“時父長者,見子如是,以手楮頰,甚用苦惱,憂愁不樂。”《漢語大詞典》例首引唐蘇《夜發三泉即事》詩:“下奔泥棧楮,上覿雲梯設。”但“揹”在傳統文獻中少見。

5.1.33 “拆卸”義動詞(卸——拆)

| | | | | | | |
|---|---|---|---|---|---|---|
| 卸 | 卸 | 拆 | | 拆 | 拆 | 3-9 |

按：表“拆卸”義,先有“拆”,後有“卸”。AB官話用“卸”,CEF用“拆”。

5.1.34 “拉拔”義動詞(拔——起、搯、拔)

| | | | | | | |
|---|---|---|---|---|---|---|
| 拉躺下 | 拉淌下 | 倒下 | 倒下 | 搯 | 倒 | 2-23 |
| 拉一拉 | 拉一拉 | 擲一擲 | | 搯 | 摑 | 3-5 |
| 揹 | 揹 | 撐 | | 搯 | | 3-8 |

(續表)

| | | | | | | |
|---|---|---|---|---|---|---|
| 拔 | 拔 | 拔 | | 起翻 | 掹 | 3-9 |
| 捻 | 捻 | 拈 | | 扭高 | 扭掹 | 3-15 |

按:掹:拉、拔,粤語特徵詞。

5.1.35 "擠掖"義動詞

| | | | | | | |
|---|---|---|---|---|---|---|
| 掖 | 放 | 放 | | 搁 | 擠 | 3-6 |
| 掖嚴 | 掖嚴 | 挨挨緊 | | 押到冚 | 攝實 | 3-10 |

5.1.36 "搬運"義動詞(盤 2——搬)

| | | | | | | |
|---|---|---|---|---|---|---|
| 盤 | 盤 | 搬 | 搬 | 搬 | 搬 | 2-33 |

5.2 肢體動詞——足部動詞

5.2.1 "行走"義動詞

5.2.1.1 走——行 1

| | | | | | | |
|---|---|---|---|---|---|---|
| 走動 | 走動 | | 走走 | 行吓 | | 1-25 |
| 走 | 走 | 走 | 走 | 行 | | 1-26 |
| 過 | 過 | 走過 | 走過 | 行過 | 行過 | 1-38 |
| 走 | 走 | 走 | 走 | 行 | 行 | 2-14 |
| 走 | 走 | 走 | 走 | 行 | 行 | 2-14 |
| 往前去 | 往前去 | 走前去 | 朝前去 | 行前去 | 上前去 | 2-25 |
| 趨 | 走動 | 留 | 走 | 行 | 行 | 2-25 |
| 走到 | 走到 | 到 | 走到 | 行到 | 到 | 2-29 |
| 走 | 走 | 走 | 走 | 行 | 行 | 2-29 |
| 走 | 走 | | 走 | 行 | 行 | 2-29 |
| 走 | 走 | 走 | 走 | 行 | 行 | 2-29 |
| 走 | 走 | 動身 | 走 | 行 | 起行 | 2-29 |
| 走 | 走 | | 走 | 行 | 行 | 2-30 |
| 走 | 走 | 走 | 走 | 行 | | 2-30 |

（續表）

| 走 | 走 | 走 | 走 | 行 | 行 | 2-36 |
|---|---|---|---|---|---|---|
| 走 | 走 | 走 |  | 行 | 行 | 3-5 |
| 走 | 走 |  |  | 行 |  | 4-6 |
| 請走 | 請走 |  |  | 好行 |  | 4-11 |

| 走紅運 | 走紅運 | 運氣好 | 走好運 | 當行運 | 等行運 | 2-20 |
|---|---|---|---|---|---|---|

表示行走義，先有"行"後有"走"。ABCD 版用"走"，粵語 EF 版用"行"。

5.2.1.2　走——去

| 走 | 走 | 去 | 去 | 去 | 去 | 2-3 |
|---|---|---|---|---|---|---|
| 走 | 走 | 去 | 去 | 去 | 去 | 2-3 |
| 走 | 走 | 去 | 去 | 去 | 去 | 2-3 |
| 走 | 走 | 去 | 去 | 去 |  | 2-3 |
| 走 | 走 | 走 | 去 | 走 | 告辭 | 2-4 |
| 走 | 走 | 去 | 走 | 去 | 去 | 2-6 |
| 去 | 去 | 走 | 去 | 去 | 去 | 2-11 |
| 散 | 走 | 回脫、 | 辭脫 | 去 | 離開 | 2-14 |
| 散 | 走 | 回脫 | 辭 | 去 |  | 2-14 |
| 散 | 走 | 回 | 辭 | 去 |  | 2-14 |
| 走 | 走 | 去 | 去 | 去 | 去 | 2-14 |
| 走 | 走 | 動身 | 去 | 去 | 去 | 2-18 |
| 走 | 走 | 去 | 走 | 去 | 去 | 2-36 |
| 走 | 走 | 去 | 走 | 去 | 去 | 2-36 |
| 走 | 走 | 走 | 走 | 去 | 去 | 2-37 |
| 走 | 走 | 去 | 去 | 去 |  | 2-40 |
| 走 | 走 | 去 |  | 去 | 去 | 3-7 |

(續表)

| 走 | 走 | 去 | | 走 | 去 | 3-13 |
|---|---|---|---|---|---|---|
| 走 | 走 | 動身 | | 去 | 去 | 3-13 |
| 走 | 走 | 去 | | 去 | 去 | 3-20 |
| 走 | 走 | | | 去 | | 4-3 |
| 走 | 走 | | | 去 | | 4-3 |
| 走 | 走 | | | 去 | | 4-3 |
| 承上走 | 乘(承)上走 | | | 請上馬去 | | 4-18 |

| 拿了走了 | 拿了走了 | 担之咗去 | 拿之咗去 | 攞嘵去 | 帶去 | 2-31 |
|---|---|---|---|---|---|---|
| 搬了走了 | 搬了走了 | 換之戶蕩 | 搬之去哉 | 搬去 | 搬嘵 | 2-31 |
| 拿了走了 | 拿了走了 | | 拿之去哉 | 攞嘵 | 攞去 | 2-31 |
| 拿了走了 | 拿了走了 | 担之咗去 | 拿之走哉 | 攞咽去 | 番去 | 2-36 |

表示離開義,先有"去"後有"走"。ABCD 版用"走",粵語 EF 版用"去"。

5.2.1.3 走——跑

| 跑來 | 跑來 | 跑來 | 跑之…來 | 走…出嚟 | 走出嚟 | 2-15 |
|---|---|---|---|---|---|---|
| 跑 | 跑 | 逃走 | 逃走 | 走去 | 走路 | 2-16 |
| 逃跑 | 逃跑 | 跑脫 | 逃走 | 走 | 走 | 2-22 |
| 逃走 | 逃走 | 跑脫 | 逃 | 逃走 | 逃走 | 2-22 |
| 跑 | 跑 | 跑 | 跑 | 走 | 跑 | 2-26 |
| 奔 | 奔 | 跑 | 跑 | 走 | 行 | 2-29 |
| | 驚走 | | 嚇走 | 跑 | 跑 | 2-32 |

表示快速跑,先有"走"後有"跑"。"跑"最初為"足刨地"之義,在唐代引申出"奔跑"義,宋元時期使用仍不多,到明代使用較為普遍,逐漸替代了"走"。ABCD 版用"跑",粵語 EF 版用"走"。

5.2.2 “遊覽”義動詞

| 逛 | 玩 | 白相 | 勃相 | 逛 | 逛 | 1-9 |
|---|---|---|---|---|---|---|
| 逛 | 玩 | 遊玩 | 勃相 | 逛 | 行 | 1-14 |
| 逛 | 玩 | 白相 | 勃相 | 逛 | 行 | 1-14 |
| 逛 | 遊 | 白相 | 勃相 | 逛 | 逛 | 1-20 |
| 逛 | 蕩 | 白相 | 勃相 | 逛 | 同行 | 2-24 |
| 逛 | 蕩 | 白相 | | 逛 | 逛 | 3-5 |
| 逛 | 蕩 | 白相 | | 逛 | | 3-5 |
| 逛 | 玩 | 遊 | | 逛 | | 3-8 |
| 逛 | 玩 | | | 逛 | | 3-8 |
| 逛 | 玩 | | | 逛 | | 4-17 |

| 遛達 | 遊蕩 | 泛 | 遊蕩 | 散吓步 | 逛 | 2-11 |
|---|---|---|---|---|---|---|
| 趟達 | 蕩 | 白相 | 勃相 | 逛 | 行 | 2-40 |

表示“遊覽”,AE 版用“逛”,B 版“玩”“蕩”,偶爾也用“遊”或“遊蕩”,CD 版主要用滬語特徵詞“白相”“勃相”,F 版用“逛”或“行”。

按:《北京土話》(1991: 101):“逛,遊覽也。但北京凡說‘逛’,都是兼走合看的性質。若是只走不看則曰‘溜達’。曰‘繞彎’,不得謂之逛。”

5.2.3 “返回”義動詞(回——轉——翻 E/番 F)

| 回 | 回 | 轉 | 轉 | 翻 | 番 | 1-21 |
|---|---|---|---|---|---|---|
| 回 | 回 | 轉 | 轉 | 翻 | 番 | 1-21 |
| 回 | 回 | 歸 | 轉 | 翻 | 番 | 1-35 |
| 回 | 回 | 轉 | 轉 | 翻 | | 2-2 |
| 回 | 回 | 轉 | 轉 | 翻 | | 2-2 |
| 回 | 回 | 轉 | 轉 | 翻 | 番 | 2-3 |

(續表)

| | | | | | | |
|---|---|---|---|---|---|---|
| 回 | 回 | 轉 | 回 | 翻 | 番 | 2－3 |
| 回 | 回 | 轉 | 轉 | 翻 | | 2－3 |
| 回 | 回 | 轉 | 轉 | 翻 | 番 | 2－4 |
| 回 | 回 | | 來 | 翻 | 番 | 2－4 |
| 回 | 回 | | 轉 | 翻 | 番 | 2－4 |
| 回 | 回 | | 轉 | 翻 | 番 | 2－8 |
| 回 | 回 | 轉 | 轉 | 翻 | | 2－8 |
| 回 | 回 | 歸 | 轉 | 翻 | 番 | 2－9 |
| 回 | 回 | 去 | 轉 | 行 | 番 | 2－9 |
| 回 | 回 | 歸 | 轉 | 翻 | 番 | 2－10 |
| 回 | 回 | 去 | 轉 | 翻 | 番 | 2－10 |
| 回 | 回 | 去 | 轉 | 翻 | 番 | 2－10 |
| 回 | 回 | 來 | 轉 | 翻 | 番 | 2－11 |
| 回 | 回 | 轉 | 轉 | 翻 | 番 | 2－11 |
| 回 | 回 | 轉 | 轉 | 翻 | 番 | 2－11 |
| 回 | 回 | 轉 | 轉 | 翻 | 番 | 2－11 |
| 回 | 回 | 轉 | 轉 | 翻 | | 2－12 |
| 回 | 回 | 轉 | 轉 | 翻 | 番 | 2－12 |
| 回 | 回 | | 轉 | 翻 | 番 | 2－13 |
| 回 | 回 | 轉 | 轉 | 翻 | 番 | 2－14 |
| 回 | 回 | 轉 | 轉 | 翻 | 番 | 2－14 |
| 回 | 回 | 轉 | 轉 | 翻 | 番 | 2－14 |
| 回 | 回 | 轉 | 轉 | 翻 | 番 | 2－15 |
| 回 | 回 | | 轉 | 翻 | 番 | 2－15 |
| 回 | 回 | | 轉 | 翻 | 番 | 2－15 |
| 回 | 回 | 轉 | 轉 | 翻 | 番 | 2－18 |
| 回 | 回 | 來 | 轉 | 翻 | 番 | 2－18 |

(續表)

| 回 | 回 |  | 轉 | 翻 | 番 | 2-18 |
|---|---|---|---|---|---|---|
| 回 | 回 | 轉 | 轉 | 翻 | 番 | 2-20 |
| 回 | 回 | 回轉 | 轉 | 翻 | 番 | 2-21 |
| 回 | 回 | 歸 | 轉 | 翻 | 番 | 2-22 |
| 回 | 回 | 歸 | 轉 | 翻 |  | 2-22 |
| 回 | 回 | 歸 | 轉 | 翻 | 番 | 2-22 |
| 回 | 回 | 轉 | 轉 | 翻 | 番 | 2-24 |
| 回 | 回 | 轉 | 轉 | 翻 |  | 2-24 |
| 回 | 回 | 轉 | 轉 | 翻 | 番 | 2-24 |
| 回 | 回 | 轉 | 轉 | 翻 | 番 | 2-24 |
| 回 | 回 | 轉 | 來 | 翻 | 番 | 2-24 |
| 回 | 回 | 回 | 到 | 翻 | 番 | 2-24 |
| 回 | 回 | 回 | 轉 | 翻 | 回 | 2-24 |
| 回 | 回 | 轉 | 轉 | 翻 | 番 | 2-24 |
| 回 | 回 | 轉 | 轉 | 翻 | 番 | 2-24 |
| 回 | 回 | 去 | 去 | 翻 | 番 | 2-24 |
| 回 | 回 | 轉 | 轉 | 翻 | 番 | 2-24 |
| 回 | 回 | 轉 | 轉 | 翻 | 番 | 2-24 |
| 回 | 回 | 轉 | 轉 | 翻 | 番 | 2-24 |
| 回 | 回 | 轉 | 轉 | 翻 | 番 | 2-24 |
| 回 | 回 | 轉 | 轉 | 翻 | 番 | 2-26 |
| 回 | 回 |  | 轉 | 翻 |  | 2-26 |
| 回 | 回 | 轉 | 轉 | 翻 |  | 2-27 |
| 回 | 回 | 轉 | 轉 | 翻 | 番 | 2-28 |
| 回 | 回 | 轉 | 轉 | 翻 |  | 2-28 |
| 回 | 回 | 轉 | 轉 | 翻 | 番 | 2-28 |
| 回 | 回 | 轉 | 轉 | 翻 | 番 | 2-30 |

(續表)

| | | | | | | |
|---|---|---|---|---|---|---|
| 回 | 回 | 歸 | 轉 | 翻 | 番 | 2-30 |
| 回 | 回 | 轉 | 轉 | 翻 | | 2-30 |
| 回 | 回 | 來 | 轉 | 翻 | 番 | 2-30 |
| 回 | 回 | 轉 | 轉 | 翻 | 番 | 2-31 |
| 回 | 回 | 轉 | 轉 | 翻 | | 2-31 |
| 回 | 回 | 歸 | 歸 | 翻 | 番 | 2-32 |
| 回 | 回 | 轉 | 回轉 | 翻 | 番 | 2-32 |
| 回 | 回 | 轉 | 轉 | 翻 | 番 | 2-32 |
| 回 | 回 | 轉 | 轉 | 翻 | 番 | 2-35 |
| 回 | 回 | 轉 | 歸 | 翻 | 番 | 2-36 |
| 回 | 回 | 轉 | 轉 | 翻 | 番 | 2-36 |
| 回 | 回 | 歸 | | 翻 | 番 | 3-8 |
| 回 | 回 | 歸 | | 翻 | 番 | 3-13 |
| 回 | 回 | 來 | | 翻 | 番 | 3-13 |
| 回 | 回 | 轉 | | 翻 | 番 | 3-15 |
| 回 | 回 | 轉 | | 翻 | 番 | 3-18 |
| 回 | 回 | 轉 | | 翻 | 番 | 3-18 |
| 回 | 回 | 轉 | | 翻 | 番 | 3-20 |
| 回 | 回 | 轉 | | 翻 | 番 | 3-20 |
| 回 | 回 | | | 翻 | | 4-1 |
| 回 | 回 | | | 翻 | | 4-1 |
| 回 | 回 | | | 翻 | | 4-2 |
| 回 | 回 | | | 翻 | | 4-2 |
| 回 | 回 | | | 翻 | | 4-3 |
| 回 | 回 | | | 翻 | | 4-3 |
| 回 | 回 | | | 翻 | | 4-5 |
| 回 | 回 | | | 翻 | | 4-5 |

(續表)

| 回 | 回 |  |  | 翻 |  | 4－5 |
|---|---|---|---|---|---|---|
| 回 | 回 |  |  | 翻 |  | 4－5 |
| 回 | 回 |  |  | 翻 |  | 4－5 |
| 回 | 回 |  |  | 翻 |  | 4－6 |
| 回 | 回 |  |  | 翻 |  | 4－6 |
| 回 | 回 |  |  | 翻 |  | 4－7 |
| 回 | 回 |  |  | 翻 |  | 4－7 |
| 回 | 回 |  |  | 翻 |  | 4－7 |
| 回 | 回 |  |  | 翻 |  | 4－8 |
| 回 | 回 |  |  | 翻 |  | 4－9 |
| 回 | 回 |  |  | 翻 |  | 4－9 |
| 回 | 回 |  |  | 翻 |  | 4－12 |
| 回 | 回 |  |  | 翻 |  | 4－12 |
| 回 | 回 |  |  | 翻 |  | 4－14 |
| 回 | 回 |  |  | 翻 |  | 4－14 |
| 回 | 回 |  |  | 翻 |  | 4－15 |
| 回 | 回 |  |  | 翻 |  | 4－17 |
| 回 | 回 |  |  | 翻 |  | 4－20 |
| 回 | 回 |  |  | 翻 |  | 4－20 |

| 回 | 回 | 歸 | 轉 | 翻去歸 | 去歸 | 2－10 |
|---|---|---|---|---|---|---|
| 回 | 回 |  | 轉 | 翻 | 去歸 | 2－10 |
| 回 | 回 | 轉 | 轉 |  | 去歸 | 2－11 |
| 回 | 回 |  | 轉 | 翻去歸 | 去歸 | 2－12 |
| 回 | 回 | 轉 | 轉 | 翻 | 去歸 | 2－14 |
| 回 | 回 | 轉 | 轉 | 翻去歸 | 番 | 2－15 |
| 回 | 回 | 轉 | 轉 | 翻去歸 | 去歸 | 2－16 |

(續表)

| | | | | | | |
|---|---|---|---|---|---|---|
| 回 | 回 | | 轉 | 翻去歸 | 番去歸 | 2-16 |
| 回 | 回 | 歸 | 轉 | 去 | 番去歸 | 2-25 |
| 回 | 回 | 轉 | 轉 | 翻去歸 | 番去歸 | 2-26 |
| 回 | 回 | 轉 | 歸 | 翻得去歸 | 番得去歸 | 2-31 |
| 回 | 回 | 轉 | 轉 | 翻去歸 | 歸 | 2-31 |
| 回 | 回 | 轉 | 轉 | 翻去歸 | 番去歸 | 2-31 |
| 回 | 回 | 轉 | 歸 | 翻去歸 | 番 | 2-29 |
| 回 | 回 | 轉 | 轉 | 翻去歸 | | 2-30 |
| 回 | 回 | | | 翻去歸 | | 4-15 |

表示“歸去,回去”義,AB用通語詞“回”,滬語用“轉”,粵語用“翻(番)”。

| | | | | | | |
|---|---|---|---|---|---|---|
| 帶回…去 | 帶回…去 | 帶…轉去 | 帶回…轉去 | 帶…翻去 | 帶…番去 | 2-2 |
| 販回…去 | 販回…去 | 販…轉去 | 販…轉去 | 買…翻去 | | 2-2 |
| 拿回去 | 拿回去 | 拿去 | 帶轉去 | 攞翻去 | 收番 | 2-6 |
| 拿回去 | 拿回去 | 担之轉去 | 拿轉去 | 攞翻去 | 攞番去 | 2-7 |
| 拿回去 | 拿回去 | 拿去 | 拿轉去 | 攞翻去 | 攞番哋去 | 2-13 |
| 拿回來 | 拿回來 | | 拿轉來 | 摵翻嚟 | 攞番嚟 | 2-14 |
| 寄回…去 | 寄回…去 | 寄之…去 | 寄到…去 | 寄翻去歸 | 寄番… | 2-16 |
| 帶回來 | 帶回來 | 帶轉來 | 帶轉來 | 帶翻嚟 | 帶番嚟 | 2-18 |
| 拿回…去 | 拿回…去 | 帶…去 | 拿轉去 | 帶翻去 | 帶番去 | 2-18 |
| 帶回去 | 帶回去 | 帶轉去 | 帶轉去 | 帶翻去 | | 2-18 |
| 退回去 | 退回去 | 退還 | 退轉去 | 俾翻 | 俾番 | 2-19 |
| 找回來 | 找回來 | 尋轉來 | 尋轉來 | 搵翻嚟 | 搵番 | 2-21 |
| 找回 | 找回 | | 尋轉來 | 搵翻 | | 2-21 |
| 換回來 | 換回來 | 擔…轉來 | 拿…轉來 | 換翻…<br>換翻嚟 | 搬…番嚟 | 2-21 |
| 帶回去 | 帶回去 | 帶之轉來 | 帶轉去 | 帶翻去 | 帶回 | 2-21 |

（續表）

| | | | | | | |
|---|---|---|---|---|---|---|
| 帶回去 | 帶回去 | 帶轉來 | 帶轉來 | 帶翻去 | 帶回 | 2-22 |
| 要回去 | 要回去 | | 要收回 | 起翻 | 要番 | 2-23 |
| 回來 | 回來 | 轉去 | 轉來 | 翻嚟 | 番嚟 | 2-33 |
| 拿回來 | 拿回來 | 送之轉來 | 拿之轉來 | 揸翻…嚟 | 揸番…嚟 | 2-33 |
| 取出來 | 發回來 | 領出來 | 收轉來 | 攞…出嚟 | 換…番嚟 | 2-33 |
| 拿回去 | 拿回去 | 擔之…轉去 | 拿轉去 | 揸…去 | 揸…番去 | 2-33 |
| 打回來 | 打回來 | | 打回轉來 | 打翻轉頭嚟 | 帶回 | 2-34 |
| 拿回去 | 拿回去 | 担轉去 | 拿轉去 | 揸翻去 | 揸番去 | 2-34 |
| 帶回來 | 帶回來 | 帶轉來 | | 帶翻嚟 | 帶番嚟 | 3-19 |
| 帶回來 | 帶回來 | 担之轉來 | | 帶翻嚟 | 揸番嚟 | 3-19 |

當複音節趨向動詞"回去/回來"充當動詞補語時,也存在與滬語趨向動詞"轉去/轉來"、粵語趨向動詞"翻去/翻嚟"的新舊對譯。

5.2.4 "踩踏"義動詞

| | | | | | | |
|---|---|---|---|---|---|---|
| 踮 | 踮 | | | 踮 | 踹 | 2-39 |
| 踮 | 踮 | 踏 | | 踮 | 踹 | 3-6 |

5.2.5 "下跪"義動詞

| | | | | | | |
|---|---|---|---|---|---|---|
| 跪上 | 跪下 | 跪下來 | 跽之下來 | 跪倒 | 敬立[原文作跪] | 2-35 |

5.2.6 "進入"義動詞

5.2.6.1 進——入

| | | | | | | |
|---|---|---|---|---|---|---|
| 進 | 進 | 進 | 進 | | 入 | 2-4 |
| 進 | 進 | 進 | 進 | 入 | 入 | 2-7 |
| 進 | 進 | 進 | 進 | 入 | 入 | 2-7 |
| 進 | 進 | 進 | 進 | 入 | | 2-8 |
| 進 | 進 | 進 | 進 | 入 | 入 | 2-8 |
| 進 | 進 | 進 | 進 | 入 | 入 | 2-9 |

(續表)

| 進 | 進 | 去 | 進 | 入 | 入 | 2-9 |
|---|---|---|---|---|---|---|
| 進 | 進 | 進 | 進 | 入 | 入 | 2-10 |
| 進 | 進 | 進 | 進 | 入 | 入 | 2-10 |
| 進 | 進 | 進 |  | 入 |  | 2-14 |
| 進 | 進 | 進 | 進 | 入 | 入 | 2-17 |
| 進 | 進 | 到 | 進 | 入 | 入 | 2-17 |
| 進 | 進 | 進 | 進 | 入 | 入 | 2-18 |
| 進 | 進 | 進 | 進 | 入 | 入 | 2-18 |
| 進 | 進 | 進 | 進 | 入 | 入 | 2-18 |
| 進 | 進 | 進 | 進 | 入 | 入 | 2-26 |
| 進 | 進 | 進 | 進 | 入 | 入 | 2-26 |
| 進 | 進 | 跑進 | 進 | 入 | 入 | 2-29 |
| 進 | 進 | 到 | 進 | 入 |  | 2-29 |
| 進 | 進 |  | 進 | 入 |  | 2-29 |
| 進 | 進 | 到 | 到 | 入 | 入 | 2-30 |
| 進 | 進 | 到 | 到 | 去 | 入 | 2-31 |
| 進 | 進 | 進 | 進 | 入 | 入 | 2-35 |
| 進 | 進 |  | 到 | 入 | 入 | 2-35 |
| 進 | 進 |  | 進 | 入 | 入 | 2-35 |
| 進 | 進 | 到 | 到 | 入 | 入 | 2-36 |
| 進 | 進 | 進 | 進 | 入 | 嚟 | 2-36 |
| 進 | 進 | 進 | 進 | 入 | 去 | 2-36 |
| 進 | 進 | 進 | 進 | 入 | 入 | 2-36 |
| 進 | 進 | 進 | 進 | 入 | 入 | 2-37 |
| 進 | 進 | 進 | 來 | 入 | 入 | 2-37 |
| 進 | 進 | 進 | 進 | 入 | 入 | 2-37 |
| 進 | 進 | 到 | 進 | 入 | 入 | 2-39 |

（續表）

| | | | | | | |
|---|---|---|---|---|---|---|
| 進 | 進 | 進 | | 入 | 入 | 3－1 |
| 進 | 進 | 來 | | 入 | 入 | 3－1 |
| 進 | 進 | 進 | | 入 | 入 | 3－7 |
| 進 | 進 | 進 | | 入 | 入 | 3－7 |
| 進 | 進 | 進 | | 入 | 入 | 3－15 |
| 進 | 進 | 進 | | 入 | 入 | 3－18 |
| 進 | 進 | | | 入 | | 4－12 |
| 進 | 進 | | | 入 | | 4－16 |
| 進 | 進 | | | 入 | | 4－16 |

按：表示"進入"之義，上古一直到唐宋時期，其主導詞為"入"，"進"東漢時初見表"進入"的用例，魏晉南北朝用例已頗為常見，但在使用頻率、語法功能上弱於"入"。元末明初，"進"的用例開始迅速增加，在當時口語中已相當常見。由此可斷定，"進"對"入"的替換過程大概是從元代開始，到明末已基本結束。此後"進"一直是"進入"義的主導詞，這種格局一直保持到現代漢語中；而"入"只在一些成語、慣用語或者仿古書面語中得以保留。

5.2.6.2　V進——V入

| | | | | | | |
|---|---|---|---|---|---|---|
| 趕進去 | 趕進去 | 推進去 | 推之進去 | 推…入去 | 趕…入去 | 2－29 |
| 搬進去 | 搬進去 | 搬進去 | 搬進去 | 搬…入去 | 搬…入去 | 2－29 |
| 帶進來 | 帶進來 | 領…進去 | 領之進來 | 帶…入嚟 | 帶…入去 | 2－31 |
| 帶進去 | 帶進去 | 領進去 | 帶進去 | 帶…去 | 帶…入去 | 2－35 |
| 引進去 | 引進去 | 領進去 | 領…進去 | 引…入去 | | 2－39 |
| 投進去 | 投進去 | | | 投入去 | | 4－5 |
| 跳進 | 跳進 | 跳進 | 跳進 | 跳…入嚟 | 跳落嚟 | 2－25 |
| 搬進來 | 搬進來 | 搬之進來 | | 搬嗻入嚟 | 搬嗻入嚟 | 3－14 |
| 拿進來 | 拿進來 | 担進來 | | 擰入嚟 | 擰入嚟 | 3－17 |

當複音節趨向動詞"進去/進來"充當動詞補語時,也存在與粵語趨向動詞"入去/入嚟"的新舊對譯。

5.2.6.3 到——入

| 到 | 到 | 到 | 到 | 入 | 赴 | 2-22 |
|---|---|---|---|---|---|---|
| 到 | 到 | 進 | 到 | 入 | 入嚟 | 2-25 |
| 到 | 到 | 走到 | 到 | 入到去 |  | 2-25 |
| 到 | 到 | 到 | 到 | 入去 | 入 | 2-26 |
| 到 | 到 | 走到 | 走到 | 入到 | 入到 | 2-29 |
| 到 | 到 | 到 | 到 | 入 | 去 | 2-29 |
| 到 | 到 | 到 | 到 | 入到去 | 到 | 2-29 |
| 到 | 到 | 到 | 到 | 翻入 | 入 | 2-29 |
| 到 | 到 | 到 | 到 | 入去 | 入去 | 2-31 |
| 到 | 到 | 到 | 到 | 去 | 入 | 2-32 |
| 到 | 到 | 到 | 到 | 去 | 入 | 2-32 |
| 到 | 到 | 到 | 到 | 入 | 到 | 2-35 |
| 到 | 到 | 到 | 到 | 入 | 去 | 2-35 |
| 到 | 到 | 到 | 到 | 入 | 嚟 | 2-35 |
| 到 | 到 | 到 | 到 | 入 | 入 | 2-37 |
| 到 | 到 |  |  | 到 | 入 | 3-8 |
| 到 | 到 | 到 |  | 入 | 去 | 3-15 |
| 到 | 到 |  |  | 入 |  | 4-5 |

按:學界只關注了常用詞"進"對"入"的替換,而完全忽視了"到"對"入"的替換。這一組給予我們很大的啟示。

5.2.6.4 V到——V入

| 跳到 | 跳到 | 跳到 | 跳到 | 跳入嚟 | 跳過 | 2-25 |
|---|---|---|---|---|---|---|
| 送了 | 送到 | 送之 | 送之到 | 送入 | 送…到 | 2-30 |
| 挪到 | 搬到 | 搬到 |  | 搬入 | 搬入 | 3-14 |

當動詞"到"充當動詞補語時,在粵語中也存在与補語成分"入"的新舊對譯。

5.2.6.5　來——入嚟

| 來 | 來 | | 來 | 行入嚟 | 入嚟 | 2-29 |
|---|---|---|---|---|---|---|
| 來 | 來 | 來 | 來 | 嚟 | 入嚟 | 2-37 |
| 來 | 來 | 來 | 來 | 嚟 | 入嚟 | 2-37 |

5.2.6.6　V來——V入嚟

| 拿來 | 拿來 | 担來 | | 嚟擰(擰嚟) | 擰入嚟 | 3-7 |
|---|---|---|---|---|---|---|

5.2.7　"站立"義動詞(站——立——企)

| 站 | 站 | 立 | 立 | 企 | 企 | 1-45 |
|---|---|---|---|---|---|---|
| 站 | 站 | 立 | 立 | 企 | | 2-32 |
| 站 | 站 | 立 | 立 | 企 | 企 | 2-33 |
| 站 | 站 | 站 | | 企 | 企 | 3-11 |

表示"站立",AB版用明代以來官話區通語詞,CD版用上古早期至明代通語詞"立"。EF版之"企"本字疑為"徛",用作"站立"義始見於戰國,歷史上可能作為方言詞存在於南方地區。(參見汪維輝、秋谷裕幸 2010)

5.2.8　"踒屈"義動詞(踒——跌——屈)

| 踒 | 踒 | 跌 | | 屈 | 屈 | 2-25 |
|---|---|---|---|---|---|---|

5.2.9　下₁:動詞

5.2.9.1　表示"由高处到低处"

| 下山去 | 下山去 | 下山去 | 下去 | 落山去 | 出嘔去 | 1-31 |
|---|---|---|---|---|---|---|
| 下山 | 下山 | 下山 | 下山 | 落山 | 落山 | 2-15 |
| 下炕 | 下床 | | | 落床 | | 2-27 |
| 下去 | 下去 | 下去 | 下去 | 翻去 | 出去 | 2-19 |

(續表)

| | | | | | | |
|---|---|---|---|---|---|---|
| 下船 | 下船 | 上岸 | 上岸 | 上船 | 上岸 | 2－21 |
| 下船 | 下船 | 上岸 | 上岸 | 離船 | 離船 | 2－28 |
| 下來 | 疊下來 | 下來 | | | | 3－12 |

5.2.9.2　表示"(雨、雪等)降落"

| | | | | | | |
|---|---|---|---|---|---|---|
| 下了雨 | 下了雨 | 落雨 | 落雨 | 落雨 | 有雨落 | 1－23 |
| 下大雨 | 下大雨 | 落之大雨 | 落大雨 | 落大雨 | 落大雨 | 2－12 |
| 下起雪 | 下起雪 | 落起雪 | 落起雪 | 落起雪 | 落綿花雪 | 2－15 |
| 下雨 | 下雨 | | 落雨 | 落雨 | 落雨 | 2－24 |

表示"下雨(雪)"這一意義,通語用"下雨(雪)",南方方言多用"落雨(雪)"。

5.2.9.3　表示"去,到"

| | | | | | | |
|---|---|---|---|---|---|---|
| 下天津 | 下天津 | 到天津 | 到天津 | 去天津 | 到天津 | 2－14 |
| 下天津 | 往天津 | 到之天津 | 到天津 | 去咽天津 | 去咽天津 | 2－18 |
| 下天津 | 下天津 | 到天津 | 上天津 | 去天津 | 去天津 | 2－23 |

5.2.9.4　表示"放"

| | | | | | | |
|---|---|---|---|---|---|---|
| 下上潮腦 | 加上潮腦 | 放樟腦 | | 落翻樟腦 | 落的樟腦 | 3－10 |
| 下榻 | 下榻 | | | 設榻 | | 4－17 |

5.2.10　"掉落"義動詞

5.2.10.1　掉——落——跌:從高向下落

| | | | | | | |
|---|---|---|---|---|---|---|
| 掉 | 掉 | 落 | 落 | 跌 | 跌 | 2－13 |
| 掉 | 掉 | 落 | 落 | 跌 | 跌 | 2－13 |
| 掉 | 跌 | 跌 | 跌 | 跌 | 跌 | 2－23 |
| 掉 | 掉 | 落 | 落 | 跌 | 流 | 2－31 |
| 掉 | 掉 | 落 | 落 | | | 2－31 |

(續表)

| | | | | | | |
|---|---|---|---|---|---|---|
| 掉 | 掉 | 落 | 落 | 跌 | 跌 | 2-33 |
| 掉 | 掉 | 落 | | 跌 | 落 | 3-9 |
| 掉 | 掉 | 落 | | 跌 | 跌 | 3-14 |

按：跌：表示"下降"，不晚於明代，《漢語大字典》頁 3939 該條下首例引《徐霞客遊記·遊雁宕山日記》："常雲南下，跌而復起，為戴辰峯。"

《說文》："落，凡艸曰零，木曰落。從艸，洛聲。"唐慧琳《一切經音義》卷六引《說文》作"草木凋衰也"。作"下降"之意講，《漢語大字典》首引《漢書·宣帝紀》："朕惟耆老之人，髮齒墮落。"

《說文》："掉，搖也。從手，卓聲。《春秋傳》曰：'尾大不掉'""掉"本指划船用棹使其搖動之義。"掉"的"降落"義產生的較晚，《漢語大字典》首引明康海《滿庭芳·晴望》："園林一帶青如掉，山色周遭。"小說《西遊記》、《三國演義》中表"降落"多用"落"，尚無"掉"，也說明了"掉"當"降落"講應是明代以後的事了。從清代作品中"掉"的"降落"義使用較多的情況看，在明清之際，在表示"降落"義方面，發生了"掉"對"落"的替換。明小說《西遊記》到清鼓詞曲本《西遊記》有明顯的新舊替換可以證明(詳見張美蘭、周瀅照 2014)。

5.2.10.2　其他

| | | | | | | |
|---|---|---|---|---|---|---|
| 掉 | 掉 | 退 | | 甪 | 失 | 3-10 |
| 掉 | 掉 | 落 | | 甪 | 甪 | 3-16 |

5.2.11　"碰撞"義動詞(碰 1——撞)

| | | | | | | |
|---|---|---|---|---|---|---|
| 碰 | 碰 | 弄 | | 碰 | | 3-6 |
| 磨 | 碰 | 碰 | | 刷 | 劃 | 3-9 |
| 碰 | 碰 | | | 碰 | | 4-6 |
| 碰 | 碰 | | | 碰 | | 4-6 |
| 碰 | 碰 | | | 碰 | | 4-6 |

(續表)

| | | | | | | |
|---|---|---|---|---|---|---|
| 碰 | 碰 | | | 碰 | | 4－6 |
| 碰折 | 碰拆 | | | 撞 | | 4－6 |
| 碰 | 碰 | | | 碰 | | 4－6 |
| 碰 | 碰 | | | 碰 | | 4－6 |
| 碰 | 碰 | | | 撞 | | 4－6 |
| 撞 | 撞 | | | 碰 | | 4－6 |
| 碰 | 碰 | | | 碰 | | 4－6 |

5.2.12　“遇見”義動詞(遇見——碰$_2$着——遇着)

| | | | | | | |
|---|---|---|---|---|---|---|
| 會過 | 會過 | 碰着過 | 會過 | 會過 | 會過 | 1－18 |
| 遭 | 遭 | 碰着 | 遭 | 遭 | 遇着 | 2－13 |
| 遇見 | 遇見 | 碰着 | 碰着 | 碰倒 | 得 | 2－20 |
| 遇見 | 遇見 | 碰着 | 碰着 | 碰着 | 遇着 | 2－20 |
| 遇見 | 遇見 | 碰著 | 碰着 | 遇倒 | 遇着 | 2－21 |
| 見過 | 遇見 | 碰着 | 看見 | 碰見 | 碰見 | 2－25 |
| 遇見 | 遇見 | 碰着 | 碰着 | 遇着 | 遇着 | 2－25 |
| 遇見 | 遇見 | 碰着 | 看見 | 見着 | 遇着 | 2－25 |
| 遇見 | 遇見 | 碰著 | 碰見 | 撞見 | 撞見 | 2－27 |
| 遇見 | 遇見 | 碰著 | 碰着 | 遇 | 遇着 | 2－28 |
| 遇見 | 遇見 | 碰著 | 碰着 | 遇著 | | 2－28 |
| 遇見 | 遇見 | 碰之 | 碰着 | 遇著 | 遇着 | 2－29 |
| 遇見 | 遇見 | 碰著 | 碰着 | 撞見 | 見着 | 2－30 |
| 見 | 見 | 碰着 | 見 | 見 | 見 | 2－32 |
| 碰著 | 碰著 | 碰着 | 摓著 | 碰著 | 碰着 | 2－39 |

按：表達“遇見”義，早期有“遇”“逢”。《說文解字》中，“遇”“逢”互訓。魏晉至宋元“逢”“遇”常用，單用或與“著”“見”組成動補結構，明代，“逢”逐漸失去優勢地位，“遇”又漸漸成為表“遇見”義的常

用詞。而表示"遇見"義,"撞"之此義見於宋代,"碰"在清代,二者均由"撞擊"義引申而來。據此可見 CD 版滬語倒是偏用清代興起的"碰(見)"。ABEF 用通語之"遇見"。

5.2.13 碰運氣

| 碰運氣 | 碰運氣 | 碰運氣 | 碰運氣 | 碰運數 | 碰彩數 | 2-20 |
|---|---|---|---|---|---|---|

5.3 口部動詞

5.3.1 "言說"義動詞

汪維輝(2003)指出:現代漢語方言的"説類詞"主要有三個:北方話的"説",南方方言的"話"和中部方言的"講"。作為"説類詞",它們的確立都是近代漢語階段的事。"話"約形成于唐代;"説"約定型于唐宋之際;"講"在歷史文獻中只能追溯到元代。

從歷時發展看,在西漢以前的上古漢語裡,"説類詞"主要有"語、言、云、曰、謂、説、道"等。東漢到隋的中古時期"説類詞"的組成成員基本保持上古的格局,主要的口語詞有三個:言,説,道。而唐以後近代漢語的情況是:唐代"話"主要作動詞,成為"説類詞"中的新成員,但宋代以後則幾乎只作名詞了;大約從晚唐五代起,"説"就成了表説話義的核心詞。"説"徹底取代"曰""云"至遲不晚于14世紀初。"講"字上古就有,但就文獻語言來看,在元代以前它並不用作一般的"講話"義,在言説語義場中是個下位詞;元代開始有用同"説"的例子,但直到清代,文獻中的使用頻率一直不高,並且帶有明顯的地域色彩。

5.3.1.1 説——話

| 説 | 説 | 話 | 話 | 話 | 話 | 1-10 |
|---|---|---|---|---|---|---|
| 説 | 説 | 話 | 話 | 話 | 話 | 1-33 |
| 説 | 説 | 話 | 説 | 話 | 話 | 1-39 |
| 説 | 説 | 話 | 話 | 話 | 話 | 2-6 |
| 説 | 説 | 話 | 話 | 話 | 話 | 2-6 |

(續表)

| | | | | | | |
|---|---|---|---|---|---|---|
| 說 | 說 | 話 | 話 | 話 | 話 | 2-6 |
| 說 | 說 | 話 | 話 | 話 | 話 | 2-7 |
| 提 | 說 | 話 | 話 | 話 | 話 | 2-8 |
| 說 | 說 | 話 | 話 | 話 | 話 | 2-8 |
| 說 | 說 | | 話 | 話 | | 2-9 |
| 說 | 說 | 話 | 話 | 話 | 話 | 2-14 |
| 說 | 說 | | 話 | 話 | | 2-15 |
| 說 | 說 | 話 | 話 | 話 | 話 | 2-15 |
| 說 | 說 | 話 | 話 | 話 | 話 | 2-16 |
| 說 | 說 | | 話 | 話 | 話 | 2-16 |
| 說 | 說 | 話 | 話 | 話 | 話 | 2-16 |
| 說 | 說 | 話 | 話 | 話 | 話 | 2-16 |
| 說 | 說 | 話 | 話 | 話 | 話 | 2-17 |
| 說 | 說 | 話 | 話 | 話 | 話 | 2-17 |
| 說 | 說 | 話 | 話 | 話 | 話 | 2-18 |
| 說 | 說 | | 話 | 話 | | 2-18 |
| 說 | 說 | 話 | 話 | 話 | 話 | 2-19 |
| 說 | 說 | 話 | 話 | 話 | 話 | 2-19 |
| 說 | 說 | 話 | 話 | 話 | | 2-19 |
| 說 | 說 | 話 | 話 | 話 | 話 | 2-19 |
| 說 | 說 | 話 | 話 | 話 | 話 | 2-19 |
| 說 | 說 | 話 | 話 | 話 | 話 | 2-21 |
| 說 | 說 | | 話 | 話 | | 2-21 |
| 說 | 說 | 話 | 話 | 話 | 話 | 2-21 |
| 說 | 說 | 話 | 話 | 話 | 話 | 2-21 |
| 說 | 說 | 話 | 話 | 話 | 話 | 2-21 |
| 說 | 說 | 話 | 話 | 話 | 話 | 2-21 |

（續表）

| 說 | 說 | 話 | 話 | 話 | 話 | 2－21 |
|---|---|---|---|---|---|---|
| 說 | 說 | 話 | 話 | 話 | 話 | 2－23 |
| 說 | 說 | 話 | 話 | 話 | 話 | 2－24 |
| 說 | 說 | 話 | 話 | 話 | 話 | 2－24 |
| 說 | 說 | 話 | 話 | 話 | 話 | 2－24 |
| 說 | 說 | 話 | 話 | 話 | 話 | 2－25 |
| 說 | 說 | 話 | 話 | 話 | 話 | 2－25 |
| 說 | 說 |  | 話 | 話 |  | 2－25 |
| 說 | 說 | 話 | 話 | 話 | 話 | 2－26 |
| 說 | 說 | 話 | 話 | 話 | 話 | 2－26 |
| 說 | 說 | 話 | 話 | 話 | 話 | 2－26 |
| 說 | 說 | 話 | 話 | 話 | 話 | 2－26 |
| 說 | 說 | 話 | 話 | 話 | 話 | 2－26 |
| 說 | 說 | 話 | 話 | 話 | 話 | 2－27 |
| 說 | 說 | 話 | 話 | 話 | 話 | 2－27 |
| 說 | 說 | 話 | 話 | 話 | 話 | 2－27 |
| 說 | 說 | 話 | 話 | 話 | 話 | 2－27 |
| 說 | 說 | 話 | 話 | 話 | 話 | 2－28 |
| 說 | 說 | 話 | 話 | 話 | 話 | 2－28 |
| 說 | 說 | 話 | 話 | 話 | 話 | 2－29 |
| 說 | 說 | 話 | 話 | 話 | 話 | 2－30 |
| 說 | 說 | 話 | 話 | 話 | 話 | 2－30 |
| 說 | 說 | 話 | 話 | 話 |  | 2－30 |
| 說 | 說 | 話 | 話 | 話 | 話 | 2－30 |
| 說 | 說 | 話 | 話 | 話 | 話 | 2－30 |
| 說 | 說 | 話 | 話 | 話 | 話 | 2－31 |
| 說 | 說 | 話 | 話 | 話 | 話 | 2－31 |

(續表)

| 說 | 說 | 話 | 話 | 話 |  | 2-31 |
|---|---|---|---|---|---|---|
| 說 | 說 | 話 | 話 | 話 | 話 | 2-32 |
| 說 | 說 | 話 | 話 | 話 | 話 | 2-32 |
| 說 | 說 | 話 | 話 | 話 | 話 | 2-32 |
| 說 | 說 | 話 | 話 | 話 | 話 | 2-32 |
| 說 | 說 | 話 | 話 | 話 | 話 | 2-32 |
| 說 | 說 | 話 | 話 | 話 | 話 | 2-32 |
| 說 | 說 | 話 | 話 | 話 | 話 | 2-33 |
| 說 | 說 | 話 | 話 | 話 | 話 | 2-33 |
| 說 | 說 | 話 | 話 | 話 | 話 | 2-33 |
| 說 | 說 | 話 | 話 | 話 | 話 | 2-33 |
| 說 | 說 | 話 | 話 | 話 |  | 2-33 |
| 說 | 說 |  | 話 | 話 | 話 | 2-33 |
| 說 | 說 | 話 | 話 | 話 | 話 | 2-33 |
| 說 | 說 | 話 | 話 | 話 | 話 | 2-33 |
| 說 | 說 | 話 | 話 | 話 | 話 | 2-33 |
| 說 | 說 | 話 | 話 | 話 | 話 | 2-33 |
| 說 | 說 | 話 | 話 | 話 | 話 | 2-33 |
| 說 | 說 | 話 | 話 | 話 | 話 | 2-33 |
| 說 | 說 | 話 | 話 | 話 | 話 | 2-33 |
| 說 | 說 | 話 | 話 | 話 | 話 | 2-34 |
| 說 | 說 | 話 | 話 | 話 | 話 | 2-34 |
| 說 | 說 | 話 | 話 | 話 |  | 2-34 |
| 說 | 說 | 話 | 話 | 話 | 話 | 2-35 |
| 說 | 說 | 話 | 話 | 話 | 話 | 2-35 |
| 說 | 說 | 話 | 話 | 話 | 話 | 2-35 |
| 說 | 說 | 話 | 話 | 話 | 話 | 2-36 |

(續表)

| 說 | 說 | 話 | 話 | 話 | 話 | 2－36 |
|---|---|---|---|---|---|---|
| 說 | 說 | 話 | 話 | 話 |  | 2－36 |
| 說 | 說 | 話 | 話 | 話 | 話 | 2－36 |
| 說 | 說 | 話 | 話 | 話 | 話 | 2－36 |
| 說 | 說 | 話 | 話 | 話 | 話 | 2－36 |
| 說 | 說 | 話 | 話 | 話 | 話 | 2－36 |
| 說 | 話 | 話 | 話 | 話 | 話 | 2－36 |
| 說 | 說 | 話 | 話 | 話 | 話 | 2－36 |
| 說 | 說 | 話 | 話 | 話 | 話 | 2－36 |
| 說 | 說 | 話 | 話 | 話 | 話 | 2－37 |
| 說 | 說 | 話 | 話 | 話 | 話 | 2－37 |
| 說 | 說 | 話 | 話 | 話 | 話 | 2－37 |
| 說 | 說 | 話 | 話 | 話 | 話 | 2－37 |
| 說 | 說 | 話 | 話 | 話 | 話 | 2－37 |
| 說 | 說 | 話 | 話 | 話 | 話 | 2－37 |
| 說 | 說 | 話 | 話 | 話 |  | 2－37 |
| 說 | 說 | 話 | 話 | 話 | 話 | 2－37 |
| 說 | 說 | 話 | 話 | 話 | 話 | 2－37 |
| 說 | 說 | 話 | 話 | 話 | 話 | 2－38 |
| 說 | 說 | 話 | 話 | 話 | 話 | 2－38 |
| 說 | 說 | 話 | 話 | 話 | 話 | 2－38 |
| 說 | 說 | 話 | 話 | 話 | 話 | 2－39 |
| 說 | 說 | 話 | 話 | 話 | 話 | 2－39 |
| 說 | 說 | 話 | 話 | 話 | 話 | 2－39 |
| 說 | 說 |  |  | 話 | 話 | 2－39 |
| 說 | 說 | 話 | 話 | 話 | 話 | 2－40 |
| 說 | 說 | 話 |  | 話 | 話 | 3－4 |

(續表)

| 說 | 說 | 話 |  | 話 | 話 | 3－7 |
|---|---|---|---|---|---|---|
| 說 | 說 | 話 |  | 話 | 話 | 3－10 |
| 說 | 說 | 話 |  | 話 | 話 | 3－13 |
| 說 | 說 | 話 |  | 話 | 話 | 3－14 |
| 說 | 說 | 話 |  | 話 | 話 | 3－14 |
| 說 | 說 | 話 |  | 話 |  | 3－15 |
| 說 | 說 | 話 |  | 話 | 話 | 3－18 |
| 說 | 說 | 話 |  | 話 | 話 | 3－18 |
| 說 | 說 | 話 |  | 話 | 話 | 3－18 |
| 說 | 說 | 話 |  | 話 |  | 3－20 |
| 說 | 說 |  |  | 話 |  | 4－1 |
| 說 | 說 |  |  | 話 |  | 4－1 |
| 說 | 說 |  |  | 話 |  | 4－1 |
| 說 | 說 |  |  | 話 |  | 4－1 |
| 說 | 說 |  |  | 話 |  | 4－1 |
| 說 | 說 |  |  | 話 |  | 4－1 |
| 說 | 說 |  |  | 話 |  | 4－1 |
| 說 | 說 |  |  | 話 |  | 4－1 |
| 說 | 說 |  |  | 話 |  | 4－1 |
| 說 | 說 |  |  | 話 |  | 4－1 |
| 說 | 說 |  |  | 話 |  | 4－1 |
| 說 | 說 |  |  | 話 |  | 4－3 |
| 說 | 說 |  |  | 話 |  | 4－3 |
| 說 | 說 |  |  | 話 |  | 4－3 |
| 說 | 說 |  |  | 話 |  | 4－3 |
| 說 | 說 |  |  | 話 |  | 4－3 |
| 說 | 說 |  |  | 話 |  | 4－6 |

(續表)

| | | | | | | |
|---|---|---|---|---|---|---|
| 說 | 說 | | | 話 | | 4-6 |
| 說 | 說 | | | 話 | | 4-6 |
| 說 | 說 | | | 話 | | 4-6 |
| 說 | 說 | | | 話 | | 4-6 |
| 說 | 說 | | | 話 | | 4-6 |
| 說 | 說 | | | 話 | | 4-7 |
| 說 | 說 | | | 話 | | 4-8 |
| 說 | 說 | | | 話 | | 4-8 |
| 說 | 說 | | | 話 | | 4-8 |
| 說 | 說 | | | 話 | | 4-8 |
| 說 | 說 | | | 話 | | 4-9 |
| 說 | 說 | | | 話 | | 4-9 |
| 說 | 說 | | | 話 | | 4-9 |
| 說 | 說 | | | 話 | | 4-10 |
| 說 | 說 | | | 話 | | 4-10 |
| 說 | 說 | | | 話 | | 4-16 |
| 說 | 說 | | | 話 | | 4-18 |
| 說 | 說 | | | 話 | | 4-19 |
| 說 | 說 | | | 話 | | 4-19 |
| 說 | 說 | | | 話 | | 4-19 |
| 說 | 說 | | | 話 | | 4-19 |

5.3.1.2　說——話——答話

| | | | | | | |
|---|---|---|---|---|---|---|
| 說 | 說 | 答應咾話 | 話 | 話 | 答話 | 2-29 |
| 說 | 說 | 答應咾話 | 話 | 話 | 答話 | 2-29 |
| 說 | 說 | 話 | 話 | 答……話 | 答話 | 2-31 |
| 說 | 說 | 話 | 話 | 答話 | 答話 | 2-31 |

(續表)

| 說 | 說 | 話 | 話 | 話 | 答話 | 2-31 |
|---|---|---|---|---|---|---|
| 說 | 說 | 話 | 話 | 話 | 答話 | 2-33 |
| 說 | 說 | 話 | 話 | 話 | 答話 | 2-33 |
| 說 | 說 | 話 | 話 | 話 | 答話 | 2-35 |
| 說 | 說 | 話 | 話 | 話 | 答話 | 2-37 |

5.3.1.3 說——話——講

| 說 | 說 | 話 | 話 | 講 | 講 | 1-12 |
|---|---|---|---|---|---|---|
| 說 | 說 | 話 | 話 | 講話 | 講 | 1-13 |
| 說 | 說 | 話 | 話 | 講 |  | 1-13 |
| 說 | 說 | 話 | 話 | 講 | 講 | 1-16 |
| 說 | 說 | 話 | 話 | 講 |  | 1-17 |
| 說 | 說 | 話 | 話 | 講 |  | 1-34 |
| 說 | 說 | 話 | 說 | 講 | 講 | 1-35 |
| 說 | 說 | 話 | 話 | 講 |  | 1-39 |
| 說 | 說 | 話 | 話 | 話 | 講 | 2-7 |
| 說 | 說 | 話 | 話 | 講 |  | 2-8 |
| 說 | 說 | 話 | 話 | 講 |  | 2-10 |
| 說 | 說 | 話 | 話 | 講 | 講 | 2-10 |
| 說 | 說 | 話 | 話 | 講 |  | 2-12 |
| 說 | 說 | 話 | 話 | 議 | 講 | 2-13 |
| 說 | 說 | 話 | 話 | 講 | 講 | 2-13 |
| 說 | 說 | 話 | 說 | 講 | 講 | 2-16 |
| 說 | 說 | 話 | 話 | 講話 | 話 | 2-16 |
| 說 | 說 | 話 | 話 | 講 | 講 | 2-16 |
| 說 | 說 | 話 | 話 | 說 | 講 | 2-17 |
| 說 | 說 |  | 話 | 講 |  | 2-19 |

(續表)

| | | | | | | |
|---|---|---|---|---|---|---|
| 說 | 說 | 話 | 話 | 講話 | 話 | 2-21 |
| 說 | 說 | 話 | 話 | 講話 | 講 | 2-22 |
| 說 | 說 | 話 | 話 | 講 | 講 | 2-24 |
| 說 | 說 | 話 | 話 | 講 | 講 | 2-24 |
| 說 | 說 | 話 | 話 | 講話 | 話 | 2-25 |
| 說 | 說 | 話 | 話 | 講話 | 話 | 2-26 |
| 說 | 說 | 話 | 話 | 講 | 講 | 2-29 |
| 說 | 說 | 話 | 話 | 講話 | 講話 | 2-29 |
| 說 | 說 | 話 | 話 | 講 | 話 | 2-29 |
| 說 | 說 | 話 | 話 | 話 | 講 | 2-30 |
| 說 | 說 | 話 | 話 | 講 | | 2-31 |
| 說 | 說 | 話 | 話 | 講 | 講 | 2-32 |
| 說 | 說 | 話 | 話 | 講 | 講 | 2-32 |
| 說 | 說 | 話 | 話 | 講 | 話 | 2-33 |
| 說 | 說 | 話 | 話 | 講 | | 2-33 |
| 說 | 說 | 講 | 話 | 講 | 講 | 2-32 |
| 說 | 說 | | 話 | 講 | 講 | 2-35 |
| 說 | 說 | 話 | 話 | 講 | 講 | 2-35 |
| 說 | 說 | 話 | 話 | 講 | 話 | 2-36 |
| 說 | 說 | 話 | 話 | 講話 | 話 | 2-36 |
| 說 | 說 | 話 | 話 | 講 | 話 | 2-36 |
| 說 | 說 | 話 | 話 | 話 | 講 | 2-36 |
| 說 | 說 | 話 | 話 | 講 | | 2-37 |
| 說 | 說 | 話 | 話 | 講 | 話 | 2-38 |
| 說 | 說 | 講 | 話 | 講 | 講 | 2-38 |
| 說 | 說 | | 話 | 話 | 講 | 2-39 |
| 說 | 說 | 話 | 話 | 講 | 講 | 2-39 |

(續表)

| | | | | | | |
|---|---|---|---|---|---|---|
| 說 | 說 | 話 | 話 | 講 | 講 | 2－39 |
| 說 | 說 | 話 | 話 | 講 | 講 | 2－39 |
| 說 | 說 | | | 講 | 講 | 2－39 |
| 說 | 說 | 話 | 話 | 講 | 講 | 2－39 |
| 說 | 說 | 講 | 話 | 講 | 話 | 2－39 |
| 說 | 說 | 話 | 話 | 講 | 講 | 2－39 |
| 說 | 說 | 講 | 話 | 講 | 講 | 2－39 |
| 說 | 說 | 講 | 話 | 講 | 講 | 2－39 |
| 說 | 說 | | | 講 | 講 | 2－39 |
| 說 | 說 | 話 | 話 | 講 | 講 | 2－39 |
| 說 | 說 | 話 | 話 | 講 | 講 | 2－40 |
| 說 | 說 | | 話 | 講 | 講 | 2－40 |
| 說 | 說 | 話 | | 講 | 講 | 3－1 |
| 說 | 說 | 話 | | 講 | | 3－6 |
| 說 | 說 | 話 | | 講 | | 3－9 |
| 說 | 說 | | | 講 | | 3－15 |
| 說 | 說 | 話 | | 講 | 講 | 3－16 |
| 說 | 說 | 話 | | 講 | 講 | 3－20 |
| 說 | 說 | 話 | | 講 | 講 | 3－20 |
| 說 | 說 | | | 講 | | 4－1 |
| 說 | 說 | | | 講 | | 4－5 |
| 說 | 說 | | | 講 | | 4－7 |
| 說 | 說 | | | 講 | | 4－7 |
| 說 | 說 | | | 講 | | 4－8 |
| 說 | 說 | | | 講 | | 4－8 |
| 說 | 說 | | | 講 | | 4－8 |
| 說 | 說 | | | 講 | | 4－9 |

(續表)

| | | | | | | |
|---|---|---|---|---|---|---|
| 說 | 說 | | | 講 | | 4-9 |
| 說 | 說 | | | 講 | | 4-9 |
| 說 | 說 | | | 講 | | 4-9 |
| 說 | 說 | | | 講 | | 4-9 |
| 說 | 說 | | | 講 | | 4-9 |
| 說 | 說 | | | 講 | | 4-10 |
| 說 | 說 | | | 講 | | 4-10 |
| 說 | 說 | | | 講話 | | 4-13 |
| 說 | 說 | | | 講 | | 4-14 |
| 說 | 說 | | | 講 | | 4-17 |
| 說 | 說 | | | 講 | | 4-17 |
| 說 | 說 | | | 講 | | 4-18 |
| 說 | 說 | | | 講 | | 4-18 |
| 說 | 說 | | | 講 | | 4-19 |
| 說 | 說 | | | 講 | | 4-20 |

5.3.1.4 聽說

| | | | | | | |
|---|---|---|---|---|---|---|
| 聽說 | 聽說 | 聽見 | 聽見人話起 | | 聞得 | 1-19 |
| 聽說 | 聽說 | 聽見 | 聽見 | 聽見話 | 聞得 | 1-28 |
| 聽說 | 聽說 | 聽見話 | 聽見話 | 聽見話 | 聞得 | 2-11 |
| 聽說 | 聽說 | 聽見 | 聽見 | 聽見 | 聞得 | 2-30 |
| 聽說 | 聽說 | 聽見 | 聽見 | 聽見 | 聽見 | 2-31 |
| 聽說 | 聽說 | 聽見 | | 聽見話 | 聞得 | 3-11 |
| 聽說 | 聽說 | | | 聽見講 | | 4-1 |

5.3.1.5 說——白話——講

| | | | | | | |
|---|---|---|---|---|---|---|
| 說 | 說 | 白話 | 起話 | 講 | 講 | 2-6 |
| 說 | 說 | 白話 | 白話 | 講 | 講 | 2-8 |
| 說 | 說 | 白話 | 白話 | 講 | 講 | 2-9 |

(續表)

| | | | | | | |
|---|---|---|---|---|---|---|
| 說 | 說 | 白話 | 白話 | 講 | 講 | 2-9 |
| 說 | 說 | 白話 | 話 | 講 | | 2-17 |
| 說 | 說 | 白話 | | 講 | 講 | 3-13 |
| 說 | 說 | 白話 | | 講 | 話 | 3-20 |

### 5.3.1.6 說話——講話/講

| | | | | | | |
|---|---|---|---|---|---|---|
| 說話 | 說話 | 說話 | 說話 | 說話 | 講話 | 1-6 |
| 說大話 | 說大話 | 話大話 | 說大話 | 講大話 | 講大話 | 1-6 |
| 說話 | 說話 | 說話 | 說話 | 說話 | 講話 | 1-11 |
| 說話 | 說話 | | | 話頭 | 講 | 2-35 |
| 說話 | 說話 | 話 | 說話 | 講 | 講 | 2-36 |

### 5.3.1.7 說話——白話——講話

| | | | | | | |
|---|---|---|---|---|---|---|
| 說話 | 說話 | 白話 | 白話 | 講話 | 講話 | 1-15 |
| 說話 | 說話 | 白話 | 白話 | 講話 | | 1-15 |
| 說話 | 說話 | 白話 | 白話 | (個把)聲 | 講話 | 1-15 |
| 說話 | 說話 | 白話 | 白話 | 說話 | 講話 | 1-16 |

### 5.3.1.8 說合

| | | | | | | |
|---|---|---|---|---|---|---|
| 說合 | 說合 | 話攏 | 話 | 調停 | 調停 | 2-19 |
| 說合 | 說合 | 話 | 話 | 調停 | 調停 | 2-19 |
| 說合 | 說合 | 話攏 | 話話好 | 調停 | 講和 | 2-19 |
| 說合 | 說和 | 話攏 | 講和 | 調停 | 調停 | 2-19 |
| 說合 | 說和 | 話攏 | 講和 | 調停 | 調停 | 2-19 |
| 說合 | 說熨帖 | 話之攏 | 講舒齊 | 調停 | 講妥 | 2-19 |
| 說合 | 說熨帖 | 話攏 | 講舒齊 | 調停 | | 2-19 |
| 說合 | 說和 | 話攏 | 講和 | 調停 | | 2-19 |
| 說合 | 說合 | 講 | 話好 | 拍和 | 講定 | 2-27 |

（續表）

| 說合 | 說合 | | | 講開 | | 4－19 |
|---|---|---|---|---|---|---|
| 說合 | 說合 | | | 講開 | | 4－19 |
| 說合 | 說合 | | | 講開 | | 4－19 |

5.3.1.9　胡說

| 胡說 | 胡說 | 瞎話 | 瞎話 | 亂講 | 糊言亂語 | 2－26 |
|---|---|---|---|---|---|---|
| 胡說 | 胡說 | 瞎話 | 瞎話 | 亂講 | 論盡嚟講 | 2－39 |
| 胡說 | 胡說 | 瞎話 | | 亂吸 | 講的咁霎戇話 | 3－15 |

| 瞎咧咧 | 多談 | 多講究 | 多話 | 亂吸 | 糊說 | 2－40 |
|---|---|---|---|---|---|---|

按：瞎咧咧：《北京土話》，瞎說八道，胡說。

5.3.1.10　別說

| 別說 | 莫說 | 勿要話 | 勿要話 | 慢講話 | 唔講話 | 2－17 |
|---|---|---|---|---|---|---|
| 別說 | 莫說 | 勿要話 | 勿要話 | 慢講 | 唔講 | 2－27 |
| 別說 | 莫說 | 勿必說起 | | 不但話 | | 3－8 |

5.3.1.11　好說

| 好說 | 好說 | 啥話 | 啥說話 | 好話 | 好話 | 1－9 |
|---|---|---|---|---|---|---|
| 好說 | 好說 | 啥話 | 啥說話 | 好話 | 乜說話 | 1－9 |
| 好說 | 好說 | 啥話頭 | 啥說話 | 好話 | 好話 | 2－11 |
| 好說 | 好說 | 話得好 | 啥說話 | 好話 | 好話 | 2－14 |
| 好說 | 好說 | | 啥說話 | 好話 | 好話 | 2－14 |
| 好說 | 好說 | 啥話 | 啥話 | 好話咯 | 好話 | 2－24 |
| 好說 | 好說 | 啥話 | 啥話 | | 好話 | 2－24 |

5.3.1.12　心裏說

| 心裏說 | 心裏說 | 暗暗話 | 心裏想 | 心裡頭話 | 想吓話 | 2－29 |
|---|---|---|---|---|---|---|
| 心裏說 | 心裏說 | 心裡想 | 心裏想 | 心裡話 | 醒悟話 | 2－39 |

5.3.1.13　撒謊

| 撒謊 | 掉謊 | 虛話咾騙 | 說謊 | 講大話 | 講大話 | 1-11 |
|---|---|---|---|---|---|---|
| 撒了一個謊 | 撒了一個白話 | 騙伊 | 裝一句謊話 | 安咽一段大話 | 對佢話 | 2-30 |
| 要謊價 | 說虛頭 | | | 話虛頭 | | 3-19 |

5.3.2　"告訴"義動詞

5.3.2.1　告訴…說——prep＋…＋V——V1＋…＋V2

| 告訴…說 | 告訴…說 | 對…話 | 對…話 | 話…知 | 話…知 | 2-15 |
|---|---|---|---|---|---|---|
| 告訴…說 | 告訴…說 | | 對…話 | 講…聽 | 講…聽 | 2-29 |
| 告訴…說 | 告訴…說 | 對…話 | 對…話 | 告訴…話 | 話…知 | 2-37 |
| 告訴…說 | 告訴…說 | 對…話 | 對…話 | 話…知 | 話 | 2-37 |
| 告訴…說 | 告訴…說 | 對…話 | 對…話 | 話…知 | 話 | 2-37 |
| 告訴…說 | 告訴…說 | 對…話 | | 話…聽 | 話…知 | 3-7 |
| 告訴…說 | 告訴…說 | 替…話 | | 對…講 | 講…聽 | 3-7 |

5.3.2.2　告訴…說——prep＋…＋V——V1＋prep＋…＋$V2_E$／V1＋…＋$V2_F$

| 告訴…說 | 告訴…說 | 替…話話 | 對…話話 | 講吓…聽 | 講過…聽 | 2-28 |
|---|---|---|---|---|---|---|
| 告訴…說 | 告訴…說 | 對…話 | | 話過…聽 | 話…知 | 3-5 |
| 告訴…說 | 告訴…說 | 對…話 | | 話過…聽 | | 3-6 |
| 告訴…說 | 告訴…說 | 對…話 | | 話俾…聽 | 吩咐話 | 3-7 |
| 告訴…說 | 告訴…說 | 替…話 | | 話過…聽 | 話…知 | 3-8 |
| 告訴…說 | 告訴…說 | 對…話 | | 話俾…聽 | 話…知 | 3-15 |
| 告訴…說 | 告訴…說 | | | 話俾…聽 | | 4-3 |
| 告訴…說 | 告訴…說 | | | 話俾…聽 | | 4-5 |
| 告訴…說 | 告訴…說 | | | 話過…聽 | | 4-13 |
| 告訴…說 | 告訴…說 | 替…話話 | 對…話話 | 講吓…聽 | 講過…聽 | 2-28 |

5.3.2.3　告訴…說——V1+(+prep)+…+V2——V1+(+prep)+…+V2

| | | | | | | |
|---|---|---|---|---|---|---|
| 告訴…說 | 告訴…說 | 告訴…一聲 | 關切…一聲 | 話聲…知 | 話…知 | 2-1 |
| 告訴…說 | 告訴…說 | 告訴…話 | 告訴…話 | 話過…聽 | 話 | 2-16 |
| 告訴…說 | 告訴…說 | 告訴… | 告訴… | 話過…聽 | 話過…知 | 2-18 |
| 告訴…說 | 告訴…說 | 話撥…聽 | 對…話之 | 話過…聽 | 提及 | 2-21 |
| 告訴…說 | 告訴…說 | 講撥拉…聽 | 告訴之… | 講過…知 | 講啲過…聽 | 2-29 |
| 告訴…說 | 告訴…說 | 告訴…話 | 告訴…話 | 話 | 話…知 | 2-31 |
| 告訴…說 | 告訴…說 | 告訴…話 | 對…話 | 對…話 | 講…知 | 2-32 |
| 告訴…說 | 告訴…說 | 告訴…說 | 對…話 | 對…話 | 講…知 | 2-35 |
| 告訴…說 | 告訴…曉得 | 告訴… | | 話聲…知 | 話過…知 | 3-13 |

5.3.2.4　告訴…說——prep+…+$V_C$ / V1+…$_D$——V1+(prep)+…+V2

| | | | | | | |
|---|---|---|---|---|---|---|
| 告訴…說 | 告訴…說 | 對…話 | 告訴… | 話過…聽 | 話 | 2-25 |
| 告訴…說 | 告訴…說 | 對…話 | 告訴… | 話俾…聽 | 話過…知 | 2-26 |
| 告訴…說 | 告訴…說 | 對…話 | 告訴… | 話…知 | 話…知 | 2-34 |

5.3.3　吃——食

從先秦至近代,"食"一直用來表達"把食物等放到嘴裡經過咀嚼咽下"的概念。"吃"繁體字寫作"喫",唐代開始出現,《玉篇》:"喫,啖也。"《說文新附》:"喫,食也。"據張美蘭(2013)研究,晚唐以後"吃"使用頻率極高,逐漸代替了飲食義的前代動詞,進食物件除了固體狀態食物(如飯、草等)以外,還包括了液體狀態食物(如茶、酒、水等)和流質食物(如羹、粥等),直到"喝"的大量使用,才引起"吃"與"喝"之間的替代。

5.3.3.1　吃——食

| | | | | | | |
|---|---|---|---|---|---|---|
| 吃 | 吃 | 吃 | 吃 | 食 | 食 | 1-7 |
| 吃 | 喫 | 嚼 | 吃 | 食 | 食 | 1-41 |

（續表）

| | | | | | | |
|---|---|---|---|---|---|---|
| 吃 | 喫 | 吃 | 吃 | 吃 | 食 | 1-41 |
| 吃 | 吃 | 吃 | 吃 | 吃 | 食 | 2-11 |
| 吃 | 吃 | 吃 | 吃 | 吃 | 食 | 2-12 |
| 吃 | 吃 | 吃 | 吃 | 食 | 食 | 2-14 |
| 吃 | 吃 | 吃 | 吃 | 吃 | 食 | 2-15 |
| 吃 | 吃 | 吃 | 吃 | 食 | 食 | 2-20 |
| 吃 | 吃 | 吃 | 吃 | 食 | 食 | 2-20 |
| 吃 | 吃 | | 吃 | 食 | 食 | 2-23 |
| 吃 | 吃 | 吃 | | 食 | | 2-25 |
| 吃 | 吃 | 吃 | 吃 | 吃 | 食 | 2-25 |
| 吃 | 吃 | 吃 | 吃 | 吃 | 食 | 2-25 |
| 吃 | 吃 | 吃 | 吃 | 吃 | 食 | 2-25 |
| 吃 | 吃 | 吃 | 吃 | 食 | 食 | 2-25 |
| 吃 | 吃 | 吃 | 吃 | 食 | 食 | 2-25 |
| 吃 | 吃 | 吃 | 吃 | 食 | 食 | 2-25 |
| 吃 | 吃 | 吃 | 吃 | 吃 | 食 | 2-28 |
| 吃 | 吃 | | 吃 | 食 | | 2-29 |
| 吃 | 吃 | 吃 | 吃 | 食 | 食 | 2-29 |
| 吃 | 吃 | 吃 | 吃 | 食 | 食 | 2-30 |
| 吃 | 吃 | 吃 | 吃 | 食 | 食 | 2-36 |
| 吃 | 吃 | 吃 | 吃 | 食 | 食 | 2-36 |
| 吃 | 吃 | 吃 | 吃 | 食 | 食 | 2-39 |
| 吃 | 吃 | 吃 | | 吃 | 食 | 3-7 |
| 吃 | 吃 | 吃 | | 食 | 服 | 3-7 |
| 吃 | 吃 | | | 食 | 食 | 3-7 |
| 吃 | 吃 | 吃 | | 食 | | 3-7 |
| 吃 | 喫 | 吃 | | 吃 | 食 | 3-8 |

（續表）

| | | | | | | |
|---|---|---|---|---|---|---|
| 吃 | 吃 | 吃 | | 食 | 食 | 3－8 |
| 吃 | 吃 | 吃 | | 食 | 食 | 3－8 |
| 吃 | 吃 | 吃 | | 吃 | 食 | 3－11 |
| 吃 | 吃 | 吃 | | 食 | 食 | 3－18 |
| 吃 | 吃 | | | 食 | | 4－17 |

5.3.3.2　吃飯——用飯——吃飯 E/食飯 F

| | | | | | | |
|---|---|---|---|---|---|---|
| 用過飯 | 用過飯 | 飯用沒 | 用過飯 | 食過飯 | 食飯[或改用膳]未 | 2－20 |
| 吃飯 | 吃飯 | 用 | 吃飯 | 食 | | 2－20 |
| 用膳 | 用膳 | 吃飯 | 用膳 | 用膳 | 用膳 | 2－39 |
| 吃飯 | 吃餘(飯) | 用飯 | | 吃飯 | 食 | 3－4 |
| 吃飯 | 吃飯 | 用飯 | | 吃飯 | 食餐 | 3－4 |
| 吃飯 | 吃飯 | 吃飯 | | 吃飯 | 食飯 | 3－4 |
| 要點心 | 要點心 | 點心就要用 | | 愛點心 | 食早餐 | 3－3 |

5.3.3.3　打尖

| | | | | | | |
|---|---|---|---|---|---|---|
| 打早尖 | 吃早飯 | 吃早飯 | 吃早飯 | 食早飯 | 食緊早飯 | 2－38 |
| 打尖 | 歇脚 | 吃早飯 | 歇脚 | 食飯 | 食早餐 | 2－38 |

5.3.3.4　吃——偏

| | | | | | | |
|---|---|---|---|---|---|---|
| 吃過(飯) | 吃過 | 吃者 | 吃過 | 偏過 | 偏 | 2－20 |

“偏”，客套話用詞，今天多在北方用，《漢語方言大詞典》頁 5567“偏兒你咧”下釋“已吃。客套話。”是冀魯官話用詞。“偏了您哪”下釋“吃喝于他人之前(客套話)。”是北京官話用詞。《北京話語彙》頁127“偏了”下釋“先吃完飯的人對沒吃完飯的人客氣話。”

5.3.3.5　喝(粥)——吃(粥)——吃(粥)E/食(粥)F

| | | | | | | |
|---|---|---|---|---|---|---|
| 喝粥不喝 | 喝粥不喝 | 粥要吃否 | | 吃粥唔吃 | 食的粥嗎 | 3－7 |

5.3.3.6 吃(烟)——吃(烟)C/吃(煙)D——吃(煙)E/食(煙)F

| | | | | | | |
|---|---|---|---|---|---|---|
| 吃大烟 | 吃大烟 | 吃大烟 | 吃之鴉片煙 | 食鴉片煙 | 食鴉片煙 | 2-25 |
| 吃烟 | 吃烟 | 吃烟 | 吃煙 | | 食煙 | 2-25 |
| 吃烟 | 吃烟 | 吃烟 | 吃煙 | | 食煙 | 2-25 |
| 吃幾口烟 | 吃幾口烟 | 吃點烟 | | 吃幾口煙 | 食些少鴉片煙 | 3-13 |
| 吃烟 | 吃烟 | 吃烟 | | 吃煙 | 食鴉片煙 | 3-13 |

5.3.3.7 吞(烟)——吃(鴉片)C/吞(煙)D——食(鴉片膏)E/吞(煙)F

| | | | | | | |
|---|---|---|---|---|---|---|
| 吞烟 | 吞烟 | 吃之生鴉片 | 吞煙 | 食鴉片膏 | 吞煙 | 2-16 |
| 吞烟 | 吞烟 | 吃之生鴉片 | 吞煙 | 食鴉片膏 | 吞煙 | 2-16 |
| 吞烟 | 吞烟 | 吞生鴉片 | 吞煙 | 食鴉片膏 | 吞煙膏 | 2-16 |
| 吞烟 | 吞烟 | 吞煙 | 吞煙 | 食鴉片膏 | 吞煙 | 2-16 |

“吃烟”“吞烟”,清代以來用詞。

5.3.4 喝——吃——飲

| | | | | | | |
|---|---|---|---|---|---|---|
| 喝 | 喝 | 吃 | | | 飲 | 1-18 |
| 喝 | 喝 | 用 | 用 | 飲 | 飲 | 2-4 |
| 喝 | 喝 | 用 | 用 | 飲 | 飲 | 2-4 |
| 喝 | 喝 | 用 | 吃 | 喝 | 茶 | 2-14 |
| 喝 | 喝 | 用 | 吃 | 茶 | 飲 | 2-14 |
| 喝 | 喝 | 吃 | 吃 | 飲 | 飲 | 2-29 |
| 喝 | 喝 | | 吃 | 飲 | 飲 | 2-35 |
| 喝 | 喝 | | 吃 | 飲 | 飲 | 2-35 |
| 喝 | 喝 | 吃 | 吃 | 飲 | 飲 | 2-35 |
| 喝 | 喝 | 吃 | 吃 | 飲 | 飲 | 2-39 |
| 喝 | 喝 | 吃 | 吃 | 飲 | 飲 | 2-39 |

（續表）

| 喝 | 喝 | 吃 | 吃 | 飲 | 飲 | 2－39 |
|---|---|---|---|---|---|---|
| 喝 | 喝 | 吃 | 吃 | 飲 | 飲 | 2－39 |
| 喝 | 喝 | 吃 | 吃 | 飲 | 飲 | 2－39 |
| 喝 | 喝 | 吃 | 吃 | 飲 | 飲 | 2－39 |
| 喝 | 喝 | 吃 | 吃 | 飲 | 飲 | 2－39 |
| 喝 | 喝 | 吃 | 吃 | 飲 | 飲 | 2－39 |
| 喝 | 喝 | 吃 | 吃 | 飲 | 飲 | 2－39 |
| 喝 | 喝 | 吃 | 吃 | 飲 | 飲 | 2－39 |
| 喝 | 喝 | 嗑 |  | 喝 | 飲 | 3－2 |
| 喝 | 喝 | 吃 |  | 入得口 | 飲 | 3－2 |
| 喝 | 喝 | 嗑 |  | 喝 | 飲 | 3－2 |

表"把液體或流食咽下去"的概念，現代漢語所用的"喝"據王力先生考證，是在明代後使用的。王力先生《漢語史稿》："用'喝'來表示'飲'的概念，那是明代以後的事。"

5.3.5 "誦讀"義動詞（念——讀）

| 念 | 念 | 讀 | 讀 | 讀 | 讀 | 2－25 |
|---|---|---|---|---|---|---|
| 念 | 念 | 念 | 念 | 讀 | 讀 | 2－36 |
| 念 | 念 | 念 | 念 | 讀 | 讀 | 2－36 |
| 念 | 念 |  |  | 讀 |  | 4－15 |

5.3.6 "哭喊"義動詞（哭——粵語：喊）

| 哭 | 哭 | 哭 | 哭 | 喊 | 喊 | 2－30 |
|---|---|---|---|---|---|---|
| 哭 | 哭 | 哭 | 哭 | 喊 |  | 2－30 |
| 掉眼淚 | 掉眼淚 | 落眼淚 | 落眼淚 | 喊 | 喊 | 2－31 |

按：表示"哭"，EF版之"喊"為粵語特徵詞。

5.3.7 "叫嚷"義動詞(嚷、㕷、喝呼、吆喝——滬語:喊 v2)

| 嚷 | 㕷 | 喊 | 鬧 | 大聲 | 大聲話人 | 1-15 |
|---|---|---|---|---|---|---|
| 㕷店門 | 㕷店門 | 喊開門 | 㕷店門 | 拍門 | 拍門 | 2-29 |
| 喝呼 | 喝呼 | 責備 | 喊 | 喝住 | 鬧 | 2-39 |
| 吆喝 | 吆喝 | 喊 | | | | 3-6 |

按:喊 v3 表示"雇"(滬語),見"雇"組詞表。

喊,在南方有"叫喊"之義,尤其是北部吳語與江淮官話區。

5.3.8 "鬧駡"義動詞(駡——鬧)

| 駡 | 駡 | 駡 | 駡 | 鬧 | 駡 | 2-6 |
|---|---|---|---|---|---|---|
| 駡 | 駡 | | | 鬧 | 鬧 | 2-39 |
| 駡 | 駡 | | | 鬧 | 鬧 | 2-39 |

5.3.9 "嗑咬"義動詞(磕 1——咬——剁)

| 磕 | 磕 | 咬 | 咬 | 剁 | 剁 | 1-41 |
|---|---|---|---|---|---|---|

5.3.10 "餵養"義動詞(餧——撥…吃——喂、餧、餵)

| 餧 | 餧 | 撥伊吃 | 撥飯伊吃 | 喂 | 餧 | 1-43 |
|---|---|---|---|---|---|---|
| 餧 | 餧 | 撥伊吃 | | 喂 | 喂 | 3-16 |
| 餧 | 餧 | | | 喂 | 餵 | 3-16 |
| 餧 | 餧 | | | 喂 | 餵 | 3-16 |

表示"給…東西吃",AB版之"餧"先秦已見,《漢語大詞典》首例引《礼记·月令》:"(季春之月)田獵,罝罘、羅罔、畢翳、餧獸之藥毋出九門。"E版之"喂"見於清代,《漢語大詞典》首例引《二十年目睹之怪现状》第六回:"屋裏的米只剩了一把,喂鷄兒也喂不飽的了。"F版之"餵"見於唐代,《漢語大詞典》首例引唐孟郊《济源寒食》诗之三:"饑童餓馬掃花餵,向晚飲溪三兩盃。"F版也用"餧""喂"。

### 5.3.11 “僱請”義動詞

| 雇 | 僱 | 尋 | 喊 | 搵 | 請 | 2－15 |
|---|---|---|---|---|---|---|
| 雇 | 雇 | 叫 | 喊 | 賃 | 租 | 2－15 |
| 雇 | 雇 | 叫 | 喊 | 叫 | 僱 | 2－21 |
| 雇 | 雇 | 叫 | 喊 | 叫 | 僱 | 2－21 |
| 雇 | 雇 | 叫 | 喊 | 叫 | 僱 | 2－21 |
| 雇 | 雇 | 叫 | 喊 | 叫 | 叫 | 2－28 |
| 雇 | 雇 | 叫 | 喊 | 叫 | 僱 | 2－28 |
| 雇 | 雇 | 叫 | 喊 | 叫 | 僱 | 2－29 |
| 雇 | 雇 | 叫 | 喊 | 請 | 僱 | 2－30 |
| 雇 | 請 | 教 | 請 | 請 | 請 | 2－38 |
| 雇 | 請 | 教 | 請 | 請 |  | 2－38 |
| 雇 | 雇 | 叫 |  | 叫 | 僱 | 3－5 |
| 雇 | 雇 | 叫 |  | 叫 | 僱 | 3－5 |
| 雇 | 雇 | 叫 |  | 叫 | 僱 | 3－5 |
| 雇 | 雇 | 教 |  | 講 | 叫 | 3－6 |
| 雇 | 雇 | 教 |  | 講 | 講 | 3－6 |
| 雇 | 雇 | 叫 |  | 叫 | 僱 | 3－6 |
| 雇 | 雇 | 叫 |  | 叫 |  | 3－6 |
| 雇 | 雇 | 叫 |  | 叫 |  | 3－6 |
| 雇 | 雇 | 叫 |  | 叫 | 僱 | 3－8 |
| 雇 | 雇 | 叫 |  | 叫 | 僱 | 3－8 |
| 雇 | 雇 | 叫 |  | 叫 | 僱 | 3－9 |
| 雇 | 雇 | 叫 |  | 叫 | 僱 | 3－18 |
| 雇 | 雇 |  |  | 請 |  | 4－3 |
| 雇 | 雇 |  |  | 請 |  | 4－3 |
| 雇 | 雇 |  |  | 叫 |  | 4－3 |
| 雇 | 雇 |  |  | 請 |  | 4－7 |
| 雇 | 僱 |  |  | 叫 |  | 4－8 |

5.3.12　“哄騙”義動詞

| 騙 | 騙 | 諞 | 騙 | 騙 | 呃騙 | 1-11 |
|---|---|---|---|---|---|---|
| 哄 | 哄 | 哄騙 | 騙 | 呃 | 呃 | 1-34 |
| 哄騙 | 哄騙 | 騙 | 哄騙 | 呃 | 謀騙 | 2-26 |
| 哄騙 | 哄騙 | 騙 | 騙 | 呃 | 謀騙 | 2-26 |
| 哄騙 | 哄騙 | 哄騙 | 哄騙 | 呃 | 呃騙 | 2-26 |
| 哄騙 | 哄騙 | 騙 | 哄騙 | 騙 | 呃騙 | 2-26 |
| 哄騙 | 哄騙 | 騙 | 哄騙 | 呃 | 呃 | 2-26 |
| 誆騙 | 誆騙 | 騙 | 誆騙 | 局 | 呃 | 2-26 |
| 賺 | 忽 |  |  | 騙 | 呃 | 2-36 |
| 騙 | 騙 | 騙 | 騙 | 棍 |  | 2-37 |

AB版“哄騙”>“騙”,C版“騙”>“哄騙”,D版“哄騙”與“騙”相當。“哄”“騙”均產生於宋代,宋元用例不多,元末明初才多見。但“哄”似稍晚於“騙”產生,與同義語素連用也稍晚於“騙”。元代開始“哄”相對於“騙”居上風。清代“哄”和“騙”此消彼長,北方依然多用“哄”,南方則多用“騙”。E、F版用粵語特徵詞“呃”和清代以來南方常用詞“騙”,F版較E版雙音化程度高。

5.3.13　“訛詐”義動詞(訛——詐——訛詐)

| 訛 | 訛 | 詐 | 詐 | 訛詐 | 訛詐勒索 | 2-16 |
|---|---|---|---|---|---|---|
| 訛 | 訛 | 詐 | 詐 | 訛詐 | 訛詐 | 2-26 |
| 訛 | 訛 | 詐 | 詐 | 訛詐 | 呃騙 | 2-36 |

| 訛詐 | 訛詐 | 誑詐 | 訛詐 | 訛詐 | 訛詐勒索 | 2-26 |
|---|---|---|---|---|---|---|
| 訛詐 | 訛詐 | 诳詐 | 訛詐 | 訛詐 | 訛詐 | 2-32 |

AB版用清代以來口語詞“訛”,CD版用上古以來常用詞“詐”,EF版主要是“訛”與“詐”同義連文使用。

### 5.3.14 "打聽"義動詞

| | | | | | | |
|---|---|---|---|---|---|---|
| 打聽 | 打聽 | 打聽 | 打聽 | 打聽 | 問 | 2－19 |
| 打聽 | 打聽 | 打聽 | 打聽 | 打聽 | 研究 | 2－23 |
| 打聽 | 打聽 | 打聽 | 打聽 | 問 | 問 | 2－25 |
| 問 | 問 | 打聽 | 問 | 問 | 問 | 2－29 |
| 打聽 | 打聽 | 打聽 | 打聽 | 打聽 | 尋問 | 2－32 |
| 打聽 | 打聽 | 打聽 | 打聽 | 打聽 | 打聽 | 2－32 |
| 打聽 | 打聽 | 打聽 | | 打聽 | 問 | 3－5 |

### 5.3.15 "挖苦"義動詞

| | | | | | | |
|---|---|---|---|---|---|---|
| 挖苦 | 挖苦 | 挖窟 | 訐講 | 脊骨 | 脊骨 | 2－39 |

### 5.3.16 "挑唆"義動詞(挑唆——攛掇——攪)

| | | | | | | |
|---|---|---|---|---|---|---|
| 挑唆 | 挑唆 | 攛掇 | 攛掇 | 唆擺 | 唆擺 | 2－11 |
| 挑唆 | 挑唆 | 攛掇 | 攛掇 | 攪 | 攪 | 2－11 |
| 挑唆 | 挑唆 | 攛掇 | 攛掇 | 攪 | 唆擺 | 2－11 |

### 5.3.17 "道乏"義動詞

| | | | | | | |
|---|---|---|---|---|---|---|
| 道乏 | 謝勞 | | | 叩謝 | | 4－19 |
| 道乏 | 道謝 | 謝聲 | 謝謝 | 謝勞 | 謝勞 | 2－27 |

### 5.3.18 託 1：依賴

| | | | | | | |
|---|---|---|---|---|---|---|
| 託福 | 託福 | 靠福 | 靠福 | 託福 | 託福 | 1－2 |
| 託福 | 托福 | 靠福 | 托/靠福 | 託福 | 託福 | 1－7 |
| 託福託福 | 託福託福 | 託福託福 | 托福托福 | 託福託福 | 好 | 2－8 |
| 托您福 | 托您福 | 靠福 | 托儂个福 | 托你老人家嘅福 | 託福 | 2－14 |
| 託福託福 | 托福托福 | | | 托福托福 | | 4－1 |
| 託福託福 | 託福託福 | | | 托福托福 | | 4－2 |
| 託福託福 | 託福託福 | | | 託福託福 | | 4－7 |

| 好啊 | 好啊 | 好拉 | 好拉 | 好 | 託福 | 2-8 |
|---|---|---|---|---|---|---|
| 好啊 | 好啊 | 好拉 | 好个 | 好 | 託福 | 2-10 |
| 好啊 | 好啊 | 好 | 好拉 | 好 | 好 | 2-14 |

### 5.3.19 託$_2$:委托

| 托 | 托 | 教 | 托 | 囑咐 | 託 | 1-10 |
|---|---|---|---|---|---|---|
| 託 | 托 | 托 | 費…心 | 拜託 | 拜託 | 1-19 |
| 托 | 託 | 要 | 託 | 托 | 邀 | 2-13 |
| 托 | 託 | 托 | 託 | 托 | 託 | 2-14 |
| 托 | 託 | 托 | 託 | 托 | 託 | 2-14 |
| 託 | 托 | 教 | 託 | 托 | 求 | 2-17 |
| 託 | 托 | 教 | 託 | 托 | | 2-17 |
| 托 | 托 | 托 | 託 | 托 | | 2-17 |
| 託 | 托 | 托 | 託 | 托 | | 2-17 |
| 托 | 託 | 托 | 託 | 托 | 求 | 2-17 |
| 託 | 託 | 拜托 | 託 | 請 | 請 | 2-18 |
| 託 | 託 | 教 | 託 | 托 | 請 | 2-19 |
| 叫 | 叫 | 叫 | 叫 | 交代 | 囑託 | 2-21 |
| 託 | 託 | 托 | 託 | 托 | 邀 | 2-22 |
| 託 | 託 | 托 | 託 | 托 | 邀 | 2-24 |
| 托 | 托 | 托 | 託 | 托 | 託 | 2-25 |
| 托 | 託 | 教 | 託 | 托 | 託 | 2-27 |
| 託 | 託 | 託 | 託 | 叫 | 請 | 2-30 |
| 托 | 託 | 托 | 託 | 托 | 揾 | 2-39 |
| 託 | 託 | 教 | 託 | 托 | 託 | 2-40 |
| 託 | 托 | 託 | | 託 | 託 | 3-17 |
| 托咐 | 託咐 | | | 拜託 | | 4-4 |
| 託咐 | 託咐 | | | 託到 | | 4-7 |

(續表)

| | | | | | | |
|---|---|---|---|---|---|---|
| 轉託 | 轉託 | | | 轉託 | | 4-7 |
| 托 | 托 | | | 託 | | 4-13 |
| 托 | 托 | | | 託 | | 4-13 |
| 託 | 託 | | | 託 | | 4-13 |
| 託 | 託 | | | 託 | | 4-13 |
| 託 | 託 | | | 託 | | 4-16 |
| 託 | 託 | | | 託 | | 4-16 |
| 託 | 託 | | | 託 | | 4-16 |

| | | | | | | |
|---|---|---|---|---|---|---|
| 請 | 請 | 請 | 請 | 請 | 託 | 2-27 |
| 囑咐 | 囑咐 | 叮囑 | 叮囑 | 囑咐 | 託 | 2-30 |
| 交待 | 交待 | 交代 | | 交帶 | 交託 | 3-13 |
| 奉懇 | 奉懇 | | | 拜託 | | 4-13 |
| 奉懇 | 奉懇 | | | 拜託 | | 4-13 |
| 奉懇 | 奉懇 | | | 奉託 | | 4-19 |

5.3.20 "請求"義動詞(求——請——望)

| | | | | | | |
|---|---|---|---|---|---|---|
| | | 請 | 請 | | 望 | 2-14 |
| 求 | 求 | 求 | 求 | 求 | 望 | 2-16 |
| 請 | 請 | 教 | 請 | 請 | 望 | 2-24 |
| 求 | 求 | 請 | 求 | 望 | 望 | 2-31 |
| 求 | 求 | 請 | | 請 | 望 | 2-38 |
| 求 | 求 | 求 | | 求 | 望 | 3-13 |

5.3.21 "請安"義動詞

| | | | | | | |
|---|---|---|---|---|---|---|
| 請安 | 請安 | 候候 | 恭候 | 請安 | 拜候 | 1-3 |
| 請安 | 請安 | 瞻仰瞻仰 | 請安 | 請安 | 問安 | 1-4 |
| 望看 | 奉看 | 候候 | 恭候 | 探 | 請安 | 2-2 |

(續表)

| | | | | | | |
|---|---|---|---|---|---|---|
| 請安問好 | 請安問好 | 望望 | 請安咾望望 | 請安 | 問安 | 2-3 |
| 請安 | 請安 | 請个安 | 請安 | 請安 | 問候 | 2-4 |
| 請安 | 請安 | 請安 | | 請安 | 請安[或改鞠躬] | 3-1 |
| 請安 | 請安 | 請老爺个安 | | 請老爺安 | 請安[或改鞠躬] | 3-15 |
| 請安 | 請安 | | | 請安 | | 4-8 |
| 請安 | 請安 | | | 請安 | | 4-11 |
| 請安 | 請安 | | | 請安 | | 4-12 |
| 請安 | 請安 | | | 請安 | | 4-15 |
| 請安 | 請安 | | | 請安 | | 4-15 |
| 請安 | 請安 | | | 請安 | | 4-16 |

| | | | | | | |
|---|---|---|---|---|---|---|
| 拜訪 | 拜訪 | 望望 | 拜望 | 拜候 | 問安 | 1-4 |
| 望看 | 奉看 | 候候 | 拜望 | 探 | 拜訪 | 2-2 |
| 問總(您)好 | 問您好 | 候候閣下 | 候候儂 | 問候你 | 問候你 | 1-10 |

5.4　目部動詞

5.4.1　看

表“看”這一意義,“瞧、看、睇”是一組同義詞。從產生時間上看,“看”早於“瞧”(元明期間新產生的)、“睇”(邵則遂、王平夷(2015)指出,“睇”在先秦通語中表示“斜着眼看”,在上古楚方言中是“含情地看”。汉代繼承了先秦的語義。魏晉时首次出現了“睇”的引申義“看、望”的用法,现代粵方言用“睇”表“一般地看”是對它的繼承。历代書面語或沿用古楚方言语義。)從使用地域看,“看”是通語層面的,在清代表現為北方官話更多用“瞧”,南方官話用“看”粵語用“睇”。

### 5.4.1.1 看——睇

| 看 | 看 | 看 | 看 | 睇 | 睇 | 1－12 |
|---|---|---|---|---|---|---|
| 看 | 看 | 看 | 看 | 睇 | 睇 | 1－21 |
| 看 | 看 | 看 | 看 | 睇 | 睇 | 1－23 |
| 看 | 看 | 看 | 看 | 睇 | 睇 | 1－26 |
| 看 | 看 | 看 | 看 | 睇 | 睇 | 2－1 |
| 看 | 看 | 看 | 看 | 睇 | 睇 | 2－7 |
| 看 | 看 | 看 | 看 | 睇 | 睇 | 2－8 |
| 看 | 看 | 看 | 看 | 睇 | 睇 | 2－10 |
| 看 | 看 | 看 | 看 | 睇 | 睇 | 2－10 |
| 看 | 看 | 看 | 看 | 睇 | 睇 | 2－11 |
| 看 | 看 | 看 | 看 | 睇 | 睇 | 2－13 |
| 看 | 看 | 看 | 看 | 睇 | 睇 | 2－18 |
| 看 | 看 | 看 | 看 | 睇 | 睇 | 2－18 |
| 看 | 看 | 看 | 看 | 睇 | 睇 | 2－24 |
| 看 | 看 | 看 | 看 | 睇 | 睇 | 2－25 |
| 看 | 看 | 看 | 看 | 睇 | 識 | 2－27 |
| 看 | 看 | 看 | 看 | 睇 | 睇 | 2－33 |
| 看 | 看 | 看 | 看 | 睇 | 睇 | 2－33 |
| 看 | 看 | 看 | 看 | 睇 | 睇 | 2－33 |
| 看 | 看 | 看 | 看 | 睇 | 睇 | 2－33 |
| 看 | 看 | 看 | 看 | 睇 | 睇 | 2－35 |
| 看 | 看 | 看 | 看 | 睇 | 睇 | 2－35 |
| 看 | 看 | 看 | 看 | 睇 | 睇 | 2－38 |
| 看 | 看 | 看 |  | 睇 | 睇 | 3－10 |
| 看 | 看 | 看 |  | 睇 | 睇 | 3－18 |
| 看 | 看 |  |  | 睇 |  | 4－6 |

(續表)

| | | | | | | |
|---|---|---|---|---|---|---|
| 看 | 看 | | | 睇 | | 4-8 |
| 看 | 看 | | | 睇 | | 4-9 |
| 看 | 看 | | | 睇 | | 4-9 |
| 看 | 看 | | | 睇 | | 4-11 |

5.4.1.2 瞧 A 看 B——看——睇

| | | | | | | |
|---|---|---|---|---|---|---|
| 瞧 | 看 | 看 | 看 | 睇 | 睇 | 2-1 |
| 瞧 | 看 | 看 | 看 | 睇 | 睇 | 2-7 |
| 瞧 | 看 | 看 | 看 | 睇 | 睇 | 2-11 |
| 瞧 | 看 | 看 | 看 | 睇 | 睇 | 2-14 |
| 瞧 | 看 | 看 | 看 | 睇 | 睇 | 2-14 |
| 瞧 | 看 | 看 | 看 | 睇 | 睇 | 2-15 |
| 瞧 | 看 | 看 | 看 | 睇 | 睇 | 2-18 |
| 瞧 | 瞧 | 看 | 看 | 睇 | 睇 | 2-20 |
| 瞧 | 看 | 看 | 看 | 睇 | 睇 | 2-25 |
| 瞧 | 看 | 看 | 看 | 睇 | 睇 | 2-25 |
| 瞧 | 看 | 看 | 看 | 睇 | 睇 | 2-25 |
| 瞧 | 看 | 看 | 看 | 睇 | 睇 | 2-27 |
| 瞧 | 看 | 看 | 看 | 睇 | 睇 | 2-28 |
| 瞧 | 看 | 看 | 看 | 睇 | 睇 | 2-29 |
| 瞧 | 看 | 看 | 看 | 睇 | 睇 | 2-30 |
| 瞧 | 看 | 看 | 看 | 睇 | 睇 | 2-31 |
| 瞧 | 看 | 看 | 看 | 睇 | 睇 | 2-33 |
| 瞧 | 看 | 看 | 看 | 睇 | 睇 | 2-33 |
| 瞧 | 看 | 看 | 看 | 睇 | 睇 | 2-34 |
| 瞧 | 看 | 看 | 看 | 睇 | 睇 | 2-35 |
| 瞧 | 看 | 看 | 看 | 睇 | 睇 | 2-35 |

（續表）

| 瞧 | 看 | 看 | 看 | 睇 | 睇 | 2-36 |
|---|---|---|---|---|---|---|
| 瞧 | 看 | 看 | 看 | 睇 | 睇 | 2-36 |
| 瞧 | 看 | 看 | 看 | 睇 | 睇 | 2-37 |
| 瞧 | 看 | 看 | 看 | 睇 | 睇 | 2-37 |
| 瞧 | 看 | 看 | 看 | 睇 | 睇 | 2-37 |
| 瞧 | 看 | 看 | 看 | 睇 | 睇 | 2-37 |
| 瞧 | 看 | 看 | 看 | 睇 | 睇 | 2-37 |
| 瞧 | 看 | 看 | 看 | 睇 | 睇 | 2-37 |
| 瞧 | 看 | 看 | 看 | 睇 | 睇 | 2-37 |
| 瞧 | 看 | 看 | 看 | 睇 | 睇 | 2-37 |
| 瞧 | 瞧 | 看 | 看 | 睇 | 睇 | 2-39 |
| 瞧 | 瞧 | 看 | 看 | 睇 | 睇 | 2-39 |
| 瞧 | 瞧 | 看 | 看 | 睇 | 睇 | 2-39 |
| 瞧 | 看 | 看 |  | 睇 | 睇 | 3-2 |
| 瞧 | 看 | 看 |  | 睇 | 睇 | 3-2 |
| 瞧 | 看 | 看 |  | 睇 | 睇 | 3-4 |
| 瞧 | 看 | 看 |  | 睇 | 睇 | 3-4 |
| 瞧 | 看 | 看 |  | 睇 | 睇 | 3-6 |
| 瞧 | 看 | 看 |  | 睇 | 睇 | 3-7 |
| 瞧 | 看 | 看 |  | 睇 | 睇 | 3-10 |
| 瞧 | 看 | 看 |  | 睇 | 睇 | 3-10 |
| 瞧 | 看 | 看 |  | 睇 | 睇 | 3-14 |
| 瞧 | 看 | 看 |  | 睇 | 睇 | 3-15 |
| 瞧 | 看 | 看 |  | 睇 | 睇 | 3-15 |
| 瞧 | 看 | 看 |  | 睇 | 睇 | 3-16 |
| 瞧 | 看 | 看 |  | 睇 | 睇 | 3-18 |

5.4.1.3　看——讀 C/看 D——睇 E/讀 F

| 看 | 看 | 讀 | 看 | 睇 | 睇 | 1-29 |
|---|---|---|---|---|---|---|
| 看 | 看 | 讀 | 看 | 睇 | 讀 | 1-29 |
| 看 | 看 | 讀 | 看 | 睇 | 讀 | 1-29 |
| 看 | 看 | 讀 | 看 | 睇 |  | 1-29 |
| 看 | 看 | 看 | 看 | 睇 | 讀 | 2-24 |

按：杜翔(2002)認為,上古漢語中,“讀”的意思是抽繹詩文的意義,而要抽繹詩文意義,首先必須閱讀或念讀,故從“抽繹”義發展出“閱讀”或“念讀”義,進而表達“學習”義。可見,“讀”的詞義逐漸泛化,且這一過程中古就已完成。中古以後,“讀”主要用於“念讀”“閱讀”義,《朱子語類》中,“讀”可與“看”連用。

依據《現代漢語方言大詞典》,“誦讀”義詞“讀”主要用於南方各大方言區,是南方方言中表達“誦讀”義的主導詞。

5.4.1.4　聽——看——睇

| 聽戲 | 聽戲 | 看 |  | 睇戲 |  | 3-11 |
|---|---|---|---|---|---|---|
| 聽戲 | 聽戲 | 看戲 |  | 睇戲 | 睇戲 | 3-11 |
| 聽戲 | 聽戲 | 看戲 |  | 睇戲 |  | 3-11 |
| 聽三慶 | 聽三慶 | 看三慶 |  | 睇三慶 | 聽三慶 | 3-11 |
| 聽四喜 | 聽四喜 | 看四喜 |  | 睇四喜 |  | 3-11 |
| 聽四喜 | 聽四喜 | 看四喜 |  | 睇四喜 | 聽四喜 | 3-11 |

5.4.1.5　打了眼——睇差

| 打了眼 | 打了眼 |  | 打之眼 | 睇差 | 賠底 | 2-20 |
|---|---|---|---|---|---|---|
| 打了眼 | 打了眼 |  | 封之眼 | 睇差 | 喫虧 | 2-20 |

5.4.1.6　照 A/看 B——看——勘 E/睇 F

| 照回 | 點看 | 看一看 | 看看 | 勘 | 睇 | 2-8 |
|---|---|---|---|---|---|---|
| 照 | 看 | 看一看 | 看 | 勘驗 | 睇 | 2-8 |

### 5.4.2 “查驗”義動詞

| | | | | | | |
|---|---|---|---|---|---|---|
| 驗 | 驗 | 騐 | 相 | 騐 | 驗 | 2－16 |
| 驗 | 驗 | 騐 | 相 | 驗 | 驗 | 2－38 |
| 驗 | 驗 | 騐 | 相 | 驗 | 驗 | 2－38 |
| 驗 | 驗 | 騐 | 相 | 相驗 | 驗 | 2－38 |
| 驗 | 驗 | 騐 | 驗 | 驗 | 驗 | 2－38 |
| 候驗 | 候驗 | | | 候騐 | | 4－7 |
| 驗放 | 驗放 | | | 騐放 | | 4－11 |
| 驗放 | 騐放 | | | 騐放 | | 4－11 |
| 查驗 | 查騐 | | | 查騐 | | 4－13 |
| 查驗 | 查騐 | | | 查騐 | | 4－13 |

### 5.4.3 “睡覺”義動詞(睡——睏——瞓)

| | | | | | | |
|---|---|---|---|---|---|---|
| 躺在炕上 | 躺在炕上 | 仰拉床上 | 睏拉炕上 | 瞓喺床處 | 在床上 | 1－23 |
| 睡 | 睡 | 睏 | 睏 | 瞓 | 瞓 | 1－23 |
| 睡着 | 睡着 | 睏覺 | 睏着 | 瞓著 | 瞓覺 | 1－23 |
| 醒了 | 醒了 | 醒轉來 | 覺哉 | 瞓醒 | 瞓醒 | 1－25 |
| 睡 | 困 | 睏 | 睏 | 瞓 | 瞓覺 | 1－39 |
| 睡不着覺 | 困不着醒 | 睏勿起 | 睏勿着 | 瞓唔着覺 | 唔瞓得 | 1－43 |
| 睡晌覺 | 睡中醒 | 睏拉味 | 睏中覺 | 瞓晏覺 | 瞓晏覺 | 2－11 |
| 睡着 | 睡 | 睏去 | 睏 | 瞓着 | 瞓着 | 2－25 |
| 睡覺 | 睡覺 | 睏 | 睏覺 | 瞓覺 | 瞓覺 | 2－29 |
| 睡 | 睡 | 睏 | 睏 | 瞓 | 瞓 | 2－29 |
| 睡 | 睡 | 睏 | | 瞓 | 瞓 | 3－7 |

《漢語方言地圖集》詞彙卷(2008：158)顯示，“睏”作為“睡覺”義動詞的核心語素集中分佈于長江以南、貴桂以東地區(包括東南沿海、海南、臺灣)，川渝魯和陝西南部有零星分佈。在北部吳語、徽語、閩語中是方言特徵詞(參見李如龍 2002：105、134、319)。

章炳麟《新方言·釋言》:"今直隸、淮西、江南、浙江皆謂寢曰困。"繁體亦作"睏",簡化為"困"。清代南方方言作品中,"睡,躺"義是"困"的主要義項。(參見劉曼 2014)

5.4.4 "理睬"義動詞(理——睬)

| 理 | 理 | 理着 | 理 | 睬 | 理會 | 1-37 |
|---|---|---|---|---|---|---|
| 理 | 理 | 理 | 理 | 恤 | 睬 | 1-37 |
| 理 | 理 | 顧 | 理 | 睬 | | 2-27 |
| 和…來往 | 和…來往 | 搭…來往 | 搭…往來 | 同…來往 | 睬… | 2-25 |

| 搿着我 | 撇着我 | 避脱我 | 避脱我 | 騙開我 | 唔睬我 | 2-24 |
|---|---|---|---|---|---|---|

ABCD版用明末以來的常用詞"理",EF版偏用唐宋以來的常用詞"睬"。按:"采(睬)"唐代已見,宋代用例有所增加,元明時期廣泛用於表達"理睬"義,明末以前,"采(睬)"是表達"理睬"義的主導詞。"理"表"理睬"中古就已出現,但中古到近代漢語前期用例罕見。明代"理"才單獨用於"理睬"義。明末開始,"理"的使用頻率逐漸上升,山東方言作品《金瓶梅詞話》中,"理"的用例已是"采(睬)"的三倍多,清代,"理"的數量在大多數文獻中已佔優勢,成為表達"理睬"義的主導詞。最遲到19世紀末20世紀初,"理"便完成了對"睬"的替換。(參見劉寶霞 2013)

5.5 耳部動詞

聽(聽見)

5.5.1 聽(聽見)

表"聽聞"義,官話用單音節"聽"或雙音節"聽見"。但滬語和粵語偏用雙音節詞,其中滬語用"聽見",EF版除用"聽見"外,偶用粵語特徵詞"聽倒""聽聞",F版更偏好用文言書面語詞:"聞得,聽聞"。甚至連短語"聽見說""聽說"對應的粵語F版也呈現出如此的規律,詳見下表。

"聞"在上古至魏晉唐宋時期出現頻率很高。"聞"表"聽見、聽到"義在宋元仍是主流,其用法承繼了前代。到了明清時期,"聞"表示"聽見""聽到"義的用例漸少,且多用於轉述古語、敘事語言,口語中多講"聽見、聽到"。"聽"在魏晉以後用法得到進一步發展。到元代文獻中"聽"的使用比例增多,成為"聽類詞"中的最基本詞。明清以後,"聽見"在口語中完全取代"聞",並逐漸進入書面語,與"聞"並駕齊驅。語義場格局由"聽一聞"轉為"聽"。(參見張美蘭 2012)

"聞""聽"在先秦均已出現,從使用數量上來看,"聞"一直多於"聽",且出現了"聞言""聞知""聞道"等複合詞。到明清時期,"聽"的使用數量急劇上升,在白話小說中已遠遠超過"聞"的數量,且"聽見""聽說""聽得"等複合詞的數量也趨於增多。到清末的《兒女英雄傳》中,"聽"單獨使用超過 1 000 次,"聞"單獨使用僅 19 次,"聞"已基本上被"聽"所代替。在《西遊記》小說中的"聞""聞得"也被"聽""聽見""聽說""聞聽"等"聽類詞"所替代。

5. 5. 1. 1 AB 聽——CDE 聽見——F 聽見(聽倒)

| | | | | | | |
|---|---|---|---|---|---|---|
| 聽 | 聽 | 聽見 | 聽見 | 聽見 | 聽見 | 2-11 |
| 聽 | 聽 | 聽 | 聽見 | 聽 | 聽見 | 2-16 |
| 聽 | 聽 | 聽 | 聽見 | 聽見 | 聽見 | 2-16 |
| 聽 | 聽 | 聽見 | 聽見 | 聽見 | | 2-19 |
| 聽 | 聽 | 聽 | 聽 | 聽見 | | 2-21 |
| 聽 | 聽 | 聽見 | 聽 | 聽見 | 聽見 | 2-25 |
| 聽 | 聽 | 聽見 | 聽見 | 聽見 | 聽見 | 2-26 |
| 聽 | 聽見 | 聽見 | 聽見 | 聽見 | 聽見 | 2-26 |
| 聽 | 聽 | 聽見 | 聽見 | 聽見 | 聽見 | 2-27 |
| 聽 | 聽 | 聽見 | 聽見 | 聽見 | | 2-29 |
| 聽 | 聽 | 聽見 | 聽見 | 聽見 | 聽見 | 2-30 |
| 聽 | 聽 | 聽見 | 聽見 | 聽見 | 聽見 | 2-30 |
| 聽 | 聽 | 聽見 | 聽見 | | | 2-31 |
| 聽 | 聽 | 聽見 | 聽見 | 聽見 | 聽見 | 2-31 |

(續表)

| | | | | | | |
|---|---|---|---|---|---|---|
| 聽 | 聽 | 聽見 | 聽 | 聽 | 聽見 | 2－31 |
| 聽 | 聽 | 聽見 | 聽見 | 聽見 | | 2－32 |
| 聽 | 聽 | 聽見 | 聽 | 聽見 | | 2－33 |
| 聽 | 聽見 | 聽 | 聽 | 聽見 | 聽倒(到) | 2－33 |
| 聽 | 聽 | | 聽見 | 聽倒 | 聽見 | 2－35 |
| 聽 | 聽 | 聽見 | 聽見 | 聽見 | 聽見 | 2－36 |
| 聽 | 聽 | 聽見 | 聽見 | 聽見 | 聽倒 | 2－39 |
| 聽 | 聽 | 聽見 | 聽 | 聽見 | | 2－36 |
| 聽 | 聽 | | | 聽見 | | 4－20 |

AB版强調動作“聽”,CDEF版强調了動作及結果,多用“聽見”。

5.5.1.2　AB聽——CD聽見——E聽聞——F聞得

| | | | | | | |
|---|---|---|---|---|---|---|
| 聽 | 聽 | 聽見 | 聽見 | 聽見 | 聞得 | 2－26 |
| 聽 | 聽 | 聽見 | 聽 | | 聞得 | 2－29 |
| 聽 | 聽 | 聽見 | 聽見 | 聽見 | 聞得 | 2－30 |
| 聽 | 聽 | 聽見 | 聽見 | 聽聞 | | 2－35 |
| 聽 | 聽 | | | 聽聞 | | 2－35 |
| 聽 | 聽 | 聽見 | 聽見 | 聽見 | 聽聞 | 2－33 |
| 聽 | 聽 | | 聽見 | 聽見 | 聽聞 | 2－36 |
| 聽 | 聽 | 聽見 | 聽見 | 聽聞 | | 2－36 |
| 聽 | 聽 | 聽見 | 聽 | 聽聞 | 見得 | 2－37 |
| 聽 | 聽 | 聽見 | 聽見 | 聽聞 | 聽見 | 2－37 |
| 聽 | 聽 | 聽見 | 聽見 | 聽聞 | 聽倒 | 2－39 |

AB版强調動作“聽”,CDEF版强調了動作及結果,但CD聽見,E偏聽聞,F聽聞。

5.5.1.3　ABCDEF 聽見

| | | | | | | |
|---|---|---|---|---|---|---|
| 聽見 | 聽見 | 聽見 | 聽見 | 聽見 | | 1-17 |
| 聽着 | 聽着 | 聽見 | 聽見 | 聽見 | 聽見 | 2-1 |
| 聽見 | 聽見 | 聽見 | 聽見 | 聽見 | 聽見 | 2-16 |
| 聽見 | 聽見 | 聽見 | 聽見 | 聽見 | 聽見 | 2-29 |
| 聽見 | 聽見 | 聽見 | 聽見 | 聽見 | 聽見 | 2-29 |
| 聽見 | 聽見 | 聽見 | 聽見 | 聽見 | 聽見 | 2-29 |
| 聽見 | 聽見 | 聽見 | 聽見 | 聽見 | 聽見 | 2-32 |
| 聽見 | 聽見 | 聽見 | 聽見 | 聽見 | 聽見 | 2-32 |
| 聽見 | 聽見 | 聽見 | 聽見 | 聽見 | 聽見 | 2-32 |
| 聽見 | 聽見 | 聽見 | 聽見 | 聽見 | 聽見 | 2-32 |
| 聽見 | 聽見 | 聽見 | 聽見 | 聽見 | 聽見 | 2-38 |
| 聽見 | 聽見 | 聽見 | 聽見 | 聽見 | | 2-39 |
| 聽見 | 聽見 | 聽見 | 聽見 | 聽見 | | 2-39 |
| 聽見 | 聽見 | | | 聽見 | | 4-15 |
| 聽見 | 聽見 | | | 聽見 | | 4-16 |
| 聽見 | 聽見 | | | 聽見 | | 4-16 |
| 聽見 | 聽見 | | | 聽見 | | 4-18 |
| 聽見 | 聽見 | | | 聽見 | | 4-19 |
| 聽見 | 聽見 | | | 聽見 | | 4-19 |

ABCDEF 各版均强調了動作及結果,均用“聽見”。

5.5.1.4　ABCD 聽見——EF 聽倒

| | | | | | | |
|---|---|---|---|---|---|---|
| 聽見 | 聽見 | 聽見 | 聽見 | 聽見 | 聽倒 | 1-16 |
| 聽見 | 聽見 | 聽見 | 聽見 | 聽倒 | 聽倒 | 1-16 |

按:粵語之“倒”在雙音節動詞中常用作補語成分,説明動作之結果。如考倒(考上了)、燒倒(燒好了),下列諸條用法同此者,不贅述。

5.5.1.5 ABCDE 聽見——F 聞得

| 聽見 | 聽見 | 聽見話 | 聽得 | 聞說 | 聞得 | 1-4 |
|---|---|---|---|---|---|---|
| 聽見 | 聽見 | 聽見 | 聽見 | 聽聞 | 聞得 | 2-6 |
| 聽見 | 聽見 | 聽見 | 聽見 | 聽見 | 聞得 | 2-16 |
| 聽見 | 聽見 | 聽見 | 聽見 | 聽見 | 聞得 | 2-19 |
| 聽見 | 聽見 | 聽見 | 聽見 | 聽見 | 聞得 | 2-21 |
| 聽見 | 聽見 | 聽見 | 聽見 | 聽見 | 聞得 | 2-25 |
| 聽見 | 聽見 | 聽見 | 聽見 | 聽見 | 聞得 | 2-25 |
| 聽見 | 聽見 | 聽見 | 聽見 | | 聞得 | 2-29 |
| 聽見 | 聽見 | 聽見 | 聽見 | 聽見 | 聞得 | 2-30 |
| 聽見 | 聽見 | 聽見 | 聽見 | 聽聞 | 聞得 | 2-36 |
| 聽見 | 聽見 | 聽見 | | 聽見 | 聞得 | 3-7 |

ABCDEF 各版均强調了動作及結果,其中 ABCDE 多用“聽見”,F 版偏用“聞得”。

5.5.1.6 ABCDE 聽見——F 聽聞

| 聽見 | 聽見 | 聽見 | 聽見 | 聽見 | 聽聞 | 2-25 |
|---|---|---|---|---|---|---|
| 聽見 | 聽見 | 聽見 | 聽見 | | 聽聞 | 2-29 |
| 聽見 | 聽見 | 聽見 | 聽見 | | 聽聞 | 2-29 |
| 聽見 | 聽見 | 聽見 | 聽見 | 聽 | 聽聞 | 2-30 |

ABCDEF 各版均强調了動作及結果,其中 ABCDE 多用“聽見”,F 版偏用“聽聞”。

5.5.1.7 AB 聽見說——CD 聽見話——E 聽見話——F 聞得

| 聽見說 | 聽見說 | 聽見話 | 聽見人話 | 聞說 | 聞得 | 2-1 |
|---|---|---|---|---|---|---|
| 聽見說 | 聽見說 | 聽見話 | 聽見人話 | 聽見話 | 聞得 | 2-2 |
| 聽見說 | 聽見說 | 聽見話 | 聽見人話 | 聽見講 | 聞得 | 2-5 |
| 聽見說 | 聽見說 | 聽見話 | 聽見人話 | 聽見話 | 聞得 | 2-6 |

（續表）

| | | | | | | |
|---|---|---|---|---|---|---|
| 聽見說 | 聽見說 | 聽見 | 聽見話 | 聽見 | 聞得 | 2－10 |
| 聽見說 | 聽見說 | 聽見話 | 聽見話 | 聽見話 | 聞得 | 2－10 |
| 聽見人說 | 聽見人說 | | 聽見人話 | 聽見 | 聞得 | 2－16 |
| 聽見說 | 聽見說 | 聽見話 | 聽見話 | 聽見話 | 聞得 | 2－22 |
| 聽見說 | 聽見說 | 聽見話 | 聽見話 | 聽見話 | 聞得 | 2－23 |
| 聽見說 | 聽見說 | 聽見 | 聽見 | 聽見 | 聞得 | 2－26 |
| 聽見說 | 聽見說 | 聽見 | 聽見人話 | 聽見話 | 聞得 | 2－27 |
| 聽見說 | 聽見說 | 聽見話 | 聽見話 | 聽話 | 聞得 | 2－28 |
| 聽見說 | 聽見說 | 聽見 | 聽見話起 | | 聞得 | 2－31 |
| 聽見說 | 聽見說 | 聽見 | 聽見人話 | 聞說 | 聞得 | 2－32 |
| 聽見說 | 聽見說 | 聽見話 | 聽見話 | 聽見話 | 聞得 | 2－33 |
| 聽見說 | 聽見說 | 聽見 | | 聽見話 | 聞得 | 3－3 |

5.5.1.8　AB聽見說——CDEF聽見話

| | | | | | | |
|---|---|---|---|---|---|---|
| 聽見說 | 聽見說 | 聽見 | 聽見話起 | 聽人講話 | 聽見人話 | 2－16 |
| 聽見說 | 聽見說 | 聽見 | 聽見話起 | 聽到 | 聽見 | 2－16 |
| 聽見說 | 聽見說 | 聽見話 | 聽見話 | 聽見話 | | 2－16 |

5.5.1.9　AB聽說——CD聽見——E聽見話——F聞得

| | | | | | | |
|---|---|---|---|---|---|---|
| 聽說 | 聽說 | 聽見 | 聽見人話起 | | 聞得 | 1－19 |
| 聽說 | 聽說 | 聽見 | 聽見 | 聽見話 | 聞得 | 1－28 |
| 聽說 | 聽說 | 聽見話 | 聽見話 | 聽見話 | 聞得 | 2－11 |
| 聽說 | 聽說 | 聽見 | 聽見 | 聽見 | 聞得 | 2－30 |
| 聽說 | 聽說 | 聽見 | 聽見 | 聽見 | 聽見 | 2－31 |
| 聽說 | 聽說 | 聽見 | | 聽見話 | 聞得 | 3－11 |
| 聽說 | 聽說 | | | 聽見講 | | 4－1 |

5.6 頭部動詞

5.6.1 "叩頭"義動詞(磕$_2$——叩)

| 磕了一個頭 | 磕了一個頭 | 磕之一个頭 | 磕之一个頭 | 叩嘵個頭 | 鞠躬 | 2－35 |
|---|---|---|---|---|---|---|
| 磕頭磕頭 | 磕頭磕頭 | | | 叩頭叩頭 | | 4－2 |
| 磕頭磕頭 | 磕頭磕頭 | | | 叩頭叩頭 | | 4－3 |
| 磕頭磕頭 | 磕頭磕頭 | | | 叩頭叩頭 | | 4－11 |
| 磕頭磕頭 | 磕頭磕頭 | | | 叩頭叩頭 | | 4－18 |

ABCD版用宋代以來常用詞"磕頭",《漢語大詞典》首例引宋洪邁《夷堅支志・任道元》:"任深悼前非,磕頭謝罪。"E版用漢代產生的"叩頭",《漢語大詞典》首例引《史记・滑稽列传》:"鵠,毛物,多相類者,吾欲買而代之,是不信而欺吾王也。欲赴佗國奔亡,痛吾兩主使不通。故來服過,叩頭受罪大王。"

5.7 趨向動詞

5.7.1 下$_2$:趨向動詞,用作趨向補語

5.7.1.1 用在動詞後,表示"由高處到低處"或"由遠處向近處"

| 往下落 | 往下跌 | | 朝下小點/跌 | 跌 | 跌低 | 2－12 |
|---|---|---|---|---|---|---|
| 掉下…來 | 掉下…來 | 落下來 | 落下來 | 跌落嘹 | 跌落嘹 | 2－13 |
| 掉下來 | 掉下來 | 落脫下來 | 落下來 | 跌落嘹 | 跌落嘹 | 2－13 |
| 掉下來 | 掉下來 | 打下來 | 打下來 | 跌落 | 打跌 | 2－13 |
| 掉下來 | 掉下來 | 落下來 | 打下來 | 跌落嘹 | | 2－13 |
| 往下這麼一掉 | 往下這麼一跌 | 大跌 | 朝下一跌 | 大跌 | 跌 | 2－23 |
| 坐下 | 坐下 | 坐之 | 坐下去 | 坐埋 | 坐落 | 2－26 |
| 往下摷一摷 | 往下拉一拉 | | | | 摺箇褲脚落的 | 3－5 |
| 脫下來 | 脫下來 | 脫下來 | | 脫落 | 脫 | 3－5 |
| 卸下來 | 卸下來 | 拆脫 | | 拆佢落嘹 | 拆開 | 3－9 |
| 掉下來 | 掉下來 | 落下來 | | 跌落嘹 | 落嘹 | 3－9 |

（續表）

| 掉下來 | 掉下來 | 落之下來 | | 跌落嚟 | 跌落嚟 | 3－14 |
|---|---|---|---|---|---|---|
| 搭拉下來 | 搭拉下來 | 脫完 | | 褪嗤落嚟 | 褪落 | 3－14 |
| 摘下來 | 取下來 | 担下來 | | 除 | 拆落嚟 | 3－17 |
| 卸下來 | 卸下來 | | | 卸…落嚟 | | 4－13 |

| 拔下來 | 拔下來 | 拔下來 | | 起翻 | 搣甩 | 3－9 |
|---|---|---|---|---|---|---|

| 掉下…來 | 掉下…來 | 落之下來 | 落出…來 | 跌出…嚟 | 流出…嚟 | 2－31 |
|---|---|---|---|---|---|---|
| 撤出來 | 拆下來 | 担之下來 | | 擘…出嚟 | 拆出 | 3－17 |

| 跪上 | 跪下 | 跪下來 | 跽之下來 | 跪倒 | 敬立 | 2－35 |
|---|---|---|---|---|---|---|
| 拉躺下 | 拉淌(躺)下 | 倒下來 | 倒下來 | 搣倒 | 倒 | 2－23 |

| 起下來 | 起下來 | | | 起上嚟 | | 4－7 |
|---|---|---|---|---|---|---|
| 起下來 | 起下來 | 搬到棧裡來 | 起下來 | 起到上棧 | 起佢嘅行李 | 2－21 |
| 搬下來 | 搬下來 | 搬起來 | 搬下來 | 搬上嚟 | 搬箱 | 2－21 |

| 拐躺下 | 拐躺下 | 打翻 | | | 跌 | 3－4 |
|---|---|---|---|---|---|---|
| 胡拉下來 | 弄了下來 | 拍脫 | | 掃 | 掃 | 3－14 |

5.7.1.2　表示“由近处向远处去”

| 跑下去 | 跑下去 | 跑 | 跑 | 跑去 | 跑 | 2－32 |
|---|---|---|---|---|---|---|
| 跑下去 | 跑下去 | 跑 | 跑 | 跑落去 | 跑曉去 | 2－32 |
| 拿下去 | 拿下去 | | 拿去 | 擰…落去 | | 2－36 |
| 拿下去 | 拿過去 | 担去 | 拿過來 | 擰落去 | 擰落去 | 2－36 |
| 往下混 | 同他過 | 等下去 | 纏下去 | 做落 | 做落 | 2－24 |
| 往下吃 | 朝下吃 | 吃下去 | 吃下去 | 吃落去 | 食落去 | 2－25 |
| 拿下去 | 拿下去 | 搶去 | | 收曉去 | 收埋 | 3－4 |

### 5.7.1.3 表示"动作的完成或结果"

| | | | | | | |
|---|---|---|---|---|---|---|
| 住下 | 住下 | 躭擱 | 宿 | 住落 | 住宿 | 2-15 |
| 留下 | 留下 | 留拉下來 | 存 | 留落 | 遺下 | 2-16 |
| 留下 | 留下 | 留 | 留 | 留落 | | 2-16 |
| 留下話 | 留下話來 | 交代拉話 | 話過 | 話落 | 話落 | 2-18 |
| 留下 | 留下 | 放拉 | 放拉 | 留落 | 留落 | 2-18 |
| 留下 | 留下 | 放拉 | 留拉 | 留落 | | 2-37 |
| 住下 | 往(住)下 | 住拉 | | 住落 | | 3-8 |
| 留下 | 留下 | 留拉 | | 留落 | 留落 | 3-18 |

| | | | | | | |
|---|---|---|---|---|---|---|
| 告下來 | 告下來 | 告之 | 告哉 | 告起…嚟 | 告 | 2-32 |
| 留下 | 留下 | 留 | | 留起 | | 3-1 |
| 扣下 | 扣下 | | | 扣起 | | 4-10 |

| | | | | | | |
|---|---|---|---|---|---|---|
| 扣下 | 扣住 | 扣住 | 扣住 | 留住 | 留住 | 2-6 |
| 記下 | 記倒 | 記拉 | 記好 | 記住 | 記在心 | 2-39 |

| | | | | | | |
|---|---|---|---|---|---|---|
| 租下 | 租下來 | | 租下來 | 租曉出嚟 | | 2-1 |
| 留下 | 留下 | 剩下 | 留拉 | 留翻 | 留番 | 2-28 |

| | | | | | | |
|---|---|---|---|---|---|---|
| 買下 | 買下 | 買之 | 買拉 | 買噠 | | 2-23 |
| 起下了誓 | 發下了誓 | 發咒 | 罰之咒哉 | 誓過願 | 發誓 | 2-25 |
| 接過來 | 接下來 | 受拉 | | 接咽 | 接喇 | 3-18 |
| 立了 | 立了 | | | 立下 | | 4-8 |

| | | | | | | |
|---|---|---|---|---|---|---|
| 告下來 | 告下來 | 告之 | 告之 | 告 | 告 | 2-12 |
| 告下來 | 告下來 | 告之 | 告哉 | 告 | 告 | 2-16 |
| 告下來 | 告下來 | 告之 | 告 | 告 | 告 | 2-19 |

5.7.2 入

5.7.2.1 V進——V入

| | | | | | | |
|---|---|---|---|---|---|---|
| 跳進 | 跳進 | 跳進 | 跳進 | 跳…入嚟 | 跳落嚟 | 2－25 |
| 趕進去 | 趕進去 | 推進去 | 推之進去 | 推…入去 | 趕…入去 | 2－29 |
| 搬進去 | 搬進去 | 搬進去 | 搬進去 | 搬…入去 | 搬…入去 | 2－29 |
| 帶進來 | 帶進來 | 領…進去 | 領之進來 | 帶…入嚟 | 帶…入去 | 2－31 |
| 帶進去 | 帶進去 | 領進去 | 帶進去 | 帶…去 | 帶…入去 | 2－35 |
| 引進去 | 引進去 | 領進去 | 領…進去 | 引…入去 | | 2－39 |
| 搬進來 | 搬進來 | 搬之進來 | | 搬嗤入嚟 | 搬嗤入嚟 | 3－14 |
| 拿進來 | 拿進來 | 担進來 | | 揸入嚟 | 揸入嚟 | 3－17 |
| 投進去 | 投進去 | | | 投入去 | | 4－5 |

5.7.2.2 V到——V入

| | | | | | | |
|---|---|---|---|---|---|---|
| 跳到 | 跳到 | 跳到 | 跳到 | 跳入嚟 | 跳過 | 2－25 |
| 送了 | 送到 | 送之 | 送之到 | 送入 | 送…到 | 2－30 |
| 挪到 | 搬到 | 搬到 | | 搬入 | 搬入 | 3－14 |

5.7.2.3 V來——V入嚟

| | | | | | | |
|---|---|---|---|---|---|---|
| 拿來 | 拿來 | 担來 | | | 揸入嚟 | 3－7 |

5.8 生活起居類動詞

5.8.1 "出嫁"義動詞

| | | | | | | |
|---|---|---|---|---|---|---|
| 出了門子 | 嫁出去 | 出嫁 | 嫁出去 | 嫁 | 嫁 | 2－17 |
| 出了門子 | 嫁出去 | 出嫁 | 嫁出去 | 出嫁 | 出嫁 | 2－30 |

表示"出嫁",A版用"出門子",BD版用"嫁出去"C版用"出嫁",EF版用"出嫁"或單音節"嫁"。

按:《官話類編》也有類似用法,並英文作注:"In KiuKiang 出門子 in only applied to the marriage of a widow while in Chinanfu it is used of harlots"。P. 14

### 5.8.2 “熨燙”義動詞

| | | | | | | |
|---|---|---|---|---|---|---|
| 熨 | 熨 | 燶 | | 熨 | 熨 | 3-5 |
| 熨一熨 | 熨一熨 | 燶一燶 | | 熨吓 | 熨 | 3-5 |

### 5.8.3 “如廁”義動詞

| | | | | | | |
|---|---|---|---|---|---|---|
| 出恭 | 出恭 | 出恭 | 解溲 | 出恭 | 出恭 | 2-29 |
| 出恭 | 出恭 | 出恭 | 解溲 | 出緊恭 | | 2-29 |
| 出了一回恭 | 出了一回恭 | 出之一个恭 | 解之一回溲 | 出嗰督恭 | 出恭 | 2-33 |

### 5.8.4 “向陽”義動詞

| | | | | | | |
|---|---|---|---|---|---|---|
| 向陽兒 | 向陽 | 向陽 | | 向南 | 向南 | 3-1 |
| 向陽兒 | 向陽 | 對日頭 | | 向翻陽 | 俾熱頭(晒) | 3-10 |

### 5.8.5 “沏茶”義動詞(沏——泡——沖、做)

| | | | | | | |
|---|---|---|---|---|---|---|
| 沏 | 沏 | 燒 | 泡 | 沖 | 沖 | 2-29 |
| 沏 | 沏 | 泡 | 泡 | 沖 | 沖 | 2-29 |
| 沏 | 沏 | | 泡 | 沖 | 沖 | 2-35 |
| 沏 | 泡 | 泡 | | 沖 | 沖 | 3-2 |
| 沏 | 泡 | 泡 | | 沖 | | 3-2 |
| 沏 | 泡 | 泡 | | 沖 | 做 | 3-2 |
| 沏 | 泡 | 泡 | | 沖 | 做 | 3-2 |
| 沏 | 泡 | 泡 | | 沖 | 做 | 3-2 |
| 沏 | 泡 | 泡 | | 沖 | 做 | 3-2 |
| 沏 | 沏/泡 | 泡 | | 沖 | 做 | 3-2 |
| 沏 | 泡 | 泡 | | 沖 | 沖 | 3-14 |

A版用清代以來常用詞“沏”,BCD用明代以來常用詞“泡”,EF版用清代以來常用詞“沖”《漢語大詞典》首例引《官场现形记》第十二回:“後來文七爺的管家到後頭沖水,説起來,船家纔曉得他是統

領大人的師爺;所以連忙補了碗燕窩湯。"F 版也用泛義動詞"做"。

按:《北京土話》(1991: 99):"南方曰'泡茶',北方曰'沏茶'。但北方讀如妻。"

5.8.6 "熄滅"義動詞

| 滅 | 息(熄) | 隱脫 | | 烏 | 熄 | 3-2 |
|---|---|---|---|---|---|---|

5.8.7 "颳風"義動詞

| 颳起一陣風 | 颳起一陣風 | 吹起一陣風 | 吹起一陣風 | 翻嘵一陣風 | 起風 | 1-23 |
|---|---|---|---|---|---|---|
| 颳風 | 颳風 | | 大風 | 吹風 | 翻風 | 2-24 |

5.8.8 "淹沒"義動詞(淹——沒——浸)

| 淹 | 淹 | 沒 | 沒 | 浸 | 浸 | 2-12 |
|---|---|---|---|---|---|---|

5.8.9 "烘烤"義動詞

| 烤 | 烤 | 熯 | | | 炕 | 3-3 |
|---|---|---|---|---|---|---|
| 烤 | 烤 | 乾烘 | | 炕 | 炕 | 3-3 |

5.8.10 "煮炙"義動詞(煮——炙——煲)

| 煮 | 煮 | 炙 | | 煲 | 焓 | 3-3 |
|---|---|---|---|---|---|---|

5.8.11 "歇乏"義動詞(歇$_2$——抖)

| 歇過乏 | 歇過乏 | 歇歇 | | 抖過瘡氣 | 抖過 | 2-38 |
|---|---|---|---|---|---|---|
| 歇過乏 | 歇過乏 | 歇歇 | | 抖過瘡氣 | 抖過 | 2-38 |
| 歇歇兒 | 歇歇兒 | 歇歇 | | 抖吓 | 抖吓 | 3-18 |

5.8.12 "晾曬"義動詞

| 曬曬/晒 | 曬晒 | 晒晒 | | 晒吓 | 晒晾 | 3-10 |
|---|---|---|---|---|---|---|
| 曬/晒 | 晒 | 晒晒 | | 晒 | 曬 | 3-10 |
| 曬一曬 | 晒一晒 | 晒一晒 | | 晒 | 晾 | 3-10 |

(續表)

| | | | | | | |
|---|---|---|---|---|---|---|
| 曬/晒 | 晒 | 晒 | | 晒 | 晒 | 3-10 |
| 曬/晒 | 晒 | 晒 | | 晒 | 晒 | 3-10 |
| 曬/晒 | 晒 | 晒 | | 晒 | 晒 | 3-10 |
| | | 晒一晒 | | | 晒 | 3-10 |
| 曬/晒 | 晒 | 晒 | | 晒 | 晾 | 3-10 |
| 晾 | 晾 | 晾 | | 晾 | 晾 | 3-10 |
| 晾 | 晾 | 晾 | | 晾 | 晾 | 3-10 |

ABCDE版主要用古語詞“曬(晒)”,《方言》第十:“曬,乾物也。揚楚通語也。”F版用“曬(晒)”略多於“晾”,“晾”是元代以來口語常用詞,《漢語大詞典》首例引元谷子敬《城南柳》第一折:“似這等風吹日晾,雪壓霜欺,知他幾時能勾脫生。”

5.8.13 “穿著”義動詞

| | | | | | | |
|---|---|---|---|---|---|---|
| 穿 | 穿 | 著 | 着 | 著 | 着 | 2-25 |
| 穿 | 穿 | | 着 | | | 2-31 |
| 穿 | 穿 | 穿 | 着 | 著 | 著 | 2-40 |
| 穿 | 穿 | 著 | | 着 | | 3-5 |
| 穿 | 穿 | 著 | | 着 | 着 | 3-5 |
| 穿 | 穿 | 著 | | 着 | 着 | 3-5 |

表“穿著”之義,《官話指南》有AB之“穿”,CDEF之“著/著”。

按:先秦時期“穿著”類的核心動詞有“衣”“服”“被”“佩”“帶”“飾”。“著”字一般不具有“穿著”義,但是在兩漢、魏晉南北朝時躍居“穿著”類動詞的核心地位。唐宋時期居前三位的是“著”“戴”“披”。從“穿”零星使用,到元明“穿”多見,自此一直佔據主導地位。

5.8.14 “洗澡”義動詞(洗澡——淨浴——洗身)

| | | | | | | |
|---|---|---|---|---|---|---|
| 洗澡 | 洗澡 | 淨淨浴 | | 洗身 | 洗身 | 3-8 |
| 洗澡 | 洗澡 | 淨浴 | | 洗身 | 洗身 | 3-16 |
| 洗澡 | 洗澡 | 淨浴 | | 洗身 | 洗身 | 3-16 |

| | | | | | | |
|---|---|---|---|---|---|---|
| 洗澡房 | 洗澡房 | 淨浴間 | | 洗身房 | 洗身房 | 3-1 |
| 洗澡房 | 洗澡房 | 淨浴間 | | 洗身房 | 洗身房 | 3-16 |
| 洗澡水 | 洗澡水 | 淨浴个水 | | 洗身水 | 洗身水 | 3-16 |
| 澡盆 | 澡盆 | 浴盆 | | 洗身盤1 | 洗身房 | 3-16 |

5.8.15 "起床"義動詞(起來——起身$_1$)

| | | | | | | |
|---|---|---|---|---|---|---|
| 起來 | 起來 | 趓起來 | 起來 | 起身 | 起身 | 1-25 |
| 起來 | 起來 | | 起來 | 起身 | 起身 | 2-11 |
| 起來 | 起來 | 趓起來 | 起來 | 起身 | 起身 | 2-21 |
| 起來 | 起來 | 起來 | 起來 | 起身 | 起身 | 2-25 |
| 起來 | 起來 | | 起來 | 起嘥身 | 起嘥身 | 2-25 |
| 起來 | 起來 | 起來 | 起來 | 起嘵身 | 起身 | 2-25 |
| 起來 | 起來 | 起身 | 起來 | 起身 | 起身 | 2-27 |
| 起來 | 起來 | 起來 | 起來 | 起身 | 起身 | 2-29 |
| 起來 | 起來 | 起來 | | 起身 | 起身 | 3-3 |

| | | | | | | |
|---|---|---|---|---|---|---|
| 早起 | 早起 | 早辰起來 | 早起 | 第朝起身 | | 2-15 |

表示"起床",ABCD版主要用唐代以來常用詞"起來",《漢語大詞典》首例引唐白居易《食後》诗:"食罷一覺睡,起來兩甌茶。"EF版用元代以來常用詞"起身",漢語大詞典首例引元杨暹《西游记》第二本第七出:"唐三藏此日起身,他胖姑兒從頭告訴了你。"

5.8.16 "動身"義動詞(起身$_2$——動身——起程)

| | | | | | | |
|---|---|---|---|---|---|---|
| 起身 | 動身 | 動身 | 動身 | 起程 | 起程 | 2-3 |
| 起身 | 動身 | 動身 | 動身 | 動身 | 動身 | 2-3 |
| 起身 | 起身 | 起身 | 動身 | 起程 | 起程 | 2-29 |
| 起身 | 起身 | 動身 | | 起程 | 起程 | 3-8 |
| 起身 | 動身 | 動身 | | 起程 | 起程 | 3-17 |
| 起身 | 起身 | | | 起程 | | 4-4 |
| 起身 | 起身 | | | 起程 | | 4-5 |

表示“出發上路”,A 版用元代以來常用詞“起身”,《漢語大詞典》首例引元陈以仁《存孝打虎》第一折:“則今日殺牛宰馬,做箇大大筵席,管待天使大人起身。”B 版用“起身”>“動身”,“動身”是明代以來常用詞,《漢語大詞典》首例引《二刻拍案惊奇》卷十七:“既然算計得停當,事不宜遲,快打點動身便是了。”CD 版主要用“動身”。EF 版主要用宋代以來常用詞“起程”,《漢語大詞典》首例引《宣和遺事》前集:“(宋江)擇日起程。”

5.9　生產、經濟活動類

5.9.1　“典押”義動詞(典——典/押$_1$——典)

| 典 | 典 | 典 | 押 | 典 | 典 | 2-8 |
|---|---|---|---|---|---|---|
| 典 | 典 |  | 押 | 典 | 典 | 2-8 |
| 典 | 典 | 典 | 押 | 典 | 典 | 2-8 |
| 典 | 典 | 典 | 押 | 典 | 典 | 2-8 |
| 典 | 典 | 典 | 押 | 典 |  | 2-8 |
| 典 | 典 | 典 | 押 | 典 | 典 | 2-8 |
| 典 | 典 | 典 | 押 | 典 | 典 | 2-8 |
| 典 | 典 | 典 | 押 | 典 | 典 | 2-8 |

| 押 | 押 | 押 | 押 | 押 | 典 | 2-11 |
|---|---|---|---|---|---|---|
| 押 | 押 | 押 | 押 | 押 | 典 | 2-11 |

5.9.2　“盤買”義動詞(倒——買$_C$/盤$_{3D}$——頂):轉讓或取得企業經營權、房屋租賃權。

| 倒 | 頂 | 買 | 盤 | 頂 | 頂 | 2-9 |
|---|---|---|---|---|---|---|
| 倒 | 頂 | 買 | 盤 | 頂 | 頂 | 2-9 |
| 倒 | 頂 | 買 | 盤 | 頂 | 頂 | 2-9 |
| 倒 | 頂 | 買 | 盤 | 頂 | 頂 | 2-9 |
| 倒 | 頂 | 賣 | 盤 | 頂 | 頂 | 2-9 |

（續表）

| 倒 | 頂 | 買 | 盤 | 承頂 | 承頂 | 2－9 |
|---|---|---|---|---|---|---|
| 倒 | 頂 |  | 盤 | 頂 |  | 2－9 |
| 倒 | 頂 |  | 盤 | 頂 | 頂 | 2－9 |
| 倒 | 頂 | 盤買 | 盤 | 頂 | 頂 | 2－9 |

5.9.3 “建造”義動詞

| 蓋房子 | 蓋房子 | 造房子 | 造房子 | 起屋 | 起屋 | 2－10 |
|---|---|---|---|---|---|---|

5.9.4 “打獵”義動詞(打圍——打獵)

| 打圍 | 打獵 | 打獵 | 打獵 | 打獵 | 打獵 | 2－15 |
|---|---|---|---|---|---|---|
| 打圍 | 打獵 | 打獵 | 打獵 | 打獵 | 打獵 | 2－15 |
| 打圍 | 打獵 | 打獵 | 打獵 |  |  | 2－15 |
| 打圍 | 打獵 | 打獵 | 打獵 | 打獵 | 打獵 | 2－15 |
| 打圍 | 打獵 | 打獵 | 打獵 | 打獵 | 打獵 | 2－15 |
| 打圍 | 打獵 | 打獵 | 打獵 | 打獵 | 打獵 | 2－15 |

表示“打獵”,A 版用宋代以來常用詞“打圍”,《漢語大詞典》首例引宋孔平仲《孔氏談苑·吴長文使虜》:“吴長文使虜,虜人打圍無所獲,忽得一鹿,請南使觀之。”BCDEF 版用明代以來常用詞“打獵”,《漢語大詞典》首例引《水滸傳》第十一回:“只説那柴進一行人,上馬自去打獵,到晚方回。”

5.9.5 賣——糶 C/賣 D——賣

| 賣 | 賣 | 糶 | 賣 | 賣 | 賣 | 2－12 |
|---|---|---|---|---|---|---|
| 賣 | 賣 | 糶 | 賣 | 賣 | 出賣 | 2－12 |
| 賣 | 賣 | 糶 | 賣 | 賣 | 發賣 | 2－12 |
| 賣 | 賣 | 糶 | 賣 | 賣 | 賣 | 2－12 |
| 賣 | 賣 | 糶 | 賣 | 賣 |  | 2－12 |

5.9.6 賺——賰

| 掙 | 賺 | 出產 | 賺 | 賰 | 賰 | 2－12 |
|---|---|---|---|---|---|---|
| 掙 | 掙 | 尋 | 賺 | | 賰 | 2－17 |
| 賺 | 賺 | 產 | 賺 | 撈 | 賰 | 2－19 |
| 賺 | 賺 | 賺 | 賺 | | 賰 | 2－19 |
| 賺 | 賺 | 賺 | 賺 | 賰 | 賰 | 2－20 |
| 賺 | 賺 | 賺 | 賺 | 賰 | 圖 | 2－20 |
| 得了便宜 | 得了便宜 | | 得之便宜 | 得倒便宜 | 賰得大錢 | 2－20 |
| 賺 | 賺 | 賺 | 賺 | 賰 | | 2－23 |
| 賺 | 賺 | | 賺 | 賰 | 賰 | 2－23 |
| 賺 | 賺 | 賺 | 賺 | 賺 | 賰得 | 2－23 |
| 賺 | 賺 | 賺 | 賺 | 賰 | 賰 | 2－23 |
| 發了財 | 發了財 | 發財 | 發之財 | 發咁多財 | 賰長好多銀 | 2－23 |
| 發了財 | 發了財 | 發財 | 發个財 | 發曉財 | 賰開錢 | 2－23 |
| 賺 | 賺 | 賺 | 賺 | 攞 | 攞 | 2－20 |

按：表示“獲得利潤”，ABCD 版用“賺”，EF 版用粵語特徵詞“賰”。

5.9.7 賠——折 C/賠 D——貼

| 賠 | 賠 | 折 | 賠 | 貼 | 貼 | 2－20 |
|---|---|---|---|---|---|---|
| 賠 | 賠 | 折 | 賠 | 貼 | 貼 | 2－20 |
| 賠 | 賠 | 折 | 折 | 貼 | 貼 | 2－23 |
| 吃…虧 | 吃…虧 | | 吃…虧 | 貼 | 貼 | 2－27 |
| 虧空 | 虧空 | 折之本 | 虧空 | 貼本 | 貼本 | 2－31 |
| 賠 | 賠 | 落脫 | 賠 | 貼 | 貼 | 2－34 |
| 認這個苦子 | 吃這個虧 | 吃箇个苦頭 | 吃第个虧 | 受難 | 貼虧 | 2－34 |

5.9.8 開市

| 開市 | 開張 | 開市 | 開張 | 開張 | 開張 | 2－9 |
|---|---|---|---|---|---|---|
| 開市 | 開張 | 開市 | 開市 | 開得張 | | 2－9 |
| 開市 | 開張 | 開市 | 開張 | 開張 | 開張 | 2－9 |

### 5.9.9 封

| 封 | 估 | 估 | 劃當 | 拆 | 拆 | 2-20 |
|---|---|---|---|---|---|---|
| 封 | 估 | 估 | 劃 | 拆 | 拆 | 2-20 |
| 封 | 估 | 估 | 劃 | 拆 | 拆 | 2-20 |
| 封 | 估 | 估 | 劃 | 拆 |  | 2-20 |
| 封 | 估 | 拆當 | 劃 | 估 | 拆 | 2-20 |
| 封 | 估 | 估 | 劃 | 拆 | 拆 | 2-20 |
| 封 | 估 | 估 | 劃 | 拆 |  | 2-20 |
| 封 | 估 | 估 | 劃 | 拆 | 拆 | 2-20 |
| 封 | 封 | 估 | 封 | 拆 | 拆 | 2-20 |
| 封 | 估 | 估 | 劃 | 拆 | 拆 | 2-20 |
| 封 | 估 | 估 | 劃 |  | 拆 | 2-20 |
| 封 | 估 | 估 | 劃 | 拆 | 拆 | 2-20 |
| 封 | 估 | 估 | 劃 | 拆 | 拆 | 2-20 |
| 封 | 估 | 估 | 劃 | 拆 | 拆 | 2-20 |

### 5.9.10 打夜作

| 打夜作 | 打夜作 | 夜作做 | 做夜作 | 開夜工 | 開夜工 | 2-14 |
|---|---|---|---|---|---|---|
| 打夜作 | 打夜作 | 夜作做 | 做 | 開夜工 | 開夜工 | 2-14 |

## 5.10 抽象動詞

### 5.10.1 歇乏

| 歇過乏來 | 歇過乏來 | 辛苦 | 弛瘏 | 抖過瘖氣 | 抖過吓 | 2-38 |
|---|---|---|---|---|---|---|
| 歇過乏來 | 歇過乏來 | 衰瘏歇歇 | 弛瘏 | 抖過瘖氣 | 抖過嚇 | 2-38 |

### 5.10.2 居長(指排行)

| 居長 | 居長 | 頂大 | 第一/頂大 | 居長 | 居長 | 1-3 |
|---|---|---|---|---|---|---|
| 排大 | 行一 | 頂大 |  | 行一 | 排行居長 | 3-1 |

5.10.3　得閒

| 有閒空兒 | 有閒空兒 | 有空 | 有空 | 得閒 | 得閒 | 1-10 |
|---|---|---|---|---|---|---|
| 沒事 | 沒事 | 有空 | 有空 | 冇事 | 得閒 | 2-2 |
| 忙 | 忙 | 忙 | 忙 | 好唔得閒 | 好忙逼 | 2-4 |
| 閒在 | 閒在 | 有空 | 閒空 | 得閒 | 得閒 | 2-9 |
| 得空兒 | 得空兒 | 有空 | 有空 | 得閒 | 得閒 | 2-38 |
| 有工夫兒 | 有工夫 | 有工夫 |  | 得閒 | 得閒 | 3-1 |
| 得暇 | 得空 |  |  | 得閒 |  | 4-11 |
| 得暇 | 得空 |  |  | 得閒 |  | 4-18 |

5.10.4　溜溝子

| 溜溝子 | 溜溝子 |  | 拍馬庇 | 溜溝子 | 諂媚人 | 1-34 |
|---|---|---|---|---|---|---|

5.10.5　捧臭脚

| 捧臭脚 | 捧臭脚 |  | 做小人 | 捧大脚 | 托大脚 | 1-35 |
|---|---|---|---|---|---|---|

5.10.6　“招惹”義動詞(招——碰、惹——撩、激)

| 和我這麼頑兒 | 和我這麼頑 | 碰 | 替我打掤 | 撩我 | 撩我 | 1-45 |
|---|---|---|---|---|---|---|
| 招着我 | 招着我 | 碰起我來 | 惹我 | 撩親我 | 激親我 | 1-45 |

表“招惹冒犯(人)”義,AB版用古今通用詞“招”,CD版用清代以來常用詞“碰/掤”,D版用明代以來常用詞“惹”,《漢語大詞典》首例引《清平山堂話本·快嘴李翠蓮記》:“大伯說話不知禮,我又不曾惹着你。”EF版用唐代以來新增成員“撩”。F版也用清代以來常用詞“激”,“激”之“觸犯”義由“刺激”引申而來,《漢語大詞典》首例引清張岱《陶庵夢憶·雷殿》:“啜烏龍井水,水涼冽激齒。”

5.10.7　“短缺”義動詞

| 短 | 少 | 少 | 少 | 少 | 少 | 2-2 |
|---|---|---|---|---|---|---|
| 短 | 少 | 少 | 少 | 少 | 少 | 2-21 |

（續表）

| | | | | | | |
|---|---|---|---|---|---|---|
| 短 | 少 | 少 | 少 | 少 | 唔見 | 2－21 |
| 短 | 短 | 缺 | 少 | 剩得咁少 | 咁短 | 2－23 |
| 短 | 少 | 欠 | 少 | 少 | 欠 | 2－27 |
| 短 | 少 | 少 | 少 | 少 | 唔見 | 2－31 |
| 短 | 少 | 缺 | 少 | 少 | 少 | 2－33 |
| 短 | 少 | 缺 | 少 | 少 | | 2－33 |
| 短 | 少 | 缺 | 少 | 少 | 少 | 2－33 |
| 短 | 少 | 缺、 | 少 | 少 | 少 | 2－33 |
| 短 | 少 | 缺 | | 少 | 冇 | 3－3 |
| 短 | 少 | 少 | | 少 | 欠 | 3－4 |
| 短 | 少 | 缺 | | 少 | 欠 | 3－4 |
| 短 | 少 | 缺 | | 未有 | 冇 | 3－4 |
| 短 | 少 | 缺 | | 少 | 少 | 3－19 |

5.10.8 "虧欠"義動詞(该——欠)

| | | | | | | |
|---|---|---|---|---|---|---|
| 虧短 | 虧空 | 欠 | 虧空 | 虧空 | 虧空 | 2－22 |
| 虧短 | 虧空 | 欠 | 虧空 | 虧空 | 虧空 | 2－22 |
| 虧短 | 虧空 | 欠 | 虧空 | 虧空 | 虧空 | 2－22 |
| 虧空 | 虧空 | 欠 | 虧空 | 空 | 虧空 | 2－23 |

| | | | | | | |
|---|---|---|---|---|---|---|
| 該 | 該 | 欠 | 欠 | 欠 | 欠 | 2－23 |
| 該 | 該 | | | 欠 | | 4－10 |
| 該 | 該 | | | 欠 | | 4－10 |

| | | | | | | |
|---|---|---|---|---|---|---|
| 欠 | 欠 | | | 欠 | | 4－4 |
| 欠 | 欠 | | | 欠 | | 4－7 |
| 欠 | 欠 | | | 欠 | | 4－7 |
| 欠 | 欠 | | | 欠 | | 4－9 |

(續表)

| | | | | | | |
|---|---|---|---|---|---|---|
| 欠 | 欠 | | | 欠 | | 4－9 |
| 欠 | 欠 | | | 欠 | | 4－9 |
| 欠 | 欠 | | | 欠 | | 4－10 |
| 欠 | 欠 | | | 欠 | | 4－10 |
| 欠 | 欠 | | | 欠 | | 4－10 |
| 欠 | 欠 | | | 欠 | | 4－10 |
| 拖欠 | 拖欠 | | | 拖欠 | | 4－19 |

按:"欠"有不足、缺少義,《廣韵·梵韵》"欠,今借爲炏字。"唐顏師古《匡謬正俗》卷六:"今人謂物少不充爲欠,義何所取? 今爲欠者,本爲歁耳。"唐代引申為"欠債"義,如唐段成式《酉陽雜俎》卷十五:驢忽然曰:"我姓白名元通,負君家力已足,勿復騎我。南市賣麩家欠我五千四百,我又負君錢數亦如之,今可賣我。"(參見李倩 2010)

該:《元刊老乞大》、明《老乞大諺解》、《樸通事諺解》可見用例,清代多用,如:

我求媽媽暫且養養神,趁哥哥的活口現在,問問各處的帳目。人家該咱們的,咱們該人家的,亦該請個舊夥計來算一算,看看還有幾個錢沒有。(《紅樓夢》第 100 回)

說大老爺該他一種銀子,要在二老爺身上還的。(《紅樓夢》第 106 回)

5.10.9　"丢失"義動詞

| | | | | | | |
|---|---|---|---|---|---|---|
| 丢 | 掉 | 落脱 | 失 | 失 | 失 | 2－6 |
| 丢 | 掉 | 落脱 | 失脱 | 跌 | 失 | 2－6 |
| 丢 | 掉 | 落脱 | 甩脱 | 失 | 失 | 2－15 |
| 丢 | 掉 | 落脱 | 甩脱 | 失 | 失 | 2－15 |
| 丢 | 丢 | | | 失去 | 失去 | 2－28 |
| 丢 | 失 | 偷脱 | 無沒 | 失 | 失 | 2－30 |
| 丢 | 掉 | | 跑脱 | | 失 | 2－32 |

(續表)

| | | | | | | |
|---|---|---|---|---|---|---|
| 丢 | 掉 | 無脱 | 跑脱 | 失 | 失 | 2-32 |
| 丢 | 掉 | 無脱 | 跑脱 | 失 | 失 | 2-32 |
| 丢 | 掉 | 無脱 | 跑脱 | 失 | | 2-32 |
| 丢 | 掉 | 無脱 | 跑脱 | 失 | 失 | 2-32 |

表示"丢失",A版用"丢",B版用"掉",CD版用西南官話和吳語詞"V脱",EF版主要用單音節"失"。

按:北方説"丢"時,南方卻説"掉"。而南方的"丢"相當於北方的"扔"。《北京土話》(1991:98):"丢,失落也,遺失也。…北京用此字時極多。如失落物件曰'丢了東西'。…"

5.10.10 "使用"義動詞(用$_1$——使)

| | | | | | | |
|---|---|---|---|---|---|---|
| 用 | 用 | 用 | 用 | 使 | 使 | 2-8 |
| 用 | 用 | 用 | 用 | 使 | | 2-10 |
| 用 | 用 | 用 | 用 | 使 | 使 | 2-10 |
| 用 | 用 | 用 | 用 | 用使 | 使 | 2-12 |
| 用 | 用 | | 用 | 俾 | 俾 | 2-15 |
| 用 | 用 | | 用 | 使 | 用 | 2-21 |
| 用 | 用 | 用 | 用 | 使 | 使 | 2-22 |
| 用 | 用 | 用 | 用 | 使 | 使 | 2-36 |
| 用 | 用 | | | 使 | 用 | 3-3 |
| 用 | 用 | | | 俾 | 用 | 3-5 |
| 用 | 用 | 用 | | 使 | 用 | 3-8 |
| 用 | 用 | 用 | | 使 | | 3-12 |
| 用 | 用 | 用 | | 使 | 使 | 3-15 |
| 用 | 用 | 用 | | 使 | 用 | 3-18 |
| 用 | 用 | | | 使 | | 4-7 |
| 用 | 用 | | | 使 | | 4-19 |

表示"使用",ABCD版用古今通語詞"用",E版之"使",上古也见,但很少使用,元明开始多用,偏北方话。F版用"使""用"。EF版偶爾也用古語詞"俾"。

按:《官話類編》中有類似的例子。如:這些小錢不好使/用。P. 5【注】:使 is very common in Northern Mandarin, but not in the South, Where 用 is always used. In the Southern Mandarin 用 is used almost exclusively, 使 being rarely heard. P. 130

| | | | | | | |
|---|---|---|---|---|---|---|
| 使 | 用 | 用 | 用 | 使 | 用 | 2-34 |
| 使 | 用 | 用 | | 使 | 要 | 3-15 |

| | | | | | | |
|---|---|---|---|---|---|---|
| 使喚 | 使用 | 用 | 好用 | 使 | 使 | 2-17 |
| 使喚 | 使用 | 開銷 | 用 | | | 2-23 |
| 使喚 | 使用 | 用 | 用 | 使 | | 2-27 |
| 使喚 | 使用 | | | 使 | 用 | 3-12 |

| | | | | | | |
|---|---|---|---|---|---|---|
| 拿 | 拿 | 用 | | 俾 | | 3-9 |
| 拿 | 拿 | 用 | | 俾 | 俾 | 3-17 |

5.10.11 交(朋友)

| | | | | | | |
|---|---|---|---|---|---|---|
| 交 | 交 | 攀 | 劼 | 交 | 有 | 2-11 |
| 挨着 | 相與 | 搭着 | 劼 | | | 2-25 |

5.10.12 辛苦(打招呼用語)

| | | | | | | |
|---|---|---|---|---|---|---|
| 辛苦 | 辛苦 | 好拉否 | 辛苦 | 咁落力 | 滾攪 | 2-14 |
| 辛苦 | 辛苦 | 費心 | 辛苦 | 咁落力 | 滾攪 | 2-18 |
| 辛苦 | 辛苦 | 好拉否 | 辛苦 | 咁勤力 | 滾攪 | 2-18 |
| 辛苦 | 辛苦 | 好拉否 | 辛苦 | 驚動 | 勞動 | 2-18 |

### 5.10.13 要——愛

| 不要錢 | 不要錢 | 勿想銅錢 | 勿要銅錢 | 唔肯愛錢 | 唔係貪贜 | 1-36 |
|---|---|---|---|---|---|---|
| 要定了箱子 | 要定了箱子 | 要兩隻箱子 | 要原箱子 | 要愛翻佢嘅箱 | 要得番佢嘅箱 | 2-21 |
| 不要利錢 | 不要利錢 | 勿要利錢 | 勿要利錢 | 唔愛利 | 唔使利息 | 2-23 |
| 不要利錢 | 不要利錢 | 勿要啥利錢 | 勿要利錢 | 唔愛你利息錢 | 唔計利息 | 2-31 |
| 這就要點心麼 | 這就要點心麼 | 點心就要用末 | | 愛點心自唔呢 | 而家食早餐唔呢 | 3-3 |
| 是要…不是 | 是要…不是 | …要否 | | 係愛…唔係 | 係要…唔呢 | 3-5 |
| 取五吊錢的現錢 | 發五吊錢的現錢 | 換五百現錢 | | 愛五千錢嘅現錢 | 找過五吊嘅錢 | 3-12 |
| 拿着 | 拿着 | 担 | | 愛 | 擰住 | 3-18 |
| 接 | 接 | 担 | | 愛 | 收 | 3-18 |
| 要 | 要 | 討價 | | 愛 | 要 | 3-19 |

### 5.10.14 辭——停脫——辭

| 辭 | 辭 | 停脫 | 停脫 | 辭 | 辭 | 2-17 |
|---|---|---|---|---|---|---|

### 5.10.15 受

#### 5.10.15.1 受——吃——受

| 受了點兒氣 | 受了點兒氣 | 吃之點氣 | 受之點氣 | 受嘵啲氣 | 受人嘅氣 | 2-27 |
|---|---|---|---|---|---|---|
| 受了甚麽氣 | 受了甚麽氣 | 吃之啥个氣 | 受之啥个氣 | 受嘵啲乜野氣 | 點樣令你受氣 | 2-27 |
| 受了點兒驚恐 | 受了一點兒驚恐 | 吃之點驚嚇 | 受之點驚嚇 | 受嘵啲驚 | 受驚慌 | 2-28 |
| 受了甚麽驚恐 | 受了甚麽驚恐 | 吃之啥個驚嚇 | 受之啥个驚嚇 | 受嘵啲乜野驚 | 受點嘅驚慌 | 2-28 |

#### 5.10.15.2 受——著——受

| 受了熱 | 受了熱 | 著之熱 | 着之熱 | 受嘵熱 | 受熱 | 2-28 |
|---|---|---|---|---|---|---|
| 受了熱 | 受了熱 | 著熱 | 着之熱 | 受嘵熱 | 受熱 | 2-28 |

5.10.15.3 犯——有——受

| | | | | | | |
|---|---|---|---|---|---|---|
| 犯潮 | 有潮 | 潮濕 | | 受曉潮濕 | 潮濕 | 3-14 |

5.10.16 夾

| | | | | | | |
|---|---|---|---|---|---|---|
| 又饞又懶 | 又饞又懶 | 貪吃懶做 | 貪吃懶做 | 又饞又懶 | 大食夾懶 | 2-17 |
| 夾着 | 夾着 | 得之 | 夾着 | 兼有 | 兼夾 | 2-28 |

5.10.17 "遵守"義動詞(守——依)

| | | | | | | |
|---|---|---|---|---|---|---|
| 守 | 守 | 守 | 守 | 依 | 依 | 2-17 |

5.10.18 "挑揀"義動詞(挑——揀)

| | | | | | | |
|---|---|---|---|---|---|---|
| 挑 | 揀 | 揀 | 揀 | 揀 | 揀 | 2-29 |
| 挑 | 揀 | 擔 | | 揀 | 揀 | 3-9 |
| 挑 | 挑 | 揀 | | 揀 | 揀 | 3-11 |

按:"挑"之"挑選"義。此義晚至唐代才產生。例如:後蜀何光遠《鑒誡錄》卷一:"十年對壘,萬陣交鋒。慮久困於生靈,乃選挑其死士。纔過汶水,縛王彥章于馬前;旋及夷門,斬朱友貞于樓上。"《老學庵筆記》卷二:"禁中舊有絲鞋局,專挑供御絲鞋。"《水滸全傳》第94回:"特差他到昭德,挑選精兵一萬。"作為"挑選"義主導詞要到清代。因此BCDEF都用"揀"。時代性地域性使然。

5.10.19 "修飾"義動詞

| | | | | | | |
|---|---|---|---|---|---|---|
| 修飾好 | 修飾好 | 修飾好 | 改改好 | 修飾好 | 謄正 | 2-38 |
| 修飾得了 | 修飾好了 | 修飾好之 | 改好之 | 修飾好 | 謄正 | 2-38 |

5.10.20 揭了來了

| | | | | | | |
|---|---|---|---|---|---|---|
| 揭了來了 | 揭了來了 | 猜來貼對个 | 扯之下來 | 估中曉咯 | 揭出嚟咯 | 2-40 |

## 5.10.21 “打理”義動詞(管——打理)

| 照應 | 照應 | 照應 | 照應 | 照料 | 打理 | 2 - 9 |
|---|---|---|---|---|---|---|
| 管 | 管 | 管 | 管 | 理 | 打理 | 2 - 27 |
| 代管 | 代管 | 代 |  | 做住 | 打理 | 3 - 13 |
| 管 | 管 | 關得我 |  | 管 | 打理 | 3 - 15 |
| 管 | 管 | 管 |  | 管 | 打理 | 3 - 15 |
| 拾掇 | 收拾 | 出理 |  | 打理 | 打理 | 3 - 16 |
| 管 | 管 | 管 |  | 管 | 打理 | 3 - 16 |
| 管 | 管 | 管 |  | 打理 | 關佢事 | 3 - 20 |
| 管 | 管 | 管 |  | 打理 | 置 | 3 - 20 |

## 5.10.22 “戒斷”義動詞(忌——戒)

| 忌 | 戒 | 戒 | 戒 | 戒 | 戒 | 2 - 25 |
|---|---|---|---|---|---|---|
| 忌 | 戒 | 戒 | 戒 | 戒 | 戒 | 2 - 25 |
| 忌 | 戒 | 戒 | 戒 | 戒 | 戒 | 2 - 25 |
| 忌 | 戒 | 戒 | 戒 | 戒 | 戒 | 2 - 25 |
| 忌 | 戒 | 戒 | 戒 | 戒 | 戒 | 2 - 25 |
| 忌 | 戒 | 戒 | 戒 | 戒 | 戒 | 2 - 25 |
| 忌 | 戒 | 戒 | 戒 | 戒 | 戒 | 2 - 25 |
| 忌 | 戒 | 戒 | 戒 | 戒 | 戒 | 2 - 25 |
| 忌 | 戒 |  | 戒 | 戒 | 戒 | 2 - 25 |
| 忌 | 戒 | 戒 | 戒 | 戒 | 戒 | 2 - 25 |

| 斷 | 斷 | 戒 | 戒 | 戒 | 戒 | 2 - 14 |
|---|---|---|---|---|---|---|
| 斷 | 斷 | 斷 | 戒 | 戒 | 戒 | 2 - 25 |

| 忌 | 忌 | 忌 |  | 戒 | 戒 | 3 - 7 |
|---|---|---|---|---|---|---|
| 忌 | 忌 | 忌 |  | 戒 | 戒 | 3 - 7 |

## 5.10.23　定規

| | | | | | | |
|---|---|---|---|---|---|---|
| 定規 | 定規 | 定當 | 定規 | 定 | 定 | 2－3 |
| 定規 | 定規 | 定當 | 定規 | 成 | 定 | 2－10 |
| 定規 | 定規 | 定 | 定 | 成 | 定 | 2－10 |
| 定規 | 定規 | | 定規 | 定期 | 定 | 2－27 |
| 定規 | 定規 | 約 | 定規 | 定實 | 約定 | 2－32 |
| 定規 | 定規 | 安排 | | | 定 | 3－1 |
| 定規 | 定規 | 定規 | | 定 | 定 | 3－12 |
| 定規 | 定規 | 定當 | | 定實 | 一定 | 3－20 |
| 定規 | 定規 | | | 定期 | | 4－3 |
| 定規 | 定規 | | | 定期 | | 4－8 |

## 5.10.24　“頂替”義動詞(頂$_2$——冒)

| | | | | | | |
|---|---|---|---|---|---|---|
| 頂 | 頂 | 頂 | 頂 | 頂 | 冒 | 2－30 |

## 5.10.25　甪

| | | | | | | |
|---|---|---|---|---|---|---|
| 牙沒了 | 牙齒沒有了 | 牙齒落完 | 牙齒勿有哉 | 冇牙咯 | 甪嗮牙 | 1－41 |
| 斷成 | 斷成 | 戒斷 | 戒脫 | 戒得甪 | 戒斷 | 2－14 |
| 逃跑了 | 逃跑了 | 跑脫者 | 逃走之 | 走咽 | 走甪 | 2－22 |
| 斷了 | 斷了 | 斷之 | 戒斷哉 | 戒甪咯 | 戒甪煙嘞 | 2－25 |
| 免了 | 免了 | 免脫 | 免之 | 走甪嘵 | 免嘵 | 2－29 |
| 洗掉 | 洗掉 | 淨脫 | | 洗甪 | 洗甪 | 3－5 |
| 拔下來 | 拔下來 | 拔下來 | | 起翻 | 搖甪 | 3－9 |
| 掉 | 掉 | 退 | | 甪 | 失 | 3－10 |
| 掉 | 掉 | 落脫 | | 甪 | 甪 | 3－16 |

按：字典中“甪”是專名用字。疑“甪”是粵語“落”的記音字。從上下文義看,“甪”可以作謂語,多做補語,表示動作的結果,都有去掉、掉下等。

5.10.26 歇₃

| | | | | | | |
|---|---|---|---|---|---|---|
| 過一兩天 | 過一兩天 | 過个一二日 | 歇个一兩日 | 過兩日 | 呢兩日內 | 2-1 |
| 過兩天 | 過兩天 | 等兩日 | 歇兩日 | 過兩日 | 呢兩日間 | 2-2 |
| 改天見 | 改天見 | 隔日會 | 歇日再會 | 改日見 | 改日再見 | 2-2 |
| 改天見 | 改天見 | 明朝會 | 歇日會 | 改日再見 | 改日再見 | 2-14 |
| 過幾天 | 過幾天 | 隔幾日 | 歇幾日 | 過幾日 | 過幾日 | 2-18 |
| 過幾天 | 過幾天 | 隔兩日 | 歇幾日 | 過幾日 | 過幾日 | 2-18 |
| 過幾天 | 過幾天 | 隔兩日 | 歇日 | 過幾日 | 有耐 | 2-18 |
| 過了有兩三天 | 過了有兩三天 | 過之二三日 | 歇之有兩三日 | 過兩三日 | | 2-23 |
| 過了些日子 | 過了些日子 | 隔之幾日 | 歇之幾日 | 過嘵好耐 | 過嘵幾日 | 2-25 |
| 過兩天 | 過兩天 | 隔兩日 | 歇兩日 | 過兩日 | 呢一兩日內 | 2-27 |
| 擱得日子多了 | 擱得日子多了 | 日脚隔得多之 | 擱來日脚多之 | 歇得日子耐 | 歇得日子耐 | 2-27 |
| 過了兩天 | 過了兩天 | 隔之二日 | 歇之兩日 | 過得兩日 | 過嘵兩日 | 2-31 |
| 過了些個日子 | 過了好些日子 | 歇之幾日 | 歇之幾化日脚 | 過得幾日 | 過得幾日 | 2-31 |
| 過一兩天 | 過一兩天 | 過个一頭兩日 | 歇之一兩日 | | | 2-32 |
| 侍(待)了好大半天 | 待了好大半天 | 等之大半日 | 歇之大半日 | | 歇成半日 | 2-33 |
| 過了兩天 | 過了兩天 | 過之二日 | 歇之兩日 | 歇得兩日 | 兩日後 | 2-33 |
| 回頭 | 回頭 | | | 回頭 | 歇一陣 | 3-10 |

5.10.27 得了₁:表示完成

| | | | | | | |
|---|---|---|---|---|---|---|
| 燒得了 | 燒成功 | | 燒成功 | 燒起 | 燒起 | 2-7 |
| 燒得了 | 燒好了 | 燒好者 | 燒得好 | 燒得起 | 燒得起 | 2-7 |
| 燒得了 | 燒好了 | 燒得好者 | 燒好哉 | 燒起咯 | | 2-7 |
| 燒得了 | 燒好了 | 燒好之 | 燒好之 | 燒起 | 燒起 | 2-7 |

(續表)

| | | | | | | |
|---|---|---|---|---|---|---|
| 配得了 | 配好了 | 配好 | 配好 | 配好 | 做妥 | 2－18 |
| 配得了 | 配好了 | 配好者 | 配好哉 | 配好嘛 | 配妥咯 | 2－18 |
| 考上了 | 考得了 | 考著之 | 考着哉 | 考倒 | 考倒 | 2－24 |
| 修飾得了 | 修飾好了 | 修飾好之 | 改好之 | 修飾好 | 謄正後 | 2－38 |
| 飯得了 | 飯好了 | 飯好者 | | 飯好嘛 | 豫備好嘛 | 3－4 |
| 得了 | 好了 | | | 煲好 | 豫備好 | 3－7 |
| 燒得了 | 燒好了 | 燒拉 | | 燒好 | 燒倒 | 3－16 |
| 得了沒有 | 有了沒有 | 好沒 | | 做起唔曾 | 豫備唔曾 | 3－19 |
| 寫得了 | 寫好了 | | | 寫好 | | 4－20 |

5.10.28　得了2：表示禁止或同意。

《現代漢語大詞典》第5版P.283“得了”：表示禁止或同意；算了；行了。

| | | | | | | |
|---|---|---|---|---|---|---|
| 得了 | 彀了 | 有者 | | 做得咯 | 唔要咯 | 3－3 |

5.10.29　“耽誤”義動詞(躭悮——躭擱)

| | | | | | | |
|---|---|---|---|---|---|---|
| 躭悮 | 躭悮 | 躭擱 | | 阻遲 | 阻遲 | 3－4 |
| 躭悮兒 | 躭悮 | 躭擱 | | 躭擱 | 躭擱 | 3－6 |
| 躭悮 | 躭悮 | 躭擱 | | 躭擱 | 躭擱 | 3－8 |
| 躭悮 | 躭悮 | 躭擱 | | 躭擱 | | 3－13 |
| 躭悮 | 躭悮 | 躭擱 | | 躭擱 | 躭擱 | 3－13 |
| 愣/挨着 | 挨着 | 躭擱 | | | 躭擱 | 3－13 |
| 躭悮 | 躭悮 | 耽擱 | | 躭擱 | 阻遲 | 3－15 |
| 磨稜子 | 挨 | 躭擱 | | 遲疑 | | 3－18 |
| 躭悮 | 躭悮 | | | 躭誤 | | 4－8 |
| 躭悮 | 躭悮 | | | 有誤 | | 4－16 |

表示“耽誤”,AB版用“躭悮”,偶爾用“挨著”。CEF版用“躭擱”。

按：A版之“磨稜子”為北方話語詞,指雖然不願幹也不得不幹；

故意拖延。又作磨棱子，孫德宣(2004：125)："齊如山《北京土話》動詞補釋"一文僅列舉，無文獻例證，此可補證。

| | | | | | | |
|---|---|---|---|---|---|---|
| 住 | 住 | 住 | 躭擱 | 住 | 住 | 2－38 |
| 住 | 住 | 住 | 躭擱 | 住 | 住 | 2－38 |
| 住下 | 住下 | 耽擱 | 宿 | 住落 | 住宿 | 2－15 |

5.10.30　"躲藏"義動詞

| | | | | | | |
|---|---|---|---|---|---|---|
| 藏 | 藏 | 避 | 避 | 躲 | 躲避 | 2－25 |
| 藏 | 躲 | 避 | 避 | 躲 | | 2－26 |
| 躲 | 躲 | 避 | 避 | 躲 | 行開 | 2－30 |

5.10.31　"昧瞞"義動詞(昧——瞞)

| | | | | | | |
|---|---|---|---|---|---|---|
| 昧 | 瞞 | 瞞 | 瞞 | 吞 | 埋沒 | 2－16 |
| 昧 | 瞞 | 吃過 | 瞞 | 瞞 | 瞞 | 2－36 |

5.10.32　耍

5.10.32.1　耍馬前刀兒

| | | | | | | |
|---|---|---|---|---|---|---|
| 耍馬前刀兒 | 耍馬前刀兒 | 拉別人家馬面前舞刀 | 使乖巧 | 耍馬前刀 | 一時努力或諂媚人 | 1－34 |

5.10.32.2　耍手藝

| | | | | | | |
|---|---|---|---|---|---|---|
| 耍手藝 | 做手藝 | 做生活 | 做生活 | 做功夫 | 做工 | 2－14 |
| 耍手藝 | 做手藝 | 做生活 | 做生活 | 做功夫 | 做 | 2－14 |
| 耍手藝 | 做手藝 | 做生活 | 做生活 | 做功夫 | 做 | 2－14 |
| 耍手藝 | 做手藝 | 做生活 | 做生活 | 做 | | 2－14 |

5.10.32.3　耍——賭

| | | | | | | |
|---|---|---|---|---|---|---|
| 耍 | 賭 | 白相 | 賭 | 賭 | 賭 | 2－17 |
| 耍 | 賭 | 白相 | 賭 | 賭 | 賭 | 2－17 |

(續表)

| | | | | | | |
|---|---|---|---|---|---|---|
| 耍 | 賭 | 白相 | 賭 | 賭 | 賭 | 2－17 |
| 耍 | 賭 | 賭 | 賭 | 賭 | 賭 | 2－25 |
| 耍 | 賭 | 賭 | 賭 | 賭 | 賭 | 2－25 |
| 耍 | 賭 | 賭 | 賭 | 賭 | 賭 | 2－25 |
| 耍 | 玩 | 白相 | 勃相 | 賭 | 頑 | 2－26 |
| 耍 | 賭 | 賭 | 賭 | 賭 | 賭 | 2－26 |
| 耍 | 賭 | 白相 | 賭 | 賭 | 頑 | 2－26 |
| 耍 | 賭 | 白相 | 賭 | 賭 | | 2－26 |
| 耍 | 賭 | 賭 | 賭 | 賭 | 賭 | 2－26 |
| 耍 | 賭 | 賭 | 賭 | 賭 | 賭 | 2－26 |
| 耍 | 賭 | 賭 | 賭 | 賭 | 賭 | 2－26 |
| 耍 | 賭 | 開場 | 賭 | 賭 | 賭 | 2－26 |
| 耍 | 賭 | 賭 | 賭 | | 賭 | 2－26 |
| 耍 | 賭 | 賭 | 賭 | 賭 | 賭 | 2－26 |

### 5.10.33 打燈虎兒

| | | | | | | |
|---|---|---|---|---|---|---|
| 打燈虎兒 | 打燈謎兒 | 打燈謎 | 打燈謎 | 打燈題 | 打燈謎 | 2－40 |

### 5.10.34 替換——輪流

| | | | | | | |
|---|---|---|---|---|---|---|
| 替換 | 替換 | 替換 | 替換 | 輪流 | 輪流 | 2－15 |
| 輪流 | 輪流 | | | 輪流 | | 4－17 |

### 5.10.35 堵——塞

| | | | | | | |
|---|---|---|---|---|---|---|
| 堵 | 堵 | 塞 | | 塞 | 塞 | 3－16 |

### 5.10.36 V死1

| | | | | | | |
|---|---|---|---|---|---|---|
| 餓死 | 餓死 | 餓煞 | 餓殺 | 餓死 | 餓死 | 1－13 |
| 打死 | 打死 | 打殺 | 打殺 | 打死 | 打死 | 2－15 |

（續表）

| 弔死 | 吊死 | 吊殺 | 弔殺 | 吊頸死 | 吊頸死 | 2-16 |
|---|---|---|---|---|---|---|
| 殺死 | 殺死 | 殺脫 | 殺脫 | 殺死 | 打死 | 2-22 |
| 弔死 | 吊死 | 吊殺 | 吊殺 | 自縊死嘵 |  | 2-38 |
| 吊死 | 吊死 | 吊殺 | 吊殺 | 吊死 |  | 2-38 |
| 勒死 | 勒死 | 勒死 | 勒殺 | 勒死 | 勒死 | 2-38 |
| 勒死 | 勒死 | 勒殺 | 勒殺 | 勒死 | 勒死 | 2-38 |
| 勒死 | 勒死 | 勒死 | 勒殺 | 勒死 | 勒死 | 2-38 |
| 弔死 | 吊死 | 吊殺 | 吊殺 | 吊死 | 吊頸死 | 2-38 |
| 悶死 | 悶死 | 悶死 | 悶死 | 悶死 | 悶死 | 2-40 |

5.10.37　V死$_2$

| 釘死 | 鎖起來 | 釘緊 |  | 釘住 | 釘妥 | 3-17 |
|---|---|---|---|---|---|---|
| 勒死 | 剔緊 | 打死結 |  | 打死結 | 打得實 | 3-17 |

5.10.38　“完結”義動詞

| 結 | 結 | 完結 | 結 | 了 | 了 | 2-19 |
|---|---|---|---|---|---|---|
| 化(完) | 完 | 完結 | 完 |  |  | 2-27 |
| 辦結 | 辦了 |  |  | 辦完 |  | 4-11 |
| 辦結 | 辦了 |  |  | 辦完 |  | 4-11 |

5.10.39　遭

| 遭 | 遭 | 做爛料 | 吃苦 | 敝 | 弊 | 2-17 |
|---|---|---|---|---|---|---|

5.10.40　天亮——天光

| 天亮 | 天亮 | 天亮 | 天亮 | 第朝 | 天光 | 2-25 |
|---|---|---|---|---|---|---|
| 天快亮 | 天快亮 | 天亮快 | 天亮快 | 差唔多天光 | 上下天光 | 2-26 |
| 天亮 | 天亮 | 天亮 |  | 天光 | 天光 | 2-28 |
| 天亮 | 天亮 | 天一亮 | 天亮 | 天光 | 天光 | 2-38 |

### 5.10.41　生事——滋事

| 生事 | 生事 | | | 滋事 | | 4-5 |
|---|---|---|---|---|---|---|

### 5.10.42　不敢當

| 不敢當 | 不敢當 | 當勿起 | 勿敢當 | 唔敢當 | 唔敢當 | 1-3 |
|---|---|---|---|---|---|---|
| 不敢當 | 不敢當 | 當勿起 | 勿敢當 | 唔敢當 | 唔敢當 | 1-4 |
| 不敢當 | 不敢當 | | 勿敢當 | 唔敢當 | 唔敢當 | 1-4 |
| 不敢當 | 不敢當 | 當勿起 | 勿敢當 | 唔敢當 | 唔敢當 | 1-32 |
| 不敢當 | 不敢當 | 勿敢當 | 勿敢當 | 唔敢當 | 唔敢當 | 2-2 |
| 不敢當 | 不敢當 | 勿敢當 | 勿敢當 | 唔敢當 | 唔敢當 | 2-3 |
| 不敢當 | 不敢當 | 弗敢當 | 勿敢當 | 唔敢當 | 唔敢當 | 2-4 |
| 不敢當 | 不敢當 | 勿敢當 | 勿敢當 | 唔敢當 | 唔敢當 | 2-5 |
| 不敢當 | 不敢當 | 不敢當 | 勿敢當 | 唔敢當 | 過奬 | 2-5 |
| 不敢當 | 不敢當 | 不敢當 | 勿敢當 | 唔敢當 | 唔敢當 | 2-5 |
| 不敢當 | 不敢當 | 勿敢當 | 勿敢當 | 唔敢當 | 唔敢當 | 2-9 |
| 不敢當 | 不敢當 | | | 唔敢當 | | 4-1 |
| 不敢當 | 不敢當 | | | 不(唔)敢當 | | 4-1 |
| 不敢當 | 不敢當 | | | 唔敢當 | | 4-1 |
| 不敢當 | 不敢當 | | | 唔敢當 | | 4-1 |
| 不敢當 | 不敢當 | | | 唔敢當 | | 4-2 |
| 不敢當 | 不敢當 | | | 唔敢當 | | 4-11 |
| 不敢當 | 不敢當 | | | 唔敢當 | | 4-12 |
| 不敢當 | 不敢當 | | | 唔敢當 | | 4-15 |
| 不敢當 | 不敢當 | | | 豈敢 | | 4-16 |
| 不敢當 | 不敢當 | | | 豈敢 | | 4-16 |
| 不敢當 | 不敢當 | | | 唔敢當 | | 4-18 |
| 不敢當 | 不敢當 | | | 唔敢當 | | 4-18 |
| 不敢當 | 不敢當 | | | 唔敢當 | | 4-20 |

| 當不起 | 當不起 | 當勿起 | 當勿起 | 唔當得起 | 唔當得起 | 2-5 |
|---|---|---|---|---|---|---|
| 當不起 | 當不起 | | | 當唔起 | | 4-1 |

5.10.43　怪勿得

| 怪不得 | 怪不得 | 怪勿得 | 怪勿得 | 怪唔得 | 唔怪得 | 1-25 |
|---|---|---|---|---|---|---|
| 無怪 | 無怪 | 怪勿得 | 怪勿得 | 唔怪得 | 唔怪得 | 2-5 |
| 怪不得 | 怪不得 | 怪勿得 | 怪勿得 | 唔怪得 | 唔怪得 | 2-29 |
| 怪不得 | 怪不得 | 怪勿得 | 怪勿得 | 怪唔得 | | 2-39 |

5.11　心理義動詞

5.11.1　"知道"義動詞(知道——曉得——知到)

| 知道 | 曉得 | 認得 | 曉得 | 知 | 查出 | 1-6 |
|---|---|---|---|---|---|---|
| 知道 | 曉得 | 曉得 | 曉得 | 知到 | 知到 | 1-23 |
| 知道 | 知道 | 曉得 | 曉得 | 知到 | 知到 | 1-29 |
| 知道 | 曉得 | 曉得 | 曉得 | 知道 | 知 | 2-1 |
| 知道 | 曉得 | 曉得 | 曉得 | 知道 | 知到 | 2-1 |
| 知道 | 曉得 | | 曉得 | 曉得 | 曉 | 2-6 |
| 知道 | 曉得 | 曉得 | 曉得 | 知到 | 知 | 2-7 |
| 知道 | 曉得 | 曉得 | 曉得 | 知 | 知 | 2-10 |
| 知道 | 曉得 | 曉得 | 曉得 | 知 | 知到 | 2-10 |
| 知道 | 曉得 | 懂 | 曉得 | 知 | 知 | 2-11 |
| 知道 | 曉得 | 想起來 | 曉得 | 知道 | 知 | 2-11 |
| 知道 | 曉得 | 曉得 | 曉得 | 知到 | 知 | 2-12 |
| 知道 | 曉得 | 曉得 | 曉得 | 知道 | 知 | 2-13 |
| 知道 | 曉得 | 曉得 | 曉得 | 知到 | 知到 | 2-14 |
| 知道 | 曉得 | 曉得 | 曉得 | 知到 | 知 | 2-16 |
| 知道 | 曉得 | 曉得 | 曉得 | 知 | 知 | 2-16 |
| 知道 | 曉得 | 曉得 | 曉得 | 知 | 知到 | 2-16 |

(續表)

| | | | | | | |
|---|---|---|---|---|---|---|
| 知道 | 曉得 | 曉得 | 曉得 | 知到 | 知到 | 2-17 |
| 知道 | 曉得 | 曉得 | 曉得 | 知 | 知到 | 2-17 |
| 知道 | 曉得 | 曉得 | 曉得 | 知道 | 查出 | 2-17 |
| 知道 | 知道 | 曉得 | 曉得 | 知 | 知 | 2-21 |
| 知道 | 曉得 | 曉得 | 曉得 | 知到 | 知到 | 2-22 |
| 知道 | 曉得 | 懂 | 曉得 | 知 | 明白 | 2-23 |
| 知道 | 曉得 | 曉得 | 曉得 | 知到 | 查出 | 2-23 |
| 知道 | 曉得 | 曉得 | 曉得 | 知 | 知到 | 2-23 |
| 知道 | 曉得 | 曉得 | 曉得 | 知到 | 知到 | 2-23 |
| 知道 | 曉得 | 曉得 | 曉得 | 知 | 知 | 2-23 |
| 知道 | 曉得 | 曉得 | 曉得 | 知 | 知到 | 2-24 |
| 知道 | 曉得 | 懂 | 曉得 | | 知 | 2-24 |
| 知道 | 曉得 | 曉得 | 曉得 | 知道 | 知 | 2-24 |
| 知道 | 曉得 | 曉得 | 曉得 | 知到 | 知到 | 2-25 |
| 知道 | 曉得 | 曉得 | 曉得 | 知到 | 知到 | 2-26 |
| 知道 | 曉得 | 曉得 | 曉得 | 知 | 知 | 2-27 |
| 知道 | 曉得 | 曉得 | 曉得 | 知到 | 知 | 2-27 |
| 知道 | 曉得 | 曉得 | 曉得 | 聽見 | | 2-29 |
| 知道 | 曉得 | 曉得 | 曉得 | 知 | 知 | 2-30 |
| 知道 | 曉得 | 曉得 | 曉得 | 知道 | 知到 | 2-30 |
| 知道 | 曉得 | 曉得 | 曉得 | 知 | | 2-30 |
| 知道 | 曉得 | 曉得 | 曉得 | 知到 | 知 | 2-30 |
| 知道 | 曉得 | 曉得 | 曉得 | 知 | 知 | 2-32 |
| 知道 | 曉得 | 曉得 | 曉得 | 知到 | 知 | 2-32 |
| 知道 | 曉得 | 曉得 | 曉得 | 知到 | 知到 | 2-33 |
| 知道 | 曉得 | 曉得 | 曉得 | 知 | | 2-33 |
| 知道 | 曉得 | 曉得 | 曉得 | 知 | 知到 | 2-33 |

（續表）

| | | | | | | |
|---|---|---|---|---|---|---|
| 知道 | 曉得 | 曉得 | 曉得 | 知到 | 知 | 2－34 |
| 知道 | 曉得 | 曉得 | 曉得 | 知 | 知 | 2－35 |
| 知道 | 曉得 | 曉得 | 曉得 | 知到 | 知 | 2－36 |
| 知道 | 曉得 | 曉得 | 曉得 | 知到 | 知 | 2－37 |
| 知道 | 曉得 | 曉得 | | 知 | 知 | 3－1 |
| 知道 | 曉得 | 曉得 | | 識 | 知 | 3－2 |
| 知道 | 曉得 | | | 知道 | | 3－4 |
| 知道 | 曉得 | 曉得 | | 知到 | 知 | 3－9 |
| 知道 | 曉得 | 曉得 | | 知到 | 知到 | 3－10 |
| 知道 | 曉得 | 曉得 | | 知 | 明白 | 3－12 |
| 知道 | 曉得 | 曉得 | | 知 | 知到 | 3－15 |
| 知道 | 曉得 | 曉得 | | 知到 | 知到 | 3－16 |
| 知道 | 知道 | 曉得 | | 知 | 知 | 3－19 |
| 知道 | 曉得 | 曉得 | | 知到 | 知 | 3－19 |
| 知道 | 曉得 | 曉得 | | 知到 | 知 | 3－20 |
| 知道 | 曉得 | | | 知 | | 4－3 |
| 知道 | 曉得 | | | 知到 | | 4－5 |
| 知道 | 曉得 | | | 知 | | 4－8 |
| 知道 | 曉得 | | | 知 | | 4－9 |
| 知道 | 知道 | | | 知 | | 4－10 |
| 知道 | 曉得 | | | 知到 | | 4－11 |
| 知道 | 曉得 | | | 知到 | | 4－12 |
| 知道 | 曉得 | | | 知 | | 4－13 |
| 知道 | 曉得 | | | 知到 | | 4－18 |
| 知道 | 曉得 | | | 知到 | | 4－19 |
| 知道 | 曉得 | | | 知到 | | 4－19 |
| 知道 | 曉得 | | | 知 | | 4－19 |
| 知道 | 曉得 | | | 知 | | 4－20 |

| | | | | | | |
|---|---|---|---|---|---|---|
| 知 | 知 | 曉得 | 知 | 知 | 覺悟 | 1－37 |
| 知 | 知 | 曉得 | 知 | 知到 | 知 | 1－38 |
| 知 | 知 | 曉得 | 知 | 知 | 睇 | 2－23 |
| 知 | 知 | | | 知 | | 4－5 |
| 知 | 知 | | | 知 | | 4－5 |
| 知 | 知 | | | 知 | | 4－5 |

表“知曉”之義,《官話指南》有A之“知道”,BCD之“曉得”,EF之“知”“知到”。

按:“知曉”義,上古至唐代常用單音節“知”,“知道”成詞在唐代,“曉得”常用在宋代及宋以後,且多在南方話含江淮官話區域用。元明以後,“知道”多在北方官話中使用。懂,表示明曉,是清代的事情。

5.11.2　“想念”義動詞(想——想念——掛念)

| | | | | | | |
|---|---|---|---|---|---|---|
| 想 | 想 | 想着 | 想念 | 掛住 | 掛念 | 1－5 |
| 想 | 想 | 想念 | 想念 | 記念 | 掛念 | 1－10 |

5.11.3　“喜歡”義動詞

| | | | | | | |
|---|---|---|---|---|---|---|
| 愛 | 愛 | 相信 | 愛 | 喜歡 | 中意 | 2－11 |
| 愛 | 愛 | 相信 | | 中意 | 中意 | 3－5 |
| 愛 | 愛 | | | 中意 | 要 | 3－11 |

| | | | | | | |
|---|---|---|---|---|---|---|
| 喜歡 | 喜歡 | 相信 | 愛 | 中意 | 中意 | 1－20 |
| 喜歡 | 喜歡 | 信 | 愛 | 中意 | 中意 | 1－27 |
| 喜歡 | 喜歡 | 歡喜 | 愛 | 喜歡 | 好 | 1－27 |
| 喜歡 | 喜歡 | 歡喜 | 愛 | | 中意 | 1－27 |
| 喜歡 | 喜歡 | 喜歡 | 喜歡 | 歡喜 | 歡喜 | 1－35 |

(續表)

| | | | | | | |
|---|---|---|---|---|---|---|
| 疼 | 愛 | 寶貝 | 歡喜 | 痛愛 | 愛 | 1-39 |
| 喜歡 | 喜歡 | 喜歡 | 快活 | 喜歡 | | 2-25 |
| 喜歡 | 喜歡 | 相信 | | 喜歡 | | 3-11 |
| 合…口味 | 合…口味 | 對…胃口 | | 喜歡 | 中意 | 3-11 |
| 喜歡 | 喜歡 | 相信 | | 歡喜 | 中意 | 3-11 |
| 喜歡 | 喜歡 | 相信 | | 歡喜 | 中意 | 3-11 |

表示“喜愛”,AB版主要用“喜歡”,A版偶爾用北方口語詞“疼”,B版偶爾用“愛”。C版用“歡喜”或吳語特徵詞“相信”;D版主要用“愛”,偶爾用“喜歡”“歡喜”。E版用“中意”“歡喜”“喜歡”,偶爾也用“愛”;F版主要用“中意”,偶爾用“好”“愛”“歡喜”。據《漢語方言大詞典》頁711,EF之“中意”是吳語、客話、粵語用詞。

表示“喜愛”,上古至中古時期“好”是常用詞;近代漢語時期“愛”與“好”競爭,至清代占優勢地位;明清以來,雙音節“喜歡”“歡喜”增多,清末“喜歡”在南方方言北京文獻中增長較快,民國時期實力漸強,“歡喜”只在部分南方方言背景文獻中使用。“愛”在南方方言背景文獻中接受度有限。現代漢語中,“喜歡”廣泛用於官話方言,吳語、湘語、閩語等南方方言也用;“歡喜”用於吳語、贛語、粵語、閩語等南方方言及少數官話方言點;“愛”用於部分官話方言和閩語,是北方話詞;“好”只用於梅縣客家話。(參見劉曼2015)

| | | | | | | |
|---|---|---|---|---|---|---|
| 歡 | 歡 | 喜歡 | 花(歡) | 歡 | 快樂 | 2-23 |
| 喜歡 | 喜歡 | 快活 | 歡喜 | 歡喜 | 歡喜 | 2-26 |
| 喜歡 | 喜歡 | 喜歡 | 快活 | 歡喜 | 喜歡 | 2-31 |
| 喜歡 | 喜歡 | 喜歡 | 快活 | 歡喜 | 喜歡 | 2-36 |

表示“開心”,ABC版主要用“喜歡”,C版偶爾用“快活”。D版用“快活”,也用“歡喜”。CD版之“快活”是江淮官話、贛語用詞。E版用“歡喜”,F版用“喜歡”,也用“歡喜”“快樂”。

5.11.4 愛2

| | | | | | | |
|---|---|---|---|---|---|---|
| 愛說大話 | 愛說大話 | | 愛說大話 | 好講大話 | 好講大話 | 1-6 |
| 愛砸東西 | 愛喫東西 | 相信弄<br>壞物事 | | 咁中意<br>打爛野 | | 3-15 |
| 愛打前失 | 愛打前失 | | | 溢想打失 | | 3-16 |
| 愛要謊價 | 愛説虛頭 | 相信話虛頭 | | 至興開價 | | 3-19 |

表示"容易發生"或"經常發生",ABD版用"愛",C版用吴語特徵詞"相信",E版用"好""中意""溢"等,F版用"好"。

按:漢語史上,"愛、好、喜"經歷了從心理動詞表"喜愛"到情態副詞表"容易發生"或頻率副詞表"經常發生"的語義演變和語法化、主觀化過程,語法化條件是帶謂詞性賓語、主語對賓語控制的衰減及主賓語語義範圍的擴展。(參見劉曼 2015)虛化后"愛、好、相信、中意"的地域分佈與相應動詞的分佈大體一致。

5.11.5 覺著——覺得

| | | | | | | |
|---|---|---|---|---|---|---|
| 覺着 | 覺得 | 覺着 | 覺着 | 覺得 | 覺得 | 1-5 |
| 顯著 | 見得 | | 見得 | 覺得 | | 1-15 |
| 覺著 | 覺得 | 覺着 | 覺着 | 見 | 覺得 | 1-25 |
| 覺着 | 覺着 | 覺着 | 覺得 | 覺得 | 覺得 | 2-15 |
| 覺着 | 覺着 | 覺著 | | 覺得 | 覺得 | 3-7 |
| 覺着 | 覺得 | 覺着 | | 覺得 | 覺得 | 3-16 |

5.11.6 "忘記"義動詞(忘——忘記)

| | | | | | | |
|---|---|---|---|---|---|---|
| 忘 | 忘記 | 忘記 | 忘記 | 唔記得 | | 1-18 |
| 忘 | 丢 | 甩 | 忘記 | 丢 | 丢 | 2-16 |
| 忘 | 忘記 | 忘記 | 忘記 | 忘記 | 唔記得 | 2-18 |
| 忘 | 忘 | 忘記 | 忘記 | 唔記得 | 忘記 | 2-26 |
| 忘 | 忘 | 忘記 | 忘記 | 忘記 | 忘記 | 2-27 |
| 忘 | 忘記 | 忘記 | 忘記 | 忘記 | 唔記得 | 2-34 |

(續表)

| | | | | | | |
|---|---|---|---|---|---|---|
| 忘 | 忘 | 忘記 | 忘記 | 忘記 | 忘記 | 2-34 |
| 忘 | 忘計(记) | 忘記 | 忘記 | 忘記 | 唔記得 | 2-38 |
| 忘死(記) | 忘記 | 忘記 | | 有記性 | 唔記得 | 3-4 |
| 忘 | 忘記 | 忘記 | | 唔記得 | 唔記得 | 3-10 |
| 忘 | 忘記 | | | 唔記得 | | 4-2 |

表示“忘記”,A版用“忘”,B版主要用“忘記”,少量用“忘”。CD版用“忘記”。EF版用“忘記”或“唔記得”。

按:《官话类编》中有类似的例子。如:

我已经告诉你三回,你又忘/忘记了。P. 31【注】In the South 记 is always used with 忘; in the North it is often, perhaps generally, omitted. P. 32.

5.11.7 氣

5.11.7.1 氣

| | | | | | | |
|---|---|---|---|---|---|---|
| 氣 | 氣 | 氣昏 | 氣 | 氣 | 惱氣 | 2-16 |
| 口氣 | 氣 | 氣昏 | 氣 | 氣 | 激氣 | 2-23 |
| 氣 | 氣 | 氣 | 氣 | 氣 | 嬲 | 2-19 |
| 氣 | 氣 | 火 | 鬧 | 嬲 | 怒 | 2-35 |

5.11.7.2 有氣

| | | | | | | |
|---|---|---|---|---|---|---|
| 有氣 | 有氣 | 勿快活 | 動氣 | 嬲 | 嬲 | 1-35 |
| 有氣 | 有氣 | 氣 | 動氣 | 生氣 | 嬲 | 2-30 |
| 有氣 | 有氣 | 氣 | 動氣 | 生氣 | 生氣 | 2-26 |
| 有氣 | 有氣 | 有勿快活 | 動氣 | 生氣 | 含怒意 | 2-33 |
| 有氣 | 有氣 | | | 嬲 | 嬲 | 2-39 |
| 有了氣 | 發氣 | 動氣 | | 生氣 | 生氣 | 3-18 |

5.11.7.3 生氣

| 生氣 | 氣壞 | | 討厭 | 生氣 | 生氣 | 1－39 |
|---|---|---|---|---|---|---|
| 生了氣 | 生了氣 | 戇火 | 動之氣 | 生氣 | 生氣 | 2－26 |
| 生氣 | 生氣 | 動氣 | 動氣 | 生氣 | 生氣 | 2－30 |
| 生氣 | 生氣 | 動氣 | | 生氣 | 鬧 | 3－15 |
| 可氣 | 可氣 | 氣悶 | 可氣 | 可嬲 | 激氣 | 2－26 |
| 可氣 | 可氣 | 氣悶 | 可氣 | 可嬲 | | 2－26 |
| 可氣 | 可氣 | 氣 | 動氣 | 可嬲 | 激氣 | 2－26 |
| 可氣 | 可氣 | 氣 | 可氣 | 嬲 | 嬲 | 2－27 |

5.11.7.4 賭氣

| 賭氣子 | 賭氣的 | 賭氣 | 動氣 | 鬬氣 | 賭氣 | 2－30 |
|---|---|---|---|---|---|---|
| 氣急 | 氣急 | 戇之火 | 氣勿過 | 嬲 | 好嬲 | 2－35 |

5.11.7.5 上了氣

| 上了氣 | 起了氣 | | | 嬲起嚟 | 嬲起嚟 | 2－35 |
|---|---|---|---|---|---|---|

5.11.8 惱——恨——嬲、嬲

| 惱 | 惱 | 恨 | 恨 | 嬲 | 好嬲 | 2－25 |
|---|---|---|---|---|---|---|
| 惱 | 惱 | 恨 | 恨 | 嬲 | 好嬲 | 2－25 |
| 惱 | 惱 | 勿快活 | 恨起來 | 嬲 | 嬲 | 2－25 |

| 留神 | 留神 | 留心 | | 留心 | 留神 | 3－4 |
|---|---|---|---|---|---|---|
| 留神 | 留神 | 小心 | | 好聲 | 謹慎 | 3－9 |
| 留神 | 留神 | 小心 | | 留心 | 小心 | 3－15 |
| 留神 | 留神 | 小心 | | 留心 | 小心 | 3－15 |

5.12 情態動詞

5.12.1 用2

5.12.1.1 “不用”＋謂詞性賓語,表示“不需要”

| 不用 | 不用 | 勿必 | 勿消 | 重使 | 重使 | 1-27 |
|---|---|---|---|---|---|---|
| 不用 | 不用 | 勿要 | 勿消 | 唔使 | 唔使 | 2-8 |
| 不用 | 不用 | 不必 | 勿消 | 唔使 |  | 2-10 |
| 不用 | 不用 | 勿必 | 勿要 | 唔使 |  | 2-10 |
| 不用 | 不用 | 勿要 | 勿消 | 唔使 | 唔使 | 2-14 |
| 不用 | 不用 | 勿必得 | 勿消 | 唔使 | 唔使 | 2-18 |
| 不用 | 不用 | 不必 | 勿消 | 唔好 | 咪 | 2-18 |
| 不用 | 不用 | 勿要 | 勿消 | 唔使 | 唔使 | 2-32 |
| 不用 | 不用 | 勿要 |  | 唔使 | 唔使 | 3-3 |
| 不用 | 不用 | 勿要 |  | 唔使 | 唔使 | 3-4 |
| 不用 | 不用 | 勿要 |  | 唔使 | 唔使 | 3-5 |
| 不用 | 不用 |  |  | 唔使 |  | 3-6 |
| 不用 | 不用 | 勿必得 |  | 不必 | 唔使 | 3-7 |
| 不用 | 不用 | 勿要 |  | 唔使 | 唔使 | 3-13 |

5.12.1.2 "用"+謂詞性賓語,用於反義疑問句

| 還用 | 還用 | 還要 | 勿消 | 使乜 | 使乜 | 1-35 |
|---|---|---|---|---|---|---|

5.12.1.3 "不用"+謂詞性賓語,表示禁止、勸阻

| 不用 | 不要 | 勿要 | 勿要 | 咪 | 咪 | 2-30 |
|---|---|---|---|---|---|---|

5.12.1.4 "不用了"作為答語單用

| 不用了 | 不用了 | 勿要緊 |  | 唔使 |  | 3-3 |
|---|---|---|---|---|---|---|

5.12.2 準:准许

| 准 | 准 | 許 | 準 | 准 | 准 | 2-35 |
|---|---|---|---|---|---|---|
| 答應 | 答應 |  |  | 准 | 贊成 | 2-39 |
| 放 | 放 | 放 |  | 准 | 准 | 3-13 |

### 5.12.3 答應

| | | | | | | |
|---|---|---|---|---|---|---|
| 答應 | 答應 | 肯 | 答應 | 肯 | 肯 | 2-6 |
| 答應 | 答應 | 應承 | 答應 | 應承 | 答應 | 2-16 |
| 應 | 應 | 應承 | 答應 | 應承 | 應承 | 2-17 |
| 應 | 應 | 應承 | 答應 | 應承 | 應承 | 2-17 |
| 答應 | 答應 | 應承 | 答應 | 答應 | 答應 | 2-19 |
| 答應 | 答應 | 應承 | 答應 | 答應 | 認可 | 2-19 |
| 答應 | 答應 | 肯 | 答應 | 應承 | 應承 | 2-23 |
| 答應 | 答應 | 答應 | 答應 | 應承 | 答應 | 2-25 |
| 答應 | 答應 | 答應 | 答應 | 應承 | 應承 | 2-26 |
| 答應 | 答應 | 應承 | 答應 | 答應 | 答應 | 2-27 |
| 應 | 應 | 應承 | 答應 | 應承 | 應承 | 2-30 |
| 答應 | 答應 | 答應 | 答應 | | | 2-33 |
| 答應 | 答應 | | | 准 | 贊成 | 2-39 |
| 答應 | 答應 | 應承 | | 應承 | 應承 | 3-20 |
| 答應 | 答應 | | | 答應 | | 4-7 |
| 答應 | 答應 | | | 應承 | | 4-7 |

| | | | | | | |
|---|---|---|---|---|---|---|
| 不答應 | 不答應 | 勿快活 | 勿答應 | 唔肯 | 好嬲 | 2-21 |
| 不答應 | 不答應 | 勿快活 | 勿答應 | 唔肯 | 極之怒氣 | 2-21 |
| 不答應 | 不答應 | 勿快活 | 勿答應 | 唔肯 | 嬲起嚟 | 2-32 |
| 不答應 | 不答應 | 勿肯 | 勿答應 | 唔肯 | 唔肯 | 2-32 |

按:表示“同意,允諾”義,ABD版多用“答應”,CEF多用“應承”或“肯”。從產生時間看,作“同意”講,“應、應承”,大約在元代已見,《漢語大詞典》引元曲用例。“答應”大約在清代後期,《漢語大詞典》舉巴金作品之例,例子似太晚。

CEF偏使用时间较久的“應承”或带南方话的“肯”,ABD则偏用清代新使用的“答應”。

## 5.12.4　應該

| | | | | | | |
|---|---|---|---|---|---|---|
| 可 | 可以 | 可以 | | | 應該 | 1-13 |
| 應當 | 應該 | | 應該 | 應該 | | 1-42 |
| 該當 | 該當 | | 應該 | | | 2-11 |
| 該當 | 該當 | | 應該 | | | 2-13 |
| 應當 | 應當 | 該當 | 應該 | 要 | 要 | 2-13 |
| 該當 | 該當 | 該當 | 應該 | 應該 | 應要 | 2-16 |
| 該當 | 該當 | 該當 | 應該 | 應該 | 應該 | 2-39 |
| 應 | 應 | 應 | | 應該 | 應 | 3-8 |
| 應 | 應 | 要 | | 應該 | 應該 | 3-13 |
| 該當 | 該當 | | | 應該 | | 4-3 |
| 該當 | 該當 | | | 應該 | | 4-4 |
| 該當 | 該當 | | | 應該 | | 4-4 |
| 應當 | 應當 | | | 應該 | | 4-5 |
| 應當 | 應當 | | | 應該 | | 4-9 |
| 應當 | 應當 | | | 應該 | | 4-9 |
| 應當 | 應當 | | | 應該 | | 4-9 |
| 該當 | 該當 | | | 應該 | | 4-10 |

## 5.12.5　得——要

| | | | | | | |
|---|---|---|---|---|---|---|
| 得 | 要 | 要 | 要 | 要 | 要 | 1-5 |
| 得 | 要 | 要 | 要 | 要 | 要 | 1-7 |
| | | 得 | 要 | 要 | 喒 | 1-13 |
| 得 | 要 | 要 | | 要 | 必要 | 1-24 |
| 得 | | | | 要 | 必要 | 1-36 |
| 得 | 要 | | 要 | 要 | | 1-42 |
| 得 | 要 | | | 要 | | 1-45 |
| 得 | 要 | 要 | 要 | 要 | 要 | 2-1 |

(續表)

| 得 | 要 | 要 | 要 | 要 | 要 | 2-1 |
|---|---|---|---|---|---|---|
| 得 | 要 | 要 | 要 | 要 | 要 | 2-1 |
| 得 | 要 | 要 | 要 | 要 | 要 | 2-1 |
| 得 | 必要 | 要 | 要 | 要 | 要 | 2-1 |
| 得 | 要 | 要 | 要 | 得 | 要 | 2-4 |
| 得 | 要 |  | 要 | 要 |  | 2-4 |
| 得 | 要 |  | 要 |  |  | 2-4 |
| 得 | 要 | 要 |  | 要 |  | 2-5 |
| 得 | 要 | 要 | 要 | 要 | 要 | 2-5 |
| 得 | 要 | 要 | 要 | 要 | 要 | 2-5 |
| 得 | 要 |  | 要 | 要 |  | 2-5 |
| 得 | 要 |  | 要 | 要 | 必噲 | 2-6 |
| 得 | 要 | 值 | 要 | 要 | 賣 | 2-7 |
| 得 | 要 | 要 | 要 | 要 |  | 2-7 |
| 得 |  |  |  | 要 | 要 | 2-7 |
| 得 | 要 | 要 | 要 | 要 | 要 | 2-8 |
| 得 | 要 | 要 |  | 要 |  | 2-8 |
| 得 | 要 |  | 要 | 要 |  | 2-8 |
| 得 | 要 | 要 | 要 | 要 | 要 | 2-8 |
| 得 | 要 | 要 | 要 | 要 | 要 | 2-9 |
| 得 | 要 | 要 | 要 | 要 |  | 2-9 |
| 得 | 要 |  | 要 | 要 |  | 2-9 |
| 得 | 要 |  | 要 | 要 | 必要 | 2-9 |
| 得 |  |  |  | 要 | 要 | 2-9 |
| 得 | 要 |  | 要 | 要 | 要 | 2-10 |
| 得 |  | 要 |  | 要 |  | 2-12 |
| 得 | 要 | 要 | 要 | 要 | 要 | 2-13 |

(續表)

| | | | | | | |
|---|---|---|---|---|---|---|
| 得 | 要 | 要 | 要 | 要 | 要 | 2-13 |
| 得 | 要 | 該當要 | 要 | 要 | 必定要 | 2-13 |
| 得 | 要 | 要 | 要 | 要 | 要 | 2-14 |
| 得 | 要 | 要 | 要 | 要 | 要 | 2-14 |
| 得 | 要 | 要 | 要 | 要 | 要 | 2-14 |
| 得 | 要 | 要 | 要 | 要 | 要 | 2-14 |
| 得 | 要 | | 要 | 要 | 要 | 2-18 |
| 得 | 要 | | 要 | 要 | 要 | 2-18 |
| 得 | 要 | | 要 | 要 | | 2-18 |
| 得 | 要 | 要 | 要 | 要 | 要 | 2-18 |
| 得 | 要 | | 要 | 要 | 要 | 2-18 |
| | | 得 | | 得 | 要 | 2-19 |
| 得 | 要 | 要 | 要 | 必要 | 要 | 2-19 |
| 得 | 要 | 要 | 要 | | | 2-20 |
| | | 得 | | 要 | 要 | 2-23 |
| 得 | 要 | 要 | 要 | 要 | 要 | 2-24 |
| 得 | 要 | | 要 | 要 | 要 | 2-26 |
| 得 | 要 | 要 | 要 | 要 | 要 | 2-30 |
| 得 | 要 | 要 | 要 | 要 | 必 | 2-34 |
| 得 | 要 | | | 要 | 要 | 3-1 |
| 得 | 要 | 要 | | 要 | 要 | 3-1 |
| 得 | 要 | 要 | | 要 | 要 | 3-3 |
| 得 | 要 | | | 要 | 要 | 3-5 |
| 得 | 要 | 要 | | 要 | 要 | 3-5 |
| 得 | 要 | 要 | | 要 | 要 | 3-5 |
| 得 | 要 | 要 | | 要 | 要 | 3-8 |
| 得 | 要 | | | | 必要 | 3-8 |

(續表)

| | | | | | | |
|---|---|---|---|---|---|---|
| 得 | 要 | 要 | | 要 | 要 | 3-8 |
| 得 | 要 | 要 | | 要 | 要 | 3-8 |
| 得 | 要 | 要 | | 要 | | 3-8 |
| 得 | 要 | | | 噲 | | 3-8 |
| 得 | 要 | | | 要 | 要 | 3-8 |
| 得 | 必 | | | | 要 | 3-9 |
| 得 | 要 | 要 | | 要 | 要 | 3-9 |
| 得 | 要 | 要 | | 要 | 要 | 3-9 |
| 得 | 得 | | | | 要 | 3-10 |
| 得 | 要 | | | 要 | | 3-10 |
| 得 | 要 | | | 要 | | 3-10 |
| 得 | 要 | 要 | | 要 | 要 | 3-10 |
| 得 | 要 | | | 要 | 要 | 3-10 |
| 得 | 要 | 要 | | 要 | 要 | 3-10 |
| 得 | 要 | | | | 要 | 3-10 |
| 得 | 要 | | | 要 | | 3-10 |
| 得 | 要 | 要 | | 要 | 要 | 3-13 |
| 得 | 可 | 要 | | 要 | 要 | 3-14 |
| 得 | 可 | | | 要 | | 3-14 |
| 得 | 要 | 要 | | 要 | 要 | 3-14 |
| 得 | 要 | 要 | | 使 | 使 | 3-14 |
| 得 | 要 | 要 | | 要 | 要 | 3-14 |
| 得 | 要 | 要 | | 要 | 要 | 3-14 |
| 得 | 要 | | | | 要 | 3-14 |
| 得 | 要 | | | 要 | 要 | 3-16 |
| 得/要 | 要 | | | 要 | 要 | 3-17 |
| 得/要 | 要 | | | 要 | 要 | 3-17 |

(續表)

| 得 | 要 | | | 要 | | 3-17 |
|---|---|---|---|---|---|---|
| 得 | 須 | | | 要 | 要 | 3-18 |
| 得 | 要 | 要 | | 要 | 要 | 3-18 |
| 得要 | 得要 | 要 | | 要 | 要 | 3-18 |
| 得 | 可 | | | | 要 | 3-18 |
| 得 | 要 | | | 要 | 要 | 3-20 |
| 得 | 要 | | | 要 | | 3-20 |
| 得 | 要 | | | 要 | | 3-20 |
| 得 | 要 | 要 | | 要 | 要 | 3-20 |
| 得 | 要 | | | 要 | | 4-1 |
| 得 | 要 | | | 要 | | 4-3 |
| 得 | 要 | | | | | 4-11 |
| 得 | 要 | | | 要 | | 4-12 |
| 得 | 要 | | | 要 | | 4-13 |
| 得 | 要 | | | 要 | | 4-16 |
| 得 | 要 | | | 要 | | 4-17 |
| 得 | 要 | | | 要 | | 4-19 |
| 得 | 要 | | | 要 | | 4-20 |

表示“需要,必須”,A 版主要用“得”,BCDEF 主要用“要”。

按:助動詞“要”在北京話中也用,但“得”更有特徵詞特性。《語言自邇集》第三章《散語章》曾經作了一個極好得注語:要 yao$^4$,即英語的 *to want*;*to desire*;*to be about to*。“要”是用來表示將來時(*the future time*)的,但意義並非千篇一律。動詞的時態並非總單靠上下文體現。但是從它 *to want* 的意思,“要”體現了我們的助動詞 *must*(必須)的意思,而不論它是單個的時候還是在組合之中。…從“得 tê$^2$”和“要 yao$^4$”裡面,還訛變出來一個“têi$^3$”,它是北京口語裡最有用的助動詞之一。它當然還沒有獲得中國詞典編纂者承認,在這種情況下,本書為它選用了“得 tê[2]”字,在它右肩上加一個漢語聲調符號(*a Chinese tone mark*)以示區別。(P. 63)

5.12.6 願意

| 願意 | 願意 | 要 | 願意 | 想 | 中意 | 2-8 |
|---|---|---|---|---|---|---|
| 願意 | 願意 | 願意 | 情願 | 願意 | 肯 | 2-8 |
| 願意 | 願意 | | 情願 | 肯 | 肯 | 2-8 |
| 願意 | 願意 | 肯 | 情願 | | | 2-8 |
| 願意 | 願意 | 要 | 願意 | 啱 | 願意 | 2-10 |
| 願意 | 願意 | 肯 | 背 | 肯 | 唔論 | 2-11 |
| 願意 | 願意 | 肯 | 情願 | 肯 | 肯 | 2-13 |
| 願意 | 願意 | 要 | 情願 | 想 | 想 | 2-13 |
| 願意 | 願意 | 相信 | 情願 | 想 | 中意 | 2-13 |
| 願意 | 願意 | 要 | 情願 | 願 | 中意 | 2-14 |
| 願意 | 願意 | 高興 | 情願 | 願意 | 中意 | 2-14 |
| 願意 | 願意 | 願意 | 情願 | 想 | 想 | 2-14 |
| 願意 | 願意 | 要 | 情願 | 想 | 想 | 2-22 |
| 願意 | 願意 | 要 | 情願 | 想 | 想 | 2-23 |
| 願意 | 願意 | 高興 | 情願 | 想 | 願 | 2-24 |
| 願意 | 願意 | 肯 | 情願 | 願情 | 情願 | 2-24 |
| 願意 | 願意 | 肯 | 情願 | 願 | 願 | 2-24 |
| 願意 | 願意 | 肯 | 情願 | | | 2-24 |
| 願意 | 願意 | 肯 | 情願 | 喜歡 | 願 | 2-24 |
| 願意 | 願意 | 高興 | 情願 | 願意 | 願意 | 2-28 |
| 願意 | 願意 | 肯 | 情願 | 情願 | 肯 | 2-31 |
| 願意 | 願意 | 肯 | 情願 | 情願 | | 2-31 |
| 願意 | 願意 | 肯 | 情願 | 情願 | 承認 | 2-31 |
| 願意 | 願意 | 肯 | 情願 | 歡喜 | 喜歡 | 2-32 |
| 願意 | 願意 | 要 | 情願 | 中意 | 願意 | 2-35 |

(續表)

| 願意 | 願意 | 中意 | | 啱 | 中意 | 3-1 |
|---|---|---|---|---|---|---|
| 願意 | 願意 | 肯 | | 中意 | 中意 | 3-8 |
| 願意 | 願意 | 肯 | | 中意 | 中意 | 3-8 |
| 願意 | 願意 | 肯 | | 情願 | 歡喜 | 3-20 |
| 願意 | 願意 | | | 情願 | | 3-20 |
| 願意 | 願意 | 肯 | | 情願 | 喜歡 | 3-20 |
| 願意 | 願意 | 要 | | 想 | 中意 | 3-20 |
| 願意 | 願意 | | | 願 | 願意 | 3-20 |
| 願意 | 願意 | 願意 | | 想 | 想 | 3-20 |
| 願意 | 願意 | | | 唔嫌 | | 4-16 |
| 願意 | 願意 | | | 願 | | 4-17 |

5.12.7 (不)能

南北官話主要單用"能",滬語有用"能彀"/"能夠"/"能"等,粵語有時會以"V得"對應"能V"。

| 沒能 | 不能 | | 勿能 | 唔便 | 未能 | 1-10 |
|---|---|---|---|---|---|---|
| 不好 | 不好 | 勿好 | 勿好 | 不能 | 唔上得 | 1-22 |
| 能勾(彀) | 能彀 | 能夠 | 能彀 | 可能 | | 1-34 |
| 不能 | 不能 | | 勿能 | 不能 | 唔學得 | 1-34 |
| 能 | 能 | 肯 | 勿怕 | 能 | 肯 | 1-39 |
| 能 | 能 | | 能彀 | 噲 | 能 | 1-39 |
| 不能 | 不能 | 嚼勿動 | 勿能 | 不能 | 唔食得 | 1-41 |
| 能 | 能 | 吃得動 | 能彀 | 可以 | 食得 | 1-41 |
| 能 | 能 | 咬得開 | 能彀 | 剝得 | 剝得 | 1-41 |
| 不能 | 不能 | 勿能 | 勿能 | 不能 | 話得定 | 2-5 |
| 不能 | 不能 | | 勿能 | 不能 | | 2-6 |
| 能 | 能 | | 能彀 | | | 2-6 |

(續表)

| | | | | | | |
|---|---|---|---|---|---|---|
| 能 | 能 | | 能彀 | 開得張 | | 2－9 |
| 不能 | 不能 | | 勿能 | 唔噲 | | 2－10 |
| 能 | 能 | | 能 | | | 2－10 |
| 能 | 能 | | 能彀 | 要 | 要 | 2－11 |
| 不能 | 不能 | 勿能彀 | | 不能 | 不能 | 2－11 |
| 能 | 能 | 能彀 | 可以 | 做得 | | 2－12 |
| 不能 | 不能 | 勿能 | 勿能 | | 做唔得 | 2－14 |
| 不能 | 不能 | 勿能彀 | 勿能 | 不能 | 不能 | 2－14 |
| 不能 | 不能 | 勿能 | 勿能 | 不能 | 不能 | 2－16 |
| 不能 | 不能 | | 勿能 | | | 2－17 |
| 能 | 能 | | | 翻得嚟 | 番得嚟 | 2－18 |
| 不能 | 不能 | 勿能 | 勿能 | 唔等得 | 唔等得 | 2－19 |
| 不能 | 不能 | 賺勿著 | 勿能 | 聽唔倒 | 冇利可圖 | 2－20 |
| 回不來 | 難回來 | 勿能 | 難轉來 | 得翻嚟 | 不能 | 2－22 |
| 能彀 | 能彀 | | 能彀 | 能夠 | | 2－25 |
| 不能 | 不能 | 騙勿着 | 勿能 | 唔騙得到 | 冇法子呃騙 | 2－26 |
| 不能 | 不能 | 勿能彀 | 勿能 | 不能 | 唔買得 | 2－27 |
| 不能 | 不能 | 勿能彀 | 勿能 | 不能 | 唔買得 | 2－27 |
| 不能 | 不能 | 勿能 | 勿能 | 唔翻得去歸 | 唔番得去歸 | 2－31 |
| 不能 | 不能 | 勿能 | 無能 | 不能 | 不能 | 2－31 |
| 不能 | 不能 | 勿能 | 無能 | | 不能 | 2－31 |
| 會 | 會 | 能彀 | 會 | 噲 | 噲 | 2－31 |
| 不能 | 不能 | | 勿能 | 唔噲 | 不能 | 2－34 |
| 不能 | 不能 | 勿能彀 | 勿能 | 不能 | 不能 | 2－39 |
| 能 | 能 | 能彀 | | 入得宮 | 入得宮殿 | 2－39 |
| 不能 | | 無得 | | 不能 | 不能 | 3－12 |
| 沒得稟知老爺 | 沒來稟知老爺 | 勿曾稟明老爺个 | | 唔曾話過老爺知 | 不能稟知先生 | 3－13 |

(續表)

| | | | | | | |
|---|---|---|---|---|---|---|
| 不能 | 不能 | 勿能彀 | | 不能 | 不能 | 3-13 |
| 沒能 | 沒能 | 無工夫 | | | 唔執得妥 | 3-15 |
| 能 | 能 | | | 能 | | 4-1 |
| 不能 | 不能 | | | 不能 | | 4-1 |
| 不能 | 不能 | | | 不能 | | 4-4 |
| 不能 | 不能 | | | 不能 | | 4-5 |
| 能 | 能 | | | 能 | | 4-5 |
| 不能 | 不能 | | | 不應 | | 4-6 |
| 不能 | 不能 | | | 不能 | | 4-8 |
| 不能 | 不能 | | | 不至於 | | 4-13 |
| 不能 | 不能 | | | 不能 | | 4-18 |
| 不能 | 不能 | | | 不能 | | 4-19 |
| 能 | 能 | | | 可以 | | 4-19 |
| 不能 | 不能 | | | 不能 | | 4-19 |
| 不能 | 不能 | | | 不能 | | 4-19 |

5.12.8 可以——可能

| | | | | | | |
|---|---|---|---|---|---|---|
| 可以 | 可以 | 肯 | | 可能 | 肯 | 1-14 |
| 可以 | 可以 | | 可以 | 可能 | 可 | 2-10 |
| 可以 | 可以 | | 可以 | 可能 | | 2-24 |

5.12.9 行

5.12.9.1 行$_2$

| | | | | | | |
|---|---|---|---|---|---|---|
| 行 | 行 | 可以 | 好做 | 做得 | 得 | 2-9 |
| 行 | 行 | 可以 | 無啥煩難 | 做得 | 有乜點難 | 2-11 |
| 行 | 行 | | 可以 | 做得 | 做得 | 2-19 |
| 行 | 行 | | 行 | 做得 | | 2-34 |
| 行 | 行 | 要 | 好 | 得 | 做得 | 2-34 |

(續表)

| | | | | | | |
|---|---|---|---|---|---|---|
| 行 | 行 | 好 | | 做得 | 得 | 3－1 |
| 行 | 行 | | | 做得 | 做得 | 3－11 |
| 行 | 行 | 要 | | 做得 | | 3－18 |
| 行 | 行 | 局 | | 做得 | 合式 | 3－20 |

5.12.9.2 可以

| | | | | | | |
|---|---|---|---|---|---|---|
| 可以 | 可以 | 好个 | 好个 | 好吖 | 做得 | 2－39 |
| 可以 | 可以 | 可以 | 可以 | 做得 | 做得 | 2－39 |
| 可以 | 可以 | 可以 | | 做得 | | 3－1 |
| 可以 | 可以 | 好 | | 好 | 做得 | 3－7 |
| 可以 | 可以 | | | 做得 | 做得 | 3－11 |
| 可以 | 可以 | 可以 | | 做得 | 做得 | 3－11 |
| 可以 | 可以 | 可以 | | 做得 | 好喏 | 3－11 |
| 可以 | 可以 | 可以 | | 做得 | 都願意 | 3－20 |

| | | | | | | |
|---|---|---|---|---|---|---|
| 可以行 | 可以行 | | 可以 | 可以做得 | | 2－10 |
| 可以行 | 可以行 | 可以 | | 做得 | 可以 | 3－20 |

5.12.9.3 使得

| | | | | | | |
|---|---|---|---|---|---|---|
| 使得 | 可以 | 可以 | 可以 | 做得 | 無不可 | 2－13 |
| 使得 | 可以 | 可以 | 可以 | 做得 | 得 | 2－14 |
| 使得 | 可以 | 可以 | 好 | 使得 | 做得 | 2－34 |
| 使得 | 可以 | 使得 | | 做得 | 可以 | 3－7 |
| 使得 | 做得 | 使得 | | 做得 | 可以 | 3－8 |
| 使得 | 可得 | 使得 | | 可以 | 做得 | 3－11 |
| 使得 | 可得 | 可以 | | 做得 | 做得 | 3－17 |
| 使得 | 可以 | 可以 | | 做得 | | 3－20 |

5.12.9.4　短語

| | | | | | | |
|---|---|---|---|---|---|---|
| 那好辦 | 那好辦 | 固是便當个 | 葢也便當个 | 嗰啲容易 | 做得 | 2-1 |
| 那就是了 | 那就是了 | 是者 | 葢就是哉 | 噉做得噃 | 好呀 | 2-18 |
| 那也好 | 那也好 | 好个 | 伊个也好个 | 噉都好 | 做得 | 2-38 |
| 那就對了 | 那就是了 | 乃味對者 | | 噉就啱咯 | 都做得 | 3-10 |
| 那就是了 | 那就是了 | 箇味就是者 | | 噉就係(喺)喇 | 噉做得 | 3-20 |
| 那也好 | 那也好 | 箇亦好个 | | 噉亦好 | 噉都做得 | 3-18 |

5.13　關係動詞

5.13.1　冇動

5.13.1.1　AB 沒——CD 無——EF 冇

| | | | | | | |
|---|---|---|---|---|---|---|
| 沒 | 沒 | 無 | 無 | 冇 | 冇 | 1-31 |
| 沒 | 沒 | 無 | 無 | 冇 | 冇 | 1-33 |
| 沒 | 沒 | | | 冇 | | 2-2 |
| 沒 | 沒 | 勿要 | 無 | 冇 | 咪 | 2-6 |
| 沒 | 沒 | 無 | 無 | 冇 | | 2-8 |
| 沒 | 沒 | 無 | 無 | 冇 | 冇 | 2-11 |
| 沒 | 沒 | 無 | 無 | 冇 | 冇 | 2-11 |
| 沒 | 沒 | 無 | | 冇 | 冇 | 2-12 |
| 沒 | 沒 | 無 | 無 | 冇 | 冇 | 2-13 |
| 沒 | 沒 | 無 | 無 | 冇 | | 2-13 |
| 沒 | 沒 | 無 | 無 | 冇 | 冇 | 2-15 |
| 沒 | 沒 | 無 | 無 | 冇 | 冇 | 2-16 |
| 沒 | 沒 | 無 | 無 | 冇 | 冇 | 2-18 |
| 沒 | 沒 | 無 | 無 | | 冇 | 2-19 |
| 沒 | 沒 | 無 | 無 | 冇 | 無 | 2-19 |
| 沒 | 沒 | 無 | 無 | 冇 | | 2-21 |
| 沒 | 沒 | 無 | 無 | 冇 | 無 | 2-23 |

(續表)

| | | | | | | |
|---|---|---|---|---|---|---|
| 沒 | 沒 | 無 | 無 | 冇 | | 2-23 |
| 沒 | 沒 | | 無 | 冇 | 冇 | 2-24 |
| 沒 | 沒 | | 無 | 唔係有 | 冇 | 2-25 |
| 沒 | 沒 | 無 | 無 | 冇 | 無 | 2-26 |
| 沒 | 沒 | 無 | 無 | 冇 | 冇 | 2-29 |
| 沒 | 沒 | 無 | 無 | | 冇 | 2-32 |
| 沒 | 沒 | 勿出 | 無 | 冇 | 冇 | 2-32 |
| 沒 | 沒 | | 無 | 冇 | 冇 | 2-34 |
| 沒 | 沒 | 無 | 無 | 冇 | 冇 | 2-34 |
| 沒 | 沒 | | | 冇 | 無 | 2-35 |
| 沒 | 沒 | 無 | 無 | 冇 | 冇 | 2-36 |
| 沒 | 沒 | | | 冇 | 冇 | 2-39 |
| 沒 | 沒 | 無 | 無 | 冇 | 冇 | 2-39 |
| 沒 | 沒 | | | 冇 | 冇 | 2-39 |
| 沒 | 沒 | 無 | | 冇 | 冇 | 3-10 |
| 沒 | 沒 | 無 | | 冇 | 冇 | 3-10 |
| 沒 | 沒 | 無 | | 冇 | 冇 | 3-12 |
| 沒 | 沒 | 無 | | 冇 | 冇 | 3-13 |
| 沒 | 沒 | | | 冇 | 冇 | 3-19 |
| 沒 | 沒 | | | 冇 | | 4-3 |
| 沒 | 沒 | | | 冇 | | 4-9 |
| 沒 | 沒 | | | 冇 | | 4-10 |
| 沒 | 沒 | | | 冇 | | 4-19 |

5.13.1.2　AB沒——C無得——D無——EF冇

| | | | | | | |
|---|---|---|---|---|---|---|
| 沒 | 沒 | 無得 | 無 | 冇 | 唔噲 | 1-13 |
| 沒 | 沒 | 無得 | 無 | 冇 | | 2-11 |
| 沒 | 沒 | 無得 | 無 | 冇 | | 2-20 |

(續表)

| | | | | | | |
|---|---|---|---|---|---|---|
| 沒 | 沒 | 無得 | 無 | 冇 | 冇 | 2-25 |
| 沒 | 沒 | 無得 | 無沒 | 冇 | 冇 | 2-31 |
| 沒 | 沒 | 無得 | 無沒 | 冇 | 冇 | 2-31 |
| 沒 | 沒 | 無得 | 無 | 冇 | 冇 | 2-40 |
| 沒 | 沒 | 無得 | | 冇 | 未得 | 3-6 |
| 沒 | 沒 | 無得 | | 冇 | 冇 | 3-15 |
| 沒 | 沒 | 無得 | | 冇 | | 3-16 |

5.13.1.3　AB沒——D無沒——EF冇

| | | | | | | |
|---|---|---|---|---|---|---|
| 沒 | 沒 | 勿有 | 無沒 | 冇 | | 2-16 |
| 沒 | 沒 | 無 | 無沒 | 冇 | 冇 | 2-17 |
| 沒 | 沒 | 無 | 無沒 | 冇 | 冇 | 2-18 |
| 沒 | 沒 | 勿有 | 無沒 | 冇 | 無 | 2-19 |
| 沒 | 沒 | 無得 | 無沒 | 冇 | 冇 | 2-31 |
| 沒 | 沒 | 無得 | 無沒 | 冇 | 冇 | 2-31 |
| 沒 | 沒 | 勿有 | 勿有 | 冇 | 冇 | 2-34 |

| | | | | | | |
|---|---|---|---|---|---|---|
| 沒 | 沒 | 無沒 | | 冇 | 冇 | 3-12 |
| 沒 | 沒 | 無沒 | | 冇 | 冇 | 3-13 |

5.13.1.4　AB沒有——C無得——D無沒——EF冇

| | | | | | | |
|---|---|---|---|---|---|---|
| 沒有 | 沒有 | 無得 | 無没 | 冇 | 冇 | 1-13 |
| 沒有 | 沒有 | | 無 | 冇 | 冇 | 1-14 |
| 沒有 | 沒有 | 無 | 勿有 | 冇 | 冇 | 2-1 |
| 沒有 | 沒有 | | 無 | 冇 | | 2-2 |
| 沒有 | 沒有 | 無得 | 無沒 | 冇 | 冇 | 2-4 |
| 沒有 | 沒有 | | 勿有 | 冇 | 冇 | 2-7 |
| 沒有 | 沒有 | | 勿有 | 冇 | 冇 | 2-7 |

(續表)

| | | | | | | |
|---|---|---|---|---|---|---|
| 沒有 | 沒有 | 無得 | 無沒 | 冇 | 冇 | 2-9 |
| 沒有 | 沒有 | 無得 | 勿有 | 冇 | 冇 | 2-10 |
| 沒有 | 沒有 | 無 | 勿有 | 冇 | | 2-13 |
| 沒有 | 沒有 | 無 | 無沒 | 冇 | 冇 | 2-14 |
| 沒有 | 沒有 | 無 | 無沒 | 冇 | 冇 | 2-16 |
| 沒有 | 沒有 | | 勿有 | 冇 | 冇 | 2-16 |
| 沒有 | 沒有 | 無 | 無沒 | 冇 | 冇 | 2-16 |
| 沒有 | 沒有 | | | 冇 | 冇 | 2-17 |
| 沒有 | 沒有 | 無 | 無沒 | 冇 | 冇 | 2-17 |
| 沒有 | 沒有 | 無 | 無沒 | 冇 | 冇 | 2-17 |
| 沒有 | 沒有 | | 無沒 | 冇 | | 2-17 |
| (沒)有 | 沒有 | 勿有 | 勿有 | 冇 | 冇 | 2-21 |
| 沒有 | 沒有 | 無得 | 無沒 | 冇 | 唔搵得 | 2-22 |
| 沒有 | 沒有 | 無 | 無沒 | 冇 | 冇 | 2-23 |
| 沒有 | 沒有 | | 無沒 | 冇 | | 2-23 |
| 沒有 | 沒有 | | 無沒 | 冇 | 冇 | 2-24 |
| 沒有 | 沒有 | 無沒 | 無沒 | 冇 | 冇 | 2-28 |
| 沒有 | 沒有 | 無得 | 無沒 | 冇 | 冇 | 2-29 |
| 沒有 | 沒有 | 無 | 無沒 | 冇 | | 2-29 |
| 沒有 | 沒有 | 無得 | 無沒 | 冇 | 冇得 | 2-30 |
| 沒有 | 沒有 | 無得 | 無沒 | 冇 | 冇 | 2-30 |
| 沒有 | 沒有 | 無得 | 無沒 | 冇 | 冇 | 2-30 |
| 沒有 | 沒有 | 無得 | 無沒 | 冇 | 冇 | 2-31 |
| 沒有 | 沒有 | 無 | 無沒 | 冇 | 冇 | 2-31 |
| 沒有 | 沒有 | 無得 | 無沒 | 冇 | 冇 | 2-34 |
| 沒有 | 沒有 | 無得 | 無沒 | 冇 | 冇 | 2-34 |
| 沒有 | 沒有 | 無得 | 無沒 | 冇 | 冇 | 2-34 |

（續表）

| 沒有 | 沒有 |  | 無沒 | 唔係 | 冇 | 2－34 |
|---|---|---|---|---|---|---|
| 沒有 | 沒有 | 無得 | 無沒 | 冇 | 冇 | 2－34 |
| 沒有 | 沒有 |  |  | 冇 | 冇 | 2－39 |
| 沒有 | 沒有 |  |  | 冇 | 冇 | 3－2 |
| 沒有 | 沒有 | 無得 |  | 冇 | 冇 | 3－4 |
| 沒有 | 沒有 | 無得 |  | 唔得 | 冇 | 3－8 |
| 沒有 | 沒有 | 無沒 |  | 冇 | 冇 | 3－11 |
| 沒有 | 沒有 | 無得 |  | 冇 | 冇 | 3－11 |
| 沒有 | 沒有 |  |  | 冇 | 冇 | 3－13 |
| 沒有 | 沒有 | 無得 |  | 冇 | 冇 | 3－18 |
| 沒有 | 沒有 | 無得 |  | 冇 | 冇 | 3－19 |
| 沒有 | 沒有 |  |  | 冇 | 冇 | 3－19 |
| 沒有 | 沒有 |  |  | 冇 |  | 4－3 |
| 沒有 | 沒有 |  |  | 冇 |  | 4－7 |
| 沒有 | 沒有 |  |  | 冇 |  | 4－7 |
| 沒有 | 沒有 |  |  | 冇 |  | 4－10 |
| 沒有 | 沒有 |  |  | 冇 |  | 4－11 |
| 沒有 | 沒有 |  |  | 冇 |  | 4－19 |
| 沒有 | 沒有 |  |  | 冇 |  | 4－19 |
| 沒有 | 沒有 |  |  | 冇 |  | 4－20 |

5.13.1.5　A沒——B沒有——EF冇

| 沒 | 沒有 |  | 勿有 | 冇 |  | 1－41 |
|---|---|---|---|---|---|---|
| 沒 | 沒有 | 無 | 無沒 | 冇 | 冇 | 2－1 |
| 沒 | 沒有 | 無沒 |  | 冇 | 冇 | 3－2 |
| 沒 | 沒有 | 無得 |  | 冇 | 冇 | 3－19 |

表示“沒有”，A版用“沒”，B版用“沒有”，CD版用吳語特徵詞

"無沒"、"無得",EF 版用粵語特徵詞"冇"。

按:《官話類編》有注語說明沒與沒有之間的地域分佈情況。【注】: In speaking, the 有 is very often omitted after 沒, especially in the North. When writing, however, teachers will generally insist on using it; especially is this so in the South. As often in Chinese, the practice belies the theory. When 有 is omitted, the 沒 is generally read mei, which is presumably a contraction for 沒有; albeit in the North mei is frequently heard with 有 following. P. 9

5.13.1.6　AB 無——E 冇

| | | | | | | |
|---|---|---|---|---|---|---|
| 無 | 無 | 無 | | 冇 | | 1-13 |
| 無 | 無 | 無 | 無 | 冇 | 冇 | 2-39 |
| 無 | 無 | | | 冇 | | 4-5 |
| 無 | 無 | | | 冇 | | 4-7 |
| 無 | 無 | | | 冇 | | 4-9 |
| 無 | 無 | | | 冇 | | 4-9 |
| 無 | 無 | | | 冇 | | 4-9 |
| 無 | 無 | | | 冇 | | 4-10 |
| 無 | 無 | | | 冇 | | 4-14 |

5.13.2　是

| | | | | | | |
|---|---|---|---|---|---|---|
| 是 | 是 | 是 | 是 | 係 | 係 | 1-12 |
| 是 | 是 | 是 | 是 | 係 | 係 | 1-12 |
| 是 | 是 | 是 | 是 | 係 | 係 | 1-12 |
| 是 | 是 | 是 | 是 | 係 | 係 | 1-16 |
| 是 | 是 | 是 | 是 | 係 | 係 | 1-18 |
| 是 | 是 | 是 | 是 | 系 | 係 | 1-32 |
| 是 | 是 | 是 | 是 | 係 | 係 | 1-37 |
| 是 | 是 | 是 | 是 | 係 | 係 | 1-38 |

（續表）

| 是 | 是 | 是 | 是 | 係 | 係 | 1-38 |
|---|---|---|---|---|---|---|
| 是 | 是 | 是 | 是 | 係 | 係 | 2-1 |
| 是 | 是 | 是 | 是 | 係 | 係 | 2-1 |
| 是 | 是 | 是 | 是 | 係 | 係 | 2-2 |
| 是 | 是 | 是 | 是 | 係 | 係 | 2-3 |
| 是 | 是 | 是 | 是 | 係 | 係 | 2-4 |
| 是 | 是 | 是 | 是 | 係 | 係 | 2-5 |
| 是 | 是 | 是 | 是 | 係 | 係 | 2-6 |
| 是 | 是 | 是 | 是 | 係 | 係 | 2-7 |
| 是 | 是 | 是 | 是 | 係 | 係 | 2-9 |
| 是 | 是 | 是 | 是 | 係 | 係 | 2-11 |
| 是 | 是 | 是 | 是 | 係 | 係 | 2-12 |
| 是 | 是 | 是 | 是 | 係 | 係 | 2-13 |
| 是 | 是 | 是 | 是 | 係 | 係 | 2-14 |
| 是 | 是 | 是 | 是 | 係 | 係 | 2-16 |
| 是 | 是 | 是 | 是 | 係 | 係 | 2-17 |
| 是 | 是 | 是 | 是 | 係 | 係 | 2-18 |
| 是 | 是 | 是 | 是 | 係 | 係 | 2-19 |
| 是 | 是 | 是 | 是 | 係 | 係 | 2-20 |

5.13.3　在

AB 在——CD 拉$_2$——EF 喺

| 在 | 在 | 拉 | 拉 | 喺 | 喺 | 1-1 |
|---|---|---|---|---|---|---|
| 在 | 在 | 拉 | 拉 | 喺 | 喺 | 1-1 |
| 在 | 在 | 拉 | 拉 | 喺 | 喺 | 1-3 |
| 在 | 在 | 拉 | 拉 | 喺 | 喺 | 1-3 |
| 在 | 在 |  | 拉 | 喺 | 喺 | 1-8 |

（續表）

| | | | | | | |
|---|---|---|---|---|---|---|
| 在 | 在 | 拉 | 拉 | 喺 | 喺 | 1-18 |
| 在 | 在 | 拉 | 拉 | 喺 | 喺 | 1-18 |
| 在 | 在 | 拉 | | 喺 | 喺 | 1-20 |
| 在 | 在 | 拉 | 拉 | | | 1-22 |
| 在 | 在 | 拉 | 拉 | 喺 | 在 | 1-23 |
| 在 | 在 | 拉 | 拉 | 在 | | 1-23 |
| 在 | 在 | 拉 | 拉 | 喺 | 喺 | 1-28 |
| 在 | 在 | 拉 | 拉 | 喺 | 喺 | 1-28 |
| 在 | 在 | 拉 | 拉 | 喺 | 喺 | 1-31 |
| 在 | 在 | 拉 | 拉 | 係 | 喺 | 1-45 |
| 在 | 在 | 拉 | 拉 | 喺 | 在 | 2-1 |
| 在 | 在 | 拉 | 拉 | 喺 | 在 | 2-1 |
| 在 | 在 | 拉 | 拉 | 喺 | 喺 | 2-1 |
| 在 | 在 | 拉 | 拉 | 喺 | 喺 | 2-1 |
| 在 | 在 | 拉 | 拉 | 喺 | 喺 | 2-1 |
| 在 | 在 | 拉 | 拉 | 喺 | 喺 | 2-2 |
| 在 | 在 | 拉 | 拉 | 喺 | 喺 | 2-2 |
| 在 | 在 | 拉 | 拉 | 喺 | | 2-2 |
| 在 | 在 | 拉 | 拉 | 喺 | 在 | 2-2 |
| 在 | 在 | 拉 | 拉 | 喺 | 喺 | 2-2 |
| 在 | 在 | 拉 | 拉 | 係 | 喺 | 2-2 |
| 在 | 在 | 拉 | 拉 | 喺 | 喺 | 2-2 |
| 在 | 在 | 拉 | 拉 | 喺 | 喺 | 2-2 |
| 在 | 在 | 拉 | 拉 | 喺 | 喺 | 2-2 |
| 在 | 在 | 拉 | 拉 | 喺 | 喺 | 2-2 |
| 在 | 在 | 拉 | 拉 | 喺 | 喺 | 2-3 |
| 在 | 在 | 拉 | 拉 | 喺 | 在 | 2-3 |

(續表)

| 在 | 在 | 拉 | 拉 |  | 喺 | 2 - 6 |
|---|---|---|---|---|---|---|
| 在 | 在 | 拉 | 拉 | 喺 | 喺 | 2 - 7 |
| 在 | 在 | 拉 | 拉 | 喺 | 在 | 2 - 7 |
| 在 | 在 | 拉 | 拉 | 喺 | 喺 | 2 - 8 |
| 在 | 在 | 拉 | 拉 | 喺 | 喺 | 2 - 8 |
| 在 | 在 |  | 拉 | 喺 | 喺 | 2 - 8 |
| 在 | 在 | 拉 | 拉 | 喺 | 喺 | 2 - 8 |
| 在 | 在 | 拉 | 拉 | 喺 | 喺 | 2 - 9 |
| 在 | 在 | 拉 | 拉 | 喺 | 喺 | 2 - 9 |
| 在 | 在 | 拉 | 在 | 在 | 在 | 2 - 9 |
| 在 | 在 | 拉 | 在 | 在 | 在 | 2 - 9 |
| 在 | 在 | 拉 | 拉 | 係 | 喺 | 2 - 11 |
| 在 | 在 | 拉 | 拉 | 喺 |  | 2 - 11 |
| 在 | 在 |  | 拉 | 喺 | 喺 | 2 - 11 |
| 在 | 在 | 拉 | 拉 | 喺 | 喺 | 2 - 11 |
| 在 | 在 | 拉 | 拉 | 喺 | 喺 | 2 - 12 |
| 在 | 在 | 拉 | 拉 |  | 喺 | 2 - 12 |
| 在 | 在 | 拉 | 拉 | 喺 | 喺 | 2 - 13 |
| 在 | 在 | 等 | 拉 | 喺 | 喺 | 2 - 13 |
| 在 | 在 | 拉 | 拉 |  | 喺 | 2 - 13 |
| 在 | 在 | 拉 | 拉 | 喺 | 喺 | 2 - 14 |
| 在 | 在 |  | 拉 | 喺 | 喺 | 2 - 14 |
| 在 | 在 |  | 拉 | 喺 | 喺 | 2 - 14 |
| 在 | 在 | 拉 | 拉 | 喺 | 喺 | 2 - 14 |
| 在 | 在 | 拉 | 拉 | 喺 | 喺 | 2 - 14 |
| 在 | 在 | 拉 | 拉 | 喺 | 喺 | 2 - 14 |
| 在 | 在 | 拉 | 拉 | 喺 | 喺 | 2 - 14 |

(續表)

| 在 | 在 | 拉 | 拉 | 喺 | 喺 | 2-14 |
| --- | --- | --- | --- | --- | --- | --- |
| 在 | 在 | 拉 | 拉 | 喺 |  | 2-14 |
| 在 | 在 |  | 拉 | 喺 | 喺 | 2-14 |
| 在 | 在 | 拉 | 拉 | 喺 | 喺 | 2-15 |
| 在 | 在 | 拉 | 拉 | 喺 |  | 2-15 |
| 在 | 在 | 拉 | 拉 |  | 喺 | 2-15 |
| 在 | 在 |  | 拉 | 在 | 在 | 2-16 |
| 在 | 在 | 拉 | 拉 |  | 喺 | 2-16 |
| 在 | 在 | 拉 | 拉 | 喺 | 喺 | 2-16 |
| 在 | 在 | 拉 | 拉 | 喺 | 喺 | 2-16 |
| 在 | 在 | 拉 | 拉 | 去 | 在 | 2-16 |
| 在 | 在 | 拉 | 拉 | 喺 | 喺 | 2-17 |
| 在 | 在 | 拉 | 拉 | 係 | 喺 | 2-17 |
| 在 | 在 | 拉 | 拉 | 喺 | 喺 | 2-17 |
| 在 | 在 | 拉 | 拉 | 喺 | 喺 | 2-18 |
| 在 | 在 | 拉 | 拉 | 喺 | 喺 | 2-18 |
| 在 | 在 | 拉 | 拉 | 喺 | 喺 | 2-19 |
| 在 | 在 | 拉 | 拉 | 喺 | 喺 | 2-19 |
| 在 | 在 | 拉 |  | 喺 | 喺 | 2-19 |
| 在 | 在 | 拉 | 拉 | 喺 |  | 2-19 |
| 在 | 在 | 到 | 拉 | 喺 |  | 2-19 |
| 在 | 在 | 拉 | 拉 | 喺 | 喺 | 2-19 |
| 在 | 在 |  | 拉 | 喺 | 喺 | 2-20 |
| 在 | 在 | 拉 | 拉 | 喺 | 喺 | 2-21 |
| 在 | 在 | 拉 | 拉 | 喺 | 喺 | 2-21 |
| 在 | 在 | 拉 | 拉 | 喺 | 喺 | 2-21 |
| 在 | 在 | 拉 | 拉 | 喺 |  | 2-21 |

**(續表)**

| 在 | 在 | 拉 | 拉 | | | 2-22 |
|---|---|---|---|---|---|---|
| 在 | 在 | 拉 | 拉 | 喺 | 喺 | 2-22 |
| 在 | 在 | 拉 | 拉 | 喺 | | 2-22 |
| 在 | 在 | 拉 | 拉 | 喺 | 喺 | 2-23 |
| 在 | 在 | 拉 | 拉 | 喺 | | 2-24 |
| 在 | 在 | 拉 | 拉 | 喺 | 喺 | 2-24 |
| 在 | 在 | 拉 | 拉 | 喺 | | 2-24 |
| 在 | 在 | 拉 | 拉 | 係 | 喺 | 2-24 |
| 在 | 在 | 拉 | 拉 | 喺 | | 2-24 |
| 在 | 在 | 拉 | 拉 | 喺 | | 2-24 |
| 在 | | 拉 | | 係 | 喺 | 2-24 |
| 在 | 在 | 拉 | 拉 | 喺 | 喺 | 2-24 |
| 在 | 在 | 拉 | 拉 | 喺 | | 2-25 |
| 在 | 在 | 拉 | 拉 | 喺 | 喺 | 2-25 |
| 在 | 在 | 拉 | 拉 | 喺 | 喺 | 2-25 |
| 在 | 在 | 拉 | 拉 | 喺 | 喺 | 2-25 |
| 在 | 在 | 拉 | 拉 | 喺 | 喺 | 2-26 |
| 在 | 在 | | 拉 | 喺 | | 2-26 |
| 在 | 在 | | 拉 | 喺 | 喺 | 2-26 |
| 在 | 在 | 拉 | 拉 | 喺 | 喺 | 2-26 |
| 在 | 在 | 拉 | 拉 | 喺 | 喺 | 2-27 |
| 在 | 在 | 拉 | 拉 | 去 | | 2-27 |
| 在 | 在 | | 拉 | 喺 | 喺 | 2-27 |
| 在 | 在 | 拉 | 拉 | 喺 | | 2-27 |
| 在 | 在 | | 拉 | | | 2-28 |
| 在 | 在 | | 拉 | 喺 | 喺 | 2-28 |
| 在 | 在 | 拉 | 拉 | 喺 | | 2-28 |

(續表)

| 在 | 在 | 拉 | 拉 | 喺 |  | 2-28 |
|---|---|---|---|---|---|---|
| 在 | 在 | 拉 | 拉 | 喺 | 喺 | 2-29 |
| 在 | 在 | 拉 | 拉 | 喺 | 喺 | 2-29 |
| 在 | 在 | 拉 | 拉 | 喺 | 喺 | 2-31 |
|  |  |  | 拉 |  | 在 | 2-31 |
| 在 | 在 | 拉 | 拉 | 喺 | 喺 | 2-31 |
| 在 | 在 | 拉 | 拉 |  |  | 2-31 |
| 在 | 在 |  | 拉 |  |  | 2-31 |
| 在 | 在 | 拉 | 拉 | 喺 | 喺 | 2-31 |
| 在 | 在 | 拉 | 拉 | 喺 | 喺 | 2-31 |
| 在 | 在 | 拉 | 拉 | 喺 | 喺 | 2-32 |
|  | 在 |  | 拉 |  | 喺 | 2-33 |
| 在 | 在 | 拉 | 拉 | 喺 | 喺 | 2-35 |
| 在 | 在 | 拉 | 拉 | 喺 | 喺 | 2-35 |
| 在 | 在 | 拉 | 拉 | 喺 |  | 2-35 |
| 在 | 在 | 拉 | 拉 | 喺 | 喺 | 2-35 |
| 在 | 在 | 拉 |  | 喺 | 喺 | 2-35 |
| 在 | 在 | 拉 | 拉 | 喺 | 喺 | 2-35 |
| 在 | 在 | 拉 | 拉 | 喺 | 喺 | 2-35 |
| 在 | 在 | 拉 | 拉 | 喺 | 喺 | 2-35 |
| 在 | 在 | 拉 |  | 喺 |  | 2-35 |
| 在 | 在 | 拉 | 拉 |  |  | 2-35 |
| 在 | 在 | 拉 | 拉 | 喺 | 喺 | 2-36 |
| 在 | 在 | 拉 | 拉 | 喺 |  | 2-36 |
| 在 | 在 | 拉 | 拉 | 喺 | 喺 | 2-36 |
| 在 | 在 |  |  | 喺 | 喺 | 2-37 |
| 在 | 在 | 拉 | 拉 | 在 | 喺 | 2-37 |

(續表)

| 在 | 在 | 拉 | 拉 | 倒 | | 2-37 |
|---|---|---|---|---|---|---|
| 在 | 在 | 拉 | 拉 | 喺 | | 2-37 |
| 在 | 在 | | 拉 | | | 2-37 |
| 在 | 在 | 拉 | 拉 | 喺 | 喺 | 2-37 |
| 在 | 在 | 拉 | 拉 | 係 | 喺 | 2-38 |
| 在 | 在 | 拉 | 拉 | 係 | 喺 | 2-38 |
| 在 | 在 | 拉 | 拉 | 在 | 喺 | 2-38 |
| 在 | 在 | | | 係 | | 2-38 |
| 在 | 在 | | 拉 | 喺 | | 2-39 |
| 在 | 在 | 拉 | 拉 | 喺 | 喺 | 2-40 |
| 在 | 在 | 拉 | | 喺 | 喺 | 3-1 |
| 在 | 在 | 拉 | | 喺 | 喺 | 3-3 |
| 在 | 在 | 拉 | | 喺 | 喺 | 3-3 |
| 在 | 在 | 拉 | | 喺 | 係 | 3-3 |
| 在 | 在 | 拉 | | 喺 | 擦 | 3-3 |
| 在 | 在 | 拉 | | 喺 | 喺 | 3-5 |
| 在 | 在 | 拉 | | 喺 | 喺 | 3-5 |
| 在 | 在 | 拉 | | 喺 | 喺 | 3-5 |
| 在 | 在 | | | 喺 | 喺 | 3-6 |
| 在 | 在 | 拉 | | 在 | 在 | 3-6 |
| 在 | 在 | 拉 | | 喺 | | 3-6 |
| 在 | 在 | 拉 | | | 喺 | 3-7 |
| 在 | 在 | | | 喺 | 在 | 3-7 |
| 在 | 在 | 拉 | | 喺 | 在 | 3-7 |
| 在 | 在 | 拉 | | 喺 | 喺 | 3-7 |
| 在 | 在 | 拉 | | 喺 | 喺 | 3-7 |
| 在 | 在 | 拉 | | 喺 | | 3-8 |

(續表)

| | | | | | | |
|---|---|---|---|---|---|---|
| 在 | 在 | 拉 | | 喺 | | 3 - 8 |
| 在 | 在 | 拉 | | 喺 | 喺 | 3 - 9 |
| 在 | 在 | 拉 | | 係 | 喺 | 3 - 9 |
| 在 | 在 | 拉 | | | | 3 - 9 |
| 在 | 在 | 拉 | | 喺 | | 3 - 10 |
| 在 | 在 | 拉 | | 喺 | 在 | 3 - 10 |
| 在 | 在 | 拉 | | 喺 | | 3 - 10 |
| 在 | 在 | | | 喺 | | 3 - 11 |
| 在 | 在 | 拉 | | 喺 | 喺 | 3 - 13 |
| 在 | 在 | 拉 | | 喺 | | 3 - 15 |
| 在 | 在 | 拉 | | 嚟(喺) | 喺 | 3 - 15 |
| 在 | 在 | | | 喺 | | 3 - 17 |
| 在 | 在 | 拉 | | 喺 | 喺 | 3 - 18 |
| 在 | 在 | 拉 | | 喺 | 喺 | 3 - 18 |
| 在 | 在 | 拉 | | 喺 | 喺 | 3 - 18 |
| 在 | 在 | 拉 | | 喺 | 喺 | 3 - 18 |
| 在 | 在 | 拉 | | 喺 | | 3 - 18 |
| 在 | 住 | | | 喺 | 喺 | 3 - 20 |
| 在 | 在 | 拉 | | 喺 | 喺 | 3 - 20 |
| 在 | 再(在) | | | 在 | | 4 - 1 |
| 在 | 在 | | | 喺 | | 4 - 2 |
| 在 | 在 | | | 喺 | | 4 - 2 |
| 在 | 在 | | | 喺 | | 4 - 3 |
| 在 | 在 | | | 在 | | 4 - 4 |
| 在 | 在 | | | 喺 | | 4 - 4 |
| 在 | 在 | | | 喺 | | 4 - 4 |
| 在 | 在 | | | 在 | | 4 - 4 |

(續表)

| | | | | | | |
|---|---|---|---|---|---|---|
| 在 | 在 | | | 喺 | | 4－5 |
| 在 | 在 | | | 喺 | | 4－5 |
| 在 | 在 | | | 在 | | 4－5 |
| 在 | 在 | | | 喺 | | 4－5 |
| 在 | 在 | | | 在 | | 4－6 |
| 在 | 在 | | | 喺 | | 4－6 |
| 在 | 在 | | | 喺 | | 4－6 |
| 在 | 在 | | | 喺 | | 4－6 |
| 在 | 在 | | | 喺 | | 4－7 |
| 在 | 在 | | | 喺 | | 4－8 |
| 在 | 在 | | | 在 | | 4－8 |
| 在 | 在 | | | 在 | | 4－8 |
| 在 | 在 | | | 在(喺) | | 4－9 |
| 在 | 在 | | | 在 | | 4－9 |
| 在 | 在 | | | 在 | | 4－11 |
| 在 | 在 | | | 喺 | | 4－11 |
| 在 | 在 | | | 喺 | | 4－13 |
| 在 | 在 | | | 喺 | | 4－13 |
| 在 | 在 | | | 喺 | | 4－14 |
| 在 | 在 | | | 喺 | | 4－14 |
| 在 | 在 | | | 在 | | 4－14 |
| 在 | 在 | | | 喺 | | 4－15 |
| 在 | 在 | | | 喺 | | 4－15 |
| 在 | 在 | | | 喺 | | 4－15 |
| 在 | 在 | | | 喺 | | 4－15 |
| 在 | 在 | | | 喺 | | 4－16 |
| 在 | 在 | | | 喺 | | 4－16 |

(續表)

| 在 | 在 |  |  | 在 |  | 4－16 |
|---|---|---|---|---|---|---|
| 在 | 在 |  |  | 喺 |  | 4－16 |
| 在 | 在 |  |  | 喺 |  | 4－16 |
| 在 | 在 |  |  | 在 |  | 4－16 |
| 在 | 在 |  |  | 喺 |  | 4－16 |
| 在 | 在 |  |  | 喺 |  | 4－17 |
| 在 | 在 |  |  | 喺 |  | 4－17 |
| 在 | 在 |  |  | 喺 |  | 4－17 |
| 在 | 在 |  |  | 喺 |  | 4－17 |
| 在 | 在 |  |  | 喺 |  | 4－17 |
| 在 | 在 |  |  | 喺 |  | 4－17 |
| 在 | 在 |  |  | 喺 |  | 4－17 |
| 在 | 在 |  |  | 喺 |  | 4－17 |
| 在 | 在 |  |  | 係(喺) |  | 4－17 |
| 在 | 在 |  |  | 到 |  | 4－18 |
| 在 | 在 |  |  | 喺 |  | 4－18 |
| 在 | 在 |  |  | 喺 |  | 4－18 |
| 在 | 在 |  |  | 喺 |  | 4－18 |
| 在 | 在 |  |  | 喺 |  | 4－18 |
| 在 | 在 |  |  | 喺 |  | 4－18 |
| 在 | 在 |  |  | 喺 |  | 4－18 |
| 在 | 在 |  |  | 在 |  | 4－19 |
| 在 | 在 |  |  | 喺 |  | 4－19 |
| 在 | 在 |  |  | 喺 |  | 4－20 |
| 在 | 在 |  |  | 喺 |  | 4－20 |
| 在 | 在 |  |  | 喺 |  | 4－20 |
| 在 | 在 |  |  | 喺 |  | 4－20 |

（續表）

| | | | | | | |
|---|---|---|---|---|---|---|
| 在 | 在 | | | 喺 | | 4-20 |
| 在 | 在 | | | 喺 | | 4-20 |
| 在 | 在 | | | 喺 | | 4-20 |
| 在 | 在 | | | 喺 | | 4-20 |
| 在 | 在 | | | 喺 | | 4-20 |
| 在 | 在 | | | 喺 | | 4-20 |
| 在 | 在 | | | 喺 | | 4-20 |

按：EF版之“喺”，粵語特徵詞。

5.14　使役動詞

| | | | | | | |
|---|---|---|---|---|---|---|
| 叫 | 叫 | 教 | 使 | 叫 | 一般句 | 1-39 |
| 叫 | 叫 | | 惹 | 令 | 令 | 1-39 |
| 叫 | 叫 | 讓 | 使 | | —— | 1-40 |
| 叫 | 叫 | 教 | 叫 | | 令 | 2-27 |
| 叫 | 叫 | 讓 | | 俾 | | 3-12 |

5.15　像似動詞

像1：（人或物的外貌或某一特徵）幾乎一樣

| | | | | | | |
|---|---|---|---|---|---|---|
| 像 | 像 | 像 | 像 | 似 | | 1-34 |
| 像 | 像 | 像 | 像 | 似 | | 1-40 |
| 像 | 像 | 像 | 像 | | | 2-2 |
| 像 | 像 | 像 | 像 | 似 | 似 | 2-25 |
| 像 | 像 | 是 | 像 | 似 | 似乎係 | 2-33 |
| 像 | 像 | 像 | 像 | 好似 | 同 | 2-40 |
| 像是 | 像是 | 像 | | 似係 | 似 | 3-1 |
| 像 | 像 | 像 | | 學 | | 3-3 |
| 像 | 像 | | | 似 | | 4-18 |

像2:例如,如同

| 像 | 像 | 比方 | 像 | 好似 | 噉嘅細物之類 | 2-7 |
|---|---|---|---|---|---|---|
| 像 | 像 | 像 | 像 | 好似 | …噉樣 | 2-7 |
| 像 | 像 | 格味 | 像 | 比如 | | 2-12 |
| 像 | 像 | 像 | 像 | 比如 | | 2-14 |
| 像 | 像 | | 像 | 似 | 噉 | 2-16 |
| 像 | 像 | 像 | 像 | 好似 | | 2-25 |
| 像 | 像 | 像 | 像 | 好似 | | 2-25 |

像事(話)

| 像事 | 像事 | 像樣 | 像 | 似樣 | 似樣 | 2-4 |
|---|---|---|---|---|---|---|
| 像話 | 像話 | | | 似樣 | | 3-13 |
| 像事 | 像事 | 像啥 | | 似樣 | 噉係啱嘅 | 3-15 |

# 六 形容詞

## 6.1 疼

| 疼 | 疼 | 痛 | 痛 | 瘌 | 瘌 | 1-5 |
|---|---|---|---|---|---|---|
| 痛 | 痛 | 疼 | 痛 | 痛 | 痛 | 1-5 |
| 疼 | 疼 | 痛 | 痛 | 痛 | 痛 | 2-25 |
| 疼 | 疼 | 痛 | 痛 | 痛 | 痛 | 2-33 |

表示“身體疼痛”,AB版主要用“疼”,CDEF主要用“痛”。EF偶爾用古語詞“瘌”,《方言》第三:“凡飲藥、傅藥而毒,南楚之外謂之瘌。”

按:表“身體疼痛”之義,“痛”“疼”是一組同義詞。先秦至唐宋,“痛”是主導詞。“疼”約始見於漢代,到唐代單用的頻率才開始增加。元末明初,“疼”使用頻率開始超越“痛”,同時其句法功能逐步完善,漸漸替代“痛”成為主導詞。兩者在地域上分佈略異:“疼”通

用於長江以北,“痛”則多用於長江以南。(参見顏玉君 2014)

6.2 久

| 久仰得很 | 久仰得很 | 久仰得極 | 久仰久仰 | 仰慕好耐 | | 1-1 |
|---|---|---|---|---|---|---|
| 久違久違 | 久違久違 | 久違久違 | 久闊久闊 | 違教好耐 | 違教好耐 | 1-4 |
| 日子久 | 日子久 | 常遠 | 多日 | 日子好耐 | 好耐 | 1-7 |
| 久違 | 久違 | 久違 | 久違 | 違教好耐 | 違教好耐 | 2-8 |
| 長久 | 長久 | 常久 | 長久 | 長久 | 長 | 2-23 |
| 不久 | 不久 | 勿久 | 勿久 | 不久 | 不久 | 2-27 |
| 久享 | 久享 | 常遠享受 | 久享 | 久享 | 久享 | 2-27 |
| 久仰久仰 | 久仰久仰 | | | 素仰素仰 | | 4-1 |
| 久已 | 久已 | | | 久已 | | 4-1 |
| 久坐 | 久坐 | | | 久坐 | | 4-1 |
| 久仰久仰 | 久仰久仰 | | | 素仰素仰 | | 4-2 |
| 久仰久仰 | 久仰久仰 | | | 素仰素仰 | | 4-3 |
| 久延 | 久延 | | | 久延 | | 4-3 |
| 等候許久 | 等候許久 | | | 等候好耐 | | 4-5 |
| 久陪 | 久陪 | | | 久陪 | | 4-8 |
| 不久 | 不久 | | | 不久 | | 4-11 |
| 久留 | 久留 | | | 久留 | | 4-11 |
| 久違 | 久違 | | | 違教好耐 | | 4-12 |
| 久仰久仰 | 久仰久仰 | | | 素仰素仰 | | 4-15 |
| 久仰大名 | 久仰大名 | | | 久仰大名 | | 4-16 |
| 終久 | 終久 | | 終久 | 終歸 | 遲早 | 2-15 |

6.3 (不)舒服 1

| 欠安 | 欠安 | 勿遂意 | 勿適意 | 唔舒服 | 有病 | 1-10 |
|---|---|---|---|---|---|---|
| 不舒坦 | 不舒服 | 勿爽 | 勿適意 | 唔舒服 | 唔自然 | 2-9 |
| 不舒服 | 不舒服 | 勿自然 | 勿舒服 | 唔自然 | 唔自然 | 2-11 |

(續表)

| 不舒服 | 不舒服 | 勿舒徐 | 勿舒服 | 唔舒服 | 唔自然 | 2-15 |
|---|---|---|---|---|---|---|
| 不舒坦 | 不舒服 | 勿舒徐 | 勿適意 | 唔舒服 | 病 | 2-27 |
| 不舒坦 | 不舒服 | 勿舒徐 | 勿適意 | 唔自然 |  | 2-27 |
| 不舒坦 | 不舒服 | 勿舒徐 | 勿適意 | 唔舒服 | 有病 | 2-27 |
| 不舒服 | 不舒服 | 勿舒徐 |  | 唔舒服 | 唔係幾精神 | 3-7 |
| 不舒服 | 不舒服 | 勿自然 |  | 唔舒服 | 唔舒服 | 3-7 |

6.4 平——舒服2

| 摩挱平了 | 摩挱平了 | 捕(鋪)平之 |  | 抹舒服佢 | 整到佢平正 | 3-10 |
|---|---|---|---|---|---|---|

6.5 表不利、出差錯

| 背 | 閉 | 推扳 | 勿好 | 蹇滯 | 蹇滯[或作唔好彩] | 2-15 |
|---|---|---|---|---|---|---|
| 不錯 | 不錯 | 勿是白去 | 勿推班 | 唔錯 | 幾好 | 2-15 |
| 打眼 | 打眼 | 推扳 | 打之眼 | 發眼差 | 撞板 | 2-20 |
| 打了眼 | 打了眼 | 推扳 | 打之眼 | 睇差 | 貼底 | 2-20 |

按:"推扳(班)",滬語特徵詞。

6.6 壯

| 壯 | 壯 | 大 | 大 | 大 |  | 2-23 |
|---|---|---|---|---|---|---|
| (騾子)肥 | 肥 | 壯 |  | 肥 | 肥 | 3-6 |

| 康健 | 康健 | 强健 | 强健 | 壯健 | 壯健 | 1-2 |
|---|---|---|---|---|---|---|
| 健壯 | 健壯 |  |  | 壯健 |  | 4-15 |

6.7 行3——局——好、做得、夠皮

| 不是很好 | 不是很好 | 勿局 | 勿是極好 | 唔係乜好人 | 唔係幾妥 | 2-11 |
|---|---|---|---|---|---|---|
| 不行 | 不行 | 勿局 | 勿可以 | 唔曾得 | 未曾得 | 2-14 |
| 不行 | 不行 | 勿局 | 勿局 | 不前 | 唔夠皮 | 2-23 |

（續表）

| | | | | | | |
|---|---|---|---|---|---|---|
| 不行 | 不行 | 勿局 | 勿局 | 不前 | 唔夠皮 | 2-23 |
| 不佳 | 不佳 | 勿局 | 勿好 | 唔好 | | 2-25 |
| …不好麼 | …不好麼 | …局否 | | 唔好… | …好嗎 | 3-17 |
| 不行 | 不行 | 勿局 | | 唔做得 | 唔合式 | 3-20 |

按:"局"表示"行,好",是吴語特徵詞。

6.8　驚恐

| | | | | | | |
|---|---|---|---|---|---|---|
| 驚恐 | 驚恐 | 驚𢘵 | 驚唬 | 驚 | 驚慌 | 2-28 |
| 驚恐 | 驚恐 | 驚𢘵 | 驚唬 | 驚 | 驚慌 | 2-28 |

6.9　嗇刻、慳吝——小氣——慳吝

| | | | | | | |
|---|---|---|---|---|---|---|
| 嗇刻 | 嗇刻 | 小氣 | 苛刻 | 慳劣 | 慳儉 | 2-30 |
| 慳吝 | 慳吝 | 小氣 | 小氣 | 慳吝 | 慳吝 | 2-31 |

6.10　遲

| | | | | | | |
|---|---|---|---|---|---|---|
| 遲 | 遲 | 晚 | | 遲 | 遲 | 2-1 |
| 晚 | 晚 | 晚 | 晚 | 晏 | 遲 | 2-4 |
| 遲 | 遲 | 晚 | 遲 | 遲 | 遲 | 2-32 |
| 不早 | 不早 | 勿早 | | 晏 | 晏 | 3-3 |
| 晚 | 晏 | | | 遲 | | 3-5 |

按:"晏",晚也,南方話的特徵詞。明清時期的白話小説如《水滸傳》《三言二拍》《儒林外史》《金瓶梅》①裡"晏"大量的使用,明清以後,隨著"晏"的使用,晚、遲、晏三者的對立開始明顯。我們發現,有相當一部分的作品裡出現了明顯的三者對立或者"晏"與另外一者的對立,但是也有許多我們本以為應該有的作品裡沒有出現"晏",

① 按:各個作品使用情況不一。清晚期南方方言的代表作品《官場現形記》"遲"仍使用頻繁,《海上花列傳》却使用"晚",未見"遲",更不用"晏"。

甚至只出現了晚和遲中的一個。檢索方言字典,至少在廈門、福州、婁底、崇明等地使用很廣泛,即今天閩方言、吳方言、贛方言、江淮方言區仍用。李如龍"閩方言的特徵詞"也列舉該條,詳見李如龍(2002: 304)。

### 6.11 皮剌

| 皮剌 | 皮剌 | 碰得起 | | 堅固 | 堅固 | 3-9 |
|---|---|---|---|---|---|---|

### 6.12 好些——好多

| 好些個 | 好些 | | 多化 | 好多 | | 1-15 |
|---|---|---|---|---|---|---|
| 多 | 多 | 多 | 多 | 好多 | 好多 | 2-4 |
| 好幾個 | 好幾個 | 多化 | 好幾个 | 好幾個 | 好多 | 2-10 |
| 很多 | 很多 | 十分多 | 極多 | 好多 | | 2-10 |
| 太多 | 太多 | 多 | 忒多 | 太多 | 好多 | 2-13 |
| | | | | | 好多 | 2-17 |
| 些 | 些 | 幾 | 幾 | 好多 | 幾 | 2-19 |
| 很多 | 很多 | 多化 | 極多 | 好多、咁多 | 好多、甚多 | 2-23 |
| 不少 | 不少 | 勿少 | 勿少 | 唔少 | 好多 | 2-26 |
| 好些個 | 許多 | 好幾个 | 幾化 | 好多個 | 好多 | 2-35 |
| 好幾 | 好幾 | 好幾 | | 几多 | 好多 | 3-1 |
| 好幾 | 好幾 | 好幾 | 几 | 好幾 | 好多 | 3-15 |
| 好些個 | 好些 | 交关 | | 咁多 | 好多 | 3-15 |
| 好些個 | 好多 | 多化 | | | 好多 | 3-16 |
| 些個 | 好多 | | | 啲 | | 4-11 |
| 若許 | 若干 | | | 好多 | | 4-13 |

### 6.13 清楚

| 清楚 | 清楚 | 清爽 | 清爽 | 清楚 | 眞 | 1-15 |
|---|---|---|---|---|---|---|
| 清楚 | 清楚 | 清爽 | 清爽 | 清晰 | 清楚 | 1-15 |
| 清楚 | 清楚 | | | 清楚 | | 4-12 |
| 清 | 清 | 清爽 | 清 | 清楚 | 清楚 | 2-38 |

| | | | | | | |
|---|---|---|---|---|---|---|
| 明白 | 明白 | | 明白 | 清楚 | 眞 | 2－33 |
| 明白 | 明白 | 清爽 | 明白 | 清楚 | | 2－33 |
| 明白 | 明白 | 明白 | 明白 | 明白 | 清楚 | 2－38 |
| 明白 | 明白 | 明白 | | 清楚 | 明白 | 3－13 |

6.14　講究

| | | | | | | |
|---|---|---|---|---|---|---|
| 講究 | 講究 | 考究 | 講究 | 講究 | 清楚 | 1－30 |

6.15　清淡

| | | | | | | |
|---|---|---|---|---|---|---|
| 清淡 | 清淡 | 清水 | | 清 | 清潤 | 3－11 |

6.16　穩當——穩陣

| | | | | | | |
|---|---|---|---|---|---|---|
| 穩當 | 穩當 | 穩當 | 穩當 | 穩陣 | 穩陣 | 2－23 |
| 妥當 | 妥當 | 穩當 | | 穩陣 | 穩陣 | 3－12 |
| 妥當 | 妥當 | 妥當 | | 穩陣 | 穩陣 | 3－17 |

按：EF版之“穩陣”，粵語特徵詞。

6.17　平和

| | | | | | | |
|---|---|---|---|---|---|---|
| 平和 | 公道 | 平常 | 公道 | 平常 | 平常 | 2－2 |
| 和平 | 和平 | 和平 | 和平 | 平和 | 慈祥 | 2－24 |

6.18　對勁

| | | | | | | |
|---|---|---|---|---|---|---|
| 對勁 | 合式 | 蠻好 | 要好 | 講得埋 | 交好 | 2－11 |
| 對勁 | 合式 | 相好 | 要好 | 講得埋 | 相好 | 2－11 |
| 對勁 | 對勁 | 對路 | 對勁 | 投機 | 投機 | 2－24 |
| 對勁 | 對勁 | 對个 | 對勁 | 投機 | 拍合 | 2－24 |

按：“對勁”，北京話中表示符合心意，或情投意合。早見於《紅樓夢》第八十四回。

6.19　和睦——友愛

| | | | | | | |
|---|---|---|---|---|---|---|
| 和睦 | 和睦 | 和睦 | 和睦 | 和睦 | 友愛 | 2－11 |

6.20　慢慢——慢慢能——慢慢

| | | | | | | |
|---|---|---|---|---|---|---|
| 慢慢 | 慢慢 | 慢慢教 | 慢慢能 | 慢慢 | 慢慢 | 1 - 13 |
| 慢慢兒的 | 慢慢兒的 | 慢慢之 | 慢慢能个 | 慢慢 | 逐漸 | 2 - 25 |
| 慢慢兒的 | 慢慢兒的 | 慢慢交 | 慢慢能个 | 慢慢 | 逐漸 | 2 - 25 |
| 慢慢兒的 | 慢慢兒 | 慢慢能 | | 慢慢 | 逐漸 | 3 - 1 |

按：慢慢教：今多作"慢慢叫""慢慢交""慢慢之""慢慢能"。做方式狀語,表示動作/狀態變化的速度低,也可以表示情狀持續的時間長。滬語特征詞。

6.21　細、細細兒的——細細能——細、真

| | | | | | | |
|---|---|---|---|---|---|---|
| 細 | 細 | 仔細 | 細細能 | 細 | 眞 | 2 - 20 |
| 細 | 細 | 仔細 | 細細能 | 仔細 | 細心 | 2 - 23 |
| 細 | 細 | 仔細 | 細細能 | 細 | 眞 | 2 - 25 |
| 細細兒的 | 細細兒的 | 細細能 | 細細能 | 仔細 | 小心 | 2 - 33 |

6.22　好好兒(的)——好好能——好好的/認真

| | | | | | | |
|---|---|---|---|---|---|---|
| 好好兒 | 好好的 | | 好好能 | 好好的 | 認眞 | 1 - 5 |
| 好好兒的 | 好好兒的 | 好好能 | | 好好的 | 子細 | 3 - 9 |
| 好好兒的 | 好好兒的 | 好好能 | | 好好的 | 認眞 | 3 - 10 |

6.23　含糊

| | | | | | | |
|---|---|---|---|---|---|---|
| 含糊 | 含糊 | 含糊 | 糊塗 | 含糊 | 有遺漏 | 1 - 15 |
| 含糊 | 厝留 | 撻漿 | 搭將 | 兒嬉 | 苟且 | 2 - 10 |

6.24　乏——衰瘏——癐

| | | | | | | |
|---|---|---|---|---|---|---|
| 乏 | 乏 | 衰瘏 | 弛瘏 | 癐 | 癐 | 2 - 38 |

按：表示"疲倦",AB版之"乏"為宋代以來常用詞,《漢語大詞典》該義項下首例引《新五代史·唐臣傳·周德威》:"因其勞乏而乘之。"CD版之"瘏"為古語詞,先秦已見,《漢語大詞典》首例引《詩·

周南·卷耳》:"陟彼砠矣,我馬瘏矣,我僕痡矣。"EF 版之"瘖"《漢語方言大詞典》頁 5724 該條下釋"累;疲勞;疲倦",是客話、粵語用詞。

6.25　所有

| | | | | | | |
|---|---|---|---|---|---|---|
| 所有 | 所有 | 所以 | | 所有 | | 3-8 |
| 所有 | 所以 | | | 所有 | | 3-12 |

6.26　方便——便當——便

| | | | | | | |
|---|---|---|---|---|---|---|
| 方便 | 方便 | 貼對…心意 | 頂好 | 好極 | 方便 | 1-14 |
| 方便 | 方便 | 便當 | 便當 | 便 | 便 | 2-1 |
| 方便 | 方便 | 便當 | | 得便 | 方便 | 3-8 |
| 方便 | 方便 | 便當 | | 便 | 方便 | 3-8 |
| 方便 | 方便 | 便當 | | 便當 | 便於… | 3-8 |
| 方便 | 方便 | | | 方便 | | 4-11 |

CD 版之"便當"是吳語詞。

6.27　實誠

| | | | | | | |
|---|---|---|---|---|---|---|
| 實誠 | 誠實 | 牢實 | 老實 | 誠實 | 誠實 | 1-11 |

6.28　煳

| | | | | | | |
|---|---|---|---|---|---|---|
| 煳 | 煳 | | | 焦 | 燶 | 3-3 |

6.29　啱

表示"對,恰當,妥當,(時間)準確,與人相合,可以",EF 之"啱"《漢語方言大詞典》頁 5422 該條下注粵語、客話、閩語用詞。

6.29.1　表示"對":

| | | | | | | |
|---|---|---|---|---|---|---|
| 不錯 | 不錯 | 勿錯 | 勿錯 | 冇錯 | 啱 | 2-20 |
| 對 | 對 | 對 | 對 | 啱 | 係 | 2-33 |
| 對 | 對 | 對 | 對 | 對 | 啱 | 2-34 |
| 對 | 是 | 對 | | 啱 | 做得 | 3-10 |

(續表)

| 對 | 不錯 | 對 | | 啱 | 啱 | 3-12 |
|---|---|---|---|---|---|---|
| 對 | 不錯 | 對 | | 啱 | 妥當 | 3-14 |
| 對 | 在理 | 對 | | 啱 | | 2-25 |

| 好 | 正 | | 好 | 啱 | | 2-36 |
|---|---|---|---|---|---|---|

| 像事麽 | 像事麽 | 像啥呢 | | 似樣咩 | 係啱嘅咩 | 3-15 |
|---|---|---|---|---|---|---|

6.29.2 表示"恰當":

| 恰 | 洽 | 對 | 切 | 啱 | 恰可 | 2-40 |
|---|---|---|---|---|---|---|
| 恰 | 洽 | 好 | 切 | 啱 | 恰合 | 2-40 |

6.29.3 表示"妥當":

| 安妥 | 安妥 | 定當 | 停當 | 講啱 | 定曉 | 2-8 |
|---|---|---|---|---|---|---|
| 妥當 | 妥當 | 安當 | | 啱 | 妥當 | 3-8 |

6.29.4 表示"(時間)準確":

| 准 | 准 | 準 | 準 | 准 | 啱 | 1-26 |
|---|---|---|---|---|---|---|

6.29.5 表示"與人相合"

| 合 | 合 | 對 | 合 | 啱 | 聯絡 | 2-24 |
|---|---|---|---|---|---|---|

6.29.6 表示"可以"

| 行 | 行 | 隨便 | | 啱 | 好 | 3-8 |
|---|---|---|---|---|---|---|
| 怎麽不可以 | 怎麽不可以 | 有啥勿可以 | | 做乜唔做得 | 係好啱嘅 | 3-11 |
| 那就是了 | 那就是了 | 格味就<br>介味者 | | 噉就係喇 | 噉又啱 | 3-19 |

6.29.7 表示"不合意"的短語

| 不得勁 | 下不去 | 難為情 | 難為情 | 唔啱噉 | 失曉面子 | 2-33 |
|---|---|---|---|---|---|---|

## 6.30　要緊——緊要

| | | | | | | |
|---|---|---|---|---|---|---|
| 要緊 | 要緊 | 要緊 | 要緊 | 緊要 | 緊要 | 1-9 |
| 要緊 | 要緊 | 要緊 | 要緊 | 緊要 | 緊要 | 1-15 |
| 要緊 | 要緊 | 要緊 | 要緊 | 緊要 | 緊要 | 1-24 |
| 要緊 | 要緊 | 要緊 | 要緊 | 緊要 | | 1-24 |
| 要緊 | 要緊 | 要緊 | 要緊 | 緊要 | 要 | 2-21 |
| 要緊 | 要緊 | 要緊 | 要緊 | 緊用 | | 2-21 |
| 要緊 | 緊 | 要緊 | 要緊 | 緊 | 要 | 2-24 |
| 要緊 | 要緊 | 要緊 | 要緊 | 緊要 | 緊要 | 2-24 |
| 要緊 | 要緊 | 要緊 | | 緊要 | 必要 | 3-4 |
| 要緊 | 要緊 | 要緊 | | 緊要 | 緊要 | 3-8 |
| 要緊 | 要緊 | 要緊 v | | 緊要 | | 3-10 |
| 要緊 | 要緊 | | | 緊要 | | 3-12 |
| 緊要 | 緊要 | | | 緊要 | | 4-1 |
| 要緊 | 要緊 | | | 要緊 | | 4-5 |
| 要緊 | 要緊 | | | 緊要 | | 4-5 |
| 緊要 | 緊要 | | | 緊 | | 4-11 |

| | | | | | | |
|---|---|---|---|---|---|---|
| 不要緊 | 不要緊 | 小事體 | 勿要緊 | 唔重要 | 唔係幾要緊 | 2-25 |
| 不要緊 | 不要緊 | 勿碍啥个 | 勿要緊 | 唔緊要 | 唔緊要 | 2-26 |
| 不要緊 | 不要緊 | 無啥要緊 | 勿要緊 | 冇乜緊要 | 唔大要緊 | 2-33 |
| 不忙 | 不忙 | 勿要緊 | 勿忙 | 唔係緊 | 唔係緊 | 2-38 |
| 不論 | 不論 | 隨便 | | 唔論 | 冇乜要緊 | 3-11 |
| 不礙事 | 不礙事 | 勿碍啥个 | | 冇乜緊要 | 唔係幾重 | 3-13 |
| 不講究 | 不講究 | 勿要緊 | | 唔使拘 | 唔係好睇 | 3-18 |

滬語"要緊"后加動詞,還可表示"不用""不必":

| | | | | | | |
|---|---|---|---|---|---|---|
| 不用 | 不用 | 勿要緊 | | 唔使 | | 3－3 |
| 不用 | 不用 | 要緊 | | 唔使 | | 3－6 |
| 不必 | 不必 | 勿要緊 | | 唔使 | 唔使 | 3－7 |
| 該 | 該 | 要緊 | | 該 | | 3－8 |

## 6.31 謙

| | | | | | | |
|---|---|---|---|---|---|---|
| 謙 | 謙 | 謙虛 | 謙虛 | 謙 | 謙 | 2－5 |
| 謙 | 謙 | | | 謙 | | 4－1 |
| 謙 | 謙 | | | 謙 | | 4－2 |
| 謙 | 謙 | | | 謙 | | 4－4 |
| 謙 | 謙 | | | 謙 | | 4－11 |
| 謙 | 謙 | | | 謙 | | 4－12 |
| 謙 | 謙 | | | 謙 | | 4－14 |
| 謙 | 謙 | | | 謙 | | 4－15 |
| 謙 | 謙 | | | 謙 | | 4－16 |
| 謙 | 謙 | | | 謙 | | 4－17 |

## 6.32 小

| | | | | | | |
|---|---|---|---|---|---|---|
| 小 | 小 | 小 | 小 | 細 | 輕 | 1－3 |
| 小 | 小 | 小 | | 細 | | 3－1 |
| 小 | 小 | 小 | 小 | 細 | 細 | 2－10 |
| 年輕 | 年輕 | 小 | 小 | | | 2－25 |
| 小 | 小 | 小 | 小 | | 細 | 2－40 |
| 小 | 小 | 小 | | 青靚 | 青年 | 3－11 |

| | | | | | | |
|---|---|---|---|---|---|---|
| 小 | 小 | 小 | 小 | 細 | 低 | 1－15 |
| 小 | 小 | 小 | 小 | 細 | 細 | 1－15 |

| | | | | | | |
|---|---|---|---|---|---|---|
| 小 | 小 | 小 | 小 | 細 | 細 | 2 - 7 |
| 小 | 小 | 小 | 小 | 細 | 細 | 2 - 7 |
| 小 | 小 | 小 | 小 | 細 | 細 | 2 - 7 |
| 小 | 小 | 小 | 小 | 細 | 細 | 2 - 7 |
| 小 | 小 | 小 | 小 | 細 | | 2 - 7 |
| 小 | 小 | 小 | 小 | 細 | | 2 - 7 |
| 小 | 小 | | | 細 | 細 | 3 - 6 |
| 小 | 小 | 小 | | 細 | 幼細 | 3 - 9 |
| 小 | 小 | 小 | | 細 | 小 | 3 - 15 |

| | | | | | | |
|---|---|---|---|---|---|---|
| 小 | 小 | 小 | 小 | 細 | 細 | 2 - 17 |
| 小 | 小 | 小 | | 細 | 小 | 3 - 9 |
| 小 | 小 | | | 小 | | 4 - 17 |
| 小 | 小 | 低 | | 細 | 慢 | 3 - 15 |

| | | | | | | |
|---|---|---|---|---|---|---|
| 零碎 | 零碎 | 零碎 | 零碎 | 啞碎 | 小 | 2 - 4 |
| 零的 | 零的 | 零頭 | | 散碎 | 小 | 3 - 12 |
| 零的 | 零的 | 零頭 | | 散碎 | 小 | 3 - 12 |
| 零的 | 零的 | 零頭 | | 散碑(碎) | 小 | 3 - 12 |
| 零碎兒 | 零碎兒 | 零碎 | | 零碎 | 啞碎 | 3 - 17 |

## 6.33　應時對景

| | | | | | | |
|---|---|---|---|---|---|---|
| 應時對景 | 應時對景 | 時路 | | 趨時 | 合天時 | 3 - 6 |

## 6.34　俏(貨)

| | | | | | | |
|---|---|---|---|---|---|---|
| 俏貨 | 俏貨 | 好東西 | 巧貨 | 靚貨 | 靚貨 | 2 - 20 |
| 俏貨 | 俏貨 | 巧貨 | 好貨 | 平貨 | 相宜貨 | 2 - 9 |
| 俏貨 | 俏貨 | | | | | |

6.35 好歹₁:並列結構,表示"好壞"

| | | | | | | |
|---|---|---|---|---|---|---|
| 好歹 | 好歹 | 忰好 | 好忰 | 好醜 | 善惡 | 1-29 |
| 好歹 | 好歹 | 忰忰好好 | 好忰 | 好醜 | 好醜 | 1-35 |
| 好歹 | 好歹 | 忰好 | 好忰 | 好醜 | 好歹 | 1-37 |

忰,吳語用詞。歹,較晚出現,醜,在元明之前常用。

6.36 好歹₂:偏義復詞,表示"危險"

| | | | | | | |
|---|---|---|---|---|---|---|
| 好歹 | 好歹 | 危險 | | 不測 | 唔好得 | 3-13 |

6.37 狡詐

| | | | | | | |
|---|---|---|---|---|---|---|
| 狡詐 | 狡詐 | 刁皮 | 刁詐 | 奸詐 | 奸詐 | 2-32 |

# 七 副 詞

## 7.1 程度副詞

### 7.1.1 很

《官話指南》六個版本中表示程度高的副詞,有"甚""極""最""頗""好""十分""很""蠻""怪""咁"等。現代漢語中常用"最""好""十分""很"。有些詞可以用在"V/A得C"動補結構中,有些詞只能在狀中結構中作狀語。相對而言,狀中結構自古至今一直用,而"V/A得C"是唐代新出現的結構形式。

副詞"很"在官話AB版中可以用在"V/A得很"結構作補語,也可以直接用在動詞或形容詞前作狀語,後者多於前者。對應於"V/A得很"結構,滬語編譯為"V/A得極",粵語少部分為"V/A到極",三者之間的差異就在於副詞"很"和副詞"極"的差異,另外用字上有"得"(的)和"到"的差異。(詳見7.1.1.1.)但是,實際上粵語的表達結構更偏向於用狀中結構來對應。(詳見7.1.1.2-7.1.1.1.5)

相對於官話AB版"很+V/A"狀中結構,滬語編譯過程中既有

“V/A 得極”結構,也有狀中結構,而粵語則是狀中結構。同樣是狀中結構,“很+V/A”表達形式固定,而滬語和粵語的副詞卻十分豐富。CD 兩個滬語版一方面多用通語詞“極”,另一方面用南方方言詞,如“蠻”(“蠻”在中原官話、江淮官話、西南官話、吳語、湘語、贛語、客話、土話中都見使用)、“野”,同時兩個版本之間用詞還有各自的偏向,相較於 C 版滬語用詞的多樣性,D 版滬語更專一地使用“極”。粵語也是一方面用常用副詞“甚”“好”,另一方面也用地域方言詞“咁”。(詳見 7.1.1.3-7.1.1.5)

在補語和狀語的用法上,滬語和粵語表現的差異很大,尤其是粵語。C 版滬語常用晚唐至宋代以來程度副詞“十分”,其次用上古以來程度副詞“極”“最”,有時也用宋代以來程度副詞“怪”“頂”,以及方言副詞“蠻”(據《漢語方言大詞典》頁 6259: 表示“很,非常”)。D 滬語主要用上古以來程度副詞“極”,偶爾用“十分”“頂”等程度副詞。

兩版(E、F)粵語主要用上古以來程度副詞“甚”和中古以來程度副詞“好”,另外也用“極”“十分”以及粵語特徵副詞“咁”。

7.1.1.1 V/A 得很——V/A 得極——V/A 到極

“很”作補語,官話表達格式“V/A 得很”,滬語較多地對應“V/A 得極”,粵語較少地對應“V/A 到極”。

| | | | | | | |
|---|---|---|---|---|---|---|
| 大的很 | 大得很 | 大極 | 大得極 | 大到極 | | 1-22 |
| 大得很 | 大得很 | 大得極 | 大得極 | 高到極 | 高到極 | 2-2 |
| 勞駕得很 | 勞駕得很 | 勞駕得極 | 勞駕得極 | 勞煩到極 | 十分感謝 | 2-5 |
| 悶得慌 | 悶得很 | | 悶的極 | 悶到極 | | 2-11 |
| 簡慢得很 | 簡慢得很 | | | 簡慢到極 | | 4-1 |
| 佩服得很 | 佩服得很 | | | 佩服到極 | | 4-4 |
| 雅的狠 | 雅得很 | | | 雅極 | | 4-17 |

7.1.1.2 V/A 得很——V/A 得極(Adv+V/A)——Adv+V/A

“很”作補語,官話表達格式“V/A 得很”,粵語更多對應為狀中

結構的"Adv+V/A",滬語有時也對應為"Adv+V/A"。如下:

| 久仰得很 | 久仰得很 | 久仰得極 | | | | 1-1 |
|---|---|---|---|---|---|---|
| 失敬得很 | 失敬得很 | | 失敬得極 | | 十分失敬 | 1-1 |
| 不成敬意的很 | 不成敬意得很 | 勿出客得極 | | 十分唔成敬意 | | 1-9 |
| 失敬得很 | 失敬得很 | 失敬得極 | 失敬得極 | 十分失敬 | 十分失敬 | 1-18 |
| 羡慕得很 | 羡慕得很 | 羡慕得極 | 愛慕得極 | | | 1-19 |
| 好的很 | 好得很 | 頂好 | 極好 | 至好 | 最好 | 1-20 |
| 高的很 | 高得很 | 高得非凡 | 高得極 | 好高 | 好高 | 1-22 |
| 厚的很 | 厚得很 | 厚來交關 | 厚得極 | 好厚 | 好厚 | 1-25 |
| 慚愧得很 | 慚愧得很 | 羞愧得極 | 慚愧得極 | 十分羞愧 | 極之慚愧 | 2-5 |
| 勞駕得很 | 勞駕得很 | | 勞駕得極 | 實在勞駕 | 實在勞駕 | 2-5 |
| 不安得很 | 不安得很 | 實在對勿過 | | 實在過意唔去 | | 3-18 |
| 不成格局的很 | 不成格局的很 | | | 實在唔成體勢 | | 4-1 |
| 勞駕得很 | 勞駕得很 | | | 十分勞駕 | | 4-11 |
| 抱屈的很 | 抱屈的很 | | | 十分抱屈 | | 4-12 |
| 仰慕得很 | 仰慕得很 | | | 十分仰慕 | | 4-15 |

7.1.1.3 很V/A+V/A(得)極$_{C}$/極+V/A$_{D}$——Adv+V/A

"很"作狀語,官話表現為"很V/A",C版滬語沿用補語結構"V(得)極",D版滬語結構與官話較為一致"Adv+V",粵語對應為"Adv+V/A"。

| 很想你 | 很想你 | 常常想着 | 想念得極 | 好掛住 | 好掛念 | 1-5 |
|---|---|---|---|---|---|---|
| 很利害 | 很利害 | 利害得極 | 怪響 | 好大 | | 1-23 |
| 很懶 | 很懶 | 懶惰得極 | 十分懶惰 | 實首懶 | 好懶慢 | 1-39 |
| 很疼 | 很疼 | 痛極 | 極痛 | 好痛 | 好痛 | 2-25 |
| 很着急 | 很着急 | 著急得極 | 極着急 | 好著緊 | 好擔心 | 2-29 |

（續表）

| | | | | | | |
|---|---|---|---|---|---|---|
| 很有氣 | 很有氣 | 氣極 | 極動氣 | 好生氣 | 好嬲 | 2-30 |
| 很喜歡 | 很喜歡 | 喜歡得極 | 極快活 | 好歡喜 | | 2-31 |
| 很趁願 | 很趁意 | 快活得極 | 極快活 | 極心涼 | 當然咯 | 2-31 |
| 很詫異 | 很詫異 | 詫異得極 | 極詫異 | 好奇怪 | 好出奇 | 2-33 |
| 很不得勁 | 很下不去 | 難為情得極 | 極難為情 | | | 2-33 |
| 很荒唐 | 很荒唐 | 荒唐得極 | 極荒唐 | 甚荒唐 | 咁荒唐 | 2-33 |
| 很犯疑 | 很起疑 | 疑惑得極 | 極疑心 | 好思疑 | 好思疑 | 2-35 |
| 很喜歡 | 很喜歡 | 喜歡得極 | 極快活 | 極歡喜 | 極喜歡 | 2-36 |
| 很詫異 | 很詫異 | 詫異得極 | 極詫異 | 十分奇怪 | 好出奇 | 2-37 |
| 很出名 | 很出名 | 名聲響極 | | 極出名 | 好出名 | 3-7 |
| 很標緻 | 很標緻 | 十分標緻得極 | | 咁青靚 | | 3-11 |

7.1.1.4 很 V／A——Adv＋V／A——V／A 極

| | | | | | | |
|---|---|---|---|---|---|---|
| 很方便 | 很方便 | | 頂好 | 好極 | 好方便 | 1-14 |
| 很好 | 很好 | 最好 | 頂好 | 好極 | | 2-1 |
| 很妥當 | 很妥當 | | 極妥當 | 甚妥當 | 好極 | 2-9 |
| 很好 | 很好 | 極好 | 極好 | 好極 | 第一好 | 2-29 |
| 很好 | 很好 | | | 好極 | 好極 | 3-9 |

7.1.1.5 很 V／A——Adv＋V／A——Adv＋V／A

| | | | | | | |
|---|---|---|---|---|---|---|
| 很好 | 很好 | 極好 | 極好 | 極好 | 極好 | 1-9 |
| 很好 | 很好 | 十分亮 | 蠻好 | 咁好 | 甚佳 | 1-21 |
| 很大 | 很大 | 十分大 | 極大 | 好大 | 眞大間 | 1-22 |
| 很好 | 很好 | 極其好 | 怪好 | 極好 | 甚佳 | 1-23 |
| 很毒 | 很毒 | 最旺 | 極凶 | 咁猛 | 咁猛 | 1-24 |
| 很利害 | 很利害 | 最利害 | 極利害 | 咁利害 | 咁大 | 1-24 |
| 很好 | 很好 | 十分好 | 極好 | 甚好 | 甚好 | 1-30 |

(續表)

| | | | | | | |
|---|---|---|---|---|---|---|
| 很大 | 很大 | 大來野 | 極大 | 咁大 | 好大 | 1-31 |
| 很標緻 | 很標緻 | 極其標緻 | 怪趣 | 十分好樣 | 好斯文 | 1-38 |
| 很容易 | 很容易 | | 極容易 | 極容易 | 好容易 | 2-1 |
| 很方便 | 很方便 | 極其便當 | 極便當 | 極便 | 極便 | 2-1 |
| 很大 | 很大 | 十分大 | 極大 | 好高 | 甚高 | 2-2 |
| 很好 | 很好 | 極好 | 極好 | 甚好 | 甚好 | 2-9 |
| 很好 | 很好 | 最好 | 極好 | 甚好 | | 2-10 |
| 很多 | 很多 | 十分多 | 極多 | 好多 | | 2-10 |
| 很好 | 很好 | | 極好 | | | 2-11 |
| 很和睦 | 很和睦 | | 極和睦 | 極和睦 | 極之友愛 | 2-11 |
| 很不舒服 | 很不舒服 | | 極勿舒服 | 甚唔舒服 | 好唔自然 | 2-15 |
| 很多 | 很多 | | 極多 | 好多 | 甚多 | 2-23 |
| 很大 | 很大 | 十分大 | 極大 | 甚大 | 好大 | 2-23 |
| 很好 | 很好 | 怪好 | 極好 | 十分好 | 甚好 | 2-23 |
| 很好 | 很好 | | 極好 | 幾好 | 幾好 | 2-23 |
| 很好 | 很好 | 怪好 | 極好 | 甚好 | 甚好 | 2-24 |
| 很清閒 | 很清閒 | | 極清閒 | 甚清閒 | 好清閒 | 2-24 |
| 很好 | 很好 | 蠻好 | 極好 | 咁好 | 咁好 | 2-24 |
| 很欺生 | 很欺生 | | | 十分欺生 | 十分欺生 | 2-24 |
| 很不好 | 很不好 | 實在勿好 | 極勿好 | 十分唔好 | 咁作賤 | 2-25 |
| 很體面 | 很體面 | 蠻體面 | 極體面 | 好駕勢 | 好斯文 | 2-25 |
| 很體面 | 很體面 | 蠻體面 | 極體面 | 好體面 | 好體面 | 2-25 |
| 很不得勁 | 很下不去 | 十分勿放心 | 極難爲情 | 好唔過得去 | | 2-25 |
| 很不喜歡 | 很不喜歡 | 十分勿喜歡 | 極勿快活 | 好唔喜歡 | 好唔舒服 | 2-25 |
| 很相得 | 很相得 | 蠻好 | 極相熟 | 頗投機 | 幾投合 | 2-25 |
| 很好 | 很好 | | 極好 | 甚好 | 甚好 | 2-26 |
| 很聰明 | 很聰明 | 極其聰明 | 極聰明 | 好聰明 | 極之聰明 | 2-26 |

(續表)

| 很有氣 | 很有氣 | 氣勿過 | 極動氣 | 極生氣 | 好生氣 | 2－26 |
|---|---|---|---|---|---|---|
| 很願意 | 很願意 | | 極情願 | | | 2－28 |
| 很嗇刻 | 很嗇刻 | 小氣來 | 極苛刻 | 頂慳劣 | 好慳儉 | 2－30 |
| 很瞧不起他 | 很看不起他 | 十分看<br>伊勿起 | 極看勿起 | 好睇輕佢 | 好睇輕佢 | 2－30 |
| 很傷心 | 很傷心 | 十分傷心 | 極傷心 | 十分傷心 | 十分傷心 | 2－31 |
| 很襤褸 | 很襤褸 | 破完 | 極襤褸 | 極之襤褸 | 全然破爛 | 2－31 |
| 很願意 | 很願意 | | 極情願 | 極歡喜 | 極喜歡 | 2－32 |
| 很磨不開 | 很磨不開 | | 極其放勿開 | 好落唔嚟 | 唔忍得醜 | 2－33 |
| 很平安 | 很平安 | | 極平安 | 甚平安 | | 2－36 |
| 很乏 | 很乏 | | | 十分癐 | | 2－38 |
| 很有氣 | 很有氣 | | | 好嬲 | 好嬲 | 2－39 |
| 很窮 | 很窮 | 十分窮 | | 好窮 | 好窮 | 2－39 |
| 很好 | 很好 | 十分好 | 極好 | 甚好 | 極妙 | 2－40 |
| 很好 | 很好 | | | 好極 | 好極 | 3－1 |
| 很好 | 很好 | 極好 | | 極好 | 甚好 | 3－4 |
| 很不愛 | 很不愛 | 極勿相信 | | 好唔中意 | | 3－5 |
| 很寬很長 | 很寬很長 | | | | 好寬闊 | 3－8 |
| 很妥當 | 很妥當 | | | | 好妥當 | 3－8 |
| 很要緊 | 很要緊 | 十分要緊 | | 好緊要 | 好緊要 | 3－8 |
| 很乾淨 | 很乾淨 | 十分乾淨 | | 好乾淨 | 好乾淨 | 3－9 |
| 很重 | 很重 | 十分重 | | 好重 | 好重 | 3－13 |
| 很遠 | 很遠 | | | 好遠 | | 4－3 |
| 很康泰 | 很康泰 | | | 甚安泰 | | 4－3 |
| 很好 | 很好 | | | 甚好 | | 4－5 |
| 很妥當 | 很妥當 | | | 甚妥當 | | 4－8 |

(續表)

| | | | | | | |
|---|---|---|---|---|---|---|
| 很有理 | 很有理 | | | 極有道理 | | 4-10 |
| 很忙 | 很忙 | | | 極忙 | | 4-11 |
| 很妥當 | 很妥當 | | | 極妥當 | | 4-11 |
| 很高 | 很高 | | | 極高 | | 4-12 |
| 很好 | 很好 | | | 甚好 | | 4-12 |
| 很平安 | 很平安 | | | 甚平安 | | 4-12 |
| 很好 | 很好 | | | 極好 | | 4-14 |
| 很健壯 | 很健壯 | | | 甚壯健 | | 4-15 |
| 狠多 | 很多 | | | 甚多 | | 4-17 |
| 很近 | 很近 | | | 好近 | | 4-18 |

7.1.2　實在

對應官話副詞"實在",滬語主要用"實在",偶爾用"太""十分"等,粵語主要用實在以及粵方言副詞"實首"。在實際使用中,對應官話"實在+V/A得很"形式,滬語用"實在+V/A得極",粵語一般只用"實在/實首/好+V/A"。

| | | | | | | |
|---|---|---|---|---|---|---|
| 實在渴想得很 | 實在渴想得很 | 實在渴想得極 | 實在渴想之至 | 實首想見 | 好渴望見 | 1-4 |
| 實在難的很 | 實在難得很 | 實在難極 | 實在難得極 | 實在難 | 好艱難 | 1-13 |
| 實在是才高得很 | 實在是才高得很 | 才幹高得極 | 實在才高得極 | 實在才高 | 實首才高 | 2-5 |
| 實在費心的很 | 實在費心的很 | 十分費心 | 費心得極 | 實在費心 | 實在費心 | 2-14 |
| 實在靠不住 | 實在靠不住 | 實在信托勿住 | 實在靠勿住/托勿起 | 實首唔靠得住 | 實首唔靠得住 | 1-6 |
| 實在多禮 | 實在多禮 | 太客氣 | 實在多禮 | 實在是多禮 | 實首好禮 | 2-3 |

### 7.2 類同副詞

#### 7.2.1 ABCD 還$_1$——EF 重

| | | | | | | |
|---|---|---|---|---|---|---|
| 還 | 還 | 還 | | 重 | 重 | 1-3 |
| 還 | 還 | | 還 | 重 | 重 | 1-6 |
| 還 | 還 | 亦 | 還 | 重 | | 1-17 |
| 還 | 還 | 還 | 還 | 重 | 重 | 1-18 |
| 還 | 還 | 還 | 還 | 重 | 重 | 1-22 |
| 還 | 還 | 還 | 還 | 重 | | 1-30 |
| 還 | 還 | 還 | 還 | 重 | | 1-32 |
| 還 | 還 | 還 | 還 | 重 | 重 | 1-36 |
| 還 | 還 | 原舊 | 還 | 重 | | 1-37 |
| 還 | 還 | 還 | 還 | 重 | 重 | 2-1 |
| 還 | 還 | | 還 | 重 | | 2-1 |
| | | 還 | | | 重 | 2-1 |
| 還 | 還 | 還 | 還 | | 重 | 2-1 |
| 還 | 還 | 還 | 還 | 重 | 重 | 2-1 |
| 還 | 還 | 還 | 還 | 重 | | 2-1 |
| 還 | 還 | 還 | 也 | 重 | 亦 | 2-2 |
| 還 | 還 | 還 | 還 | 重 | 重 | 2-2 |
| 還 | 還 | 還 | 還 | 都 | | 2-3 |
| 還 | 還 | | 還 | 重 | 都 | 2-4 |
| 還 | 還 | | 還 | 重 | 重 | 2-4 |
| 還 | 還 | 再 | | 重 | | 2-8 |
| 還 | 還 | 再 | 還 | | | 2-8 |
| 還 | 還 | | 還 | 重 | | 2-8 |
| 還 | 還 | | 還 | 重 | | 2-8 |
| 還 | 還 | 還 | 還 | 重 | | 2-9 |

(續表)

| 還 | 還 | 再 | 還 | 重 |  | 2－9 |
|---|---|---|---|---|---|---|
| 還 | 還 |  | 還 | 重 | 重 | 2－9 |
| 還 | 還 |  | 還 | 重 | 重 | 2－9 |
| 還 | 還 | 還 | 還 | 重 |  | 2－9 |
| 還 | 還 | 還 | 還 | 重 | 重 | 2－10 |
| 還 | 還 | 還 | 還 | 重 |  | 2－12 |
| 還 | 還 | 亦 | 還 | 重 | 又 | 2－13 |
| 還 | 還 | 阿 | 還 | 重 |  | 2－13 |
| 還 | 還 | 還 | 還 | 重 |  | 2－13 |
| 還 | 還 | 原 | 還 | 重 | 重 | 2－14 |
| 還 | 還 |  | 還 | 重 |  | 2－14 |
| 還 | 還 | 阿 | 還 | 重 |  | 2－14 |
| 還 | 還 | 原 | 還 | 重 |  | 2－14 |
| 還 | 還 |  | 還 | 重 |  | 2－14 |
| 還 | 還 | 還 | 還 | 重 |  | 2－14 |
| 還 | 還 | 阿 | 還 | 重 |  | 2－15 |
| 還 | 還 | 還 | 還 |  |  | 2－15 |
| 還 | 還 | 還 | 還 | 重 |  | 2－15 |
| 還 | 還 | 還 | 還 | 重 | 重 | 2－16 |
| 還 | 還 | 還 | 還 | 重 | 仍然 | 2－17 |
| 還 | 還 | 又 | 還 |  | 又 | 2－17 |
| 還 | 還 |  | 還 | 重 |  | 2－17 |
| 還 | 還 | 還 | 還 |  | 又 | 2－18 |
| 還 | 還 | 還 | 還 | 重 | 又 | 2－18 |
| 還 | 還 |  | 還 | 重 |  | 2－18 |
| 還 | 還 | 還 | 還 | 重 | 又 | 2－18 |
| 還 | 還 | 還 | 還 | 重 |  | 2－18 |

（續表）

| | | | | | | |
|---|---|---|---|---|---|---|
| 還 | 還 | 還 | 還 | 重 | 重 | 2－18 |
| 還 | 還 | 還 | 還 | 重 | 重 | 2－19 |
| 還 | 還 | 還 | 還 | | | 2－19 |
| 還 | 還 | | 還 | 重 | | 2－22 |
| 還 | 還 | 還 | 還 | | | 2－22 |
| 還 | 還 | 仍舊 | 仍舊 | 仍舊 | 仍 | 2－22 |
| 還 | 還 | 還 | 還 | 重 | 重 | 2－22 |
| 還 | 還 | 還 | 還 | 重 | | 2－22 |
| 還 | 還 | 還 | 還 | 仍然 | 重 | 2－23 |
| 還 | 還 | 還 | 還 | 重 | | 2－23 |
| 還 | 還 | 還 | 還 | 重 | | 2－24 |
| 還 | 還 | 還 | 還 | 重 | | 2－24 |
| 還 | 還 | 還 | 還 | 重 | | 2－24 |
| 還 | 還 | | 還 | 重 | 重 | 2－24 |
| 還 | 還 | 還 | 還 | 重 | 重 | 2－24 |
| 還 | 還 | | 還 | 重 | 仍 | 2－24 |
| 還 | 還 | 亦 | 還 | 重 | | 2－25 |
| 還 | 還 | 還 | 還 | 重 | | 2－25 |
| 還 | 還 | | 還 | 重 | | 2－27 |
| 還 | 還 | 還 | | 重 | 重 | 2－28 |
| 還 | 還 | 還 | 還 | 重 | 重 | 2－30 |
| 還 | 還 | 還 | 還 | 重 | 重 | 2－33 |
| 還 | 還 | 還 | 還 | 重 | 重 | 2－34 |
| 還 | 還 | 還 | 還 | 重 | 重 | 2－36 |
| 還 | 還 | 還 | 還 | 重 | 重 | 2－37 |
| 還 | 還 | 還 | 還 | 重 | 重 | 2－38 |
| 還 | 還 | 還 | 還 | 重 | | 2－38 |

(續表)

| | | | | | | |
|---|---|---|---|---|---|---|
| 還 | 還 | 還 | 還 | 重 | 重 | 2-40 |
| 還 | 還 | 還 | 還 | 重 | 重 | 2-40 |
| 還 | 還 | 還 | 還 | 重 | 重 | 2-40 |
| 還 | 還 | 再 | 還 | 重 | 又 | 2-40 |
| 還 | 還 | 還 | | 重 | | 3-1 |
| 還 | 還 | | | 重 | | 3-1 |
| | | 還 | | 重 | | 3-2 |
| 還 | 還 | | | 重 | | 3-3 |
| 還 | 還 | 還 | | 重 | 又 | 3-3 |
| 還 | 還 | 還 | | 重 | 重 | 3-3 |
| 還 | 還 | 還 | | 重 | | 3-4 |
| 還 | 還 | 還 | | 重 | 重 | 3-4 |
| 還 | 還 | 還 | | 重 | | 3-4 |
| 還 | 還 | | | 重 | 重 | 3-4 |
| 還 | 還 | 還 | | 重 | | 3-5 |
| 還 | 還 | | | 都 | 重 | 3-5 |
| 還 | 還 | | | 重 | | 3-6 |
| 還 | 還 | 還 | | 重 | 重 | 3-6 |
| 還 | 還 | | | 重 | 仍然 | 3-7 |
| 還 | 還 | 又 | | 重 | 又 | 3-7 |
| 還 | 還 | | | 重 | | 3-8 |
| 還 | 還 | 再 | | 重 | | 3-8 |
| 還 | 還 | 還 | | 重 | 重 | 3-9 |
| 還 | 還 | | | 重 | | 3-10 |
| 還 | 還 | | | 重 | | 3-10 |
| 還 | 還 | 還 | | 重 | | 3-11 |
| 還 | 還 | 還 | | 重 | 重 | 3-11 |

（續表）

| | | | | | | |
|---|---|---|---|---|---|---|
| 還 | 還 | | | 重 | | 3-11 |
| 還 | 還 | 原 | | 重 | | 3-12 |
| 還 | 還 | 還 | | 重 | 重 | 3-13 |
| 還 | 還 | 還 | | 重 | 重 | 3-13 |
| 還 | 還 | 還 | | 重 | | 3-14 |
| 還 | 還 | | | 重 | | 3-14 |
| 還 | 還 | 還 | | 重 | 重 | 3-14 |
| 還 | 還 | 還 | | 重 | | 3-14 |
| 還 | 還 | 還 | | 重 | 重 | 3-15 |
| 還 | 還 | | | 重 | | 3-15 |
| 還 | 還 | | | 重 | | 3-15 |
| 還 | 還 | 還 | | 重 | 重 | 3-15 |
| 還 | 還 | 還 | | 重 | 重 | 3-15 |
| 還 | 還 | | | 重 | | 3-16 |
| 還 | 還 | 還 | | 重 | 重 | 3-16 |
| 還 | 還 | 還 | | 重 | | 3-17 |
| 還 | 還 | 還 | | 重 | | 3-17 |
| 還 | 還 | 還 | | 重 | | 3-17 |
| 還 | 還 | 還 | | 重 | | 3-17 |
| 還 | 只須 | 亦 | | 重 | 重 | 3-18 |
| 還 | 還 | 還 | | 重 | 重 | 3-18 |
| 還 | 還 | | | 重 | | 3-18 |
| 還 | 還 | 還 | | 重 | 重 | 3-18 |
| 還 | 還 | | | 重 | | 3-18 |
| 還 | 還 | 還 | | 重 | 重 | 3-19 |
| 還 | 還 | 還 | | 重 | | 3-19 |
| 還 | 還 | 還 | | 重 | | 3-19 |

(續表)

| | | | | | | |
|---|---|---|---|---|---|---|
| 還 | 還 | | | 重 | | 3－20 |
| 還 | 還 | 還 | | 重 | | 3－20 |
| 還 | 還 | 還 | | 重 | 重 | 3－20 |
| 還 | 還 | | | 重 | | 4－1 |
| 還 | 還 | | | 重 | | 4－1 |
| 還 | 還 | | | 重 | | 4－1 |
| 還 | 還 | | | 重 | | 4－1 |
| 還 | 還 | | | 重 | | 4－1 |
| 還 | 還 | | | 重 | | 4－3 |
| 還 | 還 | | | 重 | | 4－4 |
| 還 | 還 | | | 重 | | 4－4 |
| 還 | 還 | | | 重 | | 4－4 |
| 還 | 還 | | | 還 | | 4－4 |
| 還 | 還 | | | 重 | | 4－4 |
| 還 | 還 | | | 重 | | 4－5 |
| 還 | 還 | | | 重 | | 4－5 |
| 還 | 還 | | | 重 | | 4－6 |
| 還 | 還 | | | 重 | | 4－7 |
| 還 | 還 | | | 重 | | 4－9 |
| 還 | 還 | | | 重 | | 4－9 |
| 還 | 還 | | | 重 | | 4－10 |
| 還 | 還 | | | 還 | | 4－10 |
| 還 | 還 | | | 重 | | 4－11 |
| 還 | 還 | | | 重 | | 4－12 |
| 還 | 還 | | | 重 | | 4－14 |
| 還 | 還 | | | 重 | | 4－15 |
| 還 | 還 | | | 重 | | 4－16 |

（續表）

| | | | | | | |
|---|---|---|---|---|---|---|
| 還 | 還 | | | 重 | | 4－17 |
| 還 | 還 | | | 重 | | 4－17 |
| 還 | 還 | | | 重 | | 4－18 |
| 還 | 還 | | | 重 | | 4－18 |
| 還 | 還 | | | 仍 | | 4－19 |
| 還 | 還 | | | 仍 | | 4－19 |
| 還 | 還 | | | 重 | | 4－20 |
| 還 | 還 | | | 重 | | 4－20 |
| 還 | 還 | | | 重 | | 4－20 |
| 還 | 還 | | | 重 | | 4－20 |

### 7.2.2　還₁沒——勿曾/還₁勿曾——重未、都未/重未、未曾

| | | | | | | |
|---|---|---|---|---|---|---|
| 還沒 | 還沒 | 勿曾 | 还勿曾 | 未 | 都未 | 1－4 |
| 還沒 | 還沒 | 勿曾 | 還勿曾 | 都未 | 亦未 | 1－4 |
| 還沒 | 還沒 | 勿曾 | 還勿曾 | 都未 | 尚未 | 1－5 |
| 還沒 | 還沒 | 勿曾 | 還勿曾 | 重唔曾 | | 2－2 |
| 還沒 | 還沒 | | 還勿曾 | | | 2－3 |
| 還沒 | 還沒 | 還勿曾 | 還勿曾 | 爭在未 | 未曾 | 2－7 |
| 還沒 | 還沒 | | 還勿曾 | 都唔 | | 2－10 |
| 還沒 | 還沒 | 勿曾 | 還勿曾 | 重未 | 尚未曾 | 2－10 |
| 還沒 | 還沒 | 還勿曾 | 還勿曾 | 重未 | 重未曾 | 2－11 |
| 也沒 | 也沒 | 勿曾 | 勿會 | 未曾 | 唔曾 | 2－14 |
| 還沒 | 還沒 | 還勿曾 | 還勿曾 | 都未曾 | 未曾 | 2－15 |
| 還沒 | 還沒 | | 還勿曾 | 重唔會 | 未曾 | 2－17 |
| 還沒 | 還沒 | 還勿曾 | 還勿曾 | 重唔曾 | 唔曾 | 2－19 |
| 還沒 | 還沒 | 原舊勿曾 | 還勿曾 | 重未 | 重未 | 2－19 |
| 還沒 | 還沒 | 勿曾 | 還勿曾 | 重未 | 重未 | 2－19 |

(續表)

| | | | | | | |
|---|---|---|---|---|---|---|
| 還沒 | 還沒 | 勿曾 | 還勿曾 | | 未曾 | 2-19 |
| 還沒 | 還沒 | 勿曾 | 還勿曾 | 都未 | 重未 | 2-21 |
| 還沒 | 還沒 | 勿曾 | 還勿曾 | 未曾 | 未曾 | 2-27 |
| 還沒 | 還沒 | 勿曾 | 還勿 | 重唔 | | 2-28 |
| 還沒 | 還沒 | 還勿曾 | 還勿曾 | 重未曾 | 重未曾 | 2-28 |
| 還沒 | 還沒 | 勿曾 | | 都未 | | 3-1 |
| 也沒 | 也沒 | 還勿曾 | | 都未 | 又冇 | 3-5 |
| 還沒 | 還沒 | 勿曾 | | 重未 | | 3-14 |
| 還沒 | 還沒 | | | 都未 | | 4-2 |
| 還沒 | 還沒 | | | 重未 | | 4-20 |

### 7.2.3 也——也——亦——也——都$_1$——都$_1$

| | | | | | | |
|---|---|---|---|---|---|---|
| 也 | 也 | 亦 | 也 | 也 | 都 | 1-10 |
| 也 | 也 | 也 | 也 | 都 | 亦都 | 1-12 |
| 也 | 也 | 亦 | 亦也 | 都 | 都 | 1-14 |
| 也 | 也 | | 也 | 都 | 都 | 1-17 |
| 也 | 也 | 總 | 也 | 都 | 亦 | 1-24 |
| 也 | | | | 都 | 都 | 1-25 |
| | | 亦 | | | 都 | 1-26 |
| 也 | 也 | | 也 | 都 | | 1-33 |
| 也 | 也 | 亦 | 也 | 都 | 都 | 1-38 |
| 也 | 也 | | | 都 | | 1-42 |
| 也 | 也 | | 也 | 都 | | 1-42 |
| 也 | 也 | 終 | 也 | 亦 | 都 | 1-43 |
| 也 | 也 | | 也 | 都 | 都 | 1-43 |
| 也 | 也 | 亦 | 終 | 都 | 都 | 2-1 |
| 也 | 也 | 亦 | 也 | 都 | 都 | 2-2 |

(續表)

| 也 | 也 | 亦 | 也 | 都 | | 2－2 |
|---|---|---|---|---|---|---|
| 也 | 也 | | | 都 | 都 | 2－3 |
| 也 | 也 | 亦 | 也 | 都 | 都 | 2－3 |
| 也 | 也 | | 也 | 都 | | 2－7 |
| 也 | 也 | | 也 | 亦 | 都 | 2－8 |
| 也 | 也 | 亦 | 也 | 亦 | 都 | 2－8 |
| 也 | 也 | | | 都 | | 2－9 |
| 也 | 也 | | 也 | 都 | | 2－10 |
| | | 亦 | 還 | 都 | | 2－10 |
| 也 | 也 | | 也 | 都 | | 2－10 |
| 也 | 也 | | 也 | 亦 | 都 | 2－10 |
| 也 | 也 | 亦 | 也 | 都 | | 2－11 |
| 也 | 也 | 亦 | 也 | 都 | | 2－11 |
| | | 亦 | 也 | 都 | | 2－11 |
| 也 | 也 | | 也 | 都 | | 2－12 |
| 也 | 也 | | | 都 | | 2－14 |
| | | 亦 | | 都 | | 2－14 |
| 也 | 也 | 亦 | 也 | 都 | 都 | 2－14 |
| 也 | 也 | 都亦 | 也 | 都 | | 2－14 |
| 也 | 也 | | 也 | 都 | | 2－14 |
| 也 | 也 | 總 | 也總 | 都 | 都 | 2－14 |
| 也 | 也 | 亦 | 也 | 亦都 | 都 | 2－14 |
| 也 | 也 | | 也 | 都 | | 2－14 |
| 也 | 也 | 亦 | 也 | 都 | 都 | 2－15 |
| 也 | 都 | | 全 | 都 | 都 | 2－15 |
| 也 | 也 | 亦 | 也 | 亦都 | 都 | 2－17 |
| 也 | 也 | | 也 | | 都 | 2－21 |

(續表)

| | | | | | | |
|---|---|---|---|---|---|---|
| 也 | 也 | 也 | 也 | 都 | | 2-22 |
| 也 | 也 | | 也 | 都 | 都 | 2-23 |
| 也 | 也 | | 也 | 亦 | 都 | 2-23 |
| 也 | 也 | 倒亦 | 也 | 都 | 都 | 2-24 |
| 也 | 也 | 亦 | 也 | 都 | 都 | 2-24 |
| 也 | 也 | | 也 | 都 | | 2-25 |
| 也 | 也 | | 也 | 都 | | 2-25 |
| 也 | 也 | 亦 | 也 | 都 | 都 | 2-25 |
| 也 | 也 | 亦 | 也 | 都 | | 2-25 |
| 也 | 也 | | 也 | 都 | | 2-26 |
| 也 | 也 | 亦 | | 都 | 都 | 2-26 |
| 也 | 也 | | | 亦都 | | 2-26 |
| 也 | 也 | 也 | 也 | 都 | 都 | 2-27 |
| 也 | 也 | | | 都 | | 2-27 |
| 也 | 也 | 倒 | 也 | 都 | 都 | 2-28 |
| 也 | 也 | 亦 | 也 | 都 | 總 | 2-29 |
| 也 | 也 | 亦 | 也 | 都 | | 2-29 |
| 也 | 也 | 亦 | 也 | 又 | 都 | 2-30 |
| 也 | 也 | 亦 | 也 | 都 | 都 | 2-31 |
| 也 | 也 | 亦 | 還 | 都 | | 2-33 |
| 也 | 也 | 亦 | 也 | 都 | 都 | 2-33 |
| 也 | 也 | | 也 | 都 | | 2-34 |
| 也 | 也 | 亦 | 也 | 都 | | 2-34 |
| 也 | 也 | | 也 | 都 | | 2-35 |
| 也 | 也 | 亦 | 也 | 都 | 都 | 2-35 |
| 也 | 也 | 伊(亦) | 也 | 都 | | 2-36 |
| 也 | 也 | | 也 | 都 | 都 | 2-37 |

(續表)

| | | | | | | |
|---|---|---|---|---|---|---|
| 也 | 也 | 亦 | 也 | 都 | 都 | 2-37 |
| 也 | 也 | 亦 | 也 | 都 | | 2-37 |
| 也 | 也 | | 也 | 都 | 都 | 2-38 |
| 也 | 也 | 亦 | 也 | 都 | | 2-39 |
| 也 | 也 | 亦 | 也 | 都 | | 2-39 |
| 也 | 也 | 亦 | 也 | 都 | | 2-39 |
| 也 | 也 | 亦 | 也 | 都 | | 2-39 |
| 也 | 也 | | | 都 | 又 | 2-39 |
| 也 | 也 | 亦 | 也 | 都 | 都 | 2-40 |
| 也 | 也 | | 也 | 都 | | 2-40 |
| 也 | 也 | 亦 | | 都 | 都 | 3-3 |
| 也 | 也 | 也 | | 都 | | 3-4 |
| 也 | 也 | 還 | | 都 | 又 | 3-5 |
| 也 | 也 | | | 都 | 又 | 3-6 |
| 也 | 也 | 亦 | | 亦 | 都 | 3-7 |
| 也 | 也 | 亦 | | 都 | 都 | 3-7 |
| 也 | 也 | 倒亦 | | 都 | 都 | 3-7 |
| 也 | 也 | 亦 | | 都 | | 3-7 |
| 也 | 也 | 亦 | | 都 | 都 | 3-8 |
| 也 | 也 | 亦 | | 都 | 同 | 3-8 |
| 也 | 也 | | | 亦 | 都 | 3-8 |
| 也 | 也 | 亦 | | 亦都 | 都 | 3-8 |
| 也 | 也 | 亦 | | 都 | | 3-8 |
| 也 | 也 | 亦 | | 都 | 亦 | 3-9 |
| 也 | 也 | | | 都 | | 3-9 |
| 也 | 也 | 亦 | | 都 | 都 | 3-10 |
| 也 | 也 | 亦 | | 都 | 都 | 3-11 |

(續表)

| | | | | | | |
|---|---|---|---|---|---|---|
| 也 | 也 | 亦 | | 亦 | 又 | 3 - 11 |
| 也 | 也 | 亦 | | 亦 | 都 | 3 - 11 |
| 也 | 也 | 亦 | | 都 | | 3 - 11 |
| 也 | 也 | 亦 | | 都 | | 3 - 11 |
| 也 | 也 | | | 都 | | 3 - 11 |
| 也 | 也 | 亦 | | 都 | 都 | 3 - 12 |
| 也 | 也 | 亦 | | 都 | 都 | 3 - 14 |
| 也 | 也 | | | 都 | | 3 - 15 |
| 也 | 也 | 亦 | | 都 | 都 | 3 - 15 |
| 也 | 也 | | | 都 | 總 | 3 - 15 |
| 也 | 也 | | | 都 | | 3 - 15 |
| 也 | 也 | | | 都 | | 3 - 16 |
| 也 | 也 | 亦 | | 都 | 都 | 3 - 16 |
| 也 | 也 | 亦 | | 都 | 亦 | 3 - 16 |
| 也 | 也 | 亦 | | 亦都 | | 3 - 16 |
| 也 | 也 | 亦 | | 亦 | 都 | 3 - 18 |
| 也 | 也 | | | 都 | | 3 - 19 |
| 也 | 也 | | | 都 | 都 | 3 - 19 |
| 也 | 也 | 亦 | | 都 | 亦 | 3 - 20 |
| 也 | 也 | | | 都 | | 4 - 3 |
| 也 | 也 | | | 都 | | 4 - 11 |
| 也 | 也 | | | 都 | | 4 - 18 |

AB 用“也都”,E 用“都”。

| | | | | | | |
|---|---|---|---|---|---|---|
| 也都 | 也都 | | 全 | 亦 | | 2 - 21 |
| 也都 | 也都 | | | 都 | | 3 - 1 |
| 也都 | 也都 | 亦 | | 都 | | 3 - 17 |

(續表)

| | | | | | | |
|---|---|---|---|---|---|---|
| 也都 | 也都 | 亦 | | 都 | | 3-17 |
| 也都 | 也都 | 儕 | | 都 | | 3-20 |
| 也都 | 也都 | | | 都 | | 4-2 |
| 也都 | 也都 | | | 亦都 | | 4-7 |

## 7.3 重複(反復)副詞

還$_2$——都$_2$

| | | | | | | |
|---|---|---|---|---|---|---|
| 還 | 還 | | 还 | | 都$_4$ | 1-4 |
| 還 | 還 | | 還 | 都 | 尚 | 1-5 |
| 還 | 還 | 終 | 還 | 都 | 都 | 1-7 |
| 還 | 還 | 也 | 還 | 都重 | 重 | 1-41 |
| 還 | 還 | 還 | 還 | 都 | | 2-2 |
| 還 | 還 | | 還 | 重 | 都 | 2-4 |
| 還 | 還 | 還 | 還 | 都 | 未 | 2-5 |
| 還 | 還 | 還 | 還 | 都 | | 2-8 |
| 還 | 還 | | 還 | 都 | | 2-10 |
| 還 | 還 | 還 | 還 | 都重 | | 2-12 |
| 還 | 還 | 還 | 還 | 都 | 未 | 2-15 |
| 還 | 還 | 儕 | 還 | 都 | | 2-16 |
| 還 | 還 | | 還 | 都 | | 2-19 |
| 還 | 還 | 並 | 還 | 都 | | 2-21 |
| 還 | 還 | 還 | 還 | 都仍然 | 重 | 2-23 |
| 還 | 還 | 倒還 | 還 | 都 | 都 | 2-25 |
| 還 | 還 | | 還 | 都 | | 2-32 |
| 還 | | 還 | 還 | 都 | 都 | 2-32 |
| 還 | 還 | 還 | 還 | 都 | 都 | 2-33 |
| 還 | 還 | | | 都重 | | 2-39 |

(續表)

| | | | | | | |
|---|---|---|---|---|---|---|
| 還 | 還 | | 還 | 重 | 都重 | 2－39 |
| 還 | 還 | 還 | 還 | 都 | 都 | 2－40 |
| 還 | 還 | | | 都 | | 3－1 |
| 還 | 還 | 還 | | 都 | | 3－4 |
| 還 | 還 | | | 都 | | 3－5 |
| 還 | 還 | | | 都重 | | 3－11 |
| 還 | 還 | | | 都重 | | 3－15 |
| 還 | 只 | 亦 | | 都重 | 重 | 3－18 |
| 還 | 還 | | | 都 | | 4－2 |
| 還 | 還 | | | 都 | | 4－17 |

## 7.4　語氣副詞

### 7.4.1　表示轉折或强調

A 可——B 却——D 倒 1

| | | | | | | |
|---|---|---|---|---|---|---|
| 可 | 却 | | 倒 | | | 2－10 |
| 可 | 却 | 到底 | 唯 | 但 | 但 | 2－10 |
| 可 | 却 | | 倒 | | | 2－12 |
| 可 | 却 | | | | | 2－12 |
| 可 | 却 | | 却 | | | 2－13 |
| 可 | 却 | | 倒 | | | 2－14 |
| 可 | 却 | | 倒 | | | 2－14 |
| 可 | 却 | | | | | 2－15 |
| 可 | 却 | 倒 | | | | 2－15 |
| 可 | 却 | | 倒 | | | 2－15 |
| 可 | 却 | | 倒 | | | 2－15 |
| 可 | 却 | | 倒 | | | 2－16 |
| 可 | 却 | | 倒 | | | 2－16 |

(續表)

| | | | | | | |
|---|---|---|---|---|---|---|
| 可 | 却 | | 倒 | | | 2-16 |
| 可 | 却 | | 倒 | | | 2-16 |
| 可 | 却 | | | | | 2-17 |
| 可 | 却 | | | | | 2-17 |
| 可 | 却 | | 倒 | 但 | 但 | 2-19 |
| 可 | 却 | | 倒 | | | 2-19 |
| 可 | 可 | | 倒 | | | 2-19 |
| 可 | 却 | | | | | 2-21 |
| 可 | 却 | | 倒 | | | 2-23 |
| 可 | 却 | | 倒 | | | 2-23 |
| 可 | 却 | 為此 | 倒 | 啵 | 啵 | 2-23 |
| 可 | 却 | | 倒 | | | 2-23 |
| 可 | 却 | | | | | 2-24 |
| 得 | 却 | | | | 但 | 2-24 |
| 可 | 却 | | 倒 | 適值 | | 2-24 |
| 可 | 却 | | | | | 2-24 |
| 可 | 却 | | 倒 | | | 2-25 |
| 可 | 却 | | 倒 | | | 2-25 |
| 可 | 却 | 倒 | 倒 | | | 2-25 |
| 可 | 却 | | | | | 2-25 |
| 可 | 却 | | 獨 | | | 2-25 |
| 可 | 却 | | | | | 2-26 |
| 可 | 却 | | 倒 | | | 2-26 |
| 可 | 却 | | 倒 | | | 2-26 |
| 可 | 却 | | 倒 | | | 2-26 |
| 可 | 却 | | | | | 2-26 |
| 可 | 却 | | | | | 2-26 |

(續表)

| | | | | | | |
|---|---|---|---|---|---|---|
| 可 | 却 | | 倒 | 可 | | 2－27 |
| 可 | 却 | 到底 | 到 | | | 2－27 |
| 可 | 却 | | 倒 | | | 2－27 |
| 可 | 却 | | 倒 | | | 2－29 |
| 可 | 却 | | 倒 | | | 2－29 |
| 可 | 却 | 到底 | 倒 | 但 | 但 | 2－29 |
| 可 | 却 | | | | | 2－29 |
| 可 | 却 | | | | | 2－29 |
| 可 | 却 | | 倒 | | | 2－30 |
| 可 | 却 | | 倒 | | | 2－30 |
| 可 | 却 | | 倒 | | | 2－31 |
| 可 | 却 | | 倒 | | | 2－31 |
| 可 | 却 | | | | | 2－32 |
| 可 | 却 | | 倒 | | | 2－32 |
| 可 | 却 | 倒 | 倒 | | | 2－33 |
| 可 | 却 | | | | | 2－34 |
| 可 | 却 | | | | | 2－35 |
| 可 | 却 | | | | | 2－35 |
| 可 | 却 | | 倒 | | | 2－36 |
| 可 | 却 | | 倒 | | | 2－36 |
| 可 | 却 | | 倒 | | | 2－36 |
| 可 | 却 | | | | | 2－39 |
| 可 | 却 | | 倒 | | | 2－39 |
| 可 | 却 | | 倒 | | | 2－39 |
| 可 | 却 | | 倒 | | | 2－40 |
| 可 | 却 | 不過 | | 但 | 但 | 3－1 |
| 可 | 却 | 不過 | | 但 | | 3－1 |

(續表)

| 可 | 却 | | | | | 3-1 |
|---|---|---|---|---|---|---|
| 可 | 却 | | | 到底 | | 3-2 |
| 可 | 却 | | | 但 | | 3-3 |
| 可 | 却 | | | | | 3-3 |
| 可 | 却 | | | | 因此 | 3-4 |
| 可 | 却 | | | 千祈 | | 3-5 |
| 可 | 却 | | | | | 3-6 |
| 可 | 却 | | | | | 3-7 |
| 可 | 却 | 到底 | | 但 | 但 | 3-7 |
| 可 | 却 | 還 | | 但 | 但 | 3-7 |
| 可 | 却 | | | | | 3-8 |
| 可 | 却 | | | | | 3-9 |
| 可 | 却 | | | 確 | | 3-9 |
| 可 | 却 | 不過 | | 但 | | 3-9 |
| 可 | 却 | | | 但 | | 3-10 |
| 可 | 却 | | | | | 3-10 |
| 可 | 却 | 不過 | | 總 | 但 | 3-11 |
| 可 | 却 | | | | | 3-11 |
| 可 | 却 | | | | | 3-11 |
| 可 | 却 | | | | | 3-12 |
| 可 | 却 | | | | | 3-12 |
| 可 | 却 | 不過 | | 總 | 但 | 3-12 |
| 可 | 却 | | | | | 3-12 |
| 可 | 却 | | | | | 3-14 |
| 可 | 却 | | | | | 3-14 |
| 可 | 却 | 倒 | | | | 3-15 |
| 可 | 却 | | | | | 3-16 |

(續表)

| | | | | | | |
|---|---|---|---|---|---|---|
| 可 | 却 | | | 但 | | 3－16 |
| 可 | 却 | | | 眞正 | | 3－16 |
| 可 | 却 | | | | | 3－17 |
| 可 | 却 | | | | | 3－17 |
| 可 | 却 | | | | | 3－17 |
| 可 | 却 | | | | 實在 | 3－18 |
| 可 | 却 | | | 確 | 確實 | 3－19 |
| 可 | 却 | | | | | 3－19 |
| 可 | 却 | | | 眞 | | 3－19 |
| 可 | 却 | | | 但 | 但 | 3－20 |
| 可 | 却 | 還 | | 但 | 但 | 3－20 |
| 可 | 却 | | | | | 3－20 |
| 可 | 却 | 不過 | | 但 | 但 | 3－20 |
| 可 | 却 | | | 但 | | 4－3 |
| 可 | 却 | | | 但 | | 4－5 |
| 可 | 却 | | | | | 4－7 |
| 可 | 却 | | | | | 4－7 |
| 可 | 却 | | | | | 4－9 |
| 可 | 却 | | | | | 4－12 |
| 可 | 却 | | | 但 | | 4－17 |

### 7.4.2 表示讓步

ABCD 倒 $_2$——EF 都 $_3$

| | | | | | | |
|---|---|---|---|---|---|---|
| 倒 | 倒 | 還 | 倒 | 都 $_3$ | | 2－14 |
| 倒 | 倒 | 倒 | 到 | 都 $_3$ | 都 | 2－22 |
| 倒 | 倒 | 倒 | 倒 | 都 $_3$ | | 2－22 |
| 倒 | 倒 | 倒 | 倒 | 都 $_3$ | | 2－23 |

（續表）

| 倒 | 到(倒) | 倒 | 到 | 都3 |  | 2－24 |
|---|---|---|---|---|---|---|
| 倒 | 到(倒) | 倒 | 到 | 都3 |  | 2－24 |
| 倒 | 到(倒) | 到 | 到 | 都3 |  | 2－24 |
| 倒 | 到(倒) | 倒 | 到 | 都3 |  | 2－24 |
| 倒 | 到 | 倒 | 到 | 都3 | 都 | 2－25 |
| 倒 | 倒 | 倒 | 倒 | 都3 | 都 | 2－38 |
| 倒 | 到(倒) |  |  | 都3 | 都 | 3－20 |
| 倒 | 倒 |  |  | 都3 |  | 4－2 |
| 倒 | 倒 |  |  | 都3 |  | 4－3 |
| 倒都 | 倒都 |  |  | 都3 |  | 4－3 |
| 倒 | 倒 |  |  | 都3 |  | 4－3 |
| 倒 | 倒 |  |  | 都3 |  | 4－3 |
| 倒 | 到 |  |  | 都3 |  | 4－5 |
| 倒 | 倒(到) |  |  | 都 |  | 4－5 |
| 倒 | 倒 |  |  | 都3 |  | 4－5 |
| 倒 | 倒 |  |  | 都3 |  | 4－7 |
| 倒 | 倒 |  |  | 都3 |  | 4－10 |
| 倒 |  |  |  | 都3 |  | 4－15 |
| 倒 | 倒 |  |  | 都3 |  | 4－15 |
| 倒 | 倒 |  |  | 都3 |  | 4－17 |
| 倒 | 倒 |  |  | 都3 |  | 4－17 |
| 倒 | 倒 |  |  | 都3 |  | 4－18 |

讓步副詞“倒＋也”：AB用“也倒”，C用“倒亦”，D用“倒也”/“倒還”，EF用“都”。

| 倒也 | 倒也 | 倒亦 | 倒也 | 都3 | 都3 | 1－38 |
|---|---|---|---|---|---|---|
| 也倒 | 也倒 | 倒亦 | 倒 |  |  | 2－2 |
| 也倒 | 也到 | 倒亦 | 也到 |  |  | 2－2 |

(續表)

| 倒 | 倒 | 倒亦 | 倒還 | 都3 | | 2-10 |
|---|---|---|---|---|---|---|
| 倒也 | 倒也 | 倒亦 | 倒也 | 都3 | | 2-11 |
| 也 | 也 | 倒亦 | 也 | | | 2-20 |
| 也 | 也 | 倒亦 | 也 | 都3 | 都3 | 2-24 |
| 倒還 | 到(倒)還 | 倒亦 | 到還 | 都3 | | 2-24 |
| 可也 | 却也 | 直頭 | 倒也 | 亦都3 | | 2-26 |
| 還倒 | 還倒 | 倒亦 | 倒還 | 重 | 重 | 2-27 |
| 也 | 也 | 倒亦 | | 都3 | 都3 | 3-7 |
| 也倒 | 也倒 | 倒也 | | | | 3-11 |
| 也倒 | 也倒 | 倒亦 | | 都3 | 都3 | 3-20 |
| 也倒 | 也倒 | | | 都3 | 都3 | 3-20 |

### 7.4.3 表示反詰

| 莫不是 | 莫不是 | 還是 | 豈勿是 | 莫不是 | 唔通 | 1-5 |
|---|---|---|---|---|---|---|
| 莫非 | 莫非 | | 豈勿 | 莫非 | 唔通 | 2-11 |
| 難道 | 難道 | 難道 | | 難道 | 唔通 | 3-10 |

### 7.4.4 表示發現原來沒有發現的情況

| 敢情1 | 當眞 | | 真真 | | 眞嘅 | 2-14 |
|---|---|---|---|---|---|---|
| 敢情1 | 那曉得 | 實在 | 那裏曉得 | 原來 | 確 | 2-20 |
| 敢情1 | 想情 | 著實 | 想情 | 緣來 | 實 | 2-23 |
| 敢情1 | 想情 | | 想情 | 原來 | | 2-29 |
| 敢情1 | 那曉 | 果眞 | 正是 | 原來 | | 2-32 |
| 敢情1 | 原來 | | | 原來 | 都未可料 | 3-8 |

按:語氣副詞"敢情1",表示發現原來沒有發現的情況,相當於"原來、想來"這種用法始見於清代,是個典型的北方話詞。因此A版用"敢情",BD版用"想情""那曉得""原來",C用"果眞""實在",E版用"原來",F版用"眞嘅""實"。

7.4.5 表示情理明顯,不必懷疑

| | | | | | | |
|---|---|---|---|---|---|---|
| 敢情2 | 想情 | | | 大概 | 眞 | 3-6 |

按:語氣副詞"敢情2",情理明顯,不必懷疑,相當於"當然、自然",這種用法始見於清代,是個典型的北方話詞。

7.4.6 表示揣测

7.4.6.1 大概

| | | | | | | |
|---|---|---|---|---|---|---|
| | | 大概 | 大概 | 算係 | | 1-17 |
| 大概 | 大概 | | 大分 | 大概 | 大概 | 2-3 |
| 大概 | 大概 | 約規 | | 大約 | 大約 | 2-5 |
| 大概 | 大概 | 怕 | 大分 | 怕 | 估 | 2-7 |
| 大概 | 大概 | 大約光景 | 大分 | | | 2-8 |
| | | | | 大概 | 大約 | 2-8 |
| 大概 | 大概 | | 大分 | 大概 | 大概 | 2-11 |
| 大概 | 大概 | 大概 | 大分 | 大概 | 大概 | 2-12 |
| 光景 | 光景 | 看光景 | 光景 | | 大概 | 2-16 |
| 大概 | 大概 | 大概 | 大分 | 大概 | 大概 | 2-16 |
| 大概 | 大概 | 大家 | 大約 | | | 2-19 |
| 大概 | 隨便 | 大約 | 隨意 | 大概 | 隨便 | 2-32 |
| 大概 | 大概 | 只怕 | 大約 | 大概 | 大概 | 2-40 |
| 大概 | 大概 | 大概 | | 大概 | | 3-3 |
| 大概 | 大概 | 只怕 | | 大概 | 大概 | 3-4 |
| 光景 | 光景 | 看來 | | | 大概 | 3-14 |
| 大概 | 大概 | 大約光景 | | 大約 | 大約 | 3-20 |
| 大概 | 大概 | | | 大概 | | 4-4 |
| 大概 | 大概 | | | 大約 | | 4-11 |
| 大概 | 大概 | | | 大概 | | 4-12 |
| 大概 | 大概 | | | 約摸 | | 4-13 |
| 大概 | 大概 | | | 大概 | | 4-16 |

按：表示估測，"'大概'已見於宋代文獻"。在《朱子語類》中大量湧現；但在後來的元至清初這段時期，使用不多，清中期開始多見，清末至今較為常見。表示估測，"大約"自宋代產生之後，發展較為迅速，在《朱子語類》中"大約"全部為語氣副詞，此後較為常用，活躍至今。(劉冬青 2011)

"大分"是個地道的吳語副詞。它在明代產生以後，使用就日漸萎縮，在書面作品中已不再使用，在方言口語中可能也不再常用了。張振羽(2010)對副詞"大分"在古代文獻中的使用進行了調查，結果發現，"大分"都只出現在吳語文獻中，在非吳語文獻中未見用例；而在吳語文獻中，副詞"大分"又只出現在早期吳語文獻如《三言》《英烈傳》《拍案驚奇》《歡喜冤家》《續歡喜冤家》裡。在中晚期的吳語文獻，諸如《海上花列傳》《九尾龜》《九尾狐》《官場現形記》《負曝閒談》等白話小說中，我們已經很難發現副詞"大分"的蹤影了。"大分"是個地道的吳語副詞。它在明代產生以後，使用就日漸萎縮，在書面作品中已不再使用，在方言口語中可能也不再常用了。

7.4.6.2 彷彿

| | | | | | | |
|---|---|---|---|---|---|---|
| | | | 好像 | | 似乎 | 1－18 |
| 仿佛 | 彷彿 | 像煞 | 似乎 | 似乎 | 似乎 | 2－1 |
| 恍惚 | 恍惚 | 好像 | 好像 | 似乎 | 略略 | 2－16 |
| 仿佛 | 彷彿 | 像 | 像 | 好似 | 似乎 | 2－38 |
| 彷彿 | 彷彿 | 像煞 | | 好似 | | 3－16 |

7.4.7 表示决断

7.4.7.1 決(官話)——斷(粵語)

| | | | | | | |
|---|---|---|---|---|---|---|
| 總 | 總 | | 總 | 斷 | | 1－16 |
| 決 | 決 | 定 | 決 | 斷 | | 2－8 |
| 決 | 決 | 一定 | 決 | 斷 | 斷 | 2－8 |
| 決 | 決 | | 決 | 斷 | | 2－11 |

（續表）

| 決 | 決 |  | 決 | 斷 | 永 | 2-25 |
|---|---|---|---|---|---|---|
| 決 | 決 | 總 | 決 | 斷 | 斷 | 2-34 |
| 決 | 決 |  |  | 斷 | 斷 | 3-6 |
| 決 | 決 |  |  | 斷 |  | 4-1 |
| 決 | 決 |  |  | 斷 |  | 4-1 |
| 斷 | 斷 |  |  | 斷 |  | 4-9 |
| 決 | 決 |  |  | 斷 |  | 4-17 |

按：“斷”是表決然、毅然、一定之意的表態副詞。上古至今都用。

7.4.7.2　準——一定

| 準 | 定 |  | 一定 |  |  | 2-10 |
|---|---|---|---|---|---|---|
| 準 | 準 | 定 | 準 | 定 | 一定 | 2-11 |
| 準 | 準 | 定 | 一定 | 一定 |  | 2-11 |
| 准 | 准 | 保得定 |  | 一定 | 一定 | 2-24 |

7.4.8　表示祈使

| 千萬 | 千萬 | 千萬 | 切 | 千祈 |  | 1-16 |
|---|---|---|---|---|---|---|
| 千萬 | 千萬 | 千萬 | 決 | 千萬 | 千祈 | 1-32 |
| 可 | 却 |  |  | 千祈 |  | 3-5 |

ABC版用“千萬”，D版用單音節詞“切”“決”，EF用帶有祈使句標記的“千祈”。

按：表決然語氣“務必”的語氣副詞“千萬”在唐代形成，一般用在祈使句中。在五代到明末清初主要用在肯定句中，清代開始在否定句中使用比例增加，至今主要用於否定祈使句中。明清時期同義詞有“萬（萬萬）、切（切切）、斷（斷斷）、務必、一定”等。其中“切（切切）”已不大常用，成為書面語詞。

7.4.9 表示"生來、天生"

| 自然 | 自然 | 生拉 | 自然 | 自然 | 一定 | 2-10 |
|---|---|---|---|---|---|---|
| 自然 | 自然 | 生拉 | 自然 | 自然 | 必定 | 2-37 |
| 自然 | 自然 | 生拉 |  | 自然 | 必 | 3-8 |

按:生拉,就是生來、天生。滬語、江淮官話區都如此用。

7.4.10 表示恰巧

| 可巧 | 恰巧 | 恰巧 | 恰巧 | 啱啱 | 好彩 | 2-21 |
|---|---|---|---|---|---|---|
| 可巧 | 恰巧 | 恰好 | 恰巧 | 偏偏 | 剛啱 | 2-30 |
| 可巧 | 恰巧 | 貼正 | 恰好 | 啱啱 | 湊巧 | 2-31 |
| 可巧 | 恰巧 | 恰好 | 恰巧 | 湊巧 | 剛啱 | 2-36 |
| 偏巧 | 偏巧 | 恰好 | 恰巧 |  | 啱啱 | 2-30 |
| 正 | 正 | 貼正 | 貼準 | 啱啱 |  | 2-30 |
| 巧 | 巧 | 巧 |  | 湊巧 | 啱 | 3-7 |

7.5 範圍副詞

7.5.1 都——都——儕——全——都$_4$——都$_4$

| 都 | 都 |  | 全 | 都 | 都 | 1-4 |
|---|---|---|---|---|---|---|
| 竟 | 竟 | 儕 | 全/都 | 都 | 時時 | 1-6 |
| 都 | 都 |  | 全 |  |  | 1-7 |
| 都 | 都 |  | 全 |  | 都 | 1-7 |
| 都 | 都 |  | 全 |  |  | 1-7 |
| 都 | 都 | 儕 | 全 | 都 | 都 | 1-13 |
| 都 | 都 |  | 全 | 都 | 都 | 1-31 |
| 都 | 都 | 儕 | 全 | 都 |  | 1-34 |
| 都 | 都 | 儕 | 全 | 都 |  | 1-36 |
| 都 | 都 | 儕 | 全 |  |  | 1-36 |
| 都 | 都 | 儕 | 全 | 都 |  | 1-36 |

（續表）

| | | | | | | |
|---|---|---|---|---|---|---|
| 都 | 都 | | 全 | 都 | | 1－36 |
| 都 | 都 | 儕 | 全 | 都 | | 1－41 |
| 都 | 都 | 儕 | 全 | 都 | 都 | 1－41 |
| 都 | 都 | | 全 | | | 2－1 |
| 都 | 都 | | 全 | | | 2－1 |
| 都 | 都 | | 全 | | | 2－2 |
| 都 | 都 | | 全 | | | 2－2 |
| 都 | 都 | 儕 | 全 | | | 2－2 |
| 都 | 都 | 儕 | 全 | 同 | | 2－2 |
| 都 | 都 | 一淘 | 全 | 都一齊 | | 2－3 |
| 都 | 都 | 一淘 | 全 | | | 2－3 |
| 都 | 都 | 一概 | 全 | | | 2－3 |
| 都 | 都 | | 全 | | | 2－4 |
| 都 | 都 | | 全 | 都 | 一概 | 2－6 |
| 都 | 都 | 一齊 | 全 | | | 2－6 |
| 都 | 都 | | 全 | 都 | | 2－6 |
| 都 | 都 | | 全 | 都 | | 2－7 |
| 都 | 都 | 儕 | 全 | 都 | | 2－8 |
| 都 | 都 | 儕 | 全 | 都 | | 2－9 |
| 都 | 都 | | 全 | | 都 | 2－9 |
| 都 | 都 | 禿 | 全 | 都 | | 2－10 |
| 都 | 都 | | 全 | | | 2－10 |
| 都 | 都 | | 全 | 都 | | 2－11 |
| 都 | 都 | | 全 | 都 | | 2－11 |
| 都 | 都 | 儕 | 全 | 都 | | 2－11 |
| 都 | 都 | | 全 | 都 | | 2－11 |
| 全都 | 都 | 儕 | 全 | 都 | 都 | 2－11 |

(續表)

| | | | | | | |
|---|---|---|---|---|---|---|
| 都 | 都 | | 全 | 都 | | 2－11 |
| 都 | 都 | | 全 | 都 | | 2－12 |
| 都 | 都 | | 全 | | | 2－12 |
| 都 | 都 | 完全 | 全 | 淨 | | 2－12 |
| 都 | 都 | | 全 | 都 | | 2－12 |
| 都 | 都 | | 全 | | | 2－12 |
| 都 | 都 | | 全 | | | 2－12 |
| 都 | 都 | | 全 | 都 | 都 | 2－12 |
| 都 | 都 | 總 | 全 | | | 2－12 |
| 都 | 都 | | 全 | | | 2－12 |
| 都 | 都 | 總 | | 都 | | 2－12 |
| 都 | 都 | | 全 | | | 2－12 |
| 都 | 都 | 儕 | 全 | | | 2－12 |
| 都 | 都 | | 全 | | | 2－12 |
| 都 | 都 | | 全 | | | 2－13 |
| 都 | 都 | | 全 | | | 2－13 |
| 都 | 都 | | 全 | | | 2－13 |
| 都 | 都 | | 全 | | | 2－13 |
| 都 | 都 | 儕 | 全 | 都 | | 2－13 |
| 都 | 都 | | 全 | | 都 | 2－14 |
| 都 | 都 | 儕 | 全 | 都 | 都 | 2－14 |
| 都 | 都 | | 全 | | | 2－14 |
| 都 | 都 | | 全 | | 都 | 2－14 |
| 都 | 都 | | 全 | 都 | | 2－14 |
| 都 | 都 | 儕 | 全 | 都 | 都 | 2－14 |
| 都 | 都 | | 全 | | | 2－15 |
| 都 | 都 | 禿 | 全 | 都 | | 2－16 |

（續表）

| | | | | | | |
|---|---|---|---|---|---|---|
| 都 | 都 | | 全 | 都 | | 2－16 |
| 都 | 都 | | 全 | 滿 | | 2－16 |
| 都 | 都 | | 全 | | | 2－16 |
| 都 | 都 | | 全 | | | 2－16 |
| 都 | 都 | | 全 | 都 | 都 | 2－16 |
| 全都 | 都 | 儕 | 全 | 都 | | 2－16 |
| 都 | 都 | 儕 | 全 | 都 | | 2－17 |
| 都 | 都 | 儕 | 全 | | | 2－17 |
| 都 | 都 | 儕 | | 都 | 都 | 2－17 |
| 都 | 都 | 總 | 全 | 都 | 都 | 2－17 |
| 都 | 都 | 還 | 全 | | | 2－17 |
| 都 | 都 | | 全 | 都 | 都 | 2－17 |
| 都 | 都 | 儕 | 全 | | | 2－17 |
| 都 | 都 | | 全 | | | 2－18 |
| 都 | 都 | | 全 | 都 | | 2－18 |
| 都 | 都 | | 全 | 都 | 都 | 2－18 |
| 都 | 都 | | 全 | | | 2－19 |
| 都 | 都 | | 全 | 都 | 都 | 2－19 |
| 都 | 都 | | 全 | | | 2－20 |
| 都 | 都 | | 全 | 都 | | 2－21 |
| 都 | 都 | | 全 | 都 | | 2－22 |
| 都 | 都 | 儕 | 全 | | | 2－22 |
| 都 | 都 | | 全 | | | 2－22 |
| 都 | 都 | 儕 | 全 | 獨 | 完全 | 2－23 |
| 都 | 都 | | 全 | | | 2－23 |
| 都 | 都 | | 全 | 都 | | 2－23 |
| 都 | 都 | 禿 | 全 | | 全 | 2－23 |

(續表)

| | | | | | | |
|---|---|---|---|---|---|---|
| 都 | 都 | 總 | 全 | 總 | | 2－23 |
| 都 | 都 | | 全 | 都 | 全然 | 2－23 |
| 都 | 都 | 儕 | 全 | 所以 | | 2－23 |
| 都 | 都 | | 全 | | | 2－23 |
| 都 | 都 | 儕 | 全 | 都 | 盡 | 2－23 |
| 都 | 都 | 秃 | 全 | 都 | | 2－24 |
| 都 | 都 | | 全 | | | 2－24 |
| 都 | 都 | | 全 | | | 2－24 |
| 都 | 都 | 總 | 全 | 都 | 都 | 2－24 |
| 都 | 都 | | 全 | | | 2－25 |
| 都 | 都 | 儕 | 全 | 都 | | 2－26 |
| 都 | 都 | 儕 | 全 | 重 | | 2－26 |
| 都 | 都 | | 全 | 都 | | 2－26 |
| 都 | 都 | | 全 | | | 2－26 |
| 都 | 都 | | 全 | | | 2－26 |
| 都 | 都 | | 全 | | | 2－27 |
| 都 | 都 | 儕 | 全 | 都 | 都 | 2－27 |
| 都 | 都 | 總 | 全 | 都 | | 2－27 |
| 都 | 都 | | 全 | | | 2－28 |
| 都 | 都 | | 全 | | | 2－28 |
| 都 | 都 | 儕 | 全 | 都 | | 2－28 |
| 都 | 都 | | 全 | | | 2－28 |
| 都 | 都 | 儕 | 全 | | | 2－29 |
| 全 | 全 | 儕 | 全 | 都 | 都 | 2－29 |
| 都 | 都 | | 全 | | | 2－29 |
| 都 | 都 | | 全 | | | 2－30 |
| 都 | 都 | | 全 | | | 2－30 |

（續表）

| | | | | | | |
|---|---|---|---|---|---|---|
| 都 | 都 | | 全 | | | 2－30 |
| 都 | 都 | 完全 | 全 | 都 | | 2－30 |
| 都 | 都 | 儕 | 全 | 都 | 都 | 2－30 |
| 都 | 都 | 儕 | | | | 2－31 |
| 都 | 都 | | | 都 | 都 | 2－31 |
| 都 | 都 | 儕 | 全 | 都 | | 2－33 |
| 都 | 都 | | 全 | | | 2－33 |
| 都 | 都 | | 全 | | 全 | 2－34 |
| 都 | 都 | | 全 | 俱 | | 2－34 |
| 都 | 都 | 儕 | 全 | | | 2－35 |
| 都 | 都 | | 全 | | | 2－35 |
| 都 | 都 | 一齊 | 全 | | | 2－36 |
| 都 | 都 | 儕 | 全 | 都 | 都 | 2－36 |
| 全 | 都 | | 全 | 都 | | 2－36 |
| 都 | 都 | 儕 | 全 | 都 | 都 | 2－37 |
| 都 | 都 | | 全 | | 都 | 2－37 |
| 都 | 都 | 儕 | 全 | 都 | 都 | 2－37 |
| 都 | 都 | 儕 | 全 | 都 | 都 | 2－39 |
| 都 | 都 | 儕 | 全 | 都 | 都 | 2－39 |
| 都 | 都 | 儕 | 全 | 都 | 都 | 2－39 |
| | | 都 | | | 都 | 2－40 |
| 都 | 都 | | 全 | | | 2－40 |
| 都 | 都 | 儕 | 全 | 都 | 都 | 2－40 |
| 都 | 都 | 還 | | 都 | 都 | 3－2 |
| 都 | 都 | 禿 | | 都 | 都 | 3－2 |
| 都 | 都 | 儕 | | 都 | 全數 | 3－2 |
| 都 | 都 | 儕 | | | 一概 | 3－4 |

(續表)

| 都 | 都 |  |  | 都 |  | 3－4 |
|---|---|---|---|---|---|---|
| 都 | 都 | 儕 |  | 都 |  | 3－4 |
| 都 | 都 |  |  | 都 |  | 3－4 |
| 都 | 都 | 儕 |  |  |  | 3－5 |
| 都 | 都 |  |  | 都 |  | 3－5 |
| 都 | 都 | 儕 |  | 都 | 都 | 3－6 |
| 都 | 都 | 儕 |  | 都 | 都 | 3－6 |
| 都 | 都 | 儕 |  | 都 | 都 | 3－6 |
| 都 | 都 | 儕 |  | 都 |  | 3－7 |
| 都 | 都 |  |  | 都 | 都 | 3－8 |
| 都 | 都 |  |  | 都 |  | 3－8 |
| 都 | 都 | 儕 |  | 總 |  | 3－8 |
| 都 | 都 |  |  | 通共 |  | 3－8 |
| 都 | 都 | 儕 |  | 都 |  | 3－8 |
| 都 | 都 |  |  | 都 |  | 3－8 |
| 都 | 都 | 儕 |  |  |  | 3－8 |
| 都 | 都 |  |  | 都 |  | 3－9 |
| 都 | 都 | 儕 |  | 都 |  | 3－9 |
| 都 | 都 | 亦 |  | 都 | 都 | 3－10 |
| 都 | 都 | 儕 |  | 都 |  | 3－10 |
| 都 | 都 |  |  | 都 |  | 3－10 |
| 都 | 都 |  |  | 都 |  | 3－10 |
| 都 | 都 | 儕 |  | 都 |  | 3－10 |
| 都 | 都 |  |  |  | 都 | 3－11 |
| 都 | 都 |  |  | 都 |  | 3－12 |
| 都 |  | 儕 |  | 都 | 都 | 3－12 |
| 都 | 都 |  |  | 都 |  | 3－12 |

(續表)

| | | | | | | |
|---|---|---|---|---|---|---|
| 都 | 都 | | | 都 | 一概 | 3－12 |
| 都 | 都 | 儕 | | | | 3－12 |
| 都 | 都 | | | 都 | | 3－12 |
| 都 | 都 | | | 都 | | 3－13 |
| 都 | 都 | 總 | | 都 | | 3－13 |
| 都 | 都 | 一齊 | | | | 3－13 |
| 都 | 都 | | | 都 | 一概 | 3－13 |
| 都 | 都 | 儕 | | | | 3－14 |
| 都 | 都 | 禿 | | 都 | | 3－14 |
| 都 | 都 | 亦 | | 都 | 又 | 3－14 |
| 都 | 都 | 亦 | | | | 3－14 |
| 都 | | | | 已經 | 都 | 3－14 |
| 都 | 都 | | | 都 | | 3－15 |
| 都 | 都 | | | 都 | | 3－15 |
| 都 | 都 | 禿 | | | | 3－16 |
| 都 | 都 | | | 都 | | 3－17 |
| 都 | 都 | 儕 | | | | 3－17 |
| 都 | 都 | 儕 | | 都 | 一概 | 3－17 |
| 都 | 都 | 儕 | | 都 | | 3－17 |
| 都 | 都 | 儕 | | 都 | | 3－17 |
| 都 | 都 | | | 都 | | 3－17 |
| 都 | 都 | 儕 | | 都 | | 3－18 |
| | | 儕 | | | 都 | 3－18 |
| 都 | 都 | | | 都 | | 3－20 |
| 都 | 都 | 儕 | | 都 | 都 | 3－20 |
| 都 | 都 | 儕 | | 都 | | 3－20 |
| 都 | 都 | | | 都 | | 3－20 |

(續表)

| | | | | | | |
|---|---|---|---|---|---|---|
| 都 | 都 | 亦 | | 都 | | 3－20 |
| 都 | 都 | | | 都 | | 3－20 |
| 都 | 都 | | | 都 | | 4－3 |
| 都 | 都 | | | 都 | | 4－3 |
| 都 | 都 | | | 都 | | 4－4 |
| 都 | 都 | | | 都 | | 4－5 |
| 都 | 都 | | | 都 | | 4－6 |
| 都 | 都 | | | 都 | | 4－8 |
| 都 | 都 | | | 都 | | 4－9 |
| 都 | 都 | | | 都 | | 4－9 |
| 都 | 都 | | | 都 | | 4－12 |
| 都 | 都 | | | 都 | | 4－12 |
| 都 | 都 | | | 都 | | 4－12 |
| 都 | 都 | | | 都 | | 4－12 |
| 都 | 都 | | | 都 | | 4－14 |
| 都 | 都 | | | 都 | | 4－17 |
| 都 | 都 | | | 都 | | 4－18 |
| 都 | 都 | | | 都 | | 4－19 |

### 7.5.2 竟——儕——喊都 4

| | | | | | | |
|---|---|---|---|---|---|---|
| 竟 | 竟 | 儕 | 全/都 | 喊都 | 時時 | 1－6 |
| | | | | 喊 | 都 | 1－43 |
| 也 | 都 | | 全 | 喊都 | 都 | 2－15 |
| 都 | 都 | 儕 | 全 | 喊都 | 盡 | 2－23 |
| 全 | 全 | 儕 | 全 | 喊都 | 都 | 2－29 |
| 都 | 都 | 完全 | 全 | 喊都 | | 2－30 |
| 都 | 都 | | | 喊都 | | 3－4 |
| | | | | | | |
| 老 | 總 | | 總 | 喊都 | 總 | 2－40 |

7.5.3　總(ABCD)——總/都(E)——都$_5$(F)

都$_5$: 表示總括

| | | | | | | |
|---|---|---|---|---|---|---|
| 總 | 總 | 總 | 總 | 總 | 都$_5$ | 1-11 |
| | | | 總 | | 都$_5$ | 1-22 |
| | | 總 | | | 都$_5$ | 1-24 |
| 總 | 總 | | 總 | 都 | 都$_5$ | 1-35 |
| 總 | 總 | 終 | 總 | 總 | 都$_5$ | 1-37 |
| 總 | 總 | 常莊 | 總 | 都$_5$ | 總 | 2-3 |
| 總 | 總 | | 總 | 都 | | 2-8 |
| 總 | 總 | 總 | 總 | 總 | 都$_5$ | 2-18 |
| 總 | 總 | | 總 | 總 | 都$_5$ | 2-18 |
| 都 | 總 | 常莊 | 總 | 都 | 總 | 2-19 |
| 總 | 總 | 總 | 總 | | 都$_5$ | 2-23 |
| 總 | 總 | 總 | 總 | 總 | 都$_5$ | 2-27 |
| 總 | 總 | 總 | 總 | 都 | | 2-37 |
| 總 | 總 | 總 | | 總 | 都$_5$ | 3-18 |

7.5.4　所——總——都$_5$

| | | | | | | |
|---|---|---|---|---|---|---|
| 所 | | | | | 都$_5$ | 2-24 |
| 所 | | 禿 | | 都 | | 2-25 |
| 所 | 總 | | 總 | 都 | 都$_5$ | 2-32 |

按: 所,副詞,全也。《北京方言詞典》(1985: 263)"所: 絕然,完全;索性,乾脆。比較陳舊的詞,現在少用。""所"的這個用法在清末民初的域外漢語教材、小說中多見,除《官話指南》外,如《北京官話伊蘇普喻言》(4 例)、《生財大道》(10 例)。《語言自邇集》裏也有類似用法并有很好的注解,如:

這人我所不記得: 這個人是這麼一個人,是我不記得的一個人;加"所 so"有加強肯定語氣的作用。(190 頁)

我好些天總沒看書,《通鑒》是差不多忘了,那《漢書》所全忘了。

【注】: 所全忘了,幾乎全忘記了;所 so,在這裡用作如“全 ch‘üan’(全部,全都)那樣的加強語意的詞;這種表達方式是北京話特有的,外地人幾乎弄不懂。”(432 頁)

7.6 時間副詞

7.6.1 總/常

| | | | | | | |
|---|---|---|---|---|---|---|
| 總 | 總 | 常莊 | 總 | | | 2-3 |
| 總 | 總 | 常莊 | 總 | 都 | 總 | 2-3 |
| 都 | 總 | 常莊 | 總 | 都 | 總 | 2-19 |
| 長 | 長 | 常莊 | 常莊 | 長 | 長 | 2-23 |
| 常 | 常 | | 常莊 | 常時 | | 2-27 |
| 常 | 常 | | 常莊 | 常 | 常時 | 2-31 |

按: CD之“常莊”,滬語特徵詞。

7.6.2 從今

| | | | | | | |
|---|---|---|---|---|---|---|
| 從此 | 從此 | 乃朝後 | 從此 | 從今 | 嗣後 | 2-25 |
| 從今以後 | 從今以後 | 乃朝後 | 從今以後 | | 從此以後 | 2-29 |
| 打這兒 | 從今後 | | 從今以後 | 從此 | 從今以後 | 2-39 |
| 起今兒往後 | 從今以後 | 乃朝後 | | 從今以後 | 自後 | 3-15 |

7.6.3 趕緊

| | | | | | | |
|---|---|---|---|---|---|---|
| 趕緊 | 趕緊 | | 趕緊 | 趕緊 | 立刻 | 2-13 |
| 趕緊 | 趕緊 | 忙煞能 | 趕緊 | 趕緊 | 趕快 | 2-21 |
| 趕緊 | 趕緊 | | 趕緊 | 趕緊 | 趕快 | 2-21 |
| 趕緊 | 趕緊 | 趕緊 | 趕緊 | 趕緊 | | 2-22 |
| 趕緊 | 趕緊 | 趕緊 | 趕緊 | 趕緊 | 立刻 | 2-22 |
| 趕緊 | 趕緊 | 趕緊 | 趕緊 | 趕緊 | | 2-22 |
| 趕緊 | 趕緊 | 忙煞能 | 趕緊 | 趕住 | 立刻 | 2-23 |

(續表)

| | | | | | | |
|---|---|---|---|---|---|---|
| 趕緊 | 趕緊 | 忙煞 | 趕緊 | 快哋 | 即時 | 2 - 25 |
| 趕緊 | 趕緊 | 忙碌兜兜 | 趕緊 | 立刻 | 立刻 | 2 - 25 |
| 趕緊 | 趕緊 | | 趕緊 | 趕快 | 有咁快跑咁快 | 2 - 26 |
| 趕緊 | 趕急 | | 趕緊 | 趕快 | 趕快 | 2 - 35 |
| 趕緊 | 趕急 | 忙煞能 | 趕緊 | 趕快 | | 2 - 36 |
| 趕緊 | 趕急 | | 趕緊 | 趕快 | 快的 | 2 - 36 |
| 趕緊 | 趕緊 | 快點 | | 趕緊 | 快的 | 3 - 2 |
| 趕緊 | 趕緊 | 快點 | | 快哋 | 快 | 3 - 7 |
| 趕緊 | 趕緊 | 趕緊點 | | 趕緊 | | 3 - 9 |
| 趕緊 | 趕緊 | 忙煞能 | | 趕緊 | 快的 | 3 - 9 |
| 趕緊 | 趕緊 | 忙煞能 | | 趕住 | 即時 | 3 - 14 |
| 趕緊 | 趕緊 | | | 趕住 | | 4 - 1 |
| 趕緊 | 趕緊 | | | 趕緊 | | 4 - 2 |
| 趕緊 | 趕緊 | | | 趕緊 | | 4 - 3 |
| 趕緊 | 趕緊 | | | 趕緊 | | 4 - 5 |
| 趕緊 | 趕緊 | | | 趕緊 | | 4 - 7 |

7.6.4 纔

除表示時間外,"纔"另可表示"僅僅""在某種條件或情況下會怎樣"以及"強調",但不同義位在各版本的對應中未見明顯差異。

7.6.4.1 纔——乃咔、咔/纔纔、纔——致/至

| | | | | | | |
|---|---|---|---|---|---|---|
| 纔 | 纔 | 剛剛 | 纔纔 | 致 | 僅 | 1 - 2 |
| 纔 | 纔 | | 纔 | 致 | 至 | 1 - 4 |
| 纔 | 纔 | | 纔纔 | 致 | | 1 - 7 |
| 纔 | 纔 | | | 致 | 至 | 1 - 7 |
| 纔 | 纔 | | | 致 | 至 | 1 - 8 |
| 纔 | 纔 | | 纔 | | | 1 - 25 |

(續表)

| | | | | | | |
|---|---|---|---|---|---|---|
| 纔 | 纔 | 乃味 | 纔纔 | 致 | | 1－29 |
| 纔 | 纔 | 乃味 | 纔纔 | 致 | | 1－34 |
| 纔 | 纔 | 還 | 纔纔 | 致 | 至 | 1－41 |
| 纔 | 纔 | | | 致 | 至 | 1－42 |
| 纔 | 纔 | 然後 | 難末 | 致 | 至 | 2－5 |
| 纔 | 纔 | 乃味 | 纔 | 致 | 至 | 2－6 |
| 就 | 纔 | | 纔 | 致 | 至 | 2－7 |
| 纔 | 纔 | | | 致 | 至 | 2－8 |
| 纔 | 纔 | | 纔纔 | 致 | | 2－9 |
| 纔 | 纔 | | 難末 | 致 | 至 | 2－9 |
| 纔 | 纔 | | 纔纔 | 致 | 至 | 2－9 |
| 纔 | 纔 | 然後 | 纔纔 | 致 | 至 | 2－10 |
| 纔 | 纔 | 乃味 | 纔纔 | 致 | | 2－11 |
| 纔 | 纔 | | 就 | 致 | | 2－11 |
| 纔 | 纔 | | 末 | 就 | 就 | 2－11 |
| 纔 | 剛 | | 貼準 | | | 2－12 |
| 纔 | 纔 | 不過 | 只得 | 不過 | 不過 | 2－12 |
| 纔 | 纔 | 乃味 | | 致 | | 2－12 |
| 纔 | 纔 | | 還 | 致 | | 2－13 |
| 纔 | 纔 | 乃味 | 難末 | 致 | 至 | 2－14 |
| 纔 | 纔 | | 是 | 致 | | 2－16 |
| 纔 | 纔 | | 纔 | 致 | | 2－17 |
| 纔 | 纔 | | 纔 | 致 | 至 | 2－18 |
| 纔 | 纔 | | 纔 | 致 | | 2－19 |
| 纔 | 纔 | | | 致 | 就 | 2－21 |
| 纔 | 纔 | | 就 | 致 | | 2－23 |
| 纔 | 纔 | | 纔纔 | 致 | 就 | 2－23 |

(續表)

| 纔 | 纔 | | 就 | 致 | 就 | 2-23 |
| --- | --- | --- | --- | --- | --- | --- |
| 纔 | 纔 | | 纔 | 致 | 至 | 2-24 |
| 纔 | 纔 | | 纔 | 致 | 就 | 2-31 |
| 纔 | 纔 | | 纔 | 致 | 至 | 2-34 |
| 纔 | 纔 | | 纔 | 致 | 至 | 2-37 |
| 纔 | 纔 | | | 致 | 至 | 3-1 |
| 纔 | 纔 | | | 致 | | 3-4 |
| 纔 | 纔 | | | 致 | 至 | 3-5 |
| 纔 | 纔 | | | 致 | | 3-7 |
| 纔 | 纔 | | | 致 | 至 | 3-7 |
| 纔 | 纔 | | | 致 | | 3-9 |
| 纔 | 纔 | | | 致 | | 3-9 |
| 纔 | 纔 | 還 | | 致 | | 3-11 |
| 纔 | 纔 | | | 致 | | 3-11 |
| 纔 | 纔 | | | 致 | 至 | 3-15 |
| 纔 | 纔 | | | 致 | 至 | 3-16 |
| 纔 | 纔 | | | 致 | | 3-17 |
| 纔 | 纔 | | | 致 | | 3-17 |
| 纔 | 纔 | | | 致 | 至 | 3-18 |
| 纔 | 纔 | | | 致 | | 3-18 |
| 纔 | 纔 | | | 致 | | 3-19 |
| 纔 | 纔 | | | 致 | 甚 | 3-20 |
| 纔 | 纔 | | | 致 | | 4-4 |
| 纔 | 纔 | | | 致 | | 4-5 |
| 纔 | 纔 | | | 致 | | 4-13 |
| 纔 | 纔 | | | 致 | | 4-14 |
| 纔 | 纔 | | | 致 | | 4-17 |

(續表)

| 纔 | 不過 | | | 不過 | | 4-18 |
|---|---|---|---|---|---|---|
| 纔 | 纔 | | | 致 | | 4-19 |
| 纔 | 纔 | | | 致 | | 4-19 |
| 纔 | 纔 | | | | | 4-20 |
| 纔 | 纔 | | | 致 | | 4-20 |

7.6.4.2 纔——刻刻/纔——就致/就至

| 纔 | 纔 | 煞 | 纔纔 | 正話 | 正話 | 1-5 |
|---|---|---|---|---|---|---|
| 纔 | 纔 | 刻 | 纔 | 就致 | 就至 | 2-18 |
| 纔 | 纔 | 刻 | 纔 | 就致 | 就至 | 2-18 |
| 纔 | 纔 | | 纔 | 就正 | 就至 | 2-20 |
| 纔 | 纔 | 刻刻 | 纔 | 正話 | 正話 | 2-21 |
| 纔 | 纔 | 刻刻 | 纔 | 就致 | 正話 | 2-21 |
| 纔 | 纔 | 刻刻 | 纔纔 | 致 | | 2-26 |
| 纔 | 纔 | 刻刻 | 纔纔 | 至 | | 2-27 |
| 纔 | 纔 | 刻刻 | 纔 | 就致 | | 2-36 |
| 纔 | 纔 | | | 就致 | 就至 | 3-7 |
| 纔 | 纔 | | | 就致 | | 4-9 |

7.7 否定副詞

7.7.1 表示一般性否定

7.7.1.1 AB沒——C勿曾>勿——D勿>勿曾——EF冇

| 沒 | 沒 | 勿曾 | 勿曾 | 冇 | 冇 | 1-4 |
|---|---|---|---|---|---|---|
| 沒 | 沒 | 勿曾 | 勿会 | 冇 | 未 | 1-12 |
| 沒 | 沒 | 勿 | 勿曾 | 冇 | 冇 | 1-16 |
| 沒 | 沒 | 勿曾 | 勿曾 | 冇 | 未 | 1-29 |
| 沒 | 沒 | 勿 | 勿 | 冇 | 唔 | 1-37 |
| 沒 | 沒 | | 勿曾 | 冇 | 未 | 2-3 |

(續表)

| | | | | | | |
|---|---|---|---|---|---|---|
| 沒 | 沒 | | 勿會 | 冇 | 未 | 2-4 |
| 沒 | 沒 | 勿曾 | 勿曾 | 冇 | 未曾 | 2-7 |
| 沒 | 沒 | 勿 | 勿 | 冇 | | 2-8 |
| 沒 | 沒 | 勿 | 勿 | 冇 | 冇 | 2-9 |
| 沒 | 沒 | 不 | 勿 | 冇 | 冇 | 2-9 |
| 沒 | 沒 | 勿曾 | 勿 | 冇 | 唔係 | 2-9 |
| 沒 | 沒 | 勿 | 勿 | 冇 | 冇 | 2-12. |
| 沒 | 沒 | 勿 | 勿 | 冇 | 冇 | 2-12 |
| 沒 | 沒 | 勿 | 勿 | 冇 | 冇 | 2-14 |
| 沒 | 沒 | | 勿 | 冇 | 冇 | 2-16 |
| 沒 | 沒 | 勿曾 | 勿曾 | 冇 | 冇 | 2-16 |
| 沒 | 沒 | 勿曾 | 勿 | 冇 | 冇 | 2-16 |
| 沒 | 沒 | 勿曾 | 勿曾 | 冇 | 未 | 2-17 |
| 沒 | 沒 | | 勿曾 | 冇 | 未 | 2-17 |
| 沒 | 沒 | 勿曾 | 勿 | 冇 | 冇 | 2-20 |
| 沒 | 沒 | 勿曾 | | 唔 | 冇 | 2-22 |
| 沒 | 不 | 勿曾 | 勿 | 冇 | 冇 | 2-23 |
| 沒 | 沒 | 勿曾 | 勿 | 冇 | 冇 | 2-25 |
| 沒 | 沒 | 勿 | 勿 | 唔 | 冇 | 2-25 |
| 沒 | 沒 | 勿曾 | 勿 | 唔 | 冇 | 2-27 |
| 沒 | 沒 | 勿曾 | | 冇 | 冇 | 2-28 |
| 沒 | 沒 | 勿曾 | 勿 | 冇 | 冇 | 2-33 |
| 沒 | 沒 | 勿 | 勿曾 | 冇 | 冇 | 2-33 |
| 沒 | 沒 | 勿 | 勿曾 | 冇 | 冇 | 2-33 |
| 沒 | 沒 | 勿曾 | 勿 | 冇 | 未曾 | 2-33 |
| 沒 | 沒 | 勿曾 | 勿曾 | 冇 | 冇 | 2-33 |
| 沒 | 沒 | 勿曾 | 勿 | 冇 | 未曾 | 2-33 |

(續表)

| | | | | | | |
|---|---|---|---|---|---|---|
| 沒 | 沒 | 勿 | 勿 | 乜(冇) | 冇 | 2-39 |
| 沒 | 沒 | 勿曾 | 勿 | 冇 | 唔 | 2-39 |
| 沒 | 沒 | 勿曾 | 勿 | 冇 | 唔 | 2-39 |
| 沒 | 沒 | | | 冇 | 冇 | 2-39 |
| 沒 | 沒 | 勿 | 勿 | | 冇 | 2-40 |
| 沒 | 沒 | 勿曾 | | 冇 | 未 | 3-1 |
| 沒 | 沒 | 勿曾 | | 冇 | 未曾 | 3-2 |
| 沒 | 沒 | 勿曾 | | 未 | 冇 | 3-5 |
| 沒 | 沒 | 勿 | | 冇 | 冇 | 3-11 |
| 沒 | 沒 | 勿 | | 冇 | 唔 | 3-15 |
| 沒 | 沒 | 勿曾 | | 冇 | 未 | 3-15 |
| 沒 | 沒 | 勿曾 | | 冇 | 冇 | 3-15 |
| 沒 | 沒 | 勿 | | 冇 | 冇 | 3-15 |
| 沒 | 沒 | 勿 | | 冇 | 冇 | 3-15 |
| 沒 | 沒 | | | 冇 | | 4-2 |
| 沒 | 沒 | | | 冇 | | 4-8 |
| 沒 | 沒 | | | 冇 | | 4-9 |
| 沒 | 沒 | | | 冇 | | 4-9 |
| 沒 | 沒 | | | 冇 | | 4-10 |
| 沒 | 沒 | | | 冇 | | 4-15 |
| 沒 | 沒 | | | 冇 | | 4-16 |
| 沒 | 沒 | | | 冇 | | 4-18 |

7.7.1.2 AB不——CD勿——EF冇

| | | | | | | |
|---|---|---|---|---|---|---|
| 不 | 不 | 勿 | 勿 | 冇 | 冇 | 2-1 |
| 不 | 不 | 不 | 勿 | 冇 | | 2-1 |
| 不 | 不 | 不 | 勿 | 冇 | | 2-2 |

（續表）

| | | | | | | |
|---|---|---|---|---|---|---|
| 不 | 不 | 勿 | 勿 | 冇 | | 2－2 |
| 不 | 不 | 勿 | 勿 | 冇 | | 2－8 |
| 不 | 不 | 勿 | 勿 | 冇 | 冇 | 2－8 |
| 不 | 不 | 勿 | 勿 | 冇 | | 2－9 |
| 不 | 不 | 勿 | 勿 | 冇 | 冇 | 2－10 |
| 不 | 不 | 勿 | 勿 | 冇 | | 2－13 |
| 不 | 不 | 勿 | 勿 | 冇 | | 2－13 |
| 不 | 不 | 勿 | 勿 | 冇 | | 2－14 |
| 不 | 不 | 勿 | 勿 | 冇 | | 2－16 |
| 不 | 不 | 勿 | 勿 | 冇 | 冇 | 2－16 |
| 不 | 不 | 勿 | 勿 | 冇得 | 冇 | 2－17 |
| 不 | 不 | 勿 | 勿 | 冇得 | | 2－17 |
| 不 | 不 | | 勿 | 冇得 | 唔 | 2－17 |
| 不 | 不 | 勿肯 | 勿 | 唔 | 冇 | 2－17 |
| 不 | 不 | 勿 | 勿 | 冇 | | 2－20 |
| 不 | 不 | 勿 | 勿 | 唔 | 冇 | 2－20 |
| 不 | 不 | 勿 | 勿 | 冇 | | 2－22 |
| 不 | 不 | 勿 | 勿 | 冇 | 唔 | 2－23 |
| 不 | 不 | 勿 | 勿 | 唔 | 冇 | 2－23 |
| 不 | 不 | 勿 | 勿 | 冇 | 冇 | 2－24 |
| 不 | 不 | 勿 | 勿 | 冇 | | 2－25 |
| 不 | 不 | 勿 | 勿 | 冇 | | 2－26 |
| 不 | 不 | 勿 | 勿 | 冇 | 冇 | 2－32 |
| 不 | 不 | 勿 | 勿 | 冇 | | 2－33 |
| 不 | 不 | 勿 | 勿 | 冇 | | 2－33 |
| 不 | 不 | 勿 | 勿 | 冇 | 冇 | 2－33 |
| 不 | 不 | 勿 | 勿 | 唔使 | 冇 | 2－34 |

(續表)

| | | | | | | |
|---|---|---|---|---|---|---|
| 不 | 不 | 勿 | 勿 | 唔 | 冇 | 2-34 |
| 不 | 不 | 勿 | 勿 | 冇 | 冇 | 2-34 |
| 不 | 不 | 勿 | 勿 | 冇 | 冇 | 2-38 |
| 不 | 不 | 勿 | | 冇 | | 3-4 |
| 不 | 不 | 勿 | | 冇 | 冇 | 3-5 |
| 不 | 不 | 勿 | | 冇 | 冇 | 3-7 |
| 不 | 不 | 勿 | | 冇 | | 3-7 |
| 不 | 不 | 勿 | | 冇 | | 3-11 |
| 不 | 不 | 勿 | | 冇 | 冇 | 3-12 |
| 不 | 不 | 勿 | | 冇 | 冇 | 3-14 |
| 不 | 不 | | | 冇 | | 3-14 |
| 不 | 不 | 勿 | | 唔 | 冇 | 3-15 |
| 不 | 不 | 勿 | | 冇 | | 3-16 |
| 不 | 不 | 勿 | | 唔 | 冇 | 3-16 |
| 不 | 不 | 勿 | | 冇 | 冇 | 3-17 |
| 不 | 不 | 勿 | | 冇 | | 3-19 |
| 不 | 不 | | | 冇 | | 4-5 |
| 不 | 不 | | | 冇 | | 4-16 |
| 不 | 不 | | | 冇 | | 4-17 |
| 不 | 不 | | | 冇 | | 4-17 |
| 不 | 不 | | | 冇 | | 4-18 |
| 不 | 不 | | | 冇 | | 4-18 |
| 不 | 不 | | | 冇 | | 4-19 |

7.7.1.3 AB沒有——EF冇

| | | | | | | |
|---|---|---|---|---|---|---|
| 沒有 | 沒有 | 勿 | 勿 | 冇 | 冇 | 2-2 |
| 沒有 | 沒有 | | | 冇 | | 2-10 |
| 沒有 | 沒有 | | 勿曾 | 冇 | 唔 | 2-14 |

(續表)

| | | | | | | |
|---|---|---|---|---|---|---|
| 沒有 | 沒有 | | 勿有 | 冇 | | 2-16 |
| 沒有 | 沒有 | 沒 | 勿 | 冇 | 冇 | 2-25 |
| 沒有 | 沒有 | | | | 冇 | 2-40 |
| 沒有 | 沒有 | | | 冇 | | 4-9 |
| 沒有 | 沒有 | | | 冇 | | 4-9 |
| 沒有 | 沒有 | | | 冇 | | 4-12 |

7.7.1.4 AB未——F冇

| | | | | | | |
|---|---|---|---|---|---|---|
| 未 | 未 | | | 冇 | | 4-6 |
| 未 | 未 | | | 冇 | | 4-7 |
| 未 | 未 | | | 冇 | | 4-9 |

7.7.2 表示禁止性否定

| | | | | | | |
|---|---|---|---|---|---|---|
| 別 | 莫 | 勿要 | 不可 | 咪 | 咪 | 1-16 |
| 別 | 莫 | 勿要 | 勿要 | 咪 | 不可 | 1-32 |
| 別 | 莫 | 勿 | 勿要 | 咪 | 唔 | 1-37 |
| 別 | 莫 | | 勿要 | 咪 | 唔好 | 1-41 |
| 別 | 莫 | 勿要 | 勿要 | 咪 | 唔好 | 2-17 |
| 別 | 莫 | 勿要 | 勿要 | 慢 | 唔 | 2-17 |
| 別 | 莫 | 勿要 | 勿要 | 唔好 | 唔 | 2-17 |
| 別 | 莫 | 勿要 | 勿要 | 咪 | 唔 | 2-17 |
| 別 | 莫 | 勿要 | 勿要 | 咪 | 咪 | 2-25 |
| 別 | 莫 | 勿要 | 勿要 | 咪 | 唔好 | 2-25 |
| 別 | 別 | | 勿要 | 唔好 | 咪 | 2-26 |
| 別 | 莫 | 勿要 | 勿要 | 慢 | 唔 | 2-27 |
| 別 | 莫 | 勿 | 勿 | 咪 | 唔 | 2-29 |
| 別 | 莫 | 勿要 | 勿要 | 咪 | 咪 | 2-39 |

(續表)

| 别 | 莫 | 勿要 | 勿要 | 咪 | 咪 | 2-39 |
|---|---|---|---|---|---|---|
| 别 | 莫 | 勿要 | 勿要 | 咪 | 咪 | 2-39 |
| 别 | 莫 | 勿要 | 勿要 | 咪 | 咪 | 2-40 |
| 别 | 莫 | | | 唔好 | | 3-3 |
| 别 | 莫 | 勿要 | | 咪 | 冇 | 3-5 |
| 别 | 莫 | 勿要 | | 咪 | | 3-5 |
| 别 | 莫 | 勿要 | | 唔好 | 唔好 | 3-7 |
| 别 | 莫 | 勿必 | | 不但 | | 3-8 |
| 别 | 莫 | 勿要 | | 咪 | 唔好 | 3-13 |
| 别 | 莫 | 勿要 | | 咪 | 咪 | 3-14 |
| 别 | 莫 | 勿要 | | 咪 | 咪 | 3-15 |
| 别 | 莫 | | | 唔使 | 咪 | 3-15 |
| 别 | 莫 | 勿要 | | 唔使 | 咪 | 3-15 |
| 别 | 莫 | 勿要 | | 唔好 | 唔好 | 3-15 |
| 别 | 莫 | 勿要 | | 唔好 | 咪 | 3-16 |
| 别 | 莫 | 勿要 | | 咪 | 唔好 | 3-16 |
| 别 | 莫 | 勿要 | | 咪 | 咪 | 3-17 |
| 别 | 莫 | 勿要 | | 唔好 | 唔 | 3-18 |
| 别 | 莫 | 勿要 | | 咪 | 唔好 | 3-18 |
| 别 | 莫 | 勿要 | | 唔 | 唔好 | 3-19 |
| 别 | 莫 | 勿要 | | 咪 | 唔好 | 3-19 |
| 别 | 莫 | | | 咪 | | 4-1 |
| 别 | 莫 | | | 不必 | | 4-1 |
| 别 | 莫 | | | 咪 | | 4-9 |
| 别 | 莫 | | | 咪 | | 4-10 |
| 别 | 莫 | | | 咪 | | 4-14 |
| 别 | 莫 | | | 唔使 | | 4-15 |
| 别 | 莫 | | | 不必 | | 4-20 |

按：副詞"莫"表禁止，產生於西漢，近代漢語中"莫"已成為一個很常用的表禁止的否定副詞，直到今天在某些方言，如湘方言、贛方言中仍用。"別"則是在元代才作禁止的副詞的。A版用"別"，B版用"莫"，CD用滬語特徵詞"勿要"，EF用粵音特徵詞"咪""唔"。

# 八 介 詞

8.1 給介：可分為給1、給2、給3

8.1.1 給1：介詞，引進交付、傳遞的接收者。給1介 A——把介 B——拉3C、撥拉3D——過E、俾F

| | | | | | | |
|---|---|---|---|---|---|---|
| 給 | 把 | | 撥 | 過 | 過 | 2-9 |
| 給 | 把 | | 撥 | 過 | 俾v | 2-11 |
| 給 | 把 | 拉 | 撥拉 | 俾 | 俾 | 2-12 |
| 給 | 把 | 拉 | 撥拉 | 過 | 過 | 2-12 |
| 給 | 把 | | 撥 | 過 | 俾 | 2-12 |
| 給 | 把 | | 撥 | 過 | 過 | 2-12 |
| 給 | 把 | | 撥 | 過 | 過 | 2-15 |
| 給 | 把 | 撥拉 | | 過 | 過 | 2-18 |
| 給 | 把 | | 撥 | 俾 | 過 | 2-18 |
| 給 | 把 | | 撥 | 俾 | 俾v | 2-18 |
| 給 | 把 | | 撥 | | 過 | 2-18 |
| 給 | 把 | | 撥 | 過 | 俾 | 2-18 |
| 給 | 把 | | 撥 | 俾 | | 2-18 |
| 給 | 把 | | 撥拉 | 過 | | 2-18 |
| 給 | 把 | 拉 | 撥 | 俾 | 俾 | 2-20 |
| 給 | 把 | 拉 | 撥 | 過 | 俾 | 2-20 |
| 給 | 把 | | 撥 | 過 | 俾 | 2-21 |
| 給 | 把 | 拉 | 撥 | 過 | | 2-21 |
| 給 | 把 | | 兑 | 過 | | 2-22 |

(續表)

| | | | | | | |
|---|---|---|---|---|---|---|
| 給 | 把 | | 撥 | | | 2 - 22 |
| 給 | 把 | | 撥 | | 過 | 2 - 22 |
| 給 | 把 | | 撥 | | 過 | 2 - 23 |
| 給 | 把 | 撥 | 撥 | 過 | | 2 - 26 |
| 給 | 把 | 撥 | 撥 | 過 | 過 | 2 - 27 |
| 給 | 把 | 拉 | 撥 | 俾 | | 2 - 29 |
| 給 | 把 | 撥 | 撥 | 過 | 過 | 2 - 30 |
| 給 | 把 | 拉 | 撥 | 過 | 俾 | 2 - 30 |
| 給 | 把 | | 撥 | 過 | 過 | 2 - 31 |
| 給 | 把 | 撥 | 撥 | 過 | 過 | 2 - 31 |
| 給 | 把 | 拉 | 撥 | | | 2 - 31 |
| 給 | 把 | 撥拉 | 撥 | 過 | 俾 | 2 - 31 |
| 給 | 把 | 拉 | 撥 | 過 | 過 | 2 - 31 |
| 給 | 把 | 拉 | 撥 | 過 | 俾 | 2 - 31 |
| 給 | 把 | | 撥 | 過 | | 2 - 32 |
| 給 | 把 | | 撥 | 過 | | 2 - 32 |
| 給 | 把 | 撥拉 | 撥 | 俾 | 俾 | 2 - 35 |
| 給 | 把 | 撥拉 | 撥 | 過 | 俾 | 2 - 36 |
| 給 | 把 | | | | 俾 | 3 - 1 |
| 給 | 把 | 拉 | | | 俾 | 3 - 4 |
| 給 | 把 | | | 過 | 過 | 3 - 6 |
| 給 | 把 | | | | | 3 - 6 |
| 給 | 把 | | | 俾 | | 3 - 8 |
| 給 | 把 | | | | | 3 - 10 |
| 給 | 把 | 撥拉 | | 俾 | | 3 - 13 |
| 給 | 把 | 撥拉 | | 過 | | 3 - 13 |
| 給 | 把 | | | | 過 | 3 - 13 |

（續表）

| | | | | | | |
|---|---|---|---|---|---|---|
| 給 | 把 | 撥拉 | | 過 | 俾 | 3－13 |
| 給 | 把 | 撥拉 | | 過 | 俾 v | 3－17 |
| 給 | 把 | | | 俾 | | 3－19 |
| 給 | 把 | 撥拉 | | 俾 | 過 | 3－19 |
| 給 | 把 | 拉 | | 過 | 俾 | 3－20 |
| 給 | 把 | 撥拉 | | 俾 | 過 | 3－20 |
| 給 | 把 | | | 俾 | | 4－7 |
| 給 | 把 | | | 俾 | | 4－13 |
| 給 | 把 | | | 過 | | 4－20 |
| 給 | 把 | | | 俾 | | 4－20 |

8.1.2　給 1：引進交付的對象。用於動詞後面的介詞

給 A——與 B——拉 C——撥 D——過 EF

| | | | | | | |
|---|---|---|---|---|---|---|
| 給 1 | 與 | 拉 | | 俾 | 過 | 2－1 |
| 給 | 與 | 拉 | 撥 | 俾 | 俾 | 2－1 |
| 給 | 與 | 拉 | 撥 | 過 | | 2－1 |
| 給 | 與 | | | | | 2－9 |
| 給 | 與 | 拉 | 撥 | 過 | 過 | 2－13 |
| 給 | 與 | 拉 | 撥 | 過 | 過 | 2－13 |
| 給 | 與 | 拉 | 撥拉 | 過 | 過 | 2－13 |
| 給 | 與 | 拉 | 撥拉 | 過 | 過 | 2－13 |
| 給 | 與 | 撥拉 | 撥 | 過 | 俾 | 2－13 |
| 給 | 與 | 拉 | 撥 | 過 | 過 | 2－19 |
| 給 | 與 | | 搭 | | | 2－30 |
| 給 | 與 | | 撥 | 過 | | 2－38 |
| 給 | 與 | 拉 | | 過 | | 3－20 |
| 給 | 與 | 撥 | | | | 3－20 |

以上 B 版用“與”介詞。

8.1.3 給₂：引進动作的受益者。

給₃A——替 BCD

| 給2 | 替 | 替 | 替 | | | 1-19 |
|---|---|---|---|---|---|---|
| 給 | 替 | 替 | 替 | 同 | 為 | 1-38 |
| 給 | 替 | | 替 | | 同 | 2-8 |
| 給 | 替 | | 替 | 同 | 同 | 2-8 |
| 給 | 替 | 替 | 對 | 同 | | 2-10 |
| 給 | 替 | | 替 | | | 2-10 |
| 給 | 替 | 替 | 替 | 同 | | 2-10 |
| 給 | 替 | | 替 | 共 | | 2-12 |
| 給 | 替 | 替 | 替 | 過 | | 2-13 |
| 給 | 替 | 替 | 替 | 同 | 同 | 2-13 |
| 給 | 替 | 替 | 替 | 同 | 同 | 2-13 |
| 給 | 替 | | | 同 | | 2-13 |
| 給 | 替 | 替 | 替 | 同 | | 2-13 |
| 給 | 替 | | 替 | 共 | 同 | 2-13 |
| 給 | 替 | | | | | 2-14 |
| 給 | 替 | | 替 | 共 | | 2-14 |
| 給 | 替 | 替 | 替 | 同 | | 2-14 |
| 給 | 替 | | 替 | 同 | | 2-14 |
| 給 | 替 | | 替 | 共 | 同 | 2-16 |
| 給 | 替 | | 替 | 共 | | 2-16 |
| 給 | 替 | 替 | 替 | 共 | | 2-17 |
| 給 | 替 | | 替 | 共 | 同 | 2-17 |
| 給 | 替 | | 替 | 同 | 為 | 2-17 |
| 給 | 替 | 替 | 替 | | | 2-17 |
| 給 | 替 | 拉 | 替 | 過 | 替 | 2-17 |
| 給 | 替 | 替 | 替 | | 同 | 2-17 |

（續表）

| | | | | | | |
|---|---|---|---|---|---|---|
| 給 | 替 | 替 | 替 | | | 2-17 |
| 給 | 替 | | 替 | | | 2-17 |
| 給 | 替 | 撥 | 替 | 過 | 提(替) | 2-17 |
| 給 | 替 | 拉 | 替 | 過 | | 2-17 |
| 給 | 替 | 替 | 替 | | | 2-19 |
| 給 | 替 | | 替 | 共 | | 2-19 |
| 給 | 替 | | 替 | 同 | | 2-22 |
| 給 | 替 | 替 | 替 | 同 | 替 | 2-22 |
| 給 | 替 | 撥 | 替 | 俾 | | 2-22 |
| 給 | 替 | 替 | 替 | 同 | 同 | 2-24 |
| 給 | 替 | 搭 | 替 | 仝 | | 2-24 |
| 給 | 替 | | 替 | | | 2-24 |
| 給 | 替 | 替 | 替 | 俾 | | 2-25 |
| 給 | 替 | 替 | 替 | 同 | | 2-27 |
| 給 | 替 | | 替 | 共 | | 2-27 |
| 給 | 替 | | 替 | | | 2-27 |
| 給 | 替 | 替 | 搭 | | 同 | 2-30 |
| 給 | 替 | 替 | 替 | 同 | | 2-32 |
| 給 | 替 | | 替 | 過 | 俾 | 2-33 |
| 給 | 替 | | 同 | 俾 | 俾 | 2-37 |
| 給 | 替 | 替 | | 替 | 同 | 2-38 |
| 給 | 替 | 替 | | 過 | 俾 | 3-2 |
| 給 | 替 | 替 | | | 同 | 3-7 |
| 給 | 替 | 替 | | 過 | | 3-20 |
| 給 | 替 | | | 同 | | 4-14 |
| 給 | 替 | | | 同 | | 4-17 |
| 給 | 替 | | | 同 | | 4-19 |

以上B版用“替”介詞。

8.1.4 給$_3$:引出協同對象。

給$_3$A——和 B——替 C——搭 D——同 EF

| 給3 | 和 | 搭 | 同 | | 為 | 1-38 |
|---|---|---|---|---|---|---|
| 給 | 和 | | 同 | 同 | | 2-4 |
| 給 | 和 | | 對 | 同 | | 2-5 |
| 給 | 和 | | 同 | | | 2-7 |
| 給 | 和 | | 同 | 同 | 同 | 2-9 |
| 給 | 和 | | 搭 | | | 2-14 |
| 給 | 和 | 替 | 替 | 同 | | 2-15 |
| 給 | 和 | 替 | 對 | 同 | 同 | 2-16 |
| 給 | 和 | 替 | 搭 | | | 2-17 |
| 給 | 和 | 替 | 對 | | | 2-17 |
| 給 | 和 | | 搭 | 同 | | 2-18 |
| 給 | 和 | | 搭 | 同 | | 2-18 |
| 給 | 和 | 替 | 搭 | 同 | | 2-18 |
| 給 | 和 | | 搭 | | | 2-18 |
| 給 | 和 | 替 | 搭 | 同 | 共 | 2-19 |
| 給 | 和 | 替 | 同 | 共 | 同 | 2-19 |
| 給 | 和 | 替 | 搭 | 共 | | 2-19 |
| 給 | 和 | | 搭 | | | 2-20 |
| 給 | 和 | | 搭 | 共 | 同 | 2-21 |
| 給 | 和 | | 搭 | 同 | | 2-21 |
| 給 | 和 | 替 | 搭 | 同 | 同 | 2-21 |
| 給 | 和 | 替 | 搭 | 共 | | 2-21 |
| 給 | 和 | 替 | 搭 | | | 2-21 |
| 給 | 和 | 替 | 搭 | 同 | | 2-22 |

(續表)

| | | | | | | |
|---|---|---|---|---|---|---|
| 給 | 和 | | | | | 2－25 |
| 給 | 和 | | 搭 | 同 | | 2－25 |
| 給 | 和 | | 搭 | | | 2－26 |
| 給 | 和 | 替 | 搭 | 同 | 同 | 2－27 |
| 給 | 和 | 替 | 搭 | 同 | 同 | 2－27 |
| 給 | 和 | | 搭 | | | 2－27 |
| 給 | 和 | | 搭 | | | 2－27 |
| 給 | 和 | | 搭 | 同 | 同 | 2－32 |
| 給 | 和 | | 搭 | | | 2－33 |
| 給 | 和 | | 搭 | 同 | 同 | 2－34 |
| 給 | 和 | | 搭 | | | 2－35 |
| 給 | 和 | 撥拉 | 搭 | | | 2－36 |
| 給 | 和 | 替 | 替 | | 同 | 2－40 |
| 給 | 和 | 替 | 搭 | 同 | | 2－40 |
| 給 | 和 | | | | | 3－3 |
| 給 | 和 | 替 | | 同 | 同 | 3－5 |
| 給 | 和 | 替 | | | | 3－7 |
| 給 | 和 | | | 同 | | 3－7 |
| 給 | 和 | | | | | 3－15 |
| 給 | 和 | 替 | | 同 | | 3－16 |
| 給 | 和 | 替 | | 同 | | 3－16 |
| 給 | 和 | | | | | 3－17 |
| 給 | 和 | | | | | 3－18 |
| 給 | 和 | | | | | 3－18 |
| 給 | 和 | 替 | | 共 | 同 | 3－20 |
| 給 | 和 | | | | | 4－1 |

(續表)

| 給 | 和 |  |  | 同 |  | 4 - 2 |
|---|---|---|---|---|---|---|
| 給 | 和 |  |  |  |  | 4 - 4 |
| 給 | 和 |  |  |  |  | 4 - 6 |
| 給 | 和 |  |  |  |  | 4 - 8 |
| 給 | 和 |  |  | 同 |  | 4 - 8 |
| 給 | 和 |  |  | 同 |  | 4 - 11 |
| 給 | 和 |  |  | 同 |  | 4 - 13 |
| 給 | 和 |  |  |  |  | 4 - 13 |
| 給 | 和 |  |  | 替 |  | 4 - 15 |
| 給 | 和 |  |  | 同 |  | 4 - 19 |
| 給 | 和 |  |  |  |  | 4 - 19 |
| 給 | 和 |  |  |  |  | 4 - 19 |

### 8.1.5 給 A——和 B——撥拉 C——搭 D——俾 EF

| 給 | 和 | 拉 | 撥拉 | 俾 |  | 2 - 12 |
|---|---|---|---|---|---|---|
| 給 | 和 |  | 搭 | 俾 | 俾 | 2 - 18 |
| 給 | 和 | 撥 | 搭 | 俾 | 俾 | 2 - 25 |
| 給 | 和 |  | 搭 |  | 俾 | 2 - 25 |
| 給 | 和 | 撥拉 | 搭 |  | 俾 | 2 - 26 |
| 給 | 和 | 替 | 搭 | 俾 |  | 2 - 32 |
| 給 | 和 |  |  |  | 俾 | 2 - 34 |
| 給 | 和 |  |  | 俾 |  | 3 - 3 |
| 給 | 和 | 替 |  | 俾 | 同 | 3 - 14 |
| 給 | 和 | 撥拉 |  | 俾 | 俾 | 3 - 14 |
| 給 | 和 | 拉 |  | 俾 |  | 3 - 18 |
| 給 | 和 | 撥拉 |  | 俾 |  | 3 - 19 |
| 給 | 和 |  |  | 俾 |  | 4 - 7 |

8.1.6　給 A——和 B——搭 D——過 E

| | | | | | | |
|---|---|---|---|---|---|---|
| 給 | 和 | | 搭 | 過 | 過 | 2-27 |
| 給 | 和 | 撥拉 | 搭 | 過 | | 2-32 |
| 給 | 和 | 替 | 搭 | 過 | | 2-33 |
| 給 | 和 | | 搭 | 過 | | 2-33 |
| 給 | 和 | | | 過 | | 4-20 |

8.2　表處置、工具

8.2.1　表處置：AB 把——C 担——D 拿——E 將＞把＞搣——F 將

| | | | | | | |
|---|---|---|---|---|---|---|
| 把 | 把 | 擔 | 拿 | 把 | | 1-16 |
| 把 | 把 | 担 | 拿 | | | 1-45 |
| 把 | 把 | 担 | 拿 | | | 2-6 |
| 把 | 把 | 担 | 拿 | | | 2-6 |
| 把 | 把 | 挪 | 拿 | | | 2-6 |
| 把 | 把 | 担 | 拿 | 把 | 將 | 2-6 |
| 把 | 把 | 担 | 拿 | 將 | 拉 | 2-6 |
| 把 | 把 | 拿 | 拿 | 把 | 將 | 2-6 |
| 把 | 把 | | 拿 | | | 2-7 |
| 把 | 把 | 担 | 拿 | 將 | | 2-8 |
| 把 | 把 | | 拿 | 把 | | 2-8 |
| 把 | 把 | | 拿 | | | 2-12 |
| 把 | 把 | | 拿 | | | 2-12 |
| 把 | 把 | | 拿 | | | 2-12 |
| 把 | 把 | 担 | 拿 | | | 2-13 |
| 把 | 把 | 担 | 拿 | 將 | | 2-13 |
| 把 | 把 | | 拿 | 將 | | 2-13 |
| 把 | 把 | | 拿 | | | 2-13 |

(續表)

| 把 | 把 |  | 拿 |  |  | 2 - 13 |
|---|---|---|---|---|---|---|
| 把 | 把 |  | 拿 | 將 |  | 2 - 13 |
| 把 | 把 |  | 拿 | 把 |  | 2 - 14 |
| 把 | 把 |  | 拿 | 把 |  | 2 - 14 |
| 把 | 把 |  | 拿 |  |  | 2 - 14 |
| 把 | 把 | 担 | 拿 | 摵 |  | 2 - 15 |
| 把 | 把 |  | 拿 |  |  | 2 - 15 |
| 把 | 把 |  | 拿 |  |  | 2 - 15 |
| 把 | 把 |  | 拿 |  |  | 2 - 15 |
| 把 | 把 | 担 | 拿 | 把 |  | 2 - 15 |
| 把 | 把 | 担 | 拿 | 將 |  | 2 - 15 |
| 把 | 把 |  | 拿 |  |  | 2 - 15 |
| 把 | 把 |  | 拿 |  |  | 2 - 16 |
| 把 | 把 |  | 拿 | 把 |  | 2 - 16 |
| 把 | 把 | 担 | 拿 |  |  | 2 - 16 |
| 把 | 把 | 担 | 拿 | 把 |  | 2 - 16 |
| 把 | 把 |  | 拿 | 把 | 摵 | 2 - 16 |
| 把 | 把 | 担 | 拿 | 將 | 把 | 2 - 16 |
| 把 | 把 | 替 | 拿 |  |  | 2 - 17 |
| 把 | 把 | 担 | 拿 |  |  | 2 - 17 |
| 把 | 把 |  | 拿 | 摵 |  | 2 - 18 |
| 把 | 把 | 擔 | 拿 | 摵 |  | 2 - 18 |
| 把 | 把 | 担 | 拿 |  |  | 2 - 19 |
| 把 | 把 |  | 拿 | 將 |  | 2 - 19 |
| 把 | 把 | 擔 | 拿 |  |  | 2 - 19 |
| 把 | 把 | 擔 | 拿 | 把 | 把 | 2 - 19 |

(續表)

| | | | | | | |
|---|---|---|---|---|---|---|
| 把 | 把 | 擔 | 拿 | 將 | 將 | 2-19 |
| 把 | 把 | 担 | 拿 | | | 2-19 |
| 把 | 把 | 擔 | 拿 | | | 2-21 |
| 把 | 把 | | 拿 | | | 2-21 |
| 把 | 把 | 擔 | 拿 | 摵 | | 2-21 |
| 把 | 把 | 擔 | 拿 | | | 2-21 |
| 把 | 把 | 擔 | 拿 | 將 | | 2-21 |
| 把 | 把 | 擔 | 拿 | | | 2-21 |
| 把 | 把 | 擔 | 拿 | 將 | | 2-21 |
| 把 | 把 | 擔 | 拿 | | | 2-21 |
| 把 | 把 | | 拿 | | | 2-21 |
| 把 | 把 | | 拿 | 把 | 把 | 2-22 |
| 把 | 把 | 擔 | 拿 | 把 | | 2-22 |
| 把 | 把 | 擔 | 拿 | 將 | | 2-22 |
| 把 | 把 | 担 | 拿 | 把 | | 2-22 |
| 把 | 把 | | 拿 | 將 | | 2-22 |
| 把 | 把 | 擔 | 拿 | | | 2-22 |
| 把 | 把 | 担 | 拿 | 把 | 將 | 2-22 |
| 把 | 把 | 担 | 拿 | | | 2-22 |
| 把 | 把 | 担 | 拿 | 把 | | 2-22 |
| 把 | 把 | | 拿 | | | 2-23 |
| 把 | 把 | | 拿 | 將 | | 2-23 |
| 把 | 把 | 担 | 拿 | 把 | | 2-23 |
| 把 | 把 | 担 | 拿 | | | 2-23 |
| 把 | 把 | | 拿 | 把 | | 2-23 |
| 把 | 把 | 担 | 拿 | 將 | 將 | 2-23 |

(續表)

| | | | | | | |
|---|---|---|---|---|---|---|
| 把 | 把 | | 拿 | | | 2－23 |
| 把 | 把 | | 拿 | 將 | | 2－23 |
| 把 | 把 | 担 | 拿 | 把 | | 2－25 |
| 把 | 把 | | 拿 | | | 2－25 |
| 把 | 把 | | 拿 | | | 2－25 |
| 把 | 把 | 擔 | 拿 | 把 | | 2－26 |
| 把 | 把 | | 拿 | 把 | | 2－26 |
| 把 | 把 | 拿 | 拿 | 摵 | | 2－26 |
| 把 | 把 | | 拿 | | | 2－26 |
| 把 | 把 | | 拿 | | | 2－26 |
| 把 | 把 | | 拿 | | | 2－26 |
| 把 | 把 | | 拿 | 把 | | 2－26 |
| 把 | 把 | | 拿 | | | 2－27 |
| 把 | 把 | | 拿 | | | 2－27 |
| 把 | 把 | | 拿 | | | 2－28 |
| 把 | 把 | | 拿 | 將 | 將 | 2－28 |
| 把 | 把 | | 拿 | | | 2－28 |
| 把 | 把 | 担 | 拿 | | | 2－28 |
| 把 | 把 | 担 | 拿 | | | 2－29 |
| 把 | 把 | 担 | 拿 | 將 | | 2－29 |
| 拿 | 拿 | | | | | 2－29 |
| 把 | 把 | | 拿 | | | 2－29 |
| 把 | 把 | 担 | 拿 | 摵 | | 2－29 |
| 把 | 把 | | 拿 | | | 2－29 |
| 打 | 把 | | 拿 | | | 2－29 |
| 把 | 把 | 担 | 拿 | 將 | | 2－29 |

(續表)

| 把 | 把 |  | 拿 |  |  | 2-30 |
|---|---|---|---|---|---|---|
| 把 | 把 |  | 拿 |  |  | 2-30 |
| 把 | 把 | 担 | 拿 |  |  | 2-30 |
| 把 | 把 | 擔 | 拿 | 把 | 將 | 2-30 |
| 把 | 把 |  | 拿 |  |  | 2-31 |
| 把 | 把 |  | 拿 |  |  | 2-32 |
| 把 | 把 | 担 | 拿 |  |  | 2-32 |
| 把 | 把 |  | 拿 |  |  | 2-32 |
| 把 | 把 | 担 | 拿 | 將 | 將 | 2-32 |
| 把 | 把 |  | 拿 |  |  | 2-32 |
| 把 | 把 |  | 拿 |  |  | 2-32 |
| 把 | 把 |  | 拿 |  |  | 2-32 |
| 把 | 把 | 担 | 拿 | 將 | 搣 | 2-33 |
| 把 | 把 |  | 拿 |  |  | 2-33 |
| 把 | 把 |  | 拿 |  |  | 2-33 |
| 把 | 把 |  | 拿 |  |  | 2-33 |
| 把 | 把 |  | 拿 |  |  | 2-34 |
| 把 | 把 | 担 | 拿 |  |  | 2-35 |
| 把 | 把 |  | 拿 |  |  | 2-35 |
| 把 | 把 |  | 拿 |  | 將 | 2-35 |
| 把 | 把 |  | 拿 |  |  | 2-35 |
| 把 | 把 |  | 拿 |  |  | 2-35 |
| 把 | 把 |  | 拿 |  |  | 2-36 |
| 把 | 把 |  | 拿 |  |  | 2-36 |
| 把 | 把 |  | 拿 |  |  | 2-36 |
| 把 | 把 | 担 | 拿 |  |  | 2-36 |

(續表)

| | | | | | | |
|---|---|---|---|---|---|---|
| 把 | 把 | | 拿 | | | 2－36 |
| 把 | 把 | | 拿 | | | 2－36 |
| 把 | 把 | | 拿 | | | 2－36 |
| 把 | 把 | | 拿 | | | 2－36 |
| 把 | 把 | 担 | 拿 | | | 2－37 |
| 把 | 把 | | 拿 | 挧 | | 2－37 |
| 把 | 把 | 担 | 拿 | | | 2－37 |
| 把 | 把 | | 拿 | | | 2－38 |
| 把 | 把 | 担 | 拿 | 將 | 將 | 2－38 |
| 把 | 把 | 担 | 拿 | | | 2－38 |
| 把 | 把 | 担 | 拿 | 將 | | 2－38 |
| 把 | 把 | | 拿 | 將 | 將 | 2－38 |
| 把 | 把 | | 拿 | 將 | | 2－38 |
| 把 | 把 | 担 | 拿 | 挧 | | 2－38 |
| 把 | 把 | 担 | 拿 | 將 | | 2－39 |
| 把 | 把 | 拿 | | 將 | | 3－2 |
| 把 | 把 | | | 挧 | | 3－3 |
| 把 | 把 | 擔 | | 挧 | | 3－6 |
| 把 | 把 | 拿 | | 挧 | | 3－7 |
| 把 | 把 | 擔 | | 擰 | | 3－9 |
| 把 | 把 | 拿 | | 挧 | | 3－13 |
| 把 | 把 | 拿 | | 將 | | 3－14 |
| 把 | 把 | 担 | | | | 3－14 |
| 把 | 把 | 拿 | | 將 | | 3－14 |
| 把 | 把 | | | 挧 | | 3－15 |
| 把 | 把 | | | 挧 | | 3－17 |

8.2.2 表工具：AB 拿——C 担——E 俾——F 俾、用

| 拿 | 拿 | | | 摵 | | 2-39 |
|---|---|---|---|---|---|---|
| 拿 | 拿 | 擔 | | 摵 | 用 | 3-6 |
| 拿 | 拿 | | | 俾 | | 3-9 |
| 拿 | 拿 | 用 | | 俾 | | 3-9 |
| 拿 | 拿 | 擔 | | 俾 | 俾 | 3-9 |
| 拿 | 拿 | | | 摵 | | 3-15 |
| 拿 | 那(拿) | | | 俾 | 摵 | 3-15 |
| 拿 | 拿 | 拿 | | 使 | 俾 | 3-17 |
| 拿 | 拿 | 担 | | 摵 | 用 | 3-17 |
| 拿 | 拿 | 担 | | 擰 | | 3-17 |
| 拿 | 拿 | 用 | | 俾 | 俾 | 3-17 |
| 拿 | 拿 | 担 | | 俾 | 摵 | 3-17 |
| 拿 | 那(拿) | 拿 | | 擰 | | 3-19 |

8.3 表起時、當時

8.3.1 A 趕——B 等——D 等——E 等、及至

| 趕 | 等 | | 等 | 等 | | 2-1 |
|---|---|---|---|---|---|---|
| 趕 | 等 | | 等 | | | 2-8 |
| 趕 | 等 | | 等 | 等 | 等 | 2-8 |
| 趕 | 等 | | 等 | 等 | 等 | 2-10 |
| 趕 | 等 | | 等 | 等 | | 2-10 |
| 趕 | 等 | | 等 | 等到 | | 2-11 |
| 趕 | 等 | | 等 | 及至 | | 2-12 |
| 趕 | 等 | | 等 | 及至 | | 2-12 |
| 趕 | 等 | | 等 | 等 | | 2-13 |
| 趕 | 等 | | 等 | | | 2-13 |

(續表)

| | | | | | | |
|---|---|---|---|---|---|---|
| 趕 | 等 | | 等到 | 等 | 到 | 2-13 |
| 趕 | 等 | | 趕 | 及至 | | 2-15 |
| 趕 | 等 | | 等到 | 及 | | 2-15 |
| 趕 | 等 | | 到 | 等到 | | 2-15 |
| 趕 | 等 | | 到 | 及 | 到 | 2-15 |
| 趕 | 等 | | 等 | | | 2-15 |
| 趕 | 等 | | | 及 | | 2-15 |
| 趕 | 等 | | 等 | 及至 | | 2-16 |
| 趕 | 等 | | 等到 | 及至 | 及至 | 2-16 |
| 趕 | 等 | | 等 | 及至 | | 2-16 |
| 趕 | 等 | 到 | 到 | 及 | | 2-16 |
| 趕 | | | 等到 | 及至 | 到 | 2-16 |
| 趕 | 等 | | 等 | 等 | | 2-18 |
| 趕 | 等 | | 等 | 等 | | 2-18 |
| 趕 | 等 | | 等 | 及 | | 2-20 |
| 趕 | 等 | | 等 | 及至 | | 2-20 |
| 趕 | 等 | | 等到 | 等 | | 2-21 |
| 趕 | 等 | | 等 | 及至 | | 2-21 |
| 趕 | 等 | 等 | 等 | 等 | | 2-22 |
| 趕 | 等 | | 等 | 等到 | | 2-23 |
| 趕 | 等 | | 等 | 及 | | 2-24 |
| 趕 | 等 | | 等 | 及 | | 2-24 |
| 趕 | 等 | | | 等 | | 2-25 |
| 趕 | 等 | | 等 | 及至 | | 2-26 |
| 趕 | 等 | | 等 | | | 2-26 |
| 趕 | 等 | | 到 | 等到 | 到 | 2-27 |

(續表)

| | | | | | | |
|---|---|---|---|---|---|---|
| 趕 | 等 | | 等 | | | 2－27 |
| 趕 | 等 | | 等 | 等 | | 2－27 |
| 趕 | 等 | | 等到 | | | 2－29 |
| 趕 | 等 | | 等 | 等到 | | 2－29 |
| 趕 | 等 | | 等 | 等到 | | 2－29 |
| 趕 | 等 | | | | | 2－29 |
| 趕 | 等 | | | | | 2－29 |
| 趕 | 等 | | 等 | 等 | | 2－29 |
| 趕 | 等 | | 等 | 及 | 等 | 2－30 |
| 趕 | 等 | | | 及至 | | 2－30 |
| 趕 | 等 | | 等到 | | | 2－30 |
| 趕 | 等 | | 等 | 及至 | | 2－31 |
| 趕 | 等 | | 等 | 等 | | 2－31 |
| 趕 | 等 | | 等 | | | 2－32 |
| 趕 | 等 | 等 | 等 | 及 | | 2－32 |
| 趕 | 等 | | 等 | 等 | | 2－33 |
| 趕 | 等 | | 等 | 及至 | | 2－33 |
| 趕 | 等 | | | | | 2－33 |
| 趕 | 等 | | 等 | 及至 | | 2－33 |
| 趕 | 等 | 等 | 等 | 等 | | 2－36 |
| 趕 | 等 | | 等 | 及至 | | 2－36 |
| 趕 | 等 | | 等 | 等到 | 到 | 2－37 |
| 趕 | 等 | | 等 | 等到 | | 2－38 |
| 趕 | 等 | | | | | 3－6 |
| 趕 | 等 | | | 等 | | 3－7 |
| 趕 | 等 | | | 等 | | 3－8 |

(續表)

| | | | | | | |
|---|---|---|---|---|---|---|
| 趕 | 等 | | | | | 3-8 |
| 趕 | 等 | | | 等 | | 3-10 |
| 趕 | 等 | | | 等 | | 3-12 |
| 趕 | 等 | | | 等 | | 3-15 |
| 趕 | 等 | | | 到 | | 3-15 |
| 趕 | 等 | | | 等 | | 3-15 |
| 趕 | 等 | | | | | 3-17 |
| 趕 | 等 | | | 等 | | 3-20 |
| 趕 | 等 | | | 等 | | 4-4 |
| 趕 | 等 | | | | | 4-5 |
| 趕 | 等 | | | 及 | | 4-5 |
| 趕 | 等 | | | 及 | | 4-6 |
| 趕 | 等 | | | 等 | | 4-11 |
| 趕 | 等 | | | | | 4-13 |
| 趕 | 等 | | | 及 | | 4-13 |
| 趕 | 等 | | | 等 | | 4-17 |
| 趕 | 等 | | | 及至 | | 4-20 |

以上B版用“等”介詞。

8.3.2　A趕——B及——D及至——E及至

| | | | | | | |
|---|---|---|---|---|---|---|
| 趕 | 及 | | | 及至 | | 2-21 |
| 趕 | 及 | | 等 | 及 | | 2-25 |
| 趕 | 及 | | 及至 | 及至 | | 2-25 |
| 趕 | 及 | | | 等 | | 2-25 |
| 趕 | 及 | | | 及至 | | 2-26 |
| 趕 | 及 | | 及至 | 及至 | | 2-27 |
| 趕 | 及 | | 及至 | | | 2-27 |

(續表)

| 趕 | 及 | | 及至 | | | 2-27 |
|---|---|---|---|---|---|---|
| 趕 | 及 | | | | | 2-29 |
| 趕 | 及 | | | | | 2-29 |
| 趕 | 及 | | 等 | 及至 | | 2-30 |
| 趕 | 及 | | 及至 | 及至 | | 2-32 |

以上B版用"及"介詞。

8.3.3　A趕——B到

| 趕 | 到 | | 等 | 等 | | 2-14 |
|---|---|---|---|---|---|---|
| 趕 | 到 | 到 | 到 | 等到 | | 2-15 |
| 趕 | 到 | | 到 | 等到 | | 2-26 |

以上B版用"到"介詞。

8.3.4　A趕——B及

| 趕 | 及 | | 等 | 及 | | 2-25 |
|---|---|---|---|---|---|---|
| 趕 | 及 | | 及至 | 及至 | | 2-27 |
| 趕 | 及 | | 等 | 及至 | | 2-30 |

8.3.5　A趕——B趕

| 趕 | 趕 | 等 | 等 | 等 | 等 | 2-18 |
|---|---|---|---|---|---|---|

8.3.6　A趕到——B等到——C到——D等到——E等到、及至

| 趕到 | 趕到 | 到 | 等到 | 到 | | 2-6 |
|---|---|---|---|---|---|---|
| 趕到 | 等到 | | 等到 | 等到 | | 2-15 |
| 趕到 | 等到 | 到 | 等到 | 及至 | | 2-16 |
| 趕到 | 等到 | | 等到 | 等到 | | 2-19 |
| 趕到 | 等到 | | 等到 | 及至 | | 2-19 |
| 趕到 | 等到 | | 等到 | 等到 | | 2-22 |

(續表)

| | | | | | | |
|---|---|---|---|---|---|---|
| 趕到 | 等到 | | 等到 | 等到 | | 2-23 |
| 趕到 | 等到 | 到 | 等到 | 等到 | | 2-23 |
| 趕到 | 等到 | 到 | 等到 | 到 | | 2-23 |
| 趕到 | 等到 | 到 | 等到 | 等到 | | 2-23 |
| 趕到 | 等到 | 到 | 等到 | 等到 | 到 | 2-25 |
| 趕到 | 及到 | | 直到 | 等到 | | 2-25 |
| 趕到 | 等到 | | 等到 | 等到 | | 2-26 |
| 趕到 | 等到 | | 等到 | 等到 | | 2-26 |
| 趕到 | 等到 | | 等到 | 等 | | 2-26 |
| 趕到 | 等到 | | 等到 | 等到 | 及至 | 2-26 |
| 趕到 | 等到 | | 等到 | 到 | | 2-28 |
| 趕到 | 等到 | 到 | | 等到 | | 2-28 |
| 趕到 | 等到 | | 等到 | 到 | 到 | 2-29 |
| 趕到 | 等到 | 到 | 等到 | 等到 | | 2-30 |
| 趕到 | 等到 | 到 | 等到 | 至 | 至 | 2-37 |
| 趕到 | 等到 | | 等到 | 及到 | | 2-38 |
| 趕到 | 等到 | | | 及到 | | 4-7 |
| 趕到 | 等到 | | | 等到 | | 4-7 |
| 趕到 | 等到 | | | 及至 | | 4-8 |
| 趕到 | 等到 | | | 及至 | | 4-8 |
| 趕到 | 等到 | | | 及至 | | 4-15 |

### 8.3.7　ABCDEF 等

| | | | | | | |
|---|---|---|---|---|---|---|
| 等 | 等 | 等 | | 等待 | | 1-13 |
| 等 | 等 | | 等 | 等到 | | 1-24 |
| 等 | 等 | | 等 | 等 | | 2-2 |
| 等 | 等 | | 等 | 等 | | 2-2 |

(續表)

| 等 | 等 | 等 | 等 | 等 |  | 2－3 |
|---|---|---|---|---|---|---|
| 等 | 等 | 等 | 等 | 等 | 等 | 2－5 |
| 等 | 等 | 等 | 等 | 等 | 等 | 2－5 |
| 等 | 等 |  | 等 | 等 |  | 2－5 |
| 等 | 等 |  | 等 | 等 |  | 2－7 |
| 等 | 等 | 等 | 等 | 等 | 等 | 2－9 |
| 等 | 等 | 等 | 等 |  |  | 2－10 |
| 等 | 等 | 等 | 等 | 等 |  | 2－13 |
| 等 | 等 | 等 | 等 | 等 |  | 2－13 |
| 等 | 等 | 等 | 等 | 等 | 等 | 2－17 |
| 等 | 等 |  | 等到 |  |  | 2－17 |
| 等 | 等 |  | 等 | 等 |  | 2－18 |
| 等 | 等 |  | 等 | 等 | 等 | 2－19 |
| 等 | 等 | 到 | 等 | 等 |  | 2－19 |
| 等 | 等 |  | 等 | 等 |  | 2－21 |
| 等 | 等 | 等 | 等 | 等 |  | 2－26 |
| 等 | 等 | 等 | 等 | 等 | 等 | 2－30 |
| 等 | 等 |  | 等 | 等 |  | 2－31 |
| 等 | 等 |  | 等 | 等 | 等 | 2－32 |
| 等 | 等 | 等 | 等 |  |  | 2－36 |
| 等 | 等 |  |  | 等 |  | 3－3 |
| 等 | 等 | 等 |  | 等 |  | 3－5 |
| 等 | 等 |  |  | 等 |  | 3－9 |
| 等 | 等 | 等 |  | 等 |  | 3－9 |
| 等 | 等 |  |  | 等 | 等 | 3－9 |
| 等 | 等 | 等到 |  | 等 | 等到 | 3－10 |

(續表)

| | | | | | | |
|---|---|---|---|---|---|---|
| 等 | 等 | | | 等 | 等 | 3-16 |
| 等 | 等 | | | 等 | | 4-1 |
| 等 | 等 | | | 等 | | 4-4 |
| 等 | 等 | | | 等 | | 4-7 |
| 等 | 等 | | | 等 | | 4-7 |
| 等 | 等 | | | 等 | | 4-8 |
| 等 | 等 | | | 等 | | 4-11 |
| 等 | 等 | | | 等 | | 4-12 |
| 等 | 等 | | | 等 | | 4-12 |
| 等 | 等 | | | 等 | | 4-13 |
| 等 | 等 | | | 等 | | 4-16 |
| 等 | 等 | | | 等 | | 4-16 |
| 等 | 等 | | | 等 | | 4-18 |
| 等 | 等 | | | 等 | | 4-19 |

## 8.4 表動作所在的地點處所、動作行為發生時間、到達的處所

### 8.4.1 AB在——CD拉——EF落

| | | | | | | |
|---|---|---|---|---|---|---|
| 在 | 在 | 拉 | 拉 | 落 | 喺 | 2-9 |
| 在 | 在 | 拉 | 拉 | 落 | 落 | 2-18 |
| 在 | 在 | | 拉 | 落 | 落 | 2-18 |
| 在 | 在 | 拉 | 拉 | 落 | 喺 | 2-15 |
| 在 | 在 | 拉 | 拉 | 落 | | 2-36 |
| 在 | 在 | 拉 | 拉 | 落 | 落 | 2-38 |
| 在 | 在 | | | 落 | 落 | 3-7 |
| 在 | 在 | 拉 | | 落 | | 3-8 |
| 在 | 在 | 拉 | | 落 | | 3-8 |
| 在 | 在 | 拉 | | 落 | 落 | 3-9 |

(續表)

| | | | | | | |
|---|---|---|---|---|---|---|
| 到 | 在(到) | 拉 | | 落 | 喺 | 3-10 |
| 在 | 在 | 拉 | | 落 | 落 | 3-10 |
| 在 | 在 | 拉 | | 落 | | 3-10 |
| 在 | 在 | 拉 | | 喺 | 落 | 3-15 |
| 在 | 在 | 拉 | | 落 | | 3-16 |
| 在 | 在 | 拉 | | 落 | 落 | 3-16 |
| 在 | 在 | 拉 | | 落 | 落 | 3-17 |
| 在 | 在 | 拉 | | 落 | 落 | 3-17 |
| 在 | 在 | 拉 | | 落 | 落 | 3-17 |
| 在 | 在 | 拉 | | 落 | 落 | 3-17 |
| 在 | 在 | | | 落 | | 3-17 |
| 在 | 在 | | | 落 | | 4-5 |

8.4.2 AB在——CD拉——EF埋

| | | | | | | |
|---|---|---|---|---|---|---|
| 在 | 在 | 拉 | 拉 | 到 | 埋 | 2-21 |
| 在 | 在 | 拉 | | 埋 | | 3-10 |
| 在 | 在 | | | 埋 | | 4-14 |

8.4.3 AB在——CD垃拉——EF喺

| | | | | | | |
|---|---|---|---|---|---|---|
| 在城裏住 | 在城裏住 | 住拉城裏 | 垃拉城裏 | 喺城裏住 | 舍下喺城裏 | 1-1 |
| 在山上 | 在山上 | 拉山上 | 垃拉山上 | 喺山上 | 喺處 | 1-31 |
| 在家裡了 | 在家裡 | 拉屋裏 | 垃拉屋裏 | 喺處 | 喺處 | 2-8 |
| 在其內 | 在其內 | 垃拉化 | 在其內 | 在內 | 在內 | 2-9 |
| 常在外頭 | 常在外頭 | 常常垃拉外頭 | 常拉外頭 | 周年喺外頭 | 時時唔喺踨 | 2-12 |
| 還活著了 | 還在 | 還垃拉裡 | 還垃拉哩 | 重生 | 在生 | 2-17 |
| 在裏頭了 | 在裏頭了 | 垃拉裡向 | 拉裏向 | 喺裡頭處 | 喺處 | 2-18 |

(續表)

| | | | | | | |
|---|---|---|---|---|---|---|
| 在箱子裏擱着 | 在箱子裏擱着 | 垃拉箱子裡 | 拉箱子裏擱拉 | 喺箱裡放處 | 放喺處 | 2－31 |
| 在家 | 在家 | 垃拉屋裡 | | 喺公館 | 喺屋跧 | 3－18 |

8.4.4　在——等拉(登拉)——喺

| | | | | | | |
|---|---|---|---|---|---|---|
| 在家裏 | 在家裏 | 等拉屋裏 | 拉屋裏 | 喺屋唫 | 喺屋跧 | 2－11 |
| 回家 | 回家 | 等拉屋裏 | 轉去 | 翻去 | 去歸 | 2－12 |
| 在本鋪子裡 | 在本鋪子裡 | 等拉老店裡 | 拉本店裏 | 喺本鋪 | 喺番本鋪 | 2－14 |
| 在本鋪子裡 | 在本鋪子裡 | 等拉老店裡 | 拉本店裏 | 喺本鋪處 | | 2－14 |
| 在寶局上 | 在寶廠裏 | 等拉賭場裡 | 拉寶臺上 | 喺番攤館處 | 喺賭場 | 2－17 |
| 在家裏 | 在家裏 | 等拉屋裡 | 拉屋裏 | 喺屋唫 | 喺跧 | 2－23 |
| 在京裏 | 在京裏 | 等拉京裡 | 登拉京裏 | 喺京裡頭 | 留平 | 2－24 |
| 在京裏 | 在京裏 | 等拉京裡 | 登拉京裏 | 喺京處 | 留平住 | 2－24 |
| 在家裏 | 在家裏 | 等拉屋裡 | 拉屋裏 | 喺舍下 | 喺舍下 | 2－24 |
| 安置在那鋪子裡 | 安置在那鋪子裡 | 等拉箇爿店裏 | 登拉伊爿店裏 | 安置佢落鋪頭處 | 喺呢間舖安置佢 | 2－9 |
| 在鋪子裡 | 在鋪子裡 | 登拉店裏 | 拉店裏 | 喺嗻 | 喺舖處 | 2－14 |
| 在省裏住着 | 在省裏住着 | 等拉省裏 | 住拉省裏 | 喺省城住 | 住省垣 | 2－22 |

8.5　表動作起自的處所

A 起——B 在——CD 拉——E 經、喺——F 喺

| | | | | | | |
|---|---|---|---|---|---|---|
| 起 | 在 | | 拉 | 經 | 由 | 2－1 |
| 起 | 在 | | 拉 | 經 | 經 | 2－1 |
| 起 | 在 | | 拉 | | | 2－19 |
| 起 | 在 | 拉 | 拉 | | | 2－23 |

（續表）

| 起 | 在 | 拉 | 到 | 由 | 喺 | 2－25 |
|---|---|---|---|---|---|---|
| 起 | 在 |  | 拉 | 喺 | 喺 | 2－30 |
| 起 | 在 |  | 拉 | 喺 | 喺 | 2－30 |
| 起 | 在 | 從 | 拉 | 由 | 喺 | 2－36 |

8.6　表所起起點

8.6.1　A 起——B 從——C 從＞拉——D 拉＞從——E 由＞喺——F 喺＞由

| 起 | 從 |  | 從 | 喺 |  | 1－38 |
|---|---|---|---|---|---|---|
| 起 | 從 |  |  | 由 | 喺 | 2－2 |
| 起 | 從 | 從 | 拉 | 由 | 喺 | 2－3 |
| 起 | 從 | 從 | 拉 | 喺 | 喺 | 2－3 |
| 起 | 從 |  | 從 | 自 |  | 2－4 |
| 起 | 從 |  |  |  |  | 2－16 |
| 起 | 從 | 拉 | 拉 | 喺 | 喺 | 2－16 |
| 起 | 從 |  | 拉 | 由 | 喺 | 2－17 |
| 起 | 從 |  | 從 |  |  | 2－22 |
| 起 | 從 |  |  | 喺 | 喺 | 2－23 |
| 起 | 從 |  |  | 由 |  | 2－23 |
| 起 | 從 | 從 | 拉 | 打 | 由 | 2－24 |
| 起 | 從 |  | 自從 | 自 |  | 2－24 |
| 起 | 從 |  | 拉 | 自從 | 自從 | 2－24 |
| 起 | 從 | 從 |  |  | 自 | 2－25 |
| 起 | 從 | 從 | 拉 | 由 | 由 | 2－26 |
| 起 | 從 |  | 從 | 從 |  | 2－27 |
| 起 | 從 |  | 拉 |  |  | 2－28 |

(續表)

| | | | | | | |
|---|---|---|---|---|---|---|
| 起 | 從 | 拉 | 拉 | 喺 | 喺 | 2-30 |
| 起 | 從 | | | | | 2-30 |
| 起 | 從 | 從 | | 由 | 由 | 2-33 |
| 起 | 在 | 從 | 拉 | 由 | 喺 | 2-36 |
| 起 | 從 | | 從 | 喺 | 喺 | 2-36 |
| 起 | 從 | | 從 | 由 | 由 | 2-36 |
| 起 | 從 | 從 | 拉 | 由 | 由 | 2-36 |
| 起 | 從 | | 拉 | 喺 | 喺 | 2-37 |
| 起 | 從 | | | 由 | 由 | 3-6 |
| 起 | 從 | 拉 | | 由 | 喺 | 3-10 |
| 起 | 從 | | | 從 | 自 | 3-15 |
| 起 | 從 | 從 | | 喺 | 喺 | 3-18 |
| 起 | 從 | 蕩搭 | | 喺 | 喺 | 3-20 |
| 起 | 從 | 拉 | | 由 | 由 | 3-20 |
| 起 | 從 | | | 由 | | 4-13 |

8.6.2　A 打——B 從

| | | | | | | |
|---|---|---|---|---|---|---|
| 打 | 從 | | 打/從 | 由 | 打 | 1-20 |
| 打 | 從 | | 從 | 從 | 從 | 2-39 |
| 打 | 從 | | | 喺 | 由 | 3-18 |
| 打 | 從 | 打 | | 喺 | 喺 | 3-19 |
| 打 | 從 | | | 打 | | 3-19 |
| 打 | 從 | 從 | | 喺 | | 3-20 |

引介起點,北京官話本用北方口語詞"打"。南方官話本用通語詞"從",粵語偏用文言詞"由",特徵詞"喺"。

按:"打"引介"動作行為的處所、方向"的用法在宋代就有用例。介引"時間起始"的用法始見於清代。

### 8.6.3 A解——B從

| | | | | | | |
|---|---|---|---|---|---|---|
| 解 | 從 | 從 | 拉 | 由 | 由 | 2－15 |
| 解 | 從 | 從 | 拉 | 打 | | 2－15 |
| 解 | 從 | 從 | 拉 | 由 | | 2－30 |
| 解 | 從 | | 拉 | 由 | | 2－36 |
| 解 | 從 | | | | | 3－1 |
| 解 | 從 | 拉 | | 齊 | 由 | 3－9 |

| | | | | | | |
|---|---|---|---|---|---|---|
| 解 | 由 | 從 | 拉 | 由 | 喺 | 2－20 |
| 解 | 由 | 從 | 拉 | 打 | 喺 | 2－24 |

### 8.6.4 ABC從——EF由、喺

| | | | | | | |
|---|---|---|---|---|---|---|
| 從 | 從 | | | 打 | | 3－8 |
| 從 | 從 | 從 | | 喺 | 由 | 3－10 |
| 從 | 從 | 從 | | 由 | 喺 | 3－13 |

### 8.7 隨(官話)——隨便(滬語)——任從(粵語)

| | | | | | | |
|---|---|---|---|---|---|---|
| 隨… | 隨… | 隨…便 | 隨便… | 隨… | 任從… | 2－13 |
| 隨… | 隨… | 隨便… | | 隨… | 任從… | 3－1 |

### 8.8 表比較

| | | | | | | |
|---|---|---|---|---|---|---|
| 比 | 比 | 比 | 比 | 比 | 比較 | 1－21 |
| 比 | 比 | 比 | 比 | 比 | 比較 | 1－41 |
| 比 | 比 | 傍之 | 比 | 比較 | 比較 V | 2－2 |
| 比 | 比 | 比 | 比 | 比 | 比較 | 2－2 |
| 比別人便宜點兒 | 比別家便宜點兒 | 比別人便宜點 | 比別人便宜點 | 平啲過別人 | 比較別人取價更廉 | 2－10 |
| 比 | 比 | 比 | 比 | 比 | 比較 | 2－12 |
| 比上 | 比上 | 傍之 | 比 | 比起 | 比較 | 2－14 |
| 比 | 比 | 比之 | 比 | 比 | 比較 V | 2－19 |

## 8.9 表遵從方式

| 按 | 照 | 搭 | 照 | 照 | 同 | 2－14 |
|---|---|---|---|---|---|---|
| 按 | 照 | 作 | | 作 | 照 | 3－12 |
| 按 | 照 | | | 按照 | | 4－7 |
| 按 | 照 | | | 照 | | 4－9 |
| 按照 | 按照 | | | 按照 | | 4－6 |

| 按着 | 照着 | 照 | 照 | 照 | | 2－18 |
|---|---|---|---|---|---|---|
| 按着 | 照着 | 照 | 照 | 照 | | 2－18 |
| 按著 | 照着 | 照之 | 照之 | 照個 | 照 | 2－25 |
| 按着 | 照着 | 照之 | 照 | 照 | 當 | 2－36 |
| 按着 | 照着 | 照 | | 照 | | 3－1 |
| 按着 | | 照之 | | 依住 | 照 | 3－12 |
| 按着 | 據着 | 照 | 照 | 照 | 照 | 2－11 |

| 如 | 如 | 照 | 照 | 如 | 如 | 2－22 |
|---|---|---|---|---|---|---|

| 依 | 依 | 照 | 依 | 依 | 照 | 1－33 |
|---|---|---|---|---|---|---|
| 依 | 依 | 照 | 據 | 依 | | 2－34 |

| 據 | 據 | | 據 | 據 | 照 | 2－17 |
|---|---|---|---|---|---|---|
| 據 | 據 | 據 | 據 | 據 | 照 | 2－22 |
| 據 | 據 | 照 | 據 | 據 | | 2－40 |

## 8.10 表依某單位或類别

| 論斤 | 論斤 | 講斤數 | | 論斤 | 斷斤 | 3－3 |
|---|---|---|---|---|---|---|
| 論瓶 | 論瓶 | 論瓶頭 | | 論罇 | 斷樽 | 3－3 |
| 論瓶 | 論瓶 | 論瓶 | | 論罇 | 斷樽 | 3－3 |
| 論碗 | 論碗 | 論碗 | | 論碗 | 斷碗 | 3－3 |

按：表示"按照某种单位或类别等",ABCE 用宋代以來常用詞"論",《漢語大詞典》首例引宋王安石《和农具诗 · 耧种》:"富家種論石,貧家種論斗。"F 用"斷",《漢語方言大詞典》頁 5790 該條下注明"斷"是粵語、閩語用詞。

8.11　表被動

| | | | | | | |
|---|---|---|---|---|---|---|
| 給 | 被 | | 撥 | | | 2-6 |
| 給 | 被 | | 撥 | | | 2-6 |
| 給 | 被 | | | 俾 | | 3-6 |

| | | | | | | |
|---|---|---|---|---|---|---|
| 叫 | 被 | 主句 | 撥 | 主句 | 主句 | 2-12 |
| 叫 | 叫 | 主句 | 撥 | 俾 | 被 | 2-12 |

# 九　助　詞

9.1　結構助詞

9.1.1　偏正結構助詞：AB 的 $_1$——CD 个——EF 嘅

| | | | | | | |
|---|---|---|---|---|---|---|
| 的 | 的 | 个 | 个 | 嘅 | 嘅 | 1-11 |
| 的 | 的 | 个 | 个 | 嘅 | 嘅 | 1-12 |
| 的 | 的 | 个 | 个 | 嘅 | 嘅 | 1-17 |
| 的 | 的 | 個 | 个 | 嘅 | 嘅 | 1-20 |
| 的 | 的 | 个 | 个 | 嘅 | 嘅 | 1-23 |
| 的 | 的 | 个 | 个 | 嘅 | 嘅 | 1-29 |
| 的 | 的 | 个 | 个 | 嘅 | 嘅 | 1-30 |
| 的 | 的 | 个 | 个 | 嘅 | 嘅 | 1-32 |
| 的 | 的 | 个 | 个 | 嘅 | 嘅 | 1-37 |
| 的 | 的 | 个 | 个 | 嘅 | 嘅 | 1-38 |
| 的 | 的 | 个 | 个 | 嘅 | 嘅 | 1-45 |
| 的 | 的 | 个 | 个 | 嘅 | 嘅 | 2-1 |

(續表)

| 的 | 的 | 个 | 个 | 嘅 | 嘅 | 2-7 |
|---|---|---|---|---|---|---|
| 的 | 的 | 个 | 个 | 嘅 | 嘅 | 2-8 |
| 的 | 的 | 个 | 个 | 嘅 | 嘅 | 2-9 |
| 的 | 的 | 个 | 个 | 嘅 | 嘅 | 2-10 |
| 的 | 的 | 个 | 个 | 嘅 | 嘅 | 2-12 |
| 的 | 的 | 个 | 个 | 嘅 | 嘅 | 2-13 |
| 的 | 的 | 个 | 个 | 嘅 | 嘅 | 2-14 |
| 的 | 的 | 个 | 个 | 嘅 | 嘅 | 2-15 |
| 的 | 的 | 个 | 个 | 嘅 | 嘅 | 2-16 |
| 的 | 的 | 个 | 个 | 嘅 | 嘅 | 2-17 |
| 的 | 的 | 个 | 个 | 嘅 | 嘅 | 2-18 |
| 的 | 的 | 个 | 个 | 嘅 | 嘅 | 2-19 |
| 的 | 的 | 个 | 个 | 嘅 | 嘅 | 2-20 |

按:"的"除了作結構助詞外,還用作動補結構助詞"的 2"、句末語氣助詞"的 3",故此結構助詞作"的 1"。

9.1.2 動補結構("V 得/的 C")助詞

助詞"得"用在動詞、形容詞和表示狀態、程度的補語之間,構成"V 得 C/V 的$_2$C"動補結構。在 AB 版中,用"V 得 C/V 的$_2$C";滬語用"V 來/得 C";粵語用"V 到/得 C"。略举例如下:

| 刻的$_2$也粗 | 刻的$_2$也粗 | 刻來粗 | 刻拉个末粗 | 雕工又粗 | 雕刻咁粗 | 1-12 |
|---|---|---|---|---|---|---|
| 冷的很 | 冷得很 | 冷來 | 冷來死 | 咁冷 | 好冷 | 1-25 |
| 燉的$_2$爛爛兒的 | 燉的$_2$稀爛的 | 燒來殨點 | 敦來酥點 | 燉到爛爛的 | 煑到腍 | 1-41 |
| 弄的$_2$那麼挺梆硬的$_1$ | 弄的$_2$那麼挺梆硬的$_1$ |  | 弄來實蓋綳硬个 | 整的硬轟轟 | 煑得帶韌或帶硬 | 1-41 |
| 鬧的$_2$兇 | 鬧得兇 | 鬧來交關 | 實蓋能吵法 | 眞正交關 | 眞係累人不淺 | 1-43 |

(續表)

| 吵的2睡<br>不着覺 | 吵得困<br>不着醒 | 吵來夜裡<br>睏勿起 | 吵得夜裏<br>睏勿着 | 嘈得你喊<br>瞓唔着覺 | 咁嘈 | 1-43 |
|---|---|---|---|---|---|---|
| 打的不錯 | 打的不錯 |  | 打來勿推班 | 打得唔錯 | 打得幾好 | 2-15 |
| 累的2動<br>不得 | 累得動<br>不得 | 衰猪來<br>動勿動 | 弛猪來<br>動勿動 | 辛苦到<br>唔轡得 | 好疚癐<br>唔郁得 | 2-15 |
| 着急的2<br>了不得 | 着急得<br>了不得 | 着急來<br>非凡 | 着急得<br>了勿得 | 急到了<br>不得 | 操心到<br>了不得 | 2-22 |
| 敗的2<br>這麽快 | 敗的這<br>麽快 | 敗來什<br>介快 | 敗得實<br>蓋个快 | 敗得咁快 | 敗得咁快 | 2-23 |
| 踒了很疼 | 踒了很疼 | 跌來痛極 | 極痛 | 屈得好痛 | 屈親好痛 | 2-25 |
| 長得很<br>體面 | 長的很<br>體面 | 生得來<br>蠻體面 | 生得極<br>體面 | 好體面 | 好體面 | 2-25 |
| 兇横的2<br>了不得 | 兇横的2<br>了不得 | 兇横來<br>非凡 | 兇横來<br>了勿得 | 兇横到了<br>不得添 | 兇横到極 | 2-26 |
| 喜歡的2<br>了不得 | 喜歡的2<br>了不得 | 快活來<br>非凡 | 歡喜來<br>了勿得 | 歡喜到<br>了不得 | 極之歡喜 | 2-26 |
| 嚇的2也不<br>敢言語了 | 嚇的2也不<br>敢言語了 | 懗來響亦<br>勿敢響 | 嚇得也勿<br>敢話啥 | 嚇到唔<br>嗽出聲 | 至到唔<br>敢出聲 | 2-26 |
| 擱得日<br>子多了 | 擱得日<br>子多了 | 隔得多之 | 擱來日<br>脚多之 | 歇得日<br>子耐 | 歇得日<br>子耐 | 2-27 |
| 害怕的2<br>了不得 | 害怕的2<br>了不得 | 懗來非凡 | 嚇來了<br>勿得 | 慌得乜<br>野嗽 | 極之驚慌 | 2-29 |
| 苦的2了<br>不得 | 苦得了<br>不得 | 苦來非凡 | 苦得了<br>勿得 | 苦到了<br>不得 | 苦到了<br>不得 | 2-31 |
| 嚇的2可就<br>驚下去了 | 嚇的2却就<br>一個驚走<br>去了 | 怕之咾<br>跑脱者 | 嚇來一跳<br>跑之去哉 | 嚇慌佢就<br>走落去嘵 | 就着驚<br>跑嘵咯 | 2-32 |
| 作的2好<br>不好 | 作的2好<br>不好 | 做來好<br>勿好 | 做得好<br>勿好 | 作得好<br>唔好 | 作得好<br>唔呢 | 2-40 |
| 作的2還算<br>可以的1 | 作的2還算<br>可以的1 | 做來還<br>算可以 | 做得還<br>算可以 | 作得都<br>算幾好 | 都算可以 | 2-40 |
| 作的2也<br>很好 | 作的2也<br>很好 | 做來亦<br>十分好 | 做得也<br>極好 | 做得甚好 | 極妙 | 2-40 |

(續表)

| | | | | | | |
|---|---|---|---|---|---|---|
| 苦得簡直的 1 喝不得 | 苦得簡直的 1 喝不得 | 濃來發苦 | | 苦到直頭唔入得口 | 太苦唔飲得 | 3 - 2 |
| 煮的 2 是筋觔兒 | 煮的 2 是筋觔兒 | 炙來得法 | | 煲得恰可 | 炝得好啱 | 3 - 3 |
| 漿得這麼軟 | 漿得這麼軟 | 漿來軟來 | | 漿成咁軟 | 漀得咁軟 | 3 - 5 |
| 碰的 2 頭暈眼花 | 碰得頭暈眼花 | 弄得人來頭昏腦悶 | | 碰到頭暈眼花 | 令人頭暈 | 3 - 6 |
| 長得那麼很標緻 | 長得那麼很標緻 | 生來十分標緻得極 | | 生得咁青靚 | 生得好樣 | 3 - 11 |
| 拾掇俐儸 | 收拾乾淨 | 出理來乾乾淨淨 | | 執拾企理 | 整周至 | 3 - 15 |
| 臢的 2 了不得 | 腌臢的 2 了不得 | 齷齪來非凡 | | 了唔得咁汙糟 | 好污糟 | 3 - 16 |

9.2 時態助詞

9.2.1 動作正在進行或狀態持續之時態助詞：著

表示動作正在進行或狀態持續,AB版官话用時態助詞“着”,但滬語、粵語很丰富。滬語有四種對應形式：常用方言助詞“之”(見 9.2.1.1)、“拉”(見 9.2.1.2、9.2.1.6、9.2.1.7),沿用官話助詞“着”(見 9.2.1.3),或者不用助詞(見 9.2.1.4)。粵語有四種對應形式：常用方言助詞“住”(見 9.2.1.1、9.2.1.2、9.2.1.3、9.2.1.4)、助詞“緊”(見 9.2.1.5)、助詞“處”(見 9.2.1.6)、助詞“埋”(見 9.2.1.7)、助詞“翻”(見 9.2.1.8),助詞“親”(見 9.2.1.9),或者不用助詞(見 9.2.1.2)。

9.2.1.1 AB：V着(著)(官話)——CD：V之(滬語)——EF：V住(粵語)

| | | | | | | |
|---|---|---|---|---|---|---|
| 隔着 | 隔着 | 隔之 | | 隔住 | 隔住 | 1 - 16 |
| 拿着 | 拿着 | 担之 | 拿 | 揸住 | 揸住 | 2 - 7 |
| 瞧了一會子 | 看了一會兒 | 看 | 看之一歇 | 睇咽一排 | 睇住 | 2 - 11 |
| 騎着 | 騎着 | 騎之 | 騎之 | 騎住 | 騎 | 2 - 15 |

(續表)

| | | | | | | |
|---|---|---|---|---|---|---|
| 揹着 | 揹着 | 揵之 | 掮之 | 擔住 | 托 | 2-15 |
| 騎着 | 騎着 | 騎之 | 騎之 | 騎住 | 騎住 | 2-15 |
| 指着 | 指着 | 指之 | 點之 | 指住 | 指住 | 2-28 |
| 帶着 | 帶着 | 跟之 | 帶之 | 帶住 | 帶 | 2-29 |
| 掛着 | 掛着 | 掛 | 掛之 | 掛住 | | 2-29 |
| 拉着 | 拉着 | 牽之 | 拉之 | 拉住 | 拉住 | 2-32 |
| 拉着 | 拉着 | 牽之 | 牽之 | 帶住 | 帶住 | 2-32 |
| 跟着 | 跟着 | 跟之 | 跟之 | 跟住 | 跟住 | 2-35 |
| 跟着 | 跟着 | 跟 | 跟之 | 跟住 | | 2-35 |
| 帶著 | 帶著 | 領之 | 領 | 帶住 | | 2-36 |
| 拿着 | 拿着 | 担之 | 拿之 | 揸住 | 揸住 | 2-36 |
| 拿著 | 拿著 | 担之 | 拿之 | 揸住 | 揸 | 2-36 |
| 拿着 | 那(拿)着 | 担之 | 拿之 | 揸住 | 揸 | 2-37 |
| 挑着 | 挑着 | 挑之 | | 担住 | 担 | 3-18 |

| | | | | | | |
|---|---|---|---|---|---|---|
| 拿 | 拿 | 担之 | | 揸住 | 帶埋 | 3-20 |

| | | | | | | |
|---|---|---|---|---|---|---|
| 將就着住了一夜 | 將就的住了一夜 | 進去過之一夜 | 將就个住之一夜 | 將就住住一晚 | 將就捱曉一晚 | 2-15 |
| 先將就着住罷 | 先將就的住罷 | 暫且等一等 | | 將就住住先致算啦 | 暫時捱住喇 | |

按：介詞也是如此規律：

| | | | | | | |
|---|---|---|---|---|---|---|
| 按着 | | 照之 | | 依住 | 照 | 3-12 |

9.2.1.2 表示持續 AB：V着(官話)——CD：V拉(滬語)——EF：V住(粵語)

| | | | | | | |
|---|---|---|---|---|---|---|
| 包着 | 包着 | | 包拉 | 包住 | 包住 | 2-7 |
| 包著 | 包著 | | 包拉 | 包住 | 裝住 | 2-7 |
| 緊挨着 | 緊靠着 | 連拉 | 靠着 | 貼住 | 貼近 | 2-12 |

(續表)

| | | | | | | |
|---|---|---|---|---|---|---|
| 看着 | 看着 | 看拉 | 看拉 | 看住 | 看守 | 2－13 |
| 關着 | 關着 | 關拉 | 關拉 | 關住 | 閂住 | 2－29 |
| 對着 | 開(關)着 | 關拉 | 關拉 | 掩住 | 掩埋 | 2－35 |
| 坐着 | 坐着 | | 坐拉 | 坐嘸 | 坐住 | 2－38 |

| | | | | | | |
|---|---|---|---|---|---|---|
| 坐一坐 | 坐一坐 | 坐一坐 | 坐一坐 | 坐住 | 坐住 | 2－14 |
| 聽着 | 聽着 | 聽好 | 聽好 | 聽住 | 聽住 | 2－39 |
| 關着 | 關着 | 關拉 | 關拉 | 關住 | 閂住 | 2－39 |
| 記着 | 記着 | 記好 | 記好 | 記住 | 記得 | 2－39 |
| 聽着 | 聽着 | 聽拉 | 聽之 | 聽住 | 聽住 | 2－39 |
| 聽着 | 聽着 | 聽拉 | 聽拉 | 聽住 | 聽住 | 2－40 |
| 瞧 | 看 | 看 | | 睇住 | 睇吓 | 3－10 |
| 聽 | 聽 | | | 聽吓 | 聽住 | 3－14 |
| 瞧 | 看 | 看 | | 睇住 | 睇住 | 3－18 |
| 拿着 | 拿着 | 担 | | 愛 | 擰住 | 3－18 |

| | | | | | | |
|---|---|---|---|---|---|---|
| 有眼裏兒兒 | 有眼裏兒見 | 生眼睛拉去看 | | 有雙眼 | 頭上帶住眼 | 3－15 |

| | | | | | | |
|---|---|---|---|---|---|---|
| 住着 | 住着 | | 住拉 | 住 | | 2－2 |
| 擱着 | 擱着 | | 擱拉 | | | 2－6 |
| 種着 | 種着 | 種拉 | 種拉 | 耕 | 耕 | 2－8 |
| 種着 | 種着 | 種拉 | 種拉 | 耕 | 耕 | 2－8 |
| 預備着 | 預偹着 | | 預備拉 | | | 2－10 |
| 擱著 | 擱著 | | 放拉 | | | 2－13 |
| 住着 | 住着 | 住拉(在义) | 住拉 | 住 | 居住 | 2－22 |
| 封着 | 封着 | 封拉 | 封拉 | 封嘵 | 被封 | 2－22 |
| 住著 | 住 | 住拉 | 住拉 | 住 | | 2－30 |
| 站着 | 站着 | 立拉 | 立拉 | 企倒嘸 | | 2－32 |

(續表)

| | | | | | | |
|---|---|---|---|---|---|---|
| 站着 | 站着 | 立拉 | 立拉 | 企 | 企 | 2-33 |
| 等着 | 等着 | 等拉 | 等拉 | 等 | 等 | 2-37 |
| 等着 | 等着 | | 等拉 | 等吓 | 等 | 2-37 |
| 住着 | 住着 | 住拉(在义) | 躭擱拉 | 住在 | 住 | 2-38 |
| 住着 | 住着 | 住拉 | 躭擱 | 住咽 | 住 | 2-38 |
| 坐着 | 做着 | 坐拉 | | 坐 | | 3-7 |
| 坐着 | 坐着 | 坐拉 | | | | 3-11 |
| 收着 | 收着 | 收拉 | | 收 | 號過 | 3-19 |

| | | | | | | |
|---|---|---|---|---|---|---|
| 還小哪 | 還小哪 | 還小拉哩 | 小哩 | 年紀重細 | 年紀重輕 | 1-3 |
| 天還早哪 | 天還早哪 | 天早拉哩 | 天還早拉哩 | 時候重早呀 | 重好早呀 | 2-4 |
| 還有事哪 | 還有事哪 | 還有小事體拉哩 | 還有事體 | 重有事幹 | 有的事要辦嘅 | 2-9 |
| 還不行哪 | 還不行哪 | 勿局拉哩 | 還勿可以拉哩 | 重唔曾得 | 就未曾得 | 2-14 |
| 還沒好了 | 還沒好呢 | 還勿曾好 | 還勿曾好拉哩 | 未曾好翻 | 未曾好番 | 2-15 |
| 還活著了 | 還在 | 還垃拉裡 | 還垃拉哩 | 重生 | 仍然在生 | 2-17 |
| 寫着了 | 寫着了 | 寫清爽拉者 | 寫明拉哉 | 劄明落張單處嘅噃 | 劄明落單嘅咯 | 2-18 |

9.2.1.3　表示持續 AB：V 着(官話)——CD：V 着(滬語)——EF：V 住(粵語)

| | | | | | | |
|---|---|---|---|---|---|---|
| 寫着 | 寫着 | 寫 | 寫着 | 寫住 | 寫着 | 2-21 |
| 惦記着 | 罣記着 | 想着 | | 掛住 | 顧 | 3-18 |

| | | | | | | |
|---|---|---|---|---|---|---|
| 想 | 想 | 想着 | 想念 | 掛住 | 掛念 | 1-5 |

### 9.2.1.4 表示持續 AB: V着(官話)——EF: V住(粵語)

| 閒着 | 閒着 | | | 閑住 | 閒住 | 1-13 |
| --- | --- | --- | --- | --- | --- | --- |
| 攙着 | 攙着 | 攙 | 攙 | 扶住 | 扶 | 2-25 |
| 擺着 | 放着 | | 放拉 | 放住 | | 2-28 |
| 裝著 | 裝著 | | | 馱住 | 裝住 | 2-28 |
| 等著 | 等著 | 等 | 等 | 等住 | 等 | 2-37 |
| 指着 | 指着 | | | 指住 | 指住 | 2-39 |
| 挨着 | 挨着 | | | 挨住 | | 3-1 |
| 帶着 | 帶着 | 帶 | | 帶住 | 帶 | 3-8 |
| 帶着 | 帶着 | 担起來 | | 帶住 | 帶 | 3-8 |
| 照看着 | 照看着 | 照顧 | | 照料住 | 顧住 | 3-8 |
| 汪着 | 汪着 | 有 | | 留住 | 有 | 3-16 |
| 拿着 | 拿着 | 担 | | 擰住 | | 3-18 |
| 帶着 | 帶着 | | | 帶住 | | 4-5 |
| 跟着 | 跟着 | | | 跟住 | | 4-13 |
| 押着 | 押着 | | | 押住 | | 4-13 |

| 聽 | 聽 | 聽聽 | 聽聽 | 聽吓 | 聽住 | 1-20 |
| --- | --- | --- | --- | --- | --- | --- |
| 等 | 等 | | | 等住 | | 4-19 |

### 9.2.1.5 表示持續 AB: V着(官話)——CD: V拉(滬語)——EF: V緊(粵語)

| 站着 | 站着 | | 立拉 | 企處 | 企緊 | 1-45 |
| --- | --- | --- | --- | --- | --- | --- |
| 開著 | 開著 | 開拉 | 開拉 | 開緊 | 開 | 2-2 |
| 做着 | 做好 | 做拉 | 做好 | 造開 | 做緊 | 2-7 |
| 開着 | 開着 | 開 | 開 | 開緊 | 開緊 | 2-10 |
| 住着 | 住着 | 登拉 | 住拉 | 住緊 | 住緊 | 2-11 |
| | | 開店拉 | | 開緊 | 開緊 | 2-11 |

(續表)

| | | | | | | |
|---|---|---|---|---|---|---|
| 吃着藥 | 吃着藥 | 吃藥 | 吃之藥 | 吃緊藥 | 食緊藥 | 2-28 |
| 吃點心 | 吃點心 | 吃點心 | 吃點心 | 食點心 | 食緊野 | 2-36 |
| 站着 | 站着 | 站拉 | | 企處 | 企緊 | 3-11 |
| 告着假 | 告着假 | | | 告緊假 | | 4-2 |

| | | | | | | |
|---|---|---|---|---|---|---|
| 正在地裏鋤地 | 正在地裏鋤地 | 貼正拉坌田坌田 | 拉田裏坌田坌田 | 正喺處掘緊地 | 鋤緊地 | 2-11 |
| 正出恭 | 正出恭 | 出恭个辰光 | 解溲 | 正話出緊恭 | | 2-29 |
| 正坐在屋裏喝茶 | 正坐在屋裏喝茶 | 吃茶个辰光 | 貼準坐拉房裏吃茶 | 正話坐屋裡飲緊茶 | 坐處飲緊 | 2-35 |
| 說話之間 | 說話之間 | 話个時氣 | 說話之間 | 講緊個陣 | 講緊箇時 | 2-36 |
| 在點心鋪裏吃點心哪 | 在點心鋪裏吃點心哪 | 拉點心店裡吃點心 | 拉點心店裏吃點心 | 喺嗰間鋪裡便食緊點心嘸哩 | 喺箇間鋪食緊點心 | 2-36 |
| 打早尖的時候 | 吃早飯的時候 | 吃早飯个時候 | 吃早飯个時候 | 食早飯之時 | 食緊早飯箇時 | 2-38 |
| 正走之間 | 正走之間 | | | 行緊 | | 4-6 |

## 9.2.1.6 表示持续：V着——V拉——V處

| | | | | | | |
|---|---|---|---|---|---|---|
| 坐着 | 坐着 | 坐拉 | 坐拉 | 坐處 | 坐處 | 2-7 |
| 坐着 | 坐着 | 坐拉 | 坐拉 | 坐處 | 坐處 | 2-11 |
| 擱着 | 擱着 | | 擱拉 | 放處 | 放喺處 | 2-31 |
| 擱着 | 擱着 | 放拉 | | 丟處 | | 3-17 |
| 打官司來着 | 打官司來的 | 打官司 | 打官司 | 打緊官司 | 打官司 | 2-32 |

## 9.2.1.7 表示持续：V着——V拉——V埋

| | | | | | | |
|---|---|---|---|---|---|---|
| 存着 | 存着 | | 存拉 | 上埋 | 上埋 | 2-10 |
| 收着 | 收着 | 收管拉 | 收拉 | 收埋 | | 2-16 |
| 收着 | 收着 | 放拉 | 园拉 | 收埋 | 收埋 | 2-40 |
| 縱着 | 綯倒 | 皺拉 | | 有啲皺埋 | 有的皺紋 | 3-5 |
| 收着 | 收着 | 收拉 | | 收埋 | 鎖 | 3-7 |
| 收着 | 撿着 | 收拉 | | 收埋 | | 3-14 |

9.2.1.8 表示持续：V着——V拉——V翻

| 種着 | 種着 | 種拉 | 種拉 | 耕翻 | 耕 | 2－8 |
|---|---|---|---|---|---|---|
| 留著 | 留著 | 留拉 | 留拉 | 留翻 | | 2－12 |
| 留著 | 留著 | 留拉 | 留拉 | 留翻 | 唔係收埋 | 2－12 |
| 留着 | 留着 | 留拉 | | 留翻 | 留番 | 3－17 |
| 留着 | 留着 | 留拉 | | 留翻 | 留番 | 3－18 |

按：粵語之“翻”在語境中處於“唯補詞(動相補語)＞持續體助詞”之間。

9.2.1.9 V着——V親1

按：親1,動態助詞,表示進行態,粵語特徵詞。(参見《漢語方言大詞典》P.4338)

| 招着我 | 招着我 | 碰起我來 | 惹我 | 撩親我 | 激親我 | 1－45 |
|---|---|---|---|---|---|---|
| 那位朋友知道害怕 | 那位朋友曉得害怕 | 朋友曉得之嚇咾 | 伊位朋友曉得之要嚇 | 嗰位朋友聽見慌 | 嚇親嗰位朋友 | 2－29 |
| 有幾十號 | 有幾十號 | 有幾十號 | 有幾十號 | 睇親都有幾十個證 | 有幾十人 | 2－37 |
| 出去的時候 | 出去的時候 | 出去之後來 | | 出親街 | 自後我出去 | 3－15 |

按:“着”有時是“狀態補語”,住着＝住下,住着了＝住下了,如:

【A】您在那兒住着了？我在城外頭店裡住着了。在那個店裡住着了？在西河沿大成店裏住着了。(2－2)

【B】您在那裏住着了？我在城外頭店裡住着。在那個店裏住着呢？在西河沿大成店裏住着呢。

【C】住拉啥地方？我住拉城外店裡。住拉啥人家店裡？住拉河西灘大成店裡。

【D】儂住拉那裏？我拉城外頭寓裡住拉。拉啥人家寓裡住拉？拉靠西河邊上大成寓裏。

【E】你喺邊處住呀？我喺城外一間鋪頭住呀。喺邊間鋪頭住呢？喺西河沿大成店裡頭住。

【F】乙你喺邊處寄宿呢？甲喺華人城內一間旅店。乙邊間旅店呢？甲我在西河沿大成店住呀。

【A】撿了一張銀票，到銀號裡取銀子去了。

【B】撿了一張銀票，到銀號裏發銀子去的。

【C】拾着之一張銀票，到莊上去領銀子。

【D】拾着之一張銀票，到銀號裏去收銀子。

【E】執到一張銀票，到嗰間銀鋪攞銀。

【F】執倒張銀票，到銀號找銀。

9.2.2　表示完畢或某種行為、變化曾經發生的助詞：過

9.2.2.1　過——過歇/歇——過

| 會過 | 會過 | 會過歇 | 會過 | 會過 | 會過 | 1－1 |
|---|---|---|---|---|---|---|
| 看過 | 看過 | 讀過歇 | 看過 | 睇過 | 睇過 | 1－29 |
| 看過 | 看過 | 讀過歇 | 看過 | 睇過 | 讀過 | 1－29 |
| 告訴過我 | 告訴過我 | 對我話歇 | 替我話過 | 話過俾我聽 |  | 2－1 |
| 做過 | 做過 | 做過歇 | 做過 | 做過 | 做過 | 2－2 |
| 開過 | 開過 | 開過歇 | 開過 | 開過 | 開過 | 2－2 |
| 補過 | 補過 | 補過歇 | 補過 | 補過 | 補過 | 2－3 |
| 去了 | 去了 | 去歇 | 去歇 | 去過 | 去過 | 2－4 |
| 賣過 | 賣過 | 賣歇 | 賣過 | 賣過 |  | 2－7 |
| 賣過 | 賣過 | 賣過歇 | 賣過 |  | 賣過 | 2－7 |
| 來過 | 來過 | 來過歇 | 來過 | 嚟過 | 嚟過 | 2－11 |
| 作個 | 作個 | 做過歇 | 做過 | 做過 | 犯過 | 2－16 |
| 作過 | 作過 | 做過歇 | 做過 | 做過 |  | 2－16 |
| 開過 | 開過 | 開過歇 | 開過 | 開過 | 做過 | 2－16 |

(續表)

| | | | | | | |
|---|---|---|---|---|---|---|
| 開過 | 開過 | 開過歇 | 開過 | 開過 | 開過 | 2－16 |
| 做過 | 做過 | 做過歇 | 做過 | 做過 | 做過 | 2－16 |
| 還過 | 還過 | 還歇 | 還過 | 還過 | 還過 | 2－17 |
| 開過 | 開過 | 開過歇 | 開過 | 開過 | 開過 | 2－17 |
| 學過 | 學過 | 學歇 | 學過 | 學過 | 學過 | 2－17 |
| 學過 | 學過 | 學歇 | 學過 | 學過 | 學過 | 2－17 |
| 跟過 | 跟過 | 跟過歇 | 跟過 | 跟過 | 跟過 | 2－17 |
| 見過 | 遇見個 | 碰着歇 | 看見過 | 碰見過 | | 2－25 |
| | | 幫歇閣下過 | | 幫過 | 幫助過 | 2－31 |
| | | 去歇 | | | 去過 | 2－33 |
| 說過 | 說過 | 話過歇 | 話過 | 講過 | 話過 | 2－33 |
| 當過 | 當過 | 做歇 | | 當過 | 做過 | 3－1 |
| 使喚過 | 使喚過 | 用過歇 | | 請過 | 請過 | 3－1 |
| 說過 | 說過 | 話過歇 | | 講過 | | 3－7 |
| 去過 | 去過 | 去過歇 | | 去過 | 去過 | 3－8 |
| 去過 | 去過 | 去歇 | | 去曉 | 去過 | 3－8 |
| 當過 | 當過 | 當過歇 | | | 做過 | 3－13 |
| 幹過 | 幹過 | 有歇 | | 做過 | | 3－15 |
| 沒小心過 | 沒小心過 | 勿曾小心歇 | | 有留心過 | 未試過用心 | 3－15 |
| 沒乾淨過 | 沒乾淨過 | 勿曾揩乾淨歇 | | | | 3－15 |
| 當過 | 當過 | 做歇 | | 當過 | 做過 | 3－20 |
| 當過 | 當過 | 做過歇 | | 當過 | | 3－20 |

按：ABEF版過去時助詞為“過”，滬語C版少數用“歇”多數則“過歇”連用。《漢語方言大詞典》(頁6562)“歇”條下釋“歇：助詞，過(用在動詞後面)”。則“歇”“過歇”是吳語表時態之特徵詞。D版

主要用“過”,偶爾用“歇”。可見C版舊派滬語特點,D版是新派特點。

9.2.2.2 過——之——嘵

| 倒過 | 頂過 | 買之 | 盤之 | 頂嘵 | 頂 | 2-9 |
|---|---|---|---|---|---|---|

9.2.3 时态助词“了$_1$”

時態助詞“了$_1$”只在AB版用,CD版對應為“之”,E版為“阻(咽)/嘵”F用“嘵”。有時CDEF用“VC”動補結構表達。略列舉第一第二卷的用例:

| 下了雨 | 下了雨 | 落雨 | 落雨 | 落雨嚟 | 落雨 | 1-23 |
|---|---|---|---|---|---|---|
| 到了夜深了 | 到了夜深了 | 夜深之後來 | 夜深哉 | 下半夜 | 深夜 | 1-23 |
| 醒了 | 醒了 | 醒轉來 | 覺哉 | 瞓醒 | 瞓醒 | 1-23 |
| 打了兩下兒 | 打了兩下 | 敲得兩記 | 敲之兩點 | 打兩點 | 打兩吓 | 1-26 |
| 埋了就完了 | 埋了就完了 | 葬脫之伊歇作 | 埋拉泥裏就罷哉 | 埋阻就算了咯 | 葬嘵佢,噉就了事咯 | 1-33 |
| 賣完了皮貨 | 賣完了皮貨 | 皮貨賣完之後來 | 賣完之皮貨 | 買嗰啲貨 | 賣完之後 | 2-2 |
| 開了個洋廣雜貨棧 | 開了個洋廣雜貨棧 | 開一爿洋廣雜貨棧 | 開一爿洋廣雜貨店 | 開咽一間洋廣雜貨鋪 | 開間洋廣雜貨鋪 | 2-2 |
| 關了有七八年了 | 關了有七八年了 | 關之七八年者 | 關之有七八年哉 | 關咽七八年咯 | 停嘵唔做咯 | 2-2 |
| 過了節 | 過了節 | 過點月半 | 過之節咾 | 過嘵節 | 過上元節 | 2-4 |
| 封了印 | 封了印 | 封印之後來 | 封之印 | 封咽印 | 封印後 | 2-4 |
| 去了兩盪 | 去了兩盪 | 去歇二回 | 去歇兩盪 | 去過兩次 | 去過兩次 | 2-4 |
| 辦了幾件零碎的事情 | 辦了幾件零碎的事情 | 辦點零碎事體 | 辦歇幾件零碎事體 | 辦咽幾件咂碎嘅事 | 辦一兩件小案 | 2-4 |
| 開了印 | 開了印 | 開之印 | 開印 | 開咽印 | 一開印 | 2-4 |
| 去晚了 | 去晚了 | 晚之去 | 晚之去 | 去得晏 | 太遲去 | 2-4 |

(續表)

| | | | | | | |
|---|---|---|---|---|---|---|
| 撿了一張銀票 | 撿了一張銀票 | 拾着之一張銀票 | 拾着之一張銀票 | 執到一張銀票 | 執倒張銀票 | 2-6 |
| 到了銀號 | 到了銀號 | 到之莊上 | 到之銀號 | 到銀鋪 | 一到 | 2-6 |
| 拿了去了 | 拿了去了 | 捉之去 | 捉之去 | 捉住 | | 2-6 |
| 送了縣了 | 送了縣了 | 送到縣裡 | 送之縣 | 送曉如縣 | 解入縣長衙門 | 2-6 |
| 出了盪外 | 出了一盪門 | 外勢出去之一時 | 出之一盪門 | 出門 | 去曉好耐 | 2-8 |
| 鬬了 | 鬬了 | 鬬之 | 鬬脫 | 鬬曉 | | 2-9 |
| 找了一棵大樹 | 找了一棵大樹 | 尋着一顆(棵)大樹 | 尋之一棵大樹 | 搵倒一翕大樹 | 搵着翕大樹 | 2-11 |
| 涼快了半天 | 乘了半天涼 | 乘之半日風涼 | 乘之半日風涼 | 涼曉半日 | 乘涼 | 2-11 |
| 瞧了 | 看了 | 看 | 看之 | 睇咽 | 睇住 | 2-11 |
| 占了地 | 占了地 | 佔之田 | 佔之田 | 佔曉田 | 佔曉地 | 2-12 |
| 換了人 | 換了人 | 換之人 | 換之人 | 換曉人 | 換過別人 | 2-14 |
| 得了病 | 得了病 | 生之病 | 得之病 | 得曉病 | 有病 | 2-14 |

9.2.4 粵語土話助詞

9.2.4.1 表示被動或遭受：親2

表示遭受或受動，官話和滬語用短語結構，粵語用助詞“親”。《漢語方言大詞典》(P. 4338)：“親：〈助〉用在動詞後面，表示被動或遭受。粵語。”在《粵語指南》得到體現，如下表：

| | | | | | | |
|---|---|---|---|---|---|---|
| 着點兒涼 | 受了點兒寒 | 着之點冷 | 着/受之點冷/寒 | 冷親 | 冷親 | 1-5 |
| 踒了很疼 | 踒了很疼 | 跌來痛極拉 | 脚跟極痛 | 屈得好痛 | 屈親好痛 | 2-25 |
| 驚嚇 | 驚嚇 | 吃之驚嚇 | 吃之驚嚇 | 嚇親 | 嚇親 | 2-28 |
| 車磨了 | 車上磨了 | 車子上磨壞脫 | | 俾車揩親咯 | 俾佢損壞咯 | 2-17 |

9.2.4.2　表示動作一發生,馬上會引起某種反映:親3

表示動作一發生,馬上會引起某種反映,相當於"一…就…"。粵語有助词"親"。《漢語方言大詞典》(P.4338):"親:〈助〉表示動作一發生,馬上會引起某種反映,相當於'一…就…'。粵語。"

| | | | | | | |
|---|---|---|---|---|---|---|
| 要是信…,那就 | 要是信…,那就 | 相信…,貼正 | 若然相信…,就要 | 如果你信親…,就一定噲 | 倘若信…,就一定噲 | 1-6 |
| 一見錢 | 一見錢 | 一看見之銅錢 | 一見銅錢 | 見親錢 | 一見錢 | 2-16 |
| 去封貨,就 | 去估貨,就 | 估起來味 | 去劃貨色,就會 | 去拆親,必噲 | 去拆親,就 | 2-20 |
| 一封貨就… | 一估貨就… | 估个物事推扳 | 一劃貨色就… | 拆親係… | 一拆親就… | 2-20 |
| 皮東西一曬/晒,毛梢兒就… | 皮東西一晒,毛稍兒就… | 皮衣裳曬之味,毛要 | | 皮野晒親,鋒毛就噲 | 皮衣服被熱頭晒,的毛噲 | 3-10 |

9.3　語氣助詞

9.3.1　疑問語氣助詞

AB官話常用的疑問語氣助詞有:嗎、呢、罷、哪、呀、了,對應的滬語粵語詞分別如下

9.3.1.1　主要用於是非問的"嗎"

| 语气词 | A | B | C | D | E | F | 出处 |
|---|---|---|---|---|---|---|---|
| 是非问句 | 麽 | 麽 | 否 | 呢啥 | 嗎 | 嗎 | 1-1 |
| | 麽 | 麽 | 呢啥 | 否 | 嗎 | 咩 | 1-5 |
| | 麽 | 麽 | 否 | 末 | 嗎 | 嗎 | 1-7 |
| 是非一选择 | 麽 | 麽 | 否 | 否 | 有冇呢 | 有冇呀 | 1-16 |
| | 麽 | 麽 | 否 | 否 | 咩 | 嗎 | 1-17 |
| | 麽 | 麽 | 否 | 否 | 嗎 | 咩 | 1-18 |
| | 麽 | 麽 | 否 | 否 | 嗎 | 噃 | 1-18 |

(續表)

| 语气词 | A | B | C | D | E | F | 出处 |
|---|---|---|---|---|---|---|---|
| | 麼 | 麼 | 否 | 否 | 咩 | 呢 | 1-22 |
| | 麼 | 麼 | 否 | 否 | 呀 | 嗎 | 1-29 |
| | 麼 | 麼 | 否 | 否 | 嗎 | 嗎 | 1-31 |
| | 麼 | 麼 | 呢啥 | 否 | 咩 | 咩 | 1-33 |
| 是非一选择 | 麼 | 麼 | 否 | 否 | 有…冇呢 | 有唔呢 | 2-1 |
| 是非一选择 | 麼 | 麼 | 否 | 否 | 有…冇呀 | 有…冇呀 | 2-1 |
| 是非一选择 | 麼 | 麼 | 否咾 | 否 | 嗎 | 唔呢 | 2-1 |
| 是非一选择 | 麼 | 麼 | 味 | 末 | 未呢 | 未呀 | 2-2 |
| 是非一选择 | 麼 | 麼 | 否 | 否 | 咩 | 有…冇呢 | 2-2 |
| | 麼 | 麼 | 呢啥 | 否 | 嗎 | 呢 | 2-2 |
| | 麼 | 麼 | 否 | 否 | 嗎 | 嗎 | 2-2 |
| 是非一选择 | 麼 | 麼 | 否 | 否 | 咩 | 唔呢 | 2-2 |
| | 麼 | 麼 | | 否 | 嗎 | 嗎 | 2-4 |
| | 麼 | 麼 | 耶 | 否 | 呢 | 呢 | 2-10 |
| | 麼 | 麼 | | 否 | 咩 | 咩 | 2-16 |
| | 麼 | 麼 | 耶 | | 呢 | 呢 | 2-16 |
| | 麼 | 麼 | 呢啥 | 否 | 咩 | 咩 | 2-22 |
| 是非一选择 | 有麼 | 有麼 | 有个否 | 有个否 | (有冇)呢 | (有冇)呢 | 2-25 |

9.3.1.2 官話 AB 版主要用於是非問、特指問、選擇問的"呢",粵語亦多用

| 语气词 | A | B | C | D | E | F | 出处 |
|---|---|---|---|---|---|---|---|
| | 呢 | 呢 | 耶 | 呢 | 呢 | | 1-37 |
| | 呢 | 呢 | 呢 | 呢 | 呢 | 喇 | 2-16 |
| | 呢 | 呢 | 呢 | 呢 | 呢 | 呢 | 2-22 |
| | 呢 | 呢 | 呢 | 呢 | 呢 | 呢 | 2-23 |

(續表)

| 语气词 | A | B | C | D | E | F | 出处 |
|---|---|---|---|---|---|---|---|
| | 呢 | 呢 | 呢 | 呢 | 呢 | 呀 | 2-22 |
| | 呢 | 呢 | 耶 | 呢 | 呢 | | 2-24 |
| | 呢 | 呢 | 耶 | 呢 | 呢 | 呢 | 2-25 |

9.3.1.3 “罷”,用于问句,AB版有12例,CD版用“否”,EF版用“嗎、咈”

| 语气词 | A | B | C | D | E | F | 出处 |
|---|---|---|---|---|---|---|---|
| | 罷 | 罷 | 否 | 否 | 呀 | 嗎 | 2-1 |
| | 罷 | 罷 | 否 | 否 | 咈 | 咈 | 2-3 |
| | 罷 | 罷 | 否 | 哉 | 咈 | 咈 | 2-3 |
| | 罷 | 罷 | 否 | 否 | 嗎 | 咈 | 2-4 |
| | 罷 | 罷 | 麽 | 否 | 咈 | 咈 | 2-4 |
| | 罷 | 罷 | 者 | 否 | 咈 | 咈 | 2-11 |
| | 罷 | 罷 | —— | 否 | 咈 | 嗎 | 2-12 |
| | 罷 | 罷 | 否 | —— | 咈 | 嗎 | 2-13 |
| | 罷 | 罷 | —— | 哉 | 咈 | 嗎 | 2-14 |
| | 罷 | 罷 | 否 | —— | 呀 | 嗎 | 3-16 |
| | 罷 | 罷 | —— | —— | 咈 | 咈 | 3-19 |
| | 罷 | 罷 | —— | —— | 咈 | —— | 4-11 |
| | 罷 | 罷 | —— | —— | 咈 | —— | 4-12 |

9.3.1.4 官話AB版“哪”主要用于是非问,CDEF版主要用“呢”

| | | | | | | |
|---|---|---|---|---|---|---|
| 哪 | 哪 | 味 | 否 | 咩 | 嗎 | 2-3 |
| 哪 | 哪 | 耶 | | 哪 | 呢 | 2-4 |
| 哪 | 哪 | 呢 | 呢 | 呢 | 呢 | 2-7 |

(續表)

| 哪 | 哪 | 呢 | 呢 | 吖 | —— | 2－8 |
|---|---|---|---|---|---|---|
| 哪 | 哪 | 呢 | 呢 | 吖 | —— | 2－12 |
| 哪 | 哪 |  |  | 呢 | 呢 | 2－14 |
| 哪 | 哪 | 呢 | —— | 呢 | 呢 | 3－1 |
| 哪 | 哪 | —— | —— | 呢 | —— | 4－12 |
| 了 | 哪 |  |  | 呀 |  | 4－15 |
| 了 | 哪 |  |  | 呢 |  | 4－15 |

9.3.1.5　官話AB版用了少數“呀、了、來著、啊”作疑問语气詞

| 呀 | 呀 |  |  | 呀 | 呢 | 2－4 |
|---|---|---|---|---|---|---|
| 呀 | 呀 | 耶 |  | 呀 | 呢 | 2－10 |
| 呀 | 呀 | 耶 | 呢 | 呢 | 呢 | 2－23 |
| 呀 | 呀 | 耶 | 呢 | 呢 | 呢 | 2－23 |
| 了 | 了 | 耶 |  | 呢 | 呢 | 2－14 |
| 了 | 了 | 耶 | 呢 | 呀 | 呢 | 2－15 |
| 來着 | 來呢 | 耶 |  | 呀 | 呢 | 2－12 |
| 來着 | 來呢 | 耶 | 呢 | 呢 |  | 2－19 |
| 啊 | 啊 | 呢 | 呢 | 吖 | 啵 | 2－3 |
| 啊 | 啊 | 拉 | 呢啥 | 呢 | 咩 | 2－14 |
| 啊 | 啊 |  |  | 呀 | 呢 | 2－18 |

9.3.2　一般語氣助詞

9.3.2.1　哪,多用於未然語境“還沒/才…呢”肯定句,或祈請句中,CDEF版多不用語氣詞

| 哪 | 哪 | 哩 | 哩 | 呀 | 呀 | 2－4 |
|---|---|---|---|---|---|---|
| 哪 | 哪 | 哩 | 哩 |  |  | 1－3 |
| 哪 | 哪 |  |  |  |  | 1－4 |

(續表)

| | | | | | | |
|---|---|---|---|---|---|---|
| 哪 | 哪 | | | | | 1-5 |
| 哪 | 哪 | | | | | 1-7 |
| 哪 | 哪 | 个 | | 呢 | | 1-17 |
| 哪 | 哪 | 者 | | 呀 | 呀 | 1-19 |
| 哪 | 哪 | | 呢 | 你 | | 2-9 |
| 哪 | 哪 | 拉哩 | | | 嘅 | 2-9 |
| 哪 | 哪 | | | 唎 | 唎 | 2-10 |
| 哪 | 哪 | 拉个 | | 嘅咯 | 嚟 | 2-22 |
| 哪 | 哪 | 个 | 哉 | 喇 | 囉嘞 | 2-24 |
| 哪 | 哪 | 耶 | 呢 | 呢 | 咩 | 2-24 |

9.3.2.2 表動作行為或事態已經發生實現的"已然語義"下的句末語氣詞"了$_2$"

| | | | | | | | |
|---|---|---|---|---|---|---|---|
| 了$_2$ | 了 | 了 | 者 | 哉 | 咯 | 咯 | 1-37 |
| 了$_2$ | 了 | 了 | 者 | 哉 | 了 | 咯 | 2-4 |
| 了$_2$ | 了 | 了 | 者 | 哉 | 噃 | 咯 | 2-9 |
| 了$_2$ | 了 | 了 | 者 | 哉 | 噃 | 吖 | 2-9 |
| 了$_2$ | 了 | 了 | 者 | 哉 | 噃 | | 2-10 |
| 了$_2$ | 了 | 了 | 者 | 哉 | | 咯 | 2-10 |
| 了$_2$ | 了 | 了 | | 哉 | 嘅啫 | 咯 | 2-16 |
| 了$_2$ | 了 | 了 | | 哉 | 嘅啫 | 咯 | 2-16 |
| 了$_2$ | 了 | 了 | | 哉 | 咯 | | 2-16 |
| 了$_2$ | 了 | 了 | 者 | 哉 | 咯 | 咯 | 2-16 |
| 了$_2$ | 了 | 了 | 者 | 哉 | 咽 | | 2-25 |
| 了$_2$ | 了 | 了 | 者 | 哉 | 唎 | 咯 | 2-25 |
| 了$_2$ | 了 | 了 | 者 | | 咯 | 咯 | 1-2 |
| | 了 | 的 | 个 | 个 | 嘅 | | 2-2 |

(續表)

| 了2 | 了 | 了 | 者 | 哉 | 咯 | 咯 | 2－4 |
|---|---|---|---|---|---|---|---|
| 了2 | 了 | 了 | 者 | 哉 | 嚹 | 嚹 | 2－4 |
| 了2 | 了 | 呢 |  | 呢 | 吖 | 吖 | 2－4 |
| 反问句 | 了 | 呢 | 耶 | 呢 | 呢 | 呢 | 2－9 |
| 了2 | 了 | 了 |  | 了 | 嚟 | 咯 | 2－11 |
| 了2 | 了 | 了 |  | 哉 | 嘅 |  |  |
| 了2 | 了 | 了 | 者 | 哉 |  |  | 2－14 |
|  | 了 | 了 | 者 | 哉 | 囉噃 | 囉噃 | 2－17 |
| 了2 | 了 | 了 | 者咾 | 哉 | 喇 | 呀 | 2－23 |

9.3.2.3　用於“是…的”句中表確認的句末語氣詞“的”

| 句末助词 | (是…)的 | 的 | 个 | 个 |  | 呀 | 2－11 |
|---|---|---|---|---|---|---|---|
|  | 的 | 的 | 个 | 个 | 喇 |  | 2－15 |
|  | 的 | 的 | 个 | 个 | 噟 | 嘅 | 2－16 |
|  | 的 | 的 | 个 | 个 | 嘅 | 嘅 | 2－16 |
|  | 的 | 的 | 个 | 个 | 嘅 | 嘅 | 2－16 |
|  | 的 | 的 | 个 | 个 | 噃 | 嘅 | 2－16 |
|  | 的 | 的 | 个 | 个 | 嘅 | 嘅 | 2－16 |

9.3.2.4　其他語氣詞

罷，多用於祈請句，啊，多用於感嘆句，“呢、呀、麼、了”用例不多。

|  | 罷 | 罷 | 者 |  | 喇 | 喇 | 2－9 |
|---|---|---|---|---|---|---|---|
|  | 罷 | 罷 | 者 | 哉 | 喇 | 喇 | 2－9 |
|  | 罷 | 罷 |  | 罷 |  | 喇 | 2－9 |
|  | 罷 | 罷 | 罷 | 哉 |  | 喇 | 2－13 |
|  | 罷 | 罷 | 者 | 哉 | 喇 | 喇 | 2－14 |
| 肯定句 | 呢 | 呢 | 耶 |  | 呢 | 呢 | 2－9 |

(續表)

| | | | | | | |
|---|---|---|---|---|---|---|
| | 啊 | 啊 | 耶 | 呢 | 吖 | 咩 | 2-22 |
| | 呀 | 呀 | 耶 | 呢 | 呢 | 吖 | 2-11 |
| | 麼 | 麼 | 味 | 否 | 咩 | 咩 | 2-23 |

9.3.3 语气助詞：來着——來的

“來著”是語氣助詞，具有申述事實的語氣，其語義特點為表達過去曾經發生過某個事件或者存在過某種狀態，強調事態發生了變化的同時，著眼點在過去發生過或存在過。

CDEF对应的词不多。

| | | | | | | |
|---|---|---|---|---|---|---|
| 來着 | 來着 | 拉者 | 个 | 嚟咯 | 嚟咯 | 2-8 |
| 來著 | 來的 | | 个 | | | 2-9 |
| 來着 | 來呢 | 耶 | | 嚟呀 | 呢 | 2-12 |
| 來着 | 來呢 | | | 嚟 | | 2-12 |
| 來着 | 来的 | | 个 | | | 2-16 |
| 來著 | 来的 | | 个 | 嚟 | | 2-32 |
| 來着 | 來的 | | | | | 2-17 |
| 來着 | 來呢 | 耶 | 呢 | 呢 | | 2-19 |

按：助詞“來著”是典型的北京口語詞。常瀛生《北京土話中的滿語》(1993：171)指出：“來著”不同於“了”。“來著”是滿語 bihe 動詞過去完成進行時態，曾經如何。如：

tuktan de angga aljaha bihe, sirame gisun aifuha。

開始在口答應曾經繼而話食言了。

常瀛生 (1993：174)還指出：“來著”，在滿語則表示動作過去曾經如何，包括(1) 狀態和影響至今仍然存在；(2) 頻頻。相當於完成進行時態。

bi mudandari genehe de, gemn imbe ncarabuha bihe。

我次每去了的時候(情況下)皆他把遇見了曾經

在B版《官話指南》中除5例外，其餘都對A版這個詞作了改動,一是省略“來著”(1例),二是改“來著”為“來的”(9例)、“來呢”(4例)“來呀”(1例)。《官話類編》有類似用法,“來著”的異文分別有語氣詞:“來呢”“來”“喇”“的咧”“過咯”“了喇”等。如:你怎麼這麼外道,我們從幾時分過彼此來著/來呢/的呢。【注】:In addition to its regular and constant use as an anxiliary, 來 is also frequently used at the end of a clause or sentence in the place of 了. In Pekingese it is generally followed by 著, but not in Central or Southern Mandarin. P. 317

9.3.4 語氣助詞:就得了2

“就是了”是清代口語中開始盛行使用的語氣助詞。用於陳述句或句末,表示肯定,多見於口語。滬語對譯用“就是者/哉”“者/哉”,粵語多用“就喺喇”“就得咯”。另外,北方口語中还用“就得了”,南方話中仍用“就是了”。

| | | | | | | |
|---|---|---|---|---|---|---|
| 就得了 | 就是了 | 好拉嘁 | 是好 | 致得咯 | 至得呀 | 1-5 |
| 就得了 | 就是了 | 就好者 | 就是哉 | 就怕得噃 | 得嗎 | 2-2 |
| 就得了 | 就是了 | | 就是哉 | 就得喇 | 係喇 | 2-8 |
| 就得了 | 就是了 | 就是者 | 就是哉 | 就得咯 | | 2-8 |
| 就得了 | 就好了 | 好者 | 就好哉 | 就得喇 | 就係喇 | 2-14 |
| 就得了 | 就是了 | 就好者宛 | 就是哉 | 就得嘅喇 | 就係喇 | 2-17 |
| 就得了 | 就是了 | 味者 | 就是哉 | 就喺喇 | | 2-18 |
| 就得了 | 就是了 | 就是者 | 就是哉 | 就得咯 | | 2-21 |
| 就得了 | 就是了 | 就是者 | 是哉 | 罷喇 | 就算喇 | 2-32 |
| 就得了 | 就好了 | | | 就得喇 | | 3-6 |
| 就得了 | 就是了 | 味者 | | 就得噃 | | 3-7 |
| 就得了 | 就是了 | 是拉者宛 | | 就得咯 | 就啱咯 | 3-10 |
| 就得了 | 就是了 | 味者 | | 就造得喇 | | 3-18 |
| 就得了 | 就是了 | 有者 | | 就得咯 | | 3-19 |
| 就得了 | 就是了 | | | 就得咯 | | 4-14 |

| 就是了 | 就是了 | | | 就得咯 | | 4-20 |
|---|---|---|---|---|---|---|
| 就是了 | 就是了 | 罷 | | 就喺咯 | 就噲有<br>法子囉 | 1-13 |
| 就是了 | 就是了 | 就是者 | 就是哉 | 就喺咯 | 算心足咯 | 1-34 |
| 就是了 | 就是了 | 味者 | | 就喺喇 | | 2-2 |
| 就是了 | 是一様 | 有者 | 末是哉 | 就算咯 | 就算咯 | 2-4 |
| 就是了 | 就是了 | 而已 | 罷哉 | 嘅啫 | 嘅啫 | 2-5 |
| 就是了 | 就是了 | | 就是哉 | | | 2-5 |
| 就是了 | 就是了 | 味者 | 就是哉 | 就喺喇 | 就係喇 | 2-9 |
| 就是了 | 就是了 | 个者 | 就是哉 | 就喺喇 | 係喇 | 2-11 |
| 就是了 | 就是了 | 味者 | 就是哉 | 就喺喇 | 係喇 | 2-11 |
| 就是了 | 就是了 | 好者 | 就是哉 | 就喺喇 | 係喇 | 2-13 |
| 就是了 | 就是了 | 就是者 | 就是哉 | 而已喇 | 咁啫 | 2-14 |
| 就是了 | 就是了 | | 就是哉 | 就係(喺)喇 | | 2-15 |
| 就是了 | 就是了 | | 就是哉 | 喺喇 | 係喇 | 2-17 |
| 就是了 | 就是了 | 味者 | 就是哉 | 就喺喇 | | 2-18 |
| 就是了 | 就是了 | | 就是哉 | 就喺噼 | 係喇 | 2-19 |
| 就是了 | 就是了 | 就是者 | 就是哉 | | | 2-19 |
| 就是了 | 就是了 | 味者 | 末哉 | 係喇 | | 2-24 |
| 就是了 | 就是了 | 味者 | 罷哉 | 就係喇 | 而已啫 | 2-24 |
| 就是了 | 就是了 | 味者 | 就是哉 | 就得喇 | 係喇 | 2-26 |
| 就是了 | 就是了 | 味者 | 就是哉 | 係喇 | 係喇 | 2-27 |
| 就是了 | 就是了 | 味者 | 末哉 | 係喇 | 係喇 | 2-32 |
| 就是了 | 就是了 | | 末是哉 | | | 2-34 |
| 就是了 | 就是了 | | 就是哉 | 罷喇 | | 2-35 |
| 就是了 | 就是了 | | 就是哉 | | 係喇 | 2-36 |
| 就是了 | 就是了 | 味者 | 就是哉 | 係喇 | | 2-36 |
| 就是了 | 就是了 | 味者 | | | | 3-1 |

(續表)

| | | | | | | |
|---|---|---|---|---|---|---|
| 就是了 | 就是了 | 咮者 | | 喺喇 | 係喇 | 3-2 |
| 就是了 | 就是了 | | | 就喺喇 | | 3-7 |
| 就是(得A1)了 | 就是了 | 咮是者 | | 就喺喇 | | 3-11 |
| 就是了 | 就是了 | 咮者 | | 喺喇 | | 3-11 |
| 就是了 | 就是了 | 就介咮者 | | | | 3-15 |
| 就是了 | 就是了 | | | 啫 | 啫 | 3-16 |
| 就是了 | 就是了 | | | 就喺喇 | | |
| 就是了 | 就是了 | 咮者 | | 就係(喺)喇 | | 3-20 |
| 就是了 | 就是了 | 咮者 | | 就喺喇 | 係喇 | 3-20 |
| 就是了 | 就是了 | | | 就喺喇 | | 4-1 |
| 就是了 | 就是了 | | | (就)喺咯 | | 4-1 |
| 就是了 | 就是了 | | | 就喺咯 | | 4-2 |
| 就是了 | 就是了 | | | 就係咯 | | 4-2 |
| 就是了 | 就是了 | | | 就喺嘞 | | 4-3 |
| 就是了 | 就是了 | | | 就係咯 | | 4-3 |
| 就是了 | 就是了 | | | 就喺咯 | | 4-4 |
| 就是了 | 就是了 | | | 就喺喇 | | 4-4 |
| 就是了 | 就是了 | | | 就喺咯 | | 4-5 |
| 就是了 | 就是了 | | | 就喺喇 | | 4-6 |
| 就是了 | 就是了 | | | 就喺嘞 | | 4-6 |
| 就是了 | 就是了 | | | 就喺喇 | | 4-7 |
| 就是了 | 就是了 | | | 就喺喇 | | 4-8 |
| 就是了 | 就是了 | | | 係喇 | | 4-9 |
| 就是了 | 就是了 | | | 就喺喇 | | 4-10 |
| 就是了 | 就是了 | | | 就喺喇 | | 4-10 |
| 就是了 | 就是了 | | | 就喺咯 | | 4-11 |
| 就是了 | 就是了 | | | 嘅呗 | | 4-12 |

(續表)

| | | | | | | |
|---|---|---|---|---|---|---|
| 就是了 | 就是了 | | | 就嚓咯 | | 4 - 13 |
| 就是了 | 就是了 | | | 就嚓咯 | | 4 - 13 |
| 就是了 | 就是了 | | | 就嚓喇 | | 4 - 14 |
| 就是了 | 就是了 | | | 就嚓咯 | | 4 - 14 |
| 就是了 | 就是了 | | | | | 4 - 14 |
| 就是了 | 就是了 | | | 就嚓咯 | | 4 - 14 |
| 就是了 | 就是了 | | | 就嚓咯 | | 4 - 14 |
| 就是了 | 就是了 | | | 就嚓咯 | | 4 - 16 |
| 就是了 | 就是了 | | | 就嚓嘞 | | 4 - 16 |
| 就是了 | 就是了 | | | 就嚓咯 | | 4 - 17 |
| 就是了 | 就是了 | | | 就嚓咯 | | 4 - 17 |
| 就是了 | 就是了 | | | 就嚓咯 | | 4 - 17 |
| 就是了 | 就是了 | | | 就嚓咯 | | 4 - 17 |
| 就是了 | 就是了 | | | 就嚓咯 | | 4 - 18 |
| 就是了 | 就是了 | | | 就係(嚓)喇 | | 4 - 19 |
| 就是了 | 就是了 | | | 就嚓咯 | | 4 - 19 |
| 就是了 | 就是了 | | | 就嚓咯 | | 4 - 19 |
| 就是了 | 就是了 | | | 就嚓咯 | | 4 - 19 |

### 9.4 比擬助詞：似的(官話)——噉(粵語)

| | | | | | | |
|---|---|---|---|---|---|---|
| 似的 | | | | 噉 | 噉 | 1 - 26 |

## 十 連 詞

### 10.1 結果連詞：所以

| | | | | | | |
|---|---|---|---|---|---|---|
| 故此 | 故此 | 所以 | 所以 | 故此 | 故此 | 1 - 3 |
| 所以 | 所以 | 所以 | 所以 | 所以 | | 1 - 10 |

(續表)

| | | | | | | |
|---|---|---|---|---|---|---|
| 所以 | 所以 | 所以 | 所以 | 所以 | 故此 | 1-15 |
| 所以 | 所以 | 所以 | 所以 | | | 1-19 |
| 所以 | 所以 | 所以 | 所以 | 所以 | 所以 | 1-36 |
| 所以 | 所以 | 所以 | 所以 | 所以 | 故此 | 2-5 |
| 所以 | 所以 | 所以 | 所以 | 所以 | | 2-8 |
| 所以 | 所以 | 所以 | 所以 | 所以 | 所以 | 2-8 |
| 所以 | 所以 | 所以 | 所以 | 所以 | | 2-9 |
| 所以 | 所以 | 所以 | 所以 | 所以 | 因噉 | 2-9 |
| 所以 | 所以 | 所以 | 所以 | 所以 | | 2-10 |
| 所以 | 所以 | 所以 | 所以 | 所以 | | 2-11 |
| 所以 | 所以 | | 所以 | 故此 | | 2-11 |
| 所以 | 所以 | 所以 | 所以 | 所以 | | 2-12 |
| 所以 | 所以 | 所以 | 所以 | | | 2-12 |
| 所以 | 所以 | 所以 | 所以 | 所以 | 故此 | 2-13 |
| 所以 | 所以 | 格咾 | 所以 | 所以 | 噉 | 2-17 |
| 所以 | 所以 | 所以 | 所以 | 所以 | | 2-17 |
| 所以 | 所以 | 所以 | 所以 | 所以 | | 2-17 |
| 所以 | 所以 | 所以 | 所以 | 故此 | | 2-20 |
| 所以 | 所以 | 所以 | 所以 | 所以 | | 2-21 |
| 所以 | 所以 | | 所以 | 所以 | 因噉 | 2-21 |
| 所以 | 所以 | 所以 | 所以 | 噉 | 故此 | 2-23 |
| 所以 | 所以 | 所以 | 所以 | 所以 | 噉 | 2-23 |
| 所以 | 所以 | 所以 | 所以 | 所以 | 就 | 2-25 |
| 所以 | 所以 | 所以 | 所以 | 所以 | | 2-30 |
| 所以 | 所以 | 所以 | 所以 | 所以 | 就 | 2-30 |
| 所以 | 所以 | 格咾 | 所以 | 所以 | | 2-31 |
| 所以 | 所以 | 所以 | 所以 | 是以 | 故此 | 2-31 |

（續表）

| | | | | | | |
|---|---|---|---|---|---|---|
| 所以 | 所以 | 所以 | 所以 | 所以 | 所以 | 2－33 |
| 所以 | 所以 | 所以 | 所以 | 所以 | 嗷 | 2－34 |
| 所以 | 所以 | 所以 | 所以 | 故此 | | 2－37 |
| 所以 | 所以 | 所以 | | | | 3－1 |
| 所以 | 所以 | 故所以 | | 所以 | 就 | 3－6 |
| 所以 | 所以 | 故所以 | | 所以 | 故此 | 3－7 |
| 所以 | 所以 | 所以 | | 所以 | | 3－8 |
| 所以 | 所以 | 所以 | | 所以 | 嗷 | 3－10 |
| 所以 | 所以 | 所以 | | 所以 | 因此 | 3－13 |
| 所以 | 所以 | | | 所以 | | 4－6 |
| 所以 | 所以 | | | 所以 | | 4－7 |
| 所以 | 所以 | | | 所以 | | 4－8 |
| 所以 | 所以 | | | 所以 | | 4－9 |
| 所以 | 所以 | | | 所以 | | 4－9 |
| 所以 | 所以 | | | 所以 | | 4－9 |
| 所以 | 所以 | | | 所以 | | 4－9 |
| 所以 | 所以 | | | 所以 | | 4－9 |
| 所以 | 所以 | | | 所以 | | 4－10 |
| 所以 | 所以 | | | 所以 | | 4－11 |
| 所以 | 所以 | | | 所以 | | 4－12 |
| 所以 | 所以 | | | 所以 | | 4－13 |
| 所以 | 所以 | | | 所以 | | 4－13 |
| 所以 | 所以 | | | 所以 | | 4－15 |
| 所以 | 所以 | | | 所以 | | 4－16 |
| 所以 | 所以 | | | 所以 | | 4－19 |
| 所以 | 所以 | | | 所以 | | 4－19 |

10.2 假設連詞:若

按:AB版很少用“如果”,僅2例,C版僅1例,反而是EF版用得多,尤以F版為多。“如果”詞彙化成熟期在明代,標記是置於主語前。

要₂是連詞,“要”作為假設連詞,最早約在明代。《清文指要》還處於與“若”並用的狀態。在《官話指南》中假設連詞的使用:若是>若>要是>如若/設若>倘或。

10.2.1 AB若——C若使——D若是、若然——E若係、如果——F如果

| 若 | 若 | 若使 | 若然 | | | 1-13 |
|---|---|---|---|---|---|---|
| 若 | 若 | 若使 | 若然 | | | 1-13 |
| 若 | 若 | 若使 | | 若係 | 如果 | 1-15 |
| 若 | 若 | 若使 | 若是 | 若係 | 倘若 | 1-38 |
| 若 | 若 | | 若是 | 若係 | | 2-8 |
| 若 | 若 | | 若是 | 若係 | 如果 | 2-8 |
| 若 | 若 | 若使 | 若是 | 若然 | 若係 | 2-11 |
| 若 | 若 | 比方 | 若是 | 如果 | 倘若 | 2-13 |
| 若 | 若 | | 若然 | 如果 | 如果 | 2-18 |
| 若 | 若 | 若使 | 若是 | | 如果 | 2-19 |
| 若 | 若 | | 若然 | 如果 | 若係 | 2-24 |
| 若 | 若 | 若使 | 若然 | 如果 | 倘若 | 2-26 |
| 若 | 若 | 若使 | 若 | 若 | 倘若 | 2-34 |
| 若 | 若 | 若使 | 若然 | | 如果 | 2-34 |
| 若 | 若 | | 若然 | 倘若 | | 2-39 |
| 若 | 若 | | | 若 | 如果 | 2-39 |
| 若 | 若 | 若使 | 若是 | 若 | 倘 | 2-39 |
| 若 | 若 | | | 若係 | 如果 | 3-1 |
| 若 | 若 | 若使 | | 若係 | 如果 | 3-6 |

(續表)

| | | | | | | |
|---|---|---|---|---|---|---|
| 若 | 若 | | | | 如 | 3-7 |
| 若 | 若 | 若使 | | 若係 | 如果 | 3-9 |
| 若 | 若 | | | | 若係 | 3-14 |
| 若 | 若 | | | | | 3-15 |
| 若 | 若 | | | 若 | | 4-5 |
| 若 | 若 | | | 若 | | 4-6 |
| 若 | 若 | | | 若 | | 4-7 |
| 若 | 若 | | | 若係 | | 4-9 |
| 若 | 若 | | | 若係 | | 4-11 |
| 若 | 若 | | | 如果 | | 4-11 |
| 若 | 若 | | | 如果 | | 4-14 |

10.2.2　假設連詞：AB若是——C若使——D若是——E若係、如果——F如果、若係

| | | | | | | |
|---|---|---|---|---|---|---|
| 若是 | 若是 | 若使 | 若是 | 若果 | 凡係 | 1-11 |
| 若是 | 若是 | 若使 | 若是 | 若係 | | 1-35 |
| 若是 | 若是 | 若使 | 若是 | 如果 | 如果 | 1-42 |
| 若是 | 若是 | | 若是 | 若係 | 如果 | 2-1 |
| 若是 | 若是 | 若 | 若是 | 若係 | 如果 | 2-7 |
| 若是 | 若是 | 若使 | 若是 | 若係 | | 2-8 |
| 若是 | 若是 | | 若是 | | | 2-8 |
| 若是 | 若是 | 若使 | 若是 | 若係 | | 2-8 |
| 若是 | 若是 | 若使 | 若是 | 如果 | 若係 | 2-8 |
| 若是 | 若是 | 若使 | 若是 | 若係 | 如果 | 2-9 |
| 若是 | 若是 | | 若是 | 如果 | 若係 | 2-10 |
| 若是 | 若是 | 若使 | 若是 | 若係 | 如果 | 2-10 |
| 若是 | 若是 | 若是 | 若是 | 若係 | 倘或 | 2-11 |

(續表)

| | | | | | | |
|---|---|---|---|---|---|---|
| 若是 | 若是 | 若使 | 若是 | 若係 | | 2－12 |
| 若是 | 若是 | | 若是 | 若係 | 若係 | 2－12 |
| 若是 | 若是 | 若使 | 若是 | 若係 | 如果 | 2－13 |
| 若是 | 若是 | | 若是 | 如果 | 如果 | 2－13 |
| 若是 | 若是 | | 若是 | 如果 | | 2－13 |
| 若是 | 若是 | | 若是 | 係若 | 如果 | 2－13 |
| 若是 | 若是 | 若使 | 若是 | 若係 | 若 | 2－13 |
| 若是 | 若是 | 比方 | 若是 | 如果 | | 2－13 |
| 若是 | 若是 | 若使 | 若是 | 若然 | 如係 | 2－13 |
| 若是 | 若是 | 若使 | 若是 | 若係 | 若係 | 2－13 |
| 若是 | 若是 | 若是 | 若是 | 如果 | 如果 | 2－14 |
| 若是 | 若是 | 若使 | 若是 | 如果 | 如果 | 2－14 |
| 若是 | 若是 | 若使 | 若是 | 若係 | 若 | 2－14 |
| 若是 | 若是 | 若使 | 若是 | 如果 | 若然係 | 2－14 |
| 若是 | 若是 | 若使 | 若是 | 若 | 若係 | 2－15 |
| 若是 | 若是 | 若使 | 若是 | 若過 | 倘 | 2－15 |
| 若是 | 若是 | 若使 | 若是 | 若係 | 如果 | 2－16 |
| 若是 | 若是 | | 若是 | 若系 | | 2－16 |
| 若是 | 若是 | | 若是 | 若係 | 倘若 | 2－16 |
| 若是 | 若是 | | 若是 | 若係 | 如果 | 2－17 |
| 若是 | 若是 | 若使 | 若是 | 如果 | 如果 | 2－17 |
| 若是 | 若是 | | 若是 | 如果 | 倘若 | 2－17 |
| 若是 | 若是 | | 若是 | | | 2－17 |
| 若是 | 若是 | | 若是 | 如果 | 如果 | 2－18 |
| 若是 | 若是 | | 若是 | 如果 | 若係 | 2－18 |
| 若是 | 若是 | 若使 | 若是 | 如果 | 如果 | 2－18 |
| 若是 | 若是 | | 若是 | 如果 | 倘 | 2－19 |

（續表）

| | | | | | | |
|---|---|---|---|---|---|---|
| 若是 | 若是 | 若使 | 若是 | 若係 | 如果 | 2－20 |
| 若是 | 若是 | | 若是 | 倘若 | | 2－20 |
| 若是 | 若是 | | 若是 | 若係 | 若係 | 2－20 |
| 若是 | 若是 | | 若然 | 若係 | 倘 | 2－22 |
| 若是 | 若是 | 若使 | 若然 | 如果 | 若係 | 2－22 |
| 若是 | 若是 | 若使 | 若是 | 如果 | | 2－23 |
| 若是 | 若是 | 若使 | 若然 | 倘若 | | 2－24 |
| 若是 | 若是 | | 若是 | 若係 | 若 | 2－24 |
| 若是 | 若是 | | 若是 | 如果 | 如果 | 2－24 |
| 若是 | 若是 | | 若然 | 若係 | | 2－24 |
| 若是 | 若是 | 若使 | 若是 | 倘若 | 如 | 2－24 |
| 若是 | 若是 | 若使 | 若是 | 若係 | 若係 | 2－24 |
| 若是 | 若是 | | 若是 | 倘若 | 若係 | 2－26 |
| 若是 | 是 | 若使 | 若是 | 如果 | 如果 | 2－27 |
| 若是 | 若是 | | 若是 | 若係 | | 2－27 |
| 若是 | 若是 | 如果 | 若然 | 若係 | 倘 | 2－32 |
| 若是 | 若是 | | 若然 | 若係 | | 2－32 |
| 若是 | 若是 | 若使 | 若然 | 若係 | 如果 | 2－34 |
| 若是 | 若是 | 若使 | 若然 | 若係 | 若係 | 2－35 |
| 若是 | 若是 | | 若是 | 若是 | | 2－36 |
| 若是 | 若是 | 若使 | 若是 | 若係 | 如果 | 2－38 |
| 若是 | 若是 | 若使 | 若是 | 倘若 | 倘 | 2－38 |
| 若是 | 若是 | | | 如果係 | 倘 | 3－1 |
| 若是 | 若是 | 若使 | | 如果 | 如果 | 3－3 |
| 若是 | 若是 | 若使 | | 若係 | 如果 | 3－6 |
| 若是 | 若是 | 若使 | | 如果 | 如果 | 3－6 |
| 若是 | 若是 | 若使 | | 若係 | 如果 | 3－7 |

(續表)

| 若是 | 若是 | | | | | 3－8 |
|---|---|---|---|---|---|---|
| 若是 | 若是 | 若是 | | 若 | 如果 | 3－9 |
| 若是 | 若是 | | | | | 3－10 |
| 若是 | 若是 | 若使 | | 如果 | | 3－11 |
| 若是 | | | | 若係 | 如果 | 3－11 |
| 若是 | 若是 | 比方 | | 如果 | 若然 | 3－11 |
| 若是 | 若是 | 若是 | | 若係 | 如果 | 3－11 |
| 若是 | 若是 | 若使 | | 若係 | 如果 | 3－11 |
| 若是 | 若是 | 若使 | | 若係 | 若係 | 3－12 |
| 若是 | 若是 | | | 若係 | 如係 | 3－12 |
| 若是 | 若是 | 若使 | | 如果 | 如果 | 3－12 |
| 若是 | 若是 | 若使 | | 若係 | 倘若 | 3－13 |
| 若是 | 若是 | 若使 | | 若係 | | 3－13 |
| 若是 | 若是 | 若使 | | 如果 | | 3－14 |
| 若是 | 若是 | 若使 | | 如果 | 如果 | 3－16 |
| 若是 | 若是 | 若使 | | 如果 | 若係 | 3－18 |
| 若是 | 若是 | 若使 | | 若係 | 如果 | 3－19 |
| 若是 | 若是 | 若使 | | 若係 | 如果 | 3－20 |
| 若是 | 若是 | 若使 | | 如果 | 若 | 3－20 |
| 若是 | 若是 | 若是 | | 如果 | 如果 | 3－20 |
| 若是 | 若是 | 若使 | | 若係 | 如果 | 3－20 |
| 若是 | 若是 | | | 如果 | 如果 | 3－20 |
| 若是 | 若是 | | | 若係 | | 4－1 |
| 若是 | 若是 | | | 若係 | | 4－5 |
| 若是 | 若是 | | | 若係 | | 4－5 |
| 若是 | 若是 | | | 若係 | | 4－6 |
| 若是 | 若是 | | | 若係 | | 4－7 |

(續表)

| | | | | | | |
|---|---|---|---|---|---|---|
| 若是 | 若是 | | | 若係 | | 4－7 |
| 若是 | 若是 | | | 若係 | | 4－8 |
| 若是 | 若是 | | | 若係 | | 4－8 |
| 若是 | 若是 | | | 若係 | | 4－9 |
| 若是 | 若是 | | | 如果 | | 4－10 |
| 若是 | 若是 | | | 若係 | | 4－10 |
| 若是 | 若是 | | | 若係 | | 4－11 |
| 若是 | 若是 | | | 若係 | | 4－11 |
| 若是 | 若是 | | | 若係 | | 4－16 |
| 若是 | 若是 | | | 若係 | | 4－17 |
| 若是 | 若是 | | | 如果 | | 4－17 |
| 若是 | 若是 | | | 若係 | | 4－18 |
| 若是 | 若是 | | | 如果 | | 4－19 |

10.2.3　文言假設連詞：AB 倘或(倘)——C 倘使

| | | | | | | |
|---|---|---|---|---|---|---|
| 倘或 | 倘或 | 倘使 | 倘若 | 倘若 | 如果 | 2－11 |
| 倘或 | 倘或 | 倘使 | | 倘或 | 若係 | 3－8 |
| 倘或 | 倘若 | 倘使 | | 倘若 | 倘或 | 3－20 |
| 倘 | 倘 | | | 若係 | | 4－18 |

10.2.4　AB 若不然

| | | | | | | |
|---|---|---|---|---|---|---|
| 若不然 | 若不然 | 若使勿什介 | | 如果唔係 | | 3－8 |
| 若不然 | 若不然 | 勿是味 | | 不如 | | 3－18 |

10.2.5　口語體的假設連詞

| | | | | | | |
|---|---|---|---|---|---|---|
| 要是 | 要是 | | 若然 | 如果 | 倘若 | 1－6 |
| 要 | 要 | 若使 | 要 | 若係 | 如果 | 1－45 |
| 比若是 | 如若是 | 比方 | 如若 | 比如 | 比如 | 2－24 |

(續表)

| 萬一 | 萬一 | 若使 | | 萬一 | 若係 | 3-13 |
|---|---|---|---|---|---|---|
| 如若 | 如若 | | | 如果 | | 4-7 |
| 若果 | 若果 | | | 如果 | | 4-8 |
| 設若 | 設若 | | | 設如 | | 4-9 |

按:在《官話指南》中假設連詞的使用:若是>若>要是>如若/設若>倘或

10.3 選擇連詞:ABCD"還是"——E作"嗅",F作"𠺝"

| 是…呀<br>還是…呢 | 是…還是 | …,還是 | 是…還是 | …嗅… | …𠺝… | 2-2 |
|---|---|---|---|---|---|---|
| 是…還是 | 是…還是 | 還是…還是 | 是…還是 | 係…抑或 | 係…或… | 2-2 |
| 是…啊還<br>是…呢 | 是…啊還<br>是…呢 | …呢,還是 | 是…呢還是 | 係…吖<br>嗅係… | …𠺝… | 2-3 |
| 是…哪,<br>還是 | 是…哪,<br>還是 | …呢,還<br>是…拉 | 是…還<br>是…拉 | 係…吖,<br>抑或…呢 | …抑或<br>…呢 | 2-8 |
| 是…啊,<br>還是…呢 | 是…啊,<br>還是…呢 | …呢,<br>還是… | 是…呢,<br>還是… | 係…吖,<br>嗅係… | 係…抑<br>或… | 2-12 |
| 是…哪,<br>還是…呢 | 是…哪,<br>還是…呢是 | …呢,還<br>是…个 | 是…呢?<br>還是… | 係…吖,<br>嗅…呢 | …嗅… | 2-12 |
| 是…呀,<br>還是…呢 | 是…呀,<br>還是…呢 | …呢,<br>阿是…个 | 是…呢?<br>還是…个 | 係…吖,<br>嗅…呢 | 係…𠺝… | 2-13 |
| 是…呀,<br>還是…呢 | 是…呀,<br>還是…呢 | …呢,<br>阿是…个 | 是…呢,<br>還是…个 | 係…吖,<br>嗅…呢 | 係…𠺝…呢 | 2-13 |
| 是…啊,<br>還是…呢 | 是…啊,<br>還是…呢 | …呢,<br>阿是…个 | 是…呢,<br>還是… | 係…吖,<br>嗅…呢… | 係…,<br>抑或…呢 | 2-13 |
| 是…是… | 是…是… | …還是 | 是…還是 | 係…嗅… | …𠺝… | 2-14 |
| 是…是… | 是…是… | 是…還是 | 還是…,… | 係…嗅… | 係…或重 | 2-14 |
| 是…是… | 是…是… | 是…還是 | 是…還是 | 係…嗅… | …𠺝… | 2-37 |
| 是…是… | 是…是… | …,… | 是…還是 | 係…嗅… | …𠺝… | 2-37 |

（續表）

| | | | | | | |
|---|---|---|---|---|---|---|
| 是…是… | 是…是… | …，還是 | —— | 係…嗅… | …啵… | 3-2 |
| 是…還是 | 是…還是 | …，… | —— | 係…嗅係 | 係…啵… | 3-3 |
| 是…是… | 是…是… | …，還是 | —— | 係…嗅… | …啵… | 3-5 |
| …，… | 是…是… | …否 | —— | …嗅… | …啵… | 3-6 |
| 是…還是 | 是…還是 | …還是 | | …嗅… | …啵… | 3-8 |
| …，…罷<br>是非问 | …，…罷<br>是非问 | …咾…否<br>是非问 | | 係…嗅… | …或…有啲<br>是非问 | 3-11 |
| …是… | …是… | 還是…，… | | …嗅… | …啵… | 3-11 |
| 是…還是 | 是…還是 | | | 係…嗅… | | 4-3 |
| 是…還是 | 是…還是 | | | 係…嗅… | | 4-20 |

10.4 表舉例

| | | | | | | |
|---|---|---|---|---|---|---|
| 着比 | 着比如 | 比方 | 比方 | 比如 | 比如 | 2-24 |
| 假比 | 好比 | 比方 | 比方 | 比如 | 如 | 2-39 |
| 若是 | 若是 | 比方 | | 如果 | 若然 | 3-11 |

| | | | | | | |
|---|---|---|---|---|---|---|
| 想 | 想 | 格味 | 想 | 比如 | | 2-3 |
| 像 | 像 | 格味 | 像 | 比如 | | 2-12 |
| 像 | 像 | 像 | 像 | 比如 | | 2-14 |

# 十一 相關句式表達

11.1 V去——去V

11.1.1 到…去——去…

| | | | | | | |
|---|---|---|---|---|---|---|
| 上…去 | 往…去 | 到…去 | 到…去 | 去… | 去… | 2-11 |
| 上…去 | 到…去 | | 到…去 | 去… | 去… | 2-11 |
| 到…去 | 到…去 | 到…去 | 到…去 | 去… | 去… | 2-16 |

(續表)

| | | | | | | |
|---|---|---|---|---|---|---|
| 下…去 | 往…去 | 到…去 | 到…去 | 去… | 去… | 2－18 |
| 上…去 | 往…去 | 之…去 | 到…去 | 去… | 去… | 2－21 |
| 上…去 | 往…去 | 到…去 | 到…來 | 去… | 去… | 2－21 |
| 上…去 | 進…去 | 到…去 | 進…去 | 去… | 上… | 2－21 |
| 到…去 | 到…去 | 到…去 | 到…去 | 去… | 去… | 2－21 |
| 上…去 | 往…去 | 到…去 | 到…去 | 去… | 去… | 2－24 |
| 上…去 | 往…去 | 到…去 | 到…去 | 去… | 去… | 2－24 |
| 到…去 | 到…去 | 到… | 到…去 | 轉過… | 去… | 2－24 |
| 到…去 | 到…去 | 到…去 | 到…去 | 過… | 去到… | 2－24 |
| 到…去 | 到…去 | 到…去 | 到…去 | 過… | 去… | 2－24 |
| 往…去 | 往…去 | 跑到…去 | 到…去 | 入去… | 去… | 2－25 |
| 到…去 | 到…去 | 到…去 | 到…去 | 去到… | 去到… | 2－26 |
| 到…去 | 到…去 | 到…去 | 到…去 | 去… | 去… | 2－27 |
| 上…去 | 上…去 | 到…去 | 到…去 | 去… | 去… | 2－29 |
| 上…去 | 到…去 | 到…去 | 到…去 | 去… | | 2－30 |
| 到…去 | 到…去 | 到…去 | 到…去 | 到… | 去… | 2－32 |
| 到…去 | 到…去 | 到…去 | 到…去 | 去… | 喺… | 2－33 |
| 到…去 | 到…來 | 到…來 | 到…來 | 去到… | 到… | 2－33 |
| 到…去 | 到…去 | 到…去 | 到…去 | 去… | 去… | 2－33 |
| 上…去 | 往…去 | 到…去 | 到…去 | 佢… | 去… | 2－33 |
| 上…去 | 往…去 | 到…去 | 到…去 | 去到… | 去… | 2－33 |
| 到…去 | 到…去 | 到…裡 | 到…去 | | 去… | 2－33 |
| 到…去 | 到…去 | 担到…去 | 到…去 | 去到… | 去… | 2－33 |
| 到…去 | 到…去 | 担到…去 | 到…去 | 去到… | 去… | 2－33 |
| 到…去 | 到…去 | 到…去 | 到…去 | 到… | 去… | 2－35 |
| 到…去 | 到…去 | 到…去 | 到…去 | 到… | 去… | 2－35 |
| 到…去 | 到…去 | 到…去 | 到…去 | 到… | 去… | 2－35 |

(續表)

| | | | | | | |
|---|---|---|---|---|---|---|
| 上…去 | 往…去 | 到…去 | | 去… | 去… | 3－3 |
| 上…去 | 往…去 | 到…去 | | 去… | 去… | 3－5 |
| 上…去 | 往…去 | 到…去 | | 去… | 去… | 3－8 |
| 上…去 | 到…去 | …去… | | 去… | 去… | 3－8 |
| 上…去 | 到…去 | 到…去 | | 去… | 去… | 3－13 |
| 上…去 | 往…去 | | | 去… | 去… | 3－15 |
| 上…去 | 往…去 | 到…去 | | 去… | 去… | 3－17 |
| 到…去 | 到…去 | 到…去 | | 去… | 去… | 3－18 |
| 到…去 | 到…去 | | | 去… | | 4－4 |
| 到…去 | 到…去 | | | 去… | | 4－10 |
| 到…去 | 到…去 | | | 去… | | 4－20 |
| 到…去 | 到…去 | | | 去… | | 4－20 |

11.1.2　到…V去——去…V

| | | | | | | |
|---|---|---|---|---|---|---|
| 到…請安去 | 到…去請安 | 到…來瞻仰瞻仰 | | | | 1－4 |
| 上…拜客去 | 到…去拜客 | 到…拜客去 | 到…去拜… | 去拜… | 拜客去見… | 1－10 |
| | | 到…去遊玩遊玩 | 到…去勃相相 | 去搵…逛吓 | 去…行吓 | 1－14 |
| 到…買貨去 | 到…去買貨 | 到…去買貨色 | 到…去買貨 | 到…買貨 | 去…買貨 | 2－2 |
| 到…望看您去 | 到…去奉看您 | 到…來候候閣下 | 到…來恭候儂 | 到…探你 | 到…請安 | 2－2 |
| 到…望看您去 | 到…去奉看您 | 到…來候候 | 到…來拜望儂 | 到…探你 | 去…拜訪 | 2－2 |
| 到…候補去 | 到…去候補 | 到…去候補去 | 到…去候補 | 去…候補 | 去…候補 | 2－3 |
| 到…送行去 | 到…去送老弟的行 | 到…來替老弟送行 | 到…來送老弟个行 | 到…送行 | 去…送行 | 2－3 |

(續表)

| | | | | | | |
|---|---|---|---|---|---|---|
| 到…取銀子去 | 到…發銀子去 | 到…去領銀子 | 到…去收銀子 | 到…攞銀 | 到…找銀 | 2-6 |
| 到…打架去了 | 到…打架來了 | 到…去相打 | 到…去打 | 去…吵鬧 | 去…嘈吵 | 2-6 |
| 到…去看一看去 | 到…去看一看去 | 到…去看一看 | 到…去看一看 | 去…睇吓 | 去睇… | 2-8 |
| 到…賣去 | 到…賣去 | 到…去糶 | 到…去賣 | 去…賣 | 去…賣 | 2-12 |
| | | 到…去看个看 | 到…去看一看 | 到…睇過 | 到…睇過 | 2-13 |
| 上…耍手藝去 | 到…做手藝去 | 到…去做生活 | 到…去做生活 | 去…做功夫 | 去…做 | 2-14 |
| 上…當夥計去 | 到…當夥計去 | …去做夥計 | 到…去做夥計 | 去…當夥計 | 去…做夥計 | 2-14 |
| 下…買貨去 | 下…買貨去 | 到…去買貨色 | 到…買貨去 | 去…買貨 | 到… | 2-14 |
| | | 到…去尋尋看 | | 去…搵 | 去…搵 | 2-14 |
| 上…打圍去 | 到…打獵去 | 到…去打獵 | 到…打獵去 | 去…打獵 | 去…打獵 | 2-15 |
| 上…打圍去 | 往…打獵去 | 到…去打獵 | 到…打獵去 | 上…打 | 去… | 2-15 |
| 上…打圍去 | 上…打獵去 | 到…打獵去 | 上…打獵去 | 上去…打獵 | 去…打獵 | 2-15 |
| 到…找馬去 | 到…找馬去 | 到…去替儂尋箇只馬 | 到…尋馬去 | 去…搵馬 | | 2-15 |
| 上…借去 | 到…借去 | …去借借看 | 到…去借 | 去…借 | 去…借 | 2-17 |
| 上…去找去 | 到…去找去 | 到…去尋起來 | 到…去拆去 | 去…找 | 去…攞 | 2-18 |
| 上…給找找去 | 在…去找找去 | 到…去尋着之 | 到…去拆拆看 | 去…找吓 | 向…攞 | 2-18 |

(續表)

| | | | | | | |
|---|---|---|---|---|---|---|
| 上…找找去 | 到…找找去 | 到…去尋起來 | 到…去拆 | 去…找 | 去…搵 | 2-18 |
| 到…找我去 | 到…找我去 | 到…來尋我 | 到…來尋我 | 到…搵我 | 去…搵我 | 2-21 |
| 到…盤查倉庫去 | 到…盤查倉庫去 | 到…查庫銀 | 到…去盤查倉庫 | 去…查倉庫 | 到…盤查倉庫 | 2-22 |
| 往…瞧去 | 往…看去 | 到…去看去 | 到…去一看 | 入去…睇吓 | 去…嚟睇吓 | 2-25 |
| 到…取錢去 | 到…取錢去 | 到…担銅錢去 | 到…去收銅錢去 | 去…攞錢 | 到…收銀 | 2-26 |
| | | 到…看田去 | | 去…睇過啲田 | 去…睇過箇的地 | 2-27 |
| 到…給人道乏去 | 到…和人道謝去 | 到…去謝聲 | 到…去搭別人謝謝 | 去…謝勞 | 去…謝勞 | 2-27 |
| 到…出恭去 | 到…出恭去 | 到…出恭去 | 到…去解溲 | 入…出恭 | 去…出恭 | 2-29 |
| 上…借去 | 到…借去 | …去借 | 到…去借 | 去…借 | 去…借 | 2-30 |
| 到…領贓去 | 到…去領贓 | 去 | 到…去領贓 | 去…領贓 | 去…領 | 2-30 |
| 到…領銀子、衣服去 | 到…領銀子、衣服去 | 到…領之銀子、衣裳咾轉來 | 到…領銀子、衣裳去 | 去…領翻啲銀、衣服 | 到…領番的銀共衣服 | 2-30 |
| 上…坐着去 | 往…坐着去 | 坐…去 | 到…去坐 | 去…坐處 | 入…坐處 | 2-31 |
| 到…找一找去 | 到…找一找去 | 到…去寻一寻 | 到…去尋一尋 | 去…搵吓 | 去…睇一睇 | 2-33 |
| 到…取銀子去 | 到…發銀子去 | 到…領銀子去 | 到…收銀子去 | 去攞銀 | 去…找換 | 2-33 |
| 到…取東西去 | 到…拿東西去 | 到…去担點東西 | 到…去拿物事 | 去…攞野 | 去…攞野 | 2-35 |
| 到…瞧去 | 到…看去 | 跑歸去看看看 | 到…去看 | 翻歸睇吓 | 番屋踰嚟睇 | 2-35 |

(續表)

| 到…取印子去 | 到…收去 | 到…担印子 | 到…收印錢去 | 去…攞印子銀 | 去…收利息 | 2-35 |
|---|---|---|---|---|---|---|
| 到…打茶園去 | 到…打茶園去 | | | 去…打茶園 | 去…打茶園 | 2-35 |
| 到…取印子錢去 | 到…收錢去 | 到…去担印子錢 | 到…收印錢 | 去…攞印子錢 | 到…收息 | 2-35 |
| 上…逛廟去 | 往…蕩廟會去 | 到…去白相相 | | 去…逛吓廟 | 去逛… | 3-5 |
| 上…洗澡去 | 往…洗澡去 | 到…去淨淨浴 | | 上…洗身 | 去…洗身 | 3-8 |
| 到…買銀子賣銀子去 | 到…買銀子賣銀子去 | 買銀子咾賣銀子 | | 去到…買賣銀 | 去…買賣銀 | 3-12 |
| 到…搜一搜去 | 到…去搜一搜 | 到…去尋尋看 | | 入…搜吓 | 去…搜過 | 3-15 |
| 到…買東西去 | 到…買東西 | 到…去買物事 | | 去…買野 | 去…買野 | 3-19 |
| 到…遊歷去 | 到…去遊歷 | | | 到…遊歷 | | 4-5 |
| 到…遊玩去 | 到…遊玩去 | | | 去…遊玩 | | 4-17 |
| 到…談一談去 | 到…談一談去 | | | 去…談吓 | | 4-18 |

"去(前往)VP去(助词)"在宋代基本出现。

11.1.3 VP去——去VP

| 抱孩子去 | 抱孩子去 | 去報小囝 | 去抱小囝 | | | 1-35 |
|---|---|---|---|---|---|---|
| 瞧那房子去 | 看那房子去 | 去看房子 | 去看伊處房子 | 去睇嗰間屋 | 去睇箇間屋 | 2-1 |
| 看看去 | 看看去 | 去看个看 | 去看看 | 去睇吓 | 去睇 | 2-1 |
| 買去 | 去買 | | 去買 | 去幫趁佢間買 | | 2-2 |

(續表)

| | | | | | | |
|---|---|---|---|---|---|---|
| 搶銀號去 | 搶銀號去 | | 搶銀號去 | 去搶銀鋪 | | 2-6 |
| 照回地去 | 點看地去 | 去看一看 | 看看地皮去 | 去勘過地盤 | 睇過的地 | 2-8 |
| 照地去 | 看地去 | 去看一看 | 去看啥地皮 | 去勘驗 | 睇地 | 2-8 |
| 作官去 | 做官去 | 做官 | 做官去 | 去赴任 | | 2-9 |
| 見江老爺去 | 見江老爺去 | | 去見江老爺 | 去見江老爺 | 去見江先生 | 2-10 |
| 吃晌飯去 | 吃午飯去 | | 吃中飯去 | 去吃晏 | 食晏 | 2-11 |
| 找那個姓于的去 | 找那個姓于的去 | 尋姓于个來 | 去尋伊个姓于个 | 去找個于氏 | 去揾箇姓于嘅 | 2-12 |
| 打圍去 | 打獵去 | 打獵去 | 打獵去 | 打獵 | 去打獵 | 2-15 |
| 打圍去 | 打獵去 | 去打獵去 | 打獵去 | 去打獵 | 去打獵 | 2-15 |
| 打圍去 | 打獵去 | 打獵 | 打獵去 | 去打獵 | 去打獵 | 2-15 |
| 找野牲口去 | 找野牲口去 | 去尋野獸 | 尋野獸去 | 揾野獸 | 揾野獸 | 2-15 |
| 算帳盤貨去 | 算帳盤貨去 | 去算算賬目盤盤貨色 | 去算帳咾盤貨 | 盤吓啲貨共埋算吓啲賬 | 算吓的賬,點吓的貨 | 2-23 |
| 說去 | 說去 | 話話看 | 去話 | 講吓 | 講 | 2-24 |
| 找我去 | 找我去 | 來尋我 | 來尋我 | 去揾我 | 嚟邀我 | 2-21 |
| 照照去 | 照照去 | 來照照看 | 照照 | 去照吓 | 照吓 | 2-25 |
| 去耍去 | 去玩去 | 去白相去 | 去勃相 | 去賭錢 | 去頑吓 | 2-26 |
| 去耍去 | 去賭 | 去白相 | 去賭 | 去賭 | 去 | 2-26 |
| 找姓江的去 | 找姓江的去 | 尋姓江个 | 去尋姓江个 | 揾個江氏 | 去姓江嗰處 | 2-26 |
| 要錢去 | 賭錢去 | 去賭銅錢 | 賭銅錢去 | 去賭 | 去賭 | 2-26 |
| 領贓去 | 領贓去 | 去領起來 | 領贓去 | 去領 | 去 | 2-30 |
| 領贓去 | 領贓去 | 領贓去 | 去領贓 | 去領贓 | 去領贓 | 2-30 |

(續表)

| | | | | | | |
|---|---|---|---|---|---|---|
| 領贓去 | 領贓去 | 領贓去 | 領贓去 | 去領 | | 2－30 |
| 去找馬去 | 去找馬去 | 去尋起馬來 | 去尋馬去 | 去搵馬 | 去揾箇匹馬 | 2－32 |
| 找了馬去 | 找了馬去 | 去尋馬 | 尋馬去 | 去搵馬 | 去揾馬 | 2－32 |
| 各處給你找一找去 | 各處和你找一找去 | 去各處尋尋看 | 到各處搭儂去尋一尋 | 佢各處搵吓 | 揾一兩日 | 2－32 |
| 找馬去 | 找馬去 | 尋着馬 | 尋馬去 | 去搵翻匹馬 | 去揾箇匹馬 | 2－32 |
| 找那個姓趙的去 | 找那個姓趙的去 | 尋姓趙个來 | 去尋伊个姓趙个 | 搵倒嗰個趙氏嚟 | 去揾呢箇姓趙嘅 | 2－32 |
| 作見證去 | 作見證去 | 對證去 | 去做見證去 | 做見證 | 作證 | 2－32 |
| 打官司去 | 打官司去 | 去打官司 | 去打官司 | 打官司 | 告佢 | 2－35 |
| 找他去 | 找他去 | 去尋著箇个人 | 去尋伊 | 去搵佢 | 揾佢 | 2－36 |
| 找那個人去 | 找那個人去 | 去尋箇个拐子 | 尋伊个人去 | 去搵嗰個棍徒 | 去揾先頭嗰箇人 | 2－36 |
| 找他去 | 找他去 | 尋伊 | 尋伊 | 搵佢 | 睇吓 | 2－36 |
| 找他去 | 找他去 | 去尋箇个人 | 尋伊去 | 去搵佢 | 去揾佢 | 2－37 |
| 趨達會子去 | 蕩蕩會兒去 | 去跑白相 | 勃相去 | 逛吓 | 去行吓 | 2－40 |
| 拿茶葉去 | 拿茶葉去 | 去担茶葉 | | 去擰茶葉 | 攞茶 | 3－2 |
| 拿開水去 | 拿開水去 | 去担開水 | | 去攞滾水 | 攞的滾水 | 3－2 |
| 送信去 | 送信去 | 撥信我 | | 去話俾我知 | 去話我知 | 3－3 |
| 吃飯去 | 吃飯去 | 去吃飯 | | 去吃飯 | 去食飯 | 3－4 |
| 逛去 | 蕩去 | 去白相 | | 去逛 | 去 | 3－5 |
| 雇車去 | 去雇車 | 叫車子去 | | 叫車 | 去同先生僱定駕車 | 3－5 |

(續表)

| | | | | | | |
|---|---|---|---|---|---|---|
| 雇車去 | 去雇車 | | | | | 3－5 |
| 雇去 | 去雇 | 去叫 | | 去叫 | 去僱車 | 3－5 |
| 買點兒古玩去 | 去買點兒古玩 | 買點古玩物事去 | | 買啲古玩 | 買的古玩 | 3－6 |
| 請用吉大夫去 | 請用吉醫生來 | 去請用吉郎中來 | | 請嗰位用吉先生嚟 | 請用吉醫生嚟 | 3－7 |
| 定地方去 | 去定地方 | 到城外頭去 | | 去揾定笪地方 | 定一所地方 | 3－11 |
| 定去 | 去定 | 去定 | | 去定 | 去定 | 3－11 |
| 辦去 | 辦去 | 去換 | | 去換 | 去照噉樣做 | 3－12 |
| 辦去 | 去辦 | | | 去做 | 埋手 | 3－14 |
| 搬行李去 | 搬行李去 | 去搬行李去 | | 搬行李 | 搬行李 | 3－14 |
| 找他去 | 找他去 | 去尋伊 | | 去叫佢 | 去揾佢 | 3－16 |
| 通去 | 去通 | 去通去 | | 嚟去挖通佢 | 嚟通佢 | 3－16 |
| 送禮去 | 送禮去 | 送禮物去 | | 去送禮 | 去送禮 | 3－18 |
| 拾掇去 | 去收拾 | 預備去 | | 執拾好 | 去豫備 | 3－18 |
| 雇一輛車去 | 雇一乘車去 | 去叫部車子 | | 叫駕車去 | 去僱車 | 3－18 |
| 歇歇兒去 | 歇歇兒去 | 去歇歇 | | 去抖吓 | 去抖吓 | 3－18 |
| 買東西去 | 去買東西 | 買物事去 | | 去買啲野 | 去買的野 | 3－19 |
| 買去 | 去買 | 去買 | | 去買 | 去買 | 3－19 |
| 回拜大人去 | 去回拜大人 | | | 去回拜大人 | | 4－3 |
| 起去 | 起去 | | | 去起 | | 4－8 |
| 拜客去 | 去拜客 | | | 去拜客 | | 4－12 |
| 迎貨去 | 引貨來 | | | 去接貨 | | 4－13 |

## 11.2 先 VP——VP 先

ABCD“先 VP”,EF“VP 先”(E 13 次/F 10 次)。

| | | | | | | |
|---|---|---|---|---|---|---|
| 先照地去 | 先看地去 | 預先去看一看 | 去看啥地皮 | 先去勘驗 | 睇地先 | 2-8 |
| 先領一半兒銀子 | 先領一半兒銀子 | 先領一半銀子 | 先領一半个銀子 | 領一半銀先 | 領一半先 | 2-10 |
| 先是竟打了些個野雞、野貓 | 先是竟打了些野雞、兔子 | 打着之野雞野貓啥啥 | 先打之點野雞啥兔子 | 打倒啲山雞、野貓先 | 先打倒的山雞共野兔 | 2-15 |
| 先看看 | 先看看 | 先讓伊看个看 | 先看看 | 睇吓先 | 睇吓 | 2-18 |
| 先留下 | 先留下 | 放拉 | 放拉 | 留落先 | 暫留落 | 2-18 |
| 先去找馬去 | 先去找馬去 | 先去尋起馬來 | 先去尋馬去 | 先去搵馬 | 去搵箇匹馬先 | 2-32 |
| 先到茅房裏找一找去 | 先到茅廁裏找一找去 | 先到茅厠裏去寻一寻 | 到坑缸上去尋一尋 | 先去廁坑處搵吓 | 去廁所睇一睇先 | 2-33 |
| 先用着 | 先用着 | 收來用 | 先用 | 使住 | 使住先 | 2-36 |
| 先看看 | 先看看 | 看看看 | 先撥我看一看 | 睇吓 | 睇吓先 | 2-38 |
| 先滑一拳 | 先劃一拳 | 先豁一記 | 先發一拳 | 猜一拳先 | 猜吓先 | 2-39 |
| 先別誇口 | 先莫誇口 | 先擺架 | 先誇口 | 咪誇定口先 | 咪咁快誇口 | 2-39 |
| 先喝酒 | 先喝酒 | 先吃酒 | 先吃之酒 | 飲酒先 | 飲先 | 2-39 |
| 先不用擦地板 | 先不用擦地板 | 勿要去拖 | | 唔使擦地板先 | 唔使咁快洗地 | 3-3 |
| 先擱著 | 先擱著 | 放起拉 | | 放處先 | 擠埋一便先 | 3-10 |
| 先給你三塊 | 先把你三塊 | 先撥儂三塊 | | 支住三個銀錢過你先 | 俾上期三圓 | 3-13 |
| 先問你一件事 | 先問你一件事 | 先要問儂一樣事體 | | 問你一件事先 | 先要問一件事 | 3-16 |
| 先擱着 | 先擱着 | 且到放拉 | | 丟處先 | 唔理佢先 | 3-17 |
| 先別叫信成領去 | 先莫叫信成領去 | | | 咪俾信成領自先 | | 4-10 |

11.3　V吓

表示嘗試或短時態，通語用"V一V"，滬語用"V了V"、粵語用"V吓"。

11.3.1　V——V吓

| | | | | | | |
|---|---|---|---|---|---|---|
| 問張兄好 | 問張兄好 | 候一候 | 候候 | 問候吓 | 問候吓 | 1-10 |
| 代為介紹 | 代為引進 | 轉致一聲 | 帶領 | 會吓 | 見 | 1-19 |
| 想 | 想 | 想 | 諒必 | | 度吓 | 1-21 |
| 請問 | 請問 | 請教 | 請教 | 請教吓 | | 2-2 |
| 聽信 | 聽信 | | 聽信 | 聽吓聲氣 | 聽聲氣 | 2-10 |
| 想 | 想 | 想 | 想 | 想吓 | 估 | 2-17 |
| 想 | 想 | 想 | 想 | 想吓 | | 2-18 |
| 辛苦 | 辛苦 | | 辛苦 | 驚動吓 | 勞動吓 | 2-18 |
| 瞧 | 瞧 | | 看 | 睇吓 | | 2-18 |
| 說合 | 說和 | 話攏 | 講和 | 調停吓 | 調停 | 2-19 |
| 問 | 問 | 請教 | 問 | 問 | 請問吓 | 2-23 |
| 看 | 看 | 看 | 看 | 睇吓 | 知到 | 2-23 |
| 問 | 問 | 問 | 問 | 問 | 問吓 | 2-23 |
| 瞧 | 看 | 看 | 看 | 睇吓 | 見得 | 2-23 |
| 看 | 看 | 看起來 | 看 | 睇吓 | 睇 | 1-12 |
| 想 | 想 | 想起來 | 想 | 想吓 | | 2-8 |
| 想 | 想 | 想起來 | 想 | 睇吓 | 估 | 2-18 |

11.3.2　一V——V吓

| | | | | | | |
|---|---|---|---|---|---|---|
| 一查 | 一查 | 一查 | 一查 | 睇吓 | 查 | 2-12 |
| 一想 | 一想 | 一想 | 一想 | 想吓 | 想吓 | 2-19 |
| 一細瞧 | 一細瞧 | 一看 | 一看 | 睇吓 | 睇 | 2-20 |
| 一問 | 一問 | 問 | 一問 | 問 | 問吓 | 2-21 |
| 一想 | 一想 | 一想 | 一想 | 想吓 | 估 | 2-23 |

(續表)

| | | | | | | |
|---|---|---|---|---|---|---|
| 一打聽 | 一打聽 | 一打聽 | 一打聽 | 打聽吓 | 研究 | 2-23 |
| 一算帳 | 一算帳 | 賬一算 | 一算帳 | 算吓盤數 | 算箇盤數 | 2-23 |
| 一盤貨 | 一盤貨 | 一盤 | 一盤貨 | 盤吓啲貨 | 盤貨 | 2-23 |
| 一想 | 一想 | 想 | 一想 | 一想吓 | 想到 | 2-24 |
| 一打聽 | 一打聽 | 一打聽 | 一打聽 | 打聽吓 | 打聽 | 2-24 |
| 一看 | 一看 | 一看 | 一看 | 睇吓 | 睇 | 2-25 |
| 一細瞧 | 一細看 | 一看 | 一看 | 睇吓 | 睇眞吓 | 2-25 |
| 一耍 | 一賭 | 白相之勿多歇 | 賭 | 賭 | 頑吓 | 2-26 |
| 一瞧 | 一看 | 一看 | 一看 | | 望吓 | 2-29 |
| 一打聽 | 一打聽 | 打聽 | 一打聽 | 打聽吓 | 尋問 | 2-32 |
| 一問 | 一問 | 一問 | 一問 | 問吓 | 問 | 2-32 |
| 一看 | 一看 | 一看 | 一看 | 睇吓 | 睇 | 2-33 |
| 一看 | 一看 | 一看 | 一看 | 睇吓 | 睇 | 2-35 |
| 一瞧 | 一看 | 一看 | 一看 | 睇吓 | 睇倒 | 2-36 |
| 一想 | 一想 | | | 想吓 | 想到 | 2-39 |
| 一攦 | 一攦 | 攦一攦 | | 登吓 | 扯 | 3-10 |
| 一聚會 | 一聚會 | | | 敘會吓 | | 4-14 |

11.3.3 V一V——V吓

| | | | | | | |
|---|---|---|---|---|---|---|
| 治一治 | 治一治 | 看个看 | 看 | 打理吓 | 調理 | 1-5 |
| 談一談 | 談一談 | 談談 | 談談 | 談吓 | 傾談吓 | 2-2 |
| 等一等 | 等一等 | 等一等 | 等一等 | 等吓 | 等陣 | 2-6 |
| 看一看 | 看一看 | 看一看 | 看一看 | 睇吓 | 睇 | 2-8 |
| 坐一坐兒 | 坐一坐兒 | 坐个坐 | 坐一歇 | 坐陣 | 坐吓 | 2-9 |
| 問了一問 | 問了一問 | 問之一問 | 問之一問 | 問咽吓 | 問咽吓 | 2-19 |
| 談一談 | 談一談 | 白話白話 | 談談 | 傾談吓 | 傾談吓 | 2-24 |

（續表）

| | | | | | | |
|---|---|---|---|---|---|---|
| 找一找 | 找一找 | 尋尋看 | 尋一尋 | 搵吓 | 搵 | 2－32 |
| 找一找 | 找一找 | 寻一寻 | 尋一尋 | 搵吓 | 睇一睇 | 2－33 |
| 盤一盤 | 盤一盤 | 盤盤 | 盤一盤 | 盤吓 | 點吓 | 2－33 |
| 平一平 | 平一平 | 稱一稱 | 平一平 | 兌吓 | 兌過 | 2－36 |
| 看一看 | 看一看 | 看一看 | | 睇吓 | | 3－1 |
| 查了一查 | 查了一查 | 查 | | 查吓 | 對過 | 3－4 |
| 想一想 | 想一想 | 想 | | 想吓 | 想過 | 3－4 |
| 看一看 | 看一看 | | | 睇吓 | 睇吓 | 3－5 |
| 熨一熨 | 熨一熨 | 燻一燻 | | 熨吓 | 熨 | 3－5 |
| 攋一攋 | 拉一拉 | 攋一攋 | | 搣好吓 | 摺 | 3－5 |
| 等一等兒 | 等一等兒 | 等一等 | | 等吓 | 等一陣 | 3－5 |
| 拉一拉 | 拉一拉 | 攋一攋 | | 搣好吓 | 摺 | 3－5 |
| 逛一逛 | 玩一玩 | 遊之一轉 | | 逛一逛 | | 3－8 |
| 想一想 | 想一想 | 想想看 | | 想吓 | 想吓 | 3－8 |
| 翻一翻 | 翻一翻 | 翻一翻 | | 反吓 | 反 | 3－10 |
| 擦一擦 | 擦一擦 | 揩个揩 | | 抹吓 | 整 | 3－14 |
| 搜一搜 | 搜一搜 | 尋尋看 | | 搜吓 | 搜過 | 3－15 |
| 等一等 | 等一等 | 等一等 | | 等一吓 | 等一陣 | 3－19 |
| 問一問 | 問一問 | 問聲看 | | 問吓 | 問吓 | 3－19 |
| 挨一挨兒 | 等一等兒 | 慢一慢 | | 慢步 | 遲吓 | 3－20 |
| 見一見 | 見一見 | | | 見吓 | | 4－2 |
| 見一見 | 見一見 | | | 見吓 | | 4－3 |
| 辦一辦 | 辦一辦 | | | 辦理吓 | | 4－7 |
| 問了一問 | 問了一問 | | | 問曉一吓 | | 4－10 |
| 談一談 | 談一談 | | | 談吓 | | 4－14 |
| 見一見 | 見一見 | | | 見吓 | | 4－15 |
| 談一談 | 談一談 | | | 談吓 | | 4－18 |

### 11.3.4 VV——V吓

| | | | | | | |
|---|---|---|---|---|---|---|
| 坐坐 | 坐坐 | 談談 | 坐坐 | 做吓 | 坐吓 | 1－10 |
| 逛逛 | 玩玩 | 遊玩遊玩 | 勃相相 | 逛吓 | 行吓 | 1－14 |
| 逛逛 | 玩玩 | 白相 | 勃相相 | 逛吓 | 行 | 1－14 |
| 看看 | 看看 | 看看 | 看看 | 睇吓 | 睇吓 | 1－26 |
| 看看 | 看看 | 看个看 | 看看 | 睇吓 | 睇 | 2－1 |
| 看看 | 看看 | 看个看 | 看看 | 睇吓 | 睇吓 | 2－7 |
| 瞧瞧 | 看看 | 看看 | 看看 | 睇吓 | 睇吓 | 2－7 |
| 舉薦舉薦 | 舉薦舉薦 | 舉薦舉薦 | 薦一薦 | 吹薦吓 | 介紹 | 2－10 |
| 說說 | 說說 | 話 | 話 | 講吓 | | 2－10 |
| 打算了打算 | 打算了打算 | 想想 | 打算打算 | 算度過吓 | 算度過 | 2－10 |
| 看了看 | 看了一看 | 望望 | 看之一看 | 睇嗰一吓 | 睇 | 2－11 |
| 遛達遛達 | 遊蕩遊蕩 | 泛泛 | 遊蕩遊蕩 | 散吓步 | 逛吓 | 2－11 |
| 勸勸 | 勸勸 | 勸勸 | 勸勸 | 勸吓 | 勸諫吓 | 2－11 |
| 勸勸 | 勸勸 | 勸勸 | 勸勸 | 勸吓 | 勸諫吓 | 2－11 |
| 問問 | 問問 | 問問看 | 問問 | 問聲 | 查問吓 | 2－13 |
| 收拾收拾 | 收拾收拾 | 收作收作 | 收築收築 | 修整吓 | 修整 | 2－14 |
| 收拾收拾 | 收拾收拾 | 收作 | 收築收築 | 修吓 | 修整 | 2－14 |
| 瞧瞧 | 看看 | 看个看 | 看看 | 睇下 | 睇吓 | 2－14 |
| 瞧瞧 | 看看 | 看 | 看看 | 睇 | 睇吓 | 2－14 |
| 看看 | 看看 | 看个看 | 看看 | 睇吓 | 睇吓 | 2－18 |
| 瞧瞧 | 看看 | 看 | 看看 | 睇吓 | 睇 | 2－18 |
| 看看 | 看看 | 看个看 | 看看 | 睇吓 | 睇吓 | 2－18 |
| 找找 | 找找 | 尋 | 拆拆看 | 找吓 | 攞 | 2－18 |
| 看看 | 看看 | 看看 | 看看 | 看 v 吓 | 睇 | 2－18 |
| 打聽打聽 | 打聽打聽 | 打聽打聽看 | 打聽打聽 | 打聽吓 | 打聽吓 | 2－18 |
| 說合說合 | 說合說合 | 話攏 | 話話好 | 調停吓 | 講和 | 2－19 |

(續表)

| 走走逛逛 | 走走蕩蕩 | 走走白相 | 走勃相 | 逛吓 | 行 | 2-24 |
|---|---|---|---|---|---|---|
| 照照 | 照照 | 照照看 | 照照 | 照吓 | 照吓 | 2-25 |
| 看看 | 看看 | 看 | 看 | 睇吓 | 睇過 | 2-33 |
| 瞧瞧 | 看看 | 看 | 看看 | 睇吓 | 睇吓 | 2-34 |
| 想想 | 想想 | 想想看 | 想想看 | 想吓 | 想過 | 2-34 |
| 點點 | 點點 | 點點看 | 點一點 | 點吓睇 | 數過睇 | 2-34 |
| 聽聽 | 聽聽 | | 聽聽看 | 聽吓 | 聽 | 2-36 |
| 看看 | 看看 | 看看看 | 看一看 | 睇嚇 | 睇吓 | 2-38 |
| 想想 | 想想 | 想想看 | | 想吓 | 想吓 | 2-38 |
| 聽聽 | 聽聽 | 聽聽看 | 聽聽看 | 聽吓 | 聽 | 2-38 |
| 等等 | | 等一等 | | 等吓 | 等吓 | 2-39 |
| 聽聽 | 聽聽 | 聽一聽 | 聽聽 | 聽吓 | 聽吓 | 2-39 |
| 歷練歷練 | 歷練歷練 | 操練操練 | | 學習吓 | 歷練過 | 3-1 |
| 瞧瞧 | 看看 | 看 | | 睇吓 | | 3-1 |
| 瞧瞧 | 看看 | 看个看 | | 睇吓 | 睇吓 | 3-2 |
| 換換 | 換換 | 換 | | 換吓 | 換過 | 3-3 |
| 邀了邀 | 稱了稱 | 稱之一稱 | | 稱吓 | 秤過 | 3-4 |
| 打聽打聽 | 打聽打聽 | 打聽打聽 | | 打聽吓 | 問吓 | 3-5 |
| 瞧瞧 | 看看 | 看看 | | 睇吓 | | |
| 送送 | 送送 | 送送 | | 送吓 | 送 | 3-7 |
| 聽聽 | 聽聽 | 話話看 | | 聽吓 | 知 | 3-8 |
| 曬曬/晒 | 晒 | 晒晒 | | 晒吓 | 晒晾 | 3-10 |
| 看看 | 看看 | 看一看 | | 睇吓 | 睇吓 | 3-10 |
| 瞧瞧 | 看看 | 看 | | 睇吓 | 睇吓 | 3-10 |
| 抖晾抖晾 | 抖晾抖晾 | 抖個抖晾 | | 抰透吓 | 抰過 | 3-10 |
| 磕打磕打 | 磕打磕打 | 拍個拍 | | 撴吓 | 拍 | 3-10 |

(續表)

| 透透風 | 透透風 | 吹個吹 |  | 透吓風 | 吹吓 | 3 - 10 |
|---|---|---|---|---|---|---|
| 點點 | 點點 | 點點…看 |  | 數吓 | 數過 | 3 - 12 |
| 點點 | 點點 | 點點 |  | 點吓 | 點過 | 3 - 14 |
| 瞧瞧 | 看看 | 看个看 |  | 睇吓 | 睇 | 3 - 14 |
| 瞧瞧 | 看看 | 看 |  | 睇吓 |  | 3 - 15 |
| 搓搓 | 搓搓 | 揩个揩 |  | 抹吓 | 擦吓 | 3 - 16 |
| 歇歇兒 | 歇歇兒 | 歇歇 |  | 抖吓 | 抖吓 | 3 - 18 |
| 坐坐兒 | 坐坐兒 |  |  | 坐吓 |  | 4 - 3 |
| 說合說合 | 說合說合 |  |  | 講開吓 |  | 4 - 19 |
| 說合說合 | 說合說合 |  |  | 講開吓 |  | 4 - 19 |

## 11.4 這就 VP——就 VP：表示“不久就要做某事”

| 這就… | 將就… | 就… | 第歇就… | 而家… | 就… | 2 - 14 |
|---|---|---|---|---|---|---|
| 這就… | 這就… | 就… | 第歇就… | 而家就… | 就… | 2 - 15 |
| 這就… | 將就… | 就… | 就… | 而家… | 即時… | 2 - 18 |
| 這就… | 這就… | 就… |  | 就… | 而家… | 3 - 1 |
| 這就… | 這就… | 就… |  |  | 而家… | 3 - 3 |
| 這就… | 這就… | 就… |  | 就… | 就… | 3 - 11 |
| 這就… | 將就… | 就… |  | 而家就 | 而家… | 3 - 18 |

# 第二章　《官話指南》及其方言譯本之異文比較研究

北京官話《官話指南》(1881)是第一部由日本人自己編寫的北京話口語教材,它從一個側面反映了北京話成為漢語官話的歷史事實。以《官話指南》為藍本一句一句對照而成的南方官話本《官話指南》,反映了清末漢語官話具有南方和北方差異的真實面貌。以《官話指南》為藍本一句一句對譯成兩種上海話方言的讀本《土話指南》(1889)、《滬語指南》(1896)較為真實地記錄了當時滬語面貌。以《官話指南》為藍本一句一句對譯成《粵音指南》(1895)、《改訂粵音指南》(1930)也如實記載了當時粵語方言的面貌特徵。本章主要在第一章的基礎上進行概述,有關每組詞的用法特點歷史變化,如在第一章有基本注釋,本章即從簡。

## 第一節　官話與滬語、粵語用詞同義異詞表達分佈

本節我們在第一章"《官話指南》及其方言譯本常用詞異文匯編"的基礎上,對異文進行抽取總括,比較官話與方言不同地欄位型別相互間異文表達特點。依據的《官話指南》(六種)版本,依次標為A、B、C、D、E、F,A、B版為官話用詞,C、D版為上海土話用詞,E、F版為粵語土話用詞。版本如下:

【A】北京官話《官話指南》明治十四年(1881)(四卷),東京文求堂版。

【B】九江書會著《官話指南》光緒十九年(1893)(四卷),九江印書局版。

【C】滬語版《土話指南》1908(三卷),上海土山灣慈母堂,第二版。

【D】滬語版《滬話指南》(兩卷),1908年由上海美華書館出版,第二版。

【E】粵語版《粵音指南》1910(四卷),香港別字館印本。

【F】粵語版《訂正粵音指南》1930(三卷)

將《官話指南》及其方言譯本常用詞異文主要部分,按詞性、語義分類整理如下:

1　官話、滬語、粵語同義各自異文鮮明者

相對而言,BCDEF都是以《官話指南》A為藍本一句一句對照而成的,它們之間的用詞表達具有一定的相互同一性,我們只是摘取了其中相對差異大的詞條,而對它們使用一致的用詞現象不作説明。

1.1　名詞

| 語義 | A(1-4卷) | B(1-4卷) | C(1-3卷) | D(1-2卷) | E(1-4卷) | F(1-3卷) |
|---|---|---|---|---|---|---|
| 父母 | 老子娘 | 老子娘 | 爺娘 | 爺娘 | 父母 | 父母 |
| 父亲 | 父親 | 父親 | 爺 | 爺 | 老豆 | 老哻 |
| 母亲 | 母親 | 母親 | 娘 | 娘 | 老母 | 老母 |
| 哥哥 | 哥哥 | 哥哥 | 阿哥 | 阿哥 | 大佬/大哥 | 兄/胞兄 |
| 姐姐 | 姐姐 | 姐姐 | 阿姐 | 阿姊 | 亞姊 | 亞姐 |
| 哥哥和弟弟 | 弟兄 | 弟兄 | 弟兄 | 弟兄 | 兄弟 | 兄弟 |
| 弟弟 | 兄弟 | 兄弟 | 兄弟 | 兄弟 | 細佬 | 舍弟 |
| 妹妹 | 姐妹 | 姐妹 | 姊妹 | 姊妹 | 姊妹 | 姊妹 |
| 小孩子 | 孩子 | 孩子 | 小囝 | 小囝 | 細蚊仔 | 細蚊仔 |
| 妇女 | 娘兒們 | 婦女們 | 女眷 |  | 堂客 | 女界 |
| 小舅子 | 小舅子 | 小舅子 | 小娘舅 | 小阿舅 | 細舅 | 細舅 |
| 親戚 | 親戚 | 親戚 | 親眷 | 親眷 | 舍親 | 舍親 |

(續表)

| 朋友 | 相好的 | 相好的 | 朋友 | 朋友 | 相好 | 朋友 |
|---|---|---|---|---|---|---|
| 鄰居 | 街坊 | 鄰舍 | 鄰舍 | 鄰舍 | 同屋住 | 街坊 |
| 醫生 | 大夫 | 郎中 | 先生 | 郎中 | 醫生 | 醫生 |
| 醫生 | 大夫 | 醫生 | 郎中 | 郎中/先生 | 先生 | 醫生 |
| 教師 | 師傅 | 先生 | 先生 | 老師/先生 | 先生 | 教員 |
| 老板 | 掌櫃的 | 管帳的 | 管賬个 | 管帳个 | 事頭 | 司理 |
| 老板 | 掌櫃的 | 管事的 | 本家 | 管事个 | 事頭 | 事頭 |
| 老板 | 掌櫃 | 老板 | 司務 | 老闆 | 事頭 | 事頭 |
| 東家 | (舊)居停 | (舊)居停 | (老)東家 | (舊)東家 | (舊)東家 | (舊)居停 |
| 東家 | (舊)居停 | (舊)居停 | (老)東家 | (舊)東家 | (舊)東家 | (舊)居停 |
| 下人 | 底下人們 | 底下人們 | 相幫人 | 底下人 | 下人 | 夥計 |
| 下人 | 底下人 | 底下人 | 相幫人 | 底下人 | 下人 | 跟班 |
| 下人 | 跟人 | 跟人 | 相幫人 | 用人 | 跟班 | 夥計 |
| 挑脚 | 苦力 | 小工 | 小工 |  | 咕哩 | 苦力 |
| 挑夫 | 苦力 | 挑夫/挑脚 | 脚班 |  | 挑夫 | 苦力 |
| 賊 | 作賊的 | 做賊的 | 做賊个 | 做賊个 | 賊 | 賊匪 |
| 流氓 | 無賴子 | 無賴子 | 撻皮 | 流氓 | 撈家仔 | 撈家仔 |
| 騙子 | 騙子手 | 騙子手 | 拐子 | 騙子 | 棍徒 | 棍徒 |
| 风衣(无袖) | 斗蓬 | 斗篷 | 風兜 |  | 大褸 | 冇袖嘅長衣 |
| 傢俱 | 傢俱 | 傢俱 | 傢生啥啥 | 生財 | 傢伙 | 傢私 |
| 桌子 | 桌子 | 桌子 | 桌 |  | 檯 | 檯 |
| 抽屜 | 抽屜 | 抽屜 | 抽屜 |  | 櫃桶 | 櫃桶 |
| 床鋪 | 炕上 | 鋪上 | 床上 | 舖上 | 床處 | 床上 |
| 屏風 | 槅扇 | 槅子 | 屏風 | 寮 | 圍屏 | 屏風 |
| 屏風 | 槅扇 | 槅扇 | 槅子 |  | 圍屏 | 摺門 |
| 書架 | 書槅子 | 書槅板 | 書架 |  | 書架 | 書架 |
| 火盆 | 火盆 | 火盆 | 烘爐 |  | 火盤 | 火盤 |

(續表)

| 鋪蓋 | 鋪蓋 | 鋪蓋 | 鋪蓋 | 鋪蓋 | 被鋪 | 被鋪 |
|---|---|---|---|---|---|---|
| 肥皂 | 胰子 | 胰子 | 肥皂 | | 洋梘 | 番梘 |
| 牙刷 | 刷牙子 | 牙刷子 | 牙刷 | | 牙刷 | 牙擦 |
| 牙粉 | 刷牙散 | 刷牙散 | 牙粉 | | 刷牙粉 | 擦牙粉 |
| 面盆 | 臉盆 | 臉盆 | 面盆 | | 面盤 | 面盤 |
| 匙子 | 匙子 | 挑子 | 鈔 | | 匙羹 | 羹 |
| 鹽盒 | 鹽盒兒 | 鹽盒兒 | 鹽匣子 | | 鹽盅 | 鹽兜仔 |
| 鬧鐘 | 醒鐘 | 鬧鐘 | 醒鐘 | 鬧鐘 | 鬧鐘 | 鬧鐘 |
| 地毯 | 地毯 | 地毯 | 地單 | | 地氈 | 地毡 |
| 開水 | 開水 | 開水 | 開水 | | 滾水 | 滾水 |
| 練子 | 錶子 | 練子 | 弦 | 法條 | 鍊 | 鏈 |
| 夾剪 | 夾剪 | 夾剪 | 夾剪 | 夾剪 | 鈒 | 鉸剪 |
| 珐藍 | 珐藍 | 珐藍 | 碗料 | 珐藍 | 燒青 | 燒青 |
| 箱子 | 箱子 | 箱子 | 箱子 | 箱子 | 槓箱 | 槓箱 |
| 皮箱 | 皮箱 | 皮箱 | 皮箱 | | 皮箱 | 皮槓 |
| 書套 | 書套 | 書套 | 書套 | 書壳套 | 書套 | 書夾 |
| 臉 | 臉 | 臉 | 面孔 | 面孔 | 面 | 面 |
| 家裏 | 家裏 | 家裏 | 屋裏 | 屋裏 | 府上 | 府上 |
| 家裏 | 家裏 | 家裏 | 屋裡 | 屋裏 | 住家 | 住家 |
| 家裏 | 家 | 家 | 屋裡 | 屋裏 | 屋唥 | 屋踜 |
| 院子 | 院子 | 院子 | 天井裡 | 天井裏 | 天井 | 後院 |
| 公館 | 宅裏 | 公舘 | 宅裏 | 宅裏 | 公舘 | 公舘 |
| 公館 | 宅裏 | 宅裏 | 宅裏 | 宅裏 | 公舘 | 公舘 |
| 寓所 | 寓所裡 | 寓所裡 | 寓裏 | 寓裏 | 寓所處 | 寓所處 |
| 學校 | 學房 | 學堂 | 學堂 | 學堂 | 書舘 | 舘 |
| 街巷 | 胡同 | 巷子 | 街上 | 衖 | 胡同 | 巷内 |
| 街巷 | 胡同 | 巷子 | 街上 | 衖 | 巷 | 巷内 |

（續表）

| 街巷 | 胡同 | 巷 | 街上 | 衚裏 | 巷 | 巷 |
|---|---|---|---|---|---|---|
| 茅廁 | 茅房 | 茅房 | 茅廁 | 坑缸 | 廁坑 | 廁所 |
| 茅廁 | 茅房 | 茅廁 | 茅坑 | 坑缸 | 廁坑 | 廁所 |
| 行情 | 行情 | 行情 | 價 | 行情 | 行情 | 市價 |
| 行情 | 行市 | 行市 | 行情 | 行情 | 價錢 | 市價 |
| 俏貨 | 俏貨 | 俏貨 | 好東西 | 巧貨 | 靚貨 | 靚貨 |
| 太陽 | 太陽 | 太陽 | 日頭 | 日頭 | 熱頭 | 熱頭 |
| 氷雹 | 雹子 | 雹子 | 氷塊 | 氷塊 | 大雹 | 雹 |
| 事情 | 事情 | 事情 | 事體 | 事體 | 事 | 事幹 |
| 事情 | 事 | 事 | 事體 | 事體 | 事 | 事 |
| 東西 | 東西 | 東西 | 東西 | 物事 | 野 | 物業 |
| 東西 | 東西 | 東西 | 物事 | 物事 | 野 | 野 |
| 手藝 | 手藝 | 手藝 | 本事 | 本事 | 手藝 | 人工 |
| 活儿 | 活 | 事 | 生活 | 生活 | 工夫 | 工程 |
| 活儿 | 活 | 工 | 生活 | 生活 | 工夫 | 工程 |
| 顔色 | 顔色 | 顔色 | 顔色 | 顔色 | 色水 | 色水 |
| 先頭裏 | 先頭裏 | 先頭裏 | 前頭 | 前頭 | 從前 | 舊時 |
| 從前 | 從先 | 從先 | 前頭個時候 | 從前 | 從前 | 從前 |
| 平日 | 素日 | 平素 | 平素 | 素來 | 平日 | 向來 |
| 平常 | 平常 | 平常 | 平素 | 向來 | 平日 | 平日 |
| 第二天 | 第二天 | 第二天 | 明朝 | 第二日 | 第朝 | 第朝 |
| 改天 | 改天 | 改天 | 隔日 | 歇日 | 改日 | 改日 |
| 目前 | 脚下 | 目下 | 現在 | 目下 | 現目 | 目下 |
| 目前 | 脚下 | 目下 | 現在 | 目下 | 而家 | 而家 |
| 如今 | 如今 | 如今 | 現在 | 現在 | 近來 | 現在 |

(續表)

| | | | | | | |
|---|---|---|---|---|---|---|
| 如今 | 如今 | 如今 | 現在 | 現在 | 現今 | 現 |
| 如今 | 如今 | 如今 | 如今 | 現在 | 而家 | 而家 |
| 現在 | 現在 | 現在 | 現在 | 現在 | 而家 | 而家 |
| 現在 | 現在 | 現在 | 現在 | 現在 | 現在 | 現時 |
| 早晨 | 早起 | 早晨 | 早辰頭 | 早晨 | 朝 | 上午 |
| 早晨 | 早起 | 早晨 | 早上 | 早晨 | 朝 | 朝 |
| 早晨 | 早起 | 早晨 | 早辰 | 早晨 | 朝 | 朝 |
| 中時 | 晌午 | 中時 | 日頭直快 | 日中 | 晏晝 | 晏晝 |
| 中時 | 晌午 | 晌午 | 日中性裏 | 日中 | 晏晝心 | |
| 中時 | 晌午 | 中時 | 日中性裏 | 日中 | 晏晝 | 晏晝 |
| 晚上 | 晚上 | 晚上 | 夜快 | 夜裏 | 晚黑 | 晚 |
| 晚上 | 晚上 | 晚上 | 夜快 | 夜裏 | 晚 | 晚 |
| 晚上 | 晚上 | 晚上 | 下晝 | 夜裏 | 晚上 | 晚上 |
| 晚上 | 晚上 | 晚上 | 下晝日 | 夜裏 | 晚上 | 晚晚 |
| 晚上 | 晚上 | 晚上 | 夜快 | 夜裏 | 晚 | 晚 |
| 剛纔 | 剛纔 | 剛纔 | 刻刻 | 纔然 | 就正 | 就至 |
| 剛纔 | 剛纔 | 剛纔 | 貼正 | 纔然 | 適值 | 適值 |
| 剛纔 | 剛纔 | 剛纔 | 刻刻 | 纔然 | 就致 | 就至 |
| 賭場 | 賭局 | 賭廠 | 賭場 | 賭場 | 賭館 | 賭館 |
| 賭場 | 寶局 | 寶局 | 賭場 | 寶局 | 攤館 | 賓館 |
| 木匠店 | 木廠子 | 木廠子 | 木作店 | 木匠店 | 木鋪 | 木舖 |
| 村莊 | 村莊兒裏 | 村莊兒裏 | 村莊上 | 村莊裏 | 村 | 村 |
| 田園 | 園子 | 園 | 園地 | 園地 | 田園 | 地 |
| 地裡 | 地裡 | 地裡 | 地上 | 地上 | 田園處 | 地 |
| 地下 | 地下 | 地下 | 地上 | 地上 | 地處 | 地面 |
| 北邊 | 北邊兒 | 北邊兒 | 北面 | 北面 | 北便 | 北便 |
| 東邊 | 東 | 東 | 東面 | | 東便 | 東便 |

（續表）

| 西街 | 西街 | 西街 | 西街 | 西街 | 西街 | 西便 |
|---|---|---|---|---|---|---|
| 傍邊 | 傍邊兒 | 傍邊兒 | 傍邊 | | 傍邊 | 側便 |
| 裏頭 | 裏頭 | 裏頭 | 裡面 | 裏向 | 裡頭 | 裏便 |
| 外頭 | 外頭 | 外頭 | 外勢 | 外頭 | 外便 | |
| 外頭 | 外頭 | 外頭 | 外勢 | 外頭 | 外便 | 外頭 |
| 那邊 | 那邊兒 | 那邊兒 | 過邊 | 伊邊 | 嗰邊 | 嗰便 |
| 那邊 | 那邊兒 | 那邊 | 箇搭 | 伊 | 嗰頭 | |
| 四面 | 四周圍 | 四周圍 | 四面 | | 四邊 | 四便 |
| 歇棚 | 窩棚 | 歇棚 | 棚 | 望棚 | 住寮 | 棚廠 |
| 窟窿 | 窟窿 | 窟窿 | 洞 | 洞 | 竉 | 竉 |
| 台堦 | 台階兒上 | 台堦兒上 | 階簷上 | 堦簷石上 | 石級個度 | 度石級 |
| 茅房 | 茅房 | 茅房 | 茅廁 | 坑缸 | 廁坑 | 廁所 |
| 馬頭 | 馬頭上 | 馬頭上 | 碼頭上 | | 埔頭 | 碼頭 |
| 鎮店 | 鎮店 | 鎮市 | 鎮 | 鎮 | 墟 | 墟 |
| 鎮店 | 鎮店上 | 鎮市上 | 鎮上 | 鎮上 | 墟上 | 墟場 |
| 點心店 | 點心鋪 | 點心鋪 | 點心店 | 點心店 | 點心鋪 | 點心鋪 |
| 家裏 | 家裏 | 家裏 | 屋裡 | 屋裏 | 住家 | 屋 |
| 屋裏 | 屋裏 | 房裏 | 屋裡 | 房裏 | 房 | 房 |
| 房子 | 房子 | 房子 | 房子 | 房子 | 屋舍 | 屋宇 |
| 公館 | 宅門子 | 公館 | 大人家 | 公舘 | 公館 | 大屋 |
| 學堂 | 學房 | 學堂 | 學堂 | 學堂 | 書館 | 館 |
| 角落 | 嘎拉兒 | 嘎拉兒 | 角 | | 角駱頭 | 角駱頭 |
| 下回 | 底下 | 底下 | 下回 | 以後 | 下次 | 第日 |
| 底下 | 底下 | 下回 | 以後 | 下次 | 俾日 | 底下 |
| 整天 | 整天家 | 整天的 | 一日到夜 | 終日个蕩 | 成日 | 成日 |
| 整天 | 整天家 | 整天的 | 圇日 | 終日个 | 成日 | 成日 |

## 1.2　動詞

| 给予 | 給 | 把 | 撥 | 撥 | 俾…過… | 俾…過… |
|---|---|---|---|---|---|---|
| 给予 | 給 | 把 | 還 | 付 | 俾 | 俾 |
| 寻找 | 找 | 找 | 尋 | 尋 | 搵 | 搵 |
| 寻找 | 找 | 找 | 尋 | | 搵 | 攞 |
| 收拾 | 拾掇 | 收拾 | 收作 | 收拾 | 執拾 | 檢點 |
| 收整 | 收拾收拾 | 收拾收拾 | 收作 | 收築收築 | 修吓 | 修整 |
| 收拾 | 收拾 | 收拾 | 修 | 收築 | 修 | 修 |
| 洗 | 洗了臉 | 洗了臉 | 揩之一把面 | 揩之面 | 洗完面 | 洗面 |
| 擦 | 擦乾淨 | 擦乾淨 | 揩乾淨 | | 擦乾淨 | 擦到我乾淨 |
| 折叠 | 疊 | 疊 | 摺 | | 摺 | 摺 |
| 讨要 | 要 | 要 | 討 | 要 | 攞 | 攞 |
| 拿取 | 拿 | 拿 | 担 | 拿 | 攞 | 攞 |
| 拿取 | 拿 | 拿 | 担 | 拿 | 擰 | 擰 |
| 捉拿(人) | 拿 | 拿 | 捉 | 捉 | 抓 | 捉 |
| 拾撿 | 撿 | 撿 | 拾 | 拾 | 執 | 執 |
| 攙1 扶 | 攙1 | 攙1 | 攙1 | 攙1 | 扶 | 扶 |
| 攙2 雜 | 攙2 | 攙2 | 攙2 | | 摳 | 摳 |
| 耕種 | 種 | 種 | 種 | 種 | 耕 | 耕 |
| 稱 | 邀/平 | 平 | 稱 | 平 | 兌/稱 | 兌/稱 |
| 抖 | 抖摟 | 抖摟 | 抖 | | 抰 | 抰 |
| 翻找 | 翻出 | 翻出 | 尋着(之) | 翻出 | 搵出 | 抰出 |
| 轉讓(店) | 倒 | 頂 | 買 | 盤 | 頂 | 頂 |
| 肩扛 | 扛 | 擯 | 揵 | 掮 | 擔 | 托 |
| 承包 | 包 | 包 | 包 | 包 | 拌 | 拌 |
| 抄寫 | 抄寫 | 抄寫 | 抄寫 | 謄 | 鈔 | 鈔 |
| 拴綁 | 拴 | 拴 | 纜 | 縛 | 綁 | 綁 |
| 拴綁 | 拴 | 拴 | 纜 | 縛 | 綁 | 綁 |

(續表)

| 砍斫 | 砍 | 砍 | 撬 | 砍 | 劈 | 斬 |
|---|---|---|---|---|---|---|
| | 蓋房子 | 蓋房子 | 造房子 | 造房子 | 起屋 | 起屋 |
| 動身 | 起身 | 起身 | 動身 | 動身 | 起程 | 起程 |
| 站立 | 站 | 站 | 立 | 立 | 企 | 企 |
| 掉落果子 | 掉 | 掉 | 落 | 落 | 跌 | 跌 |
| 流落眼淚 | 掉 | 掉 | 落 | 落 | 跌 | 流 |
| 言说 | 說 | 說 | 話 | 話 | 講 | 講 |
| 说话 | 說 | 說 | 白話 | 起話 | 講 | 講 |
| 说话 | 說話 | 說話 | 白話 | 白話 | 講話 | 講話 |
| | 聽說 | 聽說 | 聽見 | 聽見 | 聽見話 | 聞得 |
| | 聽說 | 聽說 | 聽見話 | 聽見話 | 聽見話 | 聞得 |
| 講和 | 說合 | 說和 | 話攏 | 講和 | 調停 | 調停 |
| 訛詐 | 訛 | 訛 | 詐 | 詐 | 訛詐 | 訛詐 |
| 不敢當 | 不敢當/當不起 | 不敢當/當不起 | 勿敢當/當勿起 | 勿敢當/當勿起 | 唔敢當/唔當得起 | 唔敢當/唔當得起 |
| 喝 | 喝 | 喝 | 吃 | 吃 | 飲 | 飲 |
| 磕瓜子 | 磕 | 磕 | 咬 | 咬 | 剝 | 剝 |
| 挑唆 | 挑唆 | 挑唆 | 攛掇 | 攛掇 | 唆擺 | 唆擺 |
| 挑唆 | 挑唆 | 挑唆 | 攛掇 | 攛掇 | 攪 | 攪 |
| 挑唆 | 挑唆 | 挑唆 | 攛掇 | 攛掇 | 攪 | 唆擺 |
| 聽戲 | 聽戲 | 聽戲 | 看戲 | | 睇戲 | 睇戲 |
| | | | | | | |
| 睡觉 | 睡 | 睡 | 睏 | 睏 | 瞓 | 瞓 |
| 冲泡茶 | 沏 | 沏 | 燒 | 泡 | 沖 | 沖 |
| 淹没 | 淹 | 淹 | 沒 | 沒 | 浸 | 浸 |
| 烤麵包 | 烤 | 烤 | 榦烘 | | 炕 | 炕 |
| 煮 | 煮 | 煮 | 炙 | | 煲 | 焓① |

① "焓"原写作"煠",指利用大量的沸水将肉质较韧的食物在炉火上煮熟的加工方法。

**(續表)**

| 想念 | 想 | 想 | 想念 | 想念 | 記念 | 掛念 |
|---|---|---|---|---|---|---|
| 颼風 | 颼風 | 颼風 | 吹風 | 吹風 | 翻風/吹風 | 翻風/起風 |
| 吃苦 | 遭 | 遭 | 做爛料 | 吃苦 | 敝 | 弊 |

## 1.3 形容詞

| 淹没 | 淹 | 淹 | 沒 | 沒 | 浸 | 浸 |
|---|---|---|---|---|---|---|
| 疼痛 | 疼 | 疼 | 痛 | 痛 | 瘌 | 瘌 |
| 長久 | 久 | 久 | 久 | 久 | 耐 | 耐 |
| 舒服 | 舒坦/舒服 | 舒服/自然舒徐 | 爽 | 適意 | 舒服 | 自然 |
| 平整 | 平 | 平 | 平 | | 舒服 | 平正 |
| 不利 | 背 | 閉 | 推扳 | 勿好 | 蹇滯 | 蹇滯[或作唔好彩] |
| 出差錯 | 打眼 | 打眼 | 推扳 | 打之眼 | 發眼差 | 撞板 |
| 壯 | 壯 | 壯 | 大 | 大 | 大 | |
| 不行 | 不行 | 不行 | 勿局 | 勿局 | 不前 | 唔夠皮 |
| 驚恐 | 驚恐 | 驚恐 | 驚嚇 | 驚嚇 | 驚 | 驚慌 |
| 吝嗇 | 嗇刻 | 嗇刻 | 小氣 | 苛刻 | 慳劣 | 慳儉 |
| 吝嗇 | 慳吝 | 慳吝 | 小氣 | 小氣 | 慳吝 | 慳吝 |
| 遲 | 晚/遲 | 晚/遲 | 晚 | 晚 | 晏/遲 | 遲 |
| 堅固 | 皮刺 | 皮刺 | 碰得起 | | 堅固 | 堅固 |
| 清楚 | 清楚 | 清楚 | 清爽 | 清爽 | 清楚/清晰 | 眞/清楚 |
| 清楚 | 明白 | 明白 | 清爽/明白 | 明白 | 清楚 | 眞 |
| 清淡 | 清淡 | 清淡 | 清水 | | 清 | 清潤 |
| 穩當 | 穩當 | 穩當 | 穩當 | 穩當 | 穩陣 | 穩陣 |
| 妥當 | 妥當 | 妥當 | 穩當 | | 穩陣 | 穩陣 |
| 公道 | 平和 | 公道 | 平常 | 公道 | 平常 | 平常 |
| 與人相合 | 對勁 | 合式 | 蠻好 | 要好 | 講得埋 | 交好 |

（續表）

| | | | | | | |
|---|---|---|---|---|---|---|
| 與人相合 | 對勁 | 對勁 | 對路 | 對勁 | 投機 | 投機/拍合 |
| 與人相合 | 合 | 合 | 對 | 合 | 啱 | 聯絡 |
| 和睦 | 和睦 | 和睦 | 和睦 | 和睦 | 和睦 | 友愛 |
| 慢慢兒 | 慢慢兒的 | 慢慢兒的 | 慢慢之<br>慢慢教<br>慢慢交<br>慢慢能 | 慢慢能个 | 慢慢 | 逐漸 |
| 細細兒 | 細 | 細 | 仔細 | 細細能 | 細 | 眞 |
| 細細兒 | 細細兒的 | 細細兒的 | 細細能 | 細細能 | 仔細 | 小心 |
| 好好兒 | 好好兒 | 好好的 | 好好能 | 好好能 | 好好的 | 認眞 |
| 含糊 | 含糊 | 含糊 | 含糊 | 糊塗 | 含糊 | 冇遺漏 |
| 含糊 | 含糊 | 曆留 | 撻漿 | 搭將 | 兒嬉 | 苟且 |
| 疲倦 | 乏 | 乏 | 衰痞 | 弛痞 | 癐 | 癐 |
| 方便 | 方便 | 方便 | 便當 | 便當 | 便 | 便 |
| 誠實 | 實誠 | 誠實 | 牢實 | 老實 | 誠實 | 誠實 |
| 糊 | 煳 | 煳 | | | 焦 | 燶 |
| 正確 | 對 | 對 | 對 | 對 | 啱 | 係 |
| 恰當 | 恰 | 洽 | 對 | 切 | 啱 | 恰可 |
| 準確 | 准 | 准 | 凖 | 凖 | 准 | 啱 |
| 要緊 | 要緊 | 要緊 | 要緊 | 要緊 | 緊要 | 緊要 |
| 謙虛 | 謙 | 謙 | 謙虛 | 謙虛 | 謙 | 謙 |
| 小 | 小 | 小 | 小 | 小 | 細 | 細 |
| 俏貨 | 俏貨 | 俏貨 | 巧貨 | 好貨 | 平貨 | 相宜貨 |
| 好壞 | 好歹 | 好歹 | 怵好 | 好怵 | 好醜 | 善惡/好醜/好歹 |
| 危險 | 好歹 | 好歹 | 危險 | | 不測 | 唔好得 |
| 狡詐 | 狡詐 | 狡詐 | 刁皮 | 刁詐 | 奸詐 | 奸詐 |

## 1.4 代詞

| 第一人稱 | 我們/偺們 | 我們 | 我(只用我) | 我伲 | 我哋 | 我/我哋 |
|---|---|---|---|---|---|---|
| 第二人稱 | 您/您納/你 | 您/你 | 閣下 | 儂 | 你 | 你 |
| 第二人稱 | 您 | 您 | 俤 | 儂 | 尊駕 | 你 |
| 第二人稱 | 你們 | 你們 | 俤 | 俤 | 你哋/你 | 你哋/你 |
| 第三人稱 | 他 | 他 | 伊 | 伊 | 佢 | 佢 |
| 第三人稱 | 他們 | 他們 | 伊拉 | 伊拉 | 佢哋 | 佢哋 |
| 自指代詞 | 各人 | 各人 |  | 各人 | 自己 | 自己 |
| 個人 | 各人 | 各人 | 各人自家 | 自家 | 個人 | 箇人自定 |
| 自指代詞 | 一個人 | 一個人 | 各人 | 各人 | 一人 | 各 |
| 泛指 | 大家 | 大家 | 大家 | 大家 | 各人 | 所有 |
| 近指代詞 | 這 | 這 | 第 | 第 | 呢 | 呢 |
| 近指代詞 | 這 | 這 | 箇 | 第 | 呢 | 嗰 |
| 近指代詞 | 這些 | 這些 | 箇个 | 第个 | 嗰啲 |  |
| 近指代詞 | 這兒 | 這裏 | 此地 | 此地 | 呢處 | 呢處 |
| 遠指代詞 | 那 | 那 | 箇/第 | 伊 | 嗰 | 嗰 |
| 遠指代詞 | 那 | 那 | 第 | 伊 | 嗰 | 箇 |
| 那個地方 | 那個地方 | 那個地方 | 箇搭地方 | 伊个地方 | 嗰處地方 | 嗰笪地方 |
| 指代地點 | 那兒 | 那裏 | 伊搭 | 伊壗頭 | 嗰處 | 嗰處 |
| 指代地點 | 那兒 | 那裏 | 過面 | 一處 | 笪地方 | 嗰處 |
| 指代狀態 | 那麽 | 這樣 | 什介 | 實蓋 | 噉樣 | 箇的 |
| 指代狀態 | 那麽 | 那麽 | 什介是 | 實蓋 | 噉 | 噉 |
| 指代狀態 | 那麽 | 那麽 | 格味 | 蓋末 | 噉 | 噉 |
| 指代狀態 | 那麽 | 那麽 | 正介 | 實蓋 | 噉 | 噉 |
| 指代狀態 | 那麽 | 那個 | 什介 | 實蓋 | 咁 | 噉 |
| 指代數量 | 那些個 | 那些 |  | 伊个多化 | 咁多 | 嗰件 |
| 指代數量 | 那麽些個 | 那麽許多 | 箇個數目 | 實蓋許多 | 咁多 | 咁多 |

| 問人 | 誰 | 那個 | 啥人 | 啥人 | 邊個/乜誰 | 邊箇/乜誰 |
|---|---|---|---|---|---|---|
| 問人 | 那位 | 那位 | 那裡一位 | 那裡一位 | 邊個 | 乜人 |
| 問人 | 那一位 | 那一位 | 那裡一位 | 那裏一位 | 邊一位 | 邊位 |
| 問時間 | 多喒/多咱 | 多早/幾早/麼早 | 幾時 | 幾時 | 幾時 | 幾時 |
| 問數量 | 多少 | 多少 | 幾化 | 幾化 | 幾多 | 幾多 |
| 問事物 | 甚麼 | 甚麼 | 啥 | 啥 | 乜 | 乜 |
| 問情狀 | 怎麼 | 怎麼 | 那能 | 那能 | 點/做乜 | 點/點樣 |

## 1.5 副詞

| V/A得很 | V/A得很 | V/A得很 | V/A得極 | V/A得極 | V/A到極 | V/A到極 |
|---|---|---|---|---|---|---|
| V/A得很 | V/A得很 | V/A得很 | V/A得極（A來交關） | V/A得極 | 十分/至/好/實在＋V/A | 十分/最/好/極之/實在＋V/A |
| 很V/A | 很V/A | 很V/A | V/A(得)極 | 極＋V/A | 好/實首/極/甚/十分/咁＋V/A | 好/咁/極＋V/A |
| 很V/A | 很V/A | 很V/A | 最/極＋V/A | 頂/極＋V/A | 好/甚＋V/A | 好/第一＋V/A |
| 很V/A | 很V/A | 很V/A | 極/十分/極其/最/怪/蠻/實在＋V/A（A來野） | 極/蠻/怪＋V/A | 極/咁/好/甚/十分＋V/A | 極/甚/咁/好/極之/幾/十分＋V/A |
| 實在＋V/A得很 | 實在＋V/A得很 | 實在＋V/A得很 | 實在＋V/A得極 | 實在＋V/A得極 | 實在/實首＋V/A | 實在/實首/好＋V/A |
| 類同：還 | 還1 | 還1 | 還1 | 還1 | 重 | 重 |
| 還沒 | 還沒 | 還沒 | （還）勿曾 | 還勿曾 | 都未/重未 | 重未/未曾 |
| 類同：也 | 也 | 也 | 亦 | 也 | 都1 | 都1 |
| 重複：還 | 還2 | 還2 | 還2 | 還2 | 都2 | 都2 |
| 轉折：可 | 可 | 却 | 到底/倒1/— | 倒1 | 但/— | 但/— |

(續表)

| 反詰：莫不是 | 莫不是 | 莫不是 | 還是 | 豈勿是 | 莫不是 | 唔通 |
|---|---|---|---|---|---|---|
| 反詰：莫非 | 莫非 | 莫非 | | 豈勿 | 莫非 | 唔通 |
| 反詰：難道 | 難道 | 難道 | 難道 | | 難道 | 唔通 |
| 原來、想來 | 敢情 1 | 想情 | 著實 | 想情 | 原來 | 實 |
| 當然、自然 | 敢情 2 | 想情 | | | 大概 | 眞 |
| 揣測：大概 | 光景 | 光景 | 大約 | 大分/光景/大約 | 大約/約摸 | 大約 |
| 揣測：仿佛 | 仿佛/恍惚 | 彷彿/恍惚 | 像煞/像/好像 | 似乎/好像/像 | 似乎/好似 | 似乎/略略 |
| 決斷：決 | 決 | 決 | 定 | 決 | 斷 | 斷 |
| 決斷：準 | 準 | 準 | 定 | 準/一定 | 定/一定 | 一定 |
| 祈使：千萬 | 千萬 | 千萬 | 千萬 | 決/切 | 千祈/千萬 | 千祈 |
| 生來、天生 | 自然 | 自然 | 生拉 | 自然 | 自然 | 一定/必定/定 |
| 恰巧 | 可巧 | 恰巧 | 恰巧/貼正/恰好 | 恰巧/貼準/恰好 | 啱啱/偏偏/湊巧 | 好彩/湊巧/剛啱/啱啱 |
| 範圍：都 4 | 都 4/竟 | 都 4/竟 | 儕 | 全 | 都 4/喊都 4 | 都 4 |
| 總括：總 | 總 | 總 | 總/常莊 | 總 | 總/都 5 | 都 5 |
| 總括：所 | 所 | 總 | 禿 | 總 | 都 5 | 都 5 |
| 從今 | 從此 | 從此 | 乃朝後 | 從此 | 從今 | 嗣後 |
| 趕緊 | 趕緊 | 趕緊 | 忙煞能/趕緊 | 趕緊 | 趕緊/趕快/立刻 | 趕快/立刻 |
| 纔 | 纔 | 纔 | 乃味 | 纔纔/纔 | 致 | 至 |
| 纔 | 纔 | 纔 | 刻刻 | 纔 | 就致/正話 | 就至/正話 |
| 否定：沒 | 沒 | 沒 | 勿曾 | 勿曾 | 冇 | 冇 |
| 否定：不 | 不 | 不 | 勿 | 勿 | 冇 | 冇 |
| 否定：未曾 | 還沒 | 還沒 | 勿曾 | 還勿曾 | 未曾 | 未曾 |
| 否定：沒有 | 沒有 | 沒有 | 勿 | 勿 | 冇 | 冇 |
| 否定：未 | 未 | 未 | | | 冇 | |

(續表)

| 禁令：別 | 別 | 莫 | 勿要 | 勿要 | 咪 | 唔好/唔 |
|---|---|---|---|---|---|---|
| 轉折：却 | 可 | 却 | 到底 | 倒 | 但 | 但 |
| 結構助詞 | 的 | 的 | 个 | 个 | 嘅 | 嘅 |
| 進行時態助詞 | 騎着 | 騎着 | 騎之 | 騎之 | 騎住 | 騎住 |
| 進行時態助詞 | 鬬着 | 鬬着 | 鬬拉 | 鬬拉 | 鬬住 | 閂住 |
| 持續時態助詞 | 住着 | 住着 | 登拉 | 住拉 | 住緊 | 住緊 |
| 持續時態助詞 | 坐着 | 坐着 | 坐拉 | 坐拉 | 坐處 | 坐處 |
| 持續時態助詞 | 收着 | 收着 | 放拉 | 园拉 | 收埋 | 收埋 |
| 持續時態助詞 | 留著 | 留著 | 留拉 | 留拉 | 留翻 | 唔係收埋 |
| 疑問助詞 | 麼 | 麼 | 否 | 末 | 嗎 | 嗎 |
| 疑問助詞 | 麼 | 麼 | 呢啥 | 否 | 咩 | 咩 |
| 疑問助詞 | 麼 | 麼 | 耶 | 否 | 呢 | 呢 |
| 疑問助詞 | 罷 | 罷 | 否 | 否 | 啩 | 啩 |
| 了2(句末助詞) | 了 | 了 | 者 | 哉 | 咯 | 咯 |
| 的(句末助詞) | 的 | 的 | 个 | 个 | 嘅 | 嘅 |
| 語氣助詞 | 罷 | 罷 | 者 | 哉 | 喇 | 喇 |
| 比如 | 着比 | 着比如 | 比方 | 比方 | 比如 | 比如 |
| 坐坐 | 坐坐 | 坐坐 | 談談 | 坐坐 | 做吓 | 坐吓 |
| 看看 | 看看 | 看看 | 看个看 | 看看 | 睇吓 | 睇 |
| 表約數 | 不多 | 不多 | 一眼眼 | 一顏 | 啲咁多 | 些少 |
| 表約數 | 點兒 | 點兒 | 一眼 | 一顏 | 一啲 | |
| 表約數 | 一點兒 | 一點兒 | 一眼 | 一顏 | 啲咁多 | 小小 |

以上我們在第一章基礎上大致歸納出官話、滬語、粵語同義異文的概貌。我們大致能夠理解官話與方言的異同。其中大部分今天的滬語、粵語還用。

稱謂詞中稱“父亲”,ABC 版用通語詞:“父親”。D 版用滬語特徵詞:“爺”。EF 版用粵語特徵詞:“老豆(哣)”,有 5 组,排列比較一致。稱“母亲”,ABC 版用通語詞:“母親”。D 版用滬語特徵詞:“娘”。EF 版用粵語特徵詞:“老母”。稱“父母”,AB 版用口語詞:“老子娘”,CD 版用滬語特徵詞“爺娘”,EF 版用古今通用詞“父母”,有 1 组。稱“哥哥”,AB 版用宋元以來通語詞:“哥哥”。CD 版用滬語特徵詞:“阿哥”。EF 版用粵語特徵詞:“大佬”“胞兄”。有 7 组。

稱“哥和弟”稱“姐姐”,AB 版用宋元以來通語詞:“姐姐”。CD 版用滬語特徵詞:“阿姊(姐)”。EF 版用粵語特徵詞:“亞姊(姐)”。稱“妹妹”,ABD 版用宋元以來通語詞:“妹妹”。C 版用滬語特徵詞:“姊妹”。EF 版用粵語特徵詞:“亞妹”,或保持古語特徵,單稱“妹”。有 11 组。

稱“醫生”,A 版“大夫”為清代北方話用詞,BEF 版之“醫生”為清代新詞。BCD 版之“郎中”為明清南方話用詞,CE 版之“先生”為南方話口語詞。稱“親戚”,ABEF 版用古今通用詞:“親戚”。CD 版用滬語特徵詞:“親眷”。ABCDEF 版亦用古代書面語詞:“舍親”。

稱“老師”,A 版之“師傅”為通用詞,BCDEF 之“先生”為古代用詞,尤其在南方口語中多用。“老師”為清代新詞。“教員”清末民初用詞。A 版“掌櫃的”為清以來北方口語用詞,B 版“老板”為清以來南方口語用詞,BD 版之“管事的”為南方口語詞之一。D 版之“老闆(老班/老板)”是滬語口語詞之一,C 版之“先生”是滬語口語詞之一,C 版之“司務”為滬語特徵詞,实為“师傅”之方言音,EF 版“事頭”為粵語特徵詞。

疑問代詞部分也是特徵詞最明顯的部分:

【1】問人、問處所、問事、問時間等等,官話的泛指疑問代詞是“那”,滬語共同的泛指疑問代詞是“那裏”,粵語則是“邊”。

【2】專指問人的疑問代詞：北方官話用的是通語詞“誰”，而南方官話是“那個”，滬語是“啥人”，粵語則以土話的繼承傳統是“邊個”“乜人”，或土話與漢語傳統結合的“乜誰”。

【3】問處所，專用疑問代詞，北方官話是“那兒”，南方官話是“那裏”。這是《官話指南》問處所疑問代詞的主要用法。按：“那兒”作疑問代詞和指示代詞在九江本中無一例外，均分別改為“那裏”，其中43次疑問，相當於“哪裏”，24次表指示，相當於“那裏”。滬語一方面用南方官話詞“那裡/裏”，但主要用短語式“啥＋地方”的地域詞，粵語也是以短語式“邊＋處”的地域詞。官話也用短語式“甚麼＋地方”，但是用例不多，滬語對應仍是“啥＋地方”，而粵語則複雜，可以用“乜野＋地方”，但有專門的疑問代詞“邊”構成“邊＋處”，甚至疊床架屋用“邊處地方”。

【4】指代未知而問事、問時間、問地點、原因、目的、行為、方式、程度、情景等，官話都用“甚麼”，滬語主要用地域詞“啥(个)”，粵語多用“乜嘢”，也用“乜”，偶爾用“嘅樣”。

【5】表示指代時間，官話可以用：“甚麼＋時候”，滬語對應“啥＋時候”，粵語則複雜，可以用“乜野＋時候”，但也沿用疑問代詞“幾”構成“幾＋時”。

【6】表示指代原因，官話可以用：“為甚麼”，滬語對應“為啥”，粵語則複雜，可以用“為乜”，但也沿用文言詞“因何”。

【7】詢問时间，官話专用的是元代以來的新詞：“多咱/喒”，但南方官话则用“多早”。

A版“多咱、多喒”被B版改為“多早、麼早、幾早、多時”。滬語、粵語對應的是中古以來的舊詞“幾時”。

【8】詢問方式，官話用：“怎麼”，滬語對應“那能”，粵語用“做乜/點樣/點”，其中粵語“做乜”很有特点。

询问状态，官話用：“怎麼(樣)”，滬語對應“那能”，粵語用“點樣/點”。

【9】詢問年齡、數量、尺寸、面积等。官話用“多少”，滬語對應的

是"幾化1",粵語對應的是"幾多""幾耐""幾大"。

小結:官話:那、誰、那兒、那裡、甚麼、怎麼、多喒(多早)、多少。

疑問代詞滬語特徵詞:啥(人/地方/時候)/(爲啥/爲啥)/(啥个)、那哪里、那能、幾時。幾化;粵語:粵語則是"邊""邊個(邊+處)""乜(人/誰)""為乜""乜嘢""嗰樣"點解、幾時、幾耐。

2 滬語異文與滬語特徵詞

就滬語(C版、D版)而言,滬語中大半都是有自己的個性特點的詞,有些在明代三言二拍、山歌中已較常見,如:"爺"、"娘"、"面孔"(臉)"日腳"(日子)、"日頭"(太陽)"被頭"、"傢生"(家俱)"事體"(事情)、"物事"(東西)、"生活"(活兒)。除了上文所列的詞條外,下面是幾個詞粵語與官話保持一致,僅滬語較特殊的,其中滬語C版比較特殊,代表當時的滬語舊派,而D版滬語,似乎代表了當時的滬語新派。如:

2.1 名詞

| 語義 | A(1-4卷) | B(1-4卷) | C(1-3卷) | D(1-2卷) | E(1-4卷) | F(1-3卷) |
|---|---|---|---|---|---|---|
| 院子 | 院 | 院 | 天井 | 天井 | 院 | 院 |
| 家具 | 傢俱 | 傢俱 | 傢生 | 生財 | 傢伙 | 傢私 |
| 外頭 | 外頭 | 外頭 | 外勢 | 外頭 | 外便 | 外便 |
| 土語 | 鄉談 | 鄉談 | 土白 | 鄉談 | 土談 | 土談 |
| 佣人 | 底下人 | 底下人 | 相幫人 | 底下人 | 下人 | 夥計/跟班 |
| 珐藍 | 珐藍 | 珐藍 | 碗料 | 珐藍 | 燒青野 | 燒青貨 |
| 無賴 | 無賴子 | 無賴子 | 撻皮 | 流氓 | 無賴脚色 | |
| 這裏 | 這兒 | 這裏 | 蕩搭 | 此地 | 呢處 | 呢處 |
| 每天 | 見天 | 每天 | 日逐 | 每日 | 每日 | 每日 |
| 事情 | 事 | 事 | 事體 | 事體 | 事 | 事 |
| 親戚 | 親戚 | 親戚 | 親眷 | 親眷 | 親戚 | 親戚 |
| 賊 | 賊 | 賊 | 強盜 | 強盜 | 賊 | 賊 |
| 衣服 | 衣服 | 衣服 | 衣裳 | 衣裳 | 衣服 | 衣服 |

(續表)

| 語義 | A(1-4卷) | B(1-4卷) | C(1-3卷) | D(1-2卷) | E(1-4卷) | F(1-3卷) |
|---|---|---|---|---|---|---|
| 寓所 | 寓所 | 寓所 | 寓 | 寓 | 寓所 | 寓所 |
| 錢 | 錢 | 錢 | 銅錢 | 銅錢 | 錢 | 錢 |
| 貨 | 貨 | 貨 | 貨色 | 貨色 | 貨 | 貨 |
| 事情 | 事 | 事 | 事體 | 事體 | 事 | 事 |
| 老人生日 | 千秋 | 千秋 | 壽誕 | 壽誕 | 千秋 | 千秋 |
| 晚上 | 晚上 | 晚上 | 夜快/夜頭/下晝 | 夜裏 | 晚上 | |
| 打耳光 | 打了他一個嘴巴 | 打了他一個嘴巴 | 打伊一記巴掌 | 打之伊一紀耳光 | 打嘵佢一吓嘴巴 | 打佢一吓嘴巴 |
| 你 | 你 | 你 | 閣下 | 儂(方言) | 你 | 你 |
| 親戚 | 本家 | 本家 | 自族裏个人 | 本家 | 親戚 | 本家 |

## 2.2 動詞

| | | | | | | |
|---|---|---|---|---|---|---|
| 擊打 | 打 | 打 | 敲 | 敲 | 打 | 打 |
| 餵養 | 餧 | 餧 | 撥…吃 | 撥飯…吃 | 喂 | 喂/餧/餵 |
| 辭退 | 辭 | 辭 | 停脫 | 停脫 | 辭 | 辭 |
| V死 | V死 | V死 | V殺 | V殺 | V死 | V死 |
| 生氣 | 生氣 | 生氣 | 動氣 | 動氣 | 生氣 | 生氣 |
| 用錘子敲 | 打 | 打 | 敲 | | 撞 | 打 |
| 支撐 | 揞 | 揞 | 撐 | | 搋 | 揀 |
| 支挂(帳子) | 揞 | 掛 | 張 | | 掛 | 安 |
| 回归 | 回 | 歸 | 轉 | 翻 | 番 | 回 |
| 回归 | 回 | 轉 | 轉 | 翻 | 番 | 回 |
| 游玩 | 逛 | 玩 | 遊玩 | 勃相 | 逛 | 行 |
| 游玩 | 逛 | 玩 | 白相 | 勃相 | 逛 | 行 |
| 游玩 | 逛 | 遊 | 白相 | 勃相 | 逛 | 逛 |
| 卖 | 賣 | 賣 | 糶 | 賣 | 賣 | 賣 |

(續表)

| 賣 | 賣 | 賣 | 糶 | 賣 | 賣 | 出賣 |
| --- | --- | --- | --- | --- | --- | --- |
| 賣 | 賣 | 賣 | 糶 | 賣 | 賣 | 發賣 |
| 說 | 說 | 說 | 話 | 話 | 話 | 話 |
| 知道 | 知道 | 曉得 | 認得 | 曉得 | 知 | 查出 |
| 知道 | 知道 | 曉得 | 曉得 | 曉得 | 知到 | 知到 |
| 知道 | 知道 | 知道 | 曉得 | 曉得 | 知到 | 知到 |
| 知道 | 知 | 知 | 曉得 | 知 | 知 | 覺悟 |
| 知道 | 知 | 知 | 曉得 | 知 | 知到 | 知 |
| 騾子肥壯 | 肥 | 肥 | 壯 |  | 肥 | 肥 |
| 小氣 | 慳吝 | 慳吝 | 小氣 | 小氣 | 慳吝 | 慳吝 |
| 謙虛 | 謙 | 謙 | 謙虛 | 謙虛 | 謙 | 謙 |
| 按照 | 如 | 如 | 照 | 照 | 如 | 如 |

## 2.3 助詞、副詞、連詞

| 時態助詞過 | 做過 | 做過 | 做過歇 | 做過 | 做過 | 做過 |
| --- | --- | --- | --- | --- | --- | --- |
| 時態助詞過 | 開過 | 開過 | 開過歇 | 開過 | 開過 | 開過 |
| 語氣助詞了 2 | 了 | 了 | 者 | 哉 | 咯 | 咯 |
| 時間副詞 | 總 | 總 | 常莊 | 總 | 都 | 總 |
| 類同副詞 | 也 | 也 | 亦 | 亦也 | 都 | 都 |
| 範圍副詞 | 都 | 都 | 儕 | 全 | 都 | 都 |
|  | 都 | 都 | 禿 | 全 | 都 |  |
| 總 | 總 | 總 | 終 | 總 | 總 | 都 |
| 趕緊 | 趕緊 | 趕緊 | 忙煞能 | 趕緊 | 趕緊 | 趕快 |
| 自然 | 自然 | 自然 | 生拉 | 自然 | 自然 | 一定/必定/定 |
| 所以 | 所以 | 所以 | 格咾 | 所以 | 所以 | 噉 |
| 纔 | 纔 | 纔 | 乃味/味 | 纔/纔纔 | 致 | 至 |

(續表)

| 纔 | 纔 | 纔 | 刻/刻刻 | 纔/纔纔 | 就致/正話 | 就至/正話 |
|---|---|---|---|---|---|---|
| 也 | 也 | 也 | 亦 | 也 | 都 | 都 |
| 一定 | 決 | 決 | 一定/定 | 決 | 斷 | 斷 |
| 一定 | 準 | 準 | 定 | 準 | 一定/定 | 一定 |
| VP去 | VP去 | VP去 | 去VP去 | VP去 | 去VP | 去VP |
| VV | VV | VV | V个V | VV | V吓 | V吓 |

2.4 滬語中的特殊用詞

2.4.1 舊時由私人經營的以存款、放款、匯兑為主要業務的較大的金融業商店,CD版以“錢莊”“莊上”,不用“錢鋪”“銀鋪”。上海話“鋪”主要指碼頭,所以CD版不用“鋪”稱店鋪。如:

| 錢莊 | 銀號裡 | 銀號裡 | 莊上 | 銀號裏 | 銀鋪 | 銀號 |
|---|---|---|---|---|---|---|
| 錢莊 | 銀號 | 銀號 | 錢莊 | 銀號 | 銀鋪 | 銀號 |
| 錢莊 | 錢鋪 | 錢鋪 | 莊上 | 錢莊上 | 錢鋪 | 錢舖 |
| 小錢莊 | 母錢鋪 | 母錢鋪 | 小錢莊 | 刁猾錢莊 | 私家錢鋪 | 私家錢舖 |

從事商業活動的買賣場所用“店”不用“鋪”。如:

| 店鋪 | 點心鋪 | 點心鋪 | 點心店 | 點心店 | 點心鋪 | 點心舖 |
|---|---|---|---|---|---|---|
| 店鋪 | 點心鋪裏 | 點心鋪裏 | 點心店裡 | 點心店裏 | 鋪裡便 | 鋪 |
| 店鋪 | 乾果子鋪 | 乾果子舖 | 乾菓子行 | 乾菓子店 | 賣乾果嘅鋪 | 京果舖 |
| 店鋪 | 皮貨鋪裏 | 皮貨鋪裏 | 皮貨店裡 | | 皮草舖 | 皮貨舖 |
| 店鋪 | 木廠子 | 木廠子 | 木作店 | 木匠店 | 木鋪 | 木舖 |
| 店鋪 | 布鋪 | 布鋪 | 布莊上 | 布莊上 | 布鋪 | 布鋪 |
| 店鋪 | 估衣鋪 | 估衣鋪 | 衣莊上 | 衣莊上 | 故衣鋪 | 故衣鋪 |

只是旅店称店:店裡、客寓,如:

| 旅店 | 店裡 | 店裏 | 店裡 | 寓裡 | 鋪頭 | 旅店 |
|---|---|---|---|---|---|---|
| 旅店 | 店 | 店 | 客寓 | 客寓 | 客店 | 旅店 |
| 旅店 | 店裏 | 店裏 | 店裏 | 寓裏 | 店處 | 旅店 |

2.4.2　“V 來/得來 C”動補結構

“V 來 C”中的程度補語 C 是副詞：交關、推班、非凡、蠻等。這些詞是滬語特徵詞。

在 AB 版中，用“V 得 C／V 的 ₂C”；滬語用“V 來/得 C”；粵語用“V 到/得 C”

| 鬧的 2 兇 | 鬧得兇 | 鬧來交關 | 實蓋能吵法 | 眞正交關 | 眞係累人不淺 |
|---|---|---|---|---|---|
| 打的不錯 | 打的不錯 |  | 打來勿推班 | 打得唔錯 | 打得幾好 |
| 冷的很 | 冷得很 | 冷來 | 冷來死 | 咁冷 | 好冷 |
| 害怕的 2 了不得 | 害怕的 2 了不得 | 嚇來非凡 | 嚇來了勿得 | 慌得乜野嘅 | 極之驚慌 |
| 長得很體面 | 長的很體面 | 生得來蠻體面 | 生得極體面 | 好體面 | 好體面 |

3　粵語異文与粵語特徵詞

就粵語(E 版、F 版)而言，粵語中大都是有自己的個性特點的詞，且粵語表達存古。《粵音指南》中名词如：人哋(人家，别人)；呢處(這裏)、嗰處(那里)、邊處(哪里)、第日(次日)、大佬(哥哥)、老豆(爸爸)、細佬(弟弟)、亞姐(姐姐)、野(東西)、夥計(用人)人客(客人)、聽日(明天)、而家(現在)、家私/傢私(家具)、皮槓(皮箱)、匙羹(小勺子)、褸(外套)、大褸(大衣)、衫(衣服)、洋梘(肥皂)、凍水(涼水)、滾水(開水)、面(臉)等，動詞如：拌(承包)；打交(打架)、擠(放置)、鈔(抄之古寫)、甩(落之俗字)、駮釘、鈒夾、搣(拉、拔)、行(走)、走(跑)、入(進)、聞(聽)、講(説)、串埋(商量)、食(吃)、飲(喝)、喊(哭)、鬧(叫嚷/罵)、呃(哄騙)、攬(挑唆)、知到(知/知道)、番(回歸/回來)、攞(拿)、企(站立)、俾(給予)、抰(抖動)、睇(看)、抖過癐氣(恢復精力)、賺(獲得利潤)等等，這些大多是粵語特徵詞。除了上文所列的詞條外，下面是幾個詞滬語與官話保持一致，僅粵語較特殊的，如：

## 3.1 名詞

| 語義 | A(1-4卷) | B(1-4卷) | C(1-3卷) | D(1-2卷) | E(1-4卷) | F(1-3卷) |
|---|---|---|---|---|---|---|
| 兄和弟 | 弟兄 | 弟兄 | 弟兄 | 弟兄 | 兄弟 | 兄弟 |
| 兄和弟敬 | 昆仲 | 昆仲 | 昆仲 | 昆仲 | 昆季 | 昆季[或昆仲] |
| 丈夫 | 男人 | 男人 | 男人 | 男人 | 老公 | 丈夫 |
| 客人 | 客人 | 客人 | 客人 | 客人 | 人客/客 | 人客/客 |
| 下人 | 底下人 | 底下人 | 相幫人 | 底下人 | 下人 | 夥計 |
| 下人 | 跟人 | 跟人 | 相幫人 | 用人 | 跟人 | 夥計 |
| 衣服 | 衣裳 | 衣裳 | 衣裳 | 衣裳 | 衣服 | 衣服 |
| 皮襖 | 皮襖 | 皮襖 | 皮襖 | 皮襖 | 皮衲 | 皮衲 |
| 抽屜 | 抽屜 | 抽屜 | 抽屜 | | 櫃桶 | 櫃桶 |
| 鋪蓋 | 鋪蓋 | 鋪蓋 | 鋪蓋 | 鋪蓋 | 被鋪/鋪蓋 | 被鋪 |
| 箱子量 | 箱子 | 箱子 | 箱 | 箱 | 箱 | 箱 |
| 房屋 | 房子 | 房子 | 房子 | 房子 | 屋 | 屋 |
| 前幾年 | 前幾年 | 前幾年 | 前幾年 | 前幾年 | 先幾年 | 先幾年 |
| 顏色 | 顏色 | 顏色 | 顏色 | 顏色 | 色水 | 色水 |
| 紅顏色 | 紅顏色 | 紅顏色 | 紅顏色 | 紅顏色 | 紅色 | 赤色 |
| 皮草 | 皮貨 | 皮貨 | 皮貨 | 皮貨 | 皮草 | 皮草 |
| 定單 | 批單 | 批單 | 批單 | 批單 | 定單 | 定單 |
| 大家 | 大家 | 大家 | 大家 | 大家 | 各個人 | 各人 |
| 去年 | 去年 | 去年 | 舊年 | 舊年 | 舊年 | 舊年 |
| 現在 | 現在 | 現在 | 現在 | 現在 | 而家/現時 | 而家/現時 |
| 箱子 | 箱子 | 箱子 | 箱子 | 箱子 | 箱/槓箱 | 箱/槓箱 |
| 鄰舍 | 街坊 | 鄰舍 | 鄰舍 | 鄰舍 | 同屋住 | 街坊 |
| 夜裏 | 夜裏 | 夜裏 | 夜裡 | 夜裏 | 晚黑 | 晚 |
| 夜裏 | 夜裏 | 夜裏 | 夜裡 | 夜裏 | 晚黑 | 晚 |
| 南邊 | 南邊 | 南邊 | 南邊 | 南邊 | 南便 | 南便 |

(續表)

| 西北 | 西北 | 西北 | 西北 | 西北 | 西北角個便 | 西北箇便 |
|---|---|---|---|---|---|---|
| 外頭 | 外頭 | 外頭 | 外頭 | 外頭 | 外便 | 外便 |
| 書房 | 書房裡 | 書房裡 | 書房裏 | 書房裏 | 書房 | 書廔 |
| 碼頭 | 馬頭上 | 碼頭上 | 碼頭上 | 碼頭上 | 埔頭 | 碼頭 |
| 旁指代詞 | 別 | 別 | 別 | 別 | 第 | 第 |
| 連詞：或者 | 還是 | 還是 | 還是 | 還是 | 嗕係 | 抑或 |
| 抑或 | 還是 | 還是 | 還是 | 還是 | 抑或 | 或 |
| 抑或 | 還是 | 還是 | 還是 | 還是 | 嗕 | 啵 |
| 抑或 | 還是 | 還是 | 阿是 | 還是 | 嗕 | 抑或 |
| 副詞：又 | 還 | 還 | 還 | 還 | 重 | 重 |
| 副詞：又 | 還 | 還 | 還 | 還 | 重 | 又 |
| 副詞：也 | 也 | 也 | 倒亦 | 也 | 都 | 都 |
| 副詞：全 | 總 | 總 | 總 | 總 | 總 | 都 |
| 副詞：全 | 總 | 總 | | 總 | 都 | 都 |
| 副詞：全 | 還 | 還 | 終 | 還 | 都 | 都 |
| 讓步：倒是 | 還 | 還 | 倒還 | 還 | 都 3 | 都 3 |
| 讓步：倒是 | 倒也 | 倒也 | 倒亦 | 倒也 | 都 3 | 都 3 |

按:“倒”表示讓步;這個用法很晚。《朱子語類》僅僅 1 例,如:呂後事勢倒做得只如此,然武后卻可畏。(《朱子語類》卷一百三十二)但《元刊雜劇三十種》《全元散曲》幾乎不見,那時“到/倒”副詞用法多是表轉折語義。“倒”表示讓步,在《官話指南》、《土話指南》中均用,《粵音指南》中卻用“都”表示。如:嘔啲都冇乜唔做得(那到沒甚麼不行的)。尤以 F 版用例多。可見“都”是粵語讓步副詞特徵詞。《廣州方言詞典》副詞“都”之第四種用法正解釋為“倒是”。“都幾好睇嘅(倒是很好看的)”。

### 3.2 動詞

| 攙扶 | 攙 | 攙 | 攙 | 攙 | 扶 | 扶 |
|---|---|---|---|---|---|---|
| 耕種 | 種 | 種 | 種 | 種 | 耕 | 耕 |
| 承包 | 包 | 包 | 包 | 包 | 拌 | 拌 |
| 雕刻 | 刻 | 刻 | 刻 | 刻 | 雕工 | 雕刻 |
| 放置 | 擱 | 擱 | 落 | 放 | 丟 | 擠 |
| 打架 | 打架 | 打架 | 相打 | 相打 | 打交 | 打交 |
| 抄寫 | 抄寫 | 抄寫 | 抄寫 | 謄 | 鈔 | 鈔① |
| 釘 | 釘上 | 釘上 | 釘之攏來 | 釘一釘 | 打好 | 駮好 |
| 剪 | 夾 | 夾 | 剪 | 夾 | 鈒 | 剪 |
| 卸 | 卸 | 卸 | 拆 | | 拆 | 拆 |
| 拉躺 | 拉躺下 | 拉淌下 | 倒下 | 倒下 | 搣② | 倒 |
| 下山 | 下山 | 下山 | 下山 | 下山 | 落山 | 落山 |
| 由高至低 | 下 | 下 | 下 | 下 | 落 | 落 |
| 掉落 | 掉 | 掉 | 落 | | 甪③ | 甪 |
| 行走 | 走 | 走 | 走 | 走 | 行 | 行 |
| 行走 | 走 | 走 | 動身 | 走 | 行 | 起行 |
| 拿 | 拿了走了 | 拿了走了 | 担之咾去 | 拿之咾去 | 擰嘵去 | 帶去 |
| 逃跑 | 跑 | 跑 | 逃走 | 逃走 | 走去 | 走路 |

---

① 在漢語發展歷史中,"鈔"與"抄"詞義逐漸由重合變為離合不定直至完全分離,二詞轄義範圍逐漸明晰、使用逐漸規範。究其原因,最重要者應是人類認知習慣的逐漸滲透,"抄"從"手"表行為動作,使得"抄"更多地承擔動詞義以至完全替代"鈔"。"鈔"表"謄寫"義,與古人的書寫器具、習慣有關,《釋名 · 釋書契》:"書稱刺,書以筆刺紙簡之上也。"古人稱"書"為"刺",是因為書寫器具和材料的原因。在紙、筆發明應用之前,古人記録文字是用金屬器具刻畫在龜甲、獸骨以及青銅彝器之上;且在筆發明後很長一段時間,古人寫字時不似今……(潘牧天,"鈔"和"抄"詞義演變考,《杭州師範大學學報》2014年第3期。)

② 搣:拉、拔。粵語特徵詞。

③ 粵語土字,音 luò,跌落義。

(續表)

| 逃跑 | 逃跑 | 逃跑 | 跑脱 | 逃走 | 走 | 走 |
|---|---|---|---|---|---|---|
| 進入 | 進 | 進 | 進 | 進 | 入 | 入 |
| 聽說 | 聽說 | 聽說 | 聽見 | 聽見 | 聽見話 | 聞得 |
| 商量 | 商量 | 商量 | 合計 | 商量 | 串埋 | 串埋 |
| 吃 | 吃 | 吃 | 吃 | 吃 | 食 | 食 |
| 抽烟 | 吃大烟 | 吃大烟 | 吃大烟 | 吃之鴉片煙 | 食鴉片煙 | 食鴉片煙 |
| 哭 | 哭 | 哭 | 哭 | 哭 | 喊 | 喊 |
| 叫嚷 | 喝呼 | 喝呼 | 責備 | 喊 | 喝住 | 鬧 |
| 嚷罵 | 罵 | 罵 | 罵 | 罵 | 鬧 | 罵 |
| 哄騙 | 哄 | 哄 | 哄騙 | 騙 | 呃 | 呃 |
| 哄騙 | 哄騙 | 哄騙 | 騙 | 哄騙 | 呃 | 謀騙 |
| 哄騙 | 哄騙 | 哄騙 | 騙 | 騙 | 呃 | 謀騙 |
| 看 | 看 | 看 | 看 | 看 | 睇 | 睇 |
| 理睬 | 理 | 理 | 理着 | 理 | 睬 | 理會 |
| 理睬 | 理 | 理 | 理 | 理 | 恤 | 睬 |
| 理睬 | 理 | 理 | 顧 | 理 | 睬 | |
| 休息恢复精神 | 歇過乏 | 歇過乏 | 歇歇 | | 抖過癐氣 | 抖過 |
| 休息恢复精神 | 歇歇兒 | 歇歇兒 | 歇歇 | | 抖吓 | 抖吓 |
| 轉讓 | 倒 | 頂 | 買 | 盤 | 頂① | 頂 |
| 賺 | 賺 | 賺 | 賺 | 賺 | 贃 | 贃 |
| 起床 | 起來 | 起來 | 起來 | 起來 | 起身 | 起身 |

① 頂：轉讓或取得企業經營權、房屋租賃權。

**(續表)**

| 獲得(利潤) | 賺/掙① | 賺/掙 | 賺 | 賺 | 賰/擄② | 賰/擄 |
|---|---|---|---|---|---|---|
| 賠 | 賠 | 賠 | 折 | 折 | 賒 | 賒③ |
| 頂替 | 頂 | 頂 | 頂 | 頂 | 頂 | 冒 |
| 喜歡 | 愛 | 愛 | 相信 | 愛 | 喜歡 | 中意 |
| 喜歡 | 喜歡 | 喜歡 | 相信 | 愛 | 中意 | 中意 |
| 氣惱 | 有氣 | 有氣 | 勿快活 | 動氣 | 嬲 | 嬲④ |
| 氣惱 | 有氣 | 有氣 | 氣 | 動氣 | 生氣 | 嬲 |
| 氣惱 | 惱 | 惱 | 恨 | 恨 | 嬲 | 好嬲 |
| 小 | 小 | 小 | 小 | 小 | 細 | 細 |
| 實在 | 實在 | 實在 | 實在 | 實在 | 實首 | 實首 |
| 輪流 | 替換 | 替換 | 替換 | 替換 | 輪流 | 輪流 |
| 天亮 | 天亮 | 天亮 | 天亮 | 天亮 | 天光 | 天光 |
| 喜歡 | 喜歡 | 喜歡 | 喜歡 | 喜歡 | 歡喜 | 歡喜 |
| 久 | 久 | 久 | 久 | 久 | 耐 | 耐 |
| 穩當 | 穩當 | 穩當 | 穩當 | 穩當 | 穩陣 | 穩陣 |
| 要緊 | 要緊 | 要緊 | 要緊 | 要緊 | 緊要 | 緊要 |

| 先 VP | 先 VP | 先 VP | 先 VP | 先 VP | VP 先 | VP 先 |
|---|---|---|---|---|---|---|
| 一 V | 一 V | 一 V | 一 V | 一 V | V 吓 | V 吓 |
| V 一 V | V 一 V | V 一 V | V 一 V | V 一 V | V 吓 | V 吓/ V 過 |
| VV | VV | VV | VV | VV | V 吓 | V 吓 |

---

① 掙,《漢語大詞典》釋為"用力獲取,賺取"。首例引元代馬致遠《漢宫秋》楔子:"俺高祖皇帝,奮布衣,起豐沛,滅秦屠項,挣下這等基業。"《官話指南》(六種)"掙"表示"掙錢"共 3 例,A 版 2 例,B 版 1 例。

② 擄,《中華字海》頁 358 釋為"同'擄'。擄掠,强取。字見《廣雅 · 釋詁》。"《漢語大詞典》"鹵"通"虜"。抄掠,俘獲。首例引《史記 · 吴王濞列傳》:"燒宗廟,鹵御物。"

③ 賒:同"折",即"賠"。

④ 嬲,粤語特徵詞表"生氣"。

| | | | | | | |
|---|---|---|---|---|---|---|
| 量詞:個 | 一個地方 | 一個地方 | 一個地方 | 一個地方 | 一箇地方 | 一箇地方 |
| 量詞:回 | 回 | 回 | 回 | 回 | 回 | 躺 |
| 量詞:次 | 盪 | 盪 | 回 | 盪 | 次 | 次 |

粵語的書面語味道似乎更多些,甚至偏向于用單音節詞,尤其是F版更古雅些。如:

| | | | | | | | |
|---|---|---|---|---|---|---|---|
| 妹 | 妹妹 | 妹子 | 姊妹 | 妹妹 | 亞妹 | 妹 | 2-30 |
| 母親 | 母親 | 母親 | 母親 | | 老母 | 母 | 3-13 |
| 哥哥 | 哥哥 | 哥哥 | 阿哥 | 阿哥 | 大佬 | 兄 | 2-17 |
| 兄弟 | 兄弟 | 兄弟 | 兄弟 | 兄弟 | 細佬 | 弟 | 2-17 |
| 客人 | 客人 | 客人 | 客人 | 客人 | 客 | 客 | 2-38 |
| 賊 | 賊 | 賊 | 強盜 | 強盜 | 賊 | 賊 | 2-22 |
| 鈕子 | 鈕子 | 扣子 | 鈕子 | | 鈕 | 鈕 | 3-5 |
| 桌子 | 桌子 | 棹子 | 檯子 | | 檯 | 檯 | 3-9 |
| 洗澡盆 | 洗澡盆 | 洗澡盆 | 盆 | | 身盤 | 盤 | 3-16 |
| 窻戶 | 窻戶 | 窗子 | 窻 | 窗口 | 窗口 | 窗 | 2-29 |
| 錶練 | 錶子 | 練子 | 弦 | 法條 | 鍊 | 鏈 | 2-14 |
| 箱子 | 箱子 | 箱子 | 箱子 | 箱子 | 箱 | 箱 | 2-21 |
| 書套 | 書套 | 書套 | 書套 | 書殼套 | 書套 | 套 | 2-18 |
| 學房 | 學房 | 學堂 | 學堂 | 學堂 | 書館 | 館 | 1-28 |
| 今天 | 今兒 | 今天 | 今朝 | 今朝 | 今 | 今 | 1-4 |
| 明天 | 明兒個 | 明日 | 明朝 | 明朝 | 聽 | 明 | 2-37 |
| 昨天 | 昨兒 | 昨天 | 昨日 | 昨日 | 昨 | 昨 | 1-23 |
| 早晨 | 早起 | 早晨 | 早辰頭 | 早晨 | 朝 | 朝 | 2-37 |
| 晚上 | 晚上 | 晚上 | 夜裡 | 夜裏 | 晚 | 晚 | 2-16 |
| 近日 | 新近 | 近日 | 新近 | 新近 | 新 | 新 | 2-24 |
| 行情 | 行情 | 行市 | 行情 | 行情 | 行情 | 價 | 2-2 |
| 冰雹 | 雹子 | 雹子 | 氷塊 | 水塊 | 大雹 | 雹 | 2-13 |

(續表)

| | | | | | | | |
|---|---|---|---|---|---|---|---|
| 事情 | 事情 | 事情 | 事體 | 事體 | 事 | 事 | 2-11 |
| 東西 | 東西 | 東西 | 物事 | 物事 | 野 | 野 | 2-30 |
| 衣服 | 衣服 | 衣服 | 衣裳 | | 衫 | 衫 | 3-10 |
| 鎮店 | 鎮店 | 鎮市 | 鎮 | 鎮 | 墟 | 墟 | 2-32 |

| | | | | | | | |
|---|---|---|---|---|---|---|---|
| 定規時間 | 定規 | 定規 | 定當 | 定規 | 定 | 定 | 2-3 |
| 定規事情 | 定規 | 定規 | 定當 | 定規 | 成 | 定 | 2-10 |
| 知道 | 知道 | 曉得 | 曉得 | 曉得 | 知到 | 知 | 2-7 |
| 知道 | 知道 | 曉得 | 曉得 | 曉得 | 知 | 知 | 2-10 |
| 知道 | 知道 | 曉得 | 懂 | 曉得 | 知 | 知 | 2-11 |
| 知道 | 知道 | 曉得 | 曉得 | 曉得 | 知到 | 知 | 2-12 |
| 看 | 看 | 看 | 看 | 看 | 睇 | 睇 | 1-12 |
| 看 | 看 | 看 | 看 | 看 | 睇 | 睇 | 1-21 |
| 看 | 看 | 看 | 看 | 看 | 睇 | 睇 | 1-23 |

4　北京官話所反映當時口語特徵詞

| | | | | | | |
|---|---|---|---|---|---|---|
| 雞蛋 | 雞子兒 | 雞蛋 | 蛋 | | 雞蛋 | 蛋 |
| 街巷 | 胡同 | 巷 | 街上 | 衖裏 | 巷 | 巷 |
| 肥皂 | 胰子 | 胰子 | 肥皂 | | 洋梘 | 番梘 |
| 妇女 | 娘兒們 | 婦女們 | 女眷 | | 堂客 | 女界 |
| 老鼠 | 耗子 | 老鼠 | 老鼠 | 老鼠 | 老鼠 | 老鼠 |
| 昨天 | 昨兒 | 昨天 | 前日 | 昨日 | 昨日 | 昨日 |
| 明天 | 明兒 | 明天 | 明朝 | 明朝 | 聽日 | 聽日 |
| 明天 | 明兒個 | 明天 | 明朝 | 明朝 | 聽日 | 聽日 |
| 今天 | 今兒個 | 今天 | 今朝 | 今朝 | 今日 | 今日 |
| 前天 | 前兒個 | 前幾天 | 過日子 | 前幾日 | 前日個 | 前日個 |
| 名片 | 職名 | 片子 | 片子 | | 官銜帖 | 官銜帖 |
| 野獸 | 野牲口 | 野牲口 | 野獸 | 野獸 | 野獸 | 野獸 |

| | | | | | | |
|---|---|---|---|---|---|---|
| 行市跌落 | 掉 | 跌 | 跌 | 跌 | 跌 | 跌 |
| 短缺 | 短 | 少/缺 | 少 | 少 | 少 | 少 |
| 借欠 | 該 | 該 | 欠 | 欠 | 欠 | 欠 |
| 打獵 | 打圍 | 打獵 | 打獵 | 打獵 | 打獵 | 打獵 |
| 挑選 | 挑 | 揀 | 揀 | 揀 | 揀 | 揀 |
| 看 | 瞧 | 看 | 看 | 看 | 睇 | 睇 |
| 戒掉 | 忌 | 戒 | 戒 | 戒 | 戒 | 戒 |
| 戒掉 | 斷 | 斷 | 戒 | 戒 | 戒 | 戒 |
| 缺 | 短 | 少 | 少 | 少 | 少 | 少 |
| 封貨 | 封 | 估 | 估 | 劃當 | 拆 | 拆 |
| 賭、玩 | 耍 | 賭 | 白相 | 賭 | 賭 | 賭 |
| 做工 | 耍手藝 | 做手藝 | 做生活 | 做生活 | 做功夫 | 做 |
| 猜燈謎 | 打燈虎兒 | 打燈謎兒 | 打燈謎 | 打燈謎 | 打燈題 | 打燈謎 |
| 捕捉 | 拿 | 捉 | 捉 | 捉 | 捉 | 捉 |
| 副词:全 | 所 | 總 | | 總 | 都 | 都 |
| 忘 | 忘 | 忘記 | 忘記 | 忘記 | 忘記 | 唔記得 |
| 忘 | 忘 | 忘記 | 忘記 | 忘記 | 忘記 | 唔記得 |
| 量词 | 盪 | 回 | 回 | 回 | 回 | 次 |
| 量词 | 盪 | 回 | 回 | 回 | 回 | 躺 |
| 量词 | 盪 | 回 | 輔(趟) | | 回 | 回 |
| 要(助动词) | 得 | 要 | 要 | 要 | 要 | 要 |

5　南方官話B版口語特徵詞

5.1　A版北京官話與B版南方官話用詞上大部分具有一致性,小部分存在官話南北地域的區別。張美蘭(2007)以及張美蘭(2011)曾對AB版材料有過具體的比較。A版B版之間南北地域差異通過常用詞可見一斑。如:

| | | | | | | | |
|---|---|---|---|---|---|---|---|
| 雞子兒 | 雞蛋 | 明兒 | 明天 | 職名 | 片子 | 盪 | 回 |
| 胡同 | 巷 | 明兒個 | 明天 | 忘 | 忘記 | 知道 | 曉得 |
| 娘兒們 | 婦女們 | 今兒個 | 今天 | 盪 | 回 | 瞧 | 看 |
| 耗子 | 老鼠 | 前兒個 | 前幾天 | 盪 | 回 | 學房 | 學堂 |
| 昨兒 | 昨天 | | | | | | |

| | | | | | | | |
|---|---|---|---|---|---|---|---|
| 掉 | 跌 | 來著 | 來的 | 背(運氣) | 閉(運氣) | 可巧 | 恰巧 |
| 短 | 少/缺 | 這兒/那兒/這麼著 | 這裡/那裡/這麼的 | 脚下 | 目下 | 大夫 | 醫生/郎中 |
| 該 | 該 | | | 使喚 | 使用 | 起身 | 動身 |
| 打圍 | 打獵 | 對勁 | 合式 | 不用 | 不要 | 街坊 | 鄰舍 |
| 挑 | 揀 | 解(介詞) | 由(介詞) | 別 | 莫 | 實誠 | 誠實 |
| 忌 | 戒 | 給(介詞) | 替(介詞) | 炕上 | 鋪上 | 師傅 | 先生 |
| 短 | 少 | 多喒 | 麽早/多早 | 拾掇 | 收拾 | | |
| 丟 | 掉 | 按着 | 據着/照着 | 作項 | 作主 | | |
| 給 | 把 | 見天 | 每天 | 早起 | 早晨 | | |

5.2　南方官話與南方方言用詞有很大的趨同性

5.2.1　對比B版與CD滬語版,也會發現兩者間一致的地方很多,因為江淮官話與北部吳語地域比較近,滬語用詞如果用的是宋代以來的新詞,兩者之間的共同性就會多一些。

5.2.2　對比B版與EF粵語版,也會發現兩者間一致的地方很多。

表達口語時,官話、滬語、粵語三者之間的關係疏遠不一,如果說關係遠近關係,滬語有時與南方官話較近,有時也與粵語有點關聯,相對而言,官話與粵語關係則遠些。

下面我們以常用詞為中心,依據材料,用圖表的形式將6個版本的用詞以ABCDEF分別加以陳列,然後進行分析歸納。在此我們要强調的是A版北京官話版是所有文本的底本,在此基礎上生成的文本基本是按照句式和詞較為嚴格的對譯,因此能形成的差異,一定是具有各自方言地域特點的語言形式,帶有區別性特徵。

## 第二節 詞彙異文之共時分佈與詞彙歷時兴替之演變

根據官話與滬語、粵語用詞異同歸類,我們發現官話與滬語、粵語用詞差異不僅反映了該類用詞具有的地域差異,還與這類詞歷時演變有關。利用《官話指南》及其修訂本的用詞現象,將漢語詞彙史與方言地理學結合起來,分析這些的異文之共時分佈,探討它們與詞彙歷時興替之間的關係。說明根據官話與滬語、粵語用詞差異,其地理空間上所形成的共時"橫向"的分佈正反映了這些詞在時間上的歷時"縱向"層次,共時分佈是歷時演變的結果。

### (一) 具有歷時興替與地域分佈特點用詞總匯

1 "兄弟"義

表"哥哥和弟弟"短語語義,《官話指南》有ABCD之"弟兄"(C有1例為"兄弟"),EF之"兄弟"。共5組。分佈很清晰。

| 語義 | A | B | C | D | E | F |
|---|---|---|---|---|---|---|
| 哥和弟 | 弟兄 | 弟兄 | 弟兄 | 弟兄 | 兄弟 | 兄弟 |

按:並列詞組"兄弟"在先秦到宋元一直高頻使用,到了明代,因"兄弟"偏指"弟弟",導致用"弟兄"合稱"哥和弟"。"弟兄"慢慢通用于大江南北。《官話指南》EF版保留了古代的"兄弟"。而ABCD版用了明代以來新的表達"弟兄"。

2 "弟弟"義

表"弟弟"之義,《官話指南》有ABCD之"兄弟$_2$"(C有1例為"兄弟"),EF之粵語舍弟、細佬及通語之"兄弟"。共7組。

| 語義 | A | B | C | D | E | F |
|---|---|---|---|---|---|---|
| 弟弟 | 兄弟 | 兄弟 | 兄弟 | 兄弟 | 細佬/兄弟 | 舍弟/弟/兄弟 |

按：在晚唐佛教口語中出現了偏指“弟弟”的“兄弟$_2$”，但是到了元代，“兄弟$_2$”的使用才非常普遍。《官話指南》EF版保留了古代的“弟”和方言詞“舍弟”。而ABCD版用了唐宋以來新的表達“兄弟$_2$”。

3 “面孔”義

表“面孔”之義，《官話指南》有AB之“臉”，CD之“面、面孔”，EF之“面”。有22組。對比相對一致。

| 語義 | A | B | C | D | E | F |
|---|---|---|---|---|---|---|
| 面孔 | 臉 | 臉 | 面孔 | 面孔 | 面 | 面 |

按：面，《說文·面部》：“面，顔前也。”從上古到唐宋時期一直用“面”。故粵語、滬語保留了這種用法。如粵語“面”。廣州話“面”不僅單用，還能構成許多的詞和熟語。例如：面巾、面盆、面坯（臉形）、面珠墩（臉蛋兒）；面左左（臉帶慍色）、面青面黄（面有饑色，喻過苦日子）、面紅面綠（形容人在氣極之時臉色的變化）、燶起塊面（黑著臉）、面懵心精（表面愚笨，內心精明）等（參見黄小婭）。而臉是到明代纔成為常用詞在官話中使用，AB版就是這種用法。

4 “里弄”義

表“里弄”之義，《官話指南》有A之“胡同”，BDEF之“巷、巷子、衖”，C之“街上”。

| 語義 | A | B | C | D | E | F |
|---|---|---|---|---|---|---|
| 里弄 | 胡同 | 巷子/巷 | 街上 | 衖裏/衖 | 胡同/巷 | 巷內/巷 |

按：“巷”，《說文》有“衖”，即“衖”“巷”。今為南方方言詞。“街”“弄”，吳語地區多用。“胡同”，典型的北方官話詞，元代才出現，字也寫作“衚衕”。由此可以看到時間與地域的對應分佈。

5 “房屋”義

表示“房屋”“房子”：ABCD用“房”“房子”，C還有“屋”，EF用“屋”，F少數用“房”。

| 語義 | A | B | C | D | E | F |
|---|---|---|---|---|---|---|
| 房屋 | 房 | 房子 | 房子 | 房子 | 屋 | 屋 |

按:在《官話指南》中"屋"除 17 例未改,餘下 22 例均改為"房"。稱"房、房子",或者叫"屋、屋子",確有區域之別。東北、華北、西北、西南等廣大的官話方言區多說"房"或"房子",說"屋"或"屋子"的比較少;而南方的大部分地區,如吳語、徽語、贛語、湘語、客家話、粵語、平話通行的地區多說"屋"或"屋子",說"房"或"房子"的比較少。

6 "念書"義

表示"念書",官話(A 版 B 版)用"念",滬語(C 版 D 版)用"念"也用"讀",粵語(E 版 F 版)用"讀":

| 語義 | A | B | C | D | E | F |
|---|---|---|---|---|---|---|
| 念書 | 念 | 念 | 讀/念 | 讀/念 | 讀 | 讀 |

按:"讀"表示"念讀"和"學習"中古就有用例,故明清以前,"讀"一直是表達"誦讀"義的主導詞,而"念"中古時還主要用於"思考、思念"義,罕表"誦讀"。近代漢語前期,由於受原先心理動詞屬性的局限,"念"一直多用於"背誦""誦讀"義,宋元時期,"念"的"念讀"義出現,開始走上了與"讀"相同的發展軌跡,明清時期,"念"才逐漸用於"學習"義。明代開始,"念"的使用頻率有所增加,部分北方作品中,"念"曾一度趕超"讀",清代這一趨勢有了進一步發展,"念"逐漸進入北方通語,甚至滲透到吳語區中;另一方面,"讀"在清代中原官話作品《歧路燈》,江淮官話作品《儒林外史》《老殘遊記》等清末三部"譴責小說",南方官話作品《白姓官話》等文獻中使用頻率較高,仍為主導詞。南方作品使用"讀"的共同傾向也反映了明末以後,雖然"念"在通語中的使用逐漸增多,南方仍沿襲了明代的習慣,多用"讀"。這也表明用詞方面南方地區存古、北方地區趨新的特點。

7 "知曉"義

表"知晓"之义,《官话指南》有 A 之"知道",BCD 之"晓得",EF

之“知”“知到”。

| 語義 | A | B | C | D | E | F |
|---|---|---|---|---|---|---|
| 知曉 | 知道 | 曉得/知道 | 認得/曉得 | 曉得 | 知/知到 | 查出/知到 |

8 “降落”義

表示“下雨(雪)”,《官話指南》有 AB 之“下”,CDEF 用“落”。

| 語義 | A | B | C | D | E | F |
|---|---|---|---|---|---|---|
| 下雨、雪 | 下 | 下 | 落 | 落 | 落 | 落 |

按:表示“下雨(雪)”這一意義,通語用“下雨(雪)”,南方方言多用“落雨(雪)”。張雁(2013)指出“下”與“落”作為自動詞用來表達雨雪降落義都是在東漢,估計至遲在南宋末年“落”字從以北方官話為基礎的通語中隱退。

9 “進入”義

表“進入”之義,《官話指南》有 ABCD 之“進”或“到”,EF 之“入”。

| 語義 | A | B | C | D | E | F |
|---|---|---|---|---|---|---|
| 進 | 進 | 進 | 進 | 進 | 入 | 入 |
| 進來 | 進來 | 進來 | 進來 | 進來 | 入嚟 | 入嚟 |

按:表示“進入”之義,上古一直到唐宋時期,其主導詞為“入”,“進”東漢時初見表“進入”的用例,魏晉南北朝用例已頗為常見,但在使用頻率、語法功能上弱於“入”。元末明初,“進”的用例開始迅速增加,在當時口語中已相當常見。由此可斷定,“進”對“入”的替換過程大概是從元代開始,到明末已基本結束。此後“進”一直是“進入”義的主導詞,這種格局一直保持到現代漢語中;而“入”只在一些成語、慣用語或者仿古書面語中得以保留。當複音節趨向動詞“進去/進來”充當動詞補語時,也存在與粵語趨向動詞“入去/入嚟”的新舊對譯。

| 趕進去 | 趕/搬/進去 | 推/搬進去 | 推/搬之進去 | 推/搬…入去 | 趕/搬…入去 |
|---|---|---|---|---|---|
| 帶進來 | 帶進來 | 領…進去 | 領之進來 | 帶…入嚟 | 帶…入去 |
| 帶進去 | 帶進去 | 領進去 | 帶進去 | 帶…去 | 帶…入去 |
| 引進去 | 引進去 | 領進去 | 領…進去 | 引…入去 | |
| 投進去 | 投進去 | | | 投入去 | |
| 跳進 | 跳進 | 跳進 | 跳進 | 跳…入嚟 | 跳落嚟 |
| 搬進來 | 搬進來 | 搬之進來 | | 搬嘥入嚟 | 搬嘥入嚟 |
| 拿進來 | 拿進來 | 担進來 | | 擰入嚟 | 擰入嚟 |

另外,我們在研究時,主要考慮到"進""入"之間的新舊替換,很少考慮另一組詞"到""入"的興替。其實"到入"之間的興替還是很清晰的。

| 到 | 到 | 到 | 到 | 入 | 赴 |
|---|---|---|---|---|---|
| 到 | 到 | 進 | 到 | 入 | 入嚟 |

當動詞"到"充當動詞補語時,在粵語中也存在与補語成分"入"的新舊對譯。

| 跳到 | 跳到 | 跳到 | 跳到 | 跳入嚟 | 跳過 |
|---|---|---|---|---|---|
| 送了 | 送到 | 送之 | 送之到 | 送入 | 送…到 |
| 挪到 | 搬到 | 搬到 | | 搬入 | 搬入 |

10　"穿著"義

表"穿著"之義,《官話指南》有 AB 之"穿",CDEF 之"著/着"。

| 語義 | A | B | C | D | E | F |
|---|---|---|---|---|---|---|
| 穿著 | 穿 | 穿 | 著 | 着 | 著 | 着 |

按:先秦時期"穿著"類的核心動詞有"衣""服""被""佩""帶""飾"。"著"字一般不具有"穿著"義,但是在兩漢、魏晉南北朝時躍居"穿著"類動詞的核心地位。唐宋時期居前三位的是"著""戴""披"。從"穿"零星使用,到元明"穿"多見,自此一直佔據主導

地位。

11　“行走”義

表“行走”義,《官話指南》有ABCD之“走”,EF之“行”。

| 語義 | A | B | C | D | E | F |
|---|---|---|---|---|---|---|
| 行走 | 走 | 走 | 走 | 走 | 行 | 行 |

按:表“行走”義自上古一直到晚唐五代以前核心詞都用“行”,“走”因受“奔”的排擠,逐漸不表奔跑、疾走義,而表行走義。“走”字自晚唐五代開始表“行走”義並逐漸佔據核心地位,“走”替換了“行”的時代大致在明代。就地域而言,“走”正在快速南侵從而擠佔“行”的生存空間。具體表現就是南北交界的部分方言中“行”“走”並用。以長江為界,大致分為南北兩大部分。長江以南主要用“行”,長江以北地區主要用“走”。上古一直到晚唐五代以前的核心詞“行”主要沉積在東南沿海一帶,北自崇明島南迄海口。其中大概只說“行”的南方方言有徽語、閩語、粵語、平話。

12　“奔跑”義

表示“奔跑”,《官話指南》ABCD版主要用“跑”,EF版主要用“走”。

| 語義 | A | B | C | D | E | F |
|---|---|---|---|---|---|---|
| 奔跑 | 跑 | 跑 | 跑 | 跑 | 走 | 走 |

按:表示“奔跑”,從上古到唐宋一直是“走”,元代“走、跑”並用。明清“跑”主體。之後“走”卸去了“奔跑”義以後,承擔了“走路”義。南方方言如贛語、客家話、閩語、粵語中還保留了“走”的“快跑”義。

13　“挑選”義

表示“挑選”義,《官話指南》A版用“挑”,BCDEF版用“揀”。

| 語義 | A | B | C | D | E | F |
|---|---|---|---|---|---|---|
| 挑選 | 挑 | 揀 | 揀 | 揀 | 揀 | 揀 |

按:"挑"之"挑選"義。此義晚至唐代才產生。例如:後蜀何光遠《鑒誡錄》卷一:"十年對壘,萬陣交鋒。慮久困於生靈,乃選挑其死士。纔過汶水,縛王彥章于馬前;旋及夷門,斬朱友貞于樓上。"《老學庵筆記》卷二:"禁中舊有絲鞋局,專挑供御絲鞋。"《水滸全傳》第94回:"特差他到昭德,挑選精兵一萬。"作為"挑選"義主導詞要到清代。因此BCDEF都用"揀"。時代性地域性使然。

14 "疼痛"義

表示"疼痛"義,AB版用"疼",CDEF版用"痛",EF版也用"痾"。

| 語義 | A | B | C | D | E | F |
| --- | --- | --- | --- | --- | --- | --- |
| 疼痛 | (頭)疼 | (頭)疼 | (頭)痛 | (頭)痛 | (頭)痾 | (頭)痾 |
| | 疼 | 疼 | 痛 | 痛 | 痛 | 痛 |

按:表"身體疼痛"之義,"痛""疼"是一組同義詞。先秦至唐宋,"痛"是主導詞。"疼"約始見於漢代,到唐代單用的頻率才開始增加。元末明初,"疼"使用頻率開始超越"痛",同時其句法功能逐步完善,漸漸替代"痛"成為主導詞。兩者在地域上分佈略異:"疼"通用于長江以北,"痛"則多用於長江以南。(參見顏玉君2014)

15 "理睬"義

表示"理睬"義,ABD版用"理",C版用"顧",E版用"睬"。

| 語義 | A | B | C | D | E | F |
| --- | --- | --- | --- | --- | --- | --- |
| 理睬 | 理 | 理 | 顧 | 理 | 睬 | —— |

按:ABD版用明末以來的常用詞"理",E版偏用唐宋以來的常用詞"睬"。按:"采(睬)"唐代已見,宋代用例有所增加,元明時期廣泛用於表達"理睬"義,明末以前,"采(睬)"是表達"理睬"義的主導詞。"理"表"理睬"中古就已出現,但中古到近代漢語前期用例罕見。明代"理"才單獨用於"理睬"義。明末開始,"理"的使用頻率逐漸上升,山東方言作品《金瓶梅詞話》中,"理"的用例已是"采(睬)"的三倍多,清代,"理"的數量在大多數文獻中已佔優勢,成為表達

“理睬”義的主導詞。最遲到 19 世紀末 20 世紀初,“理”便完成了對“睬”的替換。(參見劉寶霞 2012)

16 “喜愛”義

表示“喜愛”,AB 版用“愛”和“喜歡”,C 版用“相信”和“喜歡”,D 版用“愛”和“快活”,E 版用“喜歡”,F 版用“中意”。

| 語義 | A | B | C | D | E | F |
|---|---|---|---|---|---|---|
| 喜愛 | 愛 | 愛 | 相信 | 愛 | 喜歡 | 中意 |
| | 喜歡 | 喜歡 | 喜歡 | 快活 | 喜歡 | |

按:表示“喜愛”,上古至中古時期“好”是常用詞;近代漢語時期“愛”與“好”競爭,至清代占優勢地位;明清以來,雙音節“喜歡”“歡喜”增多,清末“喜歡”在南方方言背景文獻中增長較快,民國時期實力漸強,“歡喜”只在部分南方方言背景文獻中使用。“愛”在南方方言背景文獻中接受度有限。現代漢語中,“喜歡”廣泛用於官話方言,吳語、湘語、閩語等南方方言也用;“歡喜”用於吳語、贛語、粵語、閩語等南方方言及少數官話方言點;“愛”用於部分官話方言和閩語,是北方話詞;“好”只用於梅縣客家話。(參見劉曼 2015)

17 “打獵”義

表示“打獵”義,《官話指南》A 版用“打圍”,BCDEF 用“打獵”。

| 語義 | A | B | C | D | E | F |
|---|---|---|---|---|---|---|
| 打獵 | 打圍 | 打獵 | 打獵 | 打獵 | 打獵 | 打獵 |

按:表示“打獵”,A 版用宋代以來常用詞“打圍”,《漢語大詞典》首例引宋孔平仲《孔氏談苑・吴長文使虜》:“吴長文使虜,虜人打圍無所獲,忽得一鹿,請南使觀之。”BCDEF 版用明代以來常用詞“打獵”,《漢語大詞典》首例引《水滸傳》第十一回:“只説那柴進一行人,上馬自去打獵,到晚方回。”

18 “尋找”義

表示“尋找”義,AB 版主要用“找”,CD 版主要用“尋”,EF 版主要用粵語特徵詞"搵"。

| 語義 | A | B | C | D | E | F |
|---|---|---|---|---|---|---|
| 尋找 | 找 | 找 | 尋 | 尋 | 搵 | 搵 |

按:表示"尋找",宋以後"尋"逐漸占主導地位。元明時期"尋"繼續大量使用,"找"開始出現,但使用仍較少。從清中葉開始,"尋"的使用逐漸下降,"找"的數量急劇上升。

19 "擦拭"義

《官話指南》有AB之"擦",CD之"揩",EF之"抹""擦",表現了用法的複雜性。但"揩"在江淮官話和吳語的地域特點仍然。

| 語義 | 洗了臉 | 洗了臉 | 揩之一把面 | 揩之面 | 洗完面 | 洗面 |
|---|---|---|---|---|---|---|
| 擦拭 | 洗臉水 | 洗臉水 | 面湯水 | 揩面水 | | 倒水洗面 |
| | 搌布 | 搌布 | 揩臺布 | | | |
| | 擦擦 | 擦擦 | 揩個揩 | | | 抹過 |
| | 撢淨 | 撢淨 | 揩揩乾淨 | | 掃乾淨 | 抹啲的塵 |
| | 擦一擦 | 擦一擦 | 揩个揩 | | 抹吓 | 整乾淨 |
| | | | 揩乾淨 | | | 整淨 |
| | 刷乾淨 | 刷乾淨 | 揩揩乾淨 | | 擦乾淨 | 掃淨 |
| | 搓搓澡 | 搓搓背 | 揩个揩 | | 抹吓身 | 擦吓我 |
| | 擦乾淨 | 擦乾淨 | 揩乾淨 | | 擦乾淨 | 擦到我乾淨 |

按:表"擦拭"義的動詞出現最早的是"拭",先秦已見,但在先秦表"擦拭"義的常用詞為"拂","拭"的用例并不多見。"拂"多"拭"少的情況一直到南北朝時期才徹底改變。南北朝之後一直到唐宋時期,"拭"是表"擦拭義"的常用詞。"揩"直至盛唐時期,仍屬北方方言詞,中唐時期迅速發展成為常用詞,甚至成為公文中的常用詞。元代"揩"在這一時期使用頻率有所上升,使情況變得複雜。"擦"正式成為"擦拭"義最常用詞的時代應為宋末元初,元代"抹"成為表"擦拭"義的常用詞之一。但發展迅猛,一躍成了明代表"擦拭"義的

常用詞。明代主要用“揩”和“抹”來表達“擦拭”義，到了清代“擦”迅速發展，“揩”進入方言詞彙。

20 “拾取”義

表示“拾取”義，《官話指南》AB 版用“撿”，CD 版用“拾”，EF 版用“執”。

| 語義 | A | B | C | D | E | F |
|---|---|---|---|---|---|---|
| 拾取 | 撿 | 撿 | 拾 | 拾 | 執 | 執 |

按：表示“拾取”義，上古用“拾”，《漢語大詞典》首例引《荀子·正名》：“是君子之所棄，而愚者拾以爲己寶。”CD 版用“拾”。EF 版之“執”為粵語特徵詞。“撿”，本義是約束，大約在清代“撿”引申表示“拾取”，《紅樓夢》第四十回已有用例，如：劉姥姥便伸箸子要夾，那裏夾的起來，滿碗裏鬧了一陣好的，好容易撮起一個來，才伸著脖子要吃，偏又滑下來滚在地下，忙放下箸子要親自去撿，早有地下的人撿了出去了。(《紅樓夢》第四十回)AB 版用“撿”，蓋清代的新用法。

21 “耕種”義

表示“耕種”義，《官話指南》官話版和滬語版 ABCD 四版之“種”，粵語版 EF 用“耕”。

| 語義 | A | B | C | D | E | F |
|---|---|---|---|---|---|---|
| 耕種 | 種 | 種 | 種 | 種 | 耕 | 耕 |

按：蔣紹愚(2013)對 10 種先秦語料的調查，“耕”帶賓語次數 6 次(賓語只是田、地)，不帶賓語次數 170，不帶賓語占總數的百分比次 97%。而《敦煌變文校注》中“耕”37 例，其中不帶賓語 21 例。而動詞“種”常常帶賓語，所帶的賓語使用範圍很廣泛。所以在歷時替換中間“種”替換了“耕”。

22 “抄寫”義

表示“抄寫”義，《官話指南》粵語 EF 版用古字“鈔”，滬語 D 版用“謄”，官話 AB 版和滬語 C 版都用“抄”。

| 語義 | A | B | C | D | E | F |
|---|---|---|---|---|---|---|
| 抄寫 | 抄寫 | 抄寫 | 抄寫 | 謄 | 鈔 | 鈔 |
| | 謄寫 | 謄寫 | 抄寫 | 謄 | 鈔 | 鈔 |

按:汪維輝(2000):"書寫"的"寫"始見於秦。"寫"替代"書"大概也是分段完成的,整個過程延續的時間相當長。東漢魏晉南北朝完成第一步:"寫"接替"書"的"抄寫"義。同時泛指"書寫"的"寫"也開始出現。魏晉南北朝表示"抄寫"義還常用"鈔",偶爾也用"謄"。潘牧天(2014)指出,"鈔"表"謄寫"義,與古人的書寫器具、習慣有關。《釋名·釋書契》:"書稱刺,書以筆刺紙簡之上也。"古人稱"書"為"刺",是因為書寫器具和材料的原因。"抄"從"手"表行為動作,使得"抄"更多地承擔動詞義以至完全替代"鈔"。

23 "以繩纏繞"義

表示"綁縛"義,AB版用"拴",C版用"纜",D版用"縛",EF版用"綁"。

| 語義 | A | B | C | D | E | F |
|---|---|---|---|---|---|---|
| 以繩纏繞 | 拴 | 拴 | 纜 | 縛 | 綁 | 綁 |

按:表"用绳子等绕在物体上",AB版用元代以來常用詞"拴",(《漢語大詞典》首例引元马致远《荐福碑》第二折:"我去這柳陰之下歇息,咱下的這馬來拴在這樹上。")C版還用隋唐以來常用詞"纜",(《漢語大詞典》首例引《隋书·南蛮传·赤土》:"其王遣婆羅門鳩摩羅以舶船三十艘來迎……進金鎖以纜駿船。")D版用先秦已见之"缚",EF版用宋代以来常用詞"綁"。

24 "捆綁"義

表示"捆綁"義,ABCE版用"綑",F版用"綁"。

| 語義 | A | B | C | D | E | F |
|---|---|---|---|---|---|---|
| 捆綁 | 綑 | 捆/綑 | 綑 | | 綑 | 綁 |

按：表示“捆綁”義，歷時有“縛、綁、捆”的歷史替換。“縛”先秦已見，一直到明代占主導地位，“綁”，宋代新出現，明代已大量出現，基本取代“縛”。同時“捆”在明代小說中才開始大量使用，清代漸漸取代“綁”成為主導詞並保持到現代漢語。

25 “支撐”義

表示“支撐”義，AB版用北方語詞“搘”，C版用南方語詞“撐”，E版用粵語特徵詞“搵”。

| 語義 | A | B | C | D | E | F |
|---|---|---|---|---|---|---|
| 支撐 | 搘 | 搘 | 撐 | | 搵 | 揀 |
| | 搘 | 掛 | 張 | | 掛 | 安 |

按：“搘”，又寫作“楮”，吴支謙譯《撰集百緣經》有1例：“時父長者，見子如是，以手楮頰，甚用苦惱，憂愁不樂。”《漢語大詞典》例首引唐蘇《夜發三泉即事》詩：“下奔泥棧楮，上覲雲梯設。”但“搘”在傳統文獻中少見。

26 “掉落”義

表示“掉落”義，《官話指南》AB版用“掉”，CD版用“落”，EF版用“跌”。

| 語義 | A | B | C | D | E | F |
|---|---|---|---|---|---|---|
| 掉落 | 掉 | 掉 | 落 | 落 | 跌 | 跌 |

按：跌：表示“下降”，不晚於明代，《漢語大字典》頁3939該條下首例引《徐霞客遊記·遊雁宕山日記》：“常雲南下，跌而復起，為戴辰峯。”《說文》：“落，凡艸曰零，木曰落。從艸，洛聲。”唐慧琳《一切經音義》卷六引《說文》作“草木凋衰也”。作“下降”之意講，《漢語大字典》首引《漢書·宣帝紀》：“朕惟耆老之人，發齒墮落。”《說文》：“掉，搖也。從手，卓聲。《春秋傳》曰：‘尾大不掉。’”“掉”本指划船用棹使其搖動之義。“掉”的“降落”義產生的較晚，《漢語大字典》首引明康海《滿庭芳·晴望》：“園林一帶青如掉，山色周遭。”小說《西

遊記》《三國演義》中表“降落”多用“落”,尚無“掉”,也說明了“掉”當“降落”講應是明代以後的事了。從清代作品中“掉”的“降落”義使用較多的情況看,在明清之際,在表示“降落”義方面,發生了“掉”對“落”的替換。明小說《西遊記》到清鼓詞曲本《西遊記》有明顯的新舊替換可以證明(詳見張美蘭　周瀅照 2014)。

27　“言說”義

表示“言說”義,《官話指南》AB 版用單音節“說”和雙音節“說話”,CD 版用單音節“話”和雙音節“白話”“說話”,EF 版用單音節“話”“講”和雙音節“講話”“說話”。構成與“言說”義相關的短語時,“話”和“講”也是滬語(C 版 D 版)、粵語(E 版 F 版)對應官話(A 版 B 版)之“說”的重要構詞成分。

| 語義 | A | B | C | D | E | F |
|---|---|---|---|---|---|---|
| 言說 | 說 | 說 | 話 | 話 | 話 | 話 |
| | 說 | 說 | 話 | 話 | 話 | 答話 |
| | 說 | 說 | 話 | 話 | 講 | 講 |
| | 說 | 說 | 白話 | 白話 | 講 | 講 |
| | 說話 | 說話 | 說話 | 說話 | 說話 | 講話 |
| | 說話 | 說話 | 白話 | 白話 | 講話 | 講話 |
| 說合 | 說合 | 說合 | 話攏 | 話 | 調停 | 調停 |
| 胡說 | 胡說 | 胡說 | 瞎話 | 瞎話 | 亂講 | 糊言亂語 |
| 別說 | 別說 | 莫說 | 勿要話 | 勿要話 | 慢講話 | 唔講話 |
| 好說 | 好說 | 好說 | 啥話 | 啥說話 | 好話 | 好話 |
| 心裏說 | 心裏說 | 心裏說 | 暗暗話 | 心裏想 | 心裡頭話 | 想吓話 |
| 撒謊 | 撒謊 | 掉謊 | 虛話咾騙 | 說謊 | 講大話 | 講大話 |

按：汪維輝(2003)指出：現代漢語方言的“說類詞”主要有三個：北方話的“說”,南方方言的“話”和中部方言的“講”。作為“說類詞”,它們的確立都是近代漢語階段的事。“話”約形成于唐代;“說”約定型于唐宋之際;“講”在歷史文獻中只能追溯到元代。

從歷時發展看,在西漢以前的上古漢語裡,“說類詞”主要有“語、言、云、曰、謂、說、道”等。東漢到隋的中古時期“說類詞”的組成成員基本保持上古的格局,主要的口語詞有三個:言,說,道。而唐以後近代漢語的情況是:唐代“話”主要作動詞,成為“說類詞”中的新成員,但宋代以後則幾乎只作名詞了;大約從晚唐五代起,“說”就成了表說話義的核心詞。“說”徹底取代“曰”“云”至遲不晚于14世紀初。“講”字上古就有,但就文獻語言來看,在元代以前它并不用作一般的“講話”義,在言說語義場中是個下位詞;元代開始有用同“說”的例子,但直到清代,文獻中的使用頻率一直不高,並且帶有明顯的地域色彩。

28 “飲食”義

表示“飲食”義,《官話指南》ABCD版用“吃”,EF版用“食”。

| 語義 | A | B | C | D | E | F |
|---|---|---|---|---|---|---|
| 飲食 | 吃 | 吃 | 吃 | 吃 | 食 | 食 |

按:從先秦至近代,“食”一直用來表達“把食物等放到嘴裡經過咀嚼咽下”的概念。“吃”繁體字寫作“喫”,唐代開始出現,《玉篇》:“喫,啖也。”《說文新附》:“喫,食也。”據張美蘭(2013)研究,晚唐以後“吃”使用頻率極高,逐漸代替了飲食義的前代動詞,進食物件除了固體狀態食物(如飯、草等)以外,還包括了液體狀態食物(如茶、酒、水等)和流質食物(如羹、粥等),直到“喝”的大量使用,才引起“吃”與“喝”之間的替代。

29 “飲喝”義

表示“飲喝”義,即“把液體或流食咽下去”的概念,《官話指南》AB版用“喝”,CD版用“吃”,EF版用“飲”。

| 語義 | A | B | C | D | E | F |
|---|---|---|---|---|---|---|
| 飲喝 | 喝 | 喝 | 吃 | 吃 | 飲 | 飲 |

按:表“把液體或流食咽下去”的概念,現代漢語所用的“喝”據

王力先生考證,是在明代開始使用的。王力先生《漢語史稿》:"用'喝'來表示'飲'的概念,那是明代以後的事。"

30 "餵養"義

表示"餵養"義,《官話指南》AB版用"餧",CD版用"撥…吃"和"撥飯…吃",E版用"喂",F版用"餧""餵"。

| 語義 | A | B | C | D | E | F |
|---|---|---|---|---|---|---|
| 餵養 | 餧 | 餧 | 撥伊吃 | 撥飯伊吃 | 喂 | 餧/餵 |

按:表示"給…東西吃",AB版之"餧"先秦已見,《漢語大詞典》首例引《礼记·月令》:"(季春之月)田獵,罝罘、羅罔、畢翳、餧獸之藥毋出九門。"E版之"喂"見於清代,《漢語大詞典》首例引《二十年目睹之怪现状》第六回:"屋裏的米只剩了一把,喂鷄兒也喂不飽的了。"F版之"餵"見於唐代,《漢語大詞典》首例引唐孟郊《濟源寒食》詩之三:"饑童餓馬掃花餵,向晚飲溪三兩盃。"

31 "哄騙"義

表示"哄騙"義,《官話指南》AB版"哄騙">"騙",C版"騙">"哄騙",D版"哄騙"與"騙"相當。E、F版用粵語特徵詞"呃"和清代以來南方常用詞"騙",F版較E版雙音化程度高。

| 語義 | A | B | C | D | E | F |
|---|---|---|---|---|---|---|
| 哄騙 | 哄騙/騙/哄 | 哄騙/騙/哄 | 哄騙/騙 | 哄騙/騙 | 呃/騙/局 | 呃騙/謀騙/呃 |

按:"哄""騙"均產生於宋代,宋元用例不多,元末明初才多見。但"哄"似稍晚於"騙"產生,與同義語素連用也稍晚於"騙"。元代開始"哄"相對於"騙"居上風。清代"哄"和"騙"此消彼長,北方依然多用"哄",南方則多用"騙"。

32 "看"義

表示"看",《官話指南》ABCD版主要用"看",A版也用"瞧",EF版用"睇"。

| 看 | 看 | 看 | 看 | 睇 | 睇 | 1-12 |
|---|---|---|---|---|---|---|
| 瞧 | 看 | 看 | 看 | 睇 | 睇 | 2-1 |

按：表“看”這一意義，“瞧、看、睇”是一組同義詞。從產生時間上看，“看”早於“瞧”（元明期間新產生的）、“睇”[邵則遂、王平夷(2015)指出，“睇”在先秦通語中表示“斜着眼看”，在上古楚方言中是“含情地看”。漢代繼承了先秦的語義。魏晋時首次出現了“睇”的引申義“看、望”的用法，現代粵方言用“睇”表“一般地看”是對它的繼承。歷代書面語或沿用古楚方言語義。]從使用地域看，“看”是通語層面的，在清代表現為北方官話更多用“瞧”，南方官話用“看”，粵語用“睇”。

33 “聽聞”義

表示“聽聞”義，官話用單音節“聽”或雙音節“聽見”。但滬語和粵語偏用雙音節詞，其中滬語用“聽見”，EF版除用“聽見”外，偶用粵語特徵詞“聽倒”“聽聞”，F版更偏好用文言書面語詞：“聞得、聽聞”。甚至連短語“聽見説”“聽説”對應的粵語F版也呈現出如此的規律。

| 語義 | A | B | C | D | E | F |
|---|---|---|---|---|---|---|
| 聽聞 | 聽 | 聽 | 聽見 | 聽見 | 聽見 | 聽見/聽倒 |
| | 聽 | 聽 | 聽見 | 聽見 | 聽見 | 聞得/聽聞 |
| | 聽見 | 聽見 | 聽見 | 聽見 | 聽見 | 聽見 |
| | 聽見 | 聽見 | 聽見 | 聽見 | 聽見 | 聽倒 |
| | 聽見 | 聽見 | 聽見 | 聽見 | 聽見 | 聞得 |
| | 聽見 | 聽見 | 聽見 | 聽見 | 聽見 | 聽聞 |
| 聽説 | 聽見説 | 聽見説 | 聽見話 | 聽見人話 | 聞説/聽見話/聽見講 | 聞得 |
| | 聽説 | 聽説 | 聽見 | 聽見 | 聽見話 | 聞得 |

按：“聞”在上古至魏晉唐宋時期出現頻率很高。“聞”表“聽見、

聽到"義在宋元仍是主流,其用法承繼了前代。到了明清時期,"聞"表示"聽見""聽到"義的用例漸少,且多用於轉述古語、敘事語言,口語中多講"聽見、聽到"。"聽"在魏晉以後用法得到進一步發展。到元代文獻中"聽"的使用比例增多,成為"聽類詞"中的最基本詞。明清以後,"聽見"在口語完全取代"聞",並逐漸進入書面語,與"聞"並駕齊驅。語義場格局由"聽一聞"轉為"聽"。(參見張美蘭 2012)

"聞""聽"在先秦均已出現,從使用數量上來看,"聞"一直多於"聽",且出現了"聞言""聞知""聞道"等複合詞。到明清時期,"聽"的使用數量急劇上升,在白話小說中已遠遠超過"聞"的數量,且"聽見""聽說""聽得"等複合詞的數量也趨於增多。到清末的《兒女英雄傳》中,"聽"單獨使用超過 1 000 次,"聞"單獨使用僅 19 次,"聞"已基本上被"聽"所代替。在《西遊記》小說中的"聞""聞得"也被"聽""聽見""聽說""聞聽"等"聽類詞"所替代。

34 "起床"義

表示"起床"義,《官話指南》ABCD 版用"起來",EF 版用"起身$_1$"。

| 語義 | A | B | C | D | E | F |
|---|---|---|---|---|---|---|
| 起床 | 起來 | 起來 | 碌起來/起來 | 起來 | 起身 | 起身 |

按:表示"起床",ABCD 版之"起來"是唐代以來常用詞,《漢語大詞典》首例引唐白居易《食後》诗:"食罷一覺睡,起來兩甌茶。"EF 版之"起身"是元代以來常用詞,《漢語大詞典》首例引元楊暹《西游记》第二本第七出:"唐三藏此日起身,他胖姑兒從頭告訴了你。"

35 "動身"義

表示"動身"義,《官話指南》A 版用"起身$_2$",BCD 版用"動身",EF 版用"起程"。

| 語義 | A | B | C | D | E | F |
|---|---|---|---|---|---|---|
| 動身 | 起身 | 動身 | 動身 | 動身 | 起程 | 起程 |

按：表示“出發上路”，A版之“起身”是元代以來常用詞，《漢語大詞典》首例引元陳以仁《存孝打虎》第一折：“則今日殺牛宰馬，做箇大大筵席，管待天使大人起身。”BCD版用“起身”>“動身”，“動身”是明代以來常用詞，《漢語大詞典》首例引《二刻拍案惊奇》卷十七：“既然算計得停當，事不宜遲，快打點動身便是了。”EF版之“起程”是宋代以來常用詞，《漢語大詞典》首例引《宣和遺事》前集：“(宋江)擇日起程。”

36 “使用”義

表示“使用”義，《官話指南》ABCD版用“用”，EF版主要用“使”，F版也用“俾”。

| 語義 | A | B | C | D | E | F |
|---|---|---|---|---|---|---|
| 使用 | 用 | 用 | 用 | 用 | 使/俾 | 使/俾 |

按：表示“使用”，ABCD版之“用”是古今通語詞，EF版之“使”，上古也见，但很少使用，元明开始多用，偏北方话。EF版之“俾”是古語詞。

37 “開心”義

表示“開心”，《官話指南》ABC版主要用“喜歡”，C版偶爾用“快活”。D版用“快活”，也用“歡喜”。CD版之“快活”是江淮官話、贛語用詞。E版用“歡喜”，F版用“喜歡”，也用“歡喜”“快樂”。

| 語義 | A | B | C | D | E | F |
|---|---|---|---|---|---|---|
| 開心 | 歡 | 歡 | 喜歡 | 花(歡) | 歡 | 快樂 |
| | 喜歡 | 喜歡 | 快活 | 歡喜 | 歡喜 | 歡喜 |
| | 喜歡 | 喜歡 | 喜歡 | 快活 | 歡喜 | 喜歡 |
| | 喜歡 | 喜歡 | 喜歡 | 快活 | 歡喜 | 喜歡 |

按：“喜歡”這一詞形，作為“歡喜”的逆序形式，從東漢到南宋主要表示“高興、愉快”義，南宋時發展“喜愛”義，明代以後用例增加，清中葉“喜愛”成為其主導義位。表示“開心”，北方傾向於用“喜歡”，南方傾向於用“歡喜”。(詳見穆湧 2015)

## (二) 小結

根據匯總情況,對具有歷時興替關係的一組常用詞,粵語版 EF 用詞比較古樸,偏向文言詞或地域特徵詞,屬於被替代的角色,滬語情況不一,大部分選用元明清以來具有替代角色的詞[參見(1)],有一部分是唐宋期間占主導地位的詞,但明清也被取代[參見(2)],小部分與粵語一道用以前的舊詞[參見(3)],AB 版基本是使用元明清以來的佔據主導地位的新詞。而 A 版更是北方官話或北方口語的特點。B 版是南方官話的特點。

(1) ABCD 版用了元明代尤其是明代以來佔據主要詞地位的新詞

| ABCD | EF | ABCD | EF |
|---|---|---|---|
| 兄弟 | 弟兄 | 跑 | 走 |
| 兄弟 | 兄弟 | 理 | 睬 |
| 进、到 | 入 | 爱 | 中意 |
| 穿 | 著 | 種 | 耕 |
| 走 | 行 | 吃 | 食 |

(2) AB 為明清以來占主導地位新詞——CD 為宋元時期主導詞——EF 為中古或較早期常用詞

| AB | CD | EF |
|---|---|---|
| 念书(明) | | 读(书) |
| 知道(唐) | 晓得(宋) | 知 |
| 找 | 尋 | 搵 |
| 擦 | 揩 | 整/(抹) |
| 撿 | 拾 | 執 |
| 掉 | 落 | 跌 |
| 喝 | 吃 | 飲 |

(3) AB為宋元以來占主導地位新詞

| AB | CDEF | AB | CDEF |
|---|---|---|---|
| 脸 | 面、面孔 | 疼 | 痛 |
| 下雨 | 落(雨) | 說 | 話 |

A為元明北方常用詞詞,BCDEF為南方常用詞

| A | BCDEF | A | BCDEF |
|---|---|---|---|
| 胡同 | 巷子 | 打圍 | 打獵 |
| 挑 | 揀 | | |

大體說來,早期的常用詞在粵語中得到了保留(也有少數例外,如"說話"之"講","擦拭"之"抹");中古以後的常用詞多在滬語等南部地區得到了保留。元明清漢語常用詞在南方官話和北方官話中較多保留,北京官話本更是清代以來北方話的體現。

漢語常用詞的歷史演變與其在現代漢語方言的地理分佈之間有著密切的聯繫。常用詞歷時演變和共時方言地理分佈縱橫對比,可以看出:它們在地理空間上所形成的共時"横向"的分佈正反映了它們在時間上的歷時"縱向"層次,共時分佈是歷時演變的結果。

## 第三節　異文對勘與語義互釋

這批異文資料相互對照,為我們閱讀文獻提供了便利,無形之中互注互釋。六個版本同概念的異文表達展示了詞語之間的相互聯繫,為我們理解文本語義提供了線索。下面我們直接列舉。如:

**(1) 醒鐘與鬧鐘異文,其義自見。**

【A】還有上回我托您給買一個醒鐘,您給買了沒有?

【B】還有上回我托您替買一個鬧鐘,您納買了沒有?

【C】還有上回托辦拉箇只醒鐘買着否?

【D】還有上回我託儂替我買一隻鬧鐘,儂買呢勿曾買?

【E】重有件嘢,前回我托閣下買個鬧鐘,你共我買倒冇呀?

【F】我先躺託你買箇鬧鐘,有買倒唔呢?

按:清乾隆年間制"時辰醒鐘",即爲鬧鐘。

**(2)"官座兒"與"廂房"異文,其義自見。**

"官座兒"不是"平常嘅座位",而是"公座","廂房"裡的"公座",今包廂。

【A】官座兒若是現在立刻定,還怕沒有。若是沒有的時候,定桌子行不行?

【B】官座現在立刻定,還怕沒有。若是沒有的時候,定棹子行不行?

【C】官座現在定起來,恐怕無沒者。比方無得之味,別个座位要否?

【E】公座若係而家即刻去定,都重怕冇。如果冇呢,就定張檯做得唔做得呢?

【F】乙如果要即刻定位,怕而家冇廂房。若然係冇,就平常嘅座位做得唔呢?

【A】那也使得,定官座兒,可總找那不吃柱子的地方纔好。

【B】那也可得,定官座兒,却總找那不靠柱子的地方纔好。

【C】箇亦使得个,定起官座來味,要揀一个地方勿要有柱頭攩沒拉个。

【E】都可以嘅,但係定公座,至緊咪揾著個的俾柱遮住嘅地方致好。

【F】甲係做得,倘若定廂房,至緊要揾的唔係有柱阻住嘅。

【A】還有,我這兩天聽戲,瞧見對面兒官座兒裏有一個人吃東西,那也可以麼?

【B】還有,我這兩天聽戲,看見對面那官座兒裏有一個人吃東西,那也可以麼?

【C】還有,前二日我看戲个辰光,看見對面官座裡有人吃物事,亦可以个呢啥?

【E】重有一件,我呢兩日睇戲,睇見對面公座裏頭有個人喺處吃野,噉都做得嘅咩?

【F】重有一件事嘸,呢兩日我喺戲園,見對面嘅廂房有人食野,噉做得唔呢?

**(3)"鋪保"與"保人"異文,其義自見。**

【A】那就是了。那麼,我還得有鋪保罷?鋪保自然是得有的,您找得出鋪保來麼?

【B】那就是了。那麼,我還要有保人罷?保人自然是必要的,您找得出保人來麼?

【C】固就介味者。還要有啥店家做保人个否?保人是總要个,自家尋得着否咾?

【D】蓋就是哉。實蓋末,我還要脧啥保租否?保租自然要个,儂尋得出保人來否?

【E】噉就喺啦。噉樣,我重使要鋪頭擔保唔使呀?保擔自然要喇,你搵得出鋪頭擔保嚹嗎?

【F】乙噉,好喇。怕要穩當擔保係嗎?甲自然要喇,你搵得倒唔呢?

【A】是,我找得出鋪保來。您都是有甚麼鋪保?要甚麼鋪保有甚麼鋪保。

【B】是,我找得出保人來。您都是有甚麼保人?要甚麼保人有甚麼保人。

【C】尋是尋得着个。閣下有啥店家可以做保人否?隨便自家要那裡一个就那裡一个。

【D】是个,我尋得出个。儂全是有那能个保人?要那能个保人就有那能个保人。

【E】係,搵得嘅。你有乜鋪頭擔保呢?要乜嘢鋪頭就有乜嘢鋪頭咯。

【F】乙係,我揾得倒。甲你有乜擔保呢?乙要嗰樣就有嗰樣喇。

按:鋪保,清代至民國常見。以店鋪名義爲他人出具証明所做的一種擔保。

**(4)“俏貨”與“巧貨”“好貨”異文,其義自見。**

俏貨:是價格便宜的“相宜貨”“平貨”,今古董生意行業仍用。

【A】是又買著甚麽俏貨了麽?不是。是因為我倒過一個鋪子來。

【B】是又買著甚麽俏貨了麽?不是。是因為我頂過一個鋪子來呢。

【C】還是儂要買啥巧貨呢啥?勿是。因為我買之一爿店咾。

【D】是又買着啥好貨哉否?勿是。是因爲我盤之一爿店咾。

【E】又怕買到幫乜嘢平貨嚹啩?唔係。我因為頂啯間鋪頭。

【F】甲你又買倒的相宜貨嗎?乙唔係。我想頂一間舖啫。

【A】他去封貨,就許遇見俏貨,趕他封了,當鋪就賣漏給他了,他就可以賺了好錢了。

【B】他去估貨,就許遇見俏貨,等他估了,當鋪就賣漏把他了,他就可以賺了好錢了。

【C】估起來味,碰着好東西,估之後來,典當裡賣拉伊,伊就可以賺好價錢。

【D】伊去劃貨色,就會碰着巧貨,等伊劃着,典當裏就賣撥伊哉,伊就可以賺多个銅錢。

【E】佢去拆親,必噲碰倒啲靚貨,及佢去拆喇,當鋪又賣漏啲俾佢,佢就賬大錢喇。

【F】去拆親,就得的靚貨,當舖東家又賣極平貨俾佢,佢就賬大錢。

【A】後來拾掇好了,賣了四十多兩,賺了有十倍利。這就是遇見俏貨,得了便宜了。

【B】後來收拾好了,賣了四十多兩,賺了有十倍利。這就是遇見俏貨,得了便宜了。

【C】後來收作好之,賣之四十多兩銀子,賺之十倍利息。箇就叫碰着之好物事味便宜者。

【D】後來收築好之,賣之四十幾兩,賺之十倍。第个就是碰着巧貨,得之便宜哉。

【E】後來佢修好,賣翻四十多兩銀,�嘵十倍利呢。呢啲係碰着靚貨,就得倒便宜咯。

【F】就將箇錶嚟擦光,賣四十多兩銀,揸十倍嘅利。噉就係遇着的靚貨,又賰得大錢咯。

**(5)"撒俐"與"清水""企理""齊整"異文,其義自見。**

【A】平常在家裏做粗活,那原不講究,到別的宅裏去,總得要撒俐纔是樣子哪。

【B】平常在家裏做粗事,那原不講究,到別人家裏去,總得要撒俐纔成樣子哪。

【C】拉屋裡做粗生活,本來勿要緊,到底到別人家搭去,總要清水點味好。

【E】閒時喺啞做事,嗰啲原本唔使拘,去別人處,就總要打整得企理的致似樣嘅。

【F】因你喺屋裏頭,着箇的嚟做污糟嘅工夫,就唔係好睇,你去第間屋,都要齊整的至合格呀。

**(6)"苦力"與"挑子""脚班""咕哩"異文,其義自見。**

【A】不行,這裏頭有嬌嫩東西,怕車撴。若不然就叫苦力挑着,跟了你去罷。

【B】不行,這裏頭有嬌嫩東西,怕車撴。若不然就叫挑子挑着,跟了你去罷。

【C】勿要,裡向有碰勿起个物事,去車子上怕伊顛壞之个。勿是味教个脚班挑之,儂跟之伊去味者。

【E】唔做得,呢裏頭有幼細嘅野,怕車撴。不如吗個咕哩担住,跟你去罷喇。

【F】甲唔係裏頭的物件,好容易爛嚈,怕被車撴爛。你就吗苦力同去担喇。

**(7) "滑藉"與"草""禾草""禾稈"異文,其義自見。**

【A】好是好,趕插在裏頭之後,可得拿滑藉或是棉花揎磁實了,别吗他在裏頭搖挸纔行哪。

【B】好是好,等插在裏頭之後,却要拿東西或是棉花築結實了,莫吗他在裏頭搖動纔行哪。

【C】好是好个,放之後來,拿點草或者棉花挨挨緊,勿要讓伊動咾動,箇味好。

【E】好係好,總係丟野落去之後,四圍要使禾草或棉花嚟搚到緊,咪俾佢喺裏頭嚟搖動致得嚈。

【F】甲可以嘅,但執好之後,你要俾的禾稈或棉花,攝到佢實,等佢咪兩頭嘟嶓。

按:陳剛(1985:117)滑秸:麥秸義。

**(8) "軟片"與"細軟嘅野""軟物件"異文,其義自見。**

【A】那是自然的,還有那些衣服怎麼樣呢?那等着歸在那皮箱兒裏,軟片一塊兒打包。

【B】那是自然的,還有那些衣服怎麼樣呢?那等着歸在那皮箱兒裏,軟片一堆兒打包。

【C】固是自然,還有箇主衣裳味那能呢?放拉皮箱裡,軟个放拉一堆之咾,打一个包裹。

【E】嗰的自然喇,重有嗰的衣服點樣呢?嗰的等吓丟落皮箱裏頭,歸入啲細軟嘅野一氣打包喇。

【F】乙係定喇,的衣服又點樣呢?甲嗰的衣服擠落皮槓之後,就紮埋箇的軟物件一包喇。

**(9) "籤子"與"紙條"異文,其義自見。**

【A】可以可以。你把那張紅紙遞給我,寫個籤子,貼在箱子上。

【B】可以可以。你把那張紅紙遞把我，寫個籤字，貼在箱子上。

【C】好个。儂担箇張紅紙撥拉我，寫个紙條來，貼拉箱子上。

【E】可以咯。你遞嗰張紅紙過我，等我寫條簽嚟，貼落的箱處。

【F】甲係自然喇。俾嗰張紅紙我，等我寫幾條簽，貼落箱面。

**(10)“馬連包”與“草薦”“薦包”異文，其義自見。**

【A】那皮箱還得上鎖，拿馬連包包上，然後拿繩子綑上，可就省得車磨了。

【B】那皮箱還要上鎖，拿馬連包包好，然後拿繩子綑倒，却就省得車上磨了。

【C】皮箱還要鎖一鎖，担草薦來包之，然後用繩來一綑，省之車子上磨壞脫。

【E】個皮箱重要落鎖，等擰蔴包嚟包起佢，再俾繩綑實，就唔怕俾車揩親咯。

【F】乙嗰箇皮槓要鎖住佢，後來至打薦包，俾繩綁住嘅，噉樣喺駕車處，唔使俾佢損壞咯。

【A】是。明兒個把那個馬蓮包的箱子，煞在後車尾兒上，您想怎麼樣？

【B】是。明日把那個馬連包的箱子，放在後車尾兒上，您想怎麼樣？

【C】是者。明朝我想箱子担草薦來包之咾，放伊車子後面，看起來那能？

【E】係。聽日摵呢個蔴包箱，綁落車尾嚟，你話點樣呢？

【F】乙好呀，先生。俾薦包住箇箱，聽日綁車後便，好唔好呢？

**(11)“職名”與“片子”“官銜帖”“名片”異文，其義自見。**

【A】你瞧，這是四匣子東西，這是我的職名。那麼，小的得雇一輛車去罷。

【B】你看，這是四匣子東西，這是我的片子。那麼，小的可雇一乘車去罷。

【C】儂看,箇个四匣子是物事,箇个味是我个片子。格味,我去叫部車子罷。

【E】你睇住,呢處四盒野,呢個係我嘅官銜帖。噉樣,小的叫駕車去哩[去聲]。

【F】甲嗱,睇住喇,呢處有四盒禮物,嗰箇係我官銜帖。乙噉我要去僱車嚹啩。

【A】拿進來,給他拿出個片子去,叫他回去道謝就是了。

【B】拿進來,把他拿出個片子去,叫他回去道謝就是了。

【C】担進來,撥个片子拉伊,教伊轉去謝謝。

【E】擰入嚟,拈個名片出去交俾過個來人,叫佢翻去話多謝就喺喇。

【F】甲擰入嚟喇,攞我嘅名片[或咭紙],叫來人帶番去,話我多謝佢呀。

【A】奉送這兒的老爺用。務必把職名給留下,然後你就回來。是。那麼小的這就去罷。

【B】奉送這裏的老爺用。務必把片子留下,然後你就回來。是。那麼小的將就去罷。

【C】送拉老爺用个。總要担我个片子留拉之味,然後儂轉來。曉得者。格味我就去呢啥?

【E】送啲過嚟老爺。你是必㨂個官銜帖留落,然後致好翻嚟嚡。係咯。噉小的而家就去哩[去聲]。

【F】送過先生處。又留落我名片[或咭紙],就番嚟喇。乙係咯,先生。我而家可以去得嗎?

【A】你趕緊的拿我的名片,到我們公館,快請用吉大夫去。

【B】你趕緊的拿我的名片,到我們公館,快請用吉醫生來。

【C】快點擔我片子,到伲公館裡,去請用吉郎中來。

【E】你快啲擰我個名片,到我公館,趕住請嗰位用吉先生嚟。

【F】你快擰我嘅名片,去公使館,請用吉醫生嚟喇。

**(12)"掐"與"摘""採"異文,其義自見。**

【A】啊,還有你到花園子去掐幾朶花兒來拿着,順便到吳宅,給那位老爺送了去。

【B】啊,還有你到花園子去摘朶花兒來拿著,順便到吳家,和那老爺送了去。

【C】哈,還有一樣,儂到花園裡去採一把花來,順便到吳老爺搭去哖,送拉伊。

【E】呵,你重嚟去花園摘幾朶花,順便擰去吳公館,送俾佢地(哋)老爺嘅話。

【F】甲啊,重有樣添,你去花園,摘幾扎花帶埋去,順路送到吳先生府上喇。

**(13)"囉瑣"與"費事"異文,其義自見。**

【A】還有一層,每月小的的工錢得起京裏兌給小的家裏五六塊錢,就省得小的打外頭往京裏帶錢囉瑣了。

【B】還有一層,每月小的工錢要從京裏兌把小的家裏五六塊錢,就省得小的從外頭往京裏帶錢囉瑣了。

【C】還有一樣味,我每月个工錢就蕩搭京裡劃會撥五六塊洋錢拉我屋裡,省之囉嗦從外勢寄銅錢到屋裡來。

【E】重有件,小的每月嘅工錢要喺京裏頭支五六個銀錢過屋唥,免致喺外頭寄銀入京咁費事咯。

【F】乙第二件就想喺北京[或改平]每月支伍陸圓俾我家人應用,免路遠寄銀嘅費事咯。

**(14)"執照"與"領銅錢个票子""支銀嘅憑部"異文,其義自見。**

【A】纔妥當哪。那都好說的,趕定規之後,我可以寫個取錢的執照給你,

【B】纔妥當哪。那都好說的,等定規之後,我可以寫個取錢的執照把你,

【C】格味妥當。樣樣話好之,定當之後來,我寫一張領銅錢个

票子撥拉儂。

【E】噉致妥當。嗰啲都易講嘅,等定實之後,我可以寫張執照俾你,

【F】甲噉甚好。一定曉之後,我寫箇支銀嘅憑部過你屋踎,

【A】每月初一,你們家裏可以打發人拿那個執照,到我這兒來取就是了。

【B】每月初一,你們家裏可以打發人拿那個執照,到我這裏來取就是了。

【C】每月初一,儂个屋裡可以打發人担之票子咾,到我搭來領銅錢味者。

【E】每月初一,你屋唸打發人擰住呢張執照,嚟我處支錢就係(喺)喇。

【F】你家中每月初一,使箇人嚟我處,帶埋箇部據嚟收銀喇。

**(15)“挨一挨”與“等一等”“慢一慢”“慢步”“遲吓”異文,其義自見。**

【A】那件事挨一挨兒再說罷,因為現在有一位老爺給我薦了一個人,一兩天可以來試一試,

【B】那件事等一等兒再說罷,因為現在有一位老爺替我薦了一個人,一兩天可以來試一試,

【C】箇件事體且到慢一慢咾話罷,因為現在有个老爺替我薦一个人拉者,一二日裡要來試試,

【E】呢件事慢步再算,因為現在有一位老爺薦個人過我,一兩日就可以嚟咯,試過佢,

【F】甲噉呢件遲吓至講,有人介紹箇跟班嚟我處,呢兩日佢就嚟試過,

**(16)“力把兒頭”與“火頭火腦”“唔在行”“新手”異文,“踋窩”與“車痕嘅坑裏頭處”異文,其義自見。**

【A】那趕車的若是個力把兒頭,趕到了前門,走到石頭道上,可

就把車竟往踐窩裏趕,把人碰的頭暈眼花,連坐車的屁股蛋兒都可以給撴腫了。現在這個是個好手趕車的,決不至於這麼様。

【B】那趕車的若是個力把兒頭,趕到了門前,走到石頭路上,却就把車竟往踐窩裏趕,把人碰得頭暈眼花,連坐車的屁股蛋兒都被他撴腫了。現在這個是個好手趕車的,決不至於這麼様。

【C】若使車夫咾火頭火腦,到之前門石頭路上,擔車子打七高八底个戶蕩走,定見弄得人來頭昏腦悶,連搭坐身地方儕要腫起來個嘅。箇個車夫好把手者,勿造至於什介個。

【E】個車夫若係唔在行,駛到前門個啲石頭路處,就將車趕落車痕嘅坑裏頭處,令個人碰到頭暈眼花,連坐車嘅屎窟都俾佢蹾腫咯。现在呢個車夫係個好手,斷不致噲噉様。

【F】如果箇車伕係新手,到前門嗰條石路,有車過嘅痕跡,就噲令箇駕車兩便軆,兩便掭,令人頭暈,連箇臀都噲腫起嚟。甲啊,呢箇車伕好熟手,斷冇噉造作嘅。

按:力把兒,又作劣巴兒、力巴兒,指外行人。

**(17)"跴"與"踹"異文,其義自見。**

【A】哼,要,你拿脚把板凳兒那頭兒跴住了罷。啊,你快把棍子取來。

【B】哼,要,你拿脚把板凳兒那頭跴住了罷。啊,你快把棍子拿來。

【C】要個,擔儂個脚箇頭踏住拉。快點我根杖去尋來。

【E】要呀,你摵脚跴住橋凳呢頭。阿,你快啲擰鞭杆嚟我。

【F】甲好,係呀。張櫈嗰邊,你用脚踹定佢。啊,你快的攞我枝鞭杆。

**(18)"方便地方"與"馬桶"異文,其義自見。**

【A】就是太太忽然若是走動的時候,怕是沒有個方便地方。那麼怎麼着好呢?

【B】就是太太忽然若是走動的時候,怕是沒有個方便地方。那個怎麼的好呢?

【C】就是太太忽然有起罷,勿得个事體來者,恐怕無得便當个地方。格味那能之味好呢?

【E】因為怕到太太忽然有乜走動嘅時候,地方唔得便。噉點樣好呢?

【F】即係佢一行動,怕冇乜方便地點嚭。甲噉有乜法子呢?

【A】我們這兒的娘兒們走路,都是自己帶着馬桶,所以這盪也得帶着那樣兒東西。

【B】我們這裏的婦女們走路,都是自己帶着馬桶,所以這回也要帶着那樣兒東西。

【C】伲此地女眷行路,馬桶儕自家帶个,所以箇回第樣物事我想要担个。

【E】我哋呢處啲堂客出門之時,總係自己帶住個馬桶,所以呢回亦要帶呢件野。

【F】乙我哋華人女界,自己帶馬桶,呢回我哋都要帶噉嘅野。

**(19)"皮刺"與"堅固"異文,其義自見。**

【A】還有其餘的那些個粗重的東西,你挑那皮刺的,都裝在那個劉二雇來的大車上罷。

【B】還有其餘的那些的粗重的東西,你揀那皮刺的,都裝在那個劉二雇來的大車上罷。

【C】還有別樣硬頭傢生,儂擔一眾碰得起个物事,裝拉劉二叫來个大車子上。

【E】與及個啲粗重嘅野,你揀啲堅固嘅,都裝落劉二叫嚟個駕大車處。

【F】及粗重嘅野,揀出的堅固嘅,裝落劉二僱嚟箇駕大車喇。

**(20)"潮腦"與"樟腦"異文,其義自見。**

【A】一層一層兒的都墊上紙,下上潮腦,拿包袱蓋上,四周圍都掖嚴了,再蓋上蓋兒,

【B】一層一層兒的都墊上紙,加上潮腦,拿包袱蓋上,四周圍都

掖嚴了,再蓋上蓋子,

【C】逐一層上襯紙頭上下底味放樟腦,担包袱蓋拉上頭,四面挨挨緊,乃味担來蓋好之。

【E】一層層俾紙隔好,落翻樟腦,擰袱包鋪住,四邊押到冚,再用蓋㕭上,

【F】一層層俾紙隔住,落的樟腦,用袱包揜住,四便攝實佢,揜番箇蓋,

【A】不然潮腦就走了。是。來,把那繩子還照着舊的繞起來,掛在那堆房裏樑上去。

【B】不然潮腦就走了。是。來,把那繩子還照着舊的挽起來,掛在那堆房裏梁上去。

【C】勿什介能樟腦就要烊完個。是者,走來,擔繩照舊繞起來,掛拉箇塊屋裡樑上。

【E】唔係呢,個的樟腦就嗆走氣嘅嚹。係咯。你嚟摵個條繩照舊撟翻佢,掛翻落堆房裏頭條樑處。

【F】免致樟腦洩氣消融呀。乙係咧,先生。甲喂,嗰條繩照舊捲起,掛番貯物房箇條杉處喇。

**(21)"搭拉"與"褪落"異文,其義自見。**

【A】那三間有一間棚都破了,棚架子也掉下來了,牆上的紙,因為犯潮,都搭拉下來了。

【B】那三間有一間棚都破了,棚架子也掉下來了,牆上的紙,因為有潮,都搭拉下來了。

【C】箇三間屋有一間涼棚儕破拉者,涼棚架亦落之下來,牆上个紙頭,因為潮濕咾,亦脫完个者。

【E】嗰三間房有一間棚爛,個架都跌落嚟,牆上啲紙,因為受嘵潮濕,都褪嗺落嚟咯。

【F】嗰間房三槅,有一槅天花板爛咽,天花板嘅架,都跌落嚟,牆上裱箇的紙,因為潮濕,又褪落嘵。

**(22)“胡拉”與“弄了下來”“拍脱”“掃”異文,其義自見。**

【A】棚上若有蜘蛛網,可得掃乾淨了。把牆上的土都胡拉下來,把槅扇都撣淨了,

【B】棚上若有蜘蛛網,却要掃乾淨了。把牆上的土都弄了下來,把槅扇都撣淨了,

【C】棚上有蜘蛛網攤脱點。牆上個墶塵要拍脱,槅子揩揩乾淨,

【E】棚上有蠄蟧絲網,就撩啲佢落嚟。掃吓牆處啲灰塵,摵啲圍屏掃乾淨吓。

【F】若係天花板有蠄蟧絲網,要掃淨佢。又掃牆上嘅塵,嗰度摺門就抹啲的塵,

**(23)“秫稭”與“高粱梗”“高粱稈”異文,其義自見。**

【A】喳。還得買十幾根秫稭紮架子哪。哼,那麽一天可以報結麽?

【B】哦。還要買十幾根竹棍紮架子哪。哼,那麽一天可以完工麽?

【C】哈。還要買個十幾根高粱梗來紮架子。格味一日可以滿工否?

【E】哦。重要買十零條蘆葦嚟扎架呀。唔,噉樣一日可以做得起嘛嗎?

【F】乙哦,好喇。我哋要買十幾條高粱稈嚟紮箇架呀。甲唔,一日內做得妥嗎?

**(24)“攏”(“持、執”義)與“找”異文,其義自見。**

【A】還有趕車的説,還攏他兩塊錢的車錢哪。把這兩塊錢給他拿出去罷。

【B】還有趕車的説,還找他兩塊錢的車錢哪。把這兩塊錢和他拿出去罷。

【C】車夫話,還有兩塊洋錢車錢勿曾撥。担兩塊洋錢去撥拉伊。

【E】但係車夫話,重爭佢兩個銀錢咧。摵呢兩個銀錢擰出去俾佢喇。

【F】乙哦,箇車夫話,先生唔記得俾兩箇銀錢車費啊。甲就擰呢兩箇銀錢出去俾佢。

**(25)“打夜作”與“開夜工”異文,其義自見。**

【A】托您福,倒還好。現在打夜作了麼?是,打夜作了。

【B】托您福,倒還好。現在打夜作了麼?是,打夜作了。

【C】靠福,還算好。現在夜作做否?夜作做个。

【D】托儂个福,倒還好。現在做夜做否?是,做个。

【E】托你老人家嘅福,都幾好。現在開夜工嚽嗎?係,開夜工咯。

【F】丙託福,係幾好。甲現時有開夜工嗎?丙係,開夜工咯。

**(26)“弛豬”“衰豬”與“累煩”“勞動”“累”“辛苦”異文,其義自見。**

【A】您回去了,累肯您納。

【B】您回去了,累煩您納。

【C】要轉去者,費心費心。

【D】儂轉去哉,弛豬儂。

【E】請翻去喇。勞動你嚽。

【F】甲哦,你番去咧咩。丙勞動你咯。

【A】趕到了家就累的動不得了。您說受的這個累還輕麼?

【B】等到了家就累得動不得了。您說受的這個累還輕麼?

【C】回到屋裡衰豬來動勿動个者。阿是受累勿輕否?

【D】等到之屋裡就弛豬來動勿動哉。儂話受實蓋个苦還輕拉哩?

【E】翻到住家就辛苦到唔鬱得。你話受呢啲辛苦重輕咩?

【F】番到住家好疚瘖唔郁得。噉唔係幾咁辛苦咧咩?

按:D版用“弛豬”5例,C版用“衰豬”3例,疲勞義。

**(27)“屈心”與“虧心”“心虛”異文,其義自見。**

【A】在偺們沒認得他之先,他已經就作個一件屈心的事了。作過一件甚麽屈心的事?

【B】在我們沒認得之先,他已經就作個一件虧心的事。作過一件甚麽虧心的事?

【C】我搭閣下勿曾認得伊个前頭,伊已經做過歇一件心虛事體个者。做過歇啥个虛心事體呢?

【D】拉我伲勿曾認得以前,伊已經做過一件虧心个事體。做過一件啥个虧心事體?

【E】在我哋未識佢之先,佢已經做過一件虧心事嚟。做過問乜虧心事呢?

【F】在我哋未識佢之前,佢舊時犯過件奸猾嘅事添。甲係乜野事呢?

【A】像他先頭裏,既然做過一件屈心的事了,就該當悔改纔是的,您(怎)麽後來又做這麽件屈心的事呢?

【B】像他先頭裏,既然做過一件屈心的事了,就該當悔改纔是的,怎麽後來又做這件虧心事呢?

【C】伊前頭起,既然做過歇虛心事體,該當改過味好耶,那能後來從新又做什介虛心事體個呢?

【D】像伊起初,既然做過一件虧心个事體,就應該悔過末是好,那能後來又做第件虧心事呢?

【E】似佢敢起先,做過件虧心咯,就應該悔改致係喇,點好後來又做件敢嘅事添呢?

【F】甲噉佢既然舊時,做過一件奸猾嘅事,應要悔改,唔好再犯一件喇?

**(28)"作臉"與"留面孔"異文,其義自見。**

【A】若是給他找事,他必不能給您作臉。索性不管他的事倒好。

【B】若是替他找事,他必不能替你顧。索性不管他的事倒好。

【C】替伊尋差使,伊板要坍坑个。索性勿要去管倒好得多。

【D】若是替伊尋事體,伊一定勿能替儂留啥面孔。索性勿管伊个事體倒好。

【E】薦佢頭路,必然丟你嚧。索性唔理佢重好咯。

【F】做第二件,又於你無益。最好立定主意,乜都唔同佢做更好。

**(29)"抱沙鍋"與"討飯做吽花子"異文,其義自見。**

【A】我早給他斷就了,他父親死之後,他一定抱沙鍋。

【B】我早和他算就了,他父親死之後,他一定拃棍兒。

【C】我老早替伊算到拉者,父親死之後來咊,一定煨沙鍋。

【D】我老早對伊算就哉,伊爺死之以後,伊一定討飯做吽花子。

【E】我大早批定佢,佢老豆死之後,佢一定攎砵頭。

【F】甲我大早批定,佢老啞死,佢就必噲去揸砵頭。

按:徐世榮(1990:508):抱沙鍋,訖丐寒冬無衣服,胸前抱一砂鍋,內盛炭火取暖。"抱沙鍋"是貧窮末路的代稱。

**(30)"說合"與"調停"異文,其義自見。**

【A】我是給人說合事情了。您是給人說合甚麼事情來着?告訴得我告訴不得?

【B】我是和人說合事情呢。您是和人說合甚麼事情來呢?告訴得我告訴不得?

【C】我拉替別人家話攏一莊事體。替啥人話一莊啥事體耶?告訴我看,話得話勿得个?

【D】我是搭人話件事體。儂是搭人話啥事體呢?好告訴我呢勿好告訴?

【E】我係同人調停件事嚟。你共人調停件乜野事呢?話得俾我聽唔話得嚧?

【F】乙我係共人哋調停一件案。甲你調停箇件係乜野案?話得過我知唔呢?

**(31)"搿"與"撇""騙開""唔睬"異文,其義自見。**

【A】就連出去走走逛逛,他們倆都搿着我。

【B】就連出去走走蕩蕩,他們兩都撇着我。

【C】或者出去走走白相,伊拉總避脱我,

【D】就連我出去走勃相,伊拉兩个全避脱我。

【E】連到出去逛吓,佢兩個都騙開我。

【F】連到同行,佢都唔睬我。

按:據上下文義,"㺃"當寫作"掰"。

**(32)"作項"與"作主"異文,其義自見。**

【A】那層倒好說,您給作項就是了,只要人對勁,錢多多少少的甚麽要緊?

【B】那層到(倒)好說,您就作主就是了,只要人對勁,錢多多少少的甚麽要緊?

【C】箇層到好弄个,隨意商量味者,只要對路,銅錢多少無啥要緊。

【D】伊層到好話个,儂就作主末哉,只要人對勁,銅錢个多少無啥要緊个。

【E】嗰層都易講,閣下話點就點係喇,但要人投機,錢多少有乜緊要呢?

【F】乙嗰的容易辦,任閣下揸主意,倘若此公投機,就脩金厚薄有乜緊要呢?

**(33)"鋪(舖)保"與"保人""擔保"異文,其義自見。**

【A】那就是了。那麽,我還得有鋪保罷?鋪保自然是得有的,您找得出鋪保來麽?

【B】那就是了。那麽,我還要有保人罷?保人自然是必要的,您找得出保人來麽?

【C】固就介味者。還要有啥店家做保人个否?保人是總要个,自家尋得着否咾?

【D】蓋就是哉。實蓋末,我還要腹啥保租否?保租自然要个,儂尋得出保人來否?

【E】噉就喺啦。噉樣,我重使要鋪頭擔保唔使呀?保擔自然要喇，你搵得出鋪頭擔保嚇嗎？

【F】乙暾，好喇。怕要穩當擔保係嗎？甲自然要喇，你搵得倒唔呢？

【A】是，我找得出鋪保來。您都是有甚麼鋪保？要甚麼鋪保有甚麼鋪保。

【B】是，我找得出保人來。您都是有甚麼保人？要甚麼保人有甚麼保人。

【C】尋是尋得着个。閣下有啥店家可以做保人否？隨便自家要那裡一个就那裡一个。

【D】是个，我尋得出个。儂全是有那能个保人？要那能个保人就有那能个保人。

【E】係，搵得嘅。你有乜鋪頭擔保呢？要乜嘢鋪頭就有乜嘢鋪頭咯。

【F】乙係，我搵得倒。甲你有乜擔保呢？乙要嗰樣就有嗰樣喇。

【A】我現在同你到鎮店上，對給你一個舖保，你就先去找馬去。

【B】我現在同你到鎮市上，對把你一個鋪保，你就先去找馬去。

【C】現在一淘到鎮上去，教店家做之保人，閣下先去尋起馬來。

【D】我現在同儂到鎮上去，對儂尋一个保人撥儂，儂就先去尋馬去。

【E】而家我同你去墟上，俾間鋪做保家，對過你就先去搵馬。

【F】我同你入墟場，搵間鋪當堂擔保，你就去搵箇匹馬先。

**(34)“母錢鋪(舖)”與“刁猾錢莊”“私家錢鋪”異文，其義自見。**

【A】沒有的話，我們決不能忘了收。這裏頭還有個緣故，我告訴你說，是一張母錢鋪的票子。

【B】沒有的話，我們決不能忘了收。這裏頭還有個緣故，我告訴你說，是一張母錢鋪的票子。

【C】瞎話，伲總勿忘記个。還有個講究，我對儂話，箇張小錢莊

上个票子,

【D】無沒第个說話个,我伲决勿能忘記簽个。第个裏向還有一个緣故,我告訴儂,第个是一張刁猾錢莊上个票子。

【E】唔係噉講嘅,我哋斷唔噲忘記收號嘅。呢裡頭重有個緣故添,我話你知吖,呢一張係私家錢鋪嘅票嚟。

【F】乙冇噉道理嘅,我哋斷不能忘記給箇的收號嚀。但重有樣緣故,我話你知喇,呢張銀票係由箇的私家錢舖出嘅。

【A】我們這鋪子向來不使母錢鋪的票子,所以更知道不是我們給的了。

【B】我們這鋪子向來不用母錢舖的票子,所以更曉得不是我們把的了。

【C】伲莊上向來勿用小錢莊上个票子,所以更加曉得勿是伲發个。

【D】我伲店裏向來勿用刁猾錢莊上个票子,所以更曉得勿是我伲撥个哉。

【E】我哋呢間鋪向來唔使私家錢點嘅票,所以更知到唔係由我哋交出嘅喇。

【F】我哋呢間舖永冇用私家嘅銀票,噉我哋越發確知呢張票唔係由我哋交出嘅喇。

**(35)“嘎啡”與“咖啡”異文,其義自見。**

【A】老爺是要沏什麽茶?是嘎啡,是紅茶?

【B】老爺是要泡甚麽茶,是嘎啡,是紅茶?

【C】老爺,要泡啥个茶?加非呢,還是紅茶?

【E】老爺,係要冲乜野茶?係嚛啡,𠯠紅茶呢?

【F】乙先生要乜野茶呀?咖啡𠯠紅茶呢?

**(36)“唛”與“蠢”異文,其義自見。**

【A】你先等等說,你這話就不通,就憑這麽個唛鄉下老兒,

【B】你且慢點說,你這話就不通,就憑這麽個唛鄉下老兒,

【C】等一等,慢咾話,儂个說話勿通,箇个蠢体个鄉下人,

【D】儂且慢點話,儂第个說話就呌勿通,實蓋一个鄉下老頭子,

【E】你等吓致講,你噉講就欠解囉,淨指以噉嘅蠢才鄉下公,

【F】甲等吓至講,你嘅古要解過至得,噉一箇鄉下佬到京,

**(37)“古仔”與“笑話”異文,其義自見。**

“古”就是过去的所产生的事情,引申为故事,“仔”同后缀“子”。

【A】我的酒眞不行了,罰我說個笑話兒罷。

【B】我的酒眞不行了,罰我說個笑話兒罷。

【C】我酒眞个勿吃个,罰我話話笑話罷。

【D】我酒實在吃勿落哉,罰我話个笑話末哉。

【E】我確唔飲得咯,罰我講段笑話罷囉。

【F】我唔受得酒,罰我講段古仔係喇。

**(38)“照拂”與“關照”異文,其義自見。**

【A】我蒙您的抬愛,已經不拘禮了。

【B】我蒙您的抬愛,已經不拘禮了。

【C】承閣下多情,我已經寫意得極者。

【D】承儂照拂,决勿客氣。

【E】蒙老兄咁過愛,我都已自唔多拘咯。

【F】乙費你心,我都唔拘禮嘅。

【A】素日受您的栽培,我本就感激不盡。現在為這件事,又承您抬愛。

【B】素日蒙您的栽培,我本就感激不盡。現在爲這件事,又蒙您抬愛。

【C】一向受閣下照應,我本來意勿過得極。現在為箇件事體,又要承閣下費心者。

【D】一向承儂个栽培,我本來感激勿盡。現在為之第件事體,又蒙儂照拂。

【E】我平日受尊駕咁多栽培,已自極感激咯。現在因為呢件事

幹,又蒙你關照。

【F】甲我受你咁多栽培,無論如何永不能唔感激你。呢回又恩惠我。

**(39)"僻儶"與"聰明"異文,其義自見。**

【A】他原來是我們的街坊,人很聰明。

【B】他原是我們的鄰舍,人很聰明。

【C】我本來同伊是鄰舍,十分僻儶个。

【E】佢本來同我係街坊,人甚聰明。

【F】佢舊日係我哋鄰舍,人頗聰明。

按:儶僻,《越諺》:"本後魏語,豪强貌。"引申指能干,聰明。

**(40)"吟"與"次""冇咁好"異文,其義自見。**

【A】賤的東西總次罷?那是自然的。

【B】便宜的東西總差罷?那是自然的。

【C】價錢强貨色總要推扳點?固是自然。

【E】平野係吟啲啩?個的自然喇。

【F】甲嗰的平嘅冇咁好啩?乙自然喇。

# 第三章 《官話指南》及其方言譯本之句式比較研究

學界已有一些研究《官話指南》語法的專題論文,有詞類研究,有句式研究如"把"字句等,但較零散不夠系統,而且集中某單一的版本文獻的語料整理解讀分析,綜合起來研究更少見。茲將六種不同文本綜合比較,以期看共時不同地域句式間的類型差異。大致思路以《官話指南》的句式為研究的依據,通過對《官話指南》各種句式的方言翻譯,來看滬語粵語各自偏重的句式表達傾向。由於是《官話指南》的對譯版本,方言的表達也許多少會受到官話文本原有表達的限制,也許沒有完全展現 19 世紀末滬語、粵語句式的面貌,但通过以《官話指南》為基點的句式調查,基本反映了官話及其方言的句式表達的異同特點。在大多數情況下,滬語版、粵語版都偏向自己地域方言結構表達,方言用法仍佔優勢。從方言的優勢中反觀官話結構的表達,漢語句式在不同歷史時期發展的脈絡也顯現出來,官話中有古今通用的句式,而唐宋以來尤其是明清以來的新結構表達更明顯,滬語次之,粵語則保守早期漢語的結構表達多些。

## 第一節 疑 問 句 式

疑問句可以分為有疑而問和無疑而問兩類。有疑而問按照提問的形式和語義特點可分為是非問、特指問、選擇問、反復問幾種類型。而無疑而問又可分為設問句和反問句兩類。在漢語發展史上,疑問句的發展,主要體現在疑問代詞、疑問副詞、疑問語氣詞發生了不同程度的演變。《官話指南》由於採用問答的形式,文中疑問句的使用佔有相當大的比重,為我們研究清末民初漢語的疑問句提供了豐富的素材。而《土話指南》《粵音指南》等分别為清末民初的滬語、粵語疑問句句式面貌及其與官話的異同提供了很好的參照。因此我們將六種文本一起討論,從對比中更清楚地認識漢語官話該句法的面貌。

1.1 特指問句

特指問句就是用疑問代詞和它構成的短語來發問的句子,一般詢問時間、地點、人物、事件、状态方式和原因等。這種問句的詞序與陳述句一樣,提問句子的哪個成分,就把疑問代詞放在哪個成分的位置上。《官話指南》特指問句最顯著的特點是,特指疑問詞因提問內容的不同而有不同的專屬疑問詞,而問人問處所問事問時間,官話的泛指疑問代詞是“那(哪)”“甚麽”,滬語共同的泛指疑問代詞是“那(哪)裏”“啥”,粵語則是“邊”“乜”。

1.1.1 疑問代詞的比較

特指問句主要體現在疑問代詞、疑問副詞上,這一類句子官話用疑問代詞主要有“誰、那個(位)、那兒(裏)、甚麽、怎麽、多喒、多少、幾”等。對應於這些代詞滬語、粵語分别有一套。

1.1.1.1 問人、問處所、問事、問時間等等,官話的泛指疑問代詞是“那”,滬語共同的泛指疑問代詞是“那裡”“啥”,粵語則是“邊”。

| 語義 | A | B | C | D | E | F |
|---|---|---|---|---|---|---|
| 問人 | 那位 | 那位 | 那裡一位 | 那裡一位 | 邊個 | 乜人 |
| 問人 | 那個 | 那個 | 那裡一个 | 伊个 | 邊個 | 邊一箇 |
| 問人 | 那一位 | 那一位 | 那裡一位 | 那裏一位 | 邊一位 | 邊位 |
| 問地點 | 那宅裏 | 那一家 | 那裡个宅裡 |  | 邊位 | 邊間 |
| 問地點 | 那衙門 | 那衙門 | 那裡一個衙門 | 啥个衙門 | 邊間衙門 | 邊間衙門 |
| 問地點 | 那宅裡 | 那宅裡 | 那裡一个宅裏 | 啥人家宅裏 | 邊間公館 | 邊間公館 |
| 問地點 | 那一省 | 那一省 | 那裡一府 | 那裏一省 |  |  |
| 問時間 | 那一季兒 | 那一季兒 | 那裡一季 | 那裏一季 | 邊一季 | 邊季 |

**(續表)**

| 語義 | A | B | C | D | E | F |
|---|---|---|---|---|---|---|
| 問內容 | 那四句 | 那四句 | 那一句 | 那裏四句 | 邊四句 | 邊四句 |
| 問狀態 | 那幾樣兒 | 那幾樣的 | 那裏幾樣 | | 邊幾樣 | 邊樣 |
| 問科目 | 那科 | 那科 | 那裡一科 | 那裏一科 | 邊科 | 邊科 |

1.1.1.2　專用於問人,表示"誰",A版用"誰",B版用"那個",两者也有南北地域之别,南方官话用"那個",北方官话用"誰"。滬語用"啥人/那裏一位",粵語用"邊(邊個/邊位)、乜(乜誰/乜人)"。

| 語義 | A | B | C | D | E | F |
|---|---|---|---|---|---|---|
| 問人 | 誰 | 那個 | 啥人 | 啥人 | 邊個 | 邊箇 |
| 問人 | 誰 | 那個 | 啥人 | 啥人 | 乜誰 | 乜誰 |
| 問人 | 那位 | 那位 | 那裡一位 | 那裡一位 | 邊個 | 乜人 |
| 問人 | 那個 | 那個 | 那裡一个 | 伊个 | 邊個 | 邊一箇 |
| 問人 | 那一位 | 那一位 | 那裡一位 | 那裏一位 | 邊一位 | 邊位 |

1.1.1.3　問處所官話多用"那兒""那裡",部分用"那哪+處所",但有"那兒"(北)、"那裡"(南)之官話南北地域之别,而"那哪+處所"是南北都用。滬語一方面用南方官話詞"那裡/裏",但主要用短語式"啥+地方"的地域詞,粵語也是以短語式"邊+處"的地域詞。官話也用短語式"甚麼+地方",但是用例不多,滬語對應仍是"啥+地方",而粵語則複雜,可以用"乜野+地方",但有專門的疑問代詞"邊"構成"邊+處",甚至疊床架屋用"邊處/邊笪+地方"。

| 語義 | A | B | C | D | E | F |
|---|---|---|---|---|---|---|
| 問地點 | 那兒 | 那裏 | 啥地方/那裡 | 那裡/啥地方 | 邊處/邊笪 | 邊處 |
| 問地點 | 那衙門 | 那衙門 | 那裡一個衙門 | 啥个+衙門 | 邊間+衙門 | 邊間衙門 |
| 問地點 | 甚麼+地方 | 甚麼+地方 | 啥+地方 | 啥+地方 | 邊笪+地方 | 邊處 |
| 問地點 | 甚麼+地方 | 甚麼+地方 | 啥+地方 | 啥+地方 | 邊處/乜野+地方 | 邊處 |

1.1.1.4 未知而問事、問時間、問地點、原因、目的、行為、方式、程度、情景等，官話都用“甚麼”，滬語主要用地域詞“啥(个)”，粵語多用“乜嘢”，也用“乜”，偶爾用“嗰樣”。

| A | B | C | D | E | F |
|---|---|---|---|---|---|
| 甚麼 | 甚麼 | 啥個 | 啥 | 乜野 | 乜野 |
| 甚麼 | 甚麼 | 那能个 | 啥 | 乜野 | 乜 |
| 甚麼 | 甚麼 | 啥 | 啥 | 乜野 | 邊樣 |
| 甚麼 | 甚麼 | 那裡一个 | 啥个 | 乜野 | 乜野 |
| 甚麼 | 甚麼 | 那裡一个 | 那能个 | 乜嘢 | 嗰樣 |

1.1.1.5 詢問時間，官話專用的是元代以來的專用新詞：“多咱/喒”，“多咱”一詞的使用體現了A版的北方話色彩，因此被B版改為“多早、麽早、幾早、多時”。滬語、粵語對應的是中古以來的舊詞“幾時”。

| | | | | | |
|---|---|---|---|---|---|
| 多咱/多喒 | 多早/多時 | 幾時 | 幾時 | 幾時 | 幾時 |

詢問時間，官話還可以用：“甚麼＋時候”，滬語對應“啥＋時候”，粵語則複雜，可以用“乜野＋時候”，但也沿用疑問代詞“幾”構成“幾＋時”。

| | | | | | |
|---|---|---|---|---|---|
| 甚麼時候 | 甚麼時候 | 啥時候 | 啥時候 | 乜野時候 | 幾時 |
| 甚麼時候 | 甚麼時候 | 啥辰光 | | 幾時 | 幾點鐘 |

1.1.1.6 表示指代原因，官話可以用：“為甚麼”，滬語對應“為啥”，粵語則複雜，可以用“為乜”，但也沿用文言詞“因何”。

| | | | | | |
|---|---|---|---|---|---|
| 為甚麼 | 為甚麼 | 那能 | 爲啥 | 為乜事 | 乜緣故 |
| 為甚麼 | 為甚麼 | 啥咾 | 為啥 | 乜事 | 為乜 |
| 為甚麼 | 為甚麼 | 為啥咾 | 爲啥 | 因何 | 因何 |
| 為甚麼 | 為甚麼 | 做啥咾 | 為啥 | 因何 | 點解 |

1.1.1.7　詢問方式,官話用:"怎麼",滬語對應"那能",在句中作狀語、定語、補語、謂語。粵語用"做乜/點樣/點",其中粵語"做乜"很有特點。

| 語義 | A | B | C | D | E | F |
|---|---|---|---|---|---|---|
| 問方式 | 怎麼 | 怎麼 | 那能/那得 | 那能 | 點/點樣 | 點/點樣 |
| 問方式 | 怎麼 | 怎麼 | 啥咾 | 實在 | 做乜 | 點解 |
| 問方式 | 怎麼 | 怎麼 | 為啥咾 | 是啥 | 係乜 | 乜野緣故 |

1.1.1.8　询问数量(年齡、數量、尺寸、面积等),官話主要用:"多少",偶用"幾",滬語對應"幾化 1",粵語用"幾多(幾耐/幾大)",其中粵語"幾耐"很有特點。代詞除了作定語加名詞或量詞外,也可單獨作謂語。

| 問數量 | 多少 | 多少 | 幾位 | 幾化 | 幾多 | 幾多 |
|---|---|---|---|---|---|---|
| 問數量 | 多大尺寸 | 多大尺寸 | 幾化尺寸 | 幾化尺寸 | 幾大尺寸 | 幾大尺寸 |
| 問數量 | 多大工夫兒 | 多少工夫兒 | 幾化工夫 |  | 幾耐 | 幾耐 |
| 問數量 | 多少日子 | 多少日子 | 幾化日脚 | 幾化日脚 | 幾耐 | 幾日 |
| 問數量 | 幾 | 幾 | 幾 | 幾化 | 幾多 | 幾多 |

1.1.2　特指問句句末語氣詞

特指問句特點還體現在可以加疑問語氣詞。《官話指南》AB版特指問句有不用語氣助詞的,如果用,句尾語氣詞有"啊、麼、哪、呢、呀"等。滬語(呢、耶)、粵語大多有對應語氣詞(吖、咩、呢),但滬語、粵語間,滬語略遜,相對而言,除了"呢"外,滬語語氣詞多用"耶"。

(1)【C】老爺,啥吽熱炭耶?——【A】老爺,甚麼吽熟炭哪?(3－2)

(2)【C】伊拉做啥個耶?——【A】那是幹甚麼的?(3－11)

而粵語句末喜用語氣詞,甚至粵語對《官話指南》AB版未用語氣詞者也會常常加上一個語氣詞,以"呢"為最多。如:

(3)【A】今年你打了有多少石糧食啊?(2-10)

【B】今年你打了有多少糧食啊?

【C】今年打之幾化石數米?

【D】今年儂打之有幾化糧食?

【E】今年你收埋幾多石穀呢?

【F】甲今年你收埋有幾多石穀呢?

(4)【A】得拜幾天哪?(2-3)

【B】要拜幾天哪?

【C】要拜幾日耶?

【D】要拜幾日?

【E】得拜幾天哪?

【F】甲要拜幾多日年呢?

(5)【A】那麼吗他解多咱來伺候您哪?(3-1)

【B】那麼吗他從多早來伺候您哪?

【C】幾時起頭教伊來相帮呢?

【E】噉吗佢幾時嚟上工呢?

【F】乙我擔保係喇。幾時起首服事先生呢?

(6)【A】你要應那兒的活呀?(2-10)

【B】你要做那裏的事呀?

【C】啥生活耶?

【D】儂要做那裡一个生活?

【E】你想接邊處工夫呀?

【F】甲你想接邊處工程呢?

(7)【A】怎麼您這盪回家去了這麼些日子呢?(2-12)

【B】怎麼您這回回家去了這麼些日子呢?

【C】那能箇回轉去,登之兩個多月个呢?

【D】那能儂第盪轉去,去之實蓋幾化日脚呢?

【E】做乜你呢回翻去,得咁耐呢?

【F】甲乜喺屋蹤咁耐呢?

(8)【A】我沒聽見說呀,他是多喒死的?……你知道他是甚麼病死的麼?(2-16)

【B】我沒聽見說呀,他是多早死的?……你曉得他是甚麼病死的麼?

【C】我勿曾聽見,伊幾時死个耶?……格味曉得伊啥病死个耶?

【D】我勿曾聽見話起,伊是幾時死个?……儂曉得伊是啥个病死个?

【E】我冇聽到,佢係幾時死嚿?……你知到佢係乜野病死嘅呢?

【F】乙我冇聽見呀,佢幾時死嘅呢?……乙你知佢因乜病死呢?

(9)【A】您在那宅裡?我在富宅裏。(2-14)

【B】您在那宅裏?我在富宅裏。

【C】倻拉那裡一个宅裏?富宅裏。

【D】儂拉啥人家宅裏?我拉富家宅裏。

【E】尊駕喺邊間公館呀?我喺富公館。

【F】丙你喺邊間公館呀?乙我哋喺富公館。

1.2　是非問句

是非問在結構上像陳述句,一般後面有語氣詞出現,是對整個命題的疑問。可以使用語氣詞,也可以不用。《官話指南》與方言譯本間是非問的主要差異體現在兩個方面:一是因歷時和共時兩個因素方言版與官話版在運用的疑問語氣詞上有差異,二是滬語版《土話指南》是非問還有地域特點的“阿 VP?”“S,是否”句式,而粵語版對譯官話版是非問時常常會用反復問的形式出現。

滬語的疑問句並非一定要用疑問標記。

1.2.1　使用疑问语气词的问句

是非问有用肯定的形式發問和用否定形式發問两类,《官话指南》使用的疑问词有“麽”“罷”“哪”“呢”“呀”“啊”“了”等,其中主要是“麽”“罷”“哪”“呢”。

1.2.1.1 用語氣助詞"麼"的是非問句

《官話指南》中語氣詞"嗎"字只用於反問句 4 例,而是非問只用"麼"字。

1.2.1.1.1 用肯定的形式發問

(10)【A】老弟這盪是連家眷都去麼? …搭幫走的那位也是作官的麼? …您補的這個缺是煩缺麼? (2-3)

【B】老弟這盪是連家眷都去麼? …搭幫走的那位也是做官的麼? …您補的這個缺是煩缺麼?

【C】老弟箇回同之家眷一淘去呢啥? …伴閣下一淘去个人亦是做官个呢啥? …閣下補拉个缺是煩缺否?

【D】老弟第回是連家眷全去否? …同伴去个是那裏一位? 也是做官个否? …儂補个第个缺是煩缺否?

【E】賢弟呢回係連家眷都一齊去嗎? …搭幫去嗰位都係做官嘅嗎? …你候補呢個缺係煩缺嗎?

【F】呢回係帶齊家眷去唔呢? …甲搭幫嘅客都係政界人嗎? …補呢箇缺係煩缺嗎?

(11)【A】您現在帶來的貨都賣完了麼? 還沒都買完了。(2-2)

【B】您現在帶來的貨都賣完了麼? 還沒都買完咯。

【C】自家帶來个皮貨,現在賣完味? 勿曾完全賣脫哩。

【D】儂現在帶來个貨色全賣完拉未? 還勿曾全賣完哩。

【E】你現時帶嚟嘅貨,賣啲未呢? 重唔曾賣啲呀。

【F】乙你呢回帶嚟的貨,沽清未呀? 甲未。

(12)【A】那麼是跑海的車麼? 也不是,是宅門兒的車。(3-6)

【B】那麼是跑海的車麼? 也不是,是公館裏的車

【C】是野雞車呢啥? 勿是,人家宅裡個車子。

【D】噉樣係散站嘅車咩? 都唔係,係長班嘅車。

【E】噉就佢到處都去得嗎? 甲又唔係,嗰様車係私家車呀。

(13)【A】老爺連那被窩一塊兒都曬麼? 哼。(3-10)

【B】老爺連那被窩一起的都晒麼? 哼。

【C】老爺被頭亦一淘担出來晒晒罷？哈。

【E】老爺連個張被都一氣晒哩[去聲]？悟。

【F】連床鋪各物都要曬過嗎？唔。

1.2.1.1.2　用否定的形式發問。比肯定的形式發問顯得委婉些。

(14)【A】小的不用跟老爺去麼？(3－6)

【B】小的不用跟老爺去麼？

【C】我阿要緊跟老爺去否？

【D】小的唔使跟老爺嚹嗎？

【E】先生要我同去嗎？

(15)【A】老爺,大夫不是叫忌生冷了麼？(3－7)

【B】老爺,醫生不是叫忌生冷了麼？

【C】老爺,郎中話拉忌生冷个物事耶？

【E】老爺,先生唔係吩咐話戒生冷咩？

【F】乙醫生唔係話過要戒生冷咩？

調查顯示官話問句"麼"字語氣詞,對應的滬語主要用唇音"否",粤語用唇音"嗎"(咩)。如:

| 语气词 | A | B | C | D | E | F | 出处 |
|---|---|---|---|---|---|---|---|
| | 麼 | 麼 | 是否 | 呢啥 | 嗎 | 嗎 | 1－1 |
| | 麼 | 麼 | 呢啥 | 否 | 嗎 | 咩 | 1－5 |
| | 嗎 | 嗎 | 麼 | 否 | 咩 | 咩 | 1－6 |
| | 麼 | 麼 | 否 | 末 | 嗎 | 嗎 | 1－7 |
| | 麼 | 麼 | 否 | 否 | 咩 | 嗎 | 1－17 |
| | 麼 | 麼 | 否 | 否 | 嗎 | 嗎 | 1－18 |
| | 麼 | 麼 | 麼 | 否 | 咩 | | 1－18 |
| | 麼 | 麼 | 否 | 否 | 嗎 | 嚹 | 1－18 |
| | 麼 | 麼 | 否 | 否 | 呀 | 嗎 | 1－29 |

**(續表)**

| 语气词 | A | B | C | D | E | F | 出处 |
|---|---|---|---|---|---|---|---|
| | 麽 | 麽 | 否 | 否 | 嗎 | 嗎 | 1-31 |
| | 嗎 | 嗎 | 否 | 呢啥 | 咩 | 咩 | 1-36 |
| | 麽 | | | | 嘞嗎 | 唔呢 | 2-1 |
| | 罷 | 罷 | 否 | 否 | 呀 | 嗎 | 2-1 |
| | 麽 | 麽 | 否 | 否 | 嗎 | 呢 | 2-1 |
| | 麽 | 麽 | 呢啥 | 否 | 嗎 | 呢 | 2-2 |
| | 麽 | 麽 | 否 | 否 | 嗎 | 嗎 | 2-2 |
| | 麽 | 麽 | 否 | 否 | 咩 | 呢 | 2-2 |
| | 麽 | 麽 | 否 | 否 | 嗎 | 嗎 | 2-3 |
| | 麽 | 麽 | 呢啥 | 否 | 嗎 | 唔呢 | 2-3 |
| | 麽 | 麽 | 呢啥 | 否 | 嗎 | 唔呢 | 2-3 |
| | 麽 | 麽 | 否 | 否 | 嗎 | 嗎 | 2-3 |
| | 麽 | 麽 | 否 | 否 | 嗎 | 嗎 | 2-4 |
| | 罷 | 罷 | 否 | 否 | 嗎 | 啩 | 2-4 |
| | 麽 | 麽 | 否 | 否 | 嗎 | 嗎 | 2-7 |
| | …… | …… | …… | …… | …… | …… | …… |

1.2.1.2　用語氣助詞"罷"的是非問句

官話AB版有12例問句用"罷"字語氣詞,對應的滬語主要用唇音"否",粵語版用方言詞"啩"。如:

| 语气词 | A | B | C | D | E | F | 出处 |
|---|---|---|---|---|---|---|---|
| | 罷 | 罷 | 否 | 否 | 呀 | 嗎 | 2-1 |
| | 罷 | 罷 | 否 | 否 | 啩 | 啩 | 2-3 |
| | 罷 | 罷 | 否 | 哉 | 啩 | 啩 | 2-3 |
| | 罷 | 罷 | 否 | 否 | 嗎 | 啩 | 2-4 |
| | 罷 | 罷 | 麽 | 否 | 啩 | 啩 | 2-4 |

（續表）

| 语气词 | A | B | C | D | E | F | 出处 |
|---|---|---|---|---|---|---|---|
| | 罷 | 罷 | 者 | 否 | 啩 | 啩 | 2－11 |
| | 罷 | 罷 | | 否 | 啩 | 嗎 | 2－12 |
| | 罷 | 罷 | 否 | | 啩 | 嗎 | 2－13 |
| | 罷 | 罷 | | 哉 | 啩 | 嗎 | 2－14 |
| | 罷 | 罷 | 否 | | 呀 | 嗎 | 3－16 |
| | 罷 | 罷 | | | 啩 | 啩 | 3－19 |
| | 罷 | 罷 | | | 啩 | | 4－11 |
| | 罷 | 罷 | | | 啩 | | 4－12 |

(16)【A】那麼,我還得有鋪保罷？鋪保自然是得有的,您找得出鋪保來麼？(2－1)

【B】那麼,我還要有保人罷？保人自然是必要的,您找得出保人來麼？

【C】還要有啥店家做保人个否？保人是總要个,自家尋得着否嘘？

【D】實葢末,我還要睃啥保租否？保租自然要个,儂尋得出保人來否？

【E】噉樣,我重使要鋪頭擔保唔使呀？保擔自然要喇,你搵得出鋪頭擔保嚹嗎？

【F】乙噉,好喇。怕要穩當擔保係嗎？甲自然要喇,你搵得倒唔呢？

(17)【A】那麼老弟這幾天總在家罷？是。(2－3)

【B】那麼老弟這幾天總在家罷？是。

【C】格味第个幾日裡老弟常莊拉屋裡否？哈。

【D】實葢老弟第兩日總拉屋裏个哉？是个。

【E】噉樣賢弟呢幾日喺唸多啩？係。

【F】甲噉,呢幾日你喺踨多啩？乙係。

(18)【A】現在的莊稼所都長起來了罷?是,都長起來了。(2-11)

【B】現在的莊稼所都長起來了罷?是,都長起來了。

【C】現在田裡物事長來那能者?長來長者。

【D】現在个稻全長去(起)來哉否?是个,全長起來哉。

【E】現在田裡頭都生得好好啩?係,都生得甚好咯。

【F】乙現在田裏頭的禾稼長得幾好啩?甲係,長得幾好。

(19)【A】您去了日子不少了罷?(2-12)

【B】您去的日子不少了罷?

【C】箇回日脚,倒去得勿少?

【D】儂去个日脚倒勿少哉?

【E】你去嘵好耐吓嘛啩?

【F】甲你去嘵好耐係嗎?

1.2.1.3 用语气助词"哪"的是非问句

表示說話者對某一事實有些懷疑,甚至有些出乎意料,因而要對方證實。AB版用句末語氣詞"哪",對應的語氣詞,滬語、粵語多用"呢",偶尔也用唇音字:《土話指南》代表字用"味",《滬語指南》用"否"。《粵音指南》用"咩",《改訂粵音指南》用"嗎"。如下图:

| 语气词 | A | B | C | D | E | F | 出处 |
|---|---|---|---|---|---|---|---|
| | 哪 | 哪 | 味 | 否 | 咩 | 嗎 | 2-3 |
| | 哪 | 哪 | 呢 | 呢 | 呢 | 呢 | 2-7 |
| | 哪 | 哪 | 呢 | 呢 | 吖 | | 2-8 |
| | 哪 | 哪 | 呢 | 呢 | 吖 | | 2-12 |
| | 哪 | 哪 | | | 呢 | 呢 | 2-14 |
| | 哪 | 哪 | 呢 | | 呢 | 呢 | 3-1 |
| | 哪 | 哪 | | | 呢 | | 4-12 |
| | 了 | 哪 | | | 呀 | | 4-15 |
| | 了 | 哪 | | | 呢 | | 4-15 |

如:(20)【A】老弟還沒定規日子起身哪?(2-3)

【B】老弟還沒定規日子動身哪?

【C】老弟動身个日子定當拉味?

【D】老弟還勿曾定規動身个日脚否?

【E】賢弟中冇定幾時日子起程咩?

【F】甲你未定起程嘅時候,係嗎?

(21)【A】你們有甚麽小物件沒有?您問的是甚麽小物件哪?(2-7)

【B】你們有甚麽小物件沒有?您問的是甚麽小物件哪?

【C】別樣小點个物事有否?啥等樣个小物事呢?

【D】倻小件頭有勿有?儂問个是啥个小件頭呢?

【E】你哋有乜細件野冇呢?你問個係乜嘢細物件呢?

【F】甲有乜細件冇呢?乙先生問乜野細件呢?

1.2.2 不用語氣詞的是非問

這些句子裡,粵語偏重再加粵語特徵的語氣詞。略舉幾例。如:

(22)【A】啊,先生歇過乏來了?(2-38)

【B】啊,先生歇過乏來了?

【C】阿,先生辛苦者,歇歇罷。

【D】呠,先生弛瘏哉。

【E】阿,先生抖過瘄氣嚩嗎?

【F】甲哦,先生抖過吓嗎?

(23)【A】那麽今年您打的糧食比去年多?(2-12)

【B】那麽今年您打的糧食比去年多?

【C】今年打拉个米阿是比舊年多點?

【D】實蓋今年儂打个糧食比舊年多?

【E】噉今年你收嘅穀較之舊年多啩?

【F】噉多過舊年嚐?

1.2.3 對應於官話是非問句,滬語、粵語個性特徵句式表現

《土話指南》中的是非問句主要有三種表達方式:第一類

是VP+疑問語氣詞,典型的如"VP否?""VP麼/沒(味)?""VP呢啥?"第二類是"阿VP"式,如:"阿要寫啥紙張個?"(是還得寫個字據麼?);第三類則"S,是否?"的反意確認問句,如:"府上住拉城裡是否?"(府上在城裡住麼?)上海话中的几種是非問句表達形式並不是相互完全獨立的,而是相互滲透的,常有幾種形式疊加使用的情況。

1.2.3.1 阿VP?

"阿VP"式以"阿是…?"是非問為主體,以《土話指南》為多,有28例,D版僅5例,反映了舊派滬語的特點。

用"阿VP"形式的一般問句,應該是受蘇州及鄰近地區吴語的影響,在老派上海話裡比較常見,而新派上海話中已經較為少見了。

| 阿是/要/VP? | C版《土話指南》 | D版《滬語指南》 |
|---|---|---|
| 阿是……? | 21例 | 5例 |
| 阿要……? | 4例 | 0 |
| 阿VP……?(含疑問代詞) | 3例(2例) | 0 |

(24)【A】是補過實缺的麼?(2-3)

【B】是補過實缺的麼?

【C】阿曾補過歇實缺个?

【D】是補過實缺个否?

【E】係補過實缺嘅咩?

【F】甲佢補過實缺唎咩?

(25)【A】是還得寫個字據麼?……這張字據是徒弟剛一上鋪子就寫麼?(2-14)

【B】是還要寫個字據麼?……,這張字據是徒弟剛一上鋪子就寫麼?

【C】阿要寫啥紙張个?……箇張紙,阿是徒弟上之店就寫个呢啥？

【D】是還要寫一个闢約否？……第張闢約，是徒弟纔到店就寫否？

【E】嗷重要立合同嗎？……呢張合同，係徒弟初到鋪頭個時就立嘅嗎？

【F】甲行中要立[或簽]合同嗎？……甲呢張合同，係徒弟初到舖學師箇時立嘅咩。

(26)【A】可是您知道一月是多少房錢麼？(2-1)

【B】就是您曉得一月是多少租錢？

【C】格味閣下曉得一个月幾化房錢？

【D】儂阿曉得一个月要幾化房租？

【E】但係一個月幾多租錢，你知道嚹嗎？

【F】你知每月幾多銀租唔呢？

1.2.3.2 沪语“S,是否？”的反意確認問句。

“是否”，用句末助词“啊”的一般问句，表示说话的人对事情不甚相信，或者有点吃惊，因而要求对方证实。這個句式仅出現在《土話指南》一個版本中，共15例，都是對應於《官話指南》的是非問“麼”字句的。《滬語指南》未見一例。這也是舊派滬語的特點。如：

(27)【A】府上在城裏住麼？是，在城裏住。(1-1)

【B】府上在城裏住麼？是，在城裏住。

【C】府上住拉城裏是否？是，住拉城裏个。

【D】貴/寶寓是拉城裏呢啥？是个，垃拉城裏。

【E】府上喺城裏住嗎？係，喺城裏住。

【F】甲府上喺城裏嗎？乙係，舍下喺城裏。

(28)【A】您是何二爺麼？(1-18)

【B】您是何二爺麼？

【C】閣下就是何二老爺是否？

【D】儂阿是何二爺否？

【E】你係何老爺嗎?

【F】閣下係何二爺嘛?

(29)【A】你西山裡不是有一處果木園子麼?(2-13)

【B】你西山裏不是有一處果木園子麼?

【C】西山裡自家阿是有个菓子樹園是否?

【D】儂西山裏豈勿有一處菓子園否?

【E】西山嗰笪,你唔係有間果園?

【F】甲西山箇處,你有所果木園係嗎?

1.2.3.3 粵語"V…唔呢/冇呀/未呢/未呀"?

是非問與反復問之間有糾葛,學界曾有論述,我們從《官話指南》"VP麼"是非問的粵語對應句中也得到了啟發和線索,兹仅就卷一、卷二進行初步調查,發現反復問與是非問的聯繫。ABCD為是非問的,粵語EF也會有"V唔"是非問句,也有用為正反問的。

| 是非一选择 | 麼 | 麼 | 否 | 否 | 有冇呢 | 有冇呀 | 1-16 |
|---|---|---|---|---|---|---|---|
| 是非一选择 | 麼 | 麼 | 否 | 否 | 有…冇呢 | 有唔呢 | 2-1 |
| 是非一选择 | 麼 | 麼 | 否 | 否 | 有…冇呀 | 有…冇呀 | 2-1 |
| 是非一选择 | 麼 | 麼 | 否咾 | 否 | 嗎 | 唔呢 | 2-1 |
| 是非一选择 | 麼 | 麼 | 味 | 末 | 未呢 | 未呀 | 2-2 |
| 是非一选择 | 麼 | 麼 | 否 | 否 | 咩 | 有…冇呢 | 2-2 |
| 是非一选择 | 麼 | 麼 | 否 | 否 | 咩 | 唔呢 | 2-2 |
| 是非一选择 | 有麼 | 有麼 | 有个否 | 有个否 | (有冇)呢 | (有冇)呢 | 2-25 |

如:(30)【A】我剛纔隔着槅扇,和他說話,你聽見了麼?(1-16)

【B】我方纔隔着槅子,和他說話,你聽見了麼?

【C】我刻刻隔之一層屏風咾,搭伊白話,自家聽見否?

【D】我纔纔隔窗,對伊白話,儂聽見否?

【E】我就先隔住圍屏,同佢你說話,你有聽見冇呢?

【F】甲我先頭喺隔住屏風後便,同佢講話,你有聽倒冇呀?

(31)【A】您這西院裏那處房要出租,是眞的麼?(2-1)

【B】您這西院裏那處房子要出租,是眞的麼?

【C】天井西面箇座房子要出租,有介事否?

【D】儂第个西院裏伊處房子要出租,是真个否?

【E】你呢處西院裡頭個所屋想出賃,係唔係呢?

【F】你西院有屋招租[或租賃],未知係唔呢?

1.3 正反問句

正反問又叫反復問,是由謂語中的肯定形式和否定形式並列的格式構成。“這類問句把一句話從兩方面去問。”正反問句的最大特點是這種疑問句主要是由動詞或形容詞的肯定形式和否定形式並列起來構成,基本形式為“V/A不V/A”,或者用“有沒有”“是不是”的形式發問。由回答的人選擇其中一個作為答話,提問的人對答案事先沒有什麼傾向性。從滬語、粵語對譯看,它們之間的主要差別在於否定詞的差異:“V/A不V/A”——“V/A勿V/A”——“V/A唔V/A”。其次,C版在V勿V中加语气助词,F版喜欢在句末加语气词“呢”,以凸显句中“唔”的否定副词特性。其次,官话與方言存在正反問句与是非問之間的糾葛。如“V不V”滬語有用“V否(嗎)”,而且改“VO不V”為“OV否(嗎)”受事主語是非問。粵語尤其是F版偏重用“V唔呢”的形式。

1.3.1 V(O)不V式

1.3.1.1 V(O)不V式一般動詞在AB版中有16例。動詞以不帶賓語多,帶賓語者僅7例。帶賓語者,往往是在第一個動詞後。這是清代選擇問的主要形式,不是後一個賓語常常省略。如:

(32)【A】就麼你這盪回來,還打算出外去不出外去呢?(02-24)

【B】就麼你這回回來,還打算出外去不出外去呢?

【C】什介自家箇回轉來之味,還想出去呢,勿出去個者?

【D】就是儂第回轉來,還打算出門去呢,勿出門去?

【E】噉呢回你翻嚟,重想外出唔呢?

【F】甲噉呢次番嚟,重再去唔呢?

| 出外去不出外去呢 | 出外去不出外去呢 | 出去呢,勿出去個者 | 出門去呢,勿出門去 | 外出唔呢 | 去唔呢 |
|---|---|---|---|---|---|
| 願意就不願意就 | 願意就不願意就 | 肯去呢勿肯去 | 情願呢勿情願 | 願做唔呎 | 願就唔呢 |
| 願意不願意 | 願意不願意 | 肯呢勿肯 | 情願呢勿情願 | 情願唔情願呢 | 肯唔呢 |
| 願意去不願意去 | 願意去不願意去 | 肯去否 | | 情願唔情願呢 | 歡喜去唔呢 |
| 可氣不可氣 | 可氣不可氣 | 氣呢勿氣 | 氣呢勿動氣 | 可嬲唔可嬲呢 | 激氣唔呢 |
| 可笑不可笑 | 可笑不可笑 | 可笑呢勿可笑 | 好笑呢勿好笑 | 好笑唔好笑呢 | 係好笑唔呢 |
| 可以不可以 | 可以不可以 | 可以勿可以 | | 可以嘛啡? | 肯擔保佢嗎 |
| 認識不認識 | 認識不認識 | | | 認識唔呢 | |
| 記得不記得了 | 記得不記得了 | 還記得否 | 記得勿記得 | 記得唔呢 | 記得唔呢 |

此外,上海話的一般疑問句有大量受事前置的結構。甚至在數量上超過了一般的"SVO"結構。官話中採用正反問形式,如"不知道要保人不要"等,上海話中可以用受事话題的是非問句表示。如:

(33)【A】老爺喝粥不喝呢?(VO不V)(3-7)

【B】老爺喝粥不喝呢?(VO不V)

【C】老爺粥要吃否?(OV否)——受事话题句

【E】老爺你吃粥唔吃呢?(VO不V)

【F】先生而家食的粥嗎?(VO吗)?——是非问

(34)【A】打算聽戲不聽呢?(3-11)

【B】打算聽戲不聽戲呢?

【C】戲打算要看否?(OV否)——受事话题句

【E】打算睇戲唔呢?

【F】乙先生去戲園唔呢?

(35)【A】老爺要烟荷包不要？要。(3－5)

【B】老爺要烟荷包不要？要。

【C】老爺烟荷包要否？要個。(OV否)——受事话题句

【D】老爺要煙包唔要？要呀。

【E】甲先生，要呂宋煙盒唔呢？乙係呀。

| | | | | | |
|---|---|---|---|---|---|
| 要嘎啡不要了 | 要嘎啡不要了 | 加非還要否 | | 要嚛啡唔要呀 | 要咖啡茶嗎 |
| 要保人不要 | 要保人不要 | 要用啥保人否？ | | 要搵個人担保吓佢唔呢？ | 要有擔保唔呢 |
| 招點兒醋不招了 | 招點兒醋不招了 | 醋要安否 | | 重放的醋唔呢 | 重使加的醋嗎 |
| 要烟荷包不要 | 要烟荷包不要 | 烟荷包要否 | | 要煙包唔要 | 要呂宋煙盒唔呢 |
| 喝粥不喝呢 | 喝粥不喝呢 | 粥要吃否 | | 吃粥唔吃呢 | 而家食的粥嗎 |
| 打算聽戲不聽呢 | 打算聽戲不聽呢 | 戲打算要看否？ | | 打算睇戲唔呢 | 去戲園唔呢 |

1.3.1.2 “有(O)沒有”式

“有(O)沒有”式，AB版中有9例。

(36)【A】您看，這對瓶好不好？這對瓶太大，有比這對小一點兒的沒有了？(1－41)

【B】您看，這對瓶好不好？這對瓶太大，有比這對小一點兒沒有呢？

【C】看起來，箇對瓶好勿好？箇對瓶太大點，比伊小點个還有否？

【D】儂看，第對瓶好勿好？第對瓶忒大，要比第對瓶小點个有勿有？

【E】尊駕睇吓，呢對瓶好唔好吖？呢對瓶太大，有比呢對細啲嘅有呢？

【F】乙先生,你話呢對瓶好唔呢?甲呢對瓶太大,有細的嘅冇呢?
(37)【A】這麼着,官就問那個人,有甚麼憑據沒有?(2-16)
【B】這麼的,官就問那個人,有甚麼憑據沒有?
【C】官府乃味就問箇个人話,憑據有否?
【D】實蓋末,官就問伊个人,憑據有呢勿有?
【E】噉,官問就嗰個人,有乜憑據冇?
【F】箇官就問嗰箇人,有字據冇?
(38)【A】可不知道有人應妥了沒有?(2-10)
【B】却不曉得有人應妥了沒有?
【C】勿曉得講定拉味?
【D】倒勿曉得有人定當呢勿定當?
【E】唔知有人接成唔曾就喺咯?
【F】唔知有人定曉唔呢?
(39)【A】你們有甚麼小物件沒有?(2-7)
【B】你們有甚麼小物件沒有?
【C】別樣小點个物事有否?
【D】你哋有乜細件野冇呢?
【E】甲有乜細件冇呢?
(40)【A】你走了有替工沒有呢?(3-13)
【B】你走了有替工沒有呢?
【C】儂去之,替工有否?
【E】你走咽有人替身冇呢?
【F】甲你去有箇替身冇呢?
(41)【A】杏兒和李子,還有沒有了?(3-19)
【B】杏子和李子,還有沒有呢?
【C】杏子咾李子,還有否?
【E】杏共李,而家重有冇呀?
【F】甲重有的杏子共李冇呢?
1.3.1.3 “是(O)不是”疑问句,AB版4例。

(42)【A】老爺看一看,坎肩兒、汗褟兒,是要這兩件不是?(3-5)

【B】老爺看一看,坎肩兒、汗褶兒,是要這兩件不是?

【C】老爺,小布襖咾布衫要否?

【E】老爺睇吓,背心、汗褟,係愛呢兩件唔係?

【F】甲請先生睇吓,係要呢件背心共嗰件汗衫唔呢?

(43)【A】偺們倆拿着這張銀票到銀號裏取銀子去,看看是假的不是?(2-33)

【B】我們兩個拿着這張銀票到銀號裏發銀子去,看看是假的不是?

【C】担之箇張銀票咾,伲一淘到莊上領銀子去,看伊假呢勿假?

【D】我伲兩家頭拿第張銀票到銀號裏收銀子去,看是假个呢勿是假个?

【E】我地兩家擰呢張單去攞銀,睇吓係假嘅唔係噎?

【F】同埋去銀號找換,睇過係假嘅唔喇?

| 是十兩不是 | 是十兩不是 | 十兩是拉个否 | 是十兩呢勿是十兩 | 係十兩唔係 | 是否十兩 |
|---|---|---|---|---|---|
| 是要這兩件不是 | 是要這兩件不是 | 小布襖咾布衫要否 | | 係愛呢兩件唔係 | 係要呢件背心共嗰件汗衫唔呢 |
| 是假的不是 | 是假的不是 | 假呢勿假 | 假个呢勿是假个 | 係假嘅唔係噎 | 係假嘅唔喇 |
| 是假的不是 | 是假的不是 | 是假个呢真个 | 是假呢真 | 係銅銀唔係口鴑 | 係真啲假 |

1.3.1.4 A(O)不A式

如果提問的人對某一事實或情況已有比較肯定的估計,為了要求對方同意,就可以用這種疑問句提問。"好不好""行不行""對不對""多不多""熱不熱""彀不彀""險不險""乾淨不乾淨",一般只能放在句尾。AB版四卷有26例。

(44)【A】既是這麼的,偺們倆一同去,好不好?(1-14)

【B】既是這麼的,我們兩個一同去,好不好?

【C】既然閣下無淘咾勿高興,格味伲兩家頭一淘去,好否?

【D】既係噉樣,我哋兩家一齊去,好唔好呢?

【E】我哋兩家同行,好唔好呢?

(45)【A】你想這麽辦好不好?(2-29)

【B】你想這麽辦好不好?

【C】儂想什介辦法好勿好?

【D】儂想實蓋好勿好?

【E】你就估噉嘅做法好唔好呢?

【F】你話噉好唔呢?

(46)【A】你雇的這個車乾淨不乾淨?車箱兒大小?騾子好不好?(3-6)

【B】你雇的這個車乾淨不乾淨?車箱兒是大是小,騾子好不好?

【C】儂叫拉個車子乾淨否?車廂大否?騾子好勿好?

【D】你叫呢駕車,乾淨唔乾淨?車廂大嗅細?隻騾好唔好?

【E】你僱箇駕車乾淨嗎?裏頭大嘁細呢?箇隻騾係好嘅嗎?

| 好不好 | 好不好 | 好否 | 好否 | 好唔好呢 | 好唔好呢 | 1-14 |
|---|---|---|---|---|---|---|
| 好不好 | 好不好 | 好勿好 | 好勿好 | 好唔好呢 | 好唔好呢 | 1-30 |
| 好不好 | 好不好 | 好勿好 | 好勿好 | 著唔著呢 | 好唔好呢 | 2-38 |
| 好不好 | 好不好 | 好勿好 | | 好唔好呀 | 好唔好呢 | 3-7 |
| 好不好 | 好不好 | 好否 | | 好唔好呢 | 好唔好呢 | 3-10 |
| 好不好 | 好不好 | 好勿好 | | 好唔好呢 | 好唔好呢 | 3-17 |
| 好不好 | 好不好 | 好勿好 | | 好唔好呢 | 好唔好呢 | 3-20 |
| 好不好 | 好不好 | 好不好 | 好勿好 | 好唔好吖 | 好唔呢 | 2-7 |
| 好不好 | 好不好 | 好勿好 | 好勿好 | 好唔好 | 好唔呢 | 2-9 |
| 好不好 | 好不好 | 好勿好 | 好勿好 | 好唔好呢 | 好唔呢 | 2-29 |
| 好不好 | 好不好 | 好勿好 | 好勿好 | 好唔好 | 好唔呢 | 2-40 |
| 好不好 | 好不好 | 好勿好 | | 好唔好 | 好嘅嗎 | 3-6 |
| 好不好 | 好不好 | | | 好不好 | | 4-10 |

| 對不對 | 錯不錯 | 對否 | | 啱唔啱 | 啱唔呢 | 3-12 |
|---|---|---|---|---|---|---|
| 對不對 | 對不對 | 對勿對 | | 對唔對 | 妥當唔喇 | 3-14 |
| 對不對 | 對不對 | 對勿對 | 對呢勿對 | 對唔對 | 啱唔喇 | 2-34 |

(47)【A】您點了對不對？不錯,都對了。(3-12)

【B】你點了錯不錯？不錯,都對了。

【C】老爺點來對否？勿錯,儕對个。

【D】你數過啱唔啱？冇錯,啱咯。

【E】乙你計得係啱唔呢？甲係,冇錯。

| 行不行 | 行不行 | 要勿要 | 好勿好 | 得唔呢 | 做得唔呢 | 2-34 |
|---|---|---|---|---|---|---|
| 行不行 | 行不行 | 要否 | | 做得唔<br>做得呢 | 做得唔呢 | 3-11 |
| 熱不熱 | 滾不滾 | 熱勿熱 | | 熱唔熱 | 水太熱嗎 | 3-16 |
| 險不險 | 險不險 | 險呢勿險 | 險呢勿險 | 險唔險呢 | 險唔險呢 | 2-29 |
| 彀不彀 | 彀不彀 | 彀是末 | | 够唔呢 | 夠唔夠呢 | 3-3 |
| 多不多 | 多不多 | 多呢勿多 | 多勿多 | 多唔呢 | 好多貨啩 | 2-20 |
| 雇的這個車乾淨不乾淨 | 雇的這個車乾淨不乾淨 | 叫拉个車子乾淨否 | | 叫呢駕車乾淨唔乾淨 | 僱箇駕車乾淨嗎 | 3-6 |
| 忙不忙 | 忙不忙 | | | 忙唔忙呢 | | 4-5 |
| 忙不忙 | 忙不忙 | | | 忙唔忙呢 | | 4-7 |
| 忙不忙 | 忙不忙 | | | 忙唔忙呀 | | 4-11 |

(48)【A】給你磨別處的行不行？(2-34)

【B】和你磨別處的行不行？

【C】別人家店裡个要勿要？

【D】搭儂掉別塲化个好勿好？

【E】同你換別處嘅得唔呢？

【F】同你換別間嘅做得唔呢？

(49)【A】若是沒有的時候,定桌子行不行？(3-11)

【B】若是沒有的時候,定棹子行不行?

【C】比方無得之味,別个座位要否?

【E】如果冇呢,就定張檯做得唔做得呢?

【F】若然係冇,就平常嘅座位做得唔呢?

滬語對應選擇的項為形容詞時,《土話指南》多用"A 勿 A"。選擇項為動詞時,多為"A 呢 勿 A";選擇項為單音節詞時多用"A 勿 A",雙音節或多音節時多用"A 呢 勿 A"。

1.3.2 VP 沒有?

在"VP+否定"類型的問句中,漢語經歷了"VP(O)不/未"(上古偶見,魏晉後常用)、"VP(O)不曾/未曾"(始自宋代)到"VP(O)沒?"(元明才產生)到"VP(O)沒有?"(明代已見,清代常用)的過程。"沒"否定已然事件的用例是在元明。大約在元明才產生了"VP 沒"問句,其中"V"只能是動詞"有"。明末清初"VP 沒"問句开始多見,("VP 沒"14 例,動詞 VP 為"有"的僅 1 例)《醒世姻緣傳》中"VP 不曾"69 例,岳立靜(2006)指出在現代山東方言中山東中西部地區主要使用"VP 沒"問句,"VP 沒有"相對而言使用頻率低一點。明清時"沒有"漸漸代替了副詞"不曾",即"VP+沒有?"多用,到了清代"VP+沒有"成了"VP+否定詞"的主要形式。

根據六種文本同義句式的異文表達看:粵語 EF 版、滬語 CD 版用法較存古,粵語更甚,官話 AB 版則用的則是新的清代常見句式。具體為:官话 AB 版"VP(O)沒有"句有 12 例,其中對應的 C 版"VP 否"6 例,屬于是非問句,"VP 味"1 例,"VP 沒"2 例,"V 勿 V"1 例,特指問 1 例;D 版仅對應的 8 例中"V 勿 V"6 例(正反問),特指問 2 例。E 版"有 O 冇"(V 不 V)5 例;V 唔/不曾 6 例,特指;F 版"V 唔/不曾/沒",8 例,是非問 2 例,V 不 V,1 例。具體如下:

| 留下銀子沒有 | 留下銀子沒有 | 留下來銀子有否 | 存拉个銀子有勿有 | 有留落銀冇呢 | 有無遺下的銀 | 2-16 |
|---|---|---|---|---|---|---|
| 忌了烟了沒有 | 忌了烟了沒有 | 烟戒脫拉沒 | 煙戒勿戒 | 戒嘵煙冇 | 有戒煙冇 | 2-25 |

（續表）

| | | | | | | |
|---|---|---|---|---|---|---|
| 猜着了幾個沒有 | 猜着了幾個沒有 | 猜着之幾个 | 猜着之幾个 | 估中幾個呀 | 你有冇猜着嗎 | 2－40 |
| 有火沒有了 | 有火沒有了 | 火還着否 | | 有火冇 | 有冇火 | 2－19 |
| 在屋裏沒有 | 在屋裏沒有 | 拉屋裏否 | | 喺唫唔喺 | 喺屋跄唔喇 | 3－5 |
| 買了沒有 | 買了沒有 | 買着否 | 買呢勿曾買 | 買倒冇呀 | 買倒唔呢 | 2－14 |
| 配得了沒有 | 配好了沒有 | 配好沒 | 配好呢勿曾配好 | 配好未呢 | 做妥唔曾呢 | 2－18 |
| 喝了沒有 | 喝了沒有 | 吃呢勿曾吃 | 吃呢勿吃 | 飲曉未吖 | 飲過唔喇 | 2－39 |
| 去過沒有 | 去過沒有 | 去過歇否 | | 去過個笪唔曾呀 | 去過嗰處未呢 | 3－8 |
| 得了沒有 | 有了沒有 | 好沒 | | 做起唔曾 | 豫備唔曾吖 | 3－19 |
| 出了房了沒有 | 出了房了沒有 | | | | 有出房冇 | 4－12 |
| 喝了酒麼 | 喝了酒麼 | 酒吃个沒 | 吃酒否 | 飲曉未吖 | 飲過未呀 | 2－39 |

(50)【A】是了，還有配套的那套書，您給配得了沒有？(2－18)

【B】是了，還有配套的那部書，您已配好了沒有？

【C】是者，還有配套子箇部書，配好沒？

【D】是哉，還有配壳套个伊部書，儂配好呢勿曾配好？

【E】係咯，重有配套嗰部書，你同佢配好未呢？

【F】乙好喇，嗰嗰套書要配夾，做妥唔曾呢？

按："VP(O)不曾/未曾"，始自宋代，"沒"否定已然的事件，用於"V(O)沒"的用例是在元明。"VP(O)沒有？"明代已見，清代常用。從這個時間序列看，粵語用法是早期的，E版更早（上古中古），F版稍晚（宋代），滬語C版是元明的，官話是明代以後的。

(51)【A】你這回來，應着甚麼活了沒有？還沒應着活了。(2－10)

【B】你這回來,做倒甚麼工了沒有? 還沒做倒事呢。

【C】箇回轉來,有生活拉做否? 無啥生活。

【D】儂第回來,做之啥个生活? 還勿曾做啥。

【E】你呢回翻嚟,有接到啲乜嘢工夫做冇呢? 都唔曾接到工夫做。

【F】甲你呢賬番嚟,有接倒工程嗎? 乙未呀。

按: VP 沒有(官話)—VP 否/ VP 啥(滬語)—有 O 冇/有 VP 嗎(粵語),其中滬語、粵語偏是非問。

(52)【A】你從前上那兒去過沒有? (3-8)

【B】你從前到那裏去過沒有?

【C】儂前頭箇搭去過歇否?

【E】你從前去過個笪唔曾呀?

【F】甲舊時去過嗰處未呢?

按: VP 没有(官話)—VP 否(滬語)—VP 唔曾/ VP 未(粵語),其中滬語用是非問,粵語偏用宋代以前和宋代的新句法。

(53)【A】我定做的那件衣服得了沒有? (3-19)

【B】我定做的那件衣服有了沒有?

【C】定做拉个一件衣裳好沒?

【E】我交過佢做嗰件衣服做起唔曾?

【F】我定嘵嗰件野豫備唔曾吖?

按: VP 没有(官話)有——VP 没(滬語)——VP 唔曾呀/ VP 吖(粵語),滬語用元明的新"VP 没",粵語用宋代的"VP 唔曾",也用是非問。

1.3.3　小結:

(1) V 不 V 正反問,在官話中使用比例高,滬語 C 版較偏是非問,D 版是多用"V 勿 V"。粵語多 E 版用"V 不 V(有冇)"/;F 版"VP+否定詞"。

(2) 官話的"VP 沒有"问句,對應的滬語 C 版偏用"是非問";D 版是多用"V 勿 V"問句。粵語 E 版多用"V 不 V(有…冇)"/"VP 唔曾"/"VP 未";F 版多用"VP+否定詞"句。滬語 C 偏舊派風格,粵語 F 偏舊派風格。而粵語偏傳統的"VP 不"或早期的句式"VP 不曾",滬語偏傳統的是非問或元明"VP 沒"句式,官話是明清以來的"VP 沒有"新句式。

1.4　選擇問句

就選擇問句的歷史發展看,清代漢語選擇問句發展處於完善定型的重要時期,用连词,用语气助词。《官話指南》中的選擇問句記號基本為:"……(是)……還是……""是…是…"或"……(是)……是……"用语气助词多用"呢"。在六個版本中最大的差異是粵語選擇問標記詞用具有粵語特徵的"啵","嗅",偶爾用古漢語中的"或""抑或"。《土話指南》中所見上海話的選擇問形式比較簡單和統一,主要是"A…呢,B…"或者"A…呢,還是 B?",少數為"A 還是 B"或"還是 A 呢還是 B"。與官話基本一致。

可見選擇問句的特點:共同點在於都用選擇問標記詞,基本都用句末語氣詞;滬語比較接近官話用詞。而粵語則以地域方言標記詞為主,甚至存古,用文言文系統的"或""抑或"。

例如:(54)【A】那麼聽三慶啊?是聽四喜呢?聽四喜罷。(3-11)

【B】那麼聽三慶啊?是聽四喜呢?聽四喜罷。

【C】還是看三慶呢?看四喜?看四喜罷。

【E】噉樣睇三慶吖?嗅睇四喜呢?睇四喜罷喇。

【F】乙先生聽三慶?啵四喜呢?甲聽四喜罷喇。

(55)【A】老爺是要沏什麼茶?是嘎啡,是紅茶?(3-2)

【B】老爺是要泡甚麼茶,是嘎啡,是紅茶?

【C】老爺,要泡啥个茶?加非呢,還是紅茶?

【E】老爺,係要冲乜野茶?係嚟啡,嗅紅茶呢?

【F】乙先生要乜野茶呀?咖啡啵紅茶呢?

(56)【A】這個地方買牛奶,是論斤哪,還是論瓶呢?(3-3)

【B】這個地方買牛奶,是論斤哪,還是論瓶呢?

【C】箇个地方買牛奶,講斤數个呢,論瓶頭个?

【E】呢處地方買牛奶,係論斤[illegible]md,嗅係論罇嘅呢?

【F】喺呢處買牛奶,係斷斤買,啵斷樽買呢?

(57)【A】是,要甚麽衣裳?要西國的衣裳。您是穿氈子的好,是穿布的好?(3-5)

【B】是,要甚麽衣服?要西國的衣裳。您是穿氈子的好,是穿布的好?

【C】要啥衣裳?要洋衣裳。著呢个好還是布个好?

【E】係,要乜野嘅呢?要西國衣服。你係着絨嚒,嗅布嘅呢?

【F】甲先生要乜野衣服呢?乙要西裝嘅。甲要箇脫絨布,啵夏布嘅呢?

(58)【A】你雇的這個車乾淨不乾淨?車箱兒大小?騾子好不好?(3-6)

【B】你雇的這個車乾淨不乾淨?車箱兒是大是小?騾子好不好?

【C】儂叫拉个車子乾淨否?車廂大否?騾子好勿好?

【E】你叫呢駕車乾淨唔乾淨?車箱大嗅細?隻騾好唔好?

【F】你傭箇駕車乾淨嗎?裏頭大啵細呢?箇隻騾係好嘅嗎?

(59)【A】這是和人搭幫走啊?還是自己單走呢?(2-3)

【B】是和人搭幫走啊?還是自己單走呢?

【C】同別人搭伴之咾去呢?還是一干子去?

【D】是搭人同伴去呢?還是自家獨干子去?

【E】係搭幫去吖?嗅單係自己去?

【F】甲係自己去?啵搭幫去呢?

(60)【A】可是您知道,是竟收拾鐘啊?是還收拾表呢?(2-14)

【B】都是您曉得,是竟收拾鐘啊?是還收拾表呢?

【C】儂曉得否,不過要修只鐘呢?還是表亦要修个?

【D】阿是儂曉得,是收築鐘呢?還是收築表啊?

【E】噉咩尊駕知到,淨係整鐘吖?嗅修表添呢?

【F】尊駕知到淨係修鐘?或重有的錶修整唔呢?

(61)【A】您行醫是瞧門脈呀?還是出馬呢?(2-2)

【B】您行醫是在家裏看?還是出外呢?

【C】行醫味還是人家上門个呢?還是自家出去个?

【D】儂行醫是拉屋裡看呢?還是出門看?

【E】你行醫係人哋嚟館睇吖?抑或你去上門睇呢?

【F】甲你行醫係人到診?或上門去診呢?

(62)【A】您交卸之後,是就上新任去呀?是還得先進省裡去呢?(2-5)

【B】您交卸之後,是就上新任去呀?還是要先進省裡去呢?

【C】交卸之後來,就上新任呢?還是先要到省裏去?

【D】儂交卸之後,就上新任去呢?還是要先到省裏去?

【E】你交卸之後,係一直到新任去吖?抑或重要上省呢?

【F】甲你交卸後,直程到新任,或先要去省城呢?

(63)【A】這個地畝,現在是他自己種着哪?還是有佃戶種着呢?(2-10)

【B】這個地畝,現在是他自己種着哪?還是有佃戶種着呢?

【C】箇塊田,現在伊自家種拉呢?還是佃戶種拉?

【D】第个田地,現在是伊自家種拉个呢?還是租戶種拉?

【E】呢啲田園,現在係佢自己耕翻吖?抑或批過佃戶耕嘅呢?

【F】乙嗰的地,佢現時自己耕?抑或租過人耕呢?

(64)【A】像您每年打的這個糧食,都是留著自己吃啊?還是賣呢?(2-12)

【B】像您每年打的這個糧食,都是留著自己吃啊?還是賣呢?

【C】格味年常打出來个米,留拉自家吃呢?還是糶脱个?

【D】像儂每年打个第个糧食,全是留拉自家吃呢?還是賣个?

【E】係噉嘅,比如你年中收到呢啲穀,係留翻自己吃吖?嗅係賣呢?

【F】你每年收倒的穀,係自己食? 抑或賣呢?

(65)【A】這個看園子的,是偺們給他找啊? 還是他各人找呢?(2-13)

【B】這個看園子的,是我們替他找啊? 還是他各人找呢?

【C】箇个看園个人,伲要替伊去尋个呢? 阿是伊各人自家去尋个?

【D】第个看園个,是我伲替伊尋个呢? 還是伊託人去尋?

【E】呢個看園嘅,係我哋同佢搵吖? 噢佢自己搵呢?

【F】甲呢箇看園嘅人,係我哋同佢搵? 抑或佢自己搵呢?

(66)【A】每年你那園子是自己收果子賣呀? 還是把樹包給別人呢?(2-13)

【B】每年你那園子是自己收果子賣呀? 還是把樹包與別人呢?

【C】年常園裡收拉个菓子自家賣个呢? 阿是担樹包拉別人个?

【D】每年儂个園裏个菓子是自家收來賣个呢? 還是拿樹包撥別人个?

【E】每年你個間園係自己收果子賣吖? 噢拌啲樹過人呢?

【F】甲每年係你自己收果子賣? 噉拌的樹過別人呢?

1.5　反問句

反問句的作用,是對於一個明顯的道理或事實,用反問的語氣來加以肯定或否定,以達到加強語氣的目的。如:

(67)【A】他既是宦囊羞澁,何必還在省裏住着呢?(A02-22)

【B】他既是宦囊羞澀,何必還在省裏住着呢?

【C】既然俸罰脫拉者,還去等拉省裏做啥呢?

【D】伊既然宦囊全無,何必還住拉省裏呢?

【E】佢既係宦囊羞澀,何必重喺省城住呢?

【F】甲佢宦囊既然咁羞澀,何必重住省垣呢?

(68)【A】我說到底是誰的夥計不留心哪?(02-33)

【B】我說到底是那個的夥計不留心哪?

【C】我话到底是啥人家夥計勿留心?

【D】我話到底是啥人个夥計勿留心?

【E】我話到底係邊個嘅夥計唔留心呢？

【F】邊箇嘅夥計唔小心呢？

反問句總是帶有質問、責備的語氣，所以句末常用語氣助詞。《官話指南》中語氣詞“嗎”只用於反問句 4 例，如：“您還不知道他那脾氣嗎？”“難道他心裏就不動情嗎？”“在上的不要錢，在下的還敢貪贓嗎？”當句中用副詞“難道”“豈”等呼應時，語氣更為強烈。雖然有時不是明顯的反問，也略有偏向，尤其是否定的形式發問。

1.5.1 形式是肯定的，意思是否定的

(69)【A】上行下効，在上的不要錢，在下的還敢貪贓嗎？(1-36)

【B】上行下效，在上的不要錢，在下的還敢貪贓嗎？

【C】上頭人做之，下頭人效法。上頭人勿想銅錢哰，下頭人還要貪財个味，看來還有个否？

【D】上行下效，拉上个勿要銅錢，拉下个還敢貪贓呢啥？

【E】上行下效嘅，做上司嘅既係唔肯愛錢，做下屬嘅重敢貪贓咩？

【F】上行下效嘅，倘若上級官唔係貪贓，箇的屬員重敢勒索咩？

(70)【A】趕到了家就累的動不得了。您說受的這個累還輕麼？(2-15)

【B】等到了家就累得動不得了。您說受的這個累還輕麼？

【C】回到屋裡衰瘏來動勿動个者。阿是受累勿輕否？

【D】等到之屋裡就弛瘏來動勿動哉。儂話受實蓋个苦還輕拉哩？

【E】翻到住家就辛苦到唔鬱得。你話受呢啲辛苦重輕咩？

【F】番到住家好疚癐唔郁得。嗷唔係幾咁辛苦唎咩？

(71)【A】莫非偺們這些親友裏頭，誰還能離間你們弟兄麼？(02-11)

【B】莫非我們這些親友裏頭，有那個離間你們弟兄麼？

【C】自家親眷朋友當中，有啥人要離間自倷弟兄个否哰？

【D】豈勿我伲第个幾化親友淘裏,有啥人離間倷弟兄否?

【E】莫非我地呢啲親友裡頭,重有邊個噲離間你嘅兄弟咩?

【F】甲唔通我哋親友中,有邊箇噲令你兩兄弟離間呢?

1.5.2 形式是否定的,意思是肯定的

(72)【A】怎麼你和別的衣裳都掛在一塊兒了?難道你不知道,皮東西一曬毛梢兒就焦了麼?(3-10)

【B】怎麼你和別的衣裳都掛在一塊了?難道你不曉得,皮東西一晒,毛稍兒就焦了麼?

【C】那能搭之別件衣裳放拉一起个呢?難道儂勿曉得麼,皮衣裳曬之味,毛要脫个?

【E】做乜你又同第樣衣服掛埋一堆呢?難道你唔知到,皮野晒親,鋒毛就噲焦嘅咩?

【F】點解你同埋嗰的衫一齊掛起呢?唔通你唔知到,的皮衣服被熱頭晒,的毛噲變黃色嘅?

(73)【A】兄台,您沒聽見說,偺們那個朋友馮子園死了麼?(2-16)

【B】兄台,您沒聽見說,我們那個朋友馮子園死了麼?

【C】老兄,聽見否?伲个朋友馮子園死者。

【D】老兄,儂勿聽見話起,我伲伊个朋友馮子園死哉否?

【E】兄台,你冇聽人講話,我個朋友馮子園死嘵咩?

【F】甲兄台,你冇聽見人話,我箇朋友馮子園死嘵咩?

幾個版本間反問句的差異不大,差異在基本用詞的表達方面。疑問代詞"那裡、那兒、甚麼、多喒、怎麼"除在特指問句中使用外,也用于反問句中,表語氣副詞"難道、豈、究竟、到底、莫非"等只在反問句中使用。

## 第二節 處置句式

"處置式"是漢語裡的特殊句式。漢語處置式在不同時代有不同的表達方式,在中古漢語"以"字句居多。從唐朝開始,"將"字句開始大量使用,"把"字句也開始出現,唐宋時期兩種處置式並行,但是在南宋時期以後,"將"字句在口語中逐漸衰落,而"把"字句逐漸取代"將"字句,沿用至今。(參見馮春田 2000)我們通過對《官話指南》處置式的考察發現,只有"把"字句、"將"字句,"把"字句則分佈全書,"將"字句僅出現在第四卷《官話問答》(官方用語場合)的相關片段中,其他三卷未見一例。為什麼"將"字句僅出現在第四卷呢?這是因為第四卷主要是外交交涉用語,接近書面語,所以才會有"將"字處置式。

將六部文獻綜合起來看,《土話指南》所用的句式標記詞主要為"担",《滬語指南》用"拿"。《粵語指南》所用的句式標記詞則偏用"將"字,也用"把"字,也用方言特徵詞"摵",而《改訂粵音指南》則偏用謂賓支配式(V+O)語序,標記詞仍是"將"字占上風。

2.1　處置字標記詞表達的差異

《官話指南》的"把"字處置句,AB 版四卷 253 例"把"字處置句,滬語 C 版三卷 95 例"擔"字句,6 例"拿"字句(介詞"拿"在這一時期也開始出現,使用頻率比較低)。滬語 D 版僅兩卷(因第三卷 11 例用例無對應句子),嚴格對應的是新派介詞"拿",有 140 例。"担/擔",上海話處置式標記詞。這是上海開埠時表處置的土詞,是松江方言大區的特徵詞(錢乃榮 2003),《土話指南》全書中"擔"共出現了 260 例,用作動詞、工具介詞、處置標記介詞,其中處置式標記有 95 例之多,占了絕對優勢。"擔"既用於廣義處置式,也用於狹義處置。現在上海話中處置式標記已經被"拿"取代。"拿"字處置句式是新派上海話用法,一直保持至今。在《土話指南》和《滬語指南》中這種舊派與新派的競爭已經很清楚了。後者只用標記詞"拿"。

粵語 E 版三卷只有 66 例對應的處置句,其中用較早標記詞"將"26 例,對應"把"的"把"字句有 25 例,地域特徵詞"摵"字句 26 例,其餘大都用受事賓語句表示。F 版則更多的是不用標記詞的受事賓語句,"將"字句 15 例,"把"字句 3 例,"摵"字句 4 例。

第四卷僅 ABE 三種有,因書面語成分大,三書“將”字句有 23 例,而官話 AB 版“把”字句略勝,有 27 例。粵語 E 版將其中 21 例用為“將”字句,另 3 例改為正常謂賓結構。見下表。

| | A 4 卷 | | B 4 卷 | | C 3 卷 | | D 2 卷 | E 4 卷 | | | F 3 卷 | | |
|---|---|---|---|---|---|---|---|---|---|---|---|---|---|
| | 把字句 | 將字句 | 把字句 | 將字句 | 擔字句 | 拿字句 | 拿字句 | 將字句 | 把字句 | 搣字句 | 將字句 | 把字句 | 搣字句 |
| 第一～三卷 | 226 | 0 | 226 | 0 | 95 老派 | 6 新派 | 140 新派 | 26 | 25 | 26 | 15 | 3 | 4 |
| 第四卷 | 27 | | 27 | | 0 | 0 | 0 | 21 | 3 | 0 | 0 | 0 | 0 |
| | | 23 | | 23 | | | | 23 | | | | | |
| 合计 | 253 | 23 | 253 | 23 | 95 | 6 | 140 | 70 | 28 | 26 | 15 | 3 | 4 |

《官話指南》“把字句”在各版對應的情況:

| A | B | C | D | E | F | 出处 |
|---|---|---|---|---|---|---|
| 把 | 把 | 擔 | 拿 | 把 | | 1－16 |
| 把 | 把 | 担 | 拿 | | | 1－45 |
| 把 | 把 | 担 | 拿 | | | 2－6 |
| 把 | 把 | 担 | 拿 | | | 2－6 |
| 把 | 把 | 挪 | 拿 | | | 2－6 |
| 把 | 把 | 担 | 拿 | 把 | 將 | 2－6 |
| 把 | 把 | 担 | 拿 | 將 | 拉 | 2－6 |
| 把 | 把 | 拿 | 拿 | 把 | 將 | 2－6 |
| 把 | 把 | | 拿 | | | 2－7 |
| 把 | 把 | 担 | 拿 | 將 | | 2－8 |
| 把 | 把 | | 拿 | 把 | | 2－8 |
| 把 | 把 | | 拿 | | | 2－12 |
| 把 | 把 | | 拿 | | | 2－12 |

（續表）

| A | B | C | D | E | F | 出处 |
|---|---|---|---|---|---|---|
| 把 | 把 | | 拿 | | | 2－12 |
| 把 | 把 | 担 | 拿 | | | 2－13 |
| 把 | 把 | 担 | 拿 | 將 | | 2－13 |
| 把 | 把 | | 拿 | 將 | | 2－13 |
| 把 | 把 | | 拿 | | | 2－13 |
| 把 | 把 | | 拿 | | | 2－13 |
| 把 | 把 | | 拿 | 將 | | 2－13 |
| 把 | 把 | | 拿 | 把 | | 2－14 |
| 把 | 把 | | 拿 | 把 | | 2－14 |
| 把 | 把 | | 拿 | | | 2－14 |
| 把 | 把 | 担 | 拿 | 摵 | | 2－15 |
| 把 | 把 | | 拿 | | | 2－15 |
| 把 | 把 | | 拿 | | | 2－15 |
| 把 | 把 | | 拿 | | | 2－15 |
| 把 | 把 | 担 | 拿 | 把 | | 2－15 |
| 把 | 把 | 担 | 拿 | 將 | | 2－15 |
| 把 | 把 | | 拿 | | | 2－15 |
| 把 | 把 | | 拿 | | | 2－16 |
| 把 | 把 | | 拿 | 把 | | 2－16 |
| 把 | 把 | 担 | 拿 | | | 2－16 |
| 把 | 把 | 担 | 拿 | 把 | | 2－16 |
| 把 | 把 | | 拿 | 把 | 摵 | 2－16 |
| 把 | 把 | 担 | 拿 | 將 | 把 | 2－16 |
| 把 | 把 | 替 | 拿 | | | 2－17 |
| 把 | 把 | 担 | 拿 | | | 2－17 |
| 把 | 把 | | 拿 | 摵 | | 2－18 |

(續表)

| A | B | C | D | E | F | 出处 |
|---|---|---|---|---|---|---|
| 把 | 把 | 擔 | 拿 | 㨋 | | 2－18 |
| 把 | 把 | 担 | 拿 | | | 2－19 |
| 把 | 把 | | 拿 | 將 | | 2－19 |
| 把 | 把 | 擔 | 拿 | | | 2－19 |
| 把 | 把 | 擔 | 拿 | 把 | 把 | 2－19 |
| 把 | 把 | 擔 | 拿 | 將 | 將 | 2－19 |
| 把 | 把 | 担 | 拿 | | | 2－19 |
| 把 | 把 | 擔 | 拿 | | | 2－21 |
| 把 | 把 | | 拿 | | | 2－21 |
| 把 | 把 | 擔 | 拿 | 㨋 | | 2－21 |
| 把 | 把 | 擔 | 拿 | | | 2－21 |
| 把 | 把 | 擔 | 拿 | 將 | | 2－21 |
| 把 | 把 | 擔 | 拿 | | | 2－21 |
| 把 | 把 | 擔 | 拿 | 將 | | 2－21 |
| 把 | 把 | 擔 | 拿 | | | 2－21 |
| 把 | 把 | | 拿 | | | 2－21 |
| 把 | 把 | | 拿 | 把 | 把 | 2－22 |
| 把 | 把 | 擔 | 拿 | 把 | | 2－22 |
| 把 | 把 | 擔 | 拿 | 將 | | 2－22 |
| 把 | 把 | 担 | 拿 | 把 | | 2－22 |
| 把 | 把 | | 拿 | 將 | | 2－22 |
| 把 | 把 | 擔 | 拿 | | | 2－22 |
| 把 | 把 | 担 | 拿 | 把 | 將 | 2－22 |
| 把 | 把 | 担 | 拿 | | | 2－22 |
| 把 | 把 | 担 | 拿 | 把 | | 2－22 |
| 把 | 把 | | 拿 | | | 2－23 |

(續表)

| A | B | C | D | E | F | 出处 |
|---|---|---|---|---|---|---|
| 把 | 把 | | 拿 | 將 | | 2-23 |
| 把 | 把 | 担 | 拿 | 把 | | 2-23 |
| 把 | 把 | 担 | 拿 | | | 2-23 |
| 把 | 把 | | 拿 | 把 | | 2-23 |
| 把 | 把 | 担 | 拿 | 將 | 將 | 2-23 |
| 把 | 把 | | 拿 | | | 2-23 |
| 把 | 把 | | 拿 | 將 | | 2-23 |
| 把 | 把 | 担 | 拿 | 把 | | 2-25 |
| 把 | 把 | | 拿 | | | 2-25 |
| 把 | 把 | | 拿 | | | 2-25 |
| 把 | 把 | 擔 | 拿 | 把 | | 2-26 |
| 把 | 把 | | 拿 | 把 | | 2-26 |
| 把 | 把 | 拿 | 拿 | 摵 | | 2-26 |
| 把 | 把 | | 拿 | | | 2-26 |
| 把 | 把 | | 拿 | | | 2-26 |
| 把 | 把 | | 拿 | | | 2-26 |
| 把 | 把 | | 拿 | 把 | | 2-26 |
| 把 | 把 | | 拿 | | | 2-27 |
| 把 | 把 | | 拿 | | | 2-27 |
| 把 | 把 | | 拿 | | | 2-28 |
| 把 | 把 | | 拿 | 將 | 將 | 2-28 |
| 把 | 把 | | 拿 | | | 2-28 |
| 把 | 把 | 担 | 拿 | | | 2-28 |
| 把 | 把 | 担 | 拿 | | | 2-29 |
| 把 | 把 | 担 | 拿 | 將 | | 2-29 |
| 拿 | 拿 | | | | | 2-29 |

(續表)

| A | B | C | D | E | F | 出处 |
|---|---|---|---|---|---|---|
| 把 | 把 | | 拿 | | | 2－29 |
| 把 | 把 | 担 | 拿 | 摵 | | 2－29 |
| 把 | 把 | | 拿 | | | 2－29 |
| 打 | 把 | | 拿 | | | 2－29 |
| 把 | 把 | 担 | 拿 | 將 | | 2－29 |
| 把 | 把 | | 拿 | | | 2－30 |
| 把 | 把 | | 拿 | | | 2－30 |
| 把 | 把 | 担 | 拿 | | | 2－30 |
| 把 | 把 | 擔 | 拿 | 把 | 講(將) | 2－30 |
| 把 | 把 | | 拿 | | | 2－31 |
| 把 | 把 | | 拿 | | | 2－32 |
| 把 | 把 | 担 | 拿 | | | 2－32 |
| 把 | 把 | | 拿 | | | 2－32 |
| 把 | 把 | 担 | 拿 | 將 | 將 | 2－32 |
| 把 | 把 | | 拿 | | | 2－32 |
| 把 | 把 | | 拿 | | | 2－32 |
| 把 | 把 | | 拿 | | | 2－32 |
| 把 | 把 | 担 | 拿 | 將 | 摵 | 2－33 |
| 把 | 把 | | 拿 | | | 2－33 |
| 把 | 把 | | 拿 | | | 2－33 |
| 把 | 把 | | 拿 | | | 2－33 |
| 把 | 把 | | 拿 | | | 2－34 |
| 把 | 把 | 担 | 拿 | | | 2－35 |
| 把 | 把 | | 拿 | | | 2－35 |
| 把 | 把 | | 拿 | | 將 | 2－35 |
| 把 | 把 | | 拿 | | | 2－35 |

(續表)

| A | B | C | D | E | F | 出处 |
|---|---|---|---|---|---|---|
| 把 | 把 | | 拿 | | | 2-35 |
| 把 | 把 | | 拿 | | | 2-36 |
| 把 | 把 | | 拿 | | | 2-36 |
| 把 | 把 | | 拿 | | | 2-36 |
| 把 | 把 | 担 | 拿 | | | 2-36 |
| 把 | 把 | | 拿 | | | 2-36 |
| 把 | 把 | | 拿 | | | 2-36 |
| 把 | 把 | | 拿 | | | 2-36 |
| 把 | 把 | | 拿 | | | 2-36 |
| 把 | 把 | 担 | 拿 | | | 2-37 |
| 把 | 把 | | 拿 | 摵 | | 2-37 |
| 把 | 把 | 担 | 拿 | | | 2-37 |
| 把 | 把 | | 拿 | | | 2-38 |
| 把 | 把 | 担 | 拿 | 將 | 將 | 2-38 |
| 把 | 把 | 担 | 拿 | | | 2-38 |
| 把 | 把 | 担 | 拿 | 將 | | 2-38 |
| 把 | 把 | | 拿 | 將 | 將 | 2-38 |
| 把 | 把 | | 拿 | 將 | | 2-38 |
| 把 | 把 | 担 | 拿 | 摵 | | 2-38 |
| 把 | 把 | 担 | 拿 | 將 | | 2-39 |
| 把 | 把 | 拿 | | 將 | | 3-2 |
| 把 | 把 | | | 摵 | | 3-3 |
| 把 | 把 | 擔 | | 摵 | | 3-6 |
| 把 | 把 | 拿 | | 摵 | | 3-7 |
| 把 | 把 | 擔 | | 擰 | | 3-9 |
| 把 | 把 | 拿 | | 摵 | | 3-13 |

(續表)

| A | B | C | D | E | F | 出处 |
|---|---|---|---|---|---|---|
| 把 | 把 | 拿 | | 將 | | 3-14 |
| 把 | 把 | 担 | | | | 3-14 |
| 把 | 把 | 拿 | | 將 | | 3-14 |
| 把 | 把 | | | 摵 | | 3-15 |
| 把 | 把 | | | 摵 | | 3-17 |

略舉幾例,如:

(1)【A】求老爺把下月的工錢支給小的。(3-13)(把字句)

【B】求老爺把下月的工錢支把小的。(把字句)

【C】求老爺下月个工錢撥拉我之罷。(受事主語句)

【E】求老爺將下月嘅工錢支俾小的。(將字句)

【F】望先生支下月嘅上期工錢呀。(受事賓語句)

(2)【A】倒把他的一匹馬丢了。怎麼打圍去會把馬丢了呢?(2-15)(把字句)

【B】倒把他的一匹馬掉了。怎麼打獵去會把馬掉了呢?(把字句)

【C】連搭自家只馬落脱之。那能打獵味馬會得落脱个呢?(受事主語句)

【D】倒拿伊个一匹馬甩脱。那能打獵去會拿馬甩脱个呢?(拿字句)

【E】反失嘵佢嗰匹馬添。點解去打獵又會失嘵匹馬口罵?(受事賓語句)

【F】反失嘵佢匹馬添。乙佢去打獵點噲致到失嘵佢匹馬呢?

(3)【A】就聽見我們後頭院子裏咕咚的一聲,跳進一個人來,把我嚇醒了。(2-25)

【B】就聽見我們後頭院子裏咕咚的一聲,跳進一個人來,把我嚇醒了。

【C】聽見伲後面天井裏咕咚一聲,跳進一个人來,担我槲醒者。

【D】就聽見我伲後頭天井裏咕咚个一嚮,跳進一个人來,拿我嚇醒哉。

【E】聽見我哋後院呼嘭聲跳個人入嚟,把我嚇醒咽。

【F】聽見有人喺後院,嚨嘭聲跳落嚟,就警醒我。(受事賓語句)

(4)【A】賠了有好幾千兩銀子,可就把那個當舖也拉躺下了。(2-23)

【B】賠了有好幾千兩銀子,却就把那個當鋪也拉淌(躺)下了。

【C】折脫之好幾千銀子,為此咾典當亦倒下來者。

【D】折之有好幾千兩銀子,倒就拿伊爿典當也倒下來哉。

【E】賠曉幾千銀,噉就把間當鋪搖倒喇。

【F】賠曉有幾千兩銀,噉一倒連間當舖都倒埋。

(5)【A】有人把他舉薦了去當跟班的。(2-17)(把字句)

【B】有人把他舉薦了去當跟班的。(把字句)

【C】有人替伊薦上去當跟班。

【D】有人拿伊薦去做跟班。(拿字句)

【E】有人薦佢去做跟班。(受事賓語句)

【F】有人介紹呢箇去做跟班。(受事賓語句)

(6)【A】我把他找來勸勸他,那到沒甚麼不行的。(2-11)(把字句)

【B】我把他找來勸勸他,那到沒甚麼不行的。(把字句)

【C】我叫伊來勸勸伊,固是無啥勿可以。(受事賓語句)

【D】我去尋伊來勸勸伊,第个倒無啥煩難个。(受事賓語句)

【E】我搵佢嚟勸吓佢,噉啲都冇乜唔做得。(受事賓語句)

【F】甲哦,噉請佢嚟勸諫吓,都冇乜點難。(受事賓語句)

(7)【A】把原驗的仵作也治了罪了,把和尚也放了,就是這麼件事。(2-38)(把字句)

【B】把原驗的仵作也治了罪了,把和尚也放了,就是這麼件事。

(把字句)

【C】老底子驗屍个人來治罪,和尚味放之出去,就是箇件事體。(受事话题句)

【D】拿原驗个件作治之罪,拿和尚也放之,就是實蓋一件事體。(把字句)

【E】又將原驗啲件作嚟定罪,將個和尚都放曉,就係個件噉嘅事。(將字句)

【F】又將初驗屍嘅件作嚟治罪,放曉嗰箇和尚,係噉嘅事喇。(將字句)

(8)【A】我就叫他們那幾個夥計把棉花包起棧房裏又都盤到院子來。(2-33)(把字句)

【B】我就叫他們那幾個夥計把棉花包從棧房裏又都盤到院子來。

【C】我教伊拉幾个夥計担棉花包從棧房裡搬到天井裡。(担字句)

【D】我就叫伊拉个幾个夥計拿棧房裏个棉花又搬到天井裏。(拿字句)

【E】我就叫佢嗰幾個夥計將啲棉花由房裡頭搬嘥出嚟天井。(將字句)

【F】我就叫佢的夥計摵的包由棧房搬到後院。(摵字句)

2.2 "將"字句

元明以來"將"字句在口語中逐漸衰落,清代"把"字句逐漸取代"將"字句。《官話指南》第四卷中用 27 例"把"字句外,還用 23 例"將"字句表示。《粵音指南》仍沿用。如:

(9)【A】閣下回去,將此節回明欽差大人。(4-6)

【B】閣下回去,將此節回明欽差大人。

【E】閣下翻去,將呢節回明欽差大人。

(10)【A】若是劉雲發完清稅項,暫且將貨物扣留。(4-7)

【B】若是劉雲發完清稅項,暫且將貨物扣留。

【E】若係劉雲發完清貨項,暫且將貨物扣留。

前已述及,為什麼“將”字句僅出現在第四卷呢?這是因為第四卷主要是外交交涉用語,接近書面語,所以才會有“將”字處置式。

2.3 受事成分語序表達的差異

《官話指南》AB版用“把”字句提受事賓語成分於動詞前,《土話指南》C版偏重受事成分話題主語,而《改訂粵音指南》F版則保持受事賓語的賓語位置。

(11)【A】不管怎麼樣,我求你千萬別把這個事給洩漏了。(1-16)

【B】不管怎麼樣,我求你千萬莫把這個事弄洩漏了。

【C】勿要管伊那能,我千萬求閣下總勿要擔第个事體話出去。

【D】勿管那能,我求儂切不可拿第个事體話開來,

【E】唔管你點樣,千祈咪把我呢件事洩漏出嚟。

【F】甲唔論如何,請你咪箇講出嚟。

(12)【A】就把他們五個人都枷號在東街上了,半個月之後,纔能放他們了。(2-6)

【B】就把他們五個人都枷號在東街上了,半個月之後,纔能放他們了。

【C】就拿伊拉一淘枷拉東街上,過之半个月,乃味放脫个。

【D】就拿伊拉五个全架拉東街上,半个月以後,纔能彀放伊拉。

【E】就把嗰五個都枷出去東街處,半個月後,致放咽佢。

【F】就將嗰五箇人喺街嘅東便角枷號,要半箇月後至放佢。

以上,是受事成分都保持一致的语序。

(13)【A】你瞧把這湛新的臺布都弄成了這麼哦嗹半片的了。(“把”字句)(3-4)

【B】你看把湛新的臺布都弄壞了這麼哦嗹半片的了。(“把”字句)

【C】乃儂看一塊新揩臺布弄齷齪之半把。(話題句)

【E】你睇吓搣呢張速殲新嘅檯布都整成咁汙糟嘅。

(“搣”字句)

【F】你睇吓咁新嘅檯布,你整得咁污糟嘅痕跡喺處。(話題句)

(14)【A】那麽你出去把他叫進來。(“把”字句)(2-7)

【B】那麽你出去把他叫進來。(“把”字句)

【C】儂去叫伊進來看。(動賓句)

【D】實蓋末儂出去叫伊進來。(動賓句)

【E】噉你出去叫聲佢入嚟。(動賓句)

【F】甲噉你去叫佢入嚟喇。(動賓句)

(15)【A】再把你們局子裡那對瓶樣子拿來,我瞧瞧。(“把”字句)(2-7)

【B】再把你們局子裡那對瓶樣子拿來,我看看。(“把”字句)

【C】還有作裏箇對做樣子个瓶担來,讓我看看。(動賓句)

【D】再拿倻作場裏伊對瓶樣子拿來,撥我看看。(動賓句)

【E】再擰埋你鋪頭處做辦嗰對瓶嚟,我睇吓。(動賓句)

【F】共埋做辦箇對瓶嚟,俾我睇吓。(動賓句)

官話AB版都是“把”字處置句,上海話C版是“擔/擔”字句,D版是“拿”字句,粵語E版繼承“將”字句,用“把”字句,少數是粵語方言詞“搣”字句。

2.4 致使義處置式

處置式表示致使,後面的動詞多為動結式。在六種文獻中粵語也有對譯成“令”字使役句。滬語對譯成“撥”字使役句。如:

(16)【A】我是給人管了件閒事,受了點兒氣,把肝氣的病勾起來了。(2-27)

【B】我是替人管了件閒事,受了點兒氣,把肝氣的(病)匈(勾)起來了。

【C】替別人管之一樁閒事,吃之點氣,肝氣發作起來咾。

【D】我是替人管之一件閒事,受之點氣,撥肝氣發起來哉。

【E】我同人理嗰件閒事,受嘵啲氣,令個肝氣嘅病引起上嚟咯。

【F】乙我係落手打理人哋事幹,受人嘅氣,令我肝氣病發生起嚟。

(17)【A】走到石頭道上,可就把車竟往踋窩裏趕,把人碰的頭暈眼花。(3-6)

【B】走到石頭路上,却就把車竟往踋窩裏趕,把人碰得頭暈眼花。

【C】擔車子打七高八底个戶蕩走,定見弄得人來頭昏腦悶。

【E】就將車趕落車痕嘅坑裏頭處,令個人碰到頭暈眼花。

【F】到前門嗰條石路,有車過嘅痕跡,就噲令箇駕車兩便轆,兩便探,令人頭暈。

## 第三節　被動句式

被動句也是漢語裡的重要句式之一,有受事主語句,有標記的被動句。有標記的被動句在上古就已經形成,主要為“于”字句、“見”字句、“為”字句。到漢代介詞“被”的“被”字句開始出現,此後還出現“教”字句“吃”字句、“著”字句、“叫”字句、“給”字句等多種形式。《官話指南》中使用的被動句較少。除了少數的幾個使用介詞“被”字被動句,主要用明清的“呌(叫)”字句,清代出現的“給”字被動句僅 3 例。

3.1《官話指南》“被”字句

《官話指南》“被”字句不多,且多以“被 V”式短語形式出現,如“被劫”“被參”兩個結構中。

(1)【A】縣城裏頭有一個錢鋪被刦,搶了有幾百兩銀子贓去。(02-22)

【B】縣城裏頭有一個錢鋪被刦,搶了有幾百兩銀子贓去。

【C】城裡有爿錢莊被劫,搶脫之幾百兩銀子。

【D】縣城裏向有一爿錢莊撥強盜搶之幾百兩銀子去。

【E】縣城裡頭有間錢鋪被劫,搶嘵有幾百銀贓去。

【F】喺縣城裏頭有間錢舖被刦,搶嘵幾百兩銀。

(2)【A】我聽見說你們那位令親王子泉被參了。(02-22)

【B】我聽見說你們那位令親王子泉被參了。

【C】我聽見話令親王子泉官壞者。

【D】我聽見話倻伊位令親王子泉叅脫哉。

【E】我聽見話你哋個位令親王子泉被參咽。

【F】甲我哋聞得你令親王子泉被人參劾。

官話AB版其他"被"字句只用在第四卷,第四卷是官場用語,顯文雅,書面語味道濃,因而《土話指南》、《滬語指南》、《改訂粵音指南》都沒有翻譯。所以第四卷多見"被"字句比較特殊,沒有可比性。如:"此次被輪船碰壞","被碰"共6例。都不是很典型的被動表示句式。用于交涉民间诉讼纠纷的書面語场合,如:

因他停泊處所,有礙輪船往來之路,以致被碰。(04-06)

趕車的起車上把煙土卸下來了,被巡役看見了。(04-13)

那天他的船,實在是正走之間,被輪船碰的。(04-06)

既然不按照河泊章程停泊,致被碰壞,照例是不能賠償的。(04-06)

相反在《粵音指南》尤其是《改訂粵音指南》的其他三卷中能見到表達被動的"被"字句,且官話中的受事主語句,粵語F版有翻譯為"被"字被動句6例。如:

(3)【A】不行,這裏頭有嬌嫩東西,怕車撴。(3-18)

【B】不行,這裏頭有嬌嫩東西,怕車撴。

【C】勿要,裡向有碰勿起个物事,去車子上怕伊顛壞之个。

【E】唔做得,呢裏頭有幼細嘅野,怕車撴。

【F】甲唔係裏頭的物件,好容易爛嚐,怕被車撴爛。

(4)【A】(這耗子)東西也咬了個稀爛。(1-43)

【B】(這老鼠)東西也咬了個稀爛。

【C】(箇隻老鼠)物事咬來壞完。

【D】(老鼠)物事也咬來壞完。

【E】(啲老鼠)乜野都被佢咬爛嗟。

【F】乙(的老鼠)乜都被佢咬爛。

(5)【A】見我去了,都很欺生,我是諸事掣肘。(2-24)

【B】見我去了,都很欺生,我是諸事掣肘。

【C】看見我去之,欺我陌生,格咾樣樣事體無景緻。

【D】看見我去之,全要欺陌生,我諸事未便。

【E】見到我到嘵,十分欺生,噉我就各件都受佢哋壓制。

【F】一見我喺處,十分欺生,所有我各公事都被佢阻滯。

F版也有将处置句翻译为被字被动句的:

(6)【A】趕官把子園傳到衙門去一問,子園說並沒這麼件事。(2-16)

【B】等官把子園傳到衙門去一問,子園說並沒這一件事。

【C】官府提子園到衙門裡去一問,子園話並勿有箇件事體。

【D】等官拿子園傳到衙門裏去一問,子園話並無沒第件事體。

【E】及至官把子園傳到去衙門問,子園就供話並冇呢件噉嘅事。

【F】子園被傳到衙門審問箇時,佢一概唔認。

3.2 《官话指南》"吽(叫)"字被动句

"吽"(叫)字被動句來源於使役的"吽"字句,是明代開始常見的被動句式,在北方話口語中多見。南方官話表被動形式複雜,有傳統的"被"字,有南方方言的"等"字句,偶爾用"吽"字。南方官話的"等"字句來源於"等"字使役句,這也許個別地方保存了南方部分地區的方言用法,因改本是九江書局印製,今九江地區還用,疑B版的"等"字句是九江一帶用法的存留。

滬語、粵語還常用受事主語句或動賓語序,有標記的被動句,滬語主要用來源於給予義的"撥"字句[(《土話指南》《滬語指南》中"撥"被動句式,標記詞"撥"是從動詞虛化來的,即"撥$_1$"(給予)—>"撥$_2$"(表致使和允讓)—>"撥$_3$"(被)。"撥"表被動時,施事必須出現,這一點與官話不同,官話可以省略施事,而滬語則不行。)]粵語則是用特徵詞"俾"(來源於給予義,同滬語之"撥"),但較保守傳統

的"被"字句,或動賓主動表達句。例如:

(7)【A】他賣給你們的那是假銀子,你們怎麽會叫他賺了呢?(02-36)("叫"字句)

【B】他換把你們的那是假銀子,你們怎麽會等他忽了呢?(今南方地區仍有"等"字被動句)

【C】換拉倷个假銀子,那能放伊做什介生意个呢?(VO)

【D】伊兑撥倷个是假銀子,倷那能會錯撥伊个呢?(VO)

【E】佢賣過你哋嗰啲銀係銅嘅唎,你哋點解噲俾佢騙倒呢?("俾"字句)

【F】佢賣箇的係唔好銀,你哋點樣被佢呃你呢?("被"字句)

(8)【A】偏巧走大街上,叫下夜的兵給拿住,送了衙門了。(2-30"叫"字句)

【B】偏巧走大街上,等查夜的兵捉倒了,送到衙門去。("等"字句)

【C】恰好拉大街上,撥拉巡夜兵捉來,送之衙門裡去者。("撥"字句)

【D】恰巧走到大街上,撥查夜个兵捉着哉,送之到衙門裏去。("撥"字句)

【E】行到大街,俾巡夜兵捉住,送入衙門。("俾"字句)

【F】啱啱行到大街,被箇巡夜兵捉住,送佢到衙門。("被"字句)

粗略以官話A版被動句標記詞"叫"進行統計,相應各版對應句式情況如下:

| 叫 | 叫 | 撥 | 撥 | 被 | 被 | 1-11 |
|---|---|---|---|---|---|---|
| 叫 | 被 | 主动句 | 撥 | 主动句 | 被 | 2-12 |
| 叫 | 被 | 主动句 | 撥 | 主动句 | 主动句 | 2-12 |
| 叫 | 等 | 撥 | 撥 | 俾 | 被 | 2-30 |
| 叫 | 等 | 主动句 | 主动句 | 俾 | 被 | 2-36 |

**(續表)**

| 吗 | 吗 | 主动句 | 主动句 | 俾 | 被 | 2-39 |
|---|---|---|---|---|---|---|
| 給 | 被 | | | 俾 | 主动句 | 3-6 |

滬語中最常用的被動標記是“撥(拉)”,本義是表示“給予”。用“撥(拉)”作被動標記時,後面必須出現施事,其句法結構與官話相類似。如上表所示,《土話指南》中還有一些對應的官話被動句却用主動形式表達的。如:

(9)【A】可就吗那個姓于的零碎占了有幾畝地去。(吗 OV)(2-12)

【B】却就吗那個姓于的零碎佔了有幾畝地去。(吗 OV)

【C】姓于个逐眼逐眼佔之幾畝去。(VO 語序)

【D】倒就撥伊个姓于个零碎佔之幾畝田去。(撥 OV)

【E】誰不知俾呢個姓于嘅零零碎碎佔嘵好多畝去。(俾 OV)

【F】逐漸被佢佔嘵幾畝。(被 OV)

3.3 《官話指南》“給”字被動句

《官話指南》“給”字被動句,3 例。如:

(10)【A】把櫃上的一個夥計,他揪出來給他打了,把攔櫃上擱着的算盤也給摔了。(2-6)

【B】把攔櫃上的一個夥計,他揪出來被他打了,把攔櫃上擱着的算盤也被摔了。

【C】挪櫃上一个夥計揪出去就打,担櫃上个算盤甩拉地上。

【D】拿櫃上个一个夥計,撥伊拉拖出來一頓个打,又拿櫃上擱拉个算盤,也撥伊拉掼摔。

【E】喺櫃位拉嘵個夥計出嚟打,把櫃面嘅算盤又掟嘵。

【F】捉住櫃面一人,拉出嚟打佢,將櫃面算盤丟落地下。

(11)【A】連坐車的屁股蛋兒都可以給撴腫了。(3-6)

【B】連坐車的屁股蛋兒都被他撴腫了。

【C】連搭坐身地方儕要腫起來个嘸。

【E】連坐車嘅屎窟都俾佢撴腫咯。

【F】連箇臀都噲腫起嚟。

綜上對比可見,《官話指南》以"叫"字被動句為主,其次是"被"字被動句,再其次是出現了清代新產生的"給"字被動句。滬語"撥"粵語"俾"分別是地域被動標記詞,而粵語仍有"被"字被動句。南北比較,南方、北方被動標記主導詞的來源存在著地域不同類型的差異。

## 第四節 比 較 句

比較句是由比較主體比較客體、比較點、比較詞、比較值等成分結成,其基本結構形式為:"A+比較詞+B+程度詞 Y",其中程度詞 Y 可以為形容詞、動詞(動詞短語)、數量詞、疑問數詞等。

馬建忠在《馬氏文通》中根據印歐語中形容詞的原級、比較級、最高級形式,認為漢語的比較範疇可分為三類:平比、差比、極比。"平比者,凡象靜字以比兩端無軒輊而適相等者也。""差比者,兩端相較有差也。""極比者,言將所以比之象推至於其極也。"以下根據此分類具體分析《官話指南》及其方言譯本比較句的使用情況。

比較句有肯定比較與否定比較,否定比較句在比較方式、標記、比較項數、基點、程式等方面都與肯定比較句一致。比較式的構成既可以借助於"比"和"更 X"等,也可以通過相關詞語表述。

4.1 平比句

4.1.1 平比句就是比較說明比較的結果是相同、類似或者是沒有差別的。官話用的比較詞是"如同、像","同/如同……一樣""與……毫無差別""不要像……",幾個版本大致相同。如:

(1)【A】我們今日和大人雖是初會,就如同故交一樣。(04-01)

【B】我們今日和大人雖是初會,如同故交一樣。

【E】我哋今日共大人雖係初會,就如同故交一樣。

(2)【A】閣下的口音與敝國人的口音毫無差別。(4-18)

【B】閣下的口音與敝國人的口音毫無差別。

【E】閣下嘅口音同敝國人口音毫無分別。

(3)【A】雞子兒不要像昨兒個那麽老,越嫩越好。(03-03)

【B】雞蛋不要像昨天的那麽老,越嫩越好。

【C】蛋要像昨日能硬來野,越嫩越好。

【D】個啲雞蛋唔好學昨日煲得咁老,越嫩越好。

【E】今朝的蛋唔好焓到昨日咁老,箇的蛋越生越好呀。

(4)【A】那麽着綢子緞子的呢?那也是一樣。(3-10,省略句)

【B】那麽的綢子緞子的呢?那也是一樣。

【C】格味綢咾緞子个味那能弄法?亦什介个。

【E】噉樣個啲綢嘅同緞嘅呢?個的都係一樣啫。

【F】噉箇的綢嘅緞嘅又點樣呢?都係一樣。

4.1.2 滬語的比較介詞“搭”:“A 搭 B 一樣”“A 搭之 B 一樣”。如:

(5)【A】也是給他開出工錢來,按着夥計一個樣。(2-14)

【B】也是替他開發工錢來,照着夥計一個樣。

【C】出還伊工錢,搭夥計一樣。

【D】也是開發工錢撥伊,照夥計一樣。

【E】就俾翻分工夫過佢,照夥計一樣。

【F】箇份工錢,同夥計一樣。

(6)【A】通行都是按七錢銀子一塊合,說的可是那貿易的洋錢和鷹洋是一個樣。(3-12)

【B】通行都是照七錢銀子一塊合,說的却是那生易的洋錢和鷹洋是一個樣。

【C】通行作七錢銀子一塊,就是做生意个洋錢搭之鷹洋亦一樣个。

【E】通行都係每元作七錢算,所講係指嗰啲舊銀同鷹銀啫。

【F】乙照通行嚟計,一圓作為七錢,貿易嘅常銀係共鷹洋同價。

(7)【A】則我感同身受矣。(4-1)

【B】則我感同身受矣。

【E】則我感激如同身受一樣咯。

(8)【A】你所論的,正合我的心了。(1-11)

【B】你所論的,正合我的心了。

【C】閣下所話个,貼對我个心。

【D】儂所話个,正合我意。

【E】你講嘅說話,真係和我心咯。

【F】甲你嘅意見,同我嘅心一樣咯。

4.2 差比句

就是把兩種事物比較,得出程度、性質的差別、高低。太田辰夫(1958)把差比句分為相對的差比和絕對的差比兩類。

4.2.1 最常見的“(A)比 BY”式

該句式官話、方言都用。如:

(9)【A】不但比別人便宜幾百兩銀子,工程準還要堅固,一點兒也不能含糊。(2-10)

【B】不但比別家便宜幾百兩銀子,工程定還要堅固,一點兒也不能磨留。

【C】勿但比別人便宜百幾兩銀子,就是生活亦堅固新拉。一些無啥撻漿个。

【E】不但係比別人平幾百兩銀,包管工作更為堅固,一啲都唔噲兒嬉致算。

【F】我不特減幾百兩銀,但工程包佢堅固,冇的苟且嘅。

(10)【A】有比這對小一點兒的沒有了?我們局子裡有一對比這個小的。(2-7)

【B】有比這對小一點兒沒有呢?我們局子裏有一對比這個小點。

【C】比伊小點个還有否?伲作裏有一對比伊小點。

【D】要比第對瓶小點个有勿有?我伲作場裏有一對比第个小點。

【E】有比呢對細啲嘅冇呢？我地鋪頭有對比呢對細啲。

【F】有細的嘅冇呢？乙我哋店中有對夠細的嘅。

4.2.2 粵語“A比較BY”式

(11)【A】夜景比白天還好，足有加倍的好看。(1-21)

【B】夜景比白天還好，足有加倍的好看。

【C】夜景比日裏來得好，加倍有看頭。

【D】夜景比日裡又好，足有加倍个好看。

【E】夜晚嘅景致比日頭嘅好得多，有雙倍咁好睇。

【F】乙夜景比較日景，足有加倍好睇咯。

(12)【A】我的牙比你的強。(1-41)

【B】我的牙比你的强。

【C】我个牙齒比閣下个好。

【D】我个牙齒比儂个牙齒好。

【E】我嘅牙比你好啲。

【F】甲我牙比較你嘅好的。

(13)【A】您行醫總比做買賣強啊？(2-2)

【B】您行醫總比做買賣好啊？

【C】行醫總比做生意好點否？

【D】儂行醫總比做生意好？

【E】你行醫總比做生意好啲啩？

【F】甲行醫比較做生意好的啩？

(14)【A】那麼若是你包那個活，自然總比別人便宜點兒啊。(2-10)

【B】那麼若是你包那個工，自然總比別家便宜點兒啊。

【C】箇裝(粧)生活包撥自儂，生拉比別人便宜點。

【D】蓋末若是儂包伊个生活，自然總比別人便宜點。

【E】噉樣如果你包呢分工夫，自然總平啲過別人嘅喇。

【F】甲好吖。若係你承接，一定比較別人取價更廉至得。

(15)【A】今年比去年多打著有四十多石糧食了。(2-12)

【B】今年比去年多打的有四十多担粮食了。

【C】今年比舊年多打三四十石。

【D】今年比舊年多打个四十幾擔糧食。

【E】今年比舊年收多咽四十幾石。

【F】今年比較舊年多收四十幾石。

4.2.3 粤語"A,Y 過 B"式

(16)【A】那麽今年您打的糧食比去年多?……今年比去年多打著有四十多石糧食了。(2-12)

【B】那麽今年您打的糧食比去年多?……今年比去年多打的有四十多石糧食了。

【C】今年打拉个米阿是比舊年多點?……今年比舊年多打三四十石。

【D】實蓋今年儂打个糧食比舊年多?……今年比舊年多打个四十幾擔糧食。

【E】噉今年你收嘅穀較之舊年多啩?……今年比舊年收多咽四十幾石。

【F】噉多過舊年嚐?……今年比較舊年多收四十幾石。

(17)【A】這麽說,飯莊子比飯館子好。(3-11)

【B】這麽說,包席舘比飯舘子好。

【C】什介是,[illegible]酒館比飯館來得好者。

【E】噉樣,就酒館好過晏店咯。

【F】乙哦,噉就酒館好過晏店咯。

(18)【A】你不知道溫子山他那個兄弟比他還可惡了。(2-27)

【B】你不曉得溫子山他那個兄弟比他還可惡了。

【C】閣下勿曉得溫子山个兄弟比伊還要可惡哩。

【D】儂勿曉得溫子山伊个兄弟比伊還要可惡。

【E】你唔知溫子山個兄弟重比佢可惡呀。

【F】甲溫子山箇細佬更甚過佢,你知唔知呀?

4.2.4 滬語"A 傍之 BY"式

(19)【A】他都是自己起廣東置來的貨,價值比別的棧裏全便宜。(2-2)

【B】他都是自己從廣東買來的貨,價錢比別的店裏都便宜。

【C】貨色儕是自家到廣東去運來个,價錢傍之別人家亦公道。

【D】伊全是自家到廣東去買來个貨色,價錢比別人家店裏全公道。

【E】佢同係自己由廣東辦貨嚟,價錢比較別家嘅更相宜。

【F】佢的貨自己喺廣東辦嚟嘅,價錢比較第間全屬相宜。

(20)【A】到底比上從先可差多了。(2-14)

【B】到底比上從先可差多了。

【C】到底傍之前頭時候差得多者。

【D】到底比從前差得多拉哩。

【E】講到比起從前就差得遠咯。

【F】比較從前爭好遠呀。

4.2.5 滬語"A 比之 BY"式

(21)【A】聽那個客人買的那個價值比沈掌櫃的原定的價值貴。(1-19)

【B】聽那個客人買的那個價錢比沈管事的原定的價錢貴。

【C】聽見箇个客人買个價錢比之沈先生講定拉个價錢大點。

【D】聽見伊个客人買个伊个價錢比姓沈个原定个價錢貴。

【E】聽見呢個人買嘅價錢比個沈氏定落嘅價錢貴啲。

【F】將箇的價錢嚟比較,就呢箇人出價高的。

4.2.6 滬語"A 來得 Y"式

C 版滬語有時比較項並不同時出現,但通過語境可以知道是比較義的,也用"來得"作加強比較義,表示在同類中比較突出。例如:

(22)【A】你出城要買前門大街路東那個海味店的纔好哪。不錯,那兒的東西可好,就是貴一點兒。(3-19)

【B】你出城要買前門大街路東那個南京店的纔好哪。不錯,那裏的東西却好,就是貴一點兒。

【C】儂出城到前門大街上路東面箇爿海味店裡去買來得好。勿錯,物事雖然少些貴點,箇搭个來得好。

【E】你出城就要去前門大街東便個派啲海味鋪買致好嚁。冇錯,嗰處啲野確係好,獨係貴啲呎。

【F】甲係,至好係華人城內前門街嘅東便箇間海味店喇。乙啊,眞嘅。佢的野確實好,但係貴的。

(23)【A】到了分賺帳的時候,他總短分給我這麼三千兩吊。(2-27)

【B】到了分賺帳的時候,他總少分把我這麼三千兩吊。

【C】分賬个時候,總少撥我三頭二百銅錢。

【D】到之分賺帳个時候,伊總少分撥我實蓋三千二千。

【E】到分賬個時,佢總分少三幾吊錢過我。

【F】到分賬箇時,每次都俾少三幾吊錢過我。

4.2.7　绝对的差比句

程度副詞"更""更加"與"還"在比較句中更加強調了比較的功能和作用。

(24)【A】病更利害了,到如今還沒好了。(02-15)

【B】病更利害了,到如今還沒好呢。

【C】病更加利害,到如今還勿曾好。

【D】病更加利害哉,到現在還勿曾好拉哩。

【E】的病更關係起嚟,到而家都未曾好翻。

【F】病得更關係添,到而家未曾好番。

(25)【A】我們這鋪子向來不使母錢鋪的票子,所以更知道不是我們給的了。(02-34)

【B】我們這鋪子向來不用母錢舖的票子,所以更曉得不是我們把的了。

【C】伲莊上向來勿用小錢莊上个票子,所以更加曉得勿是伲發个。

【D】我伲店裏向來勿用刁猾錢莊上个票子,所以更曉得勿是我伲撥个哉。

【E】我哋呢間鋪向來唔使私家錢店嘅票,所以更知到唔係由我哋交出嘅喇。

【F】我哋呢間舖永冇用私家嘅銀票,噉我哋越發確知呢張票唔係由我哋交出嘅喇。

(26)【A】現在他吃的比先頭裏更多了。(2-25)

【B】現在他吃的比先頭裏更多了。

【C】現在吃个烟比前頭更加多者。

【D】現在伊吃來比前頭更加多哉。

【E】而家佢食啲煙比上前更多添。

【F】反轉食重煙添。

(27)【A】我就親自給送到宅裡去罷。那更好了。(2-18)

【B】我就親自替送到公舘去罷。那更好了。

【C】我親自送到宅裡來罷。固是頂好者。

【D】我親自替儂送到公館裏來末哉。蓋是更好哉。

【E】我就嚕親自送到公館嘅。噉更好喇。

【F】我就嚕親身帶嚟你處。乙噉更好。

4.3　极比句

極比句表示某一事物在某種性狀上勝過或不及同類的其他事物。它是一種特殊的差比。它跟一般差比的不同在於比較的範圍上,被比物件往往是任指(或遍指)的。極比句主要是靠副詞來修飾。極性副詞一般有“最、頂、極”。“最”是從古到今都用的,“頂”宋代已见。(《漢語大詞典》: 副詞。表示程度。猶最,極。《朱子語類》卷二:“星圖甚多,只是難得似。圓圖説得頂好。天彎,紙卻平。”)元明到清朝前期,主要在南方的文獻中使用,清代後期使用頻率增多,南北均用。“頂”,表示程度最高,在《官話指南》及其方言版本中,單用多見於《土話指南》,而《官話指南》《粵音指南》則較多用複音節詞“頂好”。

4.3.1 绝对极比句

(28)【A】他最愛耍錢,他整天家竟在寶局上。(2-17)

【B】他最愛賭錢,他整天的竟在寶廠裏。

【C】伊頂喜歡擔銅錢來白相,圖日等拉賭場裡个。

【D】伊最愛賭銅錢,伊終日个竟拉寶臺上。

【E】佢至中意賭錢喇,佢成日靜喺番攤館處。

【F】甲佢至好賭錢,佢成日喺賭場嘅。

(29)【A】實在是聰明絕頂,佩服佩服。(4-18)

【B】實在是聰明絕頂,佩服佩服。

【E】實在係絕頂聰明,佩服佩服。

(30)【A】頂好是打那竹徑轉過灣兒去。(1-20)

【B】頂好是從那竹徑轉過灣兒去。

【C】頂好是竹徑轉灣過去。

【D】頂好是打/從伊个竹園裡轉灣過去。

【E】至好係由條竹徑轉過去。

【F】甲至好又打箇條路轉一箇彎。

4.3.2 相對極比句

(31)【A】我最喜歡那半山亭外兩三里的竹徑。(01-20)

【B】我最喜歡那半山亭外兩三里的竹徑。

【C】我最相信半山亭外勢二三里路个竹徑。

【D】我頂愛半山亭以外二三里个竹園。

【E】我至中意就係半山亭外個兩三里嘅竹徑。

【F】我至中意半山亭外箇幾里路嘅竹徑。

(32)【A】誰不是頂喜歡的春暖花香?誰不怕夏熱秋涼?最怕的是冬天太冷。(01-27)

【B】那個不是頂喜歡的春暖花香?那個不怕夏熱秋涼?最怕的是冬天太冷。

【C】啥人勿歡喜春天呢?春裏味,天氣暖,花味香。啥人勿怕夏天咾秋天呢?

【D】啥人勿愛春暖花香？啥人勿怕夏熱秋涼？最怕是冬天大冷。

【E】乜誰唔喜歡二八天嘅平和？乜誰唔怕夏天嘅酷熱？但最得人怕係冬天太冷咯。

【F】乜誰唔好春暖花香？乜誰唔怕夏天嘅酷熱？秋天嘅風涼呢，最甚就係冬天嘅大寒咯。

4.3.3　滬語的極比句

上海話中的極比句常常用程度副詞"頂"和"最"表達，前面往往會加比較的範圍，其形式常常為"……當中"。例如：

(33)【A】今年十八歲了，我排大。(3-1)

【B】今年十八歲了，我行一。

【C】今年十八歲，弟兄當中我頂大。

【E】今年十八歲，行一。

【F】今年十八歲，排行居長。

(34)【A】這個廟很大。大的很。在這兒算是第一個大廟。(1-22)

【B】這個廟很大。大得很。在這裏算是第一個大廟。

【C】個只廟十分大。大極。拉箇搭个廟當中，第只算頂大。

【D】第隻廟極大。大得極。拉此地總算是頭一隻大廟。

【E】呢間廟好大。大到極咯。呢處算係第一間大嘅廟咯。

【F】甲呢座廟眞大間咯。乙係呀。呢處左近都算呢間係至大咯。

(35)【A】這時正晌午，太陽很毒，暑氣很利害。(1-24)

【B】這時正晌午，太陽很毒，暑氣很利害。

【C】日中性裏辰光，日頭最旺，暑氣最利害。

【D】第歇貼準日中，日頭極凶，暑氣極利害。

【E】如今正晏晝心，熱頭咁猛，暑氣咁利害。

【F】甲熱頭咁猛，暑氣咁大。

(36)【A】所有偺們逛過的這些個名勝地方，就是我們今兒晌午到的那座山上景致好的很。(1-20)

【B】所有我們遊過的這些名勝地方,就是我們今天中時到的那座山上景致好得很。

【C】伲白相過拉有名聲个地方當中,今朝日中性裏到過拉箇座山上个景緻頂好者。

【D】所有伲勃相過个多化有名个地方,就是伲今朝日中到个伊座山上景緻極好。

【E】所有我哋逛過嘅名勝地方,至好景致係今日晏晝到嗰一座山囉噃。

【F】甲我哋所逛過咁多名勝地方,最好係今日晏晝見嗰座山嘅風景咯。

(37)【A】你看四季的時候,那一季兒好?(1-27)

【B】你看一年四季,那一季好呢?

【C】閣下想四時當中,那裡一季最好?

【D】儂看一年四季,那裏一季好?

【E】你睇四季嘅時候,邊一季致好呢?

【F】甲四季之中,你中意邊季呢?

這一點上,滬語土話與官話的極比句結構基本沒有差別,只是所用極性副詞有所差異,官話中表極比的副詞主要是"最",而上海話中除了"最"還有大量的副詞"頂",這算是一個方言特徵詞。粵語用"至"。

4.4 "一X比一X,Y"遞比句

"一X比一X,Y"遞比句,是"勝過"義差比句式的一種。從比較詞的使用與否、語序方面看,該句式官話與方言不一樣,方言存古。按傳統的手法是:程度詞Y+比較標記"於",但是滬語省略了比較詞"於"或"似",直接用"一X Y一X"遞比句。粵語或省略或用比較詞"過","一X Y(過)一X"遞比句。滬語粵語偏古代語序。如:

(38)【A】今年他忽然一戒烟,烟也沒斷成,可就得了病了,一天比一天重。(2-14)

【B】今年他忽然一戒烟,烟也沒斷成,却就得了病了,一天比一天重。

【C】今年忽然間一戒烟,烟癮勿曾戒斷,得之病者,一日重一日。

【D】今年伊忽然一戒煙,煙還勿曾戒脫,倒就得之病哉,一日重一日。

【E】今年佢忽然戒起煙嚟,煙都未曾戒得甪,就得嘵病,一日重一日。

【F】今年忽然戒起嚟,唔曾戒斷就病,日甚一日。

(39)【A】先吃的還不多,後來是一天比一天吃的多。(2-25)

【B】先吃的還不算多,後來是一天比一天吃的多。

【C】起頭亦吃得勿多,後來吃來一日多一日。

【D】起初吃个還勿算多,後來一日一日个吃得多。

【E】初初重吃冇幾多煙,後來就一日吃多過一日。

【F】初初食有限啫,佢逐漸食到多。

4.5 小結

4.5.1 等比句

等比句在上海話與官話的基本句法結構也相似,都是"A連詞B一樣",只不過官話的介詞主要是"和、與",上海話介詞則是"搭",有時還可加語助詞"之"構成"搭之"。粵語用"同"。

4.5.2 差比句

(1) 差比句的格式基本相同。官話和滬語基本相同:都是"A+比較詞(比)+B+(副詞)+Y(比較結果)"。粵語大部分也用"A+比較詞+B+Y(比較結果)",少數用"A+Y(比較結果)+過+B"這個具有地域特點的介詞"過",是古漢語語序的比較句,尤以F版為多。

(2) 官話的比較詞比較統一,就是"比",上海話除了"比",還有"比之""傍之",粵語用"比較",更強調比較物件即比較客體。

(3) 比較結果三者也基本相似,可以是光杆形容詞,也可以的數量詞等。比較結果前也都可以再加程度副詞,官話與上海話的都可以加程度副詞“還”“更”“更加”等,但上海話還可以加“又”,粵語用“重”,同樣表示比較的程度,而不是表動作重複。

4.5.3　極比句

極比句官話、上海話、粵語句式基本相同,都是用極比副詞表達,不過官話主要是副詞“最”,上海話則有副詞“最”和“頂”,“頂”是滬語特徵詞。粵語一般用“最、很”,還用方言特徵詞“至”。此外,上海話表極比時,還常常加“……當中”來強調比較的範圍。

4.5.4　遞比句

官話遞比句結構是“一+X+比+一+X+形容詞”,滬語是“一+X+形容詞+一+X”,粵語是“一+X+形容詞(+過)+一+X”。官話與方言語序有異。

## 第五節　使　役　句

漢語使役句主要有“使/令”句、“教(交)”字句、“叫”字句、“著”字句、“讓”字句等。其中“使/令”句上古到近代漢語初期一直使用,魏晉開始使用“教”字句,且是南北方言通用,唐宋以來替代上古、中古的“使、令”句。明代“叫”字句開始多起來,明清時期逐漸取代“教”字句,用於北方話。“讓”字句起初表達“允讓、容讓”義,明清時南北方言通用,清代中期開始表達使令和致使,此時與“叫”字句形成競爭,清末成為使役句的主導句式。關於這種句式特點,學界早已關注。呂叔湘(1982)指出,“致使句”中的標準動詞文言裡是“使”和“令”,白話裡是“叫”(教)等字,“這些動詞都有使止詞有所動作或變化的意思,所以後面不但跟一個止詞,還要在止詞後面加一個動詞。這個止詞合上後面的動詞也構成一個詞結”。《官話指南》中表“使讓”類使役句,AB 版正用“叫”字句,滬語 C 版多用魏晉以來的“教”字,部分用“讓”字句(C 版的“讓”字句有近 40 例,均表“使讓”義),D 版用“使”字句,粵語則用書面語“令”字句或“俾”字句。略表如下:

| 叫 | 叫 | 教 | 使 | 叫 | 一般句 | 1-39 |
|---|---|---|---|---|---|---|
| 叫 | 叫 | 惹 | 令 | 令 | | 1-39 |
| 叫 | 叫 | 讓 | 使 | | | 1-40 |
| 叫 | 叫 | 教 | 差 | 叫 | 使 | 2-17 |
| 叫 | 叫 | 教 | 叫 | 叫 | 叫 | 2-20 |
| 叫 | 叫 | 教 | 叫 | | 令 | 2-27 |
| 叫 | 叫 | 讓 | | 俾 | | 3-12 |

【A】怎麽不叫人疼呢？(1-39)
【B】怎麽不叫人愛呢？
【C】那得教人勿寶貝伊呢？
【D】豈勿使人歡喜否？
【E】點樣叫人唔痛愛佢呢？
【F】不得不愛佢。

【A】實在叫人生氣。(1-39)
【B】實在叫人氣壞。
【D】實在惹人討厭。
【E】眞係令人生氣咯。
【F】眞係令我生氣咯。

【A】眞叫人萬慮皆空。(1-20)
【B】眞叫人萬慮皆空。
【C】直頭使得人樣樣事體儕想勿着个者。
【D】使人憂慮全無。
【E】眞係令人萬念俱空嘅呀。
【F】眞係令人精神活潑咯。

【A】勸勸他,總是能叫他不分家纔好哪。(2-11)
【B】勸勸他,總是能叫他不分家纔好哪。

【C】勸勸伊,總是勿分家味最好。

【D】勸勸伊,總能彀叫伊勿分家末是好。

【E】勸吓佢,總要勸住佢唔好反分家就好喇。

【F】勸諫吓佢,總要令佢免致分家就好咯。

【A】等着抽冷子一天,叫他輸個一萬八千去,偺們可就發了財了。(2-26)

【B】等着不防備一天,叫他輸個一萬八千的,我們却就發了財了。

【C】隔日等伊一个勿做志着味,弄伊輸个一萬八千,乃伲可以發財者。

【D】等伊有日勿防備,叫伊輸个一萬八千,我伲就可以發財哉。

【E】等贓佢一日唔注意,令佢輸一萬八千,我哋就發財喇。

【F】我哋俾一日,令佢輸得一萬八千吊,大家就發財喇。

【A】他安心佔人家的便宜,叫我不對住人。(2-27)

【B】他安心占人家便宜,叫我不對住人。

【C】我恨伊埋沒良心,佔人家地皮,教我對勿住別人。

【D】伊有心佔人家个便宜,叫我對勿住人。

【E】我可恨佢,安心占人嘅便宜,累我對人唔住。

【F】我極憎佢,特意佔人嘅便宜,令我對人唔住。

【A】如今若是勒令叫他收貨付銀子,實在不足折服他的心。(4-8)

【B】如今若是勒令叫他收貨付銀子,實在不足拆服他的心。

【E】現在若係勒令佢收銀交銀,實在不足以折服佢嘅心。

【A】與各國官員向來交際,均甚水乳,實在令人欽佩。(4-18)

【B】與各國官員同(向)來交際,均甚相合,實在令人佩服。

【E】同各國官員向來交結，均甚水乳，實在令人欽佩。

可見，《官話指南》中表“使讓”類使役句，AB版正用“呌”字句，滬語C版多用魏晉以來的“教”字，部分用“讓”字句，D版用“使”字句，粵語則用書面語“令”字句或“俾”字句。

漢語使役動詞主要有：俾、令、遣、使、教、呌、等、讓等，它們產生和使用的時間先後不一，其中“令、使、遣、教”在秦漢時已用，“教、交”等在唐宋時常用，“呌(叫)、讓”字句在明清時才逐漸使用。“俾”“使”“令”“遣”等其原始義即為命令、派遣義的動詞，“教、交、著、呌(叫)、等、讓”等用作“使令、使役”義則引申途徑較為曲折，因而在使役句中，所表的使役強度在語義、語用上強弱有別。（參見張美蘭2006“近代漢語使役動詞及其相關的句法、語義結構”）

又按：《官話指南》中“呌”除了表示“叫喊”義、“使役”義外，還表示祈使、祈請。該義在滬語C版一律只用“教”，少數為“讓”，不用“呌”，而其他版本一般用“呌”字句。粵語版偶用“等”字句。粗略檢索祈請義動詞在各版出現的情況如下：

| 呌 | 呌 | 教 | 呌 | 呌 | 呌 | 2-10 |
|---|---|---|---|---|---|---|
| 呌 | 呌 | 教 | 呌 | 呌 | 呌 | 2-12 |
| 呌 | 呌 | 教 | 呌 | 呌 | (邀) | 2-13 |
| 呌 | 呌 | 教 | 呌 | 等 | 等 | 2-13 |
| 呌 | 呌 | 教 | 呌 | 請 |  | 2-18 |
|  |  | 教 |  | 呌 | 請 | 2-18 |
| 呌 | 呌 |  | 呌 | 呌 |  | 2-18 |
| 打發 | 打發 | 教 | 呌 | 打發 | 打發 | 2-14 |
| 請 | 請 | 教 | 請 | 請 | 請 | 1-5 |
| 請 | 請 | 教 | 請 | 請 | 請 | 2-20 |

例如：

【A】呌您按着這個單子上所開的書，每一部交給我拿回一套去，先看看。(2-18)

【B】叫你照着這個單子上所開的書,每一部交把我拿回一部去,先看看。

【C】教咾照單子上開拉个書,每部教我帶一套去,先讓伊看个看。

【D】叫儂照第个單子上所開个書,每一部交撥我拿轉去,先看看。

【E】請事頭你照單內所開嘅書,每套交簿俾我帶翻去,佢睇吓先唎。

【F】單內嘅書名,每樣俾一套我帶番去,佢睇吓唎。

表祈請義,如諸版用"請",C版還是用"教"字。如:

【A】那總得請大夫,好好兒治一治就得了。(1-5)

【B】那總要請醫生,好好的治一治就是了。

【C】什介能總要教郎中來,看个看咾好拉巘。

【D】總要請先生/郎中,好好能看末是好。

【E】噉要請位名功先生,好好的打理吓致得咯。

【F】甲噉要請位醫生,認眞調理至得呀。

總之,滬語中"教"是有特色的詞。

## 第六節　雙賓語句

6.1　給予類動詞的雙賓語句式

6.1.1　給予義動詞及其雙賓語句式

官話中給予義動詞用"給",南方官話用"把"。滬語用"撥",粵語用"俾"。

官話給予類動詞的雙賓語語序只有一種,與事在受事前:"給(V給)$+O_1+O_2$"。有"給$+O_1+O_2$""V給$+O_1+O_2$"兩種雙賓語語序。滬語給予類動詞"撥"雙賓語語序大致有兩種,一是受事在與事前,二是受事在與事後。有"撥$+O_1+O_2$"(撥伊一個勿預備)、"撥$+O_2+O_1$"(撥銀子伊、撥銅錢我)兩種雙賓語語序。粵語動詞"俾"類雙賓語語序大致與之相同:"俾$+O_2+O_1$"和"俾$+O_1+O_2$"兩類,但滬語的雙及物結構"撥$+O_2+$拉介詞$+O_1$",粵語的雙及物結構"俾$+O_2+$過介詞$+O_1$"卻是它們用來表達官話雙賓語結構的常用句式結構。

6.1.2　給予義動詞"給"雙賓語及其對應的方言句式比較

6.1.2.1　各版 A、B、C、D、E、F 之間的差異是給予動詞"給"與"把""撥""俾"不同用詞的區別。

在《官話指南》中 A 版的"給 $O_1O_2$""V 給 $O_1O_2$"句 45 例,除 2 例外,一律都改成"把 $O_1O_2$""V 給 $O_1O_2$"句。滬語 CD 版主要用"撥"字句,粵語 EF 版主要用"俾"字句。

6.1.2.2　滬語對 A 版的"給 $O_1O_2$""V 給 $O_1O_2$"句式的對譯,有"撥 $O_1O_2$""撥 $O_2O_1$"雙賓語句,或以雙及物結構"撥…拉介詞…"句子:"給我銀子"——"付銀子拉介詞我"。其次是單賓句"撥…","給他銀子"——"撥伊"。且含有受事主語的"O,S 撥"句。如:"分給他這兩處房產。"——"箇兩處房子咊,讓伊擔去咊者。"

如果是雙賓語句,有兩個語序:"撥 $O_1O_2$":撥伊一個勿預備、"撥 $O_2O_1$"(撥銀子伊、撥銅錢我)。

其中,滬語 C 版則是雙賓句"撥 $O_1O_2$"、單賓句、雙及物句都用,其中雙賓句略佔優勢。滬語 D 版偏向"撥 $O_1O_2$"句和雙及物句。

6.1.2.3　粵語對 A 版的"給 $O_1O_2$""V 給 $O_1O_2$"句式的對譯,多以雙及物結構"俾…過介詞…"句子或單賓句"俾…"。雙賓句也有"俾 $O_2O_1$"(俾的錢我)、"俾 $O_1O_2$"兩種語序,但兩者都不是優勢句。如:

(1)【A】先給你三塊,另外我賞給你一塊錢。謝老爺的恩典。(3-13)

【B】先把你三塊,另外我賞把你一塊錢。謝老爺的恩典。

【C】先撥儂三塊,另外賞儂一塊。謝老爺个恩典。

【E】支住三個銀錢過你先,我另外賞你一個銀錢。多謝老爺恩典。

【F】而家俾上期三圓,另賞一圓過你喇。ㄹ多謝先生厚惠咯。

其中,【B】為"把你三塊""我賞把你一塊錢"。而【C】為"撥儂三塊""賞儂一塊"。【E】為"支住三個銀錢過你""賞你一個銀錢"。

【F】為“俾上期三圓”“賞一圓過你”。

AB版“(V)給/把＋$O_1O_2$”雙賓語句有45個用例，將主要結構在六個版本的用法陳列如下：

| 給他一個冷不防 | 給他一個冷不防 | 撥伊一個勿殼張 | 撥伊一个勿預備 | 俾佢一個唔注意 | 佢唔覺意，我就盡力嚟打佢 |
|---|---|---|---|---|---|
| 給我銀子 | 把我銀子 | 付銀子拉我 | 撥銀子拉我 | 俾銀過我 | 俾銀過我 |
| 給他銀子 | 把他銀子 | 撥伊 | 撥銀子伊 | 俾銀過佢 | 唔肯 |
| 借給您五百兩銀子 | 借把您五百兩銀子 | 借五百兩銀子去 | 借撥儂五百兩銀子 | 借五百兩銀過你 | 借五百兩過你 |
| 分給他這兩處房產 | 分把他這兩處房產 | 箇兩處房子味，讓伊担去味者 | 分撥伊第兩處房產 | 將呢兩嗻嘅屋俾過佢 | 將呢兩處物業俾佢 |
| 給他工錢 | 把他工錢 | 出之工錢 | 撥伊工錢 | 俾佢工錢 | 係得每月嘅人工 |
| 給他工錢 | 把他工錢 | 撥伊工錢 | 撥之工錢伊 | 俾佢工錢 | 淨俾人工呎 |
| 給他幾個月的限 | 給他幾個月的限 | 限伊兩个月 | 限伊幾个月 | 限幾個月內 | 又限幾箇月 |
| 給他俩月的限 | 把他兩月的限 | 限伊兩个月 | 撥伊兩个月限 | 限佢兩箇月 | 限兩箇月 |
| 借給他一石米 | 借把他一石米 | 借撥伊一石米 | 借撥伊一石米 | 借石米共幾兩銀過佢 | 借一石米同幾兩銀過佢 |
| 給了他們一百兩一張的銀票 | 把了他們一百兩一張的銀票 | 撥伊拉一百兩銀子个張銀票 | 撥伊拉一百兩一張个銀票 | 俾嗰張一百兩銀單過佢 | 就俾一百兩銀票過佢 |
| 給了那個送信的人一百錢 | 把了那個送信的人一百個錢 | 撥之送信个人一百銅錢 | 撥伊个送信个人一百个銅錢 | 俾嗰一百錢過佢 | 就俾一百錢過帶信人 |
| 給我錢 | 把我錢 | 撥銅錢我 | 撥銅錢我 | 俾啲錢我 | 俾的錢我 |
| 給了這個人一吊錢 | 把了這個人一吊錢 | 撥伊一百銅錢 | 撥第个人一千銅錢 | 俾一百錢過呢個人 | 俾曉一吊錢過佢 |
| 遞給我芥末和白鹽 | 遞把我芥末和白鹽 | 授點研細拉个芥菜子咾鹽拉我 |  | 遞啲芥末同白鹽我 | 俾的芥末共鹽喇 |

| 給您牙籤兒 | 把您牙籤兒 | 老爺出牙杖 | | 俾牙籤你嗌 | 要牙籤唔要呢 |
|---|---|---|---|---|---|
| 賞給他幾個酒錢 | 賞把他幾個酒錢 | 賞伊幾个酒錢 | | 賞多幾個酒錢過佢 | 加多少酒錢過佢 |
| 借給趕車的一頂戴罷 | 把趕車的一頂戴罷 | 一只借拉車夫戴之 | | 攞一頂嚟借俾個車夫戴 | 借一頂俾車伕吖 |
| 給你鑰匙 | 把你鑰匙 | 鑰匙担去 | | 俾鎖匙過你 | 鎖匙喺處 |
| 給您這票子 | 把您這票子 | 現在箇張票子，我交代拉老爺 | | 拿呢啲錢票交過老 | 先生收呢的錢票喇 |
| 給你三塊 | 把你三塊 | 先撥儂三塊 | | 支住三個銀錢過你先 | 俾上期三圓 |
| 賞給你一塊錢 | 賞把你一塊錢 | 賞儂一塊 | | 賞你一個銀錢 | 賞一圓過你喇 |
| 給了得(我)一個回片子 | 把了我一個回片子 | 授我一个片子 | | 俾個名片帶翻 | 佢就回番箇貼[或咭] |
| 給小的一個賞封兒 | 把小的一個賞封兒 | 撥拉我一包賞封 | | 俾小的嘅賞封 | 送俾我 |
| 給你船價 | 把你船價 | 撥船錢拉儂 | | 俾船錢 | 出你嘅川資 |
| 給你船價 | 把你船價 | 伊出船錢咾 | | 由佢俾船錢 | 同你出番嚟嘅川資 |
| 給你十塊錢的工錢 | 把你十塊錢的工錢 | 撥儂十塊洋錢 | | 俾十個銀錢 | 俾十圓過你 |
| 支給小的十塊錢 | 支個小的十塊錢安家 | 撥十塊洋錢安放我个屋裡 | | 支十個銀錢過小的安家 | 俾上期銀拾圓過我 |
| 兌給小的家裏五六塊錢 | 兌把小的家裏五六塊錢 | 會撥五六塊洋錢拉我屋裡 | | 支五六個銀錢過屋唸 | 支伍陸圓俾我家人 |
| 先支給你這十塊安家的錢 | 支把你這十塊安家的錢 | 撥儂十塊洋錢 | | 支嗰十個銀錢安家銀 | 支上期箇拾圓當家嘅銀 |
| 兌給小的家裏錢 | 兌把小的家裏錢 | 劃會撥銅錢拉我屋裡 | | 交呢筆錢過我屋唸 | 每月支的銀俾我屋踜 |

(續表)

| | | | | | |
|---|---|---|---|---|---|
| 給底下當差的些個飯錢 | 把底下當差的些微飯錢 | | | 俾啲底下當差嘅飯錢 | |
| 給他利錢 | 把他利錢 | | | 按月納利 | |

| | | | | | |
|---|---|---|---|---|---|
| 給房東房錢 | 把房東房錢 | 出完全房錢拉房東 | 撥房租拉房東 | 照納過屋主囉 | 要納嗟的租俾屋主 |
| 摘給我們幾百塊錢用 | 掇把我們幾百塊錢用 | 借幾百塊洋錢拉我 | 借幾百塊洋錢撥我 | 挪移幾百個銀錢過我 | 暫借轉幾百銀用 |
| 輸給他們錢 | 輸了他們錢 | 輸垃伊拉之咾 | 輸之伊拉个銅錢 | 輸了錢過佢哋 | 輸錢過佢 |
| 短分給我這麼三千兩吊 | 短分把我這麼三千兩吊 | 撥我三頭二百銅錢 | 分撥我實蓋三千二千 | 分少三幾吊錢過我 | 俾少三幾吊錢過我 |
| 借給他妹妹錢米 | 借把他妹妹錢米 | 借銅錢咾米拉伊个姊妹之咾 | 借撥伊妹妹銅錢咾米 | 借咽啲米共銀過佢亞妹 | 借曉米共銀俾佢嘅妹 |
| 借給我一百兩銀子 | 借把我一百兩銀子 | 借一百兩銀子 | 借一百兩銀子撥我 | 借轉一百兩銀過我 | 借一百兩銀過我 |
| 借給他銀子 | 借把他銀子 | 借撥銀子伊 | 借銀子撥伊 | 借銀過佢 | 借銀過佢 |
| 給我一百兩銀子 | 借把我一百兩銀子 | 借一百兩銀子拉我 | 借个一百兩銀子撥我 | 借佢百兩 | 借一百兩銀 |
| 給你一百兩銀子 | 把你一百兩銀子 | 借一百兩銀子拉閣下 | 撥儂一百兩銀子 | 借百兩銀過你 | 借一百兩銀過你 |
| 寫給我一張借約 | 寫一張借帖把我 | 寫一張借票拉我 | 寫一張借據撥我 | 寫張揭單過我摣手 | 你寫張揭單過我 |
| 對給你一個舖保 | 對把你一個舖保 | 教店家做之保人 | 對儂尋一个保人撥儂 | 俾間鋪做保家 | 搵間鋪當堂擔保 |
| 給了舍弟五天的限 | 把了舍弟五天的限 | 限伲舍弟五日裡 | 拿舍弟限之五日 | 限舍弟五日 | 限期五日 |

(2)【A】先給你三塊,另外我賞給你一塊錢。(V+O 间接+O 直接)(3-13)

【B】先把你三塊,另外我賞把你一塊錢。(V+O 间接+O 直接)

【C】先撥儂三塊,另外賞儂一塊。(V+O 间接+O 直接)

【E】支住三個銀錢過你先,我另外賞你一個銀錢。(V+O 直接+過+O 间接)/(V+O 间接+O 直接)

【F】而家俾上期三圓,另賞一圓過你喇。(V+O 直接+過+O 间接)

(3)【A】那麽給您這票子。(V+O 间接+O 直接)(3-12)

【B】那麽把您這票子。(V+O 间接+O 直接)

【C】現在箇張票子,我交代拉老爺。(O 直接,V 過+O 间接)受事话题句

【E】拿呢啲錢票交過老爺嚇。(O 直接,V 過+O 间接)受事话题句

【F】請先生收呢的錢票喇。(受事宾语句)

(4)【A】給你鑰匙,你自各兒開罷。(V+O 间接+O 直接)(3-10)

【B】把你鑰匙,你自己去開罷。(V+O 间接+O 直接)

【C】鑰匙擔去,儂自家去開罷。(O 直接,V 過+O 间接)受事话题句

【E】俾鎖匙過你,你自己開喇。(V+O 直接+過+O 间接)

【F】鎖匙喺處,你自己開箇的箱喇。

(5)【A】那就是賞我臉了。(V+O 间接+O 直接)(1-8)

【B】那就是賞我臉了。(V+O 间接+O 直接)

【C】是我箇是大有榮施者。(判斷句)

【D】張我个面孔哉。(VO)

【E】致係賞面過我呪。(V+O 直接+过+O 间)

【F】我當係俾面我喇。(V+O 直接+O 间)

【A】我可以借給您五百兩銀子就是了。(2-9)

【B】我可以借把您五百兩銀子就是了。

【C】借五百兩銀子去味者。多謝多謝。

【D】我可以借撥儂五百兩銀子就是哉。

【E】噉我借五百兩銀過你就喺喇。

【F】我借五百兩過你就係喇。

【A】我可以分給他這兩處房產就是了。(2-11)

【B】我可以分把他這兩處房產就是了。

【C】分起來,箇兩處房子味,讓伊担去味者。

【D】我可以分撥伊第兩處房產就是哉。

【E】我將呢兩嗻嘅屋俾過佢就喺喇。

【F】我將呢兩處物業俾佢係喇。

6.1.2.4 根據以上材料,歸結:

《官話指南》卷 1-2 有六個版本,從與"給 $O_1O_2$"句 26 例對比看:

滬語 C 版偏向"撥 $O_1O_2$"7 例,單賓句 9 例。另有"撥 $O_2O_1$"1 例,雙及物 1 例,受事主語 $O_2$ 話題句 1 例;

滬語 D 版偏向"撥 $O_1O_2$"12 例,雙及物句 7 例,"撥 $O_2O_1$"3 例,單賓語句 3 例;

粵語 E 版偏向雙及物"俾 $O_2$ 過 $O_1$"8 例,單賓句 6 例,"俾 $O_1O_2$"4 例,"俾 $O_2O_1$"1 例。

粵語 F 版偏向單賓句 11 例,雙及物"俾 $O_2$ 過 $O_1$"13 例,雙賓語句"俾 $O_1O_2$"1 例,"俾 $O_2O_1$"1 例。

《官話指南》卷 3 有五個版本 16 個用例的情況:

滬語 C 版偏向"撥(拉)$O_1O_2$"7 例,單賓句 4 例。雙及物 5 例。

粵語 E 版偏向雙及物"俾 $O_2$ 過 $O_1$"7 例,單賓句 6 例。"俾 $O_1O_2$"2 例,"俾 $O_2O_1$"2 例。

粵語 F 版偏向單賓句 10 例,雙及物"俾 $O_2$ 過 $O_1$"6 例。

總的來說,粵語 E 版偏向雙及物"俾 $O_2$ 過 $O_1$"和單賓句。雙賓句不是優勢句。粵語 F 版更是以單賓句為主,雙及物句次之。雙賓句極少。

滬語的雙賓語表達式有"V(撥)+$O_1$+$O_2$""V(撥)$O_2$+$O_1$+($V_2$)""撥拉+$O_1$+$O_2$"。雙及物結構"V+$O_2$+撥 $O_1$+($V_2$)"句式

也是主要的表達式。但單賓式也比較多見的。錢乃榮(2002)指出，由於吴語受普通話的影響,上海話中的授受類動詞的常用式已經從“$VO_2$to $O_1$”向“$VO_1O_2$”轉化,并且“V 拉 $O_1$”也受普通話的影響而變為“V 給 $O_1$”,且上海話中為保持“給 $O_2$to $O_1$”形式而産生了“給 $O_2$ 給 $O_1$”的句式並沿用至今。至於話題前置“$O_2$V $O_1$”,在老上海話中出現率較高,但現在隨着“V $O_1O_2$”的廣泛運用,新上海話已大大降低了“$O_2$V $O_1$”的使用率,而且“V $O_2O_1$”式也隨着褪謝了。

按：新上海話雙及物結構與雙賓語語式的新舊派用法,其實在《土話指南》與《滬語指南》中已經出現,相對而言,新派的用法已經比較突出了。從“$VO_2$ to $O_1$”向“$VO_1O_2$”轉化,“$O_2$V $O_1$”的話題前置使用率降低、“V $O_2O_1$”式式微,幾乎都能感覺出來。

6.1.3　給予類其他動詞

《官話指南》中其他給予義動詞有:“賠”“還”“謝和(與)”等。但滬語對應的給予動詞更加豐富,如“付”“送”“拿出”“授”“賞”“遞”等。

【A】如今我見個情,你賠我五十兩銀子就得了。(2－32)

【B】如今我做個情,你賠我五十兩銀子就是了。

【C】現在讓情點,賠我五十兩銀子就是者。

【D】現在我讓情點,儂賠我五十兩銀子末是哉。

【E】而家我俾過情過你,賠翻五十兩過我罷喇。

【F】我嗰匹馬係俾六十兩銀買嚟嘅,你賠番五十兩就算喇。

【A】既是假的,我還你們錢就是了。(2－36)

【B】既是假的,我還你們錢就是了。

【C】既然是假个,還之倻銅錢味者。

【D】既然是假个,我還倻銅錢就是哉。

【E】你知到嘅喇,既然係銅,我俾翻的銀過你係喇。

【F】既然係假,我俾番的錢過你喇。

【A】他也不能白了你,總得謝和你幾兩銀子。(2-6)

【B】他也不能白了你,總要謝與你幾兩銀子。

【C】伊總勿是白白裡一眼勿謝儂个,總送幾兩銀子儂个。

【D】伊也勿能白儂个,總要謝儂幾兩銀子。

【E】佢亦不能抹𠵱你個分,總要補置幾兩銀過你嘅。

【F】佢冇話白白勞動你,是必噲俾幾兩銀酬答你嘅。

6.2 獲取類動詞的雙及物句

獲取類動詞主要有:借(借進),昧,哄騙,偷贏,短等,還包括了"問"類動詞,因為"問"可以看出從與事那裡獲取語言資訊或答案,所以也包括在"獲取"類中一起討論。獲取義類的動詞的雙賓語結構比較簡單,只有"$V+O_1+O_2$"一種。對應的滬語粵語基本也是雙賓語句式,或者是單賓句。獲取義雙及物動詞,都只有一種雙賓語形式,即"$V+O_1+O_2$"如:

(1)【A】他的這個妾借了小的十兩銀子的印子。(2-35)

【B】他的這個妾借了小的十兩銀子的印子。

【C】伊个妾借小的十兩銀子印子。

【D】伊个第个小借之小的十兩銀子个印錢。

【E】佢呢個妾氏帶(貸)小的十兩印子銀。

【F】佢借嘵十兩印子錢。

(2)【A】可就打算昧起他一兩銀子來。(2-36)

【B】却就打算瞞起他一兩來。

【C】要想吃過伊一兩銀子。

【D】倒就打算瞞起伊一兩來。

【E】想瞞起銀。

【F】以為瞞起佢一兩銀。

(3)【A】哄騙我好幾千吊錢去。他怎麼會哄騙你這麼些個錢去呢?(2-26)

【B】哄騙我好幾千吊錢去。他怎麼會哄騙你這許多錢去呢?

【C】一淘來騙我幾十千銅錢去。那能會得撥伊騙銅錢去个呢?

【D】哄騙我好幾千千銅錢去。伊那能會騙儂第个幾化銅錢去呢？

【E】呃嘵我好幾十千錢去。點解去噲呃得你咁多錢去呢？

【F】謀騙嘵我幾千吊錢。ㄗ佢有乜法子謀騙你咁多錢呢？

(4)【A】偷了他幾十兩銀子和幾件衣裳去。(2-30)

【B】偷了他幾十兩銀子和幾件衣裳去。

【C】偷脫之十幾兩銀子還有幾件衣裳咾啥去者。

【D】偷之伊幾十兩銀子搭幾件衣裳去。

【E】偷咽佢十幾兩銀同幾件衣服去。

【F】偷嘵幾十兩銀共埋的衣服。

(5)【A】他鋪子裏有一個夥計就偷了他幾百兩銀子跑了。(2-16)

【B】他鋪子裏有一個夥計就偷了他幾百兩銀子跑了。

【C】店裡有一个夥計偷之伊幾百兩銀子逃走脫者。

【D】伊店裏有一个夥計就偷之伊幾百銀子逃走哉。

【E】佢鋪頭處有一個夥計頭嘵佢幾百兩銀走去。

【F】佢舖內有箇夥計偷嘵幾百兩銀走路。

(6)【A】就可以贏他們幾千吊錢。(2-26)

【B】就可以嬴(贏)他們幾千吊錢。

【C】就可以羸(贏)還伊拉幾十千者。

【D】就可以贏伊拉幾千千銅錢。

【E】就可以贏翻幾十千。

【F】可以贏佢哋幾千吊喇。

(7)【A】我這回短您是兩吊是三吊。(2-27)

【B】我這回少您是兩吊是三吊。

【C】箇回我欠儂二三百銅錢拉哩。

【D】我第回是少儂二千呢三千。

【E】呢回我少你兩百或三百錢。

【F】呢回我欠你兩三吊錢。

對於"問"類動詞,施事獲取到的內容其實是關於受事的相關資訊,比如"問你一個問題"其實是想得到關於這個問題的答案。上述例子中的"問儂一樣事體"就是"我"想要得到關於這件"事體"的一些情況,相對的,"儂"就是失去或者說傳遞了這件"事體"的相關資訊,因而"問"類動詞也屬於獲取類。4 例。基本沒有大的變化。如:

(8)【A】我問你一件事。(3-3)

【B】我問你一件事。

【C】我問儂一樣事體。

【E】我問你一件事。(3-16)

【F】有件事想問吓你。

(9)【A】我先問你一件事。

【B】我先問你一件事。

【C】我先要問儂一樣事體。

【E】我問你一件事先。

【F】乙我先要問一件事。

(10)【A】我來是問你一件事情。(2-13)

【B】我來是問你一件事情。

【C】我來請教儂一樣事體。

【D】我來問儂一件事體。

【E】我嚟問你一件事呀。

【F】我嚟問你一件事嘅。

(11)【A】大哥,我問您一件事。(2-23)

【B】大哥,我問您一件事。

【C】大哥,我要請教一樣事體。

【D】老兄,我問儂一件事體。

【E】大哥,我問你一件事。

【F】甲大哥,請問吓。

以上可見,不管是那種獲取義雙及物動詞,都只有一種雙賓語形式,即"$V+O_1+O_2$"。而考察可知,對應的官話中也是這樣的句子結構,如:"哄騙我好幾千吊錢去","我問你一件事"。可見對於獲取義的動詞而言,官話和滬語、粵語的句法特點是一致的。

6.3 言語告示類

主要動詞有:"講""話""告訴"等。以"告訴"為動詞的雙賓語句有 8 例,如下: 說

| 告訴你一件可笑的事 | 告訴你一件可笑的事 | 講一件可笑个事體撥儂聽 | 告訴儂一件可笑个事體 | 講段好笑嘅事你聽吓 | 有段好笑嘅事講過你聽吓 |
|---|---|---|---|---|---|
| 告訴您一件可氣的事 | 告訴您一件可氣的事 | 有一樁氣悶事體告訴儂聽 | 告訴儂一件可氣个事體 | 將件可嬲嘅事過你聽 | 講件激氣嘅事過你聽吓吖 |
| 告訴你一件事 | 告訴你一件事 | 講一件事體撥閣下聽 | 告訴儂一件事體 | 話件事過你知吖 | 講件事你聽吓呀 |
| 聽我告訴您一件事 | 聽我告訴您一件事 | 講一件事體拉閣下聽 | 聽我告訴儂一件事體 | 聽我講件事過你知 | 講件事過你聽吓呀 |
| 告訴你一件事 | 告訴你一件事 | 想著之一樣事體者 | 告訴儂一件事體 | 講件事過你知 | 講一件事俾你聽吓吖 |
| 告訴你一件事情 | 告訴你一件事情 | 我有一件事體拉,講撥儂聽 | 告訴儂一件事體 | 講件事你聽吖 | 有件事話你知 |
| 告訴你一件事 | 告訴你一件事 | 講一个撥閣下聽 | 告訴儂一件事體 | 講件事過你聽吖 | 記得一件,而家話你知吖 |
| 告訴你一件事 | 告訴你一件事 | 替閣下講一樣事體 | 告訴儂一件事體 | 講件事過你知吖 | 講多件你聽吓吖 |

對於"告訴"類動詞,在官話中一般是"我告訴你一件事情"的"$V+O_1+O_2$"雙賓語結構,但在上海話C版中,對應的不是雙賓語形式,卻是"我講一件事體撥閣下聽"的"講$+O_2+$撥/拉$+O_1+$聽"連動式,這裡還有一個特點,但凡"告訴"類的動詞,與事後面往往必須接著另一個動詞"聽",即"$V+O_2+$撥$+O_1+V_2$"。強調的是說話人與聽話人的互動,或者說這裡的"撥"帶有很強的致使義,說話人不僅傳到一個話語資訊,還希望得到聽話人的注意和反應。粵

語也是如此。"講＋$O_2$＋過＋$O_1$＋知/聽""$O_2$＋話＋$O_1$＋知"。但是《滬語指南》参照了官話,基本都是官話句式表達。

## 第七節 述補結構

7.1 程度補語

7.1.1 官話V得(的)C

一般说来,對句子中謂語进行程度修飾,常見有三種結構:

(a) 程度副詞直接修飾謂語,如:"很喜歡"。

【A】我聽見說很喜歡,所以現在我來找你。(2-31)

【B】我聽見說很喜歡,所以現在我來找你。

【C】我一聽見喜歡得極,格咾現在來尋閣下。

【D】我聽見話起極快活,所以現在我來尋儂。

【E】我好歡喜,所以現在我嚟搵你。

【F】我聞得就喜歡。

(b) 謂語後面有程度副詞為補語修飾,如:"公道極了"。

【A】您這麼辦是公道極了,親友們決不能有甚麼議論你的了。(2-11)

【B】您這麼辦是公道極了,親友們決不能有甚麼議論你的了。

【C】什介辦法公道得極者,親眷朋友總勿能彀再有啥說話个者。

【D】儂實蓋个辦法是公道得極哉,親友拉決勿有啥議論儂个哉。

【E】你噉做法就公道到極咯,親友個人必不能有乜野議論你嘅咯。

【F】甲你噉辦法極之公道,你嘅親朋亦不能評論你咯。

(c) 用"V得C"結構。

從歷時發展看,這三種結構也是有上古、中古、唐代之先後,"V得C"結構产生最晚。

7.1.1.1 "V得C"結構是唐代新產生的動補結構形式。助詞"得"用在動詞、形容詞和表示狀態、程度的補語之間,構成"V得C"動補結構。在《官話指南》AB版中,用"V得C"(含"副詞＋V得C"

結構）；對應"V得C"結構，滬語也多用"V得C"，部分用"V來C"，少數為"副詞＋V"；粵語用"V到/得C"，同時多用傳統的"副詞＋V"。略匯總如下：

| | | | | | | |
|---|---|---|---|---|---|---|
| 冷的很 | 冷得很 | 冷來 | 冷來死 | 咁冷 | 好冷 | 1-25 |
| 擱得日子多了 | 擱得日子多了 | 隔得多之 | 擱來日脚多之 | 歇得日子耐 | 歇得日子耐 | 2-27 |
| 渴想得很 | 渴想得很 | 渴想得極 | 渴想之至 | 實首想 | 好渴望 | 1-4 |
| 不成敬意的很 | 不成敬意得很 | 勿出客得極 | 勿成啥敬意个 | 十分唔成敬意 | 係唔成敬意 | 1-9 |
| 實在難的很 | 實在難得很 | 實在難極 | 實在難得極 | 實在難 | 好艱難 | 1-13 |
| 失敬得很 | 失敬得很 | 失敬得極 | 失敬得極 | 十分失敬 | 十分失敬 | 1-18 |
| 實在羨慕得很 | 實在羨慕得很 | 實在羨慕得極 | 實在愛慕得極 | 极羡慕 | | 1-19 |
| 好的很 | 好的很 | 頂好者 | 極好 | 至好 | 最好 | 1-20 |
| 大的很/很大 | 大的很/很大 | 大極/十分大 | 大得極/極大 | 大到極/好大 | 至大/眞大 | 1-22 |
| 高的很 | 高得很 | 高得非凡 | 高得極个 | 好高 | 好高 | 1-22 |
| 厚的很 | 厚得很 | 厚來交關 | 霜厚得極 | 好厚 | 好厚 | 1-26 |
| 冷的很 | 冷得很 | 冷來 | 冷來死 | 咁冷 | 好冷 | 1-26 |
| 大的很 | 大得很 | 大得極 | 大得極 | 高到極 | 高到極 | 2-2 |
| 實在勞駕得很 | 實在勞駕得很 | 煩勞尊駕 | 實在勞駕得極 | 實在勞駕 | 實在勞駕 | 2-5 |
| 實在是才高得很 | 實在是才高得很 | 才幹高得極 | 實在才高得極 | 實在才高 | 實首才高 | 2-5 |
| 實在慚愧得很 | 實在慚愧得很 | 實在羞愧得極 | 實在羞愧得極 | 實在十分羞愧 | 極之慚愧 | 2-5 |
| 勞駕得很 | 勞駕得很 | 眞正勞駕得極 | 勞駕得極 | 勞煩到極 | 十分感謝 | 2-5 |
| 悶得慌 | 悶得很 | 昏悶 | 悶得極 | 悶到極 | 有的味道 | 2-11 |
| 病得很重 | 病得很重 | 生病十分重 | | 病得好重 | 病得好重 | 3-13 |

(續表)

| | | | | | | |
|---|---|---|---|---|---|---|
| 不安得很 | 不安得很 | 實在對勿過 | | 實在過意唔去 | 令我心中抱歉 | 3－18 |
| 簡慢得很 | 簡慢得很 | | | 慢到極 | | 4－1 |
| 實在佩服得很 | 實在佩服得很 | | | 實在佩服到極 | | 4－9 |
| 實在勞駕得很 | 實在勞駕得很 | | | 實在十分勞駕 | | 4－11 |
| 實在仰慕得很 | 實在仰慕得很 | | | 實係十分仰慕 | | 4－15 |
| 雅的狠 | 雅得很 | | | 雅極 | | 4－17 |
| 踒了很疼 | 踒了很疼 | 跌來痛極 | 極痛 | 屈得好痛 | 屈親好痛 | 2－25 |

相對來講,《官話指南》用作程度補語的甚詞主要是"很",滬語是"極",粵語是"好"。滬語C版《土話指南》中常見的甚詞還有:"野、極、交關、非凡"。

7.1.1.2 "極"是當時上海話使用頻率最高的程度副詞,既可以放在動詞形容詞前作狀語,也可以作程度補語。與官話"很"的用法相似,程度副詞作狀語兼作補語。滬語與之搭配的助詞只能是"得",一般不用"來"。官話中的"A/V得很",在滬語中為"A/V得極"。如:

(1) 久仰得很(官話)——久仰得極(滬語)

(2) 勞駕得很——勞駕得極

(3) 渴想得很——渴想得極

(4) 公道極了——公道得極者

(5) 才高得很——才幹高得極

(6) 聰明得很——聰明得極

(7) 羡慕得很—羡慕得極

(8) 不成敬意的很——勿出客得極

7.1.1.3 官話中的"很A"結構,在《土話指南》中作"A得極",

見下表。

很——极——好

| 很想你 | 很想你 | 常常想着 | 想念得極 | 好掛住 | 好掛念 | 1-5 |
|---|---|---|---|---|---|---|
| 很利害 | 很利害 | 利害得極 | 怪響 | 好大 | | 1-23 |
| 很懶 | 很懶 | 懶惰得極 | 十分懶惰 | 實首懶 | 好懶慢 | 1-39 |
| 很着急 | 很着急 | 著急得極 | 極着急 | 好著緊 | 好擔心 | 2-29 |
| 很喜歡 | 很喜歡 | 喜歡得極 | 極快活 | 好歡喜 | | 2-31 |
| 很喜歡 | 很喜歡 | 喜歡得極 | 極快活 | 極歡喜 | 極喜歡 | 2-36 |
| 很趁願 | 很趁意 | 快活得極 | 極快活 | 極心涼 | 英語作至恰合 | 2-31 |
| 很詫異 | 很詫異 | 詫異得極 | 極詫異 | 好奇怪 | 好出奇 | 2-33 |
| 很詫異 | 很詫異 | 詫異得極 | 極詫異 | 十分奇怪 | 好出奇 | 2-37 |
| 很荒唐 | 很荒唐 | 荒唐得極 | 極荒唐 | 甚荒唐 | 咁荒唐 | 2-33 |
| 很犯疑 | 很起疑 | 疑惑得極 | 極疑心 | 好思疑 | 好思疑 | 2-35 |
| 很標緻 | 很標緻 | 十分標緻得極 | | 咁青靚 | | 3-11 |
| 多麽可惡 | 這樣可惡 | 實在可惡得極 | 實蓋个可惡 | 幾可惡 | 太可惡 | 2-27 |
| 很不得勁 | 很下不去 | 難為情得極 | 極難為情 | | | 2-33 |

7.1.1.4 《土話指南》中程度補語結構助詞標記詞是“得”和“來”,其中“來”是特徵詞。如:

(9) 聲氣小來野——聲兒小。(1-15)

【A】所以顯著聲兒小。

【B】所以見得聲音小。

【C】所以聲氣小來野。

【D】所以見得聲音小哉。

【E】所以更覺得細喲。

【F】故此講出嘅聲都係細的呀。

按:“野”,《漢語方言大詞典》:“很,非常。”在吴語和閩語中可見。前面的述語多為單音節詞,前面的結構助詞必須是“來”,不能是“得”。即“形容詞+來+野”。

(10) 箇塊地皮大來野——這一塊地很大。(1-31)

【A】你這一塊地很大。

【B】你這一塊地很大。

【C】箇塊地皮大來野。

【D】儂第个一塊地極大。

【E】你呢塊地咁大。

【F】你呢處有好大塊地。

(11) 蛋勿要像昨日能硬來野——雞子兒不要像昨兒個的那麼老。(3-3)

【A】雞子兒不要像昨兒個那麼老。

【B】雞蛋不要像昨天的那麼老。

【C】蛋勿要像昨日能硬來野。

【E】個啲雞蛋唔好學昨日煲得咁老。

【F】今朝的蛋唔好焓到昨日咁老。

程度補語C在《土話指南》中常見的修飾詞還有:“交關、非凡”。補語“非凡”作補語有9例,語義和“極”“野”有些差別,主要是強調的程度比較重,多對應於官話中的“了不得”。結構助詞可以是“來”或“得”,但以“來”居多,有時助詞也可省略,如:

(12)【A】後頭還有一座寶塔,高的很。(1-22)

【B】後頭還有一座寶塔,高得很。

【C】後頭還有一座寶塔,亦高得非凡。

【D】後頭還有一座寶塔,高得極个。

【E】後頭重有座寶塔,好高呀。

【F】後邊重有座塔,好高嘅。

(13)【A】心裏可就氣的了不得。(2-19)

【B】心裏却就氣的了不得。

【C】心裡氣來非凡。

【D】心裏倒就氣勿過。

【E】心就氣到了不得。

【F】嗰佢就好嬲嘅嘞。

(14)【A】改詩文很用心。(1－30)

【B】改詩文很用心。

【C】改詩咾文章,用心非凡。

【D】改詩咾文章極用心。

【E】改詩文亦好用心。

【F】改我哋所作嘅文,又好用心機。

“交關”的詞性本來應該是形容詞,表示很多,錢乃榮(1997)認為“交關”本義為“很多,許多”,後引申為副詞“很,相當”,可用于形容詞或心理動詞之前。《漢語方言大詞典》第二卷:“交關”:②〈形〉多;很多。(一)江淮官話。江蘇如東。《晉書·裴秀傳》:“～人事。”(二)吳語。上海:政府為人民著想,要辦的事～|鈔票～。滑稽戲《三毛學生意》:“三毛,我在船上搭儂講仔～閒話。”上海松江:公園裡人～|買嘍～物事。上海嘉定:1930年《嘉定縣續志》:“～,俗謂極多也。”⑤〈副〉十分;非常;很。(一)中原官話。山西運城:戲正唱到～熱鬧處,電燈突然滅了。(二)吳語。上海:上海今年冬天～冷|伊家當家產～多|這套衣裳～嶄。“交關”兩種詞性和用法在《土話指南》中都有出現。用作程度副詞作形容詞的補語,其結構助詞主要是“來”,即“A來交關”:

(15)【A】這耗子眞鬧的兇,吵的睡不着覺。(1－43)

【B】這老鼠眞鬧得兇,吵得困不着醒。

【C】箇隻老鼠,鬧來交關,吵來夜裡睏勿起。

【D】老鼠實蓋能吵法,吵得夜裏睏勿着。

【E】啲老鼠眞正交關嘞,嘈得你喊瞓唔着覺。

【F】乙的老鼠眞係累人不淺嘞,佢咁嘈,令人都唔瞓得。

(16)【A】看見瓦上的霜厚的很。(1－25)

【B】看見瓦上的霜厚得很。

【C】外勢去看看,瓦上霜厚來交關。

【D】看見瓦上个霜厚得極。

【E】睇見瓦面啲霜落到好厚。

【F】見瓦背有好厚嘅霜�。

7.2 能性補語

《官話指南》中出現的能性補語大致可以分為兩類：一是"V得/不得",二是"V得/不C"。

7.2.1 第一類能性述補結構,"V得""V不得""不V得",主要表示情理上是否許可,此類能性補語官話與滬語基本一致,但粵語的否定式有存古的特點,"V唔得"結構大都用"唔V得"。

7.2.1.1 其肯定式如：記得、認得、告訴得。官話與滬語、粵語之間表達基本一致。

| | | | | | | |
|---|---|---|---|---|---|---|
| 認得 | 認得 | 認得 | 認得 | 認得 | 認得 | 1-18 |
| 告訴得 | 告訴得 | 話得呢 | 好告訴我 | 話得俾我聽 | 話得過我知 | 2-19 |
| 記得 | 記得 | 記得 | 記得 | 記得 | 記得 | 2-38 |

7.2.1.2 其否定式主要有兩種,一是"V不得",粵語有兩種形式。如：

| | | | | | | |
|---|---|---|---|---|---|---|
| 捨不得睡 | 捨不得睡 | 睏亦睏勿起 | 捨勿得睏 | 唔捨得瞓 | 唔捨得瞓 | 1-23 |
| 怪不得 | 怪不得 | 怪勿得 | 怪勿得 | 怪唔得 | 唔怪得 | 1-25 |
| 怪不得 | 怪不得 | 怪勿得 | 怪勿得 | 唔怪得 | 唔怪得 | 2-29 |
| 動不得 | 動不得 | 動勿動 | 動勿動 | 唔鬱得 | 唔郁得 | 2-15 |
| 告訴不得 | 告訴不得 | 話勿得 | 勿好告訴 | 唔話得 | 唔話得 | 2-19 |
| 告訴不得 | 告訴不得 | 話勿得 | 勿好告訴 | 唔話得 | 唔講得出 | 2-19 |

二是否定式"不V得",這個形式是早期形式,官話與滬語、粵語之間表達基本一致。如：

| | | | | | | |
|---|---|---|---|---|---|---|
| 不認得他 | 不認得他 | 勿認得伊 | 勿認得伊 | 唔識佢 | 唔識佢 | 2-7 |

### 7.2.2 "V得/C""V不C"能性補語結構

第二类能性补语即为"V得/C""V不C"。

#### 7.2.2.1 肯定的"V得/C"式:

| 保得住 | 保得住 | 保得住 | 保得住 | 保得穩 | | 1-35 |
|---|---|---|---|---|---|---|
| 湊得出 | 湊得出 | 湊得出 | 湊得出 | 湊得出 | 揾得出 | 2-8 |
| 支持得住 | 支持得住 | 撐得住 | 支持得住 | 支持 | 支持 | 2-23 |
| 墊辦的起 | 墊辦得起 | 墊得起 | 墊得起 | 墊得出 | 墊得 | 2-10 |
| 墊辦的了 | 墊辦的了 | 墊辦 | 墊得 | 墊得 | 墊得出 | 2-10 |
| 借着了 | 借着了 | 借着之 | 借着之 | 借得倒 | 借倒 | 2-17 |
| 找的着 | 找得着 | 尋得着 | 尋得着 | 揾得翻 | 早揾番 | 2-15 |
| 找得出 | 找得出 | 尋得着 | 尋得出 | 揾得出 | 揾得倒 | 2-15 |
| 能吃 | 能喫 | 吃得動 | 能彀吃 | 可以吃 | 食得 | 1-41 |
| 能磕 | 能磕 | 咬得開 | 能彀咬 | 剝得 | 剝得添 | 1-41 |
| 能當差 | 能當差 | 能當得動差使 | 能彀當差 | 當差 | | 2-24 |

#### 7.2.2.2 否定"V不C"式:

| 湊不出 | 湊不出 | 湊勿出 | 湊勿出 | 唔湊的出 | 唔揾得 | 2-8 |
|---|---|---|---|---|---|---|
| 找不着O | 找不着O | 尋勿着O | 尋勿着 | 揾唔到O | 唔望見O | 2-29 |
| 找不着 | 找不着 | 尋勿着 | 尋勿着 | 揾唔得 | 唔揾得倒 | 2-32 |
| 借不着 | 借不着 | 借勿着 | 借勿着 | 借唔倒 | 借唔倒 | 2-17 |
| 借不出來 | 借不出來 | 借勿出 | 借勿着 | 借唔倒 | 借唔倒錢 | 2-17 |
| 沒找着 | 沒找着 | 尋勿着 | 無尋處 | 失曉咯 | 失咽咯 | 2-32 |
| 沒找着 | 沒找着 | 尋勿着 | 尋勿着 | 揾唔得倒 | 揾唔倒 | 2-32 |
| 叫不上來 | 叫不上來 | 叫勿出 | | 唔話得出 | 唔記得箇 | 3-11 |
| 不能哄騙 | 不能哄騙 | 騙勿着 | 勿能哄騙 | 唔騙得到 | 有法子呃騙 | 2-26 |
| 沒話可說 | 沒話可說 | 話勿出 | 無言可答 | 冇說話好講 | 冇說話好講 | 2-32 |
| 沒拿着 | 沒拿到 | 勿曾捉着 | 捉勿着 | 唔抓到 | 冇捉倒O | 2-22 |

(續表)

| | | | | | | |
|---|---|---|---|---|---|---|
| 分辨不出來 | 分辨不出來 | 分別勿出 | 看勿準 | 唔分辨得佢出 | 唔想講出 | 1-12 |
| 沒細看 | 沒細看 | 勿曾仔細留心 | 勿曾細看 | 冇仔細睇 | 未細查 | 1-12 |
| 靠不住 | 靠不住 | 信托勿住 | 靠勿住/托勿起 | 唔靠得住 | 唔靠得住 | 1-6 |
| 睡不着覺 | 困不着醒 | 睏勿起 | 睏勿着 | 唔着覺 | 唔瞓得 | 1-43 |
| 提不起來 | 提不起來 | 提勿起 | 提勿起 | 唔扶得上壁 | 唔拔得起 | 1-39 |
| 當不起 | 當不起 | 當勿起 | 當勿起 | 唔當得起 | 唔當得起 | 2-5 |
| 還不起他們 | 還不起他們 | 還勿起 | 還勿起伊拉 | 結帳唔出 | 冇得還 | 2-26 |
| 瞧不起他 | 看不起他 | 看伊勿起 | 看勿起 | 好睇輕佢 | 好睇輕佢 | 2-30 |
| 不敢當 | 不敢當 | 當勿起 | 勿敢當 | 唔敢當 | 唔敢當 | |
| 僱不出人來 | 僱不出人來 | 尋勿着啥人來 | 喊勿着啥人來 | 搵唔得倒人嚟 | 請唔倒人嚟 | 2-15 |
| 記不清 | 記不清 | 記勿清爽 | 記勿清 | 唔記得清楚 | 唔記得清楚 | 2-38 |
| 想不起來 | 想不起來 | 記勿得 | | 想唔起 | 唔記得 | 3-10 |

能性補語的否定式,官話"V不CO"首先是否定詞的區別"V不C"—"V勿C"—"V唔C(倒)"。粵語在共同語影響下,發生了(1)"唔VC"到"V唔C"的短語結構;(2)早期形式"不能/沒/不曾+V"表達,滬語C版偏重"V勿C",粵語仍偏重"唔V"。

7.2.2.3 能性述補結構帶賓語

述補結構有時也可加賓語時,不论是肯定句還是否定句,官話中賓語的位置在補語後。但滬語、粵語只有肯定句,加賓語時,賓語置於補語之後。

7.2.2.3.1 肯定句,加賓語時,賓語置於補語之後,即"V得CO",如:

(17)【A】到如今舊病還是時常的犯,怎麼能當差呢?(2-24)

【B】到如今舊病還是時常的發,怎麼能當差呢?

【C】到現在老病不常發作,那能當得動差使耶?

【D】到現在舊病還是時常个復發,那能能彀當差呢?

【E】至今啲舊病重時常會發,點去當差呢?

【F】的舊疾仍變為長病呀。

7.2.2.3.2 對於否定式而言,滬語中賓語的位置則有兩種句法形式,即同官話一樣在補語後,為"VO 勿 C",另一個是滬語特點在補語和動詞之間的"V 勿 CO"。具體如下:

(18)【A】直走到掌燈的時候,也找不着一個鎮店。(2-29)

【B】直走到點燈的時候,也找不着一個鎮店。

【C】直到點燈个辰光,亦尋勿着一个鎮。

【D】直走到爇火个時候,也尋勿着一爿鎮店。

【E】一直行到點燈時候,都搵唔到一間歇店。

【F】就行錯路,行到將近黑,總唔望見有城市。

(19)【A】他若是果然眞湊不出那五十兩銀子來,那還倒情有可原。(2-27)

【B】他是果然湊不出那五十两銀子來,那還倒情有可原。

【C】若使伊眞个担勿出五十兩銀子倒亦罷者。

【D】伊若是果然湊勿出伊个五十兩銀子,伊个倒還情有可原。

【E】佢如果眞正湊唔出個五十兩嚟,嗰啲重係情有可原。

【F】因佢如果眞正湊唔出嗰五十兩,重係情有可原。

(20)【A】那個人因為那天他不幫他妹妹,很瞧不起他。(2-30)

【B】那個人因爲那天他不幫他妹妹,很看不起他。

【C】箇个人因爲前日伊勿肯相帮伊个姊妹,十分看伊勿起。

【D】伊个人爲之伊日伊勿照應伊妹妹,極看勿起。

【E】因為佢嗰日見佢唔肯幫佢亞妹,心裡頭好睇輕佢。

【F】嗰箇朋友見呢箇人噉樣對待箇妹,好睇輕佢。

按:漢語 VOC 述補結構(隔開式 VOC)与 VCO 述補結構(非隔開式)都是南北朝時期新興的述補結構,兩種結構在相當長的一段時期內在語言系統中共存。前者在唐代仍然具有較強的能產性,宋元以後,在語言中比較少用,甚至衰亡。後者則一直沿用至今。(參見蔣紹愚 2003)

除此外,滬語還有用話題式表達的,即把賓語直接前置,構成"T, V 勿 C"

(21)【C】箇個菜名頭我叫勿出。——【A】那些個菜名兒,我可叫不上。

(22)【C】一眼打勿著。——【A】沒打著甚。

(23)【C】衙門裡勿去,賊贓領勿著。——【A】不到衙門領髒去不行。

(24)【C】我個馬尋勿著。——【A】我的馬所沒找著。

有時補語前還可加程度副詞,但常放在否定詞前,這和官話的語序有所不同。如:聽大勿清爽(聽不清楚)。

(25)【A】您納說話聲音太小,人好些個聽不清楚。(1-15)

【B】您說話聲音太小,人好些聽不清楚。

【C】閣下白話聲音太小,別人家聽起來勿清爽个。

【D】儂白話个聲音忒小,有多化聽大勿清爽。

【E】你講話聲音太細,人哋好多聽唔清楚。

【F】甲你講話咁低聲,人哋就唔聽得十分眞嘅咯。

7.3 狀態補語"V 的 $_2$C[①]"結構

狀態補語常用結構为"VC"(C 為狀語形容詞、程度類狀語+形容詞的偏正結構,也可以是否定式作補語)、"V 得/的 $_2$C"。《官話指南》表現都很丰富。

7.3.1 《官話指南》A 版中主要用"V 的 C"結構作狀態補語的形式標記,用來表示結構是助詞"的"以區別於程度補語"V 得 C"結構。用字"的"與"得"間之區別,標示出兩種補語之區別,以區別於

① "的 2",爲結構助詞"的";下文有"的 3",爲語氣助詞,以區別。

程度補語"V得C"結構,各有分工。"V的C"与"V得C"一樣是唐代新產生的動補結構形式。《官話指南》A版用助詞"的"字主要區別是區別程度補語。B版則大都改用"得"字。與官話用法相似,C版狀態副詞作狀語兼作補語。與之搭配的助詞很少是"得",而是"來"或"得來"。粵語用助詞"得"或"到",有時仍用狀態副詞修飾謂詞的語序表達。狀態補語,可以是形容詞或動詞或形容詞性短語或動詞性短語等成分充當。茲將6個版本大部分用例抽列如下,以示它們之間的用法特點。

| | | | | | | |
|---|---|---|---|---|---|---|
| 刻的2也粗 | 刻的2也粗 | 刻來粗 | 刻拉个末粗 | 雕工又粗 | 雕刻咁粗 | 1-12 |
| 燉的2爛爛兒的 | 燉的2稀爛的 | 燒來殰點 | 敦來酥點 | 燉到爛爛的 | 烹到臉 | 1-41 |
| 弄的2那麼挺梆硬的3 | 弄的2那麼挺梆硬的3 | | 弄來實蓋綳硬个 | 整的硬轟轟 | 烹得帶靭或帶硬 | 1-41 |
| 吵的2睡不着覺 | 吵得困不着醒 | 吵來夜裡睏勿起 | 吵得夜裏睏勿着 | 嘈得你喊瞓唔着覺 | 咁嘈 | 1-43 |
| 累的2動不得 | 累得動不得 | 衰瘏來動勿動 | 弛瘏來動勿動 | 辛苦到唔鬱得 | 好疚癐唔郁得 | 2-15 |
| 打的不錯 | 打的不錯 | | 打來勿推班 | 打得唔錯 | 打得幾好 | 2-15 |
| 着急的2了不得 | 着急得了不得 | 着急來非凡 | 着急得了勿得 | 急到了不得 | 操心到了不得 | 2-22 |
| 敗的2這麼快 | 敗的這麼快 | 敗來什介快 | 敗得實蓋个快 | 敗得咁快 | 敗得咁快 | 2-23 |
| 長得很體面 | 長的很體面 | 生得來鑾體面 | 生得極體面 | 好體面 | 好體面 | 2-25 |
| 兇橫的2了不得 | 兇橫的2了不得 | 兇橫來非凡 | 兇橫來了勿得 | 兇橫到了不得添 | 兇橫到極 | 2-26 |
| 喜歡的2了不得 | 喜歡的2了不得 | 快活來非凡 | 歡喜來了勿得 | 歡喜到了不得 | 極之歡喜 | 2-26 |
| 嚇的2也不敢言語了 | 嚇的2也不敢言語了 | 惏來響亦勿敢響 | 嚇得也勿敢話啥 | 嚇到唔敢出聲 | 至到唔敢出聲 | 2-26 |

(續表)

| | | | | | | |
|---|---|---|---|---|---|---|
| 擱得日子多了 | 擱得日子多了 | 隔得多之 | 擱來日腳多之 | 歇得日子耐 | 歇得日子耐 | 2－27 |
| 害怕的2了不得 | 害怕的2了不得 | 懗來非凡 | 嚇來了勿得 | 慌得乜野嘅 | 極之驚慌 | 2－29 |
| 苦的2了不得 | 苦得了不得 | 苦來非凡 | 苦得了勿得 | 苦到了不得 | 苦到了不得 | 2－31 |
| 嚇的2可就驚下去了 | 嚇的2却就一個驚走去了 | 怕之咾跑脱者 | 嚇來一跳跑之去哉 | 嚇慌佢就走落去嘵 | 就着驚跑嘵咯 | 2－32 |
| 作的2好不好 | 作的2好不好 | 做來好勿好 | 做得好勿好 | 作得好唔好 | 作得好唔呢 | 2－40 |
| 作的2還算可以的3 | 作的2還算可以的3 | 做來還算可以 | 做得還算可以 | 作得都算幾好 | 都算可以 | 2－40 |
| 作的2也很好 | 作的2也很好 | 做來亦十分好 | 做得也極好 | 做得甚好 | 極妙 | 2－40 |
| 苦得簡直的2喝不得 | 苦得簡直的2喝不得 | 濃來發苦 | | 苦到直頭唔入得口 | 太苦唔飲得 | 3－2 |
| 煮的2是筋觔兒 | 煮的2是筋觔兒 | 炙來得法 | | 煲得恰可 | 炝得好啱 | 3－3 |
| 漿得這麼軟 | 漿得這麼軟 | 漿來軟來 | | 漿成咁軟 | 燙得咁軟 | 3－5 |
| 碰的2頭暈眼花 | 碰得頭暈眼花 | 弄得人來頭昏腦悶 | | 碰到頭暈眼花 | 令人頭暈 | 3－6 |
| 長得那麼很標緻 | 長得那麼很標緻 | 生來十分標緻得極 | | 生得咁青靚 | 生得好樣 | 3－11 |
| 臢的2了不得 | 腌臢的2了不得 | 齷齪來非凡 | | 了唔得咁汙糟 | 好污糟 | 3－16 |
| 長得很標緻 | 長得很標緻 | 生得極其標緻 | 生得怪趣 | 生得十分好樣 | 好斯文 | 1－38 |
| 穿的很體面 | 穿得很體面 | 衣裳著來蠻體面 | 着得極體面 | 着得好駕勢 | 着好斯文 | 2－25 |
| 拾掇俐儸 | 收拾乾淨 | 出理來乾乾淨淨 | | 執拾企理 | 整周至 | 3－15 |

7.3.2 《土話指南》中狀態補語更加丰富,其基本結構也是“V得/來/得來 C”,即結構助詞有三種:一是與官話相同的“得”,二是用程度補語中也出現的“來”,三是比較獨特的複合助詞“得來”。

在《官話指南》中部分“VC”状态补语結構,在《土話指南》中會很清晰地用“V 得/來 C”表達形式。如:

(26)【A】您來遲了。(2-1)

【B】您來遲了。

【C】可惜來得太晚者。

【D】儂來遲哉。

【E】你嚟得遲咯。

【F】你嚟得遲咯。

(27)【A】人家既肯認不是,也就罷了,何苦老沒完呢?(1-42)

【B】人家旣肯認不是,也就罷了,何苦總不了呢?

【C】人家旣經肯招勿是之味,就罷者,何苦之得,弄得來無收場呢?

【D】人家旣然肯認錯,也就罷哉,何苦總勿肯罷呢?

【E】嘅人哋既然肯認錯,就罷喇,就何苦咁苛求呢?

【F】人哋認錯,就罷喇。點解重要講到冇了期呢?

按:助詞“得”是官話裡的結構助詞形式,而關於助詞“來”和“得來”,則是官話裡所沒有的語法現象。江藍生(1995)認為助詞“來”先出現,“得來”後出現,結構助詞“來”始見於唐代,其虛化的機制與“得”的語法化機制類似,先是由其本義“到,到達”虛化為表動作的完成,當完成態作為一種固定狀態時,助詞“來”轉而表持續態。“來”虛化為助詞後,常與“得”對舉使用。江藍生(1995)還指出,“得來”連用作結構助詞最早見於金代諸宮調和南宋《朱子語類》。“得來”是結構助詞“得”和“來”的同義連用。《上海市區方言志》也有收錄“得來”(“得”和“來”的疊用)一詞。

从实际用例看,狀態補語常為狀語形容詞(含形容詞重疊)、“程度類狀語＋形容詞”的偏正結構,也可以是否定式作補語,鮮有性質

形容詞或光杆形容詞作補語的情況。"程度類狀語＋形容詞"結構,如:

| | | | | | | |
|---|---|---|---|---|---|---|
| 長得那麽很標緻 | 長得那麽很標緻 | 生來十分標緻得極 | | 生得咁青靚 | 生得好樣 | 3－11 |
| 長得很標緻 | 長得很標緻 | 生得極其縹緻 | 生得怪趣 | 生得十分好樣 | 好斯文 | 1－38 |
| 穿的很體面 | 穿得很體面 | 衣裳著來蠻體面 | 着得極體面 | 着得好駕勢 | 着好斯文 | 2－25 |
| 漿得這麽軟 | 漿得這麽軟 | 漿來軟來 | | 漿成咁軟 | 漫得咁軟 | 3－5 |
| 敗的這麽快 | 敗的這麽快 | 敗來什介快 | 敗得實蓋个快 | 敗得咁快 | 敗得咁快 | 2－23 |
| 作的 2 還算可以的 1 | 作的 2 還算可以的 1 | 做來還算可以 | 做得還算可以 | 作得都算幾好 | 都算可以 | 2－40 |

形容詞重疊,如:

| | | | | | | |
|---|---|---|---|---|---|---|
| 弄的 2 那麽挺梆硬的 1 | 弄的 2 那麽挺梆硬的 1 | | 弄來實蓋綳硬个 | 整的硬轟轟 | 煮得帶靱或帶硬 | 1－41 |
| 燉的 2 爛爛兒的 | 燉的 2 稀爛的 | 燒來殰點 | 敦來酥點 | 燉到爛爛的 | 煮到腍 | 1－41 |
| 弄的那麽溜滑的 | 弄得那麽溜滑的 | 弄來滑滑澾澾 | | 整得咁滑呀 | 俾佢咁滑呀 | 3－16 |

否定式:

| | | | | | | |
|---|---|---|---|---|---|---|
| 嚇的 2 也不敢言語了 | 嚇的 2 也不敢言語了 | 惏來響亦勿敢響 | 嚇得也勿敢話啥 | 嚇到唔敢出聲 | 至到唔敢出聲 | 2－26 |
| 吃的還不多 | 吃的還不算多 | 亦吃得勿多 | 吃个還勿算多 | 吃冇幾多煙 | 食有限啫 | 2－25 |
| 說的不好 | 說的不好 | 話得勿好笑 | 話得勿好 | 講得唔好 | 講古仔唔好 | 2－39 |

7.4 結果補語

結果補語主要表達動作行為的趨勢或結果得以實現。有詞彙形式和結構形式。

7.4.1 在《官話指南》中較多是用一些本身含完結義的詞作補

語表達動補結構，諸如“妥”（說妥、包妥、應妥、買妥）、“停當”“好”“完”等。

(28)【A】算是纔給他們都說合完了。(2-19)

【B】算是纔替他們都說熨貼了。

【C】總算大家話之攏來者。

【D】全替伊拉講舒齊哉。

【E】算係共佢調停落嚟咯。

【F】至講妥咯。

(29)【A】那麽明兒個你先雇停當了一頂轎子和一頭騾子。(3-8)

【B】那麽明天你先雇停當了一頂轎子和一匹騾子。

【C】格味明朝儂叫一頂轎子一只騾子。

【E】噉聽日你先叫妥頂轎同一隻騾。

【F】甲噉明日先偓定轎共隻騾。

(30)【A】還有配套的那套書，您給配得了沒有？配得了。(2-18)

【B】還有配套的那部書，您已配好了沒有？配好了。

【C】還有配套子箇部書，配好沒？配好者。

【D】還有配売套个伊部書，儂配好呢勿曾配好？配好哉。

【E】重有配套嗰部書，你同佢配好未呢？配好嘞。

【F】噉嗰套書要配夾，做妥唔曾呢？配妥咯。

(31)【A】可不知道有人應妥了沒有？(2-10)

【B】却不曉得有人應妥了沒有？

【C】勿曉得講定當拉味？

【D】倒勿曉得有人定當呢勿定當？

【E】唔知有人接成唔曾就喺咯？

【F】唔知有人定嘵唔呢？

除此之外，還有整個句義靠動作動詞表動作完成的句子，在方言對譯本中翻譯成動補結構，詳見下文滬語唯補詞部分(7.4.3)。

7.4.2　在《官話指南》中結果補語一般形式為“V 了 O”。“了”完成體助詞。

(32)【A】他說他湊了有九百五十兩銀子。(2－27)

【B】他說他凑了有九百五十兩銀子。

【C】伊話湊得九百五十兩銀子。

【D】伊話伊湊之有九百五十兩銀子。

【E】佢話收到九百五十兩銀。

【F】佢話九百五十兩呮。

(33)【A】這麽着就立了字據,過了錢了,鬧得我好對不過那姓孫的。(2－27)

【B】這麽的就立了字據,過了價了,鬧得我好對不住那姓孫的。

【C】乃味簽花字咾,交銅錢,弄得我來對勿過姓孫个。

【D】實蓋末就寫之契張,付之價,恨得來我對勿住伊个姓孫个。

【E】噉,然後致立啯契據,交啯銀,整得我好對呢個孫氏唔住佢。

【F】是以簽立契據交銀咯,噉樣令我對於呢箇孫氏立於極唔好嘅地位。

(34)【A】那幾年我吃了總有幾百吊錢的虧。(2－27)

【B】那幾年我吃了總有幾百吊錢的虧。

【C】幾年裡向吃過我幾十千銅錢。

【D】伊幾年我總吃之幾百千銅錢个虧。

【E】幾年我總賠嘵有十千錢咁多。

【F】我幾年間大約賠嘵幾百吊錢咁多。

(35)【A】他們那棧裏是收了九十九包棉花。(2－33)

【B】他們棧裏是收了九十九包棉花。

【C】伊拉棧裡是收得九十九包。

【D】伊拉棧裏是收之九十九包棉花。

【E】佢哋棧只收得九十九包棉花。

【F】佢哋棧不過收九十九包。

7.4.3 滬語唯補詞“脱”

C版《土話指南》有一個比較具有方言特殊的結果補語專用詞的

詞就是“脫”。

7.4.3.1　關於“唯補詞”“脫”，劉丹青(1994)稱“脫”是一個特殊詞類——“唯補詞”。認為漢語動結式中的結果補語，一般歸入動詞、形容詞。動詞形容詞都能作謂詞，所以合稱“謂詞”。可是，動結式中的一部分結果補語，已經只能作補語，不能作謂語，似乎不宜再歸入謂詞，而它們在現有的任何一家詞類體系中都無類可歸。因此，劉丹青(1994)建議為這些詞類中的無家可歸者設立一個新的詞類之家，暫且叫它“唯補詞”。如：“著”：打～；淋～；睡～；見～；猜～；買～；搶～。“到”：抓～；見～；猜～；想～；碰～；吃～；做～。他還提出四條確定“唯補詞”的標準：1. 在某些義項上只能作結果補語、可能補語等緊附於動詞而且不能擴展的補語；2. 作補語的義項比謂詞用法抽象空泛；3. 組合面廣泛(這是區別於已凝固的構詞語素)；4. 能充當句子的焦點。“唯補詞”的語義比較空泛，那麼它在句子中主要是用來表示“結果”或“可能”這種範疇意義。錢乃榮(1987)“脫”是表示結果的補語，是“脫衣服”的“脫”的虛化，比普通話完成態“了”更強調動作的結果，是謂動詞的結果態(范曉 1982)，為普通話所無。“脫”有“拿去、取消、毀壞、分離”的意思，當它所修飾的前面動詞變成本身帶有毀壞分離等帶有動作變化趨向語義要素的詞時，其作為補語的結果性就比較強，實詞語義就削弱了，“脫”語義進一步虛化為附著在動詞後表“結果體”。比如“葬”“落”“賣”“放”“摘”“避”“免”“戒”“輸”“折”“拆”“跑”“押”“放”“退”“回”等動詞，本身動作的結果就帶有是脫離毀壞失去等語素，所以不必靠“脫”來增加“消失”義，因而“脫”就虛化為一個語助，起表實現和完成的語法功能，表示達到動詞所趨向的動作結果。下面我們從滬語唯補詞角度來看《土話指南》結果補語的表達。如：

(36)【A】依我說，不如把他活口兒的埋了就完了。(1－33)

【B】依我說，不如把他活活兒的埋了就完了。

【C】照我話起來，倒勿如活葬脫之伊歇作。

【D】依我話，勿如拿來活剝剝埋拉泥裏就罷哉。

【E】依我話,不如摵佢擸生埋阻就算了咯。

【F】乙照我話,呌佢父母擸生葬嘵佢,噉就了事咯。

(37)【A】那個房子我已經租出去了。(2-1)

【B】那個房子我已經租出去了。

【C】我已經租脱个者。

【D】伊个房子我已經租脱拉哉。

【E】嗰間屋我已經租咽俾人嘞。

【F】嗰間屋已經租成過人囉。

(38)【A】我是賣貨來了。(2-2)

【B】我是賣貨來的。

【C】我賣脱點貨色咾來个。

【D】我是來賣貨个。

【E】我係賣貨嘅。

【F】甲我嚟賣貨。

(39)【C】第個票子,別人落脱拉個。——【A】別人丢的銀票。

(40)【C】過之半個月,乃咮放脱個。——【A】半個月之後才能放他們了。

(41)【C】第個房契勿曾押脱個。——【A】這兩處的房契沒押。

(42)【C】縣城裡向又有個人半夜到人家屋裡去殺脱之兩個人,兇手跑脱者。——【A】半夜裡進了一個人家兒去,殺死了倆人,兇手逃跑了。

(43)我勸儂煙咮戒脱之罷。——依我勸你,把煙忌了罷。

7.4.3.2 "無"是動作性很弱的非典型動詞,但後面也可以加補語"脱",這也是由於"無"本身所帶的表"消失"義的因素造成的,同樣的還有"沒脱"。

(44)【A】他說他的馬丢了,沒找着。(2-32)

【B】他說他的馬掉了,沒找着。

【C】話馬無脱个者,尋勿着。

【D】伊話伊个馬跑脱之,無尋處。

【E】話佢嗰匹馬搵唔倒,失曉咯。

【F】話匹馬唔搵得倒,眞係失咽咯。

(45)【A】倒把他的一匹馬丢了。怎麽打圍去會把馬丢了呢?(2-15)

【B】倒把他的一匹馬掉了。怎麽打獵去會把馬掉了呢?

【C】連搭自家只馬落脱之。那能打獵味馬會得落脱个呢?

【D】倒拿伊个一匹馬甩脱。那能打獵去會拿馬甩脱个呢?

【E】反失曉佢嗰匹馬添。點解去打獵又會失曉匹馬嚱?

【F】反失曉佢匹馬添。ㄹ佢去打獵點噲致到失曉佢匹馬呢?

(46)【A】每年夏天一下大雨就淹了,所以這幾年,我也沒種,竟荒着了。(2-12)

【B】每年夏天一下大雨就淹了,所以這幾年,我也沒種,竟荒着了。

【C】年常夏天落之大雨就沒脱,所以我多年勿種咾,荒脱个者。

【D】每年夏天一落大雨就沒哉,所以第个幾年,我也勿種,竟荒脱哉。

【E】每年一落大雨就浸嘅,所以呢幾年,我都冇耕到,已經丢荒咽嘅咯。

【F】每逢夏天之時,落大雨浸住,我呢幾年間冇耕到,由得佢丢荒。

7.4.3.3 一般來說"脱"前的中心動詞主要是單音節詞,但偶爾也有雙音節詞或複合詞,例如:"革摘脱""忘記脱""逃走脱"。具體如:

(47)【A】他鋪子裏有一個夥計就偷了他幾百兩銀子跑了。(2-16)

【B】他鋪子裏有一個夥計就偷了他幾百兩銀子跑了。

【C】店裡有一个夥計偷之伊幾百兩銀子逃走脱者。

【D】伊店裏有一个夥計就偷之伊幾百銀子逃走哉。

【E】佢鋪頭處有一個夥計頭曉佢幾百兩銀走去。

【F】佢舖內有個夥計偷曉幾百兩銀走路。

(48)【A】他許這張票子你們忘了收了。(2-34)

【B】想是這張票子你們忘記收了。

【C】勿要箇張票子倗忘記脫收之咾。

【D】想情第張票子倗忘記簽哉。

【E】呢張票都怕你哋忘記寫收號啝。

【F】甲但呢張票你或者唔記得給箇收號。

7.4.3.4 滬語"V脫"動補結構中還可以插入別的補語,也就是V+雙補語結構,如:

(49)【A】然後拿繩子綑上,可就省得車磨了。(3-17)

【B】然後拿繩子綑倒,却就省得車上磨了。

【C】然後用繩來一綑,省之車子上磨壞脫。

【E】再俾繩綑實,就唔怕俾車揩親咯。

【F】俾繩綁住嘅,噉樣喺駕車處,唔使俾佢損壞咯。

(12)【C】上去個人多咾,踏壞脫拉个。——【A】因為人多上去,竟混糟蹋。

7.4.4 粵語表結果補語結構基本與官話一致,詞彙形式主要在於詞的異文表達,"V了(O)"常見的是用助詞"咽、曉"的"V咽/曉(O)",詳見第一章"助詞9.2"部分。

通過與方言文本的對照,對官話本中程度補語、狀態補語和結果補語之間的異同特點,可以分辨得更清楚了。

7.5 本節小结

7.5.1 程度補語特點:(1)補語標記結構助詞,官話、滬語、粵語一致的用"得",滬語有時用地域詞"來""得來",粵語是"至/到"。"V得極"是滬語最常用的短語結構。(2)滬語、粵語對應的結構可以是"程度副詞+V",尤以F版最明顯,這是"V得C"結構之前常用結構,EF版顯然更保守傳統。(3)程度副詞的差異,甚詞有官話元明以後新見的"很",滬語用"極",粵語用"好"。滬語還有地域特徵詞:野、交關、非凡。程度副詞"好"是由表示"美好"義的形容詞"好"

虛化而來的,程度副詞"好"形成於南北朝時期。晚唐五代時期很少見。宋以後略多見,元明清是其出現的高峰時期,從清末開始才在粵語區形成使用優勢。

7.5.2 能性補語特点:

第一類能性述補結構,"V得""V不得""不V得",主要表示情理上是否許可。此類能性補語的肯定式,官話與滬語、粵語之間表達基本一致。其否定式首先是否定詞"不""勿""唔"的區別,"V得/勿得"的否定式主要有两种,一是"V勿得",如:话勿得(告诉不得)等勿得(等不得);二是"勿V得",如:勿認得。其次,粵語的表達在與翻譯保持一致的同時,使用古代傳統早期用法。

第二類能性述補結構,"V得/C""V不C",其肯定式,官話與滬語、粵語之間表達基本一致。

能性補語的否定式:(1)官話"V不CO",首先是否定詞的區別"V不C"——"V勿C"——"V唔C(倒)";(2)早期形式"不/不能/沒/不曾+V"表達,滬語C版偏重"V勿C",粵語偏重"唔V"。(3)滬語"V得/勿C"中間加賓語時,賓語的位置有兩種:肯定式主要是"V得CO",否定式則可以是"VO勿C"或"V勿CO"。

7.5.3 狀態補語

《官話指南》狀態補語的基本結構是"V的C",《土話指南》是"V來/得來/得C",《粵音指南》等主要是"V到/得C"。補語多為狀態形容詞或形容詞短語,述語除了動詞也可以是動詞短語,而官話則常見的只有動詞作述語。粵語有一部分仍用狀態副詞修飾謂詞的語序表達。

7.5.4 結果補語

《官話指南》結果補語主要有兩種形式,一是"V了O"式,滬語對應有"V得O",粵語"V曉/咽O"。

二是用詞彙形式表達的"VC(O)"式。上海話最常見的結果唯補詞就是"脱","V脱"比普通話完成態"了"更強調動作的結果,表實現和完成的語法功能,為普通話所無。

## 第八節 表目的之"VP去"句式

"VP+去"結構是表行為目的關係的句式,"VP"表示動詞性詞語。句式中"去"表示施動者位移的運動趨向,VP表示施動者位移後進行的行為動作。VP和"去"之間是動作與目的之關係,"VP"其實是"去"之目的所至。表達這一語義在漢語中還有一個相近的結構就是"去VP"。關於結構中"去"的語法功能,吕叔湘主編《現代漢語八百詞》(1980:309)認為是表示要做某事;張伯江(2000)將"去"理解為專門表示目的意義的標記;徐丹(2005)認為是表示"未來"意義的助動詞。陸儉明(1985:18)早就對此撰文論述過,指出在普通話裡,把"(你)去問問"(去+VP)說成"(你)問問去"(VP+去),或者把"(我)喝點兒水去"(VP+去)說成"(我)去喝點兒水"(去+VP),意思似乎沒有什麼差別。"VP+去"與"去VP"同義異構的原因在於語體的問題,即書面語與口語之間的關係。劉瀅(2003)對《四世同堂》裡的"VP"為同一成分的"去+VP"和"VP+去"句式進行了統計,發現了一個很明顯的傾向性:在書面語言中,"去+VP"結構的使用頻率比"VP+去"結構明顯要高。如:"去作"句式有7個,而"作去"句式只有2個:"去作事"句式有9個,"作事去"句式只有2個:"去看看"句式有11個,而"看看去"句式有5個:"去看"句式有14個,而"看去"句式0個:"去買"句式有17個,"買去"句式只有3個。所以也認為,書面語言中,"去+VP"的使用頻率比"VP+去"要高,而在口語中則相反。

那麽,"VP+去"與"去VP"結構除了語體差異外,還有沒有其他因素呢?張美蘭(2011)曾利用清末南北不同地域語言基礎的域外官話教材的資料發現,在《語言自邇集》、《官話指南》、《燕京婦語》、《談論新編》等北方官話的文獻中,表示行為目的關係的句式主要是"VP+去"結構,很少使用"去+VP"句式,即"VP去"的出現頻率比"去+VP"高得多。而在《白姓官話》中大量使用的是"去VP"這種表示目的的結構,即"去 VP"是南方話句式的特點。那麼,在北京官話的《官話指南》與南方官話的《官話指南》以及南方的滬語、粵語翻譯版本中這兩種結構的使用情況會怎樣呢? 能否反映南北這樣地域的差異嗎? 下面我們按照六種版本的異文情況來加以觀察。

北京官話版《官話指南》的調查,可知"VP 去"的使用頻率比"去＋VP"要高(47∶4),"VP 去"高頻率使用,其因素不僅跟口語體有關,但更重要的是"VP 去"是當時北京官話的一個特點。九江書局 B 版《官話指南》代表南方官話則改北京官話 A 版《官話指南》的"VP 去"為"去＋VP"的有 26 例,可見,在盡可能與北京官話保持一致的前提下,B 版還是有一種語言使用傾向,除了語體外,地域差異是一個決定性因素。先具體分析如下:在北京官話版《官話指南》中"到…VP 去"的用例,在九江書局版的《官話指南》中有 11 例被改為:"到…去 VP"。

(1)【A】我本要到府上請安去。——【B】我本要到府上去請安。

(2)【A】我想上張老師那兒拜客去。——【B】我想到張老師那裡去拜客。

(3)【A】可以到他那棧裡買去。——【B】可以到他那店裡去買。

(4)【A】我這兩天還要到府上給老弟送行去。——【B】我這兩天還要到府上去送老弟的行哪。

(5)【A】我現在到你的屋裡搜一搜去。——【B】到你的房裡去搜一搜。

(6)【A】日後若有洋人到各地方遊歷去。——【B】日後若有洋人到各地方去遊歷……。

(7)【A】我今日還要到別處拜客去。——【B】我今日還要到別處去拜客。

北京官話 A 版《官話指南》中"VP 去",九江書局 B 版《官話指南》中有 15 例被改為:"去 VP"。如:

(8)【A】給老爺雇車去。——【B】和老爺去雇車。

【A】不用雇車去——【B】不用去雇車。

(9)【A】我明日再回拜大人去就是了。——【B】去回拜大人就是了。

(10)【A】我要買點兒古玩去。——【B】去買點兒古玩。

(11)【A】你出城定地方去。——【B】你出城去定地方。

【A】那麽我這就定去罷——【B】那麽我這就去定罷。

(12)【A】我回頭就通去。——【B】我回頭就去通。

(13)【A】我要叫你買東西去。——【B】我要叫你去買東西。

【A】買甚麽東西去?——【B】去買甚麽東西?

對照A版北京官話的《官話指南》,除A版外,九江書局B版,滬語版CD版、粵語版EF版都是南方語言為基礎的改寫本,我們經調查發現,A版的"VP去",在BCDEF版如果有對應的句子的話,一般傾向於用"去VP"。"去VP"與"VP去"的南北對應基本得到體現(參見下編第一章11.1.2和11.1.3)。

8.1 "VP去"——"去VP"

例如:

(14)【A】我想上張老師那兒拜客去。(1-11)

【B】我想到張老師那裏去拜客。

【C】我想到張老師蕩拜客去。

【D】我想到張老師壗頭去拜伊。

【E】我去拜客,想去拜張老師。

【F】甲乙我想拜客去見張老師。

(15)【A】㕿他妹妹另上別處借去罷。(2-30)

【B】㕿他妹妹另到別處借去罷。

【C】㕿伊別搭去借罷。

【D】㕿伊妹妹另外到別處去借末哉。

【E】你去第處借罷喇。

【F】去別處借係喇。

(16)【A】你回頭吃完了飯,我要打發你送禮去。(3-18)

【B】你回頭吃完了飯,我要打發你送禮去。

【C】吃罷之飯後來,我要教儂送禮物去。

【E】你等吓食完飯,我要打發你去送禮。

【F】你一食完飯,我想你去送禮呀。

(17)【A】他是新捐的通判,到外頭候補去。(2-3)

【B】他是新捐的通判,到外省去候補。

【C】伊新捐一个通判,到外頭去候補去。

【D】伊是新捐个通判,到外省去候補。

【E】佢新捐通判,去外便候補。

【F】佢係新捐通判,去外便候補。

從歷時發展看,同義異構的"VP+去"句式與"去+VP"句式,產生時間也有先後,"去+VP"句式早於"VP+去"句式,因此,"去+VP"句式在南方話中多用,在書面語中多用,這是符合語言發展的內在規律的,"VP+去"句式後產生,在北方口語中多用,是該句式發展的特點。今天北方方言,特別北京話,主要用"VP+去"句式,少用"去十 VP"句式;西南官話、下江官話、閩方言、粵方言、湘方言、吳方言等則主要用"去十 VP"的句式。而這兩種句式,在今天普通話書面語中都吸收了。

如此看來,BCDEF 五個版本傾向性用"去 VP"句式,是南方話的地域特點。而北京官話《官話指南》A 版"VP 去"句式,是反映了清末北京官話口語的特點。

9. 小結

《官話指南》及其方言對譯本的幾種常見句式:

(1) 疑問句的幾種類型和現代漢語基本相近,因歷時和共時地域兩個因素,《官話指南》與方言譯本間的主要差異體現在:特指問句主要區別在於疑問詞(疑問代詞、疑問語氣詞)通語與地域特徵詞之間的差異;是非問句中滬語版《土話指南》的"阿 VP?""S,是否"句式,話題式問句佔優勢,而粵語版傾向用反復問的形式;正反問句主要差別在於結構中否定詞:“不、勿、唔”的差異:“V/A不V/A”“V/A勿V/A”“V/A唔V/A”,同時,官話與方言存在正反問句与是非問之間的糾葛,滬語改用“V否(嗎)”/“OV否(嗎)”粵語“V唔呢”;正反問“VP(O)不曾/未曾”,始自宋代,“沒”否定已然的事件,用於“V(O)沒”的用例是在元明。“VP(O)沒有?”明代已見,清代常用。從這個時間序列看,粵語用法是早期的,E版更早(上古中古),F版稍晚(宋代),滬語C版是元明的,官話是明代以後的;選擇問句共同點在於都用選擇問標記詞和句末語氣詞,用詞上滬語比較接近官話,而粵語則以地域方言標記詞“嚟”“嗥”為主,粵語甚至存古,用文言文系統的“或”“抑或”。反問句的差異不大。

(2) 官話處置句中“把”字句占絕對優勢,“將”字句使用範圍很小;對譯成滬語則是旧派C版“担/擔”字句、新派D版“拿”字句,也有直接為受事話題句;粵語保持用“將”字句,且多於“把”字句,少數用方言“摵”字句或受事賓語句。致使義處置式在粵語中也有對譯成“令”字使役句。

(3) 被動句中,官話中“被”字句比較古雅(“被V”短語化、用於第四卷),用例很少。口語中用來源於使役的“叫”字句,滬語、粵語的被動標記詞是來源於給予義的“撥”“俾”,且以受事主語或動賓表示,粵語偏用“被”字被動句。

(4) 比較句有平比句、差比句和極比句等形式。粵語在共同語影響下而發生了“比”字句。差比句的格式,官話、滬語、粵語基本相同:“A+比較詞(比)+B+(副詞)+Y(比較結果)”,但是粵語少數用“A+Y(比較結果)+過+B”這個具有地域特點的介詞“過”,是古漢語語序的比較句,尤以F版為多;官話遞比句結構是“一+X+比+一+X+形容詞”,而滬語、粵語是“一+X+形容詞(+過)+一+X”,方言語序存古;極比句中用極比副詞官話主要用“最”,“頂”是滬語特徵詞,粵語還用方言特徵詞“至”。

(5)《官話指南》中表“使讓”類使役句,AB版正用“叫”字句,滬語C版多用魏晉以來的“教”字,部分用“讓”字句,D版用“使”字句,粵語則用書面語"令"字句或"俾"字句。

(6) 官話中給予義動詞用"給",南方官話用"把"。滬語用"撥",粵語用"俾"。官話給予類動詞的雙賓語語序只有一種,受事在與事前:"給(V給)$+O_1+O_2$"。有"給$+O_1+O_2$""V給$+O_1+O_2$"兩種雙賓語語序。滬語給予類動詞"撥"雙賓語語序大致有兩種,一是受事在與事前,二是受事在與事後。有"撥$+O_1+O_2$"(撥伊一個勿預備)、"撥$+O_2+O_1$"(撥銀子伊、撥銅錢我)兩種雙賓語語序。粵語動詞"俾"類雙賓語語序大致與之相同:"俾$+O_2+O_1$"和"俾$+O_1+O_2$"兩類,但滬語的雙及物結構"撥$+O_2+$拉介詞$+O_1$",粵語的雙及物結構"俾$+O_2+$過介詞$+O_1$"卻是它們用來表達官話雙賓語結構的常用句式結構。

(7) 標記程度補語的結構助詞,官話、滬語、粵語一致的用"得",滬語有時用地域詞"來"粵語是"至/到",程度副詞官話用"很",滬語用"極",粵語用"好"。其中"V得極"是滬語最常用的短語結構。同時,滬語、粵語用傳統的"程度副詞+V"結構,EF版顯然更保守傳統;

能性述補結構,"V得""V不得""不V得"与"V得/C""V不C",其否定詞有"不""勿""唔"的區別,粵語的表達在與翻譯保持一致的同時,使用古代傳統早期用法"唔V",滬語"V得/勿C"中間加賓語時,賓語的位置有兩種:肯定式主要是"V得CO",否定式則可以是"VO勿C"或"V勿CO";

狀態補語在《官話指南》中的基本結構是"V的C"(助詞為"的"),而《土話指南》却是"V來/得來/得C",《粵音指南》、《改訂粵音指南》主要是"V到/得C",但粵語有一部分仍用狀態副詞修飾謂詞的語序表達。

結果補語在《官話指南》中主要有兩種形式,一是"V了O"式,滬語對應有"V得O",粵語"V曉/咽O"。二是用詞彙形式表達的"VC(O)"式。另外,上海話最常見的結果唯補詞就是"脱","V脱"比普通話完成態"了"更強調動作的結果,表實現和完成的語法功能,為普通話所無。

(8) 對照A版北京官話的《官話指南》,除A版外,九江書局B版,滬語版CD版、粵語版EF版都是南方語言為基礎的改寫本,我們進行調查發現,A版的“VP去”,在BCDEF版如果有對應的句子的話,一般傾向於用“去VP”。B版在翻译中保持了与A版极大的一致性,但是“去VP”與“VP去”的南北對應基本得到體現。

(9) 滬語、粵語在19世紀末20世紀初實際口語中句式的表達比翻譯《官話指南》要豐富得多。滬語話題句佔優勢,粵語存古。從時間序列上,粵語句式表達保存了中古時期漢語傳統的用法特點,滬語在某種程度上,沿用了宋元以來的新句式,而官話使用了明清以來的新用法,相對而言在保持地域方言特徵的基礎上,粵語存古、滬語開始接受宋元以來新特點、官話在近代漢語的基礎上則更加趨於明清以來的新特點。

**參考文獻**

丁聲樹等.現代漢語語法講話[M].北京:商務印書館,1999.

丁喜霞.中古常用并列雙音詞的成詞和演變研究[M].北京:語文出版社,2006.

馮春田.近代漢語語法研究[M].濟南:山東教育出版社,2004.

黃金貴.古代文化詞義集類辨考[M].上海:上海教育出版社,1995.

江藍生.近代漢語探源[M].北京:商務印書館,2000.

李榮.現代漢語方言大詞典[M].南京:江苏教育出版社,2002.

李榮,許寶華,陶寰.上海方言詞典[M].南京:江蘇教育出版社,1997.

李如龍.漢語方言特征詞研究[M].廈門:廈門大學出版社,2002.

劉月華,潘文娛,故韡.實用現代漢語語法[M].北京:商務印書館,2001.

呂叔湘.中國文法要略[M].北京:商務印書館,1982.

呂叔湘.現代漢語八百詞[M].北京:商務印書館,2000.

呂叔湘.漢語語法論文集(增訂本)[M].北京:商務印書館,2000

錢乃榮.上海語言發展史[M].上海:上海人民出版社,2003.

錢乃榮.上海話語法[M].上海:上海人民出版社,1997.

錢乃榮. 當代吳語研究[M]. 上海：上海教育出版社，1992.
錢乃榮. 北部吳語研究[M]. 上海：上海大學出版社，2003.
王力. 漢語史稿[M]. 北京：中華書局(重版)，2004.
許寶華，宮田一郎. 漢語方言大詞典[M]. 北京：中華書局，1999.
張美蘭.《祖堂集》校注[M]. 北京：商務印書館，2009.
張美蘭. 明清域外官話文獻語言研究[M]. 長春：東北師範大學出版社，2011.
張美蘭.《清文指要》匯校與語言研究[M]. 上海：上海教育出版社，2013.
趙元任著，吕叔湘譯. 漢語口語語法[M]. 北京：商務印書館，2000.
朱德熙. 語法講義[M]. 北京：商務印書館，1982.
CALVIN WILSON MATEER. A Course of Mandarin Lessons based on idiom [M]. Shanghai: American Presbyterian Mission Press. 1900.
曹廷玉. 漢語方言特徵詞研究[M]. 廈門：廈門大學出版社，2002.
蔣紹愚. 先秦漢語的動賓關係和及物性. 中國社會科學院國學研究論壇"上古漢語語法史研究"學術研討會報告，2013.
黑維強. 論近代漢語"去＋VP＋去"句結構類型及其發展[J]. 蘭州大學學報 2003(6).
李如龍. 論漢語方言特徵詞[J]. 中國語言學報 2001(10).
李小平，曹瑞芳. 漢語親屬稱謂詞"姐"的歷時演變[J]. 漢語學報，2012(2).
劉寶霞. 明清時期"理睬"義動詞的歷時演變和地域分佈[J]. 合肥師範學院學報 2013(2).
劉丹青. "唯補詞"初探[J]. 漢語學習，1994(3).
劉丹青，徐烈炯. 普通話與上海話中的拷貝式話題結構[J]. 語言教學與研究，1998(2).
劉丹青. 吳語的句法類型特點[J]. 方言，2001(4).
劉丹青. 漢語給予類雙及物結構的類型學考察[J]. 中國語文，2001(5).
劉冬青. 北京話副詞史(1750—1950)[D]. 蘇州大學博士論文. 2011.
劉慧，李奇瑞. 從九江方言特徵詞"將"看漢語方言詞彙在詞彙史研究中的作用[J]. 江西師範大學學報[J]. 2005(5).
劉曼. 疲倦義形容詞的歷時演變[J].(韓國)中國語文學，2014 第 66 輯.
劉曼. 同義詞"好、喜、愛"的平行[J]. 合肥師範學院學報，2015(2).
劉清平. "裏"、"裏面(頭、邊)"的共時歷時考察及方位詞的雙音化效應[D]. 華中師範大學博士學位論文. 2011.
劉瀅."去＋VP"與"VP＋去"的對比分析——兼論語序位置和不對稱現象[D]. 上海師範大學碩士學位論文. 2003.
陸儉明. 關於"去＋VP"和"VP＋去"句式[J]. 語言教學與研究,1985(4).
穆湧."喜歡(懂/驩)"主導義項演變研究. 首屆漢語常用詞歷時演變研究研討會論文. 2015.
潘牧天."鈔"和"抄"詞義演變考[J]. 杭州師範大學學報,2014(3).
錢乃榮. 也談吳語的語法、詞彙特徵[J]. 溫州師院學報,1987(3).
邱克威. 評基督教傳教士與近現代漢語新詞[J]. 語文建設通訊第100期,2012.
邵則遂,王平夷. 論"睇"語義的歷時演變[J]. 長江學術,2015(2).
邵敬敏. 上海方言的話題疑問句與命題疑問句[J]. 華東師範大學學報,2007(4).
汪維輝. 東漢—隋常用詞演變研究[M]. 南京:南京大學出版社. 2000.
汪維輝. 漢語"說類詞"的歷時演變與共時分佈[J]. 中國語文,2003(4).
汪維輝,秋谷裕幸. 漢語"站立"義詞的現狀與歷史[J]. 中國語文,2010(4).
徐世榮. 北京土語辭典[M]. 北京:北京出版社. 1990.
徐丹. 趨向動詞"來/去"與語法化——兼談"去"的詞義轉變及其機制[A]. 載于沈家煊,吳福祥,馬貝加主編《載語法化與語法研究(二)》[C]. 北京:商務印書館. 2005.
顏玉君. 常用詞"痛"、"疼"的歷時演變和共時分佈[J]. 國際漢語學報,2014(1).
岳立靜.《醒世姻緣傳》助詞研究——兼與現代山東中西部方言助詞比較[D]. 北京語言大學博士論文. 2006.
岳中奇."V去O"和"VO去"的語義語用分析[J]. 漢語學習,1994(4).
張林林. 九江方言中的"等"字[J]. 九江師專學報,1989第2、3期合刊.
張美蘭. 近代漢語使役動詞及其相關的句法、語義結構[J]. 清華大學學報,2006(4).
張美蘭. 日本明治期間漢語教科書中的北京話口語詞[J]. 南京師大人文學報,2007(2).
張美蘭. 清末漢語介詞在南北方官話中的區別特徵——以九江書局改寫版官

話指南為例[A]. 收于陳燕、耿振生主編《繼往開來的語言學發展之路》[C]. 北京:語文出版社. 2007.

張美蘭. 從訓世評話文白對照看明初漢語常用動詞的興替變化[J]. 南京師範大學文學院學報,2012(4).

張美蘭. 明初漢語常用詞新舊質素的興替變化——以訓世評話為中心[J]. 安徽理工大學學報,2013(4).

張美蘭,周瀅照. 從小說西遊記到鼓詞西遊記看明清常用詞的興替[J]. 國際漢語學報,2014(1).

張美蘭,穆湧. 稱謂詞"兄弟"歷時演變及其路徑[J]. 中國語文,2015(4).

張美蘭,穆湧. 稱謂詞"弟兄"的歷時發展與地域分佈[J]. 語言研究,2015(1).

張慶慶. 近代漢語幾組常用詞演變研究[J]. 蘇州大學博士學位論文. 2007.

張婷. 常用詞"兄/哥"的發展與演變[J]. 山東行政學院山東省經濟管理干部學院學報,2008(S1).

張振羽. 三言副詞研究[D]. 湖南師範大學博士學位論文. 2010.

周瀅照. 基於西遊記兩個版本異文的明清常用詞歷時演變研究[D]. 清華大學博士學位論文. 2013.

宋桔. 語言自邇集的文獻和語法研究[D]. 復旦大學博士學位論文. 2011.

本書是2011年國家社科基金重大課題"近代漢語常用詞詞庫與常用詞歷史演變研究"(項目編號: 11&ZD125)子課題之階段性成果。

# 附　　錄

# 附 錄 一

## 1 《官話指南》(1881)卷首序文两篇及凡例

### 1.1 序(北京公使館秘書官田邊太一的序)

吳生駐燕京三年,學其語言,頃者輯切日用者,編成一書,名曰《官話指南》。蓋皆出於其自課自得之餘,宜乎親切明著,不負其名也。有功斯學,可謂偉矣。抑予有恐焉,前之脩斯學者,苦無成書耳,聽而手抄,日累而月積,漸乃有得。其入之難也,如是而得之,却深焉。今也既有成書,它人數年之工,可一朝了之。入之太易,恐得之不深,讀斯書者,莫狎於其入之易,而思更致其力。指南而到南,以期有成,是予之所望於學者,而亦吳生之志也。

明治十四年十二月,田邊太一敘於燕京公署。

### 1.2 序(漢語教師黄裕壽、金國璞的序)

語言之學,雖文人之緒餘,原無關乎經濟才能之大,然無成書以為嫻習之助,但偶聽人之談論,依稀彷彿而傚顰之,不惟隨學隨忘,諸多罣漏,滋管窺蠡測之虞,即輕重緩急之間,剛柔高下之際,亦必不能一一酷肖。兹有吳啟太、鄭永邦者,皆東洋長崎人也,因隨公使駐北京,公餘之暇,即潛心於語言之學,天資既敏,人力亦勤,積數年之攻苦,而憑空結纂,設為問答之詞,藏諸囊篋,久已累牘連篇,僕等偶然過訪,適其稿置案頭,急索而觀之,見其口吻之合,神氣之眞,與其發揮議論之詳切,實為動中肯綮,因慫恿之,俾刷印成書,以公諸世,誠善本也。苟殫心於此者,按其程式,奉為楷模,循序漸進而學之,如行路者之有嚮導,絕不致為迷途所惑,較之偶聽人談論依稀彷佛而傚顰者,其相去不已天淵乎,僕等觀是書而佩服深之,爰為之校對一番，並為之序，以述其顛末云。

光緒七年辛巳小陽月下浣，燕京黄裕壽、金國璞拜序。

## 1.3 凡例

一、余駐北京學語言三年於今，時延請師儒，賴其口講指畫，漸有所領悟，然不過滄海之一粟耳，是編係平日課本，其中遺漏，指不勝屈，今刷印成書，只為初學計，遺笑大方，自知不免。

一、京話有二：一為俗話，一為官話。其詞氣之不容相混，猶涇渭之不容並流，是編分門別類，令學者視之井井有條，釐然不紊，庶因人因地而施之，可以知所適從。

一、初學華語者，須知有四聲，有輕重音(輕音即窄音，重音即寬音)，有輕重念，出入氣等項，是不竢論，此外尚有張口音、閉口音、又有嘬口音。如"巴""寒""張""大"等音，皆是張口音也；如"木""父""不""屋"等音，皆是閉口音也；如"火""去""出""姑"等音，皆是嘬口音也，另有由タ、チ、ッ、テ、ト母音所出之音，如"倒""將""跳""知""早""斗""頭""凳""地""釘""天""秋"等音，必須舌端用力，達至上牙床，方為盡善。不然，則往往致有謬誤。此雖屬末節，而讀者不可不知也。

一、初學四聲之法，最難解說，今舉梗概，如上平，其發聲時，係自上落下而止，聲音較短。如下平，其發聲時，係向右傍一擲而止，聲音較短；如上聲，其發聲時，係半含其音，漸漸而上，聲音較長；如去聲，其發聲時，係半含其音，向左傍漸漸垂下，聲音較長；又如上平，其發聲時，係如點首之狀；如下平，其發聲時，係如人將首向右傍稍轉之狀；如上聲，係如人仰首之狀；如去聲，係如人將首向左下垂之狀。

一、凡言語內，如值有兩上聲字相連者，其上一字應讀下平，其下一字，應讀上聲，所謂逢上必倒是也(言兩上聲相值，則必倒一字之聲也)。

一、凡輕音字，則不多用喉力；如係重音字，則多用喉力。如金字，本屬牙音，係輕音，則讀時，宜多用牙力，少用喉力；如輕字，亦屬牙音,係重音,則讀時,宜多用喉力,少用牙力;又如身字,本屬齒音,係輕音,則讀時,宜多用齒力,少用喉力;如生字,亦屬齒音,係重音,則讀時,宜多用喉力,少用齒力;又如敦字,屬舌音,而系輕音;東字,亦屬舌音而係重音;如搬字,屬唇音,而係輕音;邦字,亦屬唇音,而係重音,皆可類推,至屬喉舌音之字,其間亦有輕音重音之別,譬如一字,本屬喉音,係輕音者,則宜用喉上之力而發,係重音者,則宜用喉下之力而發;如寒字,係輕音,杭字係重音;又如安字,係輕音,昂字係重音,此類皆是也。蓋漢字音,未有ンム音,而日本原音,亦有ンム音者,均屬輕音,如"心""金"等字是也;音末無ンム音者,概係重音,如"星"字、"經"字等是也。

一、凡由齒內所出之音,多有誤由牙內而發者,致聽者渺茫誤會,玆略舉數音,欲學者留神,譬如"知"音本係由齒內所發出者,若誤由牙內而發,則成"機"音也;"石"音,亦係齒音,若誤為牙音,則成"席"音也,"是"音亦係齒音,若誤為牙音,則成"細"音也;"章"音亦係齒音,若誤為牙音,則成"江"音也;"水"音亦係齒音,若誤為牙音,是成"許"音也。余歷年留意考察,始得其錯誤之由,乃表而出之如此。

一、凡說清話,字句之間,有宜重念者,最為緊要,蓋重念之字,實與語言之意,大有關切。譬如:"我可以給你錢",唯一句言語,而有四種念法,如左:

我⁻可以給你錢,"我"字重念,其意"我"獨能與汝錢,而他人不能與汝錢也。

我可⁻以給你錢,"可"字重念,其意我實能與汝錢,非不能與也。

我可以給你⁻錢,"你"字重念,其意我止能與汝錢,而不能與他人錢也。

我可以給你錢⁻,"錢"字重念,其意我止能與汝錢,而不能與汝他物也。

舉此一端,他可推知。

一、凡出氣之音,讀時應(一作"宜"。)用力,將其音向外放出字音,由タチッテトカキクケコパピプペポ各等音而出者,皆有出入氣之別。餘者無此分別也。

一、標記之式,原可以獨出心裁,各人用各人之記,殊不必舍已從人,但恐初學漫無定式,無所適從,因僭擬一法,分別詳列于左。

凡字之四聲,上平,則在字之右肩加一圈,如"聲"字是也;其下平,在字之右脚加一圈,如"讀"字是也;其上聲在字之左肩加一圈,如"請"字是也;其去聲,在字之左脚加一圈,如"四"字是也。

凡字之應出氣者,在字之左肩加一豎,如"ˈ茶"字是也。

凡字之應重念者,在字之右邊畫一橫,如"船¯"字是也。

凡字之重音,在字之左邊加一横,如"¯京"字是也。

明治十四年(1881年)十二月,吳啟太　鄭永邦自識。

## 1.4 目録



# 2 《土話指南》卷首序文天主降生一千九百八年上海土山湾慈母堂第二次印

上海方言版《土話指南》:《應對須知》《官商吐屬》《使令通話》三章,初版1889年

### 《土話指南》序

《官話指南》本為東洋吳君所撰,分有《應對須知》《官商吐屬》《使令通話》等門,洵足為有志官話者初學之助。司鐸師中董君見而愛之,譯以法語,並音以西音,於難辨處,加以注釋。是以西士來華,莫不先行誦習,奉為指南。然于松屬傳教士,不克其用,未免有恨,概欲譯以松屬土音為快。余姑就眾情,勉按原本,譯以方言。惟其中有幾處省郡等名,不便譯出,故將原本地名少為權易,且末卷《官話問答》倘譯以土音,更不合宜,故特舍而不譯。顏曰《土話指南》者

蓋就《官話指南》之顔而顔之也。

## 3 《滬語指南》兩卷卷首之序

1896 年,曹菊人《滬語指南》的"應對須知"和"官商吐屬"兩卷翻譯為上海方言,用作"商務漢語課本",1908 年由上海美華書館出版。

### 序

余友保羅安君,德之博雅士也。中國語言文字無不熟習通曉。丙申冬,出示日人所著《官話指南》一冊,云:中西之交,商務為重。商務之繁,滬地為最。惟官話不可施諸貿易之場,若將官話譯作上海土音,於商務不無裨益。爰以囑余,余不揣譾陋,悉心翻譯。雖明知俚語村言無當大雅,然以泰西人士之來遊滬瀆者,閱而習之,可稍免重譯之煩。閱三月,譯始成。即以示安君,安君許可。因顔之曰《滬語指南》,并囑為之序,以付梓人。爰述其大略如是。

光緒貳拾三年丁酉季春,上海曹鍾橙菊人甫序。

## 4 《訂正粵音指南》

### 4.1 《訂正粵音指南》之跋

#### 跋

有清光緒中葉,余嘗一度来港,就政學界西士之聘,授以粵語、國語及漢文。因得见粵音指南之書,未錄著者姓名,心焉惜之。厥後南北奔馳,廿年戎幕,自以爲於教話一途,不復聞嗣響矣。何圖民國紀元,蒙美國那夏禮、郭喜文二牧,交薦于駐港倫敦會牧皮堯士博士家,識威禮士賢牧於比鄰,夙欽其好學深思,誨人弗倦,殆數十年如一日也。比者威君以教育局員,兼港大方言館,暨太古船塢諸教席,著有《粵英語合璧教科》一書,近又取《粵音指南》舊本,重行釐訂,先成三卷,屬余校讐,竭數閱月之力告成,詢跋于余。竊維語言之學,本文人緒餘,無關乎經濟才能之宏旨,然是書一出,大可爲西士嫺習之助,矧言爲心聲,舉凡輕重緩急之間,剛柔高下之際,貴能一一酷肖,口吻既合,神氣逼真,有斯善本,宜刊印成編,公諸同好,儻學者按其程式,奉作楷模,循序而遞進焉,譬行道者有所嚮導,不致惑于迷途,較諸僅聽人談論依稀髣髴而傚顰者,相去奚啻霄壤耶?爰述其顛末,拜手而爲之跋。中華民國十有八年季冬之月,上浣惠陽馮曙亭謹誌于港大方言學館。

## 4.2 《訂正粵音指南》之凡例

粵語讀本,昔賢作之夥矣。然能見重于當年,且適用于今日者,殆不數覯。故鄙人訂正《粵音指南》一書,良有以也。緣鑒夫時事變遷,語言改革,思合學者之心理,貴隨社會之潮流。計閱半年,得成三卷。卷一為應對須知語,凡四十五課。中有一課,以原文意不雅馴,未便繙譯。卷二為官商吐屬語,凡四十五課。卷三為使令通話語,凡二十課。共一百有四課。每課首尾相銜,而程度亦漸次增高,譬若陟階而升,學者終篇,信可覽尋常報章,欲求普通粵語者,頗足用焉。惜鄙人兼席事繁,未將卷四之官場問答語廿課,重行釐訂,姑且俟諸異日。

是書句法務期適用,以將話說明為度,故用字造句,與語助虛字,概從俗尚,以便習慣,其說話之神情句讀沿用標點,或加以符號,俾學者易明,教者省力,中間各項名詞,有一詞可兼數用,一物而有別名,所望教者隨時採取而善導之,免貽膠柱鼓瑟之譏,幸甚。更願讀是書者,能致其力,指南而至南。是鄙人之所厚望。茲承素有經驗之粵語教員遜清茂才馮曙亭君,共同衡校,擇精語詳,例得備述云爾。

西歷一九二九年冬月,
英國威禮士自識。

## 4.3 《訂正粵音指南》之目錄

### 卷之一《應對須知》

第一課　姓名住址　第二課　互談年紀　第三課　尊行寶號
第四課　到埠問安　第五課　勸友延醫　第六課　莫倚賴人
第七課　安靜調養　第八課　勿拘禮數　第九課　餽送茶葉
第十課　拜候老師　十一課　話要誠實　十二課　物辨真假
十三課　相論困難　十四課　同行方便　十五課　聲音緊要
十六課　屏風秘密　十七課　各有土談　十八課　似曾相識
十九課　字畫介紹　二十課　名勝風景　廿一課　遊湖晚歸
廿二課　廟大塔高　廿三課　愛月遲眠　廿四課　大暑出行
廿五課　厚霜覺冷　廿六課　鐘慢錶準　廿七課　中意春秋
廿八課　同窗有幾　廿九課　讀史臨帖　三十課　教法甚佳
卅一課　僧俗稱呼　卅二課　賀人父壽　卅三課　處治閒童
卅四課　毋失本分　卅五課　官有廉貪　卅六課　上行下效
卅七課　人而無恥　卅八課　女士端莊　卅九課　論兒勤惰
四十課　感激栽培　四一課　甲乙論牙　四二課　勉友圓活
四三課　貓懶鼠嘈　四四課　（未便繙譯）　四五課　豫籌對待

### 卷之二《官商吐屬》

第一課　租屋批頭　第二課　貨客問答　第三課　辭行送行
第四課　恭賀新禧　第五課　道賀府官　第六課　嘈吵銀號
第七課　定燒青貨　第八課　典地限期　第九課　借銀頂舖
第十課　請薦工程　十一課　兄弟分家　十二課　佔田興訟
十三課　議拌果園　十四課　修理鐘錶　十五課　東北打獵
十六課　吞煙喪命　十七課　借款求差　十八課　配夾買書
十九課　調停案件　二十課　拆貨賠賬　廿一課　換錯皮箱
廿二課　因案被參　廿三課　當店倒盤　廿四課　幕客談情

**卷之三《使令通話》**

# 附 錄 二

## 1 《改訂官話指南》之卷一《酬應瑣談》20 章(文求堂 1903 年出版)

改訂版由金國璞修訂,他曾給《官話指南》初版本做過序,是吴啓太和鄭永邦等人的漢語教師。金國璞在明治 32 年(1899)到日本任東京外國語學校漢語教師後,對《官話指南》進行改訂,由文求堂於 1903 年出版。這次改訂版的重要變動是把初版本的第一捲的"應對須知"删除,代之以"酬應瑣談"20 章。

據冰野善寬(2010)研究,可能是因爲第一章"應對須知"很多章節借鑒於《正音撮要》,内容顯得有些陳舊,爲適應形勢變化,代之以比較切合實際的"酬應瑣談"。

這一章主要是寫中國商人來日本進行的商業會談、開礦鋪路、購買設備等實用性的會話用語,從一個側面反映了中國在甲午海戰後出現的積極推進近代化的動向。

### 目　　錄



官話指南

吴啟太　鄭永邦合著,金國璞改訂

## 1.2 《改訂官話指南》卷之一《酬應瑣談》

### 第一章

您這是初次到這兒來麼?

我從先來過一盪,住了幾天,就回去了,這是第二盪來。

是您這盪來,是打算在這兒開甚麼買賣麼?

我這盪是我們本國行裏派我來,看一看這本地買賣的情形,然後回去,再商量將來是開甚麼買賣。

是了,那麼您打算住多少日子回去呢?

也不過倆來月的光景罷。後來您若是打聽甚麼買賣的事情,我有兩位至好的朋友,於商務的情形,總還可以畧知道些個,您願意見他們的時候兒,我可以給您介紹。

好極了,後來我這免不了有請教的事情的。

### 第二章

您上回不是說,您這盪來不是得住五六個月了麼,怎麼您這麼快又要回去呢?

我原打算是得多住些日子,皆因我現在接着我們行裏來了一個電報,叫我快回去,有要緊的事情商量,不能不快走。

那麼你再來得多喒哪?

現在還說不定,若是我回去不過就是爲商量事情,大約上秋,還可以來,若是行裏打算派我上別的國去,那可就先不能來哪。

我們還是盼望您趕緊的再來呀。

我也是還願意再來,可不定由得我由不得我。

請您想着,給我們來一封信罷。

### 第三章

令親招股份開礦,辦的有點兒頭緒了麼?

簡直的越辦越沒信兒了。

是衙門不准麽?

原是衙門招人開採,怎麽能不准呢?

不然,也許招不出股份來?

股份自然是也不容易招,可是還不是竟因爲那個,我聽説他們那幾個頭目人兒,有要用洋法開採的,有願意要用土法開採的,意見都不相同,所以一時不能定局。

大概股份,還沒招了罷?辦法還沒商量好哪,怎麽能招股份呢。

## 第四章

近來金價的行市怎麽樣?總還是有長無落罷。

前些日子不是聽説金價落下一點兒來了麽?前些日子落下來也有限,這幾天又長上去了。在我看,金價往下落着,總費事罷。

是的,現在各國總是用金子的多,銀子用項太窄,所以銀價總不容易往上長的。

若是天下各國都用金子,那銀子不成了無用的東西了麽。

也就是可以用銀子造那半塊的銀錢,和那一兩毛的錢罷。

竟用銀子造那樣兒的錢,那用項也就窄的很了。

自然是的。

## 第五章

我有兩位朋友,要買幾本話條子,我不知道是天津有,還是上海有?我想您必知道是那兒有,請您告訴我説,我好寫信去,託朋友給買。

您要買中國話條子,那沒甚麽難的,您也不用寫信到天津、上海託朋友打聽,那中國話條子的書,在日本東京神田區本鄉區那幾家書鋪都有,東京那邊兒,有我靠得住的朋友,我可以寫信去,託朋友把近來新出來的要緊的話條子,給您買幾本帶來,不更省事妥當麽。

那敢自是好極了,不過是這麽勞動您我眞過意不去。

這有甚麽的呢,可費著我甚麽呢。

那麽那書價怎麽樣呢?

那不忙,等把書寄來,必開了賬來,就知道是多少錢了,那個時候兒,您再交給我給寄了去不好麽。

就是,我就遵命了。

## 第六章

我下月是要往日本國遊一盪去,還有我們學堂,要買印字的機器,也要交給我辦,我這是初次往那麽去,人地生疎,而且言語又不通,若是那邊兒您有靠得住的朋友,求您給寫一封介紹的信,託朋友照應照應我。

可以的,我有一位至好的朋友他是在東京本鄉區開著一個書鋪,專賣偺們的漢書,您到了東京,可以和他商量這買印字機器的事情。

是他那書鋪也賣印字機器麽?

他鋪子不賣印字機器,可是我知道他能辦這個事,不但這個,就是別的事情,他也能辦,人是最精明了,各商家他也都有個聯屬,託他辦甚麽事最妥當了。

好極了,不知道這位令友,懂得偺們的話不懂得?

他是一口的好北京話。現在在日本商人裏頭,他的北京話,是數一數二的了。

這眞是爽快極了,何幸而獲此,就求您給寫一封切實的信罷。

就是就是。

## 第七章

你的那個鋪子倒過來,怎麽不換字號啊?

我那鋪子不是倒的,是租底兒,怎麽能改字號呢。

是租誰的?

也是我一個相好的鋪子。

怎麽本主兒不做,把鋪子倒租給你呢?

皆因本主兒有好事出外去了,家裏沒人照管買賣,纔租給我做了。

定規的是租幾年呢?

寫的是租五年。

爲甚麼你那個時候兒,不和他商量倒過來呢?

我那個時候兒,也探過他的口話兒,他不肯倒,他的意思是打外頭回來,自己還要接過來做哪。

他那個字號,外頭怎麼樣?

他那個字號,是外頭很有名,各處都有一定的主顧,所以他不肯出倒的。

原來如此。

## 第八章

近來洪順號,外頭聲氣不大好,行中有穿換各鋪子,都叫不響了。不知道是怎麼會弄得這麼糟。

你不記得我去年就和你說過一回麼,他那鋪子裏,一二年之內,事情必要糟的。我早就聽說,他屋裏所存的貨物,决頂不住外頭的欠項,果然今年這聲氣就出來了。

在我想,他那屋裏大概都是掌櫃的那幾個親戚壞的事。

可不是那幾個人麼,自從他那幾個親戚進鋪子去,那幾個好手夥計全都陸續着不幹了,他那幾個親戚,就隨便濫支濫用,就把買賣給花虧空了,所有外頭該人家欠人家的,將來給不了,總不免要打官司告狀的,這個亂子,還不是歸在掌櫃的身上麼。他既信用他的親戚壞了事,怨他自己不明白,不能怨别人的。

## 第九章

我有一千塊錢,打算要從貴行電匯到天津去,不知道是多少滙水。

往外國電匯,都不要滙水,因爲不算是滙去的,算是按着今天的行市賣給您的。

是了我明白了,那麼我要買一千塊錢的電匯,是得用多少日本的票子呢?

您不是要買天津的電滙麼?

不錯的。

等我算一算,按着今兒個的行市,是減一成五分五釐,您就給八百四十五圓就行了,可是您得單給電報費。

您説的這個電報費,不是由您這兒貴行打到天津分行去的那個電報的花費麼?

原是的。

那麼天津的我那個朋友怎麼就能知道,我給他電匯銀子去呢。

那您得單打個電報知會令友,叫他到天津銀行裏取那銀子去。

若是我那個朋友接了我的電報,到貴分行取銀子去,就可以給他麼。

若是我們行裏認得令友。自然立刻就可以給他了,若是不認得令友的話,可以找個保人,就可以取了去了,那也並沒甚麼累贅的。

## 第十章

我有五百塊日本的票子,打算要匯到北京去,託您給想個法子滙了去。

那好辦,這東京有一家第百銀行,在北京有一家分行,字號是貯藏銀行,我也由第百銀行往北京匯過銀子。您這銀子也可以由那個銀行匯了去,是最妥當的。可不知道您在北京是用銀子啊,還是要用墨西哥洋錢呢?

我的意思是要用銀子,不知道這個銀子匯到北京去有甚麼傷耗沒有?

按目下金價很貴,不但這裏頭沒甚麼傷耗,大概還可以多漲出幾兩銀子來哪,這本來不算是匯兑的事情,這算是您拿金錢票子賣銀子的事情,所以倒可以多得幾兩銀子。

是了,那麼他們不扣一點兒匯水麼?

扣一點兒也很有限的。

就是。那麼就求您分心,給我辦辦罷。

那兒的話呢,我這就給您辦去罷。

## 第十一章

那祥隆綢緞鋪的朱掌櫃的,雖然他不是本行的人,可是專會用夥計,這兩年買賣做的是一年比一年有起色,就連本行人開的買賣,都竟會做不過他,這是誰能想得到的事。

那個朱掌櫃的,不過是綢緞行買賣的外行。

他可並不是做買賣的外行,若講做買賣他心裏很有路數兒,而且是眞會用人,做事很開通,夥計們都佩服他,每年算完了大賬,這一年若是賺的錢多,必要給夥計們多豁長支,多送謝儀,能感動人心,夥計們眞是人人兒高興,個個兒提神,大家都是一心一計的打起精神來,給櫃上做買賣。怎麼是買賣不一年比一年有起色呢? 倒不在他是內行是外行,隔行不隔理,不論那行,人情都是一樣,只要待夥計有情有義,誰能不盡心竭力給櫃上辦事呢。

## 第十二章

我看像你這首飾行的手藝,實在是不容易學的。

怎麼不容易學?

像打造各樣兒的首飾和各金銀的器皿,又得學打造,又得學點翠、鏨活,拔絲攢絲、銲活,這麼好幾樣兒手藝得多少年纔能學會哪?

您想錯了,我們敝行是各學一樣兒手藝,像管打造的,是竟學打首飾。那點翠、鏨活甚麼的,是單有管做那個活的。

是了,那麼像開一個首飾樓,那會各樣兒手藝的夥計都得有啊。

那兒能邀那麼些個夥計呢,他們是各有各作坊,我們屋裏不過就有專管打首飾的夥計,可也都會銲活,趕我們應下活來,應當過行的,我們都是送到那各作坊做去,那都是料件子活,是按着件數兒給他們手工錢。

是了,這我纔明白了。

## 第十三章

聽說增盛那屋裏大賣殘貨,各樣兒東西全都減一成價出賣,莫非是要收買賣麼?

不是要收買賣,是又搭着財東,要挪地方兒開買賣。

已經采着地方兒了麼?

聽說在西單牌樓採着地方兒了,如今打算把陳貨都減價打掃出去,同新財東另開買賣,從新辦貨。

在我想,那增盛家范掌櫃的,也不算做買賣的好手啊,怎麼還有人願意拿出銀子來和他搭夥開買賣呢?

你不知道,增盛那屋裏外頭交的很寬,所有西北陝甘蒙古那些個地方兒,來京辦貨的客人,大半都是用他那屋裏的貨,這個新財東是他舊日的一個朋友,深知他屋裏的這個底,所以纔肯和他搭夥。

是了。那麼換字號不換字號呢?

不換字號。用的還是他這舊字號哪。若是一換字號,外路的客人反倒不信服了。

## 第十四章

我是森合棧陳先生打發我拿這封信來見先生。

你姓甚麼?

我姓蘇,名字叫保安。

你是在那個行裏管過棧。

我原來就是在森和幫著管過棧房。

你的英國話是怎麼學的?

我就是隨便那麼散學的。

那麼像起卸貨物,報關上稅,這些個英國話,大概你都會說罷。

不敢說會說,大概可以說得上來就是了。

這些個事情你也都辦熟了罷。

這幾年也算是辦慣了一點兒了。

那貨物的名字,英國話你都叫得上來麼?

不差甚麼常見的貨,都可以叫得上來。

那麼你看看這個單子上,都是甚麼貨物。

是。這是洋藥、洋布、海帶菜、洋鐵、火柴、洋傘、藥材、鐘表、糖、茶葉,這些個貨物。

不錯的,那麼一個月您打算要多少工錢呢?

我的意思工錢先不用定規,我來一個月您看一看,然後您再給我定規工錢,您想好不好?

也好,那麼你明天就來罷。

就是就是。

## 第十五章

昨天來的這隻船,我們批的貨,到了沒有?

來的這隻船,沒您批的貨。

那麼是那隻船來,纔有我們的貨哪。

是有一隻海順船到了,就有您的貨了。

那隻海順船是得多喒到哪?

大概就在這個月內總可以到罷。

您這話還是有點兒含糊,按着偺們批單上寫的日期,已經過了十天了,到如今還沒準日子到哪,您想我櫃上怎麼交代呀。

那批單不過是個着對,您若是竟按着批單上寫的日期那麼説話,那未免的也太鑿一點兒了。

這是甚麼話呢,不按批單上説話,那麼當初立這批單,是幹甚麼的。俗言説,口是風,筆是踪。因怕是口説無憑,纔立這個字據,怎麼倒是我鑿了。

是了。您不用着急,您再等十天,貨也就可以到了。

准的,若是過十天不到,您可是得認罰的。

是了。若是不到的話,我認罰就是了。

## 第十六章

昨兒個高楓村從你這兒回去,心裏很不通快,他說他打聽他的貨來了,貨還沒到哪,他心裏本就着急,偏偏兒的你又說他說話鑿一點兒,他更生氣了,你是不知道他那脾氣,他向來和人共事,說到那兒是要辦到那兒的。人若是和他共事,可也是得那麼着,若是偶然和他說話,有點兒言不應點,他就急了。

這也並不是我安心說話言不應點,可是火輪船沒到,我有甚麼法子呢。你聽我告訴你這個緣故,他在你這屋裏定的那個貨,他現在急等賣的是洋布,你這屋裏不是存着的洋布很多麼,你先勻給他十箱洋布,叫他先賣着,他心裏就不至於那麼着急了,等他批的洋布到了,再歸還你十箱,不是一樣麼?

這麼辦也好,您想先勻給他十條洋布,他準願意麼。

我管保他一定願意,等我回頭到他鋪子去,把這層告訴他,叫他打發人來,提十箱布去就是了。

好極好極,那麼就勞您駕罷。

好說好說。

## 第十七章

我來是要和老兄奉商一件事情。

是有甚麼見教的事情?

現在是我們本公司商量,是要築造從此地到某處的那條枝路,前兩天總理鐵路大臣,要把這件事委派兄弟和我們一位同事的周子通,我們倆人承辦,我們倆人的意思,所有造鐵路應用的鐵軌和墊木,都要奉託貴行替我們辦理,不知道老兄肯替我們辦不肯?

這有甚麼不肯的呢。一來這也是我們本行應做的買賣,二來偺們又是至好的朋友,而且我們也給貴國別處辦過這鐵軌墊木,這件事兄弟必要多盡力的。

實在費心的很了,可是不知道貴行現在有這鐵軌墊木的小樣子沒有?

這行裏現在沒有,可是上海我們行裏有,我可以打一個電報去,就可以送來了。

好極了,等這兩天我們奉到上憲委派印札,我同我們那位周子通一塊兒來,偺們當面商量是怎麼辦罷。兄弟竟候您的信罷。

是,我失陪了,改天再見。

## 第十八章

您沒聽說由某府到某府的那條鐵路,是那個公司包辦麼?

先聽說有好幾個公司,都願意包辦,衙門裏也爲難,是叫那個公司辦好呢。新近聽說,有人出了這麼一個主意,叫願意包辦的這幾個公司各遞一個單子,說明白了,連工帶料是要多少銀子包辦,衙門裡看那個公司要的價廉,就叫他包辦,這裡頭沒偏沒向,都是一例相待。

若按這麼辦,我認識的那個公司,許辦的成。

怎麼見得呢?

那個公司他們本國裡,近來鐵軌造的是極精,那墊木的材料又極多,而且鐵路工師,人是很多,道路又近便,人的工價、材料的運費,都省些個,自然他開的單子,總比別的公司價要廉的,這還不是可成麼。

若這麼說,那個公司自然可以望成的了。

## 第十九章

我聽說貴國南洋地方兒,要開一個銀行,不知道是官要設立銀行哪,還是商民要私開銀行呢。

我先聽見說是官要設立一個大銀行,後來議了會子沒議妥,然後又有人出主意,打算招商股開一個銀行,由官場中派一位官員管理那銀行的事,算是官督商辦,這麼個局面各商家都不願意入股份,所以這件事,也算中止了,如今聽說各商家要自己招股份,私立一個銀行,所有銀行裡總辦幫辦這些人,都是由衆股友推選公平正直熟習商務、衆人都信重的人充當。等議妥之後,有幾家大鹽商和幾家富紳在衙門公具保結,倘或後來那銀行有虧空票存,侵吞存欵這些個弊病,都由衆保家賠償。可是平常做買賣這些個事情,不必由官派員經理,聽說大概商量的有點兒眉目了,可不知道得多喒纔能定局哪。

## 第二十章

聽說貴國東京有一宗做買賣的地方兒,叫勸工場,是怎麼個局面呢。

那勸工場是這麼個局面,是有一個人蓋一所兒寬大的房子,前後兩個門,一個門是進路,一個門是出路,那房子裏頭也分出許多間來,那房東招各行體面買賣,在那房子裏頭擺貨做買賣,每一行買賣占一間,可是每一行就許做一樣兒的買賣,不准兼着做兩樣兒買賣,賃那地方兒做買賣的得立一個賃地的字據,這個字據是一年一換,說明白的是每一年是多少賃錢,都要寫在那字據上,若是不願意在那裏頭做買賣的,要交還地方兒。也是等到換字據的時候兒,可以退還。所有到那勸工場裏逛去的、買東西的都是從前門兒進去,從後門兒出來。

是像那裏頭的地方兒,賃錢都是一樣麼?

也不能都是一樣,像那要路口兒的地方兒,那賃錢就貴一點兒。像那偏僻點兒的地方兒,賃錢就便宜點兒。

是了。可是那勸工場裏都是賣些個甚麼貨物呢?

賣的東西也不少了,像家用的銅鐵、木器、磁器,各樣兒粗細的傢伙,還有衣服、綢緞、鋪蓋和一切鋪墊甚麼的,還有鐘表、古玩、玉器和人隨手兒用的東西,還有東西兩洋各樣兒的文具、紙張、字畫、照像篇兒、樂器和小孩子玩兒的耍貨兒甚麼的,一概俱全。就是沒甚麼賣吃食東西的。

那裏頭的貨物都是頂好的麼?

大概都是好貨物多。

價錢比外頭鋪戶怎麼樣?

價錢總比各鋪戶貴一點的多。

也許還價兒不許呢?

他們是每一樣兒貨物上,都貼着一個紙截兒,上頭號著價碼兒,那都是言無二價不能打價兒的。

是了。承教承教。

豈敢豈敢。

【《改訂官話指南》卷之一《酬應瑣談》完】

# 附錄三　九江書局版《官話指南》中九江方言特徵詞例證二則

1881 年,日駐北京公使館翻譯吳啟太、鄭永邦合編了供當時日本人在北京工作生活所用的學習北京口語官話的教科書——(北京官話本)《官話指南》。1881 年出版使用之後,各種修訂本、注釋本與翻譯本接踵而來,63 年之間,修訂竟達 45 版之多。在 1890 年前後,《官話指南》有幾種改寫本,如:上海話的《滬語指南》也是上海話版的《官話指南》(1899),福州美華書局的《官話指南》部分章節也有所改動。而九江印書局活字印《官話指南》(1893,光緒十九年癸巳歲)是南北兩個官話系統的本子。豎行編排。凡是沒有改動的地方,句子依舊,如遇到南北官話詞彙或句式有大異之處,則並行小字標出,其中右邊小行是原版文字,代表北京口語的北方話,左邊小行則是添加文字,代表南方話(這兒的南方話是一個泛義的概念)。通過對右行左行並行文字的比較,北方、南方官話特點在詞彙、語法上的區別則顯而易見。贛北九江話屬江淮官話。我們在對南北官話系統異文對比的整理過程中,發現了九江印書局活字印中有九江話的特徵詞:將、等。結合學界對這兩個詞的語義、語法分析,可以證明它們在百年前的文獻中已有記錄。特為此劄記。

## 1　将

劉慧、李奇瑞(2005)指出江西九江的方言中,"將"字可以表"現在"之義,且至今仍活躍在九江人的口頭語中。九江方言屬江淮官話,"將",在九江方言中讀為 tɕiæn[31] 陰平調,它在九江方言中的同音字有"疆""薑""僵"等,同屬精母宕開三攝。用作時間副詞時,的確有“現在”之義。

按：九江書局版的時間詞“將”，是對應北京官話版的時間詞“這”的。共3例。如：

(1) 您把收拾表的傢伙帶上，萬一收拾表了也不定，那麼我們這就走罷。(《官話指南》A2－14，A，北京官话本，B，九江书局南方官话本。2－14，是第2章，第14篇，下文同。)

您把收拾表的傢伙帶去，萬一收拾表了也不定，那麼我們將就走罷。(B2－14)

(2) 是，老爺若沒甚麼別的事，我現在就去罷。我沒別的事，你這就去罷。(A2－18)

是，老爺若沒甚麼別的事，我現在就去罷。我沒別的事，你將就去罷。(B2－18)

(3) 是，那麼小的這就去罷。(A3－18)

是，那麼小的將就去罷。(B3－18)

“將”位於主語之後謂語之前作狀語。

## 2　“等”字被動句

張林林(1989)專文描寫了九江方言中表示被動意義的“等”字句的特點。指出九江方言中的“等”字句是有形式標誌被動句的唯一格式。要說出施事者，就得用介詞“等”引入施事者。這個“等”沒有相應的替換形式。例如：(1) 鴿子等貓咬死了。(2) 本兒等拒撕破了。(3) 伢兒等繩兒絆倒了。九江方言“等”字句中“等”後的施事賓語，在任何情況下都得出現，不能隱去。例如：車子等交管站的人沒收了。我的腳等開水泡了。九江方言中“等”字句的表意特點是只用于表示不如意、不愉快、受損害事件之類的意義。

九江書局版的被動標記詞“等”，是對應北京官話版的被動標記詞“叫”的。共2例。如：

(1) 你們怎麼會叫他賺了呢？(《官話指南》A2－36)

你們怎麼會等他忽了呢?(B2-36)

(2) 偏巧走到大街上,叫下夜的兵給拿住。(A2-30)

偏巧走到大街上,等查夜的兵捉倒了。(B2-30)

1892年美國傳教士狄考文(Calvin Wilson Mateer,1836—1908)編著的官話課本《官話類編》中對南方官話和北方官話都有記載(以北方官話為主,兼述南方官話、中部、中南部的山東等地的官話。如遇到南北官話詞彙或句式有大異之處,則並行小字標出,其中右邊小行是代表北京口語的北方話,左邊小行則是代表南方話。有時還有右中左三行並列,中間那小行是代表山東話),《官話類編》也記載了當時南北官話被動句式用法差異,如:

他叫我打了一拳,我叫他踢了一脚。P.129(北方話)

他等我打了一拳,我等他踢了一脚。P.129(南方話)

按:"叫"字被動句是明末清代至民國初年北方方言(如華北、西北、東北方言)

被動句的主要表現形式。"等"被動句是部分南方方言的表達形式。何亮(2005)專門介紹了方言中"等"字被動的標記。在江西除了九江外,江西彭澤縣,"等"字幾乎是惟一可用於被動句表被動的介詞。另外,屬客家話的江西上猶社溪、福建武平武東,都有介詞"等"此類用法。例如:"佢等癲狗咬哩一口";屬贛方言的湖南平江、江西宜春、永修也都有介詞"等"此類用法。例如:"他等狗咬了一口";贛東北地區屬贛語區的波陽、餘干、樂平、鷹潭、貴溪等縣市以及南昌方言中的"等"有相當於介詞"被"的用法。如"碗等我搭(摔)破了"。(參見何亮 2005)

由此看來,"等"可以看作贛方言的一個特徵詞。

**參考文獻**

何　亮,方言中."等"字表被動的成因探析[J].語言科學.2005(1).

劉　慧、李奇瑞.從九江方言特徵詞"將"看漢語方言詞彙在詞彙史研究中的作用[J].江西師範大學學報.2005(5).

張林林.九江方言中的"等"字句[J].九江師專學報.1989(2,3).

# 後　　記

明清域外漢語文獻是我講授漢語史這門課程,因介紹明清漢語發展史而慢慢進入我的研究視野。當時《老乞大》《朴通事》《訓世評話》類漢語教材作為研究資料給明清口語研究增添了活力,而《西儒耳目資》關於漢語、漢字注音的介紹,《利瑪竇中文譯著集》(朱維錚編,復旦大學出版社 2001)以及《現代漢語詞彙的形成——十九世紀漢語外來詞研究》(馬西尼著,上海漢語大詞典出版社 1997)的新詞新語等研究把我的視線帶到西方外國人著作裡來。隨著範圍的擴展,《語言自邇集》(中文譯本 2002)、《華語官話語法》(中文譯本 2003)等文獻相繼出版,得以閱讀,我越發覺得這批材料的珍貴,引發了更大的興趣,从此,我的研究開始聚焦在晚清域外漢語文獻整理與語言研究。

2004 年我在國家圖書館看到了《改訂官話指南》一書,就錄入成電子版本,隨後在上海得到早期《官話指南》版本,2005 年 11 月去日本關西大學訪學期間,得到了內田慶市教授給予的又一南方話改訂本《官話指南》。其時上海師范大學國際教育學院王灃華教授專題討論了《〈官話指南〉的取材與編排》(《上海師範大學學報》2006 年第 2 期),我們之間得到交流和相互鼓勵。2007 年在哈佛大學燕京圖書館,我閱讀到《土話指南》,之後在上海圖書館找到了《滬語指南》,在香港大學圖書館看到了《粵音指南》和《改訂粵音指南》,得到了英國駐煙臺領事官金璋(Hopkings, Lionel Charles)翻譯的英譯版本 *The Guide to Kuan Hua* (凱利・沃爾什股份有限公司,Kelly & Walsh Limited 1900 年出版),另外還有日文、法文版。我只把其中漢文的六種文本彙集起來,輔之以英文,如獲至寶。這期間我在日本、美國和中國國家圖書館先後閱讀到《語言自邇集》1867 年第一版、1886 年第二版、1903 年第三版,《官話類編》、明治時期系列漢語教科書等資料,越來越清楚地瞭解到這批資料在明清漢語研究中的重要性。

《官話指南》這本書的重要性,我在前言中大致介紹了,的確比我原來想像的重要得多。2016 年 11 月去澳門理工學院(Instituto Politécnico de Macau)講學期間,在圖書館讀到《行政》雜誌第十卷作者 AntÓnio Aresta 撰寫的《葡萄牙教育歷史中漢學研究之總覽》一文,介紹早期澳門聖保祿學院開設課程,其中"一等翻譯課程大綱"之第二年"口語——官話"一欄,第一門課程學習內容顯赫顯示的就是:H. Boucher 的《官話指南》(*Boussole du Langage Mandarin*)。他們用的這個教材是由法國天主教神父布舍(Le Pere Nenri Boucher S. J.)翻譯為法語的 *Koan-Hua Tche_Nan Boussole du Langage Mandarin Chang-hai* (1905)那個本子。而這個法語本子的上方為《官話指南》漢語原文,下方為字詞的注音和釋義。可見,在被葡萄牙侵佔的澳門,在由西方人開設的學校裡,學官話的教材還用《官話指南》。(參見《行政》第十卷總第 38 期,1997 年 P. 1177 - 1192)

《官話指南》在 19 世紀末 20 世紀初漢字文化圈內的東方日本人、朝鮮人中佔有很高地位,也有日人翻譯本,而西方非漢字圈地域,則翻譯成英文、法文等多語種譯本,同時在中國境內還有滬語、粵語等方言譯本,可見《官話指南》一書在漢語作為第二語言學習的教材方面所起到的特殊作用。它幾乎可以與《語言自邇集》媲美,甚至遠遠超過了《語言自邇集》的實際運用範圍。我們在各地圖書館見到《官話指南》不同時期的印本,也深深被它的傳播歷史所吸引。時值當今新時期、新機遇下的漢語國際傳播正如火如荼地進行著,為了讓更多的人能讀到這本書,所以進行六種文本的錄入匯校,是為《官話指南匯校》部分。在此基礎上進行長達一年的語言現象整理,是為"語言研究"部分。最後綴合為《〈官話指南〉六種匯校與語言研究》。

這部書稿得以出版,得到了同行學者和友生的幫助。首先,資料收集獲得過程,先後得到(日本)內田慶市教授、王澧華教授友情贈與,學生陳思羽、蕭啟迪專赴圖書館探訪查詢;其次,文獻的錄入與文本校對,陸陸續續長達十年才完成,因六種版本,尤其是方言用字特殊性,給錄入和校對增添了麻煩,友生張玉紅、陳燕芬、李菲以及好友張揚、李媛都給予了大力幫助,尤其是廣東籍蕭啟迪同學義務為我兩次去香港大學校對電子版《粵音指南》的文本用字問題;最後是文獻的語言整理,劉寶霞、戰浩都給予了幫助,尤其是碩士生戰浩同學與我查閱方言詞典,一起做詞彙表格。在此为大家曾經給予的幫助和辛勤付出,一並表示衷心感謝。

這本書是繼《〈清文指要〉匯校與語言研究》(2013)之後的又一成果。它們的共同特點:都是清代漢語口語教材,且都作為海外漢語教材,在同一底本基礎上改寫或翻譯為多種不同學習目的的版本,編寫中、使用中都有語言接觸語言類型學的特點,有方言地域分佈的特點,有官話通語的異同,都是清代漢語研究的第一手文獻。在此,特別感謝上海教育出版社徐川山、朱宇清兩位專家的支持和鼎力推薦得以出版。《〈清文指要〉匯校與語言研究》中《清文指要》(百章)不同階段七個漢文版本的修訂變革,記錄下了滿語在與漢語接觸後衰落的脈絡。由於語言接觸,《清文指要》(百章)早期三種文本比較忠實于滿語會話,漢語部分存在很多滿語特徵表達,而後隨著滿語的衰落,尤其是 1867 年《語言自邇集 · 談論篇》(百章)實施對《清文指要》進行北京口語改寫,這些滿語特徵開始脫落。這也從一個側面揭示了滿語與漢語接觸、融合,最終被漢語代替以致衰落的歷程。作為姊妹篇,我更期待該書為歷時北京官話、南方官話、滬語、粵語研究提供對比素材,為清代漢語地域特色研究提供新視角。期盼同一文獻多文本比較研究得到學界的廣泛關注,發掘出更多可利用的研究文獻,使我們的清代漢語研究更加深入而豐富多彩。

從 2004 年至今已經有 12 個年頭,這本書從第一個漢字版本到六個漢字版本的彙集,從北京官話到漢語方言,這不僅是漢語研究文獻,也是清代國際漢語教材史的一個縮影。從整理文獻、文本異文比較到文獻語言的斷代與地域特點研究,這也是我從事明清漢語研究的一個全新方法和途徑的探索。感恩這些年與我一同探尋的同路者,有大家相伴,師生教學相長,且行且快樂。時光荏苒,如白駒過隙。學術之途漫長,求索之路不止。以此共勉,是為記。

張美蘭2017年春于學清苑

圖書在版編目(CIP)數據

《官話指南》匯校與語言研究 / 張美蘭著. —上海：
上海教育出版社，2017.8
ISBN 978-7-5444-7722-2

Ⅰ.①官… Ⅱ.①張… Ⅲ.①北京話-口語-研究
Ⅳ.①H172.1

中國版本圖書館 CIP 數據核字(2017)第 169892 號

責任編輯　朱宇清
封面設計　鄭　藝

**《官話指南》匯校與語言研究**
**張美蘭 著**

---

出版發行　上海教育出版社有限公司
官　　網　www.seph.com.cn
地　　址　上海永福路 123 號
郵　　編　200031
印　　刷　上海展强印刷有限公司
開　　本　890×1240　1/32　印張 42.75　插頁 7
字　　數　1150 千字
版　　次　2017 年 12 月第 1 版
印　　次　2017 年 12 月第 1 次印刷
書　　號　ISBN 978-7-5444-7722-2/H·0267
定　　價　168.00 元(全二册)

---

如發現質量問題，讀者可向本社調換　　電話：021－64377165